MACRO ECONOMIA

Indicado para CONCURSOS, GRADUAÇÃO E PROFISSIONAIS

GERALDO SANDOVAL GÓES
SÉRGIO RICARDO DE BRITO GADELHA

MACRO
ECONOMIA

Indicado para CONCURSOS, GRADUAÇÃO E PROFISSIONAIS

2019

EDITORA
JusPODIVM

www.editorajuspodivm.com.br

EDITORA *Jus*PODIVM

www.editorajuspodivm.com.br

Rua Território Rio Branco, 87 – Pituba – CEP: 41830-530 – Salvador – Bahia
Tel: (71) 3045.9051
• Contato: https://www.editorajuspodivm.com.br/sac

Copyright: Edições *Jus*PODIVM

Conselho Editorial: Eduardo Viana Portela Neves, Dirley da Cunha Jr., Leonardo de Medeiros Garcia, Fredie Didier Jr., José Henrique Mouta, José Marcelo Vigliar, Marcos Ehrhardt Júnior, Nestor Távora, Robério Nunes Filho, Roberval Rocha Ferreira Filho, Rodolfo Pamplona Filho, Rodrigo Reis Mazzei e Rogério Sanches Cunha.

Diagramação: SBNigri Artes e Textos Ltda. *(sbnigri@centroin.com.br)*

Capa: Marcelo S. Brandão *(santibrando@gmail.com)*
Imagem de Capa: http://www.stock.adobe.com www.stock.adobe.com – 203669387 e 211865737

ISBN: 978-85-442-2728-2

No princípio era o Verbo, e o Verbo estava com Deus, e o Verbo era Deus. Todas as coisas foram feitas por intermédio dele, e, sem ele, nada do que foi feito se fez. A vida estava nele, e a vida era a luz dos homens.

Evangelho de João, Capítulo 1, versículos 1 a 4.

Dedicatória

Dedicamos esse livro a Deus e às nossas famílias.

Apresentação

Este livro dos professores Geraldo Góes e Sérgio Gadelha supre uma lacuna entre os manuais de macroeconomia disponíveis no mercado. Trata-se de uma obra completa e bem detalhada que cobre todos os conceitos necessários à formação de um macroeconomista.

Ao longo de mais de 800 páginas os autores discorrem, de forma didática, sobre as bases teórico-conceituais e a sua aplicação prática, com exercícios resolvidos e propostos ao final de cada capítulo, além de incluir um capítulo sobre modelagem macroeconômica e abordagem DSGE.

O livro se destina a todos os que pretendem ter uma formação sólida e completa em macroeconomia e que queiram compreender a política macroeconômica, seus fundamentos e aplicações. É um excelente manual acadêmico e certamente será bibliografia básica do ensino de economia em todas as escolas do país.

Recomendo a leitura a todos os profissionais que atuam nas áreas econômicas e de políticas públicas setoriais do governo. Recomendo, em especial, àqueles que pretendem realizar concurso para os cargos estratégicos da Administração Pública Federal.

Boa leitura a todos!

José Luiz Pagnussat
Professor da Escola Nacional de Administração Pública - Enap
Ex-presidente do Conselho Federal de Economia e da Associação Nacional dos Cursos
de Graduação em Economia

Agradecimentos

A realização deste livro é um projeto pessoal e acadêmico destes autores, mas que contou com a colaboração de dezenas de pessoas qualificadas e dedicadas, as quais contribuíram não apenas em nossa formação acadêmica (seja no magistério, seja na pesquisa), mas também em nossa formação pessoal. Recebemos muitas sugestões de alunos, professores, leitores, amigos e colegas de trabalho, que muito nos ajudaram a aperfeiçoar os aspectos pedagógicos deste livro. Logo, tratam-se de pessoas às quais tivemos o privilégio de conhecer e conviver, de modo que é um imenso prazer agradecê-las.

Primeiramente, gostaríamos de agradecer a Deus pelas bênçãos em nossas vidas, pelas nossas famílias e por nos proporcionar mais essa conquista.

Gostaríamos de agradecer aos seguintes colegas e professores, sejam de cursos de graduação e de pós-graduação *stricto sensu* em Economia, sejam de instituições públicas e privadas:

Adolfo Sachsida (Secretaria de Política Econômica/Ministério da Economia e Instituto de Pesquisa Econômica Aplicada)

Alexandre Rivas (Universidade Federal do Amazonas)

Aline de Medeiro Dantas (Secretaria de Política Econômica/Ministério da Economia)

Amairte Benevenuto (Universidade Católica de Brasília)

Antônio Maria (Banco Central do Brasil)

Aquiles Rocha (Banco Central do Brasil)

Alexandre Xavier Ywata de Carvalho (Instituto de Pesquisa Econômica Aplicada)

Antônio Dávila (Câmara dos Deputados)

Benjamin Tabak (Senado Federal)

Bernardo Patta Schettini (Secretaria de Política Econômica/Ministério da Economia e Instituto de Pesquisa Econômica Aplicada)

Carlos Enrique Carrasco Gutierrez (Universidade Católica de Brasília)

Carlos Ivan Simonsen Leal (Fundação Getúlio Vargas)

Celso Vila Nova de Souza Júnior (Universidade de Brasília)

Christian Vonbun (Instituto de Pesquisa Econômica Aplicada)

Claúdio Hamilton Santos (Instituto de Pesquisa Econômica Aplicada)

Constantino Mendes (Instituto de Pesquisa Econômica Aplicada)

Denísio Liberato Delfino (Banco do Brasil)

Egbert Buarque (Tribunal de Contas da União)

Fernando Meneguin (Senado Federal)

Fernando Antônio Ribeiro Soares (Ministério da Economia, Especialista em Políticas Públicas e Gestão Governamental)

Francisco Luna Santos (Instituto de Pesquisa Econômica Aplicada e PUC do Rio de Janeiro)

Gleisson Cardoso Rubin (Ministério da Economia, Especialista em Políticas Públicas e Gestão Governamental)

Hugo Boff (Universidade Federal do Rio de Janeiro)

Joanílio Rodolpho Teixeira (Universidade de Brasília)

José Angelo Divino (Universidade Católica de Brasília)

José Aroudo Mota (Instituto de Pesquisa Econômica Aplicada)

José Antônio Sena (Escola Nacional de Ciências Estatísticas do Instituto Brasileiro de Geografia e Estatística)

Leonardo Monteiro Monastério (Universidade Católica de Brasília e Instituto de Pesquisa Econômica Aplicada)

Leonardo Socha Reisman (Instituto Brasiliense de Direito Público)

Márcio Holland (Fundação Getúlio Vargas)

Marco Antonio Freitas de Hollanda Cavalcanti (Secretaria de Política Econômica/Ministério da Economia, Instituto de Pesquisa Econômica Aplicada e PUC do Rio de Janeiro)

Maria da Piedade Moraes (Instituto de Pesquisa Econômica Aplicada)

Marcel Guimarães (Senado Federal)

Márcio Bruno Ribeiro (Secretaria de Política Econômica/Ministério da Economia e Instituto de Pesquisa Econômica Aplicada)

Maurício Soares Bugarin (Universidade de Brasília)

Maurício Sabóia (Instituto de Pesquisa Econômica Aplicada)

Mirta Bugarin (Universidade de Brasília)

Ricardo Silva Azevedo Araújo (Universidade de Brasília)

Roberto de Góes Ellery Junior (Universidade de Brasília)

Rodrigo Mendes Pereira (Instituto de Pesquisa Econômica Aplicada)

Rodrigo Penaloza (Universidade de Brasília)

Rogério Boueri Miranda (Instituto de Pesquisa Econômica Aplicada e Secretaria de Política Econômica/Ministério da Economia)

Pedro Jucá Maciel (Secretaria do Tesouro Nacional)

Rubens Penha Cysne (Fundação Getúlio Vargas)

Samo Gonçalves (Ministério das Relações Exteriores)

Steve de Castro (Universidade de Brasília)

Tárcio Lopes da Silva (Banco do Brasil)

Thiago Costa Monteiro Caldeira (Mestrado Profissional em Economia no Instituto Brasiliense de Direito Público)
Tito Belchior Silva Monteiro (Universidade Católica de Brasília e Tribunal de Contas da União)
Waldery Rodrigues Júnior (Ministério da Economia e Senado Federal)
Wilfredo Fernando Leiva Maldonado (Universidade Federal de Goiás)

Agradecemos aos nossos amigos e professores de Estatística e Matemática Joselias Silva (São Paulo), Daniel Vanzeler (Brasília), José Carlos Godinho (Rio de Janeiro) e Marcus Pio (*in memorian*).

Agradecemos aos colegas e professores de Economia Herbet Carvalho (São Paulo), Amanda Aires (Recife), Fábio D' Áquila (Brasília), Lúis Vivanco e Marcello Bolzan (Rio de Janeiro).

Agradecemos aos EPPGGs Fernando Ribeiro, Gleisson Rubin, Marcelo Gonçalves, João Aurélio Mendes e Maurício Abi-chain entre muitos e queridos colegas e amigos da Quarta Turma da Carreira de Especialistas em Políticas Públicas e Gestão Governamental.

Na Secretaria do Tesouro Nacional, agradecemos aos colegas Rodrigo Leandro de Moura, Marcelo Amorim, Alex Teixeira Fabiane, Edelcio de Oliveira, Ricardo Botelho, Plínio Portela de Oliveira, João Bosco Amaral Júnior, Lincoln Moreira Jorge Junior, Alisson Neres Lindoso, Mauro Iunes Okamoto e Valter Reikiti Toguchi.

Na Editora JusPodivm, agradecemos a Mariana Penido, Vauledir, Julian Guimarães, professor Sylvio Motta, bem como toda a equipe de profissionais que estiveram envolvidos diretamente ou indiretamente no projeto deste livro.

Registramos um agradecimento especial aos amigos Eduardo Velho, Emerson Mendes Ribeiro, Christian do Prado Vasconcelos Gadelha e Kelly Pereira Guedes.

Gostaríamos de reconhecer nossa dívida aos alunos do passado e do presente que nos deram um *feedback* inestimável na forma de comentários, críticas e elogios. Não seria possível escrever um livro-texto principalmente no interesse de tais alunos sem a ajuda e sugestões deles. Assim, agradecemos aos nossos queridos alunos e leitores pelos incentivos e pela credibilidade depositada em nosso trabalho. Apesar de nossos melhores esforços, pequenos erros podem acontecer. Mas somos sempre gratos aos nossos leitores que chamam a atenção para tais erros, de forma que eles possam ser suprimidos.

Por último e mais importante, nosso agradecimento especial às nossas famílias, por todo apoio, compreensão e incentivos ao longo desses anos.

Se esta obra for útil para a formação e preparação dos estudantes para as carreiras públicas e privadas da área econômica, os autores se sentirão muito gratificados e recompensados em seus magistérios. Bons estudos!

Geraldo Sandoval Góes
Sérgio Ricardo de Brito Gadelha

Brasília-DF
Março de 2019

Prefácio

A Abordagem deste Livro

Este livro é o resultado do esforço e da experiência adquiridos pelos autores no ensino da teoria macroeconômica em escolas de Governo, escolas de MBA, faculdades e em cursos preparatórios para concursos públicos nos últimos anos. Utilizando uma linguagem clara e acessível, aborda-se de forma objetiva e completa os principais conceitos e modelos da moderna análise macroeconômica, além de reunir diversos exercícios de concursos públicos, resolvidos e comentados para os alunos fixarem os conceitos aprendidos. Sua organização preocupa-se em apresentar de forma didática e autocontida a teoria macroeconômica. O Livro é composto de quatro partes:

PARTE I – Macroeconomia Normativa (Capítulos 1 ao 4)

PARTE II – Modelagem Macroeconômica (Capítulos 5 ao 10)

PARTE III – Micro fundamentos da Macroeconomia (Capítulos 11 ao 15)

PARTE IV – Macroeconomia do Crescimento e Macroeconomia do Setor Público (Capítulos 16 e 17)

Nas livrarias brasileiras, já existem importantes livros de macroeconomia e de economia brasileira de autores já consagrados no mercado editorial tanto acadêmico quanto para concursos públicos. O presente livro propõe-se a fornecer uma forma alternativa de se lecionar macroeconomia para o público interessado nessa disciplina que buscam um aperfeiçoamento ou adquirir conhecimentos visando ingressar nas carreiras públicas.

Essa obra apresenta a teoria macroeconômica em uma linguagem bastante acessível ao leitor que quer complementar seus conhecimentos profissionais ou se prepara para as carreiras públicas cujas provas exigem do candidato um nível de conhecimento básico sobre economia, como os concursos para Analista de Planejamento e Orçamento, Auditor-Fiscal da Receita Federal, Agente de Polícia Federal e outros. Esse livro também é voltado para candidatos aos certames públicos que exigem conhecimentos avançados de economia, por exemplo, os concursos para Analista do Banco Central do Brasil, Especialista em Políticas Públicas e Gestão Governamental, Analista da Secretaria do

Tesouro Nacional, Técnico de Pesquisa e Planejamento do IPEA, Analista da Comissão de Valores Mobiliários, Economista do Banco Nacional do Desenvolvimento Econômico e Social (BNDES), Auditor do Tribunal de Contas da União etc.

Nas seções e anexos, alguns conceitos citados no texto são relembrados e detalhados para que os alunos possam abordar de maneira autônoma determinados tópicos com maior profundidade, caso desejem.

Além disso, essa obra serve também de um guia útil de estudo aos alunos de cursos de graduação em Economia, Administração, Ciências Políticas, Contabilidade, Direito e outros cursos que tenham as disciplinas "Introdução à Economia" ou "Macroeconomia" em sua grade curricular.

Duas obras sobre esse tema e de autoria destes autores já haviam sido publicadas anteriormente, a saber: Macroeconomia para Concursos e Exame da ANPEC – Volume I; e Macroeconomia para Concursos e Exame da ANPEC – Volume II. O presente livro vem em substituição a essas duas obras anteriores, mas com importantes mudanças. Primeiro, retirou-se os exercícios resolvidos da ANPEC, os quais irão fazer parte de um livro-texto de macroeconomia em elaboração. Segundo, em cada capítulo, são apresentados exercícios numéricos resolvidos de concursos públicos. Por fim, esse livro vem acompanhado de um "Caderno de Questões de Concursos Públicos" contendo exercícios resolvidos e exercícios propostos para que o candidato possa praticar seus conhecimentos em macroeconomia.

Em resumo, esse livro pretende contribuir com uma nova orientação para o ensino da macroeconomia, seja visando aperfeiçoamento para uma atuação no mercado de trabalho, seja estudando para concursos públicos. Queremos permitir que os alunos desenvolvam a aptidão em estudar macroeconomia para aplicar em suas atividades acadêmicas, profissionais e em resolver questões de concursos públicos sobre essa disciplina.

Bons estudos.

Geraldo Sandoval Góes
Sérgio Ricardo de Brito Gadelha

Depoimentos

"Este não é apenas mais um livro de Macroeconomia para concursos. É um livro definitivo para quem quer se preparar para provas com alto grau de dificuldade em Economia. A teoria é completa e explicada de forma didática. Além disso, a obra possui muitos exercícios resolvidos, das mais importantes bancas examinadoras, o que é essencial para quem se prepara para provas de concurso público."

Heber Carvalho
Auditor-Fiscal do Município de São Paulo (Fiscal ISS-SP)
Professor de Economia e de Finanças Públicas em Cursos Preparatórios para Concursos Públicos

"O livro de macroeconomia do Geraldo Góes e do Sergio Gadelha é, sem sombra de dúvidas, o melhor e mais bem escrito livro direcionado para a preparação para certames públicos. Com linguagem e didática facilitadoras, o livro aprofunda o conhecimento necessário para a formação completa do aluno que, ao final da leitura, passará a ter não apenas condições de realizar uma excelente prova, mas de mudar a forma de analisar a economia."

Amanda Aires
Economista pela Universidade Federal de Pernambuco, com extensão universitária pela Universität Zürich, na Suíça. Mestra em Economia com ênfase no Sistema Bancário Nacional, e doutorado na mesma área pela UFPE e Université Laval, no Canadá. Professora de Economia em Cursos Preparatórios para Concursos Públicos

"O livro de Macroeconomia dos Professores Geraldo Góes e Sérgio Gadelha vem para cobrir uma lacuna existente no mercado. Ao mesmo tempo que ensinam a matéria em questão mostram para os concursandos como resolver as questões. Além disso, é um livro de tamanha simplicidade e profundidade que só poderia estar sendo escrito a quatro mãos e por esses dois seres humanos fantásticos. Um fato, com certeza, leva ao outro."

César de Oliveira Frade
Doutor em Economia pela Universidade de Brasília, Professor de Economia

A obra de Geraldo Góes e Sérgio Gadelha serve de farol nos trabalhos acadêmicos, bem como orienta nos pontos obscuros dessa fascinante Ciência que é a Economia, mistura de pragmatismo e poesia social. Aos leitores, sugiro leitura amiúde e atenta, pois a mesma os tornará aptos a vencer em seus diversos caminhos profissionais.

André Carvalho
Mestre em Economia, UCB.
Professor de Economia, UNIP Brasília.

Um super livro, bem estruturado e abrangente, escrito por dois grandes mestres. Indispensável para quem quer aprender ou reforçar os conhecimentos de macroeconomia.

Rodrigo Mendes Pereira
PhD em Economia pela Cornell University Researcher
Instituto de Pesquisa Econômica Aplicada (Ipea)

A obra dos professores Sérgio Gadelha e Geraldo Góes tem o mérito de conciliar o tratamento apro-fundado dos assuntos abordados com extrema clareza e rigor. Tal abordagem permite que até os temas macroeconômicos mais complexos sejam facilmente aprendidos pelos candidatos às provas de concursos públicos e alunos de graduação. O livro ainda conta com um elenco inigualável de questões comentadas de concursos públicos – elaboradas pelas principais bancas examinadoras do país, todas atualizadas. Tais atributos a tornam uma obra impar e uma leitura obrigatória para quem deseja enfrentar os mais complexos certames do país.

Marcelo Chaves de Castro, Msc.
Professor de Macroeconomia nas Faculdades Anhanguera, FAJESU e UNICESP.

Esta não é mais uma obra! É a obra de macroeconomia para aqueles que desejam ter sucesso na vida profissional e acadêmica. O material é vasto em exercícios, os quais permitem ao leitor uma visão objetiva e didática dos belíssimos e bem escritos conteúdos. Por isso, a valiosa contribuição dos autores em mais uma obra de sucesso está bem retratada nas páginas deste livro.

José Aroudo Mota,
Doutor em Desenvolvimento Sustentável pela Universidade de Brasília
Coordenador de Sustentabilidade Ambiental e do Fórum Ipea de Mudanças Climáticas
e ex-Diretor Adjunto e Interino da Diretoria de Estudos Regionais e Urbanos do
Instituto de Pesquisa Econômica Aplicada (Ipea)

Parabenizo os autores Geraldo Góes e Sérgio Gadelha pelo ótimo manual de macroeconomia para concursos. Os autores abordam, de forma didática e bem exemplificada, diversos assuntos estudados por disciplinas da área de macroeconomia. Dessa forma, conseguem reunir nesse volume vários tópicos importantes, geralmente cobrados em exames e concursos.

José Angelo Divino
PhD em Economia pela Boston University
Professor e Diretor do Curso de Pós-Graduação Stricto Sensu em Economia da
Universidade Católica de Brasília.

É com grande satisfação que apresento ao público Macroeconomia, livro de autoria de Geraldo Goes e Sérgio Gadelha. Ambos são economistas reconhecidos não apenas no campo da pesquisa, mas também pela larga experiência que possuem na área de ensino. Macroeconomia é uma obra completa e que não encontrar similar no mercado editorial brasileiro. Com quase novecentas páginas, o livro contempla numa linguagem direta e acessível, mas sem perder o rigor, uma vasta gama de assuntos que vão desde os conceitos básicos da macroeconomia, como o de contas nacionais, até aqueles mais atuais. Aqui se destaca o capítulo final do livro, "Modelagem macroeconômica e abordagem DSGE", onde o leitor irá vislumbrar um dos temas mais estudados na fronteira da macroeconomia. Aquele que se dispuser a estudar o livro com seriedade tem à disposição um instrumento valioso para o acesso ao conhecimento. Recomendo fortemente!

Mário Jorge Cardoso de Mendonça
Econometrista Bayesiano
Pesquisador do Instituto de Pesquisas Econômicas Aplicadas (ipea)

Fiquei feliz ao constatar que os professores Góes e Gadelha, ambos com larga experiência e bagagem acadêmica, elaboraram em um único livro, um conteúdo denso de economia aplicada, crucial para o leitor conhecer e aprofundar as relações das variáveis e os impactos sobre a economia do setor real e financeiro. Uma obra de extrema utilidade para cursos de graduação e pós-graduação, para estudantes e profissionais de economia, administração e finanças, mas também para áreas não correlatas, que demandam o aprofundamento da boa teoria econômica.

Eduardo Velho
Economista-Chefe GO Associados

Sumário

Capítulo 2   Contabilidade Nacional   133

Parte I – Contabilidade Nacional: Conceitos Introdutórios   133

Parte II – Tópicos Sobre a Nova Metodologia das Contas Nacionais Brasileiras   205

Capítulo 3   Determinação da Taxa de Câmbio   239

Apêndice – Abordagem Matemática do Modelo IS-LM para Certames Avançados de Economia 461

Capítulo 1

Balanço de Pagamentos

Parte I – A Metodologia da 4ª Edição do Manual do Balanço de Pagamentos Brasileiro (BPM4)

1. CONCEITOS INTRODUTÓRIOS

1.1. Definição

Balanço de Pagamentos (BP) é o registro sistemático das transações entre residentes e não-residentes de um país durante determinado período de tempo. Em outras palavras, é o registro contábil de todas as transações de um país com o resto do mundo. Durante um determinado período, geralmente de um ano, um país realiza transações com o exterior, tais como as exportações e importações de bens e serviços, recebimento e envio de rendas para o exterior, entrada e saída de capitais etc. Essas transações que um país realiza com o exterior são registradas contabilmente, isto é, para cada transação é feito um ou mais lançamento contábil, esses lançamentos contábeis são feitos através dos lançamentos de débitos e de créditos do método das partidas dobradas. Cada país publica anualmente seu Balanço de Pagamentos. No Brasil, o Balanço de Pagamentos é elaborado pelo Banco Central (Bacen) com base nos registros das transações efetuadas entre residentes no país e residentes em outras nações.

São considerados **residentes** no país:

1. **as pessoas físicas, nacionais ou não, cujo centro de interesse é o país,** isto é, pessoas que ajudam a formar e a absorver o PIB do país. Por exemplo: os indivíduos que vivem permanentemente no país (incluindo os estrangeiros que trabalham no país), os funcionários em serviço no exterior (por exemplo, oficiais de chancelaria, diplomatas e adidos militares) e demais pessoas

que se encontram transitoriamente fora do país em viagens de negócios, educação (bolsistas de pós-graduação) e o turista brasileiro no exterior;

2. **pessoas jurídicas de direito privado sediadas no país**, isto é, as empresas, nacionais ou multinacionais, instaladas no país. Por exemplo, sucursais ou filiais de empresas estrangeiras no Brasil e instituições norte-americanas de ensino aqui instaladas.

3. **as embaixadas do país no mundo**. Por exemplo, a embaixada brasileira em Paris, a embaixada brasileira em Washington etc.

4. **pessoas jurídicas de direito público sediadas no país**, isto é, todos os órgãos e instituições de todos os Poderes, dos níveis federal, estadual e municipal. Por exemplo, o Banco Central do Brasil, a Secretaria do Tesouro Nacional, o Ministério da Saúde, a Prefeitura de São Paulo, o Governo do Estado do Rio de Janeiro.

São considerados **não-residentes** no país:

1. **as pessoas físicas, nacionais ou não, cujo centro de interesse não é o país**. Por exemplo, o turista estrangeiro no país;

2. **as empresas, nacionais ou não, instaladas fora do país**. Por exemplo, as filiais de empresas brasileiras no exterior tais como a filial da Gerdau no Chile e a filial da Camargo Corrêa em Angola;

3. **as embaixadas estrangeiras no país**. Por exemplo, a embaixada americana em Brasília, a embaixada da Inglaterra em Brasília, o Consulado Geral da França em São Paulo;

4. **todos os órgãos e instituições de outros países**.

Observação: os organismos internacionais ou multilaterais não são considerados residentes em nenhum país. Por exemplo, a sede do Banco Mundial em Washington ou a sede da ONU em Nova Iorque não são residentes nos Estados Unidos.

É importante ressaltar que somente são registradas no Balanço de Pagamento (BP) de um país as transações entre residentes e não residentes desse país. Operações que só envolvem residentes de um país, tais como turismo interno e pagamentos de juros da dívida interna, não são registradas no BP desse país. Desse modo, um ano após a sua aprovação no concurso que agora você está estudando e gozar de suas primeiras férias numa viagem às paradisíacas praias de Natal no Estado do Rio Grande do Norte, seus gastos não serão computados no Balanço de Pagamento, pois se trata de turismo interno e portanto um operação entre residentes; porém caso você decida passar suas férias em Aruba no Caribe, seus gastos serão contabilizados como despesa de viagem internacional no Balanço de Pagamento do Brasil, pois trata-se de uma operação entre residente e não-residente.

Chama-se **ouro monetário** o ouro em poder do Bacen, e **ouro não-monetário** o ouro que não está em poder do Bacen. O ouro não-monetário é o ouro utilizado para fins comerciais (transacionado nos bancos e no comércio em geral), industriais (utilizados nas linhas de produção de algumas fábricas) e artísticos (utilizados em obras de arte).

Assim, o ouro que o Silvio Santos mostra na maletinha em alguns de seus programas é ouro não-monetário, enquanto o ouro que se encontra no subsolo do edifício-sede do Bacen é, portanto, ouro monetário.

Definimos **monetização** a compra de ouro por parte do Bacen, e **desmonetização** a venda de ouro pelo Bacen. Quando o Banco Central **compra ouro**, através do Banco do Brasil, de garimpeiros em Serra Pelada, ocorre uma monetização e, quando o Banco Central **vende ouro** para uma indústria paulista, ocorre uma desmonetização. As operações de monetização e desmonetização, apesar de só envolverem residentes, na metodologia antiga eram registradas no Balanço de Pagamentos. A partir da 4ª Edição do Manual do Balanço de Pagamentos (BPM4), esses lançamentos de monetização e desmonetização não mais são feitos no BP e sim em outro demonstrativo chamado de Posição das Reservas Internacionais. Como exemplo desse assunto, vamos analisar a seguinte questão:

(Esaf/Analista de Comércio Exterior/2002) Tomando como caso o Brasil, não é considerado como residente para efeito de pagamento no balanço de pagamentos:

a) embaixadas brasileiras no exterior;

b) empresas multinacionais instaladas no Brasil;

c) turistas brasileiros no exterior;

d) instituições norte-americanas de ensino instaladas no Brasil;

e) filiais de empresas brasileiras no exterior.

Solução:

A resposta é a letra "e", pois as filiais de empresas nacionais instaladas fora do país são consideradas não-residentes no país.

1.2. Meios (Formas) Internacionais de Pagamento

Os meios internacionais de pagamento são: Haveres a Curto Prazo no Exterior; Ouro Monetário; Direitos Especiais de Saque (DES) e Posição das Reservas no FMI. Essas são as modalidades de pagamento (ou recebimento) que os bancos centrais dos países utilizam entre si. Vamos agora falar mais detalhadamente sobre cada uma dessas formas internacionais de pagamento:

• **Haveres a Curto Prazo no Exterior:** é a liquidez imediata à disposição do país, utilizada para fazer pagamentos. São compostos por moeda forte (dólar, euro, libra, iene etc.) e títulos de curto prazo, isto é, títulos aplicados pelo Bacen no mercado internacional e que podem rapidamente ser resgatados para honrar pagamentos do país. É o principal meio de pagamento internacional utilizado pelos bancos centrais. Atenção caro leitor, quando as questões de prova se referirem aos termos moeda forte, dólar ou pagamento à vista, devemos utilizar a rubrica haveres a curto prazo no exterior (ou haveres simplesmente).

• **Ouro Monetário:** é o ouro em poder do Bacen. É aceito como pagamento nas transações entre os bancos centrais.

• **Posição das Reservas no FMI:** corresponde a cota-parte de cada país-membro no FMI. Todo país-membro do FMI é um país cotista, isto é, os recursos disponíveis do FMI são oriundos da cota parte dos países. Os maiores cotistas (Estados Unidos, Inglaterra, França etc.) fornecem a maior parte desses recursos. Quando um país retira do FMI exatamente sua cota-parte, isso não representa um empréstimo, ou seja, sua posição de reservas no FMI é um saque incondicional e faz parte das reservas internacionais do país. Somente quando o país retira do FMI recursos superiores a sua cota-parte é que se trata de um empréstimo, feito para regularizar um déficit no saldo total do BP (os chamados empréstimos de regularização).

* **Direito Especial de Saque (DES):** é uma moeda escritural, criada pelo FMI,[1] utilizada para fazer pagamentos ou recebimentos, entre os Bancos Centrais dos países e tem as seguintes características:[2]

  (i) foi criado em 1967 na reunião do Rio de Janeiro e depositado pela primeira vez na conta especial dos países-membros do FMI em 01/01/1970;

  (ii) a emissão de DES era feita pelo FMI com anuência de 85% dos países-membros;

  (iii) o DES só é transacionado entre os bancos centrais e os tesouros dos países;

  (iv) é uma "moeda" escritural no sentido de que não existem cédulas de DES;

  (v) possui curso forçado, isto é, os países-membros do FMI são obrigados a aceitá-la como forma de pagamento;

  (vi) é registrada em uma conta no FMI chamada conta especial;

  (vii) não possui lastro, sendo seu poder de compra decorrente da concordância dos países--membros em utilizá-la como meio de pagamento. Foi criada com o objetivo de dar liquidez ao mercado internacional;

  (viii) após autorizada sua emissão é depositada na conta especial dos países do FMI na exata proporção de suas cotas-parte;

  (ix) é conhecida como ouro-papel;

  (x) sua paridade é calculada a partir de uma cesta ponderada de quatro moedas que, para o período de 2006 a 2010, tem a seguinte composição: dólar (44%), euro (34%), iene japonês (11%) e libra esterlina (11%).

Resumindo, um banco central de um país pode pagar uma obrigação para outro banco central utilizando um desses meios internacionais de pagamento; por exemplo, se o Brasil importou uma máquina da França, o banco central do Brasil pode pagar ao banco central da França em Haveres (moeda forte: dólar, euro etc.), pagar em ouro monetário, pagar em DES ou pagar em Reservas no FMI.

1.3. Apresentação da Estrutura da 4ª Edição do Manual do Balanço de Pagamento

Apresentaremos agora a estrutura da 4ª Edição do Manual do balanço de pagamento vigente até o ano 2000. Faremos isso, pois, além de ser importante para entender a nova metodologia, muitos dos fatos relacionados a essa metodologia representam fatos que não se alteraram e, portanto, ainda são bastante cobrados nas provas.

---

[1] O Fundo Monetário Internacional foi estabelecido em 1945 para administrar os acordos monetários internacionais.
[2] O DES é uma espécie de "cheque especial" que o país possui no FMI.

1. **BALANÇO COMERCIAL (VALOR FOB):** registra o saldo líquido entre as receitas de exportação e as despesas de importação. Quando o Brasil exporta uma mercadoria, isso representa uma receita para o país. Quando o Brasil importa uma mercadoria, isso representa uma despesa para o país. No Balanço Comercial, os valores das mercadorias são registrados pelo valor FOB (*Free on Board*) que é uma das 11 cláusulas dos Termos de Contratos Internacionais (*Incoterms*). No balanço comercial são registrados apenas as operações com bens (mercadorias), que diferente dos serviços, são tangíveis.

   1.1. **Exportações FOB**: receitas de exportações de bens (mercadorias).

   1.2. **Importações FOB**: despesa com importações de bens (mercadorias).

2. **BALANÇO DE SERVIÇOS:** registra o saldo líquido entre as receitas dos serviços prestados por residentes a não-residentes e as despesas com serviços contratados por residentes junto a não-residentes. O Balanço de Serviços se divide em serviços fatores e serviços não-fatores. Neste instante, vamos chamar a atenção do caro leitor para o conceito de fatores de produção (ou recursos econômicos) que são os itens necessários para se produzir um bem ou serviço, a saber: trabalho (mão-de-obra), capital (máquinas, ferramentas, edificações etc), recursos naturais, tecnologia e capacidade empresarial. Os serviços são chamados de serviços fatores quando remuneram esses fatores de produção tais como os juros (que remuneram o capital financeiro), o lucro (que remunera o capital de risco) e os *royalties* (que remuneram a tecnologia). Quando o serviço não remunera algum fator de produção, esse serviço é chamado de serviço não-fator, tais como viagens, fretes e seguros.

   2.1. **Balanço de Serviços Não-Fatores**. Como dito anteriormente, os serviços não-fatores são aqueles como viagens, fretes, seguros, serviços governamentais que não remuneram fatores de produção.

      2.1.1. **Viagens Internacionais**: essa conta registra o saldo líquido entre receitas e despesas de viagens internacionais (de turismo, negócios etc.). Os gastos de um turista americano **no Brasil** (que para o Brasil é um não-residente) são considerados como receita de viagens internacionais e os gastos de um brasileiro **no exterior** são considerados despesas com viagens internacionais para o país. O saldo dessa conta é dado por: receitas de viagens menos (-) despesas de viagens. O Brasil é historicamente deficitário nessa conta. Os países superavitários são os Estados Unidos (lembre-se que muitos recebem como presente de aniversário uma viagem à Disneylândia) e outros países que são os principais destinos do turismo internacional.

      2.1.2. **Fretes**: essa conta registra o saldo líquido entre fretes recebidos e fretes pagos. Uma receita de frete ocorre, por exemplo, quando um navio brasileiro (ou de bandeira brasileira) **é fretado** para uma empresa argentina. Quando a Petrobras **freta** um navio do Panamá, nós pagamos frete. O saldo da conta frete é dado por: fretes recebidos menos (-) fretes pagos. O Brasil é deficitário nessa conta, os países superavitários são os países que possuem grandes frotas mercantes tais como Estados Unidos, Japão, Panamá, Libéria.

2.1.3. **Seguros:** esta conta registra o saldo líquido entre seguros recebidos e seguros pagos. Uma receita de seguros ocorre, por exemplo, quando uma seguradora no Rio de Janeiro **presta serviços** de seguro para uma empresa no Paraguai, isto é, quando nós recebemos prêmios de seguros. Uma despesa de seguros ocorre, por exemplo, quando uma empresa brasileira **contrata** serviços de seguro de uma seguradora em Londres, isto é, quando nós pagamos prêmios de seguros. O saldo da conta de seguros é dado por: seguros recebidos menos (-) seguros pagos. O Brasil é deficitário nessa conta. Os países superavitários são aqueles onde se encontram as grandes praças seguradoras internacionais tais como Londres, na Inglaterra, e Amsterdã, na Holanda.

2.1.4. **Serviços Governamentais:** esta conta registra o saldo líquido entre as receitas e despesas das embaixadas, isto é, receitas com as embaixadas no país menos (-) despesas com as embaixadas do país. Uma embaixada brasileira no exterior pode vir a ter uma eventual receita ao cobrar por serviços prestados, tais como a emissão de um passaporte, e possui despesas com a sua manutenção. O que o caro leitor acha do resultado do saldo líquido entre essas receitas e despesas? O saldo é superavitário ou deficitário? Todos os países do mundo são deficitários nessa conta.

2.1.5. **Outros Serviços Não-fatores:** saldo líquido entre receitas e despesa com outros serviços não-fatores. Exemplo: aluguéis recebidos menos (-) aluguéis pagos.

2.2. **Balanço de Serviços Fatores:** Os serviços fatores são aqueles que remuneram os fatores de produção tais como os juros que remuneram o capital financeiro, o lucro que remunera o capital de risco, as rendas do trabalho que remuneram a mão-de-obra e os *royalties* que remuneram a tecnologia.

2.2.1. **Renda do Capital**

2.2.1.a. **Juros:** essa conta registra o saldo líquido entre os pagamentos e recebimentos de juros da dívida externa. Alguns países pequenos da América Latina e da África devem recursos para o Brasil, isto é, o Brasil é um credor e, portanto, recebe juros (juros ativos) da dívida externa desses países para conosco. Por sua vez, o Brasil também deve recursos financeiros para outros países, tais como Estados Unidos e Alemanha e, portanto, paga juros (juros passivos) da sua dívida externa. O saldo da conta juros é dado por: recebimento de juros da dívida externa menos (-) pagamento de juros da dívida externa.

2.2.1.b. **Lucros:** essa conta registra o saldo líquido entre lucros recebidos e lucros enviados. Os lucros recebidos do exterior (por exemplo, lucros recebidos da filial da Camargo Corrêa em Angola) são considerados como receitas de lucro. Os lucros enviados ao exterior (por exemplo, lucros enviados pela filial da IBM no Brasil para os Estados Unidos) são considerados despesas de lucros. O saldo da conta lucros é dado por: lucros recebidos do exterior menos (-) lucros enviados ao exterior.

2.2.2. **Rendas do Trabalho**: essa conta registra o saldo líquido entre receitas de renda do trabalho e despesas de renda do trabalho. Ocorre uma receita de renda do trabalho quando residentes prestam serviços de mão-de-obra para não-residentes. Quando residentes contratam serviços de mão-de-obra de não-residentes, temos uma despesa de renda do trabalho. O saldo da conta rendas do trabalho é dado por: rendas do trabalho recebidas menos (-) rendas do trabalho pagas.

2.2.3. **Outros Serviços Fatores**: saldo líquido entre as receitas e despesas de serviços que remuneram fatores de produção e que não são rendas do trabalho e nem do capital. Por exemplo, *royalties* recebidos menos (-) *royalties* pagos.

3. **TRANSFERÊNCIAS UNILATERAIS (DONATIVOS):** saldo líquido entre as receitas de donativos recebidos e despesas de donativos cedidos. Os donativos recebidos do exterior (e também as remessas de imigrantes e reparações de guerra recebidas) são considerados receitas para o país. Os donativos enviados ao exterior (e também as remessas de imigrantes e reparações de guerra enviadas) são consideradas despesas para o país. O saldo dessa conta é então dado por: donativos recebidos menos (-) donativos cedidos.

4. **SALDO EM CONTA-CORRENTE (OU TRANSAÇÃO CORRENTE) DO BP = 1+2+3:** O quarto item do Balanço de Pagamentos é dado pelas soma dos três itens anteriores e recebe o nome de saldo em conta-corrente do BP. O **saldo em conta-corrente** (ou **saldo em transação corrente**) do Balanço de Pagamentos é dado, portanto, pela soma do Balanço Comercial (BC) com o Balanço de Serviços (BS) e com as Transferências Unilaterais (TU). Nós denotaremos o saldo em conta-corrente (ou transação corrente) pela letra **T**. Desse modo, temos que **T = BC + BS + TU**.

5. **MOVIMENTO DE CAPITAIS AUTÔNOMOS**: são os capitais que livremente entram ou saem do país. A entrada de capitais no país representa uma receita e a saída de capitais do país representa uma despesa. Registramos nessa conta o saldo líquido entre essas receitas e despesas.

5.1. **Investimentos Diretos**: essa conta registra o saldo líquido entre as receitas e despesas de investimento direto. As entradas de capitais sob a forma de aquisição de propriedades ou de aquisição de ações na bolsa de valores de empresas residentes no país são consideradas receitas. As saídas de capitais sob a forma de aquisição de propriedades ou de compra de ações de empresas de não-residentes são consideradas despesas.

5.2. **Empréstimos e Financiamentos**: essa conta registra o saldo líquido entre os empréstimos obtidos e cedidos. Os empréstimos obtidos por residentes junto a não-residentes representam uma receita pois se trata de uma entrada de capital no país. Os empréstimos cedidos por residentes a não-residentes é uma despesa, pois se trata de uma saída de capital do país. O saldo da conta empréstimo é dado por: empréstimo obtido menos (-) empréstimo cedido.

5.3. **Amortização**: saldo líquido entre amortizações recebidas e amortizações pagas. A dívida externa é composta do Principal e dos Juros. Os Juros da dívida externa são contabilizados no Balanço de serviço, enquanto as amortizações relativas ao Principal (o valor emprestado) são contabilizadas em Capitais Autônomos. Se o Brasil é credor do Paraguai e recebe parcelas de amortizações, temos então uma receita para o país. Se o Brasil deve para a Alemanha e amortiza parte dessa dívida, temos então uma despesa para o país. O saldo é dado por: amortizações recebidas menos (-) amortizações pagas.

5.4. **Reinvestimento**: contrapartida contábil de lucros reinvestidos. As contas reinvestimento (que se encontra em capitais autônomos) e lucro reinvestido, ou lucro simplesmente, (que se encontra no balanço de serviços fatores) são sempre usadas conjuntamente.

5.5. **Refinanciamento**: contrapartida contábil de juros refinanciados. As contas refinanciamento (que se encontra em capitais autônomos) e juros refinanciados, ou juros simplesmente, (que se encontra no balanço de serviços fatores) são sempre usadas conjuntamente.

5.6. **Capitais a Curto Prazo:** os capitais a curto prazo representam a moeda nacional ou títulos de curto prazo nacionais em poder de não-residentes. Quando um não-residente no Brasil compra um título do Tesouro Nacional temos uma entrada de capitais a curto prazo.

6. **ERROS E OMISSÕES:** conta de ajuste dos débitos e créditos.

7. **SALDO TOTAL DO BALANÇO DE PAGAMENTOS = 4+5+6.** O sétimo item do Balanço de Pagamentos é dado pelas somas dos itens 4, 5 e 6 e recebe o nome de saldo total do Balanço de Pagamentos. O **saldo total** do balanço de pagamento é dado, portanto, pela soma do Saldo em Conta-corrente (T) com Capitais autônomos (KA) e com Erros e Omissões (EO). Nós denotaremos o saldo total do balanço de pagamento pela letra **B**. Desse modo, temos que **B = T + KA + EO**.

8. **MOVIMENTO DE CAPITAIS COMPENSATÓRIOS (Demonstrativo de Resultado).**

8.1. **Contas de Caixa:** haveres, ouro monetário, DES e Reservas no FMI.

8.2. **Empréstimos de Regularização**: empréstimos obtidos junto ao FMI ou sob aval do FMI para regularizar as contas do país (cobrir um déficit no saldo total do Balanço de Pagamentos).

8.3. **Atrasados:** todos os compromissos vencidos e não pagos serão aqui registrados.

1.4. Síntese da Estrutura do Balanço de Pagamentos (Metodologia do BPM4)

1.   Balanço comercial $\begin{cases} \textit{Exportação} \\ \textit{Importação} \end{cases}$

2.   Balanço de Serviços

Balanço de serviços não fatores $\begin{cases} \textit{viagens} \\ \textit{fretes} \\ \textit{seguros} \\ \text{serviços governamentais} \\ \text{outros serviços não fatores} \end{cases}$

Balanço de serviços fatores $\begin{cases} \textit{juros (refinanciados)} \\ \textit{lucros (reinvestidos)} \\ \textit{rendas do trabalho} \\ \textit{outros serviços fatores} \end{cases}$

3. Transferências Unilaterais (donativos)

4. Saldo em transação corrente do BP

5. Capitais Autônomos $\begin{cases} \textit{Investimentos Diretos} \\ \textit{Empréstimos/financiamentos} \\ \textit{Amortização} \\ \textit{Refinanciamento} \\ \textit{Reinvestimento} \\ \textit{Capitais a curto prazo} \end{cases}$

6. Erros e Omissões

7. Saldo Total do BP

8. Capitais Compensatórios

8.1. Contas de caixa $\begin{cases} \textit{Haveres} \\ \textit{Ouro monetário} \\ \textit{DES} \\ \textit{Reservas no FMI} \end{cases}$

8.2. Empréstimos de Regularização

8.3. Atrasados

E de forma mais esquematizada ainda temos:

1. **BC** (balanço comercial)

2. **BS** (balanço de serviço)

3. **TU** (transferência unilateral)

4. **T** (saldo em conta-corrente do balanço de pagamento) = BC+BS+TU

5. **KA** (capitais autônomos)

6. **EO** (erros e omissões)

7. **B** (saldo total do balanço de pagamento) = T + KA + EO

8. **KC** (capitais compensatórios)

8.1. CC (**contas de caixa**): haveres, OM, DES e Reservas no FMI

8.2. ER (empréstimos de regularização)

8.3. A (Atrasados)

1.5. Classificação das Contas do BP e Registros Contábeis Segundo o Método das Partidas Dobradas

Os registros contábeis no Balanço de Pagamentos são elaborados dentro do princípio das partidas dobradas: a um débito em determinada conta deve corresponder um crédito em uma outra conta e vice-versa. Pelo fato de que as transações com o exterior são efetuadas com diversos países (portanto, várias divisas), o BP é expresso em apenas uma divisa padrão (atualmente em dólar), objetivando, assim, a homogeneização. Os países usualmente apresentam suas estatísticas do BP anualmente (ano civil). Mas é comum a apresentação de balanços trimestrais e até contas mensais que possibilitem melhor acompanhamento da evolução da situação econômica internacional do país.

As contas do Balanço Patrimonial utilizado pela Contabilidade Geral é um estoque, sendo que as contas do Ativo (bens e direitos) representam uma aplicação de recursos e possuem natureza devedora, enquanto as contas do Passivo (obrigações) representam a origem dos recursos e possuem natureza credora; de modo que o método das partidas pode ser prontamente aplicado. Cabe destacar que o balanço de pagamentos é um fluxo (como a antiga DRE – Demonstração do Resultado do Exercício, em contabilidade) e não um estoque[3], portanto, precisamos de alguma convenção para podermos utilizar o método das partidas dobradas. Com esse fim, as contas do BP são divididas em dois tipos: as **contas operacionais** e as **contas de caixa**.

As **contas operacionais** correspondem aos fatos geradores do recebimento ou da transferência de recursos ao exterior, por exemplo: exportações, importações, fretes, seguros, juros, dividendos, investimentos, transferências unilaterais, empréstimos, amortizações etc. Quando o fato gerador da transação dá origem a uma entrada de recursos para o país, a conta operacional correspondente é creditada (ou seja, lançada com sinal positivo). Quando origina uma saída de recursos, a conta operacional é debitada pelo valor correspondente (lançamento com sinal negativo). Portanto, registra-se com sinal positivo (+) as transações que resultam em entrada de divisas. Por outro lado, registra-se com sinal negativo (-) as transações que resultam em saída de divisas. Quando uma conta operacional é creditada, isso representa um aumento dos ativos ou uma diminuição das obrigações do país para com os não-residentes; já quando se debita uma conta operacional, isso significa uma diminuição de divisas ou aumento das obrigações do país com o resto do mundo.

As **contas de caixa** registram o movimento dos meios de pagamento internacionais à disposição do país, e obedecem à sistemática usual de contabilidade das empresas para as contas patrimoniais: lança-se a débito o aumento e a crédito a diminuição no saldo de cada um dos itens relacionados. As únicas contas de caixa no Balanço de Pagamentos são: **(i) haveres a curto prazo no exterior; (ii) ouro monetário; (iii) direitos especiais de saque; e (iv) posição de reservas no FMI**. As contas de caixa: aumentam seu saldo por débito e diminuem seu saldo por crédito.

---

[3] Os conceitos de variáveis de fluxo e de estoque serão vistos no Capítulo 2, sobre Contabilidade Nacional.

Isto é, se a operação representou uma entrada de divisas (uma receita) para o país as contas de caixa são debitadas (-). Se a operação representa uma saída de divisas (uma despesa) para o país as contas de caixa são creditadas (+). Em outras palavras, quando uma conta de caixa é creditada (recebe um sinal positivo), isso representa uma saída de divisas (representa um pagamento) e quando uma conta de caixa é debitada (recebe um sinal negativo) isso representa uma entrada de divisas (representa um recebimento).

Em resumo, no BP, existem duas categorias de contas:

(i) **As contas de caixa,** que registram se efetivamente entrou ou saiu meios internacionais de pagamento no país (isto é, se entrou ou saiu do país haveres, ouro monetário, DES ou reservas no FMI). **Só existem quatro contas de Caixa no balanço de pagamento: haveres a curto prazo no exterior, ouro monetário, DES e reservas no FMI. Todas as demais contas do balanço de pagamento são contas operacionais.**

(ii) **As contas operacionais,** que registram os **fatos geradores** que dão origem à entrada ou saída de meios internacionais de pagamento (haveres, ouro monetário, DES e reservas no FMI). Por exemplo, as operações de exportações de bens, de recebimento de juros, de recebimento de lucros, de entrada de capitais dão origem à entrada de meios internacionais de pagamento no país. Já as operações de importações de bens, de pagamentos de juros e de investimentos de residentes no exterior dão origem à uma saída de meios internacionais de pagamento.

Apresentamos a seguir um resumo e a classificação das contas do BP como contas operacionais e de caixa:

1. **BC** (balanço comercial): **conta operacional**

2. **BS** (balanço de serviço): **conta operacional**

3. **TU** (transferência unilateral): **conta operacional**

4. **T** (saldo em conta-corrente do balanço de pagamento) = BC+BS+TU: **conta operacional**

5. **KA** (capitais autônomos): **conta operacional**

6. **EO** (erros e omissões): **conta operacional**

7. **B** (saldo total do balanço de pagamento) = T + KA + EO: **conta operacional**

8. **KC** (capitais compensatórios): **conta operacional**

    8.1. **CC** (**contas de caixa**): haveres, OM, DES e Reservas no FMI

    8.2. **ER** (empréstimos de regularização): **conta operacional**

    8.3. **A** (atrasados): **conta operacional**

Ou seja, para os lançamentos temos:

	Tipos de Contas	
	Contas Operacionais	**Contas de Caixa**
Receita: entrada de divisas (de reservas)	Crédito (+)	Débito (–)
Despesa: saída de divisas (de reservas)	Débito (–)	Crédito (+)

1.6. As Subcontas das Contas de Caixa: Lançamentos de Ajustes na metodologia do BPM4

As contas de caixa (haveres, ouro monetário, DES e reservas no FMI) possuem subcontas utilizadas para realizar lançamentos de ajustes tais como:

(i) valorizações e desvalorizações de haveres, do ouro monetário, do DES e das reservas no FMI;

(ii) monetizações (compra) e desmonetizações (venda) do ouro monetário;

(iii) alocações(compra) e cancelamentos (venda) de DES;

(iv) variação total de haveres, do ouro monetário, do DES e das reservas no FMI: registra o saldo total das respectivas contas, isto é, representa a própria conta. As contas de caixa, portanto, podem ser "abertas" da seguinte maneira:

1.   Haveres

     1.1. Variação Total: registra o saldo total da conta haveres.

     1.2. Contrapartida para valorização/desvalorização.

2.   Ouro Monetário

     2.1. Variação Total: registra o saldo total da conta ouro monetário.

     2.2. Contrapartida para valorização/desvalorização.

     2.3. Contrapartida para monetização/desmonetização.

3.   DES

     3.1. Variação Total: registra o saldo total da conta DES.

     3.2. Contrapartida para valorização/desvalorização.

     3.3. Contrapartida para alocação/cancelamento.

4.   Posição de Reservas no FMI

     4.1. Variação Total: registra o saldo total da conta reservas no FMI.

     4.2. Contrapartida para valorização/desvalorização.

As contrapartidas para valorização, monetização e alocação são sempre creditadas, enquanto as contrapartidas para desvalorização, desmonetização e cancelamento são sempre debitadas. A variação total é utilizada como contrapartida contábil dessas contrapartidas.

1.7. Exemplos de Lançamentos na Metodologia do BPM4

Avisamos ao leitor que para fazer os lançamentos contábeis no BP não há necessidade, na prática, de se preocupar em atender tanto o critério das contas operacionais (aumenta saldo por crédito e diminui saldo por débito) quanto ao critério de lançamento das contas de caixa (aumenta saldo por débito e diminui saldo por crédito). Devemos fazer o lançamento em uma conta utilizando apenas o respectivo critério, e a correspondente contrapartida contábil será realizada na outra conta simplesmente trocando-se o sinal.

A seguir, daremos exemplos de lançamentos. Pedimos ao leitor que tenha muita atenção nos lançamentos em negrito (4, 19, 20, 25, 26, 33, 34, 39, 40): são *"**armadilhas**"* que costumam ser muito cobradas em prova pelo fato de esses lançamentos alterarem alguns saldos do Balanço de Pagamentos.

1. Exportação de mercadorias. O Brasil exporta mercadorias no valor de 100 e recebe em moeda forte:

   Exportação: +100

   Haveres: -100

2. Exportação de bens. O Brasil exporta bens no valor de 100 e recebe metade em moeda forte e metade em DES:

   Exportação: +100

   Haveres: -50

   DES: -50

3. Importação de bens. O Brasil importa bens no valor de 100 e paga metade sob a forma de moeda forte e metade em ouro:

   Importação: -100

   Haveres: +50

   Ouro monetário: +50

4. Permuta de mercadorias. O Brasil importa automóveis no valor de 100 pagando com madeira de pinho:

   Exportação: +100

   Importação: -100

5. Pagamento de juros da dívida externa. O Brasil paga juros de sua dívida externa para credores no exterior no valor de 100, metade sob a forma de reservas no FMI e metade em moeda forte:

   Juros: -100

   Haveres: +50

   Reservas no FMI: +50

6. Recebimento de juros da dívida externa. O Brasil recebe da Bolívia juros da dívida externa boliviana junto a residentes no Brasil no valor de 100, em moeda forte: Juros: +100

   Haveres: -100

7. Recebimento de lucros. A Camargo Corrêa recebe, de sua filial no exterior, lucros no total de 10 milhões de dólares:

   Lucros: +10

   Haveres: -10

8. Envio de lucros. A IBM do Brasil envia para o exterior 20 milhões de dólares: Lucros: -20

   Haveres: +20

9. Pagamento de fretes. A Petrobras paga frete de navio petroleiro no valor de 100, à vista: Fretes: -100

Haveres: +100

10. Recebimento de fretes. A Loyd do Brasil recebe frete de navio alugado para a Bolívia no valor de 100, à vista:

Fretes: +100

Haveres: -100

11. Pagamento de seguro. Residentes no Brasil pagam prêmios de seguros para seguradoras no exterior no valor de 20, em moeda forte:

Seguro: -20

Haveres: +20

12. Recebimento de seguro. Seguradora residente no Brasil recebe prêmios deseguros de firma por prestar serviços para uma empresa no Paraguai no valor de 20, em moeda forte:

Seguro: +20

Haveres: -20

13. Despesas com serviços governamentais. Embaixadas e Consulados brasileiros no exterior gastam 10 milhões de dólares:

Serviços governamentais: -10

Haveres: +10

14. Receitas de renda do trabalho. Carpinteiro presta serviço de mão-de-obra para a embaixada americana em Brasília, no valor de 10, recebendo à vista:

Rendas do trabalho: +10

Haveres: -10

15. Despesas com rendas do trabalho. Um trabalhador uruguaio presta serviço de mão-de-obra para uma firma em Uruguaiana no valor de 10 e a firma paga em moeda forte:

Rendas do trabalho: -10

Haveres: +10

16. Pagamento de *royalties*. O Brasil paga 10 milhões de dólares em *royalties*:

Outros serviços fatores: -10

Haveres: +10

17. Recebimento de donativos em moeda forte. Uma ONG no Rio de Janeiro recebe de uma organização da Alemanha 1 milhão de dólares:

Transferências unilaterais: +1

Haveres: -1

18. Doação em moeda forte. Uma entidade filantrópica no Rio Grande do Sul doa 100 mil dólares para uma ONG no Paraguai:

Transferências unilaterais: -100

Haveres: +100

19. **Recebimento de donativos em mercadoria**. Uma ONG no Rio de Janeiro recebe de uma organização da Alemanha um milhão de dólares em remédios: Transferências unilaterais: +1

Importação: -1

20. **Doação em mercadorias**. O Brasil doa um milhão de dólares em remédios e alimentos para socorrer vítimas de terremoto na Nicarágua:

Transferências unilaterais: -1

Exportação: +1

21. Recebimento de remessa de imigrantes. Uma família de Governador Valadares recebe de um parente nos Estados Unidos 3 mil dólares:

Transferências unilaterais: +3

Haveres: -3

22. Envio de remessa de imigrantes. Um português, morador do Bairro de São Cristóvão no Rio de Janeiro, envia para seus familiares em Beira-Alta (Portugal) 2 mil dólares:

Transferências unilaterais: -2

Haveres: +2

23. Recebimento de reparações de guerra. Uma senhora de origem hebraica recebe do Governo da Alemanha dois mil dólares como reparação de guerra: Transferências unilaterais: +2

Haveres: -2

24. Pagamento de reparações de guerra. O Japão paga para famílias na China 10 milhões de dólares como reparação de guerra, no BP do Japão:

Transferências unilaterais: -10

Haveres: +10

25. **Migração com entrada de bens**. Um brasileiro ao retornar para o Brasil traz um iate no valor de US$ 2 milhões:

    Transferências unilaterais: +2

    Importação: -2

26. **Migração com entrada de direitos**. Um brasileiro ao retornar para o Brasil traz consigo, ações e títulos americanos no valor de US$ 3 milhões.

    Transferências unilaterais: + 3

    Empréstimos: -3

27. **Migração com entrada de obrigações**. Um brasileiro ao retornar para o Brasil traz consigo dívidas e outras obrigações no valor US $4 milhões:

    Transferências unilaterais: - 4

    Empréstimos: + 4

28. **Migração com saída de bens**. Uma brasileira, ao emigrar para a Espanha, leva consigo joias no valor de US $ 2 milhões:

    Transferências unilaterais: -2

    Exportação: +2

29. **Migração com saída de direitos**. Um brasileiro, ao emigrar para a Espanha, leva consigo títulos do Tesouro Nacional Brasileiro no valor de RS 3 milhões:

    Transferências unilaterais: -3

    Empréstimos: +3

30. **Migração com saída de obrigações**. Um brasileiro, ao emigrar para a Espanha, leva consigo dívidas e outras obrigações no valor R$ 4 milhões:

    Transferências unilaterais: + 4

    Empréstimos: - 4

31. Aquisição de propriedade no exterior por parte de residentes. Um brasileiro compra uma vila na Itália por 4 milhões de dólares:

    Investimento direto: -4

    Haveres: +4

32. Aquisição de propriedade no país por parte de não-residentes. Um milionário árabe compra uma fazenda no Brasil por 2 milhões de dólares:

Investimento direto: +2

Haveres: -2

33. Entrada de investimentos diretos sob a forma de participação acionária. Um investidor nova--iorquino compra ações da Vale do Rio Doce no valor de 20 mil dólares:

Investimento direto: +20

Haveres: -20

34. Saída de investimentos diretos sob a forma de participação acionária. Um investidor brasileiro compra ações da Exxon no valor de 20 mil dólares:

Investimento direto: -20

Haveres: +20

35. Entrada (recebimento) de investimentos diretos (de risco). Não-residentes investem no país 20 milhões de dólares:

Investimento direto: +20

Haveres: -20

36. Saída (pagamento) de investimentos diretos (de risco). Residentes no país investem no exterior 20 milhões de dólares:

Investimento direto: -20

Haveres: +20

37. **Entrada de investimentos diretos sem cobertura cambial**. Ingressam no país, sob a forma de investimentos diretos, máquinas e equipamentos no valor de 3 milhões de dólares:

Investimento direto: +3

Importação: -3

38. **Saída de investimentos diretos sem cobertura cambial**. Saem do país, sob a forma de investimentos diretos, máquinas e equipamentos no valor de 3 milhões de dólares:

Investimento direto: -3

Exportação: +3

39. Recebimentos de empréstimos de não-residentes. Residentes no país obtêm empréstimos de não-residentes no valor de 10 milhões de dólares:

Empréstimos/financiamentos: +10

Haveres: -10

40. Concessão de empréstimos a não-residentes. Residentes no país cedem empréstimos a não--residentes no valor de 10 milhões de dólares:

Empréstimos/financiamentos: -10

Haveres: +10

41. Recebimento de amortização. O Brasil recebe da Bolívia amortização do principal de sua dívida para com o Brasil no valor de 10 milhões de dólares:

Amortização: +10

Haveres: -10

42. Pagamento de amortização. O Brasil paga para os Estados Unidos amortização do principal de sua dívida no valor de 10 milhões de dólares:

Amortização: -10

Haveres: +10

43. **Reinvestimento:** A IBM do Brasil reinveste no país 10 milhões de dólares:

Reinvestimento: +10

Lucro (reinvestido): -10

44. **Refinanciamento.** O Brasil refinancia parcela de juros da sua dívida com os Estados Unidos no valor de 10 bilhões de dólares:

Refinanciamento: +10

Juros (refinanciados): -10

45. Atrasados. O país deixa de pagar juros no valor de 10: Juros: -10

Atrasados: +10

46. Atrasados. Vencem fretes no valor de 10. O país paga apenas 8, sendo metade em moeda forte e metade em DES:

Fretes: -10

Haveres: +4

DES: +4

Atrasados: +2

47. Recebimento de empréstimos de regularização. O país obtém junto ao FMI 6 bilhões de dólares para cobrir déficit no saldo total do Balanço de Pagamento: Empréstimo de Regularização: +6

Haveres: -6

48. Pagamento de empréstimo de regularização. O país paga em moeda forte empréstimo de regularização obtido junto ao FMI no valor de 4 bilhões de dólares:

    Amortização: -4

    Haveres: +4

    OBS.: por convenção, o pagamento de todo empréstimo, inclusive de regularização, deve ser escriturado na conta de amortização.

49. Monetização no mercado interno. Banco Central compra ouro de garimpeiros em Serra Pelada no valor de 10 milhões de dólares:

    Variação total de ouro monetário: -10

    Contrapartida para monetização: +10

50. Desmonetização no mercado interno. Banco Central vende ouro para uma indústria de São Paulo no valor de 10 milhões de dólares:

    Variação total de ouro monetário: +10

    Contrapartida para desmonetização: -10

51. Monetização no mercado externo. O Bacen compra ouro no exterior com o objetivo de aumentar suas reservas em ouro no valor de 10 milhões de dólares:

    Variação total de ouro monetário: -10

    Contrapartida para monetização: +10

    Importação: -10

    Haveres: +10

52. Desmonetização no mercado externo. O Bacen vende ouro no exterior diminuindo suas reservas em ouro no valor de 10 milhões de dólares:

    Variação total de ouro monetário: +10

    Contrapartida para desmonetização: -10

    Exportação: +10

    Haveres: -10

53. Importação de ouro não-monetário. Uma indústria do Rio de Janeiro compra ouro no exterior para utilizar como insumo em sua linha de produção no valor de 10 milhões de dólares:

    Importação: -10

    Haveres: +10

54. Exportação de ouro não-monetário. Um artista da França compra ouro no Brasil para utilizar em suas esculturas, no valor de 10 milhões de dólares:

Exportação: +10

Haveres: -10

Vamos resolver a seguir uma questão de concurso público relativa aos lançamentos estudados acima:

(ESAF/Analista de Planejamento e Orçamento/2003) - Considere os seguintes lançamentos realizados entre residentes e não residentes de um país, num determinado período de tempo, em unidades monetárias:

- **O país exporta mercadorias no valor de 100, recebendo a vista**
- **O país importa mercadorias no valor de 50, pagando a vista**
- **O país realiza pagamentos a vista referente a juros, lucros e aluguéis, no valor de 50**
- **Ingressam no país, sob a forma de investimentos diretos, 20 sob a forma de máquinas e equipamentos**
- **O país paga 50 referente a despesas com transportes**
- **O país recebe empréstimos no valor de 100**

Com base nestas informações, o país apresentou:

a) saldo total nulo no balanço de pagamentos

b) déficit no balanço de pagamentos de 100

c) superávit em transações correntes de 70

d) superávit na balança comercial de 50

e) superávit no balanço de pagamentos de 50

Solução:

A resposta é a letra "e", conforme os lançamentos a seguir:

a) o país exporta mercadorias no valor de 100, recebendo a vista

Débito: Haveres (capitais compensatórios) = - 100

Crédito: Exportações (balança comercial) = + 100

b) o país importa mercadorias no valor de 50, pagando a vista

Débito: Importações (Balança Comercial) = - 50

Crédito: Haveres (capitais compensatórios) = + 50

c) o país realiza pagamentos a vista referente a juros, lucros e aluguéis, no valor de 50

Débito: Balança de Serviços Fatores = -50

Crédito: Haveres (capitais compensatórios) = + 50

d) ingressam no país, sob a forma de investimentos diretos, 20 sob a forma de máquinas e equipamentos

Débito: Importações (balança comercial) = - 20

Crédito: Investimentos Diretos (capitais compensatórios) = + 20

e) o país paga 50 referente a despesas com transportes

Débito: Balança de Serviços Não-Fatores = -50

Crédito: Haveres (capitais compensatórios) = + 50

f) o país recebe empréstimos no valor de 100

Débito: Haveres (capitais compensatórios) = -100

Crédito: Empréstimo (capitais autônomos): + 100

Veja, a seguir, como ficam os lançamentos contábeis no balanço de pagamentos:

1. Balanço comercial $\begin{cases} Exportação = +100^{(a)} \\ Importação = -50^{(b)} -20^{(d)} \end{cases}$

$$\overline{BC = +30}$$

2. Balanço de Serviços: $\begin{cases} BSF = -50^{(c)} \\ BSNF = -50^{(e)} \end{cases}$

$$\overline{BS = -100}$$

3. Transferências Unilaterais (donativos): $TU = 0$

4. Saldo em transação corrente do BP: $T = (+30) + (-100) + (0) = -70$

5. Balanço comercial $\begin{cases} Investimentos\ Diretos = +20^{(d)} \\ Empréstimos = +100 \end{cases}$

$$\overline{K_A = +120}$$

6. Erros e Omissões = 0

7. Saldo Total do BP = $(-70) + (+120) + (0) = +50$

8. Capitais Compensatórios: $\begin{cases} Haveres \begin{cases} -100^{(a)} +50^{(b)} +50^{(c)} \\ +50^{(e)} -100^{(f)} \end{cases} \end{cases}$

$$\overline{K_C = -50}$$

2. VARIAÇÃO DAS RESERVAS INTERNACIONAIS (ΔRES) NA METODOLOGIA DO BPM4

A variação das reservas internacionais é dada pela equação:

$$\Delta REs = B + ER + A + C$$

Onde: B = saldo total do balanço de pagamento, ER = empréstimos de regularização; A = atrasados; C = saldo das contrapartidas.

As contrapartidas para valorização, monetização do ouro monetário e alocação de DES são aqui tomadas como positivas, e as contrapartidas para desvalorização, desmonetização do ouro monetário e cancelamento de DES são aqui tomadas como negativas.

Note que, se ΔRes é negativa, isso significa uma redução do nível das reservas internacionais do país. Por outro lado, se ΔRes é positiva, isso significa um aumento do nível das reservas internacionais do país. Suponha que determinado país teve um superávit no saldo total do balanço de pagamentos de 100, isto é, B = +100, e que não houve operações de empréstimo de regularização, nem atrasados, nem contrapartida para valorização/desvalorização, nem monetização/desmonetização de ouro monetário, nem alocação/cancelamento de DES. Dessa forma, temos:

$$\Delta Res = B + ER + A + C \Rightarrow \Delta Res = 100 + 0 + 0 + 0 \Rightarrow \Delta Res = 100$$

Exemplo: Considere os seguintes dados para um país.

Déficit no balanço de pagamentos = 100

Monetização de ouro = 30

Desmonetização do ouro = 20

Atrasados = 10

Determine, pela antiga metodologia, a variação de reservas.

Solução: temos que B=-100, ER = 0, A = 10 e C = 30 − 20 = 10 logo $\Delta Res = B + ER + A + C \Rightarrow \Delta Res = -100 + 0 + 10 + 10 \Rightarrow \Delta Res = -80$

OBSERVAÇÃO:

Devemos alertar o leitor para a seguinte situação. Na **nova metodologia** do balanço de pagamento adotada a partir de 2001, o último item do BP foi inicialmente chamado pelo próprio Bacen de Variação de Recursos Internacionais visto que os empréstimos de regularização e os atrasados na nova metodologia foram reclassificados para a conta financeira, na subconta Outros Investimentos. Porém, isto leva a algumas interpretações errôneas no sentido de que, se o saldo total do balanço de pagamentos é superavitário em 100, pelo método das partidas dobradas, este último item do balanço de pagamentos, isto é, a rubrica Variação das Reservas Internacionais, deve ser negativa. Mas isto, obviamente, não significa que houve uma redução de Reservas, e sim um aumento. Logo, o saldo negativo refere-se apenas ao lançamento contábil.

Outra maneira de se calcular a variação das reservas é através da fórmula:

$$\Delta RES = - (SALDO\ DA\ CONTA\ CAIXA) + C$$

Ou seja, como as contas de caixa representam a variação das reservas internacionais acrescidas dos ajustes (registrados nas respectivas contrapartidas) de monetização/desmonetização de ouro monetário, alocação/cancelamentos de DES e valorização/desvalorização das rubricas da conta de caixa, para se calcular a variação das reservas devemos:

(i) calcular o saldo da conta caixa;

(ii) trocar o sinal do saldo da conta caixa;

(iii) calcular o saldo de contrapartidas, lembrando que devemos ter o cuidado de imputar um sinal positivo para as contrapartidas de valorização, monetização e alocação e imputar um sinal negativo para as contrapartidas de desvalorização, desmonetização e cancelamento;

(iv) somar o saldo da conta caixa com sinal invertido com o saldo de contrapartidas.

3. PRINCIPAIS IDENTIDADES DO BALANÇO DE PAGAMENTOS NA METODOLOGIA DO BPM4

Apresentaremos a seguir as principais relações que envolvem os itens do Balanço de Pagamentos. Elas são em número de 8 e ainda são cobradas em prova.

$$T = BC + BS + TU$$

O saldo em conta-corrente (T) (ou saldo em transição corrente do Balanço de Pagamento) é igual à soma do balanço comercial (BC), com o balanço de serviço (BS) e das transferências unilaterais (TU)

$$B = T + K_A + EO$$

O saldo total do Balanço de Pagamentos (B) é igual à soma do saldo em conta corrente do Balanço de Pagamentos (T) mais Capitais Autônomos (KA) mais Erros e Omissões (EO).

$$K_C = CC + ER + A$$

O capital Compensatório (demonstrativo de resultado) é dado pela soma da conta de caixa (CC), dos Empréstimos de Regularização (ER) e de Atrasos (A).

$$T + K_A + K_C = 0, \text{ considerando } EO = 0$$

A soma algébrica do Saldo em Contra-Corrente do Balanço de Pagamentos (T) mais Capitais Autônomos (K_A) mais Capitais Compensatórios (K_C) é igual a zero, salvo erro e omissões.

$$T = - (K_A + K_C), \text{ considerando } EO = 0$$

O saldo em Conta-Corrente do Balanço de Pagamentos (T) é igual à soma de Capitais Autônomos (K_A) mais Capitais Compensatórios (K_C), com sinal trocado, salvo erros e omissões.

$$B + K_C = 0$$

A soma algébrica do Saldo Total do Balanço (B) com Capital Compensatório (K_C) é zero.

$$B = -K_C$$

O Saldo Total do Balanço (B) iguala com sinal trocado o Capital Compensatório (K_C)

$$T + K_A + K_C + EO = 0$$

A soma algébrica do Saldo em Conta Corrente do Balanço de Pagamentos (T) mais Capitais Autônomos (K_A) mais Capitais Compensatórios (K_C) mais Erros e Omissões (EO) é igual a zero.

3.1. EXERCÍCIOS DE FIXAÇÃO

1. **Considerando os dados a seguir, calcule o saldo em conta-corrente do balanço de pagamentos (T)**

   Balança comercial (BC) = 300

   Balança de serviços não fatores (BSNF) = -150

   Balança de serviços fatores (BSF) = -400

   Transferências unilaterais (TU) = +200

Solução:

$BS = BSF + BSNF = -150 - 400 = -550$

$T = BC + BS + TU = 300 - 550 + 200 = -50$.

Assim, teremos um déficit em conta-corrente do balanço de pagamentos de 50.

2. **Calcule o saldo da balança de serviços, considerando os dados a seguir:**

   Balança comercial = 100

   Déficit em conta corrente do balanço de pagamentos = 300

   Transferências unilaterais = 50

Solução:

Como o país teve um déficit em conta-corrente do balanço de pagamentos, então o saldo em conta-corrente do balanço de pagamentos é negativo, isto é: $T = -300$. Assim, teremos:

$T = BC + BS + TU \Rightarrow -300 = 100 + BS + 50 \Rightarrow -300 = BS + 150 \Rightarrow BS = -300 - 150 \Rightarrow BS = -450$

3. **Calcule o Saldo Total do Balanço de Pagamentos (B) e o Saldo de Capitais Compensatórios (K_c), conforme dados a seguir:**

   Saldo em conta-corrente do balanço de pagamentos (T) = 300

   Capitais Autônomos (K_A) = 200

   Erros e Omissões (EO) = 100

Solução:

$B = T + K_A + EO = 300 + 200 + 100 = 600$

$K_C = -B = -600$

4. **Com base nos dados a seguir, calcule o saldo de capitais autônomos:**

   Saldo total do balanço de pagamentos (B) = 200

   Déficit em conta-corrente do balanço de pagamentos (T) = 300

   Erros e Omissões (EO) = 50

Solução:

Sabemos que $T = -300$. Logo, teremos:

$B = T + K_A + EO \Rightarrow 200 = -300 + K_A + 50 \Rightarrow K_A = 200 + 300 - 50 \Rightarrow K_A = 450$

5. **Se o Saldo Total do Balanço de Pagamentos (B) é 300, calcule o saldo de capitais compensatórios (K_c).**

Solução:

$$K_C = - B = -300$$

6. **Considerando os dados a seguir, calcule o saldo total do balanço de pagamentos (B):**
   Saldo da conta de caixa (CC) = -400
   Empréstimos de regularização (ER) = 200
   Atrasados (A) = 100

Solução:

$$K_C = CC + ER + A$$
$$K_C = -400+200+100 = -100$$
$$B = - K_C = +100$$

7. **Calcule o saldo em conta-corrente do balanço de pagamentos (T), com base nas informações a seguir transcritas:**
   Capital compensatório (K_C) = 200
   Capital autônomo (K_A) = -300

Solução:

Considerando que o saldo em Erros e Omissões é nulo, teremos:

$$T + K_A + K_C = 0 \Rightarrow T - 300 + 200 = 0 \Rightarrow T = 100.$$

8. **Calcule o saldo de capital autônomo (K_A) sabendo que:**
   Déficit em conta-corrente do balanço de pagamentos (T) = 200
   Capital compensatório (K_C) = 100

Solução:

Considerando Erros e Omissões igual a zero, teremos:

$$T + K_A + K_C = 0 \Rightarrow -200 + K_A + 100 = 0 \Rightarrow K_A = 100$$

9. **Considere os seguintes dados para uma economia hipotética:**
   Saldo em conta-corrente do balanço de pagamentos (T) = 300
   Capitais autônomos (K_A) = -200
   Capitais compensatórios (K_C) = -120
   Calcule o saldo de Erros e Omissões.

Solução:

Se não houvesse Erros e Omissões, teríamos que $T + K_A + K_C = 0$, ou seja, $T = - (K_A + K_C)$. Como o saldo em conta-corrente do balanço de pagamentos ($T = 300$) é diferente da conta de capitais ($K_A + K_C = -320$), então a rubrica Erros e Omissões é diferente de zero, e teremos então:

$T + K_A + K_C + EO = 0 \Rightarrow 300 + (-200-120) + EO = 0 \Rightarrow 300 - 320 + EO = 0 \Rightarrow -20 + EO = 0 \Rightarrow EO = 20$.

3.2. FORMA ALTERNATIVA DE APRESENTAÇÃO DO SALDO EM CONTA-CORRENTE DO BALANÇO DE PAGAMENTOS NA METODOLOGIA DO BMP4

Caros leitores, apresentaremos agora uma forma alternativa de apresentação do saldo em conta-corrente do Balanço de Pagamentos. Este item é relevante pois faremos aqui uma série de definições e relações que são importantes tanto para questões sobre Balanço de Pagamentos como para entender corretamente as contas nacionais, tema que será abordado nos próximos capítulos. Como você está lembrado, a estrutura do saldo em conta-corrente (ou transação corrente) é dado por:

1. Balanço Comercial BC

2. Balanço de serviços (BS) $\begin{cases} \text{não fatores (BSNF)} \\ \text{fatores (BSF)} \end{cases}$

3. Transferências Unilaterais (TU)

4. Saldo em conta-corrente do BP (T) = BC + BS + TU

Nessa estrutura, a divisão entre balança comercial e balança de serviços é o critério da tangibilidade, pois na balança comercial registramos o saldo das exportações sobre as importações de bens (de mercadorias) que são tangíveis. Já no balanço de serviços, registramos o saldo das exportações sobre as importações de serviços que são intangíveis. Mas o que importa para um país são os recursos (as divisas) que obtém e não a forma como foi obtida, ou seja, não importa se essas divisas, por exemplo, são obtidas com exportação de soja ou de receitas com turismo internacional. Portanto, faremos agora uma reformulação da estrutura anterior:

3.2.1. *A Transferência Líquida de Recursos para o Exterior e o Hiato do Produto (H)*

A soma do balanço comercial (BC) com o balanço de serviços não-fatores (BSNF) é denotada por **H** e recebe dois nomes, caso seja positivo ou negativo. Quando **H** é positivo, recebe o nome de **Transferência Líquida de Recursos para o Exterior**; e quando **H** é negativo, recebe o nome de **Hiato do produto.**

$$H = BC + BSNF$$

Onde:
BC = Balanço Comercial
BSNF = Balanço de Serviços não Fatores
H > 0: Transferência Líquida de Recursos para o Exterior
H < 0: Hiato do Produto

Exercício 1: **considere os seguintes dados para uma economia hipotética:**

(1) Balança Comercial (BC) = 100

(2) Balança de Serviços não Fatores (BSNF) = -180

Calcule H.

Solução:

H = BC + BSNF = 100 – 180 = -80

Como H é negativo, temos um hiato do produto de 80.

Exercício 2: Considere os seguintes dados para uma economia hipotética:

(1) Balança Comercial (BC) = 200

(2) Balança de Serviços não Fatores (BSNF) = 50

Calcule H.

Solução:

H = BC + BSNF = 200 + 50 = 250

Como H é positive, temos uma transferência líquida de recursos para o exterior de 250.

Exercício 3: Considere os seguintes dados para uma economia hipotética:

(1) Exportações de Bens (FOB) = 300

(2) Importações de Bens (FOB) = 250

(3) Receitas do Balanço de Serviços não Fatores = 400

(4) Despesas do Balanço de Serviços não Fatores = 500

Calcule H.

Solução:

BC = X – M = 300 – 250 = 50

BSNF = Receitas do BSNF – Despesas do BSNF = 400 – 500 = -100

H = BC + BSNF = 50 + (-100) = 50 – 100 = -50

Ocorre, portanto, um hiato do produto de 50 pois H é negativo.

3.2.2. *Exportações de Bens e de Serviços Não-Fatores (X_{nf})*

$$X_{nf} = \text{Exportação de Bens (FOB)} + \text{receitas do BSNF}$$

A exportação de bens e serviços não-fatores (Xnf) é dada pela soma das exportações de bens do balanço comercial com as exportações de serviços não-fatores (receitas do balanço de serviços não-fatores), ou seja:

Xnf = Exportação FOB + receitas de viagens + receitas de fretes + receitas de seguros + receitas de serviços governamentais + receitas de outros serviços não-fatores.

Exercício 1: considere os seguintes dados para uma economia hipotética:

Exportação de bens (FOB) = 100

Receitas de viagens = 20

Receitas de fretes = 30

Receitas de seguros = 40

Receitas de serviços governamentais = 50

Receitas de outros serviços não fatores = 60

Calcule as exportações de bens e serviços não fatores (Xnf).

Solução:

X = Exportação de bens (FOB) = Receita da BC = 100

Xsnf = Exportação de serviços não fatores = receitas do BSNF = 20+30+40+50+60 = 200

Xnf = Exportação de bens e serviços não fatores = X + Xsnf = 100 + 200 = 300

3.2.3. *Importações de Bens e de Serviços Não-Fatores (Mnf)*

$$M_{nf} = \text{Importação de Bens (FOB) + despesas do BSNF}$$

A importação de bens e serviços não-fatores (Mnf) é dada pela soma das importações de bens do balanço comercial com as importações de serviços não-fatores (despesas do balanço de serviços não-fatores), ou seja:

M_{nf} = **Importação FOB + despesas de viagens + despesas de fretes + despesas de seguros + despesas de serviços governamentais + despesas de outros serviços não-fatores.**

Exemplo 1: considere os seguintes dados para uma economia hipotética:

Importação de bens (FOB) = 500

Despesas de viagens = 40

Despesas de fretes = 60

Despesas de seguros = 80

Despesas de serviços governamentais = 100

Despesas de outros serviços não fatores = 120

Calcule as importações de bens e serviços não fatores (Mnf).

Solução:

M = importações de bens (FOB) = despesa da BC = 500

Msnf = importações de serviços não fatores = despesa do BSNF = 40+60+80+100+120 = 400

Mnf = Exportação de bens e serviços não fatores = M + Msnf = 500 + 400 = 900

3.2.4. *Fórmula Alternativa para H*

$$H = X_{nf} - M_{nf}$$

X_{nf} = Exportação de bens e serviços não fatores

M_{nf} = Importação de bens e serviços não fatores

Prova:

$H = BC + BSNF$

$H = (Xbens - Mbens) + (Xsnf - Msnf)\ H = (Xbens + Xsnf) - (Mbens + Msnf)\ H = Xnf - Mnf$

Sabemos que a soma do balanço comercial com o balanço de serviço não-fatores é denotada por **H**. O valor de **H** também é dado pela diferença entre as exportações de bens e serviços não-fatores (Xnf) e as importações de bens e serviços não-fatores (Mnf). O excesso das exportações de bens e serviços não-fatores sobre as importações de bens e serviços não-fatores chama-se transferência líquida de recursos para o exterior. O excesso das importações de bens e serviços não-fatores sobre as exportações de bens e serviços não-fatores chama-se hiato do produto.

Quando **H** é positivo, as exportações de bens e serviços não-fatores são maiores que as importações de bens e serviços não-fatores (Xnf > Mnf), consequentemente, o país está transferindo liquidamente recursos (bens e serviços não-fatores) para o exterior e, portanto, H recebe o nome de transferência líquida de recursos para o exterior.

Quando **H** é negativo, as importações de bens e serviços não-fatores são maiores que as exportações de bens e serviços não-fatores (Mnf > Xnf), consequentemente, o país está importando mais do que exportando recursos (bens e serviços não-fatores) para o exterior pois há um *gap* (um hiato) na produção, portanto, H recebe o nome de hiato do produto.

Exercício 1: considere os seguintes dados para uma economia hipotética.

(1) Exportações de bens e serviços não fatores (Xnf) = 300

(2) Importações de bens e serviços não fatores (Mnf) = 400

Calcule H.

Solução:

H = Xnf – Mnf = 300 – 400 = -100

Ocorre um hiato do produto de 100, pois H é negativo.

Exercício 2: considere os seguintes dados para uma economia hipotética.

(1) Exportações de bens e serviços não fatores (Xnf) = 500

(2) Importações de bens e serviços não fatores (Mnf) = 300

Calcule H.

Solução:

H = Xnf – Mnf = 500 – 300 = 200

Ocorre uma transferência líquida de recursos para o exterior de 200, pois H é positivo.

Exercício 3: considere os seguintes dados para uma economia hipotética.

(1) Exportações de bens (FOB) = Receitas da BC = X = 500

(2) Importações de bens (FOB) = Despesas da BC = M = 400

(3) Exportações de serviços não fatores (Xsnf) = Receitas do BSNF = 300

(4) Importações de serviços não fatores (Msnf) = Despesas do BSNF = 200

Calcule H.

Solução:

Xnf = X + Xsnf = 500 + 300 = 800

Mnf = M + Msnf = 400 + 200 = 600

H = Xnf – Mnf = 800 – 600 = 200

Como H é positivo, temos uma transferência líquida de recursos para o exterior de 200.

3.2.5. *Renda Líquida Recebida do Exterior (RLRE)*

$$RLRE = BSF + TU$$

Onde:

BSF = Balanço de Serviços Fatores

TU = Transferências Unilaterais (donativos)

RLRE = Renda Líquida Recebida do Exterior

A soma do Balanço de Serviços Fatores (BSF) com as Transferências Unilaterais (TU) denotada por **RLRE** recebe o nome de **Renda Líquida Recebida do Exterior**.

Exercício 1: considere os seguintes dados para uma economia hipotética:

(1) Balança de Serviços Fatores (BSF) = 200

(2) Transferências Unilaterais (TU) = 100

Calcule a renda líquida recebida do exterior (RLRE).

Solução: RLRE = BSF + TU = 200 + 100 = 300

3.2.6. *Renda Líquida Enviada ao Exterior (RLE)*

$$RLE = -(BSF + TU)$$

BSF = Balanço de Serviços Fatores

TU = Transferência Unilaterais (donativos)

RLE = Renda Líquida Enviada ao Exterior

Sabemos que a Renda Líquida Recebida do Exterior é dada pela soma do Balanço de Serviços Fatores (BSF) com as Transferências Unilaterais (TU) e é denotada por **RLRE.** A Renda Líquida Enviada ao Exterior (RLE) é o simétrico da Renda Líquida Recebida do Exterior, isto é, a Renda Líquida Enviada ao Exterior (RLE) é igual à Renda Líquida Recebida do Exterior com sinal trocado. De fato, em **termos líquidos**, o que um país envia de renda é igual ao que recebe com sinal trocado.

Exercício 1: considere os seguintes dados para uma economia hipotética:

(1) Balança de Serviços Fatores (BSF) = -300

(2) Transferências Unilaterais (TU) = 100

Calcule a renda líquida recebida do exterior (RLRE) e a renda líquida enviada ao exterior (RLE).

Solução:

RLRE = BSF + TU = -300 + 100 = -200

RLE = +200

3.2.7. As Rendas Recebidas do Exterior (RR)

Rendas Recebidas do Exterior = receitas do BSF = Receitas de TU

A Renda Recebida do Exterior é dada pela soma das receitas do Balanço de Serviços Fatores (BSF) com as receitas de Transferências Unilaterais (TU) ou seja:

Renda Recebida do Exterior = Receitas do BSF (lucros recebidos + juros recebidos + rendas do trabalho recebidas + receitas de outros serviços fatores) + donativos recebidos.

Exercício 1: considere os seguintes dados para uma economia hipotética:

(1) Lucros recebidos do exterior = 10

(2) Juros recebidos do exterior = 20

(3) Rendas do trabalho recebidas do exterior = 30

(4) Receitas de outros serviços fatores = 40

(5) Donativos recebidos do exterior = 50

Calcule a renda recebida do exterior (RR).

Solução:

Receitas do BSF = 10 + 20 + 30 + 40 + 50 = 150

Receitas de TU = donativos recebidos = 50

RR = Receita do BSF + Receita de TU = 150 + 50 = 200

3.2.8. As Rendas Enviadas ao Exterior (RE)

Rendas Enviadas do Exterior = Despesas do BSF + Despesas de TU

A Renda Enviada ao Exterior é dada pela soma das despesas do Balanço de Serviços Fatores (BSF) com as despesas de Transferências Unilaterais (TU), ou seja:

Renda Enviada ao Exterior = Despesas do BSF (lucros enviados + juros pagos + rendas do trabalho pagas + despesas de outros serviços fatores) + donativos cedidos.

Ou seja:

RE = Renda Enviada ao Exterior: parte do que foi produzido internamente não pertence aos nacionais, principalmente o capital e a tecnologia. A remuneração desses fatores vai para fora do país, na forma de remessa de lucros, *royalties*, juros, assistência técnica (serviços de fatores, pois representam remuneração aos fatores de produção). A contribuição que os fatores de produção estrangeiros prestaram para a elaboração do Produto Interno é medida pela renda paga a eles (por exemplo, juros e lucros).

Dessa forma, o Brasil paga mais ao exterior pela utilização de fatores de produção estrangeiros do que recebe como remuneração pelos fatores de produção nacionais utilizados no exterior. Por outro lado, o aumento de importações, fretes e seguros não provoca, *ceteris paribus*, aumento na Renda Líquida Enviada ao Exterior (RLE). Em resumo: RE = Despesas do BSF + Donativos Cedidos ("Enviados")

RR = Renda Recebida do Exterior: recebemos renda devido à produção de nossas empresas operando no exterior. A contribuição de fatores de residentes no país para a produção do Resto do Mundo é medida pela RR. Em Resumo: RR = Receitas do BSF + Donativos Recebidos

RLE = RE – RR

RLRE = RR – RE

RLE > 0 → o país envia mais renda do que recebe do exterior

RLE < 0 → o país recebe mais renda do que envia

Exercício 1: considere os seguintes dados para uma economia hipotética:

(1) Lucros enviados ao exterior = 20

(2) Juros pagos ao exterior = 40

(3) Rendas do trabalho pagas a residentes = 60

(4) Despesas de outros serviços fatores = 80

(5) Donativos cedidos = 10

Calcule a renda enviada ao exterior (RE).

Solução:

Despesa do BSF = 20 + 40 + 60 + 80 = 200

Despesa de TU = donativos cedidos = 10

RE = Despesa do BSF + Despesa de TU = 200 + 10 = 210

3.2.9. *Relação entre RLRE e RLE*

$$RLE = RLRE$$

RLRE = (Renda Recebida do Exterior) – (Renda Enviada ao Exterior)

RLE = (Renda Enviada ao Exterior) – (Renda Recebida do Exterior)

A Renda Líquida Recebida do Exterior é a renda liquidamente recebida, isto é, a renda recebida menos a enviada. A Renda Líquida Enviada ao Exterior é a renda liquidamente enviada, isto é, a renda enviada menos a renda recebida. É evidente, portanto, que **a renda líquida enviada é igual à renda líquida recebida com sinal trocado (RLE = - RLRE).**

Exercício 1: considere os seguintes dados para uma economia hipotética:

(1) Renda enviada ao exterior (RE) = 210

(2) Renda recebida do exterior (RR) = 150

Calcule a renda líquida recebida do exterior (RLRE) e a renda líquida enviada ao exterior (RLE).

Solução:

RLRE = RR – RE = 150 – 210 = -60

RLE = RE – RR – 210 – 150 = 60

Note que a renda líquida enviada ao exterior é igual à renda líquida recebida do exterior com sinal trocado:

RLRE = - RLE

RLE = - RLRE

3.2.10. Relação entre o Saldo em Conta-Corrente (T) e a Renda Líquida Recebida do Exterior (RLRE)

$$T = H + RLRE$$

T = Saldo em Conta-Corrente do Balanço de Pagamento

H = Transferência Líquida de Recursos para o Exterior (H>0) ou Hiato do Produto (H<0)

RLRE = Renda Líquida do Exterior

3.2.11. Relação entre o Saldo em Conta-Corrente (T) e a Renda Líquida Enviada ao Exterior (RLE)

$$T = H - RLE$$

T = Saldo em Conta-Corrente do Balanço de Pagamento

H = Transferência Líquida de Recursos para o Exterior (H>0) ou Hiato do Produto (H<0)

RLE = Renda Líquida Enviada ao Exterior

O saldo em conta-corrente do balanço de pagamento (T) é igual ao H menos RLE. Lembre-se de que H pode ser positivo ou negativo, mas, independente disso, a fórmula é a mesma (**T = H – RLE**). Portanto, ou o saldo em transação corrente do balanço de pagamento é igual ao excesso da transferência líquida de recursos para o exterior (H>0) sobre a Renda Líquida Enviada ao Exterior, ou então o saldo em transação corrente do balanço de pagamento é igual ao excesso do hiato do produto (H < 0) sobre a Renda Líquida Enviada ao Exterior.

3.2.12. Relação entre Poupança externa (Se) e Saldo em Transações Correntes

A poupança externa é a poupança do setor externo (dos não-residentes) que é aplicada no país. A poupança externa é igual ao saldo em conta-corrente do balanço de pagamentos, com sinal trocado, ou seja: $S_e = - T$.

Se o país é superavitário em conta-corrente do balanço de pagamentos, então a poupança externa é negativa. Por exemplo, caso T = + 100, então, $S_e = - 100$.

Se o país é deficitário em conta-corrente do balanço de pagamentos, então a poupança externa é positiva. Por exemplo, caso T = - 200, então, $S_e = + 200$.

3.2.13. *Exercícios de Fixação*

01. Considere os seguintes dados para uma economia hipotética:

Renda Líquida Enviada ao Exterior (RLE) = 300

Exportação de bens e serviços não fatores (X_{nf}) = 100

Importação de bens e serviços não fatores (M_{nf}) = 200

Calcule a poupança externa.

Solução:

Sabemos que $T = H - RLE$, e que $H = X_{nf} - M_{nf} = 100 - 200 = -100$. Como H é negativo, temos um hiato do produto de 100. Logo, $T = H - RLE = -100 - 300 = -400$. Como a poupança externa (S_e) é igual ao saldo em conta-corrente do balanço de pagamentos, mas com o sinal trocado, isto é, $Se = -T$, temos, então: $Se = -(-400) = +400$.

02. Considere os seguintes dados para uma economia hipotética:

Renda Enviada ao Exterior (RE) = 300

Renda Recebida do Exterior (RR) = 400

Balança Comercial (BC) = 100

Balança de Serviços não Fatores (BSNF) = 200

Calcule a poupança externa.

Solução:

Sabemos que $T = H - RLE$, e que $H = BC + BSNF = 100 + 200 = 300$. Como é positivo, temos uma transferência líquida de recursos para o exterior de 300. Assim, temos que:

RLE = RE – RR = 300 – 400 = – 100

$T = H - RLE = 300 - (-100) = +400$

$S_e = -T = -(400) = -400$

03. Considere os seguintes dados para uma economia hipotética:

Saldo em conta-corrente do balanço de pagamentos (T) = 400

Exportação de bens e serviços não fatores (X_{nf}) = 200

Importação de bens e serviços não fatores (M_{nf}) = 300

Calcule a Renda Líquida Enviada ao Exterior.

Solução:

Sabemos que $T = H - RLE$, e que $H = X_{nf} - M_{nf} = 200 - 300 = -100$. Logo:

$T = H - RLE \Rightarrow 400 = -100 - RLE \Rightarrow RLE = -100 - 400 \Rightarrow RLE = -500$

04. Considere os seguintes dados para uma economia hipotética:

Déficit em conta-corrente do balanço de pagamentos = 100

Exportação de bens e serviços não-fatores (X_{nf}) = 200

Importação de bens e serviços não-fatores (M_{nf}) = 400

Calcule a Renda Líquida Recebida do Exterior (RLRE).

Solução:

Primeiramente, note que $T = -100$. Sabemos que $T = H - RLE$, e que $H = X_{nf} - M_{nf} = 200 - 400 = -200$. Logo:

$-100 = -200 - RLE \Rightarrow RLE = -200 + 100 \Rightarrow RLE = -100$.

Como $RLRE = -RLE$, então $RLRE = -(-100) = +100$.

05. Considere os seguintes dados para uma economia hipotética:

Poupança externa $(S_e) = +400$

Exportação de bens e serviços não fatores $(X_{nf}) = 300$

Importação de bens e serviços não fatores $(M_{nf}) = 200$

Renda Recebida do Exterior (RR) = 100

Calcule a Renda Enviada ao Exterior (RE).

Solução:

Sabemos que $S_e = -T$, logo $T = -400$. Sabemos também que $T = H - RLE$ e que $H = X_{nf} - M_{nf} = 300 - 200 = 100$. Logo:

$T = H - RLE \Rightarrow -400 = 100 - RLE \Rightarrow RLE = 100 + 400 \Rightarrow RLE = 500$

Como $RLE = RE - RR$, temos que:

$500 = RE - 100 \Rightarrow RE = 500 + 100 = 600$.

06. Considere os seguintes dados para uma economia hipotética:

Balança Comercial (BC) = 1000

Balança de Serviços não Fatores (BSNF) = -1500

Balança de Serviços Fatores (BSF) = 800

Transferências Unilaterais (TU) = 100

Calcule H, RLE, T.

Solução:

Sabemos que,

$H = BC + BSNF = 1000 - 1500 = -500$

Como H é negativo, temos um hiato do produto de 500.

A Renda Líquida Recebida do Exterior (RLRE) é dada pela soma da Balança de Serviços Fatores (BSF) com as Transferências Unilaterais (TU) e, assim:

$RLRE = BSF + TU = 800 + 100 = 900$

A Renda Líquida Enviada ao Exterior (RLE) é igual à Renda Líquida Recebida do Exterior (RLRE) com sinal trocado, ou seja:

$RLE = -RLRE = -900$

O saldo em conta corrente do balanço de pagamentos (T) pode ser calculado de três maneiras diferentes:

1ª Maneira: $T = BC + BS + TU = 1000 + (-1500+800) + 100 = 400$

2ª Maneira: $T = H + RLRE = -500 + 900 = 400$

3ª Maneira: $T = H - RLE = -500 - (-900) = -500 + 900 = 400$

07. Considere os seguintes dados para uma economia hipotética:

Exportações de bens e serviços não fatores $(X_{nf}) = 300$

Importações de bens e serviços não fatores $(M_{nf}) = 500$

Balança de Serviços Fatores (BSF) = 400

Transferências Unilaterais (TU) = 100

Calcule H, RLE e T.

Solução:

Sabemos que $H = X_{nf} - M_{nf}$, então:

$H = X_{nf} - M_{nf} = 300 - 500 = -200$

Logo, como H é negativo, temos um hiato do produto de 200.

A Renda Líquida Recebida do Exterior (RLRE) é a soma da balança de serviços fatores (BSF) com as transferências unilaterais (TU), ou seja:

RLRE = BSF + TU = 400 + 100 = 500

A Renda Líquida Enviada ao Exterior (RLE) é igual à Renda Líquida Recebida do Exterior, mas com o sinal trocado, isto é: RLE = - RLRE = - 500.

O saldo em conta corrente do balanço de pagamentos (T) é dado por:

T = H - RLE = -200 - (-500) = -200 + 500 = 300.

4. FORMAS DE COMBATE AO DÉFICIT NO BALANÇO DE PAGAMENTOS

As principais medidas de combate (correção, ajuste) a um déficit no Balanço de Pagamento são:

(i)   **desvalorização da taxa real de câmbio, isto é, uma desvalorização da moeda nacional;**

(ii)   **redução do nível de atividade econômica, isto é, recessão;**

(iii) **aumento da taxa de juros;**

(iv)   **restrições tarifárias e não-tarifárias às importações;**

(v)   **subsídios às exportações;**

(vi)   **restrições à saída de capitais.**

Quando o saldo do Balanço de Pagamentos é deficitário, isso significa que as saídas autônomas de divisas foram maiores que as entradas (há uma redução do nível de reservas internacionais). Esses déficits permanentes são corrigidos da forma apresentada a seguir.

(i)   A desvalorização da moeda nacional faz com que os produtos nacionais fiquem mais baratos, mais competitivos em relação aos produtos estrangeiros, portanto, aumentam as exportações do país. Ao mesmo tempo, essa desvalorização da moeda nacional causa uma valorização da moeda estrangeira e, portanto, os produtos estrangeiros ficam mais caros, perdem competitividade no mercado internacional e, consequentemente, as importações diminuem.

(ii)   A redução (contração, desaceleração) do nível de atividade econômica, isto é, uma recessão, contribui para a redução do déficit em transações correntes, pois uma diminuição do nível de atividade econômica, ou seja, uma menor produção causa uma diminuição da renda e, portanto, as importações diminuem (diminui a despesa do país). Por outro lado, de modo residual, a geração de capacidade ociosa interna incentiva as empresas nacionais a buscarem novos mercados no exterior e, consequentemente, as exportações aumentam (aumenta a receita do país).

(iii) O aumento da taxa de juros interna em relação à taxa de juros externa atrai capitais que melhoram o saldo de capitais autônomos e, portanto, diminui o déficit do Balanço de Pagamentos.

(iv) As restrições quantitativas (tarifas e cotas de importação) ou qualitativas (barreiras fitosanitárias) às importações causam uma redução destas, combatendo, portanto, o déficit do Balanço de Pagamentos.

(v) Os subsídios às exportações (incentivos fiscais às exportações) fazem com que essas aumentem, melhorando o saldo Balanço de Pagamentos. Ao subsidiar a exportação de um bem qualquer, tudo se passa como se o Governo, em vez de conceder o subsídio, estivesse desvalorizando a taxa de câmbio real especificamente para esse bem, e isso distorce a alocação de recursos, levando o país a exportar produtos para onde lhe faltam vantagens comparativas e a deixar de importar o que se poderia produzir com maior eficiência no exterior; e é considerada uma medida tecnicamente inferior às desvalorizações reais da moeda nacional.

(vi) O controle da saída de capitais faz com que esses capitais permaneçam mais tempo no país financiando o déficit externo.

(Esaf/AFRF/2000) São medidas que tendem a corrigir déficits no balanço de pagamentos:

a) elevação do nível de atividade econômica, redução das taxas internas de juros, desvalorização da taxa nominal de câmbio;

b) redução do nível de atividade econômica, redução no nível geral de preços internos, elevação das taxas internas de juros;

c) redução do nível de atividade econômica, redução das taxas internas de juros, desvalorização da taxa nominal de câmbio;

d) elevação do nível de atividade econômica, redução das taxas internas de juros, redução no nível geral de preços internos;

e) elevação do nível de atividade econômica, elevação das taxas internas de juros, elevação no nível geral de preços internos.

Solução:

A resposta correta é a letra "b". Como dito anteriormente, as principais medidas de combate (correção, ajuste) a um déficit no Balanço de Pagamentos são:

(i) desvalorização da taxa real de câmbio, isto é, uma desvalorização da moeda nacional;

(ii) redução do nível de atividade econômica, isto é, recessão; (iii) aumento da taxa de juros;

(iv) restrições tarifárias e não-tarifárias às importações; (v) subsídios às exportações;

(vi) restrições à saída de capitais.

Portanto: a opção "a" é falsa, pois uma elevação do nível de atividade econômica e uma redução das taxas internas de juros pioram o saldo do balanço de pagamentos.

A opção "b" é verdadeira, pois, como visto anteriormente, uma redução do nível de atividade econômica e uma elevação das taxas internas de juros melhoram o saldo do Balanço de pagamento. Enquanto uma redução no nível geral de preços internos é acompanhada com uma redução do nível de atividade econômica que também melhora o saldo do Balanço de Pagamentos.

A opção "c" é falsa, pois uma redução das taxas internas de juros piora o saldo do Balanço de Pagamentos.

A opção "d" é falsa, pois uma elevação do nível de atividade econômica e redução das taxas internas de juros pioram o saldo do Balanço de Pagamentos.

A opção "e" é falsa, pois uma elevação do nível de atividade econômica e elevação no nível geral de preços internos pioram o saldo do Balanço de Pagamentos.

5. TERMOS UTILIZADOS EM QUESTÕES DE PROVAS SOBRE BALANÇO DE PAGAMENTOS

5.1. Termos Utilizados como Sinônimo de Déficit em Conta-Corrente

As seguintes afirmações são utilizadas como sinônimo de um **déficit em transação corrente** do balanço de pagamentos:

1. Saldo em conta-corrente negativo $(T<0)$;
2. Poupança externa positiva;
3. Conta de capitais (autônomos mais compensatórios) positiva;
4. Entrada (importação) de capitais;
5. Desnacionalização da produção interna;
6. Acumulação externa;
7. Desacumulação interna;
8. Aumento do passivo externo líquido;
9. Diminuição do ativo externo líquido;
10. $H < RLE$.
11. O país mais investiu do que poupou internamente $(I < Si)$

5.2. Termos Utilizados como Sinônimo de Superávit em Conta-Corrente

As seguintes afirmações são utilizadas como sinônimo de um **superávit em transação corrente** do Balanço de Pagamentos:

1. Saldo em conta-corrente positivo $(T > 0)$;
2. Poupança externa negativa;
3. Conta de capitais (autônomos mais compensatórios) negativa;
4. Saída (exportação) de capitais;
5. Nacionalização da produção interna;
6. Desacumulação externa;
7. Acumulação Interna
8. Diminuição do Passivo Externo Líquido
9. Aumento do ativo externo líquido;
10. $H > RLE$;
11. O país poupou mais do que investiu internamente $(Si > I)$;
12. A Absorção (Consumo + Investimento) é menor que o Produto Nacional Bruto.

Parte II – A Metodologia da 5ª Edição do Balanço de Pagamentos Brasileiro (BPM5)

1. DEFINIÇÃO

A partir de 2001, o Banco Central do Brasil passa a elaborar o balanço de pagamentos seguindo os princípios estabelecidos na quinta edição do Manual de Balanço de Pagamentos do Fundo Monetário Internacional - FMI (BPM5), publicado em 1993. Os conceitos utilizados no BPM5 guardam estreita relação com o Sistema de Contas Nacionais da Organização das Nações Unidas (ONU).

Essa versão foi utilizada até 2014, pois em abril de 2015, o Banco Central do Brasil adotou a sexta edição do Manual de Balanço de Pagamentos do Fundo Monetário Internacional - FMI (BPM6), publicada em 2009.

(Cespe-UnB/Analista Legislativo – Atribuição: Consultor Legislativo – Área IX/Câmara dos Deputados/2014) – A respeito do balanço de pagamentos brasileiro, julgue os itens subsecutivos.

(0) A elaboração do balanço de pagamentos no Brasil segue as regras estabelecidas no *Balance of Payments Manual*, editado pela Banco Mundial.

Solução:

Falso. A elaboração do balanço de pagamentos no Brasil segue as regras estabelecidas no *Balance of Payments Manual*, editado pelo FMI.

(1) A instituição responsável pela elaboração e divulgação do balanço de pagamentos é o Ministério do Desenvolvimento, Indústria e Comércio Exterior.

Solução:

Falso. A instituição responsável pela elaboração e divulgação do balanço de pagamentos é o Banco Central do Brasil.

2. APRESENTAÇÃO DA ESTRUTURA DO BALANÇO DEPAGAMENTOS (BPM5)

1. Balança Comercial (BC)

Refere-se ao saldo de exportação sobre as importações de bens (mercadorias)

2. Balanço de Serviços (BS)

A rubrica Balanço de Serviços (BS) do BPM5 corresponde ao antigo Balanço de Serviços Não Fatores (BSNF) do BPM4. Nesta rubrica, encontramos os mesmos serviços da versão anterior (transportes, viagens internacionais, seguros e serviços governamentais) acrescidos de um maior desdobramento nos diversos tipos de serviços, tais como serviços financeiros, de computação e informações, *royalties* e licenças e aluguel de equipamentos, todos anteriormente incluídos na rubrica "outros serviços diversos não fatores".

3. Balança de Rendas (BR)

A rubrica Balanço de Rendas (BR) do BPM5 corresponde ao antigo Balanço de Serviços Fatores (BSF) do BPM4. Essa rubrica contém as rendas do trabalho, juros, lucros e outros tipos de renda. Aqui se registram as remunerações das rendas de investimento direto, as rendas de investimento em carteira, e as rendas de outros investimentos, conforme explicado a seguir.

As rendas de investimento direto abrangem os lucros e dividendos relativos a participações no capital de empresas e os juros correspondentes aos empréstimos intercompanhias nas modalidades de empréstimos diretos e títulos de qualquer prazo. Não incluem os ganhos de capital, classificados como investimento direto na conta financeira.

As rendas de investimento em carteira englobam os lucros, dividendos e bonificações relativos às aplicações em ações e os juros correspondentes às aplicações em títulos de dívida de emissão doméstica (títulos da dívida interna pública, debêntures e outros títulos privados) e no exterior (bônus, *notes* e *commercial papers*) de qualquer prazo. Excetuam-se os juros relativos à colocação de papéis entre empresas ligadas, alocados em rendas de investimento direto.

As rendas de outros investimentos registram os juros de créditos comerciais, como os créditos de fornecedores; os juros de empréstimos de agências governamentais, organismos internacionais, bancos e compradores; e os relativos aos juros de depósitos e outros ativos e passivos.

4. Transferências Unilaterais Correntes (TUC)

Essa rubrica contém apenas as transferências unilaterais correntes (na forma de bens e moeda para consumo corrente interno). No BPM4, a rubrica "Transferências Unilaterais" (TU) continha, além das transferências correntes unilaterais, também as transferências unilaterais de capital de imigrantes (relativas às transferência a patrimônio de migrantes internacionais) que no BPM5 são alocadas na conta capital.

5. Saldo em Conta-Corrente ou Saldo em Transações Correntes do BP (T)

O Saldo em Transações Correntes, também conhecido como Saldo em Conta Corrente do BP, é definido como a soma algébrica da Balança Comercial, com a Balança de Serviços, a Balança de Rendas e as Transferências Unilaterais Correntes, de tal modo que: T = BC+BS+BR+TUC.

A rubrica Saldo em Conta-Corrente (T) foi então redefinida com a exclusão de algumas transações, que passaram a integrar as novas contas capital e financeira: (i) as reclassificações das operações com derivativos e de ganhos de capital dos investimentos passaram a ser registradas na conta financeira, e (ii) a realocação das transferências unilaterais relativas a "patrimônio" para a conta capital.

6. Conta Capital (CK)

Registra as transferências unilaterais de capital relacionadas com patrimônio de migrantes e a aquisição/alienação de bens não financeiros não produzidos, tais como cessão de patentes e marcas.

7. Conta Financeira (CF)

A conta financeira do BPM5 corresponde à antiga rubrica de capitais autônomos do BPM4. Essa conta é dividida em quatro grupos: 1) investimento direto; 2) investimentos em carteira; 3) derivativos; e 4) outros investimentos.

Cada grupo é desdobrado em ativos e passivos, ou seja, há um item destinado a registrar fluxos envolvendo ativos externos detidos por residentes no Brasil (fato gerador de saída de divisas, isto é, uma despesa) e outro para registrar a emissão de passivos por residentes cujo credor é não-residente (fato gerador de entrada de divisas, isto é, uma receita). Os ativos/receitas e os passivos/despesas são, em seguida, desdobrados para evidenciar detalhes específicos de cada conta.

7.1. Investimentos diretos

São divididos em:

(i) investimento direto no exterior que representam saídas de capital do país e, portanto são despesas;

(ii) investimento direto no país que representam entradas de capital no país e, portanto são receitas

7.1.1. Investimento direto no Brasil (em regra: receitas com investimento direto)

Representa a conta de passivo do grupo investimento direto, isto é, receitas com investimento diretos, em outras palavras, os fluxos de entradas de divisas no país geram como contrapartida um aumento no estoque de passivo externo (isto é, um aumento das obrigações externas do país). É igualmente dividido em dois grupos (Participação no Capital e Empréstimos Intercompanhias) detalhados a seguir:

* **Participação no capital (Investimento Direto no Brasil):** São entradas de divisas no país decorrente de uma aquisição, por parte de não residentes, de controle acionário de empresas residentes no país, por exemplo: se uma empresa estrangeira adquire o controle acionário de uma empresa residente no Brasil, temos um fato gerador que dá origem a uma entrada de divisas para o Brasil.

Compreendem assim os recebimentos (ingressos) de recursos em bens, moeda e as conversões de obrigações externas em investimento estrangeiro direto, incluindo os valores destinados ao programa de privatizações, relacionados com a aquisição/subscrição/ aumento de capital, total ou parcial do capital social de empresas residentes. Registra, também, as despesas com as saídas relativas à alienação total ou parcial do capital social de empresas residentes e à realização de ganhos de capital.

- **Empréstimos intercompanhias (Investimento Direto no Brasil):** Compreende os créditos concedidos pelas matrizes, sediadas no exterior, a suas subsidiárias ou filiais estabelecidas no país. Por exemplo, se uma empresa matriz no exterior empresta recursos monetários para sua filial sediada no Brasil, teremos um fato gerador que dá origem a uma entrada de divisas para o país e, portanto, registrada a crédito.

Registra, também, a concessão de créditos pelas subsidiárias ou filiais no país a suas matrizes no exterior (investimento cruzado). Neste caso, o investimento cruzado é conta retificadora do passivo de investimento direto, pois trata-se de conta de natureza ativa classificada no grupo de natureza passiva. São considerados os empréstimos diretos ou colocação de títulos, sem distinção de prazo. As amortizações de empréstimos intercompanhias no grupo investimento direto no Brasil incluem o principal de empréstimos convertidos em investimento estrangeiro direto. Os empréstimos efetuados entre bancos ligados não são considerados empréstimos intercompanhias.

7.1.2. Investimento direto no exterior (em regra: despesas com investimento direto)

Registra os ativos externos detidos por residentes no Brasil sob a forma de investimento direto e, portanto, em regra, representa uma saída de capitais do país, isto é, são despesas com investimentos diretos. Esta rubrica também está dividida em duas modalidades (Participação no Capital e Empréstimos Intercompanhias) conforme visto a seguir:

- **Participação no capital (Investimento Direto no Exterior):** São saídas de divisas do país decorrente de uma aquisição, por parte de residentes, de controle acionário de empresas não residentes no país, por exemplo: se uma empresa brasileira adquire o controle acionário de uma empresa no exterior, temos um fato gerador que dá origem a uma saída de divisas do Brasil.

  Considera assim as saídas de recursos em moeda ou bens relativos à despesa com aquisição/subscrição/aumento de capital, total ou parcial do capital social de empresas não-residentes. Caso ocorram, os ingressos nesta rubrica referem-se ao retorno dos valores detidos por residentes derivados da alienação total ou parcial do capital social de empresas não-residentes e dos ganhos de capital relativos a essa alienação.

- **Empréstimos intercompanhias (Investimento Direto no Exterior):** Compreende os empréstimos concedidos pelas matrizes, sediadas no país, às suas subsidiárias ou filiais estabelecidas no exterior e, portanto, caracterizam uma saída de capitais registradas a débito. Por exemplo, quando a Petrobrás empresta recursos para sua filial na Bolívia.

Registra, também, a concessão de créditos pelas subsidiárias ou filiais no exterior a suas matrizes no Brasil (investimento cruzado). O investimento cruzado é uma conta retificadora do ativo de investimento direto pois trata-se de item de natureza passiva classificado no interior de grupo de natureza ativa. São considerados os empréstimos diretos e a colocação de títulos, sem distinção de prazo. Os empréstimos efetuados entre bancos ligados não são considerados empréstimos intercompanhias.

7.2. Investimento em Carteira (ou Investimento em Portfolio)

Nesta rubrica são registrados os investimentos em renda fixa (títulos públicos ou privados) e em renda variável (ações) que compõem a carteira de investidores, cuja posição não caracteriza controle acionário.

As entradas de divisas (receitas) decorrentes da aquisição, por partes de não residentes, de títulos de renda fixa ou renda variável nacionais são registradas a crédito na conta de investimento em carteira. As saídas de divisas (despesas) decorrentes da aquisição, por partes de residentes, de títulos de renda fixa ou renda variável estrangeiros são registradas a débito na conta de investimento em carteira. Nesta rubrica são registrados então os saldos entre as receitas e despesas dos investimentos em carteira, assim, o grupo investimento em carteira registra fluxos de entrada e de saída de capitais constituídos pela emissão de títulos de crédito comumente negociados em mercados secundários de papéis.

Como os fluxos de saídas de divisas (despesas) decorrentes da aquisição, por partes de residentes, de títulos de renda fixa ou renda variável estrangeiros representam um aumento dos direitos de residentes sobre não residentes, temos um aumento dos direitos líquidos sobre o mundo, isto é, um aumento do estoque de ativos externos. Como os fluxos de entrada de divisas (receitas) decorrentes da aquisição, por partes de não residentes, de títulos de renda fixa ou renda variável nacionais representam um aumento das obrigações de residentes junto a não residentes, temos um aumento das obrigações líquidas com o mundo, isto é, um aumento do estoque de passivos externos.

Dessa maneira a rubrica investimentos em carteira pode ser desdobrado em **ativos** e **passivos** como se segue nos itens abaixo:

7.2.1. Ativo (cuja aquisição gera despesa, e cuja alienação gera receita)

Os ativos de investimentos em carteira referem-se às aplicações brasileiras em títulos estrangeiros, negociados no país ou no exterior. Compõem esses ativos:

Títulos de renda variável negociados no exterior: ações de companhias não-residentes adquiridas em bolsas de valores no exterior por residentes no país.

Títulos de renda variável negociados no país: títulos do programa de BDRs (*Brazilian Depositary Receipts*), que são recibos representativos de ações de companhias não-residentes negociados em bolsas de valores brasileiras.

Títulos de renda fixa: bônus e *notes* negociados no exterior emitidos por não-residentes. Estão incluídas as movimentações de compra e venda de títulos que se constituíram em garantias colaterais no âmbito do acordo de renegociação da dívida externa (Plano *Brady*).

7.2.2. Passivos (cuja assunção gera receita, e cuja desobrigação gera despesa)

Os passivos de investimento em carteira registram as aquisições por não-residentes de títulos de renda variável (ações) e de renda fixa (títulos de dívida) de emissão brasileira. Os investimentos em ações relacionam as operações diretas em bolsas de valores brasileiras (negociadas no país) amparados, a partir de 26/1/2000, pela Resolução no 2.689. As ações negociadas no exterior estão representadas pelos DRs (*Depositary Receipts*), que são os recibos de ações de companhias brasileiras negociados em bolsas estrangeiras.

Os investimentos estrangeiros relacionados com "títulos de dívida" apresentam, também, em separado, os valores "negociados no país" e "negociados no exterior". Os valores "negociados no país" referem-se às aplicações amparadas pela Resolução no 2.689, de 26/1/2000, em títulos de dívida de curto, médio e longo prazos em circulação no mercado doméstico emitidos pelo Banco Central e pelo Tesouro Nacional. Os títulos "negociados no exterior" referem-se às captações brasileiras nas modalidades de Bônus, *Notes* e *Commercial Papers* lançados em mercados de capitais fora do país.

Nessa modalidade, estão registradas as operações de troca de dívida. Na contabilização dessas operações são realizados os seguintes lançamentos: um crédito do valor de face do novo título emitido; um débito do valor de face do título resgatado; outro crédito pela apropriação dos descontos obtidos na transação. O valor residual eventualmente remanescente refere-se a juros pagos por meio dos novos títulos emitidos ou de valores em moeda eventualmente pagos para igualar o valor dos lotes dos títulos emitidos e resgatados.

Os papéis com prazo de vencimento inferior a um ano compõem o item "títulos de curto prazo". Esses títulos, quando negociados no país, referem-se a parcela de recursos ingressados ao amparo da Resolução no 2.689, de 26/1/2000, e aplicados em títulos de emissão do Banco Central e do Tesouro Nacional.

7.3. Derivativos

Registra os fluxos financeiros relativos à liquidação de Haveres estrangeiros (haveres da autoridade monetária) e obrigações decorrentes de operações de swap, opções e futuros e os fluxos relativos aos prêmios de opções. Não inclui os fluxos de depósitos de margens de garantia vinculados às operações em bolsas de futuros, alocados em outros ativos e outros passivos de curto prazo. Quando residentes no país compram derivativos emitidos por não residentes temos uma despesa. Quando residentes no país vendem derivativos, por eles emitidos, para não residentes temos uma receita.

7.4. Outros investimentos
7.4.1. Outros investimentos – ativos
• Empréstimos

Os empréstimos obtidos representam receitas, enquanto que os empréstimos cedidos representam uma despesa. Assim, essa rubrica compreende os empréstimos e financiamentos brasileiros a curto e longo prazos concedidos a não-residentes, incluindo aqueles relativos ao Programa de Financiamento às Exportações (Proex) e os concedidos por instituição financeiras.

• Moeda e depósitos

Referem-se à movimentação de depósitos mantidos no exterior na forma de disponibilidades, cauções, depósitos judiciais e, ainda, as garantias para os empréstimos vinculados a exportações. Inclui a variação dos depósitos no exterior dos bancos comerciais e os depósitos relativos ao excesso de posição comprada dos bancos residentes depositados no Banco Central. Estão incluídas, também, as movimentações de garantias colaterais, na modalidade de depósitos, constituídas no âmbito do acordo de renegociação da dívida externa (Plano *Brady*).

• Outros ativos

Compreende a participação do Brasil no capital de organismos internacionais e depósitos de cauções de longo prazo. No curto prazo, estão alocados os depósitos de margens de garantia relacionados a operações de derivativos.

7.4.2. Outros investimentos – passivos

• Créditos comerciais

No item longo prazo, estão alocadas as variações do passivo relacionadas com a concessão direta de crédito pelos exportadores estrangeiros a seus clientes no Brasil (créditos de fornecedores). No item curto prazo, estão considerados os pagamentos antecipados de exportações e demais créditos comerciais, inclusive os decorrentes da não-coincidência entre o momento do embarque e o pagamento da mercadoria.

• Empréstimos

Compreendem os empréstimos diretos (excetuando-se os intercompanhias), os financiamentos a importações na modalidade de crédito de compradores (*buyers' credit*), e os concedidos pelos organismos internacionais e agências governamentais. Esses empréstimos são considerados, separadamente, em curto, médio e longo prazos, dependendo do prazo original de vencimento das obrigações. Compreende, também, os empréstimos à Autoridade Monetária, que englobam os créditos autônomos e as operações de regularização decorrentes de acordos destinados ao financiamento do balanço de pagamentos.

• Moeda e depósitos

Refere-se às disponibilidades de não-residentes depositadas no país, incluindo a variação do saldo das contas de não-residentes abertas ao amparo da Circular no 2.677, de 10/4/1996 (contas CC5).

• Outros passivos

Refere-se aos depósitos de cauções e judiciais realizados no país por não-residentes, com prazo superior a um ano. No curto prazo, estão incluídos a variação do saldo devedor do Convênio de Crédito Recíproco (CCR) e depósitos de margem de garantia relativos às operações em bolsa de mercadorias no país.

8. Erros e omissões

Ao se realizar lançamentos no balanço com base em diversas fontes de informações, obtém-se um conjunto coerente de lançamentos a crédito e a débito, cujo total líquido é teoricamente igual a zero. Na prática, contudo, uma vez somados todos os lançamentos, o balanço totaliza um saldo líquido diferente de zero em razão de discrepâncias temporais nas fontes de dados utilizadas. Isso torna necessário o lançamento de partida equilibradora para o balanceamento das contas. Os erros e omissões se prestam a compensar toda sobrestimação ou subestimação dos componentes registrados.

Como alguns erros e omissões que se produzem ao compilar os dados se compensam, a magnitude da partida equilibradora não é necessariamente um indício da exatidão geral do balanço.

9. Saldo Total do Balanço de Pagamentos (B)

O saldo total do balanço de pagamentos é a soma algébrica do saldo em conta corrente, da conta capital e financeira (soma da conta de capital com a conta financeira), e da conta erros e omissões, ou seja: $B = T + CK + CF + EO$ ou $B = T + CKF + EO$.

10. Variação das Reservas Internacionais (VR)

Representa a variação das reservas internacionais do país, detidas pelo Banco Central, no conceito de liquidez internacional, deduzidos os ajustes relativos a valorizações/ desvalorizações das moedas estrangeiras e do ouro em relação ao dólar americano e os ganhos/perdas relativos a flutuações nos preços dos títulos.

(Esaf/Especialista em Políticas Públicas e Gestão Governamental/2003) A partir de janeiro de 2001, o Banco Central do Brasil passou a divulgar o balanço de pagamentos de acordo com a metodologia contida no Manual de Balanço de Pagamentos do Fundo Monetário Internacional. Não faz parte das alterações introduzidas na nova apresentação:

a) Introdução, na conta-corrente, de clara distinção entre bens, serviços, renda e transferências correntes, com ênfase no maior detalhamento na classificação dos serviços;

b) Introdução da "conta de capitais" em substituição à antiga "conta financeira";

c) Estruturação da "conta de rendas" de forma a evidenciar as receitas e despesas geradas por cada uma das modalidades de ativos e passivos externos contidas na conta financeira;

d) Inclusão, no item investimentos diretos, dos empréstimos intercompanhias;

e) Reclassificação de todos os instrumentos de portfólio, inclusive bônus, notes e *commercial papers*, para a conta de investimentos em carteira.

Solução:

A resposta é a letra "b". Duas importantes alterações introduzidas com a nova metodologia são:

i. introdução da "**conta capital**", que registra as transações relativas às transferências unilaterais de patrimônio de migrantes e a aquisição/alienação de bens não financeiros não produzidos (cessão de marcas e patentes);

ii. introdução da "**conta financeira**", em substituição à antiga **conta de capitais autônomos**, para registrar as transações relativas à formação de ativos e passivos externos, como investimento direto, investimento em carteira, derivativos e outros investimentos. A conta financeira foi, portanto, estruturada de forma a evidenciar as transações ativas e passivas, as classes dos instrumentos financeiros de mercado e os prazos das transações.

(Esaf/Analista do Banco Central do Brasil/2002) A partir de 2001, o Banco Central do Brasil introduziu algumas importantes alterações no balanço de pagamentos. Entre estas alterações, destaca-se:

a) A exclusão da conta "reinvestimentos" dos movimentos de capitais autônomos;

b) A introdução da "conta financeira", em substituição à antiga conta de capitais, para registrar as transações relativas à formação de ativos e passivos externos;

c) A retirada do item de investimentos diretos dos empréstimos intercompanhias;

d) A inclusão das transferências unilaterais na conta de investimentos diretos;

e) A inclusão do item "amortizações" na conta de serviços de fatores.

Solução:

A resposta é a letra "b". Observa-se a introdução da "conta financeira", em substituição à antiga conta de capitais, para registrar as transações relativas à formação de ativos e passivos externos, como investimento direto, investimento em carteira, derivativos e outros investimentos. Logo, a conta financeira foi estruturada de forma a evidenciar as transações ativas e passivas, as classes dos instrumentos financeiros de mercado e os prazos das transações.

3. ESTRUTURA DO BALANÇO DE PAGAMENTOS (METODOLOGIA DO BPM5)

A metodologia do BPM5 pode ser resumida da seguinte forma:

1. **Balanço Comercial** $\begin{cases} Exportação \\ Importação \end{cases}$

2. **Balanço de Serviços**

   - Viagens

   - Transportes

   - Seguros

   - Serviços governamentais

   - *Royalties* e licenças

   - Serviços financeiros, computação e informação

   - Construção

   - Comunicações

   - Serviços Empresariais, profissionais e técnicos

   - Pessoais, culturais e recreação

   - Serviços diversos

3. **Balanço de Renda**

   • Salários e ordenados

   • Rendas do investimento direto (lucros e dividendos)

   • Rendas de investimentos em carteira (Juros)

   • Rendas de outros investimentos (juros)

4. **Transferências Unilaterais Correntes**

   • Donativos de bens

   • Moeda para consumo interno

5. **Saldo em Conta-corrente do Balanço de Pagamento: ≡ 1+2+3+4**

6. **Conta Capital**

   • Transferência unilateral de capital de migrantes

   • Alienação/aquisição de bens não-financeiros, não-produzidos (patentes e marcas)

7. **Conta Financeira: Cada grupo é desdobrado em ativo/passivo**

   7.1. Investimento Direto

   7.1.1. No Exterior $\begin{cases} \textit{Participação no Capital} \\ \textit{Empréstimos Intercompanhias} \end{cases}$

   7.1.2. No Brasil $\begin{cases} \textit{Participação no Capital} \\ \textit{Empréstimo Intercompanhias} \end{cases}$

   7.2. Investimento em Carteira Ativo/Passivo $\begin{cases} \textit{Renda Fixa} \\ \textit{Renda Variável} \end{cases}$

   7.3. Derivativos

   • Swap

   • Opções

   • Futuro

   7.4. Outros Investimentos

   • Empréstimos e financiamentos (inclusive os empréstimos de Regularização) (ativo/passivo)

   • Moeda e depósito (ativo/passivo)

   • Atrasados (passivo)

   • Outros Investimentos (ativo/passivo)

   • Créditos Comerciais (passivo)

8. **Erros e Omissões**

9. **Saldo Total do Balanço de Pagamento:** ≡ 5+6+7+8

10. **Variação das Reservas Internacionais ou Haveres da Autoridade Monetária:**

≡ -9

Contas de caixa: Haveres, DES, Ouro Monetário, Reservas no FMI

Obs.: O item 10 pode ser apresentado como fazendo parte do item 9 e neste caso, o Saldo Total do Balanço (o item 9) seria nulo.

A segunda maneira de apresentarmos o balanço de pagamentos no Brasil, de acordo com a metodologia do BPM5, encontra-se abaixo transcrita:

1. **Balança Comercial** = (1.1) + (1.2)
1.1 Exportação
1.2 Importação
2. **Balança de Serviços**: Viagens; Transportes; Seguros; Serviços governamentais; *Royalties* e licenças; Serviços financeiros, computação e informação; Construção; Comunicações; Serviços Empresariais, profissionais e técnicos; Pessoais, culturais e recreação; Serviços diversos
3. **Balança de Rendas**: Salários e ordenados; Rendas do investimento direto (lucros e dividendos); Rendas de investimentos em carteira (Juros); Rendas de outros investimentos (juros)
4. **Transferências Unilaterais Correntes**: Donativos de bens; Moeda para consumo interno
5. **Saldo em Conta Corrente do Balanço de Pagamentos** = (1) + (2) + (3) + (4)
6. **Conta Capital**: Transferência unilateral de capital de migrantes; Alienação/aquisição de bens não-financeiros, não-produzidos (patentes e marcas)
7. **Conta Financeira** = (7.1) + (7.2) + (7.3) + (7.4)
7.1 Investimento Direto = (7.1.1) + (7.1.2)
7.1.1 Investimento Direto no Exterior
Participação no Capital
Empréstimos Intercompanhias
7.1.2 Investimento Direto no Brasil
Participação no Capital
Empréstimos Intercompanhias
7.2 Investimento em Carteira (Portfólio) Ativo/Passivo: Renda Fixa e Renda Variável
7.3 Derivativos: Swap, Opções, Futuro
7.4 Outros Investimentos: Empréstimos e financiamentos (inclusive os empréstimos de Regularização) (ativo/passivo); Moeda e depósito (ativo/passivo); Atrasados (passivo); Outros Investimentos (ativo/passivo); Créditos Comerciais (passivo)
8. Erros e Omissões
9. Saldo Total do Balanço de Pagamentos = (5) + (6) + (7) + (8)
10. Variação das Reservas Internacionais (ou Haveres da Autoridade Monetária) = - 9

De uma maneira mais sintética, a estrutura do balanço de pagamentos, na nova metodologia, pode ser apresentada da seguinte forma:

1. BC
2. BS
3. BR
4. TUC
5. T = 1+2+3+4
6. CK
7. CF
8. EO
9. B = 5+6+6+8
10. VR

4. ALTERAÇÕES NO BALANÇO DE PAGAMENTOS BRASILEIRO (DO BPM4 PARA O BPM5)

Em conformidade com o Manual de Balanço de Pagamentos do FMI (5a edição), as mais importantes alterações introduzidas na nova apresentação do balanço de pagamentos brasileiro são:

a) Introdução, na conta-corrente, de clara distinção entre bens, serviços, renda e transferências correntes, com ênfase no maior detalhamento na classificação dos serviços;

b) Introdução da "conta capital", que registra as transações relativas às transferências unilaterais de patrimônio de migrantes e a aquisição/alienação de bens não financeiros não produzidos (cessão de marcas e patentes);

c) Introdução da "conta financeira", em substituição à antiga conta de capitais, para registrar as transações relativas à formação de ativos e passivos externos, como investimento direto, investimento em carteira, derivativos e outros investimentos. A conta financeira foi, portanto, estruturada de forma a evidenciar as transações ativas e passivas, as classes dos instrumentos financeiros de mercado e os prazos das transações;

d) Inclusão, no item investimentos diretos, dos empréstimos intercompanhia (empréstimos praticados entre empresas integrantes de mesmo grupo econômico), de qualquer prazo, nas modalidades de empréstimos diretos e colocação de títulos;

e) Reclassificação de todos os instrumentos de *portfólio*, inclusive bônus, *notes* e *commercial papers*, para a conta de investimentos em carteira;

f) Introdução de grupo específico para registro das operações com derivativos financeiros, anteriormente alocados na conta serviços e nos capitais a curto prazo; e

g) Estruturação da "conta de rendas" de forma a evidenciar as receitas e despesas geradas por cada uma das modalidades de ativos e passivos externos contidas na conta financeira.

(ESAF/Especialista em Políticas Públicas e Gestão Governamental/2008) - A partir do início deste século, o Banco Central do Brasil passou a divulgar o balanço de pagamentos com nova metodologia. Pode-se considerar as seguintes alterações em relação à metodologia anterior, exceto a

a) Exclusão, no item investimentos diretos, dos empréstimos intercompanhias, de qualquer prazo, nas modalidades de empréstimos diretos e colocação de títulos.

b) Introdução, na conta corrente, de clara distinção entre bens, serviços, renda e transferências correntes, com ênfase no maior detalhamento na classificação de serviços.

c) Estruturação da conta de rendas de forma a evidenciar as receitas e despesas geradas por cada uma das modalidades de ativos e passivos externos contidas na conta financeira.

d) Inclusão da "conta financeira", em substituição à antiga conta de capitais.

e) Reclassificação de todos os instrumentos de *portfólio*, inclusive bônus, *notes e commercial papers*, para a conta de investimento em carteira.

Solução:

A resposta é a letra "a". A subconta investimentos diretos está classificada de acordo com sua direção e com o instrumento envolvido. No tocante à direção, o investimento direto se subdivide em investimento direto no exterior e investimento direto no Brasil. Quanto ao instrumento, o investimento direto se subdivide em participação no capital, de um lado, e empréstimos intercompanhias, do outro.

5. EXEMPLOS DE LANÇAMENTOS NA METODOLOGIA DO BPM5

1. Exportação de mercadorias. O Brasil exporta mercadorias no valor de 100 e recebe em moeda forte:

   Exportação (balanço comercial): +100
   (Haveres estrangeiros (haveres da autoridade monetária): -100

Obs.: Ao invés de utilizar o termo Haveres a curto prazo no exterior da metodologia antiga, devemos usar os termos: Haveres estrangeiros (haveres da autoridade monetária), reservas em moedas estrangeiras ou depósitos em moeda estrangeira.

2. Exportação de bens. O Brasil exporta bens no valor de 100 e recebe metade em moeda forte e metade em DES:

   Exportação (balanço comercial): +100
   Haveres estrangeiros (haveres da autoridade monetária): -50
   DES: -50

3. Importação de bens. O Brasil importa bens no valor de 100 e paga metade sob a forma de moeda forte e metade em ouro:

   Importação (balanço comercial): -100
   Haveres estrangeiros (haveres da autoridade monetária): +50
   Ouro monetário (haveres da autoridade monetária): +50

4. **Permuta de mercadorias**. O Brasil importa automóveis, no valor de 100, pagando com madeira de pinho:

   Exportação (balanço comercial): +100
   Importação (balanço comercial): -100

5. Pagamento de juros da dívida externa. O Brasil paga juros de sua dívida externa para credores no exterior no valor de 100, metade sob a forma de reservas no FMI e metade em moeda forte:

   Juros (Balanço de rendas): -100
   Haveres estrangeiros (haveres da autoridade monetária): +50
   Reservas no FMI: +50

6. Recebimento de juros da dívida externa. O Brasil recebe da Bolívia juros da dívida externa boliviana junto a residentes no Brasil no valor de 100, em moeda forte:

   Juros (balanço de rendas): +100
   Haveres estrangeiros (haveres da autoridade monetária): -100

7. Recebimento de lucros. A Camargo Corrêa recebe, de sua filial no exterior, lucros no total de 10 milhões de dólares:

   Lucros (balanço de rendas): +10
   Haveres estrangeiros (haveres da autoridade monetária): -10

8. Envio de lucros. A IBM do Brasil envia para o exterior 20 milhões de dólares:

   Lucros (balanço de rendas): -20
   Haveres estrangeiros (haveres da autoridade monetária): +20

9. Pagamento de fretes. A Petrobras paga frete de navio petroleiro no valor de 100, à vista:

   Transportes (balanço de serviços): -100
   Haveres estrangeiros (haveres da autoridade monetária): +100

10. Recebimento de fretes. A Lloyd do Brasil recebe frete de navio alugado para a Bolívia no valor de 100, à vista:

    Transportes (balanço de serviços): +100
    Haveres estrangeiros (haveres da autoridade monetária): -100

11. Pagamento de seguro. Residentes no Brasil pagam prêmios de seguros para seguradoras no exterior no valor de 20, em moeda forte:

    Seguro (balanço de serviços): -20
    Haveres estrangeiros (haveres da autoridade monetária): +20

12. Recebimento de seguro. Seguradora residente no Brasil recebe prêmios de seguros de firma por prestar serviços para uma empresa no Paraguai no valor de 20, em moeda forte:

    Seguro (balanço de serviços): +20
    Haveres estrangeiros (haveres da autoridade monetária): -20

13. Despesas com serviços governamentais. Embaixadas e Consulados brasileiros no exterior gastam 10 milhões de dólares:

Serviços governamentais (balanço de serviços): -10

Haveres estrangeiros (haveres da autoridade monetária): +10

14. Receitas de renda do trabalho. Carpinteiro presta serviço de mão-de-obra para a embaixada americana em Brasília, no valor de 10, recebendo à vista:

Salários e ordenados (balanço de rendas): +10

Haveres estrangeiros (haveres da autoridade monetária): -10

15. Despesas com rendas do trabalho. Um trabalhador uruguaio presta serviço de mão-de-obra para uma firma em Uruguaiana, no valor de 10 e a firma paga em moeda forte:

Salários e ordenados (balanço de rendas): -10

Haveres estrangeiros (haveres da autoridade monetária): +10

16. Pagamento de *royalties*. O Brasil paga 10 milhões de dólares em *royalties*:

Royalties e licenças (balanço de serviços): -10

Haveres estrangeiros (haveres da autoridade monetária): +10

17. Recebimento de donativos em moeda forte. Uma ONG no Rio de Janeiro recebe de uma organização da Alemanha 1 milhão de dólares:

Transferências unilaterais correntes: +1

Haveres estrangeiros (haveres da autoridade monetária): -1

18. Doação em moeda forte. Uma entidade filantrópica no Rio Grande do Sul doa 100 mil dólares para uma ONG no Paraguai:

Transferências unilaterais correntes: -100

Haveres estrangeiros (haveres da autoridade monetária): +100

19. **Recebimento de donativos em mercadoria**. Uma ONG no Rio de Janeiro recebe de uma organização da Alemanha um milhão de dólares em remédios:

Transferências unilaterais correntes: +1

Importação (balanço comercial): -1

20. **Doação em mercadorias**. O Brasil doa um milhão de dólares em remédios e alimentos para socorrer vítimas de terremoto na Nicarágua:

Transferências unilaterais correntes: -1

Exportação (balanço comercial): +1

21. Recebimento de remessa de imigrantes. Uma família de Governador Valadares recebe de um parente nos Estados Unidos 3 mil dólares:

Transferências unilaterais correntes: +3
Haveres estrangeiros (haveres da autoridade monetária): -3

22. Envio de remessa de imigrantes. Um português, morador do Bairro de São Cristovão no Rio de Janeiro, envia para seus familiares em Beira-Alta (Portugal) 2 mil dólares:

Transferências unilaterais correntes: -2
Haveres estrangeiros (haveres da autoridade monetária): +2

23. Recebimento de reparações de guerra. Uma senhora de origem hebraica recebe do Governo da Alemanha dois mil dólares como reparação de guerra:

Transferências unilaterais correntes: +2
Haveres estrangeiros (haveres da autoridade monetária): -2

24. Pagamento de reparações de guerra. O Japão paga para famílias na China 10 milhões de dólares como reparação de guerra, no BP do Japão:

Transferências unilaterais correntes: -10
Haveres estrangeiros (haveres da autoridade monetária): +10

25. **Migração com entrada de bens**. Um brasileiro ao retornar para o Brasil traz um iate no valor de US$ 2 milhões:

Conta Capital: +2
Importação (Balanço Comercial): -2

26. **Migração com entrada de direitos**. Um brasileiro ao retornar para o Brasil traz consigo, ações e títulos Americanos no valor de US$ 3 milhões.

Conta Capital : + 3
Conta Financeira/outros investimentos/Empréstimos: -3

27. **Migração com entrada de obrigações**. Um brasileiro ao retornar para o Brasil traz consigo dívidas e outras obrigações no valor US $4 milhões:

Conta Capital: - 4
Conta Financeira/outros investimentos/Empréstimos: + 4

28. **Migração com saída de bens**. Uma brasileira, ao emigrar para a Espanha, leva consigo jóias no valor de US $ 2 milhões:

Conta Capital: -2
Exportação (Balanço Comercial): +2

29. **Migração com saída de direitos**. Um brasileiro, ao emigrar para a Espanha, leva consigo títulos do Tesouro Nacional Brasileiro no valor de RS 3 milhões:

Conta Capital: -3

Conta Financeira/outros investimentos/Empréstimos: +3

30. **Migração com saída de obrigações**. Um brasileiro, ao emigrar para a Espanha, leva consigo dívidas e outras obrigações no valor R$ 4 milhões:

Conta Capital: + 4

Conta Financeira/outros investimentos/Empréstimos: - 4

31. Entrada de investimentos diretos. Um investidor nova-iorquino compra ações da Vale do Rio Doce no valor de 20 mil dólares:

Investimentos estrangeiros em carteira no Brasil-ações de companhia brasileira (conta financeira): +20

Haveres estrangeiros (haveres da autoridade monetária): -20

32. Saída de investimentos diretos sob a forma de participação acionária. Um grande investidor brasileiro compra um número significativo de ações da Exxon no valor de 20 e passa a ter ingerência sobre a administração da empresa:

Investimento direto: -20

Haveres estrangeiros (haveres da autoridade monetária): +20

33. Recebimento de amortização. O Brasil recebe da Bolívia amortização do principal de sua dívida para com o Brasil no valor de 10 milhões de dólares:

Outros investimentos-Amortização (conta financeira): +10

Haveres estrangeiros (haveres da autoridade monetária): -10

34. Pagamento de amortização. O Brasil paga para os Estados Unidos amortização do principal de sua dívida no valor de 10 milhões de dólares:

Outros investimentos-Amortização (conta financeira): -10

Haveres estrangeiros (haveres da autoridade monetária): +10

35. Reinvestimento: A IBM do Brasil reinveste no país 10 milhões de dólares:

Investimento direto no Brasil-Reinvestimento (conta financeira): +10

Renda de investimento direto – Lucro reinvestido (balanço de rendas): -10

36. Importação. Importação de 200 milhões de dólares, sendo 100 milhões de dólares pago em dinheiro e os outros 100 milhões de dólares restantes financiado pelo produtor da mercadoria importada:

Haveres da autoridade monetária: +100

Outros investimentos – conta financeira (subconta crédito comercial): +100

Importações: -200

37. Empréstimo. Empréstimo de uma companhia brasileira para sua filial na África do Sul, no valor de 150 milhões de dólares.

    Haveres da autoridade monetária: + 150

    Investimento direto – conta financeira (subconta empréstimo intercompanhias): - 150

38. Refinanciamento. Refinanciamento de empréstimos atrasados no valor de 50 milhões de dólares:

    Outros investimentos – conta financeira (subconta empréstimos – desembolso): +50

    Outros investimentos – conta financeira (subconta empréstimos – amortização): -50

39. Securitização. Securitização de 300 milhões de dólares de um empréstimo de residentes para não-residentes:

    Empréstimos: +300

    Investimento em carteira: -300

40. Despesas com turismo. Despesa de 10 mil dólares de turistas brasileiros em viagens internacionais na Europa, sendo 3 mil dólares referente a passagens aéreas e 7 mil dólares referentes às despesas com hotelaria e compras:

    Haveres da autoridade monetária: +10

    Transportes (balanço de serviços – subconta passagens): -3

    Viagens (balanço de serviços): -7

41. Emissão de títulos públicos. Emissão de títulos da dívida externa no valor de 500 milhões de dólares, com pagamento de comissão de 10% para o agente financeiro no exterior:

    Investimento em carteira: +500

    Haveres da autoridade monetária: -500

    Serviços financeiros: -50

    Haveres da autoridade monetária: +50

42. Pagamento de dividendos. Pagamento de 700 mil dólares em dividendos para não-residentes, sendo 200 mil dólares reinvestidos no Brasil:

    Haveres da autoridade monetária: +500

    Investimento direto: +200

    Rendas (subconta dividendos): -700

43. Derivativos. Aquisição de uma posição de 50 mil dólares em mercados de derivativos no exterior, com depósito na margem de 10%:

    Outras operações: +5

    Haveres da autoridade monetária: -5

44. Juros vencidos. Juros vencidos, mas não pagos, no valor de 30 mil dólares, sobre empréstimos de residentes a não-residentes:

Rendas (subconta juros): +30

Outros investimentos – conta financeira (subconta empréstimos): -30

45. Derivativos. Perda de 10 mil dólares por parte de residentes em operações de derivativos no exterior:

Haveres da autoridade monetária: +10

Derivativos – conta financeira: -10

46. Exportação. Exportação de automóveis para Angola, no valor de 300 mil dólares, sendo 150 mil dólares financiados pelo fabricante nacional e o restante 150 mil dólares depositado em conta bancária no exterior:

Exportações: +300

Outros investimentos (subconta crédito comercial): -150

Outros investimentos (subconta moedas e depósitos): -150

47. Amortização. Amortização de 100 milhões de dólares referente a um empréstimo de curto prazo, 50 milhões de dólares financiados:

Haveres da autoridade monetária: +50

Outros investimentos (subconta empréstimos – desembolso): +50

Outros investimentos (subconta empréstimos – amortização): -100

48. Despesa com *leasing*. Despesa de 500 mil dólares com automóveis, por parte de fabricantes estrangeiros, para empresas brasileiras:

Haveres da autoridade monetária: +500

Aluguel de máquinas e equipamentos: -500

49. Controle de empresa estrangeira. Aquisição do controle de uma empresa no exterior por parte de uma empresa brasileira, no valor de 500 milhões de dólares, sendo 400 milhões de dólares financiados via emissão de títulos de renda fixa no exterior:

Haveres da autoridade monetária: +100

Investimento em carteira: +400

Investimento direto: -500

50. Venda de ações. Venda de ações detidas por não residentes na bolsa de valores de São Paulo, no valor de 100 milhões de dólares, com remessa de 50 milhões de dólares para o exterior:

Haveres da autoridade monetária: +50

Outros investimentos (subconta moeda e depósitos): +50

Investimento em carteiras (subconta ações): -100

51. Empréstimos do FMI. Empréstimo do FMI no valor de 800 milhões de dólares ao governo brasileiro:

Outros investimentos (subconta empréstimos): +800

Haveres da autoridade monetária: -800

52. Perdão de empréstimos. Perdão de 5 milhões de dólares em empréstimos atrasados tomados por residentes junto ao exterior:

Transferências de capital: +5

Outros investimentos – conta financeira (subconta empréstimos): -5

Vamos agora resolver as seguintes questões cobradas em concursos públicos relacionadas ao tema acima estudado:

(ESAF/Especialista em Políticas Públicas e Gestão Governamental/2009) - Considere os seguintes saldos, em unidades monetárias, para as contas dos Balanços de Pagamentos:

a) Balanço comercial: - 700;

b) Balanço de serviços: - 7.000;

c) Balanço de rendas: - 18.000;

d) Transferências unilaterais: + 1.500;

e) Conta Capital: + 300;

f) Investimento Direto: + 30.500;

g) Investimento em Carteira: + 7.000;

h) Derivativos: - 200;

i) Outros investimentos na conta financeira = -18.000;

j) Erros e omissões: + 2.500.

Considerando esses lançamentos, é correto afirmar que a conta Haveres da Autoridade Monetária apresentou saldo de:

a) + 2.000

b) – 2.100

c) – 2.900

d) zero

e) + 2.100

Solução: trata-se de uma questão envolvendo a nova metodologia do balanço de pagamentos, e a resposta é a letra "e", conforme lançamentos abaixo transcritos:

1. BALANÇO COMERCIAL = - 700^A

2. BALANÇO DE SERVIÇOS = -7.000^B

3. BALANÇO DE RENDA = - 18.000^C

4. TRANSFERÊNCIAS UNILATERIAIS CORRENTES = + 1.500^D

5. SALDO EM CONTA-CORRENTE DO BALANÇO DE PAGAMENTO $\equiv$ 1+2+3+4 = - 24.200

6. CONTA CAPITAL = + 300^E

7. CONTA FINANCEIRA = 7.1 + 7.2 + 7.3 + 7.4 = + 19.300

    7.1 INVESTIMENTO DIRETO = + 30.500^F

    7.2 INVESTIMENTO EM CARTEIRA = + 7.000^G

7.3 DERIVATIVOS = - 200^H

7.4 OUTROS INVESTIMENTO = - 18.000^I

8. ERROS E OMISSÕES = + 2.500^J

9. SALDO TOTAL DO BALANÇO DE PAGAMENTO ≡ 5+6+7+8 = - 2.100

10. VARIAÇÃO DAS RESERVAS INTERNACIONAIS ≡ - 9 = + 2.100

$$\text{Contas de caixa} \begin{cases} \textit{Haveres} = +700^A + 7.000^B + 18.000^C - 1.500^D - 300^E - 30.500^F - 7.000^G \\ + 200^H + 18.000^I - 2.500^J = +2.100 \\ \textit{Ouro Monetário} = 0 \\ \textit{DES} = 0 \\ \textit{Reservas no FMI} = 0 \end{cases}$$

$$CC = +2.100$$

(Vunesp/Consultor Técnico Legislativo – Economia/CMSP/2007) - Em um determinado ano, um país realizou as seguintes transações medidas em unidades monetárias: exportou 100, importou 80, pagou 50 de juros, recebeu turistas que gastaram 40, tomou empréstimos num total de 20 e recebeu 10 em investimentos diretos. Os resultados do saldo da balança comercial, da soma dos saldos do balanço de serviços e do balanço de rendas, assim como resultado do saldo do balanço de pagamentos foram, respectivamente,

a) 20, –10 e 10.

b) 20, –10 e 40.

c) 10, 30 e 40.

d) 20, 20 e 40.

e) 60, –50 e 10.

Solução: a resposta é a letra "B", conforme registros realizados na nova estrutura do balanço de pagamentos a seguir descrita:

1. BALANÇO COMERCIAL =   +100[a] -80[b] = +20

2. BALANÇO DE SERVIÇOS = +40[d]

3. BALANÇO DE RENDA = -50[c]

4. TRANSFERÊNCIAS UNILATERIAIS CORRENTES = 0

5. SALDO EM CONTA-CORRENTE DO BALANÇO DE PAGAMENTO ≡ 1+2+3+4 = 20 + 40 – 50 + 0 = 10

6. CONTA CAPITAL = 0

7. CONTA FINANCEIRA = 7.1 + 7.2 + 7.3 + 7.4 = 10 + 0 + 0 + 20 = 30

   7.1 INVESTIMENTO DIRETO = +10[f]

   7.2 INVESTIMENTO EM CARTEIRA = 0

   7.3 DERIVATIVOS = 0

   7.4 OUTROS INVESTIMENTO = + 20[e]

8. ERROS E OMISSÕES = 0

9.　SALDO TOTAL DO BALANÇO DE PAGAMENTO $\equiv 5 + 6 + 7 + 8 = 10 + 0 + 30 + 0 = +40$

10.　VARIAÇÃO DAS RESERVAS INTERNACIONAIS $= -40$

$$
\text{Contas de caixa}
\begin{cases}
Haveres = -100^{(a)} + 80^{(b)} + 50^{(c)} - 40^{(d)} - 20^{(e)} - 10^{(f)} \\
Ouro\ Monetário = 0 \\
Reservas\ no\ FMI = 0
\end{cases}
$$

$$CC = 40$$

6. PRINCIPAIS IDENTIDADES DO BALANÇO DE PAGAMENTOS (METODOLOGIA DO BPM5)

EQUAÇÃO	SIGNIFICADO
T = BC + BS +BR + TUC	O saldo em conta corrente (T) é igual à soma do balanço comercial (BC), com o balanço de serviço (BS), com o balanço de rendas (BR) e das transferências unilaterais (TUC).
B = T + CK F + EO	O saldo total do balanço de pagamento (B) é igual à soma do saldo em conta-corrente do balanço de pagamento (T) mais a conta Capital e Financeira (CKF) mais Erros e Omissões (EO).
VR = CC = haveres + ouro monetário+DES+reservas no FMI	A Variação das reservas (VR) é composto pelas contas de caixa, ou seja, é dado pela soma dos haveres, ouro monetário, DES e reservas no FMI. **OBS**: os Empréstimos de Regularização e a conta de Atrasados foram transferidas para a conta capital e financeira (outros investimentos)
T + CKF +VR= 0	A soma algébrica do Saldo em Conta corrente do Balanço de Pagamento (T) mais A Conta capital e Financeira (CKF) mais a rubrica Variação de Reserva (VR) é igual a zero, salvo erros e omissões.
T = - (CKF+ VR)	O saldo em Conta Corrente do Balanço de Pagamento (T) iguala com sinal trocado a soma da Conta Capital e Financeira (CKF) , com a conta Variação de reservas (VR), salvo erros e omissões.
B + VR = 0	A soma algébrica do Saldo Total do Balanço (B) com a Variação de reservas (VR) é zero.
B = - VR	O Saldo Total do Balanço (B) iguala com sinal trocado a Variação de Reservas (VR).

6.1. EXERCÍCIOS DE FIXAÇÃO

1.　**Calcule o saldo em conta corrente do balanço de pagamentos (T), sabendo que:**

Balança Comercial (BC) = 400

Balança de Serviços (BS) = 100

Balança de Rendas (BR) = - 300

Transferências Unilaterais Correntes (TUC) = 50

Solução:

Sabemos que $T = BC + BS + BR + TUC$

Então: $T = 400 + 100 - 300 + 50 = 250$

2. **Calcule o saldo do balanço de rendas (BR), sabendo que:**

Déficit em conta corrente do balanço de pagamentos (T) = 400

Exportação de bens (X) = 300

Importação de bens (M) = 200

Balança de Serviços (BS) = -200

Transferências Unilaterais Correntes (TUC) = 150

Solução:

Sabemos que T = -400, pois o país possui um déficit em conta corrente do balanço de pagamentos. O saldo da Balança Comercial é dado por: BC = X − M = 300 − 200 = 100

Então:

T = BC + BS + BR + TUC $\Rightarrow$ -400 = 100 − 200 + BR + 150 $\Rightarrow$ BR = -400 -100 +200 -150 $\Rightarrow$ BR = -450.

3. **Calcule o saldo total do Balanço de Pagamentos (B), sabendo que:**

Saldo em conta corrente do Balanço de Pagamentos (T) = 300

Conta Capital (CK) = 100

Conta Financeira (CF) = 200

Erros e Omissões (EO) = 50

Solução:

Sabemos que B = T + CK + CF + EO. Logo, teremos que:

B = 300 + 100 + 200 + 50 = 650

4. **Calcule a variação das reservas (VR), sabendo que:**

Déficit em conta corrente do balanço de pagamentos (T) = 200

Conta Capital e Financeira = 300

Solução:

Nada dito, vamos considerar que não houve erro e omissão, isto é, EO = 0. A Conta Capital e a Conta Financeira formam juntas, em uma única rubrica, a conta obviamente chamada de Conta Capital e Financeira: CKF = 300. O saldo em conta corrente do balanço de pagamentos (T) é negativo devido ao déficit em conta corrente informado no comando da questão, ou seja, T = -200.

Como B = T + CKF + EO, então:

B = -200 + 300 + 0 = 100

Sabemos que a rubrica Variação de Reservas é o Saldo Total do Balanço de Pagamentos com sinal trocado, ou seja, B = -VR. Logo:

VR = - B = -100.

Note que o Saldo Total do Balanço de Pagamentos (B) é superavitário e, portanto, as reservas internacionais aumentaram e, exatamente por esse fato, a rubrica Variação das Reservas é negativa, pois só contém Contas de Caixa que aumentam seu saldo por débito.

5. **Calcule o Saldo Total do Balanço de Pagamentos e a Variação das Reservas, sabendo que:**

Conta Capital e Financeira (CKF) = 300

Saldo em Conta Corrente do Balanço de Pagamentos (T) = -400

Solução:

Nada dito, considere que EO = 0. Então:

B = T + CKF + EO ⇒ B = -400 + 300 + 0 = -100.

Assim, o país possui um déficit de 100 no seu Balanço de Pagamentos. A rubrica Variação das Reservas é o simétrico do Saldo Total do Balanço de Pagamentos, então: VR = -B = -(-100) = 100.

Note que o Saldo Total do Balanço de Pagamentos (B) é deficitário e, portanto, as Reservas Internacionais diminuíram e, exatamente por esse fato, a rubrica Variação de Reservas (VR) é positiva, pois só possui as Contas de Caixa que diminuem seu saldo por crédito.

6. **Calcule o saldo da Conta Capital e Financeira (CKF), sabendo que:**

Saldo em Conta-Corrente do Balanço de Pagamentos (T) = 500

Variação de Reservas (VR) = -100

Solução:

Nada dito, vamos considerar que o saldo de Erros e Omissões é nulo, isto é, EO = 0. Então:

T + CKF + VR = 0 ⇒ 500 + CKF - 100 = 0 ⇒ CKF = -500 + 100 ⇒ CKF = -400.

7. **Calcule o saldo de Erros e Omissões (EO), sabendo que:**

Saldo em Conta Corrente do Balanço de Pagamentos (T) = 300

Saldo da Conta Capital e Financeira (CKF) = -200

Variação de Reservas (VR) = -100

Solução:

Como o Saldo em Conta Corrente do Balanço de Pagamentos (T = 300) iguala com sinal trocado a soma da Conta Capital e Financeira com a Variação de Reservas (CKF + VR = -300), logo, não houve Erros e Omissões, isto é, EO = 0, pois T + CKF + VR = 300 – 200 – 100 = 0.

8. **Calcule o saldo de Erros e Omissões, sabendo que:**

Saldo em conta corrente do Balanço de Pagamentos (T) = 100

Conta Capital e Financeira = -320

Variação de Reservas = 200

Solução:

Como T = 100 é diferente de CKF + VR = -320 + 200 = -120, então temos que:

T + CKF + VR + EO = 0 ⇒ 100 – 320 + 200 + EO = 0 ⇒ -20 + EO = 0 ⇒ EO = 20.

Vamos, agora, resolver uma questão de concurso público relacionada ao tema acima estudado:

(ESAF/Economista/MPOG/2006) - Sejam:

BP = saldo total do balanço de pagamentos;

R = variação das reservas;

TC = saldo em transações correntes;

MC = soma do resultado dos movimentos de capitais.

Considerando a nova metodologia do balanço de pagamentos, é incorreto afirmar que:

a) BP = - R.

b) BP + R = 0.

c) TC + MC = R.

d) se BP = 0 então R = 0.

e) TC = - (MC + R).

Solução:

A resposta é a letra "e". Na nova metodologia do balanço de pagamentos, o saldo do balanço de pagamentos é dado pela soma dos saldos em transações correntes, conta capital, conta financeira e erros e omissões. O saldo da variação das reservas (ou haveres) é igual ao saldo do balanço de pagamentos, com o sinal trocado.

7. FORMA ALTERNATIVA DE APRESENTAÇÃO DO SALDO EM CONTA CORRENTE-METODOLOGIA DO BPM5

A TRANSFERENCIA LÍQUIDA DE RECURSOS PARA O EXTERIOR(H>0) E O HIATO DO PRODUTO (H<0).	**H = BC +BS** Onde: BC = Balanço Comercial BS = Balanço de Serviços (ANTIGO Balanço de serviços não fatores) H > 0: Transferência líquida de recursos para o exterior H < 0: Hiato do produto
EXPORTAÇÕES DE BENS E DE SERVIÇOS (X).	**X = Exportação de Bens +receitas do BALANÇO DE SERVIÇOS (receitas de viagens + receitas de fretes + receitas de seguros + receitas de serviços governamentais + receitas de outros serviços : comerciais, financeiros, pessoais, culturais, etc)**
IMPORTAÇÕES DE BENS E DE SERVIÇOS (M).	**M = Importação de Bens + despesas do BALANÇO DE SERVIÇOS (despesas de viagens + despesas de fretes + despesas de seguros + despesas de serviços governamentais + despesas de outros serviços: comerciais, financeiros, pessoais, culturais, etc)**
H = X- M	**X= Exportação de bens e serviços** **M= Importação de bens e serviços** **H > 0: Transferência líquida de recursos para o exterior** **H < 0: Hiato do produto**
RENDAS RECEBIDAS DO EXTERIOR (RR)	**Receitas do BALANÇO DE RENDAS (lucros recebidos + juros recebidos + rendas do trabalho recebidas + receitas de outros serviços fatores).**

RENDAS ENVIADAS AO EXTERIOR (RE)	Despesas do BALANÇO DE RENDAS (lucros enviados + juros pagos + rendas do trabalho pagas + despesas de outros serviços fatores).
RENDA LÍQUIDA ENVIADA AO EXTERIOR (RLE)	RLE = (Rendas Enviada ao Exterior) – (Rendas Recebidas do Exterior)
RENDA LÍQUIDA RECEBIDA DO EXTERIOR (RLRE)	RLRE = (Renda Recebida do Exterior) – (Renda Enviada ao Exterior)
RLE = - RLRE	RLE é igual à RLRE com sinal trocado
RENDA LÍQUIDA RECEBIDA DO EXTERIOR (RLRE). RLRE = BR	RLRE = BR Onde: BR = Balanço de Rendas RLRE = Renda Líquida Recebida do Exterior
RENDA LÍQUIDA ENVIADA AO EXTERIOR (RLE). RLE = - BR	RLE = - BR Onde: BR = Balanço de rendas RLE = Renda Líquida Enviada ao Exterior
T = H + RLRE + TUC	T = H + RLRE T = Saldo em Conta Corrente do Balanço de Pagamento. H = Transferência Líquida de Recursos para o Exterior (H > 0) ou Hiato do Produto (H < 0). RLRE = Renda Liquida Recebida do Exterior. TUC = Transferências Unilaterais Correntes
T = H – RLE + TUC	T = H - RLE T = Saldo em Conta Corrente do Balanço de Pagamento. H = Transferência Líquida de Recursos para o Exterior (H > 0) ou Hiato do Produto (H < 0). RLE = Renda Liquida Enviada ao Exterior. TUC = Transferências Unilaterais Correntes

7.1. Exercícios de Fixação

01. Considere os seguintes dados para uma economia hipotética:

Balança Comercial (BC) = 1000

Balança de Serviços (BS) = -1500

Balança de Rendas (BR) = 800

Transferências Unilaterais Correntes (TUC) = 100

Calcule: H, RLE e T

Solução:

Na metodologia BPM5 do balanço de pagamentos, a balança de serviços corresponde apenas aos antigos serviços não fatores e, portanto, o H é dado pela soma da balança comercial com a balança de serviços, ou seja: H = BC + BS = 1000 – 1500 = -500, evidenciando um hiato do produto de 500.

A Balança de Rendas (BR) inclui apenas os antigos serviços fatores e, desse modo, a Renda Líquida Recebida do Exterior (RLRE) é o próprio saldo da balança de rendas, ou seja: RLRE = BR = 800.

A Renda Líquida Enviada ao Exterior (RLE) é dada pelo simétrico da Renda Líquida Recebida do Exterior (RLRE), ou seja, RLE = -RLRE = -BR = -800.

Note que na metodologia antiga, as transferências unilaterais (TU) faziam parte das Rendas Recebidas do Exterior, isto é: RLRE = BSF + TU.

Na nova metodologia, pelo menos para os autores que mais são cobrados em provas de concursos públicos, as transferências unilaterais correntes (TUC) não fazem parte da Renda Recebida do Exterior (RLRE), que é composta apenas pela balança de rendas (BR), ou seja: RLRE = BR.

Podemos calcular o saldo em conta corrente do balanço de pagamentos (T) de 3 maneiras diferentes:

1ª Maneira: T = BC + BS + BR + TUC = 1000 – 1500 + 800 + 100 = 400.

2ª Maneira: T = H + RLRE + TUC = -500 + 800 + 100 = 400

3ª Maneira: T = H – RLE + TUC = -500 – (-800) + 100 = -500 + 800 + 100 = 400

2. **Considere os seguintes dados para uma economia hipotética:**

Exportação de bens e serviços (X) = 300

Importação de bens e serviços (M) = 200

Balança de Rendas (BR) = 400

Transferências Unilaterais Correntes (TUC) = 50

Calcule H, RLE e T.

Solução:

Na metodologia do BPM4, H era dado pela diferença entre as exportações de bens e serviços não fatores e importações de bens e serviços não fatores, isto é, $H = X_{nf} - M_{nf}$. Como na metodologia do BPM5 os antigos serviços não fatores passaram a ser chamados de serviços, simplesmente, então, hoje, o H é dado pela diferença entre as exportações e as importações de bens e serviços, isto é: H = X – M, então:

H = X – M = 300 – 200 = 100

Como H é positivo, temos uma transferência líquida de recursos para o exterior de 100.

A Renda Líquida Recebida do Exterior (RLRE) é o saldo da balança de rendas, então:

RLRE = BR = 400.

A Renda Líquida Enviada ao Exterior (RLE) é igual à Renda Líquida Recebida do Exterior com sinal trocado, isto é: RLE = - RLRE = -400

O saldo em conta corrente do balanço de pagamentos é dado por:

T = H – RLE + TUC = 100 – (-400) + 50 = 550.

8. USOS E FONTES

No endereço eletrônico do Banco Central do Brasil, pode-se obter a tabela abaixo, a qual demonstra quais as contas que se referem a usos e quais contas se referem a fontes.

USOS	FONTES
Transações Correntes	Conta Capital (Transferências Unilaterais de Capital)
Balança Comercial	Conta Financeira
Exportações	Investimentos Estrangeiros Diretos
Importações	Inv. em papéis domésticos de longo prazo e ações
Serviços e Renda	Desembolsos de médio e longo prazos
Juros	Bônus, *notes* e *commercial papers*
Lucros e Dividendos	Crédito de Fornecedores
Viagens Internacionais	Empréstimos
Demais	Ativos Brasileiros no exterior
Transferências Unilaterais Correntes	Empréstimos ao Banco Central (FMI)
Amortizações de Médio e Longo Prazo	Curto Prazo e Demais
Bônus, notes e *commercial papers*	Ativos de Reservas
Crédito de Fornecedores	
Empréstimos	

Tabela: Brasil – Usos e Fontes de Recursos. Fonte: Banco Central do Brasil.

(ESAF/Analista do Banco Central do Brasil/2002) - No Brasil, as operações entre residentes e não residentes têm sido apresentadas sob a forma de "usos e fontes de recursos". Não faz(em) parte dos denominados "usos":

a) serviços e rendas

b) balança comercial

c) amortizações de médio e longo prazo

d) transferências unilaterais correntes

e) ativos brasileiros no exterior

Solução:

Note que a alternativa errada é a letra "e", pois os ativos de brasileiros no exterior fazem parte das fontes e não dos usos.

(ESAF/Especialista em Políticas Públicas e Gestão Governamental/2003) – O desempenho das contas externas pode ser avaliado a partir da denominada "tabela de usos e fontes". Constituem usos:

a) Os desembolsos de médio e longo prazos

b) A conta de capital

c) A balança comercial

d) Os investimentos estrangeiros diretos

e) Os investimentos em papéis domésticos de longo prazo

Solução:

A resposta é a letra "c", conforme pode ser visto na tabela de Usos e Fontes de Recursos, disponibilizada no sítio eletrônico do Banco Central do Brasil.

Parte III – Estrutura do Balanço de Pagamentos Brasileiro segundo a 6ª Edição do Manual de Balanço de Pagamentos (BPM6)

1. Introdução

A partir de abril de 2015, o Banco Central do Brasil passou a divulgar as estatísticas de setor externo da economia brasileira em conformidade com a sexta edição do Manual de Balanço de Pagamentos e Posição Internacional de Investimento (BPM6), do Fundo Monetário Internacional (FMI)[4]. O BPM6 contempla desenvolvimentos econômicos e financeiros da economia mundial nos últimos quinze anos; avanços metodológicos ocorridos em tópicos específicos e a necessidade de harmonização entre as estatísticas macroeconômicas, especialmente o Sistema de Contas Nacionais (*System of National Accounts*, SNA 2008)[5]. Essa atualização metodológica permite o aperfeiçoamento do padrão estatístico nacional, alinhando-o com as melhores práticas internacionais, e garante consistência com a nova metodologia das Contas Nacionais a ser adotada pelo IBGE, também em 2015[6].

Além dessa introdução, esse texto encontra-se dividido da seguinte forma. A próxima seção descreve as principais informações constantes na seção "perguntas frequentes" sobre o BPM6 no

---

[4] O BPM6 está disponível, em sua versão original (língua inglesa), no sítio eletrônico do Fundo Monetário Internacional (FMI): <<http://www.imf.org/external/pubs/ft/bop/2007/bopman6.htm>>. Acesso em 06 Julho 2015.

[5] O SNA 2008 encontra-se disponível, em diversos idiomas, no seguinte sítio eletrônico da Divisão de Estatísticas da Organização das Nações Unidas: <http://unstats.un.org/unsd/nationalaccount/sna2008.asp>.

[6] Maiores informações sobre a 6ª Edição do Manual do Balanço de Pagamentos aplicada ao caso brasileiro podem ser obtidas no seguinte endereço eletrônico: <<http://www.bcb.gov.br/?6MANBALPGTO>> Acesso em 06 Julho 2015.

sítio eletrônico do Banco Central do Brasil. A terceira seção mostra a nova estrutura do balanço de pagamentos, segundo as modificações apresentadas no BPM6, para fins de concursos públicos. Finalmente, no apêndice se transcreve, na íntegra, as notas metodológicas constantes no sítio eletrônico do Banco Central do Brasil sobre as alterações divulgadas no BPM6.

1.2. Principais mudanças constantes no BPM6[7]

1.2.1. *Metodologias e Impactos da Implementação do BPM6 em Contas do BP*

No que se refere ao impacto da conversão para o BPM6 nos principais agregados da conta corrente do BP, incluindo importações (ou pagamentos), exportações (ou recebimentos), assim como no balanço de bens, serviços, renda primária e secundária; e na conta de capital e de transações correntes e nos saldos, assim como nos principais agregados da Posição do Investimento Internacional – PII (ativos, passivos e PII líquida), de forma geral, são mudanças recomendadas pelo BPM6:

(i)   a classificação das operações de "merchanting" foi modificada da conta de serviços para a conta de bens;

(ii)   as classificações de "serviços manufatureiros sobre insumos físicos de propriedade de terceiros" (classificados como "bens para processamento" no BPM5) e de "serviços de manutenção e reparos n.i.o.p[8]. ("reparos de bens" no BPM5) foram alteradas de bens para serviços;

(iii) a rubrica "transferências de migrantes"[9] deixa de ser classificada em "outras transferências de capital", na Conta Capital; e

(iv)   a classificação de "investimento reverso" na categoria "investimento direto" foi alterada de forma a exibir ativos e passivos em base bruta, tanto no BOP quanto na PII.

O BPM6 aprimorou o nível de clareza, o processo de elaboração e o grau de detalhamento para as estruturas do BP/PII, cujos impactos em muitos dos principais agregados e alguns itens do balanço podem ser limitados para vários países. Ainda assim, a mudança metodológica introduzida em "bens para processamento" (e, em menor escala, para operações de *merchanting*) no BP pode exercer impacto significativo nas estimativas do comércio de bens e serviços para inúmeros países, caso que não inclui o Brasil. Mais especificamente, o novo tratamento adotado para bens para processamento no BPM6 acarreta aumentos nas importações e/ou exportações de serviços (em quantidades equivalentes às recebidas ou pagas por serviços manufatureiros), e reduções mais significativas nas importações e exportações brutas de bens (devido à eliminação do registro de

---

[7] O elenco completo de mudanças pode ser consultado no Apêndice 8 do BPM6, denominado "Changes from BPM5", disponível apenas em inglês, no endereço: <http://www.imf.org/external/pubs/ft/bop/2007/bopman6.htm>.
[8] Não Incluída em Outras Posições (n.i.o.p.).
[9] As transferências de migrantes não devem ser incluídas nas contas do BP no padrão BPM6 por não existir mudança de titularidade do patrimônio. Em virtude da mudança de residência do proprietário, mas não da propriedade de nenhum de seus ativos, as alterações no volume de ativos transnacionais (a exemplo de saldos bancários e de propriedade imobiliária) e de obrigações entre distintas economias são registradas como reclassificações na rubrica "outras alterações de volume" na PII. Ativos e obrigações financeiras de pessoas que alteram seu país de residência são discutidos nos parágrafos 9.21-9.23 do BPM6.

transações envolvendo bens que não afetam a propriedade dos mesmos), embora possa permanecer invariável o comércio líquido de bens e serviços.

No BPM6, a rubrica transferências pessoais das rendas secundárias inclui remessas de trabalhadores, não se limitando, porém, a transferências no âmbito de famílias e a renda de trabalho exclusivamente. O BPM6 também introduz dados suplementares relacionados ao trabalho efetuado em caráter transnacional na compilação de remessas pessoais.

Em relação às mudanças do BPM5 para o BPM6 e o modo pelo qual se distinguem remessas de trabalhadores de transferências pessoais, no BPM6, as transferências pessoais incluem todas as transferências correntes em dinheiro ou em espécie entre famílias residentes e famílias não residentes, independente da origem da renda e do relacionamento entre as famílias, enquanto as remessas de trabalhadores compõem as transferências pessoais. No BPM5, as remessas de trabalhadores eram consideradas um componente padrão, consistindo de transferências correntes efetivadas por migrantes empregados em novas economias e nela considerados como residentes. No BPM6, as transferências pessoais são discutidas nos parágrafos 12.21-12.26; e as remessas, no parágrafo 12.27 e Apêndice 5.

Uma mudança significativa no BPM6 envolve o investimento direto. No que se refere ao tratamento do investimento direto no BPM5 e no BPM6, incluindo o tratamento atribuído às empresas irmãs, a principal diferença refere-se ao registro do investimento reverso. No BPM5, o investimento estrangeiro direto era apresentado como componente padrão em base direcional, i.e., o investimento direto na economia informante (lançado na coluna dos passivos da PII) incluía ativos e passivos entre uma empresa de investimento direto residente e o correspondente investidor direto não residente, enquanto o investimento brasileiro direto (lançado na coluna dos ativos da PII) incluía ativos e passivos entre um investidor direto residente e as correspondentes empresas de investimento direto não residentes.

No BPM6, o investimento direto é apresentado como componente padrão com base nos ativos e passivos brutos, detalhados de forma a identificar separadamente a relação entre o investidor e a entidade receptora do investimento. Assim, por exemplo, todos os ativos são lançados na coluna dos ativos da PII, detalhando-se o investidor direto em empresas investidas; empresas investidas em investidor direto (investimento reverso); e entre empresas irmãs.

Detalhes suplementares são apresentados para empresas irmãs, com o objetivo de identificar separadamente se o controlador final é residente; não residente; ou desconhecido.

No BPM6, investimentos envolvendo empresas irmãs são incluídos em investimento direto. Empresas irmãs são empresas que se relacionam entre si (aquelas que mantêm relação mútua com o investimento direto na medida em que são controladas ou influenciadas pelo mesmo investidor imediato ou indireto), porém sem que nenhuma delas detenha 10 por cento ou mais do poder de voto na outra. No BPM5, o tratamento atribuído às empresas irmãs não era descrito de maneira explícita.

Além das diferenças quanto à forma de apresentação no BPM5 e no BPM6 anteriormente descritas, a assim chamada "dívida permanente" entre intermediários financeiros afiliados[10] foi re-

---

[10] A exclusão de posições devedoras entre corporações financeiras afiliadas é especificada como sendo de corporações tomadoras de depósito, fundos de investimento, e outros intermediários financeiros, com exceção de empresas de seguro e fundos de pensão.

classificada de investimento direto para investimentos em carteira ou outros investimentos. Isso se deveu, por um lado, a razões conceituais – a dívida do intermediário financeiro não era considerada fortemente conectada à relação de investimento direto – e, por outro, a razões práticas. Em relação às razões práticas, não havia nenhum padrão internacional definido para a identificação da dívida permanente, o que resultava em assimetrias bilaterais. Adicionalmente, em geral as estatísticas sobre dívidas incluídas em investimento direto eram demasiadamente elevadas, o que as tornava difíceis de serem interpretadas. A dívida registrada em investimento direto não tinha relação com atividades tipicamente associadas ao investimento direto, a exemplo de edificação de plantas industriais e aquisição de estoques, mas sim a atividades financeiras mais frequentemente registradas como investimento em carteira ou outros investimentos.

De acordo com a metodologia do BPM6, tanto as mudanças na forma de apresentação (i.e., o registro do investimento direto em base bruta no BPM6) quanto às mudanças metodológicas (reclassificação de "dívida permanente" entre intermediários financeiros afiliados), acarretam alterações no total de ativos de investimento direto e no total de passivos de investimento direto.

Para o Brasil, no entanto, as modificações relativas ao investimento reverso estão restritas aos fluxos. Os estoques de investimento direto da PII já consideram ativos e passivos em bases brutas.

O investimento reverso e a diferença na forma de apresentação do investimento direto entre o BPM5 e o BPM6 são discutidos nos parágrafos 6.39-6.45 bem como no boxe 6.4 do BPM6; enquanto as dívidas entre corporações financeiras afiliadas selecionadas são discutidas no parágrafo 6.28 do BPM6.

O BPM6 introduz a padronização na forma de apresentação da composição em moedas dos ativos e passivos internacionais, incluindo derivativos financeiros, visando aprimorar a utilidade da PII. Outros aprimoramentos significativos da PII introduzidas no BPM6 incluem:

a. A segmentação mais detalhada por setores, incluindo a identificação de outras instituições financeiras;

b. Informações sobre empréstimos em atraso em valores nominais (item suplementar, ou item *memorandum* no caso de o valor justo dos empréstimos com liquidação duvidosa não estiver disponível);

c. Detalhes suplementares sobre prazo de vencimento residual de passivos da dívida;

d. Aumento da ênfase e orientação pela utilização da valoração de mercado para posições de investimento direto;

e. Passivos de curto prazo relacionados a reservas com base no prazo de vencimento residual (item *memorandum*);

f. Posições em derivativos financeiros com não residentes em valores nocionais, e por categorias de risco de mercado, se possível (por exemplo, taxa de câmbio, taxa de juros em moeda única, ações, commodities, crédito e outros; itens suplementares);

g. Participações em fundos soberanos não incluídos na categoria funcional de ativos de reservas (item suplementar da PII).

1.2.2. Mudanças na Forma de Apresentação

No que se refere às mudanças introduzidas na "convenção de sinais" a ser utilizada no fornecimento de dados, no BPM6, as rubricas da conta financeira foram alteradas de "créditos e débitos" para "aquisição líquida de ativos financeiros" e "incidência líquida de passivos financeiros"; *i.e.*, todas as mudanças relacionadas aos lançamentos a débito e a crédito são registradas separadamente em termos líquidos para ativos e passivos financeiros. Um sinal positivo indica aumento de ativos ou passivos, e um sinal negativo indica redução de ativos ou passivos.

O BP do Brasil, contudo, permanecerá distinguindo desembolsos de amortizações, ingressos de saídas, para a grande maioria dos itens da conta financeira.

No BPM6, a conta financeira passa a ser consistente com as apresentações do SNA e da GFS (*Government Finance Statistics*) e, além disso, elimina a prática do balanço de pagamentos de apresentar um aumento de ativos como um lançamento negativo (débito).

Adicionalmente, no que se refere às contas corrente e de capital, lançamentos brutos a crédito e brutos a débito são registrados com sinais positivos nas respectivas colunas. No BPM5, todos os débitos eram registrados com sinal negativo.

A Tabela abaixo apresenta as alterações na convenção de sinais do BPM5 para o BPM6.

	BPM6	BPM5
Conta corrente e capital	Tanto créditos quanto débitos são registrados com sinal positivo	Créditos com sinal positivo e débitos com sinal negativo
Conta Financeira	Aumentos de ativos e passivos com sinais positivos; e reduções de ativos e passivos com sinais negativos	Aumentos de ativos e reduções de passivos com sinais negativos; e reduções de ativos e aumentos de passivos com sinais positivos
Saldo da conta financeira [empréstimos líquidos (+)/financiamentos líquidos (-)] no BPM6	Calcula-se como mudança de ativos menos mudança de passivos	Calcula-se como mudança de ativos mais mudança de passivos

Fonte: Banco Central do Brasil. Disponível em: < http://www.bcb.gov.br/ftp/infecon/faqbpm6p.pdf>. Acesso em 06 Julho 2015.

No que se refere às mudanças nos títulos das contas do BPM6, para assegurar a consistência com o SNA 2008, os termos "renda primária" e "renda secundária" substituem "renda" e "transferências correntes", respectivamente.

Por fim, sobre a diferença entre a segmentação setorial no BPM5 e no BPM6, o BPM6 aprimora a apresentação dos dados setoriais ao desmembrar "outros setores" entre "demais empresas financeiras"; e "Empresas não financeiras, famílias e ISFLSF". Além disso, no BPM6, "banco central" substitui "autoridades monetárias" como um subsetor institucional, ao passo que o conceito de "autoridades monetárias" permanece essencial para a definição dos ativos de reservas. Por fim, no BPM6 o setor "Bancos", do BPM5, é substituído por "Bancos, exceto o Banco Central", em linha com o SNA2008.

1.2.3. Padrão de Base de Dados

O Sistema de Intercâmbio de Dados e Metadados Estatísticos (em inglês, SDMX – *Statistical Data and Metadata eXchange*) é uma iniciativa que visa aprimorar os padrões para o intercâmbio de informações estatísticas. Em meados de 2011, as sete organizações internacionais patrocinadoras da iniciativa SDMX divulgaram o Plano de Ação SDMX para o período de 2011 a 2015 (disponível na página do SDMX – http://SDMX.org). De acordo com o plano, as organizações internacionais deveriam divulgar esboço da estrutura de codificação SDMX, conhecida como Definição de Estrutura de Dados (em inglês, DSD – Data Structure Definition), para o BP e demais estatísticas do setor externo até o segundo trimestre de 2012; esta etapa já foi finalizada. As cinco organizações patrocinadoras do SDMX continuam trabalhando na finalização da estrutura de codificação da DSD.

A partir do começo de julho de 2012, o SDMX DSD aplicado ao BP foi submetido aos comentários dos países membros que participam em diversos grupos de trabalho sobre o setor externo, como o Comitê de Estatísticas do Balanço de Pagamentos do FMI. Espera-se que, em breve, o DSD seja disponibilizado na página do SDMX para que os países se familiarizem com os formatos mais adequados para envio de informações de estatísticas do BP e da PII. A página do SDMX é o meio mais apropriado para acessar livremente as ferramentas disponíveis visando facilitar a implantação dos novos padrões.

2. Estrutura do Balanço de Pagamentos segundo o BPM6

A primeira maneira de apresentarmos o balanço de pagamentos no Brasil, de acordo com a metodologia do BMP6, encontra-se abaixo transcrita:

(1) Balanço Comercial (Exportação – Importação)

(2) Balanço de Serviços

- Viagens
- Transportes
- Seguros
- Serviços governamentais
- Serviços de propriedade intelectual
- Serviços financeiros, computação e informações
- Serviços de Construção, serviços de manufatura e manufatura e reparos
- Serviços de telecomunicações
- Serviços pessoais, culturais e recreativos
- Outros serviços de negócios

(3) Renda Primária

- Remuneração dos trabalhadores
- Rendas de investimento direto (lucros e dividendos / juros)
- Rendas de investimentos em carteira
- Rendas de outros investimentos e ativos de reservas

(4) Rendas Secundárias

- Donativos de bens entre pessoas
- Donativos em moeda entre pessoas

(5) **Saldo em Transação corrente do Balanço de Pagamento:** $\equiv 1+2+3+4$

(6) **Conta Capital**

- Alienação/aquisição de bens não-financeiros, não-produzidos (patentes e marcas)

(7) **Conta Financeira:**

(7.1) Investimento direto no exterior

- Participação no capital e cotas em fundos
- Dívida intercompanhias

(7.2) Investimento direto no país

- Participação no capital e cotas em fundo
- Dívida intercompanhias

(7.3) Investimento em carteira- Ativos

- Ações e cotas em fundos
- Títulos de renda fixa

(7.4) Investimento em carteira- Passivos

- Ações e cotas em fundos
- Títulos de renda fixa

(7.5) Derivativos – Ativos

(7.6) Derivativos – Passivos

(7.7) Outros Investimentos – Ativos

- Moedas e depósitos
- Empréstimos
- Créditos comerciais e adiantamentos
- Demais

(7.8) Outros Investimentos – Passivos

- Moedas e depósitos
- Empréstimos
- Créditos comerciais e adiantamentos
- Demais

(7.9) Ativos de reserva

(8) **Erros e Omissões**

(9) **Saldo Total do Balanço de Pagamento:** $\equiv 5+6+7+8$

(10) **Variação das Reservas Internacionais ou Haveres da Autoridade Monetária:**
$\equiv -9$

Contas de caixa: Haveres, DES, Ouro Monetário, Reservas no FMI

Obs.: O item 10 pode ser apresentado como fazendo parte do item 9 e neste caso, o Saldo Total do Balanço (o item 9) seria nulo.

A segunda maneira de apresentarmos o balanço de pagamentos no Brasil, de acordo com a metodologia do BMP6, encontra-se abaixo transcrita:

1.	**Balança Comercial (BC)** = (1.1) - (1.2)
	1.1 Exportação
	1.2 Importação
2.	**Balança de Serviços (BS)**: Viagens; Transportes; Seguros; Serviços governamentais; Serviços de propriedade intelectual; Serviços financeiros, serviços de telecomunicações, computação e informação; Construção; Serviços de manufatura; Aluguel de equipamentos Serviços pessoais, culturais e recreativos; Outros serviços de negócio
3.	**Rendas Primárias (RP)**:

	• Remuneração dos trabalhadores;
	   • Rendas do investimento direto
	         lucros e dividendos
	         juros;
	   Rendas de investimentos em carteira
	   Rendas de outros investimentos
	   Ativos de reserva

4.	**Rendas Secundárias (RS)**: Donativos em bens e em moeda entre pessoas
5.	SALDO EM CONTA CORRENTE DO BALANÇO DE PAGAMENTOS (T) = (1) + (2) + (3) + (4)
6.	CONTA CAPITAL (CK): Alienação/aquisição de bens não-financeiros, não-produzidos (patentes e marcas)
7.	CONTA FINANCEIRA (CF) = (7.1) + (7.2) + (7.3) + (7.4)
	7.1. Investimento Direto no exterior = (7.1.1) + (7.1.2)
	7.1.1. Participação no Capital e cotas em fundos
	7.1.2. Dívida Intercompanhia
	7.2. Investimento Direto no Brasil
	7.2.1. Participação no Capital e cotas em fundos
	7.2.2. Dívida Intercompanhia
	7.3. Investimento em Carteira (Portfólio) - Ativo: Ações e cotas em fundos e Títulos de renda fixa
	7.4. Investimento em Carteira (Portfólio) - Passivo: Ações e cotas em fundos e Títulos de renda fixa
	7.5. Derivativos - Ativos
	7.6. Derivativos - Passivos
	7.7. Outros Investimentos – Ativos: Empréstimos; Moeda e depósito; Créditos Comerciais e adiantamentos; Demais.
	7.8. Outros Investimentos – Passivos: Empréstimos; Moeda e depósito; Créditos Comerciais e adiantamentos; Demais.
	7.9. Ativos de reserva

8.	ERROS E OMISSÕES (EO)
9.	SALDO TOTAL DO BALANÇO DE PAGAMENTOS (B) = (5) + (6) + (7) + (8)
10.	VARIAÇÃO DAS RESERVAS INTERNACIONAIS (VR) = -9

De uma maneira mais sintética, a estrutura do balanço de pagamentos, na nova metodologia, pode ser apresentada da seguinte forma:

1. BC

2. BS

3. RP

4. RS

5. T = 1+2+3+4

6. CK

7. CF

8. EO

9. B = 5+6+6+8

10. VR

EQUAÇÃO	SIGNIFICADO
T = BC + BS +RP + RS	O saldo em conta corrente (T) é igual à soma do balanço comercial (BC), com o balanço de serviço (BS), com as Rendas Primárias(RP) e com as rendas secundárias (RS).
B = T + CK F + EO	O saldo total do balanço de pagamento (B) é igual à soma do saldo em conta-corrente do balanço de pagamento (T) mais a conta Capital e Financeira (CKF) mais Erros e Omissões (EO).
VR = CC = haveres + ouro monetário + DES + reservas no FMI	A Variação das reservas (VR) é composto pelas contas de caixa, ou seja, é dado pela soma dos haveres, ouro monetário, DES e reservas no FMI. **OBS**: os Empréstimos de Regularização e a conta de Atrasados foram transferidas para a conta capital e financeira (outros investimentos)
T + CKF +VR= 0	A soma algébrica do Saldo em Conta corrente do Balanço de Pagamento (T) mais A Conta capital e Financeira (CKF) mais a rubrica Variação de Reserva (VR) é igual a zero, salvo erros e omissões.
T = - (CKF+ VR)	O saldo em Conta Corrente do Balanço de Pagamento (T) iguala com sinal trocado a soma da Conta Capital e Financeira (CKF) , com a conta Variação de reservas (VR), salvo erros e omissões.
B + VR = 0	A soma algébrica do Saldo Total do Balanço (B) com a Variação de reservas (VR) é zero.
B = - VR	O Saldo Total do Balanço (B) iguala com sinal trocado a Variação de Reservas (VR).
T + CKF +EO= 0	A variação de reservas pode ser apresentada como fazendo parte do Saldo Total do Balanço e, neste caso, tal saldo seria nulo.

Apêndice

Notas Metodológicas do Banco Central do Brasil sobre o BPM6

A.1. Nota Metodológica nº 1: Estatísticas do Setor Externo

Esta Nota Metodológica trata de aspectos gerais relacionados à adoção do BPM6 e de seus impactos sobre o conjunto das rubricas do balanço de pagamentos (BP) brasileiro. As seções seguintes contextualizam o BPM6 no conjunto de atualizações metodológicas, e detalham as principais mudanças do padrão internacional.

O BPM6 define o Balanço de Pagamentos (BP) como a estatística macroeconômica que sumariza transações entre residentes e não residentes ao longo de um período. Compreende a conta de bens e serviços, conta de renda primária, conta de renda secundária, conta de capital e conta financeira (parágrafo 2.12 do BPM6).

Além de esclarecer recomendações anteriores, o BPM6 considera a globalização econômica, as inovações financeiras e os desenvolvimentos econômicos recentes para propor novas abordagens e conceitos para as estatísticas externas. Simultaneamente, ao elevar a Posição do Investimento Internacional (PII) à condição de maior destaque em relação aos manuais anteriores, enfatiza-se a análise integrada de estoques e fluxos como instrumento para avaliação da sustentabilidade e das perspectivas das economias ante os desenvolvimentos dos mercados internacionais. Ao promover a visão integrada das transações internacionais sobre a composição e dimensão de ativos e passivos por categorias funcionais de investimento (investimentos direto, em carteira e outros investimentos), por instrumento e por vencimento, as estatísticas de setor externo sob a nova metodologia concedem aos usuários da informação maior conteúdo analítico.

As estatísticas de Balanço de Pagamentos no Brasil têm como principal fonte de informação as transações financeiras registradas no Sistema Câmbio do Banco Central do Brasil (BCB). Dessa forma, o BP brasileiro é compilado fundamentalmente a partir dos registros individuais de cada transação (microdados), consistindo um *International Transactions Reporting System* (ITRS), permitindo ao BCB o acompanhamento tempestivo dos fluxos da economia brasileira com o exterior. Em fevereiro de 2014 entrou em vigor nova codificação para o Sistema Câmbio, desenhada para simplificar e racionalizar o conjunto de informações requeridas e, ao mesmo tempo, atender necessidades estatísticas impostas pela publicação do BPM6.

Outras fontes utilizadas na compilação mensal das estatísticas de BP são o Ministério de Desenvolvimento, Indústria e Comércio Exterior (MDIC) para as informações de exportações e importações de bens; o Plano Contábil das Instituições do Sistema Financeiro Nacional (Cosif); o Departamento das Reservas Internacionais (Depin) do BCB; os diversos módulos do sistema de Registro Declaratório Eletrônico (RDE) de capitais estrangeiros no país; e as pesquisas Capitais Brasileiros no Exterior (CBE) e Censo de Capitais Estrangeiros (Censo); além de informações suplementares recebidas diretamente de declarantes, mediante o preenchimento de formulários específicos, recebidos de diversas instituições públicas e privadas. As modificações metodológicas recentemente implementadas no CBE (em 2011) e no Censo (2012), incluindo conceituação, abrangência e tempestividade, tais como o CBE amostral trimestral e o Censo amostral anual, estão inseridas no contexto de atendimento às necessidades criadas pelo novo padrão estatístico.

O BPM6 traz modificações que incluem a apresentação do BP; a nomenclatura de algumas contas; as convenções estatísticas; e conceitos. Os itens abaixo detalham as modificações gerais mais relevantes. As principais mudanças conceituais e metodológicas com impactos na compilação das estatísticas de BP e PII do Brasil são apresentadas a seguir.

A.1.1. Estrutura de Apresentação do BP

O novo plano de contas do BP sugerido pelo BPM6 pode ser encontrado em versão integral no apêndice 9 do manual. O anexo I desta Nota apresenta a versão resumida, com as principais contas.

A nova estrutura de contas do BP é sumarizada nos parágrafos 2.14 a 2.18 do BPM6. A conta corrente apresenta os fluxos das contas de bens, serviços, renda primária e renda secundária. A conta de renda primária, que no BPM5 era denominada "rendas", permanece indicando os montantes a pagar ou a receber em troca do uso temporário de recursos financeiros, trabalho ou ativos não financeiros não produzidos. A conta de renda secundária, antes denominada "transferências unilaterais", tem sua nomenclatura ajustada às contas nacionais, e apresenta a renda gerada em uma economia e distribuída para outra. As transferências pessoais, expansão do conceito anterior de "manutenção de residentes", permanecem como item mais importante da conta.

Na conta de capital figuram as transações envolvendo compra e venda de ativos não financeiros não produzidos, e transferências de capital. As transferências de migrantes deixam de ser entendidas como transação, posto que não há transferência de propriedade econômica de bens ou direitos entre um residente e um não residente, e, portanto, não compõem mais o BP, passando a impactar apenas a PII.

A conta financeira permanece mostrando as aquisições de ativos e passivos, identificados nas categorias de investimento direto, investimento em carteira (ações e títulos) e outros investimentos (depósitos, empréstimos, créditos comerciais e outros ativos e passivos).

A.1.2. Demonstrativo integrado da Posição do Investimento Internacional (PII)

O BPM6 define a PII como o demonstrativo estatístico que apresenta, em determinado momento, o valor dos ativos financeiros de residentes de uma economia, que compõem direitos contra não residentes, e os passivos de residentes de uma economia, que constituem obrigações junto a não residentes. A diferença entre ativos e passivos é o valor líquido da PII e pode representar tanto um direito líquido quanto uma obrigação líquida com o resto do mundo (par. 2.8).

A PII, portanto, apresenta os estoques de ativos e de passivos externos de uma determinada economia. Nesse sentido, constitui versão atualizada e mais abrangente do chamado "Passivo Externo Líquido" de uma economia.

No BPM6, a PII passa à condição de componente da apresentação padrão principal das estatísticas de setor externo, sob a forma de demonstrativo integrado, ao conciliar os estoques de abertura e fechamento de ativos e passivos em cada período com os fluxos da conta financeira (transações do BP) e outras variações (cambial, de preços e outras variações de volume) (par. 2.10). O quadro abaixo exemplifica o demonstrativo integrado.

Quadro 1 – Exemplo de demonstrativo integrado da PII

US$ milhões

	Estoque em 2012	Transações (conta financeira do BP)	Variação de preço e paridades	Demais variações	Estoque em 2013
Posição Internacional de Investimento					
Ativos					
Investimento direto no exterior					
Investimento em carteira					
Derivativos					
Outros investimentos					
Ativos de reserva					
Passivos					
Investimento direto no país					
Investimento em carteira					
Derivativos					
Outros investimentos					

Fonte: Banco Central do Brasil. Disponível em: <<http://www.bcb.gov.br/ftp/infecon/nm1bpm6p.pdf>> Acesso em 06 Julho 2015.

A.1.3. Convenção de sinais

A interpretação dos sinais das contas do BP representa mudança importante no BPM6, em comparação ao sistema vigente até o BPM5.

No BPM5, a convenção aplicada na compilação do BP era registrar cada transação em duas entradas com valores absolutos iguais. Uma dessas entradas era designada crédito, com sinal positivo; a outra era registrada como débito, com sinal negativo. A princípio, a soma de todas as entradas de crédito é idêntica à soma de todas as entradas de débito, e o saldo líquido de todas as entradas no BP é igual a zero. Neste contexto, créditos (exportações, receitas de rendas, de transferências, reduções nos ativos e aumentos nos passivos) eram apresentados com sinais positivos, enquanto débitos (importações, despesas de rendas, de transferências, aumentos nos ativos e reduções nos passivos) eram registrados com sinal negativo.

No BPM6, sinais positivos indicam exportações e importações, receitas e despesas de rendas, receitas e despesas de transferências e aumentos em ativos e passivos. Sinais negativos somente serão utilizados para indicar renda negativa (perdas) e reduções de ativos ou passivos (por exemplo, quando investimentos são retornados, os desinvestimentos)[11].

Essa nova convenção busca tornar o BP mais intuitivo, simplificar a interpretação das estatísticas, e manter a coerência entre as transações da conta financeira e as variações correspondentes nas posições de ativos e passivos apresentados na PII integrada (par. 3.31). Na conta financeira, fluxos que contribuem liquidamente para elevação (redução) de estoques, tanto para ativos, como para passivos, são representados por sinal positivo (negativo).

O BPM6 recomenda que se registrem apenas as variações líquidas dos ativos e passivos, sem reporte dos fluxos brutos. Por exemplo, para o caso de empréstimos, apenas o ingresso líquido, constituído pela diferença entre contratações e amortizações, seria informado. No BP do Brasil, no entanto, serão apresentados os valores brutos das rubricas das contas financeiras (exceto derivativos), ou seja, as transações que aumentam e as que reduzem os ativos e passivos serão informadas separadamente. Voltando ao exemplo, além do ingresso líquido de empréstimos, serão apresentados os valores de ingressos brutos, as contratações, e de amortizações. Esta abertura é essencial para o cálculo de taxas de rolagem.

O quadro a seguir compara as convenções para sinais dos registros conforme recomendações do BPM5 e BPM6:

Contas do BP	BPM6	BPM5
Transações correntes, receita	+	+
Transações correntes, despesa	+	-
Saldo de transações correntes	Receitas - despesas = +/-	Receitas + despesas = +/-
Receitas de transferências de capital	+	+
Despesas de transferência de capital	+	-
Saldo da conta capital	Receitas – despesas = +/-	Receitas + despesas = +/-
Aquisição líquida de ativos financeiros	+	-
Incidência líquida de passivos financeiros (no BPM5, entrada líquida de capitais estrangeiros)	+	+

---

[11] Exceções podem surgir em algumas transações específicas. Por exemplo, bens sob *merchanting* (bens comprados e revendidos fora do país sem entrar ou sair fisicamente do território nacional) podem, em certas circunstâncias, resultar em registro negativo de exportações.

Contas do BP	BPM6	BPM5
Concessões líquidas (+)/captações líquidas (-) (Saldo da Conta Financeira)	Aquisição líquida de ativos financeiros – incidência líquida de passivos financeiros = +/-	Entrada de capital + saída de capital = +/-
Resumo	Saldo da Conta Financeira (-) Saldo em Transações Correntes (-) Saldo da Conta Capital (=) Erros e Omissões	(Saldo de Transações Correntes + Saldo da Conta Capital + Saldo da Conta Financeira)*(-1) = Erros e Omissões

Fonte: Banco Central do Brasil. Disponível em: <<http://www.bcb.gov.br/ftp/infecon/nm1bpm6p.pdf>> Acesso em 06 Julho 2015.

A.1.4. Princípios contábeis

Além da convenção de sinais, há outros princípios contábeis que regem os registros no BP, e são discutidos no BPM6. Tais princípios têm por objetivo garantir a consistência entre fluxos e estoques e a simetria dos registros realizados por dois países contrapartes. O sistema de partidas dobradas, o momento de registro e os critérios de valoração exemplificam os princípios contábeis (par. 3.1).

O BPM6 não alterou o princípio de partidas dobradas pelo qual cada transação do BP é registrada mediante um crédito e um débito de mesmo valor (par. 3.27). Por exemplo, se um exportador brasileiro realiza uma exportação com recebimento à vista e, após liquidar o contrato de câmbio recebe os reais correspondentes, o BP registrará, simultaneamente, crédito na conta de exportações e aquisição de ativo financeiro, a moeda estrangeira agora em posse da instituição financeira que operou em câmbio.

Tampouco houve alterações substanciais no momento de registro. Como regra geral, adota-se o critério de competência, definido pelo instante em que o valor econômico é criado, transformado, trocado ou extinto (par. 3.35). Não necessariamente a entrega ou recebimento de recursos financeiros identifica esse momento. Bens e serviços comprados ou vendidos à prazo são exemplos de transações nas quais fluxo financeiro e mudança de propriedade do bem e prestação/consumo de serviços são descasados no tempo.

O critério de valoração recomendado pelo BPM6, para transações e estoques, é o preço de mercado, definido pela quantidade de dinheiro pela qual o comprador estaria disposto a comprar, e o vendedor, disposto a vender (par. 3.68). Preços de transferência devem ser ajustados, e valores históricos ou de aquisição devem ser substituídos por valores de mercado. O BPM6 hierarquiza diversas metodologias possíveis para a compilação do valor de mercado, dependendo das informações disponíveis.

O BPM6 reforçou as recomendações metodológicas quanto à implementação dos conceitos, conforme se observa nos casos abaixo.

A compra ou venda de ativo externo entre dois residentes não é registrada como transação do BP (a transação não ocorre entre residente e não residente), mas como reclassificação, afetando os estoques mensurados pela PII, caso os residentes pertençam a setores institucionais distintos. (par. 3.7). Seria o caso, por exemplo, de empresa residente no Brasil que adquirisse empresa no exterior, de propriedade de outra empresa, também residente no Brasil. As intervenções no mercado de câmbio constituem exceção. Ainda que o Banco Central, residente no Brasil, compre ou venda moeda estrangeira de/para *dealer* residente no Brasil, a transação permanecerá sendo registrada no BP.

De modo análogo, a mencionada transferência de migrante, ou seja, a mudança de residência de pessoa física ou empresa, e a consequente mudança do seu conjunto de ativos e passivos de uma economia para outra, passa a ser tratada como reclassificação, e não transação de BP. Embora seja possível identificar residente e não residente, trata-se da mesma pessoa ou empresa, o que fere o conceito de transação, definido como "interação entre duas unidades institucionais que ocorrem por acordo mútuo ou força da lei e envolve troca de valor ou transferência" (pars. 3.4 e 9.21-9.23).

O BPM6 introduz o termo "propriedade econômica", e enfatiza a distinção em relação à "propriedade legal". A exportação ou importação de bens ou a aquisição de ativos ou a incidência em passivos devem ser registradas no BP no instante em que ocorre mudança de propriedade econômica. Diferentemente da propriedade legal, a econômica é atribuída à parte que carrega todos os riscos, responsabilidades, direitos e benefícios do bem ou ativo. É comum que propriedades econômicas e legais sejam transferidas ao mesmo tempo, mas há casos em que os proprietários legais e econômicos são distintos, sendo exemplo clássico o arrendamento mercantil (par. 3.41).

A.1.5. Território econômico, unidades, setores institucionais e residência

O BPM6 define território econômico como a área sob efetivo controle econômico de um único governo (par. 4.4). De forma distinta do BPM5, não há mais requerimentos de livre circulação de pessoas, bens e capitais. Embaixadas, bases militares e eventuais outros enclaves continuam pertencendo ao país de origem, e o território econômico não é, necessariamente, contínuo.

O novo manual reforça que um escritório ou representação comercial, ainda que não formalizados enquanto empresa ou personalidade jurídica, pode ser classificado como unidade institucional, para fins de BP. Por exemplo, o escritório de uma obra de construção civil, mesmo não sendo empresa formalizada, poderia figurar como unidade capaz de efetuar transações econômicas. Conforme o BPM6, o escritório seria considerado residente no país da obra, e não no país da matriz da empresa construtora, caso possuísse: i) contas contábeis separadas da matriz; e ii) obrigações locais junto ao sistema tributário ou obra com duração superior a um ano (par. 4.27).

Em relação aos setores institucionais, enquanto o BPM5 apresentava os seguintes setores – Governo Geral, Autoridade Monetária, Bancos e Demais Setores – o BPM6, de forma consistente com o SNA 2008, altera a nomenclatura de Autoridade Monetária para Banco Central, e de Bancos para "Instituições que aceitam depósitos, exceto Banco Central". A modificação mais substancial é o detalhamento concedido aos Demais Setores, que apresenta subcontas para as instituições financeiras que não captam depósitos, como fundos de investimento, empresas de seguro, fundos de pensão e outros auxiliares (corretoras e distribuidoras, *holdings*, dentre outros).

Adicionam-se também as empresas não financeiras, famílias e organizações não governamentais (Tabela 4.2 do BPM6).

Não há mudanças substantivas na definição de residência. Entretanto, o BPM6 especifica o tratamento para indivíduos que possuem domicílio em diferentes territórios. Nesse caso, o BP considerará a pessoa como residente no local em que passar a maior parte do tempo (par. 4.126). A residência de empresas com pouca ou nenhuma presença física é determinada pelo território econômico que abriga o conjunto de leis sob as quais a corporação foi criada. (par. 4.134).

A.1.6. Classificação dos ativos e passivos financeiros

O BPM6 assegura a harmonização com o SNA 2008, também para a classificação detalhada de ativos e passivos financeiros (Tabela 5.3), em linha também com as estatísticas monetárias conforme o MSFM 2000, com atualização prevista para 2015. Nesse sentido, os ativos e passivos contingentes – acionados sob determinadas condições ou ocorrências – não compõem os estoques, mas recomenda-se a divulgação de informação suplementar (par. 5.10).

Os Depósitos Interbancários passam a constituir categoria própria sob o instrumento Depósitos. Com o objetivo de evitar assimetrias na distinção entre depósitos e empréstimos, o BPM6 recomenda que todas as posições bancárias distintas de Títulos e Outras Contas a Pagar ou Receber sejam classificadas como Depósitos Interbancários (par. 5.42).

Expressões usadas para identificar títulos de características específicas, como "Bônus", "Notes", "Commercial papers", são substituídas por "Títulos de longo prazo" (par. 5.44). A expressão "Créditos comerciais" é acrescida de "Adiantamentos" (par. 5.70), explicitando a inclusão de operações de pagamentos antecipados de exportação e importação (PAs), em que o envio ou recebimento de recursos financeiros precede a transferência de propriedade da mercadoria, como crédito comercial.

O BPM6 assinala a importância do critério de endividamento por prazo de vencimento residual, embora o critério de prazo original permaneça como o padrão recomendado. O prazo de vencimento residual, informação suplementar, considera a totalidade dos vencimentos para determinado período futuro, independente do prazo original de contratação do passivo (par. 5.104).

A publicação da composição dos ativos e passivos por moeda é incentivada, dada sua utilidade para análise de exposição de risco a variações cambiais. A composição por moeda para a dívida de curto prazo por vencimento residual é outro detalhamento desejável (Tabelas A9-I-1a e A9-I-2a).

Por fim, a classificação dos estoques por taxas de juros fixas e flutuantes é outra informação suplementar, permitindo análises de sensibilidade da posição do país a variações nas taxas de juros internacionais (par. 5.109).

Anexo I – Estrutura analítica resumida do Balanço de Pagamentos, em conformidade com o BPM6

I Transações Correntes	II Conta Capital
1. Bens e Serviços	III Conta Financeira
o Balança Comercial (Bens)	1. Investimento direto no exterior
▪ Exportações	a. Participação no capital e cotas em fundos
▪ Importações	b. Dívida intercompanhia
o Serviços	2. Investimento direto no país
▪ Serviços de manufatura	a. Participação no capital e cotas em fundos
▪ Serviços de manufatura e reparo	b. Dívida intercompanhia
▪ Transportes	3. Investimento em carteira – Ativos
▪ Viagens	a. Ações e cotas em fundos
▪ Construção	b. Títulos de renda fixa
▪ Seguros	4. Investimento em carteira – Passivos
▪ Serviços financeiros	a. Ações e cotas em fundos
▪ Serviços de propriedade intelectual	b. Títulos de renda fixa
▪ Telecomunicação, computação e informações	5. Derivativos – Ativos
	6. Derivativos – Passivos
▪ Aluguel de equipamento	7. Outros investimentos – Ativos
▪ Outros serviços de negócio	a. Moedas e depósitos
▪ Serviços culturais, pessoais e recreativos	b. Empréstimos
▪ Serviços governamentais	c. Créditos comerciais e adiantamentos
2. Renda primária	d. Demais
o Remuneração dos trabalhadores	8. Outros Investimentos – Passivos
o Renda de investimento	a. Moedas e depósitos
▪ Investimento direto	b. Empréstimos
• Lucros e dividendos	c. Créditos comerciais e adiantamentos
• Juros	d. Demais
▪ Investimento em carteira	9. Ativos de reserva
▪ Outros investimentos	**IV Erros e Omissões**
▪ Ativos de reserva	
3. Renda secundária	

Fonte: Banco Central do Brasil. Disponível em: <<http://www.bcb.gov.br/ftp/infecon/nm1bpm6p.pdf>> Acesso em 06 Julho 2015.

A.2. Nota Metodológica nº 2: Transações Correntes

As seções seguintes apresentam as principais alterações decorrentes da adoção do BPM6 conforme as grandes rubricas das transações correntes: balança comercial, serviços, renda primária e renda secundária.

A.2.1. Balança comercial

No BPM6, os bens, ativos reais e tangíveis, são definidos como itens físicos e produzidos, sobre os quais direitos de propriedade podem ser estabelecidos e transferidos de uma unidade institucional para outra por meio de transações (parágrafo 10.7).

As estatísticas de comércio externo de bens do BP sob o padrão anterior, a quinta edição do Manual de Balanço de Pagamentos (BPM5)[12], utilizavam o Ministério do Desenvolvimento, Indústria

---

[12] O BPM5 encontra-se disponível, na versão língua inglesa, no sítio eletrônico do FMI: <<http://www.imf.org/external/pubs/cat/longres.cfm?sk=157.0>> Acesso em 06 Julho 2015.

e Comércio (MDIC) como fonte exclusiva. Tais informações, elaboradas a partir de registros adu-aneiros do Sistema de Comércio Exterior (Siscomex), possuem elevada tempestividade, e seguem as orientações metodológicas do manual de Estatística do Comércio Internacional de Mercadorias (*International Merchandise Trade Statistics* - IMTS) editado pela Organização das Nações Unidas (ONU)[13].

O BPM6, no entanto, explicitamente recomenda que as estatísticas aduaneiras sejam ajustadas às necessidades do BP, conforme o parágrafo 10.14:

> *"10.14 International merchandise trade statistics (IMTS) are usually the main data source for general merchandise in the goods and services account. The international standards for merchandise trade data are set out in United Nations IMTS: Concepts and Definitions. These standards are closely linked to those in this Manual. In practice, the data used as sources for general merchandise include customs data, international transactions reporting systems, other administrative data (including value-added tax systems), surveys of traders, or combinations. Adjustments to source data may be needed to account for coverage, timing, valuation, and classification that do not meet balance of payments guidelines."*

Enquanto o parágrafo 14 do IMTS preconiza a cobertura dos bens "que adicionam ou subtraem do estoque de recursos materiais de um país, entrando (importações) ou saindo (exportações) de seu território econômico" o BPM6, no parágrafo 10.13, define exportação e importação a partir da mudança de propriedade econômica, entre residente e não residente:

> *"10.13 General merchandise on a balance of payments basis covers goods whose economic ownership is changed between a resident and a nonresident (…)"* .

Embora a definição do BPM6 não constitua inovação significativa em relação ao BPM5, destaque-se o maior rigor com que o novo manual recomenda a aplicação do conceito de BP para o comércio externo de bens.

Nesse contexto, as estatísticas de balança comercial sob o BPM6 serão compiladas a partir dos dados publicados pelo MDIC, que se mantém como fonte principal, acrescida de fontes com-plementares (sistema de câmbio, informações prestadas diretamente por empresas importadoras e exportadoras, Receita Federal do Brasil, dentre outras), com o objetivo de atender aos requisitos da nova metodologia. As principais modificações a serem incorporadas são descritas a seguir.

Importações de energia elétrica sem cobertura cambial: as importações do BP contemplarão todas as aquisições de energia elétrica junto a não residentes, incluindo os casos em que não há cobertura cambial ou efetiva entrega de recursos financeiros, parcial ou integralmente. O BPM6 explicitamente define energia elétrica como bem, recomendando sua inclusão nas contas de expor-tação e importação, conforme o parágrafo 10.7, item b:

---

[13] Organização das Nações Unidas (United Nations), International Merchandise Trade Statistics: Concepts and Definitions, 1998. Disponível em:

<<http://unstats.un.org/unsd/publication/SeriesM/SeriesM_52rev2E.pdf>> Acesso em 06 Julho 2015.

"10.17 Because there is a change of ownership of goods between a resident and a nonresident, the following cases are included in the balance of payments definition of general merchandise: (a) (...) (b) Electricity, gas, and water. However, charges invoiced separately for the transmission, transport, or distribution of these products are included in services under transport and other business services — see paragraphs 10.74 and 10.159. (...)"

Exportações fictas: a transferência de propriedade a um não residente, com a entrega do bem ocorrendo dentro do território nacional, já é incluída nas exportações de bens para mercadorias no âmbito do Regime Aduaneiro Especial de Exportação e Importação de Bens Destinados às Atividades de Pesquisa e de Lavra das Jazidas de Petróleo e de Gás Natural (Repetro). A recomendação do BPM6, como padrão internacional, é para que a estatística inclua qualquer mercadoria nessas condições, ainda que não haja amparo de regime fiscal específico.

Importações fictas: ocorre quando residentes brasileiros tornam-se proprietários de bens que são recebidos fora do território nacional. A aquisição de combustível no exterior por parte de empresas brasileiras de transporte, como aeronaves ou embarcações, é um exemplo típico dessa modalidade de transação, que passará a ser incluída no BP.

Bens em triangulação (*merchanting*): Operação em que um residente no Brasil adquire uma mercadoria em um segundo país, para revendê-la em um terceiro. O bem, portanto, não ingressa no território nacional. O BPM5 recomendava registrar a diferença entre os preços de compra e venda como um serviço. O BPM6 indica que a aquisição do bem deve figurar como exportação com sinal negativo, enquanto a venda é uma exportação com sinal positivo (parágrafo 10.41).

Bens para processamento: o BPM6 recomenda excluir das exportações e importações bens que cruzam a fronteira, mas não envolvem mudança de propriedade. Em determinadas situações, o proprietário envia o bem para outro país, no qual uma empresa residente presta algum tipo de serviço, de montagem ou beneficiamento, modifica o bem, que retorna ao país de origem. A empresa prestadora de serviço, entretanto, não se torna proprietária do bem em qualquer momento. O valor do serviço agregado ao bem será registrado em uma nova conta de serviços, intitulada "Serviços de manufatura". Mas o bem não figurará nas estatísticas do BP como exportação ou importação.

A.2.2. Serviços

Na conta de Serviços do BPM6, as modificações de maior relevância para o BP brasileiro são elencadas a seguir:

Serviços de manufatura: conforme descrito na seção anterior, sobre balança comercial, referem-se à prestação de serviços sobre bens nos casos em que prestador e proprietário residem em países distintos.

Seguros: os prêmios de seguros serão repartidos entre as contas de rendas secundárias e serviços de seguro. Ao mesmo tempo, o envio e recebimento de recursos relativos a sinistros serão registrados em rendas secundárias.

Transportes: as alterações nessa conta no BP brasileiro envolverão o aprimoramento de fontes de informação. A conta de transporte utiliza dados provenientes dos contratos de câmbio e estimativas para cobrir as operações com liquidações no exterior. Essas estimativas terão seus parâmetros atualizados conforme evolução da estrutura de mercado das empresas que prestam serviços no Brasil, incluindo as não residentes.

Pesquisa e desenvolvimento: a negociação de patentes, copyrights e processos industriais, desenvolvidos em atividades de pesquisa, são registradas nessa nova conta de serviços. O BPM5 recomendava sua classificação como ativos não financeiros não produzidos, anteriormente registrados na conta de capital. Pelo BPM6 essas transações serão compiladas nas transações correntes.

Telecomunicações, computação e serviços de informação: essas três categorias de serviços serão apresentadas em grupo único. Até o BPM5, os serviços de telecomunicação constituíam grupo separado.

Serviços de propriedade intelectual: mudança de nomenclatura, substituindo a conta "Royalties e licenças" do BPM5.

Serviços Financeiros Indiretamente Medidos (FISIM): Conforme o BPM6, seguindo metodologia das Contas Nacionais, os pagamentos e recebimentos de juros incluem, além da remuneração do capital, a cobrança implícita de um serviço financeiro. Na prática, parcela do que é classificado na conta de juros, no padrão BPM5, deverá ser reclassificada para uma conta de serviços. Haveria recomposição entre as contas de rendas e serviços, sem alteração no resultado de transações correntes. As fontes para compilação desta nova informação permanecem em construção.

A.2.3. Renda primária

O aprimoramento estatístico permitirá a implementação de modificações relevantes nas contas de juros e de lucros. As novas estatísticas refletem a demanda de investidores não residentes por ativos localizados na economia brasileira e denominados em moeda nacional, tanto títulos de renda fixa negociados no mercado doméstico, quanto o capital de empresas residentes no Brasil.

Juros: atualmente, o BP brasileiro, a partir de dados coletados dos contratos de câmbio, compila o pagamento a investidores não residentes de cupons de juros de títulos negociados no mercado doméstico, efetuado em Reais, exclusivamente quando os recursos são efetivamente enviados ao exterior.

A partir da adoção do BPM6, esse pagamento de cupom de juros a investidores não residentes, realizado no mercado doméstico e em Reais, será registrado como despesa de juros. A fonte de dados para essa rubrica é o Sistema Especial de Liquidação e de Custódia (Selic). Ressalte-se que essa transação não implica impacto no mercado de câmbio.

Conceitualmente, o padrão metodológico define como transações de BP os fluxos entre residentes e não residentes, independente do mercado e da moeda em que as transações ocorram.

A metodologia internacional também define que os lançamentos do BP obedeçam ao princípio de partidas dobradas, que exige o lançamento de contrapartida a cada transação. No caso do pagamento de cupom de juros a investidores não residentes, no mercado doméstico e em Reais, a contrapartida dessa despesa é o reinvestimento dos recursos, ou seja, o aumento das entradas líquidas em títulos de renda fixa negociados no mercado doméstico. Portanto, o financiamento do BP ocorre de forma automática, posto que essa despesa de juros, registrada na conta de rendas, tem por contrapartida um ingresso líquido na conta financeira de mesmo valor, especificamente na conta de passivo de investimentos em carteira, títulos de renda fixa negociados no mercado doméstico.

Em 2014, do total de juros pagos no mercado doméstico e em Reais a investidores não residentes, como cupom de títulos públicos de renda fixa, mais de 90% foram reinvestidos no país e, portanto, não impactaram o mercado cambial.

Naqueles casos residuais em que o investidor não residente opta por remeter esses juros ao exterior, a contrapartida no BP continuará a ser a redução dos ativos em moeda estrangeira detidos pelo banco que intermediou a transação.

Com o objetivo de preservar a consistência entre fluxos e estoques, a PII passará a ter o Selic como fonte para o estoque de títulos de renda fixa negociados no mercado doméstico detidos por investidores não residentes. As estatísticas do estoque de debêntures emitidas pelo setor privado no mercado nacional, e adquiridas por não residentes, terão como fonte a Comissão de Valores Mobiliários (CVM).

Lucros: o lucro líquido total de uma empresa de investimento direto pode ser particionado em lucros remetidos e lucros reinvestidos, e essas duas categorias devem gerar registros no BP. A receita (despesa) de lucro recebida (remetida) tem como contrapartida aumento (redução) de ativos em moeda estrangeira, detido por bancos que intermediam a operação cambial. O lucro reinvestido, por sua vez, reflete a decisão da matriz de ampliar seus investimentos no país de residência de sua subsidiária, não tendo, portanto, impacto sobre o mercado de câmbio, e tendo por contrapartida a ampliação do investimento direto, em participação no capital.

No Brasil, a compilação da conta de lucros reinvestidos foi interrompida em 1999 por limitações na cobertura das fontes de informação. O BP brasileiro, portanto, de 1999 a 2014, registrou apenas os lucros efetivamente remetidos às matrizes no exterior ou recebidos pelas matrizes no país, apurados a partir dos contratos de câmbio.

A partir da adoção do BPM6 será retomada a compilação da conta de lucros reinvestidos, tendo como fonte de dados as pesquisas de Capitais Brasileiros no Exterior (CBE) e Censo de Capitais Estrangeiros no Brasil (Censo).

Os lucros reinvestidos serão compilados para os investimentos diretos que os residentes do Brasil realizam no exterior, e para os investimentos diretos de não residentes em empresas localizadas no Brasil. O impacto no resultado de transações correntes depende da magnitude dos dois efeitos, dado que os lucros reinvestidos por brasileiros representam receita, enquanto a parcela reinvestida por não residentes remete às despesas.

Os lucros reinvestidos são tratados também na Nota Metodológica nº 3, sobre Investimento Direto.

A.2.4. Renda secundária

Trata-se da antiga conta de Transferências Unilaterais. A mudança de nomenclatura se adequa à estrutura de contas nacionais, um dos propósitos da nova metodologia do BPM6. A principal modificação consiste na introdução do conceito de transferências pessoais. No BPM5, a conta de remessas de trabalhadores, ou manutenção de residentes, vinculava a geração dos recursos remetidos entre as famílias, ao trabalho. No BPM6, é necessário apenas que o emissor e o receptor das remessas sejam pessoas físicas, não importando a forma como os recursos financeiros tenham sido gerados, ou seja, o BPM6 amplia o escopo dessa rubrica. A mudança metodológica reflete, sobretudo, a dificuldade dos países em verificar se a renda remetida tinha por origem imediata o trabalho. No BP brasileiro, o impacto da nova diretriz será reduzido.

A.3. Nota Metodológica nº 3 – Investimentos Diretos e Renda Primária

Esta nota metodológica apresenta aquelas relativas ao investimento direto, em especial a substituição do princípio direcional (BPM5) pelo critério de ativos e passivos (BPM6). Adicionalmente, novas fontes de informação permitirão a retomada da compilação da conta de lucros reinvestidos, com contrapartida na ampliação dos fluxos de investimento direto.

A.3.1. Investimento direto no BPM6 e o critério de ativos e passivos

Investimento direto, investimento em portfólio, derivativos e outros investimentos constituem as quatro categorias funcionais da conta financeira do BP. O BPM6 define investimento direto no parágrafo 6.8:

> "Direct investment is a category of cross-border investment associated with a resident in one economy having control or a significant degree of influence on the management of an enterprise that is resident in another economy. (…)"

Com o objetivo de assegurar consistência entre os diversos países e compiladores, o manual define que o "controle ou significativo grau de influência" seja admitido se o investidor não residente detiver 10% ou mais do poder de voto da empresa residente[14].

O investimento direto é composto por duas subcontas: participação no capital (*equity*) e dívida intercompanhia, que inclui todas as modalidades de crédito entre empresas de mesmo grupo econômico, em relação de investimento direto[15].Empréstimo entre empresas ligadas é a modalidade mais comum, mas títulos e créditos comerciais também estão enquadradas nessa subcategoria de investimento direto.

O BPM6 especificou o tratamento às empresas irmãs (*fellow enterprises*, parágrafo 6.17), e propôs que tais informações sejam apresentadas como item suplementar. Anteriormente, existiam apenas referências às operações de crédito fornecidas por matrizes às subsidiárias e de subsidiárias às matrizes. O BPM6 destaca as operações entre empresas sob mesmo controlador, ainda que uma não participe do capital da outra (*fellow enterprises*), e explicita que tais créditos sejam incluídos como investimento direto – dívida intercompanhia.

A modificação de maior impacto causada pela adoção do BPM6, no entanto, é a substituição do princípio direcional pelo critério de ativos e passivos, conceitos que se aplicam somente à modalidade de dívida intercompanhia, e não à participação no capital.

---

[14] O padrão anterior, da 5ª edição do Manual de Balanço de Pagamentos (BPM5), considerava 10% ou mais do capital social, e não do poder de voto

[15] Para maiores detalhes sobre as relações de investimento direto, consultar o BPM6 (http://www.imf.org/external/pubs/ft/bop/2007/bopman6.htm), pg. 101 a 106, e a 4ª edição do OECD Benchmark Definition of Direct Investment (BDM4), disponível, em diversos idiomas, no sítio da OCDE em http://www.oecd.org/daf/inv/mne/fdibenchmarkdefinition.htm.

No BPM5 vigorava o princípio direcional, pelo qual é indispensável identificar a matriz (empresa investidora), em se tratando de dívida intercompanhia. O investimento reverso, quando a subsidiária (empresa investida) fornecia fundos para sua matriz, possuía tratamento específico. Por exemplo, se uma subsidiária ou controlada não residente fornecesse crédito para sua matriz residente no Brasil, esse passivo brasileiro era classificado como "redutor de ativo", na conta de investimentos brasileiros diretos no exterior (IBD). Na prática, os empréstimos entre empresas de grupo econômico de capital brasileiro eram sempre registrados na conta de IBD, mesmo quando o recurso era tomado junto à empresa não residente. O tratamento é simétrico para o caso em que filial ou subsidiária residente no Brasil fornece crédito à sua matriz no exterior: a operação é considerada como um "ativo redutor de passivo".

Conforme o **critério de ativos e passivos**, adotado pelo BPM6, para uma relação de investimento direto (matriz e subsidiária é o caso mais comum) os créditos concedidos por uma empresa residente no Brasil a outra empresa residente no exterior são registrados na conta de Investimento Direto – Ativos, ou seja, investimento direto do Brasil no exterior. Analogamente, sempre considerando um mesmo grupo econômico, as transações em que uma empresa residente no exterior concede crédito a empresa residente no Brasil são compiladas na conta de Investimento Direto – Passivos, ou seja, investimento direto do exterior no Brasil.

Em suma, pelo **critério de ativos e passivos** na relação entre as empresas credoras e devedoras pertencentes a um mesmo grupo econômico, não é mais determinante a identificação de matriz, subsidiária ou irmã. Pela metodologia do BPM6 a classificação da transação de BP é feita a partir da identificação das residências do credor e do devedor.

O parágrafo 6.42 do BPM6 explicita a opção pelo critério de ativos e passivos e comenta o princípio direcional, que permanece como item suplementar[16] no novo padrão metodológico:

> 6.42 The directional principle is a presentation of direct investment data organized according to the direction of the direct investment relationship. It can be contrasted with the asset and liability presentation of aggregates used in standard components in this Manual, which are organized according to whether the investment relates to an asset or liability. The difference between the asset-liability and directional presentations arises from differences in the treatment of reverse investment and some investment between fellow enterprises. The directional principle can be applied to the IIP, financial account, and investment income. Under the directional principle, direct investment is shown as either direct investment abroad or direct investment in the reporting economy: (a) Direct investment abroad covers assets and liabilities between resident direct investors and their direct investment enterprises. It also covers assets and liabilities between resident and nonresident fellow enterprises if the ultimate controlling parent is resident. Direct investment abroad is also called outward direct investment. (b) Direct investment in the reporting economy includes all liabilities and assets between resident direct investment enterprises and their direct investors. It also covers assets and liabilities between resident and nonresident fellow enterprises if the

---

[16] No caso do BP do Brasil, a indicação do princípio direcional de investimento direto (BPM5) como item suplementar significa que o BCB continuará publicando essas estatísticas como memorando aos novos conceitos de investimento direto.

ultimate controlling parent is nonresident. Direct investment in the reporting economy is also called inward direct investment.

A partir das estatísticas sobre investimentos diretos divulgadas no BP brasileiro, de acordo com o princípio direcional (BPM5), observa-se que serão significativos os impactos da adoção do critério de ativos e passivos (BPM6). Fazendo referência à figura acima, o item "Filial no exterior a matriz no Brasil", componente do IBD sob o princípio direcional (BPM5), será reclassificado, passando a compor o investimento direto estrangeiro no país (passivos). Em 2014, o total líquido desses fluxos atingiu US$24,2 bilhões.

Parcela expressiva desses valores refere-se a recursos captados por filiais de grupos brasileiros no exterior, em geral via emissão de títulos, e internalizados no país sob a forma de dívida inter-companhia[17].

De forma simétrica, o item "Filial no Brasil a matriz no exterior", componente do IED sob o princípio direcional (BPM5), também será reclassificado, passando a compor o investimento direto brasileiro no exterior (ativos). Em 2014, esses fluxos atingiram montante líquido de US$461 milhões.

O anexo a esta nota metodológica reproduz, a título de exemplificação, boxe de publicação do *Bank for International Settlements* (BIS) que analisa essa mudança metodológica nos investimentos diretos utilizando o caso brasileiro.

O registro do investimento direto no conceito de ativos e passivos permite:

i) a plena consistência com a metodologia utilizada para as demais categorias funcionais (investimento em portfólio e outros investimentos) e com as demais estatísticas macroeconômicas, a exemplo da dívida externa;

ii) o aprimoramento de fonte de informações para a compilação das contas nacionais;

iii) facilitar a análise sob a ótica dos balanços e iv) simplificar a interpretação das estatísticas.

A.3.2. Investimento direto e lucros reinvestidos

Dentre os itens que compõem a conta de renda primária, o BPM6 distingue, no parágrafo 11.8, lucros (*dividends*) de lucros reinvestidos (*reinvested earnings*). A desagregação do lucro líquido total entre essas duas categorias é uma decisão econômica do investidor. O parágrafo 11.34 define lucros reinvestidos e sua contrapartida na conta financeira do BP, e acrescenta que esse item está naturalmente incluído nos estoques de investimento direto:

11.34 Retained earnings of an enterprise shows the net earnings from production and primary and secondary income transactions before attributing reinvested earnings. It is equal to net operating surplus plus primary income, current transfers receivable, and change in pension entitlements, and minus primary income (excluding reinvested

---

[17] No Relatório de Inflação de março de 2015, o boxe "Emissões de Subsidiárias de Matrizes Brasileiras no Mercado Internacional" (http://www.bcb.gov.br/htms/relinf/port/2015/03/ri201503b5p.pdf) apresentou estimativa de que 78,6% das receitas desse tipo de emissões no exterior ingressaram no Brasil na conta de IBD – empréstimos intercompanhia. Cabe ressaltar que os recursos repassados representam funding provido por investidores estrangeiros, não pertencentes ao grupo econômico da subsidiária emissora, que adquiriram os papéis diretamente no mercado internacional.

earnings payable to the enterprise's direct investors and owners of investment funds) and current transfers payable. Retained earnings of investment funds and the part of the retained earnings of direct investment enterprises that belongs to direct investors are treated as being distributed to the owners who then are deemed to reinvest back. The imputation of income to the owners of investment funds and direct investors is shown in the primary income account as "reinvested earnings" and the corresponding flow is recorded in the financial account as "reinvestment of earnings" (see paragraphs 8.15–8.16 for the recording of financial account entries). Reinvestment of earnings is an imputed financial transaction. In the position data, reinvestment of earnings is not shown separately but included implicitly in the total value of equity.

No caso brasileiro, a compilação dos lucros reinvestidos foi interrompida em 1999, por limitações das fontes de informação. É importante observar que a principal fonte de dados para a compilação do BP brasileiro é o sistema de câmbio que capta as trocas de moeda estrangeira por doméstica decorrentes de transações de/para o exterior. Não é o caso dos lucros reinvestidos, fluxo econômico e contábil em que não há impacto no mercado cambial.

Estão disponíveis, atualmente, fontes de informação para os lucros que as matrizes brasileiras reinvestem em suas subsidiárias no exterior, e que as matrizes estrangeiras reinvestem em suas subsidiárias no Brasil. As fontes são, respectivamente, as pesquisas de Capitais Brasileiros no Exterior (CBE) e Censo de Capitais Estrangeiros no Brasil (Censo).

A contabilização de lucros reinvestidos no exterior impactará tanto a receita de lucros reinvestidos na conta corrente, quanto o investimento direto brasileiro no exterior (ativos), modalidade participação no capital. Analogamente, os lucros reinvestidos por grupos estrangeiros no Brasil, afetarão as despesas de lucros reinvestidos na conta corrente e o investimento direto estrangeiro no Brasil (passivos), modalidade participação no capital. Ou seja, os impactos dos lucros reinvestidos nas transações correntes, terão, por definição, financiamento automático na conta financeira.

Os sinais desses lançamentos de lucros reinvestidos são alterados caso ocorram prejuízos, ou mesmo se o montante distribuído superar os lucros totais para um determinado período. Nesses casos, as receitas e despesas se invertem, e ocorre redução dos fluxos de investimento direto – participação no capital, conforme o parágrafo 11.46 do BPM6:

> 11.46 Reinvested earnings can be negative when a direct investment enterprise has a loss on its operations or the dividends declared in a period are larger than net income in that period. If direct investment abroad generates negative earnings, the entry should be shown as a negative income receivable by the direct investor. Similarly, the economy of the direct investment enterprise should record the losses as negative income payable.

A ampliação das informações disponíveis sobre o lucro total (remetido e reinvestido), por empresas em relação de investimento direto possibilitará, adicionalmente, o cálculo da lucratividade implícita ao se comparar o estoque de investimento direto com seus fluxos totais de renda.

A magnitude dos lucros reinvestidos depende de vários fatores, destacando-se o lucro total e o nível de atividade do país no qual a empresa é residente; a taxa de câmbio, que reduz ou amplia o valor original do lucro auferido quando expresso na moeda em que será recebido pelas matrizes; e a estratégia e situação do grupo econômico multinacional.

Por fim, assinale-se que o posicionamento do Brasil nos rankings internacionais como receptor e emissor de investimento direto poderá sofrer alterações. Dado que a conta de lucros reinvestidos jamais deixou de integrar o padrão estatístico internacional, muitos países compilam esses fluxos, que podem ser representativos em termos de investimento direto. Nesse sentido, os fluxos brasileiros de investimento direto, tanto brasileiros para o exterior, quanto estrangeiros para o país, estão subestimados dada a ausência da compilação do componente de lucros reinvestidos desde 1999.

A.4. Nota Metodológica nº 4 – Dívida Externa

O BPM6 e o Guia para Compiladores e Usuários das Estatísticas de Dívida Externa (EDS 2013)[18] foram atualizados de maneira a auxiliar na avaliação de sustentabilidade externa dos países, dados os volumes crescentes de fluxos internacional de capitais e a maior interdependência na economia internacional. O conjunto de atualizações aprimora a qualidade e a utilidade das estatísticas de dívida externa. Esta Nota Metodológica trata de aspectos gerais relacionados à adoção do BPM6 e EDS 2013 e de seus impactos sobre as estatísticas de dívida externa brasileira. As seções seguintes discorrem sobre: conceito e princípios metodológicos de dívida externa; principais impactos nas estatísticas publicadas pelo BCB e modificações nos quadros de dívida externa da Nota para Imprensa do Setor Externo.

A.4.1. Conceito e princípios metodológicos de dívida externa

O BPM6 define instrumentos de dívida em função da obrigatoriedade de pagamento de principal e/ou juros:

> 5.31 Debt instruments are those instruments that require the payment of principal and/or interest at some point(s) in the future. Debt instruments consist of SDRs, currency and deposits, debt securities, loans, insurance technical reserves, pension and related entitlements, provision for calls under standardized guarantees, and other accounts receivable/payable. (…).
>
> 5.32 Debt instruments can be contrasted with equity and investment shares in the nature of the liability and risk. Whereas equity gives a residual claim on the assets of the entity, a debt instrument involves an obligation to pay an amount of principal and/or interest usually according to a predefined formula, which usually means that the creditor has a more limited risk exposure. Provided that the debtor is solvent, debt obligations are largely fixed or linked by a formula to some other variable, such as a market interest rate or the price of a selected item. In contrast, the return on equity is largely dependent on the economic performance of the issuer. Because of the different nature of risk, debt is an important grouping for analysis.(…)

---

[18] Esse Guia foi publicado pela Força-Tarefa Inter-Agência em Estatísticas Financeiras (TFFS), capitaneada pelo FMI. Encontra-se disponível em: <<http://datatopics.worldbank.org/debt/qeds>>

A Posição de Investimento Internacional (PII) – mais amplo demonstrativo dos estoques totais de ativos e passivos externos de uma economia – ao compreender a totalidade dos passivos financeiros externos, inclui, como subconjunto, aqueles que compõem a dívida externa. Metodologicamente, os passivos externos da PII podem, portanto, ser divididos em passivos que não representam endividamento, formados por derivativos e investimento direto modalidade participação no capital, e os passivos que compõem a dívida externa.

De forma semelhante, segundo o parágrafo 2.3 do EDS 2013, a dívida externa é formada por passivos reais correntes e não contingentes[19], que requerem pagamentos de principal e/ou juros pelo devedor em ponto futuro do tempo, e que são devidos por residentes a não residentes.

Definition of External Debt 2.3 The Guide defines gross external debt as follows: Gross external debt, at any given time, is the outstanding amount of those actual current, and not contingent, liabilities that require payment(s) of 3 Passivo contingente é condicionado a determinado acontecimento para se tornar um passivo efetivo. Por exemplo, o garantidor de uma operação de crédito possui passivo contingente. Se o devedor original não honrar a operação, o garantidor assume um passivo. principal and/or interest by the debtor at some point(s) in the future and that are owed to nonresidents by residents of an economy.

Esses passivos são tipicamente estabelecidos por meio de provisão de valor econômico de uma unidade, o credor (não residente), para outra, o devedor (residente), sob contrato que especifica condições de pagamento. Por exemplo, em um empréstimo, o residente deverá pagar, em data futura, valores de principal e/ou juros, conforme acordo prévio.

Observe-se que a definição metodológica de dívida externa, acima transcrita, não menciona local de negociação, jurisdição ou moeda, podendo o instrumento de dívida estar denominado e ser liquidado até, por exemplo, em mercadorias. É necessário, contudo, que credor e devedor possuam residências em economias diferentes, sendo o devedor residente na economia compiladora. Segundo o BPM6 e o EDS2013, uma unidade institucional (empresa, agência governamental, pessoa física, dentre outros) é considerada residente em uma economia se o centro de seu interesse econômico predominante estiver localizado no território econômico daquela economia. Como "interesse econômico predominante" entende-se o engajamento da unidade em atividades e transações econômicas de escala significante e a sua intenção em manter-se engajada por tempo indeterminado ou determinado, desde que superior a um ano. São residentes de um país, entre outros, todas as empresas instaladas em seu território, inclusive as filiais de empresas multinacionais.

Da definição de dívida externa conclui-se que passivos entre dois residentes, ainda que denominados ou indexados à moeda estrangeira, não são classificados como dívida externa. **Analogamente, passivos de residentes contra não residentes com obrigatoriedade de pagamento de principal e/ou juros, ainda que denominados e/ou liquidados em moeda nacional, devem integrar a dívida externa.**

O EDS 2013 recomenda que instrumentos de dívida, de forma geral, sejam precificados na data de referência pelo valor nominal. **Entretanto, para os títulos de dívida, por serem negociáveis,**

---

[19] Passivo contingente é condicionado a determinado acontecimento para se tornar um passivo efetivo. Por exemplo, o garantidor de uma operação de crédito possui passivo contingente. Se o devedor original não honrar a operação, o garantidor assume um passivo.

o manual recomenda, preferencialmente, a precificação a valor de mercado. Enquanto o valor nominal corresponde ao total devido, o valor de mercado é dado pelo preço em que comprador e devedor aceitam transacionar o título. O BPM6 define valor de mercado no parágrafo 3.67:

> "3.67 Market prices refer to current exchange value, that is, the values at which goods and other assets, services, and labors are exchanged or else could be exchanged for cash. Market prices are the basis for valuation in the international accounts. (...)"

Ressalte-se que, para que o valor de mercado adequadamente reflita as condições de venda de determinado ativo em determinado período, devem ser observados critérios como volumes mínimos de transações realizadas do ativo em questão, bem como de liquidez no(s) mercado(s) no(s) qual(is) o ativo é transacionado.

A.4.2. Principais impactos nas estatísticas de dívida externa publicadas pelo BCB

De acordo com o conceito apresentado pelo BPM6 e pelo EDS 2013, dívida externa é aquela obrigação de uma entidade residente detida por não residentes, independentemente do local de negociação, da jurisdição, ou da moeda em que a dívida estiver denominada. Assim, mesmo passivos em moeda nacional, emitidos no Brasil, podem fazer parte da dívida externa.

Nesse sentido, **a estatística da dívida externa divulgada trimestralmente pelo BCB passará a compreender o estoque de títulos de renda fixa negociados no mercado doméstico e detidos por não residentes**, em especial, a parcela correspondente da Dívida Pública Mobiliária Federal Interna (DPMFi).

A inclusão desses títulos negociados no mercado doméstico e denominados em reais na dívida externa brasileira não altera o estoque de passivos externos do país, visto que esses passivos sempre constaram na série da PII. **Trata-se apenas de reclassificação metodológica, de forma a considerar esse passivo externo, já computado nas estatísticas da PII, como dívida externa.**

É fundamental ressaltar que a dívida externa denominada e liquidada em moeda nacional, obviamente, não implica mesmo nível de risco que aquela denominada e liquidada em moeda estrangeira. No primeiro caso, o risco cambial é suportado exclusivamente pelo investidor e credor não residente. Adicionalmente, para servir essa dívida, não é necessário obter receitas em moeda estrangeira. Por fim, os títulos de renda fixa negociados no mercado doméstico e detidos por não residentes, são emitidos no Brasil e, portanto, não estão sujeitos ao tratamento legal de outras jurisdições.

A.4.3. Principais modificações nos quadros de dívida externa da Nota para a Imprensa do Setor Externo

A adequação das estatísticas de dívida externa brasileira aos mais recentes padrões metodológicos internacionais requer modificações nos quadros da Nota para a Imprensa do Setor Externo. Abaixo, seguem as principais modificações nos quadros:

- O estoque de títulos negociados no mercado doméstico, denominados e liquidados em reais, e detido por não residentes, dada sua especificidade e nível de risco distinto, é identificado de forma separada;

- A expressão "empréstimos intercompanhia" é substituída por "operações intercompanhia". Entretanto, seu estoque já era identificado separadamente, também em virtude de seus diferenciados nível de risco e grau de exigibilidade;

- Os títulos de emissão da República no mercado internacional passam a ser medidos em valor de mercado, mas os valores nominais são apresentados como informação suplementar, em item de memorando;

- O item "Outros Passivos de Dívida" de "Autoridade Monetária" é substituído por "Alocações DES" de "Banco Central". As alocações de Direitos Especiais de Saque (DES), realizadas pelo FMI para suplementar as reservas internacionais dos países membros, são contabilizadas como ativo das reservas internacionais e, simultaneamente, como passivo de dívida externa;

- A distribuição por moeda passa a considerar a dívida emitida no mercado doméstico, ampliando a participação do real. Adicionalmente, os passivos devidos em mercadoria passam a ser detalhados.

Capítulo 2

Contabilidade Nacional

Parte I – Contabilidade Nacional: Conceitos Introdutórios

1. DEFINIÇÃO

A **Macroeconomia** é o estudo do comportamento econômico agregado e suas bases são as medidas agregadas da atividade econômica. A macroeconomia estuda a economia como um todo, analisando a determinação e o comportamento dos grandes agregados como renda e produto, níveis de preço, emprego, estoque de moeda, taxa de juros, balanço de pagamentos, taxa de câmbio etc.

A **contabilidade nacional (ou contabilidade social)** é o conjunto de estatísticas de ordem econômica, preparadas e sistematizadas com o objetivo de possibilitar uma visão quantitativa da economia de um país, sendo, na verdade, uma síntese contábil dos fatos que caracterizam a atividade econômica desse país. Baseou-se no sistema desenvolvido por Kuznetz e padronizado internacionalmente por Kuznetz e Stone após a Segunda Guerra Mundial. Esse sistema visa organizar as transações econômicas reais realizadas pelas economias em determinado período de tempo. Essas transações são contabilizadas em termos monetários.

(CESPE-UNB/Consultor do Executivo – Ciências Econômicas/SEFAZ-ES/2010) – Acerca dos conceitos de macroeconomia, julgue o item que se segue.

A macroeconomia, que estuda o índice geral de preços e a determinação da renda nacional, também se ocupa do estudo de como é gerado e de como é possível um aumento no nível agregado de recursos da economia.

Solução:

Verdadeiro. A macroeconomia é o estudo do comportamento agregado de uma economia, abrangendo a análise da estrutura e do desempenho das economias nacionais e das políticas que os governos utilizam para tentar influir no desempenho econômico.

(CODEVASF/Economista/2003) – Os enunciados a seguir são formas de caracterizar a macroeconomia em sentido amplo, exceto a que informa que a (na) macroeconomia:

a) Trata do comportamento da economia como um todo.

b) Abrange o comportamento econômico e as políticas que afetam o consume e o investimento.

c) Abrange o câmbio, a balança comercial e as políticas fiscal e monetária.

d) Lida com o comportamento de unidades econômicas individuais, tais como famílias e firmas.

e) O nível agregado de renda ou dos gastos está entre as variáveis-chaves a serem estudadas.

Solução:

A resposta é a letra "d", pois o comportamento de unidades econômicas individuais (famílias e firmas) é objeto de estudo da microeconomia.

2. FLUXO E ESTOQUE

Uma **variável de fluxo** é uma variável econômica **medida por unidade de tempo** (ano, semestre, trimestre, mês, semana, dia etc.). Por exemplo, suponha que uma torneira despeja água em uma banheira a uma vazão de 2 litros por minuto; logo, essa vazão é um fluxo, pois está sendo medido por minuto, por unidade de tempo. O caro leitor também pode pensar na quantidade de sangue que flui de um corte, claramente trata-se de um fluxo. De modo análogo, na Economia, temos varáveis que possuem essa característica de serem medidas por unidade de tempo, por exemplo, o déficit financeiro que uma pessoa incorre em um determinado período ao gastar mais do que sua renda. Assim, as variáveis a seguir são exemplos de variáveis de fluxo: Déficit Público, o saldo do Balanço de Pagamentos, a Renda, a Poupança, o Produto Interno Bruto (PIB) e seus componentes, isto é, o Investimento, o Consumo, os Gastos Governamentais (Gastos Públicos), as Exportações e as Importações, Pagamento de Juros etc.

Uma **variável de estoque** é uma variável **medida em um determinado ponto do tempo** (instante do tempo). Voltemos ao exemplo da banheira que é enchida por uma torneira cuja vazão é de 2 litros por minuto. A quantidade de água acumulada em um determinado ponto do tempo, por exemplo, a água acumulada em uma hora (120 litros) é um estoque, assim como também é um estoque a água acumulada em outro ponto do tempo (240 litros em 2 horas). Na Economia, temos os exemplos: a dívida pública, a quantidade de moeda em circulação no país, o estoque de matérias--primas, o nível de reservas internacionais, a quantidade de máquinas e equipamentos (capital) etc.

A relação entre fluxo e estoque é que todo estoque é formado por um fluxo e, sendo assim, a diferença entre o valor do estoque em dois momentos do tempo dá o valor do fluxo que alimenta aquele estoque nesse período de tempo. Por exemplo, as variáveis de estoque, como a água existente em uma banheira em determinado instante do tempo, são alteradas por fluxos, como a água que entra ou sai da banheira em determinado intervalo de tempo. Cabe destacar, a seguir, algumas relações específicas entre fluxo e estoque especialmente importantes no estudo da Macroeconomia.

Estoque	Fluxo	Relações entre fluxo e estoque
Capital	Investimento	O investimento é a variação do estoque de capital. O capital é formado pelos fluxos acumulados de investimentos.
Patrimônio	Renda	A renda é a variação do patrimônio. O patrimônio é formado pelos fluxos acumulados de renda.
Passivo Externo Líquido	Déficit Externo	O déficit externo é a variação do passivo externo líquido. O passivo externo líquido é formado pelos déficits externos acumulados.
Dívida Pública	Déficit Público	O déficit público é a variação do estoque da dívida pública. A dívida pública é formada pelos déficits públicos acumulados.

Tabela 1: Principais relações entre fluxo e estoque.

A seguir apresentamos questões de concurso público relacionadas com esse assunto.

(ESAF/Auditor-Fiscal da Receita Federal/2000) – Pode-se dividir as variáveis macroeconômicas em duas categorias: variáveis "estoque" e variáveis "fluxo". Assim, podemos afirmar que:

a) a renda agregada, o investimento agregado, o consumo agregado e o déficit orçamentário são variáveis "fluxo", ao passo que a dívida do governo e a quantidade de capital na economia são variáveis "estoque";

b) a renda agregada, o investimento agregado, o consumo agregado e o déficit orçamentário são variáveis "estoque", ao passo que a dívida do governo e a quantidade de capital na economia são variáveis "fluxo";

c) a renda agregada, o investimento agregado, o consumo agregado e a dívida pública são variáveis "fluxo", ao passo que o déficit orçamentário e a quantidade de capital na economia são variáveis "estoque";

d) o investimento agregado, o consumo agregado e a dívida pública são variáveis "fluxo", ao passo que a renda agregada, o déficit orçamentário e a quantidade de capital na economia são variáveis "estoque";

e) a renda agregada e o déficit orçamentário são variáveis "fluxo", ao passo que o consumo agregado, o investimento agregado, a dívida pública e a quantidade de capital na economia são variáveis "estoque".

Solução:

A resposta é a letra "a", pois, de fato, a renda agregada, o investimento agregado, o consumo agregado e o déficit orçamentário são variáveis "fluxo", ao passo que a dívida do governo e a quantidade de capital na economia são variáveis "estoque".

(CESPE-UNB/Consultor do Executivo – Ciências Econômicas/SEFAZ-ES/2010) – Acerca dos conceitos de macroeconomia, julgue o item que se segue.

Considerando os dois tipos de variáveis em uma economia, as variáveis-estoque representam a quantidade medida por unidade de tempo, e as variáveis-fluxo representam a quantidade mensurada em determinado instante de tempo.

Solução:

Falso. Pelo contrário, uma **variável de fluxo** é uma variável econômica **medida por unidade de tempo** (ano, semestre, trimestre, mês, semana, dia etc.). Por outro lado, uma **variável de estoque** é uma variável **medida em um determinado ponto do tempo** (instante do tempo).

3. AGENTES ECONÔMICOS

Os agentes econômicos (ou atores econômicos) são aqueles que agem (que atuam) na economia. Quem são os agentes econômicos? Quem são esses agentes que possuem ação volitiva no cenário econômico? São as **famílias, as empresas (firmas), o Governo e o Resto do Mundo (setor externo).**

As **famílias** atuam na economia de duas maneiras: por um lado, como proprietárias dos fatores de produção, alugam esses fatores (trabalho, capital, recursos naturais, tecnologia e capacidade empresarial) para as firmas, recebendo a respectiva remuneração (salários, aluguéis, juros e lucros). Por outro lado, as famílias compram os bens e serviços produzidos pelas firmas a fim de maximizarem sua utilidade (satisfação).

As **empresas** atuam na economia de duas maneiras: por um lado, elas são unidades produtoras de bens e serviços, e por outro lado, elas compram os serviços de fatores de produção (terra, trabalho e capital), a fim de realizar suas atividades produtivas.

O **governo** é constituído pela Administração Direta e Indireta, nos níveis federal, estadual e municipal, prestando serviços que são demandados pelos cidadãos, por exemplo, os serviços de justiça, a defesa nacional, a segurança pública, a educação pública e a saúde pública. O Governo para poder prestar esses serviços à coletividade se financia através dos impostos.

O **Resto do Mundo** (ou Setor Externo) compreende todas as entidades externas a uma economia e que podem afetá-la. Por exemplo, caso a taxa de juros nos Estados Unidos aumente, haverá uma saída de capitais do Brasil.

4. OS FLUXOS REAL E MONETÁRIO (NOMINAL) DA ECONOMIA

A interação entre os agentes econômicos gera na economia dois fluxos: i) O fluxo real e ii) o fluxo monetário.

A renda é a remuneração dos fatores de produção sob a forma de salários, aluguéis, juros e lucros, e é gerada quando as firmas remuneram os fatores de produção para as famílias, que por sua vez utilizam essa renda para comprar os bens e serviços das firmas, assim, a renda flui em um círculo.

Em uma economia capitalista, as famílias são proprietárias dos fatores de produção, mas quem necessita desses fatores são as firmas que querem produzir os bens e serviços, ou seja, para produzir os bens e serviços, as empresas precisam utilizar os fatores de produção (capital, trabalho e recursos naturais) que pertencem às famílias proprietárias desses fatores de produção.

Ao cederem os fatores de produção para as firmas, as famílias são remuneradas, isto é, obtêm sua renda, ou seja, as famílias obtêm salários em troca do trabalho, aluguel em troca do capital físico, juros em troca do capital financeiro e lucro em troca do capital de risco. Assim, existem na economia dois fluxos: (i) **o fluxo monetário, ou nominal,** que é representado pela remuneração dos fatores de produção; e (ii) **o fluxo real de bens e serviços** que é dado pela produção resultante da utilização dos fatores de produção no processo produtivo.

Dessa maneira podemos perceber que os agentes econômicos interagem em dois mercados: (i) o **mercado do produto** no qual são transacionados os bens e serviços que são produzidos pelas firmas e demandados pelas famílias e (ii) o **mercado de fatores** no qual são transacionados os insumos (os fatores de produção) que são ofertados pelas famílias e demandados pelas empresas.

A figura 1 a seguir representa os fluxos real e monetário de uma economia e também os mercados do produto e de fatores.

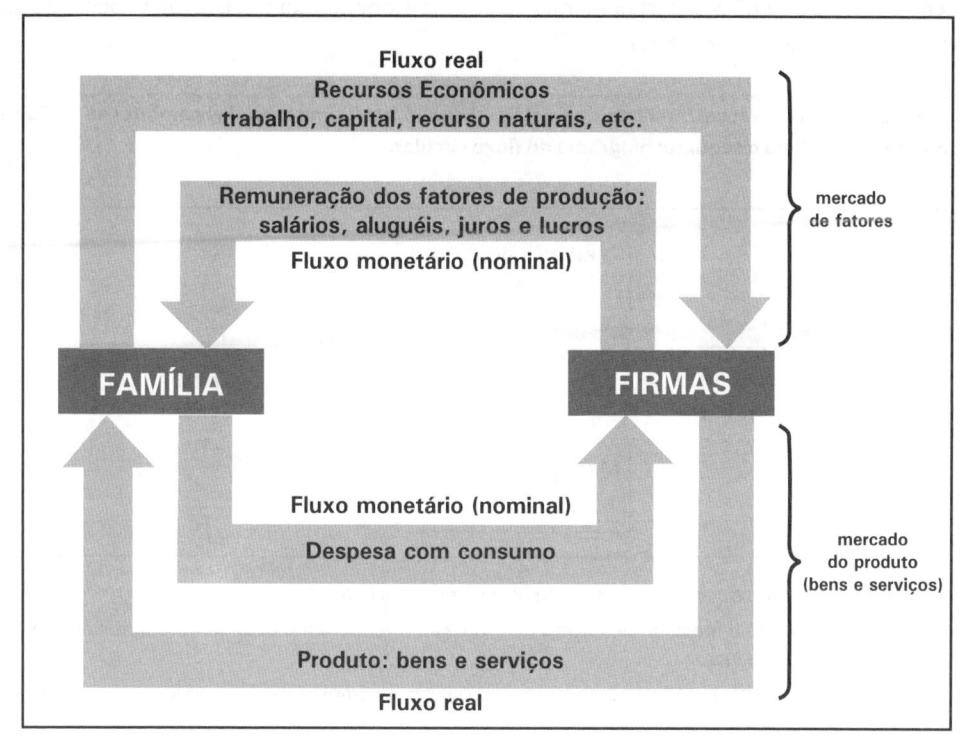

Figura 1 – Fluxo Circular da Renda

(CESPE-UNB/Consultor do Executivo – Ciências Econômicas/SEFAZ-ES/2010) – Julgue o item que se segue, como verdadeiro ou falso.

O modelo do fluxo circular apresenta os principais agregados da economia, ilustrando a produção de um bem a partir do fator trabalho. O circuito interno representa os fluxos reais, e o circuito externo apresenta os fluxos financeiros ou monetários.

Solução:

Verdadeiro pois, conforme dito antes, na economia possui dois fluxos: (i) o fluxo monetário, ou nominal, que é representado pela remuneração dos fatores de produção; e (ii) o fluxo real de bens e serviços que é dado pela produção resultante da utilização dos fatores de produção no processo produtivo.

(CESPE-UNB/Analista de Empresa de Comunicação Pública – Atividade: Economia/Empresa Brasileira de Comunicação/2011) – Acerca de noções gerais da macroeconomia, julgue o item que se segue.

A teoria tradicional do fluxo circular da renda leva em conta uma economia no curto prazo fechada e sem governo.

Solução:

Verdadeiro, conforme descrito na figura acima no modelo simplificado de uma economia só existem empresas e famílias e, portanto, trata-se de uma economia com dois setores apenas na qual não há governo e nem setor externo.

(Fundação Getúlio Vargas/Analista de Gestão – Economista/Companhia Pernambucana de Saneamento/2014) - Seja o seguinte diagrama do fluxo circular:

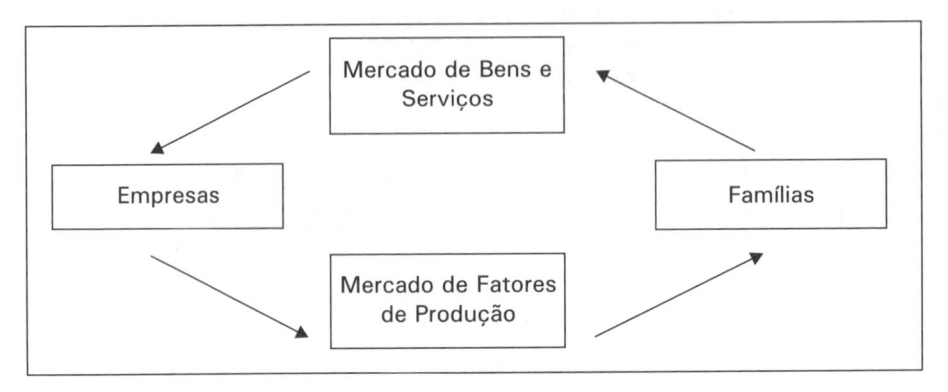

Assinale a opção que relaciona corretamente os quadrantes acima.

a) As famílias vão até o mercado de fatores de produção e vendem trabalho, terra e capital em troca de salários, aluguéis e lucro.

b) As empresas vão até o mercado de fatores de produção e compram bens e serviços em troca de salários, aluguéis e lucro.

c) As famílias são donas de todos os fatores de produção, mas consomem apenas uma parte dos bens e serviços que as empresas produzem, o que gera excesso de oferta.

d) As setas destacadas no diagrama acima, reportam de forma completa, o fluxo de renda, de fatores de produção e de bens e serviços.

e) O diagrama reportado acima está errado, visto que as famílias são detentoras das empresas e, portanto, não há interação independente entre esses agentes.

Solução:

A resposta é a letra "a". No mercado de fatores de produção são transacionados os insumos (os fatores de produção) que são ofertados pelas famílias e demandados pelas empresas. Em outras palavras, as famílias vendem trabalho, terra (recursos naturais) e capital em troca de salários, aluguéis, juros e lucros, que são a remuneração dos fatores de produção paga pelas firmas às famílias.

5. PRINCIPAIS CONCEITOS MACROECONÔMICOS

5.1. Produto (P)

O Produto é o valor, em unidades monetárias, dos bens e serviços finais produzidos por uma economia em um determinado período de tempo (geralmente um ano). No período de um ano, uma economia produz um grande número de bens e serviços, como é possível mensurar essa produção? Simplesmente adicionando (agregando) em unidades monetárias todos os bens e serviços finais produzidos na economia naquele período de tempo. Portanto, **o Produto é o total (expresso em unidades monetárias) dos bens e serviços finais produzidos em um país durante certo período de tempo**.

Devemos qualificar melhor a definição de produto. O produto, como dito anteriormente, é o **valor em unidades monetárias** dos bens e serviços **finais produzidos** em um país em um determinado período **de tempo**.

Destacamos "**unidades monetárias**", pois, como o produto é a produção agregada de um país, ou seja a produção total (produção global), tal agregação, isto é, essa soma, só faz sentido se for realizada em unidades monetárias pois não podemos somar partidas (chapas) de aço com cachos de laranjas, a não ser se somarmos a produção de aço em reais coma produção de laranjas em reais.

Destacamos "**bens e serviços finais**", pois, ao se calcular a produção de um país, somente podemos somar (contabilizar) os bens e serviços finais, isto é, não podemos somar os chamados bens e serviços intermediários. Serviços intermediários são aqueles que compõem outros bens. O trigo que foi consumido, que foi exportado, que foi estocado representa um bem final e, portanto, o seu valor entra no PIB, enquanto o trigo que é utilizado para fazer a farinha é um bem intermediário e seu valor não entra no PIB. Note que caso a produção de serviços intermediários fosse contabilizada no cálculo do PIB, estaríamos superestimando a produção, pois esses bens e serviços intermediários estariam sendo contabilizados duas vezes: o trigo que é utilizado pra fazer a farinha estaria sendo contabilizado no valor da produção de trigo e no valor da produção de farinha, incorrendo em um erro de dupla contagem. Desse modo, os **bens intermediários (em transformação ou semiacabados),** que são utilizados na produção de outros bens, em vez de serem vendidos ou estocados, não são contabilizados no PIB, a fim de poder evitar a realização dessa dupla contagem.

Destacamos "**produzidos**", pois o produto representa os bens e serviços finais que foram realmente produzidos e não simplesmente aqueles que foram transacionados. Desse modo, o prédio onde você mora só foi contabilizado no PIB no ano em que foi construído, caso no ano passado ele tenha sido vendido, o valor dessa transação não é contabilizado no PIB.

Finalmente, note que destacamos "**período de tempo**", pois o produto e todas as suas componentes são variáveis de fluxo.

Assim o produto (o PIB, PNB etc.) nada mais é do que a produção de bens e serviços finais produzidos por um país. Desse modo, se o PIB do Brasil foi de 2 trilhões de reais, isso significa dizer que o valor total da produção do país é de 2 trilhões de reais, ou seja, que se produziram no país bens e serviços finais e o valor dessa produção é de 2 trilhões de reais.

(Fundação Euclides da Cunha/Economia/Investe Rio/2011) - Dentre os agregados macroeconômicos, o valor total dos bens e serviços finais que foram produzidos por uma sociedade, num determinado intervalo de tempo, é denominado:

a) renda dos fatores;

b) produto;

c) somatório dos preços dos fatores;

d) despesa agregada;

e) oferta das famílias.

> **Solução:**

A resposta é a letra "b", pois se trata da definição de produto. Conforme visto anteriormente, o produto é o valor em unidades monetárias dos bens e serviços finais produzidos em um determinado período de tempo.

5.2. Renda (R)

A **Renda** é a remuneração dos fatores de produção na forma de salários, aluguéis, juros (pagos a pessoas) e lucros. A **renda**, portanto, é composta pela **soma** dos **salários** (que são a remuneração do fator trabalho) mais os **juros pagos a pessoas** (que são a remuneração do capital financeiro) mais os **aluguéis** (que são a remuneração do capital físico ou dos recursos naturais) mais os **lucros** (que são a remuneração do capital de risco ou da capacidade empresarial) mais os *royalties* e renda de patentes (que é a remuneração da tecnologia). Utiliza-se também a letra Y para designar a renda devido ao termo inglês *yield* que significa rendimento.

5.3. Consumo das Famílias (C)

O Consumo é o valor dos bens e serviços adquiridos pelos indivíduos para a satisfação de seus desejos. Por exemplo, gastos com alimentação, vestuários, habitação, educação, saúde, lazer etc. Esse consumo pode ser dividido em consumo de bens duráveis (geladeiras, carros etc.), consumo de bens não-duráveis (alimentação, remédios, roupas etc.) e serviços (médicos, dentistas, transportes etc.).

5.4. Poupança (S)

A **Poupança Agregada (ou Poupança** Total) é a renda que não foi consumida. A poupança é o excesso da renda (R) sobre o consumo (C): S = R – C. **A Poupança é a renda que não foi consumida**. Utiliza-se a letra "S" para denotá-la (do inglês *saving*).

5.5. Investimento (I)

O **Investimento Agregado** (ou Investimento Total) é o aumento do estoque físico de capital, ou seja, o Investimento é o processo de acumulação dos bens de capital. O investimento representa um aumento da capacidade produtiva da economia a qual pode ser classificada em três tipos: (i) equipamentos (máquinas, ferramentas etc.), (ii) edificações (prédios, galpões etc.); (iii) estoques. Assim, a economia pode estar acumulando bens de capital sob a forma de equipamentos e edificações (que são fixos, não podem ser consumidos) ou acumulando bens de capital na forma de estoques (que são variáveis, isto é, que podem ser consumidos). Logo, o Investimento é igual à soma da Formação Bruta de Capital Fixo (FBKF) com a variação de estoques (Δe).

O leitor deve ficar atento para diferenciar investimento de aplicação financeira. Quando o prezado leitor lê em algum jornal ou escuta na TV que o setor privado do seu Estado investiu 400 milhões de reais, isto não significa que os empresários aplicaram esses 400 milhões no mercado financeiro e sim que eles gastaram esse dinheiro para adquirir novas máquinas e equipamentos e para ampliar suas fábricas.

Portanto, há uma diferença, em Economia, entre um **investimento** e uma **aplicação financeira**. O **investimento** é a aplicação de poupança na compra de uma máquina, na construção de uma casa ou uma fábrica, em uma estrada ou um curso para formação profissional. Ou seja, há capacidade produtiva e ocorre um aumento equivalente no Produto Interno Bruto (PIB). Por outro lado, ocorre uma simples **aplicação financeira** quando se adquire títulos ou ações, ou uma casa e um automóvel já construídos anteriormente. Nesse caso, há uma simples mudança de propriedade do ativo sem efeito sobre o PIB. Exemplos de aplicações financeiras: um agente econômico investe R\$ 10.000,00 em ações da Telebrás; um investidor norte-americano compra ações da Embraer no mercado acionário brasileiro.

O Investimento, portanto, é dado por:

$$I = FBKF + \Delta e$$

FBKF= Formação Bruta de Capital Fixo

Δe = Variação de estoques

Exemplos:

1) Considere que a Formação Bruta de Capital Fixo (FBKF) de uma economia é 450 e que a variação de estoque (Δe) é 150, calcule o Investimento:

Solução:

$I = FBKF + \Delta e = 450 + 150 = 600$

2) Calcule a Formação Bruta de Capital Fixo (FBKF) sabendo que o Investimento é 1000 e que e que a variação de estoque (Δe) é 300.

Solução:

Sabemos que

$I = FBKF + \Delta e$

$1000 = FBKF + 300$

$FBKF = 1000 - 300 = 700$

(COPEVE/Economista/Prefeitura Municipal de Santana do Ipanema/2013) – A Contabilidade Nacional fornece uma aferição do desempenho de uma economia em determinado período de tempo. Para determinar tal desempenho é necessário o conhecimento de conceitos como produto, renda, consumo, poupança e investimento. Sobre estes conceitos, é incorreto afirmar:

a) O produto afere o valor total da produção da economia em determinado período de tempo.

b) Renda é a remuneração dos fatores de produção; incluem-se nesta renda, os salários, os lucros, os juros e os aluguéis pagos a pessoas físicas.

c) O consumo é o valor dos bens e serviços absorvidos pelos indivíduos para a satisfação de suas necessidades.

d) A poupança é a parte da renda não consumida.

e) O investimento é o acréscimo do estoque físico de capital, compreendendo a formação bruta de capital fixo menos a variação de estoques.

Solução:

A resposta é a letra "E", pois o investimento compreende a formação bruta de capital fixo mais a variação de estoques. Todos os demais itens estão corretos, vejamos então:

O item "a" é Verdadeiro, porém o enunciado está incompleto pois o produto afere o valor total da produção **de bens e serviços finais** da economia em determinado período de tempo.

O item "b" é Verdadeiro, pois a Renda é a remuneração dos fatores de produção na forma de salários, lucros, juros e aluguéis.

O item "C" é Verdadeiro, pois o Consumo são gastos feitos pelos indivíduos para satisfazer desejos individuais.

O item "d" é Verdadeiro, pois a renda pode ser alocada em Consumo ou Poupança e assim a Poupança é a parcela da renda que não foi consumida.

(Cespe-UnB/Economista/Sead/Prodepa/2004) – Os gastos em investimento, que são relevantes para o cálculo da despesa agregada, englobam tanto a compra de máquinas e equipamentos pelas firmas privadas como as despesas com aquisições de ações de empresas pelos clientes de corretoras de valores.

Solução:

Essa afirmativa está falsa, pois o conceito de investimento significa os gastos com bens e serviços que implicam aumento do estoque de capital físico. Compra de títulos ou ações de empresas já existentes são meras aplicações financeiras e não são classificadas como investimento.

5.5.1. *Formação Bruta de Capital Fixo (FBKF)*

Desse modo, a FBKF é dada pela soma de equipamentos e edificações, ou seja, é a soma dos **investimentos fixos das empresas** (compras de fábricas e equipamentos no período etc.) com os **investimentos em construção civil**.

(Fundação Dom Cintra/Economista/Prefeitura Municipal de Itaboraí/2012) – Uma economia, num determinado período de tempo, registrou a composição do PIB, a seguir discriminada, em unidades monetárias:

Aquisição de bens e serviços pelas famílias	**800.000**
Aquisição de avião para Força Aérea pelo governo federal	500.000
Aquisição de moradias novas pelas famílias	200.000
Exportações de bens e serviços	400.000
Importações de bens e serviços	350.000
Aquisição de bens e serviços pelos governos federal, estadual e municipal	900.000
Aquisição de equipamentos de capital	600.000

Pode-se afirmar que o valor do componente "Investimento" corresponde a:

a) $ 200.000

b) $ 600.000

c) $ 800.000

d) $ 1.100.000

e) $ 1.300.000

Solução:

A resposta é a letra "c", pois a aquisição de equipamentos de capital (investimentos fixos das empresas), assim como a aquisição de moradias novas pelas famílias (investimentos em construção civil), corresponde à formação bruta de capital fixo dessa economia. Como não há informações sobre variação de estoques, então, o investimento da economia será a própria FBKF, isto é, R$ 600 + R$ 200 = R$ 800.

5.5.2. *Variação de Estoques (Δe)*

A variação de estoque consiste na alteração dos estoques das matérias-primas não utilizadas, dos produtos semi-acabados e produtos acabados não vendidos. A variação do estoque de um determinado período é estimada comparando-se os valores do estoque no início e no final do período, ou seja:

Valor do estoque das empresas ao final do período
(-) Valor do estoque das empresas ao início do período
(=) Variação de estoques

A variação do estoque será positiva se o estoque aumentou, ao passo que a variação do estoque será negativa se o estoque diminuiu. Essa variação de estoque pode ser planejada ou não. A empresa pode planejar um aumento de seu estoque de mercadorias, prevendo uma expansão da demanda por seus produtos. Ou, então, uma parte da produção das empresas pode não ser vendida, permanecendo estocada e constituindo, assim, uma variação não planejada de estoque. Se uma presa termina o ano com estoque maior do que o existente no início do período, isso significa que parte de sua produção não foi comercializada. Nesse caso, o acréscimo do estoque deve ser considerado como componente do produto para que este se iguale à despesa global. Inversamente, se o estoque sofreu uma redução, parte das despesas do período foi realizada com a aquisição de bens produzidos no período anterior, de modo que o valor da redução do estoque deve ser deduzido da despesa global.

(CESPE-UNB/Diplomata/Instituto Rio Branco/2013) – Julgue o item a seguir, como verdadeiro ou falso.

O conceito de formação bruta de capital fixo inclui não apenas os investimentos em máquinas e equipamentos, mas também os investimentos em imóveis e a variação dos estoques tanto de produtos acabados quanto intermediários.

Solução:

Essa questão é falsa uma vez que o valor dos bens intermediários está incluído no valor dos bens finais transacionados no mercado. Quando fazem parte do estoque, as matérias-primas constituem bens finais, e seu valor é computado como parte da despesa global.

5.6. Gastos Governamentais (G)

São os gastos com salários de funcionários públicos (salários de auditores-fiscais da receita federal, por exemplo) e os gastos com as compras do governo (bens e serviços que o Governo adquire do setor privado a fim de realizar suas funções tais como saúde pública, educação pública, segurança pública etc.), por exemplo, compra de armamentos, munições, viaturas e instalações para Polícia Federal, compra de cadeiras para as escolas públicas, compra de um aparelho de raio X para um hospital público. Também são conhecidos como consumo final das administrações públicas ou gasto público.

(CESPE-UnB/Técnico Científico/Área: Economia/BASA/2004) - Julgue o item que se segue:

No cômputo da renda nacional, as despesas do governo incluem os gastos com bens e serviços bem como o pagamento dos salários e outras remunerações dos funcionários públicos.

Solução:

Verdadeiro. As despesas de governo compreendem os gastos com bens e serviços que o Governo adquire do setor privado a fim de realizar suas funções tais como saúde pública, educação pública, segurança pública, etc., bem como o pagamento de salários e outras remunerações dos funcionários públicos, por exemplo, os salários dos analistas do Banco Central do Brasil, analistas de finanças e controle da Secretaria do Tesouro Nacional, técnicos de planejamento e pesquisa do IPEA etc. Em resumo, nos Gastos do Governo, estão incluídos todos os dispêndios feitos pelos Governos nos níveis Federal, Estadual e Municipal, no tange à obtenção de bens e serviços produzidos pelos funcionários, assim como todas as compras governamentais de bens e serviços.

5.7. Transferências Governamentais (transf)

São recursos financeiros que o Governo transfere ao setor privado sem receber algo (bem ou serviço) em troca. As transferências se dividem em transferências a pessoas e transferências a empresas. As **Transferências a pessoas** são pensões, aposentadorias, auxílio a população flagelada, salário-família, seguro-desemprego etc. As **Transferência a empresas** são transferências em espécie que o Governo realiza a algumas de suas empresas, por exemplo, quando o governo transferia recursos financeiros para os extintos IAA (Instituto do Açúcar e do Álcool) e o IBC (Instituto Brasileiro do Café). Conceitualmente, as transferências podem ser entendidas como impostos diretos negativos.

(CESPE-UnB/Analista do Banco Central do Brasil/2013) - Julgue o item que se segue:

Segundo a teoria macroeconômica, as transferências devem ser desconsideradas dos gastos governamentais para efeito de cálculo da participação do governo no produto interno bruto (PIB).

Solução:

Verdadeiro, pois, em contabilidade nacional, gastos governamentais e transferências são rubricas distintas.

5.8. Subsídios (Sub)

Ocorre quando o Governo financia parte do custo de produção de certos produtos (como leite, álcool) com o objetivo de que o consumidor adquira esses produtos mais baratos. Em outras palavras, o objetivo do subsídio é o de baratear o preço de algum produto físico ao consumidor final. O subsídio, portanto, é um pagamento feito pelo governo, de parte dos custos de produção, fazendo com que o preço de venda (preço de mercado) seja menor do que a remuneração dos fatores (salários, juros, aluguéis e lucros), isto é, menor que o custo de produção. Os subsídios podem ser conceitualmente definidos como impostos indiretos negativos.

(Cespe-UnB/Analista de Empresa de Comunicação Pública – Atividade: Economia/Empresa Brasileira de Comunicação/2011) – Acerca da contabilidade nacional, julgue o próximo item.

Classifica-se como gasto governamental a totalidade dos gastos dos ministérios, autarquias, fundações, secretarias, empresas estatais e com transferências e subsídios ao setor privado.

Solução:

Falso. As despesas com transferências e subsídios pertencem a rubricas distintas da rubrica gastos públicos.

5.9. Exportações de Bens e Serviços (X)

São os bens e serviços vendidos ao exterior. As exportações são uma parte do PIB. Na metodologia do BPM4, tínhamos a soma das exportações de bens (receitas da balança comercial), com as exportações de serviços não fatores (receitas com serviços não fatores, tais como receitas de fretes, seguros, viagens, serviços governamentais e outros). Na metodologia do BPM4, essa soma era denotada por X_{nf}. Na metodologia do BPM5, como a balança de serviços somente corresponde à antiga balança de serviços não fatores, as exportações de bens e serviços são dadas pela soma das exportações de bens (receitas da balança comercial) com as exportações de serviços (receitas da balança de serviços), e é denotada simplesmente por X.

5.10. Importações de Bens e Serviços (M)

São os bens e serviços comprados do exterior. Na metodologia do BPM4, tínhamos a soma das importações de bens (despesas da balança comercial), com as importações de serviços não fatores (despesas com serviços não fatores, tais como despesas de fretes, seguros, viagens, serviços governamentais e outros). Na metodologia do BPM4, essa soma era denotada por M_{nf}. Na metodologia do BPM5, como a balança de serviços somente corresponde à antiga balança de serviços não fatores, as importações de bens e serviços são dadas pela soma das importações de bens (despesas da balança comercial) com as importações de serviços (despesas da balança de serviços), e é denotada simplesmente por M.

5.11. As Exportações Líquidas (NX)

É o excesso das exportações sobre as importações, ou seja: $NX = X - M$.

5.12. Impostos Diretos (ID)

São tributos nos quais o ônus do pagamento recai sobre quem efetivamente deve arcar com o mesmo e, portanto, são aqueles tributos nos quais o contribuinte se identifica ao pagar o imposto. Os impostos diretos incluem os impostos sobre a renda, sobre o patrimônio e as contribuições parafiscais (Previdência Social, FGTS, PIS etc.). Exemplos: imposto de renda pessoa física (IRPF), imposto de renda pessoa jurídica (IRPJ), IPTU, IPVA.

(PROAD/Economista/Universidade Federal de Mato Grosso/2013) – Os impostos diretos incidem sobre:

a) o patrimônio e a renda.

b) o patrimônio e os serviços.

c) a renda e os serviços.

d) a renda, apenas.

Solução:

A resposta é a letra "a", pois os impostos diretos incidem sobre o patrimônio e a renda. Por exemplo, o imposto de renda pessoa física (IRPF).

(Economista/Prefeitura Municipal de Santo Antônio da Platina/2012) - Quando um tributo diz-se direto?

a) Quando incide sobre a renda e a riqueza.

b) Quando incide sobre a produção de bens.

c) Quando incide sobre o valor adicionado em cada fase do processo produtivo.

d) Quando é arrecadado diretamente pelo governo.

e) Quando incide sobre a comercialização de mercadorias.

Solução:

A resposta é a letra "a", pois um tributo direto incide sobre a renda e a riqueza.

5.13. Impostos Indiretos (II)

São tributos nos quais o ônus não recai necessariamente sobre quem deveria pagá-lo (existe uma transferência da carga tributária) e, portanto, ocorre naqueles impostos nos quais o pagamento é realizado sem a identificação do contribuinte. Exemplos: ICMS, IPI, ISS, IVA.

Por outro modo, os impostos indiretos incidem sobre os bens e serviços vendidos/comprados. Esses impostos indiretos fazem com que o preço de mercado seja maior do que o custo de produção de uma mercadoria, ou seja, nem toda a receita com a venda da mercadoria corresponde a uma efetiva remuneração dos fatore de produtivos envolvidos naquela produção. O valor dos impostos indiretos está embutido nos elementos de gastos (consumo, investimento), pois compõe o preço do produto final. Mas esse valor recebido pelas empresas na hora da venda das mercadorias não é repassado às famílias (como remuneração dos fatores de produção), sendo pago simplesmente repassado ao governo por esse motivo os impostos indiretos não são considerados como custos de fatores.

(Instituto Machado de Assis/Economista/Prefeitura Municipal de Campo Maior/2012) – Quanto à classificação dos tributos no Brasil, qual dos abaixo designados NÃO se constitui em um tributo indireto?

a) ICMS.

b) PIS.

c) Imposto sobre Importação.

d) Imposto sobre a transmissão de bens imóveis (ITBI).

Solução:

A resposta é a letra "d", uma vez que o imposto sobre a transmissão de bens imóveis não se constitui em um tributo indireto.

5.14. Outras Receitas Correntes (Líquidas) do Governo (ORG)

Trata-se da receita oriunda dos aluguéis dos imóveis da União (receita imobiliária do governo/receitas patrimoniais) e das participações acionárias da União em empresas públicas (dividendos das empresas estatais).

5.15. Renda Líquida do Governo (RLG)

A Renda Líquida do Governo é definida como a soma dos Impostos indiretos (II) mais Impostos Diretos (ID) mais Outras Receitas do Governo (ORG) subtraída dos subsídios (sub) e das transferências (transf).

$$RLG = II + ID + ORG - sub - transf$$

Exemplo: Considere os seguintes dados para uma economia hipotética:

Impostos Diretos = 400

Impostos Indiretos = 600

Outras Receitas Correntes do Governo = 300

Subsídios = 200

Transferencias governamentais = 100

Calcule a Renda Líquida do Governo.

Solução:

RLG = II + ID + ORG – subsídios – transferências $\Rightarrow$ RLG = 600 + 400 + 300 – 200 – 100 $\Rightarrow$ RLG = 1.000

6. IDENTIDADES MACROECONÔMICAS BÁSICAS

Em Economia, é muito importante saber distinguir uma identidade de uma equação. A identidade é indicada pelo símbolo de três barras ($\equiv$), enquanto uma equação é indicada pelo sinal de igualdade (=). As identidades são relações decorrentes das próprias definições e são obtidas através de um mero raciocínio lógico entre essas definições, isto é, pertencem ao campo da lógica formal e, portanto, não podem ser refutadas empiricamente, pois são válidas para todos e quaisquer valores que possam assumir. Em outras palavras, as identidades são sempre verdadeiras (são tautologias, são meros truísmos) porque têm uma implicação direta com as definições das variáveis ou das relações de cálculo, porém não refletem qualquer hipótese econômica. A identidade representa um fato *ex-post*, isto é, que os agentes econômicos já realizaram, enquanto uma equação representa um fato *ex-ante*, isto é, que os agentes econômicos planejam realizar. Uma equação contém alguma hipótese sobre o comportamento da economia, hipótese essa que pode ou não ser refutada empiricamente, isto é, pertence ao campo da lógica material (lógica científica). Desse modo, a identidade $A \equiv B$ tem um significado diferente da equação $A = B$, pois, no caso da identidade, A sempre assume o valor de B, enquanto no caso da equação, A pode ou não se verificar empiricamente igual a B. Apresentamos a seguir as principais diferenças entre identidade e equação.

EQUAÇÃO	IDENTIDADE
$A = B$	$A \equiv B$
É uma hipótese comportamental	É uma tautologia (truísmo)
Pode não ocorrer na realidade	É sempre verdadeira, mero truísmo
Pode ser refutada empiricamente	Não pode ser refutada empiricamente
Pertence à lógica material (científica)	Pertence à lógica formal
Raciocínio *ex-ante*	Raciocínio *ex-post*
Planejado	Realizado

Tabela 2: Diferença entre identidade e equação.

Apresentaremos a seguir as principais identidades da contabilidade nacional.

IDENTIDADE 1: a identidade (tautologia) entre Renda, Produto e Despesa.

RENDA ≡ PRODUTO ≡ DESPESA

O **produto** é o valor em unidade monetária dos bens e serviços finais, enquanto a **renda** é a remuneração dos fatores de produção sob a forma de salários, aluguéis, juros e lucros. Portanto, o produto é idêntico à renda, pois: suponha que uma caneta custe R$ 3,0; logo, **o produto é R$ 3,0** visto que esse é o valor em unidade monetária desse bem final (a caneta), e ao mesmo tempo **a renda é R$ 3,0** porque com esses 3 reais estamos remunerando o salário dos trabalhadores que produziram a caneta, o aluguel das máquinas e o lucro da empresa produtora desse bem. Por outro lado, a despesa também é R$ 3,0 porque este é o valor que o consumidor teve que despender (pagar) para adquirir o bem. Logo, o produto é idêntico à renda, que é idêntico à despesa. Você pode estender esse raciocínio não apenas para uma caneta, mas para toda a produção de canetas do país, cujo valor seria alguns milhões de reais e não apenas de 3 reais. E você pode ainda repetir esse raciocínio para toda a produção de bens e serviços finais de um país. Por exemplo, se o PIB (o Produto) de um país, em um determinado ano, foi de 900 bilhões de dólares, isso significa que **o Produto foi de US$ 900**, isto é, que nesse país se produziram naquele ano bens e serviços finais num valor total de

US$ 900 bilhões e que os fatores de produção foram remunerados no mesmo valor, isto é, **a Renda recebida pelos fatores de produção foi de U\$ 900 bilhões**. Por outro lado, nessa economia com os bens e serviços produzidos ou foram adquiridos pelas famílias sob a forma de **consumo**, ou foram adquiridos por outras firmas sob a forma de **investimento**, ou foram adquiridos pelo Governo sob a forma de **Gastos do Governo** ou foram adquiridos pelo setor externo sob a forma de **exportações líquidas**, ou seja, o total dos gastos realizados pelos agentes econômicos (a despesa) para adquirir a produção desse ano foi de US\$ 900, em outras palavras **a Despesa foi de US\$ 900**. Assim acabamos de mostrar que **o Produto é idêntico à Renda que, por sua vez, é idêntico à Despesa.** Os termos renda, produto e despesa, apesar de conceitualmente diferentes, são utilizados como sinônimos em muitas situações devido à identidade anterior (Renda = Produto = Despesa).

IDENTIDADE 2: A identidade (tautologia) entre Poupança e Investimento $(I \equiv S)$

$$I \equiv S_p + S_g + S_e$$

Onde:

S_p é a poupança privada

S_g é a poupança do governo ou saldo do governo em conta-corrente

S_e é a poupança externa

A equação anterior mostra que os investimentos podem ser financiados ou pela poupança do setor privado, ou pela poupança do governo ou pela poupança do setor externo.

A **poupança (bruta) do setor privado** é definida como a soma da poupança pessoal (ou poupança das famílias) com a poupança das empresas, ou seja:

$$S_p = S_{\text{famílias}} + S_{\text{empresas}}$$

A poupança das famílias ou poupança pessoal é a renda pessoal disponível das famílias que não foi consumida, ou seja, a poupança das famílias $(S_{\text{famílias}})$ é a diferença entre a Renda Pessoal Disponível (RPD) e o Consumo das famílias (C), isto é:

$$S_{\text{famílias}} = RPD - C.$$

Exemplo 1: Dados para uma economia hipotética:

Consumo das Famílias = 400

Renda Pessoal Disponível = 600

Poupança das empresas = 300

Calcule a Poupança Privada Bruta.

Solução:

Pelos dados temos que:

C = 400

RPD = 600

$S_{\text{empresas}} = 300$

Então temos que $S_{familias} = RPD - C = 600 - 400 = 200$ e que

$Sp = S_{familias} + S_{empresas} = 200 + 300 = 500$.

A poupança das empresas ($S_{empresas}$) corresponde aos lucros retidos das empresas (LR) mais a depreciação (dep), ou sjea: $S_{empresa} = LR + dep$

Exemplo 2: Dados para uma economia hipotética, calculi a poupança privada.
Lucros Retidos (LR) = 700
Depreciação (dep) = 100
$S_{familias} = 200$

Solução:

Temos que $S_{empresa} = LR + dep = 700 + 100 = 800$, então:

$Sp = S_{familias} + S_{empresas} = 200 + 800 = 1000$.

A **Poupança do Governo (Poupança Pública ou Saldo do Governo em Conta-Corrente)** é a diferença entre a Renda Líquida do Governo (RLG) e o Gasto do Governo, ou seja:

$$Sg = RLG - G$$

Exemplo 3: Calcule a poupança do Governo sabendo que a Renda Líquida do Governo é 130 e que os Gastos do Governo são 50.

Solução:

$Sg = RLG - G \Rightarrow Sg = 130 - 50 \Rightarrow Sg = 80$

Exemplo 4: Calcule a poupança do Governo sabendo que:

Impostos Diretos = 50
Impostos Indiretos = 70
Outras Receitas Correntes do Governo = 400
Subsídios = 300
Transferencias governamentais = 150
Gastos do Governo = 50

Solução:

Primeiro, precisamos calcular RLG. Sabemos que RLG = II + ID + ORG – subsídios – transferências $\Rightarrow$ RLG = 70 + 50 + 400 – 300 – 150 $\Rightarrow$ RLG = 70. Assim, a poupança do governo será dada por: Sg = RLG – G $\Rightarrow$ Sg = 70 – 50 $\Rightarrow$ Sg = 20.

(ESAF/Analista do MPU/Área Pericial – Especialidade Economia/2004) - Considere os seguintes dados.

Consumo do governo: 500

Transferências: 300

Subsídios: 100

Impostos diretos: 800

Impostos indiretos: 100

Outras receitas correntes líquidas: 50

Com base nessas informações, a poupança do governo será de

a) 50.

b) 100.

c) - 50.

d) - 100.

e) 0.

Solução:

A resposta é a letra "a". Para encontrar o resultado, devem-se realizar os seguintes cálculos:
(1º) Cálculo da Renda Líquida do Governo = Impostos Indiretos + Impostos Diretos + Outras Receitas Correntes do Governo – Subsídios – Transferências

$RLG = 100 + 800 + 50 - 100 - 300 = 550$

(2º) Cálculo da Poupança do Governo

$S_g = RLG - G \Rightarrow S_g = 550 - 500 \Rightarrow S_g = 50$

A **poupança externa (Se)** representa o terceiro componente da poupança agregada de uma economia. Uma poupança externa positiva significa um déficit do Balanço de Pagamentos em Transações Corrente, significando que o país é um devedor líquido em relação ao resto do mundo. Por outro lado, uma poupança externa negativa significa um superávit na conta-corrente do Balanço de Pagamentos, o que mostra que o país é credor líquido em relação ao resto do mundo. A Poupança Externa (S_e) é dada então pelo Saldo em Conta-Corrente com sinal negativo, ou seja, se T = saldo em conta-corrente do balanço de pagamento então: $S_e = - T$. Mas, atenção, o conceito de saldo do balanço em transações correntes (saldo do balanço de pagamentos em conta-corrente) é diferente do conceito de saldo em conta-corrente do governo (também chamada de poupança do governo), ou seja: $T \neq Sg$.

Exemplo 5: Calcule a Poupança Externa nos casos abaixo:

(a)   O pais possui um superávit em conta corrente de 100

(b)   O país teve um déficit em conta-corrente de 300

Solução:

(a)   como $T = + 100$ então $S_e = - T = - 100$

(b)   como $T = - 300$ então $S_e = - T = - (-300) = + 300$

(SUGEP/Economista/Universidade Federal Rural de Pernambuco/2013) - Um déficit em transações correntes pode ser considerado como:

a) poupança interna.

b) despoupança externa.

c) poupança externa.

d) despoupança interna.

e) despoupança do governo.

Solução:

A resposta é a letra "c" pois, conforme visto antes, um déficit em transações correntes equivale a uma poupança externa positiva.

(Cespe-UnB/Analista Judiciário – Economia/Tribunal de Justiça do Estado de Rondônia/2012/adaptada) – Em relação à macroeconomia, julgue os itens como verdadeiro ou falso.

(1) Um país que possui superávit em transações correntes possui poupança externa positiva.

Solução:

Falso. Um país que possui superávit em transações correntes possui poupança externa negativa, isto é: + T = - Se.

(2) Um país que possui superávit em transações correntes necessariamente acumula reservas internacionais.

Solução:

Falso. Por exemplo, podemos ter um saldo negativo (déficit) em transações correntes, mas um saldo positivo (superávit) nas contas capital e financeira, que mais do que compense o déficit em transações correntes. Nesse caso, haveria um aumento nas reservas internacionais do país, embora o saldo em transações correntes fosse deficitário.

A **poupança interna** (Si), também chamada de poupança doméstica, é dado pela soma das poupanças privada com a poupança do governo.

(FUNCAB/Economista/Instituto de Pesos e Medidas do Estado de Rondônia) – A Poupança Interna é determinada pela expressão:

a) Poupança Privada + Impostos – Gastos do Governo.

b) Poupança Privada – Impostos + Gastos do Governo – Poupança Externa.

c) Poupança Privada + Impostos – Gastos do Governo + Poupança Externa.

d) Poupança Privada – Impostos + Gastos do Governo.

e) Poupança Privada + Impostos – Gastos do Governo – Poupança Externa.

Solução:

A resposta é a letra "a". A poupança interna, ou poupança doméstica, é dada pela soma da poupança privada com a poupança do governo. Note que a diferença entre impostos e gastos governamentais é justamente a poupança governamental.

7. OS VÁRIOS CONCEITOS DE PRODUTO

Em relação à inclusão ou não da Renda Líquida Enviada ao Exterior o produto pode ser definido como Produto Interno ou Produto Nacional. Em relação a inclusão ou não da depreciação o produto pode ser definido como Produto Bruto ou Produto Líquido. Em relação a inclusão ou não dos impostos indiretos e dos subsídios o produto pode ser definido como Produto a preço de mercado ou Produto a custo de fatores. Vamos então aprender cada um dos conceitos de produto.

7.1. Renda Líquida Recebida do Exterior (RLRE) x Renda Líquida Enviada ao Exterior (RLE)

A **Renda Enviada ao Exterior (RE)** é composta pelo total dos lucros enviados ao exterior e também dos juros, rendas do trabalho e *royalties* pagos ao exterior. Uma parcela do que é internamente produzida no país não pertence aos residentes desse país, por exemplo, uma parcela do capital e da tecnologia pertence a não residentes, e, portanto, suas remunerações representam rendas que são enviadas ao exterior sob a forma de remessa de lucros e *royalties*.

A **Renda Recebida do Exterior (RR)** é composta pelo total dos lucros, dos juros, das rendas do trabalho, e dos *royalties* recebidos do exterior. O Brasil recebe renda devido à produção de empresas brasileiras no exterior que sob a forma de lucros, dividendos, juros e royalties recebidos do exterior.

A **Renda Líquida Enviada ao Exterior (RLE)** é definida pela diferença entre a Renda Enviada ao Exterior (RE) e a Renda Recebida do Exterior (RR), isto é, a Renda Líquida Enviada ao Exterior é a renda enviada liquidamente ao exterior, ou seja, é aquela enviada ao exterior estornada da recebida do exterior, ou seja: RLE = RE – RR. De modo que a RLE é a diferença entre aquilo que é pago pela utilização de fatores de produção que pertencem a não residentes e aquilo que é recebido do exterior por fatores de produção que pertencem aos residentes empregados em outros países. De modo análogo, a **Renda Líquida Recebida do Exterior (RLRE)** é definida pela diferença entre a Renda Recebida do Exterior (RR) e a Renda Enviada ao Exterior (RE), isto é, a Renda Líquida Recebida do Exterior é a renda recebida liquidamente do exterior, ou seja, é aquela recebida do exterior estornada da enviada ao exterior: RLRE = RR – RE.

A Renda Líquida Enviada ao Exterior (RLE) é a Renda Líquida Recebida do Exterior (RLRE) com sinal trocado, isto é, RLE = - RLRE. Assim quando RLE é positiva necessariamente RLRE é negativa e vice-versa.

Exemplo: Com os dados abaixo calcule a Renda Líquida Enviada ao Exterior (RLE) é a Renda Líquida Recebida do Exterior (RLRE):

RR = Renda recebida do exterior = 300

RE = Renda enviada ao exterior = 200.

Solução:

Vamos calcular RLRE pela diferença entre a renda recebida e a renda enviada do exterior, ou seja: RLRE = RR – RE = 300 – 200 = 100.

Para calcular RLE basta trocar o sinal: RLE = - RLRE = - 100. Podemos também calcular RLE pela diferença entre a renda enviada e a renda recebida do exterior, ou seja, temos que: RLE = RE – RR = 200 – 300 = -100.

Na metodologia BPM4 do Balanço de Pagamentos **a Renda Líquida Recebida do Exterior (RLRE)** é composta pela soma do Balanço de Serviços Fatores (BSF) com as Transferências Unilaterais (TU), ou seja: RLRE = BSF + TU. Para calcular **a Renda Líquida Enviada ao Exterior (RLE)** basta trocar o sinal, ou seja: RLE = - RLRE = - (BSF + TU).

Na metodologia BPM5 do Balanço de Pagamentos **a Renda Líquida Recebida do Exterior (RLRE)** é definida, para maioria dos autores, como o próprio Balanço de Rendas (BR) ou seja: RLRE = BR. Para calcular **a Renda Líquida Enviada ao Exterior (RLE)** basta trocar o sinal, ou seja: RLE = - RLRE = - BR.

Note então caro leitor que na metodologia do BPM5 as Transferências Unilaterais Correntes (TUC) não faz parte nem da Renda Líquida Recebida do Exterior (RLRE) e nem da Renda Líquida Enviada ao Exterior (RLE). Na metodologia do BPM4, as Transferências Unilaterais (TU) faziam parte tanto de RLRE quanto de RLE.

Exemplo 1: Com os dados abaixo calcule a renda líquida enviada ao exterior:
Balanço de serviços fatores (BSF) = 400
Transferências Unilaterais (TU) = 100

Solução:

Temos que RLRE = BSF + TU= 400 + 100 = 500.Para calcular RLE basta trocar o sinal: RLE = - RLRE = - 500.

Exemplo 2: Com os dados abaixo calcule a renda líquida enviada ao exterior:
Balanço de Rendas (BR) = 400
Transferencias Unilaterais Correntes (TUC) = 100

Solução:

Temos que RLRE = BR= 400.Para calcular RLE basta trocar o sinal: RLE = - RLRE = - 400.

7.2. Produto Interno X Produto Nacional

Produto Interno: é a produção realizada **no** país. O conceito de produto interno, portanto, é um **conceito geográfico**, ou seja, **pertence ao produto interno de um país todo bem ou serviço final produzido dentro dos limites geográficos desse país**, não importando se é produzido por empresas nacionais ou empresas multinacionais instaladas nesse país. Por exemplo, a produção da Ford no Brasil pertence ao produto interno brasileiro, assim como a produção da Camargo Corrêa em Angola pertence ao produto interno de Angola.

Produto nacional: é a produção **do** país, que **pertence ao país**. O conceito de produto nacional é um conceito de titularidade, assim, pertence ao produto nacional de um país os produtos que empregam fatores de produção que pertencem aos residentes desse país, independentemente do local onde esse produto foi realizado. Por exemplo, a renda que a matriz da IBM nos Estados Unidos recebe de sua filial no Brasil pertence ao produto nacional americano.

A diferença entre o Produto Interno e o Produto Nacional é a Renda Líquida Enviada ao Exterior (RLE), pois o Produto Interno inclui (contabiliza) a RLE e o Produto Nacional exclui (não contabiliza) a RLE. Por exemplo: a renda que a Ford do Brasil envia para sua matriz nos Estados Unidos pertence ao Produto Interno Brasileiro (pois foi produzida no Brasil) e não pertence ao Produto Nacional Brasileiro (pois não pertence a residentes no Brasil).

Em resumo: o conceito de Produto Interno inclui a Renda Líquida Enviada ao Exterior), já o conceito de Produto Nacional exclui a Renda Líquida Enviada ao Exterior.

Também podemos diferenciar o Produto Interno do Produto Nacional pela **Renda Líquida Recebida do Exterior (RLRE).** O Produto Interno exclui a RLRE e o Produto Nacional inclui a RLRE. Por exemplo: a renda que o Brasil recebe da Camargo Corrêa de Angola pertence ao Produto Nacional Brasileiro e não pertence ao Produto Interno Brasileiro (pois não foi produzida no Brasil).

Temos então:

Produto Interno	É a produção **no** país	Inclui RLE	Exclui RLRE	Inclui RE	Exclui RR
Produto Nacional	É a produção **do** país	Exclui RLE	Inclui RLRE	Exclui RE	Inclui RR

(Economista/Coderne/2005) - Deduzindo-se do Produto Interno Bruto a preços de mercado a renda líquida enviada ao exterior, obtém-se o

a) Produto Nacional Líquido a preço de mercado.

b) Produto Interno Bruto a custo de fatores.

c) Produto Nacional Bruto a preço de mercado.

d) Produto Interno Líquido a custo de fatores.

Solução:

A resposta é a letra "c". Deduzindo-se do Produto Interno Bruto a preços de mercado a renda líquida enviada ao exterior, obtém-se o Produto Nacional Bruto a preços de mercado, ou seja:

$$PNB_{pm} = PIB_{pm} - RLE$$

(Economista/Universidade Federal do Amapá/2012) - Assinale a opção em que consta a fórmula para se calcular o Produto Nacional Bruto (PNB) de um país:

a) PNB= C+I+G+X-M

b) PNB=C-I+G+X+M

c) PNB=PIB+RLRE

d) PNB=PIB+RLEE

e) PNB= PIB+I

Solução:

A resposta é a letra "C". Pois como visto acima temos que PNB=PIB+RLRE

(ESAF/Analista de Finanças e Controle Externo/Tribunal de Contas da União/2000) - O que difere Produto Interno Bruto de Produto Nacional Bruto:

a) a depreciação dos Investimentos estrangeiros realizados no país

b) o saldo do Balanço de Pagamentos

c) o saldo da Balança Comercial

d) as Importações

e) a renda líquida enviada ou recebida do exterior

Solução:

A resposta é a letra "E", ou seja, a renda líquida enviada ou recebida do exterior. Como os leitores já estudaram antes, a diferença entre produto interno bruto e a renda líquida enviada ao exterior, resulta no produto nacional bruto.

7.3. Comparação entre o Produto Interno e o Produto Nacional

Queremos agora saber quem é maior o PIB ou o PNB? A resposta depende se o país mais envia renda para o exterior ou se mais recebe renda do exterior, ou seja, depende se a Renda Líquida Enviada (RLE) é positiva ou negativa. De fato, note que RLE pode ser positivo ou negativo, ou seja:

(i)   Se o país mais envia do que recebe renda do exterior (RE > RR) então teremos que RLE > 0, pois de fato, neste caso: RLE = RE – RR > 0.

(ii) Se o país mais recebe do que envia renda ao exterior (RR > RE) então teremos que RLE < 0, pois de fato, neste caso: RLE = RE – RR < 0.

Temos então que:

(i)   O Produto Interno é maior que o Produto Nacional quando a Renda enviada ao exterior é maior do que a renda recebida do exterior, ou seja, quando RLE é positivo (o que é o mesmo que dizer que RLRE é negativo).

(ii) O Produto Nacional é maior que o Produto Interno quando a Renda recebida do exterior é maior do que a renda enviada ao exterior, ou seja, quando RLE é negativa (o que é o mesmo que dizer que RLRE é positiva).

(iii) O Produto Interno é igual ao Produto Nacional quando a renda enviada ao exterior se iguala à renda recebida do exterior, ou seja, quando RLE é zero (e neste caso RLRE também é zero).

Devemos então notar que temos três casos possíveis:

(i)   **No Brasil e outros países emergentes temos que o PIB é maior que o PNB (PIB > PNB), pois como a Renda enviada é maior que a renda recebida do exterior (RE > RR) temos que RLE é positivo (RLE > 0), o que é o mesmo que dizer que RLRE é negativo (RLRE < 0).** De fato, no Brasil e em outros países emergentes, PIB > PNB, devido às altas remessas de juros, lucros e *royalties* aos estrangeiros. O fato de o Brasil ser devedor líquido, isto é, por apresentar uma dívida externa elevada, contribui para que o produto interno bruto do país seja maior que o produto nacional bruto.

(ii) **Nos países desenvolvidos ou nações industrializadas como EUA, Japão e Alemanha temos que o PNB é maior que o PIB (PNB > PIB), pois como aRenda recebida é maior que a renda enviada ao exterior(RR > RE) temos que RLE é negativo (RLE < 0), sinônimo de que RLRE é positivo (RLRE > 0).** Nos Estados Unidos e em outros países desenvolvidos, PNB > PIB. O PNB será maior que o PIB sempre que os fatores domésticos de produção que trabalham no exterior ganharem mais do que os fatores estrangeiros de produção dentro da economia doméstica (RLRE > 0).

(iii) **Já em uma economia fechada**, RLE ou RLRE são iguais a zero, ou seja, o PIB e o PNB são iguais.

Em resumo:

Brasil	*PIB > PNB*	*RE > RR*	*RLE > 0*	*RLRE < 0*
EUA	*PNB > PIB*	*RR > RE*	*RLE < 0*	*RLRE > 0*
Economia Fechada	*PIB = PNB*	*RE = RR*	*RLE = 0*	*RLRE = 0*

(FUNDAÇÃO CESGRANRIO/Economista/INEA/2008) – O PIB e o PNB são medidas do produto agregado da economia de um país. Uma comparação que se pode estabelecer entre elas é:

a) o PIB é sempre maior que o PNB.

b) o PIB se mede em reais e o PNB, em dólares, no Brasil.

c) o PNB é maior que o PIB se a renda líquida recebida do exterior for positiva.

d) o PNB é maior que o PIB se as reservas em divisas internacionais no Banco Central aumentarem.

e) o PNB é maior que o PIB se o balanço comercial for superavitário.

Solução:

A resposta é a letra "c". Caso PNB > PIB, então teremos RLE < 0 e RLRE > 0.

(CESPE-UNB/Consultor do Executivo – Ciências Econômicas/SEFAZ-ES/2010) – Julgue o item a seguir, como verdadeiro ou falso.

Quando um país envia mais recursos para o exterior do que recebe, a renda líquida enviada ao exterior é negativa e o produto nacional é superior ao produto interno.

Solução:

Falso. Quando um país envia mais recursos para o exterior do que recebe, a renda líquida enviada ao exterior é positiva, e o produto interno é superior ao produto nacional.

(CESPE-UNB/Analista de Empresa de Comunicação Pública – Atividade: Economia/Empresa Brasileira de Comunicação/2011) – Acerca de noções gerais da macroeconomia, julgue os itens que se seguem.

Países com muitas empresas estrangeiras em sua economia tendem a ter o produto interno bruto (PIB) maior que o produto nacional bruto.

Solução:

Verdadeiro. No Brasil, por exemplo, o PIB é maior que o PNB, pois uma parcela do PIB brasileiro não é usufruída por brasileiros, mas sim enviada ao exterior na forma de lucros, dividendos e juros.

Nos Estados Unidos, ao contrário, o PNB é maior do que o PIB, pois as rendas obtidas pelas empresas norte-americanas o exterior e enviadas aos Estados Unidos na forma de remessa de lucros e dividendos são consideradas parte do PNB americano.

Em países como o Brasil, historicamente devedores, o PIB sempre foi maior que o PNB devido ao envio de renda líquida ao exterior. Por outro lado, em países como os Estados Unidos, observa-se que o PNB sempre é maior que o PIB.

(**Instituto Federal de Educação, Ciência e Tecnologia/Economista/Paraíba/2013**) – **Considere o caso de um sistema econômico aberto como o brasileiro. Se o país remete mais renda para o exterior do que ele recebe, qual será a relação entre o Produto Interno Bruto a preços de mercado (***PIBpm***) e o Produto Nacional Bruto a preços de mercado (***PNBpm***)?**

a) PIBpm < PNBpm.

b) PIBpm > PNBpm.

c) PIBpm = PNBpm.

d) As relações com o exterior não afetarão o PNB.

e) As relações com o exterior não afetarão nem o PIB nem o PNB.

Solução:

A resposta é a letra "b". Quando um país envia mais recursos para o exterior do que recebe, a renda líquida enviada ao exterior é positiva, e o produto interno é superior ao produto nacional.

7.4. Produto Bruto X Produto Líquido

Produto Bruto: é o conceito de produto que inclui (contabiliza, contém) a depreciação. É o produto que inclui o investimento bruto.

Produto Líquido: é o produto que exclui a depreciação. É o produto que inclui o investimento líquido.

A diferença entre o produto bruto e o produto líquido é a depreciação pois o produto bruto inclui a depreciação e o produto líquido não inclui a depreciação.

A depreciação é uma despesa ou custo operacional sem que haja desembolso e atinge os bens físicos que estão sujeitos aos fatores de desgaste ou perda da utilidade em razão da obsolescência ou de agentes naturais. Diversos bens estão sujeitos a depreciação, por exemplo, prédios, edificações, veículos, máquinas, ferramentas, móveis, utensílios etc. Todavia, há bens que não sofrem depreciação. Por exemplo, sob o aspecto contábil, os terrenos não sofrem depreciação, pois pela sua natureza, esse tipo de ativo imobilizado não se desvaloriza ao longo do tempo, salvo em casos especiais (por exemplo, em relação aos melhoramentos ou construções, segundo RIR/1999, art. 307, Secretaria da Receita Federal).

Em resumo:

Produto Bruto	Inclui a depreciação
Produto Líquido	Exclui a depreciação

(Cespe-UnB/Analista Legislativo – Ciências Econômicas/Assembleia Legislativa do Estado do Ceará/2011) – Julgue o item a seguir como verdadeiro ou falso.

A existência de depreciação permite mensurar o produto da economia de duas formas diferentes. Uma delas é a do produto líquido, que considera a depreciação, isto é, considera a parcela do investimento destinada a repor o desgaste do estoque de capital.

Solução:

Falso. O produto líquido não considera a depreciação, mas sim o produto bruto.

Já sabemos que a diferença entre o PIB (Produto Interno **Bruto**) e o PIL (Produto Interno **Líquido**) é dada pela depreciação (**dep.**), pois o PIB pelo fato de ser um produto bruto contém a **depreciação** enquanto o PIL pelo fato de ser um produto líquido não contém a depreciação; isso pode ser representado através da seguinte equação: PIB = PIL + dep, que mostra que a **depreciação (dep)** pertence ao Produto Bruto, porém não pertence ao produto Líquido; passando o PIL para o primeiro membro e trocando o sinal temos que; PIB – PIL = dep., o que mostra que a depreciação (dep.) é a diferença entre o PIB e o PIL.

De modo análogo a diferença entre o PNB (Produto Nacional **Bruto**) e o PNL (Produto Nacional **Líquido**) é dada pela depreciação (**dep.**), pois o PNB contém a **depreciação** enquanto o PNL não contém a depreciação; esse fato pode ser representado através da seguinte equação: PNB = PNL + dep., que mostra que a **depreciação (dep.)** pertence ao Produto Bruto, porém não pertence ao produto Líquido; passando o PNL para o primeiro membro e trocando o sinal temos que; PNB - PNL = dep., o que mostra que a depreciação (dep.) é a diferença entre o PNB e o PNL.

(Fundação Dom Cintra/Economista/Ministério da Agricultura, Pecuária e Abastecimento/2010) - A soma do Produto Interno Líquido com a Depreciação em uma economia constitui o agregado macroeconômico denominado Produto:

a) a preços de mercado;

b) Interno Bruto;

c) Nacional Bruto;

d) a custo de fatores;

e) Nacional Líquido.

Solução:

A resposta é a letra "b", pois PIB = PIL + depreciação.

(FUNCAB/Prefeitura Municipal de Armação dos Búzios - RJ/2012) – O Produto Nacional Líquido resulta da diferença entre Produto Nacional Bruto e:

a) exportações.

b) depreciação.

c) exportações mais importações.

d) impostos.

e) impostos mais importações.

Solução:

A resposta é a letra "b", pois como PNL = PNB– dep., temos então que dep. = PNB - PNL.

(Economista/Eletrobrás/2007) – O Produto Nacional Bruto a preços de Mercado menos depreciação é igual ao:

a) Produto Interno Bruto a preços de mercado.

b) Produto Nacional Bruto a custos de fatores.

c) Produto Interno Líquido a preços de mercado.

d) Produto Nacional Líquido a custos de fatores.

e) Produto Nacional Líquido a preços de mercado.

Solução:

A resposta é a letra "e", pois PNLpm = PNBpm – depreciação.

7.5. Comparação entre o Produto Bruto e o Produto Líquido

A depreciação é a diferença entre os conceitos de produto bruto e líquido no sentido de que o Produto Bruto inclui (contabiliza) a rubrica depreciação (dep), enquanto que o Produto Líquido exclui (não contabiliza) a rubrica depreciação (dep), por exemplos:

(i)   o Produto Interno **Bruto** (PIB) contém a depreciação, enquanto que o Produto Interno **Líquido** (PIL) não contém a depreciação.

(ii)   o Produto Nacional **Bruto** (PNB) contém a depreciação, enquanto que o Produto Nacional **Líquido** (PNL) não contém a depreciação.

Como a depreciação é sempre positiva, então o Produto Bruto é sempre maior que o Produto Líquido, ou seja, o PIB > PIL e o PNB > PNL.

Teoricamente se a depreciação é nula então podemos ter que o PIB = PIL e também que o PNB = PNL.

7.6. Produto a Preço de Mercado X Produto a Custo de Fatores (na Metodologia Antiga)

Produto a preço de mercado (pm): é o produto que inclui os impostos indiretos, mas não inclui os subsídios.

Produto a custo de fatores (cf): é o produto que não inclui os impostos indiretos, porém inclui os subsídios.

A diferença entre o Produto a preço de mercado e o produto a preço (custo) de fator são os impostos indiretos e os subsídios.

Para se calcular o produto (a produção) de um país, deve-se agregar (somar) toda a produção final de bens e serviços produzidos por esse país. Tal agregação pode ser realizada somando-se a produção aos preços que os bens e serviços são praticados pelo mercado ou ao custo de fator, isto é, só considerando os fatores (os preços) que realmente remuneram os fatores de produção. A diferença entre os preços de mercado e os preços (custos) de fatores são os impostos indiretos e os subsídios. Ao se pagar um preço de mercado, estamos pagando os impostos indiretos contidos nesses preços, porém não estamos pagando os subsídios que, por definição, são pagos pelo Governo. O conceito de custo de fator não inclui os impostos indiretos, pois esses não são considerados custos de produção; porém os preços de fatores incluem os subsídios, pois os mesmos são parte dos custos de produção cobertos pelo Governo.

Para reforçar a diferença entre os conceitos de preço de mercado e custo de fatores, em outras palavras, temos então que:

(i) O conceito de produto a preço de mercado inclui os impostos indiretos e exclui os subsídios, pois quando pagamos os preços correntes de mercado estamos pagando os impostos indiretos que incidem sobre a compra e venda de bens e serviços e que estão embutidos nos preços, porém não estamos pagando os subsídios que por definição são pagos pelo governo a fim de esses bens e serviços subsidiados fiquem mais baratos para os consumidores.

(ii) Já no conceito de produto a custo de fatores excluímos os impostos indiretos e incluímos os subsídios, pois quando pagamos apenas os custos de fatores, isto é, quando remuneramos apenas os fatores de produção, os preços a custos de fatores não contabilizam os impostos indiretos pois esses impostos não estão relacionados com nenhum fator de produção, porém o subsídio faz parte dos preços a custo de fatores pois estão relacionados com a remuneração de algum fator de produção já que por definição são partes dos custos de produção financiados pelo governo.

Os conceitos de produto a preço de mercado (**pm.**) e produto a custo de fatores (**cf.**) pertencem à metodologia antiga das contas nacionais. Mais adiante estudaremos esses conceitos na atual metodologia na qual o produto pode ser classificado como: (i) produto com preços ao consumidor (**pc**) e, (ii) produto a preços básicos (**pb**). O produto a preços ao consumidor corresponde ao antigo produto a preços de mercado; no agregado, isto é, para a economia como um todo, e não apenas para um setor específico, o produto a preços básicos corresponde ao antigo produto a custo de fatores.

Em resumo:

Produto a preço mercado (pm)	Inclui impostos indiretos e exclui subsídios
Produto a custo de fatores (cf)	Exclui impostos indiretos e inclui subsídios

(Fundação Euclides da Cunha/Economia/Investe Rio/2011) – O preço que cobre os custos de produção dos bens e serviços, inclusive o lucro empresarial, na ausência de impostos indiretos e subsídios, é denominado:

a) renda de fatores;

b) custo de fatores;

c) custo de mercado;

d) médio agregado;

e) livre de tributos.

Solução:

A resposta é a letra "b", pois no conceito de produto a custo de fatores o produto é calculado computando todos os preços que remuneram os fatores de produção, no dizer do comando da questão é aquele produto "...que cobre os custos de produção dos bens e serviços, inclusive o lucro empresarial". Por definição o produto a custo de fatores exclui a parcela "II-sub" e quando no enunciado da questão é dito "na ausência de impostos indiretos e subsídios" , significa exatamente que essa parcela de "II-sub" é retirada do produto a custo de fatores.

Assim os Impostos Indiretos (II) e os subsídios (sub) são a diferença entre o conceito de produto a preço de mercado (pm) e o conceito de produto a custo de fatores (cf). O Produto a preço de mercado inclui (contabiliza) os Impostos Indiretos (II) e exclui (não contabiliza) os subsídios, assim, o produto a preço de mercado inclui os impostos indiretos líquidos de subsídios, ou seja, inclui a parcela "**II – Sub**"; note ainda que incluir a parcela " II – sub" significa incluir II e excluir subsídios. O Produto a custo de fatores exclui (não contabiliza) os Impostos Indiretos (II) e incluem (contabiliza) os subsídios, assim, o produto a custo de fatores exclui os impostos indiretos líquidos de subsídios, ou seja, exclui a parcela "**II – Sub**"; note ainda que excluir a parcela "II – sub" significa excluir II e incluir subsídios. Por exemplos:

(i) O Produto Interno Bruto a **preço de mercado** (PIB_{pm}) contém os impostos indiretos, mas não contém os subsídios, enquanto que o Produto Interno Bruto a **custo de fatores** (PIB_{cf}) não contém os impostos indiretos mas contém os subsídios.

(ii) O Produto Nacional Bruto a **preço de mercado** (PNB_{pm}) contabiliza os impostos indiretos, mas não contabiliza os subsídios, enquanto que o Produto Nacional Bruto a **custo de fatores** (PNB_{cf}) não contabiliza os impostos indiretos mas contabiliza os subsídios.

7.7. Comparação entre o Produto a preço de mercado e o Produto a custo de fatores.

O produto a preço de mercado pode ser maior ou menor do que o produto a custo de fatores, depende se a parcela "II-sub" é positiva ou negativa. Quando os impostos indiretos são maiores que os subsídios a diferença "II-sub" é positiva e neste caso o produto a preço de mercado é maior que o produto a custo de fatores. Quando os subsídios são maiores que os impostos indiretos a diferença "II-sub" é negativa e então o produto a custo de fatores é maior que o produto a preço de mercado.

De fato, sabemos que a parcela "II-sub" é a diferença entre o produto a preço de mercado (pm) e o produto a custo de fatores (cf), pois produto a preço de mercado contém impostos indiretos (II) e não têm subsídios, enquanto que o produto a custo de fatores não contém impostos indiretos e têm subsídios , por exemplo o PIB_{pm} contém II e não contém subsídios enquanto que o PIB_{cf} não contém II e contém subsídios. Da equação $PIB_{pm} = PIB_{cf} + II – sub$, temos que:

(i) Se a parcela "II-sub" é positiva, ou seja, se II > sub, então teremos que $PIB_{pm} > PIB_{cf}$.

(ii) Se a parcela "II-sub" é negativa, ou seja, se sub > II, então teremos que $PIB_{cf} > PIB_{pm}$.

Em resumo:

II-sub > 0	$PIB_{pm} > PIB_{cf}$	Impostos indiretos > subsídios
II-sub < 0	$PIB_{cf} > PIB_{pm}$	Subsídios > Impostos indiretos
II-sub = 0	$PIB_{pm} = PIB_{cf}$	Impostos indiretos = subsídios

7.8. Os Diversos Agragados Macroeconômicos e suas Características

Temos então que o produto pode ser Interno ou Nacional, pode ser Bruto ou Líquido e pode ser a preço de mercado ou a custo de fatores.

A diferença entre o produto Interno e o produto Nacional é a renda líquida enviada ao exterior (RLE), pois o produto Interno contabiliza RLE, enquanto que o produto Nacional não contabiliza RLE. Também podemos diferenciar os produtos Interno e Nacional através da renda líquida recebida do exterior (RLRE), pois o produto Interno exclui a RLRE, enquanto que o produto Nacional inclui a RLRE.

A diferença entre o produto Bruto e o produto Líquido é a depreciação (dep), pois o produto Bruto contabiliza a depreciação, enquanto que o produto Líquido não contabiliza a depreciação.

A diferença entre o produto a preço de mercado (pm) e o produto a custo de fatores (cf) são os impostos indiretos (II) e os subsídios (sub), pois o produto a preço de mercado contabiliza os Impostos Indiretos e não contabiliza os subsídios (sub), enquanto que o produto a custo de fatores exclui impostos indiretos e inclui os subsídios.

Qualquer combinação possível entre os diversos tipos de produto é uma possível medida do nível de atividade econômica do país.

O Prezado leitor deve então notar que:

(i) Se o produto possui (contabiliza, contém) a renda líquida enviada ao exterior (RLE) então esse produto é chamado de Produto Interno, caso contrário, isto é, se não possui RLE, o produto é chamado de Produto Nacional.

(ii) Se o produto possui (contabiliza, contém) a depreciação então esse produto é chamado de Produto Bruto, caso contrário, isto é, se não possui depreciação, o produto é chamado de Produto Líquido.

(iii) Se o produto possui (contabiliza, contém) impostos indiretos (II) e não possui (não contabiliza, não contém) subsídios (sub) então esse produto é chamado de Produto a preço de mercado (pm), caso contrário, isto é, se não contabiliza os Impostos indiretos mas contém subsídios , o produto é chamado de Produto a custo de fatores.

Produto Interno: inclui RLE (o que é o mesmo que dizer que exclui RLRE). Produto Nacional: exclui RLE (o que é o mesmo que dizer que inclui RLRE).

Produto Bruto: inclui a depreciação.

Produto Líquido: exclui a depreciação.

Produto a preço de mercado: inclui impostos indiretos e exclui subsídios.

Produto a custo de fator: exclui impostos indiretos e inclui subsídios.

OBSERVAÇÃO

PIBpm (Produto Interno Bruto a preço de mercado): é o produto que inclui (contabiliza, leva em consideração) a renda líquida enviada ao exterior (RLE), inclui (contabiliza, leva em consideração) a depreciação, inclui os impostos indiretos e exclui os subsídios. Por exemplo, se o PIBpm de um país é igual a US$ 900 bilhões, isso significa que nesses US$ 900 bilhões: está contabilizada a renda líquida enviada ao exterior; está incluída a depreciação; uma parcela dessa quantia é de impostos indiretos, porém nela não foram incluídos os subsídios.

PNLcf (Produto Nacional Líquido a custo de fator): *é o produto que exclui RLE, exclui a depreciação, exclui os impostos indiretos e inclui os subsídios.*

Também sabemos que pela identidade PRODUTO=RENDA=DESPESA, que os conceitos de Renda, Produto e Despesa são conceitos idênticos e que, como, o produto pode ser interno ou nacional, bruto ou líquido e a preço de mercado ou a custo de fator; qualquer combinação desses conceitos é uma medida possível do nível de atividade econômica e, portanto, é um agregado. Um agregado é uma medida do nível de atividade econômica. Exemplo de agregados:

PIBpm: Produto Interno Bruto a preço de mercado.
PNLcf: Produto Nacional Líquido a custo de fator.
RNBcf: Renda Nacional Bruta a custo de fator.
RILpm: Renda Interna Líquida a preço de mercado.
DIL_{cf}: Despesa Interna Líquida a custo de fator
DNB_{pm}: Despesa Nacional Bruta a preço de mercado.

Também devido à identidade entre produto, renda e despesa, isto é, como PRODUTO = RENDA = DESPESA, temos que:

(i) $PIB_{pm} = RIB_{pm} = DIB_{pm}$

(ii) $PNL_{cf} = RNL_{cf} = DNL_{cf}$

(iii) $PIL_{pm} = RIL_{pm} = DIL_{pm}$

Características do PIB_{pm}

(i) **Inclui (contabiliza) a Renda Líquida Enviada ao Exterior (RLE) ou Exclui (não contabiliza) a Renda Líquida Recebida do Exterior (RLRE)**

(ii) **Possui (contabiliza) depreciação (dep)**

(iii) **Possui (contabiliza) Impostos Indiretos e exclui (não Contabiliza) subsídios**

Características do PNL_{cf}

(i) **Exclui (não contabiliza) a Renda Líquida Enviada ao Exterior (RLE) ou Inclui (contabiliza) a Renda Líquida Recebida do Exterior (RLRE)**

(ii) **Exclui (não contabiliza) a depreciação (dep)**

(iii) **Exclui (não contabiliza) Impostos Indiretos e inclui (Contabiliza) subsídios**

Características do RNL_{pm}

(i) **Exclui (não contabiliza) a Renda Líquida Enviada ao Exterior (RLE) ou Inclui (contabiliza) a Renda Líquida Recebida do Exterior (RLRE)**

(ii) **Exclui (não contabiliza) a depreciação (dep)**

(iii) **Inclui (contabiliza) os Impostos Indiretos e exclui (não Contabiliza)os subsídios**

Características do DIL_{cf}

(i) **Inclui (contabiliza) a Renda Líquida Enviada ao Exterior (RLE) ou exclui (não contabiliza) a Renda Líquida Recebida do Exterior (RLRE)**

(ii) exclui (não contabiliza) a depreciação (dep)

(iii) Exclui (não contabiliza) Impostos Indiretos e inclui (Contabiliza) subsídios

7.9. Conversão (Transformação) entre os Diversos Agregados

Como visto anteriormente, existem diversos agregados que são maneiras diferentes de se expressar o produto, a renda e a despesa. Neste tópico, mostraremos como se faz a conversão entre esses agregados.

7.9.1. *Transformação de um Produto Interno em um Produto Nacional*

A diferença entre o produto interno e o produto nacional é a Renda Líquida Enviada ao Exterior **(RLE)**, pois o **produto Interno inclui RLE** e o **produto Nacional não inclui RLE**. Portanto, para converter um agregado Interno em um agregado Nacional basta **subtrair RLE**; e, de modo análogo, para converter um agregado Nacional em um agregado Interno basta **somar RLE.**

Em resumo:

PNB = PIB - RLE	**Para obter o produto Nacional basta subtrair RLE do produto Interno**
PIB = PNB + RLE	**Para obter o produto Interno basta somar ao produto Nacional a RLE**

7.9.2. *Transformação de um Produto Bruto em um Produto Líquido*

A diferença entre o produto Bruto e o produto Líquido é a depreciação, pois **o produto Bruto inclui depreciação** e o **produto Líquido não inclui depreciação.** Portanto, para converter um agregado Bruto em um agregado Líquido basta **subtrair a depreciação** e, de modo análogo, para converter um agregado Líquido em um agregado Bruto basta **somar a depreciação**.

PIL = PIB - dep	**Para obter o produto Líquido basta subtrair a depreciação do produto Bruto**
PIB = PIL + dep	**Para obter o produto Bruto basta somar a depreciação ao produto Líquido**

7.9.3. *Transformação de um Produto a Preço de Mercado em um Produto a Custo de Fator na Metodologia Antiga das Contas Nacionais*

As diferenças entre o produto a preço de mercado e o produto a custo de fatores são os subsídios e os impostos indiretos (II), pois **o produto a preço de mercado inclui impostos indiretos e não inclui subsídios, e o produto a custo de fatores não inclui impostos indiretos e inclui subsídios.** Portanto, para converter um agregado a preço de mercado em um agregado a custo de fator basta **subtrair impostos indiretos (II) e somar subsídios (sub)** e, de modo análogo, para converter um agregado a custo de fator em um agregado a preço de mercado basta **somar impostos indiretos (II) e subtrair subsídios (sub).**

$PIB_{cf} = PIB_{pm} - II + sub$	**Para obter o custo de fator basta subtrair II e somar subsídios do preço de mercado**
$PIB_{pm} = PIB_{cf} + II - sub$	**Para obter o preço de mercado basta somar II e subtrair subsídios do custo de fator**

7.9.4. *Resumo das Conversões*

$Interno \xrightarrow{\quad -RLE \quad} Nacional$

$Bruto \xrightarrow{\quad -Depreciação \quad} Líquido$

$Preço\ de\ mercado \xrightarrow{\quad -impostos\ indiretos\ +\ Subsídios \quad} Custo\ de\ fatores$

Exemplos:

$PIB \xrightarrow{\quad -RLE \quad} PNB$

$PIB \xrightarrow{\quad -Depreciação \quad} PIL$

$PIBpm \xrightarrow{\quad -impostos\ indiretos\ +\ Subsídios \quad} PIBcf$

De modo análogo:

$Nacional \xrightarrow{\quad +RLE \quad} Interno$

$Líquido \xrightarrow{\quad +Depreciação \quad} Bruto$

$Custo\ de\ fatores \xrightarrow{\quad +impostos\ indiretos\ -\ Subsídios \quad} preço\ de\ mercado$

Exemplos:

$PNB \xrightarrow{\quad +RLE \quad} PIB$

$PIL \xrightarrow{\quad +Depreciação \quad} PIB$

$PIBcf \xrightarrow{\quad +impostos\ indiretos\ -Subsídios \quad} PIBpm$

Exemplo: Sabendo que $PIB_{pm} = 1000$; $RLE = 100$; $dep = 50$; $II = 30$ e $Sub = 10$, calcule: (a) PNL_{cf}; (b) RNB_{cf} e (c) DIL_{pm}.

Solução:

(a) $PNL_{cf} = PIB_{pm} - RLE - dep - II + sub = 1000 - 100 - 50 - 30 + 10 = 830$.

(b) $RNB_{cf} = PIB_{pm} - RLE - II + sub = 1000 - 100 - 30 + 10 = 880$. Podemos calcular a RNB_{cf} a partir do PNL_{cf}: $RNB_{cf} = PNL_{cf} + dep = 830 + 50 = 880$.

(c) $DIL_{pm} = PIB_{pm} - dep = 1000 - 50 = 950$.

Podemos calcular DIL_{pm} a partir do PNL_{cf}: $DIL_{pm} = PNL_{cf} + RLE + II - sub = 830 + 100 + 30 - 10 = 950$. Podemos ainda calcular DIL_{pm} a partir da RNB_{cf}: $DIL_{pm} = RNB_{cf} + RLE + dep + II - sub = 880 + 100 - 50 + 30 - 10 = 950$.

(CESPE-UNB/Especialista em Estudos e Pesquisas Governamentais/Instituto Jones dos Santos Neves/ES/2010) – Julgue os itens a seguir como verdadeiro ou falso:

As regras de transformação entre os conceitos de produto e renda indicam que o agregado interno corresponde ao agregado nacional subtraído da renda líquida enviada ao exterior, que o agregado bruto é o agregado líquido somado com as depreciações e que o agregado a preços de mercado corresponde ao agregado a custo de fatores somado aos impostos indiretos menos subsídios.

Solução:

Falso. O agregado interno corresponde ao agregado nacional somado com a renda líquida enviada ao exterior.

(ESAF/Analista de Finanças e Controle/Secretaria do Tesouro Nacional/2000) - Com relação aos conceitos de produto agregado, podemos afirmar que

a) o produto bruto é necessariamente maior do que o produto líquido; o produto nacional pode ser maior ou menor do que o produto interno e o produto a custo de fatores pode ser maior ou menor do que o produto a preços de mercado.

b) o produto nacional é necessariamente maior do que o produto interno; o produto bruto é necessariamente maior do que o produto líquido; e o produto a preços de mercado é necessariamente maior do que o produto a custo de fatores.

c) o produto a preços de mercado é necessariamente maior do que o produto a custo de fatores; o produto interno é necessariamente maior do que o produto nacional; e o produto bruto é necessariamente maior do que o produto líquido.

d) o produto bruto é necessariamente maior do que o produto líquido; o produto interno é necessariamente maior do que o produto nacional; e o produto a preços de mercados pode ser maior ou menor do que o produto a custo de fatores.

e) o produto interno é necessariamente maior do que o produto nacional; o produto líquido pode ser maior ou menor do que o produto bruto; e o produto a custo de fatores pode ser maior ou menor do que o produto a preços de mercado.

Solução:

A resposta é a letra "a". O produto bruto se tornará igual ao produto líquido quando se retirar a depreciação. Além disso, o produto interno menos a renda líquida enviada ao exterior resulta no produto nacional. Em países como o Brasil, historicamente devedores, o PIB sempre foi maior que o PNB devido ao envio de renda líquida ao exterior. Por outro lado, em países como os Estados Unidos, observa-se que o PNB sempre é maior que o PIB. Finalmente, o produto a custo de fatores pode ser maior ou menor do que o produto a preços de mercado. Tudo dependerá dos valores atribuídos aos impostos indiretos e aos subsídios.

(Instituto Cetro/Agente de Fiscalização – Economia/TCMSP) – Com base no sistema de contabilidade nacional, é incorreto afirmar que

a) Produto Interno Líquido = Produto Interno Bruto - Depreciação.

b) Produto Interno Líquido a custo de fatores = Produto Interno Líquido a preços de mercado + Impostos Indiretos - Subsídios.

c) Produto Interno Bruto = Renda Interna Bruta.

d) Renda Nacional Líquida a custo de fatores = Produto Nacional Líquido a custo de fatores.

e) Produto Nacional Líquido = Produto Nacional Bruto - Depreciação.

Solução:

A resposta é a letra "b". Observe que PILpm – impostos indiretos + subsídios = PILcf.

(NCE-RJ/Economia/Auditoria Geral do Estado do Mato Grosso/2004) – O Produto Interno Bruto a preços de mercado é igual ao:

a) Produto Nacional Bruto a preços de mercado menos a renda líquida enviada ao exterior;

b) Produto Nacional Bruto a preços de mercado menos a renda líquida recebida do exterior;

c) Produto Nacional Bruto a preços de mercado mais depreciação menos a renda líquida enviada ao exterior;

d) Produto Nacional Líquido a custos de fatores mais depreciação menos renda líquida enviada ao exterior;

e) Produto Nacional Líquido a custos de fatores mais depreciação menos renda líquida recebida do exterior.

Solução:

A resposta é a letra "b". Em primeiro lugar, a renda líquida recebida do exterior equivale à renda líquida enviada ao exterior, mas com o sinal invertido (RLE = - RLRE). Dessa forma, o Produto Interno Bruto a preços de mercado pode ser obtido pela diferença entre o Produto Nacional Bruto a preços de mercado e a renda líquida recebida do exterior, isto é: $PIB_{pm} + RLRE = PNB_{pm} \Rightarrow PIB_{pm} = PNB_{pm} - RLRE$.

(FUNCAB/Economista/Instituto de Pesos e Medidas do Estado de Rondônia) – Considere as seguintes notações:

PNLcf = Produto Nacional Líquido, a custo de fatores,

d = depreciação,

Ti =Tributos indiretos,

Sub = Subsídios,

RR= Renda Recebida do Exterior e

RE= Renda Enviada ao Exterior.

Para determinar o Produto Interno Bruto, a preços de mercado, a expressão a ser utilizada deve ser igual a:

a) PNLcf + d –Ti – Sub –RR+RE

b) PNLcf – d +Ti + Sub +RR–RE

c) PNLcf + d +Ti – Sub –RR+RE

d) PNLcf + d –Ti + Sub +RR–RE

e) PNLcf – d +Ti – Sub –RR+RE

Solução:

A resposta é a letra "c". Primeiramente, sabemos que PNLcf + d = PNBcf. Como RLE = RE – RR, então, PNBcf + RE – RR = PIBcf. Por fim, PIBcf + Ti – Sub = PIBpm.

(NCE/Economista/SEFAZ-MT/2006) - Considere os seguintes dados de uma economia qualquer:

1) Produto Nacional BRUTO a preços de mercado = R$ 1.000.000,00

2) Impostos Indiretos=R$ 300.000,00

3) Depreciação=R$ 50.000,00

4) Subsídios=R$ 55.000,00

O Produto Nacional Líquido a preços de mercado seria igual a:

a) R$ 950.000,00

b) R$ 1.050.000,00

c) R$ 1.155.000,00

d) R$ 650.000,00

e) R$ 705.000,00

Solução:

A resposta é a letra "a", pois:

$$PNL_{pm} = PNB_{pm} - \text{depreciação} = 1.000.000 - 50.000 = 950.000$$

(Economista/Prefeitura Municipal de Santo Antônio da Platina/2012) - O Produto Interno Bruto, a preço de mercado, equivale a quê?

a) Produto Interno Bruto a custo de fatores + renda líquida enviada ao exterior.

b) Produto Nacional Bruto a preço de mercado + impostos indiretos – subsídios.

c) Produto Interno Líquido a preço de mercado + amortização de empréstimos externos.

d) Produto Nacional Líquido a preço de mercado + dívida externa bruta.

e) Produto Interno Líquido a custo de fatores + impostos indiretos + depreciação – subsídios.

Solução:

A resposta é a letra "e". Sabemos que PILcf + depreciação = PIBcf. Assim, PIBcf + impostos indiretos – subsídios = PIBpm.

(UFG/Economista/Prefeitura Municipal de Goiânia/2012) - Existem duas formas de representação do Produto Nacional: uma, a custo de fatores e, a outra, a preços de mercado. O Produto Nacional Líquido a custo de fatores é igual ao:

a) Produto Nacional Bruto a preços de mercado + depreciação – impostos indiretos + subsídios.

b) Produto Nacional Líquido a preços de mercado + depreciação – impostos indiretos + subsídios.

c) Produto Interno Bruto a preços de mercado – depreciação – impostos indiretos – subsídios.

d) Produto Nacional Bruto a preços de mercado – depreciação – impostos indiretos + subsídios.

Solução:

A resposta é a letra "d", pois sabemos que: $PNB_{pm} = PNB_{cf} + II - sub$. Por sua vez, PNLpm – impostos indiretos + subsídios = PNLcf.

8. AS TRÊS ÓTICAS DO PIB

Como os conceitos de **renda**, **despesa** e **produto** são idênticos, pode-se calcular o valor do PIBpm por três caminhos diferentes: pela ótica da despesa, pela ótica do produto (que se analisa de duas maneiras) e pela ótica da renda. Porém, o resultado encontrado deve ter o mesmo valor numérico. Na ótica da renda, devemos somar todas as remunerações pagas aos agentes econômicos para que os mesmos realizem a produção; na ótica da despesa, devemos somar todas as despesas realizadas pelos agentes econômicos para poderem adquirir a produção; e na ótica do produto devemos somar todos os bens e serviços finais para poder obter o valor em unidades monetárias dessa produção.

9. AS TRÊS ÓTICAS DO PIB NA METODOLOGIA ANTIGA DAS CONTAS NACIONAIS

9.1. A Ótica do Produto

Essa ótica pode ser dividida em duas análises: a soma dos bens e serviços finais produzidos e a soma dos valores adicionais.

9.1.1. *A Soma dos Bens e Serviços Finais Produzidos*

Deve-se somar (agregar) toda a produção de bens e serviços finais produzidos por um país em um determinado período de tempo, por exemplo, um ano. A questão básica no cálculo do PIB pela ótica do produto é não cometer um erro de dupla contagem ao se somar os produtos intermediários, ou seja, só devemos contabilizar a produção dos bens e serviços finais. Assim, temos:

ÓTICA DO PRODUTO

PIB_{pm} = (Produção total de bens e serviços) – (Produção intermediária)

(Cespe-UnB/Analista Legislativo – Atribuição: Consultor Legislativo – Área IX/Câmara dos Deputados/2014) – Julgue o item a seguir como verdadeiro ou falso:

O Produto Interno Bruto (PIB) representa o valor monetário de todos os bens intermediários – a exemplo do aço a ser transformado em martelos – e finais – como automóveis e liquidificadores – produzidos em um país, em certo período de tempo, em cujo cálculo não são considerados os serviços finais produzidos no país.

Solução:

Esse item é falso, pois no cálculo do produto interno bruto soma-se, isto é, agrega-se toda a produção de bens e serviços finais produzidos por um país em um determinado período de tempo. Não se soma os produtos intermediários, a fim de evitar a dupla contagem.

(Instituto Brasileiro de Formação e Capacitação/Economista/Fundação Hemominas/2013) – Em 2011 o Brasil se tornou a sexta maior economia do mundo, ultrapassando a Grã-Bretanha com um PIB (Produto Interno Bruto) aproximado de US$ 2,48 trilhões. No entanto, ao final do primeiro semestre de 2012, voltou a sétima colocação segundo matéria publicada na revista Veja de 29/08/2012. Sendo assim, não estão incluídos no cálculo do PIB do país em 2012:

a) Consertos de *notebooks* realizados em uma loja especializada na cidade do Rio de Janeiro em 2012.

b) Geladeiras fabricadas e vendidas no interior de Minas Gerais em 2012.

c) Madeiras produzidas e utilizadas na fabricação de mesas no Rio Grande do Sul em 2012.

d) Cirurgias plásticas realizadas no Hospital São Luiz na cidade de São Paulo em 2012.

Solução:

A resposta é a letra "C". Madeiras produzidas e utilizadas na fabricação de mesas no Rio Grande do Sul em 2012 são consideradas como produtos intermediários e, por essa razão, não entram no cálculo do PIB a fim de evitar dupla contagem.

9.1.2. Soma dos Valores Agregados ou Valores Adicionados

É o valor adicionado por cada etapa na produção de um bem. O valor adicionado remunera os fatores de produção em cada uma das etapas de fabricação de um bem. O valor adicionado de uma etapa (ou de um setor) é calculado subtraindo-se o valor da produção em cada etapa (ou setor) do valor da produção da etapa anterior (ou de outros setores) de maneira que, ao se proceder dessa maneira, não cometemos erros de dupla contagem.

> ### O PIB COMO SOMA DOS VALORES ADICIONADOS (AGREGADOS)
>
> O PIB é a soma dos valores adicionados de todos os setores da economia. Em particular, o PIB pela ótica do produto também pode ser calculado como a soma dos valores adicionados pelos setores primário, secundário e terciário.

Em outras palavras, define-se o valor agregado ou valor adicionado como sendo igual ao valor bruto da produção ou valor total da produção (VBP) menos o consumo de bens e serviços intermediários:

VA = VBP – Consumo de bens e serviços intermediário

Pode-se definir também o **produto** como a soma dos valores adicionados (agregados). Ou seja, a soma dos valores adicionados será igual ao Produto Interno Bruto de um país em um determinado ano.

Exemplo: Considere uma economia hipotética que produz pão como único bem final. O valor a preço de mercado das produções de trigo, farinha e pão são respectivamente 300, 700 e 1200. Calcule o PIB dessa economia.

Solução:

	trigo	farinha	pão
Valor da produção a preço de mercado	300	700	1200
Valor adicionado	300-0 =300	700 – 300 = 400	1200 – 700 = 500

PIBpm = 1200 pois o pão é o único bem final. Toda a produção de trigo e de farinha representa uma produção intermediária.

PIBpm = Produção total– Produção intermediária = (300+700+1200) – (300+700) = 1200

PIBpm = $\sum$ Valores adicionados = 300 + 400 + 500 = 1200

9.2. A Ótica da Despesa

A Despesa Agregada (D) é o destino da produção, isto é, as fontes que adquirem a produção. Em outras palavras, são os gastos que os agentes econômicos realizam para adquirir (comprar) a produção, ou seja, é o destino da produção (é o destino dos bens e serviços produzidos). A despesa é a alocação do produto. A despesa total é a soma das seguintes despesas: de Consumo das famílias, de Investimento das empresas, do Governo e do Setor externo sob a formas de exportações líquidas. Note que as exportações de um país representam despesas para o setor externo, ou seja: a despesa é dada pela soma do Consumo das famílias (C), do Investimento das empresas (I), dos Gastos do Governo (G) e das Exportações líquidas (X-M):

Onde:

$$D = C + I + G + X - M$$

C = Consumo das Famílias

I = Investimento

G = Gastos do Governo

X = Exportação

M = Importação

Assim, o PIB é a soma dos valores de mercado de todas as demandas finais da economia, calculado ao preço atual de mercado.

Exemplo: Dados para uma economia hipotética;

Consumo das famílias = 50

Formação bruta de capital fixo = 10

Variação de estoques = 6

Gastos do Governo = 40

Exportações de bens e serviços = 30

Importações de bens e serviços = 20

Calcule o Produto.

Solução:

Produto = Despesa = C + I + G +X – M= 50 +(10+6) + 40 + 30 – 20 = 116

(CESPE-UNB/Economista/SESPA/2004) – Julgue o item a seguir como verdadeiro ou falso.

A mensuração do PIB pela ótica da despesa não deve levar em conta as vendas externas porque elas não representam gastos dos residentes no país.

Solução:

Falso. A mensuração do PIB pela ótica da despesa deve levar em conta as vendas externas ou exportações (X):

$$D = C + I + G + X - M$$

(NCE/Economista/Ministério das Cidades/2005) – Na medida do PIB, as importações do país:

a) Não entram no cálculo, pois não são produzidas no país;

b) São contabilizadas com sinal positivo, pois são utilizadas na produção de outros bens;

c) São contabilizadas, pois o PIB inclui a produção no exterior;

d) São contabilizadas com sinal negativo, por estarem incorporadas nos demais componentes do PIB;

e) Não entram no cálculo, pois o PIB é medido pelo valor adicionado.

Solução:

A resposta é a letra "d". No cálculo do PIB, as importações são incluídas com sinal negativo, conforme equação abaixo:

$$Y = C + I + G + X - M$$

Onde Y é a renda (produto), C é o consumo agregado, I é o investimento agregado, G são os gastos governamentais, X são as exportações e M são as importações.

A mensuração do PIB pela ótica da despesa deve excluir as importações.

(CESPE-UnB/Economista/FUNCAP/PA/2004) – Julgue o item a seguir, como verdadeiro ou falso.

A mensuração do PIB pela ótica da despesa não deve levar em conta as vendas externas porque elas não representam gastos dos residentes no país.

Solução:

Falso. Pelo contrário, as vendas externas representam o componente exportações (X), que entra no cálculo do PIB.

OBSERVAÇÃO:

Pela ótica da despesa temos que $Y = C + I + G + (X - M)$ onde Y é o produto e X-M são as exportações líquidas, o leitor deve ficar atento ao fato de que Y foi chamado de produto e não foi qualificado como produto Interno ou Nacional e que as exportações líquidas X-M também não foram qualificadas em termos de serem exportações líquidas de bens ou de bens e serviços não fatores. Se na equação $Y = C + I + G + (X - M)$ o produto Y for qualificado (definido) como PIB_{pm} então na referida equação as exportações líquidas X-M serão as exportações menos as importações de bens e serviços não fatores $X_{nf} - M_{nf}$ que chamamos de H, ou seja, na equação $Y = C + I + G + (X - M)$ se Y= PIB_{pm} então X-M = $X_{nf} - M_{nf}$ =H. De modo análogo, se na equação $Y = C + I + G + (X - M)$ o produto Y for qualificado (definido) como PNB$_{pm}$ então na referida equação as exportações líquidas X-M serão as exportações menos as importações de bens, serviços (fatores e não fatores) e transferências unilaterais, isto é X-M = BC +BS + TU, que nada mais é senão o saldo em conta -corrente , ou seja, na equação Y = C + I + G + (X – M) se Y= PNB$_{pm}$ então X-M = BC + BS + TU = T.

(ESAF/Auditor-Fiscal da Receita Federal do Brasil/2009) – Considere a seguinte identidade macroeconômica básica:

Y = C + I + G + (X – M)

Onde C = consumo agregado; I = investimento agregado; e G = gastos do governo.

Para que Y represente a Renda Nacional, (X – M) deverá representar o saldo:

a) da balança comercial.

b) total do balanço de pagamentos.

c) da balança comercial mais o saldo da conta de turismo.

d) da balança comercial mais o saldo da conta de serviços.

e) do balanço de pagamentos em transações correntes.

Solução:

A resposta é a letra "e", conforme explicação acima.

9.3. A Ótica da Renda

O leitor deve, neste instante, lembrar-se que a renda é a remuneração dos fatores de produção, assim o PIB também pode ser calculado pela ótica da renda, ou seja o PIB é obtido através da soma de todas as remunerações dos fatores de produção envolvidos na produção. Isto é, trata-se da remuneração de todos os fatores de produção na economia: salários (remuneração do fator trabalho) + juros (remuneração do capital monetário) + lucros (remuneração do risco incorrido pelo empresário) + aluguéis (remuneração do proprietário do capital físico). Lembre-se que os fatores de produção são os insumos utilizados para produzir bens e serviços, ao passo que a **remuneração do fator de produção** é a compensação a cada fator pela sua contribuição à produção. A seguir, apresentamos os fatores de produção e suas respectivas formas de remuneração:

FATORES DE PRODUÇÃO	REMUNERAÇÃO DOS FATORES DE PRODUÇÃO
Trabalho	Salários
Capital Físico • Máquinas, equipamentos e edificações (bens de capital fixo); • Estoques (bens de capital variável)	**Aluguéis:** Remuneração da propriedade física de bens de capital
Capital Financeiro	**Juros**
Capital de Risco	**Lucros**
Recursos Naturais (Terra)	**Aluguel:** Remuneração dos serviços do fator terra (ou recursos naturais).
Tecnologia	**Royalties e Patentes**
Capacidade Empresarial	**Dividendos, lucros e participação**

Tabela 3: Fatores de Produção e Remuneração

A partir do estudo da ótica da renda, podem-se obter os seguintes conceitos, bastante solicitados em provas de concursos públicos:

ÓTICA DA RENDA

O PIB_{pm} pela ótica da renda é dado pela soma de todas ao remunerações pagas aos agentes econômicos em um determinado ano, ou seja:

PIB_{pm} = salários + aluguéis + juros + lucros distribuídos + lucros retidos + impostos diretos das empresas – transferências a empresas + ORG + RLE + depreciação + impostos indiretos – subsídios.

RENDA NACIONAL (Metodologia Antiga)

A Renda Nacional é dada pelo Produto Nacional Líquido a custo de fator, ou seja: PIBpm – RLE – depreciação – II + subsídios = PNLcf = Renda Nacional

COMPONENTES DA RENDA NACIONAL

Renda Nacional = (salários + aluguéis + juros + lucros distribuídos) a pessoas + lucros retidos + Impostos diretos das empresas – transferências a empresas + ORG.

(Economista/Universidade Federal de Alfenas/2013) - O Produto Nacional Líquido (PNL) é o valor de mercado de todos os bens e serviços finais produzidos por residentes de um país num dado período de tempo, menos as perdas decorrentes da depreciação. A depreciação é um cálculo contábil que mede o desgaste do estoque de máquinas e equipamentos na economia. Observando essas afirmações, qual é a expressão correta a ser utilizada para se obter o agregado macroeconômico Renda Nacional?

a) PNL - impostos diretos - impostos indiretos.

b) PNL - impostos indiretos + subsídios.

c) PNL + impostos indiretos - subsídios.

d) PNL -impostos diretos - multas.

e) PNL + impostos diretos + multas.

Solução:

A resposta é a letra "b". A Renda Nacional equivale ao Produto Nacional Líquido a custos de Fatores. Assim, PNL menos impostos indiretos mais subsídios equivale ao PNLcf.

(FUNCAB/Economista/Secretaria de Estado de Justiça – RO/2010) - A Renda Nacional, RN, nos dá o valor do produto a custos de fatores, em vez de a preços de mercado, que vem a ser o Produto Nacional Bruto, PNB. Ela nos diz qual a remuneração efetiva dos fatores de produção, antes da tributação e das transferências. Desta forma, qual das alternativas a seguir representa a distribuição da Renda nacional?

a) folha de pagamentos, renda dos proprietários, renda pessoal de locações, lucros das empresas e juros líquidos.

b) folha de pagamentos, renda dos proprietários, renda pessoal de locações, lucros das empresas e juros brutos.

c) folha de pagamentos, renda dos proprietários, renda pessoal de locações, lucros das empresas, juros líquidos e saldo das cadernetas de poupança.

d) folha de pagamentos, renda dos proprietários, renda pessoal de locações, lucros das empresas, juros brutos e saldos das cadernetas de poupança.

e) folha de pagamentos, renda dos proprietários, renda pessoal de locações, lucros das empresas, juros líquidos, depósitos em contas corrente e saldos das cadernetas de poupança.

Solução:

A resposta é a letra "a". Note que depósitos em contas corrente e saldos das cadernetas de poupança não fazem parte da remuneração efetiva dos fatores de produção. Além disso, o conceito correto é de juros líquidos, e não juros brutos.

RENDA PESSOAL (RP)

A Renda Pessoal é obtida a partir da Renda nacional através de adições e exclusões. Como no conceito de Renda Pessoal só estamos interessados na renda das pessoas devemos subtrair da Renda Nacional os itens relativos às empresas e ao governo; os itens que não pertencem à Renda Nacional (por não remunerarem fatores de produção), mas que pertencem a pessoas devem ser adicionados, assim temos:

Renda Pessoal

= Renda Nacional

– lucros retidos das empresas

– impostos diretos das empresas

– contribuições previdenciárias das empresas

– ORG + transferências

+ juros pagos pelo Governo a pessoas

+ juros pagos por pessoas a pessoas.

Nota: as contribuições previdenciárias das empresas fazem parte dos impostos diretos das empresas. Na fórmula acima essas contribuições foram desmembradas dos impostos e, portanto, aparecem como uma exclusão da Renda Nacional a fim de se obter a Renda Pessoal.

COMPONENTES DA RENDA PESSOAL

RENDA PESSOAL = (salários + aluguéis + juros + lucros distribuídos) a pessoas + transferências a pessoas + juros pagos pelo Governo a pessoas + juros pagos por pessoas a pessoas.

RENDA PESSOAL DISPONÍVEL (RPD)

A Renda Pessoal Disponível, como o nome indica é aquela que está disponível para as pessoas consumirem ou pouparem, portanto, para obtermos a Renda Pessoal Disponível a partir da Renda Pessoal devemos retirar os impostos diretos das pessoas, ou seja :

Renda Pessoal Disponível = Renda Pessoal – Impostos diretos das pessoas.

COMPONENTES DA RENDA PESSOAL DISPONÍVEL

RENDA PESSOAL DISPONÍVEL = (salários + aluguéis + juros + lucros distribuídos) a pessoas + transferências a pessoas + juros pagos pelo Governo a pessoas + juros pagos por pessoas a pessoas – impostos diretos das pessoas.

ALOCAÇÃO DA RENDA PESSOAL DISPONÍVEL (RPD)

A Renda Pessoal disponível pode ser alocada em consumo, poupança ou para pagamentos de juros, ou seja:

RPD = CONSUMO + POUPANÇA + JUROS

Exemplo:

Sabendo que Consumo = 400, poupança = 200 e juros = 100, imposto direto das famílias = 50, calcule

A Renda Pessoal.

Solução:

Pelos dadso temos que C = 400, S = 200, J = 100, ID = 50. A renda Pessoal Disponível (RPD) é dada por: RPD = C + S + J = 400 + 200 + 100 = 700. A renda pessoal disponível (RPD) é obtida a partir da Renda Pessoal (RP) pela equação:

RPD = RP – ID

700 = RP – 50

RP = 700 + 50 = 750.

Renda Interna (RIL$_{cf}$): A Renda Interna Líquida a custo de fatores (que, por convenção, é denominada apenas Renda Interna, e equivale ao Produto Interno Líquido a custo de fatores) corresponde ao total da remuneração efetuada pelas unidades produtivas de um país aos proprietários dos fatores de produção, como contrapartida pela utilização de seus serviços para efetivar a produção interna.

Exercício: Considere os seguintes dados para uma economia fechada e sem governo.

Salários = 400; Lucros = 300; Juros = 200; Aluguéis = 100; Consumo pessoal = 500; Variação de estoques = 100; Depreciação = 50

Com base nessas informações, a formação bruta de capital fixo e a renda nacional bruta são, respectivamente:

a) 500 e 1050.

b) 400 e 1000.

c) 450 e 1000.

d) 400 e 1050.

e) 450 e 1050.

Solução:

O ítem correto é o "E". Como a economia é fechada temos que RLE = 0. Como economia é sem governo temos que os Impostos Diretos (ID) das empresas são nulos, os Impostos Indiretos (II) são nulos, os subsídios (sub) são nulos, as transferências a empresas = 0 e que as Outras Receitas do Governo (ORG) são nulos. Pela ótica da renda sabemos que:

PNL_{cf} = salários + aluguéis + juros + lucros (retidos e distribuídos) + (ID – transferências das empresas) + ORG. Como a economia é sem governo sabemos que ID – trans = 0 e ORG = 0, então:
PNL_{cf} = 400 + 100 + 200 + 300 + (0-0) +0 = 1000.

A Renda Nacional Bruta (RNB), por definição é dado pelo PNB_{cf}. Como a economia é sem governo temos que II = 0, sub = 0. Como a economia é fechada temos que RLE= 0, então:
PNB_{cf} = PIL_{pm} – RLE + dep – II + sub = 1000 – 0 + 50 – 0 + 0 = 1050.

Pela òtica da despesa sabemos que: PIB_{pm} = C + I + G + X_{nf} – M_{nf}. Mas como a economia é sem governo temos que G = 0 e como a economia é fechada temos que X_{nf} = M_{nf} = 0, logo temos que:
PIB_{pm} = C + I + G + X_{nf} – M_{nf}, substituindo os valores temos então:
1050 = 500 + I + 0 +0 – 0
I = 1050 – 500 = 550.

Como I = FBKF + Δe temos:
550 = FBKF +100, logo FBKF = 550 – 100 = 450.

$$PIB_{cf} = \text{Rem. Emp + EOB}$$

Rem. Emp. = Remuneração dos empregados

EOB = Excedente Operacional Bruto

Exemplo: Dados para uma economia hipotética:
PIBpm = 1000
Impostos indiretos = 100
Subsídios = 30
Remuneração dos Empregados (Rem. Emp.) = 700
Calcule o Excedente Operacional Bruto (EOB).

Solução:

PIB_{cf} = PIB_{pm} – II + sub = 1000 – 100 + 30 = 930. Temos que:
PIB_{cf} = Rem. Emp. + EOB
930 = 700 + EOB
EOB = 930 – 700 = 230.

(CESPE-UnB/Economista/SETEPS-PA/2004) - Julgue o item a seguir como verdadeiro ou falso.

A renda pessoal disponível, computada por meio do Produto Interno Bruto, exclui os gastos com depreciação e os lucros retidos pelas firmas, porém inclui as transferências e os impostos indiretos.

Solução:

Falso. Os impostos indiretos e os gastos com depreciação são excluídos da definição de renda nacional e, dessa forma, não se encontram também presentes nas definições de renda pessoal e renda pessoal disponível.

(CESPE-UNB/Economista/FSCMP/PA/2004) - Julgue o item a seguir, como verdadeiro ou falso:

Ao se computar a renda disponível com base no Produto Interno Bruto (PIB), devem ser subtraídos a depreciação e os tributos diretos e indiretos, acrescentando-se, porém, os subsídios e as transferências governamentais.

Solução:

Verdadeiro. Os impostos diretos e indiretos, assim como a depreciação, são excluídos da definição de renda nacional e, dessa forma, não se encontram também presentes nas definições de renda pessoal e renda pessoal disponível.

9.4. Exercícios de Aplicação da Identidade Entre Poupança e Investimento.

Numa economia os Investimentos (I) são financiados pela Poupança (S), isto é representado pela igualdade entre investimento é poupança: I = S. Existem os Investimentos públicos (Ig) e os Investimentos Privados (Ip). Os investimentos totais (I) são dados pela soma dos investimentos públicos e privados, ou seja: $I = I_p + I_g$. O Investimento também é calculado pela soma da Formação Bruta de Capital Fixo (FBKF) com a Variação de estoques (Δe), ou seja: I = FBKF + Δe.

A Poupança total de uma economia é dada pela soma das poupanças dos setores privado, público e externo, isto é, a Poupança total (S) é a soma da Poupança privada (Sp) mais a poupança do governo (Sg) e mais a poupança externa (Se), ou seja, temos que: S = Sp+ Sg + Se. Pela igualdade entre poupança total e investimento total temos que: $I = S_p + S_g + S_e$.

A Igualdade entre Poupança e Investimento é dada pela equação I = Sp+ Sg + Se. Vamos a seguir qualificar cada termo dessa equação:

(i) O Investimento I é dado pela soma da formação Bruta de Capital Fixo (FBKF) com a variação de estoques: I = FBKF + Δe. A formação bruta de capital Fixo (FBKF) é dada pela soma das Edificações e Equipamentos, ou seja: FBKF = EDIFICAÇÕES + EQUIPAMENTOS.

(ii) O Investimento I se divide em Investimento privado (Ip) e Investimento do governo: I =Ip + Ig.

(iii) A Poupança Privada ($_{Sp)}$ é a soma da Poupança das famílias ($S_{famílias}$) com a Poupança das empresas ($S_{empresas}$), ou seja: $S_p = S_{famílias} + S_{empresas}$. A Poupança das famílias é a Renda Pessoal Disponível (RPD) que não foi consumida, isto é, é a diferença entre a Renda Pessoal disponível (RPD) e o Consumo das famílias (C), ou seja: $S_{famílias}$ = RPD – C. A Poupança das empresas é dada pela soma dos Lucros Retidos (LR) com a depreciação (dep), isto é: $S_{empresas}$ = Lucro retido + depreciação.

(iv) A Poupança do Governo (Sg) também é chamada de saldo em conta-corrente do governo (não confundir com o saldo em conta-corrente do balanço de pagamento). A poupança do governo (Sg) é a diferença entre a Renda Líquida do Governo (RLG) e os Gastos do governo (G), ou seja: Sg= RLG – G. A Renda Líquida do Governo (RLG) por sua vez é dada por: RLG = II + ID + ORG – subsidios – transferências. Onde: II= Impostos Indiretos, ID = Impostos Diretos e ORG = Outras Receitas do Governo.

(v)   A Poupança externa (Se) é a poupança dos não residentes aplicada no país. Se o saldo em conta--corrente do balanço de pagamento é denotado por T, segue-se então que: Se = - T.O leitor deve lembrar que o saldo em conta-corrente do balanço de pagamento é dado pela diferença entre a transferência líquida de recursos para o exterior (H) e a Renda Líquida Enviada ao exterior (RLE): T = H – RLE.

(vi) A transferência líquida de recursos para o exterior (H) é dada pela diferença entre as Exportações de bens e serviços não fatores (X_{nf}) e as Importações de bens e serviços não fatores (M_{nf}): $H = X_{nf} – M_{nf}$. A Renda Líquida Enviada ao exterior (RLE) é dada pela diferença entre a renda Enviada ao exterior (RE) e a renda recebida do exterior (RR), ou seja: RLE = RE – RR.

Em resumo:

$I = Sp + Sg + Se$

$I = FBKF + \Delta e$

$I = Ip + Ig$

$S_p = S_{familias} + S_{empresas}$

$S_{familias} = RPD – C$

$S_{empresas} = $ lucro retido + depreciação

$Sg = RLG – G$

$RLG = II + ID + ORG – $ subsidies – transferencias

$Se = - T$

$T = H – RLE$

$H = BC + BSNF = X_{nf} - M_{nf}$

$RLE = RE – RR$

(ESAF/AFC-STN/2008) – Considere os seguintes dados, em unidades monetárias, referentes a uma economia hipotética:

- **Consumo do Governo (G): 200**
- **Transferências realizadas pelo Governo (transf): 100**
- **Subsídios (sub): 20**
- **Impostos Diretos (ID): 300**
- **Impostos Indiretos (II): 400**
- **Outras Receitas Correntes do Governo (ORG): 120**
- **Exportações de bens e serviços (X_{nf}): 100**
- **Importações de bens e serviços (M_{nf}): 200**
- **Renda Líquida Enviada ao Exterior (RLE): 100**
- **Variações de Estoques (Δe): 100**
- **Poupança Bruta do Setor Privado (S_p): 200**

Com base nessas informações, e considerando as identidades macroeconômicas básicas, é correto afirmar que a formação bruta de capital fixo é igual a:

a) 950

b) 900

c) 700

d) 750

e) 800

Solução:

A resposta é a letra "E", conforme desenvolvimento a seguir:

(1º) Cálculo da Renda Líquida do Governo (RLG):

$$RLG = II + ID + ORG - Sub - Trandf \Rightarrow RLG = 400 + 300 + 120 - 20 - 100$$
$$\Rightarrow RLG = 820 - 120 \Rightarrow RLG = 700$$

(2º) Cálculo da Poupança do Governo (S_g):

$$S_g = RLG - G \Rightarrow S_g = 700 - 200 \Rightarrow S_g = 500$$

(3º) Cálculo do H:

$$H = X_{nf} - M_{nf} \Rightarrow H = 100 - 200 \Rightarrow H = -100$$

(5º) Cálculo do saldo em transações correntes do balanço de pagamentos:

$$T = H - RLE \Rightarrow T = -100 - 100 \Rightarrow T = -200$$

(6º) Cálculo da Poupança Externa:

$$- T = + S_e \Leftrightarrow T = -200 \Leftrightarrow S_e = +200$$

(7º) Cálculo da Poupança Agregada:

$$S = S_p + S_g + S_e \Rightarrow S = 200 + 500 + 200 \Rightarrow S = 900$$

(8º) Cálculo do Investimento Agregado:

$$I = S \Rightarrow S = 900 \Leftrightarrow I = 900$$

(9º) Cálculo da Formação Bruta de Capital Fixo

$$I = FBKF + \Delta e \Rightarrow 900 = FBKF + 100 \Rightarrow FBKF = 800$$

9.5. Exercícios de Aplicação da Ótica da Despesa

A equação fundamental da ótica da despesa é: $PIB_{pm} = C + I + G + X_{nf} - M_{nf}$,

Onde:

PIB_{pm} = Produto Interno Bruto a preço de mercado

C = Consumo das famílias

I = Investimento das empresas

G = Gastos do governo

X_{nf} = Exportações de Bens e serviços não fatores

M_{nf} = Importações de Bens e serviços não fatores

Vamos fazer alguns comentários importantes em relação a essa equação:

(i) Note que a diferença $X_{nf} - M_{nf}$ nada mais do que nós chamamos de H, e assim temos que PIB_{pm} = C + I + G + $X_{nf} - M_{nf}$ = C + I + G + H. Do Balanço de pagamentos sabemos que T= H-RLE, onde H = $X_{nf} - M_{nf}$ e RLE = RE-RR.

(ii) O fato de T = H – RLE e a presença do termo H na equação do PIB_{pm}, isto é,como: PIB_{pm} = C + I + G + H, temos entaõ uma ligação entre os conceitos do Balanço de Pagamento com os Conceitos da Contabilidade Nacional, o que obviamente é muito explorado nas questões das provas de economia.

(iii) O Investimento é dado por: I = FBKF + Δe

(iv) Temos que PNB_{pm} = C + I + G + T. De fato, subtraindo RLE de ambos os membros da equação PIB_{pm} = C + I + G + H temos que PIB_{pm} –RLE = C + I + G + H-RLE, mas PIB_{pm} –RLE = PNB_{pm} e H-RLE = T, então : PNB_{pm} = C + I + G + T.

(v) Quando o comando de uma questão fornece os valores do Consumo (C), do FBKF e da variação de estoques, dos Gastos do governo (G), das exportações e importações de bens e serviços não fatores (Xnf e Mnf) a simples substituição desses valores na fórmula PIB_{pm} = C + I + G + H permite calcular o PIB_{pm}. Conhecendo a Renda Líquida Enviada ao exterior (RLE), a depreciação (dep) e os Impostos indiretos e subsídios podemos então calcular o PNB_{cf} ou qualquer outro agregado que o comando da questão pedir, basta converter, por exemplo: PNL_{cf} = PIB_{pm} – RLE –dep –II + sub.

(vi) Se o comando da questão fornece um agregado qualquer diferente do PIB_{pm}, por exemplo, fornece o valor da Renda Nacional (PNL_{cf}) e pedir algumítem da despesa, devemos então: (1º) converter o PNL_{cf} em PIB_{pm} e (2º) usar a fórmula PIB_{pm} = C + I + G + H.

Exemplo: Dados para uma economia hipotética;
Consumo das famílias = 500
Formação bruta de capital fixo = 100
Variação de estoques = 60
Gastos do Governo = 400
Exportações de bens e serviços não fatores = 300
Importações de bens e serviços não fatores = 200
Renda Líquida enviada ao exterior = 150
Depreciação = 50
Impostos Indiretos = 30
Subsídios = 20.
Calcule a Renda Nacional.

Solução:

O Investimento é dado pela soma da Formação Bruta de Capital Fixo com a variação de estoques, ou seja: I = FBKF + Δe = 100 + 60 = 160. Por convenção a Renda nacional é igual ao PNL_{cf}. Vamos primeiro calcular o PIB_{pm} e depois converter em PNL_{cf}:

$PIB_{pm} = C + I + G + X_{nf} - M_{nf} = 500 + 160 + 400 + 300 - 200 = 1160.$

$PNL_{cf} = PIB_{pm} - RLE - dep - II + sub = 1160 - 150 - 50 - 30 + 20 = 950$

Exemplo: Dados para uma economia hipotética;

Consumo das famílias = 600

Formação bruta de capital fixo = 150

Variação de estoques = 50

Gastos do Governo = 300

Produto Nacional Líquido a custo de fatores = 900

Importações de bens e serviços não fatores = 200

Renda Líquida enviada ao exterior = 150

Depreciação = 40

Impostos Indiretos = 20

Subsídios = 10.

Calcule as exportações de bens e serviços não fatores.

Solução:

Vamos primeiro converter o PNL_{cf} em PIB_{pm}:

$PIB_{pm} = PNL_{cf} + RLE + dep + II - sub = 900 + 150 + 40 + 20 - 10 = 1100.$ Sabemos que:

$PIB_{pm} = C + I + G + X_{nf} - M_{nf}$

$1100 = 600 + (150 + 50) + 300 + X_{nf} - 200$

$1100 = 900 + X_{nf}$

$X_{nf} = 1100 - 900 = 200$

Exemplo: Dados para uma economia hipotética;

Consumo das famílias = 400

Formação bruta de capital fixo = 170

Variação de estoques = 30

Gastos do Governo = 250

Déficit em conta-corrente do balanço de pagamento = 50

Renda Líquida enviada ao exterior = 150

Depreciação = 50

Impostos Indiretos = 30

Subsídios = 20.

Calcule a Renda Nacional.

Solução:

Pelo enunciado temos que T = - 50

O Investimento é dado pela soma da Formação Bruta de Capital Fixo com a variação de estoques, ou seja: $I = FBKF + \Delta e = 170 + 30 = 200$. Por convenção já sabemos que a Renda nacional é igual ao PNL_{cf}. Vamos primeiro calcular o PIB_{pm} e depois converter em PNL_{cf}:

Sabemos que $H = X_{nf} - M_{nf}$, logo:

$PIB_{pm} = C + I + G + X_{nf} - M_{nf} = C + I + G + H$, mas sabemos que:

$T = H - RLE$

$-50 = H - 150$

$H = 150 - 50 = 100$, logo:

$PIB_{pm} = C + I + G + H = 400 + 200 + 250 + 100 = 950$

$PNL_{cf} = PIB_{pm} - RLE - dep - II + sub = 950 - 150 - 50 - 30 + 20 = 740$.

2ª Solução: Sabemos que $PNB_{pm} = C + I + G + T = 400 + 200 + 250 - 50 = 800$

$PNL_{cf} = PNB_{pm} - dep - II + sub = 800 - 50 - 30 + 20 = 740$.

10. O PIB NOMINAL

10.1. Definição

O **Produto Nominal (em moeda corrente ou a preços correntes)** é a soma de todos os **bens e serviços finais produzidos na economia (dentro do território nacional) durante determinado período de tempo**. O PIB representa toda a riqueza gerada, em determinado país, por todos os agentes (firmas, trabalhadores, empresas estatais etc.). Para somar toda a produção de bens e serviços finais é preciso expressá-los em uma mesma unidade monetária. Por exemplo, no Brasil o PIB é expresso em Reais.

Portanto, o PIB nominal de um determinado ano nada mais é do que o valor da produção expresso em unidades monetárias desse ano, isto é, aos preços correntes (praticados) desse ano. Assim, para calcular o PIB nominal de um determinado ano, basta multiplicar as quantidades dos bens produzidos nesse ano pelos seus respectivos preços:

$$PIB\ Nominal = \sum_{i=1}^{n} P_i Q_i$$

Onde, Pi = preço do produto i; Qi = quantidade do bem i; PiQi = valor da produção do bem i. Por exemplo, em uma economia que produz apenas três bens, temos que:

	Produto 1		Produto 2		Produto 3	
	Preço	Quantidade	Preço	Quantidade	Preço	Quantidade
Ano 0	P_1^0	Q_1^0	P_2^0	Q_2^0	P_3^0	Q_3^0
Ano 1	P_1^1	Q_1^1	P_2^1	Q_2^1	P_3^1	Q_3^1

Onde P_i^0 = preço do bem i no ano 0; Q_i^0 = quantidade do bem i no ano 0; P_i^1 = preço do bem i no ano 1; Q_i^1 = quantidade do bem i no ano 1.

(Cespe-UnB/Auditor de Controle Externo/Tribunal de Contas do Distrito Federal/2011) – Julgue o item a seguir, como verdadeiro ou falso.

O produto interno bruto de um país hipotético que produza somente veículos automotores será a soma do valor da produção dos veículos, dos pneus, dos motores automotivos e de todos os demais componentes desses veículos.

Solução:

Falso. O **Produto Interno Bruto (PIB) (nominal, em moeda corrente ou a preços correntes)** é a soma de todos os **bens e serviços finais produzidos na economia (dentro do território nacional) durante determinado período de tempo**. O PIB representa toda a riqueza gerada, em determinado país, por todos os agentes (firmas, trabalhadores, empresas estatais, etc). Para somar toda a produção de bens serviços finais é preciso expressá-los em uma mesma unidade monetária. Por exemplo, no Brasil o PIB é expresso em Reais.

Deve-se somar (agregar) toda a produção de bens e serviços finais produzidos pôr um país em um determinado período de tempo, por exemplo, um ano. A questão básica no cálculo do PIB pela ótica do produto é não cometer um erro de dupla contagem ao se somar os produtos intermediários, ou seja, só devemos contabilizar a produção dos bens e serviços finais. No exemplo acima, pneus, motores automotivos e demais componentes dos veículos são produtos intermediários.

10.2. PIB Real

O **PIB Real** é aquele medido *a preços constantes, em moeda constante ou,* em outras palavras, *o PIB ajustado pela inflação.* É o PIB de um ano medido em relação aos preços de uma data-base. Trata-se da melhor medida agregada para descrever o crescimento da economia ao longo do tempo, pois mede a quantidade de produto, ou seja, a produção avaliada em preços constantes (do ano-base). O PIB nominal não é um bom indicador de crescimento de uma economia pois o aumento do PIB nominal de um ano para o seguinte não necessariamente significa um aumento da produção visto que o PIB nominal é calculado em função dos preços correntes e esse aumento pode ser devido unicamente à inflação. Ou seja, o Produto Real (ou PIB Real) do Ano t na Base 0:

$$PIB_t^{real} = P_0^1 Q_t^1 + P_0^2 Q_t^2 + \ldots + P_0^n Q_t^n = \sum_{i=1}^{n} P_o^i Q_t^i$$

Observação: o PIB real no período base (no caso, ano 0) é o próprio PIB Nominal no período base: $PIB_0^{nominal} = PIB_0^{real}$

(ESAF/Analista de Comércio Exterior/MDIC/2012) - Quando o objeto do analista for avaliar o crescimento da economia de um país ao longo do tempo, a melhor medida é:

a) PIB nominal a preços do consumidor.

b) PIB corrente a preços de mercado.

c) PIB nominal a preços de mercado.

d) PIB real a preços do consumidor.

e) PIB corrente a preços básicos.

Solução:

Letra "d". O PIB real é aquele medido a preços constantes, em moeda constante ou, em outras palavras, o PIB ajustado pela inflação. É o PIB de um ano medido em relação aos preços de uma data-base. Trata-se da melhor medida agregada para descrever o crescimento da economia ao longo do tempo, pois mede a quantidade de produto, ou seja, a produção avaliada em preços constantes (do ano base).

10.3. Deflator Implícito do PIB (DEF)

Um deflator é qualquer índice de preços utilizados para equiparar, por redução, valores monetários de diversas épocas ao valor monetário de uma determinada época tomada como base. O deflator do PIB pode ser definido como a razão entre o PIB nominal e o PIB real de um determinado ano.

$$Deflator = \frac{PIB_t^{nominal}}{PIB_t^{real}} = \frac{P_t^1 Q_t^1 + P_t^2 Q_t^2 + \ldots + P_t^n Q_t^n}{P_0^1 Q_t^1 + P_0^2 Q_t^2 + \ldots + P_0^n Q_t^n} = \frac{\sum_{i=1}^n P_t^i Q_t^i}{\sum_{i=1}^n P_0^i Q_t^i}$$

$$= Paasche\,Preço$$

(Vunesp/Economista/Câmara Municipal de Mauá/2012) – O deflator implícito do PIB equivale a um índice de

a) quantidades de Paasche.

b) preços de Paasche.

c) quantidades de Laspeyres.

d) preços de Laspeyres.

e) preços de Marshall-Edgeworth.

Solução:

A resposta é a letra "a". Note que o deflator implícito do PIB equivale a um índice de preços de Paasche.

Devemos notar também que o deflator do ano-base (ano 0) é igual a 1:

$$Deflator_{t=0} = \frac{PIB_{t=0}^{nominal}}{PIB_{t=0}^{real}} = \frac{\sum_{i=1}^n P_0^i Q_0^i}{\sum_{i=1}^n P_0^i Q_0^i} = 1$$

Em resumo, o deflator do PIB é a razão do PIB nominal em um dado ano em relação ao PIB real e é uma medida da inflação.

O deflator implícito do PIB pode ser utilizado para medir as variações de preços entre dois anos, nenhum deles sendo o ano-base. O quociente do PIB nominal sobre o PIB real é denominado deflator porque pode-se dividir o PIB nominal por esse quociente para corrigir o efeito da inflação sobre o PIB, para deflacionar o PIB. Logo:

$$deflator\,do\,PIB = \frac{PIB\,nominal}{PIB\,real} \Rightarrow \begin{cases} PIB\,real = \dfrac{PIB\,nominal}{deflator\,do\,PIB} \\ PIB\,nominal = PIB\,real \times deflator\,do\,PIB \end{cases}$$

(Fundação Dom Cintra/Economista/Prefeitura Municipal de Petrópolis/2012) - Blanchard estabelece a relação entre o PIB real e PIB nominal. Utilizando esses conceitos, o PIB nominal é igual ao:

a) deflator do PIB;

b) deflator do PIB dividido pelo PIB real;

c) deflator do PIB multiplicado pelo PIB real;

d) PIB real somado ao deflator de PIB;

e) PIB real subtraído do deflator de PIB.

Solução:

A resposta é a letra "c", pois o PIB nominal é igual ao deflator do PIB multiplicado pelo PIB real.

(Vunesp/Consultor Técnico Legislativo – Economia/CMSP/2007) - Em uma economia fechada e sem governo, que produz apenas laranjas e peixes, em 2005 foram produzidas 1000 laranjas ao preço unitário de $1 e 1000 peixes ao preço unitário de $1. Em 2006, foram produzidas 1500 laranjas ao preço de $2 cada e 600 peixes ao preço de $3 a unidade. A partir dessa informação, pode-se afirmar que as variações dos PIB nominal e real entre 2006 e 2005 foram, respectivamente,

a) 50% e 25%.

b) 140% e 80%.

c) 10% e 5%.

d) 100% e 0%.

e) 140% e 5%.

Solução:

A resposta é a letra "E", conforme demonstração a seguir:

Bens Finais	Período 1: 2005		Período 2: 2006	
	P_1	Q_1	P_2	Q_2
Laranjas	1	1.000	2	1.500
Peixes	1	1.000	3	600

PIB Nominal no período 1:

$$\sum_{i=1}^{2} P_i Q_i = p_l q_l + p_p q_p = (1)(1000) + (1)(1000) = 2.000$$

PIB Nominal no período 2:

$$\sum_{i=1}^{2} P_i Q_i = p_l q_l + p_p q_p = (2)(1.500) + (3)(600) = 4.800$$

PIB Real no período 2: $\sum_{i=1}^{n} P_i^0 Q_i^t = p_l^0 q_l^1 + p_p^0 q_p^1 = (1)(1500) + (1)(600) = 2.100$

Variação % do PIB Nominal: $\dfrac{Y_t - Y_{t-1}}{Y_{t-1}} \times 100 = \dfrac{4.800 - 2.000}{2.000} \times 100 = 140\%$

Variação % do PIB Real: $\dfrac{Y_t - Y_{t-1}}{Y_{t-1}} \times 100 = \dfrac{2.100 - 2.000}{2.000} \times 100 = 5\%$

(Vunesp/Consultor Técnico Legislativo – Economia/CMSP/2007) – Ainda em relação à questão anterior, o deflator implícito do PIB para a economia entre 2006 e 2005 foi, aproximadamente,

a) 104%.

b) 5%.

c) 150%.

d) 129%.

e) 12%.

Solução:

A resposta é a letra "D". A variação do deflator implícito do PIB entre 2005 e 2006 será:

$$DEF_{2005} = \frac{PIB_{2005}^{nominal}}{PIB_{2005}^{real}} = \frac{2.000}{2.000} = 1$$

$$DEF_{2006} = \frac{PIB_{2006}^{nominal}}{PIB_{2006}^{real}} = \frac{4.800}{2.100} \cong 2,29$$

Variação % do DEF: $\dfrac{DEF_t - DEF_{t-1}}{DEF_{t-1}} \times 100 = \dfrac{2,29 - 1}{1} \times 100 = 129\%$

10.4. Taxa de Crescimento do PIB Nominal (g)

A taxa de crescimento do PIB nominal entre dois períodos nada mais é do que a razão entre os produtos nominais nesses respectivos períodos, tendo o cuidado de dividir o PIB nominal do último período (período corrente) pelo PIB nominal do período inicial (período Base).

$$g = \frac{PIB_{t=1}^{nominal}}{PIB_{t=0}^{nominal}} = \frac{\sum_{i=1}^{n} P_t^i Q_t^i}{\sum_{i=1}^{n} P_0^i Q_0^i}$$

10.5. Taxa de Crescimento do PIB Real entre o Ano-Base e o Ano Corrente (w)

A taxa de crescimento do PIB real entre dois períodos nada mais é do que a razão entre os produtos reais nesses respectivos períodos, tendo o cuidado de dividir o PIB real do último período (período corrente) pelo PIB real do período inicial (período base):

$$w = \frac{PIB_{t=1}^{real}}{PIB_{t=0}^{real}} = \frac{\sum_{i=1}^{n} P_0^i Q_t^i}{\sum_{i=1}^{n} P_0^i Q_0^i}$$

A diferença entre taxas de crescimento do PIB real e nominal existe por causa da inflação. Para se fazer comparações entre as estatísticas de PIB de vários anos, os economistas usam o PIB real de tal maneira que ele reflita as modificações nas quantidades da produção e não nos preços. Quando o PIB real diminui, diz-se que a economia está em um estado de *recessão*. Uma recessão severa é chamada de *depressão*.

11. PRODUTO POTENCIAL X PRODUTO EFETIVO. HIATO DO PRODUTO

O **PIB potencial** indica a magnitude possível da trajetória do PIB real se todos os recursos disponíveis forem plenamente empregados. Assim, PIB potencial é aquele que pode ser alcançado e sustentado no futuro usando eficiente e plenamente os fatores de produção ao longo do tempo. Não se trata do máximo físico que se pode obter na economia, mas é o máximo racional do ponto de vista econômico. Trata-se de cada ponto situado na fronteira (curva) de possibilidade de produção da economia, quando se estuda microeconomia. O PIB potencial indica a capacidade de crescimento da economia a longo prazo e, conceitualmente, não se pode ir além dela.

O **PIB efetivo** é o que realmente se produz em dado período de tempo. O PIB efetivo mostra as oscilações do PIB real no curto prazo. Tais oscilações indicam que, no curto prazo, o objetivo do crescimento pode ter sido sacrificado por restrições internas (combate à inflação) e/ou restrições externas (ajuste do balanço de pagamentos). O PIB efetivo flutua irregularmente em torno do PIB potencial, de um período de pico (expansão econômica) para um período de queda (recessão econômica), e então outra vez tendendo ao pico, apresentando assim uma trajetória cíclica.

A diferença entre o PIB potencial e o PIB efetivo está na intensidade com a qual os fatores de produção disponíveis são utilizados, e essa diferença é conhecida como **hiato do produto.** Logo, o hiato do produto permite a medição do tamanho dos desvios cíclicos do PIB efetivo a partir do PIB potencial.

Em uma expansão econômica, o PIB efetivo está acima do PIB potencial, o hiato diminui e, em última instância, torna-se negativo. Logo, um **hiato negativo ou hiato inflacionário** significa que há emprego de sobra, tempo de trabalho em excesso para os trabalhadores e uma taxa mais alta que a usual de utilização de maquinário. Trata-se do excesso de demanda agregada, em relação à oferta agregada de pleno emprego. A economia está superaquecida. Tem-se uma pressão inflacionária (inflação de demanda) pois os preços tendem a aumentar.

Quando o PIB efetivo está abaixo do PIB potencial, ocorre um **hiato positivo ou hiato deflacionário,** o qual é a insuficiência da demanda agregada, em relação à oferta agregada de pleno emprego e há tendência de queda nos preços. Tem-se uma situação de desemprego de recursos. Em tal situação, o governo deve fazer uso de políticas monetária e fiscal expansionistas para aumentar a demanda agregada para um nível mais próximo do potencial da economia. Um país pode ter capacidade de produzir, mas não estar produzindo, o que significa dizer que:

PIB Efetivo ≤ PIB Potencial

Isto é, o que está sendo produzido é sempre menor ou igual à produção potencial.

No máximo, caso em que se verifica a igualdade, o PIB efetivo pode ser igual ao PIB potencial. E, quando isso ocorre, define-se uma situação típica de **Produto de Pleno Emprego**.

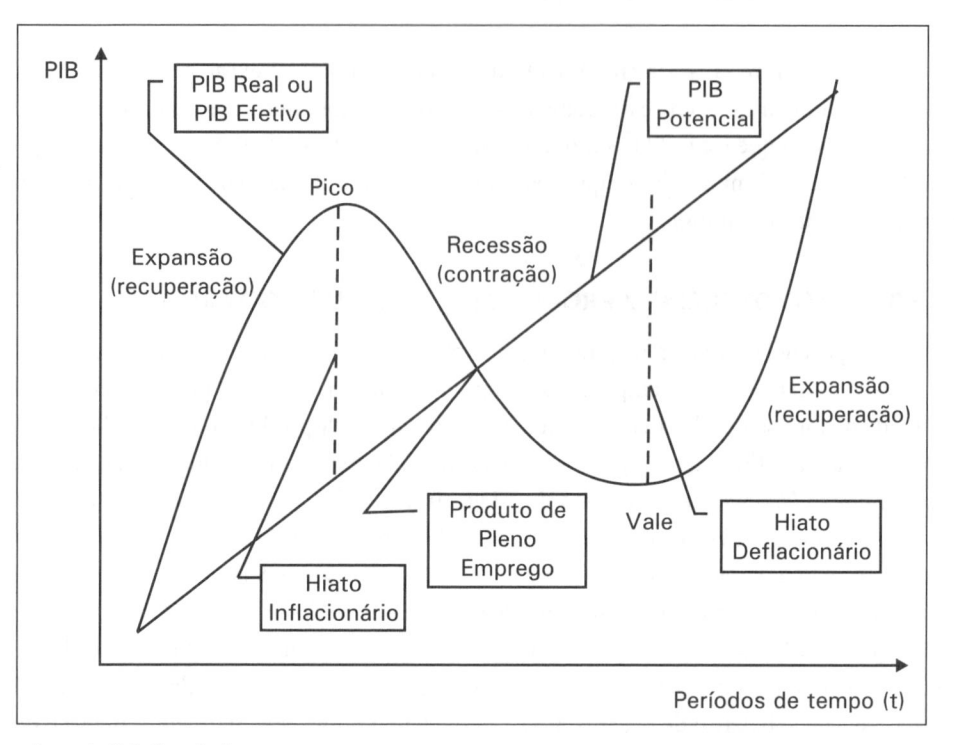

Figura: Fases do Ciclo Econômico

Observe que uma longa expansão sempre reduz muito o desemprego, causa pressões inflacionárias e, portanto, acaba levando as políticas econômicas a combaterem a inflação – e tais políticas normalmente trazem recessões. Resumindo:

Hiato Deflacionário: ocorre em períodos de recessão e desemprego, no qual o PIB potencial é maior que o PIB efetivo da economia, ou seja:

Hiato Deflacionário = PIB potencial - PIB efetivo

Hiato Inflacionário: ocorre em períodos de expansão econômica, no qual o PIB efetivo é maior que o PIB potencial da economia, ou seja:

Hiato Inflacionário = PIB efetivo - PIB potencial

Observação: o Hiato Inflacionário também é chamado de Hiato Deflacionário Negativo. E, vice-versa, o Hiato Deflacionário é chamado de Hiato Inflacionário Negativo

(Cespe-UnB/Analista de Comércio Exterior/2001) – A teoria macroeconômica estuda o comportamento dos grandes agregados macroeconômicos e aborda temas como inflação, desemprego, dese-

quilíbrios externos e crescimento econômico. Utilizando os conceitos essenciais dessa teoria, julgue o item a seguir:

Durante os períodos de expansão econômica, o produto interno bruto pode, temporariamente, exceder o produto potencial.

Solução:

Esse item é verdadeiro, pois o PIB efetivo flutua irregularmente em torno de seu nível tendencial, de um período de pico para um período de queda, e então outra vez tendendo ao pico, apresentando assim uma trajetória cíclica. Ao exceder o PIB potencial, tem-se um hiato negativo ou hiato inflacionário.

(Adaptado) – O hiato de produto, que é a diferença entre o produto potencial e o efetivo, é negativo quando a economia:

a) está em recessão;

b) está em depressão;

c) inicia seu processo de recuperação;

d) atinge o pleno emprego;

e) supera o produto de pleno emprego.

Solução:

A resposta correta é a letra "e". Como o comando da questão definiu hiato do produto como a diferença entre o produto potencial e o produto efetivo, então trata-se do hiato deflacionário com o produto efetivo abaixo do produto potencial e portanto um hiato do produto negativo se refere a um hiato do produto inflacionário no qual o produto efetivo supera o produto potencial (ou de pleno emprego)

12. LEI DE OKUN

A Lei de Okun é uma teoria que propõe uma relação inversa entre desemprego e produto interno bruto. Trata-se de uma teoria desenvolvida pelo economista Arthur Okun em 1962 quando trabalhava no Comitê de Conselheiros Econômicos do presidente dos Estados Unidos da América, John Kennedy.

De maneira específica, a Lei de Okun mostra que o hiato do produto é proporcional à diferença entre a taxa de desemprego e a taxa natural de desemprego.

Seja U o número de indivíduos desempregados. Seja L o número de indivíduos na força de trabalho, isto é, L é igual ao número de indivíduos desempregados (U) mais o número de indivíduos empregados (N), de modo que: L = U + N. A taxa de desemprego, então, representa o percentual da força de trabalho que está desempregada, ou seja, a taxa de desemprego será dada por: u_t = U/L.

A Lei de Okun resume a relação entre o crescimento econômico e a variação na taxa de desemprego. Altas taxas de crescimento econômico causam quedas na taxa de desemprego, ao passo que taxas baixas ou negativas de crescimento econômico são acompanhadas de aumentos na taxa de desemprego. Em outras palavras, o elevado crescimento do produto é associado à diminuição do desemprego e, em sentido oposto, o baixo crescimento econômico está ligado ao aumento da taxa de desemprego. Assim, essa relação entre variações no emprego e no crescimento do produto agregado tem duas implicações:

(i) Se u_t for muito alta, será necessária uma elevação no crescimento do produto agregado (PIB) para reduzir u_t;

(ii) Se u_t for muito baixa, será necessária uma redução no crescimento do PIB para aumentar u_t;

Essa relação possui um apelo intuitivo. Por exemplo, suponha que o crescimento do produto agregado (PIB) seja alto. O que as empresas estarão fazendo para provocar um crescimento do PIB a uma taxa acelerada? Provavelmente, essas empresas irão contratar trabalhadores e, à medida que o nível de emprego cresce, a taxa de desemprego tende a cair, e vice-versa.

Assim, o crescimento do produto agregado provoca o aumento do emprego, uma vez que as empresas têm de contratar mais trabalhadores para produzir mais. O aumento do emprego leva, por sua vez, à diminuição do desemprego.

Se a taxa corrente de desemprego for muito alta, será necessário um período de crescimento mais acelerado para reduzi-la. Se, em vez disso, a taxa de desemprego for mais ou menos adequada, o produto agregado deve crescer a uma taxa coerente com a constância de tal taxa de desemprego. Portanto, a taxa de desemprego proporciona aos macroeconomistas um sinal de onde se encontra a economia do país e qual é a taxa de crescimento desejável. Se o desemprego for alto demais, será desejável um crescimento maior do produto agregado; se for muito baixo, será preciso um crescimento menor.

Crescimento alto do produto = taxa de desemprego cai
Crescimento reduzido do produto = taxa de desemprego sobe

A versão "hiato" da Lei de Okun pode ser escrita da seguinte forma:

$$[(Y_p - Y)/Y_p] = c(u - u_N) \Rightarrow H = c(u - u_N)$$

Em que Y_p é o PIB potencial; Y é o produto corrente; u_N é a taxa natural de desemprego; u é a taxa de desemprego atual; e c é um fator relacionado a mudanças no desemprego em relação a mudanças no produto agregado. Essa versão "hiato" é difícil de se utilizada na prática uma vez que o PIB potencial (Y_p) e a taxa de desemprego natural (u_N) são variáveis que são estimadas.

A Lei de Okun pode ser expressa também de outras formas. Para dados da economia dos EUA, por exemplo, essa lei diz que a taxa de desemprego declina quando o crescimento estiver acima da taxa tendencial de 2,5%. Especificamente, para cada ponto percentual de crescimento do Produto Real acima da taxa tendencial que for mantida por um ano, a taxa de desemprego cai 0,4 pontos percentuais. Matematicamente:

$$\Delta u = -0,4(y - 2,5)$$

Onde Δu = variação na taxa de desemprego; y = taxa de crescimento do produto; crescimento tendencial do produto = 2,5.

Por exemplo, se o crescimento do produto for de 4%, isso implica uma redução da taxa de desemprego de 0,6:

$$\Delta u = -0,4(\, 4 - 2,5) = 0,6$$

Outro exemplo: quanto de crescimento é requerido para se reduzir a taxa de desemprego em um ponto percentual. A resposta é 5%, pois: $-0,4(5 - 2,5) = 1\%$.

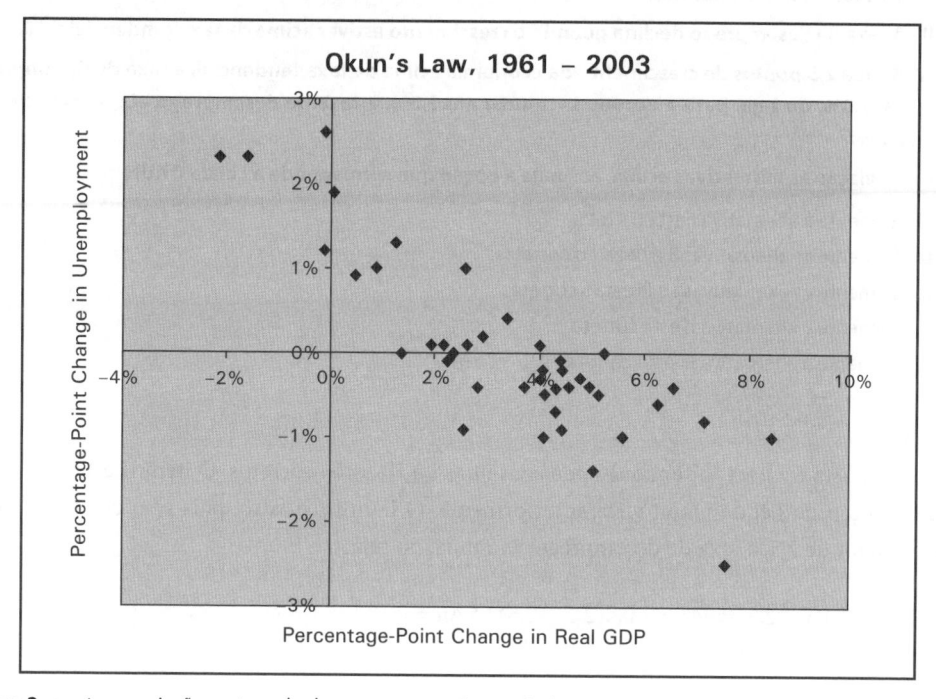

Figura 2: mostra a variação na taxa de desemprego no eixo vertical e o percentual de mudança no PIB real no eixo horizontal, no tocante à Economia dos Estados Unidos da América, por exemplo. Cada ponto representa um ano. A correlação negativa entre as duas variáveis revela que os aumentos no desemprego tendem a estar associados a decréscimos no PIB real.

Analise as seguintes questões:

(Cespe-UnB/Consultor do Senado Federal – Política Econômica/2002) - Julgue o item que se segue.

De acordo com a lei de Okun, se a taxa de desemprego aumentar 4%, o produto nacional bruto (PNB), em termos reais, será reduzido na mesma proporção.

Solução:

Esse item é falso, pois o PNB, em termos reais, não será reduzido na mesma proporção. Por exemplo considerando dados para a economia dos EUA, o PNB, em termos reais, será reduzido em 7,5%, conforme demonstração a seguinte demonstração,

$4 = -0,4(y - 2,5) \Rightarrow - (y - 2,5) = 4/0,4 \Rightarrow - (y - 2,5) = 10 \Rightarrow y - 2,5 = - 10$

$\Rightarrow y = -10 + 2,5 \Rightarrow y = -7,5$

(Instituto Federal Farroupilha/Economista/Secretaria de Educação Profissional e Tecnológica/Ministério da Educação/2014) – O crescimento econômico e a taxa de desemprego são duas variáveis importantes no senário conjuntural de uma nação. A Lei de OKUN estabelece relação entre variação na taxa de desemprego e o crescimento. Com relação a Lei de OKUN é correto afirmar que:

I. A Lei de OKUN, é expressa por $\Delta u = -0{,}4(y - 2{,}5)$, onde Δu = variação da taxa de desemprego e y=crescimento econômico;

II. A Lei de OKUN, é expressa por $\Delta u = 0{,}4(y - 2{,}5)$, onde Δu = variação da taxa de desemprego e y=crescimento econômico;

III. A taxa de desemprego declina quando o crescimento estiver acima da taxa tendencial de 2,5%;

IV. A cada 2,5 pontos de crescimento da economia acima da taxa tendencial, a taxa de desemprego cai 2,0%, ou seja, para a economia reduzir em 2,0%, a taxa de desemprego ela precisa crescer 2,5%;

Com relação as afirmativas acima, assinale a opção que corresponde a Lei de OKUN

a) Somente a alternativa I está correta.

b) Somente as alternativas II e IV estão corretas.

c) Somente as alternativas I e III estão corretas.

d) Somente a alternativa II está correta.

e) Somente a alternativa III está correta.

Solução:

A resposta é a letra "c", em que apenas os itens I e III estão corretos. O item II está falso pois, pela definição da Lei de Okun vista anteriormente. O item IV é falso, pois se o crescimento da economia for de 2,5, a taxa de desemprego será nula, ou seja:

$$\Delta u = -0{,}4(y - 2{,}5) \Rightarrow \Delta u = -0{,}4(2{,}5 - 2{,}5) \Rightarrow \Delta u = 0$$

ou

$$2 = -0{,}4(y - 2{,}5) \Rightarrow 2 = -0{,}4y + 1 \Rightarrow 0{,}4y = 1 - 2 \Rightarrow 0{,}4y = -1 \Rightarrow y = -1/0{,}4 \Rightarrow y = -2{,}5$$

13. DÉFICITS GÊMEOS

A contabilidade nacional, embora extremamente útil para o entendimento da macroeconomia, não passa de um aglomerado de tautologias (verdade evidente por si mesma). A partir das identidades macroeconômicas básicas, e segundo a **teoria macroeconômica keynesiana**, pode-se estabelecer uma relação entre déficit orçamentário do governo e o saldo em conta-corrente de um país, conhecida como a **hipótese dos déficits gêmeos**:

1ª Demonstração: de acordo com a identidade macroeconômica básica (produto = renda = despesa), tem-se a seguinte relação:

$$I = S \Leftrightarrow I_p + I_g = S_i + S_e \Leftrightarrow I_p + I_g = (S_p + S_g) + S_e$$

Onde: I_p = Investimento Privado; S_p = Poupança Bruta do Setor Privado; S_e = Poupança; S_g = Poupança do Governo; S_i = Poupança Interna (ou Poupança Doméstica); I = Investimento; S = Poupança.

Déficit público (déficit orçamentário ou déficit governamental: Dg) é a diferença entre o investimento governamental e a poupança do governo em conta-corrente, ou o déficit público é o excesso do investimento público sobre a poupança pública. Um déficit público decorre, por exemplo, de um corte nos impostos ou no aumento dos gastos governamentais com seguridade social. Logo:

$$I_g - S_g = (S_p - I_p) + S_e \Leftrightarrow D_g = (S_p - I_p) + S_e$$

(ESAF/Auditor-Fiscal da Previdência Social/2002) - Levando-se em conta a identidade macroeconômica "Poupança = Investimento", numa economia aberta e com governo, e considerando: D = déficit público; Sg = poupança pública; Ig = investimento público; Spr = poupança privada; Ipr = investimento privado; Sext = poupança externa. É correto afirmar que:

a) D = Sg – Ig + Spr – Ipr;

b) D = Sext;

c) D = Spr + Ipr + Sext;

d) D = Sg – Ig + Sext;

e) D = Spr – Ipr + Sext.

Solução:

A resposta é a letra "e", conforme explicado anteriormente.

Pela ótica da Contabilidade Nacional, o déficit público é financiado, *ceteris paribus*, pelo excesso da poupança bruta do setor privado sobre o investimento privado e pela poupança externa (que corresponde a um déficit no Balanço de Transações Correntes (-T = +Se). Se a diferença entre poupança (bruta) do setor privado e investimento privado permanecerem constante ($I_p = S_{bsp}$), então: Dg = +Se = - T.

2ª Demonstração: Ótica das Injeções e Vazamentos.

Chamando: Y = Renda; T = Tributação; S = Poupança; G = Gastos Governamentais; X = Exportações; M = Importações; I = Investimento;

Sabe-se que a soma das injeções é igual à soma dos vazamentos: Σ Injeções = Σ vazamentos, e, portanto: I + G + X = S + T + M.

Caso a poupança seja igual ao investimento, isto é, S = I, da equação acima, podemos cortar o investimento (I) do primeiro membro com a poupança (S) do segundo membro, ou seja: G + X = T + M.

Passando X para o segundo membro, e T para o primeiro membro, e, portanto, trocando os sinais, teremos: G – T = M – X.

Agora, o primeiro membro (G – T) representa o déficit público (interno) e o segundo membro (M – X) representa o déficit externo, ou seja, quando toda a poupança é alocada para financiamento dos investimentos, os déficits externos são acompanhados de déficits públicos internos, daí a ideia de déficits gêmeos: como crianças gêmeas nascem juntas, os déficits internos e externos também surgem juntos!

Os déficits gêmeos também podem ser observados em um período mais recente da economia brasileira, conforme visto na figura a seguir:

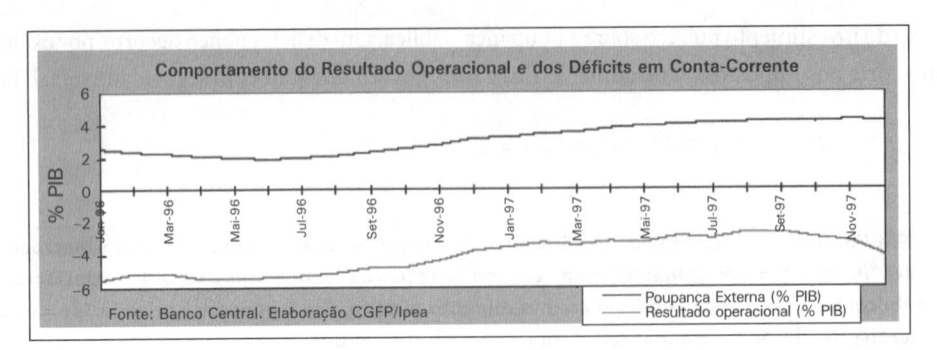

Figura 3: Déficits Gêmeos no Brasil.

(ESAF/Analista de Finanças e Controle/Secretaria do Tesouro Nacional/2000) - A partir das identidades macroeconômicas básicas, pode-se estabelecer uma relação entre déficit orçamentário do governo e o saldo em conta-corrente de um país. A partir dessa relação, assinale a opção correta.

a) Alterações no déficit orçamentário do governo somente causam mudanças no saldo em transações correntes do país se tais alterações decorrem exclusivamente de alterações nos investimentos públicos e desde que a diferença entre poupança e investimento privado permaneça constante.

b) Uma redução do déficit orçamentário do governo, independentemente de ocorrerem ou não variações na diferença entre poupança e investimento privado, melhora o saldo em transações correntes do país.

c) Uma redução do déficit orçamentário do governo melhora o saldo em transações correntes do país, desde que a diferença entre poupança e investimento privado permaneça constante.

d) Alterações no déficit orçamentário do governo somente causam mudanças no saldo em transações correntes do país se tais alterações decorrem exclusivamente de alterações nos investimentos públicos, independentemente de ocorrerem ou não variações na diferença entre poupança e investimento privado.

e) Alterações no déficit orçamentário do governo somente causam mudanças no saldo em transações correntes do país se tais alterações decorrem exclusivamente de alterações na poupança do governo e desde que a diferença entre poupança e investimento privado permaneça constante.

Solução:

A alternativa correta é a letra "c. Sabemos que a soma das injeções é igual à soma dos vazamentos, ou seja: $I + G + X = S + T + M$. Realocando os termos da equação teremos: $(S - I) = (G - T) + (X - M)$.

A diferença entre poupança e investimento é dada por $(S - I)$. A diferença $(G - T)$ representa o déficit orçamentário e a diferença $(X - M)$ é o saldo em transações correntes. A equação $(S - I) = (G - T) + (X - M)$ afirma que a diferença entre poupança e investimento $(S - I)$ é dada pela soma do déficit orçamentário $(G - T)$ com o saldo em transações correntes $(X - M)$. Dizer que a diferença entre poupança e investimento privado permaneça constante, significa que a diferença $(S - I)$ não se altera, logo se o déficit orçamentário diminui então o saldo em transação corrente deve aumentar para manter a diferença entre popança e investimento constante.

Em Contabilidade Nacional, o excesso de poupança privada, em relação ao investimento privado, equivale ao (à):

a) Déficit orçamentário;

b) Déficit comercial;

c) Aumento do endividamento do setor privado;

d) Soma do déficit orçamentário com as exportações líquidas;

e) Diferença entre o déficit orçamentário e as exportações líquidas.

Solução:

A resposta é a letra "d". Sabemos que a soma das injeções é igual à soma dos vazamentos: $I + G + X = S + T + M$. Realocando os termos da equação teremos: $S\text{-}I = (G - T) + (X - M)$, ou seja, a diferença entre poupança e investimento $(S - I)$ é igual à soma do déficit orçamentário $(G - T)$ com as exportações líquidos $(X - M)$.

(Cespe-UnB/Analista Legislativo – Ciências Econômicas/Assembleia Legislativa do Estado do Ceará/2011) – Julgue o item a seguir como verdadeiro ou falso.

Normalmente, nas economias abertas, déficit orçamentário leva a déficits gêmeos.

Solução:

Verdadeiro. Em algumas economias abertas, principalmente nas nações industrializadas, como os EUA, os déficits gêmeos tem sido observado em algum momento no passado.

14. DECOMPOSIÇÃO DO INVESTIMENTO AGREGADO

O Investimento é dado pela soma das poupanças privada, governamental e externa, ou seja: $I = S_p + S_g + S_e$. O Investimento também é dado pela soma da Formação Bruta de Capital Fixo (FBKF) com a variação de estoques (Δe), ou seja: $I = FBKF + \Delta e$. Na Variação de Estoques (Δe) considera-se o fluxo no ano, que é a diferença entre os estoques ao fim do ano presente com os estoques ao fim do ano anterior: $\Delta e = E_t - E_{t-1}$.

A variação de estoque pode ser positiva ou negativa:

Variação de estoque positiva ($\Delta e > 0$): A Produção é maior do que as Vendas, ou seja, os estoques de mercadorias do final do período serão maiores que os do início do período. Os bens não vendidos ficarão estocados e representarão um acréscimo ao estoque inicial de bens que havia no início do período, causando uma variação positiva de estoque.

Variação de estoque negativa ($\Delta e < 0$): A Produção é menor do que as Vendas, ou seja, os estoques de mercadorias do final do período serão menores que os do início do período. Os bens estocados no período anterior e que foram vendidos no período presente representarão um decréscimo ao estoque inicial de bens que havia no início do período, causando uma variação negativa de estoque.

A Formação Bruta de Capital Fixo (FBKF) representa o gasto total com as aquisições de novas máquinas e equipamentos e construção de edifícios. A Formação Bruta de Capital Fixo por sua vez pode ser desdobrado em Formação Bruta de Capital Fixo do Setor Privado (FBKFp) e em Formação Bruta de Capital Fixo do Setor Público (FBKFg), ou seja: $I = FBKFp + FBKFg + \Delta e$.

15. A DINÂMICA DO INVESTIMENTO LÍQUIDO

O estoque de capital em um período t da economia é dado pela soma do estoque de capital no período anterior t-1 mais o investimento líquido, ou seja, o estoque de capital em um período é a soma do estoque de capital no período anterior mais o investimento bruto menos o que foi depreciado. Denotando por K_t o estoque de capital no período t; K_{t-1} o estoque de capital no período t-1; $\Delta k = K_t - K_{t-1}$= a variação do estoque de capital; Ib = o investimento bruto; dep = a depreciação e Il = Ib – dep = investimento líquido, teremos que: $K_t = K_{t-1} + Il$, ou seja: $K_t = K_{t-1} + Ib – dep$, desse modo temos que: $K_t - K_{t-1} = Il = Ib – dep$, ou seja: $\Delta k = Il = Ib – dep$.

(Fundação Euclides da Cunha/Economia/Investe Rio/2011) - Em termos macroeconômicos, a diferença entre o estoque de capital no fim do período e o estoque de capital no início do período é denominada:

a) poupança líquida;

b) depreciação acumulada;

c) investimento líquido;

d) poupança bruta;

e) investimento bruto.

Solução:

A resposta é a letra "c", pois a diferença entre o estoque de capital no fim do período e o estoque de capital no início do período é denominada investimento líquido, isto é: $K_t = K_{t-1} + Il \Rightarrow Il = K_t - K_{t-1}$.

16. O SALDO ORÇAMENTÁRIO DO GOVERNO (SO)

O Saldo Orçamentário do Governo é dado pela diferença entre sua receita (a tributação) e suas despesas (a soma dos Gastos Públicos com as Transferências Governamentais). Ou seja: SO = T – G – R, onde:

SO = Saldo Orçamento do Governo; T = Tributação; R = Transferências (pensões, aposentadorias e bolsa família) e G = Gastos Governamentais.

Considerando a não existência de transferências governamentais, ou seja , se R = 0 então existem três possibilidades para o saldo orçamentário:

(i) G = T: orçamento equilibrado.

(ii) G > T: déficit orçamentário. A poupança pública é negativa, ou seja, (T – G) < 0; e assim o governo financia esse déficit por meio de emissão de títulos da dívida pública, isto é, contraindo empréstimos nos mercados financeiros.

(iii) G < T: superávit orçamentário. A poupança pública é positiva, ou seja, (T – G) > 0, e assim o governo opera com um superávit orçamentário, que usa para pagar uma parte de seus empréstimos e reduzir sua dívida.

(MSCONCURSOS/Economista/Prefeitura Municipal de Pelotas/2011) - A coleta de impostos é a principal fonte de receita do governo, que utiliza este recurso para adquirir bens e serviços, bem como para fazer transferências de renda para o público. Quando se fala em "superávit orçamentário" o que isto quer dizer? Indique a alternativa CORRETA.

a) Que as despesas do governo são maiores do que sua receita.

b) Que o governo aumenta sua receita pela emissão de títulos do Tesouro Nacional.

c) Que o governo diminuiu a arrecadação de impostos.

d) Que a receita do governo é maior do que suas despesas.

Solução:

A resposta é a letra "d", pois superávit orçamentário indica que a receita do governo é maior do que suas despesas.

17. ÓTICA DAS INJEÇÕES E DOS VAZAMENTOS

(i) **Injeções:** São entradas no fluxo circular da renda. São fatores que ajudam no crescimento da produção, gerando emprego e renda. Desse modo quando numa economia quanto mais as empresas investem, quanto mais o Governo Gasta e quanto maior o volume de exportações, maior será o fluxo de renda e emprego. Uma injeção é todo recurso que é injetado no fluxo básico e que não é originado da venda de bens de consumo às famílias: investimentos, gastos públicos e exportações. As injeções, portanto, representam a demanda de outros agentes econômicos, que não as famílias, tais como as empresas, o Governo e o Resto do Mundo. Exemplos de injeções: os investimentos (I), os gastos públicos (G) e as exportações (X). A soma das injeções é dada por: $\sum$injeções = I + G + X.

(ii) **Vazamentos:** São saídas no fluxo circular da renda. São fatores que desaceleram o ritmo de crescimento da produção, diminuindo emprego e renda. Desse modo quando numa economia quanto mais as famílias poupam, quanto mais o Governo Tributa e quanto maior o volume de importações, menor será o fluxo de renda e emprego. Os vazamentos são recursos que deixam de fluir para as famílias e para as empresas. É toda renda recebida pelas famílias, que não é dirigida às empresas nacionais na compra de bens de consumo. Exemplos: a poupança (S), os impostos (T) e as importações (M). A soma dos vazamentos é dada por: $\sum$vazamentos = S + T + M.

Devemos notar que:

(i)   Injeções > vazamentos: a renda nacional está crescendo.

(ii) Vazamentos > injeções: a renda nacional está em decrescimento.

(iii) Vazamentos = injeções: a renda nacional está em equilíbrio.

(Instituto Cetro/Agente de Fiscalização – Economia/TCMSP) - Considere as seguintes expressões econômicas:

PIB = produto interno bruto.

PNB = produto nacional bruto.

RLE = renda líquida enviada ao exterior.

Saldo B = saldo do balanço de pagamentos.

T = transações correntes.

Ka = movimento de capitais autônomos.

Kc = movimento de capitais compensatórios.

C = consumo agregado.

I = investimento agregado.

G = consumo do governo.

X = exportação de bens e serviços não-fatores.

M = importação de bens e serviços não-fatores.

S = poupança do setor privado.

Trib = arrecadação de impostos do governo.

Com base nessas informações e nas identidades macroeconômicas de uma economia aberta, é correto afirmar que

a) Saldo B = X - M

b) PIB = C + I + G + X

c) PIB = PNB - RLE

d) TC + X − M = Ka - Kc

e) (S − I) + (T − G) = (X - M − RLE)

Solução:

A resposta é a letra "e", pois a partir do estudo da ótica das injeções e dos vazamentos, pode-se observar que um excesso da poupança em relação ao investimento, mais um excesso da tributação em relação aos gastos públicos, equivale às exportações líquidas, que é o excesso das exportações em relação às importações, ou seja:

$$\underbrace{S + Trib + M}_{vazamentos} = \underbrace{I + G + X}_{injeções} \Rightarrow (S - I) + (Trib - G) = (X - M)$$

Alguns autores ampliam o conceito de setor externo para conta corrente do balanço de pagamentos (transações correntes), o que justifica a exclusão explícita da renda líquida enviada ao exterior das contas externas $(X - M - RLE)$.

A ótica das injeções e dos vazamentos nos apresenta outros conceitos importantes. Por exemplo, o excesso da poupança em relação ao investimento, equivale à soma do déficit governamental com as exportações líquidas, ou seja:

$$\underbrace{S + Trib + M}_{vazamentos} = \underbrace{I + G + X}_{injeções} \Rightarrow (S - I) = (G - Trib) + (X - M)$$

O item "a" está falso, pois $B = T + K_A + EO$, onde EO significa Erros e Omissões. O item "b" está falso porque a expressão correta do cálculo do PIB pela ótica da despesa é $PIB = C + I + G + X - M$. O item "c" está falso, porque $PIB - RLE = PNB$. O item "d" está falso porque $T = - (K_A + K_C)$, considerando $EO = 0$.

18. RELAÇÃO ENTRE SALDO EM CONTA-CORRENTE DO BALANÇO DE PAGAMENTO, A POUPANÇA INTERNA E INVESTIMENTO

O saldo em conta corrente do balanço da pagamento (T) é dado pela diferença entre a Poupança Interna e o Investimento, ou seja: $T = Si - I$, onde : Si = Poupança interna; T + saldo em conta-corrente do balanço de pagamento e I = investimento. Em outras palavras: o saldo em conta corrente do balanço de pagamentos é o excesso da poupança interna (poupança doméstica) sobre o investimento.

Prova:

O investimento é a soma das poupanças privada, governamental e externa e temos também que a poupança interna é a soma das poupanças privada e do governo, teremos então que:

$$I = Sp + Sg + Se = Si + Se$$

Porém sabemos que: $Se = -T$, então: $I = Si + (-T) \Rightarrow I = Si - T \Rightarrow T = Si - I$.

$Si > I \Rightarrow T > 0$, ou seja, caso um país poupe internamente mais do que investe, incorrerá em superávit externo.

$I > Si \Rightarrow T < 0$, ou seja, caso um país invista mais do que poupa internamente, incorrerá em déficit externo.

$$\text{Resumo: } Si = Sp + Sg; I = Si + Se; T = Si - I; Si > I \Rightarrow T > 0; I > Si \Rightarrow T < 0$$

Note que:

$$M + S + T = I + G + X \Rightarrow (S - I) = (G - T) + (X - M)$$

Note ainda que: $(S - I)$ é o excesso da poupança sobre o investimento, e que $(G - T)$ é o déficit orçamentário e $(X - M)$ são as exportações líquidas. A equação $S - I = (G - T) + (X-M)$ diz que: o excesso da poupança sobre o investimento é a soma do déficit externo com as exportações líquidas.

(Fundação Cesgranrio/Analista Economista/MP/RO/2005) - Seja considerada uma economia onde o governo gaste tanto quanto arrecada. Em um determinado ano, a economia exibiu um superávit em transações correntes. Pode-se, então, afirmar que o:

a) investimento privado é igual à poupança doméstica.

b) investimento privado é menor que a poupança doméstica.

c) investimento privado é maior que a poupança doméstica.

d) investimento privado e a poupança doméstica não têm qualquer relação entre si.

e) Banco Central expandiu a oferta de moeda.

Solução:

A resposta é a letra "b". Se a poupança interna (ou poupança nacional) for maior que o investimento, ou seja, o país mais poupou do que investiu internamente, então haverá uma transferência de poupança interna para o resto do mundo, de modo que a conta de capital autônomo (atual conta financeira) será deficitária e a poupança externa será negativa.

Sabemos que $I = S_p + S_g + S_e$. A poupança interna ou poupança doméstica (S_i) é definida como a soma da poupança privada com a poupança do governo, ou seja, $S_i = S_p + S_g$, então o Investimento é a soma da poupança interna (doméstica) com a poupança externa, ou seja: $I = S_p + S_g + S_e = S_i + S_e$.

Porém, a poupança externa é igual ao déficit externo, isto é: $S_e = -T$. Então:

$I = S_i - T$
$T = S_i - I$

Portanto, se $I < S_i$, então $T > 0$, ou seja, se a poupança doméstica excede o investimento, então o país é superavitário em conta corrente.

19. PIB E ABSORÇÃO INTERNA

Absorção Interna de Bens e Serviços ou Despesa Doméstica $[A = C + I + G]$: é a soma do consumo (público e privado) e do investimento. A Absorção Interna não precisa ser igual ao produto (Y) por dois motivos: (i) parcela do produto gerado não é adquirida pelas famílias (consumo privado), empresas (investimento) e governo (consumo público), mas é vendida a outros países – Exportações (X); e (ii) parcela dos bens consumidos e investidos não foi produzida no país, mas foi adquirida do exterior – Importações (M).

$$Y = C + I + G + X - M \rightarrow Y - C - I - G = (X - M)$$

Observação: $(X - M)$, em contas nacionais, representa $X_{nf} - M_{nf}$, excluindo os serviços de fatores (ou RLEE). Por simplificação, $(X - M)$ será o saldo em transações correntes (TC = BC + BS + TU) ou poupança externa, com sinal invertido em relação ao saldo em transações correntes (T = X – M = - Se). Logo:

$$Y = A + (X - M) \rightarrow (X - M) = Y - A \rightarrow T = Y - A \rightarrow T = Y - (C + I + G)$$

Observação: No Sistema de Contas Nacionais, e nas identidades e equações macroeconômicas, as exportações e importações são consideradas em termos de bens e serviços não-fatores, que correspondem às exportações e importações CIF, mais outros serviços como viagens e turismos e serviços governamentais. Para efeitos de balanço de pagamentos, porém, utiliza-se o conceito FOB, já que as despesas com seguros e fretes estão incluídas no balanço de serviços

20. CARGA TRIBUTÁRIA BRUTA. CARGA TRIBUTÁRIA LÍQUIDA. RENDA LÍQUIDA DO SETOR PÚBLICO E RECEITA FISCAL DO GOVERNO

• **Carga Tributária Bruta (CTB):** total de impostos arrecadados no país. É um indicador que visa medir quanto da produção gerada internamente no país é destinada a financiar os gastos do Governo através da receita tributária. Matematicamente:

$$CTB = \frac{(ID + II + CPF)}{PIB_{pm}} \times 100 = \frac{Receita\,Tributária\,do\,Governo}{PIB_{pm}} \times 100$$

As contribuições parafiscais (CPF) são divididas em dois tipos: (i) contribuições para a seguridade social; e (ii) contribuições previdenciárias. As contribuições para a seguridade social abrangem a contribuição para o financiamento da seguridade social (COFINS), a contribuição para o programa de integração social (PIS) e a contribuição social sobre o lucro líquido (CSLL). As contribuições previdenciárias referem-se aos pagamentos ao Instituto Nacional de Seguridade Social (INSS), embora, juridicamente, essas contribuições não sejam consideradas tributos.

Impostos Diretos (ID) → Incidem sobre a renda e o patrimônio
Impostos Indiretos (II) → Incidem sobre o consumo, a venda de bens e serviços

Observação: No Brasil, as contribuições sociais são classificadas como tributos diretos.

- **Carga Tributária Líquida (CTL):** carga tributária bruta menos transferências do governo. É um indicador do peso líquido do Governo sobre os recursos da sociedade. Matematicamente:

$$CTL = \frac{(ID - Transferências) + (II - Subsídios) + CPF}{PIB_{pm}\ ou\ PNB_{pm}} \times 100$$

Observação: Alguns autores definem CTL da seguinte maneira:
CTL = (II – Subsídios) + (ID – Transferências) + CPF + ORCG

Porém, essa definição, ao incluir ORCG, não parece estar correta, pois o Instituto Brasileiro de Geografia e Estatística (IBGE) inclui nessa rubrica as receitas de origem não-tributária e são deduzidos os juros pagos ao Exterior pelo Governo em função de sua Dívida Pública Externa (Ver Conta-corrente das Administrações Públicas).

- **Receita Fiscal do Governo ou Receita Tributária** = [(ID + II): todos os níveis do Governo (federal, estadual e municipal)] + CPF [Contribuições à Previdência Social (INSS) + Contribuições para a seguridade social (Cofins – contribuição para o financiamento da seguridade social, PIS-Pasep – programa de integração social, CSLL – Contribuição sobre o lucro líquido)] + outras receitas do governo [taxas (pedágios), multas, aluguéis etc.].

- **Renda Líquida do Setor Público (T):** corresponde à soma dos impostos diretos (ID) e indiretos (II) deduzidos os subsídios (S) e as transferências (R).
  Assim: T = (ID – R) + (II – S)

(CESPE-UNB/Diplomata/Instituto Rio Branco/2013) – O objetivo da contabilidade nacional é analisar a evolução dos indicadores da economia de um país como um todo. Julgue o item a seguir, como verdadeiro ou falso.

O índice da carga tributária corresponde ao total da arrecadação fiscal do Ministério da Fazenda em relação à renda nacional bruta.

Solução:

Falso. A carga tributária bruta pode ser definida como sendo o total da arrecadação fiscal no país dividido pelo produto interno bruto a preços de mercado. Trata-se de um indicador que visa medir quanto da produção gerada internamente no país é destinada a financiar os gastos do governo através da receita tributária.

(ESAF/Auditor-Fiscal do Tesouro Nacional/1996). Considere as seguintes transações econômicas, verificadas numa economia aberta e com governo. Assinale a opção que corresponde à carga tributária bruta, em percentual. Utilize somente as informações necessárias para este cálculo:

Receitas correntes do Governo: 1500 unidades monetárias

Receitas de capital do Governo: 600 unidades monetárias

Impostos Indiretos: 800 unidades monetárias

Impostos Diretos: 500 unidades monetárias

Transferências correntes: 300 unidades monetárias

Produto Interno Bruto a preço de mercado: 8200 unidades monetárias

A carga tributária bruta, em percentual, é:

a) 9,75

b) 15,85

c) 18,29

d) 19,51

e) 25,60

Solução:

A resposta é a letra b. A carga tributária bruta (CTB) mede a parcela do esforço de produção nacional que é carreada para a arrecadação tributária do Governo. Portanto, teremos:

CTB = (Impostos Diretos + Impostos Indiretos + Contribuições Parafiscais)/PIBpm

CTB = (500 + 800 + 0)/8.200

CTB = 0,1585 ou 15,85%

21. DISPONIBILIDADE INTERNA E OFERTA GLOBAL

Podemos definir disponibilidade interna de bens e serviços (DI) das seguintes formas:

$$DI = C + I + G$$
$$DI = PIB_{pm} - H$$
$$DI = PIB_{pm} - (X_{nf} - M_{nf})$$

Já a oferta agregada global pode ser definida das seguintes formas:

$$Oferta = DI + X_{nf}$$
$$Oferta = PIB_{pm} + M_{nf}$$

Como a oferta agregada global se iguala à demanda agregada global, então, teremos:

$$PIB_{pm} + M_{nf} = C + I + G + X_{nf}$$

Em que a demanda agregada global é a soma da disponibilidade interna com as exportações de bens e serviços não fatores.

Parte II – Tópicos Sobre a Nova Metodologia das Contas Nacionais Brasileiras

1. INTRODUÇÃO

O Sistema de Contas Nacionais do Brasil foi estruturado segundo as orientações das Nações Unidas divulgadas no documento intitulado *System of National Accounts 1993*[1], publicado em conjunto com outros organismos internacionais, com vistas a servir como referência para os países com economia de mercado montarem seus sistemas de contas nacionais. De modo específico, o novo desenho do sistema foi elaborado sob a responsabilidade conjunta de cinco organizações: a Organização das Nações Unidas (ONU), o Fundo Monetário Internacional (FMI), a Organização para a Cooperação e Desenvolvimento Econômico (OCDE) e o Banco Mundial (BIRD).

2. OS CONCEITOS MACROECONÔMICOS NA NOVA METODOLOGIA

Deve ser obvio para o prezado leitor que os conceitos da contabilidade nacional não foram significativamente alterados pela nova metodologia, pois tais conceitos independem de detalhes desta ou daquela metodologia e que houve foi um ajuste ao refinamento metodológico realizado. Conforme destacado na Nota Metodológica nº 2/2013 do IBGE, os agregados do Sistema são indicadores de síntese e grandezas-chave para os objetivos da análise macroeconômica e para comparações no espaço e no tempo. Alguns agregados podem ser obtidos diretamente como totais de operações

---

[1] System of National Accounts (1993). New York: Commission of the European Communities; International Monetary Fund; Organisation for Economic Co-operation and Development; United Nations and World Bank.

particulares, como o consumo, a formação bruta de capital fixo e as contribuições sociais. Outros podem resultar da adição de saldos dos setores institucionais, como o valor adicionado, o saldo das rendas primárias, a renda disponível e a poupança. São apresentados a seguir os principais agregados do sistema.

2.1. Produto Interno Bruto (PIB)

O Produto Interno Bruto (PIB) a preços ao consumidor (antigamente denominado de preço de mercado) mede o total dos bens e serviços produzidos pelas unidades residentes que tem como destino um uso final (exclui consumo intermediário). Ele é, portanto, igual à soma dos valores adicionados pelos diversos setores ao longo do processo produtivo, acrescida dos impostos, líquidos de subsídios, sobre produtos (pois esses impostos compõem o preço de consumidor).

Assim, o PIB também é igual à soma dos usos finais de bens e serviços menos as importações. Ele é, também, igual à soma dos componentes do valor adicionado. O PIB, portanto, pode ser expresso por três óticas:

Ótica da Produção: o PIB é igual ao valor da produção menos o consumo intermediário mais os impostos, líquidos de subsídios, sobre produtos não incluídos no valor da produção.

Ótica da Demanda: o PIB é igual a despesa de consumo final mais a formação bruta de capital fixo mais a variação de estoques mais as exportações de bens e serviços menos as importações de bens e serviços.

Ótica da Renda: o PIB é igual a remuneração dos empregados mais o total dos impostos, líquidos de subsídios, sobre a produção e a importação mais o rendimento misto bruto mais o excedente operacional bruto.

2.2. Renda Nacional Bruta (RNB)

A Renda Nacional Bruta, ou Produto Nacional Bruto (PNB), é a soma das rendas primárias a receber pelos setores institucionais residentes. Assim, a RNB é igual ao PIB menos as rendas primárias a pagar, líquidas das rendas a receber, das unidades não-residentes (resto do mundo). Ela equivale à renda obtida pelas unidades institucionais residentes pelo uso de seus fatores de produção (trabalho e capital).

2.3. Renda Disponível Bruta (RDB)

A Renda Disponível Bruta expressa a renda disponível da nação para consumo final e para poupança. É igual a RNB mais os impostos correntes sobre a renda e o patrimônio líquidos, recebidos do exterior, mais as contribuições e benefícios sociais e outras transferências correntes líquidas, recebidas do exterior.

2.4. Poupança Bruta (Sb)

A poupança (doméstica) bruta é igual à RDB menos o consumo final.

A poupança bruta é, também, igual à formação bruta de capital fixo mais a variação de estoques mais a variação de ativos financeiros, líquida de passivos.

2.5. Despesa Nacional Bruta (DNB)

A Despesa Nacional Bruta é igual à soma do consumo final (das famílias e do Governo) mais a formação bruta de capital fixo acrescida da variação de estoques (os investimentos) e das exportações líquidas (excesso das exportações sobre as importações).

2.6. Capacidade/Necessidade de Financiamento A capacidade/necessidade de financiamento é igual à poupança externa mais as transferências de capital líquidas a receber do exterior (o saldo da conta de capital do balanço de pagamentos). Quando a soma da Poupança externa com a conta de capital é positiva temos uma capacidade de financiamento, caso essa soma seja negativa temos uma necessidade de financiamento.

Exemplo: Calcule a capacidade/necessidade de financiamento.

a) Saldo em conta corrente do balanço de pagamento (T) = -100

Conta capital (CK) = 120

C/N = T + CK = - 100 + 120 = 20 (capacidade de financiamento)

b) Saldo em conta corrente do balanço de pagamento (T) = -100

Conta capital (CK) = 80

C/N = T + CK = - 100 + 80 = - 20 (necessidade de financiamento)

2.7. Formação Bruta de Capital Fixo

A Formação Bruta de Capital Fixo registra o investimento em bens de capital e construção. Estes bens são duráveis, ou seja, não são consumidos imediatamente, mas servem durante vários anos.

2.8. Impostos sobre a Produção e Importações

Os impostos sobre a produção e importações são pagamentos obrigatórios, sem contrapartida às administrações públicas. Esses impostos são descontados da produção e das importações de bens e serviços, bem como incidem sobre as atividades de produção, ou os produtos, independentemente da existência de lucros. Esses impostos se dividem em:

2.8.1. *Impostos sobre os produtos (ISP)*

São os impostos que incidem sobre o produto e, portanto, são os impostos indiretos líquidos de subsídios que incidem sobre a produção e a importação. Exemplos: IPI, ICMS, ISS, IOF, Imposto sobre Importação, Imposto de Exportação (IE) e Adicional ao Frete da Marinha Mercante (AFMM).

O Imposto sobre o Produto pode ser desdobrado em Imposto sobre Importação (ISM) e Demais Impostos Sobre o Produto (DISP), ou seja:

$$ISP = ISM + DISP$$

Onde:

ISP = Imposto Sobre o Produto (**líquidos de subsídios**)

ISM = Imposto Sobre Importação

DISP = Demais Impostos Sobre o Produto

Em outas palavras:

ISP = ISM+ICMS+ISS+IOF+ISS+IE+AFMM = ISM + (IPI+ICMS+ISS+IOF+IE+AFMM)

Vamos chamar de DISP = IPI+ICMS+ISS+IOF+IE+AFMM e assim: ISP = ISM + DISP.

Exemplo:

Dados para uma economia hipotética:

ISM = Imposto Sobre Importação = 200

DISP = Demais Impostos Sobre o Produto = 900

Calcule o Imposto sobre o Produto (ISP).

Solução:

ISP = ISM + DISP = 200 + 900 = 1100.

2.8.2. *Impostos sobre a Produção e a Importação líquidos de subsídios (ILS)*

Compreendem todos os impostos que as empresas arcam devido ao fato de exercerem atividade produtiva, independentemente da quantidade e do valor dos bens e serviços produzidos ou vendidos. Esses impostos incidem, principalmente, sobre a propriedade ou uso de terrenos e construções, de outros ativos utilizados na produção, sobre a mão-de-obra empregada ou sobre a massa salarial. Ou seja, os Impostos sobre a Produção e a Importação líquidos de subsídios (ILS) incluem os Impostos sobre produto (ISP) e tributos que incidem sobrea folha de pagamento (PIS-PASEP), taxas, tarifas, multas e juros que incidem sobre a produção e não incidentes sobre o produto: **ILS = ISP + PIS-PASEP + outros**

Exemplo:

Imposto sobre o Produto (ISP) = 300

PIS-PASEP = 50

Taxas e multas = 30

Calcule o Imposto sobre a Produção e a Importação (ILS)

Solução:

ILS = ISP + PIS-PASEP + outros = 300+ 50 + 30 = 380

2.9. Subsídios

Trata-se de pagamentos sem contrapartida efetuados pelo governo aos produtores, baseados no nível de sua atividade produtiva, quantidades ou do valor dos produtos que elaboram, vendem ou importam. São considerados impostos negativos sobre a produção. Assim como os impostos, os subsídios se dividem em: (i) subsídios sobre produtos; e (ii) outros subsídios sobre a produção.

3. Ótica do Produto - Nova Metodologia.

3.1. PIB com preço ao consumidor versus PIB com preços básicos

Na metodologia antiga o PIB pode ser calculado a preço de mercado (pm) ou a custo de fatores (cf). O produto a preço de mercado contabiliza (inclui) os impostos indiretos e não contabiliza (exclui) os subsídios, ou seja, o produto a preço de mercado contabiliza os impostos indiretos livres dos subsídios, enquanto que o produto a custos de fatores não contabiliza os impostos e inclui os subsídios, isto é, exclui os impostos líquidos de subsídios, ou seja, exclui a parcela (II – Sub). Este fato é representado pela equação: Pm = cf + II- sub.

Na nova metodologia o produto pode ser calculado a preços ao consumidor ou a preços a preço básicos. Os preços ao consumidor (pc) são análogos aos preços de mercado (pm). Para cada setor, o preço a custo de fatores é igual ao preço básico acrescido das margens de comércio e transporte (mct). Porém no agregado temos que a oferta final do setor de comércio e transporte é nula e desse modo, no agregado podemos fazer uma analogia entre o preço básico (pb) e o preço a custo de fatores (cf): Pc = pb + mct + II – sub, pois no agregado mct = 0. Assim, o PIB a preço de mercado da antiga metodologia equivale na nova metodologia ao PIB com preços ao consumidor. No agregado, isto é, para a economia como um todo e não apenas para um setor, o PIB custo de fatores da antiga metodologia equivale na nova metodologia ao PIB a preços básicos. Ou seja, o PIB a preços básicos é o antigo PIB a custo de fatores e o PIB a preços ao consumidor é o antigo PIB a preços de mercado. Na nova metodologia quando nos referirmos ao PIB simplesmente, fica subtendido que se trata do PIB a preços ao consumidor.

Na nova metodologia temos que:

(i) A parcela de impostos indiretos menos subsídios (II-sub) é simplesmente chamada de impostos líquidos de subsídios, ou seja, quando é dito que o imposto é líquido de subsídio então esse imposto é um imposto indireto.

(ii) A parcela de impostos diretos menos transferências (ID-transf) é simplesmente chamada de impostos líquidos de transferências, ou seja, quando é dito que o imposto é líquido de transferências então esse imposto é um imposto direto.

Assim como na metodologia antiga o Produto a preço de mercado inclui os Impostos Indiretos e Exclui os Subsídios, ou seja, o PIB a preço de mercado inclui a parcela (II- sub), na metodologia nova diremos que o PIB a preços ao consumidor inclui os impostos líquidos de subsídios. Também, de modo análogo, como na metodologia antiga o Produto a custo de fatores exclui os Impostos Indiretos e inclui os Subsídios, ou seja, o PIB a custo de fatores exclui a parcela (II- sub), na metodologia nova diremos que o PIB a preços básicos exclui os impostos líquidos de subsídios.

3.2. Imposto sobre o Produto (ISP)

São os impostos indiretos líquidos de subsídios que incidem sobre o produto. Os impostos sobre o Produto (ISP) líquidos de subsídios incluem: IPI, ICMS, ISS, IOF, ISM, IE, AFMM. O Imposto sobre Produto pode ser desdobrado na soma do Imposto sobre Impostação (ISM) com os Demais Impostos sobre o Produto (DISP), ou seja: ISP = ISM + DISP.

3.3. Produção ou Valor Bruto da Produção (P)

A Produção ou Valor Bruto da Produção (P) **é expressa a preços básicos e** corresponde ao valor total da produção de bens e serviços calculados a preços básicos e, portanto, sem contabilizar os impostos sobre o produto líquidos de subsídios (**ISP**). Para obter a Produção ou Valor Bruto da Produção a preços ao consumidor devemos somar os impostos sobre o produto líquidos de subsídios (**ISP**), ou seja:

Valor Bruto da Produção a preços ao consumidor = Valor Bruto da Produção a preços básicos + Impostos sobre o Produto líquidos de subsídios

3.4. Consumo Intermediário (CI)

São os bens e serviços consumidos na produção intermediária, ou seja, são utilizados para produzir outros bens. Exemplos: trigo utilizado na produção da farinha, farinha utilizada na produção de pão. Na metodologia antiga era chamado de produção intermediária de bens e serviços. O Consumo Intermediário não faz parte do PIB, pois não se refere a bens e serviços finais e são bens meramente intermediários (que compõem outros bens).

3.5. O PIB na ótica do produto (nova metodologia)

O PIB pela ótica do produto (na nova metodologia) é a diferença entre o Valor Bruto da produção (acrescidos dos impostos sobre o produto) e o Consumo Intermediário, ou seja:
PIB= P + ISP – CI.

PIB na ÓTICA DO PRODUTO (nova metodologia)

PIB= P + ISP - CI

Onde:

P = Produção ou Valor bruto da produção

ISP = Impostos Sobre o Produto (**líquidos de subsídios**)

CI = Consumo Intermediário

Exemplo 1: Considere os seguintes dados para uma economia hipotética

Produção = 1000

Impostos sobre o produto = 100

Subsídios = 30

Consumo intermediário = 300

Calcule o PIB

Solução:

O PIB pela ótica do produto, na nova metodologia, é dado por: **PIB= P + ISP – CI.** Assim temos que **PIB= P + ISP – CI = 1000 + 100 – 300 = 800.**

Exemplo 2:
Considere os seguintes dados para uma economia hipotética
PIB = 2000
Produção = 3000
Impostos sobre o produto = 300
Determine o Consumo intermediário

Solução:

O PIB pela ótica do produto é dado por:
PIB= P + ISP – CI
2000 = 3000 + 300 – CI
CI = 3000 +300 – 2000= 1300

4. Ótica da Despesa - Nova Metodologia.

4.1. Consumo Final (CF)

É a soma do consumo das famílias (C) com o consumo do Governo (G), isto é, CF = C + G.

4.2. Investimento (I)

É a soma da Formação Bruta de capital Fixo (FBKF) com a variação de estoques (Δe), isto é, I = FBKF + Δe.

4.3. Exportações (X)

É a soma das receitas do balanço comercial e do balanço de serviços na nova metodologia do balanço de pagamento. Na metodologia antiga são as exportações de bens e serviços não fatores (X_{nf}).

4.4. Importações (M)

É a soma das despesas do balanço comercial e do balanço de serviços na nova metodologia do balanço de pagamento. Na metodologia antiga são as Importações de bens e serviços não fatores (M_{nf})

4.5. Exportações Líquidas (H = X -M)

É a diferença entre as exportações e importações de bens e serviços. Na nova metodologia do balanço de pagamento é a soma do Balanço Comercial (BC) com o Balanço de Serviços (BS). Também é denotada pela letra H, ou seja, H= X-M = BC + BS. Se essa soma é positiva (H > 0) recebe o nome de transferência líquida de recursos para o exterior e se a soma é negativa (H < 0) recebe o nome de hiato do produto.

Na metodologia antiga é a diferença entre as exportações e importações de bens e serviços não fatores (H $= X_{nf} - M_{nf}$).

4.6. O PIB na ótica da Despesa (nova metodologia)

O PIB é a soma do Consumo Final das famílias e do governo (CF) mais o Investimento (I) e mais as exportações líquidas de bens e serviços (X – M), ou seja: **PIB = CF + I + X – M = CF + I + H.**

PIB na ótica da DESPESA (nova metodologia)

PIB = CF + I + X – M

Onde:

CF = Consumo Final das famílias e do governo

I = FBKF + Δe = Investimento

X = Exportações de bens e serviços

M = Importações de bens e serviços

Exemplo 1: Considere os seguintes dados para uma economia hipotética

Consumo Final = 400

FBKF + Δe = 300

Exportações de bens e serviços = 200

Importações de bens e serviços = 100

Determine o PIB

Solução:

O Investimento é dado por I = FBKF + Δe = 300

O PIB pela ótica da despesa, na nova metodologia, é dado por: **PIB= CF + I + X – M.** Assim temos que **PIB= CF + I + X – M = 400 + 300+200 – 100 = 800.**

Exemplo 2: Considere os seguintes dados para uma economia hipotética

PIB = 2000

Formação Bruta de capital fixo = 450

Variação de estoques = 250

Exportações de bens e serviços = 200

Importações de bens e serviços = 100

Determine o Consumo Final.

Solução:

O PIB pela ótica da despesa é dado por:

PIB= CF + (FBKF + Δe) + X– M

2000 = CF + (450+250) +200 – 100

2000 = CF + 800

CF = 2000 – 800 = 1200.

5. Ótica da Renda - Nova Metodologia.

5.1. Impostos sobre a Produção e Importação Líquidos de subsídios (ILS)

Incluem os Impostos sobre produto (ISP) e tributos que incidem sobrea folha de pagamento (PIS-PASEP), taxas, tarifas, multas e juros que incidem sobre a produção e não incidentes sobre o produto: **ILS = ISP + impostos incidentes sobre a folha de pagamento (PIS-PASEP)**

5.2. Remuneração dos Empregados (RemEmp)

É a soma de todos os tipos de salários, inclui os encargos sociais e as contribuições parafiscais.

5.3. Excedente Operacional Bruto (EOB)

É a soma de todos os tipos de lucros, inclui os rendimentos mistos de autônomos que são os lucros das empresas unipessoais como os motoristas de taxi cuja remuneração é considerada como um lucro e não como salário.

5.4. O PIB (RIB) na Ótica da Renda - geração da renda

O PIB pela ótica da renda, na nova metodologia, é dado pela soma das remunerações dos empregados, com o Excedente Operacional Bruto (inclusive rendimentos de autônomos) e com os Impostos Líquidos de Subsídios (que incidem sobre a produção e a importação) ou seja: **PIB= Rem. Emp. + EOB* + ILS**

PIB (RIB) na ótica da renda
PIB= Rem. Emp. + EOB* + ILS   onde: Rem. Emp. = Remuneração dos empregados   EOB* = Excedente Operacional Bruto (inclusive rendimentos de autônomos)   ILS = Impostos sobre a Produção e a Impostação (Líquidos de subsídios)

5.5. Renda de Propriedade Recebida do Exterior (RPR)

São as receitas do Balanço de Rendas decorrentes da remuneração de propriedades recebidas do exterior. Exemplos: lucros recebidos do exterior, juros recebidos do exterior, aluguéis de máquinas recebidos do exterior.

5.6. Renda de Propriedade Enviada ao Exterior (RPE)

São as despesas do Balanço de Rendas decorrentes da remuneração de propriedades enviadas ao exterior. Exemplos: lucros enviados ao exterior, juros pagos ao exterior, aluguéis de máquinas pagas ao exterior.

5.7. Renda Líquida de Propriedade (RLP)

É dado pela diferença entre a Renda de Propriedade Recebida do Exterior e a Renda de Propriedade Enviada ao Exterior, isto é: **RLP = RPR − RPE.** É o saldo das receitas sobre as despesas do Balanço de Rendas decorrentes da remuneração de propriedades. Exemplos: lucros liquidamente recebidos do exterior, juros liquidamente recebidos do exterior, aluguéis de máquinas liquidamente recebidos do exterior.

5.8. Renda Nacional Bruta- alocação da renda (RNB)

A Renda Nacional Bruta é obtida a partir da Renda Interna Bruta (RIB=PIB) ajustada pelas rendas líquidas de propriedades, ou seja, a RNB é igual ao PIB adicionado às rendas de propriedades recebidas do exterior e subtraído das rendas enviadas ao exterior: RNB = Rem. Emp + EOB*+ILS + RPR − RPE.

Renda Nacional Bruta (RNB)
RNB = Rem. Emp + EOB*+ILS + RPR − RPE Onde: Rem. Emp = Remuneração dos empregados EOB* = Excedente Operacional Bruto (inclusive rendimentos de autônomos) ILS = Impostos sobre a Produção e a Impostação (Líquidos de subsídios) RLP = rendas Líquidas de Propriedade RLP = RPR - RPE RPR = Rendas de Propriedade recebidas do exterior RPE = Rendas de Propriedade enviadas ao Exterior

5.9. Transferências Correntes Recebidas do Exterior (TCR)

São as receitas da rubrica Transferências Unilaterais Correntes do balanço de pagamentos. Exemplo: donativos recebidos do exterior.

5.10. Transferências Correntes Enviadas ao Exterior (TCE)

São as despesas da rubrica Transferências Unilaterais Correntes do balanço de pagamentos. Exemplo: donativos cedidos ao exterior.

5.11. Transferências Correntes Líquidas (TCL)

É dado pela diferença entre as Transferências Correntes Recebida do Exterior e as Transferências Correntes Enviadas ao Exterior, isto é: **TCL = TCR − TCE**. É o saldo das receitas sobre as despesas da rubrica Transferências Unilaterais Correntes (TUC) do balanço de pagamentos. Exemplos: donativos liquidamente recebidos do exterior.

5.12. Renda Disponível Bruta (RDB)

A Renda Disponível Bruta é obtida a partir da Renda Nacional Bruta ajustada pelas transferências líquidas correntes, ou seja, a RDB é igual ao RNB adicionada aos donativos recebidos do exterior e subtraída dos donativos enviados ao exterior: RDB = RNB + TCR − TCE.

> **Renda Disponível Bruta (RDB)**
>
> **RDB = RNB + TCR − TCE**
> Onde:
> RDB = Renda Disponível Bruta
> RNB = Renda Nacional Bruta
> TCR = Transferências Correntes Recebidas (donativos recebidos)
> TCE = Transferências Correntes Enviadas (donativos enviados)

5.13. Consumo Final (CF)

É a soma do consumo das famílias e do governo.

5.14. Poupança (doméstica) bruta (S_b)

É a parcela da renda nacional disponível que não foi destinada para o consumo final das famílias e do governo.

5.15. Usos da Renda Disponível Bruta

A renda disponível bruta pode ser alocada para consumo final (das famílias e do governo) ou na poupança bruta: **RDB = CF+ Sb.**

> ### Uso da RDB
>
> **RDB = CF+ Sb**
> Onde:
> RDB = Renda Disponível Bruta
> **CF = Consumo Final**
> **Sb = Poupança Bruta**

5.16. Rendas do Trabalho Recebidas do Exterior (W_r)

São as remunerações (inclusive encargos sociais e contribuições parafiscais) **recebidas por residentes** por serviços prestados a não residentes (receitas de rendas do trabalho).

5.17. Rendas do Trabalho Enviadas ao Exterior (W_{nr})

São as remunerações (inclusive encargos sociais e contribuições parafiscais) **pagas a não residentes** por serviços prestados a residentes (despesas com rendas do trabalho).

5.18. Rendas Recebidas do Exterior (RR)

São as receitas do Balanço de Rendas do balanço de pagamentos. A Renda Recebida do Exterior é a soma das Rendas de Propriedades Recebidas do Exterior (**RPR**) com as Rendas de trabalho recebidas do exterior (W_r), ou seja: **RR = RPR +W_r**. Note que na nova metodologia os donativos recebidos não fazem parte das rendas recebidas do exterior.

5.19. Rendas Enviadas ao Exterior (RE)

São as despesas do Balanço de Rendas do balanço de pagamentos. A Renda Enviada ao Exterior é a soma das Rendas de Propriedades Enviadas ao Exterior (**RPE**) com as Rendas de trabalho pagas ao exterior (W_{nr}), ou seja: **RE = RPE + Wnr.** Note que na nova metodologia os donativos cedidos não fazem parte das rendas enviadas ao exterior.

5.20. Renda Líquida Recebida do Exterior (RLRE)

A Renda Líquida Recebida do Exterior é o próprio saldo do Balanço de Rendas do Balanço de pagamentos, ou seja, são as rendas liquidamente recebidas do exterior, ou seja:

RPR = Rendas de Propriedade Recebidas do Exterior (lucros e juros recebidos do exterior)
RPE = Rendas de Propriedade Enviadas ao Exterior (lucros e juros pagos ao exterior)
RLP = RPR – RPE= Rendas Líquidas de Propriedades
Wr = Rendas do Trabalho Recebidas do Exterior
Wnr = Rendas do trabalho Pagas ao Exterior
RTL= Wr – Wnr = Rendas do trabalho Líquidas

RR = RPR+Wr =Rendas Recebidas do Exterior

RE = RPE +Wnr = Rendas Enviadas ao Exterior

BR = RR-RE=Balanço de Rendas = Renda Líquida Recebida do Exterior (RLRE)

BR = RLRE= RLP + RTL= (RPR – RPE) + (Wr – Wnr)

RLRE = BR = (RPR – RPE) + (Wr – Wnr) = (RPR+Wr) – (RPE +WR)

5.21. Rendas Enviadas ao Exterior (RE)

A Renda Líquida Enviada ao Exterior é o saldo do Balanço de Rendas com sinal trocado, ou seja: **RLE = - RLRE = - (RLP+RTL) = (RPE – RPR) + (Wnr – Wr)**

5.22. Transferencia Líquida de Recursos para o Exterior (H>0), Hiato do Produto (H< 0) e Saldo em Conta-Corrente (T)

A soma do Balanço comercial com o Balanço de Serviços é denotada por H, ou seja temos que: **H = BC + BS= X - M.**

O saldo em conta corrente (**T**) é então dado por:

T = BC+BS +BR+TUC

T = H+RLRE+TUC

T = H – RLE + TUC

5.23. Rendas do Trabalho pagas (ou recebidas) entre residentes (W)

São as remunerações (inclusive encargos sociais e contribuições parafiscais) **pagas a residentes** por serviços prestados a residentes (NÃO É CONTABILIZADO NO BALANÇO DE PAGAMENTO).

5.24. Remuneração dos Empregados na geração da renda (W+W_{nr})

Na equação que determina o PIB pela ótica da renda (geração da renda) a rubrica Remuneração dos empregados (RemEmp) é o total de todos os **salários pagos** pelos residentes para não residentes (W_{nr}) e outros residentes (W), ou seja: RemEmp =W+W_{nr}

PIB (RIB) na ótica da renda

PIB= Rem. Emp. + EOB* + ILS

Onde:

Rem. Emp. = Remuneração dos empregados (W+Wnr)

EOB* = Excedente Operacional Bruto (inclusive rendimentos de autônomos)

ILS = Impostos sobre a Produção e a Impostação (Líquidos de subsídios)

W = remunerações (inclusive encargos sociais e contribuições parafiscais) **pagas a residentes** por serviços prestados a residentes (NÃO É CONTABILIZADO NO BALANÇO DE PAGAMENTO)

5.25. Remuneração dos Empregados na alocação da renda (W+W$_r$)

Na equação que determina a Renda Nacional Bruta pela ótica da renda (alocação da renda) a rubrica Remuneração dos empregados (RemEmp) é o total de todos os **salários recebidos** pelos residentes por serviços de mão-de-obra prestados para não residentes (W$_r$) e outros residentes (W), ou seja: RemEmp =W+W$_r$.

Renda Nacional Bruta (RNB)

RNB = Rem. Emp + EOB*+ILS + RPR – RPE

Onde:

Rem. Emp = Remuneração dos empregados (W + Wr)

EOB* = Excedente Operacional Bruto (inclusive rendimentos de autônomos)

ILS = Impostos sobre a Produção e a Impostação (Líquidos de subsídios)

RLP = rendas Líquidas de Propriedade

RLP = RPR - RPE

RPR = Rendas de Propriedade recebidas do exterior

RPE = Rendas de Propriedade enviadas ao Exterior

Então as três óticas do PIB na nova metodologia são:

ÓTICA DO PRODUTO	PIB= P + ISP - CI
ÓTICA DA DESPESA	PIB = CF + I + X – M
ÓTICA DA RENDA- GERAÇÃO DA RENDA	PIB= Rem. Emp. + EOB* + ILS
ÓTICA DA RENDA- ALOCAÇÃO DA RENDA	RNB = Rem. Emp + EOB*+ILS + RPR – RPE
RENDA DISPONÍVEL BRUTA	RDB = RNB + TCR – TCE
USO DA RENDA DISPONIVEL BRUTA	RDB = CF+ Sb

6. O Novo Sistema de Contas Nacionais no Brasil

A partir do ano de 1996, a Fundação Instituto Brasileiro de Geografia e Estatística têm adotado a nova metodologia de Contas Nacionais, composta pelas **Tabelas de Recursos e Usos de Bens e Serviços (TRU)** e pelas chamadas **Contas Econômicas Integradas (CEI),** objetivando, dessa forma, à adaptação às recomendações do *System of National Accounts* (SNA 1993).

A TRU apresenta a oferta total da economia como o somatório da produção de bens e serviços e, simultaneamente, como o somatório do consumo intermediário e da demanda final. O valor adicionado é decomposto nas categorias de renda e nos impostos e subsídios sobre a produção e os produtos. As informações são desagregadas por setor, mostrando compras intermediárias que os setores e as unidades empresariais efetuam entre si para obter os insumos necessários à produção de bens e serviços.

As CEI são estruturadas em três subconjuntos de contas: contas correntes (produção, distribuição e renda), contas de acumulação (variação de ativos e passivos e do patrimônio líquido) e contas de patrimônio (estoques de ativos e passivos e patrimônio líquido). Além disso, substituem-se as tradicionais colunas de débito e crédito das contas pelas colunas de **usos** (aplicação de recursos) e **recursos** (origem dos recursos).

Os "usos" são as operações que reduzem o montante do valor econômico de um setor-uma despesa e, por convenção, são lançadas do lado esquerdo das contas-correntes. Os "recursos" são operações que aumentam o valor econômico de um setor – uma receita, e por convenção, são lançados no lado direito das contas-correntes.

As remunerações recebidas representam um recurso enquanto para quem as recebe e um uso quem as paga. Os saldos são obtidos pela diferença entre recursos e usos, e representam o resultado líquido das atividades.

O Novo sistema de Contas Nacionais é composto de um total de 8 contas:

(i) Uma conta base que é a Conta de Bens e Serviços - que retrata a atividade de produção e o destino da produção pelas categorias da demanda final,

(ii) As Contas Econômicas Integradas (CEI) – são 7 contas nas quais os recursos e os usos se equilibram, isto é, para cada conta o total de usos é igual ao total de recursos e para as CEI como um todo $\sum$ recursos = $\sum$ usos.

Assim temos um total de 8 contas:

(i) A conta de bens e serviços

(ii) A conta de produção

(iii) A conta de geração da renda (que faz parte da conta de distribuição primária da renda)

(iv) A conta de alocação da renda (que faz parte da conta de distribuição primária da renda)

(v) A conta de Distribuição Secundária da renda

(vi) A conta de Uso da renda

(vii) A conta de Acumulação de capital

(viii) A conta do setor externo

6.1. Conta de Bens e Serviços

Na Conta de bens e serviços existem recursos e usos, em outras palavras podemos apresentar a conta de bens e serviços do modo abaixo:

Conta de Bens e Serviços

Recursos	Usos
• Produção (**P**) ou Valor Bruto da Produção • Importação de Bens e Serviços (**M**) • Imposto sobre produtos (**ISP**) = Imposto de importação (ISM) + Demais impostos sobre produtos(DISP)	• Consumo intermediário (**CI**) • Consumo Final (**CF**) • Investimento (**I**) = Formação Bruta de Capital Fixo (FBKF) + Variação de Estoques (Δe) • Exportação de bens e serviços (**X**)
P + ISP + M	**CI + I + X**

Note então que os recursos na conta de bens e serviços são:

(i) Produção (**P**) ou Valor Bruto da Produção, avaliado a preços básicos (grosso modo, antigo custo de fatores);

(ii)   Importações (**M**) de bens e serviços (não fatores);

(iii) Impostos sobre os produtos (**ISP**) líquidos de subsídios e que pode ser desdobrado em Imposto sobre Importação (ISM) Demais Impostos Sobre o Produto (DISP), ou seja: **ISP = ISM + DISP**. O Imposto sobre o produto (ISP) é por definição líquidos de subsídios e, portanto, se numa prova são dados os valores do imposto sobre o produto e o valor do subsídio devemos **subtrair** os subsídios do imposto sobre o produto.

Então na conta de bens e serviços, o lado dos recursos é representado pela soma do Valor Bruto da Produção, com as importações de bens e serviços (não fatores) e com os impostos sobre os produtos, ou seja: $\sum$ recursos = Produção + importações de bens e serviços + impostos sobre os produtos (líquidos de subsídios).

Note também que os usos na conta de bens e serviços são:

(i)   Consumo intermediário (**CI**)

(ii)   Investimento (**I**), dado pela soma da Formação Bruta de Capital Fixo (FBKF) com a Variação de Estoques (Δe): I = FBKF + Δe.

(iii) Exportações de bens e serviços (**X**)

Então na conta de bens e serviços o lado dos usos é representado pela demanda final dos agentes econômicos (consumo final + formação bruta de capital fixo + variação de estoques + exportações de bens e serviços). Nesta conta o consumo final das famílias e o consumo final das administrações públicas são englobados numa única rubrica chamada de consumo final, não havendo assim distinção entre o consumo do governo e o consumo das famílias, ou seja: $\sum$ usos = consumo intermediário + consumo final + formação bruta de capital fixo + variação de estoques + exportações de bens e serviços.

Como o total de usos é igual ao total de recursos, isto é, $\sum$ recursos = $\sum$ usos, têm-se que: valor bruto da produção + importações de bens e serviços + impostos sobre os produtos = consumo intermediário + consumo final + formação bruta de capital fixo + variação de estoques + exportações de bens e serviços.

Segue um exemplo:

Conta de Bens e Serviços

Usos	Operações e Saldos	Recursos
1.323.410.847	Produção (P)	
69.310.584	Importação de Bens e Serviços (M)	
83.920.429	Imposto sobre produtos (ISP)	
	Imposto de importação (ISM)	
	Demais impostos sobre produtos (DISP)	
	Consumo intermediário (CI)	628.444.549
	Consumo Final (CF)	630.813.704
	Formação Bruta de Capital Fixo (FBKF)	150.050.300
	Variação de Estoques (Δe)	12.903.180
	Exportação de bens e serviços (X)	54.430.127
1.476.641.860	**Total**	**1.476.641.860**

Segue um exemplo de como essa conta é cobrada em concursos públicos é apresentado a seguir:

(ESAF/Especialista em Políticas Públicas e Gestão Governamental/2003) – Considere os seguintes dados extraídos da Conta de Bens e Serviços do Sistema de Contas Econômicas Integradas:

* **Produção: 1.323.410.847**
* **Importação de bens e serviços: 69.310.584**
* **Impostos sobre produtos: 83.920.429**
* **Consumo intermediário: 628.444.549**
* **Consumo final: 630.813.704**
* **Variação de estoques: 12.903.180**
* **Exportação de bens e serviços: 54.430.127**

Com base nessas informações, é correto afirmar que a formação bruta de capital fixo é igual a:

a) 150.050.300

b) 66.129.871

c) 233.970.729

d) 100.540.580

e) 200.000.000

Solução:

A solução é a letra "a", conforme resolução a seguir exposta:

Produção + Importação de Bens e Serviços + Impostos sobre Produtos = Consumo Intermediário + Consumo Final + Formação Bruta de Capital Fixo + Variação de Estoques + Exportação de Bens e Serviços

$$\underbrace{P + M + ISP}_{OFERTA} = \underbrace{CI + CF + FBKF + \Delta e + X}_{DEMANDA}$$

1.476.641.860 = FBKF + (628.444.549 + 630.813.704 + 12.903.180 + 54.430.127)

1.476.641.860 = FBKF + 1.326.591.560

FBKF = 150.050.300

7. Contas Econômicas Integradas

7.1. Conta de Produção

A **Conta de Produção** mostra que o total dos recursos de uma economia, isto é, a soma da Produção (P) acrescida dos impostos sobre os produtos (ISP) iguala a soma do Consumo Intermediário (CI) com o Produto Interno Bruto (PIB). Dessa forma, a Conta de Produção destina-se apenas a, partindo do valor da produção, apurar o valor do PIB. Trata-se simplesmente do cálculo do PIB pela ótica da produção.

Na Conta de produção existem recursos e usos, em outras palavras podemos apresentar a conta de produção do modo abaixo:

Conta de Bens e Serviços

Recursos	Usos
• Produção (**P**) ou Valor Bruto da Produção • Imposto sobre produtos (**ISP**)	• Consumo intermediário (**CI**) • Produto Interno Bruto (PIB)
P + ISP	**CI+ PIB**

Note então que os recursos na conta de bens e serviços são:

(i) Produção (**P**) ou Valor Bruto da Produção, avaliado a preços básicos (grosso modo, antigo custo de fatores);

(ii) Impostos sobre os produtos (**ISP**) líquidos de subsídios e que pode ser desdobrado em Imposto sobre Importação (ISM) Demais Impostos Sobre o Produto (DISP), ou seja: **ISP = ISM + DISP.** Aqui também o Imposto sobre o produto (**ISP**) é por definição líquidos de subsídios e, portanto, se numa prova são dados os valores do imposto sobre o produto e o valor do subsídio devemos **subtrair** os subsídios do imposto sobre o produto.

Então na conta de produção o lado dos recursos é representado pela soma do Valor Bruto da Produção com os impostos sobre os produtos, ou seja: $\sum$ recursos = Produção + impostos sobre os produtos (líquidos de subsídios).

Note também que os usos na conta de produção são:

(i) Consumo intermediário (**CI**)

(ii) Produto Interno Bruto (**PIB**)

Então na conta de produção o lado dos usos é representado pela alocação da produção na formação do PIB ou de produtos intermediários, ou seja: $\sum$ usos = Consumo Intermediário + PIB. Como o total de usos é igual ao total de recursos, isto é, $\sum$ recursos = $\sum$ usos, têm-se que:

Produção + Impostos Sobre os Produtos = Consumo Intermediário + PIB

Segue um exemplo:

Conta de Produção

Usos	Operações e Saldos	Recursos
	Produção	1.979.057
1.011.751	Consumo Intermediário	
	Imposto sobre produtos	**119.394**
	Imposto de importação	8.430
	Demais impostos sobre produtos	110.964
1.086.700	**Produto interno bruto**	
2.098.451		2.098.451

Segue um exemplo de questão cobrada em concursos públicos:

(ESAF/AFRF/2002) - No ano de 2000, a conta de produção do sistema de contas nacionais no Brasil apresentou os seguintes dados (em R$ 1.000.000):

Produção: 1.979.057

Consumo Intermediário: 1.011.751

Impostos sobre produto: 119.394

Imposto sobre importação: 8.430

Produto Interno Bruto: 1.086.700

Com base nestas informações, o item da conta demais imposto sobre produto foi de:

a) 839.482

b) 74.949

c) 110.964

d) 128.364

e) 66.519

Solução:

A resposta é a letra "c". Para encontrar o valor do item **demais imposto sobre produtos**, basta realizar a diferença entre os itens **Imposto sobre produtos** (os quais são impostos acrescidos aos preços dos produtos, como o Imposto sobre Produtos Industrializados – IPI e o Imposto sobre Serviços – ISS) e **Imposto de importação**. Ou seja,

Imposto sobre produtos = 119.394

(-) Imposto de Importação = 8.430

(=) Demais impostos sobre produtos = 110.964

Observação: Como na conta de produção podemos calcular o PIB por diferença, ou seja, como: PIB = P + ISP – CI, temos que o PIB é dito ser o saldo da conta de produção, note que a palavra saldo está sendo usada em sentido figurado (como uma mera diferença) pois na verdade essas contas não possuem saldos pois o total de recursos é igual ao total de usos.

7.2. Contas de Renda

A **Conta de Renda** é subdivida em três contas: **Distribuição Primária da Renda (composta das contas de geração e alocação da renda)**, **Distribuição Secundária da Renda**, e de **Uso da Renda**.

7.2.1. *Conta de Geração da Renda (subconta da Conta de Distribuição Primária da Renda)*

A conta de **geração de renda** apresenta o Produto Interno Bruto (PIB) calculado pela ótica da renda. Neste sentido o PIB é um recurso que é utilizado para remunerar o trabalho (através da **Remuneração dos Empregados** residentes e não-residentes), remunerar o capital (através do **Excedente Operacional Bruto** que um tipo de lucro) e pelo fato de que está a preços ao consumidor (antigo preço de mercado) deve também incluir os **Impostos sobre a produção e a importação** (líquidos de subsídios). Os impostos sobre a produção e a importação têm valor diferente dos **impostos sobre os produtos**, constante da Conta de Produção. Os demais impostos que tenham como fato gerador a produção, mas que, por hipótese, não são acrescidos aos preços, e os impostos sobre produtos, compõem o total dos impostos sobre a produção e a importação. Na Conta de geração da renda existem recursos e usos, em outras palavras podemos apresentar a conta de geração da renda do modo abaixo:

Conta de Geração da Renda

Recursos	Usos
• Produto Interno Bruto (**PIB**)	• Excedente Operacional Bruto (**EOB**) • Remuneração dos Empregados (**Rem.Emp.**) • Imposto sobre a Produção e Importação (**ILS**)
PIB	EOB + Rem.EmP.+ILS

Note então que os recursos na conta de geração da renda são dados pelo Produto Interno Bruto a preços do consumidor (antigo preço de mercado). Então na conta de geração da renda o lado dos recursos é representado pelo PIB, ou seja: $\sum$ recursos = PIB.

Note também que os usos na conta de geração da renda são:

(i) Excedente Operacional Bruto (**EOB**), inclusive rendimento misto de autônomos, ou seja, os rendimentos de um trabalhador autônomo como um taxista são considerados como lucro e não como salário. O Excedente Operacional Bruto contém por definição os rendimentos de autônomos e, portanto, se numa prova são dados os valores do Excedente Operacional Bruto dos rendimentos de autônomos devemos **adicionar** o rendimento misto de autônomos ao excedente operacional líquido.

(ii) Remuneração dos Empregados (**Rem.Emp.**) inclusive encargos sociais e contribuições parafiscais. A Remuneração dos Empregados por definição contém as contribuições parafiscais e os encargos sociais e, portanto se numa prova são dados os valores da Remuneração dos Empregados e dos encargos sociais. É o total das rendas do trabalho **pagas** por residentes por serviços contratados junto a não residentes (despesa de trabalho do balanço de rendas-W_{nr}) e rendas do trabalho pagas para outros residentes (que não se contabilizam no balanço de pagamento-W).

(iii) Os **Impostos sobre a produção e a importação** líquidos de subsídios (**ILS**). Os impostos sobre a produção e importação líquidos de subsídios (ILS) utilizado na ótica da renda são maiores (engloba) os impostos sobre produto líquidos de subsídios (ISP) usados na ótica do produto.

Então na conta de geração da renda, o lado dos usos é representado pela utilização do PIB na remuneração da mão-de-obra (Remuneração dos empregados) e na remuneração do capital (excedente operacional bruto) acrescidos dos impostos sobre a produção e importação pelo fato de ser em valores ao consumidor também, ou seja: $\sum$ usos = Excedente Operacional Bruto + Remuneração dos Empregados + Impostos sobre a produção e importação.

Como o total de usos é igual ao total de recursos, isto é, $\sum$ recursos = $\sum$ usos, temos que:

PIB = Excedente Operacional Bruto + Remuneração dos Empregados + Impostos sobre a produção e importação

Ou seja: **PIB = EOB + RemEmp + ILS**

Segue um exemplo:

Conta de Distribuição Primária da Renda – Conta de Geração da Renda

Usos	Operações e Saldos	Recursos
	Produto Interno Bruto (**PIB**)	1.162
450	Remuneração dos empregados (**RemEmp**)	
	Residentes (**W**)	
	Não-residentes (**W$_{nr}$**)	
170	Impostos sobre a produção e de importação (**ILS**)	
(-) 8	Subsídios à produção	
550	Excedente operacional bruto e rendimento misto bruto (**EOB**)	
150	Rendimento misto bruto	
400	Excedente operacional bruto	
1.162		1.162

Veja o exemplo a seguir cobrado em prova:

(ESAF/Especialista em Políticas Públicas e Gestão Governamental/MPOG/2009) – Considere os seguintes dados extraídos de um Sistema de Contas Nacionais, em unidades monetárias:

Produto Interno Bruto: 1.162;

Remuneração dos empregados: 450;

Rendimento misto bruto (rendimento de autônomos): 150;

Impostos sobre a produção e importação: 170;

Subsídios à produção e importação: 8;

Despesa de consumo final: 900;

Exportação de bens e serviços: 100;

Importação de bens e serviços: 38.

Com base nessas informações, os valores para a **formação bruta de capital fixo** e para o **excedente operacional bruto** serão, respectivamente,

a) 300 e 362
b) 200 e 450
c) 400 e 200
d) 200 e 400
e) 200 e 262

Solução:

A resposta é a letra "d", mas esse exercício deverá ser resolvido em duas etapas. Primeiro, iremos calcular o excedente operacional bruto, por meio de lançamentos a serem efetuados na conta de geração da renda. Em seguida, iremos calcular a FBKF segundo a ótica da despesa do PIB (que, nesse caso, se tornará uma simplificação da conta de bens e serviços). Os lançamentos na conta de geração de renda são expressos a seguir:

$$ILS = ISP - Subsídios \Rightarrow ILS = 170 - 8 \Rightarrow ILS = 162$$
$$PIB - [RE + ILS] = EOB + RMB \Rightarrow EOB + 150 = 1.162 - [450 + 162] \Rightarrow EOB + 150 = 1.162 - 612$$
$$\Rightarrow EOB + 150 = 550 \Rightarrow EOB = 550 - 150 \Rightarrow EOB = 400$$

Sob a ótica da despesa, a FBKF é obtida da seguinte forma:

$PIB = CF + (FBKF + \Delta e) + X - M \Rightarrow 1.162 = 900 + FBKF + 100 - 38 \Rightarrow FBKF = 1.162 - 962$
$\Rightarrow FBKF = 200$

7.2.2. *Conta de Alocação da Renda (subconta da Conta de Distribuição Primária da Renda)*

A subconta de **alocação da renda** indica a alocação da renda e acrescenta a informação sobre os valores relativos às rendas de propriedade enviadas ao resto do mundo e dele recebidas, chegando-se ao valor da renda nacional bruta. Podemos apresentar a conta de alocação da renda do modo abaixo:

Conta de Alocação da Renda

Recursos	Usos
• Excedente Operacional Bruto **(EOB)** • Remuneração dos Empregados **(Rem.Emp.)** • Imposto sobre a Produção e Importação **(ILS)** • Rendas de Propriedade recebidas do exterior **(RPR)**	• Renda de Propriedades Enviadas ao Exterior **(RPE)** • Renda Nacional Bruta **(RNB)**
EOB + Rem.EmP.+ILS+RPR	**RPE+ RNB**

Note então que os recursos na conta de alocação da renda são:

(i)   Excedente Operacional Bruto **(EOB),** inclusive rendimento misto de autônomos.

(ii)   Remuneração dos Empregados **(Rem.Emp.)** inclusive encargos sociais e contribuições para-fiscais. É o total das rendas do trabalho **recebidas** por residentes por serviços prestados a não residentes (receita de trabalho do balanço de rendas-W_r) e recebidas por residentes por serviços prestados a outros residentes (que não se contabilizam no balanço de pagamento-**W**).

(iii) Impostos sobre a produção e importação **(ILS)**

(iv) Rendas de Propriedades Recebidas do Exterior **(RPR)**. São as rendas recebidas do exterior decorrentes da remuneração de fatores de produção de propriedade de residentes tais como juros recebidos e lucros recebidos e são receitas de propriedade do balanço de rendas.

Então na conta de alocação da renda o lado dos recursos é representado pelo total da renda interna bruta (soma EOB+Rem.Emp+ILS) acrescida das rendas de propriedades recebidas do exterior, ou seja: $\sum$ **recursos = . EOB + Rem. EmP. + ILS + RPR**

Note também que os usos na conta de alocação da renda são:

(i)   Rendas de Propriedades Enviadas ao Exterior **(RPE)**. São as rendas enviadas ao exterior decorrentes da remuneração de fatores de produção de propriedade de não-residentes tais como juros pagos e lucros enviados ao exterior e são despesas de rendas de propriedade do balanço de rendas.

(ii)   Renda Nacional Bruta (RNB).

Então na conta de alocação da renda, o lado dos usos é representado pelo total da renda nacional bruta acrescida das rendas de propriedades enviadas ao exterior, ou seja:

$$\sum usos = RPE + RNB$$

Como o total de usos é igual ao total de recursos, isto é, $\sum$ recursos = $\sum$ usos, têm-se que:

EOB + Rem. EmP. + ILS + RPR = RPE + RNB

Segue um exemplo:

Conta de Distribuição Primária da Renda – Conta de Alocação da Renda

Usos	Operações e Saldos	Recursos
	EOB e Rendimento Misto Bruto	1.336
	Remuneração dos Empregados Residentes (W)	1.414
	Remuneração a Residentes por não Residentes (Wr)	
	Impostos, líquido de subsídios, sobre a produção e de importação	490
83	Rendas de propriedade enviadas e recebidas do resto do mundo	18
3.175	**Renda Nacional Bruta**	
3.258		3.258

Veja o exemplo a seguir cobrado em prova:

(ESAF/Analista de Comércio Exterior/MDIC/2012) - Considere os seguintes dados presentes na "Conta de Alocação da Renda" do Sistema de Contas Nacionais, em unidades monetárias:

Renda Nacional Bruta: 3.175

Excedente Operacional Bruto e Rendimento Misto Bruto (total): 1.336

Remuneração dos Empregados: 1.414

Impostos sobre a Produção e a Importação: 496

Subsídios à Produção: 6

Rendas de Propriedades Enviadas ao Resto do Mundo: 83

Com base nessas informações, é correto afirmar que, em unidades monetárias, as "Rendas de Propriedade Recebidas do Resto do Mundo" foram iguais a:

a) 101.

b) 24.

c) 18.

d) 65.

e) 97.

Solução:

A resposta é a letra "c", conforme resolução a seguir:

$EOB + RE + ILS + RPR = RNB + RPE \Rightarrow 1.336 + 1.414 + 490 + RPR = 3.175 + 83 \Rightarrow 3.240 + RPR = 3.258 \Rightarrow RPR = 3.258 - 3.240 \Rightarrow RPR = 18$

OBSERVAÇÃO 1: Vamos denotar por:

W = os salários pagos (ou recebidos) por residentes para outros residentes do país e, portanto, **não são contabilizados** no balanço de pagamentos.

W_r = os salários recebidos pelos residentes por serviços de mão-de-obra prestados para não residentes do país e, portanto **são contabilizados como receita do Balanço de Rendas** no balanço de pagamentos.

W_{nr} = os salários pagos pelos residentes por serviços de mão-de-obra contratados junto a não residentes do país e, portanto **são contabilizados como despesa do Balanço de Rendas** no balanço de pagamentos.

O leitor deve notar que, rigorosamente falando, a rubrica Remuneração dos Empregados (**RemEmp**) na conta de geração da renda (PIB = EOB + **RemEmp** + ILS) é diferente dessa mesma rubrica na conta de alocação da renda (EOB + **Rem.EmP.**+ILS+RPR = RPE + RNB). Na conta de geração da renda, isto é na equação PIB = EOB + **RemEmp** + ILS, a remuneração dos empregados é dada por **RemEmp = W + W$_{nr}$** e na conta de alocação da renda, isto é na equação EOB + **Rem.EmP.**+ILS+RPR = RPE + RNB, , a remuneração dos empregados é dada por **RemEmp = W + W$_{r.}$** Porém **o examinador pode ser tentado a utilizar o mesmo valor da Remuneração dos empregados (RemEmp) nas contas de geração e alocação da renda, de modo a ligar a equação** PIB = EOB + **RemEmp** + ILS com a equação EOB + **Rem.EmP.**+ILS+RPR = RPE + RNB.

OBSERVAÇÃO 2: Como na conta de Alocação da Renda podemos calcular a Renda Nacional Bruta (RNB) por diferença, ou seja, como: **RNB = EOB + Rem.EmP.+ILS+RPR - RPE**, temos que a RNB é dita ser o saldo da conta de Alocação da Renda, mais uma vez note que a palavra *saldo* está sendo usada em sentido figurado (como uma mera diferença) pois na verdade essas contas não possuem saldos pois o total de recursos é igual ao total de usos.

7.2.3. *Conta de Distribuição Secundária da Renda*

A **Conta de Distribuição Secundária da Renda** mostra a identidade entre Renda Disponível Bruta e a soma da Renda Nacional Bruta com as transferências líquidas (recebidas ou enviadas) do exterior. Podemos apresentar a conta de distribuição secundária da renda do modo abaixo:

Conta de Distribuição Secundária da Renda

Recursos	Usos
• Renda Nacional Bruta (**RNB**) • Transferências Corrente Recebidas do exterior (**TCR**)	• Transferências Corrente Enviadas ao exterior (**TCE**) • Renda Disponível Bruta (**RDB**)
RNB+TCR	**TCE+ RDB**

Note então que os recursos na conta de distribuição secundária da renda são:

(i)   Renda Nacional Bruta (**RNB**).

(ii)   Transferências corrente recebidas do exterior (**TCR**). São as receitas da rubrica transferências unilaterais correntes do balanço de pagamentos tais como os donativos recebidos do exterior.

Então na conta de distribuição secundária da renda, o lado dos recursos é representado pelo total de renda nacional bruta acrescida dos donativos recebidos do exterior, ou seja: $\sum$ **recursos = RNB + TCR.**

Note também que os usos na conta de distribuição secundária da renda são:

(i) Transferências corrente enviadas ao exterior (**TCE**). São as despesas da rubrica transferências unilaterais correntes do balanço de pagamentos tais como os donativos cedidos ao exterior.

(ii) Renda Disponível Bruta (**RDB**).

Então na conta de distribuição secundária da renda o lado dos usos é representado pelo total da renda disponível bruta acrescida dos donativos enviados ao exterior, ou seja:

$$\sum \text{usos} = \text{TCE} + \text{RDB}$$

Como o total de usos é igual ao total de recursos, isto é, $\sum$ recursos = $\sum$ usos, têm-se que:
RNB + TCR = TCE + RDB.

Segue um exemplo:

Conta de Distribuição Secundária da Renda

Usos	Operações e Saldos	Recursos
	Renda Nacional Bruta (RNB)	1.501.032
	Outras transferências correntes líquidas (recebidas menos enviadas ao resto do mundo - TCL)	8.753
1.509.785	Renda Disponível Bruta (RDB)	1.509.785

Exercício:
Dados para uma economia hipotética:
Renda Nacional Bruta = 1000
Transferências Correntes Recebidas do exterior= 200
Transferências Correntes Enviadas ao exterior= 200
Calcule a Renda disponível Bruta.

Solução:
A Renda Disponível Bruta é obtida a partir da renda Nacional Bruta somando as transferências recebidas e subtraindo as transferências enviadas ao exterior, ou seja:
RDB = RNB + TCR - TCE = 1000 + 200 – 300 = 900

OBSERVAÇÃO: Como na conta de Distribuição Secundária da Renda podemos calcular a Renda Disponível Bruta (RDB) por diferença, ou seja, como: **RDB = RNB + TCR - TCE**, temos que a RDB é dita ser o saldo da conta de Distribuição Secundária da Renda, mais uma vez note que a palavra saldo está sendo usada em sentido figurado.

7.2.4. *Conta de Uso da Renda.*

A **Conta de Uso da Renda** mostra que a Renda Disponível Bruta (**RDB**) é utilizada para o financiamento do Consumo Final, sendo que o eventual excesso ou falta constitui a Poupança Bruta da economia, que pode ser positiva, negativa ou nula (usos). Portanto a conta de Uso da renda mostra como a renda nacional disponível bruta é alocada em consumo final (**CF**) e poupança bruta (**S$_b$**). Podemos apresentar a conta de uso da renda do modo abaixo:

Conta de Uso da Renda

Recursos	Usos
• Renda Disponível Bruta (**RDB**)	• Consumo Final (**CF**) • Poupança Doméstica Bruta (**S$_b$**)
RDB	**CF+ S$_b$**

Note então que os recursos na conta de uso da renda são constituídos somente por um ítem: a Renda Disponível Bruta (**RDB**), ou seja: $\sum$ **recursos = RDB.**

Note também que os usos na conta de Uso da renda são:

(i)   Consumo Final das famílias e do governo (**CF**).

(ii) Poupança doméstica Bruta (**S$_b$**).

Então na conta de Uso da renda, o lado dos usos é representado pela soma do Consumo final com a Poupança Bruta, ou seja: $\sum$ **usos = CF + S$_b$.**

Como o total de usos é igual ao total de recursos, isto é, $\sum$ recursos = $\sum$ usos, têm-se que:

RDB = CF + S$_b$.

Segue um exemplo:

Conta de Uso da Renda

Usos	Operações e Saldos	Recursos
	Renda Disponível Bruta (RDB)	1.509.785
1.192.613	Despesa de Consumo Final (CF)	
317.172	Poupança Bruta (Sb)	
1.509.785	Total	1.509.785

Exemplo: Calcule o Consumo Final das famílias e do governo sabendo que a Renda Disponível Bruta é de 1000 e a Poupança Bruta é 300.

Solução:

Pela conta de Uso da renda sabemos que a Renda Disponível Bruta pode ser alocada em consumo Final ou Poupança Bruta, ou seja: **RDB = CF + S$_b$,** então temos que **CF = RDB - S$_b$** = 1000 – 300 = 700.

Veja a seguir a questão de prova a seguir que "mistura" as contas de Uso e distribuição secundária da renda:

(Fundação Carlos Chagas/Analista do Banco Central do Brasil/2006) -Foram extraídos os seguintes dados das Contas Nacionais do Brasil de 2003, em milhões de reais (R$ 1.000.000,00):

Despesas de consumo final = 1.192.613 Saldo externo de bens e serviços = (-) 56.078 Produto Interno Bruto = 1.556.182 Poupança Bruta = 317.172 Transferências correntes recebidas liquidamente do exterior = 8.753 Formação Bruta de Capital Fixo = 276.741 Variação de Estoques = 30.750 Logo, a Renda Nacional Bruta da economia brasileira nesse ano correspondeu, em milhões de reais, a

a) 1.444.954
b) 1.501.032
c) 1.509.785
d) 1.518.538
e) 1.574.616

Solução:

A resposta é a letra "b", e para resolvê-la, primeiro deveremos obter o valor da Renda Disponível Bruta na "Conta de Uso da Renda" e, em seguida, ir na conta anterior, "Conta de Distribuição Secundária da Renda" para obter o valor da Renda Nacional Bruta. Dessa forma:

$$RDB = CF + Sb \Rightarrow RDB = 1.192.613 + 317.172 \Rightarrow RDB = 1.509.785$$

Agora, devemos substituir o valor obtido de RDB na conta anterior, para obter o valor da Renda Nacional Bruta:

$$RNB = RDB - TCL \Rightarrow RNB = 1.509.785 - 8.753 \Rightarrow RNB = 1.501.032$$

7.3. Contas de Acumulação de Capital

A conta de acumulação mostra como a poupança bruta e os fluxos de capital podem financiar os investimentos (a formação bruta de capital fixo e a variação dos estoques). Essa conta mostra a identidade entre poupança e investimento e também calcula a capacidade (+) ou a necessidade (-) de financiamento de um país.

O excesso da Poupança Bruta acrescida da transferência líquida de capitais sobre o investimento agregado é denominado **Capacidade líquida de financiamento**, ao passo que a insuficiência é chamada **Necessidade líquida de financiamento**. A soma do saldo em conta-corrente do Balanço de pagamento com o saldo da Conta de capital (as transferências líquidas de capital) pode ser positivo ou negativo, se o saldo da soma é positivo, temos um superávit financeiro e quando negativo indica a existência de um déficit que terá que ser financiado por meio da emissão de passivos financeiros. Podemos apresentar a conta de acumulação de capital do seguinte modo:

Conta de Acumulação do Capital

Recursos	Usos
• Poupança Doméstica Bruta (S_b) • Transferências de Capital Recebidas do exterior (**TKR**)	• Transferências de Capital Enviadas ao exterior (**TKE**) • Investimento (I) = FBKF + Δe • Capacidade(+)/Necessidade(-)
S_b+TKR	TKE+ I + C/N

Note então que os recursos na conta de acumulação de capital são:

- Poupança Bruta (S_b).
- Transferências de capital recebidas do exterior (**TKR**). São as receitas da rubrica Conta Capital do balanço de pagamentos tais como as receitas com transferências de capital de migrantes e com marcas e patentes (bens não financeiros e não produzidos).

Então na conta de acumulação de capital o lado dos recursos é representado pelo soma da poupança bruta e das transferências de capital recebidas do exterior, ou seja: $\sum$ **recursos** = S_b+**TKR**. Note também que os usos na conta de acumulação de capital são:

- Transferências de capital enviadas ao exterior (**TKE**). São as despesas da rubrica Conta Capital do balanço de pagamentos tais como as despesas com transferências de capital de migrantes e com marcas e patentes (bens não financeiros e não produzidos).
- Investimento (I): soma da Formação Bruta de Capital Fixo (FBKF) com as variações de estoques (Δe), ou seja: I = FBKF + Δe.
- Capacidade (+) / Necessidade (-) de Financiamento (**C/N**).

Então na conta de acumulação de capital o lado dos usos é representado pela soma das transferências de capital enviadas ao exterior com os investimentos e a capacidade (ou necessidade de financiamento), ou seja : $\sum$ **usos** = **TKE**+ **I** + **C/N**

Como o total de usos é igual ao total de recursos, isto é, $\sum$ recursos = $\sum$ usos, têm-se que:

S_b+**TKR** = **TKE**+ **FBKF** + Δe + **C/N.**

OBSERVAÇÃO 1: Como na conta de Acumulação de Capital podemos calcular a Capacidade/ Necessidade de Financiamento (**C/N**) por diferença, ou seja, como: **C/N**= S_b+**TKR** –**TKE**- **FBKF** - Δe, temos que a C/N é dita ser o saldo da conta de Acumulação de Capital, aqui também o termo *saldo* está sendo usada em sentido figurado.

OBSERVAÇÃO 2: Na conta de Acumulação de Capital podemos omitir as transferências de capital recebidas e enviadas ao exterior e em consequência a Capacidade/Necessidade de Financiamento (**C/N**) deve ser substituída pelo Saldo em conta-corrente do Balanço de Pagamento (**T**), ou seja, a equação S_b+**TKR** = **TKE**+ **FBKF** + Δe + **C/N** transforma-se em S_b = **FBKF** + Δe + **T**, ou seja, como o Investimento I é dado por I = FBKF + Δe, temos que S_b = (**FBKF** + Δe) + **T** = **I** + **T,** isto é:**T** = S_b – **I.**

Segue um exemplo:

Variações de ativos = Uso	Conta de Acumulação	Variações de passivo e PL = Recurso
	Conta de Capital	
	Poupança Bruta	149.491
184.087	Formação Bruta de Capital Fixo	
11.314	Variação de Estoque	
29	Transferências de capital enviadas e recebidas do resto do mundo	91
(-) 45.848	**Capacidade (+) ou Necessidade (-) de Financiamento**	
149.582		149.582

Nota: PL significa patrimônio líquido.

O sinal negativo do saldo na tabela indica que, dado o volume dos investimentos efetuados, a poupança doméstica foi complementada com a poupança externa do ano em questão.

Vamos resolver uma questão de prova:

(ESAF/AFRF/2002) – No ano de 1999, a conta de capital do sistema de contas nacionais no Brasil apresentou os seguintes dados (em R$ 1.000.000):

Poupança bruta: 149.491

Formação bruta de capital fixo: 184.087

Variação de estoques: 11.314

Transferências de capital enviada ao resto do mundo: 29

Transferências de capital recebida do resto do mundo: 91

Com base nessas informações, é correto afirmar que a necessidade de financiamento foi igual a:

a) 34.566

b) 45.848

c) 80.414

d) 11.282

e) 195.401

Solução:

A resposta é a letra "b". Na metodologia antiga, sabemos que a poupança agregada (poupança interna e poupança externa) igual o investimento agregado (formação bruta de capital fixo mais variação de estoques. Considere as seguintes variáveis:

TKE = Transferências de capital enviada ao exterior

TKR = Transferências de capital recebida do exterior

$(+S_e = -T)$ = Poupança externa, que equivale a um déficit em transações correntes.

C/N = capacidade ou necessidade de financiamento da economia.

Essa identidade entre poupança e investimento também é observada na conta de capital da seguinte forma:

$$\underbrace{S_b + C/N + (TKR - TKE)}_{Poupança\ Agregada} = \underbrace{(FBKF + \Delta e)}_{Investimento\ Agregado} \Rightarrow \underbrace{S_b + (TKR - TKE)}_{=Poupança\ Interna}$$

$$= FBKF + \Delta e - C/N \Rightarrow S_b + (TKR - TKE) = (FBKF + \Delta e) - C/N$$

$$\Rightarrow 149.491 + (91 - 29) = (184.087 + 11.314) - C/N \Rightarrow 149.553$$

$$= 195.401 - C/N \Rightarrow S_e = 195.401 - 149.553 \Rightarrow C/N = 45.848$$

Em outras palavras, o lado da poupança interna (poupança nacional ou poupança doméstica) pode ser expresso pela poupança bruta (149.491), mais as transferências de capital recebidas do resto do mundo, de 91, menos as transferências enviadas, de 29, e somam 149.553. A diferença entre o investimento agregado, de 195.401, e a poupança interna, de 149.553, que é igual a 45.848, corresponde ao valor do investimento realizado que a economia ainda tem necessidade de financiar. Ou seja, a necessidade de financiamento será a diferença entre esses dois valores (195.430 − 149.582 = 45.848).

7.4. Conta do Setor Externo (Resto do Mundo)

A **Conta do Setor Externo ou do Resto do Mundo** mostra o saldo corrente externo obtido pelo Resto do Mundo com a economia do país e, portanto os valores que o país recebe do exterior (transferências correntes recebidas do exterior, transferências de capital recebidas do exterior, rendas de propriedades recebidas do exterior) representam um USO para o setor externo e os valores que o país envia ao exterior (transferências correntes enviadas ao exterior, transferências de capital enviadas ao exterior, rendas de propriedades enviadas ao exterior) representam um RECURSO para o setor externo. Essa conta nada mais é senão a identidade T = H − RLE (na metodologia antiga) ou T = H − RLE + TUC (na nova metodologia do balanço de pagamento). Podemos apresentar a conta do Setor Externo do seguinte modo:

Conta do Setor Externo

Recursos	Usos
• Transferências correntes Enviadas ao exterior (**TCE**) • Transferências de Capital Enviadas ao exterior (**TKE**) • Rendas de Propriedades Enviadas ao exterior (**RPE**) • Rendas do Trabalho Enviadas ao exterior ($\mathbf{W_{nr}}$) • Capacidade/Necessidade de Financiamento (**C/N**) • Importações (**M**)	• Transferências correntes Recebidas do exterior (**TCR**) • Transferências de Capital Recebidas do exterior (**TKR**) • Rendas de Propriedades recebidas do exterior (**RPR**) • Rendas do Trabalho Recebidas do exterior ($\mathbf{W_r}$) • Exportações (**X**)
$\mathbf{TKE+TCE+RPE+W_{nr}+C/N+M}$	$\mathbf{TKR+TCR+RPR+W_r+X}$

Note então que os recursos na conta do setor externo são:

- Transferências correntes Enviadas ao exterior (**TCE**). São as despesas com transferências unilaterais correntes (donativos enviados)

- Transferências de Capital Enviadas ao exterior **(TKE).** São as despesas da conta capital (despesas com transferências unilaterais de migrantes e com marcas e patentes)

- Rendas de Propriedades Enviadas ao exterior (**RPE**). São as despesas com rendas de propriedades do balanço de rendas (lucros enviados ao exterior e juros pagos ao exterior)

- Rendas do Trabalho Enviadas ao exterior ($\mathbf{W_{nr}}$). São as despesas com rendas do trabalho do balanço de rendas (salários e ordenados pagos pelos residentes por serviços de mão-de-obra contratados junto a não residentes)

- Importações de bens e serviços (M). São as despesas do balanço comercial e do balanço de serviços

- Capacidade/Necessidade de Financiamento (**C/N**). É a soma do saldo em conta-corrente com a conta capital do balanço de pagamentos; o saldo positivo é chamado de capacidade de financiamento e o saldo negativo é chamado de necessidade de financiamento.

Então na conta do setor externo o lado dos recursos é:

$$\sum \text{recursos} = TKE+TCE+RPE+W_{nr}+C/N+M.$$

Note também que os usos na conta do setor externo são:

- Transferências correntes Recebidas do exterior (**TCR**). São as receitas com transferências unilaterais correntes (donativos recebidos do exterior)

- Transferências de Capital recebidas do exterior (**TKR**). São as receitas da conta capital (receitas com transferências unilaterais de migrantes e com marcas e patentes)

- Rendas de Propriedades recebidas do exterior (**RPR**). São as receitas com rendas de propriedades do balanço de rendas (lucros e juros recebidos do exterior)

- Rendas do Trabalho Recebidas do exterior (W_r). São as receitas com rendas do trabalho do balanço de rendas (salários e ordenados recebidos pelos residentes por serviços de mão-de-obra prestados junto a não residentes)

- Exportaçoes de bens e serviços (X). São as receitas do balanço comercial e do balanço de serviços.

Então na conta do setor externo o lado dos usos é:

$$\sum \text{recursos} = TKR+TCR+RPR+W_r+X$$

Como o total de usos é igual ao total de recursos, isto é, $\sum$ recursos = $\sum$ usos, têm-se que:

$$TKE+TCE+RPE+W_{nr}+C/N+M = TKR+TCR+RPR+W_r+X.$$

OBSERVAÇÃO:
Na conta do Setor Externo podemos omitir as transferências de capital recebidas e enviadas ao exterior e em consequência a Capacidade/Necessidade de Financiamento (**C/N**) deve ser substituída pelo Saldo em conta-corrente do Balanço de Pagamento (**T**), ou seja, a equação: $TKE+TCE+RPE+W_{nr}+C/N+M = TKR+TCR+RPR+W_r+X$. Transforma-se em : $TCE+RPE+W_{nr}+T+M = TCR+RPR+W_r+X$

(AOCP Concursos Públicos/Auditor – Economia/Companhia Catarinense de Água e Saneamento/2008) – O Sistema de Contas Nacionais permite não somente analisar, de forma integrada, a forma como o setor institucional participa da geração, apropriação, distribuição e uso da renda nacional e da acumulação de ativos não-financeiros, como também evidencia as relações entre a economia nacional e o resto do mundo. A estrutura central de um sistema completo de contas nacionais é composta de cinco blocos – entre elas as Contas Econômicas Integradas (CEI) –, que se articulam e são totalmente consistentes porque utilizam os mesmos conceitos, definições, classificações e regras contábeis. As CEI constituem o núcleo central do Sistema de Contas Nacionais, oferecendo uma visão do conjunto da economia. Estas contas estão estruturadas em três subconjuntos assinale-os.

a) Contas de acumulação, contas correntes e contas patrimoniais.

b) Fatores de produção, Preços e Arrecadação de tributos x Gastos Públicos.

c) Arrecadação de tributos, Composição das despesas Públicas e Rendas.

d) PIB, Renda Nacional Bruta e Poupança.

e) Renda Nacional Disponível Bruta, Poupança Bruta e Capacidade/necessidade líquida de financiamento.

Solução:

A resposta é a letra "a". Podemos considerar que as Contas Econômicas Integradas são compostas por três principais contas: contas de acumulação, contas correntes e contas patrimoniais.

8. Glossário e Resumo das Contas

CF = Consumo Final das famílias e do governo (C + G)

CI = Consumo Intermediário

Δe = Variação de Estoque

DISP = Demais Impostos sobre Produtos

ISM = Imposto sobre Importação

EOB = Excedente Operacional Bruto (inclusive rendimentos de autônomos)

FBKF = Formação Bruta de Capital Fixo

ILS = Imposto sobre a Produção e a Importação (Líquido de Subsídios)-Ótica da renda

ISP = Imposto sobre Produto (Líquido de Subsídios)- ótica do produto

ISP = ISM + DISP

M = Importação de Bens e Serviços

X = Exportação de Bens e Serviços

P = Produção

RemEmp = Remuneração dos Empregados (inclusive encargos sociais)

W= Receitas (ou despesas) de Rendas do trabalho **entre residentes**

W_r = Receitas com Rendas do trabalho do balanço de pagamento.

W_{nr} = Despesas com Rendas do trabalho do balanço de pagamento.

RemEmp= W + W_{nr} = Na conta de geração da renda

RemEmp= W + W_r = Na conta de alocação da renda

RNB = Renda Nacional Bruta

RDB = Renda Disponível Bruta

RPE = Rendas de Propriedades Enviadas

RPR = Rendas de Propriedades Recebidas

S_b = Poupança Bruta

T = Saldo em Transações Correntes

S_e = - **T**=Saldo de Operações Correntes com o Resto do Mundo =Poupança Externa= Saldo Externo

CK= Conta Capital do balanço de pagamentos

C/N = T + CK= Capacidade de Financiamento (+) ou Necessidade de Financiamento (-)

TCE = Transferências Correntes Enviadas

TCR =Transferências Correntes Recebidas

TKE = Transferência de Capital Enviada ao Exterior

TKR =Transferência de Capital Recebida do Exterior

CK= TKR – TKE = TKL= Transferência de Capital Líquida ou conta capital

Tabela de Contas Nacionais

Contas				Nome	Recursos	Usos	Saldos
		Grupo A		Conta de Bens e Serviços	$P + ISP + M$	$CI + CF + FBKF + + \Delta e + X$	–
Grupo B	Conta 2	Conta 1 (Produção)		Conta de Produção	$P + ISP$	$PIB + CI$	PIB
		Conta 2.1 Distribuição Primária da Renda	Conta 2.1.1	Conta de Geração de Renda	PIB	$RemEmp + EOB + ILS$	–
			Conta 2.1.2	Conta de Alocação da Renda	$EOB + RemEmp + ILS + RPR$	$RNB + RPE$	RNB
		Conta 2.2		Conta de Distribuição Secundária da Renda	$RNB + TCR$	$TCE + RDB$	RDB
	(Renda)	Conta 2.3		Conta de Uso da Renda	RDB	$CF + S_b$	–
		Conta 3 (Capital)		Conta de Acumulação	$S_b + TKR$	$FBKF + + \Delta e + TKE + C/N$	C / N
		Grupo C		Conta de Operações Correntes com o Mundo	$C/N + M + RPE + TCE + TKE + W_{nr}$	$X + RPR + TCR + TKR + W_r$	

Capítulo 3

Determinação da Taxa de Câmbio

1. DEFINIÇÃO DE DIVISAS

> Divisas: são definidas como moeda e títulos estrangeiros de curto prazo.

2. MERCADO DE DIVISAS

No mercado de câmbio, as divisas são compradas e vendidas como se fosse uma mercadoria como outra qualquer.

No mercado cambial a oferta de dólares é sinônimo de demanda por reais pois quem vende dólar (US$) está comprando real (R$) e vice-versa, a **demanda por dólares é igual à oferta de reais** pois quem compra dólar está vendendo real.

No mercado de divisas:

A oferta de US$ (demanda por R$) é feita por:

(i) exportadores de bens e serviços;

(ii) investidores estrangeiros no país.

A demanda por US$ (oferta de R$) é feita por:

(i) importadores de bens e serviços;

(ii) investidores nacionais no exterior.

3. OFERTA DE DÓLARES (DEMANDA POR REAL)

A oferta de divisas (entrada de dólares no país) é proveniente das seguintes transações do balanço de pagamentos: Exportação de bens; Receitas de viagens internacionais (receitas de turismo); Receitas de fretes; Receitas de seguros; Receitas de serviços governamentais; Receitas de outros serviços não-fatores; Recebimento de juros; Receitas de rendas do trabalho; *Royalties* recebidos; Donativos recebidos em espécie do exterior; Entrada de investimentos diretos; Empréstimos obtidos junto a não-residentes; Recebimento de amortização.

4. DEMANDA POR DÓLARES (OFERTA DE REAIS)

A demanda por divisas (saída de dólares do país) é proveniente das seguintes transações do balanço de pagamentos: Importação de bens; Despesas com viagens internacionais (despesas com turismo); Despesas com fretes; Despesas com seguros; Despesas com serviços governamentais; Despesas com outros serviços não-fatores; Pagamento de juros; Envio de lucros para o exterior; Despesas com rendas do trabalho; Pagamento de *royalties*; Envio de donativos em espécie para o exterior; Saída de investimentos diretos; Empréstimos cedidos a não-residentes; Pagamento de amortização.

5. TAXA NOMINAL DE CÂMBIO NA COTAÇÃO DO CERTO E DO INCERTO

A taxa nominal de câmbio é o preço relativo entre as moedas de dois países. A taxa de câmbio pode ser expressa na cotação do certo ou na do incerto. A maioria dos países, inclusive o Brasil, adota a cotação do incerto. As moedas mais fortes seguem a cotação do certo como é o caso do dólar (US$), da libra e do euro. A cotação do **incerto** também é conhecida como método **direto,** enquanto a cotação do **certo** é o **método indireto**.

Na cotação do **incerto,** a taxa de câmbio é definida como **o preço da moeda estrangeira expressa em moeda nacional**. Na cotação do **certo,** a taxa de câmbio é **o preço da moeda nacional expressa em moeda estrangeira.**

A diferença entre a cotação do certo e do incerto é muito importante e trata-se de uma das famosas "pegadinhas" nas provas de concurso público.

COTAÇÃO DO INCERTO (MÉTODO DIRETO)

Na cotação do incerto a taxa de câmbio é o preço da moeda estrangeira expresso em moeda nacional. Por exemplo, se a taxa de câmbio é de 2 R$/US$, então para comprar um dólar é necessário ter 2 reais. Note então que na cotação do incerto, um **aumento** da taxa de câmbio representa uma **desvalorização** da moeda nacional, enquanto uma **diminuição** (redução) da taxa de câmbio representa uma **valorização** da moeda nacional.

COTAÇÃO DO CERTO (MÉTODO INDIRETO)

Na cotação do certo a taxa de câmbio é o preço da moeda nacional expresso em moeda estrangeira. Por exemplo: se o Brasil adotasse a cotação do certo e a taxa de câmbio fosse de 0,5 US$/R$ então para comprar um real seria necessário ter 0,5 dólares. Na cotação do certo, um **aumento** da taxa de câmbio representa uma **valorização** da moeda nacional, enquanto uma **diminuição** (redução) da taxa de câmbio representa uma **desvalorização** da moeda nacional.

(Cespe-UnB/Economista/Conselho Administrativo de Defesa Econômica - CADE/2014) – Julgue o item a seguir como verdadeiro ou falso.

A taxa de cambio pode ser expressa pela convenção do certo ou pela convenção do incerto. Na Inglaterra e nos Estados Unidos, a convenção do certo cota a moeda nacional em termos da moeda estrangeira.

Solução:

Verdadeiro. Na cotação do certo (ou método indireto), a taxa de câmbio é o preço da moeda nacional expresso em moeda estrangeira. Por exemplo, se o Brasil adotasse a cotação do certo e a taxa de câmbio fosse de 0,5 US$/R$, então, para comprar um real seria necessário ter 0,5 dólares.

RESUMO

(i) Na cotação do incerto (caso brasileiro):

- **aumentar** a taxa de câmbio significa **desvalorizar** a moeda nacional;
- **diminuir** a taxa de câmbio significa **valorizar** a moeda nacional.

(ii) Na cotação do certo:

- **aumentar** a taxa de câmbio significa **valorizar** a moeda;
- **diminuir** a taxa de câmbio significa **desvalorizar** a moeda nacional.

OBSERVAÇÕES

1. Uma **desvalorização** de 10% na cotação do incerto representa um **aumento** de 10% na taxa de câmbio (fator multiplicativo 1,1).

2. Uma **desvalorização** de 10% na cotação do certo representa uma **diminuição** de 10% na taxa de câmbio (fator multiplicativo 0,9).

3. Uma **valorização** de 10% na cotação do incerto representa uma **diminuição** de 10% na taxa de câmbio (fator multiplicativo 0,9).

4. Uma **valorização** de 10% na cotação do certo representa um **aumento** de 10% na taxa de câmbio (fator multiplicativo 1,1).

---

6. DIFERENÇA ENTRE A TAXA REAL DE CÂMBIO (Z) E A TAXA NOMINAL DE CÂMBIO (E)

6.1. Taxa Real de Câmbio (Z) versus Taxa Nominal de Câmbio (E)

A taxa **nominal** de câmbio é o preço relativo entre as moedas de dois países, enquanto a taxa **real** de câmbio é o preço relativo entre os bens e serviços desses países, ou seja:

- taxa **nominal** de câmbio (**E**): é uma paridade entre **moedas**;
- taxa **real** de câmbio (**Z**): é uma paridade entre **produtos** (bens e serviços).

6.2. Desvalorização Real versus Desvalorização Nominal

Uma desvalorização <u>nominal</u> da moeda nacional significa que a moeda nacional se des-valorizou em termos de moeda estrangeira, isto é, que é necessária menos moeda estrangeira para se comprar a moeda nacional. **Uma desvalorização real da moeda nacional significa que os produtos nacionais (bens e serviços produzidos no país) estão mais baratos em relação aos produtos estrangeiros** (bens e serviços produzidos no exterior) e, portanto, ganham competitividade (atratividade) no mercado internacional, logo, as exportações aumentam.

6. 3. Valorização real x Valorização nominal

Uma valorização nominal da moeda nacional significa que a moeda nacional se valorizou em termos de moeda estrangeira, isto é, que é necessário ter mais moeda estrangeira para se comprar a moeda nacional. **Uma valorização real da moeda nacional significa que os produtos nacionais (bens e serviços produzidos no país) estão mais caros em relação aos produtos estrangeiros** (bens e serviços produzidos no exterior) e, portanto, perdem competitividade (atratividade) no mercado internacional; logo, as exportações diminuem.

7. A TAXA REAL DE CÂMBIO NA COTAÇÃO DO INCERTO

$$Z = E \times \left(\frac{P^{ext}}{P^{int}} \right)$$

Onde:
Z = taxa real de câmbio
E = taxa nominal de câmbio
P^{ext} = nível de preço externo
P^{int} = nível de preço interno

A taxa real de câmbio (Z), na cotação do incerto, é dada pelo produto da taxa nominal de câmbio (E) e pela razão entre o nível de preços externo e interno (P^{ext}/P^{int}). Como estamos na cotação do incerto, um aumento de Z representa uma desvalorização real, ao passo que uma diminuição de Z representa uma valorização real.

A fórmula anterior também pode ser escrita como:

$$(1 + Z\%) = (1 + E\%) \times \left(\frac{1 + P^{ext}\%}{1 + P^{int}\%} \right)$$

8. A TAXA REAL DE CÂMBIO NA COTAÇÃO DO CERTO

$$Z = E \times \left(\frac{P^{int}}{P^{ext}} \right)$$

Onde:
Z = taxa real de câmbio
E = taxa nominal de câmbio
P^{ext} = nível de preço externo
P^{int} = nível de preço interno

A taxa real de câmbio (Z), na cotação do certo, é dada pelo produto da taxa nominal de câmbio (E) pela razão entre o nível de preço interno e externo.

Como estamos na cotação do certo, um aumento de Z representa uma valorização real, ao passo que uma diminuição de Z representa uma desvalorização real. A fórmula anterior também pode ser escrita como:

$$\left(1 + Z\%\right) = \left(1 + E\%\right) \times \left(\frac{1 + P^{int}\%}{1 + P^{ext}\%}\right)$$

(Economista/CODERNE/2005) - A taxa de câmbio relevante para determinar os fluxos comerciais entre os países é

a) a taxa de câmbio real, que considera a taxa de câmbio nominal e os índices de preço apenas dos produtos estrangeiros.

b) a taxa de câmbio nominal, que desconsidera a taxa de câmbio real e os índices de preço apenas dos produtos nacionais.

c) a taxa de câmbio real, que considera a taxa de câmbio nominal e os índices de preço dos produtos nacional e estrangeiro.

d) a taxa de câmbio nominal, que desconsidera a taxa de câmbio real e os índices de preço dos produtos nacional e estrangeiro.

Solução:

A resposta é a letra "c". A resposta é a letra "c", pois a taxa relevante para estimular ou desestimular as exportações é a taxa de câmbio real, e não a taxa de câmbio nominal.

9. TABELA RESUMO

Cotação	Um aumento da taxa real ($Z\uparrow$) representa	Um aumento da taxa nominal ($E\uparrow$) representa	Uma diminuição da taxa real ($Z\downarrow$) representa	Um diminuição da taxa nominal ($E\downarrow$) representa
Incerto	Uma desvalorização real	Uma desvalorização nominal	Uma valorização real	Uma valorização nominal
Certo	Uma valorização real	Uma valorização nominal	Uma desvalorização real	Uma desvalorização nominal

10. EFEITOS DA INFLAÇÃO NO CÂMBIO

Efeitos da inflação nas contas externas:

- A inflação causa déficit externo:
- A deflação causa superávit externo.

Quando a inflação interna é maior do que a inflação externa (ou quando o nível de preço interno é maior que o nível de preço externo) e a taxa nominal de câmbio são mantidas constantes, os produtos nacionais ficam mais caros que os produtos estrangeiros (valorização real) e, portanto, os produtos nacionais perdem competitividade no mercado internacional e as exportações diminuem, gerando um déficit no balanço de pagamento, ou seja: o ônus da inflação é a ocorrência de um déficit externo.

De modo análogo, quando a inflação interna é menor do que a inflação externa (ou quando o nível de preço interno é menor que o nível de preço externo) e a taxa nominal de câmbio é mantida constante, os produtos nacionais ficam mais baratos que os produtos estrangeiros (desvalorização real) e, portanto, os produtos nacionais ganham competitividade no mercado internacional e as exportações aumentam, gerando um superávit no balanço de pagamento, ou seja: o benefício da deflação é a ocorrência de um superávit externo.

Em outras palavras o **ônus da inflação é a geração de um déficit em conta-corrente do balanço de pagamento (déficit em transações correntes)** e o **benefício da deflação é a geração de um superávit em conta-corrente do balanço de pagamento**.

11. O SISTEMA DE MINIDESVALORIZAÇÕES

O **sistema de minis desvalorizações** (*crawling peg ou sistema de serpenteamento*)**,** seguindo a regra da **Paridade do Poder de Compra (PPC),** é um arranjo especial usado em várias nações em desenvolvimento, na qual se define uma taxa inicial fixa ajustada periodicamente de acordo com um cronograma ou fórmula predeterminada. Nos processos inflacionários sérios, as minidesvalorizações em intervalos curtos ajudam a regularizar o fluxo comercial com o exterior. Além disso, a política de minidesvalorizações visa manter o nível das exportações. No Brasil, esse sistema funcionou ininterruptamente até fevereiro de 1986, quando o Plano Cruzado restabeleceu o sistema de taxa de câmbio fixa. Logo, ao se utilizar as políticas de minidesvalorização, o governo pretendia manter o nível de exportações e importações, tendo em vista que a taxa real de câmbio se mantinha constante.

Analise a seguinte questão:

(Fundação Cesgranrio/Profissional de Nível Superior I – Ciências Econômicas/CHESF/2012) - O regime cambial de minidesvalorizações é caracterizado pela (o)

a) influência direta da autoridade monetária nos movimentos da taxa de câmbio por meio da intervenção ativa no mercado de câmbio sem especificar uma trajetória pré-anunciada para a taxa de câmbio.

b) manutenção do valor da moeda dentro de certas margens de flutuação em torno de uma taxa central, sendo ajustada periodicamente a uma taxa fixa pré-anunciada ou como resposta a mudanças em indicadores selecionados.

c) manutenção do valor da moeda dentro de margens de flutuação em torno de um atrelamento fixo, em torno de uma taxa central.

d) atrelamento do valor da moeda a uma moeda principal (por exemplo, o dólar) ou a uma cesta de moedas a uma taxa fixa, em que a taxa de câmbio flutua dentro de uma margem pequena em torno de uma taxa central.

e) ajustamento periódico do valor da moeda em montantes pequenos, de acordo com uma taxa fixa pré-anunciada ou como resposta a mudanças em indicadores selecionados.

Solução:

A resposta é a letra "E". O sistema de minidesvalorizações (também conhecido por sistema de serpenteamento ou *crawling peg*) é um arranjo especial usado em várias nações em desenvolvimento, em que se define uma taxa inicial fixa, ajustada periodicamente de acordo com um cronograma ou fórmula predeterminada. Nos processos inflacionários sérios, as minidesvalorizações em intervalos curtos ajudam a regularizar o fluxo comercial como o exterior, bem como visa manter o nível das exportações.

12. A LEI DO PREÇO ÚNICO (LPU)

Suponha um mercado interno e um mercado estrangeiro que estejam integrados, de modo que uma série de mercadorias possa ser comercializada entre os dois mercados. Mas aí surge uma complicação: um mesmo produto terá um preço na moeda nacional no país produtor e um preço na moeda do país comprador. Pela Lei do Preço Único, os dois preços devem ser iguais quando expressos em uma moeda comum. Portanto, para aplicar essa lei, precisa-se de uma taxa de câmbio para converter a moeda estrangeira em nacional, e vice-versa.

A Lei do Preço Único afirma que o nível de preços interno deve ser igual a:

$$P^{int} = E \times P^{ext}$$

Se o ouro no Brasil custa 700 reais a onça, e a taxa cambial é de 3 dólares por um real, o preço em dólares do outro no Brasil é de 2.100 dólares por onça, isto é:

2.100 dólares/onça = 700 reais/onça × 3 dólares/reais

(Cespe-UnB/Economista/Funcap/2004) - Julgue o seguinte item, que se refere à economia internacional.

A Lei do Preço Único (Law of One Price) afirma que, em um mundo em que impera o livre-comércio e não existem custos de transporte, as taxas de câmbio se ajustarão até que o custo de aquisição de uma dada cesta de bens se iguala em todos os mercados.

Solução:

Essa afirmativa é verdadeira, pois nada mais é, senão, outra maneira de enunciar a Lei do Preço Único.

13. A PARIDADE DO PODER DE COMPRA (PPC)

A Paridade do Poder de Compra (PPC) significa manter a taxa real de câmbio constante. A taxa de câmbio de equilíbrio de uma economia deve corresponder à razão entre os níveis de preços de bens e serviços produzidos interna e externamente. Paridade do Poder de Compra significa fazer desvalorizações nominais para compensar a valorização real causada pela inflação, de maneira a manter o câmbio real constante.

A PPC, em sua versão absoluta, significa que a taxa de câmbio real é sempre igual a 1:

$$Z = E \times (P^{ext}/P^{int}) \Rightarrow 1 = E \times (P^{ext}/P^{int}) \Rightarrow E = (P^{int}/P^{ext})$$

Conforme argumenta Krugman e Obtsfeld (1997)[1], "a Lei do Preço Único, apesar de ser semelhante à Paridade do Poder de Compra (PPC), é diferente dela. Enquanto a LPU se aplica a produtos específicos, a PPC se refere ao nível geral de preços, refletindo os preços de todos os produtos que compõem determinado certa de bens e serviços de referências".

A doutrina da PPC amplia a Lei do Preço Único de mercadorias isoladas a uma cesta de bens e serviços que determina o nível médio de preços em uma economia.

13.1. Fórmula de Cassel (Forma Comparativa) da PPC na Cotação do Incerto

FÓRMULA DE CASSEL DA PPC NA COTAÇÃO DO INCERTO

$$E' = E \times \left(\frac{P^{int}}{P^{ext}} \right)$$

Onde:
E' = taxa nominal de câmbio antiga
E = nova taxa nominal de câmbio a fim de manter a PPC
P^{ext} = nível de preço externo
P^{int} = nível de preço interno

A fórmula de Cassel é utilizada para se calcular as desvalorizações nominais que corrigem as valorizações reais causadas pela inflação de maneira a se manter a paridade do poder de compra, isto é, de manter o nível das exportações.

Sabemos que o ônus da inflação é um déficit no balanço de pagamento, isto é, quando a inflação interna é maior do que a externa, ocorre uma valorização real, ou seja, os produtos nacionais ficam mais caros e as exportações diminuem. O leitor pode tentar imaginar o que aconteceria com as exportações de um país caso a inflação interna seja muito superior à inflação externa. Por exemplo, na década de 1980, o Brasil chegou a ter uma inflação de 80% ao mês e nos Estados Unidos a inflação era de 6% ao ano.

O leitor notará que numa situação como a descrita, caso o Banco Central mantivesse a taxa nominal de câmbio constante, as exportações do país cairiam vertiginosamente causando um grande déficit no balanço comercial e de serviços e, consequentemente, desequilibrando as contas externas do país. Para evitar esse desequilíbrio externo, o Banco Central era obrigado a realizar desvalorizações nominais da moeda nacional em relação ao dólar a fim de manter o nível das exportações (manter a paridade do poder de compra). A fórmula de Cassel é utilizada para se calcular essas desvalorizações nominais que compensam as valorizações reais geradas pela inflação.

Na década de 1980, no Brasil, essas desvalorizações nominais compensatórias se tornaram diárias e representavam uma realimentação no processo inflacionário pois cada desvalorização nominal aumentava as expectativas inflacionarias que, por sua vez, aumentavam a inflação, o que causava uma desvalorização real dos produtos nacionais que exigiam maiores desvalorizações nominais compensatórias.

---

[1] KRUGMAN, P. R.; OBSTFELD, M. International Economics: Theory and Policy. 4ª edição. Massachusetts: Addison Wesley, 1997, p, 766.

(Cespe-UnB/Técnico Científico – Economia/BASA/2007) – Julgue o item a seguir como verdadeiro ou falso.

No longo prazo, o fato de as taxas de câmbio nominal entre países com níveis similares de desenvolvimento econômico tenderem a flutuar em torno de níveis que garantem custos similares para determinada cesta de bens e serviços é compatível com a teoria da paridade do poder de compra.

Solução:

Verdadeiro. A fórmula de Cassel da PPC na cotação do incerto será dada por:

$$E' = E \times \frac{P^{int}}{P^{ext}}$$

Onde E é a taxa de câmbio nominal antiga, E' é a nova taxa de câmbio nominal a fim de manter a PPC, P^{int} é o nível de preços internos e P^{ext} é o nível de preços externos. Por exemplo, se o nível de preços externos aumentar em relação ao nível de preços internos, a taxa de câmbio real irá cair, ou seja, haverá uma apreciação real da moeda nacional.

13.2. Fórmula de Cassel (Forma Comparativa) da PPC na Cotação do Certo

FÓRMULA DE CASSEL DA PPC NA COTAÇÃO DO CERTO

$$E' = E \times \left(\frac{P^{ext}}{P^{int}} \right)$$

E = taxa nominal de câmbio antiga
E' = nova taxa nominal de câmbio a fim de manter a PPC
P^{ext} = nível de preço externo
P^{int} = nível de preço interno

OBSERVAÇÕES

1. Note que a fórmula da taxa real de câmbio depende do tipo de Cotação (incerto ou do certo).

2. A fórmula de Cassel para a Paridade do Poder de Compra também depende do tipo de cotação.

3. Fixada a cotação, não confundir a fórmula de definição da taxa real de câmbio com a fórmula de Cassel. A fórmula de definição da taxa real de câmbio é utilizada para se calcular as valorizações ou desvalorizações reais e envolve o câmbio nominal e real, enquanto a fórmula de Cassel só deve ser utilizada a fim de se manter a paridade do poder de compra (PPC) e envolve apenas taxas nominais de câmbio.

4. Na cotação do incerto, a fórmula de definição da taxa real de câmbio $[Z = E \times (P^{ext}/P^{int})]$ apresenta o nível de preços externo no numerador, enquanto que a fórmula de Cassel correspondente $[E' = E \times (P^{int}/P^{ext})]$ apresenta o nível de preços externo no denominador. Na cotação do certo, a fórmula de definição da taxa real de câmbio $[Z = E \times (P^{int}/P^{ext})]$ apresenta o nível de preços

externo no denominador, enquanto que a fórmula de Cassel correspondente $[E' = E \times (P^{ext}/P^{int})]$ apresenta o nível de preços externo no numerador.

5. A fórmula de Cassel deve ser utilizada quando o comando da questão pede para se calcular a taxa de câmbio:

    (i)   a fim de manter a Paridade do Poder de Compra;

    (ii)   a fim de manter o equilíbrio no balanço de pagamento;

    (iii) a fim de manter o nível das exportações constantes;

    (iv)   que corrige as distorções criadas pela inflação no balanço de pagamento.

(Cespe/UnB/Terceiro Secretário da Carreira de Diplomata/2003) - Julgue o item a seguir:

De acordo com a hipótese da paridade do poder de compra, a longo prazo, a taxa de câmbio entre duas moedas nacionais quaisquer deve refletir o diferencial de inflação existente entre essas duas economias.

Solução:

Esse item é verdadeiro, como pode ser verificado pela versão absoluta da PPC

(Cespe-UnB/Economista Pleno/Petrobras/2004) - Julgue o item a seguir:

No longo prazo, a teoria da paridade do poder de compra implica que o diferencial da taxa de juros entre países deve refletir a expectativa de desvalorização cambial e o comportamento do nível dos preços.

Solução:

Esse item é falso porque a hipótese da paridade do poder de compra, a longo prazo, implica que a taxa de câmbio entre duas moedas nacionais quaisquer deve refletir o **diferencial de inflação existente entre essas duas economias**.

14. ARBITRAGEM

Arbitragem é o preço que garante que a lei do preço único vai ocorrer. Em outras palavras, arbitragem é a mecânica de **compra** de uma moeda no mercado em que seu preço está baixo, e de **venda** no mercado em que seu preço está alto, obtendo-se, assim, um lucro. Suponha que o preço do ouro no Brasil seja 2.500 reais. Haveria uma oportunidade de obter lucro importando-se ouro dos Estados Unidos para que fosse vendido no Brasil. A concorrência entre os importadores baixaria o preço para 2.100 reais. Ou, então, os brasileiros não comprariam o ouro no Brasil porque seria mais barato comprá-lo no exterior. Isso explica, por exemplo, a razão pela qual o preço de 1.800 reais por onça não pode ser o preço de equilíbrio deste exemplo.

As operações de arbitragem entre taxas de câmbio, baseadas em uma circulação extremamente rápida de informações, asseguram a coerência das cotações entre os distintos mercados de câmbio. O objetivo é tirar o benefício da divergência de taxas entre duas praças financeiras. O movimento prossegue até o desaparecimento do diferencial. A arbitragem pode ser indireta. Ocorre quando um operador de câmbio, atuando em sua mesa (base), efetua transações envolvendo as moedas nacionais de duas praças estrangeiras, arbitrando entre as duas moedas ou entre mais de duas.

(IADES/Economista/Superintendência do Desenvolvimento da Amazônia/Ministério da Integração Nacional/2013) – "A teoria da paridade do poder de compra se baseia em um princípio chamado de lei do preço único. Essa lei afirma que um bem deve ser vendido pelo mesmo preço em todas as localidades. Essa teoria pressupõe que, quando os preços de uma mercadoria são diferentes entre dois mercados, ocorra uma arbitragem".

MARKIW, Gregory. *Princípios de macroeconomia*. São Paulo: Thomson, 2012.

Nesse sentido, arbitragem representa o processo de tirar vantagem nas diferenças de preços em diferentes mercados. Com base neste princípio, o que acontecerá com o mercado de feijão entre os mercados A e B, quando o preço do feijão no mercado A for maior do que no mercado B, antes do comércio e da integração econômica?

a) O preço do feijão no mercado A reduzirá.

b) O preço do feijão no mercado A aumentará.

c) O consumo de feijão no mercado A reduzirá.

d) O consumo de feijão no mercado B permanecerá constante.

e) O preço do feijão no mercado B reduzirá.

Solução:

A resposta é a letra "a", pois haverá uma oportunidade de se obter lucro importando feijão do mercado "B" para que seja vendido no mercado "A". A concorrência entre os importadores resultará na redução do preço do feijão no mercado "A", devido ao excesso de oferta de feijão no mercado A.

A arbitragem é a compra e venda de produtos similares em dois mercados diferentes a fim de aproveitar a vantagem existente na diferença de preços. Assim, a Lei do Preço Único (LPU) está embasada no conceito de arbitragem: a diferença de preços entre mercadorias idênticas pode resultar em ganhos dos arbitradores até que essa diferença não exista mais.

15. PARIDADE DA TAXA DE JUROS

Suponha um mercado cambial hipotético, cujo equilíbrio seja determinado exclusivamente por fatores financeiros. Considere também o que é denominado na economia de condição de **paridade não coberta de taxa de juros (ou paridade descoberta da taxa de juros)**. Essa condição pode ser representada pela seguinte relação:

$$\underbrace{i = i^* + \left[\frac{\left(E_{t+1}^e - E_t\right)}{E_t}\right]}_{1^a \ definição} \Rightarrow i - i^* = \frac{\left(E_{t+1}^e - E_t\right)}{E_t} \Rightarrow i - i^* = \frac{E_{t+1}^e}{E_t} - \frac{E_t}{E_t}$$

$$\Rightarrow i - i^* = \frac{E_{t+1}^e}{E_t} - 1 \Rightarrow \left(i - i^* + 1\right) = \frac{E_{t+1}^e}{E_t}$$

$$\underbrace{\Rightarrow E_t = \frac{E_{t+1}^e}{\left(1 + i - i^*\right)}}_{2^a definição}$$

Onde:

i = taxa de juros interna (ou taxa de juros doméstica);

i^* = taxa de juros externa;

E_{t+1}^e = taxa de câmbio esperada para o período $t + 1$

E_t = taxa de câmbio em t (conforme forma de apresentação adotada no Brasil: R$/1 unidade da moeda estrangeira).

$\left(E_{t+1}^e - E_t\right) / E_t$ = taxa de depreciação esperada da moeda nacional.

Considere E_t^* como sendo o nível de equilíbrio para a taxa de câmbio, equilíbrio este que respeita a condição da paridade de juros.

Segundo a paridade não coberta de taxas de juros, a decisão de investir em um determinado mercado é função da taxa esperada de depreciação cambial. Isso requer que os investidores tenham expectativas de retorno independentes da composição de suas carteiras em termos da participação de distintas moedas.

Três casos podem ser analisados:

(i) $i^* = i \Rightarrow$ A taxa de depreciação esperada da moeda nacional é nula, ou seja, não há expectativa de variações na taxa de câmbio para o período devido à paridade das taxas de juros doméstica e internacional.

(ii) $i^* > i \Rightarrow (i - i^*) < 0 \Rightarrow$ Os investidores brasileiros têm de antecipar, com a possível fuga de capitais de curto prazo, uma depreciação da moeda nacional (aumento da taxa de câmbio), devido à redução da oferta de divisas (ou aumento da escassez de divisas). Note que, quanto menor for a diferença $(i - i^*)$, maior será E_t^*: $\downarrow (i - i^*) < 0 \Rightarrow \uparrow E_t^*$

(iii) $i > i^* \Rightarrow (i - i^*) > 0 \Rightarrow$ Os investidores estrangeiros antecipam, se o movimento de capitais for massificado, uma apreciação da moeda nacional (redução da taxa de câmbio), devido ao aumento na oferta de divisas (ou redução da escassez de divisas). Note que, quanto maior for a diferença $(i - i^*)$, menor será E_t^*: $\uparrow (i - i^*) > 0 \Rightarrow \downarrow E_t^*$

(ESAF/Especialista em Políticas Públicas e Gestão Governamental/MPOG/2005) – O mercado cambial pode ser avaliado a partir do que é denominada na literatura como "condição da paridade de juros". Considerando E_t = taxa de câmbio no período t; i = taxa de juros interna; i^* = taxa de juros externa. A condição de paridade de juros pode ser escrita como:

a) $E_t = \left(1 - i + i^*\right) / \left(E_{t+1}^e\right)$

b) $E_t = \left(E_{t+1}^e\right) / \left(1 - i + i^*\right)$

c) $E_t = \left(E_{t+1}^e\right) \times \left(1 - i + i^*\right)$

d) $E_t = \left(E_{t+1}^e\right) \times \left(1 + i - i^*\right)$

e) $E_t = \left(E_{t+1}^e\right) / \left(1 + i - i^*\right)$

Solução:

A resposta é a letra "e", pois trata-se da segunda maneira de se definir a paridade descoberta da taxa de juros, conforme visto acima.

(Economista/Município de Rolim de Moura/2010) - De acordo com o enfoque do mercado de ativos, pode resultar na depreciação da moeda brasileira a redução

a) do deficit comercial brasileiro.

b) das taxas de juros no Brasil.

c) do risco do país.

d) das taxas internacionais de juros.

e) das expectativas de inflação no Brasil

Solução:

A resposta é a letra "b". Conforme visto antes, caso a taxa de juros internacional seja maior que a taxa de juros doméstica $[i^* > i \Rightarrow (i - i^*) < 0]$, os investidores brasileiros têm de antecipar, com a possível fuga de capitais de curto prazo, uma depreciação da moeda nacional (aumento da taxa de câmbio), devido à redução da oferta de divisas (ou aumento da escassez de divisas). Note que, quanto menor for a diferença $(i - i^*)$, maior será E_t^* segundo a definição da paridade descoberta da taxa de juros, ou seja: $\downarrow (i - i^*) < 0 \Rightarrow \uparrow E_t^*$.

16. DESVALORIZAÇÕES PERVERSAS

Denomina-se desvalorização perversa aquela que causa uma diminuição da exportação, isto é, causa uma piora do saldo comercial. A desvalorização perversa ocorre quando a demanda de importações é muito inelástica.

16.1. Condição de Marshall-Lerner para Evitar Desvalorizações Perversas

A condição de Marshall-Lerner para evitar desvalorizações perversas é que a soma da elasticidade da demanda de exportação (η_x) com a elasticidade da demanda de importação η_m seja maior do que 1 (um), ou seja:

$$\eta_x + \eta_m > 1$$

OBSERVAÇÕES

1. Desvalorizações **reais** causam de maneira inequívoca um aumento das exportações líquidas.

2. Desvalorizações **nominais** não necessariamente causam um aumento das exportações líquidas. Desvalorizações nominais podem ou não causar um aumento das exportações, depende da defasagem entre a inflação interna e a externa e da elasticidade da demanda de importação

3. *Ceteris paribus*, as inflações interna e externa são iguais e, portanto, desvalorizações nominais causam desvalorizações reais aumentando as exportações.

17. EFEITOS DO CÂMBIO SOBRE O BALANÇO DE PAGAMENTO

17.1. Desvalorização (ou Depreciação) Real da Moeda Nacional na Cotação do Incerto

No regime de câmbio fixo, a ser estudado logo a seguir, usamos os termos valorização e desvalorização, enquanto que no câmbio flexível usamos, respectivamente, os termos apreciação e depreciação.

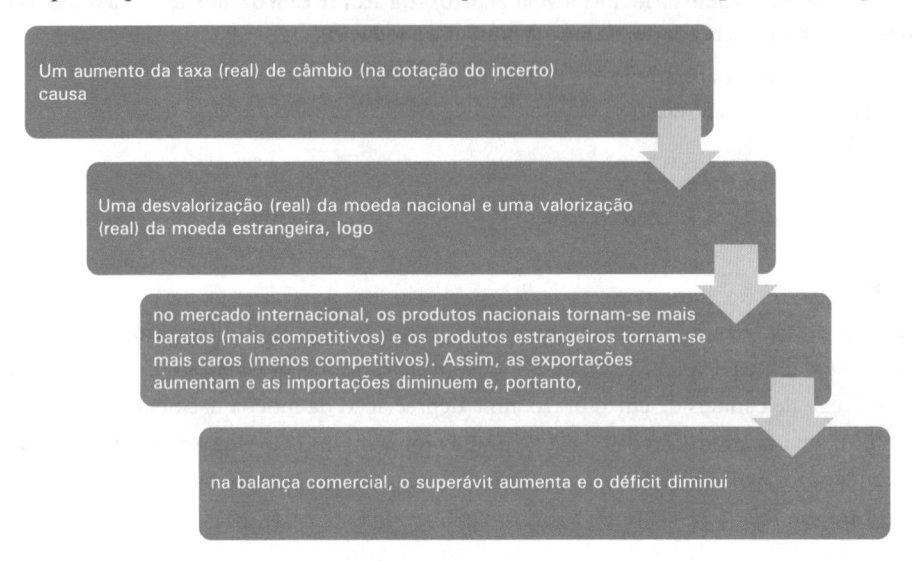

Um aumento da taxa (real) de câmbio (na cotação do incerto) causa

Uma desvalorização (real) da moeda nacional e uma valorização (real) da moeda estrangeira, logo

no mercado internacional, os produtos nacionais tornam-se mais baratos (mais competitivos) e os produtos estrangeiros tornam-se mais caros (menos competitivos). Assim, as exportações aumentam e as importações diminuem e, portanto,

na balança comercial, o superávit aumenta e o déficit diminui

---

DESVALORIZAÇÃO (REAL) DA MOEDA NACIONAL

Ceteris paribus, uma desvalorização da moeda nacional:

(i) torna os produtos nacionais mais baratos, mais competitivos (mais atrativos) no mercado internacional e, portanto, as exportações de bens e serviços aumentam, gerando um superávit no balanço de pagamento (diminuindo o déficit externo);

(ii) torna os produtos estrangeiros mais caros, menos competitivos (menos atrativos) no mercado internacional e, portanto, as importações de bens e serviços diminuem, gerando um superávit no balanço de pagamento (diminuindo o déficit externo).

Em outras palavras, de modo geral, uma desvalorização da moeda nacional estimula as exportações e desestimula as importações.

(FUNCAB/Economista/Departamento de Estradas de Rodagem e Transportes/2010) - Uma desvalorização, isto é, uma alteração para cima da taxa de câmbio oficial, torna os produtos nacionais:

a) mais caros para os importadores estrangeiros, o que provoca uma diminuição das exportações nacionais.

b) mais caros e, paralelamente, os produtos estrangeiros ficam mais baratos para os importadores nacionais.

c) com um valor igual ao dos importados do exterior, o que tende a provocar um equilíbrio do saldo da balança comercial.

d) mais baratos que, em termos reais, fará com que aumente o saldo do componente (X – M) da demanda agregada.

e) mais baratos para os importadores estrangeiros e que, a curto prazo, irá diminuir a renda real da economia.

Solução:

A resposta é a letra "d", pois uma desvalorização real da moeda nacional, isto é, um aumento da taxa de câmbio real, torna os produtos nacionais mais baratos, mais competitivos (mais atrativos) no mercado internacional e, portanto, as exportações de bens e serviços aumentam, gerando um superávit na balança comercial $(X - M)$.

(FIDENE/Economista/Prefeitura Municipal de Ijuí/Estado do Rio Grande do Sul/2013) – Em caso de perda de valor da moeda nacional frente às divisas internacionais, uma das consequências é:

a) As exportações são favorecidas.

b) As importações são favorecidas.

c) A Balança Comercial não se altera.

d) O Balanço de Pagamentos não se altera.

e) Haverá déficit público.

Solução:

A resposta é a letra "a", pois uma perda de valor da moeda nacional frente às divisas internacionais representa uma desvalorização/depreciação real da moeda nacional, o que irá favorecer as exportações brasileiras.

17.2. Valorização (Apreciação) Real da Moeda Nacional na Cotação do Incerto

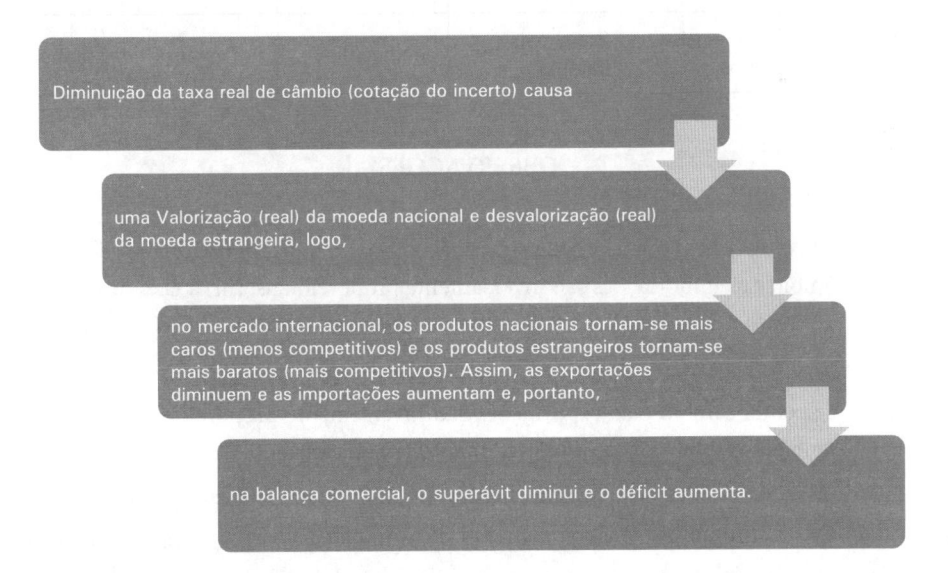

Diminuição da taxa real de câmbio (cotação do incerto) causa

uma Valorização (real) da moeda nacional e desvalorização (real) da moeda estrangeira, logo,

no mercado internacional, os produtos nacionais tornam-se mais caros (menos competitivos) e os produtos estrangeiros tornam-se mais baratos (mais competitivos). Assim, as exportações diminuem e as importações aumentam e, portanto,

na balança comercial, o superávit diminui e o déficit aumenta.

(CESPE-UnB/Analista Ministerial Especializado/MPE-TO/2006) - Recentemente, a apreciação do real em relação ao dólar, ao encorajar o turismo no exterior em detrimento das viagens no Brasil, reduziu as exportações líquidas do Brasil e contribuiu, assim, para deteriorar a conta de transações correntes do balanço de pagamentos brasileiro.

Solução:

Verdadeiro. Em uma apreciação real da moeda nacional (redução da taxa de câmbio real), os produtos nacionais tornam-se mais caros (menos competitivos) e os produtos importados tornam-se mais baratos (mais competitivos) no mercado internacional. Consequentemente, as exportações diminuem e as importações aumentam, provocando um déficit na balança comercial e, dessa forma, deteriorando a conta de transações correntes do balanço de pagamentos.

VALORIZAÇÃO (REAL) DA MOEDA NACIONAL

Ceteris paribus, uma valorização da moeda nacional:

(i)   torna os produtos nacionais mais caros, menos competitivos (menos atrativos) no mercado internacional e, portanto, as exportações de bens e serviços diminuem, gerando um déficit no balanço de pagamento (diminuindo o superávit externo);

(ii) torna os produtos estrangeiros mais baratos, mais competitivos (mais atrativos) no mercado internacional e, portanto, as importações de bens e serviços aumentam, gerando um déficit no balanço de pagamento (aumentando o déficit externo).

	Produtos nacionais	Produtos estrangeiros	Exportações	Importações	Déficit Externo
desvalorização cambial	ficam mais baratos	ficam mais caros	aumentam	diminuem	diminui
valorização cambial	ficam mais caros	ficam mais baratos	diminuem	aumentam	aumenta

OBSERVAÇÕES

1.   Na cotação do incerto:

   (i)   A taxa de câmbio e as exportações são diretamente proporcionais; (ii) a taxa de câmbio e as importações são inversamente proporcionais; (iii) a taxa de câmbio e as exportações líquidas (X – M) são diretamente proporcionais.

2.   Na cotação do certo:

   (ii)   A taxa de câmbio e as exportações são inversamente proporcionais; (ii) a taxa de câmbio e as importações são diretamente proporcionais;

   (iii)   A taxa de câmbio e as exportações líquidas (X – M) são inversamente proporcionais.

3.   Independente do tipo de cotação, *ceteris paribus*, uma desvalorização da moeda nacional causa um aumento das exportações e uma diminuição das importações, ou seja, a desvalorização cambial e as exportações líquidas são diretamente proporcionais.

4.   Independente do tipo de cotação, *ceteris paribus*, uma valorização da moeda nacional causa uma diminuição das exportações e um aumento das importações, ou seja, a valorização cambial e as exportações líquidas são inversamente proporcionais.

(Esaf/AFTN/1996) - O diagrama a seguir representa relações teóricas entre exportações líquidas, NX, o excesso de poupança sobre investimento, S-I, e a taxa de câmbio real, e (definida como a razão entre o preço dos bens domésticos e o preço do bem importado multiplicada pela taxa de câmbio nominal).

a)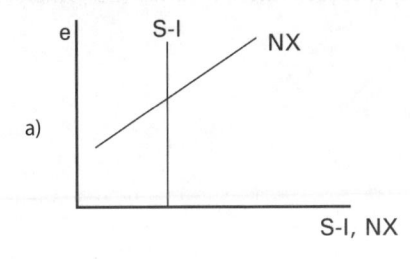

d)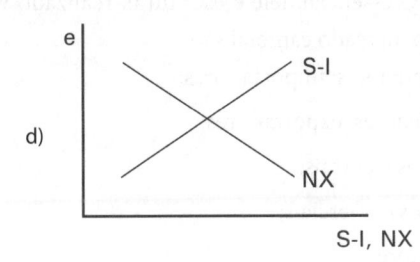

b)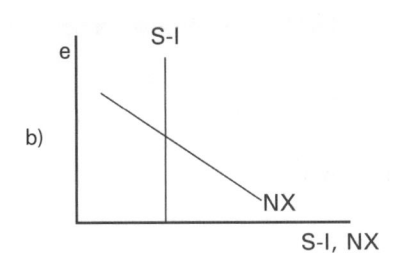

e)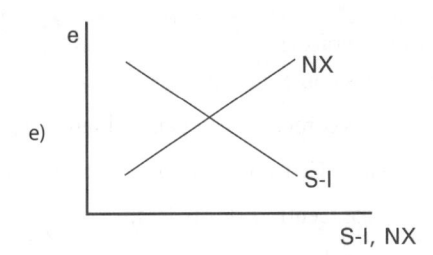

c)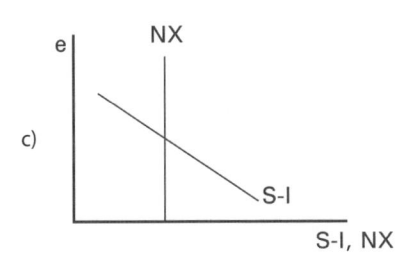

Assinale em qual dos diagramas estas relações estão corretamente representadas:

a) diagrama a;
b) diagrama b;
c) diagrama c;
d) diagrama d;
e) diagrama e.

Solução:

A resposta é a letra "b". Na cotação do certo, a taxa real de câmbio e as exportações líquidas são inversamente proporcionais.

18. OS REGIMES CAMBIAIS

Um sistema ou regime de taxa de câmbio é um conjunto de regras internacionais que governam a definição de taxa de câmbio. O mercado cambial é um mercado mundial com transações concluídas via rede de telecomunicação especializada, estabelecida entre os bancos. Um corretor nacional pode negociar nas cotações observadas (pelo monitor) em qualquer lugar. A troca física ou manual de moedas é executada por uma parcela ínfima do mercado, praticamente apenas para viajantes. O essencial dele é escritural, realizado via compensações interbancárias. Os principais agentes no mercado cambial são:

(i) compradores: importadores;

(ii) vendedores: exportadores;

(iii) Bancos Centrais;

(iv) bancos comerciais;

(v) corretores.

Tipos de operações:

- entre bancos comerciais do mesmo país;
- entre bancos comerciais de países diferentes;
- entre o Banco Central e os bancos comerciais de um mesmo país;
- entre Bancos Centrais dos países;
- entre compradores e vendedores.

Tipos de câmbio:

- câmbio manual: em espécie;
- câmbio sacado: depósitos, letras de câmbio;
- câmbio pronto: mercado à vista;
- câmbio futuro;
- câmbio paralelo (mercado negro).

No Brasil, existiam taxas de câmbio flutuante (dólar turismo) e taxas de câmbio livre (outras operações do balanço de pagamentos). Hoje, só existe uma taxa. Características do mercado paralelo: (a) rigidez na legislação; (b) tráfico, corrupção, contrabando, descaminho; (c) câmbio português.

	Observações
Demanda por US$	= Oferta de R$
Oferta de US$	= Demanda por R$
Divisa	= moeda estrangeira e títulos de curto prazo estrangeiros
Exportador	Todo exportador quer receber em moeda nacional

A **oferta de US$** (demanda por R$) é feita por:

- exportadores de bens e serviços;
- investidores estrangeiros no país.

Na verdade, toda operação lançada à crédito em uma conta operacional do balanço de pagamentos (BP), e na qual houve cobertura cambial, representa uma oferta de US$.

A demanda por US$ (oferta de R$) é feita por:

* importadores de bens e serviços;
* investimentos nacionais no exterior.

Na verdade, toda operação lançada a débito em uma conta operacional do BP e na qual houve cobertura cambial representa uma demanda por dólares.

TIPOS DE REGIMES CAMBIAIS

Os principais regimes cambiais são:

(i)   câmbio flexível ou flutuante;

(ii) câmbio fixo;

(iii) flutuação suja;

(iv) bandas cambiais.

18.1. Formação da Taxa de Câmbio no Regime Flutuante

No câmbio flexível ou flutuante (também conhecido como flutuação pura ou limpa), a taxa de câmbio é determinada pelo mercado, isto é, a livre interação entre as forças de oferta (exportadores e investidores estrangeiros) e demanda (importadores e investidores nacionais no exterior) de dólares determinam:

i.   a quantidade de dólares transacionada no mercado, e também

ii. **o preço do dólar (preço da moeda estrangeira) que nada mais é do que a taxa de câmbio na cotação do incerto.**

No mercado cambial, compra-se e vende-se dólares como se fosse um bem como outro qualquer e o preço do dólar (a taxa de câmbio) é determinado pela livre interação das forças de demanda e oferta de dólares, sem interferência ou intervenção do Banco Central. No regime de câmbio puramente flexível, o Banco Central não intervém no mercado (nem compra e nem vende dólares), a taxa de câmbio é determinada a cada instante pelo mercado e, portanto, a taxa oscila ao sabor das forças de demanda e oferta do mercado.

(FIDENE/Economista/Prefeitura Municipal de Ijuí/Estado do Rio Grande do Sul/2013) – Qual o mecanismo de mercado que determina a taxa de câmbio?

a)   Igualdade entre Oferta de Divisas Internacionais e Demanda por Divisas Internacionais (Equilíbrio).

b)   Oferta de dólares e Reservas Internacionais.

c)   Nível de Reservas Internacionais, Taxas de Divisas e Dólares (EUA).

d)   Exportações, importações e preço das commodities internacionais.

e)   Preços do Petróleo, da soja, do aço e dólar (EUA).

Solução:

A resposta é a letra "a", pois a taxa de câmbio é determinada pela interação entre a oferta e a demanda de divisas no mercado cambial.

(FIDENE/Economista/Prefeitura Municipal de Ijuí/Estado do Rio Grande do Sul/2013) – Assinale a alternativa que completa corretamente o raciocínio exposto: "Sob taxas de câmbio totalmente flexíveis, o banco central não intervém no mercado cambial. A taxa de câmbio deve ajustar-se para equilibrar o mercado, fazendo com que a demanda e a oferta de moeda estrangeira se equilibrem. Sem a intervenção do banco central, portanto, o balanço de pagamentos (...)"

a) Deve ser positivo.

b) Deve ser igual a zero.

c) Deve ser negativo.

d) Fica instável e indeterminado.

e) Fica oscilante.

Solução:

A resposta é a letra "b", pois no regime de taxa puramente flutuante, o balanço de pagamento equilibra-se automaticamente ($B = T + KA + EO = 0$).

RESUMO

No câmbio flexível e na cotação do incerto pela lei da oferta e da procura:

i.   Um aumento da procura (demanda) por dólares causa uma valorização do dólar (um aumento da taxa de câmbio), desvalorizando a moeda nacional.

ii.   Uma diminuição da procura (demanda) por dólares causa uma desvalorização do dólar (uma diminuição da taxa de câmbio), valorizando a moeda nacional.

iii.   Um aumento da oferta de dólares causa uma desvalorização do dólar (uma diminuição da taxa de câmbio), valorizando a moeda nacional.

iv.   Uma diminuição da oferta de dólares causa uma valorização do dólar (um aumento da taxa de câmbio), desvalorizando a moeda nacional.

Em outras palavras, se o câmbio é flexível, então:

•   um excesso de oferta (escassez de demanda) de dólares causa uma valorização da moeda nacional;

•   uma escassez de oferta (excesso de demanda) de dólares causa uma desvalorização da moeda nacional.

(IADES/Economista/Superintendência do Desenvolvimento da Amazônia/Ministério da Integração Nacional/2013) – Assinale a alternativa que apresenta os efeitos sobre a taxa de câmbio em um modelo de economia aberta com regime cambial flutuante, quando o governo aumenta a taxa de juros interna e todas as demais variáveis internas e externas permanecem constantes.

a) A moeda nacional se valoriza frente às moedas estrangeiras.

b) A moeda nacional se desvaloriza frente às moedas estrangeiras.

c) O valor da moeda nacional permanece constante em relação às moedas estrangeiras.

d) A renda nacional cresce.

e) O desemprego aumenta.

Solução:

A resposta é a letra "a" pois, conforme visto antes, no câmbio flutuante (flexível), e na cotação do incerto, pela lei da oferta e da procura, um aumento da oferta de moeda estrangeira, provocado no caso pelo aumento da taxa de juros interna, causa uma desvalorização do dólar (uma diminuição da taxa de câmbio), valorizando a moeda nacional. Em outras palavras, se o câmbio é flexível, então um excesso de oferta (escassez de demanda) de moedas estrangeiras causa uma valorização da moeda nacional.

CÂMBIO FLUTUANTE	Dólar (moeda estrangeira)	A taxa de câmbio (cotação do incerto)	moeda nacional
Excesso de oferta de dólar (**sobram dólares no mercado**)	Deprecia (desvaloriza)	diminui	Aprecia (valoriza)
Excesso de demanda por dólares (**faltam dólares no mercado**)	Aprecia (valoriza)	aumenta	Deprecia (desvaloriza)
Escassez de demanda por dólar (**sobram dólares no mercado**)	Deprecia (desvaloriza)	diminui	Aprecia (valoriza)

Em resumo:

As vantagens do regime de taxas flutuantes são:

(i)   assegura o equilíbrio automático do balanço de pagamento;

(ii) desatrela a política monetária das transações com o exterior, ou seja, isola a moeda do resultado das contas externas;

(iii) a determinação da taxa de câmbio passa a ser realizada pelo mercado e não mais pelo governo.

A grande desvantagem do câmbio flexível é a instabilidade.

(NCE/Economista/Ministério das Cidades/2005) – Um argumento a favor da taxa de câmbio flexível é:

a) reduz a incerteza e estimula o comércio internacional;

b) libera a política monetária para outros propósitos que não a manutenção da taxa de câmbio;

c) reduz a taxa de inflação;

d) reduz a volatilidade da taxa de câmbio;

e) permite a acumulação de reservas internacionais.

Solução:

A resposta é a letra "b". Uma das vantagens do regime de câmbio flexível é que esse regime desatrela a política monetária das transações com o exterior, ou seja, isola a moeda do resultado das contas externas. Em resumo, a autoridade monetária (Banco Central) recupera sua capacidade de realizar política monetária.

(NCE-RJ/Economista/SESPA/PA/2006) – A vantagem de um regime de câmbio flexível é que:

a) conduz à igualdade dos salários entre os países;

b) proporciona um nível da taxa de câmbio mais depreciada do que a vigente em regime de câmbio fixo;

c) permite uma maior liberdade na condução da política monetária;

d) reduz o endividamento do governo;

e) permite um maior controle da inflação.

Solução:

A resposta é a letra "c". As vantagens do regime de câmbio flutuante (flexível) são: (i) assegura o equilíbrio automático do balanço de pagamentos; (ii) permite uma maior liberdade na condução da política monetária, pois desatrela a política monetária das transações com o exterior, ou seja, isola a moeda do resultado das contas externas; (iii) a determinação da taxa de câmbio passa a ser realizada pelo mercado, mas não mais pelo governo.

18.2. Formação da Taxa de Câmbio no Regime de Câmbio Fixo

OBSERVAÇÃO

Os termos valorização cambial e apreciação cambial significam que a moeda nacional está mais cara em termos de moeda estrangeira e, nesse sentido, são frequentemente utilizados como sinônimos, porém **o termo valorização é mais adequado para o câmbio fixo e o termo apreciação é mais adequado para o câmbio flexível.**

De modo análogo, os termos desvalorização cambial e depreciação cambial significam que a moeda nacional está mais barata em termos de moeda estrangeira, porém **o termo desvalorização é mais adequado para o câmbio fixo e o termo depreciação é mais adequado para o câmbio flexível. Ou seja, no câmbio fixo utilizam-se os termos valorização/desvalorização e no câmbio flexível utilizam-se os termos apreciação/depreciação.**

(Fundação Ajuri/Economista/Prefeitura Municipal de Boa Vista/Estado de Roraima/2012) - A intervenção do Banco Central – BC – comprando dólares no mercado de divisas, acarreta:

a) diminuição da taxa de câmbio (R\$/US\$) e aumento das reservas cambiais;

b) não provoca alterações na taxa de câmbio (R\$/US\$) e nem das reservas cambiais;

c) diminuição da taxa de câmbio (R\$/US\$) e diminuição das reservas cambiais;

d) aumento da taxa de câmbio (R\$/US\$) e diminuição das reservas cambiais;

e) aumento da taxa de câmbio (R\$/US\$) e aumento das reservas cambiais.

Solução:

A resposta é a letra "E". A intervenção do Banco Central comprando dólares no mercado de divisas, acarreta em um aumento da taxa de câmbio e um aumento das reservas cambiais. Por um lado, escassez de dólares no mercado irá provocar uma desvalorização da moeda nacional, isto é, um aumento da taxa de câmbio nominal, segundo a cotação do incerto. Por outro lado, a compra de dólares por parte do Banco Central resultará em um aumento das reservas internacionais (ou reservas cambiais).

O PAPEL DAS RESERVAS INTERNACIONAIS

No câmbio fixo, as reservas internacionais representam um papel importante, pois, *a priori*, quanto maior o nível dessas reservas, maior será a capacidade de o Banco Central manter fixa a taxa de câmbio quando houver escassez de oferta de divisas no mercado cambial.

No câmbio flutuante, o nível de reservas torna-se irrelevante, pois o Banco Central não está comprometido a comprar ou vender a divisa a um preço fixado visto que com taxa flexível o balanço de pagamento se equilibra automaticamente através das apreciações (valorizações) e depreciações (desvalorizações) cambiais.

O Regime de Câmbio Fixo (ou Regime de Taxas de Câmbio Administradas) é caracterizado pelo fato de que a autoridade monetária (no Brasil, o Banco Central) fixa o valor da taxa de câmbio e intervém continuamente no mercado para mantê-la fixa, ou seja, o Banco Central se compromete a comprar e vender moeda estrangeira à taxa estipulada.

(CESPE-UnB/Economista/SEAD/PRODEPA/2004) – Países que adotam um sistema de flutuação administrada (*managed float*) utilizam intervenções periódicas dos bancos centrais para impedir flutuações excessivas de suas taxas de câmbio.

Solução:

Esse item é verdadeiro, pois se trata do sistema de câmbio fixo, em que o banco central intervém periodicamente para impedir flutuações excessivas na taxa de câmbio.

Em resumo:

A principal vantagem do câmbio fixo é a estabilidade dos preços relativos que facilita a tomada de decisão dos agentes econômicos.

A grande desvantagem do câmbio fixo é criar um elo (um mecanismo de transmissão) entre a política monetária e o desempenho das contas externa, ou seja, o câmbio fixo atrela a moeda ao setor externo. Com câmbio fixo, um superávit externo causa uma expansão monetária e um déficit externo causa uma contração monetária.

Com câmbio fixo, a moeda se endogeiniza, portanto, a política monetária com câmbio fixo é inócua (não afeta o nível do produto, da renda), ou seja, o Banco Central perde a capacidade de realizar uma política monetária eficiente.

(CESPE-UnB/Analista de Comércio Exterior/MDIC/2004) – Julgue o item a seguir como verdadeiro ou falso:

As vantagens de um sistema de taxa de câmbio fixa incluem o menor impacto inflacionário interno, a maior previsibilidade da política monetária e a menor necessidade de preservar um estoque excessivo de reserva de divisas.

Solução:

Falso. Em um sistema de taxa de câmbio fixa, as reservas internacionais representam um papel importante, pois, *a priori*, quanto maior o nível dessas reservas, maior será a capacidade de o Banco Central manter fixa a taxa de câmbio quando houver escassez de oferta de divisas no mercado cambial. Em outras palavras, há uma maior necessidade de preservar um estoque excessivo de reserva de divisas.

(Cespe-UnB/Auditor de Controle Externo/Tribunal de Contas do Distrito Federal/2011) – Julgue o item a seguir, como verdadeiro ou falso.

Um dos principais argumentos mobilizados na defesa do regime de câmbio fixo é a disciplina que esse regime cambial impõe à condução da política econômica de um país, uma vez que, sob tal regime, o banco central não pode controlar as taxas de juros nem financiar o déficit público por intermédio da emissão de moeda.

Solução:

Verdadeiro. No regime de câmbio fixo o Banco Central compra dólares quando há um excesso de oferta de dólares para evitar uma valorização da moeda nacional, e vende dólares quando há uma escassez de oferta de dólares para evitar uma desvalorização da moeda nacional. A principal vantagem do câmbio fixo é a estabilidade dos preços relativos que facilita a tomada de decisão dos agentes econômicos.

Por outro lado, existem diversas desvantagens na adoção do regime de câmbio fixo. Uma das desvantagens do câmbio fixo é que se cria um elo (um mecanismo de transmissão) entre a política monetária e o desempenho das contas externas, ou seja, o câmbio fixo atrela a moeda ao setor externo. Com câmbio fixo, um superávit externo causa uma expansão monetária e um déficit externo causa uma contração monetária.

Além disso, em um regime de câmbio fixo, o Banco Central perde o controle sobre os agregados monetários. A moeda se endogeiniza, de modo que a política monetária com câmbio fixo é inócua (isto é, não afeta o nível do produto, isto é, o nível da renda), ou seja, o Banco Central perde a capacidade de realizar uma política monetária eficiente.

Outra desvantagem do regime de câmbio fixo é que esse regime não proporciona qualquer mecanismo de correção dos desequilíbrios do balanço de pagamentos. Nesse regime, os déficits ou superávits no balanço de pagamentos deverão ocasionar diminuição ou aumento do nível de reservas internacionais do país, respectivamente.

18.3. Flutuação Suja

O **regime de flutuação suja** (*dirty floating*) é o regime no qual a taxa de câmbio flutua livremente, porém com intervenções esporádicas do Banco Central. Essas intervenções visam amenizar as oscilações especulativas da taxa de câmbio.

Nenhum país deixaria sua moeda flutuar totalmente ao sabor das forças de mercado e sujeitas à especulação cambial. Hoje, no Brasil, do ponto de vista teórico, o regime cambial é flexível, na prática, é de flutuação suja.

Nesse regime, o Banco Central deixa flutuar a taxa de câmbio, mas faz o controle cambial esporadicamente quando necessário, por exemplo, especulação.

(Cespe-UnB/Consultor do Executivo – Ciências Econômicas/SEFAZ-ES/2010) – Julgue os itens a seguir como verdadeiro ou falso.

O sistema cambial brasileiro é do tipo flutuante. O BACEN faz intervenções ocasionais e as transações do mercado de câmbio são efetuadas por bancos, corretoras e outras instituições por ele autorizadas.

Solução:

Verdadeiro. Hoje, no Brasil, do ponto de vista teórico, oficialmente, o regime cambial é flexível desde 1999, mas, na prática, o regime cambial é de flutuação suja. A "flutuação suja" é o sistema de taxa de câmbio em que o Banco Central realiza intervenções esporádicas e limitadas no mercado cambial, com o intuito fundamental de evitar eventuais excessos de volatilidade da taxa de câmbio no curto prazo.

18.4. Bandas Cambiais

O **regime de bandas cambiais** é aquele no qual a taxa de câmbio flutua dentro de certos limites fixados pelo Banco Central:
(i) um teto (E+) que é o limite superior, o preço máximo, que a moeda estrangeira de referência pode atingir, ou seja, o maior valor permitido pelo Bacen para a taxa de câmbio.

(ii) o piso (E-) que é o limite inferior, o preço mínimo, que a moeda estrangeira de referência pode atingir, ou seja, o menor valor permitido pelo Bacen para a taxa de câmbio.

Enquanto as flutuações da taxa de câmbio ocorrem dentro dessa faixa, o Banco Central não intervém no mercado cambial. O Banco Central só interfere no mercado de divisas quando a taxa de câmbio atinge os limites da banda.
(i) Quando a taxa de câmbio aumenta, atingindo o teto da banda (devido a uma grande desvalorização da moeda nacional), o Banco Central intervém no mercado vendendo dólares (divisas) para evitar que a taxa de câmbio ultrapasse o limite superior da banda.

(ii) Quando a taxa de câmbio diminui, atingindo o piso da banda (devido a uma grande valorização da moeda nacional), o Banco Central intervém no mercado comprando dólares (divisas) para evitar que a taxa de câmbio ultrapasse o limite inferior da banda.

(FGV Projetos/Economista/Companhia Pernambucana de Saneamento – COMPESA/2014) – Em alguns períodos da história da economia brasileira, o Banco Central adotou o sistema de bandas cambiais. Esse sistema apresenta a seguinte característica:

a) o mercado cambial atua livremente sem intervenção da autoridade monetária, em que apenas a oferta e demanda de divisas afetam o câmbio.

b) o valor da moeda local é fixado em relação ao dólar, e a autoridade monetária garante esse valor através da compra e venda de divisas.

c) fixam-se valores limites para a taxa de câmbio, dentro desses limites o câmbio é flutuante e nos limites o câmbio é fixo.

d) há liberdade para o câmbio flutuar, com intervenções esporádicas da autoridade monetária, apenas para reduzir a volatilidade.

e) o preço da moeda nacional em termos do dólar oscila livremente, com intervenções apenas em casos de decretos governamentais.

Solução:

A resposta é a letra "c" pois, conforme dito antes, no sistema de bandas cambais, o Banco Central fixa uma taxa de câmbio central, e um intervalo aceito de variação para acima e para baixo, ou seja, duas taxas extremas: (i) um teto (e^+), que é o limite superior, isto é, o preço máximo que a moeda estrangeira de referência pode atingir, ou seja, o maior valor permitido pelo Banco Central para a taxa de câmbio; (ii) um piso (e^-), que é o limite inferior, isto é, o preço mínimo que a moeda estrangeira de referência pode atingir, ou seja, o menor valor permitido pelo Banco Central para a taxa de câmbio. Enquanto as flutuações da taxa de câmbio ocorrerem dentro dessa faixa, o Banco Central não intervém no mercado cambial. Mas o Banco Central somente irá interferir no mercado de divisas quando a taxa de câmbio atinge os limites da banda.

19. REGIME DE PADRÃO OURO

Foi o regime monetário baseado no ouro e que possuía três fundamentos:

(i)   o ouro é a unidade (o padrão) de valor e cada unidade monetária corresponde a uma certa quantidade de ouro, isto é, o valor de uma moeda nacional é dado pelo seu "estalão ouro" que é a quantidade de ouro que uma unidade monetária dessa moeda podia comprar;

(ii) o Banco Central se comprometia a comprar e vender ouro em qualquer quantidade;

(iii) o Governo permitia a entrada e saída de ouro do país em qualquer quantidade, ou seja, permitia a livre importação e exportação do ouro.

No regime de padrão ouro, a taxa de câmbio era dada pelo "par-metálico", ou seja, a taxa de câmbio entre duas moedas nacionais era igual a razão entre os respectivos estalões ouro dessas duas moedas. Suponha que uma libra esterlina compre 113 gramas de ouro fino; então, o estalão ouro da libra é 113. Suponha também que um dólar compre 23 gramas de ouro fino; então, o estalão ouro do dólar é 23. Claramente, a libra vale mais do que o dólar pois a libra compra mais ouro que o dólar. A taxa de câmbio entre a libra e o dólar é dada pelo par metálico, ou seja pela razão entre o estalão ouro da libra e o estalão ouro do dólar: 113/23 = 4,91. Uma libra vale, portanto, 4,91 dólares.

Com o fim do padrão ouro, surgiu o problema de se determinar a relação de troca entre duas moedas não conversíveis em ouro, ou seja, a taxa de câmbio não mais poderia ser determinada pelo par metálico. Esse problema foi solucionado pelo economista sueco Gustav Cassel na sua "Teoria da Paridade do Poder de Compra (PPC)". A PPC na sua versão inicial é conhecida como forma positiva e propõe que a cotação de uma moeda depende de seu poder aquisitivo e, consequentemente, a taxa de câmbio entre duas moedas nacionais é dada pela relação entre seus respectivos poderes de compra. A forma comparativa da Teoria da Paridade do Poder de Compra depende do tipo de cotação (do certo ou do incerto) e é dada, por exemplo, na cotação do incerto pela fórmula: $E' = E \times (P^{int}/P^{ext})$.

Pontos de exportação e importação do ouro: *gold points*

A taxa de câmbio era determinada na prática pelo mercado, pelas forças de demanda e oferta de divisas, porém dentro de uma faixa delimitada pelos chamados pontos do ouro.

(i) O limite superior da faixa (o teto) é o ponto de exportação do ouro ou ponto de saída do ouro que corresponde ao preço máximo que o importador estava disposto a pagar pela divisa, pela moeda estrangeira de referência (a libra), acima desse preço, o importador preferirá pagar suas importações em ouro, daí porque esse ponto ser chamado de ponto de exportação (saída) do ouro. O limite superior (o ponto de exportação do ouro) é dado pela soma do par metálico com o custo de transporte do ouro entre os dois países. A partir desse ponto, a oferta de moeda estrangeira (divisa) se torna infinitamente elástica.

(ii) O limite inferior da faixa (o piso) é o ponto de importação do ouro ou ponto de entrada do ouro que corresponde ao preço mínimo que o exportador estava disposto a receber pela divisa, pela moeda estrangeira de referência (a libra), abaixo desse preço o exportador preferirá receber pelas suas exportações em ouro, daí porque esse ponto ser chamado de ponto de importação (entrada) do ouro. O limite inferior (o ponto de importação do ouro) é dado pelo par metálico subtraído do custo de transporte do ouro entre os dois países. A partir desse ponto, a demanda de moeda estrangeira (divisa) se torna infinitamente elástica.

O Padrão Ouro e o Regime de Taxa de Câmbio Fixa

No regime do padrão ouro, as taxas de câmbio eram essencialmente fixas. Na verdade, o contraste entre os regimes de taxas fixas e taxas flutuantes é típico dos sistemas monetários fiduciários. No padrão ouro, a taxa de câmbio só pode flutuar entre os limites estreitos dos pontos de ouro pois a possibilidade de exportar ouro impede que a taxa de câmbio (o preço da moeda estrangeira de referência) se desvalorize além do seu limite superior, e a possibilidade de importar ouro impede que a taxa de câmbio se valorize além do seu limite inferior.

Como os custos de transporte são relativamente baixos, a diferença entre os pontos do ouro costumava ser suficientemente pequena para tornar as taxas de câmbio praticamente fixas, mesmo que determinadas livremente pelas forças do mercado de câmbio.

O leitor, portanto, deve perceber o porquê da relação estreita que existe entre regimes de âncora cambial e a taxas fixas, visto que uma âncora cambial é essencialmente uma espécie de padrão ouro no qual a base monetária só pode se expandir como uma consequência de uma expansão das reservas internacionais.

Equilíbrio automático do balanço de pagamento no padrão ouro

No regime de padrão ouro, existia um equilíbrio automático do balanço de pagamento. No regime de padrão ouro puro, os pagamentos eram efetuados em ouro, caso um país apresentasse um déficit externo a escassez de ouro causaria uma desvalorização da moeda nacional, desvalorização essa que causaria um aumento das exportações que, por sua vez, iria zerar o déficit. Em um regime de padrão fiduciário, não necessariamente esse equilíbrio automático é atingido.

20. MEDIDAS (REMÉDIOS) PARA SE COMBATER UM DÉFICIT EXTERNO

Remédios para combater o déficit externo	Indicações (efeitos positivos)	Efeitos colaterais (efeitos negativos)
Desvalorização Cambial	Aumento das exportações e diminuição das importações	Diminuição do poder aquisitivo dos residentes do país
Recessão	Diminuição das importações	Desemprego
Subsídios às exportações	Aumento das exportações	Interferência na alocação eficiente dos mercados
Restrições às importações	Diminuição das importações	Retaliações externas
Aumento da taxa de juros	Entrada de capitais para financiamento do déficit externo	No futuro, a remuneração desses capitais será enviada para o exterior gerando futuros déficits em conta-corrente
Restrição à saída de capitais	Financiamento do déficit externo	Desinsentivo à entrada futura de capitais

21. CURRENCY BOARD

O *currency board* ("conselhos de moeda") é um regime monetário e cambial no qual o país se compromete a converter, sob demanda, sua moeda local em outro ativo líquido de aceitação internacional, a uma cotação fixa. Originalmente, foi introduzido pela Inglaterra em algumas de suas colônias. No caso argentino na década de 1990, a conversibilidade estava relacionada ao dólar e foi constitucionalmente estabelecida a paridade de um dólar por peso.

Diferentemente de outros regimes de câmbio fixo, no *currency board* a credibilidade do compromisso de conversibilidade é buscada com a manutenção de reservas externas (divisas, ouro ou outros ativos líquidos) em geral acima do valor correspondente de moeda local em circulação. Além disso, caso seja implantado de forma "pura" ou "ortodoxa", o *currency board* elimina em nível doméstico as funções clássicas do banco central. O volume de dinheiro local passa a seguir automaticamente a disponibilidade de reservas externas que lhe sirvam de lastro. Por seu turno, o papel de emprestador em última instância cumprido junto ao sistema bancário e financeiro local torna-se limitado, visto que o banco central fica proibido de variar autonomamente os passivos contra si próprio em moeda local.

Trata-se, portanto, de uma espécie de delegação das funções monetárias ao exterior, visto que a política monetária passa a depender do montante líquido de divisas retido pelo país. Alguns problemas decorrentes da adoção desse modelo são a perda da autonomia monetária e maior vulnerabilidade da economia a choques externos.

(Universidade Federal do Amapá/Economista/Ipem/2004) – Sobre taxas de câmbio:

I. O *"currency board"* é um regime cambial segundo o qual o país adota a ancoragem unilateral de sua moeda nacional a uma moeda forte estrangeira (como o dólar), condicionando o volume de moeda local em circulação à quantidade da moeda forte existente no país.

II. No regime de flutuação "suja", a taxa de câmbio é determinada pelo mercado, admitindo a intervenção das autoridades monetárias quando esta taxa se afastar de um valor considerado adequado.

III. No regime de câmbio fixo, as taxas de conversão da moeda local por moedas estrangeiras são determinadas pelas autoridades monetárias do país.

a) I e III estão corretas

b) II e III estão corretas

c) I e II estão corretas

d) Somente a II está correta

e) Todas estão corretas

Solução:

A resposta é a letra "e", ou seja, todos os itens estão corretos. No tocante ao item I, o *currency board* ("conselhos de moeda") é um regime monetário e cambial no qual o país se compromete a converter, sob demanda, sua moeda local em outro ativo líquido de aceitação internacional, a uma cotação fixa.

Sobre o item II, no regime de flutuação suja, variante do regime de câmbio flexível, a taxa de câmbio é determinada pelo mercado, admitindo a intervenção das autoridades monetárias quando esta taxa se afastar de um valor considerado adequado.

Quanto ao item III, o regime de câmbio fixo é caracterizado pelo fato de que a autoridade monetária fixa o valor da taxa de câmbio e intervém continuamente no mercado para mantê-la fixa, ou seja, a autoridade monetária se compromete a comprar e a vender moeda estrangeira à taxa estipulada.

Capítulo 4

Oferta Monetária e Sistema Monetário

A **moeda** é composta de ativos financeiros, tais como dinheiro, saldos bancários, cheques de viagem. Moeda é o ativo utilizado para realizar as transações visto que possui maior liquidez, isto é, possui capacidade de converter-se rapidamente em poder de compra.

1. HISTÓRICO

A divisão social do trabalho levou a necessidade de trocas. Inicialmente essas trocas eram **trocas diretas (escambo)**. Porém, a contínua especialização tornou difíceis e complexas essas trocas diretas devido à dificuldade de se "casar" interesses e o aprofundamento da divisão social do trabalho levou a substituir o escambo (as trocas diretas) pelas **trocas indiretas por intermédio da moeda,** ou seja, **a moeda nada mais é do que um intermediário das trocas**.

2. SURGIMENTO DA MERCADORIA-MOEDA

A Mercadoria – moeda é uma mercadoria de aceitação geral que é utilizada como intermediário das trocas. As transações se realizam dando-se essa mercadoria em pagamento pelos bens recebidos. As primeiras formas de moeda foram, portanto, as mercadorias de aceitação geral tal como o gado, o sal, trigo etc.

3. SURGIMENTO DAS MOEDAS METÁLICAS

As mercadorias moedas possuíam um **alto custo de transação**, **um alto custo de estocagem** e **não eram apropriadas como meio de conta** devido a questões de magnitude, instabilidade e divisibilidade. Esses custos fizeram com que as mercadorias moedas fossem substituídas pelas moedas metálicas (em particular pelas moedas de ouro e prata) que possuíam o atributo de durabilidade.

Para evitar falsificações as moedas passaram a ser cunhadas e durante séculos as moedas metálicas foram a base do sistema monetário nas diversas civilizações.

4. SURGIMENTO DA MOEDA – PAPEL

Definição: Moeda papel era um certificado de depósitos transferível e conversível.

As moedas metálicas de ouro e prata eram o meio de pagamento pôr excelência. Os comerciantes ao chegarem a uma cidade para realizar seus negócios, após as caravanas serem desfeitas eram obrigados a carregarem consigo essas quantidades de metais preciosos incorrendo em riscos. A profissão de ourives é uma das mais antigas e lidavam com metais preciosos no seu dia a dia e, portanto, tomavam medidas de segurança. Os negociantes tomaram o hábito de depositar suas moedas metálicas nos ourives pôr medida de segurança e também foram criadas casas de custódia com esse objetivo. Os ourives e as casas de custódia emitiam, portanto, certificados de depósito intransferível (nominal) e conversíveis (que possuíam lastro). Para fechar uma transação o negociante teria que ir até o ourives e voltar para o mercado, portanto, as moedas metálicas pondo em risco sua segurança então passou-se a emitir um certificado de depósito transferível (ao portador) porém **ainda conversível em moeda metálica, isto é, que possuía lastro no sentido de que a quantidade de ouro constadas nos certificados emitidos era igual a mesma quantidade em poder do ourives ou da casa de custódia. Esse certificado depósito transferível e conversível denominasse moeda papel** e foi utilizada até o início do século XX.

5. SURGIMENTO DO PAPEL-MOEDA

Definição: papel-moeda é um certificado de depósito transferível e inconversível.

Em um dia normal de trabalho o ourives percebeu que haviam mais pessoas fazendo depósitos do que sacando o ouro sob sua guarda e que, portanto, poderia realizar empréstimos através da emissão de certificados sem o correspondente lastro em ouro. Nesse ponto o ourives se transforma em um banqueiro, quando passa a emitir certificados (notas) inconversíveis em moeda metálica.

6. SURGIMENTO DOS BANCOS CENTRAIS

Inicialmente cada banco, cada casa de custódia emitia seu próprio papel-moeda. Os banqueiros, não raro abusavam dessa capacidade de emitir papel-moeda, que são notas inconversíveis (sem lastro) e, portanto, não raro ocorriam falências no sistema bancário. A partir do século XVII, para evitar essas emissões imprudentes e também como forma de financiamento os Estados Nacionais passaram a ter o monopólio da emissão de papel moeda e surge a figura dos bancos centrais.

7. OS BANCOS COMERCIAIS (BC)

Um banco comercial (BC) é uma instituição autorizada a receber depósitos a vista. Somente os bancos comerciais estão autorizados a receber depósitos a vista, ou seja, é um banco no qual os agentes econômicos podem abrir uma conta-corrente. Os chamados bancos de investimento e bancos de desenvolvimento não são bancos comerciais, pois não estão autorizados a receber depósitos à vista.

8. A MOEDA ESCRITURAL (MOEDA BANCÁRIA OU MOEDA CONTÁBIL)

A moeda escritural são os depósitos à vista nos bancos comercias. O cheque não é moeda, é apenas uma ordem de pagamento a vista da moeda escritural que são os saldos em conta-corrente dos bancos comerciais.

9. A MOEDA FIDUCIÁRIA (MOEDA MANUAL OU MOEDA CORRENTE)

A moeda fiduciária é o papel–moeda. O papel-moeda é representado, tanto pelas notas (cédulas), quanto pelas moedas metálicas. O papel-moeda é chamado de moeda fiduciária porque é inconversível, isto é, seu poder de compra não provém de nenhum lastro e sim da confiança (fidúcia) que os agentes possuem do Banco central honrar o poder de compra da moeda que emitiu.

(Cespe-UnB/Analista Legislativo – Atribuição: Consultor Legislativo – Área IX/Câmara dos Deputados/2014) – Julgue o item a seguir como verdadeiro ou falso.

Em uma economia com vários tipos de bens e grande volume de transações, a troca direta e a moeda mercadoria são alternativas mais apropriadas ao consumidor do que a moeda fiduciária.

Solução:

Falso. Pelo contrário, a moeda fiduciária é a alternativa mais apropriada nas transações comerciais.

(Economista/Prefeitura Municipal de Iguatu/Estado do Ceará/2013) – Nas economias modernas, quem oferece moeda ao público são as autoridades monetárias, em função das necessidades dos agentes econômicos. O conjunto de moeda manual, depósitos à vista e quase moedas formam os meios de pagamentos de uma economia. Nesse sentido, assinale a alternativa que apresenta terminologia sinônima à "moeda manual".

a) Moeda escritural;
b) Moeda bancária;
c) Moeda corrente;
d) Moeda nacional;
e) Moeda tangível.

Solução:

A resposta é a letra "C", pois moeda manual e moeda corrente são sinônimos de moeda fiduciária ou papel-moeda.

10. FUNÇÕES DA MOEDA

A moeda possui três importantes funções:

i. **Intermediário das trocas (meio de trocas):** a moeda permite a realização de trocas indiretas

ii. **Unidade de valor (medida de valor):** a moeda expressa o valor de troca das mercadorias em termos de uma unidade comum, ou seja, serve como referência de valor.

iii. **Reserva de valor:** a moeda permite que um indivíduo guarde para o futuro as receitas provenientes de suas vendas

Uma trajetória inflacionária crescente corrói gradativamente e sucessivamente as funções da moeda.

(Cespe-UnB/Diplomata/Instituto Rio Branco/2014) – Julgue o item a seguir como verdadeiro ou falso.

Meio de troca, medida de valor e reserva de valor são funções da moeda que em conjunto a diferenciam de outros ativos financeiros.

Solução:

Verdadeiro, pois tratam-se das três importantes funções desempenhadas pela moeda, conforme visto acima.

(Instituto Brasileiro de Formação e Capacitação – IBFC/Economista/Fundação Centro de Hematologia e Hemoterapia do Estado de Minas Gerais – Hemominas/2013) - A respeito do conceito, da evolução e das funções da moeda, assinale a alternativa correta:

a) Atualmente, em todos os países, a moeda é lastreada em ouro.

b) Em países que apresentam altas taxas de inflação por um prazo prolongado, a moeda vai perdendo a função de reserva de valor.

c) A moeda é um ativo de baixa liquidez.

d) Cartões de Crédito são considerados moeda.

Solução:

A resposta é a letra "b". Em países que possuem elevadas taxas de inflação, a moeda perde sua função de reserva de valor, visto que a inflação corrói o poder de compra da moeda no sentido de que a mesma quantidade de moeda comprará menos vens e serviços.

11. TIPOS DE MOEDA

Existem dois tipos de moeda, isto é, os meios de pagamento se compõem de:

i. **A moeda fiduciária (moeda manual ou corrente)**: papel-moeda

ii. **A moeda escritural (moeda bancária ou contábil)**: depósitos a vista nos bancos

---

(Fundação Dom Cintra/Economista/Prefeitura de Itaboraí/2012) - Os componentes dos meios de pagamento de uma economia são:

a) depósitos à vista e cheques

b) moeda corrente e moeda escritural

c) moeda corrente e cartão de crédito

d) moeda escritural e cartão de débito

e) depósitos à vista e depósitos a prazo

Solução:

A resposta é a letra "b", pois os componentes dos meios de pagamento em uma economia são a moeda fiduciária (também conhecida por moeda manual ou moeda corrente) e a moeda escritural (também conhecida por moeda bancária ou contábil).

12. INSTITUIÇÕES CAPAZES DE CRIAÇÃO DE MOEDA

Numa economia existem basicamente dois agentes capazes de criar moeda:

i. O Banco Central que cria a moeda fiduciária

ii. Os bancos comerciais que criam a moeda escritural

O Banco Central possui o monopólio legal da emissão de papel-moeda, portanto apenas o BACEN pode criar a moeda fiduciária. Os bancos comerciais criam moeda escritural quando emprestam aos seus clientes. Suponha que para cada R$100 depositados em um banco comercial, o banco mantenha em encaixe (em reserva) R$ 80 e empreste R$ 20. O indivíduo que pegou esses vinte reais pode então comprar bens e serviços na economia até esse valor, mas os indivíduos que depositaram os cem reais também podem adquirir bens e serviços até o valor de R$ 100, portanto circulam na economia um total de R$120 de moeda, de meio de pagamento, esses R$20 foram criados pelo banco comercial quando efetuou o empréstimo.

13. OS BANCOS COMERCIAIS E O EFEITO MULTIPLICADOR DA MOEDA ESCRITURAL

Como já sabemos os bancos comerciais criam moeda escritural quando emprestam aos seus clientes. Mas parte dos empréstimos obtidos é depositada em outro banco comercial que irá manter uma parte em encaixe e emprestará uma percentagem desse depósito. Esse procedimento se repete de maneira que o total de meios de pagamento disponíveis na economia será maior do que a moeda inicialmente injetada no sistema. Em outras palavras os bancos comerciais possuem a possibilidade de criar liquidez no sistema através de sua capacidade de criar moeda escritural.

O Banco Central controla essa capacidade dos bancos comerciais de criarem liquidez na economia através dos depósitos compulsórios ao determinar que um determinado percentual dos depósitos a vista nos bancos comerciais deve ser recolhido obrigatoriamente ao Banco Central.

Esse mecanismo de controle é importante, pois se os bancos comerciais não forem limitados na sua capacidade de criar moeda escritural elas irão injetar muita liquidez na economia, o que pôr sua vez causaria uma pressão inflacionária, pois os agentes em posse de créditos bancários irão adquirir bens serviços na economia o que causa inflação se não houver um aumento da oferta através de um aumento da produção.

14. AUTORIDADE MONETÁRIA (AM)

O Banco Central é a autoridade monetária executora da política monetária e cambial de um país.

Até março de 1987 o Banco do Brasil também era autoridade monetária e o Brasil, portanto possuía uma autoridade monetária do tipo misto, isto é, uma autoridade que possui funções típicas de banco central, mas que também possui características de banco comercial. Existia uma "conta movimento" que interligava as operações do Banco Central com o Banco do Brasil. Hoje o Banco do Brasil é um banco comercial como outro qualquer.

(CESPE-UnB/Economista/SETEPS-PA/2004) – Julgue o item como verdadeiro ou falso:

No Brasil, atualmente, o Banco do Brasil pode ser considerado autoridade monetária já que os depósitos a vista, captados por esse banco, são contabilizados como parte da base monetária.

Solução:

Falso, pois atualmente o Banco do Brasil já não é considerado autoridade monetária, mas sim um banco comercial.

15. SISTEMA BANCÁRIO (SB)

$$SB = BACEN + BC's$$

Onde:

SB = Sistema Bancário

BACEN = Banco Central (Autoridade Monetária)

BC's = bancos comerciais

O Sistema Bancário é composto pelo Banco Central e pelos bancos comerciais. Note, portanto, que é o sistema bancário que cria moeda: a fiduciária através do BACEN e a escritural através dos bancos comerciais.

16. PAPEL MOEDA EM CIRCULAÇÃO (PMC)

$$PMC = PME - \text{caixa da autoridade monetária}$$

Onde:

PMC = Papel Moeda em circulação

PME = Papel Moeda Emitido

O papel moeda em circulação é igual ao papel moeda emitido subtraído do caixa da autoridade monetária

OBSERVAÇÕES

i.   O caixa da autoridade monetária era na verdade o caixa do banco do Brasil quando o mesmo fazia parte da autoridade monetária. Hoje o PMC e o PME são iguais. A série histórica do papel moeda em circulação só existe até 1987. O Banco Central atualmente não calcula o PMC, pois como já falamos, hoje o papel moeda em circulação se confunde com o papel moeda emitido.

ii.   **Não existe caixa do Banco Central**. O plano de contas do Banco Central não apresenta no seu ativo a rubrica caixa, em consequência, as contrapartidas contábeis dos depósitos compulsórios e voluntários dos bancos comerciais no Banco Central são realizadas no passivo (na rubrica Papel Moeda Emitido). Quando um banco comercial deposita (compulsoriamente ou voluntariamente) R$ 10 milhões no Banco Central então as reservas compulsórias no BACEN aumentam de R$ 10 milhões e o Papel Moeda Emitido (PME) diminui de R$ 10 milhões.

17. PAPEL MOEDA EM PODER DO PÚBLICO (PMPP)

PMPP = PMC – caixa dos bancos comerciais

PMC = PME – caixa da autoridade monetária

PMPP = (PME – caixa da autoridade monetária) - caixa dos bancos comerciais

O papel moeda em poder do público é igual ao papel moeda em circulação subtraído do caixa em moeda corrente dos bancos comerciais.

O público é o setor não bancário, portanto o papel moeda que não se encontra em poder da autoridade monetária ou em poder do Banco Central é chamado de papel moeda em poder do público.

(FGV Projetos/Economista/Companhia Pernambucana de Saneamento – COMPESA/Governo do Estado de Pernambuco/2014) - Sejam as seguintes siglas:

PMPP = Papel Moeda em Poder do Público; PMC = Papel Moeda em Circulação; PME = Papel Moeda Emitido; CBCOM = Caixa dos Bancos Comerciais; CBACEN = Caixa do Banco Central.

Logo, pelas identidades dos agregados monetários, a seguinte igualdade é válida:

a) PMC – CBCOM = PME – CBACEN.

b) PMPP + CBCOM = PME + CBACEN.

c) PMPP + CBCOM = PME – CBACEN.

d) PME – CBCOM = PMPP – CBACEN.

e) PMC – CBACEN = PME – CBACEN.

Solução:

A resposta é a letra "C" pois, por definição, teremos:

$\Rightarrow$ PMPP = PME – Caixa da Autoridade Monetária – Caixa dos Bancos Comerciais

$\Rightarrow$ PMPP + Caixa dos Bancos Comerciais = PME – Caixa da Autoridade Monetária

18. ENCAIXES TOTAIS (ET)

ET = (caixa dos bancos comerciais) + (depósitos compulsórios) + (depósitos voluntários)

Os encaixes totais (ET) ou reservas totais são dados pela soma do caixa em moeda corrente dos bancos comerciais mais os depósitos compulsórios e voluntários dos bancos comerciais na autoridade monetária.

Caixa dos bancos comerciais (CxBC): *É o papel-moeda (moeda corrente) que se encontra em poder dos bancos comerciais, ou seja, é o dinheiro em espécie que se encontra nos cofres e nos guichês das agências bancárias. Esses encaixes são necessários para a realização dos saques feitos em espécie.*

Reservas Compulsórias: *São os depósitos compulsórios dos bancos comerciais na autoridade monetária. Os bancos comerciais fazem esses recolhimentos junto ao Banco Central porque são obrigatórios e o Banco Central os utiliza como instrumento de política monetária para controlar a liquidez do sistema. O BACEN determina para todos os bancos comerciais de uma mesma região do* *país um determinado percentual dos depósitos a vista que devem ser diariamente e obrigatoriamente recolhidos via SISBACEN para o Banco Central.*

Observação: **Um aumento da taxa de recolhimento compulsório diminui a capacidade dos bancos comerciais de emprestarem dinheiro e, portanto, diminui a capacidade de os bancos comerciais criarem moeda escritural e desse modo a liquidez do sistema diminui.**

Uma diminuição da taxa de recolhimento compulsório aumenta a capacidade dos bancos comerciais de emprestarem dinheiro e, portanto, aumenta a capacidade de os bancos comerciais criarem moeda escritural e desse modo a liquidez do sistema aumenta.

Esses recolhimentos compulsórios eram realizados exclusivamente via SISBACEN que é um sistema on-line que comunica o Banco Central aos bancos comerciais. O novo sistema de pagamento brasileiro mudou significativamente os procedimentos de recolhimento.

***Reservas Voluntárias:* São os depósitos voluntários dos bancos comerciais na autoridade monetária**. Os bancos comerciais faziam esses recolhimentos junto ao Banco Central para fazer frente a uma eventual posição negativa na câmara de compensação.

Os depósitos voluntários, assim como os depósitos compulsórios não rendem juros para os bancos comerciais.

Observação: **Um aumento dos depósitos voluntários também diminui a capacidade dos bancos comerciais de criarem moeda escritural e, portanto, diminui a liquidez do sistema.**

Uma diminuição dos depósitos voluntários também aumenta a capacidade dos bancos comerciais de criarem moeda escritural e, portanto, aumenta a liquidez do sistema.

19. RESERVAS BANCÁRIAS (RB)

> **RB = (Reservas compulsórias) + (Reservas voluntárias)**
>
> **ET = (caixa dos bancos comerciais) + RB**
>
> Denominam-se Reservas Bancárias ao total dos recolhimentos compulsórios e voluntários. O caixa em moeda corrente dos bancos comerciais não faz parte das chamadas reservas bancárias. Os encaixes totais dos bancos comerciais são formados pela soma do caixa dos bancos comerciais com as reservas bancárias. Desse modo o caixa em moeda corrente dos bancos comerciais não faz parte das chamadas reservas bancárias mas faz parte das reservas totais (ou encaixes totais)

20. BASE MONETARIA (B)

> **Base Monetária:** é o passivo monetário do Banco Central.
>
> **B = PMPP + Encaixes Totais**
>
> **B = PMC + Reservas Bancárias**
>
> **B = PME + RB (caso o caixa da autoridade monetária seja zero)**

Onde:

B = **B**ase monetária

PMPP = **P**apel **M**oeda em **P**oder do **P**úblico

PME = **P**apel **M**oeda **E**mitido

PMC = **P**apel **M**oeda em **C**irculação

ET = **E**ncaixes **T**otais = caixa dos bancos comerciais + reservas bancárias

RB = **R**eservas **B**ancárias = depósitos compulsórios + depósitos voluntários

A base monetária é composta pelas obrigações monetárias do Banco Central.

A base monetária pode ser expressa em função do papel moeda em poder do público ou em função do papel moeda em circulação, dependendo da **definição de reserva** utilizada, ou seja, a base monetária é dada pela soma do papel moeda em poder do público com as **reservas totais** (caixa dos bancos comerciais + reservas bancárias) ou a base monetária é igual ao papel moeda em circulação somado com as **reservas bancárias** (reservas compulsórias + reservas voluntárias).

(Centro de Seleção UFG/Analista em Organização e Finanças – Economista/Prefeitura de Goiânia – GO/2012) - Segundo o Banco Central do Brasil, a base monetária, no conceito restrito, é composta

a) pelo montante de moeda emitida e pelas reservas cambiais.

b) pelo montante de moeda emitida e pelas reservas bancárias.

c) pelas reservas compulsórias e as posições de custódia em títulos públicos federais.

d) pelas reservas compulsórias e os depósitos em poupança.

Solução:

A resposta é a letra "b", pois a base monetária pode ser definida como sendo a soma do papel-moeda emitido mais as reservas bancárias.

(Cespe-UnB/Professor – Área: Gestão Financeira/Instituto Federal de Educação, Ciência e Tecnologia de Brasília/2011) – Julgue o item a seguir como verdadeiro ou falso.

Base **monetária de um país consiste das reservas bancárias mais papel moeda emitido por este país.**

Solução:

Esse item é verdadeiro, pois trata-se da definição de base monetária (B = PME + RB).

21. AGREGADOS MONETÁRIOS

Agregados monetários são as possíveis medidas de liquidez que existem numa economia. Exemplos de agregados monetários: Base monetária (M_0), Meios de pagamento (M_1), M_2, M_3 e M_4.

21.1. Meios de Pagamento (M ou M_1)

Meio de pagamento: é o passivo monetário do Sistema Bancário (BACEN + bancos comerciais)

$$M = PMPP + DVBC$$

Onde:

M = Meios de pagamento

PMPP = Papel moeda em poder do público

PME = Papel moeda emitido

DVBC = Depósitos a vista nos bancos comerciais

Os meios de pagamentos são compostos pela soma do total da moeda fiduciária (PMPP) com o total da moeda escritural (DVBC). Só existem, portanto somente dois tipos de haveres monetários: a moeda fiduciária e a moeda escritural.

Base Monetária (B)	Meios de pagamentos (M)
É a obrigação monetária do Banco Central.	É a obrigação monetária do Sistema Bancário (Banco Central e bancos comerciais)
É o passivo monetário do BACEN	É o passivo monetário do sistema bancário
É o "dinheiro" criado pelo Banco Central e, portanto, composto apenas de moeda fiduciária (PME, PMC ou PMPP). B=PMC+RB =PMPP+ET=PME+RB (CxAM=0)	É o "dinheiro" criado pelo sistema bancário (criado pelo Banco Central e pelos bancos comerciais), portanto composto tanto de moeda fiduciária (PMPP) quanto de moeda escritural (DVBC).
B = PMPP + ET	M = PMPP + DVBC

(Fundação Sousândrade/Analista Técnico – Economista/AGEHAB/2010) – Os meios de pagamento de uma economia englobam a totalidade dos haveres em poder do setor não bancário e que podem ser utilizados, a qualquer momento, para pagamento de qualquer dívida em moeda nacional. Então, é VERDADEIRO dizer-se que, sendo M o estoque de meio de pagamento,

a) M = total do papel moeda em poder do público + total dos depósitos a prazo no sistema bancário.

b) M = total do papel moeda em poder do público + total dos depósitos a vista no sistema bancário.

c) M = total do papel moeda em poder do público + total dos depósitos a vista + total dos depósitos a prazo.

d) M = total dos depósitos a vista + total dos depósitos a prazo.

e) M = total dos depósitos + reservas do banco central.

Solução:

A resposta é a letra "b", conforme visto acima.

21.2. Outros Agregados Monetários (M_2, M_3 e M_4)

Os meios de pagamentos, conceito M_1, é o agregado monetário de maior liquidez. Trata-se da soma do papel-moeda em poder do público mais os depósitos à vista nos bancos comerciais. Por outro lado, de acordo com nota metodológica disponível no sitio eletrônico do Banco Central do Brasil,[1] os novos conceitos de meios de pagamento ampliados representam mudança de critério de ordenamento de seus componentes, que deixaram de seguir o grau de liquidez, passando a definir os agregados por seus sistemas emissores. Neste sentido, o M_1 é gerado pelas instituições emissoras de haveres estritamente monetários, o M_2 corresponde ao M_1 e às demais emissões de alta liquidez realizadas primeiramente no mercado interno por instituições depositárias – as que realizam multiplicação de crédito. O M_3, por sua vez, é composto pelo M_2 e captações internas por intermédio dos fundos de renda fixa e das carteiras de títulos registrados no Sistema Especial de Liquidação e Custódia (Selic). O M_4 engloba o M_3 e os títulos públicos de alta liquidez. Além disso, o M_4 corresponde também ao conceito de *poupança financeira*.

Em resumo:

M_1 = papel-moeda em poder do público + depósitos à vista nos bancos comerciais.

M2 = M1 + depósitos especiais remunerados + depósitos de poupança + títulos privados emitidos por instituições depositárias (CDB, RDB, debentures, letras de câmbio, letras hipotecárias etc.).

M3 = M2 + quotas de fundos de renda fixa + operações compromissadas na Selic.

M4 = M3 + títulos públicos de alta liquidez.

Note que:

(i) M1 está contido em M2; M2 está contido em M3 e que, M3 está contido em M4.

(ii) Os depósitos especiais remunerados, os depósitos de poupança e os títulos privados emitidos por instituições depositárias não pertencem a M1, mas pertencem a M2, M3 e M4.

(iii) as quotas de fundos de renda fixa e as operações compromissadas na Selic não pertencem a M1 e M2, mas pertencem a M3 e M4.

(iv) os títulos públicos de alta liquidez não pertencem a M1 e M2 e M3, mas pertencem a M4.

(Cespe-UnB/Economista/Ministério da Justiça/2013) – Julgue o item a seguir como verdadeiro ou falso.

Atualmente, no Brasil, o critério de ordenamento dos meios de pagamento ampliados é definido por seus sistemas emissores e não pelo grau de liquidez.

Solução:

Verdadeiro. Conforme visto acima, nas contas monetárias divulgadas pelo Banco Central do Brasil, os ativos financeiros componentes das definições estrita e ampliada de meios de pagamento não são mais classificadas de acordo com o seu grau de liquidez, mas de acordo com o tipo de instituição que os emite, de acordo com o Padrão Especial de Disseminação de Dados (PEDD).

(Cespe-UnB/Consultor do Executivo – Formação Ciências Econômicas/Secretaria de Estado da Fazenda/Governo do Estado do Espírito Santo/2010) – Julgue o item a seguir como verdadeiro ou falso.

A poupança financeira, segundo definição dos meios de pagamentos, corresponde a M_2 acrescido das quotas de fundos de renda fixa e das operações compromissadas registradas na SELIC, mas desconsidera os títulos públicos de alta liquidez.

Solução:

Falso. A poupança financeira, segundo definição dos meios de pagamentos, corresponde à M_4.

(Cespe-UnB/Analista Administrativo – Ciências Econômicas/ANS/MS/2005) - Julgue os itens a seguir, como verdadeiro ou falso:

A oferta de moeda, dada pela disponibilidade de ativos financeiros de liquidez imediata, os chamados meios de pagamento, inclui o papel-moeda em poder do público (moeda manual) e os depósitos à vista feitos pelo público nos bancos comerciais (moeda escritural).

Solução:

Verdadeiro, pois se trata do conceito do agregado monetário, conceito M_1. Logo, trata-se do agregado monetário de maior liquidez.

(ESAF/Especialista em Políticas Públicas e Gestão Governamental/2008) – Considerando a definição de meios de pagamentos adotada no Brasil, é incorreto afirmar que:

a) o M_1 engloba o papel-moeda em poder do público;

b) o M_2 engloba os depósitos para investimento e as emissões de alta liquidez realizadas primariamente no mercado interno por instituições depositárias;

c) o papel-moeda em poder do público é resultado da diferença entre papel-moeda emitido pelo Banco Central do Brasil e as disponibilidades de caixa do sistema bancário;

d) o M_3 inclui as captações internas por intermédio dos fundos de renda fixa;

e) o M_3 engloba os títulos públicos de alta liquidez.

Solução:

A resposta é a letra "e" por se tratar do conceito de M_4.

22. FUNÇÕES CLÁSSICAS DO BANCO CENTRAL

As funções clássicas de um Banco Central são:

i. **Banco emissor de papel moeda**: o Banco Central possui o monopólio da emissão de moeda, dentro dos limites estabelecidos pelo Conselho Monetário Nacional.

ii. **Banqueiro dos bancos comerciais**: o Banco Central é responsável pela estabilidade do sistema financeiro, fiscalizando os agentes econômicos que compõem o sistema. O Banco Central assume também o papel de emprestador de última instância, regulando a liquidez ou mesmo evitando falências que poderiam causar uma reação em cadeia de falências bancárias.

iii. **Banqueiro do Tesouro Nacional (ou Banqueiro do Governo)**: o termo "governo" refere-se, no caso brasileiro, ao governo federal.

iv. **Depositário das reservas internacionais**: o Banco Central é o responsável pela administração das reservas internacionais do país (as reservas cambiais de dólar, euro e outras moedas fortes do país) e também da taxa de câmbio.

(CESPE-UnB/Consultor do Senado Federal/2002) – julgue o item abaixo:

Entre as funções do Banco Central do Brasil (BACEN), listam-se a emissão de papel-moeda, a realização das operações de redesconto, a administração das reservas cambiais, a fiscalização das bolsas de valores e a regulação do crédito e das taxas de juros.

Solução:

Falso. No Brasil, não é função do Banco Central a fiscalização das bolsas de valores, e sim da Comissão de Valores Mobiliários (CVM).

(Cespe-UnB/Analista do Banco Central do Brasil/2013) – Julgue o item a seguir como verdadeiro ou falso.

Entre as funções do BACEN, o monopólio de emissão envolve o meio circulante e destina-se a satisfazer a demanda de dinheiro necessária para atender a atividade econômica. Nesse sentido, a emissão de moeda ocorre quando a Casa da Moeda do Brasil entrega papel-moeda para o BACEN.

Solução:

Falso. A emissão de papel moeda ocorre quando a moeda é colocada em circulação, ou seja, quando se torna uma obrigação para o Banco Central. Quando a Casa da Moeda do Brasil entrega papel-moeda para o BACEN temos meramente um fato administrativo que não gera nenhuma obrigação monetária para o BACEN e assim não se trata de uma emissão de moeda.

23. INSTRUMENTOS DE POLÍTICA MONETÁRIA

Os instrumentos de política monetária disponíveis para controle da liquidez são:

i. **Taxa de recolhimento compulsório**

ii. **Redesconto**

iii. **Mercado aberto (*open market*)**

(AOCP Concursos Públicos/Economista/Companhia de Saneamento de Sergipe – DESO/2013) – Os instrumentos da Política Monetária são os métodos e meios usados na implementação desta política que afetam diretamente as variáveis operacionais. Assinale a alternativa que apresenta os três instrumentos clássicos da política monetária.

a) Recolhimento compulsório, reservas bancárias e taxa de câmbio.

b) Recolhimento compulsório, taxa de redesconto e operação de mercado aberto (*Open Market*).

c) Reservas bancárias, taxa de redesconto e operação de mercado aberto (*Open Market*).

d) Taxa de câmbio, taxa de redesconto e operação de mercado aberto (*Open Market*).

e) Recolhimento compulsório, reservas bancárias e operação de mercado aberto (*Open Market*).

Solução:

A resposta é a letra "b", pois os três instrumentos clássicos de política monetária são o recolhimento compulsório, taxa de redesconto e operação de mercado aberto (*Open Market*).

(Cespe-UnB/Consultor do Executivo – Formação Ciências Econômicas/Secretaria de Estado da Fazenda/Governo do Estado do Espírito Santo/2010) – Julgue o item a seguir como verdadeiro ou falso.

Os instrumentos mais utilizados pelo Banco Central do Brasil (BACEN) para atuar na execução da política monetária são alterações nos níveis de reserva legal dos bancos, operações de mercado aberto e alterações nas taxas de redesconto.

Solução:

Verdadeiro. Conforme visto antes, os três instrumentos clássicos de política monetária são o recolhimento compulsório, taxa de redesconto e operação de mercado aberto (*Open Market*).

23.1. Taxa de recolhimento compulsório

A taxa de recolhimento compulsório é um percentual dos depósitos a vista que devem ser compulsoriamente recolhidos junto ao Banco Central. O Bacen utiliza a taxa de recolhimento compulsório como um instrumento de controle da liquidez:

i. Um aumento da taxa de recolhimento compulsório diminui a liquidez do sistema

ii. Uma diminuição da taxa de recolhimento compulsório aumenta a liquidez do sistema

Quando o Banco Central aumenta a taxa de recolhimento compulsório, a capacidade de os bancos comerciais criarem moeda escritural é reduzida pois os bancos terão menos recursos para emprestar aos seus clientes.

Uma diminuição da taxa de recolhimento compulsório aumenta a capacidade de os bancos comerciais criarem moeda escritural pois os bancos comerciais terão mais recursos para emprestar aos seus clientes

---

(CESPE-UnB/Terceiro Secretário da Carreira de Diplomata/2004) – Julgue o item como verdadeiro ou falso:

Aumentos nos coeficientes de encaixe compulsório, por interferirem diretamente no nível e reservas bancárias, reduzem o efeito multiplicador e, consequentemente, a liquidez da economia.

Solução:

Verdadeiro. Um aumento da taxa de recolhimento compulsório reduz a oferta de moeda, ou seja, reduz a liquidez da economia.

23.2. Redesconto

O redesconto é o empréstimo que o Banco Central faz para os bancos comerciais que apresentam problemas de liquidez, isto é, cujo passivo é maior do que seus ativos. O termo redesconto deve-se ao fato de que esses empréstimos são realizados coma garantia dos títulos que estão em poder do banco comercial e que são novamente descontados quando do empréstimo do Banco Central para os bancos comerciais, ou seja, o Banco Central é o emprestador de última estancia funcionando como uma espécie de banco dos bancos comerciais. O redesconto é utilizado como instrumento de controle da liquidez da seguinte forma:

i. Um aumento do redesconto aumenta a liquidez do sistema

ii. Uma diminuição do redesconto diminui a liquidez do sistema.

O Banco Central aumenta a liquidez do sistema quando:

* Aumenta o montante (o valor) do redesconto (do empréstimo)

* Diminui a taxa de redesconto

* Dilata o prazo de pagamento do redesconto

O Banco Central diminui a liquidez do sistema quando:

* Diminui o montante (o valor) do redesconto (do empréstimo)

* Aumenta a taxa de redesconto

* Contrai o prazo de pagamento do redesconto

(ESAF/AFC-STN/1997) – Um aumento na taxa de juros à qual o Banco Central empresta aos bancos comerciais irá normalmente conduzir a um(a):

a) Redução das reservas dos bancos comerciais, a um aumento das outras taxas de juros e a uma redução do nível de atividade econômica;

b) Redução das reservas dos bancos comerciais, a uma redução das outras taxas de juros e a um aumento do nível de atividade econômica;

c) Aumento das reservas dos bancos comerciais, a um aumento das outras taxas de juros e a um aumento do nível de atividade econômica;

d) Aumento das reservas dos bancos comerciais, a uma redução das outras taxas de juros e a um aumento do nível de atividade econômica;

e) Aumento das reservas dos bancos comerciais, a uma redução das outras taxas de juros e a uma redução do nível de atividade econômica.

Solução:

A resposta é a letra "a" porque um aumento da taxa de redesconto irá provocar uma redução das reservas dos bancos comerciais, a um aumento das outras taxas de juros e a uma redução do nível de atividade econômica.

(Cespe-UnB/Economista/UFT/2004) – Julgue o item a seguir, como verdadeiro ou falso:

Reduções na taxa de redesconto, ao se aumentarem os empréstimos junto ao Banco Central do Brasil (BACEN), elevam a disponibilidade de crédito, conduzindo, assim, à expansão da oferta monetária.

Solução:

Verdadeiro. O redesconto é o empréstimo que o Banco Central faz para os bancos comerciais que apresentam problemas de liquidez, isto é, cujo passivo é maior do que seus ativos. O termo redesconto deve-se ao fato de que esses empréstimos são realizados com a garantia dos títulos que estão em poder do banco comercial e que são novamente descontados quando do empréstimo do Banco Central para os bancos comerciais, ou seja, o Banco Central é o emprestador de última instância funcionando como uma espécie de banco dos bancos comerciais. O Banco Central aumenta a liquidez do sistema quando: (i) aumenta o montante (valor) do redesconto (do empréstimo); (ii) diminui a taxa de redesconto; (iii) dilata o prazo de pagamento do redesconto.

(CESPE-UnB/Técnico de Planejamento e Pesquisa do IPEA/2008) – Julgue o item a seguir como verdadeiro ou falso.

No Brasil, as operações de redesconto ou assistência financeira de liquidez servem tanto para o banco central atuar na sua função de "emprestador de última instância" do sistema financeiro, quanto para efetuar o gerenciamento diário de liquidez deste sistema, ao funcionar como "válvula de segurança" das instituições financeiras.

Solução:

Verdadeiro. As operações de redesconto ajudam na gerência diária da liquidez do sistema financeiro ao funcionar como "válvula de segurança" deste, mesmo que isso não seja feito todos os dias.

Observação: Se o Banco Central estabelece que o custo de redesconto é igual à taxa de juros de mercado mais um percentual adicional, a taxa de redesconto é punitiva. Neste sistema um banco somente usará a alternativa do redesconto em última instância.

Por outro lado, se a taxa de redesconto é fixada pelo banco central abaixo da taxa de juros de mercado, o sistema de redesconto é não-punitivo.

Finalmente, se o banco central não estabelece restrições e critérios para os bancos terem acesso ao redesconto, a taxa de juros no mercado de reservas bancárias seria igual à taxa de redesconto. Neste sistema, o banco central impõe custos não pecuniários aos bancos que usarem frequentemente o redesconto.

23.3. Mercado aberto

As operações de mercado aberto são as transações com os títulos públicos. O Banco central utiliza as operações de open *market* como instrumento de política monetária da seguinte forma:

i. Quando o Banco Central compra títulos a liquidez aumenta, pois, o BACEN está tirando títulos do mercado e injetando moeda no sistema

ii. Quando o Banco Central vende títulos a liquidez diminui, pois o BACEN está colocando títulos do mercado e retirando moeda do sistema

---

(CESPE-UnB/Economista/FSCMP/PA/2004) – Julgue o item como verdadeiro ou falso.

Contrariamente à política de fixação das taxas de reservas compulsórias, as operações de mercado aberto atuam diretamente sobre o multiplicador monetário e, por essa razão, constituem uma maneira menos drástica de controlar a oferta monetária.

Solução:

Esse item é falso, porque se trata de uma maneira realmente drástica de controlar a oferta monetária na economia. Se o governo quer contrair os meios de pagamentos de uma economia, o Banco Central vende títulos governamentais no mercado aberto. Por outro lado, se o governo quiser aumentar a liquidez da economia, o Banco Central compra os títulos governamentais.

(Cespe-UnB/Analista Administrativo – Ciências Econômicas/ANS/MS/2005) – Julgue o item a seguir, como verdadeiro ou falso:

As operações de mercado aberto envolvem variações nos encaixes compulsórios que os bancos comerciais detêm junto ao Banco Central e, portanto, afetam o crescimento do estoque monetário.

Solução:

Falso. As operações de mercado aberto (*open market*) são as transações com os títulos públicos. O Banco Central utiliza as operações de mercado aberto como instrumento de política monetária das seguintes formas: (i) quando o Banco Central compra títulos públicos, a liquidez aumenta, pois o Banco Central está tirando títulos públicos do mercado e injetando moeda no sistema; (ii) quando o Banco Central vende títulos públicos, a liquidez diminui, pois o Banco Central está colocando títulos públicos no mercado e retirando moeda do sistema.

Caro leitor, vamos, agora, resolver a próxima questão, que abrangem os três instrumentos de política monetária já estudados:

(FGV Projetos/Economista/Superintendência do Desenvolvimento do Nordeste – SUDENE/2013) - O Banco Central (BC) é responsável pela política monetária do país. Em relação aos instrumentos de controle monetário que o BC faz uso e seus efeitos, assinale V para a afirmativa verdadeira e F para a falsa.

( ) **A limitação dos empréstimos de assistência à liquidez reduz a oferta monetária.**

( ) **A elevação da taxa de reservas compulsórias e a redução da taxa de redesconto ampliam a quantidade de moeda na economia.**

( ) **A compra títulos públicos junto ao mercado e a ampliação dos prazos dos títulos relativos ao redesconto ampliam a oferta de moeda na economia.**

As afirmativas são, respectivamente,

a) F, V e F.

b) V, F e F.

c) V, F e V.

d) V, V e F.

e) V, V e V.

Solução:

A resposta é a letra "C". Note que a elevação da taxa de reservas compulsórias e a redução da taxa de redesconto reduzem a quantidade de moeda na economia.

24. MULTIPLICADOR DOS MEIOS DE PAGAMENTO

Os meios de pagamento são maiores do que a Base monetária (M>B). Esse fato pode ser verificado pôr três evidências:

(i) Pela comparação entre as respectivas fórmulas:

M = PMPP + DVBC

B = PMPP + ET

É evidente que DVBC é maior que ET, pois o total de todos os depósitos a vista realizados na rede bancária, isto é, a soma de todos os saldos em conta corrente de todos os bancos é maior que o total das reservas mantidas pelos bancos comerciais, visto que os bancos comerciais não podem ter mais moeda que todo o restante da economia. De outro modo devemos lembrar que ET é na verdade um percentual (uma fração) de DVBC e, portanto, menor que DVBC, ou seja: DVBC > ET.

(ii) Para cada unidade monetária emitida pelo Banco Central, isto é, que faz parte da Base Monetária, os bancos comerciais podem criar moeda escritural através dos empréstimos e, portanto, os Meios de Pagamento (M) são maiores que a Base monetária. Em outras palavras o efeito multiplicador da moeda escritural criada pelos bancos comerciais faz com que o total dos meios de pagamento disponíveis na economia (M) seja maior do que a moeda emitida pelo Banco Central (que faz parte da Base Monetária).

(iii) O Sistema Bancário é composto do Banco Central e dos bancos comerciais, isto é, o Banco Central faz parte do Sistema Bancário, portanto a liquidez criada (injetada na economia) pelo Sistema Bancário (os meios de pagamento) deve ser maior que a liquidez criada (injetada) pelo Banco central (a base monetária) visto que este último faz parte do primeiro.

O multiplicador dos meios de pagamento

Sabemos que, em regra, M > B, isto é, que os meios de pagamento são maiores que a Base monetária, logo pode dizer que M é um múltiplo de B, isto é, que os meios de pagamento são um múltiplo da Base e podemos então escrever:

$$M = m.B$$

Onde:

M = Meios de pagamento

B = Base Monetária

m = multiplicador dos meios de pagamento

Notamos, portanto, que o multiplicador dos meios de pagamento é maior ou igual a 1 ($m \geq 1$). De fato **M = m.B** e, portanto **m** é um fator de multiplicidade pelo menos igual a 1.

Note que se conhecendo a Base monetária e os Meios de Pagamento o multiplicador pode ser imediatamente calculado pela relação: $m = \dfrac{M}{B}$

(Fundação Cesgranrio/Análise Socioeconômica/IBGE/2010) – O multiplicador da base monetária é definido como sendo o:

a) produto interno bruto ÷ meios de pagamento.

b) aumento da demanda agregada ÷ expansão monetária que causou o aumento.

c) total de meios de pagamento ÷ base monetária.

d) total de empréstimos bancários ÷ capital próprio dos bancos.

e) número de vezes que a moeda no país precisa circular para comprar o PIB anual.

Solução:

A resposta é a letra "c", uma vez que o multiplicador monetário (ou o multiplicador da base monetária) é definido como sendo o total dos meios de pagamento dividido pela base monetária, conforme visto acima.

Os coeficientes de comportamento são definidos como:

$$c = \frac{PMPP}{M_1}; d_1 = \frac{DVBC}{M_1}; R = \frac{ET}{DVBC} = \frac{r_1 + r_2 + r_3}{DVBC}$$

Onde: ET = Encaixes Totais (em dinheiro, ou seja, não devem ser considerados aqui os recolhimentos efetuados em títulos da dívida pública); r_1 é a relação encaixe em moeda corrente dos bancos comerciais/depósitos à vista nos bancos comerciais; r_2 é a relação depósito voluntário dos bancos comerciais no Banco Central/depósitos à vista nos bancos comerciais; r_3 é a relação depósito compulsório dos bancos comerciais no Banco Central/depósitos à vista nos bancos comerciais.

Fórmula do multiplicador dos meios de pagamento

$$m = \frac{1}{1 - d_1(1-R)}$$

Onde:

m = multiplicador dos meios de pagamento

$d_1 = \dfrac{DVBC}{M}$ representa o percentual dos meios de pagamento (M) que está sob a forma de depósito à vista nos bancos comerciais (DVBC).

$R = \dfrac{ET}{DVBC}$ representa o percentual dos depósitos a vista nos bancos comerciais (DVBC) que são mantidos como encaixes totais (ET)

Observação: demonstração do cálculo do multiplicador monetário:

$$m = \frac{M_1}{BM} = \frac{M_1}{PMPP + ET} = \frac{\dfrac{M_1}{M_1}}{\dfrac{PMPP + ET}{M_1}} = \frac{1}{\dfrac{PMPP}{M_1} + \dfrac{ET}{M_1}} = \frac{1}{c + \dfrac{ET}{M_1}}$$

$Como \ \dfrac{ET}{M_1} = \dfrac{ET}{DVBC} x \dfrac{DVBC}{M_1} = Rd_1$, temos que $m = \dfrac{1}{c + \left(Rd_1\right)}$

$Como \ c = 1 - d_1,$ temos que: $m = \dfrac{1}{1 - d_1 + \left(Rd_1\right)}.$

Colocando d_1 em evidência, obtêm-se a seguinte expressão do multiplicador monetário:

$$m = \frac{1}{1 - d_1(1-R)}$$

Observação: nos livros-textos de macroeconomia norte-americanos, como Mankiw (2005) e Blanchard (2001), a fórmula do multiplicador monetário é expressa da seguinte forma:

$$m = \frac{M_1}{BM} = \frac{PMPP + DVBC}{PMPP + ET} = \frac{\dfrac{PMPP + DVBC}{DVBC}}{\dfrac{PMPP + ET}{DVBC}} = \frac{\dfrac{PMPP}{DVBC} + \dfrac{DVBC}{DVBC}}{\dfrac{PMPP}{DVBC} + \dfrac{ET}{DVBC}} = \frac{\dfrac{PMPP}{DVBC} + 1}{\dfrac{PMPP}{DVBC} + R}$$

No caso, quanto maior a relação PMPP/DVBC (**taxa de retenção do público**), isto é, quanto mais o público mantiver moeda manual em seu poder, menor o valor do multiplicador:

$$\uparrow\left(\frac{PMPP}{DVBC}\right) \Rightarrow \;\downarrow m$$

Em outras palavras, o valor do multiplicador monetário diminui quando aumenta a razão papel moeda em poder do público pelo volume dos depósitos à vista nos bancos comerciais. Por outro lado, aumenta o valor do multiplicador monetário uma redução do percentual de papel moeda sobre depósitos à vista:

$$\downarrow\left(\frac{PMPP}{DVBC}\right) \Rightarrow \;\uparrow m$$

A razão PMPP/DVBC também pode ser obtida da seguinte maneira:

$$\frac{c}{d_1} = \frac{\dfrac{PMPP}{M_1}}{\dfrac{DVBC}{M_1}} = \frac{PMPP}{M_1} \, x \, \frac{M_1}{DVBC} = \frac{PMPP}{DVBC}$$

(ESAF/Analista Técnico – SUSEP/2002) - Considere os seguintes coeficientes:

c = papel-moeda em poder do público/M1

d = depósitos a vista nos bancos comerciais/M1

R = encaixe total dos bancos comerciais/depósitos a vista nos bancos comerciais

É correto afirmar que:

a) se c = d e R = 0,3, então o valor do multiplicador bancário será igual a 1,221, aproximadamente.

b) se c = d e R = 0,3, então o valor do multiplicador bancário será igual a 1,538, aproximadamente.

c) se c = 0,7 e R = 0,3, então o valor do multiplicador bancário será de 1,961, aproximadamente.

d) se d > c e R = 0,2, então o valor do multiplicador bancário será necessariamente maior que 2.

e) se d = 0, o valor do multiplicador bancário será zero, independentemente do valor de R.

Solução:

A resposta é a letra "b", conforme análise a seguir. Lembre-se que $c + d_1 = 1$.

O item "a" está falso porque, se $c = d_1 = 0,5$, então o valor do multiplicador monetário será igual a 1,53, aproximadamente:

$$m = \frac{1}{1 - d_1(1-R)} = \frac{1}{1 - 0,5(1 - 0,3)} = \frac{1}{1 - (0,5)(0,7)} = \frac{1}{1 - 0,35} = \frac{1}{0,65} = 1,53$$

O item "b" é verdadeiro, conforme demonstração apresentada no item "a".

O item "c" é falso porque, se c = 0,7, então $d_1 = 0,3$, logo o valor do multiplicador monetário será igual a 1,26:

$$m = \frac{1}{1 - d_1(1-R)} = \frac{1}{1 - 0,3(1 - 0,3)} = \frac{1}{1 - (0,3)(0,7)} = \frac{1}{1 - 0,21} = \frac{1}{0,79} = 1,26$$

No tocante ao item "d", suponha que $d_1 = 0,6$, logo $c = 0,4$. Assim, o valor do multiplicador monetário será igual a 1,92, portanto trata-se de um valor menor do que 2:

$$m = \frac{1}{1 - d_1(1 - R)} = \frac{1}{1 - 0,6(1 - 0,2)} = \frac{1}{1 - (0,6)(0,8)} = \frac{1}{1 - 0,48} = \frac{1}{0,52} = 1,92$$

O item "e" é falso porque, se $d = 0$, o valor do multiplicador monetário será 1, independentemente do valor de R:

$$m = \frac{1}{1 - d_1(1 - R)} = \frac{1}{1 - 0(1 - R)} = \frac{1}{1} = 1$$

OBSEVAÇÃO: $c + d_1 + d_2 = 1$
Onde:

$c = \dfrac{PMPP}{M}$ representa o percentual dos meios de pagamento (M) que está sob a forma papel moeda em poder do público.

$d_1 = \dfrac{DVBC}{M}$ representa o percentual dos meios de pagamento (M) que está sob a forma de depósito à vista nos bancos comerciais (DVBC).

$d_2 = \dfrac{DVAM}{M}$ representa o percentual dos meios de pagamento (M) que está sob a forma de depósito à vista na autoridade monetária (DVAM).

Os depósitos a vista na autoridade monetária (DVAM) eram os depósitos feitos no Banco do Brasil até 1987 quando O BB ainda era autoridade monetária. Hoje esses depósitos são nulos (DVAM = 0) pois não se faz deposito a vista no Banco Central e portanto $d_2 = 0$
Em resumo:

(i) **Proporção de Caixa do Público (c):** indica qual é a porcentagem dos meios de pagamentos (M_1) que o público prefere manter sob a forma de moeda manual (papel-moeda em poder do público). Não pode ser negativo.

(ii) **Relação Depósitos à Vista dos Bancos Comerciais/Meios de Pagamento (d_1):** mostra a proporção dos meios de pagamento que o público prefere manter sob a forma de moeda escritural. Note que $c + d_1 = 1$.

(iii) **Relação Encaixe/Depósitos (R) ou Taxa de Reservas Bancárias:** indica o quanto os encaixes bancários representam do total dos depósitos à vista.

Observação: uma relação importante a ser obtida das definições acima é que $c + d_1 = 1$. Prova:

$$c + d_1 = \frac{PMPP}{M_1} + \frac{DVBC}{M_1} = \frac{PMPP + DVBC}{M_1} = \frac{M_1}{M_1} = 1$$

OBSERVAÇÃO: $R = r_1 + r_2 + r_3$

Onde:

$R = \dfrac{ET}{DVBC}$ representa o percentual dos depósitos a vista nos bancos comerciais (DVBC) que são mantidos como encaixes totais (ET).

$r_1 = \dfrac{caixa\ dos\ bancos\ comerciais}{DVBC}$ representa o percentual dos depósitos a vista nos bancos comerciais (DVBC) que são mantidos como caixa em moeda corrente dos bancos comerciais.

$r_3 = \dfrac{depósitos\ compulsórios}{DVBC}$ representa o percentual dos depósitos a vista nos bancos comerciais (DVBC) que são mantidos como reservas compulsórias dos banco comerciais na autoridade monetária.

$r_2 = \dfrac{depositos\ voluntarios}{DVBC}$ representa o percentual dos depósitos a vista nos bancos comerciais (DVBC) que são mantidos como reservas voluntárias dos banco comerciais na autoridade monetária.

(ESAF/ MPU/Área Pericial – Especialidade Economia/2004) - Considere

α_1 **= papel-moeda em poder do público/M_1,**

α_2 **= depósitos a vista/ M_1.**

É incorreto afirmar que

a) se $\alpha_1 > 0{,}5$, então $\alpha_2 < 0{,}5$.

b) se $\alpha_1 = \alpha_2$, então $\alpha_1 + \alpha_2 = 0$.

c) se $\alpha_2 = 0$, então $\alpha_1 = 1$.

d) $\alpha_1 = 1 - \alpha_2$.

e) α_1 não pode ser negativo.

Solução:

A resposta da questão é a letra "b". Note que $\alpha_1 = c$ e $\alpha_2 = d_1$. Logo, se $\alpha_1 = \alpha_2$, então $\alpha_1 + \alpha_2 = 1$, e $\alpha_1 = \alpha_2 = 0{,}5$. Todos os demais itens estão corretos.

(ESAF/Analista do Banco Central do Brasil/2001) – No que diz respeito à capacidade da autoridade monetária em controlar a liquidez da economia, é correto afirmar que:

a) se as pessoas carregam os meios de pagamento apenas sob a forma de papel-moeda em poder do público, o valor do multiplicador bancário será nulo.

Falso. Se as pessoas carregam os meios de pagamento apenas sob a forma de papel-moeda em poder do público, então c = 100% ou 1, de modo que $d_1 = 0$. Logo,

$$m = \dfrac{1}{c + d_1(1 - R)} \Rightarrow m = \dfrac{1}{1 - (0)(1 - R)} \Rightarrow m = \dfrac{1}{1} \Rightarrow m = 1$$

b) se as pessoas carregam os meios de pagamento apenas sob a forma de papel-moeda em poder do público, uma unidade adicional de base monetária dará origem a uma unidade adicional de M_1.

Verdadeiro. De acordo com a explicação do item "a", se m = 1, então:

$$m = \frac{M_1}{B} \Rightarrow 1 = \frac{M_1}{B} \Rightarrow M_1 = B$$

Logo, uma unidade adicional de base monetária dará origem a uma unidade adicional de M_1.

c) se as pessoas carregam 50% dos meios de pagamento sob a forma de papel-moeda em poder do público, uma unidade adicional de base monetária dará origem a 2,5 unidades adicionais de meios de pagamento.

Falso. Se c = 0,5 então d_1 = 1-c = 1-0,5 = 0,5. Teremos então que:

$$m = \frac{1}{1 - (d)(1 - R)} = \frac{1}{1 - (0,5)(1 - R)} = \frac{1}{0,5.(1 + R)} \neq 2,5$$

d) se os recolhimentos totais dos bancos comerciais forem 100% dos depósitos a vista, o valor do multiplicador bancário será nulo.

Falso. Nesse caso, R = 1, de modo que:

$$m = \frac{1}{1 - d_1(1 - R)} = \frac{1}{1 - d_1(1 - 1)} = \frac{1}{1 - d_1(0)} = \frac{1}{1} = 1$$

e) se as pessoas mantêm 100% dos meios de pagamento sob a forma de depósitos a vista, a fórmula do multiplicador torna-se incorreta como forma de medição da relação entre M_1 e base monetária.

Falso. Nesse caso, d_1 = 1, de modo que encontraremos a expressão matemática do **multiplicador bancário** (que é um conceito diferente de multiplicador monetário).

$$m = \frac{1}{1 - d_1(1 - R)} = \frac{1}{1 - 1(1 - R)} = \frac{1}{1 - 1 + R} = \frac{1}{R} = m'$$

OBSERVAÇÃO (i) Quanto maior os encaixes bancários, menor o valor do multiplicador monetário

Quanto maiores os encaixes bancários, menos recursos disponíveis os bancos têm para emprestar, o que reduzirá o processo da moeda escritural. Dessa forma, uma elevação da relação encaixe/depósitos dos bancos comerciais provoca uma contração dos meios de pagamento, sem qualquer efeito sobre a base monetária. Um aumento no valor do quociente entre os encaixes totais dos bancos comerciais e os depósitos à vista nos bancos comerciais (R), mantendo-se inalterada a base monetária, resulta em contração dos meios de pagamentos.

$$\uparrow R = \uparrow \left(\frac{ET}{DVBC} \right) = \uparrow \left(\frac{r_1 + r_2 + r_3}{DVBC} \right) \Rightarrow \ \downarrow m$$

e

$$\downarrow R = \downarrow \left(\frac{ET}{DVBC} \right) = \downarrow \left(\frac{r_1 + r_2 + r_3}{DVBC} \right) \Rightarrow \ \uparrow m$$

OBSERVAÇÃO (ii) Quanto maior a proporção do papel moeda em poder do público ($PMPP$) em relação a M_1, menor o multiplicador monetário (m). O multiplicador monetário será reduzido, caso o público passe a reter consigo, na forma de papel moeda, uma parcela maior de seus meios de pagamento.

$$\uparrow c = \uparrow \left(\frac{PMPP}{M_1} \right) \Rightarrow \downarrow m \text{ e } \downarrow c = \downarrow \left(\frac{PMPP}{M_1} \right) \Rightarrow \uparrow m$$

OBSERVAÇÃO (iii) Quanto maior a proporção dos depósitos à vista nos bancos comerciais (DVBC) em relação a M_1, maior o multiplicador monetário (m) A magnitude do multiplicador monetário depende também da proporção dos meios de pagamentos que o público deseja manter sob a forma de moeda escritural ($DVBC$). Quanto maior for d_1, maior o valor do multiplicador monetário (m). Em outras palavras, quanto maior a propensão do público a utilizar a moeda escritural, maior será a expansão da mesma e, por consequência, dos meios de pagamento.

$$\uparrow d_1 = \uparrow \left(\frac{DVBC}{M_1} \right) \Rightarrow \uparrow m \text{ e } \downarrow d_1 = \downarrow \left(\frac{DVBC}{M_1} \right) \Rightarrow \downarrow m$$

(CESPE-UnB/Consultor do Senado Federal/2002) – Julgue o item abaixo

Quando a razão reserva-depósito à vista é reduzida, o multiplicador monetário eleva-se, contribuindo, assim, para a expansão do estoque monetário.

Solução:

Esse item é verdadeiro, pois:

$$\downarrow R = \downarrow \left(\frac{ET}{DVBC} \right) = \downarrow \left(\frac{r_1 + r_2 + r_3}{DVBC} \right) \Rightarrow \ \uparrow m$$

(ESAF/Auditor-Fiscal da Receita Federal/2003) - Considere

c: papel-moeda em poder do público/meios de pagamentos

d: depósitos a vista nos bancos comerciais/meios de pagamentos

R: encaixe total dos bancos comerciais/depósitos a vista nos bancos comerciais

m = multiplicador dos meios de pagamentos em relação à base monetária

Com base nestas informações, é incorreto afirmar que, tudo o mais constante:

a) quanto maior d, maior será m

b) quanto maior c, menor será d

c) quanto menor c, menor será m

d) quanto menor R, maior será m

e) c + d > c, se d for ≠ 0

Solução:

A resposta é a letra "c". Quanto menor a relação papel-moeda em poder do público/meios de pagamentos, maior será o valor do multiplicador monetário. Todos os demais itens estão corretos.

(CETRO/Auditor-Fiscal Tributário Municipal/Prefeitura Municipal de São Paulo/2014) - Leia o trecho abaixo.

"O multiplicador dos meios de pagamento depende, basicamente, de dois parâmetros. O primeiro é um parâmetro comportamental, ou seja, ele está ligado ao comportamento das pessoas com relação a seus recursos líquidos: que parcela deles as pessoas, em média, mantêm em papel-moeda e que parcela deixam em depósito à vista nos bancos comerciais. O segundo é um parâmetro que depende tanto da decisão dos bancos comerciais quanto a seus encaixes, quanto do Banco Central, no que diz respeito aos critérios que regulamentam os encaixes compulsórios dos bancos comerciais".

PAULANI, Leda Maria.; BRAGA, Márcio Bobik.

A nova contabilidade social. SP, Editora Atlas, 2000. p.199).

Sobre o assunto, assinale a alternativa correta.

a) Se o público mantiver 68% dos recursos líquidos sob a forma de depósitos à vista e os encaixes totais dos bancos comerciais representarem 32% do total de seus depósitos, o multiplicador bancário será de 9,76.

b) O multiplicador bancário será de 3,3 caso o público mantiver 90% de seus recursos em depósitos à vista e os bancos mantiverem reservas de 27% do total de seus depósitos.

c) Se o público mantiver 35% dos seus recursos em depósitos à vista e os bancos mantiverem reservas de 65% do total de seus depósitos, o multiplicador bancário será de 1,14. Caso o Banco Central deseje expandir os meios de pagamento em circulação na economia, poderá elevar o percentual de encaixes compulsórios.

d) Caso o público mantiver 50% de seus recursos líquidos sob a forma de depósitos à vista e os encaixes totais dos bancos comerciais representarem 20% do total de depósitos, cada unidade monetária, a mais, de base monetária, dá origem a 1,67 unidade monetária adicional de meios de pagamento.

e) Quanto maior for a relação encaixe total dos bancos comerciais como proporção dos depósitos à vista nos bancos comerciais, maior será o multiplicador bancário.

Solução:

A resposta é a letra "d". Considere as seguintes informações:

$$d_1 = \frac{DVBC}{M} = 0,5$$

$$R = \frac{ET}{DVBC} = 0,2$$

Então, o multiplicador monetário será dado por:

$$m = \frac{1}{1 - d_1(1-R)} \Rightarrow m = \frac{1}{1 - 0,5(1-0,2)} \Rightarrow m = \frac{1}{1 - 0,5(0,8)} \Rightarrow m = \frac{1}{1 - 0,4}$$

$$\Rightarrow m = \frac{1}{0,6} \Rightarrow m \cong 1,67$$

O item "a" está falso pois, se $d_1 = DVBC/M = 0,68$ e $R = ET/DVBC = 0,32$, então:

$$m = \frac{1}{1 - d_1(1-R)} \Rightarrow m = \frac{1}{1 - 0,68(1-0,32)} \Rightarrow m = \frac{1}{1 - 0,68(0,68)} \Rightarrow$$

$$m = \frac{1}{1 - 0,4624} \Rightarrow m = \frac{1}{0,5376} \Rightarrow m \cong 1,86$$

O item "b" está falso pois, se $d_1 = DVBC/M = 0,9$ e $R = ET/DVBC = 0,27$, então:

$$m = \frac{1}{1 - d_1(1-R)} \Rightarrow m = \frac{1}{1 - 0,9(1-0,27)} \Rightarrow m = \frac{1}{1 - 0,9(0,73)} \Rightarrow$$

$$m = \frac{1}{1 - 0,657} \Rightarrow m = \frac{1}{0,343} \Rightarrow m \cong 2,91$$

O item "c" está falso. De fato, se $d_1 = DVBC/M = 0,35$ e $R = ET/DVBC = 0,65$, então:

$$m = \frac{1}{1 - d_1(1-R)} \Rightarrow m = \frac{1}{1 - 0,35(1-0,65)} \Rightarrow m = \frac{1}{1 - 0,35(0,35)} \Rightarrow$$

$$m = \frac{1}{1 - 0,1225} \Rightarrow m = \frac{1}{0,8775} \Rightarrow m \cong 1,14$$

Contudo, caso o Banco Central deseje expandir os meios de pagamento em circulação na economia, o Banco Central deverá, por exemplo, reduzir o percentual de encaixes compulsórios.

A letra "e" é falso pois, quanto maior for a relação encaixe total dos bancos comerciais como proporção dos depósitos à vista nos bancos comerciais, menor será o multiplicador bancário:

$$\uparrow R = \uparrow \left(\frac{ET}{DVBC} \right) = \uparrow \left(\frac{r_1 + r_2 + r_3}{DVBC} \right) \Rightarrow \quad \downarrow m$$

25. CRIAÇÃO DE BASE MONETÁRIA

A Base monetária aumenta (criação de Base) através de:

i.   Aumento das operações ativas do Banco Central (autoridade monetária)

ii. Diminuição do passivo não monetário do Banco Central

26. DESTRUIÇÃO DE BASE

A Base monetária diminui (destruição de Base) através de:

i.   Diminuição das operações ativas do Banco Central (autoridade monetária)

ii. Aumento do passivo não monetário do Banco Central

27. CRIAÇÃO DE MEIOS DE PAGAMENTO

Os meios de pagamento aumentam (criação de meio de pagamento) através de:

i.   Aumento das operações ativas do Sistema Bancário (BACEN + bancos comerciais)

ii. Diminuição do passivo não monetário do Sistema Bancário (BACEN + bancos comerciais)

28. DESTRUIÇÃO DE MEIOS DE PAGAMENTO

Os meios de pagamento diminuem (destruição de meio de pagamento) através de:

i.   diminuição das operações ativas do Sistema Bancário (BACEN + banco comerciais)

ii. aumento do passivo não monetário do Sistema Bancário (BACEN + bancos comerciais)

29. TRANSAÇOES QUE CRIAM MEIOS DE PAGAMENTO (CRIAM LIQUIDEZ)

Uma transação para criar meios de pagamento deve satisfazer duas condições:

i.   Ser realizada entre o Setor Bancário (BACEN + bancos comerciais) e o Setor Não Bancário (o público)

ii. O público (o setor não bancário) recebe um haver monetário (papel moeda ou certificado de depósito à vista) do setor bancário e entrega para o mesmo (para o setor bancário) um haver não monetário (qualquer haver que não seja a moeda fiduciária ou a moeda escritural).

Operações que só envolvam o sistema bancário ou que só envolvam o sistema não bancário não cria nem destrói meio de pagamento. Uma mera permuta de haveres monetários entre o setor bancário e não bancário também não cria nem destrói meio de pagamento.

Em resumo, ocorrerá **criação de moeda** (M_1) sempre quando houver uma troca entre um haver não-monetário do setor não-bancário (público) por um haver monetário do setor bancário. Isso é o que se chama de "monetização", pelo setor bancário, de haveres não-monetários do público.

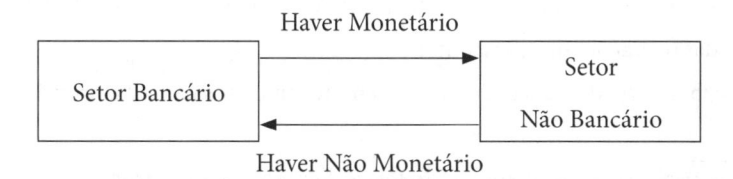

Haver Monetário

Setor Bancário → Setor Não Bancário

Haver Não Monetário

Pode-se analisar a criação de meios de pagamentos de outra maneira: ocorre criação de meios de pagamentos quando há um aumento das operações ativas do sistema monetário (sistema bancário) não--compensadas por um crescimento dos recursos não-monetários (passivo não-monetário) do sistema monetário. Alternativamente, a diminuição dos recursos não-monetários não acompanhada por diminuição das operações ativas do sistema monetário (sistema bancário) também provoca ampliação do M_1.

$$\uparrow \Delta M_1 = \uparrow OA_{SB} - \downarrow \Delta PNM_{SB}$$

Dessa forma, aumentos nos ativos do sistema bancário e/ou redução do passivo não-monetário destes agentes implicarão ampliação do M_1. Logo, há criação de meios de pagamentos quando ocorre:

(1)   Aumento das operações ativas do sistema monetário;

(2)   Diminuição do passivo não-monetário do sistema monetário.

Exemplos de criação de meios de pagamentos:

- Um banco comercial (setor bancário) desconta uma duplicata para uma empresa (setor não-bancário), dando em troca um recibo de depósito à vista em favor da mesma.

- O resgate dos depósitos de poupança ou a prazo fixo, com a transferência do saldo para a conta corrente do indivíduo no banco comercial.

- Aumento da proporção dos meios de pagamento sob a forma de depósitos à vista dos bancos comerciais;

- Um banco comercial adquire divisas de um exportador. As divisas (ou moeda estrangeira) são ativos não-monetário, pois não podem ser utilizadas para efetuar pagamentos no território nacional, por força de lei.

- Pagamento dos salários do funcionalismo público. Por exemplo, a União paga seus funcionários, sacando sobre seus depósitos nas Autoridades Monetárias. Os depósitos da União (depósitos do Tesouro Nacional[1]) no Banco Central não fazem parte dos meios de pagamento. Só os depósitos à vista dos bancos comerciais fazem parte dos meios de pagamento.

- Aumento das reservas internacionais do país amplia a base monetária e, por conseguinte, o M_1 (amplia o ativo do Banco Central). Analisando o balancete do Banco Central, uma variação das operações ativas sem contrapartida de variações no passivo não-monetário resulta em variações da base monetária, e, consequentemente, dos meios de pagamentos;

- Resgate de depósitos de poupança para a aquisição de ações na Bolsa de Valores amplia M_1 (reduz o passivo não-monetário das instituições bancárias);

- Compra de títulos do Tesouro Nacional pelo Banco Central amplia a base monetária e os meios de pagamentos (aumenta o ativo do Banco Central – operações de mercado aberto).

- Um banco comercial compra títulos da dívida pública possuídos pelo público, ou o Banco do Estado de São Paulo adquire, pagando em moeda, um título emitido pelo Tesouro daquele Estado etc.

- Expansão das operações de redesconto;

- Concessão, por parte do Banco Central, de empréstimos aos bancos comerciais.

---

[1]   Trata-se da Conta Única do Tesouro Nacional, mantida junta no Banco Central do Brasil.

- A União, por exemplo, faz uma remessa emergencial de recursos ao Estado de Alagoas, sacando sobre seus depósitos no Banco Central.

- Um banco comercial adquire um imóvel junto a uma construtora, pagando à vista;

- Quando um banco compra à vista um imóvel pertencente a uma empresa não financeira.

(CESPE-UnB/Analista Ministerial Especializado/MPE-TO/2006) – Julgue o item a seguir como verdadeiro ou falso.

Contribui para aumentar o agregado monetário M_1 a transação em que um cliente de um banco comercial transfere fundos de sua caderneta de poupança para uma conta-corrente.

Solução:

Verdadeiro. Ocorrerá criação de moeda (M_1) sempre que houver uma troca entre um haver não monetário do setor não bancário (público) por um haver monetário do setor bancário. Isso se chama "monetização", pelo setor bancário, de haveres não monetários do público. Por exemplo, o resgate de depósitos de poupança ou a prazo fixo, com a transferência do saldo para a conta corrente do indivíduo no banco comercial é um exemplo de criação de meios de pagamento. Em outras palavras, ocorrerá criação de meios de pagamentos (M_1) sempre quando houver uma troca entre um haver não-monetário do setor não-bancário (no caso, o resgate do depósito de poupança) por um haver monetário do setor bancário (no caso, a transferência dos recursos para a conta-corrente do cliente).

(CESPE-UnB/Técnico de Planejamento e Pesquisa do IPEA/2008) – Julgue o item a seguir como verdadeiro ou falso.

Quando um banco comercial compra dólares de exportadores, efetuando o pagamento em moeda corrente, ocorre a criação de meios de pagamento.

Solução:

Verdadeiro. Se um banco comercial adquire divisas (no caso, dólares) de um exportador, isto é, o banco comercial compra cambiais de um exportador, há criação de meios de pagamentos porque ocorre troca de um haver não-monetário (dólar) do setor não-bancário (exportadores) por um haver monetário (moeda nacional) do setor bancário. A moeda estrangeira é um ativo não-monetário, pois não pode ser utilizada para efetuar pagamentos no território nacional, por força de lei. Dessa forma, a conversão de dólares por reais numa operação de exportação, por exemplo, cria meios de pagamentos.

30. TRANSAÇÕES QUE DESTROEM MEIOS DE PAGAMENTO (DESTROEM LIQUIDEZ)

Uma transação para destruir meios de pagamento deve satisfazer duas condições:

i. **Ser realizada entre o Setor Bancário** (BACEN + bancos comerciais) **e o Setor Não Bancário** (o público)

ii. O público (o setor não bancário) entrega um haver monetário (papel moeda ou certificado de depósito à vista) ao setor bancário e recebe do mesmo (do setor bancário) um haver não monetário (qualquer haver que não seja a moeda fiduciária ou a moeda escritural).

Em resumo, ocorrerá **destruição de moeda** (destruição de meios de pagamento), se a troca for de um haver monetário do setor não-bancário por um haver não-monetário do setor bancário:

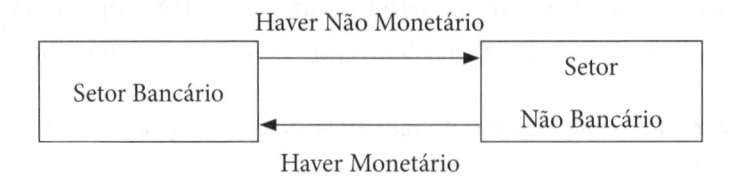

De uma outra maneira, há destruição de meios de pagamento quando ocorre:

(1) Diminuição das operações ativas do sistema monetário (sistema bancário)

(2) Aumento do passivo não-monetário do sistema monetário (sistema bancário)

$$\downarrow \Delta M_1 = \downarrow OA_{SB} - \uparrow \Delta PNM_{SB}$$

Ou seja, há destruição de meios de pagamento quando há uma redução das operações ativas do sistema monetário e/ou um aumento do passivo não-monetário do sistema monetário. Ou ainda, uma redução das operações ativas do sistema monetário não acompanhadas por uma diminuição do passivo não-monetário do sistema monetário.

Exemplos de destruição de moeda (destruição de meios de pagamentos):

• Um banco, com a finalidade de aumentar o seu capital, vende ações de sua emissão ao público. Nesse caso, há uma troca de um ativo não-monetário pertencente ao banco (ações), por um ativo monetário (moeda manual ou moeda escritural utilizada para pagar contas) possuído pelo público (setor não-bancário);

• Quando um indivíduo transfere recursos da conta corrente para a caderneta de poupança na Caixa Econômica federal, por exemplo, há destruição de meios de pagamento. Haverá decréscimos dos depósitos à vista sem nenhuma compensação porque os depósitos a prazo e os de poupança não fazem parte dos meios de pagamentos, conceito M_1. Dessa forma, depósitos na caderneta de poupança reduzem o M_1 (aumentam o passivo não-monetário das instituições financeiras), e, da mesma forma, quando o público deposita dinheiro a prazo nos bancos há redução do M_1.

• Um banco comercial vende divisas a um importador;

• Depósitos em Fundo de Investimentos;

• Pagamento, em reais, por uma empresa multinacional, referente a uma reserva de lucros para o exterior;

• Um banco comercial vende um imóvel de sua propriedade a um indivíduo, recebendo o pagamento à vista e em dinheiro. Nesse caso, há uma troca de um haver não-monetário do setor bancário (o imóvel) por um haver monetário do setor não-bancário (o dinheiro).

• O público resgata (paga) um empréstimo previamente contraído no sistema bancário.

• Uma empresa resgata uma nota promissória em um banco comercial. Nesse caso, há uma troca entre um ativo monetário (depósito à vista ou moeda corrente) do setor não-bancário (empresa) por um ativo não-monetário (nota promissória) do setor bancário (banco comercial).

- Superávit fiscal reduz a base monetária e, consequentemente, o M_1 (aumenta o passivo não-monetário do Banco Central);

- A venda de títulos pelo governo no mercado aberto é uma medida destinada a contrair os meios de pagamento. Isto é, o Governo vende títulos ao público (troca de um ativo não-monetário do setor bancário por um ativo monetário do setor não bancário);

- A elevação da taxa de depósitos compulsórios dos bancos comerciais junto ao Banco Central é uma medida destinada a contrair os meios de pagamentos. Diminui-se o valor do multiplicador monetário porque diminuem os recursos dos bancos comerciais para empréstimos ao público. Assim, uma elevação do recolhimento compulsório sobre os depósitos à vista reduz o valor do multiplicador dos meios de pagamento;

- Um aumento no valor do quociente entre os encaixes totais e os depósitos à vista nos bancos comerciais, ou seja, o R, mantendo-se constante a base monetária, resulta em contração dos meios de pagamento;

- Uma contração dos meios de pagamento pode ser conseguida com um aumento da taxa de redesconto e de reservas compulsórias;

- Uma pessoa paga uma dívida junto a um estabelecimento bancário, resgatando um título de crédito. Há uma troca de um ativo não-monetário do setor bancário (título de crédito) por um ativo monetário do setor não bancário (moeda corrente ou depósito à vista);

- Quando um banco comercial vende um imóvel a uma empresa, pois há a troca de um ativo não monetário (imóvel) do setor bancário por um ativo monetário do setor não-bancário (depósito à vista ou moeda corrente). Configura-se, portanto, destruição de meios de pagamento;

- Quando a União deposita impostos arrecadados do público no Banco Central, há destruição de meios de pagamento, pois os depósitos da União no Banco Central são contabilizados no passivo não-monetário do sistema monetário.

31. TRANSAÇÕES QUE NÃO DESTROEM NEM CRIAM MEIOS DE PAGAMENTO

Operações que só envolvam o sistema bancário ou que só envolvam o sistema não bancário não cria nem destrói meio de pagamento. Uma mera permuta de haveres monetários entre o setor bancário e não bancário também não cria nem destrói meio de pagamento.

Não há criação nem destruição de meios de pagamento quando as trocas forem internas entre os setores (bancário e não-bancário). Por exemplo:

- Um indivíduo efetua um depósito à vista em um banco comercial em moeda corrente ou cheque. Não há criação nem destruição de meios de pagamento, pois na verdade há substituição de moeda manual por moeda escritural. No caso, o banco recebe um haver monetário (papel-moeda) e cede em troca outro haver monetário (depósito à vista);

- Um indivíduo, ao comprar um carro novo, faz o pagamento à vista, com um cheque de sua própria conta bancária. O saque de um cheque no caixa não altera o saldo dos meios de pagamento, representando apenas uma transferência de depósitos à vista para a moeda manual.

- Um banco comercial desconta um título que está em seu poder junto ao Banco Central. No caso, trata-se de uma operação de redesconto, ou seja, há uma troca interna no setor bancário;

- Uma empresa paga seus funcionários, em moeda corrente, sacando contra seus depósitos em um banco comercial. Há troca interna entre o setor não-bancário (empresa e funcionários).

- Resgate de depósitos de poupança para a aquisição de Certificados de Depósitos Bancários – CDBs: não possui impacto sobre os meios de pagamento, apenas alterando a composição do passivo não-monetário das instituições bancárias;

- Um indivíduo (setor não-bancário) vai a um banco de investimento (setor não-bancário) e adquire um Certificado de Depósito Bancário (CDB), pagando em papel-moeda;

- A Petrobrás paga dívidas a um fornecedor (troca interna no setor não-bancário);

- Um banco comercial compra títulos federais (títulos da dívida pública) de um outro banco comercial (troca interna no setor bancário);

- Uma Letra do Tesouro Nacional (LTN) é negociada entre pessoas do público: trocas internas do setor não-bancário;

- Uma sociedade de economia mista paga uma dívida a seu fornecedor: trocas internas do setor não-bancário. Por exemplo, uma empresa paga uma duplicata a outra empresa;

- Um indivíduo paga uma dívida pessoal a outro indivíduo: troca interna no setor não-bancário;

- Uma empresa do setor têxtil liquida um empréstimo junto ao Banco Nacional de Desenvolvimento Econômico e Social – BNDES: troca interna no setor não-bancário;

- A União utiliza o sistema bancário comercial para efetuar os seus depósitos. Nesse caso, não haverá alteração nos meios de pagamento porque tais depósitos são contabilizados no passivo monetário do sistema bancário;

- Se o público efetua depósitos de poupança efetuados em uma Sociedade de Crédito Imobiliário (SCI) ou em uma Associação de Poupança e Empréstimos (APE) não alteram o saldo de meios de pagamento tendo em vista que essas instituições não fazem parte do sistema bancário;

- Se o público compra um certificado de depósito a prazo de um banco de investimento, nada ocorre com o saldo total de M_1 porque há uma troca interna entre o setor não bancário.

- Um aumento das aplicações do público em certificados de depósito a prazo emitidos pelos bancos de investimento, por exemplo, mantém inalterados os meios de pagamento.

- Quando um banco comercial adquire títulos da dívida pública diretamente de outro banco comercial não ocorre variação no estoque de meios de pagamento.

(CESPE-UnB/Técnico de Planejamento e Pesquisa do IPEA/2008) – Julgue o item a seguir como verdadeiro ou falso.

Quando um cliente realiza um saque no caixa de um banco comercial, não há nem criação nem destruição de meios de pagamento na economia.

Solução:

Verdadeiro. A diminuição dos meios de pagamento pelo saque do cliente contra seus depósitos à vista será exatamente compensada pelo acréscimo nos meios de pagamento provocado pelo aumento do papel-moeda em poder do público.

32. AS CONTAS DO SISTEMA MONETÁRIO

Nessa seção iremos analisar os balancetes do Banco Central, dos Bancos Comerciais e o Balancete Consolidado do Sistema Monetário, conforme apresentados por Simonsen e Cysne (1995), e resolveremos algumas questões de concursos públicos relacionadas a esses balancetes.

32.1. Balancete Consolidado do Banco Central em Termos de Papel Moeda em Circulação (PMC)

Ativo	Passivo

• Caixa da autoridade monetária
• Reservas Internacionais
• Empréstimos ao Tesouro Nacional
• Redescontos e outros empréstimos aos bancos comerciais
• Títulos públicos federais
• Empréstimos ao setor privado
• Empréstimos a Governos Estaduais, Municipais, Autarquias e outras entidades públicas
• Imobilizado
• Outras aplicações
	Passivo Monetário (Base Monetária)
	Papel Moeda em Circulação (PMC)
	Depósitos dos bancos comerciais
	  • Voluntários
	  • Compulsórios
	
	Passivo não Monetário
	• Empréstimos Externos
	• Demais exigibilidades
	• Depósitos do Tesouro Nacional

(ESAF/AFCE-CE/TCU/2002) - Faz (em) parte do ativo do balancete do Banco Central

a) o papel-moeda emitido

b) as reservas internacionais

c) os depósitos do Tesouro Nacional

d) a Base Monetária

e) os depósitos dos bancos comerciais

Solução:

A resposta correta é a letra "b", ou seja, dos itens apresentados, apenas as reservas internacionais fazem parte do ativo do balancete do Banco Central. Os demais itens fazem parte do passivo do Banco Central.

Os alunos podem observar que as funções clássicas do Banco Central podem ser analisadas a partir do balancete consolidado sintético do Banco Central do Brasil, por exemplo:

(i) **Banco Emissor de Papel Moeda**: o Banco Central tem no seu passivo monetário o **saldo do papel-moeda emitido (ou as suas variantes que são o papel-moeda em circulação ou o papel-moeda em poder do público).**

(ii) **Banqueiro do Tesouro Nacional (ou Banqueiro do Governo)**: o Banco Central tem no seu passivo os **depósitos do Tesouro Nacional** e no seu ativo as contas de **títulos públicos federais** e de **empréstimos ao Tesouro Nacional.**

Note que é no Banco Central do Brasil que a Secretaria do Tesouro Nacional deposita os recursos que são arrecadados sob a forma de tributos (impostos, taxas e contribuições de melhorias) e onde ficam depositadas todas as disponibilidades financeiras (incluindo fundos) da União, bem como de suas autarquias e fundações.

(iii) **Banqueiro dos bancos comerciais:** o Banco Central tem no seu passivo **os depósitos voluntários e compulsórios dos bancos comerciais,** e no ativo, **redescontos e outros empréstimos aos bancos comerciais.**

(iv) **Depositário das reservas internacionais:** o Banco Central tem no seu ativo as reservas internacionais.

(COPERVES/Economista/Universidade Federal de Santa Maria/2012) – As contas que compõem o balanço do Banco Central do Brasil podem ser deduzidas a partir das funções que este desempenha, à exceção de:

a) banco dos bancos

b) depositário das divisas do país

c) banqueiro do governo

d) emissor de papel moeda

e) fiscalizador do déficit público

Solução:

A resposta é a letra "e", pois não é função do Banco Central do Brasil ser fiscalizador do déficit público.

32.2. Balancete Consolidado Sintético do Banco Central em Termos de Papel Moeda em Poder do Público (PMPP)

Ativo	Passivo

• Reservas Internacionais
• Empréstimos ao Tesouro Nacional
• Títulos Públicos Federais
• Empréstimos ao Setor Privado
• Empréstimos aos Governos Estaduais, Municipais, Autarquias e outras Entidades Públicas
• Aplicações Especiais
• Redescontos e Outros Empréstimos aos Bancos Comerciais
	Base Monetária (Passivo Monetário)
	• **Papel-Moeda em Poder do Público (PMPP)**
	• Encaixes Totais dos Bancos Comerciais
	  • Em moeda corrente
	  • Em depósitos no Banco Central:
	    • Voluntários
	    • Compulsórios
	
	Recursos Não-Monetários (Passivo Não-Monetário)
	• Depósitos do Tesouro Nacional
	• Empréstimos Externos
	• Saldo Líquido das Demais Contas

(ESAF/Fiscal de Tributos Estaduais-PA/2002) - Não é (são) componente(s) do ativo do balancete simplificado sintético do Banco Central:

a) títulos públicos federais

b) reservas internacionais

c) empréstimos ao setor privado

d) base monetária

e) empréstimos aos bancos comerciais

Solução:

A resposta é a letra "d", ou seja, a base monetária é o passivo monetário do Banco Central.

(ESAF/Analista do MPU/Área Pericial – Especialidade Economia/2004) – Na ausência de alterações nos recursos não-monetários do passivo do balancete sintético do Banco Central, são fatores que tendem a elevar a base monetária, exceto

a) compra de dólares no mercado cambial.

b) elevação dos empréstimos aos bancos comerciais.

c) elevação dos empréstimos ao setor privado.

d) compra de títulos.

e) redução dos redescontos.

Solução:

A resposta é a letra "e". As demais alternativas representam um aumento das operações ativas do sistema bancário, elevando a base monetária. Já a redução dos redescontos representará uma redução das operações ativas do sistema bancário, reduzindo a base monetária.

(Cespe-UnB/Economista/Conselho Administrativo de Defesa Econômica – CADE/Ministério da Justiça/2014) – Julgue o item a seguir como verdadeiro ou falso.

Base monetária indica o volume da oferta de dinheiro na economia e é composta pelo papel moeda em circulação, pelas reservas bancarias e pelo papel moeda em poder do público.

Solução:

Falso. No balancete consolidado sintético do Banco Central do Brasil, em termos de papel-moeda em poder do público, observa-se que a base monetária é definida como a soma do papel-moeda em poder do público com os encaixes voluntários e obrigatórios dos bancos comerciais.

32.3. Balancete Consolidado do Banco Central em Termos de Papel Moeda Emitido (PME)

Ativo	Passivo
• Reservas Internacionais • Empréstimos ao Tesouro Nacional • Redescontos e outros empréstimos aos bancos comerciais • Títulos públicos federais • Empréstimos ao setor privado • Empréstimos a Governos Estaduais, Municipais, Autarquias e outras entidades públicas • Imobilizado • Outras aplicações	**Passivo Monetário (Base Monetária)** **Papel Moeda em Emitido (PME)** Depósitos dos bancos comerciais • Voluntários • Compulsórios **Passivo não Monetário** • Empréstimos Externos • Demais exigibilidades • Depósitos do Tesouro Nacional

32.4. Balancete de Um Banco Comercial

A seguir, descreve-se o **balancete de um banco comercial:**

Ativo (Aplicações)	Passivo (Fontes de Recursos)

• Encaixes
  • Em moeda corrente
  • Depósitos nas Autoridades Monetárias
    • Voluntários
    • Compulsórios
• Empréstimos ao setor privado
• Empréstimos a órgãos públicos
• Títulos públicos e particulares
• Ativo permanente
• Demais aplicações
	Passivo Monetário
	• Depósitos à vista (DVBC)
	
	Passivo não Monetário
	• Depósitos a prazo
	• Empréstimos externos
	• Redescontos
	• Demais exigibilidades
	• Recursos próprios (Patrimônio Líquido)

(ESAF/AFRF/2003) - Não fazem parte do ativo do balancete consolidado dos bancos comerciais

a) os encaixes em moeda corrente.

b) os redescontos e demais recursos provenientes do Banco Central.

c) os empréstimos ao setor público.

d) os empréstimos ao setor privado.

e) os títulos privados.

Solução:

A resposta da questão é a letra "b", pois os redescontos e demais recursos provenientes do Banco Central fazem parte do passivo do balancete consolidado dos bancos comerciais.

32.5. Balancete Consolidado do Sistema Monetário

Para se obter o Balancete Consolidado Sintético do Sistema Monetário, devem-se eliminar as contas internas do sistema, as quais aparecem casadas no ativo dos bancos comerciais e no passivo do Banco Central e vice-versa. São as Contas de Redesconto e de Encaixes Totais dos Bancos Comerciais. Esse balancete mostra que o volume dos meios de pagamento é igual ao saldo das aplicações do sistema bancário comercial e das Autoridades Monetárias junto ao restante da economia sobre o volume de recursos não-monetários recebidos pelo referido sistema.

O **Balancete Consolidado do Sistema Monetário** resulta da consolidação dos balancetes sintéticos do Banco Central e dos Bancos Comerciais, conforme pode ser visto a seguir:

Ativo	Passivo
• Empréstimos ao setor privado • Títulos públicos e particulares • Reserva internacionais • Empréstimos ao Tesouro Nacional • Títulos públicos federais • Empréstimos ao setor privado • Empréstimos aos Governos Estaduais, Municipais, Autarquias e Outras Entidades Públicas • Aplicações especiais	**Meios de Pagamento (Passivo Monetário)** • Papel-moeda em poder do público • Depósitos à vista nos Bancos Comerciais **Passivo não Monetário** • Depósitos a prazo • Saldo líquido das demais contas • Depósitos do Tesouro Nacional • Empréstimos externos • Recursos Especiais • Saldo líquido das demais contas

(ESAF/AFPS/2002) Considerando o balancete consolidado do sistema monetário, são considerados(as) como itens do passivo não monetário do Banco Central:

a) reservas internacionais e aplicações em títulos públicos.

b) empréstimos ao Tesouro Nacional e reservas internacionais.

c) depósitos do Tesouro Nacional e recursos externos.

d) base monetária e papel-moeda em poder do público.

e) encaixes compulsórios dos bancos comerciais e depósitos a prazo.

Solução:

A alternativa correta é a letra "c", conforme análise do balancete consolidado do sistema monetário.

33. SISTEMA FINANCEIRO NACIONAL – ESTRUTURA OFICIAL

O Sistema Financeiro Nacional foi instituído pelas Lei nº. 4.595/1964 (Lei de Reforma Bancária), pela Lei do Mercado de Capitais, em 1965, e, mais recentemente, pela Lei de Criação dos Bancos Múltiplos, de 1988. A estrutura oficial do Sistema Financeiro Nacional a ser apresentada nesta seção segue as informações disponíveis no sítio eletrônico do Banco Central do Brasil (Fonte: http://www.bcb.gov.br/?SFNCOMP).

33.1. Órgãos Normativos

33.1.1 O Conselho Monetário Nacional (CMN)

O Conselho Monetário Nacional (CMN), que foi instituído pela Lei 4.595, de 31 de dezembro de 1964, é o órgão responsável por expedir diretrizes gerais para o bom funcionamento do SFN. Integram o CMN o Ministro da Fazenda (Presidente), o Ministro do Planejamento, Orçamento e Gestão e o Presidente do Banco Central do Brasil. Dentre suas funções estão: adaptar o volume dos meios de pagamento às reais necessidades da economia; regular o valor interno e externo da moeda e o equilíbrio do balanço de pagamentos; orientar a aplicação dos recursos das instituições financeiras; propiciar o aperfeiçoamento das instituições e dos instrumentos financeiros; zelar pela liquidez e solvência das instituições financeiras; coordenar as políticas monetária, creditícia, orçamentária e da dívida pública interna e externa.

(Fundação Cesgranrio/Analista do Banco Central do Brasil/2010) – O Conselho Monetário Nacional é a entidade superior do sistema financeiro nacional, NÃO sendo de sua competência

a) estabelecer a meta de inflação.

b) zelar pela liquidez e pela solvência das instituições financeiras.

c) regular o valor externo da moeda e o equilíbrio do balanço de pagamentos.

d) regular o valor interno da moeda, prevenindo e corrigindo surtos inflacionários ou deflacionários.

e) fixar o valor do superávit primário do orçamento público.

Solução:

A resposta é a letra "e". Não é competência do Conselho Monetário Nacional fixar o valor do superávit primário do orçamento público. O Governo Federal, através do Ministério da Fazenda, fixa a meta de superávit primário do orçamento público.

33.2. Entidades Supervisoras

33.2.1. *O Banco Central do Brasil - BACEN*

O Banco Central do Brasil foi criado pela Lei 4.595, de 31 de dezembro de 1964. É o principal executor das orientações do Conselho Monetário Nacional e responsável por garantir o poder de compra da moeda nacional, tendo por objetivos:

(i)   Zelar pela adequada liquidez da economia;

(ii)   Manter as reservas internacionais em nível adequado;

(iii)   Estimular a formação de poupança;

(iv)   Zelar pela estabilidade e promover o permanente aperfeiçoamento do sistema financeiro.

Dentre suas atribuições estão:

(i)   Emitir papel-moeda e moeda metálica;

(ii)   Executar os serviços do meio circulante;

(iii)   Receber recolhimentos compulsórios e voluntários das instituições financeiras e bancárias;

(iv)   Realizar operações de redesconto e empréstimo às instituições financeiras;

(v)   Regular a execução dos serviços de compensação de cheques e outros papéis;

(vi)   Efetuar operações de compra e venda de títulos públicos federais;

(vii) Exercer o controle de crédito;

(viii) Exercer a fiscalização das instituições financeiras;

(ix)   Autorizar o funcionamento das instituições financeiras;

(x)   Estabelecer as condições para o exercício de quaisquer cargos de direção nas instituições financeiras;

(xi)   Vigiar a interferência de outras empresas nos mercados financeiros e de capitais e

(xii) Controlar o fluxo de capitais estrangeiros no país.

Sua sede fica em Brasília, capital do País, e tem representações nas capitais dos Estados do Rio Grande do Sul, Paraná, São Paulo, Rio de Janeiro, Minas Gerais, Bahia, Pernambuco, Ceará e Pará.

(Fundação Cesgranrio/Analista do Banco Central do Brasil/2010) – O Banco Central do Brasil é o órgão executivo central do sistema financeiro e suas competências incluem

a)   aprovar o orçamento do setor público brasileiro.

b) aprovar e garantir todos os empréstimos do sistema bancário.

c) administrar o serviço de compensação de cheques e de outros papéis.

d) organizar o funcionamento das Bolsas de Valores do país.

e) autorizar o funcionamento, estabelecendo a dinâmica operacional de todas as instituições financeiras do país.

Solução:

A resposta é a letra "e". Dentre as atribuições do Banco Central do Brasil, inclui-se autorizar o funcionamento das instituições financeiras no país, conforme visto acima.

(Fundação Cesgranrio/Economista/TO/2004) - Considere os seguintes órgãos:

I - Conselho Monetário Nacional - CMN;

II - Banco Nacional de Desenvolvimento Econômico e Social - BNDES;

III - Comissão de Valores Mobiliários - CVM;

IV - Banco Central do Brasil - BACEN;

V - Banco do Brasil - BB.

Constituem autoridades monetárias:

a) I e IV, apenas.

b) I e V, apenas.

c) III e V, apenas.

d) IV e V, apenas.

e) I, II e IV, apenas.

Solução:

A resposta é a letra "a". O Conselho Monetário Nacional (CMN é o órgão normativo responsável por expedir diretrizes gerais para o bom funcionamento do Sistema Financeiro Nacional. Já o Banco Central do Brasil é o principal executor das orientações do Conselho Monetário Nacional, conforme visto anteriormente.

HISTÓRICO DO BANCO CENTRAL DO BRASIL

O Banco Central do Brasil, autarquia federal integrante do Sistema Financeiro Nacional, foi criado em 31.12.64, com a promulgação da Lei nº 4.595.

Antes da criação do Banco Central, o papel de autoridade monetária era desempenhado pela Superintendência da Moeda e do Crédito - SUMOC, pelo Banco do Brasil - BB e pelo Tesouro Nacional.

A SUMOC, criada em 1945 com a finalidade de exercer o controle monetário e preparar a organização de um banco central, tinha a responsabilidade de fixar os percentuais de reservas obrigatórias dos bancos comerciais, as taxas do redesconto e da assistência financeira de liquidez, bem como os juros sobre depósitos bancários. Além disso, supervisionava a atuação dos bancos comerciais, orientava a política cambial e representava o País junto a organismos internacionais.

O Banco do Brasil desempenhava as funções de banco do governo, mediante o controle das operações de comércio exterior, o recebimento dos depósitos compulsórios e voluntários dos bancos comerciais e a execução de operações de câmbio em nome de empresas públicas e do Tesouro Nacional, de acordo com as normas estabelecidas pela SUMOC e pelo Banco de Crédito Agrícola, Comercial e Industrial.

O Tesouro Nacional era o órgão emissor de papel-moeda. Após a criação do Banco Central buscou-se dotar a instituição de mecanismos voltados para o desempenho do papel de "banco dos bancos". Em 1985 foi promovido o reordenamento financeiro governamental com a separação das contas e das funções do Banco Central, Banco do Brasil e Tesouro Nacional. Em 1986 foi extinta a conta movimento e o fornecimento de recursos do Banco Central ao Banco do Brasil passou a ser claramente identificado nos orçamentos das duas instituições, eliminando-se os suprimentos automáticos que prejudicavam a atuação do Banco Central.

O processo de reordenamento financeiro governamental se estendeu até 1988, quando as funções de autoridade monetária foram transferidas progressivamente do Banco do Brasil para o Banco Central, enquanto as atividades atípicas exercidas por esse último, como as relacionadas ao fomento e à administração da dívida pública federal, foram transferidas para o Tesouro Nacional.

A Constituição Federal de 1988 estabeleceu dispositivos importantes para a atuação do Banco Central, dentre os quais destacam-se o exercício exclusivo da competência da União para emitir moeda e a exigência de aprovação prévia pelo Senado Federal, em votação secreta, após arguição pública, dos nomes indicados pelo Presidente da República para os cargos de presidente e diretores da instituição. **Além disso, a Constituição Federal vedou ao Banco Central a concessão direta ou indireta de empréstimos ao Tesouro Nacional.**

A Constituição de 1988 prevê ainda, em seu artigo 192, a elaboração de Lei Complementar do Sistema Financeiro Nacional, que deverá substituir a Lei 4.595/64 e redefinir as atribuições e estrutura do Banco Central do Brasil.

Fonte: Banco Central do Brasil: < http://www.bcb.gov.br/?HISTORIABC>

33.2.2. *A comissão de Valores Mobiliários (CVM)*

A Comissão de Valores Mobiliários (CVM) também é uma autarquia vinculada ao Ministério da Fazenda, instituída pela Lei nº 6.385, de 7 de dezembro de 1976. É responsável por regulamentar, desenvolver, controlar e fiscalizar o mercado de valores mobiliários do país. Para este fim, exerce as funções de: assegurar o funcionamento eficiente e regular dos mercados de bolsa e de balcão; proteger os titulares de valores mobiliários; evitar ou coibir modalidades de fraude ou manipulação no mercado; assegurar o acesso do público a informações sobre valores mobiliários negociados e sobre as companhias que os tenham emitido; assegurar a observância de práticas comerciais equitativas no mercado de valores mobiliários; estimular a formação de poupança e sua aplicação em valores mobiliários; promover a expansão e o funcionamento eficiente e regular do mercado de ações e estimular as aplicações permanentes em ações do capital social das companhias abertas. Mais informações poderão ser encontradas no endereço: www.cvm.gov.br

(Fundação Cesgranrio/Economista/TO/2004) – O órgão normativo do sistema financeiro, especificamente voltado para o desenvolvimento, a disciplina e a fiscalização do mercado de ações e debêntures é a(o):

a) Comissão de Valores Mobiliários - CVM.

b) Conselho Monetário Nacional - CMN.

c) Banco Nacional de Desenvolvimento Econômico e Social - BNDES.

d) Banco Central do Brasil - BACEN.

e) Banco do Brasil - BB.

Solução:

A resposta é a letra "a", pois a Comissão de Valores Mobiliários (CVM) é a entidade supervisora do sistema financeiro nacional, voltada para o desenvolvimento, a disciplina e a fiscalização do mercado de ações e debêntures.

(Economista/VALEC Engenharia, Construções e Ferrovias S.A./2012) – Não é função ou atribuição do Banco Central:

a) autorizar o funcionamento das instituições financeiras;

b) controlar o fluxo de capitais estrangeiros no país;

c) estabelecer as condições para o exercício de quaisquer cargos de direção nas instituições financeiras;

d) efetuar operações de compra e venda de títulos públicos federais;

e) assegurar a observância de práticas comerciais equitativas no mercado de valores mobiliários, como ações de empresas.

Solução:

A resposta é a letra "E". Os itens "a" a "d" referem-se a atribuições do Banco Central do Brasil. Já o item "E" refere-se a uma atribuição da Comissão de Valores Mobiliários.

(CESPE-UnB/Economista/SEAD/PRODEPA/2004) – Julgue o item a seguir como verdadeiro ou falso.

No Brasil, além de emitir moeda, realizar operações de compra e venda dos títulos do governo federal e controlar o crédito e as taxas de juros, o BACEN também disciplina e fiscaliza o mercado de valores mobiliários.

Solução:

Esse item é falso porque não é atribuição do BACEN disciplinar e fiscalizar o mercado de valores mobiliários, mas sim da Comissão de Valores Mobiliários (CVM).

33.2.3. *Superintendência de Seguros Privados (SUSEP)*

Superintendência de Seguros Privados (SUSEP) - autarquia vinculada ao Ministério da Fazenda; é responsável pelo controle e fiscalização do mercado de seguro, previdência privada aberta e capitalização. Dentre suas atribuições estão: fiscalizar a constituição, organização, funcionamento e operação das Sociedades Seguradoras, de Capitalização, Entidades de Previdência Privada Aberta e Resseguradores, na qualidade de executora da política traçada pelo CNSP; atuar no sentido de proteger a captação de poupança popular que se efetua através das operações de seguro, previdência privada aberta, de capitalização e resseguro; zelar pela defesa dos interesses dos consumidores dos mercados supervisionados; promover o aperfeiçoamento das instituições e dos instrumentos operacionais a eles vinculados; promover a estabilidade dos mercados sob sua jurisdição; zelar pela liquidez e solvência das sociedades que integram o mercado; disciplinar e acompanhar os investimentos daquelas entidades, em especial os efetuados em bens garantidores de provisões técnicas; cumprir e fazer cumprir as deliberações do CNSP e exercer as atividades que por este forem delegadas; prover os serviços de Secretaria Executiva do CNSP. Mais informações poderão ser encontradas no endereço: www.susep.gov.br

33.2.4. *Superintendência Nacional de Previdência Complementar (PREVIC)*

A Superintendência Nacional de Previdência Complementar (PREVIC) é uma autarquia vinculada ao Ministério da Previdência Social, responsável por fiscalizar as atividades das entidades fechadas de previdência complementar (fundos de pensão). A Previc atua como entidade de fiscalização e de supervisão das atividades das entidades fechadas de previdência complementar e de execução das políticas para o regime de previdência complementar operado pelas entidades fechadas de previdência complementar, observando, inclusive, as diretrizes estabelecidas pelo Conselho Monetário Nacional e pelo Conselho Nacional de Previdência Complementar. Mais informações poderão ser encontradas no endereço: www.previdenciasocial.gov.br

33.3. Operadores

33.3.1. *Instituições financeiras captadoras de depósito à vista*

33.3.1.1. Bancos múltiplos

Os bancos múltiplos são instituições financeiras privadas ou públicas que realizam as operações ativas, passivas e acessórias das diversas instituições financeiras, por intermédio das seguintes carteiras: comercial, de investimento e/ou de desenvolvimento, de crédito imobiliário, de arrendamento mercantil e de crédito, financiamento e investimento. Essas operações estão sujeitas às mesmas normas legais e regulamentares aplicáveis às instituições singulares correspondentes às suas carteiras. A carteira de desenvolvimento somente poderá ser operada por banco público. O banco múltiplo deve ser constituído com, no mínimo, duas carteiras, sendo uma delas, obrigatoriamente, comercial ou de investimento, e ser organizado sob a forma de sociedade anônima. As instituições com carteira comercial podem captar depósitos à vista. Na sua denominação social deve constar a expressão "Banco" (Resolução CMN 2.099, de 1994).

33.3.1.2. Bancos comerciais

Os bancos comerciais são instituições financeiras privadas ou públicas que têm como objetivo principal proporcionar suprimento de recursos necessários para financiar, a curto e a médio prazos, o comércio, a indústria, as empresas prestadoras de serviços, as pessoas físicas e terceiros em geral. A captação de depósitos à vista, livremente movimentáveis, é atividade típica do banco comercial, o qual pode também captar depósitos a prazo. Deve ser constituído sob a forma de sociedade anônima e na sua denominação social deve constar a expressão "Banco" (Resolução CMN 2.099, de 1994).

33.3.1.3. Caixa Econômica Federal

A Caixa Econômica Federal, criada em 1.861, está regulada pelo Decreto-Lei 759, de 12 de agosto de 1969, como empresa pública vinculada ao Ministério da Fazenda. Trata-se de instituição assemelhada aos bancos comerciais, podendo captar depósitos à vista, realizar operações ativas e efetuar prestação de serviços. Uma característica distintiva da Caixa é que ela prioriza a concessão de empréstimos e financiamentos a programas e projetos nas áreas de assistência social, saúde, educação, trabalho, transportes urbanos e esporte. Pode operar com crédito direto ao consumidor, financiando bens de consumo duráveis, emprestar sob garantia de penhor industrial e caução de títulos, bem como tem o monopólio do empréstimo sob penhor de bens pessoais e sob consignação e tem o monopólio da venda de bilhetes de loteria federal. Além de centralizar o recolhimento e posterior aplicação de todos os recursos oriundos do Fundo de Garantia do Tempo de Serviço (FGTS), integra o Sistema Brasileiro de Poupança e Empréstimo (SBPE) e o Sistema Financeiro da Habitação (SFH). Mais informações poderão ser encontradas no endereço: www.caixa.gov.br

33.3.1.4. Cooperativas de crédito

As cooperativas de crédito se dividem em: singulares, que prestam serviços financeiros de captação e de crédito apenas aos respectivos associados, podendo receber repasses de outras instituições financeiras e realizar aplicações no mercado financeiro; centrais, que prestam serviços às singulares filiadas, e são também responsáveis auxiliares por sua supervisão; e confederações de cooperativas centrais, que prestam serviços a centrais e suas filiadas. Observam, além da legislação e normas gerais aplicáveis ao sistema financeiro: a Lei Complementar nº 130, de 17 de abril de 2009, que institui o Sistema Nacional de Crédito Cooperativo; a Lei nº 5.764, de 16 de dezembro de 1971, que institui o regime jurídico das sociedades cooperativas; e a Resolução nº 3.859, de 27 de maio de 2010, que disciplina sua constituição e funcionamento. As regras prudenciais são mais estritas para as cooperativas cujo quadro social é mais heterogêneo, como as cooperativas de livre admissão.

33.3.2. *Demais instituições financeiras*

33.3.2.1. Agências de fomento

As agências de fomento têm como objeto social a concessão de financiamento de capital fixo e de giro associado a projetos na Unidade da Federação onde tenham sede. Devem ser constituídas sob a forma de sociedade anônima de capital fechado e estar sob o controle de Unidade da Federação, sendo que cada Unidade só pode constituir uma agência. Tais entidades têm status de instituição financeira, mas não podem captar recursos junto ao público, recorrer ao redesconto, ter conta de reserva no Banco Central, contratar depósitos interfinanceiros na qualidade de depositante ou de depositária e nem ter participação societária em outras instituições financeiras. De sua denominação social deve constar a expressão "Agência de Fomento" acrescida da indicação da Unidade da Federação Controladora. É vedada a sua transformação em qualquer outro tipo de instituição integrante do Sistema Financeiro Nacional. As agências de fomento devem constituir e manter, permanentemente, fundo de liquidez equivalente, no mínimo, a 10% do valor de suas obrigações, a ser integralmente aplicado em títulos públicos federais. (Resolução CMN 2.828, de 2001).

33.3.2.2. Associações de poupança e empréstimo

As associações de poupança e empréstimo são constituídas sob a forma de sociedade civil, sendo de propriedade comum de seus associados. Suas operações ativas são, basicamente, direcionadas ao mercado imobiliário e ao Sistema Financeiro da Habitação (SFH). As operações passivas são constituídas de emissão de letras e cédulas hipotecárias, depósitos de cadernetas de poupança, depósitos interfinanceiros e empréstimos externos. Os depositantes dessas entidades são considerados acionistas da associação e, por isso, não recebem rendimentos, mas dividendos. Os recursos dos depositantes são, assim, classificados no patrimônio líquido da associação e não no passivo exigível (Resolução CMN 52, de 1967).

33.3.2.3. Bancos de Câmbio

Os bancos de câmbio são instituições financeiras autorizadas a realizar, sem restrições, operações de câmbio e operações de crédito vinculadas às de câmbio, como financiamentos à exportação e importação e adiantamentos sobre contratos de câmbio, e ainda a receber depósitos em contas sem remuneração, não movimentáveis por cheque ou por meio eletrônico pelo titular, cujos recursos sejam destinados à realização das operações acima citadas. Na denominação dessas instituições deve constar a expressão "Banco de Câmbio" (Res. CMN 3.426, de 2006).

33.3.2.4. Bancos de desenvolvimento

Os bancos de desenvolvimento são instituições financeiras controladas pelos governos estaduais, e têm como objetivo precípuo proporcionar o suprimento oportuno e adequado dos recursos necessários ao financiamento, a médio e a longo prazos, de programas e projetos que visem a promover o desenvolvimento econômico e social do respectivo Estado. As operações passivas são depósitos a prazo, empréstimos externos, emissão ou endosso de cédulas hipotecárias, emissão de cédulas pignoratícias de debêntures e de Títulos de Desenvolvimento Econômico. As operações ativas são empréstimos e financiamentos, dirigidos prioritariamente ao setor privado. Devem ser constituídos sob a forma de sociedade anônima, com sede na capital do Estado que detiver seu controle acionário, devendo adotar, obrigatória e privativamente, em sua denominação social, a expressão "Banco de Desenvolvimento", seguida do nome do Estado em que tenha sede (Resolução CMN 394, de 1976).

33.3.2.5. Bancos de investimento

Os bancos de investimento são instituições financeiras privadas especializadas em operações de participação societária de caráter temporário, de financiamento da atividade produtiva para suprimento de capital fixo e de giro e de administração de recursos de terceiros. Devem ser constituídos sob a forma de sociedade anônima e adotar, obrigatoriamente, em sua denominação social, a expressão "Banco de Investimento". Não possuem contas correntes e captam recursos via depósitos a prazo, repasses de recursos externos, internos e venda de cotas de fundos de investimento por eles administrados. As principais operações ativas são financiamento de capital de giro e capital fixo, subscrição ou aquisição de títulos e valores mobiliários, depósitos interfinanceiros e repasses de empréstimos externos (Resolução CMN 2.624, de 1999).

33.3.2.6. Banco Nacional de Desenvolvimento Econômico e Social (BNDES)

O Banco Nacional de Desenvolvimento Econômico e Social (BNDES), criado em 1952 como autarquia federal, foi enquadrado como uma empresa pública federal, com personalidade jurídica de direito privado e patrimônio próprio, pela Lei 5.662, de 21 de junho de 1971. O BNDES é um órgão vinculado ao Ministério do Desenvolvimento, Indústria e Comércio Exterior e tem como objetivo apoiar empreendimentos que contribuam para o desenvolvimento do país. Suas linhas de apoio contemplam financiamentos de longo prazo e custos competitivos, para o desenvolvimento de projetos de investimentos e para a comercialização de máquinas e equipamentos novos, fabricados no país, bem como para o incremento das exportações brasileiras. Contribui, também, para o fortalecimento da estrutura de capital das empresas privadas e desenvolvimento do mercado de capitais. A BNDESPAR, subsidiária integral, investe em empresas nacionais através da subscrição de ações e debêntures conversíveis. O BNDES considera ser de fundamental importância, na execução de sua política de apoio, a observância de princípios ético-ambientais e assume o compromisso com os princípios do desenvolvimento sustentável. As linhas de apoio financeiro e os programas do BNDES atendem às necessidades de investimentos das empresas de qualquer porte e setor, estabelecidas no país. A parceria com instituições financeiras, com agências estabelecidas em todo o país, permite a disseminação do crédito, possibilitando um maior acesso aos recursos do BNDES. Mais informações poderão ser encontradas no endereço: www.bndes.gov.br

33.3.2.7. Companhias hipotecárias

As companhias hipotecárias são instituições financeiras constituídas sob a forma de sociedade anônima, que têm por objeto social conceder financiamentos destinados à produção, reforma ou comercialização de imóveis residenciais ou comerciais aos quais não se aplicam as normas do Sistema Financeiro da Habitação (SFH). Suas principais operações passivas são: letras hipotecárias, debêntures, empréstimos e financiamentos no País e no Exterior. Suas principais operações ativas são: financiamentos imobiliários residenciais ou comerciais, aquisição de créditos hipotecários, refinanciamentos de créditos hipotecários e repasses de recursos para financiamentos imobiliários. Tais entidades têm como operações especiais a administração de créditos hipotecários de terceiros e de fundos de investimento imobiliário (Resolução CMN 2.122, de 1994).

33.3.2.8. Cooperativas centrais de crédito

As cooperativas centrais de crédito, formadas por cooperativas singulares, organizam em maior escala as estruturas de administração e suporte de interesse comum das cooperativas singulares filiadas, exercendo sobre elas, entre outras funções, supervisão de funcionamento, capacitação de administradores, gerentes e associados, e auditoria de demonstrações financeiras (Resolução CMN nº 3.859/2010).

33.3.2.9. Sociedades de crédito, financiamento e investimento

As sociedades de crédito, financiamento e investimento, também conhecidas por financeiras, foram instituídas pela Portaria do Ministério da Fazenda 309, de 30 de novembro de 1959. São instituições financeiras privadas que têm como objetivo básico a realização de financiamento para a aquisição de bens, serviços e capital de giro. Devem ser constituídas sob a forma de sociedade anônima e na sua denominação social deve constar a expressão "Crédito, Financiamento e Investimento". Tais entidades captam recursos por meio de aceite e colocação de Letras de Câmbio (Resolução CMN 45, de 1966) e Recibos de Depósitos Bancários (Resolução CMN 3454, de 2007).

33.3.2.10. Sociedades de crédito imobiliário

As sociedades de crédito imobiliário são instituições financeiras criadas pela Lei 4.380, de 21 de agosto de 1964, para atuar no financiamento habitacional. Constituem operações passivas dessas instituições os depósitos de poupança, a emissão de letras e cédulas hipotecárias e depósitos interfinanceiros. Suas operações ativas são: financiamento para construção de habitações, abertura de crédito para compra ou construção de casa própria, financiamento de capital de giro a empresas incorporadoras, produtoras e distribuidoras de material de construção. Devem ser constituídas sob a forma de sociedade anônima, adotando obrigatoriamente em sua denominação social a expressão "Crédito Imobiliário". (Resolução CMN 2.735, de 2000).

33.3.2.11. Sociedades de crédito ao microempreendedor

As sociedades de crédito ao microempreendedor, criadas pela Lei 10.194, de 14 de fevereiro de 2001, são entidades que têm por objeto social exclusivo a concessão de financiamentos e a prestação de garantias a pessoas físicas, bem como a pessoas jurídicas classificadas como microempresas, com vistas a viabilizar empreendimentos de natureza profissional, comercial ou industrial de pequeno porte. São impedidas de captar, sob qualquer forma, recursos junto ao público, bem como emitir títulos e valores mobiliários destinados à colocação e oferta públicas. Devem ser constituídas sob a forma de companhia fechada ou de sociedade por quotas de responsabilidade limitada, adotando obrigatoriamente em sua denominação social a expressão "Sociedade de Crédito ao Microempreendedor", vedada a utilização da palavra "Banco" (Resolução CMN 2.874, de 2001).

33.3.3. *Bolsas de mercadorias e futuros*

As bolsas de mercadorias e futuros são associações privadas civis, com objetivo de efetuar o registro, a compensação e a liquidação, física e financeira, das operações realizadas em pregão ou em sistema eletrônico. Para tanto, devem desenvolver, organizar e operacionalizar um mercado de derivativos livre e transparente, que proporcione aos agentes econômicos a oportunidade de efetuarem operações de *hedging* (proteção) ante flutuações de preço de commodities agropecuárias, índices, taxas de juro, moedas e metais, bem como de todo e qualquer instrumento ou variável macroeconômica cuja incerteza de preço no futuro possa influenciar negativamente suas atividades. Possuem autonomia financeira, patrimonial e administrativa e são fiscalizadas pela Comissão de Valores Mobiliários.

33.3.4. *Instituto de Resseguros do Brasil (IRB)*

Resseguradores – Entidades, constituídas sob a forma de sociedades anônimas, que têm por objeto exclusivo a realização de operações de resseguro e retrocessão. O Instituto de Resseguros do Brasil (IRB) é empresa resseguradora vinculada ao Ministério da Fazenda. Mais informações podem ser encontradas em: www.susep.gov.br e www.irb-brasilre.com.br.

33.3.5. *Entidades fechadas de previdência complementar (fundos de pensão)*

As entidades fechadas de previdência complementar (fundos de pensão) são organizadas sob a forma de fundação ou sociedade civil, sem fins lucrativos e são acessíveis, exclusivamente, aos empregados de uma empresa ou grupo de empresas ou aos servidores da União, dos Estados, do Distrito Federal e dos Municípios, entes denominados patrocinadores ou aos associados ou membros de pessoas jurídicas de caráter profissional, classista ou setorial, denominadas instituidores. As entidades de previdência fechada devem seguir as diretrizes estabelecidas pelo Conselho Monetário Nacional, por meio da Resolução 3.121, de 25 de setembro de 2003, no que tange à aplicação dos recursos dos planos de benefícios. Também são regidas pela Lei Complementar 109, de 29 de maio de 2001. Mais informações poderão ser encontradas no endereço: www.previdenciasocial.gov.br

33.3.6. *Bolsas de valores*

As bolsas de valores são sociedades anônimas ou associações civis, com o objetivo de manter local ou sistema adequado ao encontro de seus membros e à realização entre eles de transações de compra e venda de títulos e valores mobiliários, em mercado livre e aberto, especialmente organizado e fiscalizado por seus membros e pela Comissão de Valores Mobiliários. Possuem autonomia financeira, patrimonial e administrativa (Resolução CMN 2.690, de 2000).

33.3.7. *Sociedades seguradoras*

Sociedades seguradoras – são entidades, constituídas sob a forma de sociedades anônimas, especializadas em pactuar contrato, por meio do qual assumem a obrigação de pagar ao contratante (segurado), ou a quem este designar, uma indenização, no caso em que advenha o risco indicado e temido, recebendo, para isso, o prêmio estabelecido. Mais informações poderão ser encontradas no endereço: www.susep.gov.br

33.3.8. *Sociedades de capitalização*

Sociedades de capitalização – são entidades, constituídas sob a forma de sociedades anônimas, que negociam contratos (títulos de capitalização) que têm por objeto o depósito periódico de prestações pecuniárias pelo contratante, o qual terá, depois de cumprido o prazo contratado, o direito de resgatar parte dos valores depositados corrigidos por uma taxa de juros estabelecida contratualmente; conferindo, ainda, quando previsto, o direito de concorrer a sorteios de prêmios em dinheiro. Mais informações poderão ser encontradas no endereço: www.susep.gov.br

33.3.9. *Entidades abertas de previdência complementar*

Entidades abertas de previdência complementar – são entidades constituídas unicamente sob a forma de sociedades anônimas e têm por objetivo instituir e operar planos de benefícios de caráter previdenciário concedidos em forma de renda continuada ou pagamento único, acessíveis a quaisquer pessoas físicas. São regidas pelo Decreto-Lei 73, de 21 de novembro de 1966, e pela Lei Complementar 109, de 29 de maio de 2001. As funções do órgão regulador e do órgão fiscalizador são exercidas pelo Ministério da Fazenda, por intermédio do Conselho Nacional de Seguros Privados (CNSP) e da Superintendência de Seguros Privados (SUSEP). Mais informações poderão ser encontradas no endereço: www.susep.gov.br

33.3.10. *Outros Intermediários Financeiros*

33.3.10.1. Administradoras de consórcio

As administradoras de consórcio são empresas responsáveis pela formação e administração de grupos de consórcio, atuando como mandatárias de seus interesses e direitos. O grupo de consórcio é uma sociedade não personificada, com prazo de duração e número de cotas previamente determinados, e que visa a coleta de poupança para permitir aos consorciados a aquisição de bens ou serviços. As atividades do sistema de consórcio são reguladas pela Lei nº 11.795, de 8 de outubro de 2008, bem como pela Circular nº 3.432, de 3 de fevereiro de 2009, e supervisionadas pelo Banco Central.

33.3.10.2. Sociedades de arrendamento mercantil

As sociedades de arrendamento mercantil são constituídas sob a forma de sociedade anônima, devendo constar obrigatoriamente na sua denominação social a expressão "Arrendamento Mercantil". As operações passivas dessas sociedades são emissão de debêntures, dívida externa, empréstimos e financiamentos de instituições financeiras. Suas operações ativas são constituídas por títulos da dívida pública, cessão de direitos creditórios e, principalmente, por operações de arrendamento mercantil de bens móveis, de produção nacional ou estrangeira, e bens imóveis adquiridos pela entidade arrendadora para fins de uso próprio do arrendatário. São supervisionadas pelo Banco Central do Brasil (Resolução CMN 2.309, de 1996).

33.3.10.3. Sociedade corretoras de câmbio

As sociedades corretoras de câmbio são constituídas sob a forma de sociedade anônima ou por quotas de responsabilidade limitada, devendo constar na sua denominação social a expressão "Corretora de Câmbio". Têm por objeto social exclusivo a intermediação em operações de câmbio e a prática de operações no mercado de câmbio de taxas flutuantes. São supervisionadas pelo Banco Central do Brasil (Resolução CMN 1.770, de 1990).

33.3.10.4. Sociedades corretoras de títulos e valores mobiliários

As sociedades corretoras de títulos e valores mobiliários são constituídas sob a forma de sociedade anônima ou por quotas de responsabilidade limitada. Dentre seus objetivos estão: operar em bolsas de valores, subscrever emissões de títulos e valores mobiliários no mercado; comprar e vender títulos e valores mobiliários por conta própria e de terceiros; encarregar-se da administração de carteiras e da custódia de títulos e valores mobiliários; exercer funções de agente fiduciário; instituir, organizar e administrar fundos e clubes de investimento; emitir certificados de depósito de ações; intermediar operações de câmbio; praticar operações no mercado de câmbio; praticar determinadas operações de conta margem; realizar operações compromissadas; praticar operações de compra e venda de metais preciosos, no mercado físico, por conta própria e de terceiros; operar em bolsas de mercadorias e de futuros por conta própria e de terceiros. São supervisionadas pelo Banco Central do Brasil (Resolução CMN 1.655, de 1989).

33.3.10.5. Sociedades distribuidoras de títulos e valores mobiliários

As sociedades distribuidoras de títulos e valores mobiliários são constituídas sob a forma de sociedade anônima ou por quotas de responsabilidade limitada, devendo constar na sua denominação social a expressão "Distribuidora de Títulos e Valores Mobiliários". Algumas de suas atividades: intermedeiam a oferta pública e distribuição de títulos e valores mobiliários no mercado; administram e custodiam as carteiras de títulos e valores mobiliários; instituem, organizam e administram fundos e clubes de investimento; operam no mercado acionário, comprando, vendendo e distribuindo títulos e valores mobiliários, inclusive ouro financeiro, por conta de terceiros; fazem a intermediação com as bolsas de valores e de mercadorias; efetuam lançamentos públicos de ações; operam no mercado aberto e intermedeiam operações de câmbio. São supervisionadas pelo Banco Central do Brasil (Resolução CMN 1.120, de 1986).

34. SISTEMA FINANCEIRO NACIONAL – ESTRUTURA ALTERNATIVA

Alternativamente, o Sistema Financeiro Nacional pode (de modo não oficial) ser estruturado em dois grupos ou subsistemas: normativo e intermediação financeira (ou operativo).

O subsistema normativo é constituído pelas autoridades monetárias e instituições especiais. É responsável pelo perfeito funcionamento do mercado financeiro e de suas instituições.

O subsistema de intermediação financeira, também definido por operativo, é formado pelas instituições que atuam em transações de intermediação financeira.

34.1. Subsistema Normativo

A divisão normativa é formada por instituições que estabelecem diretrizes de atuação das instituições financeiras operativas e controle do mercado. Exerce função de extrema importância para todo o sistema financeiro. Os órgãos normativos são estruturados de modo a promover o desenvolvimento equilibrado do país e atender ao objetivo da coletividade. Apresentam características comuns relativas ao controle hierárquico, estabilidade no cargo de direção, competência para regulamentação e fiscalização. A figura a seguir mostra as principais instituições que compõem o subsistema normativo:

Figura 1 – Sistema Normativo, composição geral

Nota: elaboração dos autores

(Fundação Cesgranrio/Análise Socioeconômica/IBGE/2010) - O Banco Central do Brasil

a) é um órgão normativo no Sistema Financeiro Nacional.

b) é um intermediário financeiro no Sistema Financeiro Nacional.

c) empresta recursos aos agricultores para o custeio da safra.

d) empresta recursos para a realização de investimentos em infraestrutura.

e) rege a política fiscal do governo.

Solução:

A resposta é a letra "a", de acordo com a estrutura alternativa do sistema financeiro nacional. O BACEN, além de ser responsável pela política monetária do país, é a entidade criada para atuar como órgão executivo central do Sistema Financeiro Nacional (SFN). Tem a responsabilidade de cumprir e fazer cumprir as disposições que regulam o funcionamento do sistema e as normas expedidas pelo Conselho Monetário Nacional. O BACEN está sediado em Brasília e tem representações regionais em São Paulo, Rio de Janeiro, Porto Alegre, Fortaleza, Belo Horizonte e Belém.

(Fundação Cesgranrio/Analista do Banco Central do Brasil/2010) – O subsistema normativo do Sistema Financeiro Nacional inclui os seguintes órgãos ou entidades:

a) Conselho Monetário Nacional e Banco Central do Brasil.

b) Comissão de Valores Mobiliários e Caixa Econômica Federal.

c) Banco Central do Brasil e Banco do Brasil.

d) Banco Central do Brasil e Banco Nacional de Desenvolvimento Econômico e Social.

e) Banco do Brasil e Superintendência de Seguros Privados.

Solução:

A resposta é a letra "a". Seguindo a estrutura alternativa, a Caixa Econômica Federal, o Banco do Brasil e o Banco Nacional de Desenvolvimento Econômico e Social fazem parte do subsistema operativo.

34.2. Subsistema Operativo ou Intermediação Financeira

A divisão operativa é constituída pelos intermediários financeiros e outras entidades que, de alguma forma, contribuem com o funcionamento do sistema financeiro. A seguir são apresentadas as seguintes divisões e subdivisões:

Figura 2 – Subsistema Operativo, composição geral

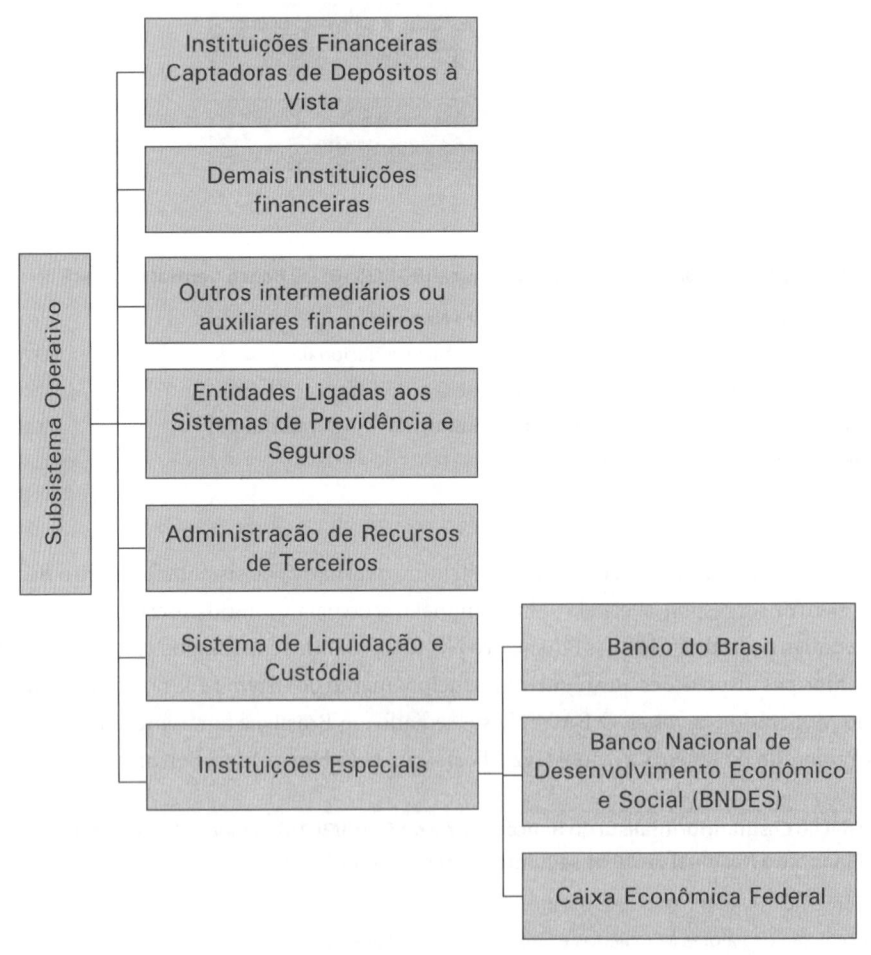

Nota: elaboração dos autores

35. INSTITUIÇÕES FINANCEIRAS E INSTITUIÇÕES AUXILIARES

As instituições financeiras podem ser classificadas em dois tipos, a saber: intermediários financeiros e instituições auxiliares.

Os intermediários financeiros captam poupança diretamente do público por iniciativa e responsabilidade própria e aplicam esses recursos em empresas, por intermédio de empréstimos e financiamentos. Exemplos: os bancos comerciais, de desenvolvimento, de investimento, a Caixa Econômica, bancos múltiplos, sociedades de crédito de financiamento e investimento etc. Diferentes dos intermediários financeiros, as instituições auxiliares se dispõem a colocar em contato poupador e investidor. Exemplo: bolsa de valores.

36. INSTITUIÇÕES FINANCEIRAS BANCÁRIAS (OU MONETÁRIAS) E INSTITUIÇÕES FINANCEIRAS NÃO BANCÁRIAS (OU NÃO MONETÁRIAS)

As instituições financeiras são caracterizadas sob a ótica da capacidade de criar ou não moeda escritural. As instituições financeiras que criam moeda escritural são conhecidas como **instituições financeiras bancárias ou monetárias**. Permitem a criação de moeda por meio do recebimento de depósitos à vista movimentáveis por cheques, e operam com ativos financeiros monetários que representam os meios de pagamento da economia. São representadas pelos bancos comerciais, múltiplos com carteira comercial, caixas econômicas e cooperativas de crédito.

(Fundação Cesgranrio/Analista do Banco Central do Brasil/2010) – Considere a relação de instituições financeiras a seguir.

I – Banco do Brasil

II – Banco Nacional de Desenvolvimento Econômico e Social

III –Bancos Comerciais

IV –Bancos Regionais de Desenvolvimento

V– Sociedades de Crédito, Financiamento e Investimento

VI –Bancos de Investimento

São consideradas instituições financeiras monetárias APENAS as nomeadas em:

a) I e II.

b) I e III.

c) III e IV.

d) I, III e V.

e) I, III e VI.

Solução:

A resposta é a letra "b", pois o Banco do Brasil e os Bancos Comerciais são exemplos de instituições financeiras bancárias (ou monetárias).

As instituições financeiras que criam moeda escritural são conhecidas como bancárias ou monetárias. Permitem a criação de moeda por meio do recebimento de depósitos à vista e operam com ativos financeiros monetários que representam os meios de pagamento da economia.

(Fundação Cesgranrio/Analista do Banco Central do Brasil/2010) – As instituições financeiras não monetárias

a) incluem os bancos comerciais.

b) incluem as cooperativas de crédito.

c) incluem as caixas econômicas.

d) captam recursos através da emissão de títulos.

e) captam recursos através de depósitos à vista.

Solução:

A resposta é a letra "d". As instituições financeiras não bancárias (ou não monetárias), ao contrário, não estão legalmente autorizadas a receber depósitos à vista, não existindo então a possibilidade de criação de moeda. Essas instituições financeiras trabalham basicamente com ativos não monetários e, além disso, captam recursos através de emissão de títulos.

Capítulo 5

Modelo Clássico

1. INTRODUÇÃO

Chamamos de modelo clássico à síntese neoclássica realizada no final do século 19 e início do século 20. Os cursos de economia são muito antigos e existem desde o século XIX, o próprio Adams Smith era professor de Filosofia Moral na Universidade de Edimburgo disciplina que naquela época estudava as questões econômicas. O que hoje mencionamos como Modelo Clássico representa o que era o estado da arte dessa ciência há 100, 120 anos atrás, ou seja, o que diziam os manuais de Economia nessa época, o que seu bisavô que era economista estudou em sua época de estudante.

2. A LEI DE SAY

Um dos mais importantes pilares do modelo clássico era a lei de Say cujo enunciado era: "**A oferta cria sua própria demanda**". Pela lei de Say caso a oferta global de bens e serviços seja de 100, como a oferta cria sua própria demanda, então a demanda global por bens e serviços também seria de 100. Caso a oferta aumentasse para 150, então a demanda também aumentaria para 150. Desse modo tudo o que uma economia viesse a produzir de alguma maneira seria também demandado (consumido), jamais se formando estoques nessa economia. A racionália (a lógica racional) dessa da lei de Say era que ao se produzir, também se estaria remunerando os fatores de produção e, portanto, gerando renda, renda essa que seria utilizada para se consumir os bens e serviços produzidos pelas firmas.

A consequência natural da lei de Say é que: **Não poderia haver superprodução generalizada na economia, poderia haver quando muito uma superprodução setorial, ou seja, jamais haveria uma recessão**. De fato, se é verdade que a oferta cria sua própria demanda jamais haveria uma recessão econômica. Vejamos então a razão: uma recessão é caracterizada por desemprego em massa, porém as firmas só demitem quando estão tendo prejuízo pelo fato de não venderem seus produtos (formando-se assim estoques na economia), acontece que para isso ocorrer seria necessário que a oferta global de bens e serviços fosse maior que a procura global por esses bens e serviços, porém, pela Lei de Say, elas são sempre iguais, já que a oferta cria sua própria demanda, em outras palavras, para os clássicos, tudo que é produzido acaba de alguma maneira sendo consumido.

Em outras palavras, a garantia de que todo acréscimo de produção seria comprada pelos agentes econômicos era dada pela crença dos economistas clássicos na Lei de Say[1].

(Economista/VALEC Engenharia, Construções e Ferrovias S.A./2012) - Com relação à Lei de Say, analise as afirmativas a seguir:

I - Em outros valores, outros serviços, frutos de sua indústria, de seus capitais e de suas terras: daí resulta, embora a primeira vista pareça um paradoxo, que a é a produção que propicia mercados para os produtos.

II - A demanda é um obstáculo para o crescimento da produção e, por isso, não existem as crises de superprodução geral.

III – É o consumo que determina a renda dos proprietários dos fatores de produção, ou seja, a renda é gerada no ato de consumo.

Está correto o que se afirma em:

a) I, apenas;

b) I e II, apenas;

c) I e III, apenas;

d) II e III, apenas;

e) I, II e III.

Solução:

A resposta é a letra "b". Em relação ao item I, o enunciado original da Lei de Say postulava que haveria sempre demanda suficiente para absorver a produção corrente, qualquer seja o nível desta produção corrente. Esse resultado é obtido a partir da adoção das seguintes premissas: (i) "produzir é querer comprar"; (ii) "produzir é poder comprar". Em outras palavras, a Lei de Say pressupõe que os requisitos para a existência de demanda efetiva pelas mercadorias (o desejo e a capacidade de comprar) se encontram implícitos no próprio ato de produção das mesmas. Em especial, a segunda premissa significa que é a própria produção que determina a renda dos indivíduos, ou seja, que a renda é gerada no próprio ato da produção. Nas palavras de Say, "em que consiste tais meios? Em outros valores, outros serviços, frutos de sua indústria, de seus capitais e de suas terras: daí resulta, embora à primeira vista pareça um paradoxo, que é a produção que propicia mercados para os produtos".

Em relação ao item II, pela Lei de Say, não existem as chamadas crises de "superprodução geral", uma vez que tudo o que é produzido pode ser consumido já que a demanda de um bem é determinada pela oferta de outros bens, de forma que a oferta agregada é sempre igual à demanda agregada. Todavia, Say aceitava ser possível que certos setores da economia tivessem relativa superprodução em relação aos outros setores que sofressem de relativa subprodução.

---

[1] Jean Baptiste Say, economista francês (1767-1832).

O item III é falso pois esse item afirma que o consumo é que determina a renda, mas, se isso é verdade, em outras palavras, como o consumo faz parte da demanda agregada, então seria a demanda agregada que geraria a oferta agregada, o que contraria a Lei de Say. A garantia de que uma produção adicional seria adquirida pelos agentes econômicos era dada pela crença dos economistas clássicos no funcionamento da Lei de Say. Essa lei dizia que *"a oferta cria sua própria procura"*. Ou seja, os trabalhadores recém-empregados iriam utilizar toda a renda gerada na produção adicional para gastá-la. Em outras palavras, a oferta global e demanda global são sempre iguais. A demanda agregada não é um fator determinante do nível do produto.

3. SALÁRIOS NOMINAIS x SALÁRIOS REAIS

O salário nominal (w) é simplesmente o valor de face do contracheque, ou seja, é o valor monetário do salário. O salário real (w/P) é o poder de compra do salário nominal. Desse modo suponha que seu salário nominal seja de R$ 100.000 (cem mil unidades monetárias) por mês, antes de você ficar rindo à toa, suponha que uma laranja custe 5000 R$ (cinco mil reais). Desse modo seu salário real, seu poder de compra é de 20 laranjas por mês (5 laranjas por semana). Note que se definimos uma variável como nominal para obter a variável real basta dividir (deflacionar) pelo preço (P). Assim se W é o salário nominal então W/P será o salário real.

4. A HIPÓTESE DE FLEXIBILIDADE DE SALÁRIOS NOMINAIS PARA BAIXO

Uma hipótese crucial do modelo clássico era a de que **os salários nominais eram flexíveis para baixo, isto é, que era possível reduzir (cortar) os salários nominais**. Para os economistas clássicos as firmas podiam simplesmente reduzir o salário nominal de seus empregados. Por exemplo: hoje o trabalhador ganha R$ 800 e amanhã passa a ganhar R$ 650. Lembre-se que nessa época os trabalhadores eram pouco organizados, existiam poucos sindicatos e os que existiam eram fracos e não tinham como se oporem às firmas. Lembre-se que hoje, no Brasil, a redução de salário nominal é vedada por determinação constitucional, com exceção de um acordo coletivo.

A consequência lógica da hipótese de flexibilidade de salários nominais, é que a economia sempre opera em pleno emprego. **Para os clássicos a economia sempre estaria em pleno emprego**, não havendo jamais o desemprego involuntário. De fato, o pleno emprego é uma mera consequência lógica da possibilidade, por parte das firmas, de corte dos salários nominais dos trabalhadores. A hipótese de flexibilidade para baixo de salários nominais (possibilidade de as firmas reduzirem os salários nominais dos trabalhadores) leva a economia a operar em pleno emprego de mão-de-obra. Caso um trabalhador se encontre desempregado, para encontrar emprego, bastaria diminuir o salário que estaria disposto a receber, e de outro lado, para os trabalhadores que já estão empregados, caso a firma tivesse prejuízo, ao invés de demitir seu empregado bastava lhe cortar o seu salário nominal.

De fato, supondo um mercado de trabalho competitivo, as forças de mercado tendem a equilibrar a economia a pleno emprego, ou seja, no ponto em que se igualam a oferta e a demanda de mão-de-obra. Os clássicos adotavam a **hipótese da flexibilidade dos salários nominais:** os salários nominais são flexíveis para baixo, isto é, pode haver redução de salário nominal e, portanto, as forças de mercado tendem a equilibrar a economia a pleno emprego, ou seja, no ponto em que se igualam a oferta e a demanda por mão-de-obra, significando que há completa flexibilidade de preços e salários (**hipótese de ajuste instantâneo de salários e preços**). Consequentemente, a economia sempre opera em pleno emprego de mão-de-obra, ou seja, não existe desemprego involuntário.

Em outras palavras, a hipótese de salários nominais para baixo é o mecanismo que leva a economia para o pleno emprego. Se a oferta de trabalhadores excede a procura por trabalhadores, o preço em tal mercado cai, resultando no equilíbrio entre a oferta e procura. Isto significaria uma queda dos salários nominais (hipótese da flexibilidade dos salários nominais). Reduzindo os salários nominais, os empresários aumentariam a demanda por trabalhadores e, consequentemente, a produção.

5. PLENO EMPREGO E DESEMPREGO NATURAL

Acabamos de ver que **para os clássicos a economia sempre operava em pleno emprego em decorrência da possibilidade de corte nos salários nominais (hipótese de flexibilidade para baixo de salários nominais)**. Note, porém que pleno emprego de mão-de-obra significa ausência de desemprego involuntário, contudo, **pleno emprego não significa que todos os trabalhadores estão empregados,** visto que, alguns trabalhadores estarão desempregados, pois não desejam trabalhar a um determinado salário (desemprego voluntário) ou estarão saindo de um emprego e procurando outro (desemprego friccional). Veja então que mesmo no pleno emprego existe ou desemprego voluntário ou um desemprego friccional. A soma desses desempregos (voluntário e friccional) é chamada de desemprego natural; dito de outro modo, **no pleno emprego existe apenas o desemprego natural, ou ainda, podemos dizer que o desemprego natural é o desemprego associado ao pleno emprego**. Preste atenção neste conceito, toda vez que a economia se encontrar em pleno emprego, então, o desemprego estará na sua taxa natural.

A causa do desemprego voluntário é o desejo do trabalhador de não trabalhar a determinados salários. A causa do desemprega friccional é a migração (saída de um emprego e procura por outro) setorial ou regional. Note, porém, que para os clássicos, ou esses desempregos são momentâneos (não perduram), ou se perdurarem eles representam uma lâmina (uma fatia ínfima do mercado de trabalho). O desemprego natural é um desemprego laminar.

6. A INEFICÁCIA DA POLÍTICA FISCAL: O GOVERNO NÃO DEVE AUMENTAR SEUS GASTOS

Para os economistas clássicos os aumentos dos gastos públicos não possuem nenhum impacto sobre a produção econômica. Caro leitor, tome muito cuidado neste ponto, com certeza você já deve ter lido ou ouvido que quando o Governo aumenta os seus gastos, isto é, constrói estradas, viadutos, escolas, contrata mais servidores ou aumenta os seus salários, o governo estaria aquecendo a atividade econômica, e, portanto, aumentando a produção, gerando assim emprego e renda. Pois bem, esse raciocínio é essencialmente um pensamento keynesiano, para os clássicos, essa afirmação era uma verdadeira heresia. Para os clássicos somente um aumento da força-de-trabalho efetiva da economia ou uma melhora da tecnologia poderia aumentar o produto (a produção). Para os economistas clássicos, um aumento dos gastos públicos somente aumentaria a taxa de juros, pois os aumentos dos gastos públicos diminuiria a poupança do governo (lembre-se que a poupança do governo é a diferença entre a renda líquida do governo e os gastos do governo: Sg=RLG-G) e, portanto a poupança total (dada pela soma das poupanças privada, do governo e externa: S=Sp+Sg+Se) diminuiria e em decorrência da oferta menor de dinheiro, a taxa de juros, que é o preço do dinheiro, cairia. Mas note, que para os clássicos, o aumento dos gastos públicos não possui nenhum impacto sobre o mercado de trabalho, mercado de trabalho esse que determina o nível de mão-de-obra e consequentemente a produção correspondente realizada por essa mesma mão-de-obra. Esse fato, pertencente ao modelo clássico, de uma variável nominal (como os gastos públicos) não afetar uma variável real (como a produção) é conhecido como dicotomia clássica.

7. O MERCADO DE TRABALHO

Para os economistas clássicos, a força motriz da economia é o mercado de trabalho. No mercado de trabalho é que se dá a interação entre a oferta de trabalho (que é feita pelas famílias) e a demanda de trabalho (que é feita pelas firmas). A livre interação entre oferta e demanda por mão-de-obra é que determina o nível de mão-de-obra de equilíbrio (quantos trabalhadores são efetivamente empregados pelas firmas) e o salário real que eles recebem. Entre o nascer e o pôr do sol de todo santo dia existirão pessoas que buscam emprego para obter salário a fim de se sustentar e firmas que necessitam contratar trabalhadores para operar as máquinas e realizar a produção. **A livre interação entre essas forças de oferta e demanda por trabalho é que determina o número de pessoas empregadas e os seus salários reais de equilíbrio.**

7.1. A Oferta de Trabalho

A oferta de trabalho é feita pelas famílias. As pessoas são proprietárias de sua força de trabalho e, portanto, vendem (ofertam) essa força de trabalho para as firmas, que dela necessitam para poder produzir (máquinas não funcionam sozinhas). **A Oferta de trabalho é uma função crescente do salário real.** De fato, quanto maior o salário real mais trabalhadores estarão dispostos a vender sua força de trabalho e vice-versa, quanto menor o salário real, menos trabalhadores desejarão ofertar sua mão-de-obra.

7.2. A Demanda por Trabalho

A demanda por trabalho é feita pelas firmas. As firmas necessitam de trabalhadores e, portanto, compram (demandam) força de trabalho para poder produzir. **A Demanda por trabalho é uma função decrescente do salário real.** De fato, quanto maior o salário real (quanto mais cara a mão-de-obra) menos firmas estarão dispostas a contratar mão-de-obra e vice-versa, quanto menor o salário real (mais barata é mão-de-obra), mais firmas desejarão comprar essa mão-de-obra.

7.3. O Nível de Mão-de-Obra de Pleno Emprego e Salário Real de Pleno Emprego

Como em qualquer outro mercado, a livre interação entre as forças de demanda e oferta de mão-de-obra determina então:

(i) o nível de mão-de-obra de pleno emprego, isto é, quantas pessoas as firmas efetivamente contratam; e,

(ii) o salário real de pleno emprego

Em outras palavras é o mercado de trabalho (a interação entre demanda e oferta de trabalho) que determina quantas pessoas irão trabalhar (o chamado nível de mão-de-obra de pleno emprego) e o salário real que irão receber (0 chamado salário real de pleno emprego).

Para os clássicos o mercado de trabalho é a força motriz de toda a economia. **Para os clássicos tudo começa no mercado de trabalho que determina o nível de mão-de-obra de pleno emprego e o salário real de pleno emprego.**

8. A FUNÇÃO DE PRODUÇÃO NEOCLÁSSICA

Para os economistas clássicos a economia funciona como uma grande e única fábrica fictícia cuja produção (que é a produção de toda a economia e chamada de produção ou produto de pleno emprego) é a agregação (a soma) de todas as unidades produtivas (as fábricas) existentes na economia. Assim podemos falar em uma função de produção da economia. **Para os economistas clássicos a função de produção funciona como uma espécie de curva de oferta.** Essa função de produção goza de algumas propriedades:

(i) A função de produção fornece o nível de produto da economia (o quanto a economia produz) em função apenas da quantidade de mão-de-obra utilizada (denotada por L ou N). **Para os clássicos o nível de capital (máquinas, ferramentas, etc) é fixo**, pois em última instancia tudo foi produzido utilizando a mão-de-obra. Para se produzir necessitamos de trabalho e de máquinas, mas para se produzir máquinas necessitamos de trabalho e de matéria prima, mas para retirar a matéria prima do solo necessitamos de trabalho. Assim representando o produto (a produção) por Y e o trabalho (a mão-de-obra) por N, podemos escrever que $Y = f(N)$ ou $Y = F(L)$, ou seja que o nível do produto é função do trabalho, em outras palavras, o que uma economia produz depende da quantidade de mão-de-obra utilizada pelas firmas dessa economia.

(ii) **A função de produção é função crescente do nível de trabalho**, isto é, quanto mais mão-de-obra a economia utiliza (emprega) maior será a produção dessa economia.

(iii) **A função de produção parte da origem**, ou seja, $f(0) = 0$. De fato, se a economia não empregar nenhuma mão-de-obra, nada produzirá.

(iv) **A concavidade da função de produção é voltada para baixo**, ou seja, a produção cresce com a mão-de-obra empregada e mais ainda, o produto cresce com a mão-de-obra com taxas decrescentes. Quanto mais mão-de-obra é empregada, a produção aumenta, põem os acréscimos não produto são cada vez menores. Isso se dá pela existência de rendimentos marginais decrescentes do trabalho, ou seja, o Produto Marginal do trabalho (PMgL) é decrescente, em outras palavras, **a produtividade marginal do trabalho é decrescente.** Para os alunos que gostam de cálculo, lembrem-se que o produto marginal do trabalho nada mais é do que a derivada do produto em relação ao trabalho: $PMgL = F'(N)$.

9. A TEORIA QUANTITATIVA DA MOEDA (TQM)

Para os clássicos, enquanto a função de produção funciona como uma curva de oferta, a TQM funciona para os clássicos como uma função de demanda (relação inversa entre o nível de Preço e o produto). Vamos definir algumas variáveis:

M= estoque de moeda ou oferta monetária = quantidade de moeda existente na economia e que foi emitida pelo Banco central.

V = velocidade de circulação da moeda = é a velocidade com que a moeda passa de mão em mão, suposta constante pelos economistas clássicos.

P = nível geral de preços = uma espécie de IGP-M (em macroeconomia só existe um único produto cujo preço é P).

Y = produto ou renda real = é a produção física (por exemplo as laranjas produzidas).

P. Y = produto nominal = é o valor monetário da produção, é uma espécie de PIB.

Em macroeconomia só existe um único bem produzido (é o custo metodológico de se ver a floresta como um todo), cuja produção denotamos por Y, e cujo preço denotamos por P, como só existe esse bem, esse preço P também representa o nível geral de preços da economia. Assim, por exemplo, se o único produto é a laranja, as famílias consomem e poupam laranja, as empresas investem laranjas, o governo gasta em laranjas e a economia exporta e importa laranjas. Se uma variável é definida como real então para transforma-la em nominal basta multiplica-la pelo preço, por exemplo, se Y é definido como produto real, então P.Y será o produto nominal, de fato, se Y é a produção real (produção física, produção em número de laranjas) então P.Y será o valor monetário dessa produção, será a produção expressa em unidades monetárias (uma espécie de PIB).

9.1. A Teoria Quantitativa da Moeda é dada pela equação (MV=PY)

A equação da TQM diz que o estoque de moeda M deve circular V vezes até pagar o total das transações PY. De fato, se Y = 100 milhões de laranjas e se o preço da laranja é 5 R$ então o PIB dessa economia é dado por PY = 500 milhões de Reais, percebemos que não é necessário haver um estoque de moeda de 500 milhões R$, basta existir apenas, por exemplo 5 milhões de Reais e a moeda deve circular 100 vezes para pagar o total de transações que foi de 500 milhões R$. Como você percebeu relação MV=PY é uma mera identidade, para torná-la uma equação necessitamos de uma hipótese comportamental que será a de que essa velocidade é constante: MV=PY.

Teoria Quantitativa da Moeda (TQM)

$$MV = PY$$

Onde:

M= estoque de moeda ou oferta monetária

V = velocidade de circulação da moeda

P = nível geral de preços

Y = produto ou renda real

P.Y = produto ou renda nominal

(Cespe-UnB/Técnico em Finanças/SEFAZ/2002) – Quando a velocidade de circulação da moeda é constante, a equação quantitativa pode ser considerada uma teoria do produto interno bruto (PIB) nominal.

Solução:

Essa assertiva é verdadeira, pois de acordo com a teoria quantitativa da moeda, um aumento da oferta monetária (M) provocaria um aumento do PIB nominal (PY), caso considere a velocidade de circulação da moeda constante. Em outras palavras, um aumento da oferta monetária, desde que a velocidade-renda da moeda não se altere, pode levar a um aumento de P[2]. Assim,

$$\uparrow M \overline{V} = (PY) \uparrow$$

(Cespe-UnB/Analista Judiciário – Especialidade: Economista/Tribunal de Justiça do Estado de Rondônia/2012) – Julgue o item a seguir, como verdadeiro ou falso.

A Teoria Quantitativa da Moeda estabelece que aumento da quantidade de moeda em circulação gera aumento do produto de equilíbrio da economia.

Solução:

Esse item é falso, pois, conforme postula a Teoria Quantitativa da Moeda, aumento da quantidade de moeda em circulação gera aumento do produto nominal da economia, mas não no produto de equilíbrio da economia.

9.2. A Curva de Demanda Agregada no Modelo Clássico

A partir da equação da TQM podemos obter a equação da demanda agregada (relação inversa entre produto e preço) do modelo clássico, para isso, basta explicitar o produto Y em função do Preço:

$$MV = PY, \text{ logo: } Y = MV/P$$

Note que a equação Y = MV/P mostra uma relação inversa entre o Produto Y e o Preço P e portanto representa uma Demanda Agregada. Note ainda que essa equação, plotada (desenhada) no plano Produto x Preço, representa uma hipérbole.

9.3. A Visão Monetarista da Inflação dos Economistas Clássicos

Os economistas clássicos do ponto de vista da teoria da inflação eram monetaristas, isto é, acreditavam que a inflação era essencialmente um fenômeno monetário, ou seja, que a inflação era causada por emissões monetárias acima do crescimento real do produto. Podemos perceber esse fato a partir da equação da TQM, explicitando o preço: partindo da equação MV=PY, temos

---

[2] Conforme será explicado nesse capítulo, pela dicotomia clássica, fatores nominais (p. ex. moeda "M") não alteram fatores reais (p. ex. produto "Y").

que: P= MV/Y, logo se M aumenta mais que Y, então o nível de Preço P aumenta, o que caracteriza uma inflação.

9.4. A Constante Marshaliana

Também partindo da equação da TQM temos que MV=PY, explicitando M teremos: M=(1/V). PY, como V é constante, então o seu inverso (1/V) também é constante. Chamaremos essa constante de k=1/V de constante Marshalliana, então teremos: M=kPY.

9.5. A Demanda por Moeda para os Clássicos

Para os clássicos a demanda por moeda (procura por moeda) se dá apenas pelos motivos de transação e precaução, isto é, as pessoas somente manteriam consigo encaixes monetários para fazer frente às suas transações ou por motivo de precaução. Acontece que esses dois tipos de demanda por moeda são funções crescentes da renda Y, de fato, quanto maior a renda de uma pessoa, mais dinheiro ela traz consigo para fazer frente às suas transações e precauções. Porém existe um terceiro motivo para de demandar moeda (manter consigo encaixes monetários): é a demanda por especulação de moeda. A demanda especulativa por moeda varia inversamente com a taxa de juros, de fato, quanto maior a taxa de juros e, portanto, mais caro o dinheiro, maior será o custo de se reter moeda para aplicar em ativos especulativos e, portanto, menor será a demanda por moeda. **Para os Clássicos não existe demanda especulativa por moeda, ou seja, para os clássicos a demanda por moeda não depende da taxa de juros. Para os clássicos a demanda por moeda é totalmente insensível (perfeitamente inelástica) à taxa de juros**.

10. O MERCADO DE DINHEIRO OU DE FUNDOS EMPRESTÁVEIS

Numa economia existem agentes que possuem sobra de dinheiro (os poupadores) e, portanto, desejam ofertar dinheiro, e a remuneração dessa oferta é a taxa de juros. Por outro lado, existem agentes que precisam de dinheiro (são os investidores) e desejam demandar dinheiro. No mercado de dinheiro (de fundos emprestáveis) os poupadores emprestam dinheiro e os investidores tomam emprestado. A livre interação entre poupadores e investidores, respectivamente, ofertadores e demandantes de moeda, determina o nível de poupanças e de investimento de equilíbrio, bem como a taxa de juros de equilíbrio (que é o preço do dinheiro). Essa taxa de juros de equilíbrio, que iguala a poupanças com o investimento, é chamada de taxa de juros Wicselliana.

10.1. A Poupança no Modelo Clássico

A poupança, que no mercado de fundos emprestáveis representa a oferta, é uma função crescente da taxa de juros, pois quanto maior a taxa de juros, maior será o incentivo a poupar. Desse modo se a taxa de juros aumenta então a poupança também aumenta e vice-versa, se a taxa de juros diminui então a poupança também diminui.

10.2. O Investimento no Modelo Clássico

O investimento, que no mercado de fundos emprestáveis representa a demanda, é uma função decrescente da taxa de juros, pois quanto maior a taxa de juros, menor será o incentivo a investir, já que o es empresários não desejaram pegar dinheiro emprestado para comprar máquinas e equipamentos devido ao fato do dinheiro está caro. De modo análogo, quando a taxa de juros é baixa, o investimento é alto, pois neste caso, com dinheiro barato, vale apena pegar dinheiro emprestado para investir (comprar máquinas e equipamentos). Desse modo se a taxa de juros aumenta então o investimento diminui e vice-versa, se a taxa de juros diminui então o investimento aumenta.

10.3. A Taxa de Juros de Equilíbrio e os Níveis de Poupança e de Investimento de Equilíbrio

A livre interação entre poupadores e investidores determina a taxa de juros de equilíbrio e os níveis de poupança e de investimento de equilíbrio.

11. O MODELO CLÁSSICO

Os economistas clássicos utilizavam a interação a seguir mostrada para explicar o comportamento da economia:

(1º) Para os clássicos o mercado de trabalho é o grande motor da economia, tudo começa no mercado de trabalho. A livre interação entre demanda e oferta de trabalho determina o nível de mão de obra de pleno-emprego $\left(\overline{N}\right)$, bem como o salário real de pleno emprego $\left(\overline{\dfrac{w}{P}}\right)$.

(2º) A substituição do nível de mão-de-obra de pleno emprego $\left(\overline{N}\right)$ na função de produção determina o produto de pleno emprego $\left(\overline{y}\right)$, ou seja, depois que o mercado de trabalho determinou o nível de emprego, os trabalhadores serão utilizados no processo produtivo e em conseqüência será produzida uma certa quantidade de bens (o nível do produto). Esse nível de produção é chamado de produto de pleno emprego, pois foi obtido com a utilização plena do fator trabalho (nível de mão-de-obra de pleno emprego determinado no mercado de trabalho).

(3º) A substituição do produto de pleno emprego $\left(\overline{y}\right)$, para uma dada expansão monetária (M), na equação da teoria quantitativa da moeda determina o nível de preços da economia. De fato, fixado o nível do produto (o de pleno emprego), o preço do produto depende da quantidade de moeda emitida pelo BACEN.

A interconexão entre os itens acima é chamada de **lado real** da economia, ou seja: o mercado de trabalho determina o nível de mão-de-obra empregada, que por sua vez determina o nível de produção da economia e, para certa quantidade de moeda emitida pelo Banco central, se determina o nível de preços da economia.

11.1. Lado Real da Economia

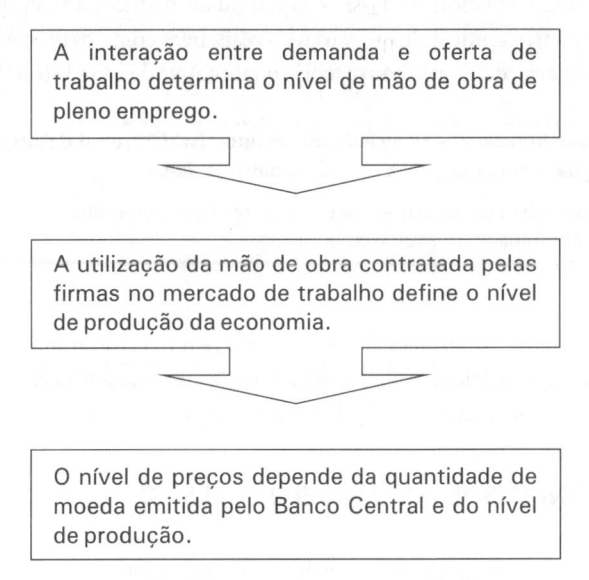

A interação entre demanda e oferta de trabalho determina o nível de mão de obra de pleno emprego.

A utilização da mão de obra contratada pelas firmas no mercado de trabalho define o nível de produção da economia.

O nível de preços depende da quantidade de moeda emitida pelo Banco Central e do nível de produção.

11.2. Lado Monetário da Economia

O **lado monetário ou nominal** da economia é composto pelos poupadores e investidores.

No mercado de fundos emprestáveis, a interação entre poupadores e investidores determina a taxa de juros de equilíbrio (Taxa Wickselliana).

12. A DICOTOMIA CLÁSSICA

O Caro leitor deve ter notado que o lado real e o lado monetário não estão interligados. Esse fato é chamado de Dicotomia Clássica, ou seja, as variáveis nominais (do lado nominal da economia) não afetam as variáveis reais (do lado real da economia), em particular notamos a chamada **"neutralidade da moeda"**, ou seja, para os clássicos a expansão monetária não afeta o nível de produção (produto). Ou seja, para o modelo clássico, a dicotomia entre os fatores que determinam as variáveis reais e nominais é um aspecto crucial. Os fatores reais determinam as variáveis reais. A produção e o emprego dependem principalmente da população, da tecnologia e da formação de capital. A taxa de juros depende da produtividade. A moeda determina os valores nominais nos quais se medem as quantidades, mas os fatores monetários não desempenham uma função na determinação dessas quantidades reais.

(Cespe-UnB/Técnico Científico – Área: Econômica/BASA/2004) – Julgue o item a seguir, como verdadeiro ou falso.

A neutralidade monetária, associada à teoria clássica, implica que uma expansão da oferta de moeda, no longo prazo, não modifica as variáveis reais, mas altera as variáveis nominais e o nível de preços.

Solução:

Esse item é verdadeiro. No modelo clássico, a quantidade de moeda afeta apenas o nível geral de preços e variáveis nominais, significando que variáveis reais, bem como os preços relativos não são afetadas pela política monetária, de acordo com a teoria quantitativa da moeda (ou teoria de Cambridge).

(Cespe-UnB/Analista Judiciário – Especialidade: Economista/Tribunal de Justiçado Estado de Rondônia/2012) – Julgue o item a seguir, como verdadeiro ou falso.

A chamada dicotomia clássica estabelece que variáveis reais são determinadas por variáveis reais, e variáveis nominais são determinadas por variáveis nominais.

Solução:

Esse item é verdadeiro. No modelo clássico, o lado real e o lado monetário não estão interligados. Esse fato é chamado de Dicotomia Clássica, ou seja, as variáveis nominais (do lado nominal da economia) não afetam as variáveis reais (do lado real da economia).

13. PRINCIPAIS CONCLUSÕES DO MODELO CLÁSSICO

(i)   Os economistas clássicos enfatizam a tendência ao auto-ajuste na economia, ou seja, confiam na "mão invisível" e nas forças do mercado para assegurar o pleno emprego e a estabilidade da economia.

(ii)   As ações do governo causam instabilidade e atrapalham o setor privado em sua tarefa de alocação eficiente dos recursos na economia.

(iii)   A flexibilidade da taxa de juros, dos preços e dos salários nominais é vital para garantir o pleno emprego dos fatores de produção no modelo clássico.

(iv)   A curva de oferta agregada clássica vertical é determinada num nível de pleno emprego da força de trabalho.

(v)   A curva de oferta vertical clássica reflete o fato de que, para que haja equilíbrio no mercado de trabalho, valores mais elevados do nível de preços exigem níveis proporcionalmente maiores de salário monetário (w), para assegurar com que o salário real permaneça constante e, consequentemente, o nível do produto de equilíbrio de pleno emprego.

(vi)   No nível de equilíbrio de pleno emprego, o salário real, o emprego e o produto permanecem inalterados.

(vii)   Na teoria clássica (lado da oferta) os fatores reais determinam as variáveis reais. A produção e o emprego dependem principalmente da população economicamente ativa, da tecnologia e da formação de capital. A taxa de juros depende da produtividade e da frugalidade. A curva de oferta vertical ilustra a natureza de que o produto, no modelo clássico, é "determinado pela oferta".

(viii) A moeda é tida como um véu que determina os valores nominais, mas os fatores monetários não desempenham uma função na determinação dessas quantidades reais.

(ix)   A demanda agregada (independente de qual seja a forma de sua curva ou posição), não afeta a produção de equilíbrio de pleno emprego. Ela afeta apenas o nível de preços.

(x)   A estabilidade assegurada pelo setor privado levou os economistas clássicos a concluir por políticas não intervencionistas.

Apêndice – Abordagem Matemática do Modelo Clássico para Certames mais Avançados na Área de Economia

A.1. INTRODUÇÃO

Os três pilares da economia clássica são:

(1) A Teoria Clássica da Determinação do Produto e do Emprego: a economia sempre opera em pleno emprego.

(2) É válida a Lei de Say ("a oferta cria sua própria procura") e portanto é a oferta agregada e não a demanda agregada o fator determinante do produto.

(3) É válida a Teoria Quantitativa da Moeda e, portanto a moeda afeta apenas o nível de preços, não afeta a produção.

A.2. DETERMINAÇÃO DO PRODUTO E DO EMPREGO

A.2.1. Função de Produção

A função de produção, baseada na tecnologia das firmas individuais, é uma relação entre os níveis da produção e os níveis de insumos (Froyen, 2003, p. 49).

Para cada nível de utilização de insumos, a função de produção mostra o valor resultante de produção, e pode ser escrita como:

$$Y = AF(\overline{K}, L) \qquad (1)$$

Onde: Y = produto real; K = quantidade do fator capital (planta e equipamentos). No curto prazo, supõe-se que o estoque de capital seja fixo, como indicado pela barra sobre o símbolo de capital; L = quantidade do fator de produção trabalho (suposto homogêneo); A = índice de produtividade total dos fatores; F = uma função que relaciona o produto real com os fatores de produção K e L.

O símbolo "A" representa um fator de crescimento autônomo que captura o impacto de inovações na tecnologia e quaisquer outras influências que aumentem a produtividade total de uma economia no uso de seus fatores de produção.

Snowdon e Vane (2005) argumentam que a função de produção de curto prazo expressa a quantidade máxima de produto que uma firma pode produzir, dadas certas quantidades de fatores de produção (mão-de-obra e capital). Quanto mais trabalho e capital a firma usa, maior será o produto produzido (considerando-se que os fatores de produção são usados de maneira eficiente). No curto prazo, apenas o fator trabalho é variável, enquanto que o capital e o estado da tecnologia são considerados constantes. Ao se considerar a economia como um todo a quantidade de produto agregado (PIB = Y) dependerá da quantidade de fatores usados de maneira eficiente. A função de produção de curto prazo é descrita abaixo e na forma da figura 1:

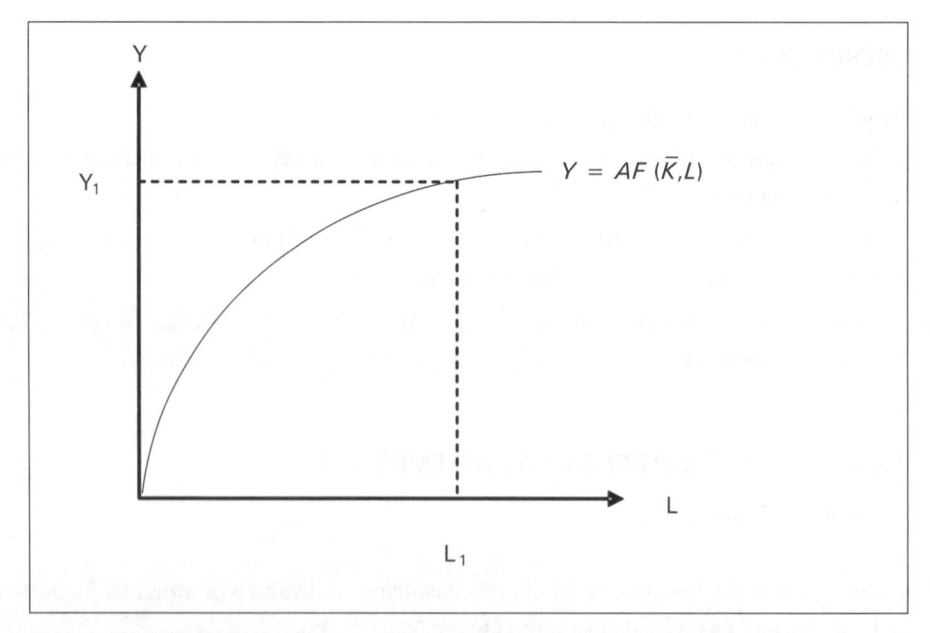

Figura 1: Função de Produção Agregada

Propriedades da função de produção agregada:

(i) para dados valores de A e K, existe uma relação positiva entre trabalho (L) e produto (Y), mostrado como um movimento ao longo da função de produção (por exemplo, do ponto "A" ao ponto "B" da figura 2-a).

(ii) A função de produção exibe retornos decrescentes de escala para o fator trabalho. Isso é indicado pela inclinação da função de produção ($\Delta Y/\Delta L$), a qual mede a produtividade marginal do trabalho (PMgL) e que declina à medida que o emprego aumenta. Observa-se pela inclinação da função de produção que um aumento no emprego está associado com um declínio em PMgL. A figura 3 mostra que a PMgL é positiva e decrescente (PMgL diminui à medida que o trabalho aumenta de L_0 para L_1, isto é, $PMgL_A > PMgL_B$).

(iii) a função de produção sofre um deslocamento para cima se o estoque de capital é aumentado e/ou existe um aumento na produtividade dos insumos representado por um aumento no valor de A (por exemplo, um avanço tecnológico). Essa mudança é apresentada no painel (a) da figura 2 por um deslocamento na função de produção de Y para Y^*, provocado por um aumento de A para A^*. No painel (b) o impacto de um deslocamento para cima da função de produção provoca uma alteração na PMgL, a qual se desloca de L^d para L^{d*}. Note que a produtividade do trabalho aumenta (a quantidade de trabalho empregada L_0 pode agora produzir Y_1, em vez de Y_0).

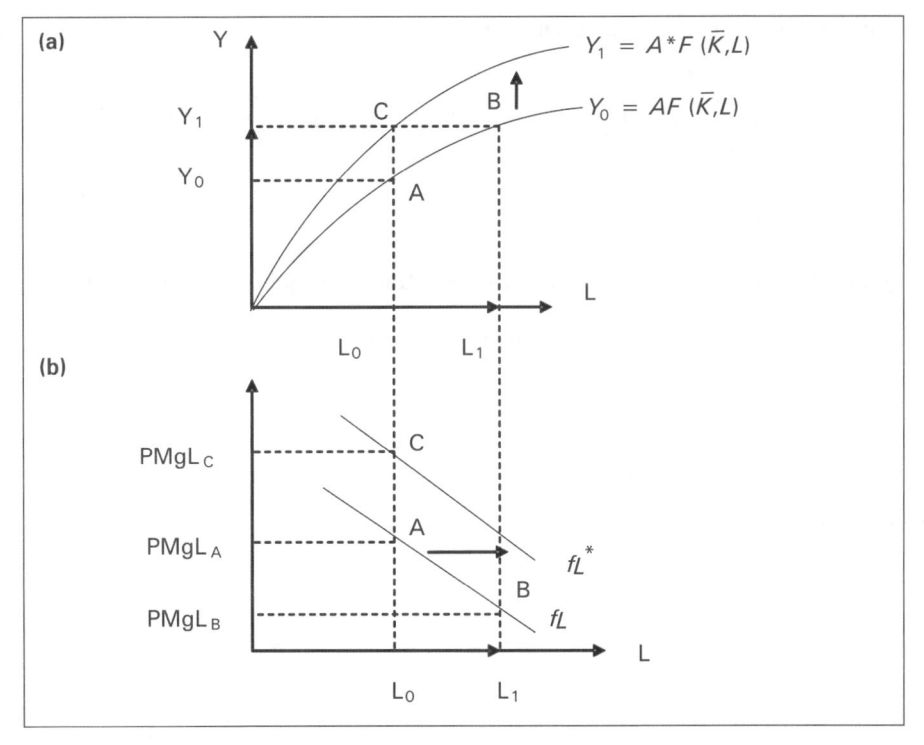

Figura 2: Função de produção agregada e produtividade marginal do trabalho

A.2.2. Produtividade Marginal do Trabalho

Definição:

(i) É o montante adicional de produto agregado quando o insumo de mão-de-obra é aumentado em uma unidade (Mankiw, 2008, p. 414).

(ii) São as quantidades produzidas por unidade adicional de mão-de-obra empregada (Froyen, 2003, p. 49).

O lucro das empresas corresponde à diferença entre suas receitas com a venda da produção e os custos para gerar o produto, ou seja,

$$Lucro\ Total = Receita\ Total - Custo\ Total \rightarrow LT = PY - (WL + RK)$$

Onde, W = salário nominal por unidade de trabalho L; R = custo por unidade de capital K; P = preço do produto Y. Como o produto (Y) é função da utilização de trabalho, tem-se:

$$Lucro\ Total = P.F(L) - WL - RK$$

Em um mercado em concorrência perfeita, as empresas não decidem nem sobre o preço (P) que vendem seus produtos, o qual, para elas é um dado, nem sobre o salário que pagarão ao trabalho, restringindo suas decisões a quanto contratar de mão-de-obra (L) e determinar quanto produzir, de modo a obter o lucro máximo, ou seja, deve-se maximizar a função lucro em relação a L. Maximizando a função lucro anterior, temos:

$$\frac{\partial LT}{\partial L} = P\frac{\partial Y}{\partial L} - W = P.f_L - W = 0 \rightarrow P.f_L = W \rightarrow f_L = \frac{W}{P} \rightarrow PMgL = \frac{W}{P}$$

Onde PMgL é a Produtividade Marginal do Trabalho.

As firmas, em busca da otimização do lucro, encontram seu equilíbrio, relativamente ao fator trabalho, quando $PMgL = \dfrac{W}{P}$. Esta é a relação de demanda pelo fator.

Em outras palavras, isso indica que a maximização de lucro implica que a empresa contrate trabalhadores até o ponto em que a PMgL iguale ao salário real W/P. A PMgL representa a relação de demanda de trabalho pela empresa.

A Produtividade Marginal do Trabalho (PMgL) é decrescente e os trabalhadores são remunerados na medida do valor do seu produto marginal.

Para que a firma utilize mais trabalho (L), o salário real (W/P) deve diminuir, acompanhando a redução da PMgL, ou seja, a quantidade demandada de trabalho possui uma relação inversa com o salário real: $\uparrow L^d = f\left(\dfrac{W}{P}\right)\downarrow$;

Reversamente, um salário real maior associa-se a um nível de emprego menor. Em outras palavras, a firma utiliza menos trabalho (L), quando o salário real aumenta, acompanhando um aumento da PMgL: $\downarrow L^d = f\left(\dfrac{W}{P}\right)\uparrow$;

Assim, a demanda de trabalho é uma função decrescente do salário real.

A demanda de trabalho decorre da relação $w/p = PMgL$, conforme mostrado na figura 3, a seguir. É positiva, mas decrescente:

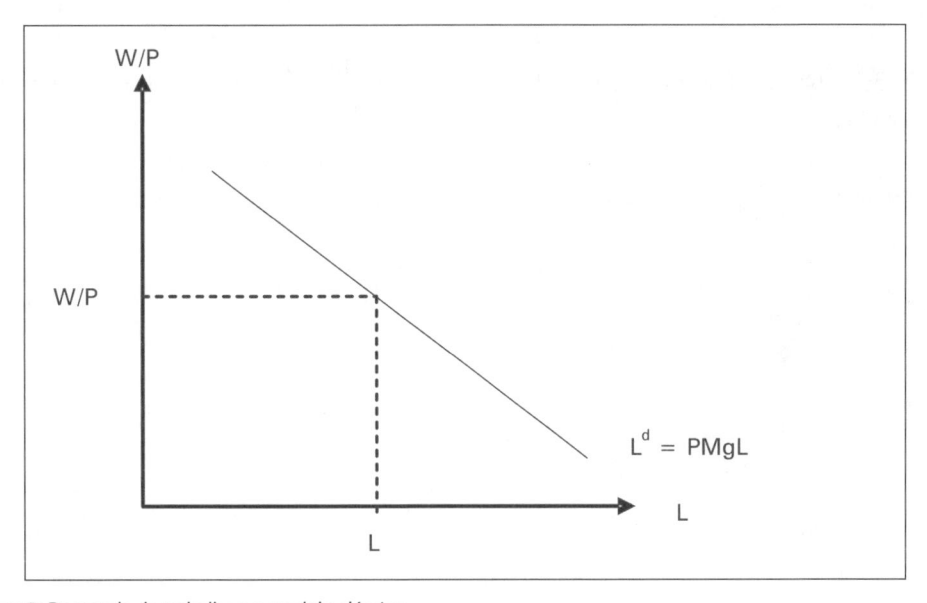

Figura 3: Demanda de trabalho no modelo clássico

Assim, a demanda por trabalhadores é função inversa do salário real: $L^d = f(W/P)$. Quanto mais alto o salário real, mais caro se torna o trabalhador em termos de preço recebido por unidade vendida do produto, o que fará com que as empresas reduzam sua demanda de mão-de-obra (e vice-versa). Por outro lado, uma empresa vai contratar unidades adicionais de trabalho quando o valor da produtividade marginal do trabalho for maior que o salário nominal (W<PMgN). Como será visto, a PMgL corresponde à inclinação da reta tangente à função de produção em cada um de seus pontos.

Exemplo: suponha que a função de produção seja do tipo Cobb Douglas, dada por $Y = 4K^{0,5}L^{0,5}$ (rendimentos constantes à escala). Então,

$$\frac{\partial Y}{\partial L} = 2K^{0,5}L^{-0,5} = PMgL$$

Dado um valor do estoque de capital $K = 10.000$ *u.m.*, teremos:

$$PMgL = \frac{2(10.000)^{0,5}}{L^{0,5}} = \frac{200}{L^{0,5}}$$

Como a empresa otimiza a função lucro fazendo $\frac{w}{p} = PMgL$, ou seja, $\frac{w}{p} = \frac{200}{L^{0,5}}$, e como o empresário depende do nível de salário real $\left(\frac{w}{p}\right)$ para contratar unidades de trabalho, mostramos isso assim: $L^{0,5} = \frac{200}{(w/p)}$.

Elevando ambos os membros ao quadrado, teremos: $L^d = \frac{40.000}{(w/p)^2}$. Essa é a função de demanda de trabalho.

Por exemplo, se $\left(\frac{w}{p}\right) = 5 \Rightarrow L^d = 1.600$

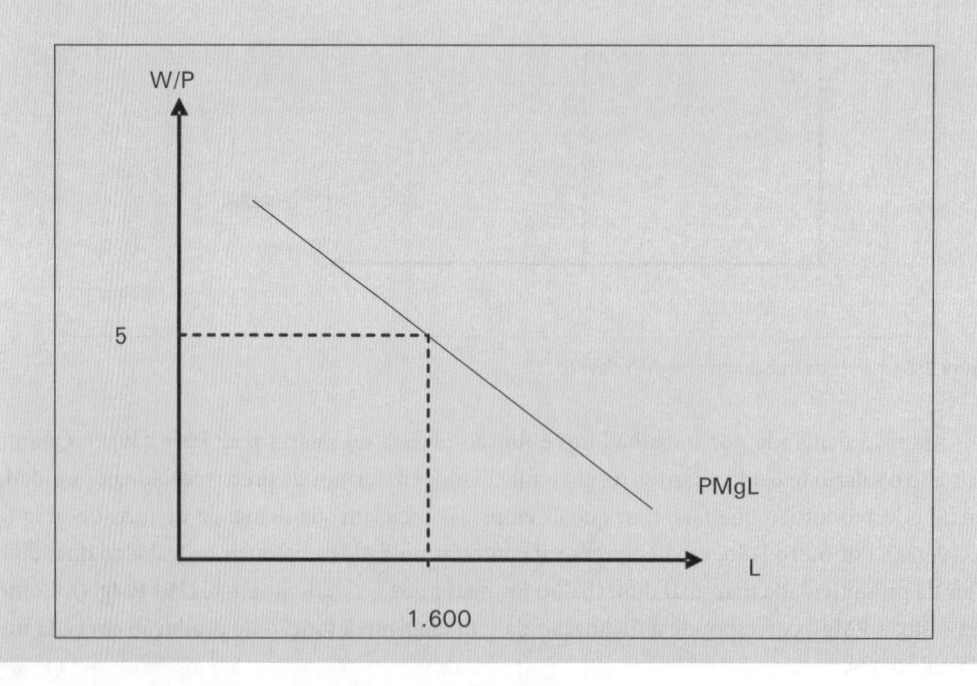

(Assessor Técnico-Economista da Câmara Legislativa do Distrito Federal/1992) – A função de produção de curto prazo em uma economia que opera em concorrência perfeita e na qual as empresas são maximizadoras de lucro é dada por Y = 50.N$^{1/2}$, onde Y = produto real e N = nível de emprego. Nessas condições, denotando por P o preço do produto e por W o salário nominal, a equação que expressa a procura de mão-de-obra é:

a) $N = [(50.P)/W]^2$

b) $N = (25.P)/W$

c) $N = [(25.P)/W]^2$

d) $N = (\sqrt{50}.P/W)$

Solução:

A resposta é a letra "c". Vamos seguir os seguintes passos para se resolver esse problema:

1º Passo: Cálculo da derivada primeira de F(N) = Y, ou seja, f_N:

$$F(N) = Y = 50N^{1/2} \rightarrow \frac{dF(N)}{dN} = f_N = 50\frac{1}{2}N^{\frac{1}{2}-1} = 25.N^{-\frac{1}{2}}$$

2º Passo: Encontrar a expressão matemática da função de demanda:

$$f_N : \frac{W}{P} = 25N^{-\frac{1}{2}} \Rightarrow \frac{W}{P} = 25\frac{1}{N^{\frac{1}{2}}} \Rightarrow \frac{W}{P}N^{\frac{1}{2}} = 25 \Rightarrow WN^{\frac{1}{2}} = 25P \Rightarrow N^{\frac{1}{2}} = \frac{25P}{W}$$

$$\Rightarrow \left(N^{\frac{1}{2}}\right)^2 = \left(\frac{25P}{W}\right)^2 \Rightarrow N^d = \left(\frac{25P}{W}\right)^2$$

(Assessor Técnico-Economista da Câmara Legislativa do Distrito Federal/1992) – Na questão anterior, a curva de oferta agregada é dada por:

a) 2.500P/W

b) 1.500P/W

c) 750P/W

d) 1.250P/W

Solução:

A resposta é a letra "d". Substituindo a demanda por trabalho na função de produção da questão anterior, teremos:

$$Y = 50N^{\frac{1}{2}} \rightarrow Y = 50\left[\left(\frac{25P}{W}\right)^2\right]^{\frac{1}{2}} \rightarrow Y^S = 1.250\frac{P}{W}$$

Onde Y^S é a oferta agregada clássica. Logo, a resposta é a letra "d".

A.2.3. As Empresas são Maximizadoras de Lucro

As empresas (firmas) contratarão mão-de-obra de acordo com o objetivo de maximização do lucro. A demanda do trabalho é obtida a partir desse comportamento maximizador.

A.2.4. Oferta de Trabalho

A curva de oferta de trabalho é construída a partir de certas premissas teóricas:

(i) **Desutilidade marginal do trabalho**: a perda de utilidade decorrente da dedicação de mais horas ao trabalho e menos ao lazer. Mostra quanto deve ser o salário real para induzir o indivíduo a abrir mão do lazer, dedicando esse tempo ao trabalho;

(ii) **Maximização de uma função utilidade**: o trabalho não gera prazer, apenas a renda necessária para poder consumir e obter a satisfação decorrente do consumo de mercadorias. Já o lazer gera utilidade por si mesmo. A decisão de quanto trabalhar decorre da maximização de uma função utilidade, cuja cesta de bens é composta pela renda (consumo de bens) e pelo lazer. O salário real corresponde ao acréscimo de consumo de bens para cada hora adicional de trabalho (custo de oportunidade de lazer).

(iii) **Efeito-Substituição e Efeito-Renda**: o salário real possui dois efeitos sobre as decisões dos indivíduos: **efeito-substituição e efeito-renda**. A inclinação da oferta de trabalho depende de qual dos dois efeitos é predominante, pois uma elevação do salário real tende, pelo efeito substituição (ES), a ampliar a oferta de trabalho (relação direta), mas pelo efeito renda (ER) tende a diminuir (relação inversa). O efeito substituição é considerado, em geral e na maioria dos casos, mais forte do que o efeito renda, e a curva de oferta de trabalho é positivamente inclinada em relação ao salário real (ES > ER). É por essa razão que se afirma que existe uma relação direta entre salário real e oferta de trabalho.

Caso o efeito-renda seja maior que o efeito-substituição, a curva de oferta de trabalho sofre uma inflexão em determinado ponto, tornando-se negativamente inclinada. Isso decorre do fato de que, com base em certa quantidade oferecida de trabalho, o indivíduo está com tão poucas horas de lazer que, para qualquer elevação na renda, ele preferirá consumir mais lazer a ampliar o número de horas trabalhadas (figura 4).

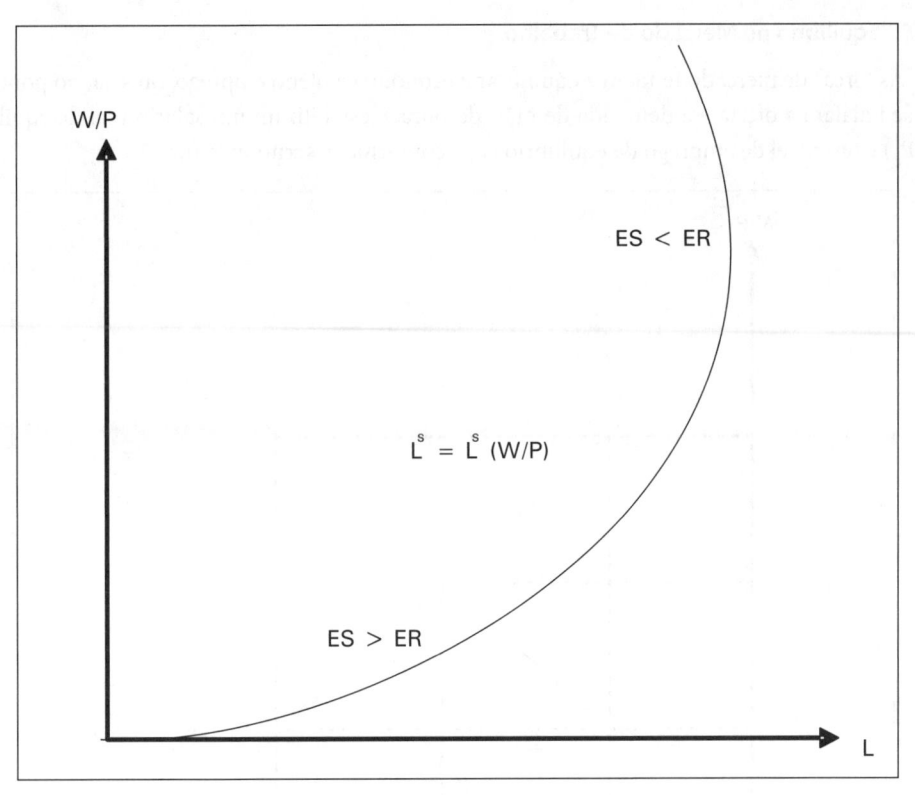

Figura 4: oferta de trabalho

(FGV Projetos/Fiscal de Rendas do Estado do Rio de Janeiro/2009) - Um trabalhador escolhe livre-mente entre horas de lazer e de trabalho num mercado sem obrigações contratuais. Com relação à teoria clássica de oferta de trabalho, que relaciona horas trabalhadas com salário/hora pago, assi-nale a afirmativa correta quanto às suas hipóteses e conclusões.

a) O trabalhador não escolhe livremente entre horas de trabalho e de lazer.

b) Quanto maior o salário/hora, menor a oferta de trabalho.

c) A oferta de trabalho aumenta com o aumento do salário até um dado nível w^*, reduzindo para níveis de salário superiores a w^*.

d) Obrigações contratuais incentivam rápidos ajustes às variações de salários.

e) A oferta de trabalho aumenta com o aumento do salário.

Solução:

A resposta é a letra "c". A teoria clássica de oferta de trabalho postula que a oferta de trabalho aumenta com o aumento do salário até um dado nível w^*, reduzindo para níveis de salário superiores a w^*. Para salários suficientemente baixos, aumentos salariais aumentam as horas trabalhadas (efeito substituição entre as horas disponíveis). A partir de certo nível de salários, por exemplo w^*, aumen-tos salariais reduzem a oferta de horas trabalhadas (efeito renda superior ao efeito substituição).

A.2.5. Equilíbrio no Mercado de Trabalho

As forças de mercado tendem a equilibrar a economia a pleno emprego, ou seja, no ponto em que se igualam a oferta e a demanda de mão-de-obra, e estabilizam um salário real de equilíbrio (W/P_E) e um nível de emprego de equilíbrio (L_E), conforme descrito na figura 5.

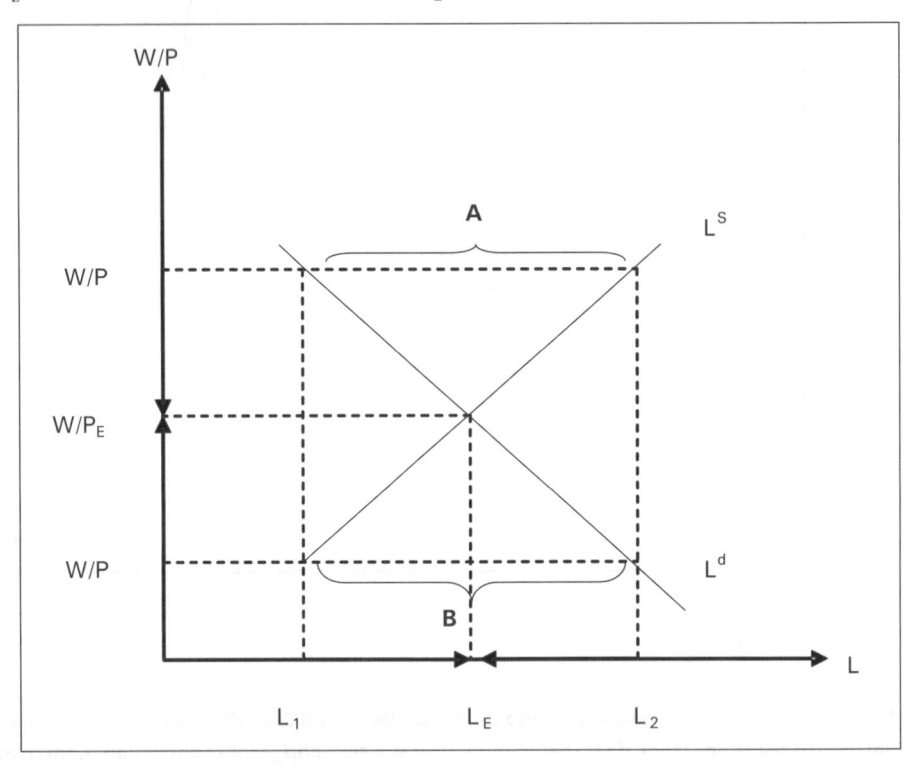

Figura 5: Equilíbrio no mercado de trabalho. **Nota: A** é o excesso de oferta de trabalho = desemprego; **B** é o excesso de demanda de trabalho = super-emprego

No modelo clássico, prevalece a **hipótese da flexibilidade dos salários nominais:** os salários nominais são flexíveis para baixo, isto é, pode haver redução de salário nominal. As forças de mercado tendem a equilibrar a economia a pleno emprego, ou seja, no ponto em que se igualam a oferta e a procura de mão-de-obra, significando que há completa flexibilidade de preços e salários **(hipótese de ajuste instantâneo de salários e preços)**. Consequentemente, a economia sempre opera em pleno emprego de mão-de-obra, ou seja, não existe desemprego involuntário.

No trecho A da figura 5, sempre que houver **excesso de oferta de trabalho (ou escassez de demanda de trabalho)**, as empresas demandarão a quantidade L_1 de trabalho, ao nível W/P_1, havendo queda no salário real (que se faz com a queda no salário nominal a dado nível de preços). O salário real determina, para os trabalhadores e para os empregadores, quantas unidades de trabalho serão, respectivamente, oferecidas e demandadas. Se a oferta de trabalhadores excede a procura por trabalhadores, o preço em tal mercado cai, resultando no equilíbrio entre a oferta e procura. Isto significaria uma queda dos salários nominais (hipótese da flexibilidade dos salários nominais). Reduzindo os salários nominais, os empresários aumentariam a demanda por trabalhadores e, consequentemente, a produção.

Se o salário real estiver acima do nível de equilíbrio ($W/P_1 > W/P_E$), por exemplo, devido à fixação pelo governo de uma lei de salário mínimo, isso gerará os seguintes resultados:

(i) Haverá um desestímulo às contratações por parte das empresas e um estímulo à maior oferta de trabalho, levando ao desemprego. Haverá excesso de oferta de trabalho, pois o número de horas de trabalho oferecidas pelos trabalhadores será maior do que o demandado pelas empresas, caracterizando o desemprego. Ou seja, trabalhadores serão demitidos.

(ii) A concorrência entre trabalhadores para obter empregos levará à redução dos salários nominais, acarretando queda nos salários reais, reduzindo a oferta e ampliando a demanda até que as duas quantidades se igualem em W/P_E. Sob outro ponto de vista, com o salário real novo, acima do salário real de equilíbrio, os trabalhadores que se encontravam em desemprego voluntário com o salário real de equilíbrio irão desejar trabalhar. Assim, parte dos trabalhadores desempregados irá procurar emprego, provocando quedas nos salários reais, que irão reduzir o desemprego e aumentar a produção.

Por outro lado, no trecho B, se o salário real estiver abaixo do equilíbrio ($W/P_E > W/P_2$), haverá excesso de demanda de trabalho (ou escassez de oferta de trabalho). A concorrência entre firmas para conseguir trabalhadores levará ao aumento do salário real, ampliando a oferta de trabalho e diminuindo a demanda, até que as duas quantidades se igualem.

Esse resultado é garantido no modelo clássico porque os economistas clássicos assumiram mercados perfeitamente competitivos, preços flexíveis e informação completa. O nível de emprego no equilíbrio (L_E) representa o pleno-emprego, em que todos os trabalhadores que desejam trabalhar ao salário real de equilíbrio conseguem emprego.

No modelo clássico, existem apenas desemprego voluntário e desemprego friccional.

Na figura 5, note que:

L_2 menos L_1 representa o desemprego total.

L_E menos L_1 corresponde a trabalhadores demitidos.

L_2 menos L_E representa os novos trabalhadores que ingressam no mercado de trabalho.

A.3. A TEORIA QUANTITATIVA DA MOEDA SEGUNDO IRVING FISHER

Na sua versão original, a Teoria Quantitativa da Moeda pode ser expressa pela equação de trocas:

$$MV \equiv PT$$

onde, M = oferta de moeda (equivaleria ao agregado monetário M_1); V = velocidade de circulação da moeda (ou taxa de circulação da moeda), que mede o número médio de vezes que cada unidade monetária disponível na economia é utilizada em transações durante o período); P = nível geral de preços (dado por um índice de preços); T = quantidade de mercadorias transacionadas a preços de um período-base (inclui as vendas e compras de bens e serviços produzidos no período e em momentos anteriores, e de ativos financeiros).

Irving Fisher e outros teóricos quantitativistas defenderam e postularam que todos os valores de equilíbrio dos elementos da equação de trocas, com exceção do nível de preços, eram determinados por forças externas à equação de trocas. No equilíbrio, a velocidade da moeda era determinada pelos hábitos e tecnologias da realização dos pagamentos na sociedade. Por exemplo, fatores como o período médio de pagamentos, o uso de cartões de crédito e a ocorrência de empréstimos entre as empresas afetam a velocidade da circulação da moeda. Por qualquer nível fixo de renda, prazos de pagamento mais curtos levam a uma redução dos estoques monetários médios mantidos durante o período e, em decorrência, ao aumento na velocidade de circulação. O uso frequente de cartões de crédito por parte dos consumidores ou de empréstimos entre as empresas também aumenta a velocidade, o número de transações por unidade monetária.

Em sua versão rígida (ou tradicional), a teoria quantitativa da moeda é conhecida como abordagem de Cambridge[3] (ou abordagem dos saldos de caixa), em que se estabelece uma relação de proporcionalidade entre os aumentos da quantidade da moeda e os aumentos da renda nominal, supondo que a velocidade-renda da moeda seja constante. Assim, a equação de trocas deixa de ser uma mera tautologia. Nessa versão, a taxa de juros independe da quantidade de moeda, bem como não afeta a demanda de moeda. A quantidade de moeda afeta somente a renda nominal. Assim,

$$MV = PY \Rightarrow \begin{cases} P = \dfrac{MV}{Y} \\ DA = Y = \dfrac{MV}{P} \end{cases}$$

Onde Y = produto ou renda real; V = velocidade-renda da moeda (número de vezes em que, na média, a moeda é utilizada em transações que envolvem a produção corrente (a renda); PY = produto nominal.

Na versão de Irving Fisher[4], a oferta monetária e o nível de renda são considerados exógenos ao modelo, de modo que: $M\overline{V} \equiv P\overline{Y} \Rightarrow P = \left(\dfrac{\overline{V}}{\overline{Y}} \right) M$

Considerando a razão $\dfrac{1}{V}$ como k, que é a constante marshalliana ou o coeficiente de Cambridge, temos:

[3] Em homenagem à Universidade de Cambridge, devido às contribuições acadêmicas de Alfred Marshall e Arthur Cecil Pigou.
[4] FISHER, Irving. The Purchasing Power of Money. New York, Macmillan, 1922.

$$M = \frac{1}{\overline{V}} PY \Rightarrow M = kPY \Rightarrow M^d = kPY \Rightarrow \left(\frac{M}{P}\right)^d = kY$$

Onde $\left(\frac{M}{P}\right)^d$ é a demanda real por moeda.

(Cespe-UnB/Consultor do Executivo – Formação Ciências Econômicas/Secretaria de Fazenda do Estado do Espírito Santo/2010) – Julgue o item a seguir como verdadeiro ou falso.

Segundo a teoria quantitativa da moeda, a velocidade de sua circulação e o nível de produto são constantes tanto no curto prazo quanto no longo prazo. Como consequência, qualquer variação na quantidade de moeda resulta variação direta e de mesma intensidade no nível de preços.

Solução:

Falso. Note que a Teoria Quantitativa da Moeda (TQM) parte da Lei de Say, a qual postula que o produto real está em nível de pleno emprego. Pela Lei de Say, a oferta de bens e serviços gera a própria demanda e a economia tende a funcionar a longo prazo com pleno emprego dos fatores de produção. Assim, variações do produto real, a longo prazo, dependeria exclusivamente de variáveis reais, tais como aumentos da quantidade dos fatores de produção e avanços da tecnologia. Segundo a TQM, a velocidade de circulação da moeda varia de forma lenta e previsível no longo prazo, podendo ser considerada uma constante no curto prazo. Além disso, a velocidade de circulação da moeda no longo prazo dependeria de fatores como o grau de desenvolvimento do setor bancário, a frequência de pagamentos e recebimentos, e a rapidez dos transportes e comunicações.

Em resumo a velocidade de circulação da moeda tende a ser constante no curto prazo, ao passo que o produto real depende no longo prazo do desempenho dos fatores de produção, tais como terra, trabalho e mão-de-obra, mas não da moeda. Com isso, considerando essas duas variáveis relativamente estáveis, pode-se argumentar que um aumento da oferta monetária, acima do crescimento do produto da economia, iria gerar inflação.

(Economista/Instituto Federal de Educação, Ciência e Tecnologia de Tocantins/2012) - De acordo com a Teoria Quantitativa da Moeda, se o governo aumentar a oferta de moeda (emissão), o efeito no curto prazo será:

a) Aumento do nível do produto na mesma proporção.

b) Redução da velocidade da moeda na mesma proporção.

c) Aumento dos preços (inflação) na mesma proporção.

d) O efeito tanto pode ser sobre o produto, sobre a velocidade da moeda ou sobre os preços.

Solução:

A resposta é a letra "C". De acordo com a versão de Irving Fischer da Teoria Quantitativa da Moeda, um aumento da oferta monetária irá provocar um aumento no nível geral de preços (inflação), caso a velocidade-renda da moeda seja constante e o produto real estiver em pleno emprego, no sentido de que a economia esteja utilizando seus recursos de maneira ótima.

A.4. DETERMINAÇÃO DA TAXA DE JUROS NO MODELO CLÁSSICO

No modelo clássico, a taxa de juros de equilíbrio é determinada pela livre interação entre poupadores (ofertantes de fundos emprestáveis) e investidores (demandantes de fundos emprestáveis). No mercado monetário, a oferta de moeda (e/ou fundos emprestáveis) é feita pelos poupadores, isto é, essa oferta é dada pela poupança, que é uma função crescente da taxa de juros pois quanto maior for a taxa de juros, maior o incentivo a poupar. Nesse mesmo mercado monetário, a demanda por moeda (e/ou fundos emprestáveis) é feita pelos investidores, isto é, essa demanda é dada pelo investimento, que é uma função decrescente (inversa) da taxa de juros pois quanto maior for a taxa de juros, menor o incentivo a investir.

Supondo que esse mercado é perfeitamente competitivo, a taxa de juros então é dada pela livre interação das forças de demanda e de oferta de moeda (e/ou fundos emprestáveis), isto é, essa taxa de juros é dada pela interseção das curvas de investimento e poupança, conforme visto na Figura 6 abaixo. Essa taxa de juros de equilíbrio é chamada de taxa de juros wickselliana (de Wicksell).

De maneira mais formal, considere as seguintes hipóteses e afirmações abaixo a seguir:

Os investimentos dependem inversamente da taxa de juros: quanto maior a taxa de juros praticada no mercado, menor o número de projetos de investimentos que serão rentáveis após a tomada de empréstimo para realizá-lo. Por outro lado, quanto menores as taxas de juros, maior o número de projetos de investimentos economicamente viáveis. A taxa de juros é o **custo de oportunidade** de se reter moeda.

Considere as seguintes definições:

(i)   o termo "g" refere-se ao gasto público;

(ii)   o termo "t" refere-se à tributação;

(iii) O déficit governamental é tratado como uma variável exógena, isto é, determinada fora do modelo.

Oferta do mercado de títulos (tomadores de empréstimos): a parte de títulos emitida para financiar o déficit público é determinada fora do modelo e os títulos emitidos pelo setor privado são iguais aos gastos com investimentos.

Demanda do mercado de títulos (fornecedores de empréstimos): tem-se os poupadores individuais que compram os títulos. Poupar significa trocar consumo presente por consumo futuro. Quanto maior for a taxa de juros, maior o estímulo para poupar. Inversamente, quanto menor for a taxa de juros, menor o estímulo para poupar.

Toda a poupança está na forma de títulos, isto é, os agentes não entesouram moeda (não guardam moeda).

A taxa de juros de equilíbrio r^*, é aquela que iguala a oferta de fundos de empréstimos [que consiste na poupança (s)], com a demanda por fundos de empréstimos [que consiste na soma dos investimentos (i) e da parcela do déficit público financiado por títulos $(g - t) > 0$].

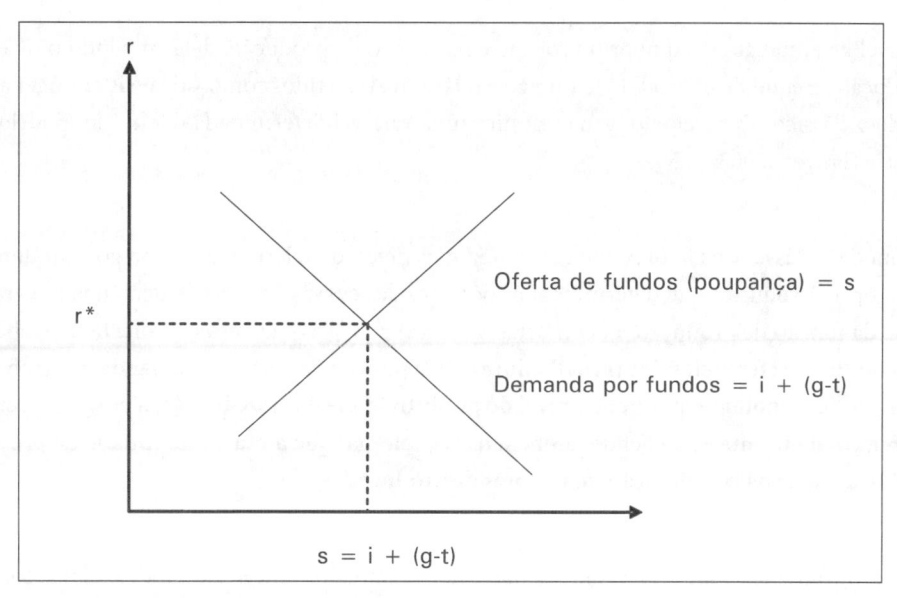

Figura 6: Determinação da Taxa de Juros no Modelo Clássico

A.5. O SISTEMA DE EQUAÇÕES DO MODELO CLÁSSICO

O modelo clássico é descrito pelo seguinte conjunto de equações:

$Y = f(L); f' > 0$ e $f'' < 0$ (função de produção)
$L^s = \gamma (W/P); \gamma' > 0$ (oferta de trabalho)
$W/P = f'(L)$ (salário real como produtividade marginal do trabalho)
$L^d = \Phi (W/P); \Phi' < 0$ (demanda por mão-de-obra)
$MV = PY$ (teoria quantitativa da moeda)
$Sp(r) + t = ip(r) + g; Sp' > 0$ e $ip' < 0$ (igualdade entre vazamentos e injeções para uma economia fechada).

Onde: Y é o produto agregado real; L é o volume de emprego da mão-de-obra; L^s representa a oferta por mão-de-obra; L^d representa a demanda por mão-de-obra; W é o salário nominal; W/P é o salário real; M é o estoque de moeda na economia; V é a velocidade de circulação da moeda; P é o nível geral de preços; S_p é a poupança privada; i_p é o investimento privado; t são os impostos; g são os gastos do governo; r é a taxa de juros; f' é a primeira derivada da função; f'' é a segunda derivada da função e assim por diante para as outras funções do modelo.

Assim, partindo-se do equilíbrio entre a oferta e a demanda no mercado de trabalho, chega-se ao nível de pleno emprego, com níveis ótimos de salário real e quantidade de emprego. E, a partir da função de produção, ao nível de produto de pleno emprego. Neste modelo, o nível geral de preços fica determinado pela teoria quantitativa da moeda.

O nível de emprego de equilíbrio projeta-se na função de produção, determinando o nível de produção de equilíbrio. Produto, emprego e salário real são tidos como **variáveis endógenas** ao modelo clássico. Variável endógena significa uma variável determinada dentro do modelo, ou por ele (Froyen, 2003, p. 55).

No modelo clássico, os fatores que determinam os níveis de salário real, emprego e produto de equilíbrio são aqueles que determinam as posições das curvas de oferta e demanda por trabalho e da função de produção. E, conforme visto, (a) a posição da curva de **oferta de trabalho** depende das **preferências dos trabalhadores**; (b) a posição da curva de **demanda por trabalho** depende da **tecnologia que afeta o nível de produtividade do trabalho**; (c) a posição da curva de **função de produção** depende também da **tecnologia, que afeta a quantidade de produto obtido a partir da combinação dos fatores de produção.**

Uma característica comum aos fatores que determinam a produção no modelo clássico é que todos são variáveis que afetam o lado da oferta, ou seja, as quantidades que as firmas escolhem produzir. No modelo clássico, os níveis de produção e emprego são determinados exclusivamente por fatores associados à oferta (Froyen, 2003, p. 57).

Em outras palavras, o nível de emprego, salário real e produto agregado não dependem de fatores relacionados à demanda, por exemplo, consumo, investimento e gastos governamentais.

Capítulo 6

Modelo Keynesiano

1. INTRODUÇÃO

Dois grandes fatos abalaram o construto teórico clássico: A grande Depressão na Década de 1930 e a publicação em 1936 do livro **"A Teoria Geral do Emprego, do Juro e da Moeda" de John Maynard Keynes**. Keynes realiza então uma verdadeira revolução na ciência econômica, criando contrapontos a praticamente todo o arcabouço clássico. Por exemplos, em oposição à Lei de Say, Keynes vai enunciar o Princípio da Demanda Efetiva, em oposição à hipótese de flexibilidade de salários nominais, Keynes vai adotar a hipótese de que os salários nominais são rígidos. Apenas as hipóteses relativas ao mercado de trabalho e a função de produção são aceitas por Keynes. A Grande depressão foi a constatação empírica de que algo estava "errado" com a teoria clássica e, a publicação do Teoria Geral, forneceu as bases teóricas para a crítica ao modelo clássico.

A Grande Depressão levou a uma profunda revisão dos conceitos aceitos pela maioria dos economistas teóricos da época. Por um lado, os formuladores de política econômica defendiam várias ações de política econômica, incluindo a realização de obras públicas, para tentar aumentar a demanda agregada. Os economistas clássicos argumentavam que essas políticas não iriam funcionar, pois o produto e o emprego não eram determinados pela demanda. A teoria clássica afirmava que o mercado de trabalho se ajustaria instantaneamente de modo que preservasse o pleno emprego da força de trabalho. Mas por que isso não estava acontecendo? A Grande Depressão foi um desafio intelectual para os que apoiavam o arcabouço teórico da economia clássica segundo o qual só havia uma explicação possível para a persistência do desemprego: um conluio não verossímil entre a classe trabalhadora exigindo altos salários e a conivência do governo realizando uma expansão monetária para sustentar o pleito dos trabalhadores.

Keynes deu uma contribuição fundamental e permanente ao estudo científico da Macroeconomia. Suas ideias sobre a demanda agregada e esquema da oferta, ainda são o núcleo da Macroeconomia moderna. A influência geral de Keynes sobre a economia foi tão extensa que os macroeconomistas desde então se classificam como "keynesianos" e "não-keynesianos", dependendo de quanto querem estar ligados aos pontos de vista e a recomendações políticas de Keynes.

(MS Concursos/Economista/Instituto de Previdência e Assistência dos Servidores Municipais de Gravataí – RS/2012) - Em 1936 John Maynard Keynes lançou a Teoria Geral do Emprego, do Juro e da Moeda em que desenvolve sua teoria macroeconômica. Sua principal proposta foi:

a) Desenvolver mecanismos monetários compensatórios que permitissem contrabalançar os gastos privados.

b) Estruturar a economia de modo que a oferta de bens e serviços não se alterasse.

c) Eliminação da presença do Estado na Economia.

d) Criação dos mecanismos de proteção social, como seguro desemprego, para manter o consumo elevado.

e) Estipulou política cambial que favorecia as importações.

Solução:

A resposta é a letra "d". Tomando como "pano de fundo" a Grande Depressão de 1930, uma das principais propostas de Keynes constantes na "Teoria Geral do Emprego, do Juro e da Moeda" foi a criação de mecanismos de proteção social, tais como as despesas com seguro-desemprego, a fim de manter o consumo das famílias elevado e, desse modo, proteger os cidadãos das consequências da queda do emprego e da renda.

2. O PRINCÍPIO DA DEMANDA EFETIVA

Em oposição à Lei de Say que afirmava que "A demanda cria sua Própria Oferta", Keynes, no capítulo II da Teoria Geral do Emprego, dos Juros e da Moeda vai enunciar **o Princípio da Demanda Efetiva: "A Demanda Cria sua própria Oferta"**, que é exatamente o oposto da lei de Say. Para Keynes o que importa numa economia não era a demanda planejada pela oferta e sim a demanda real, efetiva, da economia. Segundo Keynes é a demanda que cria sua própria oferta, pois as firmas só irão produzir (ofertar) se de antemão houver mercado (demanda) para comprar seus produtos. O Princípio da Demanda Efetiva diz, simplificadamente, que não há incentivos econômicos para se vender picolé na Antártica ou vender uma Bíblia numa boate.

A consequência natural do Princípio da Demanda Efetiva é que, ao contrário do que pensavam os clássicos, é perfeitamente possível uma economia entrar em recessão, basta que o nível de demanda agregada esteja muito baixo, pois como é a demanda que cria sua oferta, com um nível baixo de demanda as firmas não irão produzir e desse modo irão demitir seus empregado, essa massa de desempregados faz com que a demanda agregada diminua mais ainda e consequentemente que as firmas demitam mais ainda, gerando um círculo vicioso que leva a economia para a recessão.

(Centro de Seleção UFG/Técnico em Planejamento, Orçamento e Finanças – Economia/2014) – De acordo com o princípio macroeconômico definido pela escola de pensamento keynesiana, é a

a) demanda efetiva que mede o quanto os agentes adquirem de bens e serviços.

b) demanda efetiva que mede o consumo potencial da aquisição de bens e serviços pelos agentes.

c) demanda autônoma que mede o consumo potencial na aquisição de bens e serviços pelos agentes.

d) demanda autônoma que mede o consumo efetivo na aquisição de bens e serviços pelos agentes.

Solução:

A resposta é a letra "a" pois, pelo Princípio da Demanda Efetiva, "a demanda cria sua própria oferta". Keynes procurou demonstrar que o equilíbrio de uma economia em uma situação de pleno-emprego era apenas uma das situações possíveis e que, na realidade, o equilíbrio se daria em uma situação em que houvesse desemprego no mercado de trabalho

3. A HIPÓTESE DE RIGIDEZ DE SALÁRIOS NOMINAIS PARA BAIXO

O pleno emprego é uma mera consequência lógica da hipótese de flexibilidade para baixo de salário nominal, isto é, se as firmas podem cortar os salários nominais dos trabalhadores então necessariamente a economia estará operando em pleno emprego. Como Keynes queria negar o pleno emprego ele simplesmente vai supor que os salários nominais são rígidos para baixo, isto é, que as firmas não podem cortar os salários nominais de seus empregados. Lembre-se que nesta época, na década de 1930, diferente do final do século 19 e início do século 20, já existiam muitos e grandes sindicatos e caso uma firma cortasse os salários dos seus empregados, esses trabalhadores, com o apoio dos sindicatos, iriam reagir a esse corte de salários nominais. As firmas, temendo essa reação, simplesmente entre cortar o salário nominal do trabalhador preferiam demiti-lo. Portanto a **rigidez de salários nominais, segundo Keynes, era devido ao fato de que para a firma era mais fácil demitir do que cortar o salário dos seus empregados** e tendo que administrar greves e quebradeiras nas fábricas.

A consequência natural da hipótese de rigidez salarial é de que nem sempre a economia opera em pleno emprego, ou seja, como os salários nominais são rígidos, não existe mais um mecanismo que leve a economia para o pleno emprego e, portanto, a economia pode operar fora do pleno emprego, de modo que pode haver desemprego involuntário. **A rigidez de salários nominais faz com que ocorra desemprego involuntário.**

(Cespe-UnB/Auditor de Controle Interno/Tribunal de Contas do Distrito Federal/2014) – Julgue o item a seguir como verdadeiro ou falso.

De acordo com a teoria keynesiana, os trabalhadores ofertam trabalho até o salário real igualar a utilidade marginal do lazer, também conhecida como desutilidade marginal do trabalho.

Solução:

Falso. Segundo a teoria keynesiana, os trabalhadores ofertam trabalho até o salário real igualar a produtividade marginal do trabalho. A teoria keynesiana supõe salários nominais rígidos e salários reais flexíveis. Contudo, Keynes admite a curva que iguala o salário real à produtividade marginal do trabalho (PMgN) do mercado de trabalho descrito pela teoria clássica.

4. A EFICIÊNCIA DA POLÍTICA FISCAL: O GOVERNO DEVE AUMENTAR SEUS GASTOS

Caso a economia se encontre em recessão, cabe ao governo aumentar seus gastos e tirar essa economia da recessão. Em uma recessão, famílias não possuem renda para consumir, as firmas temem investir e, portanto, cabe ao Estado aumentar o nível de demanda agregada por intermédio de seus gastos. O aumento dos Gastos Públicos causa um aumento da demanda agregada e, pelo princípio da demanda efetiva, essa demanda induzida pelo aumento dos gastos públicos incentiva o aumento de produção das firmas que, para produzir mais terão que empregar e gerar renda. As famílias com essa renda adicional poderão consumir mais, aumentando mais ainda a demanda agregada, cujo aumento incentivará as firmas a produzirem mais ainda, criando um círculo virtuoso que tira a economia da recessão.

Esse foi o receituário keynesiano que elevou a produção mundial após a Grande Depressão da década de 30: Nos Estados Unidos foram realizadas grandes obras governamentais no *New Deal* do presidente Roosevelt, com a construção de grandes represas e estradas; mais do que isso, em algumas regiões pela parte da manhã um contratado recebia para cavar um buraco, na parte da tarde outros trabalhadores recebiam para tapar o buraco. Na Alemanha Nazista, os aumentos dos gastos bélicos do regime nazista tiraram a economia da Alemanha da recessão. No Brasil, Getúlio Vargas realizou a compra do café e sua posterior queima. Recentemente, durante o ano de 2008, o mundo passou por algo parecido e, mais uma vez foi o receituário keynesiano que ajudou a combater essa crise.

5. A ILUSÃO MONETÁRIA DOS TRABALHADORES

Para Keynes os salários nominais são rígidos para baixo, isto é, não é possível a firma cortar (reduzir) o salário nominal de seus empregados. Já vimos no tópico 4 acima que essa hipótese de rigidez de salários nominais permite a possibilidade de desemprego involuntário. Keynes utiliza alguns argumentos para explicar a rigidez salarial. Segundo Keynes, os salários nominais são rígidos para baixo (as firmas não reduzem os salários nominais de seus empregados), pois as firmas temem a reação dos trabalhadores a um corte em seus salários nominais, isto é, como os trabalhadores já estavam organizados em sindicatos, os trabalhadores poderiam reagir (por meio de greves ou mesmo depredando os maquinários das fábricas). As firmas, temendo essa reação, optavam por demitir ao invés de reduzir o salário nominal dos seus empregados. Mas por quer os trabalhadores reagem a um corte em seu salário nominal? A resposta segundo Keynes é que os trabalhadores sofrem de ilusão monetária. O salário real (W) é dado pela razão entre o salário nominal (w) e o nível de preços (P), ou seja, $W = w/P$, portanto existem duas maneiras de se reduzir o salário real:

(1º) pela redução de salário real;

(2º) pelo aumento do nível de preço

De fato, existem duas possibilidades de redução do salário real, ou seja, de perda de poder de compra do salário: (i) ou o próprio salário nominal diminui e, portanto, o trabalhador irá comprar menos bens e serviços ou (ii) os preços aumentam, e também neste caso cai o poder de compra dos salários. Acontece que, segundo Keynes, quando o trabalhador perde poder de compra em consequência de um corte no seu salário nominal, o trabalhador reage a essa decisão da firma; porém quando o trabalhador perde poder de compra em consequência da inflação, o trabalhador não toma nenhuma atitude contra seus patrões. Essa diferença de comportamento (assimetria comportamental) foi denominada por Keynes de ilusão monetária. Assim a ilusão monetária é a assimetria comportamental do trabalhador em relação à perda de seu poder de compra via corte de salários nominais ou via aumento de preço. Ainda segundo Keynes, o trabalhador sofre de ilusão monetária porque o que interessaria ao trabalhador é o salário relativo, e não o salário absoluto, ou seja, para o trabalhador o que importaria é o que ganha em relação aos seus colegas. De acordo com Keynes, quando o trabalhador perde poder de compra devido a um corte em seu salário nominal, ele reage a essa situação, pois somente alguns poucos como ele perderam poder de compra. Quando o trabalhador perde poder de compra devido à inflação (aumento no nível geral de preços), o trabalhador não reage à firma (por exemplo, não faz greve), pois neste caso todos os seus colegas também perderam poder de compra.

Existe, portanto, claramente um nexo causal:

(1º) O que interessa para o trabalhador é o salário relativo;

(2º) Portanto, o trabalhador sofre de ilusão monetária, isto é, faz greve quando lhe é cortado seu salário nominal, mas, não faz greve quando perde poder de compra em decorrência da inflação;

(3º) A ilusão monetária faz o trabalhador reagir a um corte em seu salário nominal;

(4º) As firmas, temendo essa reação, optam por demitir o trabalhador em vez de lhe cortar o salário nominal;

(5º) Portanto, os salários nominais são rígidos para baixo, não se pode cortar salário nominal, e portanto não há mais um mecanismo que leve a economia para o pleno emprego, logo, pode haver desemprego involuntário.

> **Note, portanto, que para Keynes os salários nominais são rígidos, porém, os salários reais são flexíveis devido à variação de preços.**

6. A POUPANÇA NO MODELO KEYNESIANO

Para os economistas clássicos a poupança é uma função direta (crescente) da taxa de juros, ou seja, para os clássicos, quanto maior taxa de juros, maior será o nível de poupanças, pois maior será o incentivo para as pessoas pouparem, e vice-versa, quanto menor for a taxa de juros, menor será a poupança, pois menor será o incentivo para as pessoas pouparem.

Para Keynes a Poupança é uma função direta (crescente) da renda. Quanto maior a renda de uma pessoa maior será sua capacidade de poupar e, quanto menor a renda, menor será o nível de poupança.

7. O INVESTIMENTO NO MODELO KEYNESIANO

Para os clássicos o Investimento é função inversa (decrescente) da taxa de juros, ou seja, para os clássicos, quanto maior a taxa de juros, menor será o nível de investimento, pois menor será o incentivo para os empresários investirem (comprar máquinas e equipamentos), já que, com o juro alto (dinheiro caro) os empresários não irão querer investir; e vice-versa, com taxa de juros baixa (dinheiro barato), o investimento será alto.

Keynes não nega a influência da taxa de juros sobre o nível de investimento, apenas para ele, o investimento depende mais da Eficiência Marginal do Capital (EMgK), do que do nível absoluto da taxa de juros, isto é, o investimento depende mais das decisões dos empresários (de suas expectativas em relação ao retorno de seus investimentos) do que simplesmente do "valor seco da taxa de juros".

A Eficiência Marginal do Capital (EMgK) é uma espécie de taxa interna de retorno (TIR) dos fluxos de caixa das aplicações disponíveis de um investidor. Suponha que um investidor possua uma cera quantia em dinheiro, ele possui duas alternativas:

(1ª) Simplesmente pode aplicar seus recursos no mercado financeiro. Essa aplicação lhe destinará um fluxo futuro de retiradas.

(2ª) Pode alocar seus recursos em alguma atividade produtiva, por exemplo comprar máquinas para produzir determinado produto, cujas vendas no futuro lhe trará também fluxo de rendimentos.

(MS Concursos/Economista/Instituto de Previdência e Assistência dos Servidores Municipais de Gravataí – RS/2012) - Sobre a Eficiência Marginal do Capital (EMC) que consta na teoria keynesiana, assinale a alternativa CORRETA:

a) Se a EMC for superior a taxa de juros o empresário não deve investir.

b) É a taxa de desconto que torna o fluxo de receitas esperado superior ao custo do investimento.

c) É a taxa de desconto que iguala o fluxo de receitas esperado ao custo do investimento.

d) Se a EMC for inferior à taxa de juros o empresário deve investir.

e) É a taxa de desconto que torna o fluxo de receitas esperado interior a ao custo do investimento.

Solução:

A resposta é a letra "C". A Eficiência Marginal do Capital (EMgK) é a taxa de juros que iguala o valor presente líquido desses dois fluxos (fluxo futuro de retiradas e fluxo de rendimentos). Em outras palavras, é a taxa de desconto que iguala o fluxo de receitas esperado ao custo do investimento. Assim o empresário só vai produzir caso a sua rentabilidade decorrente de seus investimentos produtivos seja maior do que os seus rendimentos oriundos de aplicações no mercado financeiro.

8. ALGUMAS HIPÓTESES COMUNS AOS MODELOS CLÁSSICO E KEYNESIANO

As hipóteses relativas ao mercado de trabalho são comuns tanto ao modelo clássico quanto ao modelo keynesiano, ou seja, as duas hipóteses a seguir são válidas em ambos os modelos:

(1º) que a demanda por trabalho é função decrescente do salário real.

(2º) que a oferta de trabalho é função crescente do salário real.

Também as hipóteses relativas à função de produção são válidas tanto para os clássicos quanto para Keynes.

De fato, dentre as hipóteses comuns aos clássicos e Keynes, destacam-se:

(i) A demanda por mão de obra é função decrescente do salário real. Como a PMgN é decrescente, para que haja mais contratações de trabalho, o salário real (W/P) deve reduzir-se. Por ser a demanda de trabalho uma função decrescente do salário real, um aumento no nível de preços provoca um aumento da demanda de trabalho, diminuição no salário real (inflexibilidade para baixo dos salários nominais), aumento da produção e aumento do emprego:

$$\left(W/\uparrow P\right)\downarrow \Rightarrow \uparrow N^d \Rightarrow \uparrow produto \Rightarrow \uparrow emprego$$

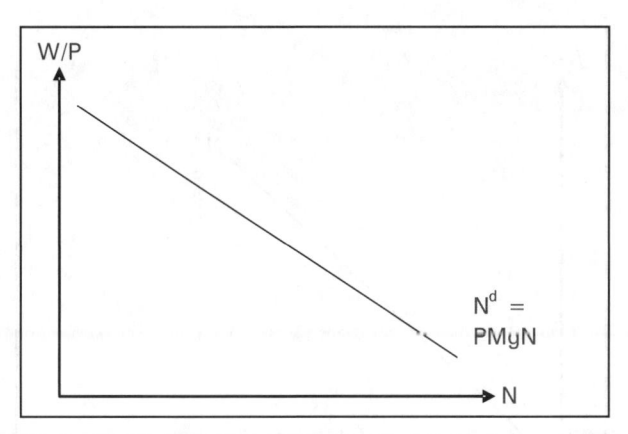

Figura 1: demanda de mão-de-obra. N^d = demanda de trabalho; N = quantidade de trabalho.

Intuição: os trabalhadores lutam por salários nominais, sobre o qual possuem controle, mas não por salários reais, que não conseguem controlar. O nível de emprego é determinado no mercado de bens e serviços. O salário real se ajustará para igualá-lo com a produtividade marginal do trabalho compatível com o referido emprego, definindo o tamanho da massa salarial. Como a PMgN é decrescente, expansões no emprego são acompanhadas por quedas no salário real, sendo, portanto, anticíclico o comportamento dos salários reais.

Dada a massa de salários reais, a disputa dos trabalhadores por salários nominais é uma luta pela repartição dessa massa salarial entre as diferentes categorias. Com isso, não pode haver redução de salários nominais, pois as firmas temem a reação dos trabalhadores que sofrem de ilusão monetária, ou seja, os trabalhadores resistem a qualquer mudança em seus salários nominais.

Em uma situação de desemprego, se uma categoria qualquer aceitasse a redução de salário nominal, isto em nada garantiria a obtenção de maior quantidade de emprego, mas com certeza, se as demais não a seguissem isso significaria perda de parcela da renda real por essa categoria. Como não controlam preços, é racional da parte dos trabalhadores lutarem por salários nominais e não por salários reais, ao contrário do que postulava a teoria clássica. Em uma situação de desemprego, os trabalhadores aceitariam cortes reais de salários, desde que aplicados a todos.

(ii) A oferta de mão-de-obra (N^s) é função crescente do salário real, isto é, a oferta de trabalho é positivamente inclinada.

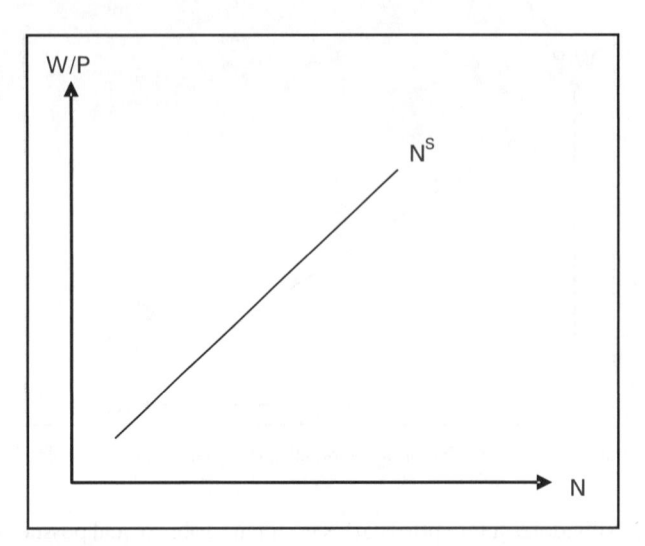

Figura 2: Oferta de mão-de-obra

9. CONTRIBUIÇÕES KEYNESIANAS

A Genialidade de Keynes já se faria notar pela utilização de alguns conceitos hoje muito empregados em economia, tais como os conceitos de propensão marginal a consumir e propensão marginal a poupar.

9.1. Propensão Média a Consumir (PMeC)

A propensão média a consumir (PMeC) é a fração (o percentual) da **renda (Y)** que é consumida (C), ou seja, $PMeC = C/Y$

A propensão média a consumir estabelece o nível de consumo para uma **dada renda**. Considerando certa **renda** de uma pessoa, a PMeC representa as decisões de consumo dessa pessoa tomadas em função de s**ua renda.**

9.2 Propensão Média a Poupar (PMeS)

A propensão média a poupar (PMeS) é a fração (o percentual) da **renda (Y)** que é poupada (S), ou seja, $PMeS = S/Y$.

A propensão média a poupar estabelece o nível de poupança para uma **dada renda**. Considerando certa **renda** de uma pessoa, a PMeS representa as decisões de poupança dessa pessoa tomadas em função de s**ua renda.**

9.3 Propensão Marginal a Consumir (c ou PMgC)

A propensão marginal a consumir (c) é a fração (o percentual) da **renda adicional (Δy)** que é usada para consumo adicional (ΔC), ou seja, $c = \Delta C/\Delta y$.

A propensão marginal a consumir estabelece o nível de consumo adicional para uma **dada renda adicional**. Considerando certa **renda adicional** (Δy) de uma pessoa, a PMgC representa as decisões de acréscimo de consumo dessa pessoa tomadas em função de **sua renda adicional** (de um acréscimo eventual de renda).

Assim uma propensão marginal a consumir de 0,8 (c = PMgC = 0,8) significa que para cada R$ 1,00 ganho adicionalmente por uma pessoa, ela gasta 80 centavos (poupa adicionalmente 20 centavos). Em resumo:

$$PMgC = c = \frac{\Delta C}{\Delta y}, \, 0 < c < 1$$

Onde:

ΔC = Variação no consumo ou consumo adicional

Δy = Variação na renda ou renda adicional

"A PMgC representa a fração da **renda adicional** que é adicionalmente alocada em consumo ou seja, a propensão marginal a consumir é igual ao percentual da renda adicional que é consumida adicionalmente".

9.4. Propensão Marginal a Poupar (s ou PMgS)

A propensão marginal a poupar (PMgS) é a fração (o percentual) da **renda adicional** (y)que é poupada adicionalmente (ΔS), ou seja, $s = \Delta S/\Delta y$.

A propensão marginal a poupar estabelece o nível de poupança adicional para uma **dada renda adicional** Δy. Considerando certa **renda adicional** (Δy) de uma pessoa, a PMgS representa as decisões de acréscimo de poupança dessa pessoa tomadas em função de **sua renda adicional** (de um acréscimo eventual de renda). Em resumo:

$$PMgS = s = \frac{\Delta S}{\Delta y}, \, 0 < s < 1$$

Onde:

ΔS = Variação no consumo ou consumo adicional

Δy = Variação na renda ou renda adicional

"A PMgS representa a fração da **renda adicional** que é adicionalmente alocada em poupança, ou seja, a propensão marginal a poupar é igual ao percentual da renda adicional que é poupada adicionalmente".

9.5. Relação entre as Propensões Marginais a Consumir (c) e a Poupar (s).

A soma das propensões marginais a consumir e a poupar é igual a 1 (um). De fato como um acréscimo na renda (Δy) só pode ser alocada em um acréscimo consumo (ΔC) e poupança (ΔS), ou seja, $\Delta y = \Delta C + \Delta S$, dividindo essa equação por Δy obtemos que $c + s = 1$.

Como $c + s = 1$, temos que $s = 1 - c$, ou seja, que a propensão marginal a poupar é o complemento unitário da propensão marginal a consumir.

9.6. Valores das Propensões

Como uma pessoa não pode consumir, nem poupar, mais que sua renda, nós temos que as propensões marginais a consumir e a poupar são números compreendidos entre 0 e 1, ou seja: $0 < c < 1$ e $0 < s < 1$.

9.7. Modelo Matemático do Consumo das Famílias

Utilizando o conceito de propensão marginal a consumir, Keynes modelou o comportamento das decisões de consumo das famílias. A ideia é que o consumo das famílias depende da sua renda, ou seja, uma pessoa só pode consumir se tiver renda, logo o Consumo (C) é uma função crescente da renda (y), ou seja, $C = f(y)$. Duas pessoas que possuem a mesma renda não necessariamente terão o mesmo nível de consumo, pois aquela for mais perdulária, isto é, que possuir uma maior propensão marginal a consumir terá um nível de consumo maior, e aquela pessoa que for mais "mão-de-vaca", isto é, que possuir uma menor propensão marginal a consumir terá um nível de consumo menor, ou seja, podemos escrever que C = c.y. Keynes considerou também que uma parcela do consumo não depende da renda, e chamou essa parcela de "**consumo autônomo** $\left(\overline{C}\right)$". Você pode pensar o consumo autônomo como uma espécie de consumo de sobrevivência, isto é, tendo ou não renda ele terá que consumir alguma coisa (plantação de legumes e verduras no quintal de casa). Assim o consumo das famílias (C) pode ser modelado como: $C = cy + \overline{C}$, onde c é propensão marginal a consumir, y é a renda das famílias e $\overline{C}$ é o consumo autônomo (que não depende da renda). A equação $C = cy + \overline{C}$, portanto, diz que uma parcela do consumo depende da renda (é induzida pela renda) e outra parcela simplesmente não depende da renda, é totalmente autônoma da renda.

9.8. Relações entre a Renda (y), a Propensão Marginal a Consumir (c) e a Propensão Média a Consumir (PMeC)

Com uma função consumo do tipo $C = cy + \overline{C}$, a **propensão média a consumir** é decrescente em y. Para observar isso, basta dividir os dois lados por y, definir o lado esquerdo como propensão média a consumir e observar o efeito de um aumento em y:

$$\frac{C}{y} = \frac{\overline{C}}{y} + \frac{cy}{y} \Leftrightarrow \downarrow PMeC = \left(\frac{\overline{C}}{\uparrow y}\right) \downarrow + PMgC$$

A propensão média a consumir (PMeC) é definida como sendo a fração da renda que é alocada em consumo. Ou seja, é a proporção C/y para cada nível de renda real. A PMeC significa o quanto o nível de consumo representa do nível de renda, e tem relação inversa com a renda. Isto é, quando a renda aumenta, a PMeC diminui porque a fração C/y diminui também. Note que: $PMeC > PMgC$ e $PMeC = PMgC$, quando $\overline{C} = 0$.

De fato a **propensão média a consumir é maior ou igual a propensão marginal a consumir**, ou seja, caso o consumo autônomo seja positivo $(\overline{C} > 0)$, então a $PMeC > PMgC$. Quando o consumo autônomo é nulo $(\overline{C} = 0)$, temos que $PMeC = PMgC$. De fato, como as pessoas são avessas a incerteza, as decisões de consumo tomadas em função da renda são maiores do que as decisões de consumo tomadas em função da renda adicional, em outras palavras, as pessoas consomem mais na média do que na margem. De fato, dividindo a equação $C = cy + \overline{C}$ por y, obtemos $C = c + \overline{C}/y$; ou seja, temos que $PMe = PMgC + \overline{C}/y$; desta última equação notamos que caso $\overline{C}$ seja positivo, como a renda é sempre positiva, então $PMeC > PMgC$. **Notamos também que, quando** $\overline{C} = 0$, **temos que** $PMeC = PMgC$.

(CESPE-UnB/Técnico Científico – Área: Econômica/BASA/2004) – Julgue o item a seguir, como verdadeiro ou falso.

De acordo com a teoria keynesiana do consumo, as propensões média e marginal a consumir diminuem quando a renda se eleva.

Solução:

Esse item é verdadeiro, pois: $\downarrow PMeC = \left(\dfrac{\overline{C}}{\uparrow y} \right) \downarrow + PMgC$ e $\downarrow c = \dfrac{\Delta C}{\uparrow \Delta y}$

Com uma função consumo do tipo $C = \overline{C} + cY$, a **propensão média a consumir** é decrescente em Y. A propensão média a consumir (PMeC) é definida como sendo a fração da renda que é alocada em consumo. Note que: PMeC > PMgC e PMeC = PMgC, quando $\overline{C} = 0$.

9.9. A Variação da Propensão Média a Consumir em Função da Renda

A propensão média a consumir é função decrescente da renda, ou seja, quando uma pessoa vai ficando mais rica, o nível absoluto de seu consumo aumenta, porém, o consumo como percentual da renda diminui, isto é, a **PMeC diminui.** É exatamente pelo fato da propensão média a consumir diminuir em consequência de aumentos sucessivos de renda, que a variação média do consumo (a **PMeC**) é maior que a variação marginal consumo (a **PMgC**).

(CESPE-UnB/Economista Pleno/Petrobrás/2004) – Julgue o item a seguir, como verdadeiro ou falso:

Na função consumo keynesiana, a propensão média a consumir diminui linearmente com a renda disponível dos indivíduos.

Solução:

Esse item é falso porque a propensão média a consumir é função decrescente da renda disponível, de modo que aumentos na renda disponível irão diminuir a propensão média a consumir.

A propensão média a consumir é decrescente em Y. Para observar isso, basta dividir os dois lados da função consumo por Y, definir o lado esquerdo como propensão média a consumir e observar o efeito de um aumento em Y. Isto é,

$$\frac{C}{Y} = \frac{\bar{C}}{Y} + \frac{cY}{Y} \Rightarrow \downarrow PMeC = \left(\frac{\bar{C}}{\uparrow Y} \right) \downarrow + PMgC$$

A propensão média a consumir (PMeC) é definida como sendo a fração da renda que é alocada em consumo, sendo igual à inclinação de uma reta traçada desde a origem até um ponto da função consumo. Ou seja, é a proporção $\frac{C}{Y}$ para cada nível de renda real (Y). A PMeC significa o quanto o nível de consumo (C) representa do nível de renda (Y). Note que:

$$PMeC > PMgC$$
$$PMeC = PMgC \Leftrightarrow \bar{C} = 0$$

A propensão média a consumir é maior que a propensão marginal a consumir devido a presença da parcela $\frac{\bar{C}}{Y}$ na equação $PMeC = PMgC + \frac{\bar{C}}{Y}$.

10. MODELAGEM DO COMPORTAMENTO DOS AGENTES ECONÔMICOS

10.1. A Função Consumo (C)

$$C = cy + \bar{C}$$

Onde:
C = consumo
y = renda
c = propensão marginal a consumir
$\bar{C}$ = consumo autônomo

O comportamento das famílias é modelado através do seu consumo e da sua poupança.

O consumo das famílias é dado por todas as despesas feitas pelas famílias para satisfazer seus desejos individuais. Assim os gastos das famílias com alimentação, moradia, transportes, lazer, educação etc., são definidos como consumo.

O consumo depende precipuamente da renda das famílias, pois uma pessoa só pode consumir quando possui renda, e quanto maior a sua renda maior será o seu consumo. Uma parcela do consumo depende da renda (é induzida pela renda) e outra parcela não depende da renda, é autônoma da renda. A **propensão marginal a consumir (c)**, denotada pela letra **c** minúscula, é definida como o percentual da renda adicional que é consumida. A parcela do consumo induzida pela renda é dada pelo produto dessa renda pela propensão marginal a consumir (*cy*). A Parcela do consumo que não depende da renda é dada pelo **Consumo Autônomo** $(\overline{C})$. O consumo autônomo pode ser interpretado como uma espécie de consumo de subsistência, isto é, um nível de consumo que independe da renda dos indivíduos; tendo ou não renda as pessoas precisam consumir, podemos assim pensar no consumo feito a partir duma plantação de verduras e legumes no quintal dessa pessoa.

Assim temos que $C = cy + \overline{C}$, onde **c é propensão marginal a consumir, y é a renda** das famílias e $\overline{C}$ **é o consumo autônomo** (que não depende da renda).

A equação $C = cy + \overline{C}$, portanto, diz que uma parcela do consumo depende da renda (é induzida pela renda) e outra parcela simplesmente não depende da renda, é totalmente autônoma da renda.

Assim, por exemplo, se o consumo é dado pela equação C = 0,8y + 10 então temos que a propensão marginal a consumir é 0,8 (c = 0,8) e o consumo autônomo é igual a 10 ($\overline{C} = 10$).

10.2. A Função Poupança (S)

$$S = sy + \overline{S}$$

Onde:
S = poupança
y = renda
s = propensão marginal a poupar
$\overline{S}$ = poupança autônoma

A renda de uma pessoa pode ser alocada entre consumo e poupança. A Poupança é a renda que não foi consumida. Poupar significa abster-se de consumir no presente para consumir no futuro e, o prêmio dessa abstenção é a taxa de juros.

A Poupança também depende principalmente da renda das famílias, pois uma pessoa só pode poupar quando possui renda, e quanto maior a sua renda maior será o nível de sua poupança.

Uma parcela da poupança depende da renda (é induzida pela renda) e outra parcela não depende da renda, é autônoma da renda.

A **propensão marginal a poupar (s)**, denotada pela letra **s** minúscula, é definida como o percentual da renda adicional que é poupada. A parcela da poupança induzida pela renda é dada pelo produto dessa renda pela propensão marginal a poupar (sy). A Parcela do consumo que não depende da renda é dada pela **Poupança Autônoma** $(\overline{S})$. **A poupança autônoma pode ser interpretada como uma espécie consumo autônomo negativo**, isto é, o **"não consumo de subsistência"**. Como a poupança é a renda que não foi consumida e a poupança autônoma é aquela que não depende da renda, **a poupança autônoma é, portanto, o consumo autônomo com sinal negativo** $(\overline{S} = -\overline{C})$, isto é, é a não utilização do consumo que independe da renda. Se uma pessoa não possui renda como ela pode poupar? Simplesmente se abstendo de consumir aquilo que também não depende da renda, podemos assim pensar a poupança autônoma de uma pessoa como a abdicação de consumir verduras e legumes no quintal de uma pessoa.

Assim temos que $S = s.y + \overline{S}$, onde **s é propensão marginal a poupar**, **y é a renda** das famílias e $\overline{S}$ é a poupança autônoma (que não depende da renda). A equação $S = s.y + \overline{S}$, portanto, diz que uma parcela da poupança depende da renda (é induzida pela renda) e outra parcela simplesmente não depende da renda, é totalmente autônoma da renda.

(Cespe-UnB/Analista Ministerial Especializado/MPE-TO/2006) – Julgue o item a seguir como verdadeiro ou falso.

No modelo de determinação do produto, a poupança corresponde à distância entre a linha de 45 graus e a função consumo.

Solução:

Verdadeiro. A função poupança mostra o nível de poupança (S) correspondente a cada nível de renda ou renda disponível (y_d). A inclinação da função poupança é a propensão marginal a poupar (s), o aumento na poupança por aumento unitário da renda disponível. O intercepto da função poupança $\left(-\overline{C}\right)$ é o nível (negativo) de poupança quando a renda disponível é nula. A poupança é uma função crescente que indica o nível de poupança planejada para cada nível de renda nacional. A condição para que a renda nacional esteja em equilíbrio é que a poupança planejada iguale o investimento planejado: Investimento Planejado = Poupança Planejada.

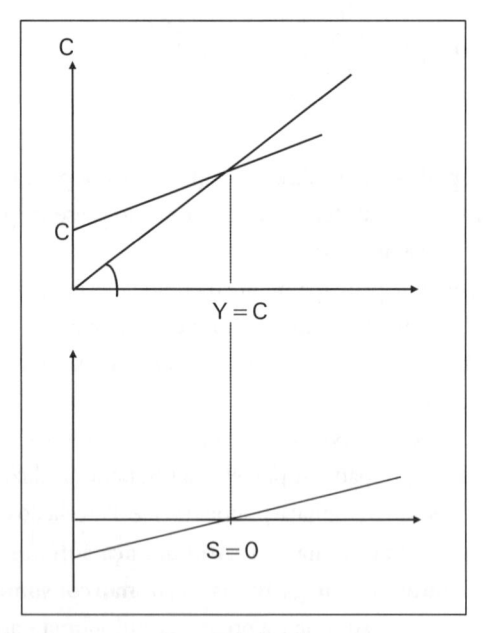

Figura 3: Derivação gráfica da função poupança, a partir da função consumo.

10.3. Relação entre as Funções Consumo (C) e Poupança (S)

Se o consumo é dado por $C = cy + \overline{C}$, então a poupanças será dada por $S = s.y + \overline{S}$ onde $\overline{S} = -\overline{C}$, ou seja, a poupança autônoma é igual ao consumo autônomo com sinal trocado. Por exemplo, teremos que:

a)   caso o consumo seja C = 0,8y + 10 então a poupança será S = 0,2y – 10

b)   caso o consumo seja C = 0,9y + 40 então a poupança será S = 0,1y – 40

c)   caso o consumo seja C = 0,6y + 20 então a poupança será S = 0,4y – 20

10.4. A Função Investimento (I)

$$I = iy + \overline{I}$$

Onde:

I = investimento

y = renda

i = propensão marginal a investir

$\overline{I}$ = investimento autônomo

O investimento é o aumento do estoque de capital físico de um país. As firmas investem quando compram novas máquinas e outros equipamentos para aumentar a produção ou quando ampliam a áreas de suas fábricas. O comportamento das firmas é modelado a partir dos seus investimentos em bens de capital.

O Investimento, no modelo keynesiano, depende da renda das famílias pois um aumento da renda e da demanda agregada induz as firmas a investirem, a comprar mais máquinas e equipamentos visando o aumento da produção para atender a esse aumento da demanda. Uma parcela do investimento, portanto, depende da renda (é induzida pela renda) e outra parcela não depende da renda, é autônoma da renda.

A **propensão marginal a investir (*i*)**, denotada pela letra *i* minúscula, é definida como o percentual da renda adicional que é investida. A parcela do Investimento induzida pela renda é dada pelo produto dessa renda pela propensão marginal a investir ($i.y$). A Parcela do investimento que não depende da renda é dada pelo **Investimento Autônomo** $\left(\overline{I}\right)$. O investimento autônomo pode ser interpretado como uma espécie de "nível mínimo de investimento", isto é, um nível de investimento que independe do nível de renda da economia, mesmo que a economia tivesse crescimento nulo, algum nível de investimento terá que ser realizado. Em outras palavras, a economia produzirá certa quantidade de novas máquinas e ferramentas, qualquer que seja o nível do produto (mesmo sendo nulo). Assim temos que $I = i.y + \overline{I}$, onde *i* **é propensão marginal a investir, *y* é a renda** e $\overline{I}$ **é o investimento autônomo** (que não depende da renda). A equação $I = i.y + \overline{I}$, portanto diz que uma parcela do investimento depende da renda (é induzida pela renda) e outra parcela simplesmente não depende da renda, é totalmente autônoma da renda.

O investimento realizado é igual à soma do investimento planejado com a variação de estoques: $Ir = Ip + \Delta e$. Por isso, o investimento realizado é igual à poupança realizada, qualquer que seja o nível de renda. Mas, somente no nível de renda de equilíbrio, quando a variação de estoques é nula, o investimento planejado é igual à poupança planejada; nos demais casos, isso não ocorre. Assim, por exemplo, se o investimento é dado pela equação I = 0,8y + 10 então temos que a propensão marginal a investir é 0,8 (i = 0,8) e o investimento autônomo é igual a 10 ($\overline{I}$ = 10). Porém se o investimento é totalmente autônomo e dado pela equação I = 10 então temos que a propensão marginal a investir é zero (i = 0) e o investimento autônomo é igual a 10 ($\overline{I}$ = 10).

10.5. A Função Tributação (T)

$$T = ty + \overline{T}$$

Onde:

T = tributação

y = renda

t = propensão marginal a tributar

$\overline{T}$ = tributação autônoma

A Tributação são os valores arrecadados pelo Governo para financiar seus gastos na oferta de bens e serviços públicos. Existem impostos que incidem sobre a renda (impostos diretos como o Imposto de Renda), e existem impostos que não incidem sobre a renda das pessoas (impostos indiretos como IPI, ICMS e ISS).

O comportamento do Governo é modelado através do nível de seus gastos, das transferências realizadas e pela tributação.

A Tributação, no modelo keynesiano, depende da renda, pois um aumento de renda e consequente aumento da demanda agregada causa um aumento da arrecadação tributária. Uma parcela da tributação é induzida pela renda (por exemplo, impostos que incidem sobre a renda) e outra parcela não depende da renda (não incide sobre a renda), é autônoma da renda.

A **propensão marginal a tributar** (*t*), denotada pela letra *t* minúscula, é definida como o percentual da renda adicional que é tributada. A parcela da Tributação induzida pela renda é dada pelo produto dessa renda pela propensão marginal a tributar (*t.y*). A Parcela do investimento que não depende da renda é dada pela **Tributação Autônoma** $\left(\overline{T} \right)$. A tributação autônoma pode ser interpretada como uma espécie de "nível mínimo de arrecadação tributária", isto é, um nível de tributação que independe do nível de renda da economia, mesmo que a economia tivesse crescimento nulo, algum imposto será cobrado. Podemos também pensar a tributação autônoma como aquela que não incide sobre a renda e, portanto, não é induzida pela renda.

Assim temos que $T = t.y + \overline{T}$, onde *t* **é propensão marginal a tributar**, *y* **é a renda** e $\overline{T}$ **é a tributação autônoma** (que não depende da renda). A equação $T = t.y + \overline{T}$, portanto diz que uma parcela da tributação depende da renda (é induzida pela renda) e outra parcela simplesmente não depende da renda, é totalmente autônoma da renda.

A arrecadação tributária é uma variável controlada pelos formuladores de política econômica. Uma suposição mais realista é que o formulador fixe a alíquota de imposto e que receitas tributárias variem de acordo com a renda.

Assim, por exemplo:

(i)   se a tributação é dada pela equação T = 0,8y + 10 então temos que a propensão marginal a tributar é 0,8 (t = 0,8) e a tributação autônomo é igual a 10 ($\overline{T}$ = 10).

(ii) Porém se a tributação é totalmente autônoma e dado pela equação T = 10 então temos que a propensão marginal a tributar é zero (t = 0) e a tributação autônoma é igual a 10 ($\overline{T}$ = 0).

(iii) Numa economia hipotética sem governo, isto é, se no modelo não existe governo, então temos que a propensão marginal a tributar é zero (t = 0) e a tributação autônoma também é igual a zero ($\overline{T}$ = 0).

10.6. A Função Gastos do Governo (G)

$$G = \overline{G}$$

Onde:
$\overline{G}$ = gastos autônomos do governo

Os Gastos do Governo (denotado pela letra G maiúscula) são despesas do Governo para pagar os salários dos seus servidores e com as suas compras junto ao setor privado.

Os Gastos do governo NÃO dependem do nível de renda. O NÍVEL DE GASTOS PÚBLICOS NÃO DEPENDE DA VONTADE DO GOVERNO, LOGO OS GASTOS DO GOVERNO SÃO TOTALMENTE AUTÔNOMOS $\left(G = \overline{G}\right)$.

Assim temos que $G = \overline{G}$, onde $\overline{G}$ **é o gasto autônomo do governo** (que não depende da renda). A equação $G = \overline{G}$, portanto diz que os Gastos do Governo são totalmente autônomos da renda. Trata-se de variável exógena.

10.7. A Função Transferências (R)

$$R = ry + \overline{R}$$

Onde:
R = transferência
y = renda
r = propensão marginal a transferir
$\overline{R}$ = transferência autônoma

As Transferências governamentais (denotada pela letra R maiúscula) são os valores transferidos pelo Governo para o setor privado sem nenhuma contrapartida. São exemplos de transferências as pensões, aposentadorias e programas de transferência de renda como o programa Bolsa Família.

As Transferências governamentais dependem do nível de renda. Uma parcela das transferências é induzida pela renda e outra parcela não depende da renda.

A **propensão marginal a transferir do governo (r)**, denotada pela letra **r** minúscula, é definida como o percentual da renda adicional que o governo transfere para a economia. A parcela da Transferência induzida pela renda é dada pelo produto dessa renda pela propensão marginal a transferir $(r.y)$. A Parcela da transferência que não depende da renda é dada pela **Transferências Autônomas** $(\bar{R})$. A transferência autônoma pode ser interpretada como uma espécie de "nível mínimo de transferências governamentais", isto é, um nível de transferência que independe do nível de renda da economia, mesmo que a economia tivesse crescimento nulo, alguma transferência (pensão, aposentadoria) será realizada pelo Governo. Podemos também pensar a transferência autônoma como aquela que não incide sobre a renda, tendo ou não renda o indivíduo teria direito a receber essa transferência.

Assim temos que $R = r.y + \bar{R}$, onde **r é propensão marginal a transferir**, **y é a renda** e $\bar{R}$ é **a transferência autônoma** (que não depende da renda). A equação $R = r.y + \bar{R}$, portanto, diz que uma parcela da transferência depende da renda (é induzida pela renda) e outra parcela simplesmente não depende da renda, é totalmente autônoma da renda.

10.8. A Renda Disponível (y_d)

$$y_d = y - T + R$$

Onde, y_d = renda disponível; y = renda ou produto; T = Tributação; R = Transferência

A renda disponível (y_d) é a renda que está disponível para ser gasta após o pagamento de tributos e recebimentos de transferências governamentais, ou seja, a renda disponível é $y_d = y - T + R$, onde y_d é a renda disponível, y é a renda total, T é a tributação e R é a transferência. Em uma economia sem governo, não existem Gastos Públicos, nem Tributação e nem Transferências e, portanto a renda total y é igual a renda disponível y_d, isto é, $y = y_d$.

(Cespe-UnB/Analista de Correios – Especialidade: Economista/Empresa Brasileira de Correios e Telégrafos/2011) – Julgue o item a seguir como verdadeiro ou falso.

A função consumo tanto mostra o consumo como função da renda disponível quanto leva ao conceito de propensão marginal a consumir, o qual é definido como a medida da variação no consumo ocasionada pelo aumento de uma unidade monetária na renda disponível.

Solução:

Verdadeiro. O Consumo pode ser modelado em função da renda total ou da renda disponível, isto é, podemos ter:

(i) **O consumo em função da renda total** **y**: $C = c.y + \bar{C}$, onde **c é propensão marginal a consumir**, **y é a renda** das famílias e $\bar{C}$ **é o consumo autônomo** (que não depende da renda). A equação $C = c.y + \bar{C}$, portanto, diz que uma parcela do consumo **depende da renda total** e outra parcela é totalmente autônoma da renda.

(ii) **O consumo em função disponível** y_d: $C = cy_d + \overline{C}$; onde *c* **é propensão marginal a consu-mir**, y_d **é a renda** disponível das famílias e $\overline{C}$ **é o consumo autônomo** (que não depende da renda). A equação $C = cy_d + \overline{C}$, portanto, diz que uma parcela do consumo **depende da renda disponível** e outra parcela é totalmente autônoma da renda.

(Cespe-UnB/Técnico Científico – Economia/BASA/2007) – Julgue o item a seguir, como verdadeiro ou falso:

Ocorrerá uma redução da renda disponível caso o estado de São Paulo aumente de 12% para 18% a alíquota do imposto sobre a circulação de mercadorias e serviços dos produtos da indústria de processamento eletrônico de dados fabricados em outros estados e vendidos em São Paulo.

Solução:

Verdadeiro. Aumentos na tributação reduzem a renda disponível. De fato:

Aumentos na tributação reduzem a renda disponível: $\downarrow y_d = y - \uparrow T + R$

Reduções na tributação aumentam a renda disponível: $\uparrow y_d = y - \downarrow T + R$

Aumentos nas transferências elevam a renda disponível: $\uparrow y_d = y - T + \uparrow R$

Reduções nas transferências diminuem a renda disponível: $\downarrow y_d = y - T + \downarrow R$

(Cespe-UnB/Analista Econômico/IEMA/2007) - Julgue o item a seguir, como verdadeiro ou falso.

Aumentos das transferências de renda para as famílias mais pobres, no âmbito do programa Bolsa Família, deslocam a função de consumo keynesiana para baixo e para a direita.

Solução:

Falso, pois o aumento da renda disponível causada pelos aumentos das transferências de renda causa deslocamentos ao longo da função de consumo keynesiana, e não deslocamento da própria curva. Somente variações no consumo autônomo deslocam a curva de consumo.

O consumo também é uma função da renda (Y) e dos impostos (T). Uma renda mais elevada faz com que o consumo aumente, embora seja menos do que um para um. Impostos mais altos fazem com que o consumo diminua, embora, também, em uma proporção inferior a um para um. Em uma economia com governo, temos:

$$C = \overline{C} + cy_d \therefore y_d = Y - T + R$$

Onde y_d é a renda disponível e R são as transferências governamentais.

10.9. A Função Exportação (X)

$$X = \bar{X}$$

Onde: $\bar{X}$ = exportação autônoma

O comportamento do Setor Externo de um país é modelado através do nível exportação e importação que esse país realiza com o setor externo.

As Exportações (denotada pela letra X maiúscula) são os valores resultantes dos bens e serviços vendidos ao setor externo.

As exportações NÃO dependem do nível de renda. O NÍVEL DE EXPORTAÇÕES DO PAÍS NÃO DEPENDE DA VONTADE DO PAÍS, LOGO AS EXPORTAÇÕES SÃO TOTALMENTE AUTÔNOMAS $\left(X = \bar{X} \right)$.

Assim temos que $X = \bar{X}$, onde $\bar{X}$ é a **Exportação Autônoma** (que não depende da renda). A equação $X = \bar{X}$, portanto, diz que as exportações são totalmente autônomos da renda.

A demanda por exportações domésticas será uma parte da demanda estrangeira por importações. A demanda estrangeira por importações dependerá do nível de renda estrangeira, porque ela é determinada por uma função demanda de consumo. Por conseguinte, as exportações serão consideradas exógenas.

10.10. A Função Importação (M)

$$M = my + \bar{M}$$

Onde:
M = importação
y = renda
m = propensão marginal a importar
$\bar{M}$ = importação autônoma

As Importações (denotada pela letra M maiúscula) são os valores resultantes dos bens e serviços comprados do setor externo.

As Importações dependem do nível de renda, pois quanto maior a renda de um indivíduo mais ele pode compara bens e serviços estrangeiros. **A Importação é, portanto, uma função crescente da renda**.

A **propensão marginal a importar (*m*)**, denotada pela letra **m** minúscula, é definida como o percentual da renda adicional que é gasta com importação. Uma parcela das importações é induzida pela renda e outra parcela não depende da renda.

A parcela da Importação induzida pela renda é dada pelo produto dessa renda pela propensão marginal a importar (*m.y*). A Parcela da Importação que não depende da renda é dada pelas **Im-**

portações Autônomas $\left(\bar{M}\right)$. A Importação Autônoma pode ser interpretada como uma espécie de "nível mínimo de importação", isto é, um nível de Importações que independe do nível de renda da economia, mesmo que a economia tivesse crescimento nulo, os bens que essa economia não produz terão que ser importados. Podemos também pensar as importações autônomas como aquelas que não incidem sobre a renda, tendo ou não renda haverá certo nível de importação.

Assim temos que $M = m.y + \bar{M}$, onde **m é propensão marginal a importar**, **y é a renda** e $\bar{M}$ **é a importação autônoma** (que não depende da renda). A equação $M = m.y + \bar{M}$, portanto, diz que uma parcela da importação depende da renda (é induzida pela renda) e outra parcela simplesmente não depende da renda, é totalmente autônoma da renda.

A Importação pode ser modelada em função da renda total ou da renda disponível, isto é, podemos ter:

(i) **A importação em função da renda total y:** $M = m.y + \bar{M}$

(ii) **A importação em função disponível y_d:** $M = m.y_d + \bar{M}$

A equação $M = m.y + \bar{M}$, portanto, diz que uma parcela das importações **depende da renda total** e outra é totalmente autônoma da renda.

A equação $M = m.y_d + \bar{M}$, portanto, diz que uma parcela das importações **depende da renda disponível** e outra é totalmente autônoma da renda.

11. O MULTIPLICADOR KEYNESIANO (K)

Nós vimos que um aumento dos Gastos Públicos causa um aumento da demanda agregada e do nível de atividade econômica, ou seja, quando o governo aumenta seus gastos temos como consequência um aumento da produção global de bens e serviços, pois essa procura induzida pelo aumento dos gastos públicos incentiva o aumento de produção das firmas que, para produzir mais terão que empregar e gerar renda; e as famílias com essa renda adicional poderão consumir mais, aumentando mais ainda a demanda agregada, cujo aumento incentivará as firmas a produzirem mais ainda, criando um mecanismo que leva a economia a aumentara produção, o emprego e a renda.

Como dito acima já sabemos que um aumento dos gastos públicos causa um aumento da demanda agregada e da produção, o que queremos saber agora é de **quanto** será o aumento da renda decorrente de um aumento dos gastos públicos. Caso o Governo aumente seus gastos de 100 milhões de reais então o PIB aumentará, mas será que o PIB aumentará de exatamente 100 milhões? É claro que aumentará mais, pois como visto acima um aumento dos gastos do governo causa um aumento da produção, do emprego e da renda. Uma parcela desse incremento de renda (o que não foi poupado) por sua vez será gasto pelas famílias o que causará novamente um aumento da demanda global por bens e serviços, que induzirá a um novo incremento de produção, emprego e renda e assim sucessivamente. Podemos então falar em um efeito multiplicador dos gastos públicos.

Vamos supor que a propensão marginal a consumir das famílias seja de 80%, ou seja, a PMgC = c = 0,8. Isso significa que para cada R\$ 100 as famílias consomem R\$ 80 e poupam R\$ 20. Caso o governo aumente seus gastos de R\$ 100, nós temos que, inicialmente, a demanda agregada, a produção e a renda aumentarão de R\$ 100 devido ao princípio da demanda efetiva que diz que a demanda cria sua própria oferta. O aumento de renda das famílias em R$ 100 causará um aumento em R$ 80 na demanda, na produção e na renda. Esse aumento de renda das famílias em R$ 80 se dá porque a propensão marginal a consumir é de 0,8 , e assim as famílias aumentarão o consumo de 0,8 x 100 = 80 Reais. Esse aumento induzido do consumo das famílias em R$ 80 por sua vez causará novamente um aumento em R$ 80 na demanda, que pelo princípio da demanda efetiva, causará um aumento de R$ 80 na produção e na renda. Esse novo aumento de renda das famílias em R$ 80 causará um novo aumento do consumo em R$ 64 pois como a propensão marginal a consumir é de 0,8, as famílias aumentarão o consumo de 0,8 x 80= 64 Reais, que por sua vez causará novamente um aumento em R$ 64 na demanda, na produção e na renda e assim sucessivamente. De modo que a renda na economia aumentará, devido a esse efeito multiplicado, em um total de $\Delta y = 100+80+64+ ...= 100 [1+0,8+(0,8)^2 + (0,8)^3+ (0,8)^4+...]= 100 \times 5 = 500$, pois o termo entre colchetes é uma progressão geométrica com razão igual a 0,8 e portanto $[1+0,8+(0,8)^2 + (0,8)^3+ (0,8)^4+...] = 1/(1-0,8) = 1/0,2 = 5$.

Essa é exatamente a ideia do multiplicador keynesiano, para cada R$ 1,00 de aumento dos gastos públicos teremos que a produção (a renda) aumentará de R$ 5,00. Como você percebeu o valor do multiplicado keynesiano depende da propensão marginal a consumir, ou seja, na sua versão mais simples, o multiplicador keynesiano (K) é dado por $K = 1/(1-c)$, onde c é a propensão marginal a consumir.

12. OS MODELOS KEYNESIANOS DE DETERMINAÇÃO DA RENDA DE EQUILÍBRIO

A modelagem das funções Consumo, Investimento, Tributação, Transferência, Gastos do Governo, Exportação e Importação permite desenvolver um modelo matemático para determinar o nível de equilíbrio do produto (renda de equilíbrio).

Em questões de prova existem três tipos de modelo:

1º **Modelo Keynesiano de determinação da renda de equilíbrio**: Apenas o Consumo depende da renda disponível.

2º **Modelo Keynesiano de determinação da renda de equilíbrio**: Apenas o Consumo e Importação dependem da renda disponível.

3º **Modelo Keynesiano de determinação da renda de equilíbrio**: As funções dependem apenas da renda total e nem o Consumo e nem a Importação dependem da renda disponível.

12.1. O Primeiro Modelo de Determinação da Renda de Equilíbrio: Apenas o Consumo Depende da Renda Disponível

Vamos supor que o consumo, o investimento, a tributação, as transferências governamentais, os gastos do governo, as exportações e as importações de uma economia teórica sejam modelados sejam modelados da maneira a seguir:

Consumo das famílias: $C = c.y_d + \overline{C}$
Investimento investimentos das empresas: $I = i.y + \overline{I}$
Tributação: $T = t.y + \overline{T}$

Transferências governamentais: $R = r.y + \bar{R}$

Gastos do governo: $G = \bar{G}$

Exportações: $X = \bar{X}$

Importações: $M = m.y + \bar{M}$

Dessa maneira a economia fica caracterizada por esse conjunto de 7 equações:

$C = c.y_d + \bar{C}$ (1)

$I = i.y + \bar{I}$ (2)

$T = t.y + \bar{T}$ (3)

$R = r.y + \bar{R}$ (4)

$G = \bar{G}$ (5)

$X = \bar{X}$ (6)

$M = m.y + \bar{M}$ (7)

Esse conjunto de equações simula o comportamento dos agentes econômicos dessa economia. Note que neste caso, que nós denominamos de 1º modelo, apenas a função consumo depende da renda disponível y_d, as demais funções ou dependem da renda total y ou são totalmente autônomas.

A partir dessas equações podemos determinar:

(i) O valor do multiplicador keynesiano (K);

(ii) O nível da renda de equilíbrio da economia, isto é, o nível de produção (y) e

(iii) Os multiplicadores da demanda autônoma.

12.1.1. *O Multiplicador Keynesiano (K) quando apenas o consumo depende da renda disponível (Multiplicador Keynesiano no 1º modelo)*

Como já visto no item 11, multiplicador keynesiano mede o impacto sobre a renda quando se varia os gastos públicos. A definição formal do multiplicador é: "O multiplicador mede o impacto (a variação) sobre a renda (ou produto) quando se varia o Consumo autônomo, ou o Investimento autônomo, ou Gastos autônomos ou as exportações autônomas". Desse modo o multiplicador pode ser definido como:

(i) O impacto sobre a renda quando se varia o Consumo autônomo;

(ii) O impacto sobre a renda quando se varia o Investimento autônomo;

(iii) O impacto sobre a renda quando se varia os Gastos autônomos do governo;

(iv) O impacto sobre a renda quando se varia as exportações autônomas;

O caro leitor deve notar que as variações autônomas no consumo, investimento, gastos públicos ou exportações provocam um "aquecimento" na economia, isto é, causam um aumento do nível de atividade econômica e também um aumento da produção e da renda. O Multiplicador keynesiano mede exatamente esses impactos sobre a produção decorrentes dos aumentos autônomos de consumo, investimento, gastos públicos ou exportações.

O valor do multiplicador keynesiano depende das **propensões marginais** a consumir (c), a tributar (t), a investir (i), a transferir (r) e a importar (m).

O multiplicado keynesiano é dado por:

$$K = \frac{1}{1 - c(1 - t + r) - i + m}$$

Onde:

c é a propensão marginal a consumir

t é a propensão marginal a tributar

r é a propensão marginal a transferir

i é a propensão marginal a investir

m é a propensão marginal a importar

A demonstração da fórmula acima pose ser vista no Anexo deste capítulo.

1º Exemplo: Suponha que:

A propensão marginal a consumir $c = 0,8$

A propensão marginal a tributar $t = 0,3$

A propensão marginal a investir $i = 0,2$

Propensão marginal a importar $m = 0,1$

Com os dados acima determine o multiplicador keynesiano.

Solução:

Substituindo os valores das propensões marginais na fórmula do multiplicador temos:

$$K = \frac{1}{1 - c(1 - t + r) - i + m} = \frac{1}{1 - 0,8(1 - 0,3 + 0) - 0,2 + 0,1} = \frac{1}{1 - 0,8.(0,7) - 0,1} = \frac{1}{1 - 0,56 - 0,1} =$$

$$= \frac{1}{0,34} \cong 2,94$$

2º exemplo: Suponha que a propensão marginal a consumir $c = 0,8$, a propensão marginal a tributar $t = 0,1$ e a propensão marginal a investir $i = 0,2$. Determine o multiplicador keynesiano.

Solução:

Substituindo os valores das propensões marginais na fórmula do multiplicador temos:

$$K = \frac{1}{1 - c(1 - t + r) - i + m} = \frac{1}{1 - 0,8(1 - 0,1 + 0) - 0,2 + 0} = \frac{1}{1 - 0,8.(0,9) - 0,2} = \frac{1}{1 - 0,72 - 0,2} =$$

$$= \frac{1}{0,08} \cong 12,5$$

3º Exemplo: Supondo que a propensão marginal a consumir c = 0,8 e a propensão marginal a tributar t = 0,1. Determine o multiplicador keynesiano.

Solução:

Substituindo os valores das propensões marginais na fórmula do multiplicador temos:

$$K = \frac{1}{1-c(1-t+r)-i+m} = \frac{1}{1-0,8(1-0,1+0)-0+0} = \frac{1}{1-0,8.(0,9)} = \frac{1}{1-0,72} =$$

$$= \frac{1}{0,28} \cong 3,57$$

4º Exemplo: Supondo que propensão marginal a consumir c = 0,8, determine o multiplicador keynesiano.

Solução:

Substituindo o valor da propensão marginal a consumir na fórmula do multiplicador temos:

$$K = \frac{1}{1-c(1-t+r)-i+m} = \frac{1}{1-0,8(1-0+0)-0+0} = \frac{1}{1-0,8} = \frac{1}{0,2} = 5$$

Observação: O leito deve perceber que:

Numa Economia com importação totalmente autônoma: $m = 0$

Numa Economia sem importação: $m = 0$ e $\bar{M} = 0$

Numa Economia fechada: $m = 0$, $\bar{M} = 0$, $\bar{X} = 0$

Numa Economia com transferências totalmente autônoma: $r = 0$

Numa Economia sem transferências: $r = 0$ e $\bar{R} = 0$

Numa Economia com tributação totalmente autônoma: $t = 0$

Numa Economia sem tributação: $t = 0$ e $\bar{T} = 0$

Numa Economia sem governo: $t = 0$, $r = 0$, $\bar{T} = 0$, $\bar{G} = 0$, $\bar{R} = 0$

Numa Economia com investimento totalmente autônomo: $i = 0$

Em decorrência do exposto acima, a fórmula mais geral do multiplicado, que é dada por $K = \frac{1}{1-c(1-t+r)-i+m}$, terá os seguintes caso particulares:

(1ª) Caso a economia seja fechada (não existe nem importação e nem exportação) ou se a importação for totalmente autônoma, o multiplicador será dado por:

$$K = \frac{1}{1-c(1-t+r)-i}$$

(2ª) Caso a economia seja fechada e não exista transferências ou se as transferências são totalmente autônomas o multiplicador será dado por:

$$K = \frac{1}{1 - c(1-t) - i}$$

(3ª) Caso a economia seja cumulativamente: (i) fechada ou se a importação for totalmente autônoma, (ii) sem transferências e (iii) sem tributação ou se a tributação for totalmente autônoma, o multiplicador será dado por:

$$K = \frac{1}{1 - c - i}$$

(4ª) Caso a economia seja fechada e sem governo, o multiplicador será:

$$K = \frac{1}{1 - c - i}$$

(5ª) Caso a economia seja fechada e sem governo e com investimento totalmente autônomo, o multiplicador será:

$$K = \frac{1}{1 - c}$$

12.1.2. *A Renda de Equilíbrio (y) Quando Apenas o Consumo Depende da Renda Disponível (1º modelo)*

A determinação da renda de equilíbrio da economia (o nível do produto de equilíbrio) pode ser feita pela aplicação da fórmula:

$$y = K(\overline{C} + \overline{I} + \overline{G} + \overline{X} - \overline{M} - c.\overline{T} + c.\overline{R})$$

Onde:

K é o multiplicador Keynesiano

$\overline{C}$ é o consumo autônomo

$\overline{I}$ é o investimento autônomo

$\overline{G}$ é o gasto autônomo do Governo

$\overline{X}$ é a exportação autônoma

$\overline{M}$ é a importação autônoma

$\overline{T}$ é a tributação autônoma

$\overline{R}$ é a transferência autônoma

Note que para se determinar a renda de equilíbrio, além do próprio multiplicador keynesiano (K), precisamos conhecer os valores dos **itens autônomos** do consumo $\left(\overline{C}\right)$, do Investimento $\left(\overline{I}\right)$, da tributação $\left(\overline{T}\right)$, dos gastos do governo $\left(\overline{G}\right)$, das exportações $\left(\overline{X}\right)$, das transferências governamentais

$(\bar{R})$ e das importações $(\bar{M})$. Note também que, na fórmula $y = K(\bar{C} + \bar{I} + \bar{G} + \bar{X} - \bar{M} - c.\bar{T} + c.\bar{R})$, os **7 itens autônomos dentro do parêntesis** ($\bar{C}$, $\bar{I}$, $\bar{G}$, $\bar{X}$, $\bar{M}$, $\bar{T}$ e $\bar{R}$) lembram os itens da demanda e por esse motivo, tais itens são chamados de "**componentes autônomos da demanda**" ou "**elementos da demanda autônoma**".

5º Exemplo: Suponha que:
A propensão marginal a consumir c = 0,8

$\bar{C}$ = 500
$\bar{I}$ = 400
$\bar{G}$ = 300
$\bar{X}$ = 200
$\bar{M}$ = 150
$\bar{T}$ = 100

Determine a renda de equilíbrio.

Solução:

Primeiro vamos calcular o valor do multiplicador Keynesiano:

$$K = \frac{1}{1-c} = \frac{1}{1-0,8} = \frac{1}{0,2} = 5$$

Substituindo os valores das componentes autônoma da demanda na fórmula da renda de equilíbrio temos:

$$y = K[\bar{C} + \bar{I} + \bar{G} + \bar{X} - \bar{M} - c.\bar{T} + c.\bar{R}] = 5.[500 + 400 + 300 + 200 - 150 - 0,8.(100)] =$$
$$= 5.[1170] = 5.850$$

6º Exemplo: Suponha que a propensão marginal a consumir c = 0,9 e que $\bar{C} = 500$, $\bar{I} = 400$, $\bar{G} = 300$ e $\bar{T} = 100$. Determine a renda de equilíbrio.

Solução:

Primeiro vamos calcular o valor do multiplicador Keynesiano:

$$K = \frac{1}{1-c} = \frac{1}{1-0,9} = \frac{1}{0,1} = 10$$

Substituindo os valores das componentes autônoma da demanda na fórmula da renda de equilíbrio temos:

$$y = K(\bar{C} + \bar{I} + \bar{G} + \bar{X} - \bar{M} - c.\bar{T} + c.\bar{R}) = 10.[500 + 400 + 300 + 0 - 0 - 0,9.(100) + 0] =$$
$$= 10.[1.110] = 11.100$$

12.1.3. *O Primeiro Modelo de Determinação da Renda de Equilíbrio: Os Multiplicadores da Demanda Autônoma Quando Apenas o Consumo Depende da Renda Disponível*

Os multiplicadores da demanda autônoma mostram o impacto sobre a renda quando se varia qualquer um dos componentes autônomos da demanda. Existem 7 multiplicadores da demanda autônoma.

Como a renda de equilíbrio é dada por $y = K(\overline{C} + \overline{I} + \overline{G} + \overline{X} - \overline{M} - c.\overline{T} + c.\overline{R})$, então os multiplicadores da demanda autônoma serão:

- $\dfrac{\Delta y}{\Delta \overline{C}} = K$ é o multiplicador do consumo autônomo e significa que um aumento do consumo causa um aumento na renda mais do que proporcional pois $\Delta y = K.\Delta\overline{C}$ e K é maior do que a unidade (K > 1).

- $\dfrac{\Delta y}{\Delta \overline{I}} = K$ é o multiplicador do investimento autônomo e significa que um aumento do investimento causa um aumento na renda mais do que proporcional pois $\Delta y = K.\Delta\overline{I}$ e K é maior do que a unidade (K > 1).

- $\dfrac{\Delta y}{\Delta \overline{G}} = K$ é o multiplicador dos gastos autônomos do Governo e significa que um aumento dos gastos do Governo causa um aumento na renda mais do que proporcional pois $\Delta y = K.\Delta\overline{G}$ e K é maior do que a unidade (K > 1).

- $\dfrac{\Delta y}{\Delta \overline{X}} = K$ é o multiplicador das exportações autônomas e significa que um aumento das exportações causa um aumento na renda mais do que proporcional pois $\Delta y = K.\Delta\overline{X}$ e K é maior do que a unidade (K > 1).

- $\dfrac{\Delta y}{\Delta \overline{M}} = -K$ é o multiplicador das importações autônomas e significa que um aumento das importações causa uma diminuição da renda mais do que proporcional pois $\Delta y = K.\Delta\overline{M}$ e K é maior do que a unidade (K > 1).

- $\dfrac{\Delta y}{\Delta \overline{T}} = -c.K$ é o multiplicador da tributação autônoma e significa que um aumento da tributação causa uma diminuição da renda.

- $\dfrac{\Delta y}{\Delta \overline{R}} = c.K$ é o multiplicador das transferências autônomas e significa que um aumento das transferências causa um aumento na renda.

7º Exemplo: Suponha que a propensão marginal a consumir seja de 0,8. Caso o Governo aumente os seus gastos de 100, de quanto aumentará a renda de equilíbrio?

Solução:

Antes de tudo, note que um aumento dos gastos públicos causa um aumento na renda de equilíbrio pois o multiplicador da tributação autônoma é positivo $\left(\dfrac{\Delta y}{\Delta \overline{G}} = K \right)$ e $K = \dfrac{1}{1 - c(1 - t + r) - i + m}$.

Foi dado no enunciado da questão que c=0,8 e que $\Delta \overline{G} = 100$ e queremos calcular a variação na renda Δy. Primeiro vamos calcular o valor do multiplicador Keynesiano:

$$K = \frac{1}{1 - c} = \frac{1}{1 - 0,8} = \frac{1}{0,2} = 5$$

Sabemos que o multiplicador dos gastos do governo é dado por $\dfrac{\Delta y}{\Delta \overline{G}} = K$, substituindo os valores de $K = 5$ e $\Delta \overline{G} = 100$ teremos:

$$\frac{\Delta y}{100} = 5 \text{, logo } \Delta y = 100 \times 5 = 500$$

Isto significa que quando o governo aumenta os seus gastos em 100, como o multiplicador dos gastos do governo é igual ao multiplicador keynesiano que assume o valor de 5, a renda da economia aumentará de 500. Note que o aumento na renda foi mais que proporcional ao aumento nos gastos públicos. Isso se deve ao fato do multiplicador keynesiano ser maior que a unidade.

8º Exemplo: Suponha que a propensão marginal a consumir seja de 0,9. Caso o Governo aumente a tributação de 100, de quanto diminuirá a renda de equilíbrio?

Solução:

Antes de mais nada, note que um aumento da tributação causa uma redução na renda de equilíbrio pois o multiplicador da tributação autônoma é negativo $\left(\dfrac{\Delta y}{\Delta \overline{T}} = -c.K \right)$. Foi dado no enunciado da questão que c = 0,9 e que $\Delta \overline{T} = 100$ e queremos calcular a variação na renda Δy.

Primeiro vamos calcular o valor do multiplicador Keynesiano:

$$K = \frac{1}{1 - c} = \frac{1}{1 - 0,9} = \frac{1}{0,1} = 10$$

Sabemos que o multiplicador da tributação é dado por $\dfrac{\Delta y}{\Delta \overline{T}} = -c.K$, substituindo os valores de $K = 10$ e $\Delta \overline{T} = 100$ teremos:

$$\frac{\Delta y}{100} = -c.K = -0,9 \times 10 = -9 \text{, logo:}$$

$$\frac{\Delta y}{100} = -9 \text{, logo: } \Delta y = 100 \times (-9) = -900$$

Isto significa que quando o governo aumenta a tributação em 100, como o multiplicador da tributação autônoma é -9, a renda da economia diminuirá em 900.

9º Exemplo: Suponha que a propensão marginal a consumir seja de 0,9. Caso o Governo aumente a transferência em 100, de quanto aumentará a renda de equilíbrio?

Solução:

Um aumento da transferência causa um aumento na renda de equilíbrio pois o multiplicador da transferência autônoma é positivo $\left(\dfrac{\Delta y}{\Delta \bar{R}} = c.K \right)$.

Foi dado no enunciado da questão que $c=0,9$ e que $\Delta \bar{R} = 100$ e queremos calcular a variação na renda Δy. Primeiro vamos calcular o valor do multiplicador Keynesiano:

$$K = \frac{1}{1-c} = \frac{1}{1-0,9} = \frac{1}{0,1} = 10$$

Sabemos que o multiplicador da transferência é dado por $\dfrac{\Delta y}{\Delta \bar{R}} = c.K$, substituindo os valores de $K = 10$ e $\Delta \bar{R} = 100$ teremos:

$$\frac{\Delta y}{100} = c.K = 0,9 \times 10 = 9 \text{ , logo:}$$

$$\frac{\Delta y}{100} = 9 \text{ , logo: } \Delta y = 100 \times (9) = 900$$

Isto significa que quando o governo aumenta a transferência em 100, como o multiplicador da transferência autônoma é 9, a renda da economia aumentará em 900.

12.2. O Segundo Modelo de Determinação da Renda de Equilíbrio: Apenas o Consumo e a Importação Dependem da Renda Disponível

Vamos supor agora que além do consumo, as importações também depende da renda disponível:

$C = c.y_d + \bar{C}$

$I = i.y + \bar{I}$

$T = t.y + \bar{T}$

$R = r.y + \bar{R}$

$G = \bar{G}$

$X = \bar{X}$

$M = m.y_d + \bar{M}$

Mais uma vez destacamos que neste caso, que nós denominamos de $2º$ modelo, tanto o consumo quanto a importação dependem da renda disponível y_d, as demais funções ou dependem da renda total y ou são totalmente autônomas. Vamos então agora determinar o multiplicador, a renda de equilíbrio e os multiplicadores autônomos para esse caso.

12.2.1. *O Multiplicador Keynesiano do 2º Modelo (K)*

Quando tanto o consumo quanto a importação dependem da renda disponível e as demais funções dependem da renda total ou são totalmente autônomas, ou seja, quando apenas o consumo e a importação dependem da renda disponível, a fórmula do multiplicador é alterada para:

$$K = \frac{1}{1-(c-m).(1-t+r)-i}$$

Onde:

c é a propensão marginal a consumir

t é a propensão marginal a tributar

r é a propensão marginal a transferir

i é a propensão marginal a investir

m é a propensão marginal a importar

10º Exemplo: Suponha que:

A propensão marginal a consumir c = 0,8

A propensão marginal a tributar t = 0,3

A propensão marginal a investir i = 0,2

Propensão marginal a importar m = 0,1

Com os dados acima determine o multiplicador keynesiano.

Solução:

Substituindo os valores das propensões marginais na fórmula do multiplicador temos:

$$K = \frac{1}{1-(c-m).(1-t+r)-i} = \frac{1}{1-(0,8-0,1).(1-0,3+0)-0,2} = \frac{1}{1-(0,7).(0,7)-0,2} =$$

$$= \frac{1}{1-0,49-0,2} = \frac{1}{1-0,69} = \frac{1}{0,31} \cong 3,22$$

11º exemplo: Supondo que a propensão marginal a consumir c = 0,9, a propensão marginal a tributar t = 0,2 e a propensão marginal a investir i = 0,1. Determine o multiplicador keynesiano.

Solução:

Substituindo os valores das propensões marginais na fórmula do multiplicador temos:

$$K = \frac{1}{1-(c-m).(1-t+r)-i} = \frac{1}{1-(0,9-0).(1-0,2+0)-0,1} = \frac{1}{1-(0,9).(0,8)-0,1} =$$

$$= \frac{1}{1-0,72-0,1} = \frac{1}{1-0,82} = \frac{1}{0,18} \cong 5,55$$

12.2.2 A Renda de Equilíbrio (y) do 2º Modelo

Nesse caso a renda de equilíbrio será dada por:

$$y = K[\bar{C} + \bar{I} + \bar{G} + \bar{X} - \bar{M} - (c-m).\bar{T} + (c-m).\bar{R}]$$

12º Exemplo: Suponha que:
a propensão marginal a consumir c = 0,6 e a propensão marginal a importar m = 0,1

$\bar{C} = 500$
$\bar{I} = 400$
$\bar{G} = 300$
$\bar{X} = 200$
$\bar{M} = 150$
$\bar{T} = 100$

Determine a renda de equilíbrio.

Solução:

Primeiro vamos calcular o valor do multiplicador Keynesiano:

$$K = \frac{1}{1-(c-m)} = \frac{1}{1-c+m} = \frac{1}{1-0,6+0,1} = \frac{1}{0,5} = 2$$

Substituindo os valores das componentes autônoma da demanda na fórmula da renda de equilíbrio temos:

$$y = K[\bar{C} + \bar{I} + \bar{G} + \bar{X} - \bar{M} - (c-m).\bar{T} + (c-m).\bar{R}]$$
$$= 2.[500 + 400 + 300 + 200 - 150 - (0,6-0,1) \times 100 + 0]$$
$$= 2.[1200] = 2400$$

13º Exemplo: Suponha que a propensão marginal a consumir c = 0,9 e que $\bar{C} = 500$, $\bar{I} = 400$, $\bar{G} = 300$ e $\bar{T} = 100$. Determine a renda de equilíbrio.

Solução:

Primeiro vamos calcular o valor do multiplicador Keynesiano:

$$K = \frac{1}{1-(c-m)\times(1-t+r)-i} = \frac{1}{1-(c-0)\times(1-0+0)-0} = \frac{1}{1-c} = \frac{1}{1-0,9} = \frac{1}{0,1} = 10$$

Substituindo os valores do multiplicador K = 10 e das componentes autônoma da demanda na fórmula da renda de equilíbrio temos:

$$y = K[\bar{C} + \bar{I} + \bar{G} + \bar{X} - \bar{M} - (c - m).\bar{T} + (c - m).\bar{R}]$$
$$= 10.[500 + 400 + 300 + 0 - 0 - (0,9 - 0) \times (100) + 0]$$
$$= 10.[1.110] = 11.100$$

Note que este resultado é idêntico ao resultado do 6º exemplo. De fato, quando a economia é fechada, não há diferença entre as fórmulas do 1º e do 2º modelos.

12.2.3. Os Multiplicadores da Demanda Autônoma do 2º Modelo (Quando Apenas o Consumo e a Importação Dependem da Renda Disponível)

Como já sabemos os multiplicadores da demanda autônoma mostram o impacto sobre a renda quando se varia qualquer um dos componentes autônomos da demanda. Novamente percebemos que existem 7 multiplicadores da demanda autônoma.

Como a renda de equilíbrio é dada por $y = K[\bar{C} + \bar{I} + \bar{G} + \bar{X} - \bar{M} - (c - m).\bar{T} + (c - m).\bar{R}]$, então os multiplicadores da demanda autônoma serão:

- $\dfrac{\Delta y}{\Delta \bar{C}} = K$ é o multiplicador do consumo autônomo e significa que um aumento do consumo causa um aumento na renda mais do que proporcional pois $\Delta y = K.\Delta \bar{C}$ e K é maior do que a unidade (K > 1).

- $\dfrac{\Delta y}{\Delta \bar{I}} = K$ é o multiplicador do investimento autônomo e significa que um aumento do investimento causa um aumento na renda mais do que proporcional pois $\Delta y = K.\Delta \bar{I}$ e K é maior do que a unidade (K > 1).

- $\dfrac{\Delta y}{\Delta \bar{G}} = K$ é o multiplicador dos gastos autônomos do Governo e significa que um aumento dos gastos do Governo causa um aumento na renda mais do que proporcional pois $\Delta y = K.\Delta \bar{G}$ e K é maior do que a unidade (K > 1).

- $\dfrac{\Delta y}{\Delta \bar{X}} = K$ é o multiplicador das exportações autônomas e significa que um aumento das exportações causa um aumento na renda mais do que proporcional pois $\Delta y = K.\Delta \bar{X}$ e K é maior do que a unidade (K > 1).

- $\dfrac{\Delta y}{\Delta \bar{M}} = -K$ é o multiplicador das importações autônomas e significa que um aumento das importações causa uma diminuição da renda mais do que proporcional.

- $\dfrac{\Delta y}{\Delta \bar{T}} = -(c - m).K$ é o multiplicador da tributação autônoma e significa que um aumento da tributação causa uma diminuição da renda.

- $\dfrac{\Delta y}{\Delta \overline{R}} = (c - m).K$ é o multiplicador das transferências autônomas e significa que um aumento das transferências causa um aumento na renda.

Observação: para obter as fórmulas do 2º modelo, basta substituir "c" por "c – m" na fórmula do multiplicador keynesiano.

(Cespe-UnB/Economista/Conselho Administrativo de Defesa Econômica – CADE/Ministério da Justiça/2014) – Julgue o item a seguir como verdadeiro ou falso:

O multiplicador keynesiano indica que, toda vez que ocorre aumento da demanda agregada autônoma, haverá aumento mais que proporcional na renda da economia. Considerando-se os componentes autônomos, e correto afirmar que o multiplicador dos tributos corresponde a equação $\alpha_T = \left(\Delta Y / \Delta \overline{T}\right) = \left(1/1 - c\right)$, em que Y é a renda total, T os tributos e c a propensão marginal a consumir.

Solução:

Esse item é falso, pois, o multiplicador dos tributos pode ser expresso por $\Delta Y / \Delta \overline{T} = -c \times K$ (no caso em que apenas o consumo depende da renda disponível), ou então por $\Delta Y / \Delta \overline{T} = -\left(c - m\right) \times K$ (no caso em que o consumo e a importação dependem da renda disponível).

14º Exemplo: Suponha que a propensão marginal a consumir seja de 0,9 e a propensão marginal a importar seja de 0,1. Caso o Governo aumente os seus gastos de 100, de quanto aumentará a renda de equilíbrio?

Solução:

Note que um aumento dos gastos públicos causa um aumento na renda de equilíbrio pois o multiplicador da tributação autônoma é positivo $\left(\dfrac{\Delta y}{\Delta \overline{G}} = K\right)$ e $K = \dfrac{1}{1 - (c - m).(1 - t + r) - i}$

Foi dado no enunciado da questão que c=0,9 e que $\Delta \overline{G} = 100$ e queremos calcular a variação na renda Δy. Primeiro vamos calcular o valor do multiplicador Keynesiano:

$$K = \frac{1}{1 - (c - m).(1 - t + r) - i} = \frac{1}{1 - (c - m).(1 - 0 + 0) - 0} = \frac{1}{1 - c + m} = \frac{1}{1 - 0,9 + 0,1}$$

$$= \frac{1}{0,2} = 5$$

Sabemos que o multiplicador dos gastos do governo é dado por $\dfrac{\Delta y}{\Delta \overline{G}} = K$, substituindo os valores de $K = 5$ e $\Delta \overline{G} = 100$ teremos:

$\dfrac{\Delta y}{100} = 5$, logo: $\Delta y = 100 \times 5 = 500$

Isto significa que quando o governo aumenta seus gastos em 100, como o multiplicador dos gastos autônomos é 5, a renda da economia aumentará em 500.

15º Exemplo: Suponha que a propensão marginal a consumir seja de 0,9 e a propensão marginal a importar seja de 0,1. Caso o Governo aumente a tributação de 100, de quanto diminuirá a renda de equilíbrio?

Solução:

Note que um aumento da tributação causa uma redução na renda de equilíbrio pois o multiplicador da tributação autônoma é negativo e é dado por $\dfrac{\Delta y}{\Delta \overline{T}} = -(c-m).K$.

Foi dado no enunciado da questão que c=0,9 e que $\Delta \overline{T} = 100$ e queremos calcular a variação na renda Δy.

Primeiro vamos calcular o valor do multiplicador Keynesiano:

$$K = \frac{1}{1-c+m} = \frac{1}{1-0,9+0,1} = \frac{1}{0,2} = 5$$

Sabemos que o multiplicador da tributação é dado por $\dfrac{\Delta y}{\Delta \overline{T}} = -c.K$, substituindo os valores de $K = 5$ e $\Delta \overline{T} = 100$ teremos:

$$\frac{\Delta y}{100} = -c.K = -0,9 \times 5 = -4,5, \text{ logo:}$$

$$\frac{\Delta y}{100} = -4,5 \text{ , logo: } \Delta y = 100 \times (-4,5) = -450$$

Isto significa que quando o governo aumenta a tributação em 100, como o multiplicador da tributação autônoma é -4,5, a renda da economia diminuirá em 450.

12.2.4. Regra Geral para se Obter a Renda de Equilíbrio

Os valores do multiplicador keynesiano e da renda de equilíbrio podem ser obtidos sem utilizar fórmulas através do roteiro abaixo transcrito:

1º passo: Calcular a renda disponível

$$y_d = y - T + R$$

Onde:
y_d é a renda disponível
y é a renda total
T é a tributação
R é a transferência

2º passo: Substituir a renda disponível nas funções que dela dependem (consumo e/ou importação).

3º passo: Calcular a demanda agregada:

$$y = C + I + G + X - M$$

16º exemplo. Considere os seguintes dados para uma economia hipotética.

$C = 0,8.y_d + 180$
$I = 190$
$G = 250$
$T = 150,$

Onde: C representa o consumo, y_d é a renda disponível, T é o tributo, I o investimento privado e G o gasto do governo. Calcule o multiplicador keynesiano e o nível de renda de equilíbrio.

1ª solução: Vamos primeiro resolver esse exemplo utilizando as fórmulas. Note que se trata do que chamamos de 1º modelo, pois neste caso apenas o consumo depende da renda disponível y_d.

O multiplicador keynesiano será dado por $K = \dfrac{1}{1 - c(1 - t + r) - i + m}$.

Como só existe a propensão marginal temos então que:

$$K = \frac{1}{1 - c(1 - t + r) - i + m} = \frac{1}{1 - c(1 - 0 + 0) - 0 + 0} = \frac{1}{1 - c} = \frac{1}{1 - 0,8} = \frac{1}{0,2} = 5$$

A renda de equilíbrio para este caso (1º modelo) é dada por $y = K(\overline{C} + \overline{I} + \overline{G} + \overline{X} - \overline{M} - c.\overline{T} + c.\overline{R})$.

Substituindo os valores de K e das componentes Autônomas temos que:

$$y = K(\overline{C} + \overline{I} + \overline{G} + \overline{X} - \overline{M} - c.\overline{T} + c.\overline{R}) = K.(\overline{C} + \overline{I} + \overline{G} + 0 - 0 - c.\overline{T} + 0) =$$
$$= 5 \times [180 + 190 + 250 - 0,8 \times (150)] = 5 \times [620 - 120] = 5 \times [500] = 2.500$$

2ª Solução: Vamos agora resolver esse exercício sem utilizar fórmula.

1º passo: calcular a renda disponível
A renda disponível é dada por $y_d = y - T + R$, então $y_d = y - 150 + 0 = y - 150$

2º passo: Substituir a renda disponível nas funções que dela dependem
$C = 0,8.y_d + 180 = 0,8.(y - 150) + 180 = 0,8y - 120 + 180 = 0,8y + 60$

3º passo: Calcular a demanda agregada y = C + I + G + X − M.

$y = C + I + G + X - M$
$\Rightarrow y = 0,8y + 60 + 190 + 250 + 0 - 0$
$\Rightarrow y = 0,8y + 500$
$\Rightarrow y - 0,8y = 500$
$\Rightarrow 0,2y = 500$
$\Rightarrow y = \dfrac{1}{0,2} \times (500) = 5 \times 500 = 2.500$

Perceba que o fator $\dfrac{1}{0,2}$ que está multiplicando o termo entre parêntesis de500, nada mais é

do o valor do multiplicador keynesiano, isto é, $K = \dfrac{1}{0,2} = 5$

12.3. O Terceiro Modelo de Determinação da Renda de Equilíbrio: o Consumo e a Importação NÃO Dependem da Renda Disponível

Vamos supor agora que nem consumo, nem as importações dependem da renda disponível:

$C = c.y + \overline{C}$

$I = i.y + \overline{I}$

$T = t.y + \overline{T}$

$R = r.y + \overline{R}$

$G = \overline{G}$

$X = \overline{X}$

$M = m.y + \overline{M}$

Mais uma vez destacamos que neste caso, que nós denominamos de 3º modelo, nem o consumo nem a importação dependem da renda disponível y_d, as demais funções ou dependem da renda total y ou são totalmente autônomas. Vamos então agora determinar o multiplicador, a renda de equilíbrio e os multiplicadores autônomos para esse caso.

12.3.1. O Multiplicador Keynesiano do 3º Modelo

Quando nem o consumo nem a importação dependem da renda disponível e as demais funções dependem da renda total ou são totalmente autônomas, ou seja, quando apenas o consumo e a importação dependem da renda disponível, a fórmula do multiplicador é alterada para:

$$K = \dfrac{1}{1 - c - i + m}$$

Onde:

c é a propensão marginal a consumir

i é a propensão marginal a investir

m é a propensão marginal a importar

(COPEVE/Economista/Companhia de Saneamento de Alagoas/2010) – Pode-se definir o multiplicador keynesiano de gastos como

a) a variação nos gastos de investimento dividida pela variação na demanda agregada autônoma.

b) a variação na renda de equilíbrio da economia dividida pela variação na demanda agregada autônoma.

c) a variação no consumo agregado dividida pela variação na demanda agregada autônoma.

d) a variação na demanda agregada dividida pela variação na demanda agregada autônoma.

e) a variação na demanda agregada autônoma dividida pela variação no consumo autônomo.

Solução:

A solução é a letra "b". O funcionamento do **multiplicador keynesiano** supõe uma economia com desemprego. **O multiplicador é o montante pelo qual a produção varia quando a demanda agregada autônoma aumenta uma unidade.** Supõe-se o lado monetário invariável (o lado monetário pode amortecer o efeito multiplicador de gastos, via taxa de juros, que afeta o investimento privado e os gastos públicos). O multiplicador keynesiano possui um efeito perverso: assim como a renda aumenta em um valor múltiplo para aumentos da demanda agregada ($\Delta Y = k.\Delta \overline{DA}$), a renda cai em um múltiplo, quando a demanda agregada cai.

13. TEOREMA DO ORÇAMENTO EQUILIBRADO

13.1. Definição

O orçamento está equilibrado quando o Governo só gasta o que arrecada, isto é, o governo aumenta seus gastos financiando com igual aumento na tributação autônoma $\left(\Delta \overline{G} = \Delta \overline{T} \right)$.

O **Teorema do Orçamento Equilibrado** (ou **Teorema de Havelmo**) postula que o equilíbrio entre gastos e receitas gera efeitos expansionistas. Ou seja, uma idêntica elevação das despesas e da tributação do governo fará com que a renda nacional aumente na mesma proporção. Dessa forma, aumentos dos gastos do governo cobertos por aumentos de arrecadação produzem expansão da demanda agregada.

(Fundação Carlos Chagas/Analista Legislativo/Assembleia Legislativa do Estado de Pernambuco/2014) – Segundo o Teorema do Orçamento Equilibrado,

a) a economia só alcançará o pleno emprego se o orçamento público estiver em equilíbrio.

b) os aumentos das despesas públicas têm de ser acompanhados por elevação da tributação para que se mantenha a confiança dos investidores estrangeiros na economia do país.

c) a política fiscal de aumento dos gastos do governo será eficaz apenas se o governo partir de uma situação de orçamento equilibrado.

d) a elevação de gastos do governo acompanhada do aumento da tributação em igual valor resultará em aumento do produto da economia no mesmo montante.

e) se o orçamento público estiver equilibrado e a economia estiver em pleno emprego, o balanço de pagamentos também estará equilibrado no que se denomina estado estacionário.

Solução:

A resposta é a letra "D" pois, conforme postula o Teorema do Orçamento Equilibrado, a elevação de gastos do governo acompanhada do aumento da tributação em igual valor resultará em aumento do produto da economia no mesmo montante. Quando o orçamento está equilibrado um aumento nos gastos causa um aumento na renda na mesma proporção, isto é, se os gastos do governo aumentam de 100, então renda aumenta de 100.

13.2. Multiplicador do Orçamento Equilibrado

O **multiplicador do orçamento equilibrado**, que é igual a 1 (um), refere-se aos efeitos de um aumento dos gastos do governo acompanhados por um aumento dos impostos na mesma proporção, tal que, no novo equilíbrio, o superávit ou déficit do governo é igual ao equilíbrio original. Este multiplicador keynesiano refere-se às variáveis componentes do orçamento público (impostos e gastos do governo). Dessa forma, supondo-se uma economia onde se aplica o modelo keynesiano simplificado, ao adotar-se uma política de manutenção do equilíbrio do orçamento do governo, um aumento do consumo governamental aumentará a renda no mesmo valor do aumento dos gastos.

Multiplicador do Orçamento equilibrado: O multiplicador do orçamento equilibrado é igual a unidade $\left(K_{OE} = 1 \right)$.

Considerando uma economia fechada e com governo, e quando apenas o Consumo é uma variável induzida pela renda e as demais variáveis que afetam a Demanda Agregada são autônomas, os multiplicadores dos gastos do governo e da tributação são:

$$k_G = \frac{1}{1-c} \quad e \quad k_T = \frac{-c}{1-c}$$

Onde "c" é a Propensão Marginal a Consumir. Somando os dois multiplicadores, teremos:

$$k_G + k_T = \frac{1}{1-c} + \frac{-c}{1-c} = \frac{1-c}{1-c} = 1$$

Note que o multiplicador dos impostos é, em valor absoluto, igual a um menos o multiplicador dos gastos do governo: $k_T = 1 - k_G$. Como $\Delta y = k_G \Delta G + k_T \Delta T$ e que $\Delta G = \Delta T$, então:

$$\Delta y = k_G \Delta G + k_T \Delta T \Rightarrow \Delta y = k_G \Delta G + k_T \Delta G \Rightarrow \Delta y = \Delta G \left(k_G + k_T \right) \Rightarrow \Delta y = \Delta G (1) \Rightarrow$$
$$\uparrow \Delta G = \uparrow \Delta T = \uparrow \Delta Y = \uparrow \Delta DA$$

Dessa forma, o aumento de uma unidade monetária nos gastos do governo financiado pelo aumento de mesmo valor nos impostos, aumenta a renda de equilíbrio em apenas uma unidade monetária. O multiplicador do orçamento equilibrado reflete o fato de que as mudanças nos impostos têm um impacto menor sobre a renda de equilíbrio, por unidade monetária, do que as mudanças nos gastos.

(Cespe-UnB/Economista/FUNCAP/PA/2004) – Julgue o item a seguir, como verdadeiro ou falso:

Uma expansão das despesas públicas, acompanhada de um aumento equivalente da receita tributária, por não ter efeito multiplicador, não altera a demanda agregada.

Solução:

Falso. A partir da condição de equilíbrio entre oferta agregada e demanda agregada em uma economia fechada e com governo, temos que:

$$y = DA = C + I + G$$

Supondo que o investimento (I) dessa economia não se altere, o impacto dessa política sobre a demanda será:

$$\Delta DA = c\Delta y_D + \Delta G$$

Em que y_d é a Renda Disponível Tratando apenas com y e T, bem como considerando que $\Delta DA = \Delta y$, temos:

$$\Delta DA = c\left(\Delta y - \Delta T\right) + \Delta G \Rightarrow \Delta DA = c\Delta y - c\Delta T + \Delta G \Rightarrow \Delta y = c\Delta y - c\Delta T + \Delta G \Rightarrow$$

$$\Delta y - c\Delta y = -c\Delta T + \Delta G \Rightarrow \Delta y\left(1 - c\right) = -c\Delta T + \Delta G \Rightarrow \Delta y = \left(\frac{1}{1-c}\right)\left(-c\Delta T + \Delta G\right)$$

Como $\Delta T = \Delta G$, temos:

$$\Delta y = \left(\frac{1}{1-c}\right)\left(-c\Delta G + \Delta G\right) \Rightarrow \Delta y = \left(\frac{1}{1-c}\right)\left[\Delta G\left(1 - c\right)\right] \Rightarrow \Delta y = \Delta G\left(1\right) \Rightarrow$$

$$\uparrow \Delta G = \uparrow \Delta T = \uparrow \Delta y = \uparrow \Delta DA$$

Ou seja, quando os gastos do governo e as receitas de impostos são aumentados no mesmo montante, a demanda agregada é alterada pois renda nacional cresce no valor do aumento dos gastos do governo. Portanto, em uma economia onde o governo resolve adotar uma política econômica de manutenção do equilíbrio orçamentário, aumentando gastos e receita do governo no mesmo valor, a renda real aumenta apenas no valor do aumento dos gastos.

13.3. Regras de Orçamento Equilibrado e os Estabilizadores Automáticos

Os economistas adeptos à visão da escolha pública para o processo orçamentário[1] defendem o orçamento equilibrado. Isso porque a geração de déficits durante as recessões pode ter efeitos adversos sobre os mercados financeiros e, portanto, pode atrapalhar em vez de ajudar na recuperação. Dessa forma, esses economistas estão dispostos a abrir mão da política fiscal como instrumento de política macroeconômica. Por outro lado, é interessante notar que os economistas keynesianos se opõem a uma regra estrita de orçamento equilibrado por acreditarem que a regra dificultaria o importante papel estabilizador que a política fiscal precisa desempenhar. Considerações que levariam esses economistas a acreditar que um déficit ou superávit do governo é, algumas vezes, apropriado, seriam:

---

[1] É interessante observar que, dentre os princípios orçamentários que regem o orçamento público brasileiro e que são defendidos pela corrente doutrinária dos tratadistas, destaca-se o princípio do equilíbrio, o qual postula que, em cada exercício financeiro, o montante da despesa não deve ultrapassar a receita prevista para o período.

(i)   Uma regra do orçamento equilibrado acabaria com a função de estabilizador automático (*built-in*) do sistema de impostos e transferências.

Estabilizadores automáticos são programas de proteção social, tais como o seguro-desemprego, assistência social, tributação progressiva etc, cujas transferências tendem a crescer com o aumento do desemprego, colaborando para manter o consumo elevado, e se retrairiam com a retomada do emprego. Portanto, um estabilizador automático é qualquer mecanismo na economia que reduz o volume pelo qual a produção varia em resposta a uma alteração na demanda autônoma.

O **seguro-desemprego** possibilita ao desempregado continuar a consumir menos se ele não encontrar um emprego. Isto significa que a demanda cai menos quando alguém fica desempregado do que cairia se não houvesse esse benefício. Isto torna o multiplicador menor e a produção mais estável.

A **tributação progressiva** exerce a função de estabilizador automático das flutuações cíclicas da economia pois, em momentos de retração econômica, diminui-se a carga tributária do setor privado liberando maior quantidade de recursos para os gastos, e na expansão, via subtração da renda do setor privado, o que contrai os gastos. O estabilizador automático tem uma característica anticíclica, e a tributação é uma função do nível de renda nacional. Um **imposto de renda** proporcional, por exemplo, reduz o multiplicador. Isto significa que, se qualquer componente da demanda autônoma variar, a produção irá variar menos se houver um imposto de renda proporcional do que na ausência de tais impostos.

(Cespe-UnB/Economista/FUNCAP/PA/2004) – Julgue o item a seguir, como verdadeiro ou falso:

A tributação progressiva da renda e o programa de seguro desemprego constituem exemplos de estabilizadores automáticos da economia porque elevam o déficit público durante as recessões e o reduzem durante os períodos de expansão econômica.

Solução:

Verdadeiro. Os estabilizadores automáticos são mudanças automáticas nas receitas tributárias e nas transferências quando a economia se afasta do nível de pleno emprego. Por exemplo, os estabilizadores automáticos contribuem para aumentar os gastos governamentais durante as recessões e reduzi-los durante os períodos de expansão econômica.

(Cespe-UnB/Técnico Científico – Área: Econômica/BASA/2004) – Julgue o item a seguir, como verdadeiro ou falso:

Além de ser um estabilizador automático, o imposto de renda proporcional reduz o multiplicador keynesiano e torna a produção mais estável.

Solução:

Esse item é verdadeiro. Suponha que haja um aumento da alíquota do imposto de renda, isto é, um aumento da propensão marginal a tributar. Por meio da expressão do multiplicador keynesiano, abaixo disposta, é fácil perceber que haverá uma redução do multiplicador keynesiano:

$$\downarrow k = \frac{1}{1 - c(1 - \uparrow t + r) - i + m}$$

(ii) Déficits ou superávits podem ser usados para minimizar a distorção de incentivos causada pelo sistema de impostos:

Os economistas keynesianos discordam de quaisquer regras de política fiscal que incluam o orçamento equilibrado, pois eles acreditam que essas regras dificultam o importante papel estabilizador da política fiscal, um papel que às vezes requer déficits orçamentários. O orçamento equilibrado eliminaria os déficits, mas também eliminaria o uso da política fiscal como instrumento de política macroeconômica.

(Cespe-UnB/Polícia Federal/Nacional-Escrivão/2004) – Julgue o item a seguir como verdadeiro ou falso.

Políticas de orçamento equilibrado que implicam aumento, simultâneo e da mesma ordem de magnitude, das despesas públicas e da arrecadação eliminam déficits ou superávits fiscais e são, por conseguinte, incompatíveis com a gestão dos ciclos econômicos

Solução:

Falso. Note que o papel desempenhado pelo formulador de política econômica é central como estabilizador de renda e emprego, por exemplo. Nesse sentido, regras de orçamento equilibrado podem restringir o papel estabilizador do planejador ao impor restrições excessivas na condução da política fiscal. Por exemplo, considere a Lei de Responsabilidade Fiscal (LRF) atualmente vigente no Brasil. Existe um dilema na adoção de regras fiscais como a LRF. Por um lado, regras fiscais ajudam a promover a responsabilidade e credibilidade da política fiscal, mas por outro lado limitam a atuação da política fiscal em lidar com os ciclos econômicos. Mas isso não significa dizer que regras fiscais, como políticas de orçamento equilibrado, sejam incompatíveis com a gestão dos ciclos econômicos. O abandono de higidez fiscal no Brasil nos últimos anos levou a uma perda tanto de credibilidade dos agentes econômicos na sustentabilidade da dívida pública quanto nos incentivos ao investimento e teve como uma das consequências a queda da atividade econômica em três anos seguidos (o que nunca antes tinha acontecido no Brasil, nem mesmo durante a recessão da década de 1930).

(iii) Um déficit orçamentário pode ser usado para transferir o peso tributário das gerações presentes para as gerações futuras:

Trata-se da Equivalência Ricardiana, tema que será abordado em maior profundidade no capítulo referente aos tópicos de macroeconomia do setor público.

14. O PARADOXO DA POUPANÇA

O Paradoxo da Poupança (ou Paradoxo da Parcimônia) caracteriza-se por uma situação provocada pela tentativa das pessoas de poupar mais, o que pode levar tanto ao declínio do produto quanto à ausência de alterações na poupança. Por exemplo, considere um país que faça uma campanha para elevar sua taxa de poupança. Se os gastos autônomos forem mantidos inalterados, uma elevação da propensão marginal a poupar levará a uma queda no nível de investimento e na renda nacional (note que o multiplicador keynesiano se reduz), tornando a sociedade mais pobre, caso essa poupança não seja investida. Dessa forma, se os agentes econômicos buscassem aumentar sua poupança para fazer frente ao risco do desemprego, poderiam ocorrer sucessos individuais, mas a tentativa seria frustrada para o conjunto dos agentes na economia. Matematicamente,

$$k = \frac{1}{1-c} = \frac{1}{s} \Rightarrow s \uparrow \Rightarrow \downarrow k = \left(\frac{1}{\uparrow s}\right) \Rightarrow y \downarrow$$

Logo, sendo a poupança um **vazamento no fluxo de renda**, se ela não for reinjetada no fluxo de renda, provocará queda no nível de atividades. Dessa forma, maior propensão da sociedade a poupar poderá quebrar o ritmo da demanda agregada, desmotivando novos investimentos em expansão da produção. O crescimento e a prosperidade da economia poderão ser impactados para baixo.

(Cespe-UnB/Técnico de Planejamento e Pesquisa do IPEA/2008) – Julgue o item a seguir:

O paradoxo da parcimônia, de Keynes, diz que como a poupança agregada determina o investimento agregado, uma elevação na taxa de juros que aumente a propensão a poupar dos agentes gera um acréscimo na poupança agregada, ainda que paradoxalmente o aumento na taxa de juros afete negativamente o investimento.

Solução:

Falso. O paradoxo da poupança implica que um aumento autônomo do consumo significa uma redução autônoma da poupança. O impacto sobre a renda do maior nível de consumo simplesmente fará com que a poupança induzida compense a queda da poupança autônoma. Apesar de sucessos individuais devido ao aumento da poupança para fazer frente ao risco de desemprego, o conjunto dos agentes estará pior no final. Alguns pesquisadores defendem que a queda na renda da economia japonesa, durante parte da década de 90, é explicada pelo paradoxo da poupança. A cultura japonesa tradicionalmente estimula o ato de poupar. Assim, algumas políticas econômicas que incentivavam o consumo não tiveram êxito na economia japonesa.

15. CRUZ KEYNESIANA

A cruz keynesiana representa graficamente a função dos gastos planejados de uma economia, bem como a condição de equilíbrio de que os gastos realizados sejam iguais aos gastos planejados:

$$E = C(Y - T) + I + G$$

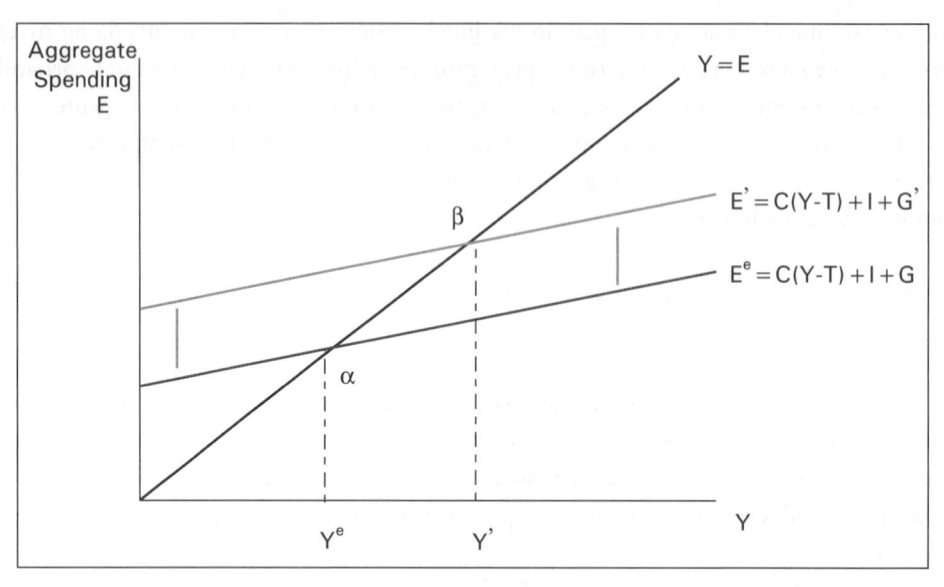

Figura 5: A Cruz Keynesiana com aumento de gastos governamentais

Um aumento nos gastos governamentais, de G para G' desloca a função de gastos planejados para cima. O novo equilíbrio é o ponto β. Uma mudança em Y é igual o produto do multiplicador dos gastos governamentais e a mudança nos gastos governamentais:

$$\Delta Y = \frac{1}{1-c} \times \Delta G$$

Tendo em vista que a propensão marginal a consumir (PMgC = c) é menor do que 1, a expressão acima informa que um aumento de \$ 1,00 nos gastos leva ao aumento em Y que é maior que \$ 1,00.

Um aumento nos impostos de ΔT reduz a renda disponível ($Y_d = Y - T$) em ΔT e, portanto, reduz o consumo em $c \times \Delta T$. Para cada nível de renda Y, o gasto planejado se reduz. Na cruz keynesiana, o aumento da tributação desloca a função de gasto planejado para baixo em $c \times \Delta T$.

A quantidade em que Y cai é dada pelo produto do multiplicador da tributação e o aumento na tributação:

$$\Delta Y = -\frac{c}{1-c} \times \Delta T$$

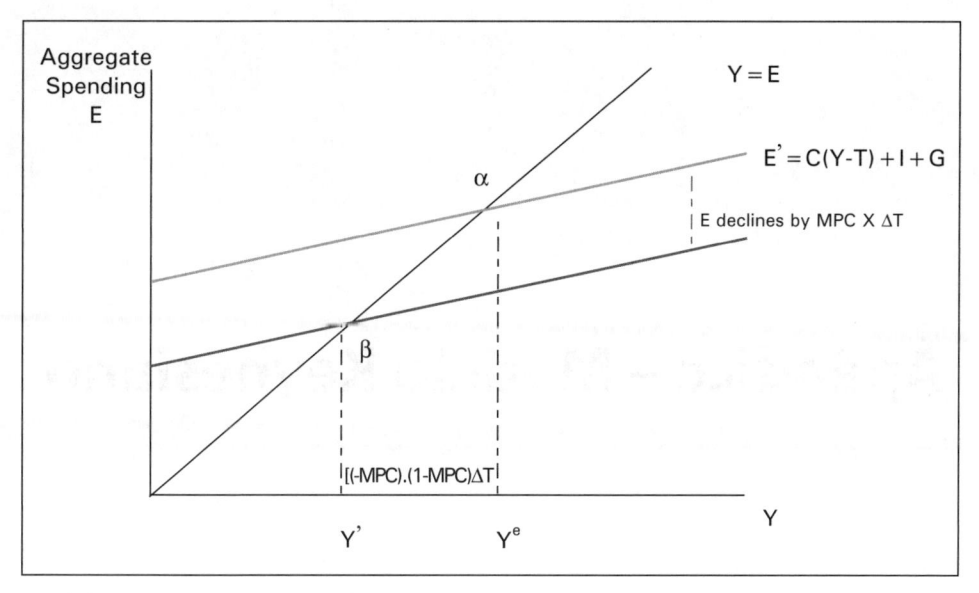

Figura 6: A Cruz Keynesiana e o aumento de impostos

Considere, agora, a situação descrita na literatura como teorema do orçamento equilibrado (ou teorema de Haavelmo), o qual postula que aumentos nos gastos e na tributação, em mesma magnitude, provocam aumento na renda na mesma magnitude do aumento dos gastos. Matematicamente, o multiplicador keynesiano no teorema do orçamento equilibrado é igual a 1:

$$k = k_G + k_T = \frac{1}{1-c} + \left(-\frac{c}{1-c} \right) = \frac{1-c}{1-c} = 1$$

Uma vez que $\Delta G = \Delta T$, após algumas manipulações algébricas, obtemos $\Delta Y = \Delta G$, o qual mostra que, mantendo a taxa de juros constante, um aumento igual nos gastos e na tributação desloca a curva IS para a direita na quantidade do aumento dos gastos. Como resultado, o produto aumenta, o consumo cai, a taxa de juros aumenta, e o investimento cai.

Apêndice – Modelo Keynesiano

A.1. MODELAGEM DAS COMPONENTES DA DEMANDA AGREGADA

Vamos de novo supor que o consumo, o investimento, a tributação, as transferências governamentais, os gastos do governo, as exportações e as importações de uma economia teórica sejam modelados da maneira a seguir:

Consumo das famílias: $C = c.y_d + \bar{C}$

Investimento investimentos das empresas: $I = i.y + \bar{I}$

Tributação: $T = t.y + \bar{T}$

Transferências governamentais: $R = r.y + \bar{R}$

Gastos do governo: $G = \bar{G}$

Exportações: $X = \bar{X}$

Importações: $M = m.y + \bar{M}$

Dessa maneira a economia fica caracterizada por esse conjunto de 7 equações:

$C = c.y_d + \bar{C}$ (1)

$I = i.y + \bar{I}$ (2)

$T = t.y + \bar{T}$ (3)

$R = r.y + \bar{R}$ (4)

$G = \bar{G}$ (5)

$X = \bar{X}$ (6)

$M = m.y + \bar{M}$ (7)

Esse conjunto de equações simula o comportamento dos agentes econômicos dessa economia.

A.2. DETERMINAÇÃO DO MULTIPLICADOR KEYNESIANO

De acordo com a condição de equilíbrio entre oferta agregada e demanda agregada, e considerando uma economia aberta e com governo, temos:

$$OA = DA \Rightarrow y = DA = C + I + G + X - M$$

em que a renda disponível é expressa como $y_d = y - T + R$; a Função Tributação é dada por $T = \bar{T} + ty$ e a função Transferência é dada por $R = \bar{R} + ry$. Logo, a renda disponível pode também ser expressa da seguinte forma:

$$y_d = Y - (\bar{T} + ty) + (\bar{R} + ry) \Rightarrow y_d = y - tY - \bar{T} + \bar{R} + ry \Rightarrow y_d = y(1 - t + r) - \bar{T} + \bar{R}$$

Substituindo y_d na condição de equilíbrio, temos,

$$y = (\bar{C} + cy_d) + (\bar{I} + iy) + \bar{G} + \bar{X} - (\bar{M} + my)$$

$$y = \left[\bar{C} + c(y(1 - t + r) - \bar{T} + \bar{R})\right] + (\bar{I} + iy) + \bar{G} + \bar{X} - (\bar{M} + my)$$

$$y = \left[\bar{C} + c(y(1 - t + r) - \bar{T} + \bar{R})\right] + (\bar{I} + iy) + \bar{G} + \bar{X} - (\bar{M} + my)$$

$$y = \bar{C} + cy(1 - t + r) - c\bar{T} + c\bar{R} + \bar{I} + iy + \bar{G} + \bar{X} - \bar{M} - my$$

$$y - cy(1 - t + r) - iy + my = \bar{C} + \bar{I} + \bar{G} + \bar{X} - \bar{M} - c\bar{T} + c\bar{R}$$

$$y\left[1 - c(1 - t + r) - i + m\right] = \bar{C} + \bar{I} + \bar{G} + \bar{X} - \bar{M} - c\bar{T} + c\bar{R}$$

$$y = \left(\frac{1}{1 - c(1 - t + r) - i + m}\right)(\bar{C} + \bar{I} + \bar{G} + \bar{X} - \bar{M} - c\bar{T} + c\bar{R})$$

A renda de equilíbrio será expressa da seguinte forma:

$$y_E = k(\bar{C} + \bar{I} + \bar{G} + \bar{X} - \bar{M} - c\bar{T} + c\bar{R})$$

Em que, $k = \dfrac{1}{1 - c(1 - t + r) - i + m}$

Os multiplicadores da demanda agregada serão:

$$\frac{\Delta y}{\Delta DA} = \frac{\Delta y}{\Delta \bar{C}} = \frac{\Delta y}{\Delta \bar{I}} = \frac{\Delta y}{\Delta \bar{G}} = \frac{\Delta y}{\Delta \bar{X}} = k$$

$$\frac{\Delta y}{\Delta \bar{M}} = -k \therefore \frac{\Delta y}{\Delta \bar{T}} = -ck \therefore \frac{\Delta y}{\Delta \bar{R}} = ck$$

No caso de termos a função importação como função da renda disponível, $M = \bar{M} + my_D$, o multiplicador keynesiano se transforma na seguinte expressão:

$$k = \frac{1}{1-(c-m)(1-t+r)-i}$$

E a renda de equilíbrio será dada por:

$$y_E = k\left(\bar{C} + \bar{I} + \bar{G} + \bar{X} - \bar{M} - (c-m)\bar{T} + (c+m)\bar{R}\right)$$

E as expressões dos multiplicadores da demanda agregada serão dadas por:

$$\frac{\Delta y}{\Delta DA} = \frac{\Delta y}{\Delta \bar{C}} = \frac{\Delta y}{\Delta \bar{I}} = \frac{\Delta y}{\Delta \bar{G}} = \frac{\Delta y}{\Delta \bar{X}} = k$$

$$\frac{\Delta y}{\Delta \bar{M}} = -k \therefore \frac{\Delta y}{\Delta \bar{T}} = -(c-m)k \therefore \frac{\Delta y}{\Delta \bar{R}} = +(c-m)k$$

Por exemplo, note que uma elevação do nível das exportações de um país que esteja abaixo do pleno emprego fará com que a renda de equilíbrio aumente mais do que a elevação das exportações:

$$\frac{\Delta y}{\Delta \bar{X}} = k \Leftrightarrow \Delta Y = k\left(\Delta \bar{X}\right)\uparrow$$

De acordo com a expressão matemática do multiplicador keynesiano, pode-se observar que ele é diretamente proporcional à propensão marginal a consumir (c), à propensão marginal a transferir (r) e à propensão marginal a investir (i). Por outro lado, o multiplicador keynesiano é inversamente proporcional à propensão marginal a tributar (t), à propensão marginal a importar (m) e à propensão marginal a poupar (s). A tabela a seguir resume as principais relações entre os componentes autônomos e os componentes do multiplicador keynesiano.

A.3. TRIBUTAÇÃO AUTÔNOMA VERSUS TRIBUTAÇÃO COMO FUNÇÃO DA RENDA

O multiplicador keynesiano é mais intenso numa economia na qual a tributação é totalmente autônoma do que numa economia na qual os tributos também incidem sobre a renda:

$$\left.\begin{array}{l} T = \bar{T} \Rightarrow k_1 = \dfrac{1}{1-c} \\[4mm] T = \bar{T} + ty \Rightarrow k_2 = \dfrac{1}{1-c(1-t)} \end{array}\right\} \Rightarrow k_1 > k_2$$

Uma redução na alíquota do imposto sobre a renda (t) aumenta o multiplicador da economia.

Capítulo 7

Modelo IS-LM

1. INTRODUÇÃO

O Modelo IS-LM analisa os efeitos de políticas macroeconômicas (fiscal e monetária) e seus impactos sobre a demanda agregada. Foi desenvolvido em 1937 por John Hicks[1], o qual resumiu o que considerava uma das principais contribuições de Keynes: a descrição conjunta dos mercados de bens e monetário. Sua análise foi ampliada por Alvin Hansen, sendo o modelo conhecido também como análise Hicks-Hansen. O modelo IS-LM, portanto não foi desenvolvido por Keynes, mas sim por Hicks e Hansen a partir de uma releitura da obra seminal de Keynes intitulada "Teoria Geral do Emprego, do Juro e da Moeda" (1937).

A curva IS mostra as combinações da **taxa de juros e renda** que igualam o Investimento (I) com a Poupança (S), isto é, a curva IS mostra a igualdade entre Poupança e Investimento (I = S) e, portanto, o equilíbrio no mercado do produto (mercado de bens e serviços). A curva LM mostra as combinações da **taxa de juros e renda** que igualam a Demanda por moeda (L) com a oferta de moeda (M), isto é, a curva LM mostra a igualdade entre Oferta e Demanda por moeda (L = M) e, portanto, mostra o equilíbrio no mercado monetário.

O modelo IS-LM é formado pela utilização conjunta das duas curvas: a curva IS que mostra o equilíbrio do mercado do produto e a curva LM que mostra o equilíbrio do mercado monetário, desse modo o modelo IS-LM mostra as combinações de taxa de juros e renda que equilibram tanto o mercado do produto quanto o mercado monetário, ou seja, o modelo IS-LM mostra a **taxa de juros e a renda** de equilíbrio da economia como um todo. Assim no modelo IS-LM a taxa de juros e a renda são chamadas de **variáveis endógenas**, pois são determinadas dentro do modelo.

A Curva IS está relacionada com a política fiscal (níveis de Gastos públicos e de Tributação) enquanto que a curva LM está relacionada com a política monetária (nível da oferta monetária). Como as políticas fiscal e monetária afetam demanda total por bens e serviços da economia (a chamada demanda agregada) então o modelo IS-LM é o arcabouço ideal para o estudo da Demanda Agregada.

---

[1] HICKS, J. "Mr. Keynes and the Classics: A Suggested Interpretation", *Econometrica*, 5, 1937.

A quase totalidade dos livros textos de macroeconomia, não somente os livros preparatórios para concursos público iniciam primeiro estudando o equilíbrio no mercado do produto (dado pela curva IS) e em seguida estuda o equilíbrio no mercado monetário (dado pela curva LM). No presente texto vamos estudar primeiro o mercado monetário pois nos parece ser, em termos pedagógicos, mais eficiente e também por entendermos da conspícua relevância macroeconômica da política monetária para a condução das políticas econômicas.

(NCE-RJ/Economista/MT/2006) – O Modelo IS-LM oferece uma teoria geral:

a) da demanda agregada e explica duas variáveis endógenas, o nível de preços e o nível de investimento;

b) da oferta agregada e explica duas variáveis endógenas, o nível de preços e a taxa de câmbio;

c) da oferta agregada e explica duas variáveis endógenas, a oferta monetária e a taxa de juros;

d) da demanda agregada e explica duas variáveis endógenas, o nível da renda nacional e a taxa de juros;

e) da demanda agregada e explica duas variáveis endógenas, a propensão a poupar e a taxa de juros.

Solução:

A resposta é a letra "D". O Modelo IS-LM oferece uma teoria geral da demanda agregada e explica duas variáveis endógenas, o nível da renda nacional e a taxa de juros.

2. O MERCADO MONETÁRIO

O mercado monetário é composto pela demanda (procura) e oferta de moeda. A oferta de moeda é feita pelo Banco Central e a demanda por moeda é feita pelos agentes econômicos (famílias, empresas, governo e setor externo) que procuram moeda (retém consigo encaixes monetários) por motivos de transação, de precaução ou especulativo. A interação entre as forças de demanda e de oferta de moeda determinam a quantidade de moeda e a taxa de juros (preço da moeda).

2.1. A Demanda por Moeda, procura por Moeda ou Preferência pela Liquidez (L)

A demanda por moeda é feita pelos agentes econômicos: famílias, firmas, governo e setor externo. As famílias e as firmas precisam de moeda para fazer seus pagamentos, manter encaixes monetários preventivos ou para especular. O governo precisa de dinheiro para financiar seus gastos e o setor externo precisa de moeda nacional para investir e adquirir bens produzidos no país. Assim todos os agentes demandam moeda. O caro leitor percebeu então que demandar moeda significa manter consigo encaixes monetários, isto é, demanda moeda significa manter dinheiro no bolso visando sua utilização presente ou futura.

Quais os motivos que levam os agentes econômicos a demandarem moeda? Por quer as pessoas mantém consigo encaixes monetários? Existem três motivos para se demandar moeda: o motivo transação, o motivo precaução e o motivo de especulação. Assim, existem três tipos de demanda por moeda:

(i)   a demanda transacional de moeda;

(ii) a demanda precaucional de moeda;

(iii) a demanda especulativa por moeda.

Assim temos que a demanda por moeda se dá por três motivos: transacional, precaucional e especulativo.

1. **A demanda por transação de moeda**: as pessoas, geralmente, recebem seus vencimentos com periodicidade mensal, porém seus gastos com transporte, alimentação, etc.; são diários. Portanto, elas necessitam manter consigo encaixes monetários para fazer frente as suas transações. O dinheiro que as pessoas mantêm consigo para pagar suas transações é chamado de demanda por transação de moeda ou demanda transacional de moeda. **A demanda por moeda é função crescente da renda**, ou seja, quanto maior a renda de uma pessoa (quanto mais dinheiro ela possui) mais ela irá demanda moeda (reter encaixes monetários) para fazer frente às suas transações.

2. **A demanda por precaução de moeda**: as pessoas, geralmente, saem de casa levando consigo algum dinheiro a mais do que pretendem gastar. Esses encaixes monetários. As pessoas também mantêm consigo encaixes monetários para fazer frente a eventualidades. Esse dinheiro é chamado de demanda por precaução de moeda ou demanda precaucional de moeda. **A demanda por precaução de moeda também é função crescente da renda**, pois quanto maior a renda, maior será a demanda por precaução de moeda, pois quanto mais rica é uma pessoa mais dinheiro ela manterá consigo por motivo de precaução.

3. **A demanda por especulação de moeda**: as pessoas também utilizam moeda para especular com a taxa de juros. Como o juro é o preço do dinheiro, quando a taxa de juros é baixa (dinheiro barato) a demanda especulativa é alta, isto é, a moeda será utilizada para especular e não para ser utilizada em transação ou precaução. Segundo a Teoria da Preferência pela Liquidez de Keynes, o motivo especulativo é uma das principais razões para a demanda de moeda. De acordo com o motivo especulativo, a demanda por moeda está inversamente relacionada à taxa de juros. **A demanda especulativa por moeda é função decrescente da taxa de juros**, pois como a taxa de juros é o custo da retenção de moeda (é o que se perde quando se guarda moeda, que não rende juros, em vez de colocá-la em aplicações financeiras – títulos e poupança – que rendem juros), uma taxa de juros maior reduz o montante dos saldos monetários reais demandados (essa curva tem declividade negativa). Se a taxa de juros sobe, as pessoas desejam manter consigo menor quantidade de sua riqueza em forma de moeda. De fato, vamos lembrar que a demanda de um bem mostra uma relação inversa entre o preço de um bem e a quantidade comprada desse bem. Ora, a taxa de juros nada mais é do que o preço da moeda e, portanto, quando a taxa de juros aumenta, então a quantidade de moeda diminui. Em outras palavras, **a demanda por moeda é função inversa da taxa de juros**, pois quando a taxa de juros aumenta (aumenta o preço da moeda), a quantidade demandada de moeda diminui. Para os economistas clássicos, o motivo para se demandar moeda era apenas para fins de transação ou precaução, para os clássicos não havia demanda especulativa por moeda. Por outro lado, Keynes formulou, além dos motivos de transação e precaução, um terceiro motivos para se demandar moeda[2]: o motivo de especulação.

---

[2] Em um artigo publicado depois da Teoria Geral, Keynes introduziu o **motivo financeiro**, relacionado à demanda por moeda antecipada e alguma despesa discricionária planejada, mas não rotineira, por exemplo, investimento em bens de capital. Contudo, os três primeiros conceitos são os mais conhecidos na literatura econômica.

(FIDENE/Economista/Município de Ijuí/2013) - Segundo Keynes são as razões para se reter moeda:

a) Motivo Transação; Motivo Especulação e Motivo Precaução.

b) Motivo Poupança; Motivo Investimento; Motivo Consumo.

c) Consumo, Investimento e Produção.

d) Taxa de juros; taxa marginal de substituição; taxa de desemprego.

e) O Emprego, o Juro e a Moeda.

Solução:

A resposta é a letra "a", ou seja: (i) a demanda transacional de moeda (motivo transação); (ii) a demanda precaucional de moeda (motivo precaução); e, (iii) a demanda especulativa por moeda (motivo especulação).

Portanto a demanda por moeda é função crescente da renda (demanda por transação e precaução por moeda) e é função inversa da taxa de juros (demanda especulativa por moeda). As demandas por transação e precaução de moeda representam a parcela da demanda por moeda que é função crescente da renda. A demanda especulativa por moeda representa a parcela da demanda por moeda que é função inversa da taxa de juros.

Desse modo, como a demanda por moeda é função crescente da renda, termos que:

(i) Quando a renda aumenta a demanda por moeda aumenta;

(ii) Quando a renda diminui a demanda por moeda diminui;

E também, como a demanda por moeda é função inversa (decrescente) da taxa de juros, temos que:

(i) Quando a taxa de juros aumenta a demanda por moeda diminui;

(ii) Quando a taxa de juros diminui a demanda por moeda aumenta.

Em resumo:

(i) A demanda por moeda aumenta quando a renda aumenta e/ou a taxa de juros diminui;

(ii) A demanda por moeda diminui quando a renda diminui e/ou a taxa de juros aumenta.

(Cespe-UnB/Analista de Comércio Exterior/2001) – Julgue o item que se segue como verdadeiro ou falso.

De acordo com a teoria da preferência pela liquidez, o aumento das taxas de juros reduz a quantidade de moeda que as pessoas desejam reter.

Solução:

Verdadeiro. A demanda por moeda é inversamente proporcional à taxa de juros, ou seja, a demanda por moeda é função decrescente da taxa de juros.

Observações sobre demanda por moeda:

(1ª) **Demandar moeda significa literalmente, guardar dinheiro no bolso, isto é, manter consigo encaixes monetários.**

(2ª) Demandar moeda por motivo de transação significa guardar dinheiro no bolso pensando nos pagamentos (as transações) que terá que fazer.

(3º) Demandar moeda por motivo de precaução significa guardar dinheiro no bolso pensando em um eventual pagamento que poderá ser feito (caso a pessoa tome o ônibus errado, por exemplo).

(4ª) O leitor deve notar que **existe uma relação inversa entre os títulos de longo prazo e a taxa de juros**. Quando a taxa de juros é alta (dinheiro caro), os detentores de dinheiro desejarão emprestar dinheiro, pois vale a pena emprestar dinheiro para os outros cobrando juros altos. Por sua vez, os detentores de títulos vão querer fazer a mesma coisa e irão vender seus títulos para obter moeda e em sequência emprestá-la a juros altos. Assim, a oferta de títulos vai aumentar e, portanto, pela lei da oferta e da procura, seu preço vai diminuir. Em resumo: quando a taxa de juros é alta os preços dos títulos são baixos e vice-versa.

(5ª) **Demandar moeda significa guardar dinheiro no bolso, esperando que a taxa de juros venha a aumentar, para então comprar um título mais barato**. Se uma pessoa possui a expectativa de aumento da taxa de juros, então ela irá adiar a decisão de comprar títulos agora, pois, se de fato os juros aumentarem, os preços dos títulos irão cair (veja a observação anterior). Ao adiar a compra do título, essa pessoa estará mantendo dinheiro (demandando moeda), e isto não se dá nem por motivo de transação, nem de precaução. O motivo é a especulação.

2.2 A Oferta de Moeda

A oferta monetária é feita pelo Banco Central (BACEN). É o BACEN que possui o monopólio da emissão de papel moeda. O Banco Central pode emitir ou retira moeda do mercado, isto é, pode realizar uma política monetária expansiva ou restritiva.

Os instrumentos de uma expansão monetária (injeção de liquidez na economia) são:

(i) Emissão de moeda (aumento da base monetária);

(ii) Aumento dos meios de pagamentos;

(iii) Aumento da oferta monetária;

(iv) Diminuição da taxa de recolhimento compulsório;

(v) Aumento do redesconto (empréstimos para socorrer os bancos);

(vi) O BACEN compra títulos e assim injeta dinheiro na economia.

Os instrumentos de uma contração monetária (retirada de liquidez na economia) são:

(i) diminuição da base monetária;

(ii) diminuição dos meios de pagamentos;

(iii) diminuição da oferta monetária;

(iv) aumento da taxa de recolhimento compulsório;

(v) diminuição do redesconto;

(vi) O BACEN vende títulos e assim retira dinheiro da economia.

2.3. O Equilíbrio no Mercado Monetário

A taxa de juros de equilíbrio é determinada em um modelo simples intercessão entre demanda e oferta de moeda. A livre interação entre as forças de demanda por moeda (feita pelos agentes motivadas por transação, precaução ou especulação) e por oferta de moeda (feita pelo BACEN) determina a taxa de juros e a quantidade de moeda.

No mercado monetário vale a Lei da Oferta e da Procura e portanto:

(i) **Se a procura por moeda aumenta então a taxa de juros de equilíbrio aumenta**: se muitos agentes querem comprar moeda, então o seu preço (a taxa de juros) vai aumentar.

(ii) **Se a procura por moeda diminui então a taxa de juros de equilíbrio diminui**: se poucos agentes querem comprar moeda, então o seu preço (a taxa de juros) vai diminuir.

(iii) **Se a oferta de moeda aumenta então a taxa de juros de equilíbrio diminui**: se muitos agentes querem vender moeda, então o seu preço (a taxa de juros) vai diminuir.

(iv) **Se a oferta de moeda diminui então a taxa de juros de equilíbrio aumenta**: se poucos agentes querem vender moeda, então o seu preço (a taxa de juros) vai aumentar.

Observação: o leito não deve confundir a lei da oferta e da demanda aplicada ao mercado monetário (acima exposto), com a teoria da preferência pela liquidez, que diz que a demanda por moeda é função crescente da renda e inversa da taxa de juros. Assim:

(i) Quando a taxa de juros aumenta então a demanda por moeda diminui.

(ii) Quando a demanda por moeda aumenta, então, a taxa de juros de equilíbrio irá aumentar.

3. A CURVA LM

Antes de tudo, vamos nos acostumar com a notação:

L = Demanda ou procura por moeda. Denominada por Keynes de Preferência pela Liquidez, pois a moeda é o ativo de maior liquidez e quem está, portanto, demandando moeda é porque possui preferência pela liquidez.

M = Oferta de moeda. Quem oferta moeda na economia é o BACEN.

A curva LM mostra a igualdade L= M entre a demanda por moeda (L) e a oferta de moeda (M). Isto é, mostra o equilíbrio no mercado monetário.

3.1. A Definição da Curva LM

A **curva LM** mostra a relação entre taxas de juros e nível de renda que se estabelece no mercado monetário, e é traçada considerando-se uma dada oferta de saldos monetários reais. Logo, a curva LM mostra o equilíbrio no mercado monetário, ou seja, essa curva mostra os pontos (combinações entre taxas de juros e renda) para os quais L = M.

3.2. O Diagrama Juros x Renda

Vamos lembrar que a demanda por moeda é função crescente da renda (y) e função inversa da taxa de juros (r). Essas variáveis (taxa de juros e renda) são as variáveis endógenas, determinadas pelo modelo. Portanto o gráfico da curva LM fica plotado (desenhado) no diagrama renda x juros. A taxa de juros r é plotada no eixo vertical, enquanto que a renda y é plotada no eixo horizontal. O Plano cartesiano definido pelos eixos vertical (da taxa de juros) e horizontal (da renda) é mostrado a seguir na Figura 1.

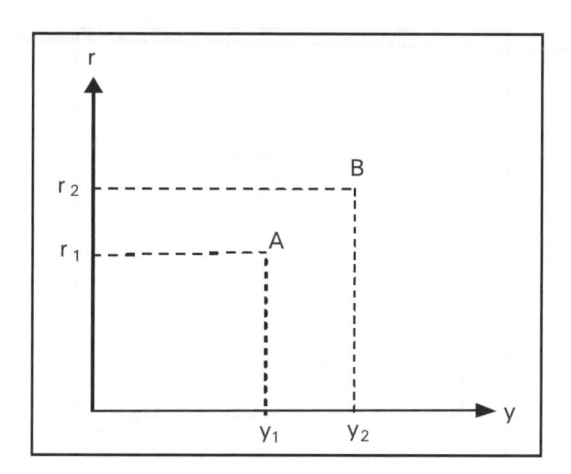

Figura 1: Combinações da Taxa de Juros e Renda

Note que cada ponto nesse plano nada mais é do que uma combinação de taxa de juros e renda. Desse modo o ponto A acima representa a combinação juros-renda (r_1, y_1), ao passo que o ponto B representa outra combinação juros-renda (r_2, y_2).

3.3. O Gráfico da Curva LM

No plano juros *versus* renda, a curva LM é o Lócus, isto é, o lugar geométrico de todos os pontos (combinações de juros e renda) para os quais L é igual a M, isto é, para os quais a demanda por moeda é igual á oferta de moeda, denotando equilibro no mercado monetário.

No diagrama juros-renda a curva LM é uma curva crescente (positivamente inclinada). De fato, temos que:

(i)   A demanda por moeda é função crescente da renda e inversa da taxa de juros. A demanda por moeda aumenta quando a renda aumenta e/ou a taxa de juros diminui e vice-versa, a demanda por moeda diminui quando a renda diminui e/ou a taxa de juros aumenta. E, portanto, caso a taxa de juros aumente e ao mesmo tempo a renda também aumente então a demanda por moeda não se altera

(ii) Caso o Banco central não emita ou contraia moeda, a oferta de moeda não se altera.

Suponha que, na figura acima, no ponto A (r_1, y_1), o mercado monetário esteja equilibrado (L = M). Caso a taxa de juros aumente, então a demanda por moeda diminuirá. Como a oferta de moeda não se altera, para restaurar o equilíbrio (igualdade L = M) entre demanda e oferta de moeda, temos que a renda deve aumentar para equilibrar novamente o mercado monetário; e desse modo iríamos do ponto A (r_1,y_1) para o ponto B (r_2,y_2). Tanto no ponto A quanto no ponto B, então temos que a demanda e a oferta de moeda são iguais (L = M) e portanto esses pontos pertencem a curva LM, que por definição mostra os pontos de equilíbrio no mercado monetário. Notamos então que quando a taxa de juros aumenta, r_1 para r_2, teremos que a renda aumenta de y_1 para y_2. Isso mostra que a Curva LM é crescente (possui inclinação positiva), conforme apresentado na Figura 2 a seguir:

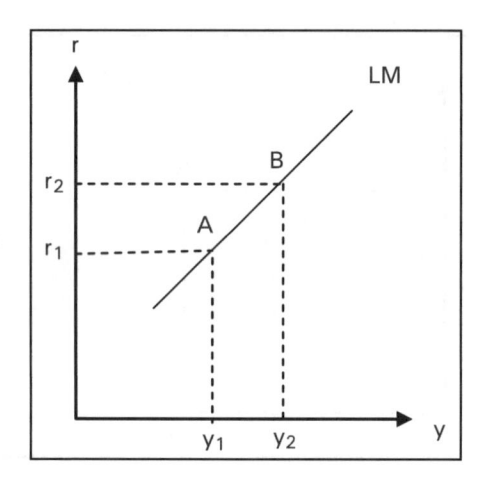

Figura 2: A Curva LM

Assim a Curva LM é crescente, isto é, a LM é positivamente inclinada, mostrando uma relação positiva entre renda e taxa de juros, pois:

(i) quando a renda aumenta então a demanda por moeda também aumenta (pois a demanda por moeda é função crescente da renda). Pela lei da oferta e da procura, esse aumento da demanda por moeda causará um aumento da taxa de juros. Percebemos então que, quando a renda aumenta, então (para pontos ao longo da LM) a taxa de juros aumenta.

(ii) quando a taxa de juros aumenta, então a demanda por moeda diminui (pois a demanda por moeda é função decrescente da taxa de juros). Pela lei da oferta e da procura, essa redução da demanda por moeda causará uma redução da renda. Percebemos mais uma vez que, para pontos ao longo da LM, existe uma relação direta entre a taxa de juros e a renda, o que indica uma inclinação positiva para a curva LM.

No gráfico acima, percebemos que, para qualquer ponto situado em cima da curva LM, teremos uma igualdade entre demanda e oferta de moeda. Para qualquer ponto fora da curva LM (acima ou abaixo da curva), teremos desequilíbrio no mercado monetário. Assim, a curva LM realmente é o lócus dos pontos de equilíbrio do mercado monetário, isto é, a curva LM é o lugar geométrico das combinações de taxa de juros e renda que igualam a demanda com a oferta de moeda.

(Cespe-UnB/Consultor do Senado Federal – Economia – Política Econômica – 2002) – Julgue o item a seguir, como verdadeiro ou falso:

A curva LM é ascendente porque, quanto mais elevado for o nível de renda, maior será a demanda por saldos monetários reais, e, portanto, maior será a taxa de juros de equilíbrio.

Solução:

Esse item é verdadeiro, isto é, a Curva LM é ascendente (positivamente inclinada), mostrando uma relação positiva entre renda e taxa de juros.

3.4. O Deslocamento da Curva LM (Política Monetária)

A curva LM, em decorrência da expansão ou contração monetária, pode se deslocar para a direita ou para a esquerda, conforme o gráfico abaixo. Fazer uma Política Monetária significa deslocar a curva LM. Se a curva LM se desloca para a direita diremos que a Política monetária é expansiva (ou expansionista). Se a curva LM se desloca para a esquerda diremos que a Política monetária é contracionista (ou restritiva). Os instrumentos da política monetária são as expansões e contrações monetárias realizadas pelo Banco Central. As expansões monetárias deslocam a curva LM para a direita, caracterizando uma política monetária expansiva. As contrações monetárias deslocam a curva LM para a esquerda, caracterizando uma política monetária restritiva. Esses deslocamentos podem ser vistos na Figura 3 a seguir:

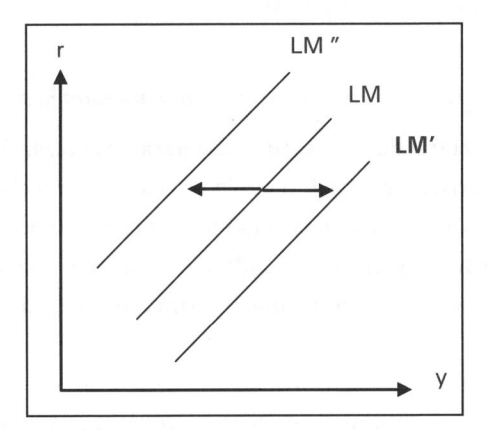

Figura 3: Deslocamentos da Curva LM

3.4.1. *Deslocamento da LM para a Direita (Política Monetária Expansiva)*

Uma expansão monetária desloca a curva LM para a direita. De fato, quando o BACEN faz uma expansão monetária, injetando dinheiro na economia, o nível de atividade econômica (a renda, o produto) aumenta, pois, os agentes utilizarão esse dinheiro a mais para realizar transações, aumentando assim a demanda agregada e gerando emprego e renda. Como o eixo horizontal da renda está orientado positivamente para a direita, então a curva LM se desloca para a direita.

Fazer uma política monetária expansiva significa deslocar a Curva LM para a direita. O instrumento disponível para a autoridade monetária (o *policymaker* ou Formulador de Políticas) fazer essa política monetária expansiva são: (i) emissão de moeda (aumento da base monetária), (ii) aumento dos meios de pagamentos, (iii) aumento da oferta monetária, (iv) diminuição da taxa de recolhimento compulsório, (v) aumento do redesconto (empréstimos para socorrer os bancos) e (vi) quando o BACEN compra títulos e assim injetando dinheiro na economia. Ver Figura 4 a seguir:

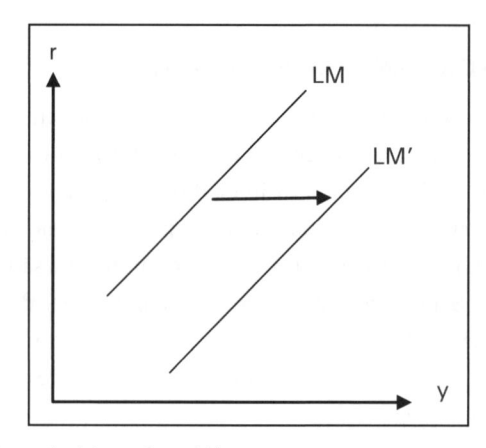

Figura 4: Política Monetária Expansionista e a Curva LM

3.4.2. *Deslocamento da LM para a Esquerda (Política Monetária Restritiva)*

Uma contração monetária desloca a curva LM para a esquerda. De fato, quando o BACEN faz uma contração monetária, retirando dinheiro da economia, o nível de atividade econômica (a renda, o produto) diminui, pois, os agentes terão menos dinheiro para realizar suas transações, diminuindo assim a demanda agregada, gerando desemprego e queda da renda. Como o eixo horizontal da renda está orientado positivamente para a direita, então a curva LM se desloca para a esquerda.

Fazer uma política monetária restritiva significa deslocar a Curva LM para esquerda. O instrumento disponível para a autoridade monetária (o *policymaker* ou o Formulador de Políticas) fazer essa política monetária contracionista são: (i) retirada de moeda (diminuição da base monetária), (ii) diminuição dos meios de pagamentos, (iii) diminuição da oferta monetária, (iv) aumento da taxa de recolhimento compulsório, (v) diminuição do redesconto (empréstimos para socorrer os bancos) e (vi) quando o BACEN vende títulos e assim retira dinheiro da economia. Ver Figura 5 a seguir.

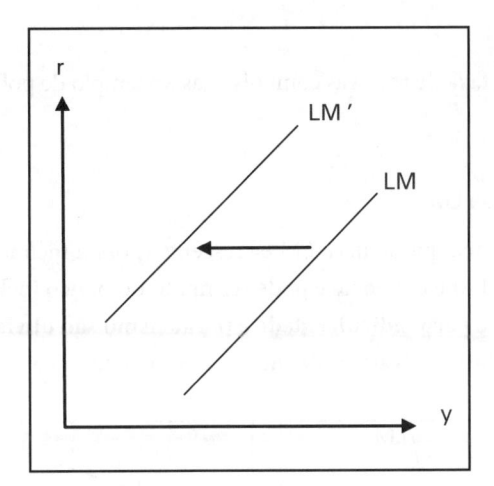

Figura 5: Política Monetária Restritiva e a Curva LM

Em resumo:

Expansão monetária	Desloca a LM para direita
Contração monetária	Desloca a LM para esquerda

(Fundação Dom Cintra/Economista/Prefeitura Municipal de Petrópolis/2012) - Marque a alternativa que preencha corretamente as lacunas, respectivamente:

"As operações de mercado aberto _____, nas quais o Banco Central _____ a oferta de moeda pela _____ de títulos da dívida, levam a um (a) _____ do preço dos títulos e a um (a) _____ da taxa de juros".

a) contracionistas / aumenta / compra / diminuição / aumento;

b) contracionistas / diminui / venda / diminuição / aumento;

c) contracionistas / diminui / compra / aumento / diminuição;

d) expansionistas / aumenta / venda / aumento / aumento;

e) expansionistas / diminui / compra / diminuição / diminuição.

Solução:

A resposta é a letra "b", pois a venda de títulos públicos por parte do Banco Central nas operações de mercado aberto diminui a oferta monetária da economia, uma vez que se trata de política monetária contracionista (ou restritiva), resultando em uma diminuição do preço dos títulos públicos e a um aumento da taxa de juros.

(Cespe-UnB/Analista Legislativo – Ciências Econômicas/Assembleia Legislativa do Estado do Ceará/2011) – Julgue o item a seguir como verdadeiro ou falso.

O aumento da taxa de reservas compulsórias é exemplo de política monetária expansionista.

Solução:

Falso. O aumento da taxa de reservas compulsórias é exemplo de política monetária restritiva (contracionista).

3.5. A Inclinação da Curva LM

O caro leitor já percebeu que a curva LM é crescente (possui inclinação positiva). A questão agora é notar que a curva LM é crescente e pode ser muito ou pouco inclinada, como na Figura 6 abaixo na qual **os sinais de perpendicularidade e paralelismo são obviamente usados exagera- damente por motivos didáticos, trata-se de uma licença pedagógica:**

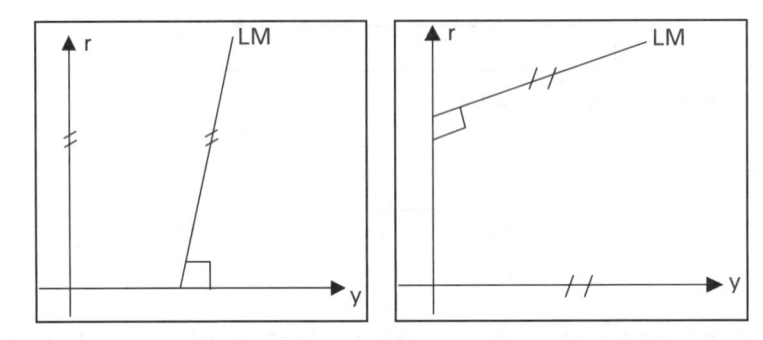

Figura 6: Curva LM íngreme, isto é, muito inclinada (figura à esquerda) e Curva LM "deitada", isto é, pouco inclinada (figura à direita).

A inclinação da curva LM é muito importante, pois está relacionada com a sensibilidade da demanda por moeda em relação à taxa de juros e em relação à renda.

Sabemos que a demanda por moeda depende diretamente da renda e inversamente da taxa de juros. Portanto variações na renda ou na taxa de juros causam variações na demanda por moeda. Desse modo temos que:

(i) **Demanda por moeda elástica (sensível) à renda**: quando a procura por moeda é muito sensível à renda, ou seja, quando pequenas variações na renda causam grandes variações na demanda por moeda, de modo que, se a renda aumenta pouco, então a demanda por moeda irá aumentar muito e vice-versa, quando a renda diminui pouco, então a de manda por moeda vai diminuir muito.

(ii) **Demanda por moeda inelástica (insensível) à renda**: quando a procura por moeda é pouco sensível à renda, ou seja, quando grandes variações na renda causam pequenas variações na demanda por moeda, de modo que, se a renda aumenta muito, então a demanda por moeda irá aumentar pouco e vice-versa, quando a renda diminui muito, então a de manda por moeda vai diminuir pouco.

(iii) **Demanda por moeda elástica (sensível) à taxa de juros**: quando a procura por moeda é muito sensível à taxa de juros, ou seja, quando pequenas variações nos juros causam grandes variações na demanda por moeda, de modo que, se a taxa de juros aumenta pouco, então a demanda por moeda irá diminuir muito e vice-versa, quando a taxa de juros diminui pouco, então a de manda por moeda vai aumentar muito.

(iv) Demanda por moeda inelástica (insensível) à taxa de juros: quando a procura por moeda é pouco sensível à taxa de juros, ou seja, quando grandes variações na taxa de juros causam pequenas variações na demanda por moeda, de modo que, se a taxa de juros aumenta muito, então a demanda por moeda irá diminuir pouco e vice-versa, quando a taxa de juros diminui muito, então a de manda por moeda vai aumentar pouco.

3.5.1. *Curva LM Íngreme (Muito Inclinada)*

CURVA LM COM INCLINAÇÃO MUITO ÍNGREME: A demanda por moeda é INELÁSTICA À TAXA DE JUROS e ELÁSTICA À RENDA.

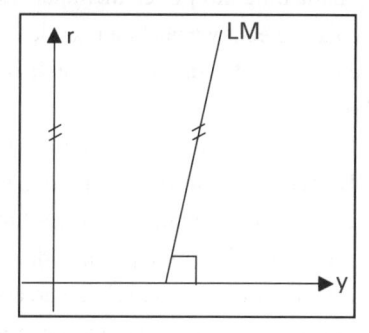

Figura 7: Curva LM Íngreme (Muito Inclinada)

Na Figura 7, foi desenhada uma curva LM com inclinação muito elevada. Neste caso a LM tende a ser paralela ao eixo vertical da taxa de juros e ao mesmo tempo, tende a ser perpendicular ao eixo horizontal da renda. Os sinais de paralelismo e perpendicularidade nessa figura são meras "licenças didáticas".

Quando a LM é muito inclinada (muito íngreme) temos que a demanda por moeda é inelástica (insensível) à taxa de juros e ao mesmo tempo é elástica (sensível) à renda. De fato, se a curva LM é muito íngreme (muito "em pé"), então está ficando quase paralela ao eixo vertical da taxa de juros e, portanto, a demanda por moeda fica insensível aos juros, ao mesmo tempo, se a curva LM é muito íngreme (muito "em pé"), então está ficando também, quase perpendicular ao eixo horizontal da taxa da renda e, portanto, a demanda por moeda fica sensível à renda.

3.5.2. *Curva LM "Achatada" (Pouco Inclinada)*

CURVA LM COM INCLINAÇÃO MUITO ACHATADA: A demanda por moeda é: ELÁSTICA À TAXA DE JUROS e INELÁSTICA À RENDA

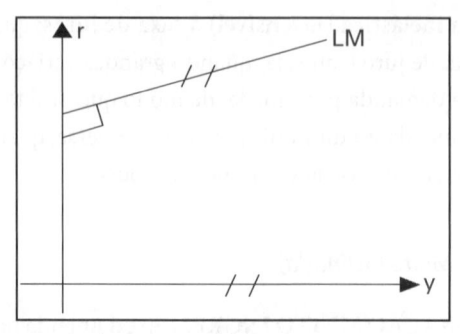

Figura 8: A Curva LM "Achatada" (Pouco Inclinada)

Na Figura 8 acima, foi desenhada uma LM pouco inclinada, muito "deitada", "achatada". Neste caso a LM tende a ser perpendicular ao eixo vertical da taxa de juros e ao mesmo tempo, tende a ser paralela ao eixo horizontal da renda. **Os sinais de paralelismo e perpendicularidade nessa figura são meras "licenças didáticas".**

Quando a LM é "achatada", pouco inclinada (mais deitada) temos que a demanda por moeda é elástica (sensível) à taxa de juros e ao mesmo tempo é inelástica (insensível) à renda. De fato, se a curva LM é pouco íngreme (muito "deitada"), então está ficando quase perpendicular ao eixo vertical da taxa de juros e, portanto, a demanda por moeda fica sensível aos juros, ao mesmo tempo, se a curva LM é pouco íngreme (muito "deitada"), então está ficando também, quase paralela ao eixo horizontal da taxa da renda e, portanto, a demanda por moeda fica insensível à renda.

Desse modo, quanto mais íngreme (mais "em pé") for a curva LM, mais a procura por moeda é:

(i)   Insensível (inelástica) à taxa de juros e

(ii) Sensível (elástica) à renda.

De modo análogo, quanto menos inclinada (mais "deitada") for a curva LM, mais a procura por moeda é:

(i)   Sensível (elástica) à taxa de juros e

(ii) Insensível (inelástica) à renda.

Em resumo:

Inclinação da LM	Característica da demanda por moeda
Curva LM muito íngreme	Demanda por moeda inelástica aos juros e elástica à renda
Curva LM muito deitada	Demanda por moeda elástica aos juros e inelástica à renda

3.6. A Posição Relativa

O leitor já sabe que pontos situados sobre a curva LM representam equilíbrio no mercado monetário. Os pontos situados acima da LM representam excesso de oferta no mercado monetário (M > L) e pontos situados abaixo da LM significam excesso de demanda no mercado monetário (L >M). Assim, na Figura 9, temos:

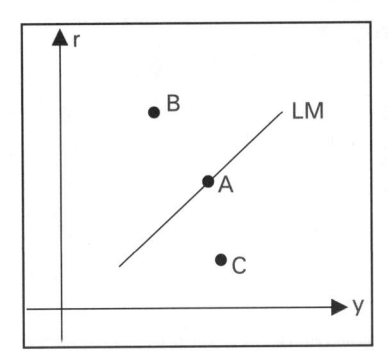

Figura 9: Posição Relativa da Curva LM

A ⇒ Equilíbrio no mercado monetário (L = M)
B ⇒ Excesso de oferta no mercado monetário (M > L)
C ⇒ Excesso de demanda no mercado monetário (M < L)

(FIDENE/Economista/Município de Ijuí/2013) - É correto afirmar que em qualquer ponto da Curva LM:

a) Há equilíbrio do mercado de trabalho.

b) Pode ser mostrado um equilíbrio do mercado de bens e serviços.

c) Existe equilíbrio no mercado monetário.

d) O equilíbrio é formado pelas quantidades ofertadas de moeda por um lado e, demanda de bens e serviços, por outro.

e) Pode-se verificar o equilíbrio do mercado de recursos produtivos.

Solução:

A resposta é a letra "c" pois em qualquer ponto da curva LM existe equilíbrio no mercado monetário.

3.7. A Equação da Curva LM

A equação da curva LM é obtida simplesmente igualando a oferta real de moeda (M/P) com a demanda por moeda (L).

Exemplo: considere os seguintes dados para uma economia hipotética:

$M = 100$, onde M é a Oferta Monetária

$P = 10$, onde P é o Preço

$L = 0,2y - 0,1r$, onde L é demanda por moeda, y é a renda e r é a taxa de juros.

Determine a equação e esboce o gráfico da curva LM.

Solução:

Para equilibrar o mercado monetário, basta igualar a oferta real de moeda com a demanda por moeda, ou seja, $\dfrac{M}{P} = L$. Desse modo teremos:

M = 100 (Oferta Monetária)

P = 10 (Preço)

L = 0,2y – 0,1r

$$\frac{M}{P} = L$$

$$\frac{100}{10} = 0,2y - 0,1r$$

0,1r = 0,2y – 10

r = 2y – 100

Colocando a variável renda no eixo horizontal e plotando a variável juros no eixo vertical, o gráfico da equação acima é dado na Figura 10 a seguir:

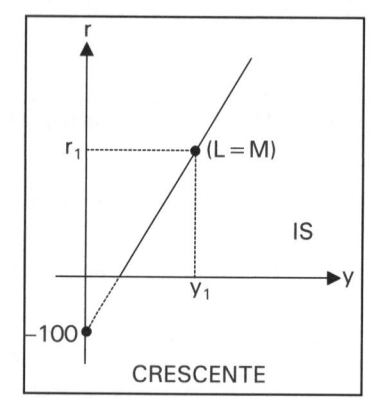

Figura 10: Exemplo Numérico e Gráfico Relacionado à Curva LM

4. O MERCADO DE BENS E SERVIÇOS

O mercado de bens e serviços, também conhecido como mercado do produto é composto pela demanda (procura) e oferta de produtos (que são os bens e serviços). A oferta de produtos é feita pelo setor produtivo (as firmas) e a demanda por produtos é feita pelos agentes econômicos (famílias, empresas, governo e setor externo) que procuram por esses bens e serviços. A interação entre as forças de demanda e de oferta determinam o nível do produto e o nível de preços. Quando a oferta global e a demanda global de bens serviços se igualam, o mercado do produto está equilibrado. Mas o equilíbrio, como veremos a seguir, só é compatível quando a Poupança e o Investimento são iguais. Vamos agora então estudar essas funções Poupança e Investimento.

4.1. Poupança (S)

Do capítulo anterior sabemos que a poupança é função crescente da renda (y). Quanto maior a renda, maior será o nível de poupança. De fato, vamos lembrar que se o consumo é dado por $C = cy + \overline{C}$, onde c = Propensão Marginal a Consumir e $\overline{C}$ = Consumo Autônomo, então a Poupança será dada pela equação $S = sy - \bar{C}$, onde s = Propensão Marginal a Poupar e $\bar{S} = -\bar{C}$ = Poupança Autônoma. Como o coeficiente da renda (a propensão marginal a poupar) é um número positivo, pois temos que $0 < s < 1$, vemos então, claramente que a poupança é uma função crescente da renda. Assim, quando a renda aumenta, então a poupança aumenta e vice-versa, quando a renda diminui, então a poupança diminui.

4.2. Investimento (I)

No chamado "modelo da curva IS", nós modelamos o investimento de um modo diferente do que foi modelado no "modelo keynesiano da renda de equilíbrio".

No denominado "**modelo keynesiano de determinação da renda,**" nós tínhamos que o investimento era função crescente da renda (y), e dado pela equação $I = \bar{I} + i.y$, onde i = Propensão Marginal a Investir e $\bar{I}$ = Investimento Autônomo.

No chamado "**modelo da curva IS**", o investimento é função inversa da taxa de juros. De fato, quando a taxa de juros é alta, os investimentos são baixos, pois com o dinheiro caro, as firmas irão investir pouco, isto é, como a taxa de juros é o preço do dinheiro, quando os juros forem altos, o empresário não possui estímulo para pegar dinheiro emprestado para comprar máquinas. Quando a taxa de juros aumenta, então os investimentos diminuem. Quando as taxas de juros diminuem, os investimentos aumentam.

O investimento (I) então será dado pela equação $I = \bar{I} - fr$, onde **r** é a taxa de juros, f é elasticidade (sensibilidade) do investimento à taxa de juros e $\bar{I}$ é o Investimento Autônomo. Por exemplo, se o investimento é dado por I = **40 – 0,1r**, então **o investimento autônomo é 40 e 0,1 é a elasticidade do investimento à taxa de juros**.

Perceba que quanto maior o parâmetro f (coeficiente da taxa de juros), maiores serão os impactos no investimento causados pelas variações da taxa de juros e, portanto, mais sensível será o investimento à taxa de juros. Por esse motivo, o parâmetro f é chamado de elasticidade do investimento em relação à taxa de juros

Em resumo: **a Poupança (S) é função crescente da renda (y) e o investimento (I) é função inversa da taxa de juros (r)**. Assim:

Quando a renda aumenta	A poupança aumenta
Quando a renda diminui	A poupança diminui
Quando a taxa de juros aumenta	O investimento diminui
Quando a taxa de juros diminui	O investimento aumenta

4.3. Equilíbrio no Mercado de Bens e Serviços

O mercado do produto estará equilibrado quando a demanda e oferta globais de bens e serviços forem iguais. Acontece que essa condição é análoga à igualdade entre poupança e investimento. De fato, quando a poupança é maior que o investimento (S > I), o mercado do produto estará desequilibrado com excesso de oferta, pois uma economia que mais poupa do que investe se formam estoques. Quando a poupança é menor que o investimento (S < I), o mercado do produto estará desequilibrado com excesso de demanda, pois numa economia onde se investe mais do que se poupa haverá excesso da procura sobre de bens (os estoques são todos consumidos). Se a Poupança (S) e o Investimento (I) são iguais, isto é, se S = I, então, o mercado do produto está equilibrado pois não haverá nem excesso de oferta, e nem excesso de demanda. Desse modo temos que:

S > I $\Rightarrow$ Excesso de oferta no mercado do produto
S < I $\Rightarrow$ Excesso de demanda no mercado do produto
S = I $\Rightarrow$ Equilíbrio no mercado no produto

5. CURVA IS

Antes de tudo, vamos nos acostumar com a notação.
S = Poupança.
I = Investimento.

A curva IS mostra a igualdade I = S entre o investimento (I) e a Poupança (S). Isto é, mostra o equilíbrio no mercado do produto (mercado de bens e serviços).

5.1 A Definição da Curva IS

A **curva IS** mostra a relação entre taxas de juros e nível de renda que se estabelece no mercado de bens e serviços. Logo, a curva IS mostra o equilíbrio no mercado do produto, ou seja, essa curva mostra os pontos (combinações entre taxas de juros e renda) para os quais a poupança é igual ao investimento (S = I).

(Universidade Federal de Goiás/Economista/Prefeitura de Goiânia/2012) - No modelo econômico da síntese neoclássica, a curva IS corresponde a combinações de

a) taxa de juros e poupança, que equilibram o mercado do produto ou o lado real da economia.
b) taxa de juros e renda, que equilibram o mercado do produto ou o lado real da economia.
c) taxa de juros e renda, que equilibram o mercado monetário de uma economia.
d) taxa de juros e investimento, que equilibram o mercado monetário de uma economia.

Solução:

A resposta é a letra "b", pois a curva IS corresponde às combinações de taxa de juros e renda, que equilibram o mercado do produto (bens e serviços) ou o lado real da economia.

5.2. O Plano Taxa de Juros versus Renda

Vamos lembrar que a poupança (S) é função crescente da renda (y) e o investimento (I) função inversa da taxa de juros (r). Essas variáveis (taxa de juros e renda) são as variáveis endógenas, determinadas pelo modelo. Portanto o gráfico da curva IS, também fica plotado (desenhado) no diagrama renda x juros. A taxa de juros r é plotada no eixo vertical, enquanto que a renda y é plotada no eixo horizontal. Note que cada ponto nesse plano nada mais é do que uma combinação de taxa de juros e renda.

5.3. O Gráfico da Curva IS

No plano juros *versus* renda, a curva IS é o Lócus, isto é, o lugar geométrico de todos os pontos (combinações de juros e renda) para os quais I é igual a S, isto é, para os quais o investimento é igual à poupança, denotando equilibro no mercado monetário.

No diagrama juros-renda a curva IS é uma curva decrescente (negativamente inclinada). De fato, temos que:

(i) A poupança é função crescente da renda. Portanto para aumentar a poupança temos que aumentar a renda.

(i) O Investimento é função inversa da taxa de juros. Se a taxa de juros diminuir, então o investimento vai aumentar.

Suponha que, na Figura 11 abaixo, no ponto A (r_1,y_1), do produto esteja equilibrado $(I = S)$. Caso a taxa de juros diminua, então o investimento aumentará, desequilibrando o mercado do produto. Para restaurar o equilíbrio (igualdade $I = S$) entre investimento e poupança, temos que a renda deve aumentar para aumentar a poupança a fim de equilibrar novamente o mercado do produto; e desse modo iríamos do ponto A (r_1,y_1) para o ponto B (r_2,y_2). Tanto no ponto A quanto no ponto B, então temos que o investimento e a poupança são iguais $(I = S)$ e, portanto, esses pontos pertencem a curva IS, que por definição mostra os pontos de equilíbrio no mercado de bens s serviços. Notamos então que quando a taxa de juros diminui de r_1 para r_2, teremos que a renda aumenta de y_1 para y_2. Isso mostra que a Curva IS é decrescente (possui inclinação negativa).

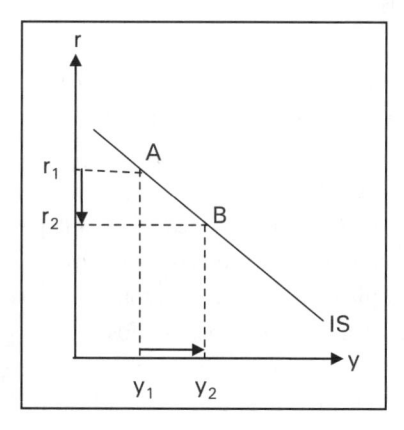

Figura 11: A Curva IS

Assim a Curva IS é crescente, isto é, a IS é negativamente inclinada, mostrando uma relação negativa entre renda e taxa de juros

5.4. O Deslocamento da Curva IS (Política Fiscal)

A curva IS, em decorrência da expansão ou contração dos gastos públicos (ou da tributação e das transferências de renda), pode se deslocar para a direita ou para a esquerda, conforme o gráfico abaixo. Fazer uma Política Fiscal significa deslocar a curva IS. Se a curva IS se desloca para a direita diremos que a Política fiscal é expansiva (ou expansionista). Se a curva IS se desloca para a esquerda diremos que a Política fiscal é contracionista (ou restritiva). Os instrumentos da política fiscal são os níveis de Gastos Públicos, Tributação e Transferências Governamentais realizadas e/ou autorizadas pela autoridade fiscal. A Política Fiscal expansionista é feita através de aumento dos gastos públicos, diminuição dos tributos e aumento das transferências governamentais de renda (como o programa Bolsa Família) e provoca um deslocamento da curva IS para a direita. A Política Fiscal restritiva (ou contracionista) é feita através de redução dos gastos públicos, aumento dos tributos e diminuição das transferências governamentais de renda e provoca um deslocamento da curva IS para a esquerda. Essa análise pode ser vista na Figura 12 a seguir:

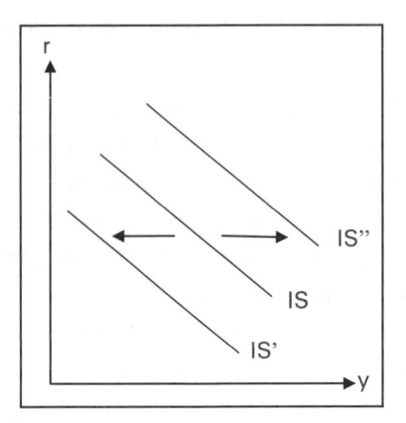

Figura 12: Deslocamentos da Curva IS

Os principais fatores que deslocam a curva IS são os Gastos autônomos do Governo $(\overline{G})$, a tributação autônoma $(\overline{T})$ e as transferências autônomas $(\overline{R})$.

Gastos autônomos do Governo $(\overline{G})$

> **Um aumento dos Gastos do Governo desloca a Curva IS para a direita**, pois um aumento dos gastos governamentais aumenta a renda (o produto) visto que um aumento dos Gastos do Governo se dá ou porque o Governo aumentou o salário dos funcionários públicos ou porque aumentou suas compras, em qualquer dos casos a procura global da economia aumenta e as firmas aumentarão sua produção para atender esse aumento de demanda e, portanto terão que contratar mais mão de obra e utilizar mais máquinas e equipamentos, consequentemente a remuneração dos fatores de produção (renda) aumenta; como o eixo da renda está orientado para a direita então a curva IS de deslocará para a direita.

> **Uma diminuição dos Gastos do Governo desloca a IS para a esquerda**, pois uma redução dos gastos governamentais diminui a renda (o produto) visto que uma redução dos Gastos do Governo se dá ou porque o Governo diminuiu o salário dos funcionários públicos ou porque diminuiu suas compras, em qualquer dos casos a procura global da economia diminui e as firmas reduzirão sua produção para se ajustar a essa queda da demanda e, portanto, terão que contratar menos mão de obra e utilizar menos máquinas e equipamentos, consequentemente a remuneração dos fatores de produção (renda) diminui; como o eixo da renda está orientado para a direita então a curva IS de deslocará para a esquerda.

Tributação autônoma $(\overline{T})$

➤ **Um aumento da tributação desloca a curva IS para a esquerda**, pois um aumento da tributação diminui a renda disponível e, portanto, a procura global da economia diminui e as firmas diminuirão sua produção para se ajustar a essa diminuição da demanda e, portanto, terão que contratar menos mão de obra e utilizar menos máquinas e equipamentos, consequentemente a remuneração dos fatores de produção (a renda) diminui; como o eixo da renda está orientado para a direita então a curva IS de deslocará para a esquerda.

➤ **Uma diminuição da tributação desloca a curva IS para a direita**, pois uma redução dos impostos aumenta a renda disponível e, portanto a procura global da economia aumenta e as firmas aumentarão sua produção para atender ao aumento da demanda e, portanto, terão que contratar mais mão de obra e utilizar mais máquinas e equipamentos, consequentemente a remuneração dos fatores de produção (a renda) aumenta; como o eixo da renda está orientado para a direita então a curva IS de deslocará para a direita.

(Economista/Instituto Federal de Educação, Ciência e Tecnologia/Paraíba/2014) – Considerando o modelo IS-LM, qual das medidas de política econômica provocaria um deslocamento para a direita da curva IS:

a) Redução da carga tributária autônoma.

b) Aumento da carga tributária autônoma.

c) Redução da oferta de moeda.

d) Aumento dos salários nominais.

e) Redução dos gastos do governo.

Solução:

A resposta é a letra "a", pois, conforme visto acima, uma redução da carga tributária provoca um aumento da renda disponível, deslocando a curva IS para a direita.

Transferências (R)

➤ **Um aumento das transferências desloca a curva IS para a direita**, pois um aumento das transferências governamentais aumenta a renda (o produto) visto que um aumento das transferências do Governo se dá porque o Governo aumentou as pensões e aposentadorias e consequentemente as pessoas irão comprar mais bens e serviços e, portanto a procura global da economia aumenta e as firmas aumentarão sua produção para atender esse aumento de demanda e, portanto, terão que contratar mais mão de obra e utilizar mais máquinas e equipamentos, consequentemente a remuneração dos fatores de produção (renda) aumenta; como o eixo da renda está orientado para a direita então a curva IS de deslocará para a direita.

➤ **Uma diminuição das transferências desloca a curva IS para a esquerda**, pois uma diminuição das transferências governamentais diminui a renda (o produto) visto que uma redução das transferências do Governo se dá porque o Governo diminuiu as pensões e aposentadorias e consequentemente as pessoas irão comprar menos bens e serviços e, portanto, a procura global da economia diminui e as firmas diminuirão sua produção para se ajustar a essa queda de demanda e, portanto, terão que contratar menos mão de obra e utilizar menos máquinas e equipamentos, consequentemente a remuneração dos fatores de produção (renda) diminui; como o eixo da renda está orientado para a direita então a curva IS de deslocará para a esquerda.

Em resumo:

- **Política Fiscal expansiva**: A curva IS de desloca para a direita através de um aumento dos Gastos do Governo $(\bar{G}\uparrow)$, diminuição da tributação autônoma $(\bar{T}\downarrow)$ e aumento das transferências $(\bar{R}\uparrow)$ e consequentemente a renda aumenta.

- **Política Fiscal restritiva**: a Curva IS se desloca para a esquerda através de uma diminuição dos gastos do Gastos do Governo $(\bar{G}\downarrow)$, aumento da tributação autônoma $(\bar{T}\uparrow)$ e diminuição das transferências $(\bar{R}\downarrow)$ e, consequentemente, a renda diminui

---

(Cespe-UnB/Analista de Correios – Especialidade: Economista/2011) – Julgue o item a seguir como verdadeiro ou falso.

Política fiscal é a gestão dos gastos e da arrecadação públicos, com o objetivo de atingir determinado objetivo. Quando o governo deseja expandir o nível de emprego para combater a recessão, uma alternativa é aumentar as despesas do governo e, ao mesmo tempo, aumentar os impostos para financiar esse aumento de gastos.

Solução:

Falso. Se o governo deseja expandir o nível de emprego para combater a recessão, uma alternativa é aumentar as despesas do governo e/ou reduzir a tributação, caracterizando uma política fiscal expansionista.

5.4.1. *Deslocamento da Curva IS para Direita (Política Fiscal Expansiva)*

Fazer uma política fiscal expansiva significa deslocar a Curva IS para a direita. O instrumento disponível para a autoridade fiscal (o *policymaker* ou o Formulador de Políticas) fazer essa política fiscal expansiva são: (i) Aumento dos gastos do governo $(\uparrow\bar{G})$; (ii) Diminuição da tributação $(\downarrow\bar{T})$; (iii) Aumento das transferências $(\uparrow\bar{R})$. Ver Figura 13 a seguir:

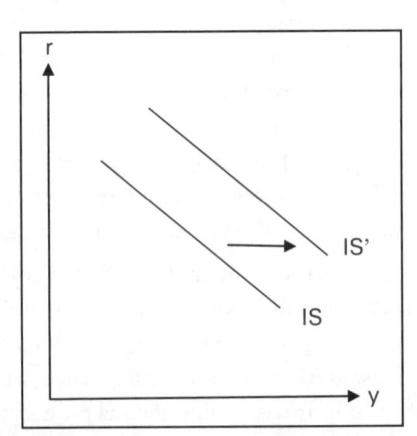

Figura 13: Política Fiscal Expansionista e a Curva IS

(PROAD/Economista/Universidade Federal do Estado do Rio de Janeiro/2011) - A política econômica indicada para deslocar a curva IS para a direita é denominada

a) Redução dos gastos do governo.

b) Redução dos salários nominais.

c) Aumento dos salários nominais.

d) Aumento da carga tributária autônoma.

e) Redução da carga tributária autônoma.

Solução:

A resposta é a letra "e", pois a redução da carga tributária autônomo caracteriza uma política fiscal expansionista, a qual desloca a curva IS para a direita.

5.4.2. *Deslocamento da Curva IS para a Esquerda (Política Fiscal Restritiva)*

Fazer uma política fiscal restritiva significa deslocar a Curva IS para a esquerda. O instrumento disponível para a autoridade fiscal (o *policymaker* ou o Formulador de Políticas) fazer essa política fiscal restritiva são: (i) diminuição dos gastos do governo $(\downarrow \bar{G})$; (ii) aumento da tributação autônoma $(\uparrow \bar{T})$; (iii) redução das transferências $(\downarrow \bar{R})$. Ver Figura 14 a seguir:

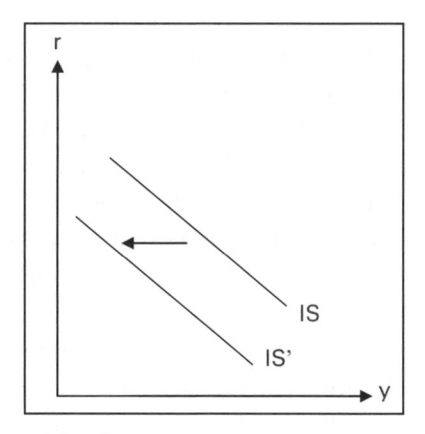

Figura 14: Política Fiscal Restritiva e a Curva IS

Em resumo:

Aumento dos Gastos do Governo $(\bar{G} \uparrow)$ Diminuição da tributação autônoma $(\bar{T} \downarrow)$ Aumento das transferências $(\bar{R} \uparrow)$	Desloca a IS para direita
Diminuição dos Gastos do Governo $(\bar{G} \downarrow)$ Aumento da tributação autônoma $(\bar{T} \uparrow)$ Diminuição das transferências $(\bar{R} \downarrow)$	Desloca a IS para esquerda

5.5. A Inclinação da Curva IS

No modelo IS-LM, os deslocamentos da curva IS podem ser de dois tipos: de posição e de inclinação. Na seção anterior, analisamos os deslocamentos de posição. Agora, iremos analisar as mudanças na inclinação.

O caro leitor já percebeu que a curva IS é decrescente (possui inclinação negativa). A questão agora é notar que a curva IS, além de decrescente, pode ser muito ou pouco inclinada, como na Figura 15 abaixo:

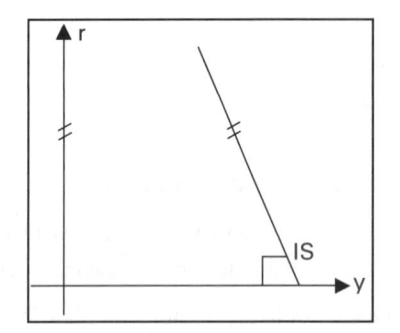 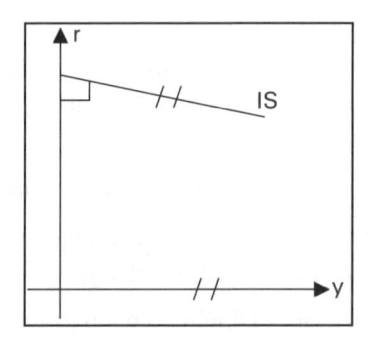

Figura 15: Curva IS íngreme, isto é, muito inclinada (figura à esquerda) e Curva IS "deitada", isto é, pouco inclinada (figura à direita).

A inclinação da curva IS é muito importante, pois está relacionada com a sensibilidade do investimento em relação à taxa de juros e da poupança em relação à renda.

Sabemos que a poupança depende diretamente da renda e o investimento depende inversamente da taxa de juros. Portanto variações na taxa de juros causam variações no investimento, e variações na renda causam variações na poupança. Desse modo temos que:

(i) **O Investimento é elástico (sensível) à taxa de juros**: ocorre quando o investimento é muito sensível à taxa de juros, ou seja, quando pequenas variações nos juros causam grandes variações no investimento, de modo que, se a taxa de juros aumenta pouco, então o investimento irá diminuir muito e vice-versa, quando a taxa de juros diminui pouco, então o investimento vai aumentar muito.

(ii) **O Investimento é inelástico (insensível) à taxa de juros**: ocorre quando o investimento é pouco sensível (muito insensível) à taxa de juros, ou seja, quando grandes variações nos juros causam pequenas variações no investimento, de modo que, se a taxa de juros aumenta muito, então o investimento irá diminuir pouco e vice-versa, quando a taxa de juros diminui muito, então o investimento vai aumentar pouco.

(iii) **A poupança é elástica (sensível) à renda**: ocorre quando a poupança é muito sensível à renda, ou seja, quando pequenas variações na renda causam grandes variações na poupança, de modo que, se a renda aumenta pouco, então a poupança irá aumentar muito e vice-versa, quando a renda diminui pouco, então a poupança vai diminuir muito.

(iv) **A poupança é inelástica (insensível) à renda**: ocorre quando a poupança é pouco sensível à renda, ou seja, quando grandes variações na renda causam pequenas variações na poupança, de modo que, se a renda aumenta muito, então a poupança irá aumentar pouco e vice-versa, quando a renda diminui muito, então a poupança vai diminuir pouco.

5.5.1. *Curva IS Íngreme (Muito Inclinada)*

Curva IS com inclinação muito íngreme: o investimento é **inelástico à taxa de juros** e a poupança é **elástica à renda.** Ver Figura 16 a seguir:

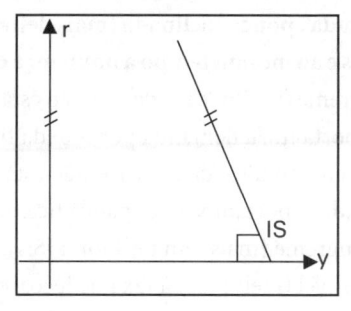

Figura 16: Curva IS Íngreme (Muito Inclinada)

Na figura 16 acima foi desenhada uma curva IS com inclinação muito elevada. Neste caso a curva IS tende a ser paralela ao eixo vertical da taxa de juros e ao mesmo tempo, tende a ser perpendicular ao eixo horizontal da renda. **Os sinais de paralelismo e perpendicularidade nessa figura são meras "licenças didáticas".**

Quando a curva IS é muito inclinada (muito íngreme) temos que o investimento é inelástico (insensível) à taxa de juros e, ao mesmo tempo, a poupança é elástica (sensível) à renda. De fato, se a curva IS é muito íngreme (muito "em pé"), então está ficando quase paralela ao eixo vertical da taxa de juros e, portanto, o investimento fica insensível aos juros, ao mesmo tempo, se a curva IS é muito íngreme (muito "em pé"), então está ficando também, quase perpendicular ao eixo horizontal da taxa da renda e, portanto, a poupança fica sensível à renda.

5.5.2. *Curva IS "Achatada" (Pouco Inclinada)*

Curva IS com inclinação muito achatada: o investimento é **elástico à taxa de juros** e a poupança é **inelástica à renda.**

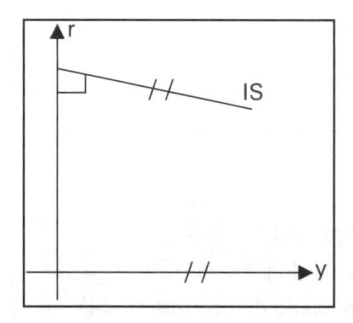

Figura 17: Curva IS "Achatada" (Pouco Inclinada)

Na figura 17 acima foi desenhada uma curva IS pouco inclinada, muito "deitada". Neste caso a IS tende a ser perpendicular ao eixo vertical da taxa de juros e ao mesmo tempo, tende a ser paralela ao eixo horizontal da renda. **Os sinais de paralelismo e perpendicularidade nessa figura são meras "licenças didáticas",** não apenas aos poetas são permitidas licenças, a nós professores também.

Quando a curva IS é "achatada", pouco inclinada (mais deitada) temos que o investimento é elástico (sensível) à taxa de juros e ao mesmo tempo a poupança é inelástica (insensível) à renda. De fato, se a curva IS é pouco íngreme (muito "deitada"), então está ficando quase perpendicular ao eixo vertical da taxa de juros e, portanto, a demanda por moeda fica sensível aos juros, ao mesmo tempo, se a curva IS é pouco íngreme (muito "deitada"), então está ficando também, quase paralela ao eixo horizontal da taxa da renda e, portanto, a poupança fica inelástica à renda.

Desse modo, quanto mais íngreme (mais "em pé") for a IS:

(i) Mais o investimento é insensível (inelástica) à taxa de juros; e,

(ii) Mais a poupança é sensível (elástica) à renda.

De modo análogo, quanto menos inclinada (mais "deitada") for a curva IS:

(i) mais o investimento é sensível (elástica) à taxa de juros e

(ii) mais a poupança é insensível (inelástica) à renda.

5.6. A Posição Relativa

O leitor já sabe que pontos situados sobre a curva IS representam equilíbrio no mercado do produto (mercado de bens e serviços). Os pontos situados acima da curva IS representam excesso de oferta no mercado do produto (S > I) e pontos situados abaixo da curva IS significam excesso de demanda no mercado do produto (I > S). Assim, na Figura 18, temos:

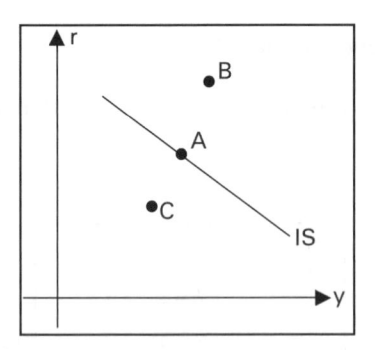

Figura 18: Posição Relativa da Curva IS

A ⇒ Equilíbrio no mercado do produto (S = I)
B ⇒ Excesso de oferta no mercado do produto (S > I)
C ⇒ Excesso de demanda no mercado do produto (S < I)

(FIDENE/Economista/Município de Ijuí/2013) - Em relação à Curva IS, assinale a alternativa correta:

a) Tem inclinação positiva e representa o equilíbrio no mercado de bens e serviços.

b) Tem inclinação negativa e representa o equilíbrio no mercado de recursos (produtivos e financeiros).

c) Tem inclinação positiva e representa o equilíbrio no mercado de recursos (produtivos).

d) Tem inclinação negativa e representa o equilíbrio no mercado de bens e serviços.

e) Relaciona níveis de renda e de taxas de juros para os quais o mercado de ativos está em equilíbrio.

Solução:

A resposta é a letra "d", pois a curva IS tem inclinação negativa e representa o equilíbrio no mercado de bens e serviços.

5.7. A Equação da Curva IS

A equação da curva IS para uma economia com dois setores é obtida simplesmente igualando a poupança com o investimento

Exemplo: Considere os seguintes dados para uma economia hipotética:
C = 0,8y + 10, onde C é o consumo e y é a renda
I = 40 – 0,1r, onde I é o investimento e r é a taxa de juros.

Determine a equação e esboce o gráfico da curva IS.

Solução:

Se o consumo é dado por C = 0,8y + 10, então a poupança será S = 0,2y – 10. Como o investimento é I = 40 – 0,1r, para equilibrar o mercado de bens e serviços, basta igualar a popança com o investimento, ou seja, S = I. Desse modo teremos:

0,2y – 10 = 40 – 0,1r
0,1r = –0,2y + 50
r = –2y + 500

Colocando a variável renda no eixo horizontal e plotando a variável juros no eixo vertical, o gráfico da equação acima é dado a seguir na Figura 19:

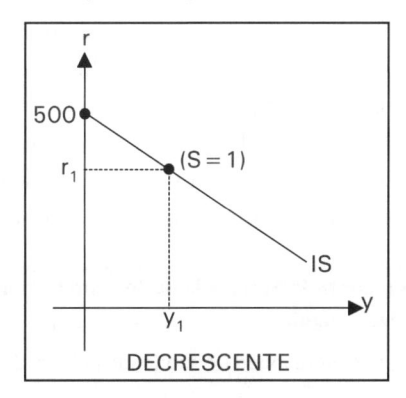

Figura 19: Exemplo Numérico e Gráfico Relacionado à Curva IS

Em resumo:

Inclinação da Curva IS	Característica do investimento	Característica da poupança
Curva IS muito íngreme	Inelástico aos juros	Elástica à renda
Curva IS muito deitada	Elástico a juros	Inelástica à renda

6. MODELO IS-LM

A curva IS mostra o equilíbrio no mercado monetário, enquanto que a curva LM mostra o equilíbrio no mercado monetário. Quando os dois mercados estão equilibrados diremos que a economia como um todo está equilibrada. De fato, para que uma economia esteja equilibrada, devemos ter equilíbrio em todos os mercados dessa economia. No diagrama a seguir (plano definido pela taxa de juros r e pela renda y) desenhamos as curvas IS e LM. Na interseção das curvas IS e LM temos uma taxa de juros de equilíbrio (r_1) e uma renda de equilíbrio (y_1). O ponto de equilíbrio (r_1, y_1) representa, portanto, os níveis da taxa de juros e da renda de equilíbrio. Desse modo o modelo IS-LM representa também um modelo de determinação da renda de equilíbrio, conforme visto na Figura 20 a seguir.

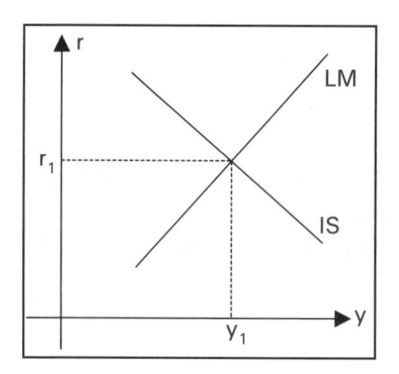

Figura 20: O Modelo IS-LM

7. A LEI DE WALRAS E O MODELO IS-LM

Em uma economia existem três mercados: o mercado do produto, o mercado monetário e o mercado de títulos. A curva IS equilibra o mercado do produto e a curva LM equilibra o mercado monetário. E o mercado de títulos? Para equilibrar o mercado de títulos, basta fazer a igualdade entre a demanda por moeda (L) e a oferta real de moeda (M/P). De fato, pela Lei de Walras, se uma economia possui N mercados, se N-1 mercados estiverem equilibrados, então o N–ésimo mercado também estará necessariamente equilibrado, desde que utilizemos a oferta real de moeda.

(ESAF/Analista de Finanças e Controle/Secretaria do Tesouro Nacional/1997) - Com relação ao modelo IS-LM, julgue a afirmativa a seguir:

O mercado para outros ativos, que não a moeda, é suprimido pela Lei de Walras.

Solução:

Verdadeiro. A Lei de Walras garante que, em uma economia formada por n mercados, quando $(n - 1)$ estão em equilíbrio, todos estão. Em outras palavras, a Lei de Walras afirma que, em uma economia composta por n mercados, em que $(n - 1)$ mercados se encontram em equilíbrio, então o enésimo mercado também estará em equilíbrio. Por isso para análise de equilíbrio um dos mercados é irrelevante. Por exemplo, em uma economia com três ativos financeiros (moeda, títulos públicos e títulos privados), a condição de equilíbrio no mercado monetário exige que os dois outros mercados de ativos financeiros encontrem-se em equilíbrio.

8. O MODELO KEYNESIANO GENERALIZADO (O CASO GERAL)

O Chamado **Modelo Keynesiano Generalizado (MKG)** é caracterizado por uma curva IS decrescente e a uma curva LM crescente. Este é o caso geral, pois existem 3 casos particulares: (i) **Modelo Clássico** (quando a curva é LM vertical), (ii) **Modelo Keynesiano Simplificado** (quando a curva IS é vertical) e (iii) **Armadilha da Liquidez** (quando a curva LM é Horizontal). Cuidado: Não existe uma curva IS horizontal.

Para deixar bem claro, neste momento estamos estudando o caso geral no qual a curva IS é negativamente inclinada e a curva LM é positivamente inclinada. Esse caso geral é conhecido na literatura como Modelo Keynesiano Generalizado (MKG) ou Trecho intermediário da LM.

(FUNCAB/Auditor de Controle Interno/Prefeitura Municipal de Várzea Grande – MT/2011) – O Modelo IS/LM (ou Modelo Keynesiano Generalizado) é um instrumento para fins de análise macroeconômica cuja representação (num espaço cartesiano) procura sintetizar muitas situações da política econômica, por meio das curvas IS e LM. Sobre esse modelo, é correto afirmar que:

a) o Modelo IS/LM resume os pontos de equilíbrio conjunto entre a taxa de juros e o nível de renda nacional, no qual a curva IS é o conjunto de combinações que equilibram o mercado monetário e o de títulos; e a curva LM é o conjunto de combinações que equilibram o mercado de bens e serviços.

b) o Modelo IS/LM resume os pontos de equilíbrio conjunto entre a taxa de juros e o nível de inflação nacional, no qual a curva IS é o conjunto de combinações que equilibram o mercado monetário e o de títulos; e a curva LM é o conjunto de combinações que equilibram o mercado de bens e serviços.

c) o Modelo IS/LM resume os pontos de equilíbrio conjunto entre a taxa de juros e o nível de inflação, no qual a curva IS é o conjunto de combinações que equilibram o mercado de bens e serviços; e a curva LM é o conjunto de combinações que equilibram o mercado monetário e o de títulos.

d) o Modelo IS/LM resume os pontos de equilíbrio conjunto entre a taxa de juros e o nível de renda nacional, no qual a curva IS é o conjunto de combinações que equilibram o mercado de bens e serviços; e a curva LM é o conjunto de combinações que equilibram o mercado monetário e o de títulos.

e) o Modelo IS/LM resume os pontos de equilíbrio conjunto entre a oferta e a demanda no mercado de bens e serviços.

Solução:

A resposta é a letra "d", pois trata da definição do modelo IS/LM propriamente dito.

8.1. Política Fiscal no Modelo Keynesiano Generalizado

Fazer uma política fiscal significa deslocar a curva IS. Quando a curva IS se desloca para a direita diremos que a política fiscal é expansiva (ou expansionista). Quando a curva IS se desloca para a esquerda diremos que a política fiscal é restritiva (ou contracionista).

(Cespe-UnB/Analista em Geociências – Área: Economia/Companhia de Pesquisas de Recursos Minerais/2013) – Julgue o item a seguir, como verdadeiro ou falso.

Se os choques econômicos ocorrerem majoritariamente sobre a curva IS, fixar a quantidade de moeda será uma opção de política econômica melhor do que fixar a taxa de juros.

Solução:

Verdadeiro. No modelo IS-LM, quando se faz análise de estática comparativa com a curva IS, no que diz respeito aos seus deslocamentos de posição. Mantêm-se a curva LM inalterada, por exemplo, fixa-se a quantidade de moeda.

8.1.1. *Política Fiscal Expansionista no Caso Geral (MKG)*

Vamos analisar o impacto de uma **política fiscal expansionista (anti-recessiva) pura**, isto é, sem alterar a oferta monetária. Nesse caso, a curva IS sofre um deslocamento para a direita e para cima, e a curva LM fica fixa.

Causas de uma política fiscal expansionista:

(i) Aumento dos gastos do governo $\left(\uparrow \bar{G}\right)$;

(ii) Diminuição da tributação $\left(\downarrow \bar{T}\right)$;

(iii) Aumento das transferências $\left(\uparrow \bar{R}\right)$.

Considere o gráfico abaixo:

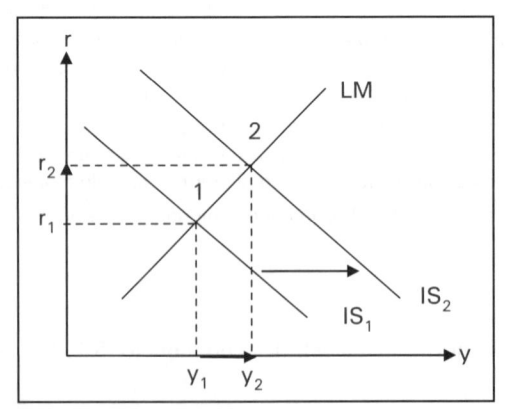

Figura 21: Política fiscal expansionista

Na Figura 21, quando o Governo faz uma política fiscal expansiva (aumentando seus gastos, diminuindo a tributação ou aumentando as transferências governamentais), a curva IS se desloca para a direita (passando de IS_1 para IS_2). O equilíbrio inicial se dá no **ponto 1**, na intersecção da curva IS_1 com a curva LM. Nesse **ponto 1** do equilíbrio inicial, a renda e a taxa de juros de equilíbrio são respectivamente y_1 e r_1. Após o deslocamento da curva IS para a direita, o novo equilíbrio será dado pelo **ponto 2**, na intersecção da nova curva IS_2 com a antiga curva LM. Nesse **ponto 2** do equilíbrio final a nova renda de equilíbrio será y_2 e a nova taxa de juros de equilíbrio será r_2. Note então que, quando o equilíbrio muda do **ponto 1** para o **ponto 2**, teremos que:

(i) **a renda de equilíbrio aumenta** de y_1 para y_2.

(ii) **a taxa de juros de equilíbrio aumenta** de r_1 para r_2.

(Fundação Cesgranrio/Analista de Nível Superior – Economia e Finanças/Casa da Moeda do Brasil/2009) – O gráfico abaixo mostra, em linha cheia, as posições iniciais das curvas IS e LM para um determinado país.

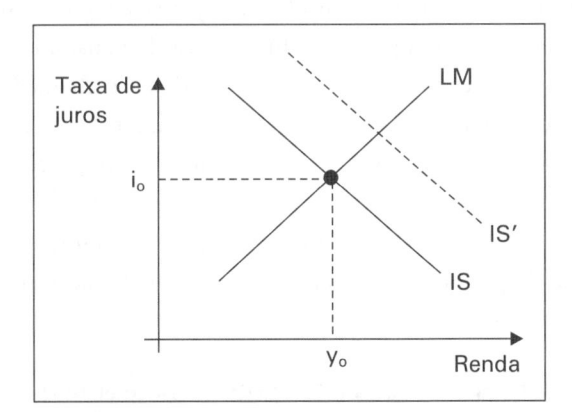

Se um governo adotar uma política fiscal expansiva, ocorrerá que, no gráfico, a

a) nova posição da IS será como a tracejada.

b) nova taxa de juros da economia será menor que i_o.

c) renda tenderá a diminuir abaixo de y_o.

d) posição da IS não deverá mudar.

e) taxa de juros não se alterará.

Solução:

A resposta é a letra "a", conforme já estudado.

Teremos então as seguintes consequências:

Consequências de uma política fiscal expansionista:

(i)   É anti-recessiva;

(ii)   O emprego aumenta;

(iii) o produto (PIB, Renda) aumenta ($\uparrow Y$);

(iv) a demanda agregada aumenta ($\uparrow DA$);

(v)   os déficits público e externo aumentam (hipótese dos déficits gêmeos);

(vi) a dívida pública aumenta;

(vii) os encargos dos juros da dívida aumentam;

(viii)a inflação aumenta.

(ix) a taxa de juros aumenta

Note que como resultado de uma Política Fiscal expansiva teremos um aumento da renda *y* (aumento da produção e do emprego). A Política Fiscal Expansionista aumenta o nível de atividade econômica, aquece a economia, e por esse motivo são chamadas de anti-recessivas. Se o Governo quiser combater uma recessão através de uma política fiscal, o Governo deve fazer uma política fiscal expansiva que aumente a demanda agregada, isto é, que aumente a procura global por bens e serviços e, portanto, gere renda e emprego. Neste caso diremos que a Política Fiscal é eficiente para combater a recessão, pois um aumento dos Gastos públicos (ou outro instrumento de política fiscal como redução da tributação) causa um aumento da renda (aumento do produto).

(ESAF/Especialista em Políticas Públicas e Gestão Governamental/2002) - No modelo IS-LM para uma economia fechada, indique as consequências de um aumento dos gastos públicos, *ceteris paribus*, sobre o deslocamento da curva IS, sobre a renda real (Y) e sobre a taxa real de juros (i).

a)   IS – esquerda; Y – redução e i – elevação;

b)   IS – direita; Y – elevação e i – elevação;

c)   IS – esquerda; Y – elevação e i – redução;

d)   IS – direita; Y – redução e i – redução;

e)   IS – esquerda; Y – elevação e i – elevação.

Solução:

A resposta é a letra "b", pois um aumento dos gastos públicos caracteriza uma política fiscal expansiva, a qual desloca a curva IS para direita e para acima, aumentando o nível de renda e a taxa de juros.

8.1.2. *Política Fiscal Restritiva no Caso Geral (MKG)*

Considerando o trecho intermediário da curva LM, vamos analisar o impacto de uma **política fiscal restritiva (contracionista) pura**, isto é, sem alterar a oferta monetária. Nesse caso, a curva IS sofre um deslocamento para a esquerda e para baixo, e a curva LM fica fixa.

Causas de uma política fiscal restritiva:

(i) Redução dos gastos do governo $\left(\downarrow \overline{G}\right)$;

(ii) Aumento da tributação $\left(\uparrow \overline{T}\right)$;

(iii) Redução das transferências $\left(\downarrow \overline{R}\right)$.

Considere o gráfico abaixo:

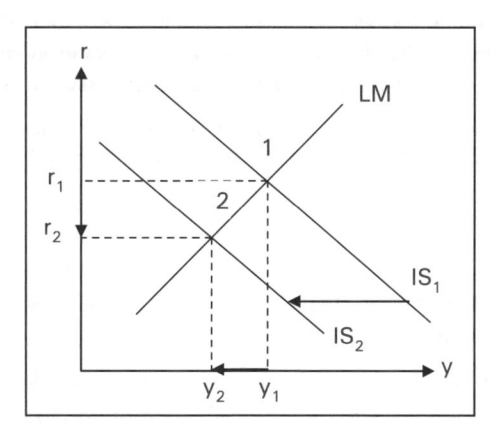

Figura 22: Política Fiscal Restritiva

Na Figura 22, quando o Governo faz uma política fiscal restritiva (diminuindo seus gastos, aumentando a tributação ou diminuindo as transferências governamentais), a curva IS se desloca para a esquerda (passando de IS_1 para IS_2). O equilíbrio inicial se dá no **ponto 1**, na intersecção da curva IS_1 com a curva LM. Nesse **ponto 1** do equilíbrio inicial, a renda e a taxa de juros de equilíbrio são respectivamente y_1 e r_1. Após o deslocamento da curva IS para a esquerda, o novo equilíbrio será dado pelo **ponto 2**, na intersecção da nova curva IS_2 com a antiga curva LM. Nesse **ponto 2** do equilíbrio final a nova renda de equilíbrio será y_2 e a nova taxa de juros de equilíbrio será r_2. Note então que quando o equilíbrio muda do **ponto 1** para o **ponto 2**, teremos que:

(i) **a renda de equilíbrio diminui** de y_1 para y_2.

(ii) **a taxa de juros de equilíbrio diminui** de r_1 para r_2.

Teremos então as seguintes consequências:

Consequências de uma política fiscal restritiva:

(i)   É recessiva;

(ii) O emprego diminui;

(iii) o produto (PIB, Renda) diminui ($\downarrow Y$);

(iv) a demanda agregada diminui ($\downarrow DA$);

(v) os déficits público e externo diminuem (hipótese dos déficits gêmeos);

(vi) a dívida pública diminui;

(vii) os encargos dos juros da dívida diminuem;

(viii) a inflação diminui.

(ix) a taxa de juros diminui

(Cespe-UnB/Analista Administrativo – Ciências Econômicas/ANS/MS/2005) – As políticas fiscais e monetárias influenciam, significativamente, o desempenho da economia e afetam a posição das curvas de oferta e de demanda agregada. Com relação a esse assunto, julgue o item a seguir:

Constitui um exemplo de política fiscal expansionista a decisão da Receita Federal de aumentar, por medida provisória, o IR e a Contribuição Social sobre o Lucro Líquido (CSLL) para empresas prestadoras de serviços.

Solução:

Falso. Um aumento da tributação corresponde a uma política fiscal restritiva.

Note que como resultado de uma Política Fiscal restritiva teremos uma diminuição da renda y (diminuição da produção e do emprego). A Política Fiscal Restritiva diminui o nível de atividade econômica, desaquece a economia, e por esse motivo são chamadas de recessivas. Se o Governo quiser combater uma inflação através de uma política fiscal, o Governo deve fazer uma política fiscal restritiva que diminua a demanda agregada, isto é, que diminua a procura global por bens e serviços e, portanto, reduza a renda e o emprego. Neste caso diremos que a Política Fiscal é eficiente para combater a inflação, pois uma redução dos Gastos públicos (ou outro instrumento de política fiscal como aumento da tributação) causa uma redução da renda e da demanda agregada.

(Cespe-UnB/Técnico Científico – Área Econômica/BASA/2004-modificado) - Julgue o item a seguir:

Os efeitos do aumento da tributação sobre a despesa agregada decorrem do fato de que esse instrumento fiscal diminui a renda , deixando, porém, inalteradas as taxas de juros.

Solução:

Falso. O início da questão está correto, pois uma política fiscal restritiva via aumento da tributação desloca a curva IS para a esquerda, reduzindo a renda, porém a taxa de juros vai diminuir.

8.1.3. *Correlação entre as Variações da Renda e da Taxa de Juros em uma Política Fiscal*

Note que, quando a curva IS se desloca para a direita (política fiscal expansiva), a renda (y) e a taxa de juros (r) aumentam. E quando a curva IS se desloca para a esquerda (política fiscal restritiva), a renda (y) e a taxa de juros (r) diminuem. Portanto, nunca se esqueça que, em regra, na política fiscal as variações da taxa de juros e da renda são na mesma direção, isto é, quando se faz uma política fiscal, aumentos de renda são acompanhados de aumentos da taxa de juros, e vice-versa, redução da renda está acompanhada de redução da taxa de juros. Na política fiscal se a renda aumenta então a taxa de juros também irá aumentar e vive-versa, se a renda diminui, então a taxa de juros também vai diminuir.

8.2. Política Monetária no Modelo Keynesiano Generalizado

Fazer uma política monetária significa deslocar a LM. Quando a curva LM se desloca para a direita diremos que a política monetária é expansiva (ou expansionista). Quando a curva LM se desloca para a esquerda diremos que a política monetária é restritiva (ou contracionista).

8.2.1. *Política Monetária Expansionista no Caso Geral (MKG)*

Vamos analisar o impacto de uma **política monetária expansionista (anti-recessiva) pura**, isto é, sem alterar a Curva IS, somente a curva LM se desloca. Nesse caso, a curva LM sofre um deslocamento para a direita e a curva IS fica fixa.

Causas de uma política monetária expansionista:

(i) emissão de moeda (aumento da base monetária),

(ii) aumento dos meios de pagamentos,

(iii) aumento da oferta monetária,

(iv) diminuição da taxa de recolhimento compulsório,

(v) aumento do redesconto (empréstimos para socorrer os bancos) e

(vi) quando o BACEN compra títulos e assim injetando dinheiro na economia.

Considere o gráfico abaixo:

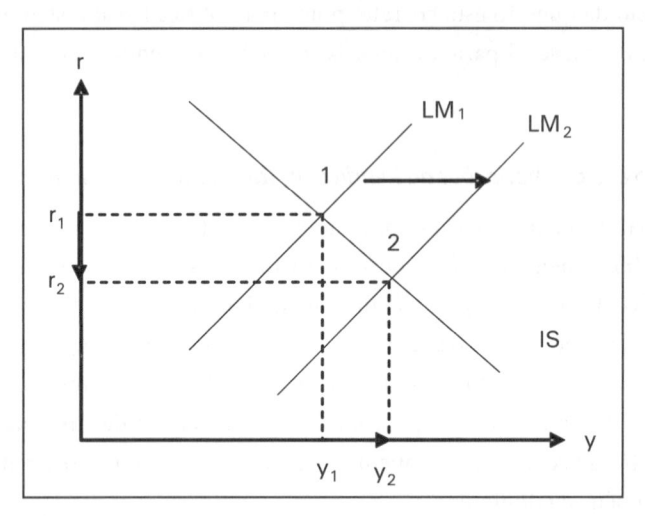

Figura 23: Política Monetária Expansionista

Na Figura 23, quando o Banco Central faz uma política monetária expansiva (por exemplo: aumentando a oferta monetária, diminuindo o recolhimento compulsório ou comprando títulos), a curva LM se desloca para a direita (passando de LM_1 para LM_2). O equilíbrio inicial se dá no **ponto 1**, na intersecção da curva IS com a curva LM_1. Nesse **ponto 1** do equilíbrio inicial, a renda e a taxa de juros de equilíbrio são respectivamente y_1 e r_1. Após o deslocamento da curva LM para a direita, o novo equilíbrio será dado pelo **ponto 2**, na intersecção da nova curva LM_2 com a antiga curva IS. Nesse **ponto 2** do equilíbrio final a nova renda de equilíbrio será y_2 e a nova taxa de juros de equilíbrio será r_2. Note então que quando o equilíbrio muda do **ponto 1** para o **ponto 2,** teremos que:

(i)   **a renda de equilíbrio aumenta** de y_1 para y_2.

(ii) **a taxa de juros de equilíbrio diminui** de r_1 para r_2.

Teremos então as seguintes consequências:

Consequências de uma política monetária expansionista:

(i)   É anti-recessiva;

(ii)   O emprego aumenta;

(iii) o produto (PIB, Renda) aumenta ($\uparrow Y$);

(iv)   a demanda agregada aumenta ($\uparrow DA$);

(vii) a taxa de juros diminui

(viii) a inflação aumenta.

Note que como resultado de uma Política Monetária expansiva teremos um aumento da renda y (aumento da produção e do emprego). A Política Monetária Expansionista aumenta o nível de atividade econômica, aquece a economia, e por esse motivo são chamadas de anti-recessivas. Se o Governo quiser combater uma recessão através de uma política monetária, o Governo deve fazer uma política monetária expansiva que aumente a demanda agregada, isto é, que aumente a procura global por bens e serviços e, portanto, gere renda e emprego. Neste caso diremos que a Política monetária é eficiente para combater a recessão, pois uma expansão monetária (através de aumento da oferta monetária ou outro instrumento de política monetária expansiva como redução do recolhimento compulsório) causa um aumento da renda (aumento do produto).

(Fundação Cesgranrio/Agente Judiciário - Economista/Tribunal de Justiçado Estado de Rondônia/2009) – Considere o gráfico abaixo, ilustrando o modelo IS/LM para uma certa economia.

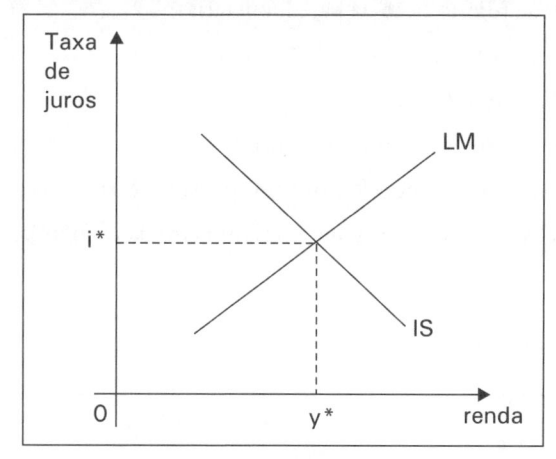

Neste gráfico, i^* e y^* são, respectivamente, os juros e a renda do equilíbrio. Uma política monetária expansiva tende a

a) diminuir y^* e i^*.

b) aumentar y^* e i^*.

c) aumentar y^* e reduzir i^*.

d) reduzir y^* e aumentar i^*.

e) alterar apenas y^*.

Solução:

A resposta é a letra "C", pois uma política monetária expansiva irá deslocar a curva LM para a direita, aumentando o nível de renda e reduzindo a taxa de juros.

(Vunesp/Consultor Técnico Legislativo – Economia/CMSP/2007) – Constituem políticas monetárias expansionistas:

a) aumento na taxa de redesconto e diminuição das reservas compulsórias.

b) diminuição na taxa de redesconto e compra de títulos no mercado aberto.

c) diminuição na taxa de redesconto e venda de títulos no mercado aberto.

d) diminuição dos impostos e aumento das reservas compulsórias.

e) diminuição dos impostos e diminuição das reservas compulsórias.

Solução:

A resposta é a letra "B". De acordo como o modelo IS-LM, a diminuição da taxa de redesconto e a compra de títulos no mercado aberto são exemplos de políticas monetárias expansionistas.

8.2.2. *Política Monetária Restritiva no Caso Geral (MKG)*

Vamos analisar o impacto de uma **política monetária restritiva (contracionista) pura**, isto é, sem alterar a curva IS, somente a curva LM se desloca. Nesse caso, a curva LM sofre um deslocamento para a esquerda, e a curva IS fica fixa.

Causas de uma política monetária restritiva:

(i)   contração de moeda (diminuição da base monetária),

(ii)   diminuição dos meios de pagamentos,

(iii) diminuição da oferta monetária,

(iv) aumento da taxa de recolhimento compulsório,

(v)   diminuição do redesconto (empréstimos para socorrer os bancos) e

(vi) quando o BACEN vende títulos e assim retira dinheiro da economia.

Considere o gráfico abaixo:

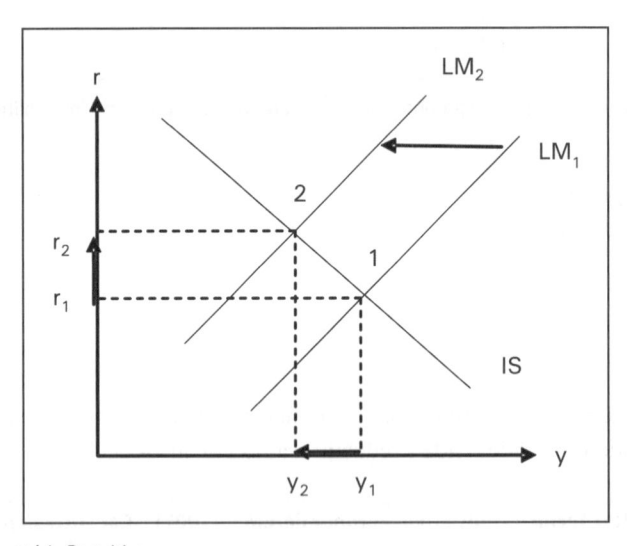

Figura 24: Política Monetária Restritiva

Na Figura 24, quando o Banco Central faz uma política monetária restritiva (por exemplo: diminuindo a oferta monetária, aumentando o recolhimento compulsório ou vendendo títulos), a curva LM se desloca para a esquerda (passando de LM_1 para LM_2). O equilíbrio inicial se dá no **ponto 1**, na intersecção da curva IS com a curva LM_1. Nesse **ponto 1** do equilíbrio inicial, a renda e a taxa de juros de equilíbrio são respectivamente y_1 e r_1. Após o deslocamento da curva LM para a esquerda, o novo equilíbrio será dado pelo **ponto 2**, na intersecção da nova curva LM_2 com a antiga curva IS. Nesse **ponto 2** do equilíbrio final a nova renda de equilíbrio será y_2 e a nova taxa de juros de equilíbrio será r_2. Note então que quando o equilíbrio muda do **ponto 1** para o **ponto 2**, teremos que:

(i) **a renda de equilíbrio diminui** de y_1 para y_2.

(ii) a **taxa de juros de equilíbrio aumenta** de r_1 para r_2.

Teremos então as seguintes consequências:

Consequências de uma política monetária restritiva:

(i) É recessiva;

(ii) O emprego diminui;

(iii) o produto (PIB, Renda) diminui ($\downarrow y$);

(iv) a demanda agregada diminui ($\downarrow DA$);

(vii) a taxa de juros aumenta

(viii) a inflação diminui.

Note que como resultado de uma Política Monetária restritiva teremos uma redução da renda y (redução da produção e do emprego). A Política Monetária contracionista diminui o nível de atividade econômica, desaquece a economia, e por esse motivo são chamadas de recessivas. Se o Governo quiser combater uma inflação através de uma política monetária, o Governo deve fazer uma política monetária restritiva que diminua a demanda agregada, isto é, que reduza a procura global por bens e serviços e, portanto, reduza renda e emprego. Neste caso diremos que a Política monetária é eficiente para combater a inflação, pois uma contração monetária (através de diminuição da oferta monetária ou outro instrumento de política monetária restritiva como aumento do recolhimento compulsório) causa uma diminuição da renda (diminuição do produto).

(ESAF/AFCE-CE/TCU/2000) - Qual das políticas abaixo <u>não</u> constitui uma política monetária restritiva.

a) Aumento da taxa de redesconto paga pelo Banco Central.

b) Venda de títulos governamentais pelo Banco Central no mercado de capitais.

c) Aumento dos depósitos compulsórios dos bancos comerciais.

d) Diminuição da taxa de juros dos empréstimos de liquidez efetuados pelo Banco Central aos bancos comerciais.

e) Diminuição dos limites quantitativos do redesconto que pode ser efetuado junto ao Banco Central.

Solução:

A resposta é a letra "d", pois uma diminuição da taxa de juros dos empréstimos de liquidez efetuados pelo Banco Central aos bancos comerciais caracteriza uma política monetária expansionista. Todos os demais itens são exemplos de política monetária restritiva.

8.2.3. *Correlação entre as Variações da Renda e da Taxa de Juros em uma Política Monetária.*

Note que, quando a curva LM se desloca para a direita (política monetária expansiva), a renda (y) aumenta e a taxa de juros (r) diminui. E quando a curva LM se desloca para a esquerda (política monetária restritiva), a renda (y) diminui e a taxa de juros (r) aumenta. Portanto, nunca se esqueça que, em regra, na política monetária as variações da taxa de juros e da renda são em direção oposta, isto é, quando se faz uma política monetária, aumentos de renda são acompanhados de reduções da taxa de juros, e vice-versa, redução da renda está acompanhada de aumento da taxa de juros. Na política monetária se a renda aumenta então a taxa de juros irá diminuir e vice-versa, se a renda diminui, então a taxa de juros vai aumentar.

8.3. A eficácia das Políticas Fiscal e Monetária no Modelo Keynesiano Generalizado (Caso Geral)

Uma Política (seja fiscal ou monetária) é dita eficiente (eficaz) quanto afeta o nível de renda. De fato, essas políticas são implementadas pelas autoridades econômicas visando:

(i) Aumentar a renda para combater as recessões ou pelo contrário,

(ii) São implementadas visando diminuir a renda e combater a inflação.

Nós vimos que as Políticas expansionistas (sejam fiscal ou monetária) aumentam o nível do produto e da renda e também da demanda agregada e aquecem a economia e, portanto, são indicadas para combater as recessões. As Políticas restritivas (sejam fiscal ou monetária) diminuem o nível do produto e da renda e também diminuem a demanda agregada e, portanto, são indicadas para combater as inflações.

Uma Política (seja fiscal ou monetária) é dita eficiente (eficaz) quando afeta o nível de renda e uma política (seja fiscal ou monetária) é dita inócua (anódina) quando não afeta a renda.

No Modelo Keynesiano Generalizado (MKG), quando a Curva IS é decrescente e a Curva LM é crescente, nós notamos que:

(i) **A Política Fiscal é Eficiente no MKG**, pois deslocamentos da Curva IS para a direita (através de aumento dos Gastos Públicos, diminuição dos impostos ou aumentos das transferências governamentais) causam um aumento da renda (aumento da produção e do emprego) e vice--versa, deslocamentos da Curva IS para a esquerda (através de redução dos Gastos Públicos, aumento dos impostos ou diminuição das transferências governamentais) causam uma diminuição da renda (redução da produção e do emprego).

(ii) A **Política Monetária é Eficiente no MKG**, pois deslocamentos da curva LM para a direita causam um aumento da renda (aumento da produção e do emprego); e vice-versa, deslocamentos da curva LM para a esquerda causam uma diminuição da renda (redução da produção e do emprego).

Como veremos na próxima seção, contudo que nas Patologias (casos Particulares), isto é, nos modelos clássicos, Keynesiano simplificado e armadilha da liquidez (quando respectivamente a LM é vertical, a IS é vertical e a LM é horizontal) a eficácia de uma ou outra política é afetada. A saber: no modelo clássico a Política Fiscal é inócua e nos modelos keynesiano simplificado e da armadilha da liquidez a política monetária é inócua.

8.4. Os Impactos da Política fiscal sobre a Renda e Demanda Agregada

Podemos analisar os impactos da política fiscal sobre a produção e a renda sem recorrer ao modelo IS-LM.

Quando o Governo faz uma política fiscal expansiva, por exemplo, aumentando seus gastos, diminuindo os impostos ou transferindo mais renda através de programas como o programa Bolsa Família, claramente haverá um aumento da demanda global por bens e serviços, pois esses fatores "aquecem" o nível de atividade econômica. As firmas desejando aumentar seus lucros irão aumentar sua produção, gerando desse modo emprego e renda.

De modo análogo, quando o Governo faz uma política fiscal restritiva, por exemplo, diminuindo seus gastos, aumentando os impostos ou transferindo menos renda, claramente haverá uma redução da demanda global por bens e serviços, pois esses fatores "desaquecem" o nível de atividade econômica. As firmas para não ter prejuízo irão se ajustar à queda de demanda e diminuir sua produção, gerando desse modo desemprego e reduzindo a renda.

Em resumo: um aumento dos gastos públicos causa um aumento do produto e da renda e uma diminuição dos gastos públicos causa uma diminuição do produto e da renda.

8.5. Os Impactos da Política Fiscal sobre a Taxa de Juros

Também podemos analisar os impactos da política fiscal sobre a taxa de juros sem recorrer ao modelo IS-LM.

Quando o Governo aumenta seus gastos temos como consequência um aumento da taxa de juros. Podemos verificar esse fato de três maneiras diferentes.

(1º) No mercado de dinheiro (fundos emprestáveis) a taxa de juros é determinada pela interação entre os ofertantes de dinheiros (os poupadores) e os demandantes de fundos emprestáveis (os investidores). A Poupança total é dada pela soma das poupanças das famílias, do governo e do setor externo. Quando o governo aumenta seus gastos sua poupança diminui e, portanto, a poupança total da economia diminui. Como existe menos dinheiro disponível para empréstimos, então, pela lei da oferta e da procura, o preço do dinheiro (a taxa de juros) aumenta.

(2º) Quando o governo aumenta seus gastos, então o déficit público aumenta. Assim, para financiar esses gastos o governo emite títulos públicos para vender ao mercado. O governo entrega títulos e pega em troca dinheiro "vivo" (*cash*), portanto retirando dinheiro do mercado. Como a taxa de juros é o preço do dinheiro e estará faltando dinheiro (que foi entregue ao governo em troca dos títulos), pela lei da oferta e da procura, a taxa de juros vai aumentar.

(3º) Sabemos que no mercado monetário a taxa de juros é determinada pela interação entre demanda e oferta de moeda. A oferta de moeda é feita pelo Banco central e não depende nem da renda e nem da taxa de juros. O BACEN é que decide a seu modo a emissão monetária (geralmente para atender o crescimento da economia e controlar a inflação). A demanda por moeda é feita pelos agentes econômicos (famílias, firmas, governo e setor externo) que necessitam de dinheiro. Essa demanda por moeda, como já visto, é função crescente da renda e inversa da taxa de juros. O aumento dos gastos do governo "aquece" a economia e, portanto, aumentando a renda. O aumento da renda causa um aumento da demanda por moeda, pois a demanda por moeda varia positivamente com a renda. Pela Lei da oferta e da procura, o aumento da demanda por moeda vai causar um aumento do seu preço, isto é, vai causar um aumento da taxa de juros.

De modo análogo, quando o Governo diminui seus gastos temos como consequência uma redução da taxa de juros. Novamente podemos verificar esse fato de três maneiras diferentes.

(1º) No mercado de dinheiro (fundos emprestáveis) quando o governo diminui seus gastos sua poupança aumenta e, portanto a poupança total da economia aumenta. Como existe mais dinheiro disponível para empréstimos, então, pela lei da oferta e da procura, o preço do dinheiro (a taxa de juros) diminui.

(2º) Quando o governo diminui seus gastos, então o déficit público diminui. Como o governo só emite títulos para financiar seus gastos o governo, a redução do déficit público é o momento apropriado para o governo resgatar os títulos anteriormente emitidos. O governo então compra (resgata) títulos e entrega dinheiro em troca, portanto injetando dinheiro no mercado. Como a taxa de juros é o preço do dinheiro e estará sobrando dinheiro (que o mercado pegou do governo em troca dos títulos), pela lei da oferta e da procura, a taxa de juros vai diminuir.

(3º) A diminuição dos gastos do governo "desaquece" a economia e, portanto, reduz a renda. A diminuição da renda causa uma diminuição da demanda por moeda, pois a demanda por moeda varia positivamente com a renda. Pela Lei da oferta e da procura, a diminuição da demanda por moeda vai causar uma diminuição do seu preço, isto é, vai causar uma redução da taxa de juros.

Em resumo: um aumento dos gastos públicos causa um aumento da taxa de juros e uma diminuição dos gastos públicos causa uma diminuição da taxa de juros.

8.6. Os Impactos da Política Monetária sobre a Renda e Demanda Agregada

Podemos analisar os impactos da política monetária sobre a produção e a renda sem recorrer ao modelo IS-LM.

Quando o Governo faz uma política monetária expansiva, por exemplo, aumentando a base monetária (emitindo dinheiro), diminuindo a taxa de recolhimento compulsório (permitindo assim aos bancos emprestarem mais dinheiro) ou comprando títulos (injetando dinheiro), claramente haverá um aumento da demanda global por bens e serviços, pois esses fatores "aquecem" o nível de atividade econômica, visto que o aumento de liquidez será usado pelos agentes econômicos para comprar bens e serviços. As firmas desejando aumentar seus lucros irão aumentar sua produção, gerando desse modo emprego e renda.

De modo análogo, quando o Governo faz uma política monetária restritiva, por exemplo, diminuindo a base monetária (retirando dinheiro), aumentando a taxa de recolhimento compulsório (desestimulando assim aos bancos emprestarem dinheiro) ou vendendo títulos (contraindo liquidez), claramente haverá uma diminuição da demanda global por bens e serviços, pois esses fatores "desaquecem" o nível de atividade econômica, visto que a contração de liquidez fará com que os agentes econômicos não tenham dinheiro para comprar bens e serviços. As firmas irão se ajustar à queda de demanda e irão diminuir a produção, diminuindo desse modo o emprego e a renda.

Em resumo: uma expansão monetária causa um aumento da renda (produto) e uma contração monetária causa uma diminuição da renda (produto).

8.7. Os Impactos da Política Monetária sobre a Taxa de Juros

Novamente podemos analisar os impactos da política monetária sobre a taxa de juros sem recorrer ao modelo IS-LM.

Sabemos que no mercado monetário a taxa de juros é determinada pela interação entre demanda e oferta de moeda. A oferta de moeda é feita pelo Banco central. A taxa de juros é simplesmente o preço da moeda.

Quando o Banco central faz uma expansão monetária, ele está aumentando a oferta de dinheiro na economia e, portanto, pela Lei da oferta e da procura, a taxa de juros (preço da moeda) diminui.

De modo análogo, quando o Banco central faz uma contração monetária, ele está diminuindo a oferta de dinheiro na economia e, portanto, pela Lei da oferta e da procura, a taxa de juros (preço da moeda) aumenta.

Em resumo: uma expansão monetária causa uma diminuição da taxa de juros, ao passo que uma contração monetária causa um aumento da taxa de juros.

9. ANÁLISE DAS DIFERENTES COMBINAÇÕES DE POLÍTICAS FISCAL E MONETÁRIA

9.1. Políticas Fiscal e Monetária Expansionistas

(Cespe-UnB/Economista/SEAD/PRODEPA/2004) – Julgue o item como verdadeiro ou falso:

O Banco Central do Brasil (BACEN) adota uma política monetária de acomodação quando, no intuito de impedir aumentos da taxa de juros, eleva a oferta monetária em resposta a uma expansão fiscal.

Solução:

Esse item é verdadeiro. Analisando a Figura 25, uma expansão fiscal, por exemplo, um aumento dos gastos públicos ou redução da tributação, irá deslocar a curva IS para a direita e para cima, aumentando os níveis de renda e de taxa de juros. Nesse contexto, considerando que o Banco Central tenha por objetivo estabilidade da taxa de juros, a Autoridade Monetária poderá ampliar a oferta monetária na economia, deslocando a curva LM para a direita e para baixo, aumentando a renda e reduzindo a taxa de juros. A combinação dessas duas políticas irá provocar uma grande elevação da renda, sem influência na taxa de juros.

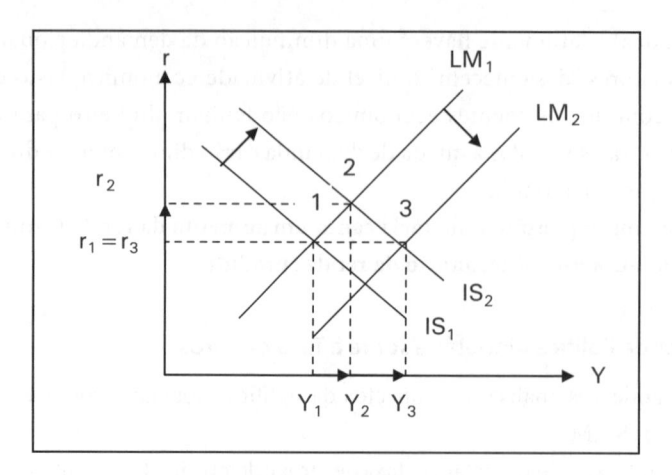

Figura 25: Efeitos de políticas fiscal e monetária expansionistas

(Fundação Cesgranrio/Economista/Banco Nacional de Desenvolvimento Econômico e Social – BN-DES/2008) – O gráfico abaixo mostra as curvas IS e LM numa certa economia.

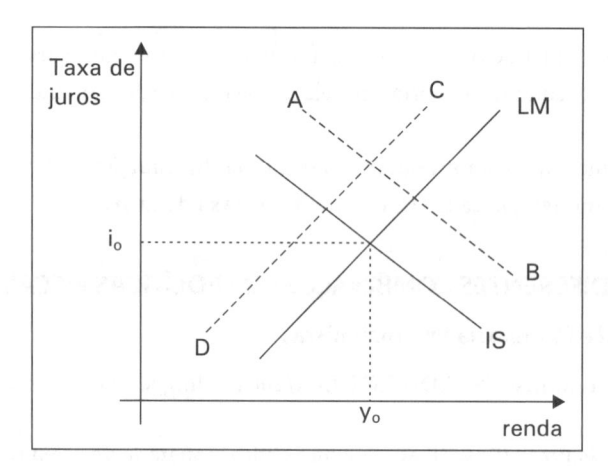

Maiores gastos públicos financiados por novas emissões monetárias

a) expandiriam a produção e a renda acima de y_o.

b) reduziriam necessariamente a taxa de juros para baixo de i_o.

c) reduziriam as importações.

d) deslocariam a IS e a LM para posições tais como AB e CD.

e) provocariam, necessariamente, aumento dos preços.

Solução:

A resposta é a letra "a". Maiores gastos públicos financiados por novas emissões monetárias correspondem a uma combinação de políticas fiscal e monetária expansionistas, que tem como resultado a expansão da produção e da renda da economia no contexto do modelo IS-LM.

9.2. Políticas Fiscal e Monetária Restritivas

Considere o seguinte exemplo:

*"(...) em pouco mais de três meses, a equipe econômica **aumentou a taxa de juros básica da Economia** de 25% ao ano para 26,5% e, depois da última reunião do Comitê de Política Monetária (Copom), anunciou viés de alta, ou seja, o aviso de que pode voltar a elevar os juros a qualquer momento. Também **subiu a meta de superávit primário** de 3,75% para 4,25% do Produto Interno Bruto (PIB) (...)"* **O Globo**, RJ, 06 abr. 2003.

No que se refere às políticas públicas implementadas, pode-se caracterizá-las como:

Política Fiscal	Política Monetária
(A) neutra	Expansionista
(B) restritiva	Restritiva
(C) restritiva	Expansionista
(D) expansionista	Restritiva
(E) expansionista	neutra

Solução:

A resposta é a letra "b". Ao aumentar a taxa de juros básica da economia, a equipe econômica está promovendo uma **política monetária restritiva**, o que provocará um deslocamento da curva LM para a esquerda e para cima. Além disso, ao subir a meta de superávit primário, a equipe econômica está promovendo uma **política fiscal restritiva**, pois para atingir tal objetivo, o governo terá de reduzir gastos públicos e/ou aumentar a tributação, o que provocará um deslocamento da curva IS para a esquerda e para baixo. Graficamente, temos:

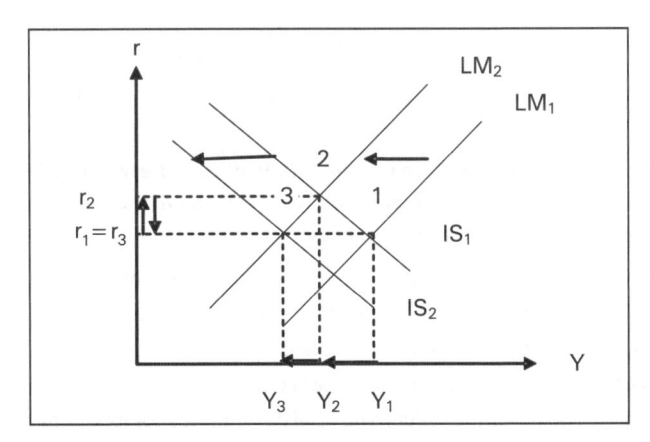

Figura 26: Efeitos de políticas fiscal ou monetária restritivas

A combinação dessas duas políticas restritivas levará a uma situação em que a taxa de juros retorne ao seu nível original, mas a renda se reduzirá, provocando recessão na economia (Y_3).

9.3. Política Monetária Expansionista e Política Fiscal Restritiva

(Cespe-UnB/Analista de Comércio Exterior/2001) - Julgue o item a seguir, como verdadeiro ou falso:

Uma expansão monetária conjugada com um aumento das alíquotas do imposto de renda das pessoas físicas reduz, inequivocamente, o nível de atividade econômica.

Solução:

Esse item é falso. Na Figura 27, considerando a situação 1 inicial, o resultado conjugado de uma política monetária expansionista (situação 2) com uma política fiscal restritiva (situação 3), devido ao aumento da tributação, irá fazer com que o nível de renda volte ao estágio inicial antes da expansão monetária, mas com uma maior redução da taxa de juros, conforme pode ser visto no gráfico abaixo:

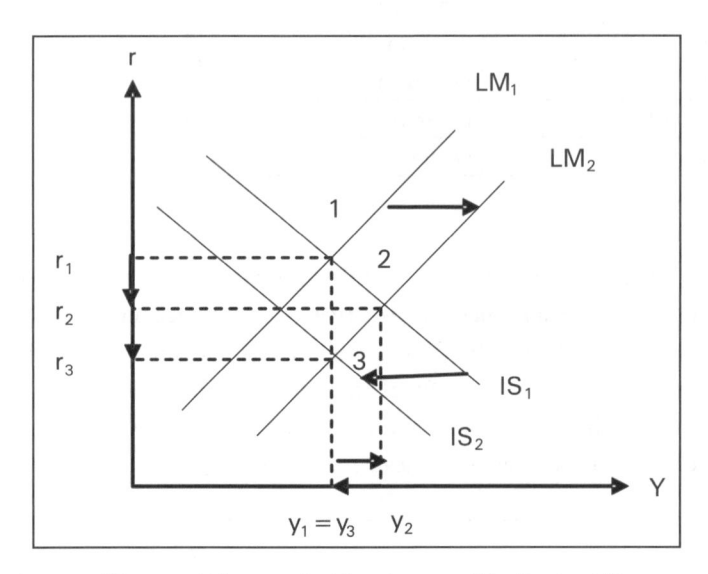

Figura 27: Efeitos de uma política monetária expansionista e de uma política fiscal restritiva

(VUNESP/Economista/Agência de Desenvolvimento Paulista – Desenvolve SP/2014) - Em um modelo IS-LM um eventual objetivo de manter o nível de renda e diminuir a taxa de juros pode ser atingido com a seguinte combinação de políticas:

a) aumento nos gastos do governo e expansão nos meios de pagamento.

b) aumento nos gastos do governo e venda de títulos no mercado aberto.

c) redução nos gastos do governo e política monetária restritiva.

d) redução nos gastos do governo e aumento da taxa de redesconto.

e) redução nos gastos do governo e redução do nível de depósitos compulsórios.

Solução:

A resposta é a letra "e". Note que a combinação de uma redução nos gastos do governo (política fiscal restritiva) com uma redução do nível de depósitos compulsórios (política monetária expansionista) contribui para manter o nível de renda e diminuir a taxa de juros, conforme a Figura 28 a seguir.

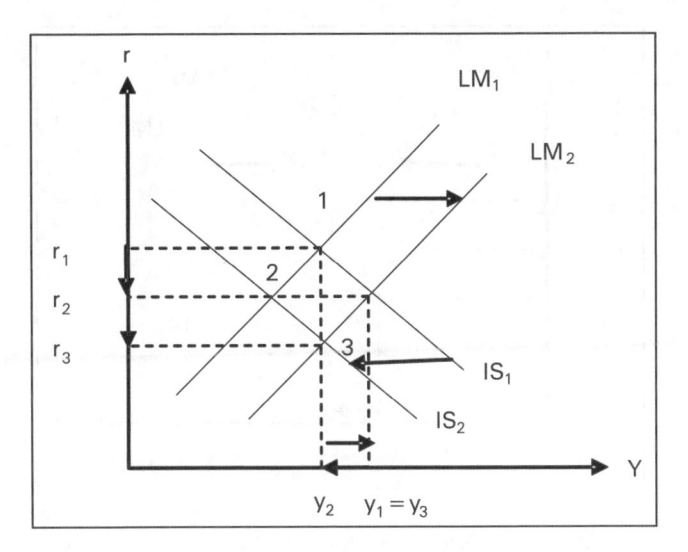

Figura 28: Efeitos de uma política monetária expansionista e de uma política fiscal restritiva

9.4. Política Monetária Restritiva e Política Fiscal Expansionista

(ESAF/Analista de Finanças e Controle/Secretaria do Tesouro Nacional/2000) - Considerando o modelo IS/LM sem a existência dos casos "clássicos" e da "armadilha da liquidez", pode-se afirmar que:

a) A política fiscal é a mais adequada para se estimular o produto, uma vez que tal política implica reduções nas taxas de juros

b) Tanto um aumento das despesas do governo quanto uma expansão da oferta monetária causam elevações nas taxas de juros

c) Um aumento das despesas do governo ou uma redução dos impostos eleva a renda e reduz as taxas de juros ao passo que uma expansão da oferta monetária eleva a renda, mas resulta numa elevação das taxas de juros

d) Um aumento das despesas do governo combinado com uma contração monetária resulta necessariamente, no aumento nas taxas de juros

e) Alterações nas taxas de juros só são possíveis com alterações na política monetária

Solução:

A resposta é a letra "d". Considere uma situação de equilíbrio inicial (Ponto 1). Uma política fiscal expansionista, por exemplo, um aumento dos gastos públicos e/ou redução da tributação, irá deslocar a curva IS para a direita e para cima, aumentando a renda e a taxa de juros (Ponto 2). Se o governo adotar uma política monetária restritiva, a renda irá voltar ao ponto inicial, contudo haverá um novo crescimento da taxa de juros, conforme pode ser visto na Figura 29. Como o leitor observará, os demais itens da questão estão todos incorretos.

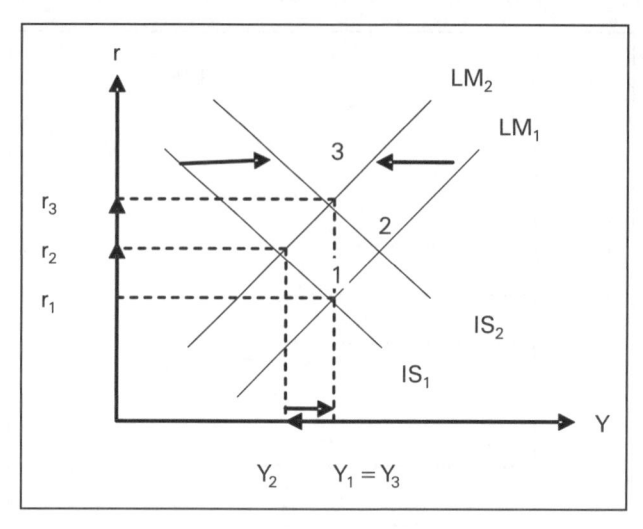

Figura 29: Efeitos de uma política monetária restritiva e de uma política fiscal expansionista

10. O MODELO CLÁSSICO

Se o equilíbrio de uma economia ocorre numa situação extrema de escassez de liquidez, a economia está na chamada zona clássica da função LM ou LM vertical. Assim, no **Modelo Clássico**, temos as seguintes características:

(i)   A curva LM é vertical;

(ii) A demanda por moeda é perfeitamente inelástica (insensível) à taxa de juros, isto é, a demanda de moeda independe da taxa de juros;

(iii) Não existe demanda especulativa por moeda;

(iv) A elasticidade da demanda de moeda em relação à taxa de juros é nula;

(v)   A Política Fiscal é inócua, isto é, não afeta a renda;

(vi) A Política Monetária possui eficiência máxima, isto é, afeta a renda o máximo possível.

(Fundação Cesgranrio/Economista/Instituto Estadual do Ambiente – INEA - RJ/2008) – Considere o gráfico usual do modelo IS/LM.

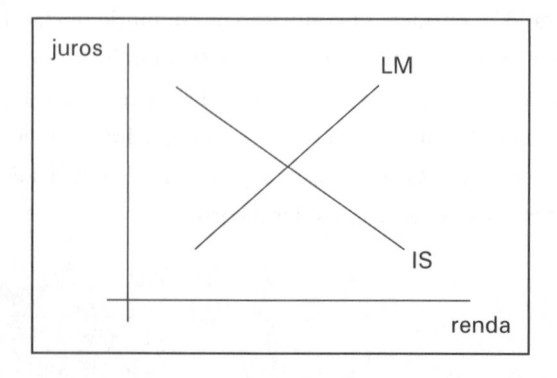

Segundo os economistas da escola clássica, neste gráfico, a(s)

a) curva IS deveria ser vertical.

b) curva LM deveria ser vertical.

c) curva LM deveria ser horizontal.

d) curva IS deveria ser horizontal.

e) duas curvas, IS e LM, deveriam ser horizontais.

Solução:

A resposta é a letra "B". O Chamado **Modelo Clássico (MC)** é caracterizado por uma curva LM vertical. Não podemos confundir o denominado de Modelo Clássico com uma Curva LM vertical com o Modelo Clássico estudado anteriormente, pois naquela situação tratava-se do modelo clássico propriamente disto, melhor ainda, tratava-se da síntese neoclássica realizada no final do século XIX e início do século XX e, portanto, antes das contribuições de Keynes. A análise a ser feita agora se trata de uma interpretação Keynesiana do Modelo Clássico. Vamos lembrar que quanto mais íngreme (mais "em pé") a curva LM, mais a demanda por moeda é inelástica à taxa de juros, isto é, quanto mais a Curva LM tender a ser paralela ao eixo vertical da taxa de juros, mais a procura por moeda vai se tornando insensível às variações na taxa de juros. Se a Curva LM é vertical, então a demanda por moeda torna-se infinitamente inelástica à taxa de juros, isto é, a demanda por moeda é totalmente insensível à taxa de juros, em outras palavras, a demanda por moeda não mais depende da taxa de juros e, portanto, não existe demanda especulativa por moeda, o que está de acordo com o modelo Clássico que postulava apenas os motivos transacional e precaucional (que só dependem da renda) para a demanda por moeda.

O Caro leitor deve neste momento se lembrar dos seguintes fatos por nós já discutidos:

(i) a demanda por transação e precaução de moeda é função crescente da renda;

(ii) a demanda por especulação de moeda é função inversa da taxa de juros;

(iii) quanto maior a inclinação da Curva LM, mais a demanda por moeda é inelástica a juros, isto é, quanto mais vertical se torna a Curva LM, mais a demanda por moeda torna-se insensível aos juros;

(iv) Para os clássicos não havia demanda especulativa por moeda.

Desse modo podemos seguir o seguinte raciocínio para explicar porque a Curva LM é vertical no modelo clássico:

(1º) para os clássicos só existem as demandas por transação e precaução de moeda;

(2º) Portanto a demanda por moeda só depende da renda;

(3º) Logo a demanda por moeda não depende da taxa de juros;

(4º) Então a demanda por moeda é totalmente insensível à taxa de juros;

(5º) Em outras palavras a demanda por moeda é totalmente inelástica à taxa de juros;

(6º) Portanto a curva LM é vertical (paralela ao eixo vertical da taxa de juros).

(ESAF/Analista de Finanças e Controle/STN/2005) – Julgue o item a seguir, como verdadeiro ou falso

No modelo IS/LM, é correto afirmar que no caso clássico, a LM é horizontal.

Solução:

Falso. No caso clássico a curva LM é vertical, sendo insensível a variações na taxa de juros.

10.1. Política Fiscal no Modelo Clássico

Conforme já comentado, fazer uma política fiscal significa deslocar a curva IS. Se a curva IS se desloca para a direita teremos uma política fiscal expansiva (ou expansionista). Se a curva IS se desloca para a esquerda teremos uma política fiscal restritiva (ou contracionista). A novidade agora é que a curva LM é vertical. Agora a curva LM é vertical e, portanto, paralela ao eixo vertical da taxa de juros, contribuindo para anular a eficácia da Política Fiscal. Ver Figura 30 a seguir:

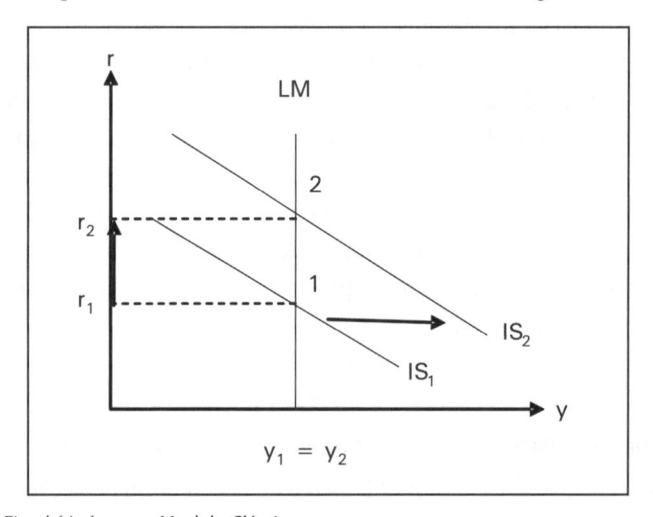

Figura 30: A Política Fiscal é Inócua no Modelo Clássico

Na Figura 30 acima, antes de tudo, note que a curva LM é vertical, caracterizando o modelo Clássico. Quando o Governo faz uma política fiscal expansiva (aumentando seus gastos, diminuindo a tributação ou aumentando as transferências governamentais), a curva IS se desloca para a direita (passando de IS_1 para IS_2). O equilíbrio inicial se dá no **ponto 1**, na intersecção da curva IS_1 com a curva LM. Nesse **ponto 1** do equilíbrio inicial, a renda e a taxa de juros de equilíbrio são respectivamente y_1 e r_1. Após o deslocamento da curva IS para a direita, o novo equilíbrio será dado pelo **ponto 2**, na intersecção da nova curva IS_2 com a antiga curva LM. Nesse **ponto 2** do equilíbrio final a nova renda de equilíbrio será y_2 e a nova taxa de juros de equilíbrio será r_2. Note então que, quando o equilíbrio muda do **ponto 1** para o **ponto 2**, teremos que:

(i)   **a renda de equilíbrio não se altera, pois** $y_1 = y_2$.

(ii)   **a taxa de juros de equilíbrio aumenta** de r_1 para r_2.

Conclusão:

No modelo Clássico a Política Fiscal é inócua, não afeta a renda.

(Cespe-UnB/Economista Pleno/2004) – Julgue o item a seguir, como verdadeiro ou falso:

Se a economia tiver uma curva LM vertical, políticas fiscais expansionistas não alterarão o nível de atividade econômica e, consequentemente, não modificarão a renda nacional.

Solução:

Esse item é verdadeiro, pois no modelo clássico, quando a da curva LM é vertical, a política fiscal é inócua, isto é, a política fiscal não afeta a produção e o emprego.

(Fundação Cesgranrio/Economista/Petrobrás/2008) – A figura abaixo mostra o gráfico do modelo IS/LM com duas posições possíveis para a curva LM: LM_1 e LM_2.

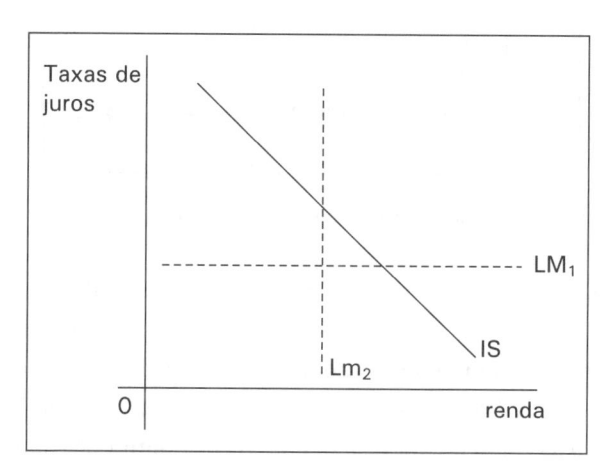

Em relação à figura apresentada, pode-se afirmar que a(o)

a) armadilha da liquidez do Modelo Keynesiano pode ser representada pela LM_2.
b) política fiscal fica impotente no caso da LM ser como a LM_2.
c) política monetária fica impotente no caso da LM ser como a LM_2.
d) curva IS representa os pontos de equilíbrio no mercado monetário.
e) modelo clássico supõe a LM como a LM_1.

Solução:

A resposta é a letra "B". Se a economia tiver uma curva LM vertical, políticas fiscais expansionistas não alterarão o nível de atividade econômica e, consequentemente, não modificarão a renda nacional

10.2. Política Monetária no Modelo Clássico

Conforme já comentado, fazer uma política monetária significa deslocar a curva LM. Se a curva LM se desloca para a direita teremos uma política monetária expansiva (ou expansionista). Se a curva LM se desloca para a esquerda teremos uma política monetária restritiva (ou contracionista). A novidade agora é que a curva LM é vertical. A posição particular da Curva LM, isto é, agora a curva LM é vertical e, portanto, paralela ao eixo vertical da taxa de juros, como veremos a seguir, contribuirá para tornar máxima a eficácia da Política Monetária.

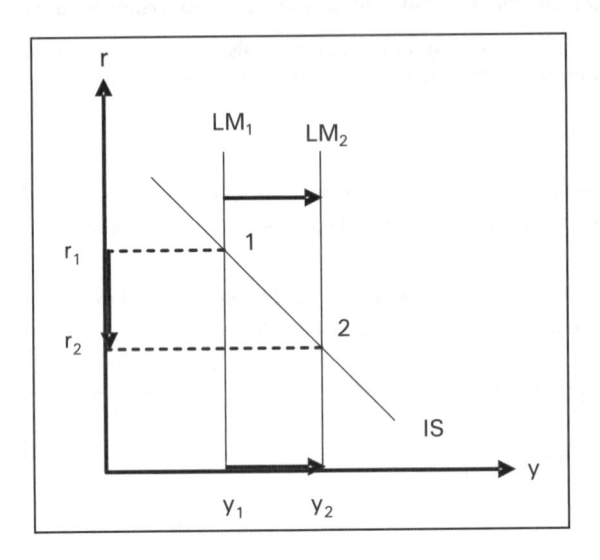

Figura 31: A Política Monetária possui Eficácia Máxima no Modelo Clássico

Na figura acima, antes de tudo, note que a curva LM é vertical, caracterizando o modelo Clássico. Quando o Banco Central faz uma política monetária expansiva (por exemplo: aumentando a oferta monetária, diminuindo o recolhimento compulsório ou comprando títulos), a curva LM se desloca para a direita (passando de LM_1 para LM_2). O equilíbrio inicial se dá no **ponto 1**, na intersecção da curva IS com a curva LM_1. Nesse **ponto 1** do equilíbrio inicial, a renda e a taxa de juros de equilíbrio são respectivamente y_1 e r_1. Após o deslocamento da curva LM para a direita, o novo equilíbrio será dado pelo **ponto 2**, na intersecção da nova curva LM_2 com a antiga curva IS. Nesse **ponto 2** do equilíbrio final a nova renda de equilíbrio será y_2 e a nova taxa de juros de equilíbrio será r_2. Note então que quando o equilíbrio muda do **ponto 1** para o **ponto 2,** teremos que:

(i) **a renda de equilíbrio aumenta** de y_1 para y_2.

(ii) **a taxa de juros de equilíbrio diminui** de r_1 para r_2.

Conclusão:

No modelo Clássico a Política Monetária é eficiente, na verdade possui eficiência máxima, isto é, afeta a renda o máximo possível.

11. O MODELO KEYNESIANO SIMPLIFICADO

As características do **Modelo Keynesiano Simplificado** são:

(i)   A curva IS é vertical;

(ii) O investimento é totalmente inelástico à taxa de juros;

(iii) O investimento não depende da taxa de juros;

(iv) O investimento é totalmente autônomo (totalmente exógeno), isto é, $I = \bar{I}$;

(v)   A Política Fiscal possui eficiência máxima, ou seja, afeta a renda o máximo possível,

(vi) A Política Monetária é inócua, ou seja, não afeta a renda.

O Chamado **Modelo Keynesiano Simplificado (MKS)** é caracterizado por uma curva IS vertical. Vamos lembrar que quanto mais íngreme (mais "em pé") a curva IS, mais o investimento é inelástico à taxa de juros, isto é, quanto mais a Curva IS tender a ser paralela ao eixo vertical da taxa de juros, mais o investimento vai se tornando insensível às variações na taxa de juros. Se a Curva IS é vertical, então o investimento torna-se totalmente inelástico à taxa de juros, isto é, o investimento é totalmente insensível à taxa de juros, em outras palavras, o investimento não mais depende da taxa de juros e, portanto, o investimento é totalmente autônomo. Essa situação na qual o investimento é totalmente autônomo, ou seja, quando o investimento é um mero número e dessa maneira não depende da taxa de juros, nós denominamos de Modelo Keynesiano Simplificado.

O Caro leitor deve neste momento se lembrar dos seguintes fatos por nós já discutidos:

(i)   De modo geral o investimento é função inversa da taxa de juros

(ii) quanto maior a inclinação da Curva IS, mais o investimento é inelástico a juros, isto é, quanto mais vertical se torna a Curva IS, mais o investimento torna-se insensível aos juros.

(iv) O denominado Modelo Keynesiano Simplificado é caracterizado pelo fato do investimento ser totalmente autônomo, isto é, o investimento não depende da taxa de juros

Desse modo podemos seguir o seguinte raciocínio para explicar porque a Curva IS é vertical no modelo Keynesiano Simplificado:

(1°) Quanto mais íngreme a curva IS, mais o investimento torna-se insensível à taxa de juros

(2°) Portanto, quando a curva IS torna-se Vertical, totalmente paralela ao eixo vertical da taxa de juros, então o investimento fica totalmente inelástico à taxa de juros.

(3°) Logo o investimento não de pende da taxa de juros e

(4°) Desse modo o investimento é totalmente autônomo, que é uma característica do chamado modelo Keynesiano Simplificado.

Observação: de modo geral o investimento é modelado como uma função inversa da taxa de juros, ou seja, podemos escrever que: $I = \bar{I} - f.r$, onde I é a função investimento, $\bar{I}$ é o investimento autônomo; f é a elasticidade do investimento à taxa de juros e r é a taxa de juros. No denominado

Modelo Keynesiano Simplificado, o investimento é totalmente autônomo, ou seja, não é função da taxa de juros então, o investimento é perfeitamente inelástico (insensível) à taxa de juros e, portanto a elasticidade do investimento à taxa de juros é zero $(f = 0)$;

11.1. Política Fiscal no Modelo Keynesiano Simplificado

Conforme já comentado, fazer uma política fiscal significa deslocar a curva IS. Se a curva IS se desloca para a direita teremos uma política fiscal expansiva. Se a curva IS se desloca para a esquerda teremos uma política fiscal restritiva. A diferença agora é que a curva IS é vertical. A posição particular da Curva IS, isto é, agora a curva IS é vertical e, portanto, paralela ao eixo vertical da taxa de juros, como veremos a seguir, contribuirá para tornar máxima a eficácia da Política Fiscal. Ver Figura 32 a seguir:

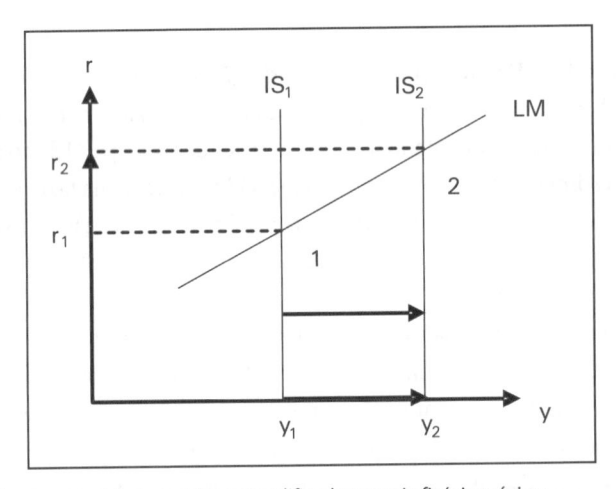

Figura 32: A Política Fiscal no modelo keynesiano simplificado possui eficácia máxima

Na Figura 32 acima, antes de tudo, note que a curva IS é vertical, caracterizando o modelo keynesiano simplificado. Quando o Governo faz uma política fiscal expansiva (aumentando seus gastos, diminuindo a tributação ou aumentando as transferências governamentais), a curva IS se desloca para a direita (passando de IS_1 para IS_2). O equilíbrio inicial se dá no **ponto 1**, na intersecção da curva IS_1 com a curva LM. Nesse **ponto 1** do equilíbrio inicial, a renda e a taxa de juros de equilíbrio são respectivamente y_1 e r_1. Após o deslocamento da curva IS para a direita, o novo equilíbrio será dado pelo **ponto 2**, na intersecção da nova curva IS_2 com a antiga curva LM. Nesse **ponto 2** do equilíbrio final a nova renda de equilíbrio será y_2 e a nova taxa de juros de equilíbrio será r_2. Note então que, quando o equilíbrio muda do **ponto 1** para o **ponto 2**, teremos que:

(i)   **a renda de equilíbrio aumenta** de y_1 para y_2.

(ii) **a taxa de juros de equilíbrio aumenta** de r_1 para r_2.

Conclusão:

> **No modelo keynesiano simplificado a Política Fiscal é eficiente, na verdade possui eficiência máxima, isto é, afeta a renda o máximo possível.**

11.2. Política Monetária no Modelo Keynesiano Simplificado

Conforme já comentado, fazer uma política monetária significa deslocar a curva LM. Se a curva LM se desloca para a direita teremos uma política monetária expansiva. Se a curva LM se desloca para a esquerda teremos uma política monetária restritiva. A diferença agora é que a curva IS é vertical. A posição particular da Curva IS, isto é, agora a curva IS é vertical e, portanto paralela ao eixo vertical da taxa de juros, como veremos a seguir, contribuirá para tornar inócua a Política Monetária.

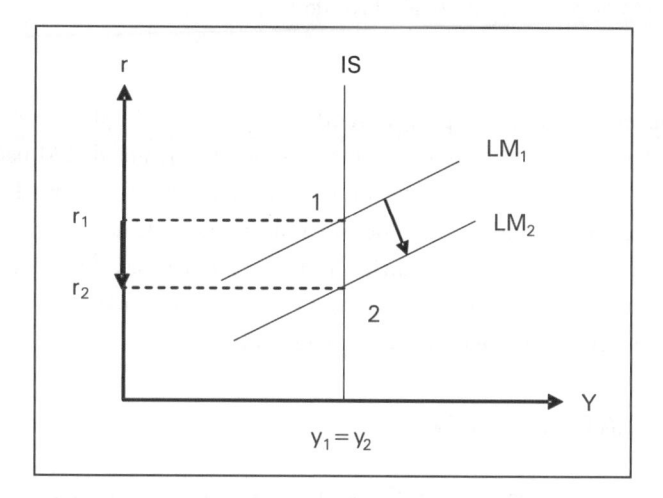

Figura 33: A Política Monetária é Inócua no Modelo Keynesiano Simplificado

Na Figura 33 acima, antes de tudo, note que a curva IS é vertical, caracterizando o modelo keynesiano simplificado. Quando o Banco Central faz uma política monetária expansiva (por exemplo: aumentando a oferta monetária, diminuindo o recolhimento compulsório ou comprando títulos), a curva LM se desloca para a direita (passando de LM_1 para LM_2). O equilíbrio inicial se dá no **ponto 1**, na intersecção da curva IS com a curva LM_1. Nesse **ponto 1** do equilíbrio inicial, a renda e a taxa de juros de equilíbrio são respectivamente y_1 e r_1. Após o deslocamento da curva LM para a direita, o novo equilíbrio será dado pelo **ponto 2**, na intersecção da nova curva LM_2 com a antiga curva IS. Nesse **ponto 2** do equilíbrio final a nova renda de equilíbrio será y_2 e a nova taxa de juros de equilíbrio será r_2. Note então que quando o equilíbrio muda do **ponto 1** para o **ponto 2,** teremos que:

(i) **a renda de equilíbrio permanece constante, não se altera** ($y_1 = y_2$).

(ii) **a taxa de juros de equilíbrio diminui** de r_1 para r_2.

Conclusão:

> **No modelo keynesiano simplificado a Política Monetária é inócua, não afeta a renda.**

(ESAF/Analista do Banco Central do Brasil/2002-modificado) - Considere o modelo IS/LM com as hipóteses de que a curva IS dada pelo "modelo keynesiano simplificado" supondo que os investimentos não dependam da taxa de juros.

Com base nestas informações, é incorreto afirmar que:

a) aumento nos investimentos autônomos eleva o produto.

b) uma elevação nas exportações eleva as taxas de juros.

c) um aumento no consumo autônomo eleva o produto.

d) uma política monetária contracionista reduz o produto.

e) uma política fiscal expansionista eleva as taxas de juros.

Solução:

O item incorreto é a letra "d", pois no modelo keynesiano simples, a política monetária é impotente para alterar o nível de produto. Ou seja, os deslocamentos da LM não afetam a renda, promovendo apenas alterações nas taxas de juros. Os itens "a", "b" e "c" são verdadeiros, pois, além de uma política fiscal expansionista ($\uparrow$G e/ou $\downarrow$T), uma elevação do consumo autônomo ($\uparrow$C), do investimento autônomo ($\uparrow$Ī), das transferências ($\uparrow$R) e das exportações ($\uparrow$X), desloca a curva IS para a direita, aumentado o produto e a taxa de juros. O item "e" está verdadeiro porque uma política fiscal expansionista eleva a taxa de juros e o nível de renda.

12. A ARMADILHA DA LIQUIDEZ

Na **Armadilha da Liquidez (Trecho Horizontal ou Keynesiano da LM),** a economia apresenta um cenário de taxas de juros excessivamente baixas. As características da Armadilha da Liquidez são:

(i)   A curva LM é horizontal;

(ii)   A demanda por moeda é infinitamente elástica à taxa de juros

(iii)   Só existe demanda especulativa por moeda.

(iv)   A Política Fiscal possui eficiência Máxima

(v)   A Política Monetária é inócua, não afeta a renda

(ESAF/Analista de Finanças e Controle/STN/2005) – Julgue o item a seguir como verdadeiro ou falso:

No modelo IS/LM, é correto afirmar que o caso da armadilha da liquidez ocorre quando a taxa de juros é extremamente alta.

Solução:

Falso. Na chamada **Armadilha da Liquidez,** a economia encontra-se presa em um cenário de especulação infinita. Vamos lembrar que a demanda por moeda se dá por três motivos: transação, precaução e especulação. A demanda por transação e precaução de moeda é função crescente da renda, enquanto que a demanda especulativa por moeda é função inversa da taxa de juros. Demandar moeda por motivo de especulação significa literalmente guardar dinheiro no bolso esperando que a taxa de juros aumente para então comprar títulos mais baratos. O caso da armadilha da liquidez ocorre quando a taxa de juros é extremamente baixa. Isto é, os juros estão tão baixos que se torna óbvio para todos os agentes econômicos que haverá uma alta futura dos juros, portanto todos esses agentes desejarão especular, ou seja, manterão moeda com o único objetivo de especulação. Assim, qualquer moeda que, porventura, o Banco Central venha a emitir não será usada para motivos de transação ou precaução. Será usada apenas para especulação. Toda moeda emitida pela autoridade monetária vai ficar presa no bolso das pessoas (esperando uma alta futura dos juros) e não será usada para efetuar transações. A economia encontra-se então presa na armadilha da liquidez.

(Fundação Cesgranrio/Economista Júnior/Sociedade Fluminense de Energia Ltda – SFE/2009) – O gráfico abaixo mostra as curvas IS e LM para uma certa economia.

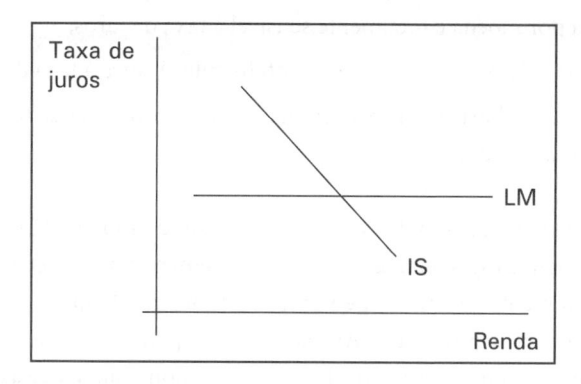

Afirma-se que, neste caso,

a) há uma situação de armadilha da liquidez.

b) o gráfico ilustra a neutralidade da moeda.

c) a inclinação da curva IS no gráfico está errada.

d) a política fiscal seria impotente para estimular a economia.

e) a política monetária seria potente para estimular a economia.

Solução:

A resposta é a letra "A". **Armadilha da Liquidez (AL)** é caracterizada por uma curva LM horizontal. Vamos lembrar que quanto menor a inclinação (mais "deitada, mais achatada") a curva LM, mais a demanda por moeda é elástica à taxa de juros, isto é, quanto mais a Curva LM tender a ser perpendicular ao eixo vertical da taxa de juros, mais a procura por moeda vai se tornando sensível às variações na taxa de juros e, portanto, maior será a demanda especulativa por moeda. Se a Curva LM é horizontal, então a demanda por moeda torna-se infinitamente elástica à taxa de juros, isto é, a demanda por moeda é totalmente sensível à taxa de juros, em outras palavras, a demanda por moeda somente depende da taxa de juros e, portanto, só existe demanda especulativa por moeda, o que está de acordo com a chamada Armadilha da Liquidez.

O Caro leitor deve neste momento se lembrar dos seguintes fatos por nós já discutidos:

(i) a demanda por transação e precaução de moeda é função crescente da renda;

(ii) a demanda por especulação de moeda é função inversa da taxa de juros;

(iii) quanto menor a inclinação da Curva LM, mais a demanda por moeda é elástica a juros, isto é, quanto mais horizontal se torna a Curva LM, mais a demanda por moeda torna-se sensível aos juros;

(iv) Na armadilha da Liquidez só existe demanda especulativa por moeda;

Desse modo podemos seguir o seguinte raciocínio para explicar porque a Curva LM é horizontal na Armadilha da Liquidez:

(1º) Na Armadilha da Liquidez só existe a demanda por especulação de moeda;

(2º) Portanto, a demanda por moeda só depende da taxa de juros;

(3º) Logo a demanda por moeda não depende da renda;

(4º) Então a demanda por moeda é totalmente sensível à taxa de juros;

(5º) em outras palavras a demanda por moeda é totalmente elástica à taxa de juros;

(6º) Portanto, a curva LM é horizontal (perpendicular ao eixo vertical da taxa de juros e paralela ao eixo horizontal da renda).

Note, portanto que a Armadilha da Liquidez é o oposto do modelo Clássico, pois no Modelo Clássico não existe demanda especulativa por moeda (a demanda por moeda não depende da taxa de juros) e consequentemente a curva LM é vertical demonstrando que a demanda por moeda é totalmente insensível à taxa de juros. Já na Armadilha da Liquidez só existe demanda especulativa por moeda e consequentemente a curva LM é horizontal demonstrando que a demanda por moeda é totalmente sensível à taxa de juros.

(FUNCAB/Economista/Prefeitura Municipal de Armação dos Búzios - RJ/2012) - O que caracteriza a armadilha da liquidez?

a) Uma situação em que o público não está disposto, a uma dada taxa de juros, a manter sob forma de encaixe toda a moeda ofertada.

b) Uma situação em que os juros são tão altos que não há tomador de empréstimo interessado em contrair dívidas.

c) Uma situação em que o público está disposto, a uma dada taxa de juros, a manter sob forma de encaixe toda a moeda ofertada.

d) Uma situação em que a redução da oferta da moeda não reduziria a taxa de juros.

e) Uma situação, com qualquer taxa de juros, em que o público prefere aplicar em títulos.

Solução:

A resposta é a letra "C". Portanto, a Armadilha da Liquidez é justificada pelo fato de que a taxa de juros é tão baixa que qualquer aumento na oferta de moeda, tudo o mais constante, é todo canalizado para a demanda especulativa de moeda, sendo incapaz de contribuir para o aumento do produto e da renda. Ou seja, é uma situação em que a taxa de juros encontra-se em um nível tão baixo que qualquer ampliação na oferta de moeda será retida pelo público, mesmo sem alteração na taxa de juros. Keynes sugeriu que este caso poderia ser aplicado na Grande Depressão da década de 30 do século passado.

<u>Observação</u>: a demanda por moeda L é modelada como uma função direta da renda e inversa da taxa de juros, ou seja, podemos escrever que: $L = a.y - d.r$, onde L é a demanda por moeda, y é a renda, r é a taxa de juros, a é a elasticidade da demanda por moeda à renda e d é a elasticidade da demanda por moeda à taxa de juros. A componente positiva $(a.y)$ representa a parcela da demanda por moeda que é função crescente da renda, ou seja, representa as demandas por transação e precaução de moeda. A componente negativa $(-d.r)$ representa a parcela da demanda por moeda que é função inversa da taxa de juros, ou seja, representa a demanda especulativa por moeda. Na denominada Armadilha da Liquidez, só existe demanda especulativa por moeda, ou seja, a demanda por moeda é perfeitamente elástico (sensível) à taxa de juros e, portanto a elasticidade da demanda por moeda em relação à taxa de juros (d) é infinita $(d = \infty)$.

(Fundação Cesgranrio/Economista/Eletrobrás/2010) - O gráfico abaixo, do modelo IS/LM, mostra diversas posições para as curvas IS e LM.

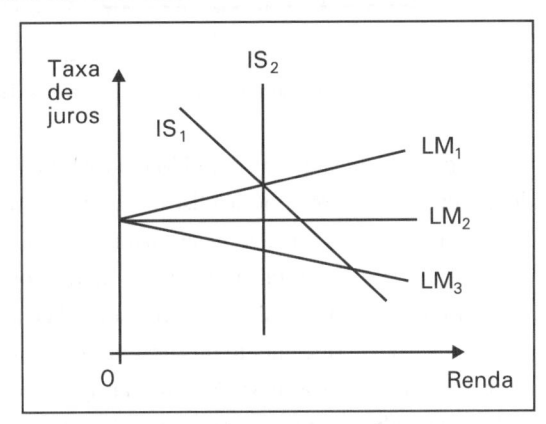

Uma situação de armadilha da liquidez se caracteriza quando, no gráfico, a posição da curva

a) IS é como IS_1.

b) IS é como IS_2.

c) LM é como LM_1.

d) LM é como LM_2.

e) LM é como LM_3.

Solução:

A resposta é a letra "d", pois na figura acima, a curva LM_2 caracteriza uma situação de armadilha de liquidez.

12.1. Política Fiscal na Armadilha da Liquidez

Conforme já sabemos, quando deslocamos a curva IS estamos fazendo uma política fiscal. A política fiscal será expansiva quando a curva IS se desloca para a direita e teremos uma política fiscal restritiva quando a curva IS se desloca para a esquerda. A particularidade agora é que a curva LM é horizontal. Essa posição particular da Curva LM, isto é, agora a curva LM é horizontal e, portanto, perpendicular ao eixo vertical da taxa de juros e paralela ao eixo horizontal da renda, como veremos a seguir, contribuirá para tornar máxima a eficácia da Política Fiscal.

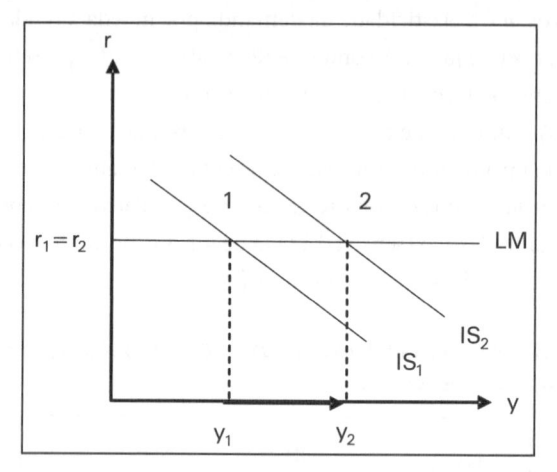

Figura 34: A Política Fiscal na Armadilha da Liquidez possui eficácia máxima sobre a renda

Na Figura 34 acima, antes de tudo, note que a curva LM é horizontal, caracterizando a Armadilha da liquidez. Quando o Governo faz uma política fiscal expansiva (aumentando seus gastos, diminuindo a tributação ou aumentando as transferências governamentais), a curva IS se desloca para a direita (passando de IS_1 para IS_2). O equilíbrio inicial se dá no **ponto 1**, na intersecção da curva IS_1 com a curva LM. Nesse **ponto 1** do equilíbrio inicial, a renda e a taxa de juros de equilíbrio são respectivamente y_1 e r_1. Após o deslocamento da curva IS para a direita, o novo equilíbrio será dado pelo **ponto 2**, na intersecção da nova curva IS_2 com a antiga curva LM. Nesse **ponto 2** do equilíbrio final a nova renda de equilíbrio será y_2 e a nova taxa de juros de equilíbrio será r_2. Note então que, quando o equilíbrio muda do **ponto 1** para o **ponto 2**, teremos que:

(i) **a renda de equilíbrio aumenta** de y_1 para y_2.

(ii) **a taxa de juros de equilíbrio permanece constante, não se altera** ($r_1 = r_2$).

Note que a taxa de juros de equilíbrio não se altera e a renda de equilíbrio aumenta. A Política Fiscal é dita eficiente, pois a eficiência de uma política está relacionada com a sua capacidade de afetar o nível de renda. Conclusão:

> **Na Armadilha da Liquidez a Política Fiscal é eficiente, na verdade possui eficiência máxima, isto é, afeta a renda o máximo possível**

(FGV Projetos/Economista/Defensoria Pública do Estado do Rio de Janeiro/2014) - No caso da armadilha da liquidez do modelo IS-LM uma expansão dos gastos do governo

a) atinge o máximo de eficácia, com manutenção da taxa de juros e ampliação do nível de renda.

b) é nula, com os indivíduos retendo toda renda gerada por tais gastos.

c) não leva a qualquer elevação da renda do país, expulsando o investimento privado da economia.

d) gera aumento da renda e dos juros, com redução dos investimentos privados que é mais que compensada pela política fiscal expansionista.

e) atinge o máximo de eficácia, com redução da taxa de juros e forte expansão dos investimentos.

Solução:

A resposta é a letra "a". Conforme visto acima, no caso da armadilha da liquidez do modelo IS-LM, uma expansão dos gastos do governo (política fiscal expansionista) atinge o máximo de eficácia, com manutenção da taxa de juros e ampliação do nível de renda.

12.2. Política Monetária na Armadilha da Liquidez

Conforme já comentado, fazer uma política monetária significa deslocar a curva LM. Se a curva LM se desloca para a direita teremos uma política monetária expansiva. Se a curva LM se desloca para a esquerda teremos uma política monetária restritiva. A diferença agora é que a curva LM é horizontal. A posição particular da Curva LM, isto é, agora a curva LM é horizontal e, portanto, perpendicular ao eixo vertical da taxa de juros e paralela ao eixo horizontal da renda, como veremos a seguir, contribuirá para tornar inócua a Política Monetária.

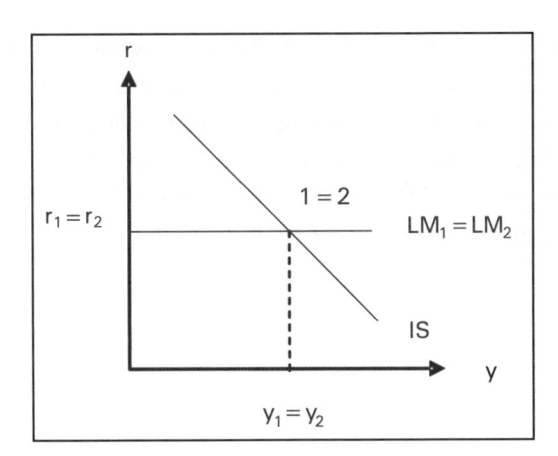

Figura 35: Armadilha da Liquidez

Na Figura 35 acima, antes de tudo, note que a curva LM é horizontal, caracterizando mais uma vez a Armadilha da Liquidez. Quando o Banco Central faz uma política monetária expansiva (por exemplo: aumentando a oferta monetária, diminuindo o recolhimento compulsório ou comprando títulos), a curva LM se deslocaria para a direita, porém como a curva LM agora é horizontal, a curva LM não se mexe e desse modo a curva LM_1 coincide com a curva LM_2. O equilíbrio inicial se dá no **ponto 1,** na intersecção da curva IS com a curva LM_1. Nesse **ponto 1** do equilíbrio inicial, a renda e a taxa de juros de equilíbrio são respectivamente y_1 e r_1. Mesmo após a expansão monetária, como a curva LM não se desloca para a direita, o novo equilíbrio será dado no **ponto 2**, na intersecção da curva LM_2 (que é a mesma LM_1) com a antiga curva IS. Nesse **ponto 2 do equilíbrio final que coincide com o ponto 1,** a renda de equilíbrio será y_2 (que coincide com y_1) e a taxa de juros de equilíbrio será r_2 (que coincide com r_1). Note então que após a expansão monetária o equilíbrio não se altera (o **ponto 1** coincide com o **ponto 2)** e teremos que:

(i)   **a renda de equilíbrio permanece constante, não se altera** ($y_1 = y_2$).

(ii) **a taxa de juros de equilíbrio permanece constante, não se altera** ($r_1 = r_2$).

Note que nem a renda e nem a taxa de juros de equilíbrio se alteram. Neste caso a Política Monetária é dita inócua, pois a eficiência de uma política está relacionada com a sua capacidade de afetar o nível de renda. Como a renda não se altera ($y_1 = y_2$) diremos que essa política é inócua.

Conclusão:

> **Na Armadilha da Liquidez a Política Monetária é inócua, não afeta a renda.**

(Cespe-UnB/Analista de Comércio Exterior/2001) – Julgue o item a seguir, como verdadeiro ou falso:

Em presença de armadilha da liquidez, a política monetária é ineficaz para aumentar a renda nacional.

Solução:

Esse item é verdadeiro, pois na armadilha da liquidez a política monetária é impotente para aumentar o nível da renda e do produto da economia. A economia apresenta um cenário de grande liquidez e baixas taxas de juros. Muitos economistas acreditam que essa é a situação que ocorreu na economia mundial durante a década de 30 do século passado. A Grande Depressão de 1930 fez surgir a desconfiança no mercado financeiro, sendo observado altos níveis de liquidez e taxas de juros tão baixas que dificilmente poderiam ser reduzidas.

Apêndice – Abordagem Matemática do Modelo IS-LM para Certames Avançados de Economia

A.1. MERCADO MONETÁRIO

A.1.1. A Demanda por Moeda

A demanda por encaixes monetários reais $\left(M/P\right)^{d}$ é função inversa da taxa de juros, como visto na figura 1 abaixo.

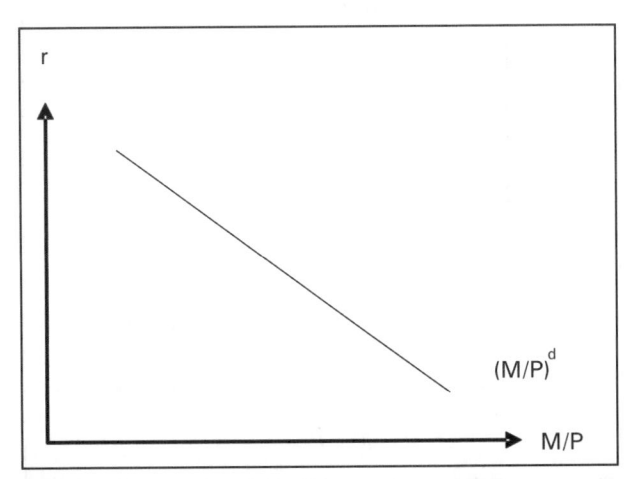

Figura A.1: Demanda por Moeda

A.1.2. A Oferta por Moeda

No caso da **oferta de saldos monetários reais**, a curva de saldos monetários reais é vertical porque a oferta não depende da taxa de juros. Há uma oferta fixa de saldos monetários reais (conforme figura 2 abaixo). Matematicamente: $\left(M/P\right)^{S} = \left(\overline{M}/\overline{P}\right)$.

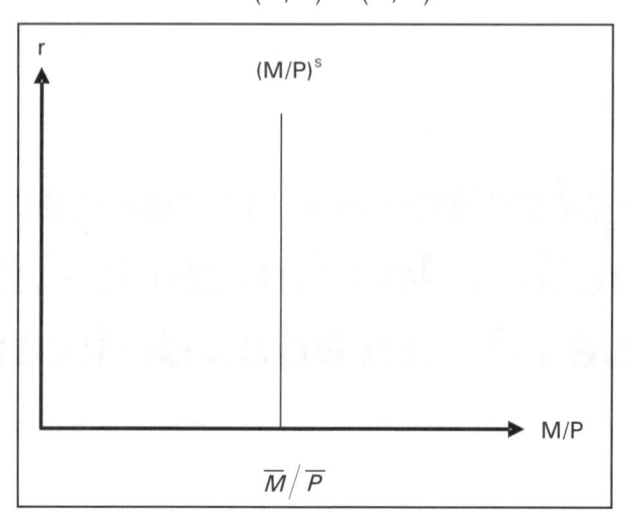

Figura A.2: Oferta Monetária

A.1.3. Equilíbrio no Mercado Monetário

A Figura A.3 mostra um equilíbrio inicial no mercado monetário correspondente a um determinado nível inicial de renda Y.

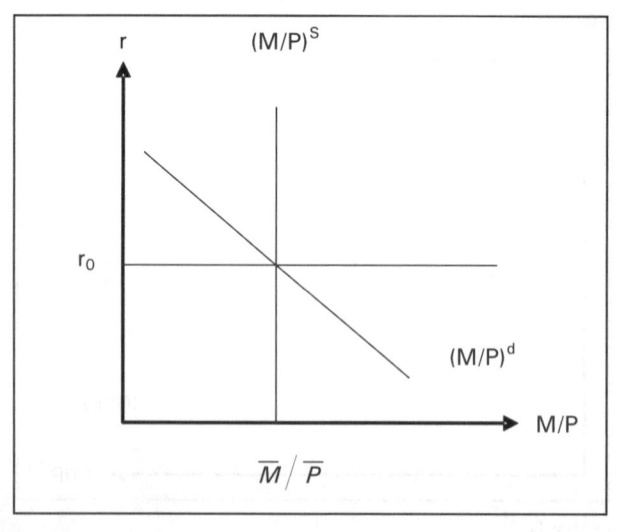

Figura A.3: Mercado Monetário

(Cespe-UnB/Consultor do Executivo – Ciências Econômicas/Secretaria de Estado da Fazenda – ES/2010) – Julgue o item a seguir como verdadeiro ou falso.

A teoria da preferência pela liquidez, pelo pressuposto da existência de uma oferta fixa de saldos monetários reais, explica como a oferta e a demanda desses saldos determinam a taxa de juros.

Solução:

Verdadeiro. De acordo com a Teoria da Preferência pela Liquidez, a oferta monetária, que é controlada pela autoridade monetária (Banco Central), é fixa, ou seja, a oferta de saldos monetários reais é fixada pelo Banco Central e, por ser fixa, é representada por uma curva vertical.

(Cespe-UnB/Economista/SEAD/PRODEPA/2004) – Julgue o item seguir como verdadeiro ou falso:

A demanda de moeda por motivo de transação relaciona-se positivamente com o nível de renda e negativamente com a taxa de juros.

Solução:

Verdadeiro. Na teoria keynesiana, a demanda por moeda por motivo transação relaciona-se positivamente com o nível de renda e negativamente com a taxa de juros. Por exemplo, um aumento da renda e/ou redução da taxa de juros elevam a demanda por moeda, e vice-versa:

$$\uparrow \left(\frac{M}{P} \right)^d = f\left(\uparrow Y, \downarrow i \right) \quad e \quad \downarrow \left(\frac{M}{P} \right)^d = f\left(\downarrow Y, \uparrow i \right)$$

A.1.4. Obtenção gráfica da Curva LM

Nas Figuras A.4-A e A.4-B, note que um aumento da renda (de Y_1 para Y_2) aumenta a demanda por moeda por motivos de transação e precaução, pois a demanda por moeda para transações varia positivamente com a renda, e, logo, eleva-se a taxa de juros (de r_1 para r_2), a fim de restabelecer a demanda em um nível igual ao do estoque fixo de moeda. A taxa de juros mais alta resulta numa demanda especulativa por moeda menor até o nível em que se iguale ao aumento inicial da demanda por transações, induzido pelo aumento na renda. Dessa forma, a curva LM resume esta relação entre taxa de juros e renda: Quanto mais alto o nível de renda, mais alta a taxa de juros:

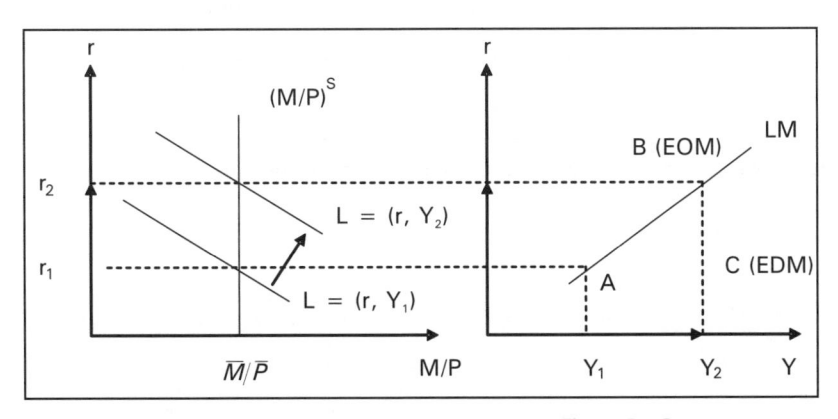

Figura A.4-A   Figura A.4-B

Ponto A: L = M → equilíbrio no mercado monetário
Ponto B: M > L → excesso de oferta no mercado monetário (EOM)
Ponto C: L > M → excesso de demanda no mercado monetário (EDM)

A.1.5. Efeito de uma Expansão Monetária sobre o Deslocamento da Curva LM

Suponha um aumento na oferta monetária da economia. Na Figura A.5, haverá um aumento na oferta de saldos monetários reais de M^S_1 para M^S_2 que reduz a taxa de juros de equilíbrio para r_2. A Figura A.5 mostra a aplicação da Lei da Oferta e da Procura no mercado monetário. Vamos lembrar que a Lei da Oferta e da Procura afirma que se a oferta de um bem aumenta (muitas pessoas querendo vender o bem) então o preço do bem vai diminui. No mercado monetário a oferta de moeda é feita pelo Banco Central. Se o Banco central aumenta a oferta de moeda, então pela Lei da oferta e da procura, a taxa de juros (que é o preço da moeda) vai diminuir. Como mostrado na Figura A.5, após a emissão monetária, o novo equilíbrio se dá com uma taxa de juros mais baixa, então, como mostra a Figura A.6, a nova curva LM_2 ficará abaixo da curva inicial LM_1 (se deslocará para a direita e para baixo), pois para cada nível fixado de renda, o novo equilíbrio se dará com uma taxa de juros mais baixa.

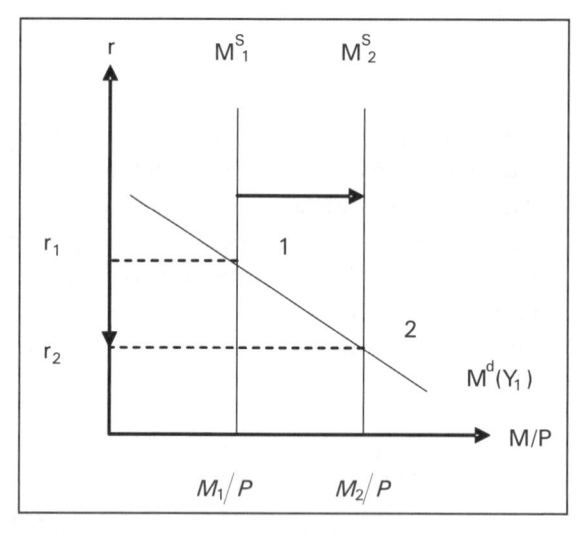

Figura A.5: Um aumento da oferta de moeda causa uma redução da taxa de juros.

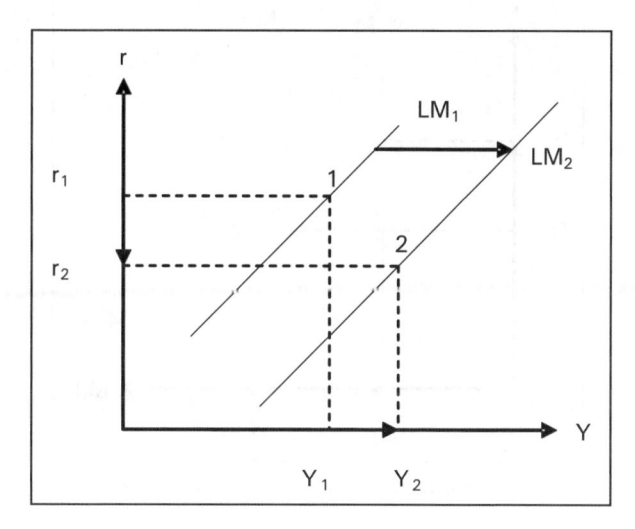

Figura A.6: um aumento na oferta de moeda desloca a curva LM para a direita

A.1.6. Efeito de uma Contração Monetária sobre o Deslocamento da Curva LM

Suponha, agora, uma redução da oferta monetária, o que provoca a queda dos saldos monetários reais (Figura A.7) de M_1/P para M_2/P. A Figura A.7 também mostra a aplicação da Lei da Oferta e da Procura no mercado monetário. Lembrando novamente que a Lei da Oferta e da Procura afirma que se a oferta de um bem diminui (poucas pessoas querendo vender o bem) então o preço do bem vai aumentar. No mercado monetário a oferta de moeda é feita pelo Banco Central. Se o Banco central diminui a oferta de moeda, então pela Lei da oferta e da procura, a taxa de juros (que é o preço da moeda) vai aumentar. Como mostrado na Figura A.7 após a contração monetária, o novo equilíbrio se dá com uma taxa de juros mais alta, então mantendo o nível de renda constante uma redução na oferta de saldos monetários provoca elevação da taxa de juros de equilíbrio e o deslocamento da curva LM para a esquerda e para cima (Figura A.8), pois para cada nível fixado de renda, o novo equilíbrio se dará com uma taxa de juros mais alta.

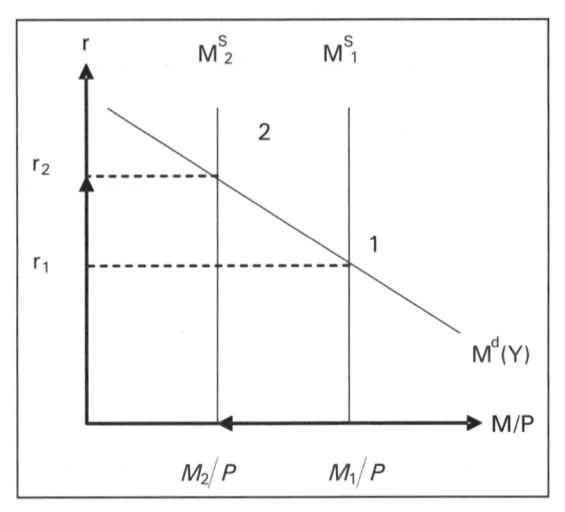

Figura A.7: Uma redução na oferta de moeda causa um aumento da taxa de juros

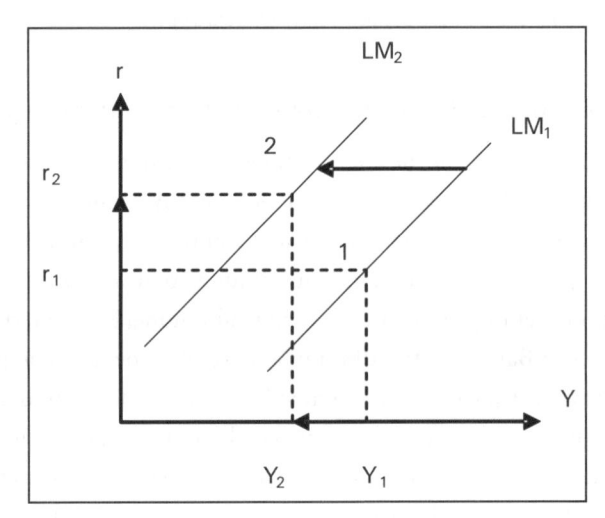

Figura A.8: Uma redução na oferta de moeda desloca a curva LM para a esquerda

A.1.7. Resumo dos Efeitos da Expansão Monetária (Política Monetária Expansiva) e da Contração Monetária (Política Monetária Restritiva)

Oferta por moeda	Curva LM	Consequências
Aumento da quantidade ofertada por moeda	Deslocamento da curva LM para direita e para baixo	(a) Diminuição da Taxa de Juros (b) Aumento da Renda
Diminuição da quantidade ofertada por moeda	Deslocamento da curva LM para esquerda e para cima.	(a) Aumento da Taxa de Juros (b) Diminuição da Renda

(Cespe-UnB/Economista Pleno/2004) – Julgue os itens a seguir, como verdadeiros ou falsos:

Os adeptos da teoria keynesiana afirmam que aumentos no estoque monetário podem conduzir a aumentos da produção e da renda.

Solução:

Verdadeiro, pois um aumento na oferta monetária irá deslocar a curva LM para a direita, aumentando a renda da economia, conforme visto na figura 10.

A.1.8. Efeitos do Aumento da Demanda por Moeda no Mercado Monetário

Suponha que haja um aumento da demanda por moeda por motivo de transações na economia para níveis de renda e taxa de juros determinados. Na Figura A.9, suponha que a função demanda por moeda se desloque de M^d_0 para M^d_1, mantido constante o nível de renda, Y_0, então a taxa de juros vai aumentar de r_0 para r_1. A Figura A.9 mais uma vez mostra a aplicação da Lei da Oferta e da Procura no mercado monetário. Lembrando que a Lei da Oferta e da Procura afirma que se a procura por um bem aumenta (muitas pessoas querendo comprar o bem) então o preço do bem vai aumentar. No mercado monetário a oferta de moeda é feita pelo Banco Central, e a demanda é feita pelos agentes econômicos (famílias, firmas, governo e setor externo). Se a procura por moeda na economia aumenta, isto é, se os agentes econômicos precisam de mais dinheiro (estão demandando mais moeda), então pela Lei da oferta e da procura, a taxa de juros (que é o preço da moeda) vai aumentar.

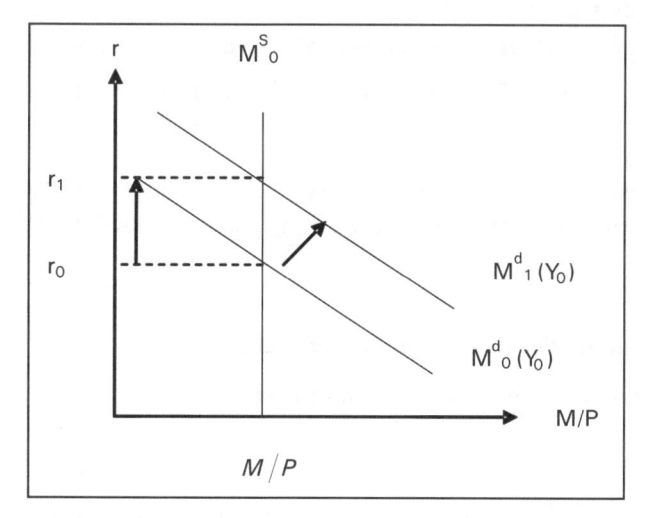

Figura A.9: Um aumento da demanda por moeda causa um aumento da taxa de juros

De modo análogo, a aplicação da Lei da Oferta e da Procura no mercado monetário, mostra que uma redução da demanda por moeda causa uma diminuição da taxa de juros. Lembrando que a Lei da Oferta e da Procura afirma que se a procura por um bem diminui (poucas pessoas querendo comprar o bem) então o preço do bem vai diminuir. No mercado monetário a demanda é feita pelos agentes econômicos (famílias, firmas, governo e setor externo). Se a procura por moeda na economia diminui, isto é, se os agentes econômicos precisam pouco dinheiro (estão demandando menos moeda), então pela Lei da oferta e da procura, a taxa de juros (que é o preço da moeda) vai diminuir.

A.1.9. A Equação da LM

A equação da LM é obtida com base no equilíbrio entre a oferta e a demanda por saldos monetários reais, ou seja:

$$r = \frac{a}{d}Y - \frac{M}{Pd}$$

Onde, a = elasticidade (sensibilidade) da demanda por moeda em relação à renda; d = elasticidade (sensibilidade) da demanda por moeda em relação à taxa de juros; M = oferta monetária; P = nível geral de preços.

A **curva LM** se tornará **mais íngreme** (mais inclinada, mais vertical, mais "em pé", rotação da curva LM no sentido anti-horário) nos seguintes casos:

(i)   Quanto maior for a elasticidade (sensibilidade) da demanda por moeda à renda ($\uparrow$a);

(ii)   Quanto menor for a elasticidade (sensibilidade) da demanda por moeda à taxa de juros ($\downarrow$d).

A curva LM se tornará mais achatada (mais deitada, mais horizontal, rotação da curva LM no sentido horário) nos seguintes casos:

(i)   Quanto menor for a elasticidade (sensibilidade) da demanda por moeda à renda ($\downarrow$a);

(ii)   Quanto maior for a elasticidade (sensibilidade) da demanda por moeda à taxa de juros ($\uparrow$d).

Quanto mais paralela for a curva em relação ao eixo, mais inelástica à variável do eixo, bem como quanto mais perpendicular for a curva ao eixo, mais elástica à variável do eixo.

A.1.10. Dedução Alternativa da Equação da Curva LM

A condição de equilíbrio no mercado monetário será:

$$LM : \left(\frac{M}{P}\right)^S = \left(\frac{M}{P}\right)^d \Rightarrow L^d\left(Y,r\right) \Rightarrow \begin{cases} \dfrac{\partial\left(M/P\right)^d}{\partial Y} > 0 \Leftrightarrow \dfrac{\Delta L}{\Delta Y} > 0 \\[2ex] \dfrac{\partial\left(M/P\right)^d}{\partial r} < 0 \Leftrightarrow \dfrac{\Delta L}{\Delta r} < 0 \end{cases}$$

onde: Δ = símbolo que representa "variação"; ∂ = primeira derivada.

A função demanda por moeda linear será expressa como:

$$\left(\frac{M}{P}\right)^d = L^d\left(Y,r\right) = M_{T,P}^d + M_E^d = aY + \bar{M} - dr$$

Onde, a = elasticidade (sensibilidade) da demanda por moeda em relação à renda; d = elasticidade (sensibilidade) da demanda por moeda em relação à taxa de juros; $\overline{M}$ = demanda autônoma por moeda (considere nulo esse valor); Demanda por moeda por motivo transação ou precaução: $M_{T,P}^d = aY$; Demanda por moeda por motivo especulação: $M_E^d = \overline{M} - dr$.

A curva LM é obtida com base no equilíbrio entre a oferta e a demanda por saldos monetários reais, ou seja,

$$LM : \frac{M^S}{P} = aY - dr \Rightarrow \begin{cases} Y_E = \dfrac{M^S}{Pa} + \dfrac{dr}{a} \\ dr = aY - \dfrac{M^S}{P} \end{cases} \Rightarrow r = \frac{a}{d}Y - \frac{M}{Pd}$$

A.2. MERCADO DE PRODUTO

A.2.1. Definição da Curva IS

A **curva IS** mostra a relação entre a taxa de juros e o nível de renda que se dá a partir do mercado de bens e serviços. Em outras palavras, a curva IS mostra o equilíbrio no mercado do produto, isto é, mostra os pontos (combinações de taxa de juros e renda) para os quais investimento iguala a poupança (I = S).

A condição de equilíbrio no mercado de bens e serviços é: $Y = C + I + G$
A curva IS é construída a partir dessa segunda forma da condição de equilíbrio.

A.2.2. A Função Investimento

Essa função indica a dependência do investimento em relação a taxa de juros

$$I(r) = \overline{I} - fr = S(Y)$$

Em que $\overline{I}$ = Investimento Autônomo; f = Elasticidade (sensibilidade) do investimento em à taxa de juros (r);

(Cespe-UnB/Economista Pleno/2004) – Julgue o item a seguir, como verdadeiro ou falso:

A função de investimento mostra, para cada nível da taxa de juros de mercado, o valor total do investimento.

Solução:

Esse item é verdadeiro, e a função investimento mostra a relação inversa entre taxa de juros e investimento. Um aumento da taxa de juros, por exemplo, reduz a demanda agregada para um dado nível de renda, porque esse aumento reduz o investimento agregado. A curva IS é negativamente inclinada, refletindo uma redução da demanda agregada associado a um aumento da taxa de juros (e vice-versa):

Um aumento da taxa de juros (↑ r)

irá reduzir o investimento privado:
(↓ = I$_0$ − ↑ fr)

Consequentemente, haverá uma redução do produto e da demanda agregada da economia:↓DA = ↓ Y = C + ↓ I + G + X − M

Uma diminuição da taxa de juros (↓ r)

irá aumentar o investimento privado:
(↑ I = I$_0$− ↓ fr)

Consequentemente, haverá um aumento do produto e da demanda agregada da economia:↑ DA = ↑ Y = C + ↑ I + G + X−M

A.2.3. A Equação da Curva IS

A equação da curva IS é apresentada da seguinte forma:

$$r = -\left(\frac{1}{kf}\right)Y + \frac{\bar{A}}{f}$$

Onde: r = taxa de juros; k = multiplicador keynesiano; f = elasticidade (sensibilidade) do investimento à taxa de juros; Y = renda, produto; $\bar{A}$ = componentes autônomos da demanda agregada.

A **curva IS** tornar-se-á mais **íngreme** (mais vertical, mais "em pé", mais inclinada, rotação da curva IS no sentido horário) quando houver:

(i)   Diminuição do multiplicador keynesiano (↓k);

(ii)   Diminuição da elasticidade (sensibilidade) do investimento em relação à taxa de juros (↓f); também chamado de eficiência marginal do capital;

(iii)   Diminuição da propensão marginal a consumir (↓c);

(iv)   Aumento da propensão marginal a tributar (↑t);

(v)   Diminuição da propensão marginal a transferir;

(vi)   Aumento na propensão marginal a poupar (↑s)

(Cespe-UnB/Analista em Geociências – Área: Economia/Companhia de Pesquisas de Recursos Minerais/2013) – Julgue o item a seguir, como verdadeiro ou falso.

A redução da sensibilidade do investimento em relação a taxa de juros faz que a curva IS seja menos inclinada.

Solução:

Falso. A redução da sensibilidade do investimento em relação a taxa de juros faz que a curva IS seja mais inclinada (mais íngreme, mais "em pé", mais vertical, rotação da curva IS no sentido horário).

A **curva IS** tornar-se-á mais **achatada** (mais deitada, mais horizontal, menos inclinada, rotação da curva IS no sentido anti-horário), quando houver:

(i) Aumento do multiplicador keynesiano ($\uparrow$k);

(ii) Aumento da elasticidade (sensibilidade) do investimento em relação à taxa de juros ($\uparrow$f);

(iii) Aumento da propensão marginal a consumir ($\uparrow$c);

(iv) Diminuição da propensão marginal a tributar ($\downarrow$t);

(v) Aumento da propensão marginal a transferir;

(vi) Diminuição da propensão marginal a poupar ($\downarrow$s)

(Cespe-UnB/Analista em Geociências – Área: Economia/Companhia de Pesquisas de Recursos Minerais/2013) – Julgue o item a seguir, como verdadeiro ou falso.

Um aumento da propensão marginal a consumir altera a inclinação da curva IS, em rotação anti-horária, e proporciona aumento do multiplicador keynesiano.

Solução:

Verdadeiro. Um aumento da propensão marginal a consumir altera a inclinação da curva IS, em rotação anti-horária, tornando-a mais achatada (mais deitada, mais horizontal, menos inclinada, e proporciona aumento do multiplicador keynesiano.

A.2.4. Dedução Alternativa da Equação da Curva IS

O equilíbrio no mercado de bens, considerando uma economia fechada e com governo se dá quando:

$$IS : Y = C(Y) + I(r) + G$$

A curva IS é obtida por meio dos seguintes procedimentos:

1º) Determinar da Renda Disponível:

$$Y_D = Y - T + R \Rightarrow Y_D = Y - (\bar{T} + tY) + (\bar{R} + rY) \Rightarrow Y_D = Y - \bar{T} + tY + \bar{R} + rY$$
$$\Rightarrow Y_D = (1 - t + r)Y - \bar{T} + \bar{R}$$

2º) Substituir a Renda Disponível na Função Consumo:

$$C = \bar{C} + cY_D \Rightarrow \bar{C} + c\left[(1 - t + r)Y - \bar{T} + \bar{R}\right]$$

3º) Condição de equilíbrio:

$$OA = DA \Rightarrow Y = DA \Rightarrow DA = C + I + G \Rightarrow Y = C + I + G$$

4º) Determinar a curva IS:

$$IS: Y = C + I + G \Rightarrow Y = \left\{\bar{C} + c\left[(1 - t + r)Y - \bar{T} + \bar{R}\right]\right\} + (\bar{I} - fr) + \bar{G} \Rightarrow$$
$$Y = \bar{C} + c(1 - t + r)Y - c\bar{T} + c\bar{R} + \bar{I} - fr + \bar{G} \Rightarrow Y - c(1 - t + r)Y = \bar{C} - c\bar{T} + c\bar{R} + \bar{I} - fr + \bar{G} \Rightarrow$$
$$Y\left[1 - c(1 - t + r)\right] = \bar{C} - c\bar{T} + c\bar{R} + \bar{I} - fr + \bar{G} \Rightarrow Y = \left(\frac{1}{1 - c(1 - t + r)}\right)\left(\bar{C} - c\bar{T} + c\bar{R} + \bar{I} - fr + \bar{G}\right)$$

Onde o termo $\left(\dfrac{1}{1 - c(1 - t + r)}\right)$ é o multiplicador keynesiano (k). E a renda de equilíbrio (Y_E) será expressa da seguinte forma:

$$IS: Y_E = k\left(\bar{C} - c\bar{T} + c\bar{R} + \bar{I} - fr + \bar{G}\right)$$

Além disso, temos:

$$IS: Y_E = k\left(\bar{C} - c\bar{T} + c\bar{R} + \bar{I} + \bar{G}\right) - kfr \Rightarrow Y_E = k\bar{A} - kfr \therefore \bar{A} = \bar{C} - c\bar{T} + c\bar{R} + \bar{I} + \bar{G}$$

onde $\bar{A}$ é a Demanda Autônoma. Logo, $Y_E = k\left(\bar{A} - fr\right)$

O intercepto da curva IS é dado pela demanda autônoma $\left(k\bar{A}\right)$, que determina a posição da curva IS, ao passo que a inclinação da curva IS é dada por $(-fr)$, mostrando a relação inversa entre renda e taxa de juros.

5º) A equação da IS é obtida da seguinte forma:

$$IS: Y = k\left(\bar{A} - fr\right) \Rightarrow Y\left(\frac{1}{k}\right) = \bar{A} - fr \Rightarrow fr = -Y\left(\frac{1}{k}\right) + \bar{A} \Rightarrow r = \left(\frac{-1}{kf}\right)Y + \frac{\bar{A}}{f}$$

A.2.5. A Curva IS em uma Economia Aberta

A.2.5.1. *A Equação da Curva IS em uma Economia Aberta para um Modelo no qual Apenas o Consumo Depende da Renda Disponível (y$_d$)*

Equação da IS: $r = -\dfrac{1}{kf} y + \dfrac{\overline{A}}{f}$

Valor do multiplicado keynesiano k: $k = \dfrac{1}{1-c(1-t+r)-i+m}$

Valor da demanda autônoma: $\overline{A} = \overline{C} + \overline{I} + \overline{G} + \overline{X} - \overline{M} - c.\overline{T} + c.\overline{R}$.

As propensões marginais são:

c é a propensão marginal a consumir

t é a propensão marginal a tributar

r é a propensão marginal a transferir

i é a propensão marginal a investir

m é a propensão marginal a importar

O Multiplicador keynesiano e os itens da demanda autônoma são:

K é o multiplicador Keynesiano

$\overline{C}$ é o consumo autônomo

$\overline{I}$ é o investimento autônomo

$\overline{G}$ é o gasto autônomo do Governo

$\overline{X}$ é a exportação autônoma

$\overline{M}$ é a importação autônoma

$\overline{T}$ é a tributação autônoma

$\overline{R}$ é a transferência autônoma

A.2.5.2. *A Equação da Curva IS em uma Economia Aberta para um Modelo no qual tanto o Consumo quanto a Importação Dependem da Renda Disponível (y$_d$)*

Equação da IS: $r = -\dfrac{1}{kf} y + \dfrac{\overline{A}}{f}$

Valor do multiplicado keynesiano: $k = \dfrac{1}{1-(c-m).(1-t+r)-i}$,

Valor da demanda autônoma $(\overline{A})$: $\overline{A} = \overline{C} + \overline{I} + \overline{G} + \overline{X} - \overline{M} - c.\overline{T} + c.\overline{R}$

O caro leito deve ter percebido que a forma da equação da Curva IS para uma economia aberta é a mesma para uma economia fechada, a saber: $r = -\dfrac{1}{kf}\,y + \dfrac{\overline{A}}{f}$. O que muda são os valores do multiplicador keynesiano K e da demanda autônoma $\overline{A}$.

A.2.6. Deslocamento da Curva IS para a Direta

O caro leitor deve notar que a equação $r = -\dfrac{1}{kf}\,Y + \dfrac{\overline{A}}{f}$ é uma equação do primeiro grau nas variáveis taxa de juros **r** e renda **y** e, portanto seu gráfico é uma reta. Logo em relação à inclinação e ao intercepto temos que:

O coeficiente angular da reta é dado por $(-\dfrac{1}{kf})$ e, portanto a curva IS é negativamente inclinada.

O coeficiente linear é dado por $(\dfrac{\overline{A}}{f})$ e representa o intercepto da curva IS com o eixo vertical da taxa de juros. Assim, para deslocar a curva IS devemos aumentar o termo independente $\overline{A}$ dado pela demanda autônoma.

Como a demanda autônoma é dada por $\overline{A} = \overline{C} + \overline{I} + \overline{G} + \overline{X} - \overline{M} - c.\overline{T} + c.\overline{R}$, temos que a curva IS se desloca para a direita (aumentando o termo $\overline{A}$ autônomo da demanda) quando: $\overline{A}\uparrow = \overline{C}\uparrow + \overline{I}\uparrow + \overline{G}\uparrow + \overline{X}\uparrow - \overline{M}\downarrow - c.\overline{T}\downarrow + c.\overline{R}\uparrow$.

Vamos lembrar que uma desvalorização da moeda nacional aumenta as exportações e diminui as importações, ou seja, uma desvalorização da moeda nacional (aumento da taxa de câmbio na cotação do incerto) causa um aumento das exportações ($\overline{X}\uparrow$) e diminuição das impostações ($\overline{M}\downarrow$) e, portanto causa um aumento do termo autônomo da demanda e assim também desloca a curva IS para a direita.

Analisando o termo autônomo da demanda $\overline{A}$ verificamos que a curva IS desloca para a direita quando:

(i)   Aumenta o consumo autônomo $\left(\overline{C}\uparrow\right)$

(ii)   Aumenta o investimento autônomo $\left(\overline{I}\uparrow\right)$

(iii) Aumentam os Gastos autônomos do Governo $\left(\overline{G}\uparrow\right)$

(iv) Aumentam as exportações autônomas $\left(\overline{X}\uparrow\right)$

(v)   Diminuem as Importações autônomas $\left(\overline{M}\downarrow\right)$

(vi) Diminui a tributação autônoma $\left(\overline{T}\downarrow\right)$

(vii) Aumentam as transferências autônomas $\left(\overline{R}\uparrow\right)$

(viii)Desvalorização da moeda nacional (aumento da taxa de câmbio na cotação do incerto)

A.2.7. Deslocamento da Curva IS para a Esquerda

Já sabemos que a demanda autônoma é dada por $\bar{A} = \bar{C} + \bar{I} + \bar{G} + \bar{X} - \bar{M} - c.\bar{T} + c.\bar{R}$, então a curva IS se desloca para a esquerda (diminuindo o termo $\bar{A}$ autônomo da demanda) quando: $\bar{A} \downarrow = \bar{C} \downarrow + \bar{I} \uparrow + \bar{G} \downarrow + \bar{X} \downarrow - \bar{M} \uparrow - c.\bar{T} \uparrow + c.\bar{R} \downarrow$.

Vamos lembrar que uma valorização da moeda nacional diminui as exportações e aumenta as importações, ou seja, uma valorização da moeda nacional (diminuição da taxa de câmbio na cotação do incerto) causa uma redução das exportações $\left(\bar{X} \downarrow \right)$ e aumento das impostações $\left(\bar{M} \uparrow \right)$ e, portanto causa uma diminuição do termo autônomo da demanda e assim também desloca a curva IS para a esquerda.

Analisando o termo autônomo da demanda $\bar{A}$ verificamos que a curva IS desloca para a esquerda quando:

(i) Diminui o consumo autônomo $\left(\bar{C} \downarrow \right)$

(ii) Diminui o investimento autônomo $\left(\bar{I} \downarrow \right)$

(iii) Diminuem os Gastos autônomos do Governo $\left(\bar{G} \downarrow \right)$

(iv) Diminuem as exportações autônomas $\left(\bar{X} \downarrow \right)$

(v) Aumentam as Importações autônomas $\left(\bar{M} \uparrow \right)$

(vi) Aumentam a tributação autônoma $\left(\bar{T} \uparrow \right)$

(vii) Diminuem as transferências autônomas $\left(\bar{R} \downarrow \right)$

(viii) Valorização da moeda nacional (diminuição da taxa de câmbio na cotação do incerto)

A.2.8. Efeitos da Desvalorização Cambial sobre o Deslocamento da Curva IS

Como esse tópico será muito útil no próximo capítulo do modelo IS-LM-BP vamos frisar que uma desvalorização/valorização da moeda nacional causam deslocamentos da curva IS:

(i) Uma desvalorização da moeda nacional (aumento da taxa de câmbio na cotação do incerto) desloca a curva IS para a direita.

(ii) Uma valorização da moeda nacional (diminuição da taxa de câmbio na cotação do incerto) desloca a curva IS para a esquerda.

Em resumo:

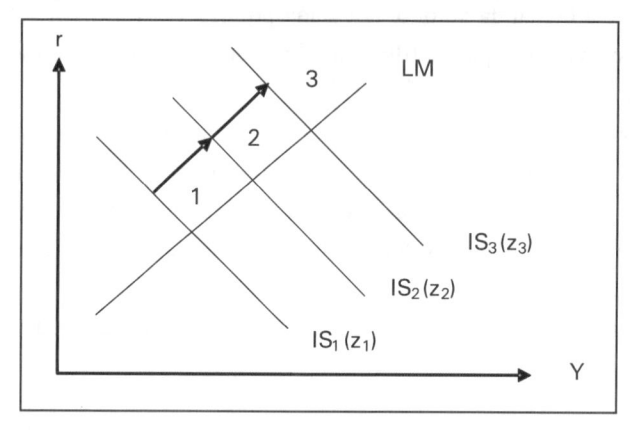

Figura A.10: Deslocamento da curva IS quando $z_1 < z_2 < z_3$ na cotação do incerto

Em resumo:

Desvalorização da moeda nacional	Aumento da taxa de câmbio na cotação do incerto	Desloca a curva IS para a direita
Valorização da moeda nacional	Diminuição da taxa de câmbio na cotação do incerto	Desloca a curva IS para a esquerda

A.2.9. Inclinação da Curva IS em uma Economia Aberta

Inclinação da curva IS (em valor absoluto, em módulo)

$$\left| inclinação \, da \, IS \right| = \frac{1}{kf}$$

Onde:

k é o multiplicador keynesiano

f é a elasticidade do investimento à taxa de juros

Já sabemos que a equação é $r = -\frac{1}{kf}Y + \frac{\overline{A}}{f}$ e que essa é uma equação do primeiro grau nas variáveis taxa de juros **r** e renda **y** e, portanto seu gráfico é uma reta. O coeficiente angular da reta é dado por $(-\frac{1}{kf})$ e, portanto a curva IS é negativamente inclinada.

Assim temos que: *inclinação da curva IS* $= -\dfrac{1}{kf}$

Em valor absoluto a inclinação da curva IS é igual ao inverso do produto do multiplicador keynesiano pela elasticidade do investimento à taxa de juros, ou seja, temos que $\left| inclinação\ da\ curva\ IS \right| = \dfrac{1}{kf}$.

Portanto se o multiplicador k e a elasticidade-juro do Investimento f aumentarem então a inclinação da curva IS diminuirá. De fato, basta notar que:

$\left| inclinação\ da\ curva\ IS \right| \downarrow = \dfrac{1}{k \uparrow f \uparrow}$. De modo análogo, se o multiplicador k e a elasticidade do investimento à taxa de juros f diminuírem então a inclinação da curva IS aumentará pois teremos que:

$\left| inclinação\ da\ curva\ IS \right| \uparrow = \dfrac{1}{k \downarrow f \downarrow}$.

A.2.10. Fatores que Influenciam o Multiplicador Keynesiano

O Multiplicador keynesiano é:

(i) diretamente proporcional à propensão marginal a consumir **c**

(ii) inversamente proporcional à propensão marginal a tributar **t**

(iii) inversamente proporcional à propensão marginal a importar **m**

(iv) diretamente proporcional à propensão marginal a investir **i**

(v) diretamente proporcional à propensão marginal a transferir **r**

De fato, basta notar que:

$$k \uparrow = \frac{1}{1 - c(1 - t + r) - i + m} = \frac{1}{(1 - c.\uparrow + c.t \downarrow - \downarrow c.r \uparrow - i \uparrow + m \downarrow)\downarrow}$$

Conclusão: o multiplicador é tanto **maior** quanto:

(i) **Maior** a propensão marginal a consumir $(c \uparrow)$

(ii) **Menor** a propensão marginal a tributar $(t \downarrow)$

(iii) **Menor** a propensão marginal a importar $(m \downarrow)$

(iv) **Maior** a propensão marginal a investir $(i \uparrow)$

(v) **Maior** a propensão marginal a transferir $(r \uparrow)$

Ou seja, $k = f(\overset{+}{c}, \overset{-}{t}, \overset{-}{m}, \overset{+}{i}, \overset{+}{r})$

A.2.11. Rotação da Curva IS

Como a inclinação da curva IS, em módulo, é dada por $\left|inclinação\ da\ curva\ IS\right| = \dfrac{1}{kf}$ temos então que a inclinação da curva IS é proporcional ao inverso do multiplicador. Desse modo temos que a curva IS é **tanto mais íngreme (rotação no sentido horário) quanto**:

(i) **Menor** o multiplicador keynesiano ($k \downarrow$)

(ii) **Menor** a propensão marginal a consumir ($c \downarrow$)

(iii) **Maior** a propensão marginal a tributar ($t \uparrow$)

(iv) **Maior** a propensão marginal a importar ($m \uparrow$)

(v) **Menor** a elasticidade do investimento à taxa de juros ($f \downarrow$)

De fato, temos que:

$$se\ c \downarrow, t \uparrow em \uparrow \Rightarrow k \downarrow \Rightarrow \left|inclinação\ da\ curva\ IS\right| \uparrow = \frac{1}{k \downarrow f \downarrow}$$

O prezado leitor deve notar que se a inclinação, em módulo, da curva IS aumenta, então a curva está sofrendo uma rotação no sentido horário (diminuindo a renda), isto é, o investimento está ficando mais inelástico a taxa de juros, conforme a Figura A.11 abaixo:

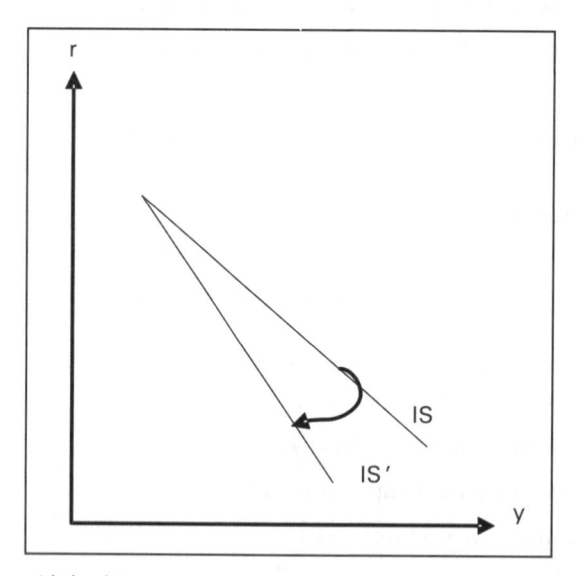

Figura A.11: Rotação no sentido horário

De modo análogo, temos que a curva IS é **tanto mais achatada, deitada (rotação no sentido anti-horário) quanto**:

(i) **maior** o multiplicador keynesiano ($k \uparrow$)

(ii) **maior** a propensão marginal a consumir ($c \uparrow$)

(iii) menor a propensão marginal a tributar $(t \downarrow)$

(iv) menor a propensão marginal a importar $(m \downarrow)$

(v) Maior a elasticidade do investimento à taxa de juros $(f \uparrow)$

De fato, temos que:

$$se\ c \uparrow, t \downarrow e\ m \downarrow \Rightarrow k \uparrow \Rightarrow |inclinação\ da\ IS| \downarrow = \frac{1}{k \uparrow f \uparrow}$$

O prezado leitor deve agora notar que se a inclinação, em módulo, da curva IS diminui, então acurva está sofrendo uma rotação no sentido anti-horário (aumentando a renda), isto é, o investimento está ficando mais elástico a taxa de juros, conforme a Figura A.12 abaixo:

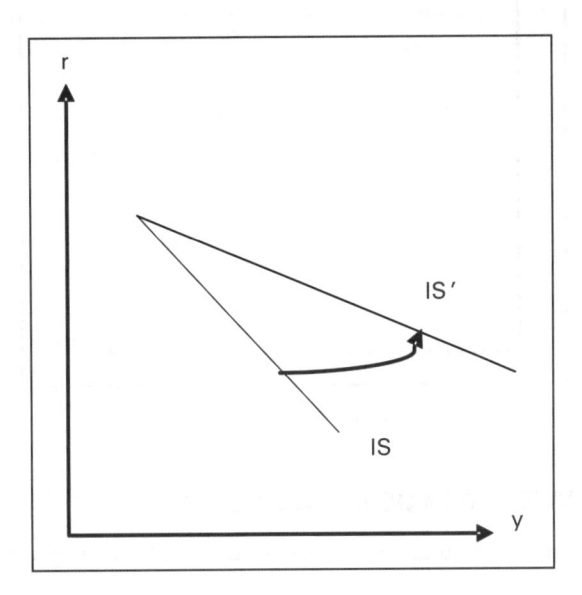

Figura A.12: rotação no sentido anti-horário

A.2.12. Inclinação da Curva IS Aberta versus Inclinação da Curva IS Fechada

Para uma economia fechada o multiplicador é dado por: $K_F = \dfrac{1}{1-c}$

Para uma economia fechada o multiplicador é dado por: $K_A = \dfrac{1}{1-c+m}$

Logo temos que: $K_F > K_A$, pois $K_A \downarrow = \dfrac{1}{1-c+m \uparrow}$.

De fato, como a importação é um vazamento no fluxo circular da renda, a importação diminui o efeito do multiplicador keynesiano.

A inclinação da curva IS é inversamente proporcional ao multiplicador keynesiano k, pois sabemos que $\left| inclinação\,da\,IS \right| = \dfrac{1}{kf}$.

Portanto a curva IS em uma economia fechada é menos inclinada do que numa economia aberta, ou seja, a curva IS para uma economia aberta é mais íngreme do que a curva IS de uma economia fechada, como mostrado na Figura A.13 abaixo:

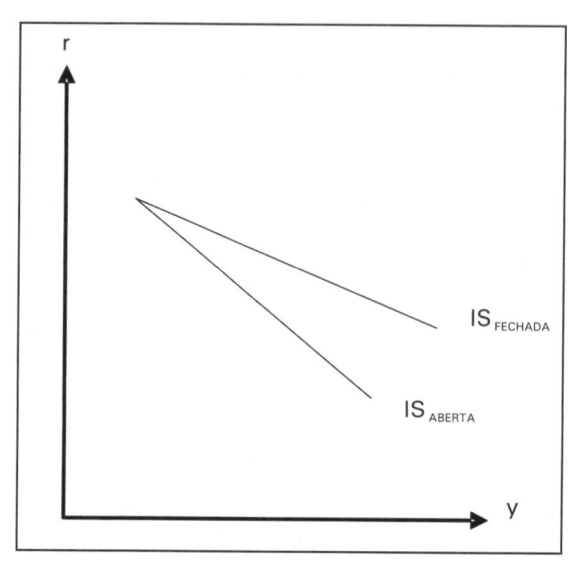

Figura A.13: Curva IS (economia fechada e economia aberta)

A.3. DEFINIÇÃO MATEMÁTICA DO MODELO IS-LM

A questão a seguir resume algumas definições estudadas sobre o modelo IS-LM até o momento:

(ESAF/Analista de Finanças e Controle/Secretaria do Tesouro Nacional/2002) - Considere as seguintes funções:

i) Y = Y(r, G, A), onde Y = renda e r = taxa de juros; G = gastos do governo; A = outros componentes da demanda; .Y/.r < 0 e .Y/.G > 0;

ii) Ms = Md (Y, r); onde Ms = oferta exógena de moeda; Md = demanda por moeda; Y = renda; e r = taxa de juros; Md/.Y > 0 e .Md/.r < 0.

Anotação: Y significa variação de Y; .G variação de G e assim por diante.

Com base nestas informações e supondo que a economia opera abaixo do pleno emprego, é correto afirmar que:

a) neste modelo, quanto maiores os gastos do governo, menor será a taxa de juros de equilíbrio.

b) as duas equações descrevem o modelo de oferta e demanda agregada.

c) neste modelo, a curva LM é horizontal.

d) a curva IS pode ser representada pela equação i) e é negativamente inclinada, ao passo que a curva LM pode ser representada pela equação ii) e é positivamente inclinada.

e) neste modelo, efeitos de uma política monetária expansionista não têm qualquer efeito sobre o produto.

Solução:

A resposta é a letra "d" porque a equação (i) equivale ao equilíbrio no mercado do produto (bens e serviços), ao passo que a equação (ii) representa o equilíbrio no mercado monetário.

A.3.1. O Equilíbrio no Modelo IS-LM

O exercício a seguir realiza uma demonstração prática de como se obter a taxa de juros e o nível de renda que equilibram, simultaneamente, os lados real e monetário da economia no arcabouço teórico do modelo IS-LM:

(FUNCAB/Economista/Instituto de Pesos e Medidas do Estado de Rondônia/2013) - Seja o equilíbrio do lado real da economia (IS) dado pela equação i = 4 – 0,02y e o equilíbrio do lado monetário expresso por i = 1,5 + 0,03y, onde representa a taxa de juros e, o nível de renda. Assim, a taxa de juros e o nível de renda que equilibram, simultaneamente, os lados real e monetário dessa economia são:

a) i = 2,5% e y = 75

b) i = 2,0% e y = 100

c) i = 1,8% e y = 110

d) i = 1,0% e y = 200

e) i = 3,0% e y = 50

Solução:

A resposta é a letra "e". Para encontrarmos a renda de equilíbrio, devemos, primeiro, igualar as equações das curvas IS e LM:

$$IS = LM \Rightarrow \underbrace{4 - 0,02y}_{IS} = \underbrace{1,5 + 0,03y}_{LM} \Rightarrow 0,03y + 0,02y = 4 - 1,5 \Rightarrow 0,05y = 2,5 \Rightarrow y$$

$$= \frac{2,5}{0,05} \Rightarrow y_E = 50$$

Substituindo o valor da renda de equilíbrio obtido em uma das duas curvas, teremos a taxa de juros de equilíbrio:

$$IS: i = 4 - 0,02y \Rightarrow i = 4 - 0,02(50) \Rightarrow i_E = 3$$

ou

$$LM: i = 1,5 + 0,03y \Rightarrow i = 1,5 + 0,03(50) \Rightarrow i_E = 3$$

(Fundação Cesgranrio/Analista do Banco Central do Brasil/2010) - As seguintes funções descrevem uma economia:

$$C = 90 + 0,9Y^d$$

$$I = 200 - 1.000r$$

$$\frac{M^d}{P} = Y - 10.000r$$

Onde C = consumo, I = Investimento; M^d/P = demanda por moeda; P = índice geral de preços, mantido constante; Y = produto; Y^d = renda disponível.

O imposto de renda é proporcional e correspondente a 1/3 da renda. Os gastos do governo são iguais a 710 e a oferta monetária é de 500. Sob tais circunstâncias, o governo apresenta um déficit a ser financiado por uma expansão de moeda. Nessas condições, o multiplicador monetário e a expansão de moeda são, respectivamente:

a) 0,15 e 200

b) 0,2 e 150

c) 0,25 e 120

d) 0,3 e 100

e) 0,35 e 85,71

Solução:

Trata-se de uma economia fechada, e com governo. Primeiro, vamos calcular a renda de equilíbrio, a partir da curva IS. Mas, antes disso, note que devemos obter a expressão da renda disponível. No exercício, informa-se que o imposto de renda é proporcional e correspondente a 1/3 da renda. Assim, a renda disponível será expressa por:

$$Y^d = Y - T \Rightarrow Y^d = Y - \underbrace{\left(\frac{Y}{3}\right)}_{T}$$

Assim, a curva IS será dada por:

IS: $Y = C + I + G$

IS: $Y = (90 + 0,9Y^d) + (200 - 1.000r) + 710$

$$IS: Y = \left[90 + 0,9\left(Y - \frac{Y}{3}\right)\right] + (200 - 1.000r) + 710$$

$$IS: Y = \left[90 + 0,9\left(\frac{2Y}{3}\right)\right] + (200 - 1.000r) + 710$$

IS: $Y = (90 + 0,6Y) + (200 - 1.000r) + 710$

IS: $Y = 0,6Y + 1.000 - 1.000r$

IS: $Y - 0,6Y = 1.000 - 1.000r$

IS: $0,4Y = 1.000 - 1.000r$

$$IS: Y = \underbrace{\left(\frac{1}{0,4}\right)}_{k}(1.000 - 1.000r)$$

Em que $k = 1/0,4 = 2,5$ é o multiplicador keynesiano. Temos, então, a seguinte expressão da curva IS, em função da taxa de juros de equilíbrio.

IS: $Y = 2.500 - 2.500r$

Se o déficit governamental é de 710, por causa dos gastos governamentais, então, a receita de impostos para cobrir esse déficit precisa ser 710 também. Assim:

$$T = \frac{Y}{3} \Rightarrow 710 = \frac{Y}{3} \Rightarrow Y = 2.130$$

Substituindo a expressão da renda na curva IS, teremos o seguinte valor para a taxa de juros na curva IS:

IS: $2.130 = 2.500 - 2.500r$

IS: $2.500r = 2.500 - 2.130$

IS: $2.500r = 370$

$$IS: r = \frac{370}{2.500} \Rightarrow r = 0,148$$

Substituindo os valores da renda de equilíbrio e da taxa de juros na curva IS, na equação da demanda real por moeda, teremos:

$$\frac{M^d}{P} = Y - 10.000r \Rightarrow \frac{M^d}{P} = 2.130 - 10.000(0,148) \Rightarrow \frac{M^d}{P} = 2.130 - 1.480$$

$$\Rightarrow \frac{M^d}{P} = 650$$

Como sabemos que a oferta monetária é de 500, a expansão da moeda será dada pela diferença entre a demanda por moeda e a oferta por moeda, ou seja:

$$Expansão\, monetária = \left(\frac{M^d}{P}\right) - \left(\frac{M^s}{P}\right) = 650 - 500 = 150$$

Para obter o multiplicador monetário, vamos obter primeiro o equilíbrio no mercado monetário, ou seja, a oferta de moeda deve igualar a demanda por moeda, ou seja, a curva LM, em função da taxa de juros:

$$LM: \frac{M^s}{P} = \frac{M^d}{P} \Rightarrow \frac{M^s}{P} = Y - 10.000r \Rightarrow 500 = Y - 10.000r_E \Rightarrow Y = 500 + 10.000r$$

O equilíbrio no Modelo IS-LM será dado pela igualdade entre a curva IS e a curva LM, ou seja:

$$IS = LM \Rightarrow 2.500 - 2.500r_E = 500 + 10.000r_E \Rightarrow 10.000r_E + 2.500r_E = 2.500 - 500$$

$$\Rightarrow 12.500r_E = 2.000 \Rightarrow r_E = \frac{2000}{12.500} \Rightarrow r_E = 0,16$$

Substituindo o valor da taxa de juros de equilíbrio na equação da curva IS, teremos a seguinte renda de equilíbrio:

$$Y_E = 2.500 - 2.500r_E \Rightarrow Y_E = 2.500 - 2.500(0,16) \Rightarrow Y_E = 2.100$$

Note que, para uma variação de 150 na oferta monetária, a renda varia 30, pois $2.130 - 2.100 = 30$. O multiplicador monetário, neste exercício em específico, será dado por:

$$m = \frac{\Delta Y}{\Delta M} = \frac{30}{150} = 0,2$$

Assim, a resposta é a letra "b". Uma outra forma de se obter o multiplicador monetário é da seguinte forma:

$$Y = 2.500 - 2.500r$$

$$\frac{M^d}{P} = Y - 10.000r \Rightarrow Y = \frac{M^d}{P} + 10.000r$$

Igualando as duas equações anteriores, teremos:

$$2.500 - 2.500r = \frac{M^d}{P} + 10.000r$$

$$10.000r + 2.500r = 2.500 - \frac{M^d}{P}$$

$$12.500r = 2.500 - \frac{M^d}{P}$$

$$r = \frac{2.500}{12.500} - \left(\frac{1}{12.500}\right)\left(\frac{M^d}{P}\right)$$

$$r = 0,2 - \left(\frac{1}{12.500}\right)\left(\frac{M^d}{P}\right)$$

Substituindo a expressão obtida da taxa de juros na equação anterior, teremos:

$$Y = 2.500 - 2.500\left[0,2 - \left(\frac{1}{12.500}\right)\left(\frac{M^d}{P}\right)\right]$$

$$Y = 2.500 - 500 + \left(\frac{2.500}{12.500}\right)\left(\frac{M^d}{P}\right)$$

$$Y = 2.000 + 0,2\left(\frac{M^d}{P}\right)$$

Calculando-se a derivada de Y em relação a M^d/P, teremos:

$$\frac{\partial Y}{\partial\left(M^d / P\right)} = 0,2$$

A.3.2. Ajustes ao Equilíbrio no Modelo das Curvas IS-LM

1ª Regra de Ajustamento: desequilíbrios no mercado do produto resultam em ajustes via quantidades, alterando o nível de renda e do produto. Como a curva IS expressa o equilíbrio no mercado do produto (S = I), então:

(i) Pontos à direita da curva IS correspondem a situações de **excesso de oferta de bens (EOB)**: a taxa de juros está muito alta, acarretando na diminuição do investimento e no excesso de oferta no mercado de produto (S > I). Com preços constantes, isso acarretará um acúmulo de estoques, fazendo com que as empresas diminuam a produção. A quantidade demandada deve reduzir-se para se obter o equilíbrio no mercado do produto.

(ii) Pontos à esquerda da curva IS correspondem a situações de **excesso de demanda de bens (EDB)**: a taxa de juros está baixa para aquele nível de produto, induzindo a um aumento do nível de investimento (S < I) e provocando um excesso de demanda por bens no mercado do produto. A quantidade demandada tem que aumentar a fim de se obter o equilíbrio no mercado do produto.

(Cespe-UnB/Economista-DFTRANS/2008) – Julgue o item a seguir como verdadeiro ou falso.

Pontos à direita da curva IS correspondem a situações de excesso de demanda de bens.

Solução:

Falso. Pontos à direita da curva IS correspondem a situações de excesso de oferta de bens, conforme visto acima.

2ª Regra de Ajustamento: desequilíbrios no mercado monetário são corrigidos via variações na taxa de juros. Como a curva LM expressa o equilíbrio no mercado monetário (L = M), então:

(i) pontos à direita da curva LM correspondem a situações de **excesso de demanda monetária (EDM):** a taxa de juros é baixa e o nível de renda é alto. Dada a oferta monetária, as pessoas demandam grande parte para transações, mas a taxa de juros está tão baixa, que não há estímulo para os agentes se desfazerem da moeda em carteira e adquirirem títulos, gerando o excesso de demanda (L > M). Há excesso de oferta de títulos, pois os bancos não conseguem captar recursos, elevando a rentabilidade dos títulos a fim de estimular os agentes a se desfazerem da liquidez. A taxa de juros tem que aumentar para se obter o equilíbrio no mercado monetário.

(ii) pontos à esquerda da curva LM correspondem a situações de **excesso de oferta monetária (EOM):** o nível de renda é baixo e a taxa de juros é muito alta, o que desestimula a retenção de moeda (M > L). As pessoas direcionam todos os recursos para os títulos, gerando um excesso de demanda por estes, provocando uma queda na taxa de juros e levando o mercado monetário ao equilíbrio.

(Cespe-UnB/Economista-DFTRANS/2008) – Julgue o item a seguir como verdadeiro ou falso.

Pontos à esquerda e acima da curva LM representam uma situação de excesso de demanda por moeda.

Solução:

Falso. Pontos à esquerda e acima da curva LM correspondem a situações de excesso de oferta monetária (EOM), conforme visto acima.

Na Figura A.14, o ponto E significa que a economia se encontra em equilíbrio aos níveis de taxa de juros e renda.

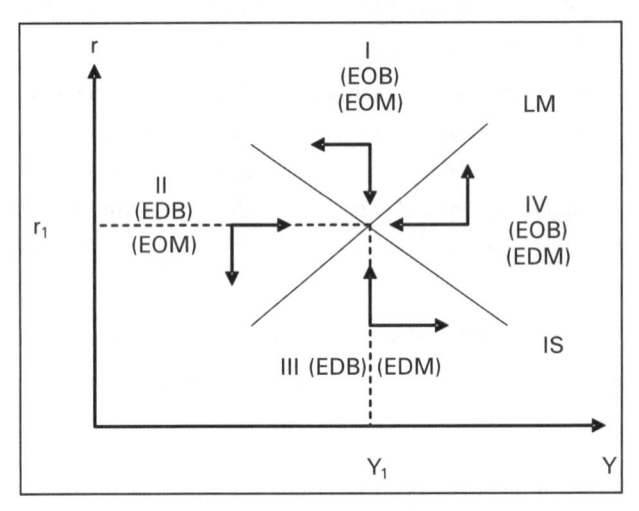

Figura A.14: Áreas de desequilíbrio macroeconômico

(Instituto de Planejamento e Apoio ao Desenvolvimento Tecnológico e Científico – IPAD/Analista de Gestão – Economista/Companhia Pernambucana de Saneamento – COMPESA/2009) – A figura abaixo mostra o modelo IS-LM.

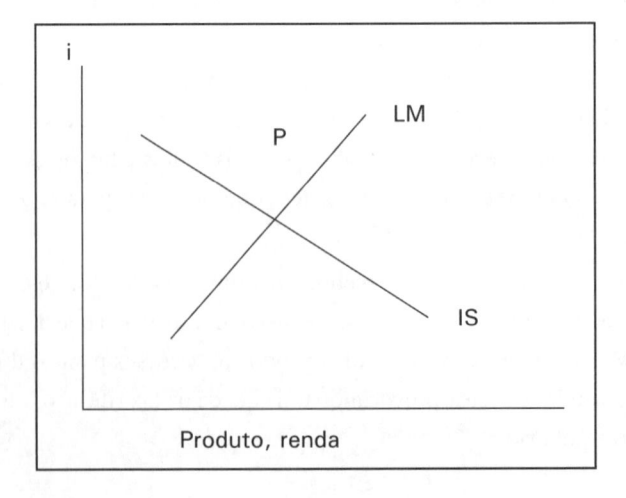

No ponto P da figura tem-se:

a) excesso de oferta de bens e excesso de demanda por moeda.

b) excesso de oferta de bens e excesso de oferta por moeda.

c) excesso de demanda de bens e excesso de demanda por moeda.

d) excesso de demanda de bens e excesso de oferta por moeda.

e) somente excesso de oferta de bens.

Solução:

A resposta é a letra B, conforme já estudado.

(ESAF/Especialista em Políticas Públicas e Gestão Governamental/2002) - Nos pontos à _____ da curva _____ há um excesso de _____ por moeda e, nos pontos à _____ da mesma há um excesso de _____ de moeda.

a) direita - LM - demanda - esquerda -oferta

b) direita - IS - demanda - esquerda - oferta

c) esquerda - LM - demanda - direita -oferta

d) esquerda - IS - demanda - direita - oferta

e) direita - LM - oferta - esquerda – demanda

Solução:

O item correto é a letra "a", pois, conforme visto anteriormente, nos pontos à direita da curva LM há um excesso de demanda por moeda e, nos pontos à esquerda da mesma há um excesso de oferta de moeda.

(Cespe-UnB/Analista Judiciário – Especialidade: Economista/Tribunal de Justiça do Estado de Rondônia/2012) – A figura a seguir ilustra o diagrama IS/LM, em que (Y_E, r_E) representa o ponto de equilíbrio IS/LM do modelo descrito pelas seguintes equações:

$Y = C + I + G;$

$C = c(Y - T), 0 < c' < 1;$

$I = I(r), I' < 0;$

$\overline{G} = G;$

$\dfrac{M}{P} = m(r, Y)$

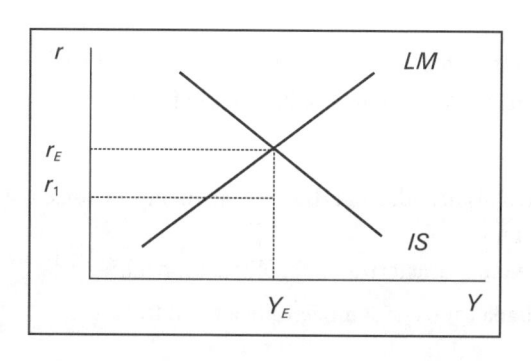

Em relação à situação correspondente ao ponto (Y_E, r_1), assinale a opção correta.

a) Em (Y_E, r_1), existe excesso de demanda de moeda e excesso de demanda por produto.

b) Existe uma única restrição operando nesse modelo, dada por: $C + S = Y_D$, em que C é o consumo agregado, S é a poupança agregada e Y_D é a renda disponível.

c) O modelo acima não é consistente com a Lei de Walras.

d) Em (Y_E, r_1), existe excesso de oferta de moeda;

e) Em (Y_E, r_1), existe excesso de oferta de produto.

Solução:

A resposta é a letra "a", pois, conforme estudado anteriormente, no ponto (Y_E, r_1), existe um excesso de demanda por moeda e excesso de demanda por produto. Os demais itens estão falsos.

A.4. EFICÁCIA DAS POLÍTICAS FISCAL E MONETÁRIA

Por eficácia entende-se o tamanho do efeito sobre a renda de uma determinada mudança na variável de política econômica. Iremos analisar a **eficácia das políticas monetária e fiscal**, sendo que essa eficácia, para aumentar o nível de renda, dependerá das inclinações das curvas IS e LM, que por sua vez, são determinadas por certos parâmetros comportamentais.

Uma política é dita forte, quando afeta muito a renda, ao passo que uma política é dita fraca quando afeta pouco a renda. Em outras palavras:

(i) Uma política monetária é forte quando os deslocamentos da curva LM causam grandes variações de renda;

(ii) Uma política fiscal é forte quando os deslocamentos da curva IS causam uma grande variação da renda;

(iii) Uma política monetária é fraca quando os deslocamentos da curva LM causam pequenas variações na renda;

(iv) Uma política fiscal é fraca quando os deslocamentos da curva IS causam pequenas variações da renda.

Quanto mais íngreme, mais inclinada, mais "em pé", mais vertical uma curva, mais forte a respectiva política. Portanto:

(i) Uma curva LM íngreme significa uma política monetária forte;

(ii) Uma curva IS íngreme significa uma política fiscal forte.

Quanto mais achatada, mais deitada, mais horizontal, menos inclinada uma curva, mais fraca a respectiva política. Portanto:

(i) Uma curva LM deitada caracteriza uma política monetária fraca;

(ii) Uma curva IS deitada caracteriza uma política fiscal fraca.

As políticas monetária e fiscal são antagônicas, ou seja, uma política fiscal forte equivale a uma política monetária fraca, e uma política monetária forte equivale a uma política fiscal fraca.

A inclinação da curva LM será tanto menor (mais fraca a política monetária) quanto:

(i) Quanto maior for a elasticidade (sensibilidade) da demanda por moeda em relação à taxa de juros, ou seja, quanto maior a declividade da demanda por moeda por motivo especulação ($\uparrow$d);

(ii) Quanto menor for a elasticidade da demanda por moeda em relação à renda ($\downarrow$a);

Consequentemente, **menor será a eficácia da política monetária sobre o produto**, pois se a demanda por moeda for muito sensível à taxa de juros, uma pequena variação na taxa de juros será suficiente para ajustar o mercado de ativos, e a maior parte da expansão monetária serão retidas pelo público com o que irá induzir uma pequena alteração no investimento e, portanto, na renda. A maior elasticidade-juro da demanda por moeda aumenta a tendência para manter muitos encaixes ociosos para especulação.

(Cespe-UnB/Especialista em Regulação de Serviços de Transportes Terrestres – Área: Economia/ Agência Nacional de Transportes Terrestres – ANTT/2013) – Julgue o item a seguir como verdadeiro ou falso:

Quanto maior for a elasticidade da demanda por moeda em relação a taxa de juros, menor será a eficácia de uma política fiscal expansionista.

Solução:

Falso. Quanto maior for a elasticidade da demanda por moeda em relação a taxa de juros, menor será a inclinação da curva LM, de modo que mais fraca será a política monetária. Como as políticas monetária e fiscal são antagônicas, então uma política monetária fraca equivale a uma política fiscal forte, isto é, maior será a eficácia de uma política fiscal.

A inclinação da curva IS é tanto maior (mais forte a política fiscal):
Quanto menor a **elasticidade (sensibilidade) do investimento em relação à taxa de juros** ($\downarrow$f);
Quanto menor for **o multiplicador keynesiano** ($\downarrow$k);
Quanto menor a **propensão marginal a consumir** ($\downarrow$c);
Quanto maior a **propensão marginal a tributar** ($\uparrow$t);

Consequentemente, maior a eficácia da política fiscal. Sendo o investimento pouco sensível à taxa de juros, uma pequena variação nesta taxa levará a uma pequena mudança no investimento e, portanto, na renda. Em outras palavras, a renda será pouco sensível à taxa de juros porque grandes alterações na taxa de juros provocarão pequenas variações na renda

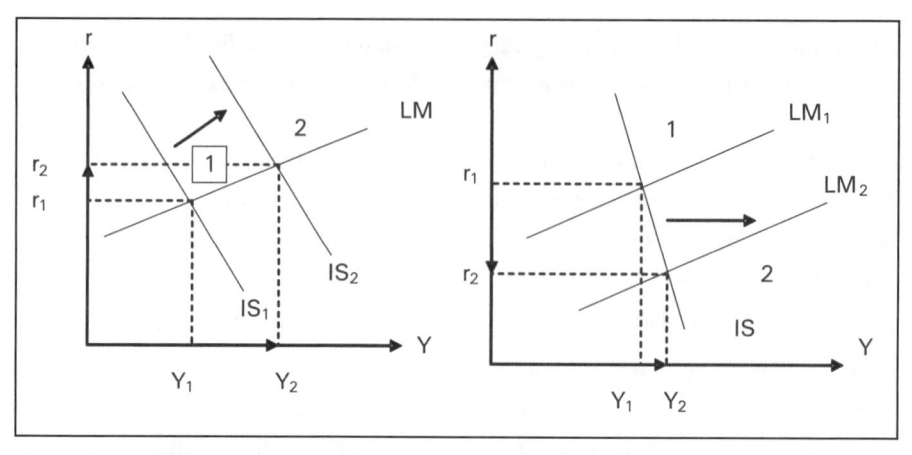

Figura A.15-a (à esquerda) representa uma política fiscal forte **Figura A.15-b** (à direita) representa uma política monetária fraca

---

(FGV Projetos/Economista/Companhia Pernambucana de Saneamento – COMPESA/2014) – Segundo o arcabouço do modelo IS-LM, quanto menor for a elasticidade do investimento em relação à taxa de juros em termos absolutos,

a) maior o efeito da política monetária sobre o nível do produto.

b) maior o efeito da política fiscal sobre a taxa de juros.

c) menor o efeito da política monetária sobre o nível do produto.

d) menor o efeito da política fiscal sobre o nível do produto.

e) menor o efeito da política monetária sobre a taxa de juros.

Solução:

A resposta é a letra "c". A inclinação da curva IS é tanto maior (ou seja, mais forte a política fiscal) quanto menor for a elasticidade (sensibilidade) do investimento em relação à taxa de juros. Como as políticas monetária e fiscal são antagônicas, então uma política fiscal forte equivale a uma política monetária fraca, isto é, menor o efeito da política monetária sobre o nível do produto.

A **inclinação da curva LM será tanto maior** (mais forte a política monetária) quanto:

(i) menor a **elasticidade da demanda por moeda em relação à taxa de juros ($\downarrow$d);**

(ii) maior a **elasticidade da demanda por moeda em relação à renda ($\uparrow$a);**

Consequentemente, **maior a eficácia da política monetária.** Havendo uma pequena variação da renda, necessitar-se-á de uma grande variação na taxa de juros para equilibrar o mercado monetário. No caso de uma **política monetária forte** (figura 16-b), grandes variações no nível de renda são acompanhadas por pequenas variações na taxa de juros.

No caso limite, em que a demanda por moeda é totalmente insensível à taxa de juros, a curva LM é vertical (modelo clássico). Quanto menor for a elasticidade-juros da demanda por moeda, maior é o efeito sobre o nível de produto de uma dada expansão monetária, e menor é o efeito sobre o nível do produto de uma dada expansão do déficit público. Se a quantidade de moeda demandada não for muito sensível à taxa de juros, um deslocamento da demanda por moeda, provocada por uma variação da renda, resultará em uma alteração sensível da taxa de juros de equilíbrio, e a curva LM será relativamente vertical.

(FEPESE/Economista/CELESC Distribuição S.A./2013) - Sobre os efeitos da política fiscal, é correto afirmar:

a) Uma expansão do gasto do governo desloca a curva LM para direita e para cima.

b) O efeito deslocamento ou *crowding out* do investimento público é maior se a demanda por moeda é insensível a mudanças na renda.

c) Se a demanda por moeda é totalmente insensível a mudanças na taxa de juros, o impacto de um aumento dos gastos de governo é nulo sobre o produto da economia.

d) Em um esquema IS-LM, se uma política fiscal expansionista é acompanhada de uma política monetária contracionista, o efeito positivo sobre o produto é ampliado.

e) Em um esquema IS-LM, se uma política fiscal contracionista é acompanhada de uma política monetária contracionista, o impacto sobre o aumento da taxa de juros é ampliado.

Solução:

A resposta é a letra "C". Se a elasticidade da demanda por moeda em relação à taxa de juros for menor, a inclinação da curva LM será maior, de modo que a política monetária será forte. Como as políticas monetária e fiscal são antagônicas, então uma política monetária forte equivale a uma política fiscal fraca, isto é, menor o efeito da política fiscal sobre o nível do produto.

A inclinação da curva IS será tanto menor (isto é, mais fraca a política fiscal) quanto:

(i) maior for **a elasticidade (sensibilidade) do investimento em relação à taxa de juros** ($\uparrow$f);

(ii) maior for o **multiplicador keynesiano** ($\uparrow$k);

(iii) maior a **propensão marginal a consumir** ($\uparrow$c);

(iv) menor a **propensão marginal a tributar** ($\downarrow$t) (por exemplo, menor alíquota do imposto de renda)

Consequentemente, **menor a inclinação da curva IS**, ou seja, a curva IS torna-se mais horizontal, de modo que **menor a eficácia de uma política fiscal**, pois qualquer mudança na taxa de juros gerará um grande impacto sobre o investimento, compensando o aumento dos gastos do governo. No caso de uma **política fiscal fraca**, grandes variações na taxa de juros serão acompanhadas por pequenas variações no nível de renda (figura 16-a).

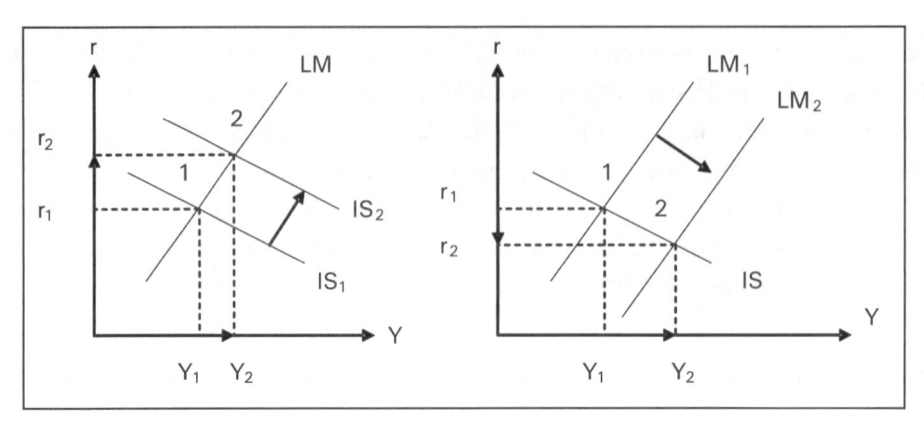

Figura A.16-a (à esquerda): representa uma política fiscal fraca. **Figura A.16-b (à direita):** mostra uma política monetária forte.

Inclinação das Curvas	Curva IS	Curva LM
Muito Inclinada	Política Fiscal forte	Política Monetária forte
Pouco Inclinada	Política Fiscal fraca	Política Monetária fraca

(ESAF/AFC-STN/1997) - Com relação ao modelo IS-LM, julgue o item a seguir como verdadeiro ou falso:

Aumentos na elasticidade renda da demanda por moeda e reduções na elasticidade juros (em valor absoluto) tornam a curva LM mais inclinada.

Solução:

Esse item é verdadeiro, pois quanto maior for a elasticidade da demanda por moeda em relação à renda ($\uparrow a$) e quanto menor for a elasticidade da demanda por moeda em relação à taxa de juros ($\downarrow d$), mais inclinada será a curva LM, resultando em uma maior eficácia da política monetária e uma menor eficácia da política fiscal.

(Economista/Instituto Federal de Educação, Ciência e Tecnologia/Paraíba/2014) – Sabe-se que a eficácia das políticas monetária e fiscal, em grande medida, dependerá das elasticidades das curvas *IS* e *LM*. Nesse sentido, é INCORRETO afirmar que:

a) A eficácia da política monetária diminui quando a elasticidade da demanda de moeda em relação à taxa de juros aumenta.

b) A eficácia da política fiscal diminui quando a elasticidade dos investimentos em relação à taxa de juros se eleva.

c) A eficácia da política fiscal aumenta quando a propensão marginal a consumir aumenta.

d) A eficácia da política monetária diminui quanto maior a sensibilidade do investimento em relação à taxa de juros.

e) A eficácia da política monetária aumenta quando a velocidade-renda da moeda aumenta.

Solução:

A resposta é a letra "d", pois quanto maior for a sensibilidade do investimento em relação à taxa de juros, menor será a inclinação da curva IS, de modo que menor será a eficácia da política fiscal (mais fraca é a política fiscal). Como as políticas monetária e fiscal são antagônicas, então uma política fiscal fraca equivale a uma política monetária forte (ou seja, política monetária mais eficaz).

Em resumo,

Um aumento de: (i) elasticidade da demanda por moeda em relação à taxa de juros ($\uparrow$ d); (ii) propensão marginal a tributar ($\uparrow$ t); propensão marginal a poupar ($\uparrow$ s); e

Uma diminuição de: (i) elasticidade de demanda por moeda em relação à renda ($\downarrow$ a); (ii) velocidade de circulação da moeda ($\downarrow$ v); (iii) elasticidade do investimento em relação à taxa de juros ($\downarrow$ f); (iv) multiplicador keynesiano ($\downarrow$ k); (v) propensão marginal a consumir ($\downarrow$ c);

Diminui a inclinação da curva LM
Aumenta a inclinação da curva IS

Menor a eficácia da política monetária
Maior a eficácia da política fiscal

Uma diminuição de: (i) elasticidade da demanda por moeda em relação à taxa de juros ($\downarrow$ d); (ii) propensão marginal a tributar ($\downarrow$ t); propensão marginal a poupar ($\downarrow$ s); e

Um aumento de: (i) elasticidade de demanda por moeda em relação à renda ($\uparrow$ a); (ii) velocidade de circulação da moeda ($\uparrow$ v); (iii) elasticidade do investimento em relação à taxa de juros ($\uparrow$ f); (iv) multiplicador keynesiano ($\uparrow$ k); (v) propensão marginal a consumir ($\uparrow$ c);

Aumenta a inclinação da curva LM
Diminui a inclinação da curva IS

Maior a eficácia da política monetária
Menor a eficácia da política fiscal

Uma vez já estudado os conceitos visto anteriormente, vamos resolver a seguinte questão de concurso público:

(Cespe-UnB/Analista Judiciário – Economista/Tribunal de Justiça do Estado de Rondônia/2012) – Considere as seguintes informações:

(1) $C = C + c_y(Y - T)$

(2) $T = t_yY$

(3) $I = i(r, A) = A - i_rr$

(4) $\dfrac{M^D}{P} = \overline{m} - m_rr + \dfrac{1}{v_t}Y$

(5) $\dfrac{M^D}{P} = \dfrac{M^S}{P} = \overline{m} - m_rr + \dfrac{1}{v_t}Y$ (*equilíbrio no mercado monetário*)

As equações acima descrevem uma economia em que C é o consumo agregado, c_y é a propensão marginal a consumir, Y é a renda, I é o investimento privado, r é a taxa de juros, i_r é a sensibilidade do investimento à taxa de juros, T é a arrecadação tributária, t_y é a alíquota de impostos. Por sua vez, as equações (4) e (5) representam, respectivamente, a demanda e a oferta de moeda (ambos em termos reais), sendo m_r a sensibilidade da demanda por moeda, v_t a velocidade de circulação da moeda e s_y a propensão marginal a poupar. Em relação ao modelo acima, assinale a opção correta.

a) o incremento na velocidade de circulação da moeda provoca um deslocamento paralelo da curva LM (taxa de juros no eixo vertical e produto no eixo horizontal).

b) O aumento na sensibilidade de demanda por moeda em relação à taxa de juros faz que a curva LM fique menos inclinada (taxa de juros no eixo vertical e produto no eixo horizontal).

c) O aumento na sensibilidade da demanda por moeda em relação à taxa de juros provoca um deslocamento paralelo da curva LM (taxa de juros no eixo vertical e produto no eixo horizontal).

d) Um aumento do multiplicador de $[1/s_y + c_yt_y]_0$ para $[1/s_y + c_yt_y]_1$ provocado pelo aumento da propensão marginal a consumir gera um deslocamento paralelo da curva IS (taxa de juros no eixo vertical e produto no eixo vertical).

e) Uma redução na sensibilidade do investimento à taxa de juros se traduz em uma curva IS menos inclinada (taxa de juros no eixo vertical e produto no eixo horizontal).

Solução:

A resposta é a letra "b", uma vez que a inclinação da curva LM será tanto menor (mais fraca a política monetária) quanto maior for a elasticidade (sensibilidade) da demanda por moeda em relação à taxa de juros, ou seja, quanto maior a declividade da demanda por moeda por motivo especulação.

O item "a" está falso pois o incremento na velocidade de circulação da moeda provoca alterações na inclinação na curva LM, mas não o deslocamento paralelo da curva LM.

O item "c" está falso, pois o aumento na sensibilidade da demanda por moeda em relação à taxa de juros provoca alterações na inclinação da curva LM, mas não o deslocamento paralelo da curva LM, pelos motivos expostos no item "b".

O item "d" está falso porque aumentos no multiplicador keynesiano provocado por aumentos na propensão marginal a consumir provoca alterações na inclinação da curva IS, mas não provoca deslocamentos paralelos da curva IS.

O item "e" está falso, pois uma redução na elasticidade (sensibilidade) do investimento em relação à taxa de juros se traduz em uma curva IS mais inclinada.

A.5. EFEITO-FISHER

A equação de Fisher é expressa da seguinte forma:

$$i = r + \pi^e$$

onde i é a taxa nominal de juros, r é a taxa real de juros e π^e é a taxa de inflação esperada. Quando existe previsão perfeita temos que $\pi^e = \pi$ e nesse caso a equação de Fisher será:

$$i = r + \pi$$

onde π é a taxa de inflação.

(Cespe-UnB/Economista/Ministério da Justiça/2013) – Julgue os itens a seguir, como verdadeiro ou falso.

Segundo a equação de Fisher, a taxa de juros nominal paga pelos bancos pode ser alterada em função de variações na taxa de juros real ou na inflação.

Solução:

Verdadeiro, conforme visto acima.

Partindo da equação em função da expectativa inflacionária $i = r + \pi^e$, se a taxa de inflação esperada for igual a zero ($\pi^e = 0$), característica de uma economia com preços constantes, a taxa de juros nominal será igual a taxa de juros real ($\pi^e = 0 \Rightarrow i = r$). Nesse caso, a curva IS é expressa em termos de taxas nominais, e a intersecção da curva IS com a curva LM define a taxa de juros de equilíbrio. Ao considerar a variação de preços, consequentemente, a inflação esperada tornar-se diferente de zero ($\pi^e \neq 0$), fazendo com que as taxas de juros real e nominal passem a ser diferentes. Nesse caso, a curva IS estipula uma relação entre a taxa real de juros e o nível de renda, ao passo que a curva LM estabelece também uma relação entre as mesmas variáveis, mas considera a taxa nominal de juros.

O investimento é função decrescente da taxa real de juros, de modo que a curva IS poderá ser expressa da seguinte forma:

$$Y = k\left(\overline{A} - fr\right) \Rightarrow Y = k\left[\overline{A} - fi\left(-\pi^e\right)\right]$$

A equação da curva IS com o efeito Fisher será:

$$r = \frac{-1}{kf}Y + \frac{\overline{A}}{f} \Rightarrow i - \pi^e = \frac{-1}{kf}Y + \frac{\overline{A}}{f} \Rightarrow i = -\frac{1}{kf}Y + \frac{\overline{A}}{f} + \pi^e$$

A equação da curva LM com o efeito Fischer será: $L = aY - di$

No caso de $\pi^e = 0$, teremos: $L = aY - dr$

Note que aumentos em π^e provocarão redução na taxa real de juros, fazendo com que os investimentos aumentem a uma mesma taxa nominal de juros, deslocando, portanto, para cima e para a direita, a curva IS: $i = \downarrow r + \uparrow \pi^e \therefore \uparrow I \therefore \uparrow Y \therefore \uparrow DA$. A queda na taxa real de juros estimula a despesa de investimento e, consequentemente, um nível maior do produto. O montante do deslocamento da curva IS será igual à variação em π^e medido verticalmente. O aumento da renda provoca a elevação da demanda por moeda. Para manter o mercado monetário em equilíbrio, é necessário que a taxa nominal de juros se eleve. A taxa real de juros se reduz, o que possibilita a ampliação do investimento, induzindo à elevação da renda. O motivo pelo qual a ampliação das expectativas inflacionárias eleva a renda é a queda da taxa real de juros, mesmo com elevação da taxa nominal de juros, que se faz necessário para equilibrar o mercado monetário. Observe que, se toda a elevação na inflação esperada se transformasse em aumento da taxa nominal, a taxa real não se alteraria, e não haveria qualquer alteração na renda. Essa situação pode ser observada na Figura A.17 a seguir:

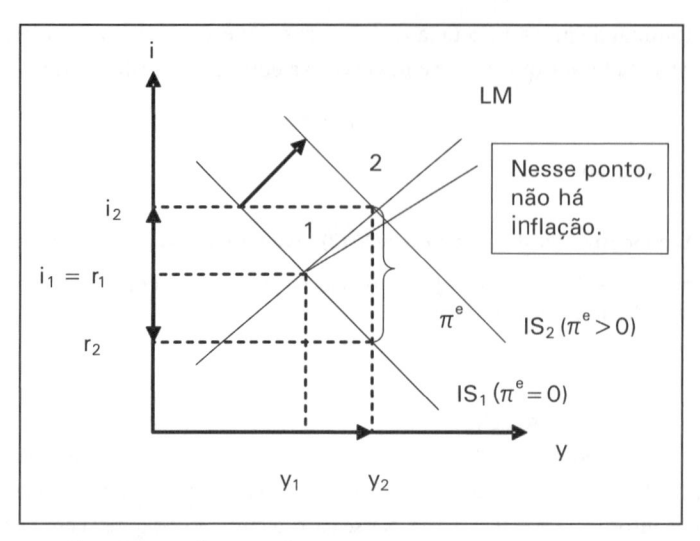

Figura A.17: Inflação e o Efeito Fisher. Política Fiscal Expansionista

De forma análoga, poderemos ter resultados contrários, se houver uma redução da taxa de inflação esperada, isto é, se houve expectativa de deflação (redução do nível geral de preços: $\pi^e < 0$). A taxa nominal de juros se reduzirá na busca pelo equilíbrio no mercado monetário, mas a taxa real de juros irá aumentar, provocando queda do investimento e da renda ($i = \downarrow r + \uparrow \pi^e \therefore \uparrow I \therefore \uparrow Y \therefore \uparrow DA$). Haverá um deslocamento da curva IS para a esquerda. Esse ponto é frequentemente levantado nos debates sobre as causas da grande depressão dos anos 1930.

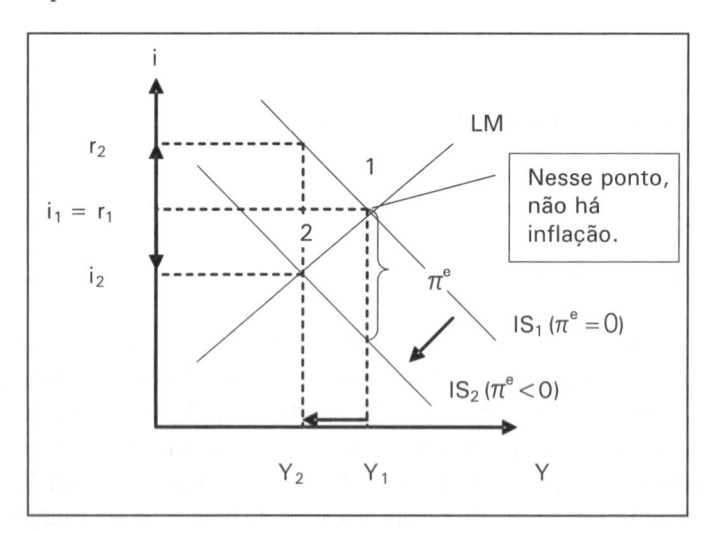

Figura A.18: Inflação e o Efeito Fisher. Política Fiscal Restritiva

Em **matemática financeira**, a taxa nominal de juros refere-se à taxa de juros que é cobrada (paga) independentemente da taxa de inflação. Já a taxa real de juros é a taxa após "descontada" a inflação. Assim,

$$(1+r)=\frac{(1+i)}{(1+\pi)} \Rightarrow r=\frac{(1+i)}{(1+\pi)}-1 \Rightarrow r=\frac{1+i-1-\pi}{(1+\pi)} \Rightarrow r=\frac{i-\pi}{1+\pi} \Rightarrow \pi=\frac{i-r}{1+r}.$$

Se $\pi = 0$, então $r = i$. Para taxas pequenas, teremos: $r = i - \pi$

Note que a Constituição Federal de 1988 diz que a taxa real de juros é de 12%. Suponha que a taxa nominal de juros, por exemplo, seja igual a 18%, isto é, $i = 0,18$. Então,

$$\pi=\frac{i-r}{1+r} \Rightarrow \pi=\frac{0,18-0,12}{1+0,12} \Rightarrow \pi=0,053 \quad ou \quad 5,3\%$$

Resolvendo essa mesma situação pela equação de Fisher, teríamos,

$$r = i - \pi \Rightarrow \pi = i - r \Rightarrow \pi = 0,18 - 0,12 \Rightarrow \pi = 0,06 \text{ ou } 6\%$$

Assim, dizer que a taxa real de juros é 12%, conforme descrito na Constituição Federal de 1988, é a mesma coisa dizer quer a inflação no Brasil é de 6%!!!

Em resumo:

Expectativa inflacionária	Desloca a IS para a direita
Expectativa deflacionária	Desloca a IS para a esquerda

(Cespe-UnB/Consultor do Senado Federal – Economia – Política Econômica/2002) – Julgue o item a seguir, como verdadeiro ou falso.

Com base no efeito Fisher, pode-se afirmar que a taxa real esperada de juros, e a taxa de crescimento do PIB, não são afetadas pôr uma variação do crescimento da oferta de moeda.

Solução:

Esse item é falso. A taxa real esperada de juros e a taxa de crescimento do PIB podem ser afetadas pela variação do crescimento da oferta monetária.

A.6 TABELA-RESUMO

A tabela a seguir resume os resultados da análise IS-LM.

A = aumenta		MKG		MC		MKS		AL	
D = diminui		Y	r	Y	r	Y	r	Y	r
PF	Expansiva (↑G e/ou T↓)	A	A	Cte	A	A	A	A	Cte
	Restritiva (↓G e/ou ↑T)	D	D	Cte	D	D	D	D	Cte
PM	Expansiva (↑M e/ou ↓P)	A	D	A	D	Cte	D	Cte	Cte
	Restritiva (↓M e/ou ↑P)	D	A	D	A	Cte	A	Cte	Cte

Nota: MKG = Modelo Keynesiano Generalizado; MC = Modelo Clássico; MKS = Modelo Keynesiano Simples; AL = Armadilha da Liquidez; Y = renda, produto; r = taxa de juros; PM = Política Monetária; PF = Política Fiscal; Cte - Constante

A.7. A EQUAÇÃO DA DEMANDA AGREGADA E OS SUPER-MULTIPLICADORES DAS POLÍTICAS FISCAL E MONETÁRIA

A **Equação da Demanda Agregada** é obtida igualando as equações das curvas IS e LM:

Equação da IS: $r = -\dfrac{1}{kf}Y + \dfrac{\overline{A}}{f}$

Equação da LM: $r = \dfrac{a}{d}Y - \dfrac{M}{Pd}$

Assim, temos que:

$$-\frac{1}{kf}Y + \frac{\overline{A}}{f} = \frac{a}{d}Y - \frac{M}{Pd} \Rightarrow \frac{a}{d}Y + \frac{1}{kf}Y = \frac{M}{Pd} + \frac{\overline{A}}{f} \Rightarrow Y\left(\frac{a}{d} + \frac{1}{kf}\right) = \frac{M}{Pd} + \frac{\overline{A}}{f}$$

Considere $\alpha = \dfrac{a}{d} + \dfrac{1}{kf}$. Então:

Equação da Demanda Agregada: $Y\alpha = \dfrac{M}{Pd} + \dfrac{\overline{A}}{f} \Rightarrow Y = \dfrac{1}{\alpha d}\left(\dfrac{M}{P}\right) + \dfrac{\overline{A}}{\alpha f}$

Como visto no boxe acima, a equação da demanda agregada é obtida a partir das equações das curvas IS e LM, através do seguinte procedimento:

(i) Eliminação da taxa de juros (igualando as taxas de juros das equações da IS e LM)

(ii) Manutenção do nível de preços como uma variável exógena.

Como exemplo, veja o exercício a seguir:

(**Fundação Cesgranrio/Analista do Banco Central do Brasil/2010**) – Considere uma economia descrita pelas funções a seguir.

Consumo: $C = C_0 + \alpha(Y - T)$, sendo $C_0 > 0$ e $0 < \alpha < 1$

Tributos diretos: $T = T_0 + tY$, onde $T_0 > 0$ e $0 < t < 1$

Investimento: $I = I_0 + \beta Y - \gamma r$, onde $I_0 > 0$, $0 < \beta < 1$ e $\gamma > 0$

Demanda por moeda: $M^d/P = \lambda Y - \theta r$, $\lambda > 0$ e $\theta > 0$

Exportações líquidas: $NX = mY$

Gastos do governo: $G = G_0$

A oferta monetária é exógena e fixada em M^s; P é o índice geral de preços; r é a taxa de juros; Y é a renda da economia; C_0, T_0 e I_0 são constantes, sendo que todas as letras gregas são parâmetros dessa economia, e t é a alíquota do imposto de renda.

Nesse contexto, analise as proposições abaixo.

I – O *locus* IS é: $[1 - (\alpha + \beta + m)]Y + \gamma r = A_0$, sendo $A_0 = [(C_0 - \alpha T_0) + I_0 + G_0]$

II – O *locus* LM é: $(M^s/P) = \lambda Y - \theta r$

III – A demanda agregada é: $[(1/k) + (\gamma\lambda/\theta)]Y - (\gamma/\theta)(M^s/P) = A$, onde A são os gastos autônomos e k é o multiplicador keynesiano que incorpora o efeito da renda sobre o investimento.

É (são) correta(s) a(s) proposição(ões)

a) I, apenas.

b) III, apenas.

c) I e II, apenas.

d) II e III, apenas.

e) I, II e III.

Solução:

A resposta é a letra "d". O item I está falso, pois a expressão da curva IS pode ser obtida da seguinte forma:

$IS: Y = C + I + G + NX$

$IS: Y = [C_0 + \alpha(Y - T)] + [I_0 + \beta Y - \gamma r] + G_0 + NX$

$IS: Y = \{C_0 + \alpha[Y - (T_0 + tY)]\} + [I_0 + \beta Y - \gamma r] + G_0 + mY$

$IS: Y = C_0 + \alpha Y - \alpha T_0 - \alpha t Y + I_0 + \beta Y - \gamma r + G_0 + mY$

$$IS : Y = \underbrace{\left(C_0 + I_0 + G_0 - \alpha T_0\right)}_{A_0} + \alpha Y - \alpha t Y + \beta Y - \gamma r + mY$$

$IS: Y = A_0 + Y(\alpha - \alpha t + \beta + m) - \gamma r$

$IS: Y = A_0 + Y[\alpha(1 - t) + \beta + m] - \gamma r$

$IS: Y - Y[\alpha(1 - t) + \beta + m] = A_0 - \gamma r$

$IS: \{1 - [\alpha(1 - t) + \beta + m]\}Y = A_0 - \gamma r$

$IS: \{1 - [\alpha(1 - t) + \beta + m]\}Y + \gamma r = A_0$

Ou

$$IS : Y_E = \left(\underbrace{\dfrac{1}{\{1 - \left[\alpha\left(1 - t\right) + \beta + m\right]\}}}_{k}\right)\left(A_0 - \gamma r\right)$$

$IS: Y_E = k(A_0 - \gamma r)$

Em que k é o multiplicador keynesiano e Y_E é a renda de equilíbrio.

O item II é verdadeiro, pois expressa a oferta monetária real. Note que λ é a elasticidade (sensibilidade) da demanda por moeda em relação à renda, ao passo que θ é a elasticidade (sensibilidade) da demanda por moeda em relação à taxa de juros.

A equação da curva IS será dada por:

$$Y = k\left(A_0 - \gamma r\right) \Rightarrow \frac{Y}{k} = A_0 - \gamma r \Rightarrow \gamma r = -\frac{Y}{k} + A_0 \Rightarrow r = -\frac{Y}{k\gamma} + \frac{A_0}{\gamma}$$

Já a equação da curva LM será dada por:

$$\left(M^s / P\right)= \lambda Y - \theta r \Rightarrow \theta r = \lambda Y - \frac{M^s}{P} \Rightarrow r = \frac{\lambda}{\theta}Y - \frac{M^s}{P\theta}$$

A equação da demanda agregada (DA) será dada pela igualdade entre as curvas IS e LM, ou seja:

$$DA: \underbrace{-\frac{1}{k\gamma}Y + \frac{A_0}{\gamma}}_{IS} = \underbrace{\frac{\lambda}{\theta}Y - \frac{M^s}{P\theta}}_{LM} \Rightarrow \frac{\lambda}{\theta}Y + \frac{1}{k\gamma}Y = \frac{M^s}{P\theta} + \frac{A_0}{\gamma} \Rightarrow Y\underbrace{\left(\frac{\lambda}{\theta} + \frac{1}{k\gamma}\right)}_{\phi} = \frac{M^s}{P\theta} + \frac{A_0}{\gamma} \Rightarrow Y\phi$$

$$= \frac{M^s}{P\theta} + \frac{A_0}{\gamma} \Rightarrow Y = \frac{M^s}{\phi P\theta} + \frac{A_0}{\phi\gamma} \Rightarrow Y = \frac{1}{\phi\theta}\left(\frac{M^s}{P}\right) + \frac{A_0}{\phi\gamma}$$

Ou, então:

$$DA: Y\left(\frac{\lambda}{\theta} + \frac{1}{k\gamma}\right) = \frac{M^s}{P\theta} + \frac{A_0}{\gamma} \Rightarrow Y\left(\frac{\lambda}{\theta} + \frac{1}{k\gamma}\right) - \frac{M^s}{P\theta} = \frac{A_0}{\gamma} \Rightarrow A_0 = \gamma Y\left(\frac{\lambda}{\theta} + \frac{1}{k\gamma}\right) - \frac{\gamma M^s}{P\theta} \Rightarrow A_0$$

$$= Y\left(\frac{\lambda\gamma}{\theta} + \frac{\gamma}{k\gamma}\right) - \frac{\gamma}{\theta}\left(\frac{M^s}{P}\right) \Rightarrow A_0 = \left(\frac{1}{k} + \frac{\gamma\lambda}{\theta}\right)Y - \frac{\gamma}{\theta}\left(\frac{M^s}{P}\right)$$

O **super-multiplicador da política monetária** mostra quanto de aumento na oferta monetária real aumenta o nível de equilíbrio da renda, mantendo a política fiscal sem modificações. É obtido derivando a equação da Demanda Agregada em relação à oferta monetária:

$$\frac{\partial Y}{\partial\left(\frac{M}{P}\right)} = \frac{1}{\alpha d} = \frac{1}{d\left(\frac{a}{d} + \frac{1}{kf}\right)} = \frac{1}{\left(a + \frac{d}{kf}\right)}$$

Para que uma expansão monetária real tenha um grande impacto sobre a renda, devemos ter:

$$\uparrow \frac{\partial Y}{\partial\left(\frac{M}{P}\right)} = \uparrow \frac{1}{\alpha d} = \frac{1}{d\left(\frac{a}{d} + \frac{1}{kf}\right)} = \frac{1}{\left(\downarrow a + \frac{\downarrow d}{\uparrow k \uparrow f}\right)}$$

Portanto, a política monetária é tanto mais forte quanto:

(1º) menor a elasticidade da demanda por moeda em relação à renda ($\downarrow a$)

(2º) menor a elasticidade da demanda por moeda em relação à taxa de juros ($\downarrow d$)

(3º) maior o multiplicador keynesiano ($\uparrow k$)

(4º) maior a elasticidade do investimento à taxa de juros ($\uparrow f$)

O **super-multiplicador da política fiscal** mostra o quanto um aumento nos gastos do governo modifica o nível de equilíbrio da renda, mantendo a oferta monetária real constante. É obtido derivando a equação da Demanda Agregada em relação aos gastos autônomos:

$$\frac{\partial Y}{\partial \overline{G}} = \frac{1}{\alpha f} = \frac{1}{f\left(\dfrac{a}{d} + \dfrac{1}{kf}\right)} = \frac{1}{\dfrac{af}{d} + \dfrac{1}{k}}$$

Para que um aumento dos gastos do governo tenha um grande impacto sobre a renda, devemos ter:

$$\uparrow \frac{\partial Y}{\partial \overline{G}} = \uparrow \frac{1}{\alpha f} = \frac{1}{f\left(\dfrac{a}{d} + \dfrac{1}{kf}\right)} = \frac{1}{\dfrac{\downarrow a \downarrow f}{\uparrow d} + \dfrac{1}{\uparrow k}}$$

Portanto, a política fiscal é tanto mais forte quanto:

(1º) maior o multiplicador keynesiano ($\uparrow k$)

(2º) maior a elasticidade da demanda por moeda em relação à taxa de juros ($\uparrow d$)

(3º) menor a elasticidade da demanda por moeda em relação à renda ($\downarrow a$)

(4º) menor a elasticidade do investimento à taxa de juros ($\downarrow f$)

A.8. EFEITO-DESLOCAMENTO

O Efeito-Deslocamento (ou *Crowding-out*)

O *crowding-out* é a redução (deslocamento) do investimento privado causado por um aumento dos gastos públicos via taxa de juros.

Quando o governo aumenta os seus gastos, então a taxa de juros aumenta e, portanto, o investimento diminui. Essa queda do investimento caudado pelo aumento da taxa de juros decorrente do aumento dos gastos públicos é chamada de *crowding-out*.

Em outras palavras, o efeito deslocamento representa uma interferência do governo, via política fiscal, retirando recursos do setor privado e diminuindo a participação dos investimentos empresariais. Em uma economia em que o investimento relaciona-se inversamente com a taxa de juros, a utilização de uma política fiscal expansionista para aumentar o produto provoca, em geral, queda dos investimentos privados. Em outras palavras, ocorre o deslocamento (redução) do investimento privado causado pelo aumento dos gastos governamentais via taxa de juros.

Se o investimento for muito insensível às taxas de juros (IS quase íngreme), o aumento nos juros causará apenas uma leve queda no investimento e o *crowding-out* será de baixa magnitude. Em decorrência da queda do investimento (do *crowding-out*) a renda também diminuirá.

No caso limite da curva IS vertical, o investimento é completamente insensível aos juros. O aumento nos gastos governamentais faz subir a taxa de juros, mas isso não resulta em nenhum declínio no investimento. Nesse caso, não há deslocamento do investimento privado (O *crowding-out* é nulo).

(FEPESA/Economista/Companhia Integrada de Desenvolvimento Agrícola de Santa Catarina – CI-DASC/2011) - Considere o modelo IS-LM. *Ceteris paribus*

a) O efeito *crowding out* ou expulsão resulta de um aumento dos gastos do governo.

b) Uma mudança exógena da demanda por moeda não altera a taxa de juros.

c) Uma expansão fiscal através de redução de impostos reduz o produto de equilíbrio.

d) Uma elevação autônoma das exportações líquidas desloca a curva IS para a esquerda.

e) Uma combinação de política fiscal expansionista e política monetária contracionista gera redução da taxa de juros.

Solução:

A resposta é a letra "a", pois o efeito *crowding-out* é a redução (deslocamento) do investimento privado causado por um aumento dos gastos públicos via taxa de juros.

A.8.1. O *Crowding-Out* e a Eficiência da Política Fiscal

Quando o Governo aumenta seus gastos ocorrem dois efeitos antagônicos sobre o nível de renda: o **efeito multiplicado keynesiano** e o **efeito deslocamento.**

O efeito multiplicador dos gastos do governo tende a aumentar a produção e a renda, pois devido ao princípio da demanda efetiva haverá um os aumento dos gastos públicos causará um aumento da demanda agregada e consequentemente causará também um aumento da produção, do emprego e da renda. De fato, sabemos que o multiplicador dos gastos do governo é dado por: $\frac{\Delta y}{\Delta \overline{G}} = K$, e, portanto: $\Delta y = K.\Delta \overline{G}$ e, assim, aumentos nos gastos autônomos do governo $\left(\Delta \overline{G} \uparrow\right)$ causam, via multiplicador keynesiano, aumentos na renda.

O efeito deslocamento (*crowding-out*) tende a diminuir a produção e a renda. Como já sabemos, o efeito deslocamento diminui os investimentos privados em decorrência do aumento dos juros causados pelo aumento dos gastos públicos. Como o investimento diminui então, a renda também diminui. De fato, como a renda é dada por

$y = C + I + G + X - M$, então, como o *crowding-out* diminui o investimento, então a renda vai diminuir: $\overline{G} \uparrow \Rightarrow r \uparrow \Rightarrow I \downarrow \Rightarrow y \downarrow = C + I \downarrow + G + X - M$.

Portanto o *crowding-out* diminui a eficácia da política fiscal via aumento dos gastos públicos. O Efeito deslocamento diminui os impactos sobre a renda causados pela política fiscal via gastos. Note que só faz sentido falar em *crowding-out* na política fiscal.

A.8.2. O *Crowding-Out* no Modelo Clássico

> No modelo Clássico *crowding-out é máximo.*

Nós vimos que quando a curva LM é vertical (o Chamado modelo Clássico), a política fiscal é inócua (não afeta a renda). O motivo de a Política Fiscal ser inócua é que toda a renda ganha via multiplicador keynesiano é perdida via *crowding-out*.

Assim, no modelo clássico a **política fiscal** é inócua (ineficiente, anódina, desprezível, impotente), isto é, os deslocamentos da curva IS não afetam o nível de renda.

O *crowding-out* é **máximo**. O aumento da taxa de juros fará com que o investimento se reduza numa proporção tal que anula o efeito da política fiscal expansiva. Não existe moeda especulativa e, portanto, o efeito da taxa de juros é muito maior. A redução do investimento é exatamente igual ao aumento dos gastos do governo, de tal forma que os efeitos se anulam porque se tem a substituição de gastos privados por gastos públicos.

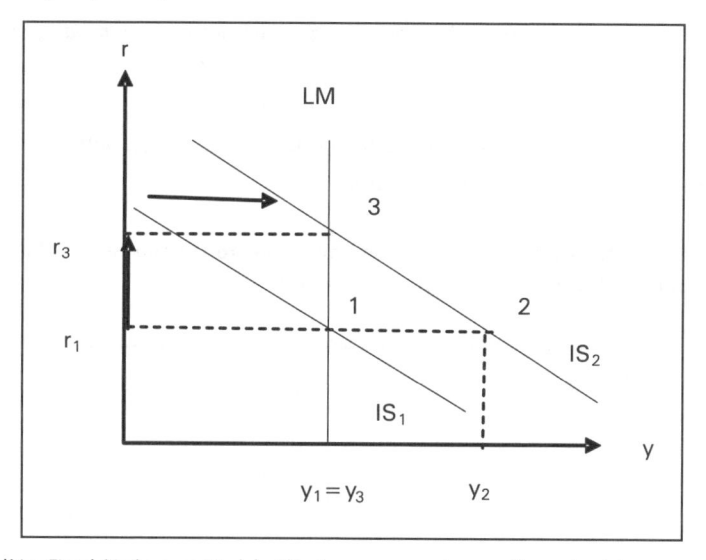

Figura A.19: A Política Fiscal é Inócua no Modelo Clássico por causa do *crowding-out* máximo

Na Figura A.19 acima, antes de tudo, note que a curva LM é vertical, caracterizando o modelo Clássico. Quando o Governo faz uma política fiscal expansiva aumentando seus gastos a curva IS se desloca para a direita (passando de IS_1 para IS_2). O equilíbrio inicial se dá no **ponto 1**, na intersecção da curva IS_1 com a curva LM. Nesse **ponto 1** do equilíbrio inicial, a renda e a taxa de juros de equilíbrio são respectivamente y_1 e r_1. Após o deslocamento da curva IS para a direita, se a taxa de juros permanecesse constante, teríamos um **equilíbrio intermediário no ponto 2**. A distância horizontal entre o ponto 1 e o ponto 2 (igual a $\overline{y_1 y_2}$) seria o aumento de renda causado pelo aumento dos gastos públicos via multiplicador keynesiano, ou seja, caso a taxa de juros não aumentasse, teríamos que $\Delta y = \overline{y_1 y_2} = k.\Delta \overline{G}$. Porém como a taxa de juros aumenta de r_1 para r_3 teremos que o novo equilíbrio será dado pelo **ponto 3**, na intersecção da nova curva IS_2 com a antiga curva LM. Nesse

ponto 3 do equilíbrio final a nova renda de equilíbrio será y_3 e a nova taxa de juros de equilíbrio será r_3. Note então que, quando o equilíbrio muda do **ponto 1** para o **ponto 3**, teremos que **a renda de equilíbrio não se altera, pois** $y_1 = y_3$. Como visto a política fiscal no modelo clássico é inócua, pois toda a renda ganha via multiplicador keynesiano é perdida pelo *crowding-out*, e, portanto, o efeito deslocamento é máximo.

(FGV Projetos/Economista/Secretaria de Estado de Saúde do Amazonas – SUSAM/2014) - Suponha o caso clássico do modelo IS-LM. Assinale a alternativa que indica a descrição correta de uma *estática comparativa* para esse caso.

a) A política monetária expansionista é totalmente ineficaz, uma vez que os agentes retêm toda expansão monetária.

b) A política monetária e fiscal são ineficazes, gerando apenas alteração da taxa de juros.

c) A política fiscal expansionista alcança sua máxima eficácia, pois o efeito multiplicador da renda atua de forma eficiente.

d) A política monetária contracionista é totalmente eficaz, gerando queda do nível de renda e da taxa de juros.

e) A política fiscal expansionista é totalmente ineficaz, produzindo o efeito *crowding-out*.

Solução:

A resposta é a letra "e" pois, no caso clássico do modelo IS-LM, a política fiscal é totalmente ineficaz por causa do efeito *crowding-out* máximo.

(FGV Projetos/Economista/Companhia de Desenvolvimento Urbano do Estado da Bahia/2013) – Considere o modelo IS-LM descrito no gráfico a seguir:

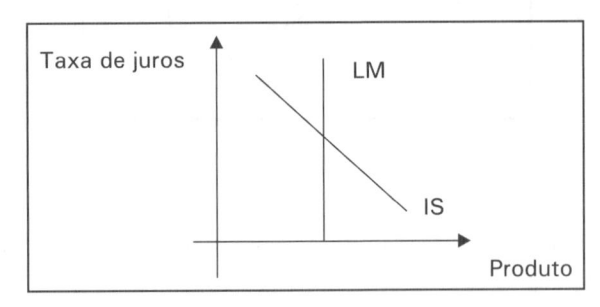

Nesse caso, uma política fiscal contracionista

a) é totalmente ineficaz pois este caso se trata da armadilha da liquidez.

b) é totalmente ineficaz devido ao efeito *crowding-out*, que troca gastos privados por gastos públicos.

c) tem o efeito oposto sobre produto e juros de uma política monetária expansionista.

d) tem impacto nulo na taxa de juros pois este é o caso clássico.

e) reduz os juros, incentivando o aumento dos gastos privados que substituem os gastos públicos.

Solução:

A resposta é a letra "e". No modelo clássico, em que temos a curva LM vertical, o *crowding out* é máximo, pois uma política fiscal contracionista (ou restritiva), caracterizada por uma redução dos gastos públicos, resultará em um deslocamento da curva IS para a esquerda e para baixo, reduzindo a taxa de juros. Essa taxa de juros menor contribui para o aumento dos investimentos privados da economia.

A.8.3. O *Crowding-Out* no Modelo Keynesiano Simplificado

No modelo keynesiano simplificado o *crowding-out é nulo.*

No modelo keynesiano simplificado o *crowding-out* é nulo, pois nesse modelo o investimento é totalmente inelástico à taxa de juros (o investimento não depende da taxa de juros).

Quando o Governo aumenta seus gastos, a taxa de juros aumenta, põem o investimento não é afetado, não diminui, pois neste caso o investimento não depende da taxa de juros já que, como a curva IS é vertical, temos que o investimento é totalmente inelástico à taxa de juros.

Nós vimos que quando a curva IS é vertical (o Chamado modelo keynesiano simplificado) a política fiscal é eficiente (possui impacto máximo sobre a renda).

O motivo de a Política Fiscal ter eficiência máxima é que toda a renda ganha via multiplicador keynesiano é mantida, nada se perde devido ao *crowding-out*, pois no modelo keynesiano simplificado o *crowding-out* é nulo.

A.8.4. O *Crowding-Out* na Armadilha da Liquidez

Na Armadilha da Liquidez o *crowding-out não existe.*

Na armadilha da liquidez o *crowding-out* não existe, pois nesse modelo a taxa de juros permanece constante e, portanto, não há efeito deslocamento (não há redução dos investimentos privados causados por aumentos dos juros induzidos pelos aumentos dos gastos públicos). Em outras palavras, na armadilha da liquidez **não existe** *crowding-out*. Quando houver armadilha da liquidez, a taxa de juros permanece constante, porque só há uma taxa consistente com o equilíbrio no mercado monetário. Portanto, uma expansão fiscal não gera um aumento da taxa de juros, e não há deslocamento do investimento privado.

Quando o Governo aumenta seus gastos, geralmente a taxa de juros aumenta, porém na armadilha da liquidez a taxa de juros permanece constante, assim, não existe *crowding-out* quando a demanda por moeda é totalmente elástica à taxa de juros.

Nós vimos que quando a curva LM é horizontal (a chamado armadilha da liquidez) a política fiscal é eficiente (possui impacto máximo sobre a renda). O motivo de a Política Fiscal ter eficiência máxima é que toda a renda ganha via multiplicador keynesiano é mantida, nada se perde devido ao *crowding-out*, pois na armadilha da liquidez não existe *crowding-out*.

(Cespe-UnB/Analista de Comércio Exterior/2001) – Julgue o item a seguir, como verdadeiro ou falso:

No longo prazo, o efeito deslocamento (*crowding out*) pode reduzir o estoque de capital, comprometendo, assim, a capacidade produtiva da economia.

Solução:

Verdadeiro, pois, se ocorre o fenômeno de *crowding-out*, uma política fiscal expansionista reduz o investimento privado na economia, isto é, reduz o estoque de capital privado, comprometendo a capacidade produtiva da economia.

A.9. Abordagem Gráfica Alternativa do Modelo IS-LM

A.9.1. Política Fiscal

A Figura A.20 a seguir mostra que a política fiscal tem eficiência máxima na armadilha da liquidez, é eficiente no MKG, e é inócua no modelo clássico. Note que, no diagrama abaixo, a curva LM apresenta os seguintes trechos: (i) trecho horizontal (que corresponde à armadilha da liquidez); (ii) trecho crescente ou positivamente inclinado (que corresponde ao caso geral do MKG); (iii) trecho vertical (que corresponde ao modelo clássico).

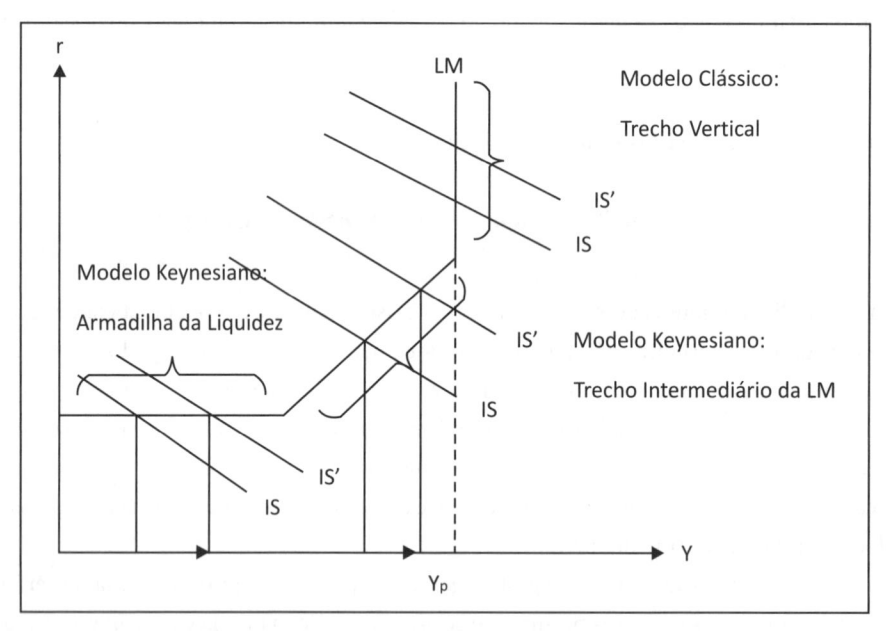

Figura A.20: Análise Completa da Política Fiscal no Modelo IS-LM

A.9.2. Política Monetária

A Figura A.21 a seguir mostra que a política monetária é inócua na armadilha da liquidez, é eficiente no MKG, e possui eficiência máxima no modelo clássico.

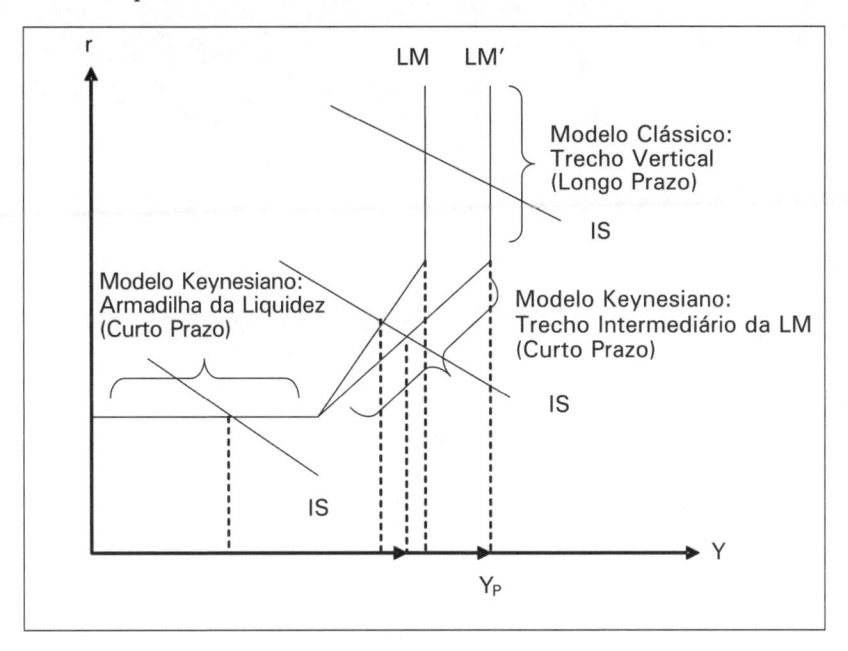

Figura A.21: Análise Completa da Política Monetária no Modelo IS-LM

Capítulo 8

Modelo IS-LM-BP
(ou Modelo Mundell-Fleming)

1. INTRODUÇÃO

O Modelo IS-LM-BP nada mais é do que o Modelo IS/LM aplicado a uma economia aberta.

Neste capítulo vamos definir a curva BP (curva do Balanço de Pagamentos). A Curva BP mostra o equilíbrio no balanço de pagamentos. Os pontos situados sobre a curva mostram combinações de taxa de juros e renda que equilibram o balanço de pagamentos e, portanto, equilibram o setor externo da economia.

Vamos lembrar que no diagrama juros-renda a curva IS é decrescente e mostra o equilíbrio no mercado de bens e serviços e que a curva LM é crescente e mostra o equilíbrio no mercado monetário. Veremos que nesse diagrama juros-renda, a curva BP (curva do Balanço de Pagamentos) é positivamente inclinada.

Com a introdução da curva BP (representando o setor externo), o equilíbrio pleno passa a ser obtido quando ocorre o equilíbrio simultâneo em três mercados:

(i) Equilíbrio no mercado de bens (dado pela curva IS)

(ii) Equilíbrio no mercado monetário (dado pela curva LM)

(iii) Equilíbrio no setor externo (dado pela curva BP)

Desse modo, como mostra a figura 1 a seguir, o equilíbrio pleno ocorre no ponto de intersecção das três curvas: IS-LM-BP. Devido a esse fato o modelo é chamado de modelo IS-LM-BP.

Figura 1: Modelo IS-LM-BP

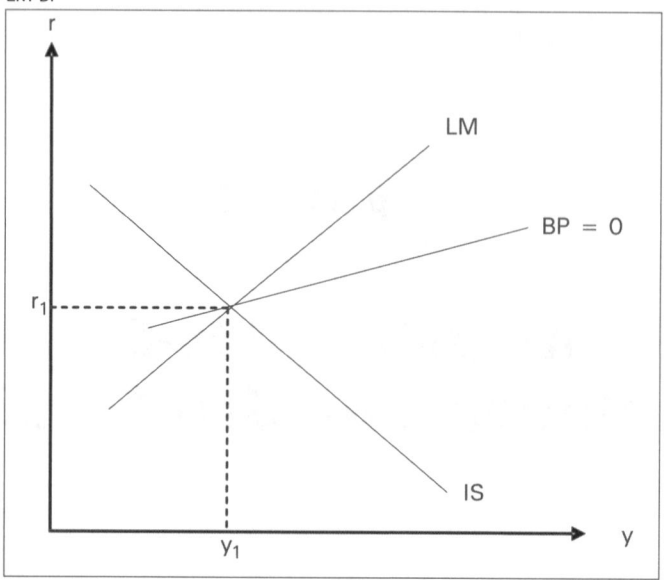

Nota: elaboração dos autores

O caro leitor deve ficar atento ao fato de que o fluxo de capitais que entram ou saem de um país são funções crescentes da diferença entre as taxas doméstica e internacional de juros. Quando a taxa de juros doméstica aumenta e fica maior que a taxa internacional ocorre uma entrada de capitais que buscam uma maior remuneração em decorrência desse aumento dos juros internos. Quando a taxa de juros doméstica diminui e fica menor que a taxa internacional ocorre uma saída de capitais do país que buscam uma maior remuneração no exterior.

Desse modo, notamos que os fluxos de capital são sensíveis às variações na taxa de juros. Quando **os fluxos de capitais são muito sensíveis às variações na taxa de juros**, isto é, em regimes nos quais pequenas variações na taxa de juros causam grandes variações no fluxo de capitais, diremos que existe **alta mobilidade de capitais (ou baixa imobilidade de capitais)**. Quando **os fluxos de capitais são muito insensíveis às variações na taxa de juros**, isto é, em regimes nos quais grandes variações na taxa de juros causam pequenas variações no fluxo de capitais, diremos que existe **baixa mobilidade de capitais (ou alta imobilidade de capitais)**

Veremos também que a inclinação da curva BP está relacionada com os diversos regimes de mobilidade de capitais:

(i) **Perfeita mobilidade de capitais - modelo de Mundell-Fleming (Curva BP horizontal)** para economias pequenas na qual a taxa de juros doméstica não se altera (é constante e igual à taxa internacional de juros), pois diferenças ínfimas entre juros doméstico e internacional causariam fluxos infinitos de capitais desestabilizando completamente a economia (como isso não pode ocorrer a taxa de juros permanece constante)

(ii) **Perfeita imobilidade de capitais (Curva BP vertical)** para economias sem acesso ao mercado internacional de capitais, ou seja, quando as variações na taxa de juros não afetam o fluxo de capitais.

(iii) **Mobilidade imperfeita de capitais**: economia grande com acesso ao mercado internacional de capitais, abrangendo dois casos particulares: **alta mobilidade (curva BP achatada) e baixa mobilidade (curva BP íngreme)**

Assim, a inclinação da curva BP dependerá basicamente do grau de mobilidade de capitais, isto é, da forma como estes respondem às variações na taxa de juros.

2. CURVA BP

O setor externo é introduzido pela curva BP. A Curva BP mostra as combinações de taxa de juros (r) e renda (y) que equilibram o Balanço de Pagamentos. No diagrama juros *versus* renda, isto é, no plano definido pelo eixo horizontal da renda e pelo eixo vertical da taxa de juros, a curva BP é uma curva crescente, possui uma inclinação positiva e pontos situados sobre a curva BP representam equilíbrio no balanço de pagamentos.

2.1. O Movimento de Capitais Autônomos como Função Crescente da Taxa de Juros.

Os Capitais autônomos variam positivamente com a taxa de juros: $K_A^+(r)$

K_A = Capitais autônomos
r = Taxa de juros

$$se \quad r\uparrow \Rightarrow K_A \uparrow$$

$$se \quad r\downarrow \Rightarrow K_A \downarrow$$

O amigo leitor deve se lembrar que a conta de capitais autônomos (K_A) representa na estrutura do balanço de pagamentos os fluxos de capitais que livremente entram ou saem do país[1]. Os fluxos (entradas ou saídas) de capitais dependem da taxa de juros. A conta de capitais autônomos (K_A) é função crescente da taxa de juros, pois aumentos da taxa de juros, que levem a taxa doméstica de juros a ficar maior que a taxa internacional de juros, funcionam como um incentivo à entrada de capitais no país. De modo análogo, diminuições da taxa de juros, que levem a taxa doméstica de juros a ficar menor que a taxa internacional de juros, funcionam como um incentivo à saída de capitais do país. O aumento dos juros atrai capitais para o país, pois os capitais entrarão no país em busca de uma maior remuneração decorrente do aumento dos juros internos. A redução dos juros expulsa capitais do país, pois os capitais sairão do país em busca de uma maior remuneração no exterior decorrente da diminuição dos juros internos.

---

[1] Na atual metodologia do balanço de pagamentos utilizamos a conta capital e financeira no lugar da conta capital. Essa mudança de nomenclatura em nada muda nossa análise, pois ambas as rubricas reapresentam os fluxos de capitais do país e esses fluxos de capitais são funções crescentes da taxa de juros. Preferimos utilizar a nomenclatura antiga por questão meramente didática.

Assim, quando os juros aumentam, então os capitais autônomos aumentam e vice-versa, quando os juros diminuem, então os capitais autônomos diminuem. Vamos representar esse fato pela equação $K_A(\overset{+}{r})$. O sinal positivo (+) em cima da taxa de juros r significa que existe uma correlação positiva entre a taxa de juros r e os capitais autônomos K_A, de modo que aumentos dos juros causam aumentos em capitais autônomos e vice-versa, diminuição na taxa de juros causa diminuição nos capitais autônomos, ou seja:

$$se \quad r\uparrow \Rightarrow K_A \uparrow$$

$$se \quad r\downarrow \Rightarrow K_A \downarrow$$

2.2. O Saldo em Conta-Corrente como Função Decrescente da Renda

O saldo em conta-corrente varia negativamente com a renda: $T\left(\overline{y}\right)$

T = Saldo em conta-corrente do balanço de pagamentos
y = renda

$$se \quad y\uparrow \Rightarrow T\downarrow$$

$$se \quad y\downarrow \Rightarrow T\uparrow$$

O saldo em conta corrente do balanço de pagamento é o excesso das exportações sobre as importações de bens, serviços e donativos. Sejam X = exportações de bens, serviços e donativo recebidos, M = importações de bens, serviços e donativos cedidos e T = saldo em conta corrente do balanço de pagamentos. Assim temos que $T = X - M$.

A importação M é função crescente da renda y. De fato, quando a renda y das famílias aumenta, então o consumo de bens domésticos e importados aumenta, desse modo, aumentos de renda causam aumento nas importações e redução de renda causa diminuição das importações. Dito de outra maneira:

$$se \quad y\uparrow \Rightarrow M\uparrow$$

$$se \quad y\downarrow \Rightarrow M\downarrow$$

Podemos então concluir que o saldo em conta corrente é função decrescente da renda, pois quando a renda aumenta, teremos um aumento das importações e consequente diminuição do saldo em conta-corrente. Dito de outro modo, o saldo em conta=corrente se deteriora em consequência do aumento das importações induzidas pelo aumento da renda das famílias. O prezado leitor deve ter percebido que com o aumento da renda dos brasileiros nos anos recentes verificamos um aumento das importações e consequentemente geração de déficit externo na conta-corrente do balanço de pagamentos. Matematicamente termos que:

$$y \uparrow \Rightarrow M \uparrow \Rightarrow \downarrow T = X - M \uparrow$$
$$y \downarrow \Rightarrow M \downarrow \Rightarrow \uparrow T = X - M \downarrow$$

O fato de que o saldo em conta-corrente depende negativamente da renda pode ser expresso matematicamente pela equação $T(\bar{y})$. O sinal negativo acima da variável renda (y) significa que existe uma correlação negativa entre o saldo em conta-corrente T e a renda y, de modo que, se a renda aumenta então o saldo em conta-corrente diminui, e vice-versa, se a renda diminui então o saldo em conta corrente aumenta. Matematicamente temos que:

$$se \quad y \uparrow \Rightarrow T \downarrow$$
$$se \quad y \downarrow \Rightarrow T \uparrow$$

Note, portanto que para reduzir o saldo em conta-corrente devemos aumentar a renda e vice--versa, para aumentar o saldo em conta-corrente devemos diminuir a renda:

$$para \quad T \uparrow \Rightarrow devemos \quad y \downarrow$$
$$para \quad T \downarrow \Rightarrow devemos \quad y \uparrow$$

2.3. O Saldo em Conta-Corrente como Função Crescente da Taxa de Câmbio na Cotação do Incerto

> **O saldo em conta-corrente varia positivamente com a taxa de câmbio (cotação do incerto):**
>
> $$T\left(\overset{+}{Z}\right)$$
>
> T = Saldo em conta-corrente do balanço de pagamentos
> Z = taxa real de câmbio na cotação do incerto
> X = exportações
> M = importações
>
> $$Z \uparrow \Rightarrow X \uparrow e \ M \downarrow \Rightarrow \uparrow T = X \uparrow - M \downarrow$$
>
> $$Z \downarrow \Rightarrow X \downarrow e \ M \uparrow \Rightarrow \downarrow T = X \downarrow - M \uparrow$$

Vamos lembrar que, na cotação do incerto, a taxa de câmbio é o preço da moeda estrangeira expresso em moeda nacional. Desse modo, na cotação do incerto, um aumento da taxa real de câmbio representa um aumento do preço da moeda estrangeira e, portanto, uma desvalorização da moeda nacional. Essa desvalorização da moeda nacional causa um aumento das exportações e ao mesmo tempo uma diminuição das importações e, consequentemente, o saldo em conta-corrente aumenta. De modo análogo, na cotação do incerto, uma diminuição da taxa real de câmbio representa uma redução do preço da moeda estrangeira e, portanto, uma valorização da moeda nacional. Essa valorização da moeda nacional causa uma diminuição das exportações e ao mesmo tempo um aumento das importações e, consequentemente, o saldo em conta-corrente diminui.

Sejam Z = taxa real de câmbio na cotação do incerto, T = saldo em conta-corrente do balanço de pagamento. Na cotação do incerto, quando a taxa real de câmbio aumenta ($Z\uparrow$), temos que as exportações aumentam ($X\uparrow$) e as importações diminuem ($M\downarrow$) e, portanto o saldo em conta-corrente aumenta ($T\uparrow$) e vice-versa, quando a taxa real de câmbio diminui ($Z\downarrow$), temos que as exportações diminuem ($X\downarrow$) e as importações aumentam ($M\uparrow$) e, portanto o saldo em conta-corrente diminui ($T\downarrow$):

$$se \quad Z\uparrow \Rightarrow X\uparrow e \quad M\downarrow \Rightarrow \uparrow T = X\uparrow - M\downarrow$$

$$se \quad Z\downarrow \Rightarrow X\downarrow e \quad M\uparrow \Rightarrow \downarrow T = X\downarrow - M\uparrow$$

O fato de que, na cotação do incerto, o saldo em conta-corrente depende positivamente da taxa de câmbio pode ser expresso matematicamente pela equação $T\left(\overset{+}{Z}\right)$. O sinal positivo acima da variável taxa de câmbio real (Z) significa que existe, na cotação do incerto, uma correlação positiva entre o saldo em conta-corrente T e a taxa de câmbio real Z, de modo que, se a taxa de câmbio real aumenta então o saldo em conta-corrente também aumenta, e vice-versa, se a taxa de câmbio real diminui então o saldo em conta corrente diminui.

2.4. O Saldo em Conta-Corrente como Função Decrescente da Renda e Crescente da Taxa de Câmbio

O saldo em conta-corrente varia inversamente com a renda e positivamente com a taxa de câmbio (cotação do incerto): $T\left(\overset{-}{y},\overset{+}{Z}\right)$

T = Saldo em conta-corrente do balanço de pagamentos
Z = taxa real de câmbio na cotação do incerto
y = renda

$$\begin{Bmatrix} y\uparrow \\ Z\downarrow \end{Bmatrix} \Rightarrow T\downarrow$$

$$\begin{Bmatrix} y\downarrow \\ Z\uparrow \end{Bmatrix} \Rightarrow T\uparrow$$

Pelo o que acabamos de estudar nos itens 2.2 e 2.3 sabemos que o saldo em conta corrente é função:

(i) Decrescente da renda

(ii) Crescente da taxa de câmbio (na cotação do incerto)

Desse modo, o fato de que o saldo em conta-corrente depende negativamente da renda e positivamente da taxa de câmbio (na cotação do incerto) pode ser expresso matematicamente pela equação $T\left(\overset{-}{y},\overset{+}{Z}\right)$. O sinal negativo acima da variável renda(y) significa que existe uma correlação negativa entre o saldo em conta-corrente T e a renda y, e o sinal positivo acima da variável taxa de câmbio real (Z) significa que existe, na cotação do incerto, uma correlação positiva entre o saldo em conta-corrente T e a taxa de câmbio real Z, de modo que, se a renda diminui e a taxa de câmbio real aumenta então o saldo em conta-corrente também aumenta, e vice-versa, se a renda aumenta e a taxa de câmbio real diminui então o saldo em conta corrente diminui. Matematicamente:

$$se\ \begin{cases} y\uparrow \\ Z\downarrow \end{cases} \Rightarrow T\downarrow\ \text{e vice-versa}\ se\ \begin{cases} y\downarrow \\ Z\uparrow \end{cases} \Rightarrow T\uparrow$$

2.5. Definição do Gráfico da Curva BP

Curva BP

(i) A curva BP mostra as combinações de taxa de juros e renda que equilibram o balanço de pagamentos.

(ii) **pontos situados sobre a curva BP** (ao longo da curva) representam **equilíbrio no balanço de pagamentos.**

(iii) **pontos situados acima da curva BP** (à esquerda e acima da curva) representam desequilíbrio com **superávit no balanço de pagamentos**.

(iv) pontos situados abaixo da curva BP (à direita e abaixo da curva) representam desequilíbrio com **déficit no balanço de pagamentos.**

(v) No diagrama juros x renda, a curva BP possui inclinação positiva

(Fundação Cesgranrio/Economista Júnior/Petrobras/2012) – O gráfico abaixo mostra, em linha cheia, a curva BP para um país com regime cambial de taxa fixa. Na curva BP, estão as combinações de renda e de taxa de juros interna que equilibram o balanço de pagamentos do país.

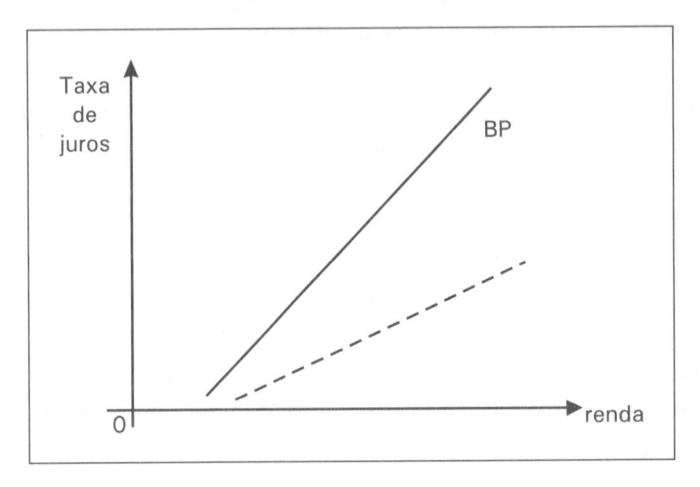

Conclui-se, pelo exame do gráfico, que

a) os pontos abaixo da curva BP representam combinações de renda e juros nas quais o balanço de pagamentos do país seria deficitário.

b) a valorização cambial da moeda doméstica faria a curva BP deslocar-se para uma posição como a da linha tracejada.

c) a inclinação da curva BP mostra uma situação na qual não há mobilidade de capitais financeiros internacionais.

d) a subida das taxas de juros no exterior faria a curva BP deslocar-se para uma posição como a da linha tracejada.

e) a inclinação da curva BP está incorreta, pois deveria ser declinante com o aumento da renda.

Solução:

A resposta é a letra "a". Conforme estudando anteriormente, pontos situados abaixo da curva BP (à direita e abaixo da curva) representam desequilíbrio com déficit no balanço de pagamentos.

3. PERFEITA MOBILIDADE DE CAPITAIS (CURVA BP HORIZONTAL)

Pela hipótese de perfeita mobilidade de capital, os mercados de títulos, interno e externo, são condicionados pela mesma taxa de retorno. Em outras palavras, as taxas de juros, interna e internacional, não podem desalinhar-se: $r = r^*$. Assim sendo, o movimento de capital torna-se bastante sensível à taxa de juros e, portanto, qualquer diferencial de juros provoca deslocamentos maciços de fluxos de capital.

A condição $r = r^*$ é consequência de três hipóteses: alta mobilidade de capital, substituição perfeita de ativos internos e estrangeiros e expectativa de uma taxa cambial inalterada. Quando se espera que a taxa cambial varie, as taxas de juros internas e externas serão diferentes de acordo com a taxa esperada de variação cambial.

Sobre a relação entre essas duas taxas de juros, duas situações podem ser analisadas:

$(r > r^*) \Rightarrow$ Caso r seja maior que r^*, haverá uma entrada líquida de capitais no país, uma vez que os investidores serão atraídos pela maior rentabilidade da taxa interna. O aumento da procura pelos ativos financeiros internos fará com que a sua remuneração (r) diminua. Esse processo persiste até que a diferença entre r e r^* seja eliminada.

$(r^* > r) \Rightarrow$ Se r^* é maior que r, haverá uma saída líquida de capitais do país, uma vez que os investidores procurarão o diferencial de rentabilidade proporcionado por r^*. A diminuição da procura por ativos financeiros internos fará com que r aumente até que a diferença entre r e r^* deixe de existir. Dessa forma, os títulos financeiros nacionais e estrangeiros são substitutos perfeitos, de maneira tal que, abstraindo as antecipações do valor futuro da taxa de câmbio, as taxas de juros domésticas e internacionais via arbitragem tornam-se semelhantes. O equilíbrio pleno é ilustrado na figura 3 a seguir:

Figura 2: Modelo IS-LM-BP e equilíbrio pleno com livre mobilidade de capital.

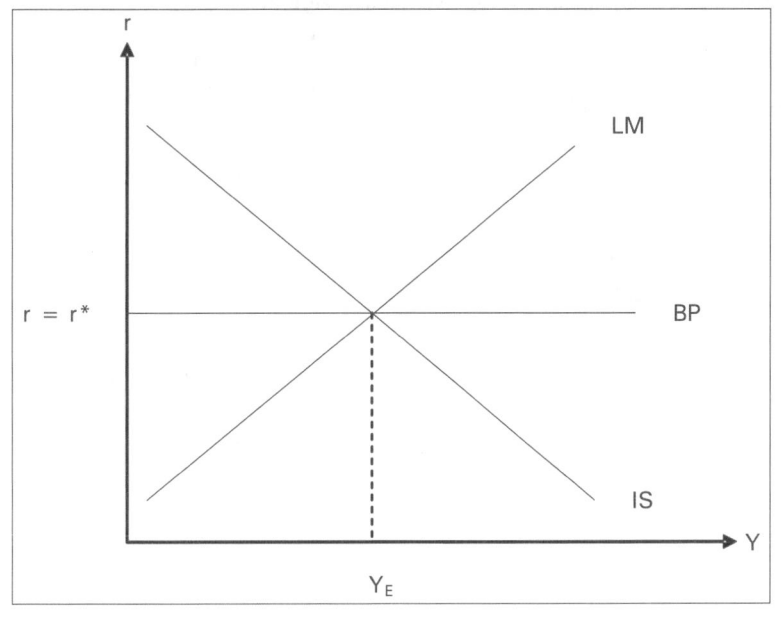

Nota: elaboração dos autores

Portanto, o saldo do balanço de pagamentos é infinitamente elástico em relação à taxa de juros. Ou seja, existirá um único nível de taxa de juros interna compatível com o equilíbrio externo $(r = r^*)$.

Considerando-se uma posição inicial de equilíbrios interno e externo, os resultados provenientes de políticas econômicas, quando as taxas de câmbio são fixas, são, de forma sucinta, os seguintes:

O modelo IS-LM-BP analisa os desdobramentos nas condições de equilíbrio, interno e externo, quando, em situações tanto de taxas de câmbio fixas quanto de flexibilidade cambial, há variações nas políticas econômicas.

As três equações que formam o modelo são as seguintes:
Equação da IS: $Y = C (Y - T + R) + I(r) + G + X(Z) - M(Z)$
Equação da LM: $M/P = L (r,Y)$
$r = r^*$

A primeira equação é a curva IS, que descreve o mercado de bens. A segunda equação é a curva LM, que descreve o mercado monetário, e diz que a oferta de saldos monetários reais, M/P, é igual à demanda monetária, $L (r,Y)$. A terceira equação diz que a taxa de juros mundial, r^*, determina a taxa de juros interna da economia analisada, r, ou seja, a economia é tão pequena que pode emprestar ou tomar emprestado no mercado mundial o quanto deseja, sem afetar o nível de taxa de juros no mercado internacional.

(Fundação Cesgranrio/Análise Socioeconômica/IBGE/2013) - Uma economia pequena se encontra imersa numa situação de grande mobilidade financeira internacional. A curva BP, que mostra as combinações de taxas de juros (r) e de renda (y) que levam ao equilíbrio do balanço de pagamentos dessa economia, é adequadamente representada na Figura:

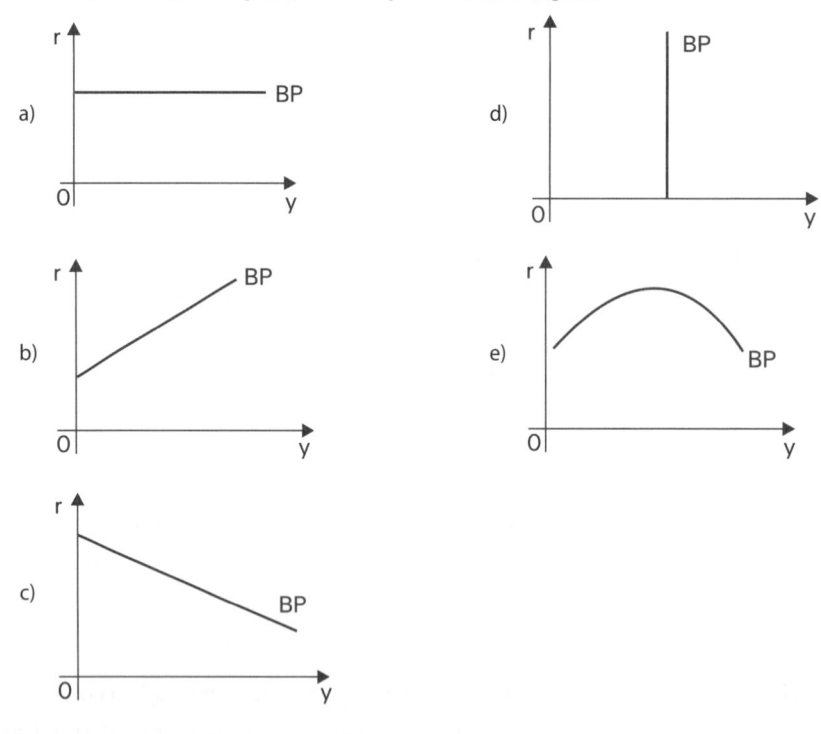

Solução:

A resposta é a letra "a" pois, em um regime de perfeita mobilidade de capital, as taxas de juros interna e externa tendem a se igualar,

3.1. Política Fiscal em um Regime de Câmbio Fixo e Perfeita Mobilidade de Capitais

Uma política fiscal expansionista, por meio do aumento dos gastos públicos, desloca a curva IS para a direita, havendo inicialmente um aumento da taxa de juros e da nível de renda: $\uparrow G \Rightarrow \uparrow r$ e $\uparrow Y$.

O aumento da taxa de juros interna provoca uma entrada de capitais, que caracteriza um excesso de oferta de dólares (sobram dólares), que causa um superávit no balanço de pagamentos, que por sua vez pressiona uma desvalorização do dólar. Para manter o câmbio fixo o banco central deve, portanto, comprar os dólares excedentes, o que equivale a vender reais (equivale endogenamente a uma emissão monetária).

A emissão monetária (venda de reais) realizada endogenamente para manter o câmbio fixo causa um aumento da renda e diminuição da taxa de juros, ou seja, desloca a curva LM para a direita, reduzindo a taxa de juros e aumentando o nível de renda ($\uparrow M \Rightarrow \downarrow r$ e $\uparrow Y$). Com câmbio fixo, um superávit externo equivale a uma expansão monetária que desloca endogenamente a curva LM pra direita : a curva LM "sozinha" se desloca para a direita.

A taxa de juros final não se altera, pois inicialmente aumenta em decorrência da expansão fiscal, mas depois diminui em decorrência da expansão monetária endógena (realizada pela compra de dólares a fim de manter o câmbio fixo).

A renda final de equilíbrio inicialmente aumenta em decorrência da expansão fiscal, e depois aumenta mais ainda em decorrência da expansão monetária endógena (feita através da compra de dólares a fim de manter o câmbio fixo). Conclusão: a Política Fiscal com câmbio fixo em um regime de perfeita mobilidade de capitais é eficiente (afeta o nível de renda).

Nota: elaboração dos autores

(ESAF/Analista de Finanças e Controle/Secretaria do Tesouro Nacional/2013) - De acordo com o modelo IS/LM/BP com perfeita mobilidade de capitais e regime de câmbio fixo, e admitindo que a economia esteja em equilíbrio (interseção entre as curvas IS, LM e BP), uma elevação do gasto público:

a) aumentará a renda, mas sem efeito sobre a taxa de juros de equilíbrio.

b) o novo equilíbrio será com déficit no balanço de pagamentos.

c) a política fiscal não terá nenhum efeito sobre a renda quando há perfeita mobilidade de capitais.

d) reduzirá a renda e a taxa de juros de equilíbrio.

e) aumentará a renda e levará, necessariamente, a uma apreciação cambial.

Solução:

A resposta é a letra "a". De acordo com o modelo IS/LM/BP com perfeita mobilidade de capitais e regime de câmbio fixo, e admitindo que a economia esteja em equilíbrio, uma política fiscal expansionista, por meio de um aumento dos gastos públicos, aumentará a renda, mas sem efeito sobre a taxa de juros de equilíbrio, conforme visto anteriormente.

3.2. Política Monetária em um Regime de Câmbio Fixo e Perfeita Mobilidade de Capitais

Uma política monetária expansionista, por meio de um aumento da oferta monetária, desloca a curva LM para a direita, reduzindo a taxa de juros interna e aumentando o nível de renda: $\uparrow M \Rightarrow \downarrow r$ e $\uparrow Y$.

Taxa de juros interna menor do que a taxa de juros internacional resultará em uma saída de capitais para o exterior (uma fuga de capitais), que causaria uma desvalorização da moeda nacional caso o câmbio fosse flexível.

Por sua vez, o aumento no nível de renda resultará em estímulo às importações, resultando em uma piora no saldo da balança comercial. Consequentemente, teremos também então um déficit no Balanço de Pagamentos.

Para manter o câmbio fixo, o Banco Central deve suprir o mercado cambial vendendo dólares (diminuindo assim suas reservas internacionais). Porém, essa venda de dólares equivale a uma compra de reais, provocando assim uma redução endógena de liquidez na economia (causada pela venda de dólares a fim de manter o câmbio fixo).

A redução endógena da oferta monetária provoca uma política monetária restritiva: a curva LM desloca-se endogenamente para a esquerda, ou seja, a curva LM se desloca "sozinha" para a esquerda, causando assim uma queda dos juros e um aumento da renda. A renda então retorna ao seu nível inicial, pois o aumento inicial da renda causada pela expansão monetária exógena é compensada pela diminuição da renda causada pela contração endógena de moeda, de modo que a política monetária com câmbio fixo é inócua, isto é, não afeta o nível de renda.

Nota: elaboração dos autores

(VUNESP/Economista/Agência de Desenvolvimento Paulista – DESENVOLVE SP/2014) - A política na qual o governo abre mão da política monetária no caso de perfeita mobilidade de capitais é a política de:

a) metas inflacionárias

b) taxas de câmbio flutuantes

c) taxas de câmbio fixas

d) mini desvalorizações cambiais

e) bandas cambiais

Solução:

A resposta é a letra "c". No caso de perfeita mobilidade de capitais e regime de taxas de câmbio fixas, a política monetária é ineficiente para alterar o nível de renda real.

(Cespe-UnB/Analista de Comércio Exterior/MDIC/2004) – Julgue o item a seguir, como verdadeiro ou falso:

Em regimes de taxas de câmbio fixas, uma política monetária contracionista não altera o nível de renda real da economia.

Solução:

Esse item é verdadeiro porque, no caso de perfeita mobilidade de capitais, em um regime de câmbio fixo a política monetária é ineficiente em alterar o nível de renda real da economia. Note, por exemplo, que as consequências de uma política monetária restritiva serão inversas às das expansivas, pois deixará inalterada a base monetária, mas elevará o montante de reservas no ativo do banco central, isto é, haverá um aumento no estoque de moeda estrangeira em poder da Autoridade Monetária.

3.3. Política Fiscal em um Regime de Câmbio Flexível e Perfeita Mobilidade de Capitais

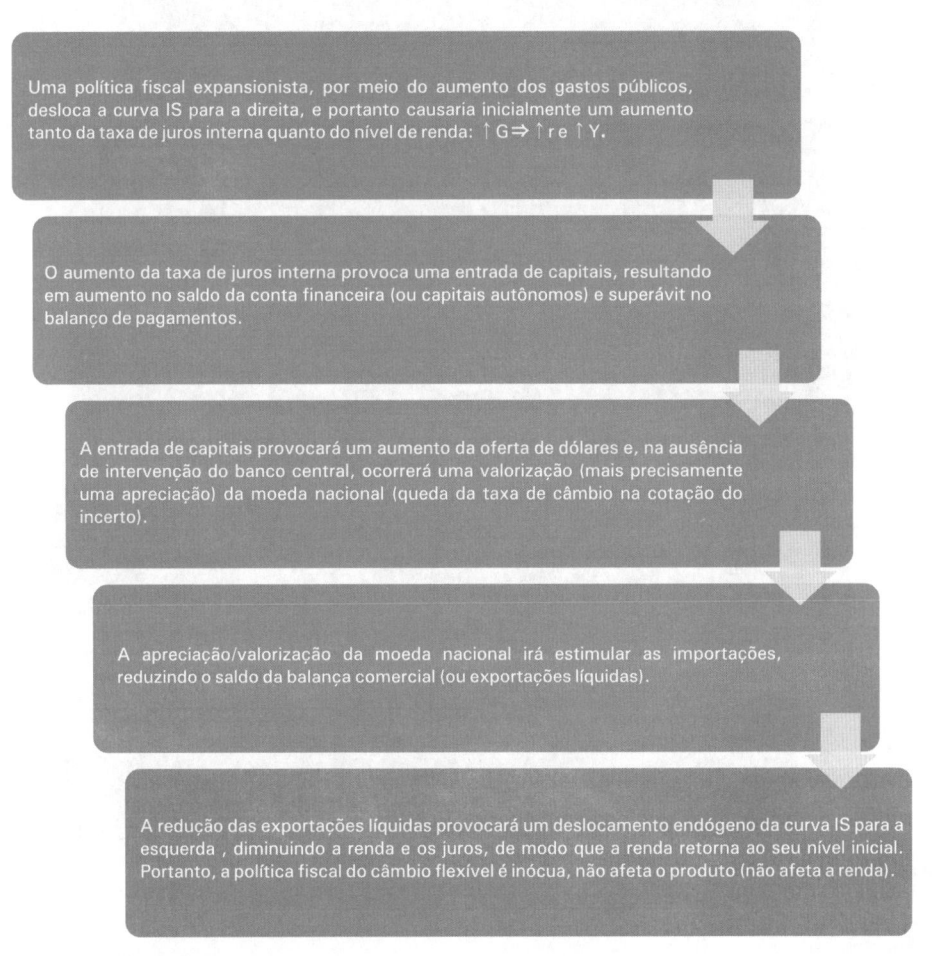

Uma política fiscal expansionista, por meio do aumento dos gastos públicos, desloca a curva IS para a direita, e portanto causaria inicialmente um aumento tanto da taxa de juros interna quanto do nível de renda: $\uparrow G \Rightarrow \uparrow r$ e $\uparrow Y$.

O aumento da taxa de juros interna provoca uma entrada de capitais, resultando em aumento no saldo da conta financeira (ou capitais autônomos) e superávit no balanço de pagamentos.

A entrada de capitais provocará um aumento da oferta de dólares e, na ausência de intervenção do banco central, ocorrerá uma valorização (mais precisamente uma apreciação) da moeda nacional (queda da taxa de câmbio na cotação do incerto).

A apreciação/valorização da moeda nacional irá estimular as importações, reduzindo o saldo da balança comercial (ou exportações líquidas).

A redução das exportações líquidas provocará um deslocamento endógeno da curva IS para a esquerda , diminuindo a renda e os juros, de modo que a renda retorna ao seu nível inicial. Portanto, a política fiscal do câmbio flexível é inócua, não afeta o produto (não afeta a renda).

Nota: elaboração dos autores

(Cespe-UnB/Economista/Conselho Administrativo de Defesa Econômica/Ministério da Justiça/2014) – Julgue o item a seguir, como verdadeiro ou falso:

A adoção de política fiscal expansionista em um regime de câmbio flutuante permite o maior crescimento possível a um país em que a economia e aberta.

Solução:

Esse item é falso porque, em um regime de câmbio flutuante, a política fiscal é ineficiente, isto é, não exerce qualquer influência sobre o nível da renda agregada e do emprego, pois induz a uma apreciação da taxa de câmbio, reduzindo proporcionalmente as exportações líquidas.

3.4. Política Monetária em um Regime de Câmbio Flexível e Perfeita Mobilidade de Capitais

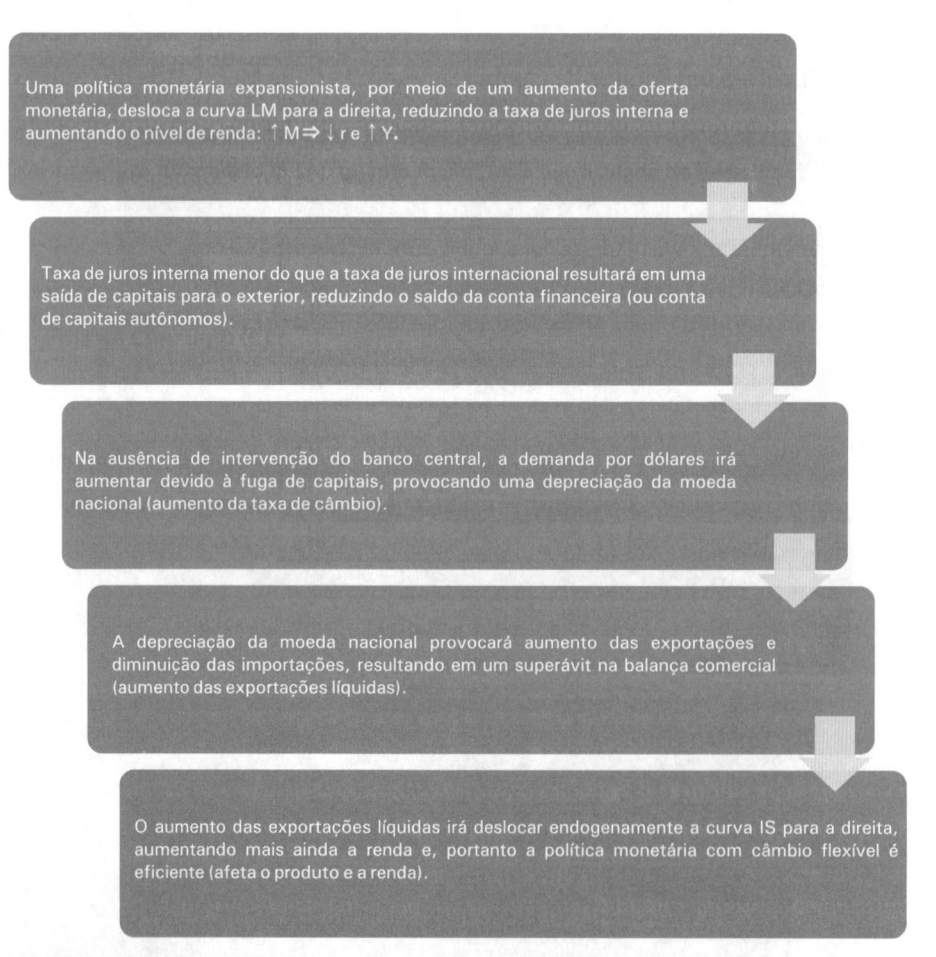

Uma política monetária expansionista, por meio de um aumento da oferta monetária, desloca a curva LM para a direita, reduzindo a taxa de juros interna e aumentando o nível de renda: $\uparrow M \Rightarrow \downarrow r$ e $\uparrow Y$.

Taxa de juros interna menor do que a taxa de juros internacional resultará em uma saída de capitais para o exterior, reduzindo o saldo da conta financeira (ou conta de capitais autônomos).

Na ausência de intervenção do banco central, a demanda por dólares irá aumentar devido à fuga de capitais, provocando uma depreciação da moeda nacional (aumento da taxa de câmbio).

A depreciação da moeda nacional provocará aumento das exportações e diminuição das importações, resultando em um superávit na balança comercial (aumento das exportações líquidas).

O aumento das exportações líquidas irá deslocar endogenamente a curva IS para a direita, aumentando mais ainda a renda e, portanto a política monetária com câmbio flexível é eficiente (afeta o produto e a renda).

Nota: elaboração dos autores

(Cespe-UnB/Analista em Geociências – Economia/Companhia de Pesquisa de Recursos Minerais/2013) – julgue o item a seguir, como verdadeiro ou falso:

Em uma economia aberta, com câmbio flutuante e perfeita mobilidade de capitais, a política monetária é passiva.

Solução:

Falso. Em um regime de câmbio flutuante e perfeita mobilidade de capitais, a política monetária é eficiente no controle da demanda agregada.

(Fundação Dom Cintra/Economista/Prefeitura Municipal de Petrópolis/2012) – Suponha que a economia brasileira funcione como um modelo IS-LM de economia aberta e perfeita mobilidade de capitais, com câmbio flutuante. Uma política monetária expansionista causa:

a) queda dos juros, aumento no produto e depreciação do real;

b) aumento dos juros, aumento do produto e apreciação do real;

c) queda dos juros, queda do produto e depreciação do real;

d) aumento dos juros, queda no produto e apreciação do real;

e) queda dos juros, aumento no produto e apreciação do real.

Solução:

A resposta é a letra "a". No Modelo IS-LM-BP, sob perfeita mobilidade de capitais e regime de câmbio flutuante, uma política monetária expansionista causa uma redução na taxa de juros interna e aumento no nível de renda da economia. Na ausência de intervenções do Banco Central, a demanda por dólares irá aumentar devido à fuga de capitais, provocando uma depreciação da moeda nacional (aumento da taxa de câmbio). Assim, a política monetária é eficiente no controle da demanda agregada.

3.5. Tabela-Resumo

Regime de Perfeita mobilidade de capitais	Câmbio Fixo	Câmbio Flexível
Política Monetária	**Inócua** Não afeta a renda	**Eficiente** afeta a renda
Política Fiscal	**Eficiente** afeta a renda	**Inócua** Não afeta a renda

4. PERFEITA IMOBILIDADE DE CAPITAIS (CURVA BP VERTICAL)

Quando não existe mobilidade de capitais em uma economia ($K_A = 0$), a condição de equilíbrio no balanço de pagamentos se reduz ao equilíbrio em transações correntes, especificamente na balança comercial:

$$B = T + K_A + EO \Rightarrow \begin{cases} K_A = 0 \\ EO = 0 \end{cases} \Rightarrow B = T \Rightarrow T = BC = X - M$$

$$\therefore T = BC = 0 \Rightarrow X = M$$

Corresponde a um controle cambial estrito (via centralização do câmbio), impedindo todo movimento espontâneo de capital. Haverá um único nível de renda que equilibra a conta corrente e, logo, o balanço de pagamentos independe da taxa de juros. Para níveis mais elevados de renda interna, as importações crescerão sem serem acompanhadas por aumentos nas exportações, provocando déficit em conta corrente.

Analisando a figura 7, observa-se que a Conta de Capitais autônomos (ou Conta financeira) é totalmente inelástica a variações de taxa de juros, tornando a curva BP vertical. A taxa de câmbio e o nível de renda externa são dados. Logo, haverá um único nível de renda que equilibra o saldo em Transações correntes, e, portanto, o balanço de pagamentos, independente da taxa de juros (a curva BP é inelástica, insensível à taxa de juros, r).

Pontos à direita da curva BP significam déficits porque para níveis mais elevados de renda, as importações crescerão sem serem acompanhadas por aumentos das exportações, resultando em déficit em transações correntes. Por outro lado, pontos à esquerda da curva BP_1 representam superávits, pois para níveis inferiores de renda, as importações serão menores que as exportações, resultando em superávit. Se o objetivo da economia for tanto o equilíbrio externo (ponto sobre a curva BP) quanto o equilíbrio interno (ponto de cruzamento das curvas IS e LM), o equilíbrio externo impõe uma restrição em que haverá um único nível de renda interna compatível com o equilíbrio externo, e este não será afetado pelas políticas fiscal e monetária.

Figura 7: Perfeita Imobilidade de Capitais

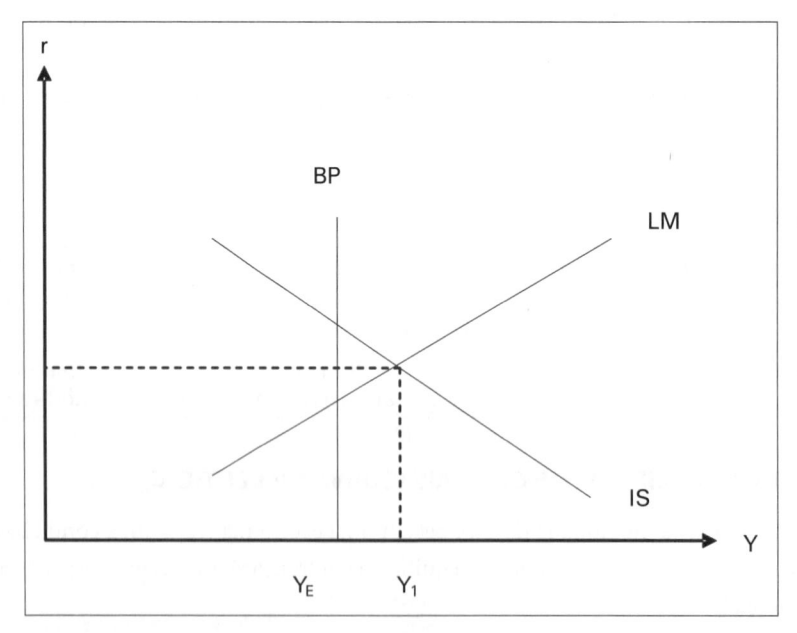

Nota: elaboração dos autores

4.1. Incompatibilidade entre Equilíbrios Externo e Interno

Suponha que o governo queira atingir o nível de produto de pleno emprego dado por Y_P (veja figura 8 abaixo) e o equilíbrio externo, e que a economia esteja inicialmente em Y_I, dado pela intersecção da curva IS e da curva LM. Porém, enquanto o pleno emprego exige políticas econômicas (fiscais e monetárias) expansionistas, o equilíbrio externo exige políticas econômicas restritivas, ou seja, os dois objetivos tornam-se incompatíveis. Para se atingir as duas metas simultaneamente, a renda que equilibra o balanço de pagamentos deve ser exatamente a renda de pleno emprego.

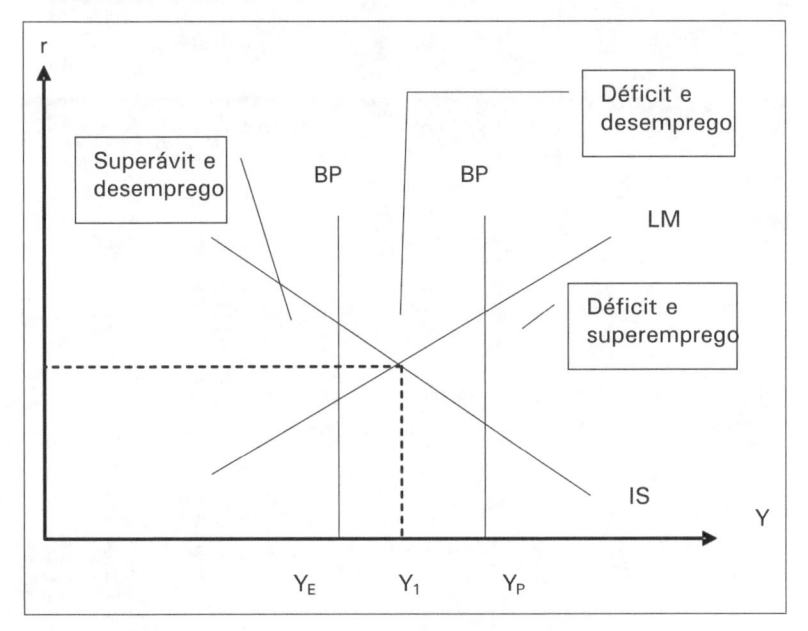

Figura 8: Incompatibilidade entre equilíbrios interno e externo

Em resumo, existe uma incompatibilidade entre redução do desemprego e a redução do déficit em balanço de pagamentos. Só se consegue resolver o problema com uma desvalorização/depreciação real da moeda nacional, que aumente as exportações e desloque a curva BP. Essa política é conhecida como "empobrecer a vizinhança (*beggar-the-neighborhood*)".

4.2. Política Monetária um Regime de Câmbio Fixo e Perfeita Imobilidade de Capitais

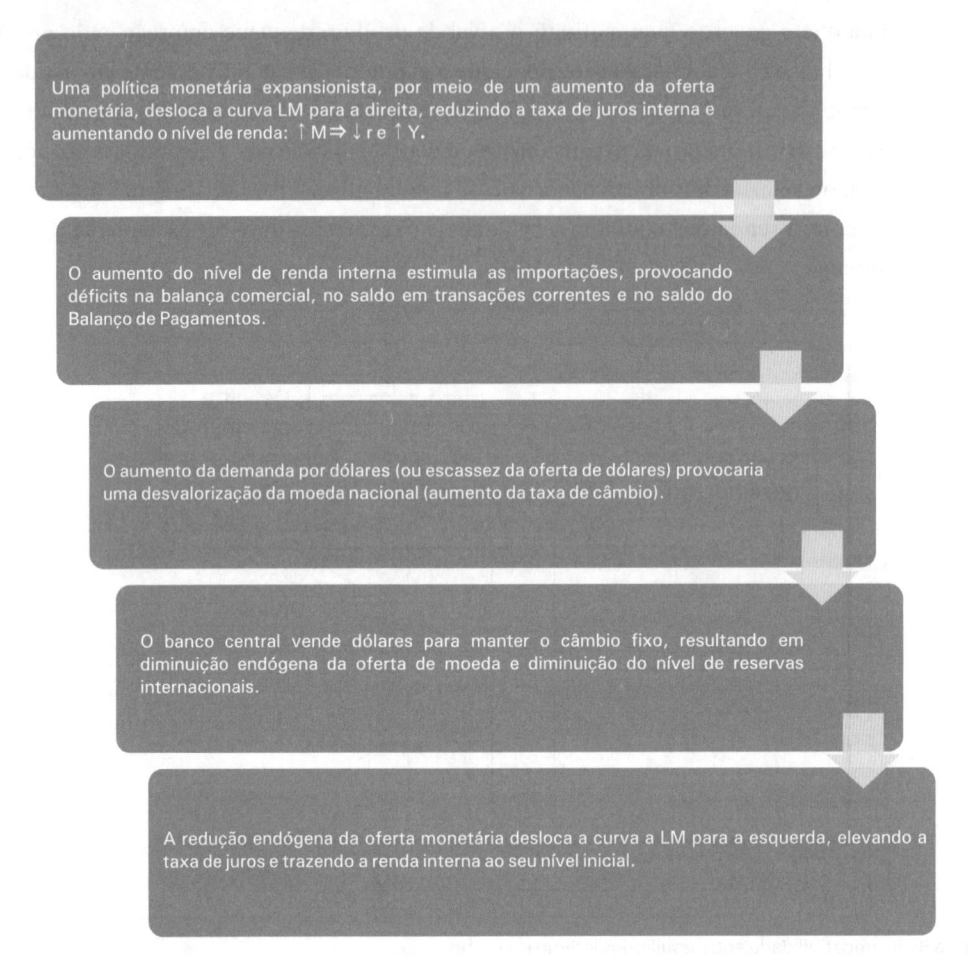

Uma política monetária expansionista, por meio de um aumento da oferta monetária, desloca a curva LM para a direita, reduzindo a taxa de juros interna e aumentando o nível de renda: $\uparrow M \Rightarrow \downarrow r$ e $\uparrow Y$.

O aumento do nível de renda interna estimula as importações, provocando déficits na balança comercial, no saldo em transações correntes e no saldo do Balanço de Pagamentos.

O aumento da demanda por dólares (ou escassez da oferta de dólares) provocaria uma desvalorização da moeda nacional (aumento da taxa de câmbio).

O banco central vende dólares para manter o câmbio fixo, resultando em diminuição endógena da oferta de moeda e diminuição do nível de reservas internacionais.

A redução endógena da oferta monetária desloca a curva a LM para a esquerda, elevando a taxa de juros e trazendo a renda interna ao seu nível inicial.

Nota: elaboração dos autores

(FGV Projetos/Economista/Companhia de Desenvolvimento Urbano do Estado da Bahia – CONDER/2013) - Considere o modelo IS-LM-BP sem mobilidade de capital e com regime de câmbio fixo.

De acordo com tal modelo, assinale a afirmativa correta.

a) Uma política monetária expansionista não afeta permanentemente o nível do produto e a taxa de juros.

b) Uma política fiscal expansionista eleva apenas temporariamente a taxa de juros e o nível de produto.

c) Uma desvalorização cambial eleva apenas temporariamente o nível de renda da economia ao gerar superávits comerciais.

d) A curva BP indica que o nível da taxa de juros é constante para qualquer nível do produto.

e) Uma política monetária expansionista não afeta permanentemente nem temporariamente o nível de investimento da economia.

Solução:

A resposta é a letra "a". Considerando o modelo IS-LM-BP sem mobilidade de capital e com regime de câmbio fixo, a política monetária é ineficiente em exercer efeitos sobre o produto da economia e a taxa de juros, provocando apenas mudanças nos níveis de reservas internacionais.

4.3. Política Fiscal em um Regime de Câmbio Fixo e Perfeita Imobilidade de Capitais

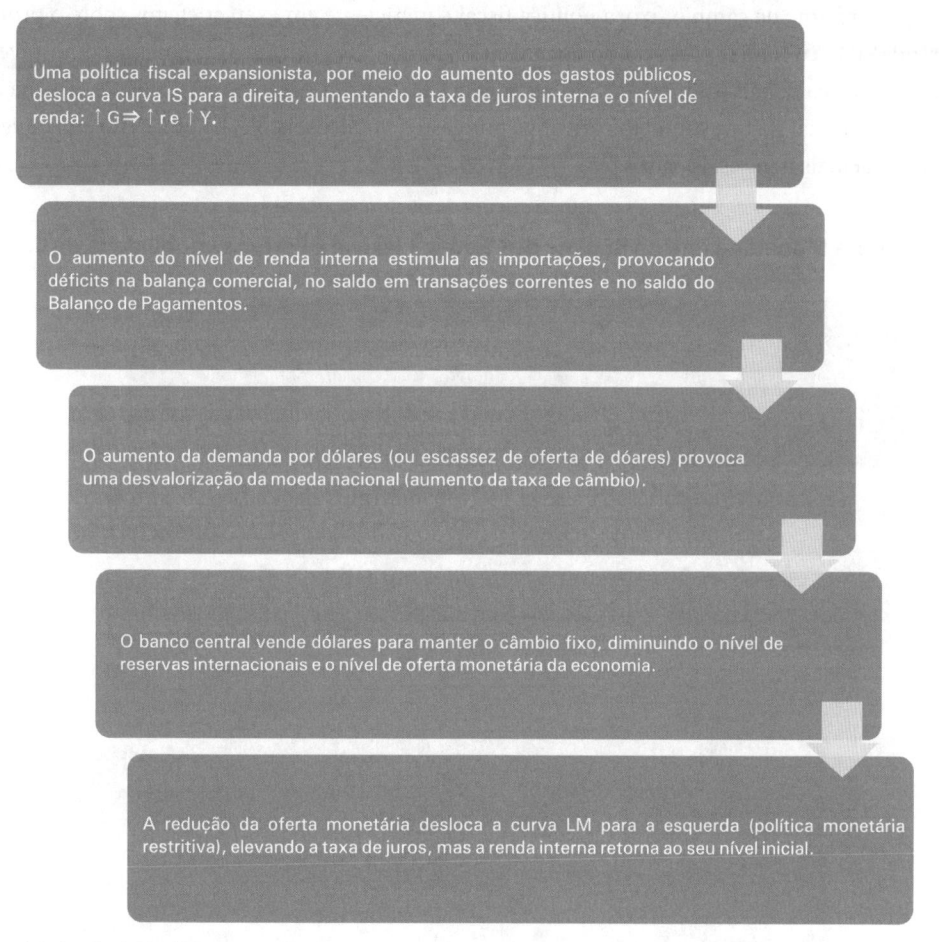

Uma política fiscal expansionista, por meio do aumento dos gastos públicos, desloca a curva IS para a direita, aumentando a taxa de juros interna e o nível de renda: $\uparrow G \Rightarrow \uparrow r$ e $\uparrow Y$.

O aumento do nível de renda interna estimula as importações, provocando déficits na balança comercial, no saldo em transações correntes e no saldo do Balanço de Pagamentos.

O aumento da demanda por dólares (ou escassez de oferta de dóares) provoca uma desvalorização da moeda nacional (aumento da taxa de câmbio).

O banco central vende dólares para manter o câmbio fixo, diminuindo o nível de reservas internacionais e o nível de oferta monetária da economia.

A redução da oferta monetária desloca a curva LM para a esquerda (política monetária restritiva), elevando a taxa de juros, mas a renda interna retorna ao seu nível inicial.

Nota: elaboração dos autores

(Objetiva Concursos/Economista/Prefeitura de Porto Alegre/2012) - Quanto aos impactos da política econômica sobre o equilíbrio no mercado de bens e no mercado monetário em uma economia aberta, assinalar a alternativa CORRETA:

a) Em uma economia com livre mobilidade de capitais sob regime de câmbio fixo, uma expansão monetária produzirá superávit no Balanço de Pagamentos.

b) Em uma economia sem mobilidade de capitais, com regime de câmbio flexível, uma contração monetária não tem qualquer efeito sobre o nível de renda.

c) Em uma economia com livre mobilidade de capitais sob regime de câmbio fixo, uma desvalorização cambial leva à redução no nível de renda e à elevação nas taxas de juros.

d) Em uma economia sem mobilidade de capitais, com regime de câmbio fixo, uma expansão fiscal não afeta o nível de renda, ocorrendo apenas uma alteração na composição da demanda (o chamado efeito *crowding-out*).

Solução:

A resposta é a letra "D" pois, conforme estudado, em uma economia sem mobilidade de capitais, sob regime de câmbio fixo, a política fiscal é ineficiente em exercer efeitos sobre o produto (a renda) da economia, provocando apenas mudanças na taxa de juros (aumenta) e no nível de reservas internacionais (diminui devido à tendência de desvalorização cambial). Neste caso, há uma substituição total de investimentos privados por gastos públicos, isto é, há um efeito *crowding-out* total. Os demais itens estão falsos.

4.4. Política Monetária em um Regime de Câmbio Flexível e Perfeita Imobilidade de Capitais

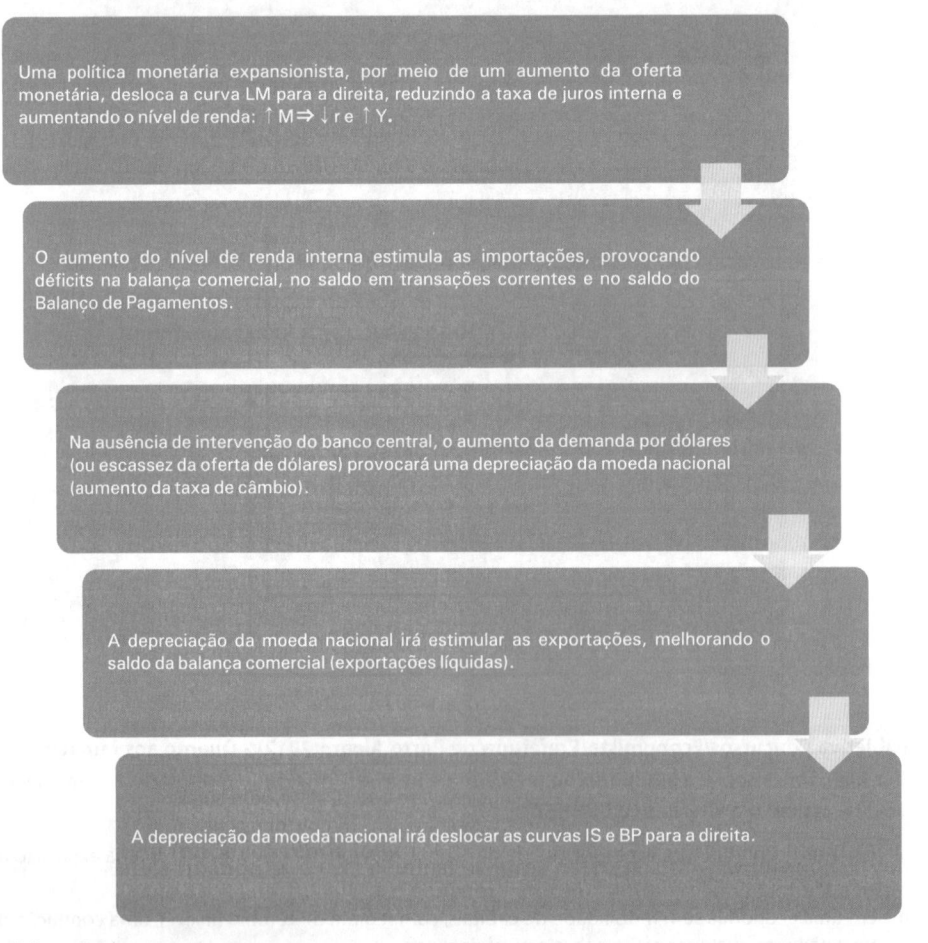

Uma política monetária expansionista, por meio de um aumento da oferta monetária, desloca a curva LM para a direita, reduzindo a taxa de juros interna e aumentando o nível de renda: $\uparrow M \Rightarrow \downarrow r$ e $\uparrow Y$.

O aumento do nível de renda interna estimula as importações, provocando déficits na balança comercial, no saldo em transações correntes e no saldo do Balanço de Pagamentos.

Na ausência de intervenção do banco central, o aumento da demanda por dólares (ou escassez da oferta de dólares) provocará uma depreciação da moeda nacional (aumento da taxa de câmbio).

A depreciação da moeda nacional irá estimular as exportações, melhorando o saldo da balança comercial (exportações líquidas).

A depreciação da moeda nacional irá deslocar as curvas IS e BP para a direita.

Nota: elaboração dos autores

4.5. Política Fiscal em um Regime de Câmbio Flexível e Perfeita Imobilidade de Capitais

Observações importantes:

(i) no regime de câmbio flutuante, a curva BP sempre interceptará as curvas IS e LM no ponto em que essas curvas se cruzam, já que a taxa de câmbio se ajusta para equilibrar o balanço de pagamentos;

(ii) mudanças na política econômica são potencializadas pelos movimentos na taxa de câmbio e pelo impacto desses movimentos sobre as exportações.

Uma política fiscal expansionista, por meio do aumento dos gastos públicos, desloca a curva IS para a direita, aumentando a taxa de juros interna e o nível de renda: $\uparrow G \Rightarrow \uparrow r$ e $\uparrow Y$.

O aumento do nível de renda interna estimula as importações, provocando déficits na balança comercial, no saldo em transações correntes e no saldo do Balanço de Pagamentos.

Na ausência de intervenção do banco central, o aumento da demanda por dólares (ou escassez de oferta de dólares) provoca uma depreciação da moeda nacional (aumento da taxa de câmbio).

A depreciação da moeda nacional irá estimular as exportações, melhorando o saldo da balança comercial (exportações líquidas).

A depreciação da moeda nacional irá deslocar as curvas IS e BP para a direita.

Nota: elaboração dos autores

4.6. Tabela Resumo do Regime de Perfeita Imobilidade de Capitais

Regime de Perfeita imobilidade de capitais	Câmbio Fixo	Câmbio Flexível
Política Monetária	Inócua	Eficiente
Política Fiscal	Inócua	Eficiente

Impacto sobre os juros		Perfeita mobilidade de capitais	Perfeita Imobilidade de capitais
PF	Expansiva (↑G e/ou T↓)	Não afeta os juros	Aumenta os juros
	Restritiva (↓G e/ou ↑T)	Não afeta os juros	Diminui os juros
PM	Expansiva (↑M e/ou ↓P)	Não afeta os juros	Diminui os juros
	Restritiva (↓M e/ou ↑P)	Não afeta os juros	Aumenta os juros

Nota: elaboração dos autores

A = aumenta D = diminui		Perfeita Imobilidade de Capital	
		Y = renda agregada	
		Câmbio Fixo	Câmbio Flexível
PF	Expansiva (↑G e/ou T↓)	(Ineficiente) Constante	(Eficiente) A
	Restritiva (↓G e/ou ↑T)	(Ineficiente) Constante	(Eficiente) D
PM	Expansiva (↑M e/ou ↓P)	(Ineficiente) Constante	(Eficiente) A
	Restritiva (↓M e/ou ↑P)	(Ineficiente) Constante	(Eficiente) A

Nota: elaboração dos autores

A = aumenta D = diminui		Perfeita Imobilidade de Capital	
		r = taxa de juros interna	
		Câmbio Fixo	Câmbio Flexível
PF	Expansiva (↑G e/ou T↓)	(Ineficiente) A	(Eficiente) A
	Restritiva (↓G e/ou ↑T)	(Ineficiente) D	(Eficiente) D
PM	Expansiva (↑M e/ou ↓P)	(Ineficiente) Constante	-
	Restritiva (↓M e/ou ↑P)	(Ineficiente) Constante	-

Nota: elaboração dos autores

5. FATORES QUE DESLOCAM A CURVA BP

Os seguintes fatores deslocam a curva BP para a direita:

a)   Um aumento da alíquota de tributação indireta ($↑t$);

b)   Um aumento da arrecadação autônoma do governo (aumento da Renda Líquida do Governo – $↑RLG$);

c)   Uma redução da renda líquida enviada ao exterior ($↓RLEE$);

d)   Uma queda da taxa de juros externa ($↓r_E$);

e) Uma queda da expectativa de desvalorização nominal do câmbio (ou um aumento da expectativa de valorização nominal do câmbio: E);

f) Um aumento da confiança externa no país, retratado por meio de um maior fluxo de capitais externos ($\uparrow K_A$).

g) Desvalorização (depreciação) da moeda nacional

Câmbio Fixo (ajuste via LM)	Superávit externo = expansão monetária	$\Rightarrow$ Deslocamento endógeno da LM para a direita
	Déficit externo = contração monetária	$\Rightarrow$ deslocamento endógeno da LM para a esquerda

Câmbio Flexível (ajuste via IS)	Superávit externo = apreciação cambial	$\Rightarrow$ Deslocamento endógeno da IS para a esquerda
	Déficit externo = depreciação cambial	$\Rightarrow$ deslocamento endógeno da IS para a direita

Câmbio Fixo	$\Rightarrow$ BP Fixa
Câmbio Flexível	Depreciação $\Rightarrow$ BP para a direita Apreciação $\Rightarrow$ BP para a esquerda

6. A PARIDADE DA TAXA DE JUROS

A condição de paridade da taxa de juros equivale a supor perfeita mobilidade de capitais. Porém, o investidor avesso ao risco não pode considerar as aplicações nacionais como substitutos perfeitos das aplicações internacionais, bem como não pode explorar toda a arbitragem possível, devido aos seguintes fatores:

(i) Baixo grau de integração entre os mercados financeiros nacional e internacional;

(i) Controle do fluxo de capitais (por exemplo, tributação sobre os capitais de curto prazo, como ocorrer no Chile);

(iii) Reservas internacionais elevadas;

(iv) Custos Transacionais (por exemplo, a CPMF).

(v) Risco de *default* da dívida pública, etc.

No capítulo sobre taxas de câmbio e regimes cambiais, estudamos a paridade da taxa de juros, mas na ocasião não se considerava ainda a questão da mobilidade de capitais. Conduto, sob perfeita mobilidade de capitais, a equação da paridade da taxa de juros pode ser expressa por: $i = i^* + \theta + \tilde{\varepsilon}$

onde i é a taxa de juros doméstica; i^* é a taxa de juros internacional; θ é o risco cambial (risco país); $\tilde{\varepsilon} = \dfrac{E_{t+1}^e - E_t}{E_t}$ é a expectativa de desvalorização do câmbio nominal; E_t = taxa de câmbio no período t; E_{t+1}^e = taxa de câmbio esperada para o período t + 1;

(Cespe-UnB/Analista Legislativo/Câmara dos Deputados/2004) – Julgue o item a seguir como verdadeiro ou falso:

Um dos problemas para o uso de um critério de paridade de poder de compra para avaliar se uma taxa de câmbio encontra-se em posição de equilíbrio é que esse conceito aplica-se apenas às transações de bens e serviços, enquanto mudanças nos fluxos de capital podem influenciar a taxa de câmbio.

Solução:

Verdadeiro. Sob perfeita mobilidade de capitais, a equação da paridade da taxa de juros pode ser expressa incorporando o risco cambial, de modo que mudanças nos fluxos de capital podem influenciar a taxa de câmbio.

7. Abordagem das Elasticidades

A Abordagem das Elasticidades (*AE*) enfoca o mercado de divisas estrangeiras e as funções de oferta e de demanda de divisas, destacando-se a importância dos fluxos de capitais. A oferta é determinada pela receita de exportação e pela entrada de capital, e a demanda depende dos dispêndios com importação e da saída de capital. A taxa de câmbio é o preço da divisa estrangeira que equilibra a oferta com a demanda.

No capítulo referente ao estudo das taxas e dos regimes cambiais, o leitor estudou que uma desvalorização (depreciação) real da moeda nacional significa um aumento da taxa de câmbio real, de modo que os produtos nacionais ficam mais baratos (mais competitivos) e os produtos estrangeiros ficam mais caros (menos competitivos), melhorando o saldo da balança comercial porque as exportações aumentam e as importações diminuem.

A condição segundo a qual uma desvalorização (depreciação) real da moeda nacional melhora o saldo da balança comercial (isto é, aumento exportações líquidas) é conhecida como condição Marshall-Lerner.

Todavia, esses efeitos não ocorrem de maneira instantânea porque a quantidade de importações e exportações tende a se ajustar lentamente. Os consumidores levam algum tempo para perceber que os preços relativos mudaram, e as empresas também demoram em procurar fornecedores mais baratos e assim por diante. O aumento da taxa de câmbio real pode produzir inicialmente um declínio nas exportações líquidas. Mas à medida que o tempo passa, os efeitos das variações nos preços relativos tanto das exportações quanto das importações tornam-se mais fortes. As exportações aumentam e as importações diminuem. Caso prevaleça a condição de Marshall-Lerner, a reação tanto das exportações quanto das importações acaba por se tornar mais forte que o efeito adverso do preço e o efeito final da desvalorização (depreciação) da moeda nacional será a melhora no saldo do Balanço Comercial.

7.1. Condição Marshall-Lerner

Nessa teoria analisa-se o efeito de uma desvalorização real da moeda nacional sobre a balança comercial (ou conta de comércio exterior). Supondo-se que não exista fluxo de capitais, o saldo em conta corrente (ou transações correntes) é igual ao saldo da balança comercial.

Na cotação do incerto, uma desvalorização real da moeda nacional (aumento da taxa real de câmbio):

(i)   Aumenta o preço em moeda local dos bens importados, reduzindo a quantidade importada (desestímulo à importação);

(ii) Reduz o preço dos bens exportados em divisas estrangeiras, e aumenta a quantidade exportada (estímulo à exportação).

Na cotação do incerto, uma valorização real da moeda nacional (redução da taxa real de câmbio):

(i)   Reduz o preço em moeda local dos bens importados, aumentando a quantidade importada (estímulo à importação);

(ii) Aumenta o preço dos bens exportados em divisas estrangeiras, reduzindo a quantidade exportada (desestímulo à exportação).

Graficamente, essa análise pode ser feita através de uma curva de demanda por divisas (importação) e de oferta de divisas (exportação)

O impacto de uma desvalorização sobre o valor das exportações e das importações irá depender de quatro elasticidades. O efeito total sobre a balança comercial pode ser expresso como uma função dessas quatro elasticidades e dos valores iniciais das exportações e das importações. Assumindo que o valor da balança comercial, medida em divisa estrangeira, depende apenas dos preços relativos, e tomando-se o diferencial total da balança comercial, tem-se a seguinte expressão:

$$\Delta BC = Z\left[X\left(\frac{\varepsilon_x\left(\eta_x - 1\right)}{\varepsilon_x + \eta_x} \right) + M\left(\frac{\eta_m\left(\varepsilon_m + 1\right)}{\varepsilon_m + \eta_m} \right) \right] \tag{1}$$

Onde, ΔBC = variação no valor do Balanço Comercial; X = valor inicial das exportações; M = valor inicial das importações; Z = taxa de desvalorização cambial; ε_x = elasticidade (externa) da oferta de exportação; ε_m = elasticidade (doméstica) da oferta de importação; η_x = elasticidade-preço (em módulo) da demanda por exportação; η_m = elasticidade-preço (em módulo) de demanda por importação.

O primeiro termo dentro dos colchetes mede o aumento proporcional nos ganhos das exportações do país que desvaloriza a taxa de câmbio, ao passo que o segundo termo mede o aumento nos gastos com importações.

Qual o significado da Condição de Marshall-Lerner? Podemos resumir essa condição em três casos:

1° CASO: $\left(\varepsilon_m = \eta_x = \infty \Rightarrow \varepsilon_x + \eta_m > 0\right)$. Trata-se do caso de um país que seja pequeno no comércio internacional, bem como a oferta de importação e a demanda por exportação são infinitamente elásticas. Partindo-se de um saldo nulo da balança comercial, a desvalorização (depreciação) real da moeda nacional resultará em uma melhora no saldo da Balança comercial se a soma das elasticidades da oferta de exportação e da demanda por importação seja positiva. Em resumo, o saldo da conta de comércio (saldo da balança comercial) de um país pequeno

2° CASO: $\left(\varepsilon_X = \varepsilon_M = \infty \Rightarrow \eta_X + \eta_M > 1\right)$. Trata-se do caso em que as elasticidades de oferta são infinitamente elásticas, relevante para países industrializados que exportam produtos manufaturados. A partir da posição inicial de equilíbrio na balança comercial, a condição necessária e suficiente para que a desvalorização (depreciação) real da moeda nacional é que a soma das elasticidades-preço da demanda por importação e da demanda por exportação seja maior que a unidade. Essa é a Condição de Marshall-Lerner.

3° CASO: $\left(\eta_X = \eta_M = 0\right)$. Trata-se do caso em que a balança comercial sempre piora após uma desvalorização (depreciação) real da moeda nacional. A expressão (1) se reduz a - X / M. Esse terceiro caso é útil para se analisar o efeito da Curva J, em que se estuda o percurso de ajusta da balança comercial no tempo, haja vista que no curto prazo as demandas tendem a ser inelástica.

A abordagem das elasticidades possui dos aspectos importantes (ZINI Júnior, 1995): (i) as condições que tornam uma desvalorização bem-sucedida são fenômenos empíricos; (ii) o ajustamento do setor externo não implica em contração da renda nacional, principal mensagem do padrão-ouro contra a qual a teoria keynesiana se opõe.

(CESPE-UnB/Técnico de Planejamento e Pesquisa do IPEA/2008) - Acerca dos modelos teóricos de macroeconomia aberta, julgue o item a seguir:

No modelo keynesiano simples, a condição Mashall-Lerner pressupõe, ceteris paribus, que a desvalorização do câmbio real só aumenta o saldo comercial se a soma absoluta das elasticidades-preço das demandas por exportação e por importação for menor que 1.

Solução:

Falso. Considerando-se a Condição Marshall-Lerner, a desvalorização do câmbio real só aumenta o saldo comercial se a soma absoluta das elasticidades-preço das demandas por exportação e por importação for maior que 1. Além disso, a Abordagem das Elasticidades não pertence à teoria keynesiana.

7.2. A Curva J

O saldo da balança comercial não se ajusta instantaneamente, mas aos poucos, em resposta a uma desvalorização (depreciação) real da moeda nacional. A desvalorização (depreciação) de início aumenta o déficit comercial, mas nem as exportações nem as importações mudam de imediato. Com o passar do tempo, as exportações aumentam e as importações diminuem, reduzindo o déficit comercial. Caso a condição de Marshall-Lerner seja satisfeita, a balança comercial melhora, indo além de seu nível inicial, desenhando-se assim a curva J.

(Fundação Cesgranrio/Profissional Básico – Economia/Banco Nacional de Desenvolvimento Econômico e Social – BNDES/2009) – O gráfico abaixo mostra o efeito, ao longo do tempo, de uma depreciação cambial da moeda do país, no tempo t, sobre seu balanço comercial. A partir de t e de uma situação inicial de equilíbrio no balanço comercial, há tendência ao *déficit* e, depois, ao *superávit* comercial.

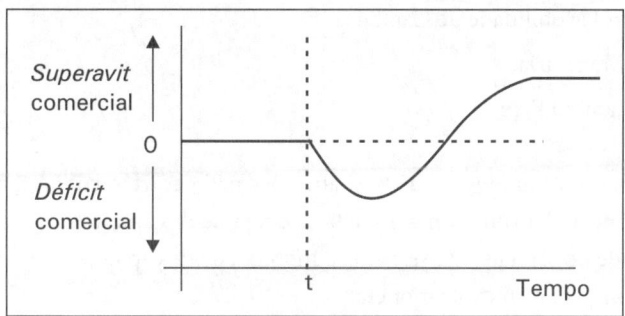

Este processo de ajuste dinâmico é chamado de

a) senhoragem.

b) bolha especulativa.

c) ilusão monetária.

d) *overshoot* cambial.

e) curva em J.

Solução:

A resposta é a letra "e", pois esse processo de ajuste dinâmico se refere à Curva J.

(Cetro/Auditor Fiscal Tributário Municipal/Prefeitura do Município de São Paulo/2014) – Considerando a economia aberta, assinale a alternativa correta.

a) No modelo Mundell-Fleming, em regime de câmbio fixo, não é possível implementar uma política monetária independente.

b) Independentemente do regime cambial vigente e na condição satisfeita de paridade de juros, em uma economia aberta, os efeitos da política monetária contracionista serão a diminuição do produto, o aumento da taxa de juros e a apreciação da moeda doméstica.

c) A curva J mostra como transcorre, ao longo do tempo, o efeito de uma desvalorização cambial sobre a balança comercial.

d) A âncora cambial do Plano Real foi adotada via desvalorização devido à necessidade de elevar exportações brasileiras e de aumentar o nível de reservas internacionais no Banco Central.

e) No caso de uma pequena economia aberta, a política fiscal não exerce impacto sobre a renda quando as taxas de câmbio são fixas.

Solução:

A resposta é a letra "c" pois, conforme estudando anteriormente, a curva J mostra como transcorre, ao longo do tempo, o efeito de uma desvalorização cambial sobre a balança comercial.

8. A TRINDADE IMPOSSÍVEL

No estudo da macroeconomia de uma economia aberta, a chamada "trindade impossível" é a impossibilidade da Autoridade Monetária em conciliar os seguintes objetivos:

(i)   Perfeita (Livre) Mobilidade de Capitais;

(ii) Autonomia Monetária;

(iii) Regime de Câmbio Fixo

Em outras palavras, no mundo real as três situações não ocorrem conjuntamente, isto é, não existe economia que tenha autonomia monetária e regime de câmbio fixo, sob uma situação de perfeita mobilidade de capitais. Ou se reduz a mobilidade de capital, ou se flexibiliza a taxa de câmbio, ou se abandona o controle monetário.

A figura 13 é uma ilustração esquemática da "trindade impossível", em que somente as "soluções de canto" são factíveis, combinando-se no máximo dois objetivos. Cada lado da figura tem um atrativo: independência monetária, estabilidade da taxa de câmbio e integração financeira plena. Um país pode ter ao mesmo tempo apenas dois desses atributos, ou seja: (i) para se ter estabilidade de câmbio e independência monetária, deve-se ter certo grau de controle de capitais; (ii) caso o objetivo seja integração financeira plena e estabilidade da taxa de câmbio, deve-se ter uma união monetária e financeira (o que implica a adoção de câmbio fixo); (iii) caso queira uma integração financeira plena (o que implica livre mobilidade de capitais) e independência da política monetária, deve-se ter um regime de câmbio flutuante.

Figura 13: A Trindade Impossível. Fonte: FRANKEL (1999)

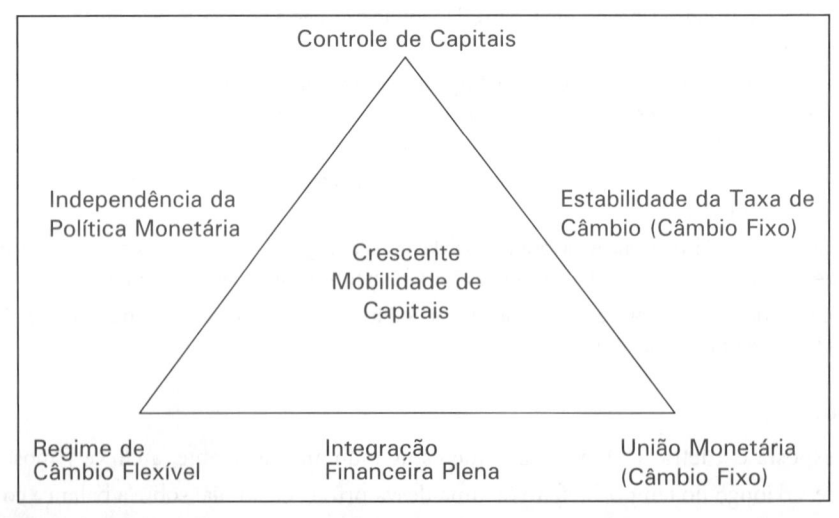

Nota: elaboração dos autores

Alguns autores argumentam que o Brasil adota uma combinação de câmbio flexível, livre mobilidade de capitais e autonomia na condução da política monetária, que é dada pelo regime de metas de inflação.

(Cespe-UnB/Técnico de Planejamento e Pesquisa do IPEA/2008) – Julgue o item a seguir:

(0) A trindade impossível identificada por Mundell refere-se à impossibilidade de combinar livre mobilidade de capital, taxa de câmbio flutuante e política monetária autônoma.

Solução:

Falso. A trindade impossível refere-se à impossibilidade de combinar livre mobilidade de capital, taxa de câmbio fixo e política monetária autônoma

(1) A superação da chamada trindade impossível, de modo a permitir a adoção de uma política monetária mais autônoma, pode teoricamente ocorrer pela adoção de um regime de câmbio flutuante ou de uma conversibilidade restrita da conta capital.

Solução:

Verdadeiro.

Capítulo 9

Modelo da Oferta e da Demanda Agregada. Inflação

1. CURVA DE DEMANDA AGREGADA

1.1. Definição

A **Demanda Agregada** é obtida a partir das curvas IS e LM, por eliminação da taxa de juros. A Demanda Agregada mostra uma relação inversa entre o nível geral de preços (P) e a renda (Y) sendo, portanto, negativamente inclinada.

(Cespe-UnB/Economista/Conselho Administrativo de Defesa Econômica – CADE/Ministério da Justiça/2014) – Julgue o item a seguir, como verdadeiro ou falso:

A demanda agregada representa o total de bens e serviços considerado em todos os níveis de preços, o que corresponde ao produto interno bruto quando os níveis de estoque estão fixos.

Solução:

Verdadeiro. Trata-se da própria definição da curva de demanda agregada.

(Cespe-UnB/Economista Pleno/2004) – Julgue o item a seguir, como verdadeiro ou falso:

A curva de demanda agregada é negativamente inclinada porque preços mais elevados reduzem as taxas de juros reais conduzindo, pois, à contração da produção e dos investimentos.

Solução:

Falso. Uma elevação do nível de preços diminui a oferta monetária real e aumenta a taxa de juros reais, o que causa uma diminuição dos investimentos e, por conseguinte, do produto. Por outro lado, uma redução do nível de preços aumenta a oferta monetária real e diminui a taxa de juros que, por sua vez, aumenta os investimentos e o produto da economia:

$$\downarrow P \Rightarrow \uparrow M \Rightarrow \downarrow r \Rightarrow \uparrow I \Rightarrow \uparrow Y$$
$$e$$
$$\uparrow P \Rightarrow \downarrow M \Rightarrow \uparrow r \Rightarrow \downarrow I \Rightarrow \downarrow Y$$

A curva de Demanda Agregada se inclina negativamente porque a redução do nível de preços eleva os saldos monetários reais (M/P), reduz as taxas de juros, elevando o nível de equilíbrio dos gastos e do produto. Ou seja, ao longo da curva de Demanda Agregada, maiores níveis de renda estão associados a menores taxas de juros acompanhando a queda dos preços.

1.2. Fatores que Deslocam a Curva de Demanda Agregada

São fatores que deslocam a curva de **Demanda Agregada para a direita** e para cima:

(i) Política fiscal expansionista $\left(\uparrow G \, e / ou \downarrow T \right)$**:** A curva IS se desloca para a direita, aumentando a renda e a taxa de juros, fazendo com que a curva de demanda agregada se desloque para a direita. Para quaisquer níveis de preços, na nova curva de demanda agregada teremos taxas de juros mais elevadas associadas ao respectivo nível de renda, de tal forma que o crescimento da renda se faz acompanhado de uma maior participação do setor público na demanda, tendo em vista que os investimentos se contraem em virtude do aumento da taxa de juros.

(ii) Política monetária expansionista $\left(\uparrow M \, e / ou \downarrow P \right)$**:** O aumento da oferta monetária, dado um nível de preços constante, representa um deslocamento da curva de demanda agregada, tendo em vista que a taxa de juros se reduzirá, pois aumenta o volume real de moeda (a curva LM se desloca para a direita). O investimento se ampliará a cada nível de preços, pois a estes níveis estarão associadas menores taxas de juros, deslocando a curva de demanda agregada para a direita.

(iii) Aumento do Consumo Autônomo $\left(\uparrow \bar{C} \right)$**:** por exemplo, se os sindicatos efetivamente conseguirem um aumento efetivo real de salários, o qual só pode ser obtido se os empresários não reajustarem seus preços em seguida ao aumento de salários nominais, consentindo numa redução da margem de lucros (altamente improvável na prática). Assim, poderia haver um aumento no consumo pelo fato dos trabalhadores terem uma propensão marginal a consumir maior que a dos empresários, o que poderia provocar inflação de demanda.

(iv) Desvalorização/Depreciação Real da Moeda Nacional: o aumento da taxa de câmbio real ($\uparrow Z$), na cotação do incerto, torna os produtos nacionais mais competitivos e os produtos importados mais caros. As exportações aumentam e as importações diminuem. Consequentemente haverá um aumento do nível do produto e do emprego.

(v) Aumento das exportações autônomas $\left(\uparrow \bar{X} \right)$**:**

(vi) Diminuição das Importações Autônomas $\left(\downarrow \bar{M} \right)$**;**

(vii) Aumento dos Investimentos Autônomos $\left(\uparrow \bar{I}\right)$;

(viii) Aumento da inflação esperada $\left(\uparrow \pi^{e}\right)$: trata-se da análise da equação de Fisher, que será estudada a seguir: $\uparrow \pi^{e} \Rightarrow i =\downarrow r+ \uparrow \pi^{e} \Rightarrow I(r) \uparrow \Rightarrow \uparrow Y \Rightarrow \uparrow DA$, onde i é a taxa nominal de juros (que está constante), r é a taxa real de juros e I é o investimento;

(ix) Aumento da despesa autônoma: $\uparrow \bar{A} = \uparrow \bar{C} + \uparrow \bar{I} + \uparrow \bar{G}$;

(x) Aumento das transferências: $\uparrow \bar{R}$;

(xi) Redução da taxa de juros: $\downarrow r$

Por outro lado, são fatores que deslocam a curva de **Demanda Agregada para a esquerda** e para baixo:

(i) Política Fiscal Restritiva $\left(\downarrow Ge/ou \uparrow T\right)$: redução dos gastos públicos e/ou aumento da tributação;

(ii) Política Monetária Restritiva $\left(\downarrow Me/ou \uparrow P\right)$: redução da oferta monetária e/ou aumento do nível de preços;

(iii) Redução do Consumo Autônomo $\left(\downarrow \bar{C}\right)$;

(iv) Valorização real da moeda nacional: redução da taxa real de câmbio $\left(\downarrow Z\right)$, na cotação do incerto;

(v) Redução das exportações autônomas $\left(\downarrow \bar{X}\right)$;

(vi) Aumento das importações autônomas $\left(\uparrow \bar{M}\right)$;

(vii) Redução dos Investimentos Autônomos $\left(\downarrow \bar{I}\right)$;

(viii) Redução da Inflação Esperada $\left(\downarrow \pi^{e}\right)$:

$\downarrow \pi^{e} \Rightarrow i =\uparrow r+ \downarrow \pi^{e} \Rightarrow I(r) \downarrow \Rightarrow \downarrow Y \Rightarrow \downarrow DA$

(ix) Redução da despesa autônoma: $\downarrow \bar{A} = \downarrow \bar{C} + \downarrow \bar{I} + \downarrow \bar{G}$;

(x) Redução das transferências: $\downarrow \bar{R}$;

(xi) Aumento da taxa de juros: $\uparrow r$

(Cespe-UnB/Auditor de Controle Externo/Tribunal de Contas do Distrito Federal/2014) - Julgue os itens a seguir, como verdadeiro ou falso:

(0) O aumento da preferência pela liquidez desloca a curva do mercado de bens para a esquerda, o que causa retração da demanda agregada.

Solução:

Falso. O aumento da preferência pela liquidez faz com que as pessoas prefiram manter maiores quantidades de moeda em seu poder, de modo que há um aumento da demanda por moeda, deslocando a curva LM para a esquerda e para cima, elevando a taxa de juros e reduzindo o nível de renda da economia. Portanto, não se observa o deslocamento da curva do mercado de bens (curva IS), mas sim o deslocamento da curva LM. Consequentemente, a curva de demanda agregada se desloca para a esquerda, reduzindo o nível de preços e o nível de renda da economia.

(1) O aumento dos gastos do governo acarreta elevação do nível geral de preços.

Solução:

Verdadeiro. Uma política fiscal expansionista, por exemplo, um aumento dos gastos do governo, desloca a curva de demanda agregada para a direita e para cima, aumentando o nível de preços e o nível de renda da economia.

(Cespe-UnB/Analista do Banco Central do Brasil/2013) – Julgue o item a seguir como verdadeiro ou falso.

Segundo o modelo IS-LM para uma economia aberta, um aumento exógeno em qualquer dos componentes da demanda a uma taxa de juros inalterada é representado por um deslocamento da curva de demanda agregada para a direita.

Solução:

Verdadeiro. Qualquer parâmetro que desloca a curva IS ou a curva LM para a direita (políticas fiscal ou monetária expansionistas) também desloca a demanda agregada para a direita, e vice-versa, políticas fiscal ou monetária restritivas deslocam a curva de demanda agregada para a esquerda.

(Cespe-UnB/Analista Administrativo – Ciências Econômicas/ANS/MS/2005) – As políticas fiscais e monetárias influenciam, significativamente, o desempenho da economia e afetam a posição das curvas de oferta e de demanda agregada. Com relação a esse assunto, julgue o item a seguir:

Considerando que, de acordo com o jornal **Folha de S. Paulo**, de 16/3/2005, pesquisa feita pela Federação do Comércio do Estado de São Paulo (Fecomércio) mostra que o índice de confiança do consumidor (ICC) alcançou 146,4 pontos em março, um recuo de 0,6% em relação ao índice de fevereiro, que foi de 147,3 pontos, é correto afirmar que, em uma escala que varia de 0 a 200, ocorre deslocamento da curva de demanda agregada da economia paulista para cima e para a direita.

Solução:

Falso. De modo geral, o índice de confiança do consumidor (ICC) procura captar o sentimento do consumidor em relação ao estado geral da economia e de suas finanças pessoais. Quando o consumidor está satisfeito, e otimista em relação ao futuro, tende a gastar mais; quando está insatisfeito, pessimista, gasta menos. A confiança do consumidor, portanto, atua como fator redutor ou indutor do crescimento econômico. O monitoramento do sentimento do consumidor tem o objetivo de produzir sinalizações de suas decisões de gastos e poupança futuras, constituindo indicador útil na antecipação dos rumos da economia no curto prazo. Conforme informado no enunciado da questão, o recuo percentual desse indicador pode sinalizar um deslocamento da curva de demanda agregada da economia paulista para baixo e para esquerda.

1.3. Inclinação da Curva de Demanda Agregada

A curva de demanda agregada é tanto mais achatada, mais deitada, menos íngreme (elástica em relação ao nível de preços) quanto:

<u>Parâmetros da LM</u>:

(i) Menor a elasticidade da demanda por moeda em relação à renda (↓a);

(ii) Menor a elasticidade da demanda por moeda à taxa de juros (↓d)

<u>Parâmetros da IS</u>:

(i) Maior o multiplicador keynesiano (↑k);

(ii) Maior a elasticidade do investimento à taxa de juros (↑f);

Resultado: isso significa que o produto (Y) tornar-se mais sensível a alterações no nível geral de preços (P); ou seja, maior será o efeito de uma variação dos preços sobre a demanda agregada.

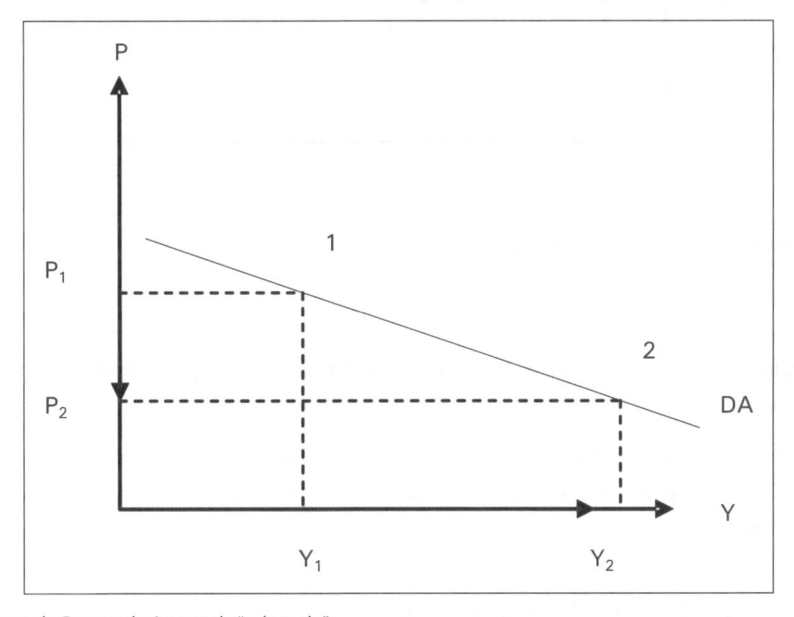

Figura 1: Curva de Demanda Agregada "achatada"

A **curva de demanda agregada** é tanto mais íngreme (inelástica em relação aos preços) quanto:

<u>Parâmetros da Curva LM</u>:

(i) Maior a elasticidade da demanda por moeda em relação à renda (↑a);

(ii) Maior a elasticidade da demanda por moeda à taxa de juros (↑d)

<u>Parâmetros da Curva IS</u>:

(i) Menor o multiplicador keynesiano (↓k);

(ii) Menor a elasticidade do investimento à taxa de juros (↓f);

Resultado: Isso significa que o produto (Y) tornar-se menos sensível à alterações no nível geral de preços (P)

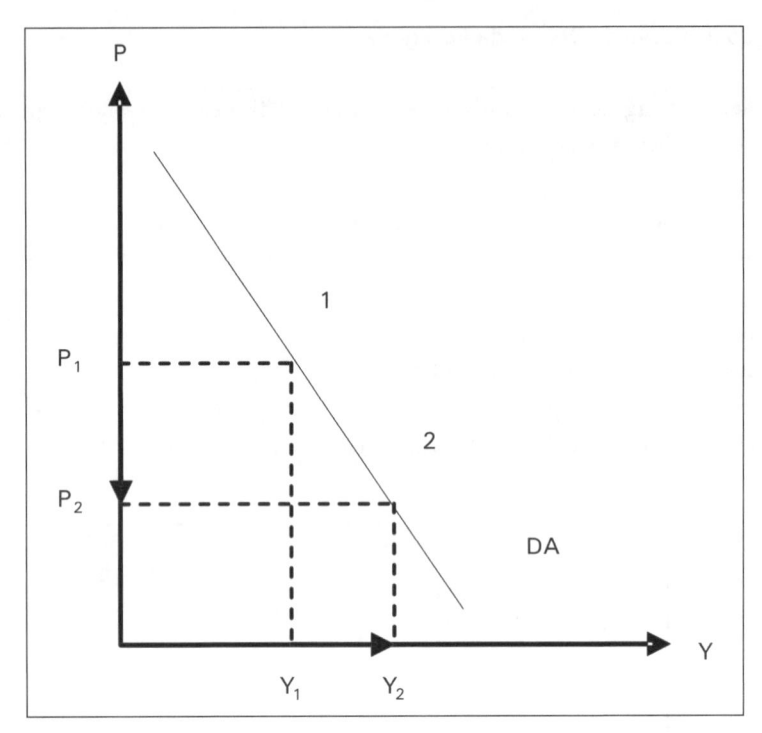

Figura 2: Curva de Demanda Agregada "íngreme"

1.4. Fatores que Explicam no Curto Prazo a Inclinação Negativa da Curva de Demanda Agregada

A demanda agregada é decrescente no curto prazo devido a três fatores: (i) efeito-pigou da riqueza real no consumo; (ii) efeito-keynes da taxa de juros sobre o investimento; (iii) efeito Mundell-Fleming sobre as exportações líquidas.

1.4.1. *Efeito Pigou da Riqueza Real no Consumo*

Sobre a Grande Depressão de 1930, Arthur Pigou, economista clássico, observou que os saldos monetários reais são parte da riqueza das famílias. Quando os preços caem e os saldos monetários aumentam, $\uparrow (M/\downarrow P)$, os consumidores sentem-se mais ricos e, em consequência, gastam mais, ou seja, ocorre um aumento na riqueza dos consumidores.

Essa queda no nível geral de preços desloca a curva LM para a direita e para baixo, aumentando o nível de renda, e significando um deslocamento da curva de Demanda Agregada para a direita e para cima. Mas essa queda dos preços irá ampliar a riqueza dos indivíduos, aumentando o consumo autônomo e deslocando a curva IS para a direita, ampliando o impacto expansionista da queda de preços na renda.

O efeito Pigou torna a curva de DA mais achatada, pois a variação dos preços afeta a demanda por meio do nível de investimento devido ao impacto da variação dos saldos monetários reais na taxa de juros, bem como por meio do nível de consumo em decorrência do efeito riqueza. Matematicamente,

$$C = \bar{C} + cy_d + j\left(\frac{M}{P}\right)$$

Onde, C = Consumo; c = Propensão Marginal a Consumir; Y_D = Renda Disponível; $\bar{C}$ = Consumo Autônomo; $\dfrac{M}{P}$ = oferta real de moeda (riqueza real); j = riqueza, herança (geralmente j < c)

$$T = \bar{T} + tY \quad I = \bar{I} - fr \quad G = \bar{G}$$

<u>Renda Disponível:</u>

$$Y_D = Y - T \Rightarrow Y_D = Y - \left(\bar{T} + tY\right) \Rightarrow Y_D = Y - \bar{T} - tY \Rightarrow Y_D = \left(1 - t\right)Y - \bar{T}$$

<u>Nova Função Consumo:</u>

$$C = c\left[\left(1 - t\right)Y - \bar{T}\right] + \bar{C} + j\left(\frac{M}{P}\right)$$

<u>Equação da IS:</u>

$$r = -\frac{1}{kf} + \frac{\bar{A}}{f} \therefore \bar{A} = \bar{C} + \bar{I} + \bar{G} - c\bar{T} + j\left(\frac{M}{P}\right)$$

$$\downarrow P \therefore \left(\frac{M}{\downarrow P}\right)\uparrow \therefore C = cY_D + \bar{C} + j\left(\frac{M}{P}\right)\uparrow \therefore \uparrow Y = \uparrow C + I + G$$

$$\uparrow w \Rightarrow (salário\ nominal) \therefore \uparrow P \therefore \left(\frac{M}{\uparrow P}\right)\downarrow \therefore C \downarrow \therefore \downarrow Y$$

(FGV Projetos/Economista/Defensoria Pública do Estado do Rio de Janeiro/2014) – O efeito Pigou no modelo IS-LM se caracteriza por

a) uma elevação dos gastos do governo que é absorvida pelas famílias, ampliando a renda e a taxa real de juros.

b) um aumento da inflação esperada totalmente repassado para a taxa nominal de juros, com a taxa real e o nível de renda mantidos fixos.

c) um aumento na expectativa da inflação, que provoca uma queda de igual magnitude na taxa real de juros.

d) uma expansão tanto da curva LM como da curva IS devido à queda dos preços, pois os saldos monetários reais são parte da riqueza do indivíduo.

e) uma expansão do nível de renda fruto da melhora da credibilidade das autoridades monetárias.

Solução:

A resposta é a letra "d". De acordo com o Efeito Pigou, quando os preços caem e os saldos monetários aumentam, $\uparrow(M/\downarrow P)$, os consumidores sentem-se mais ricos e, em consequência, gastam mais, ou seja, ocorre um aumento na riqueza dos consumidores. Essa queda no nível geral de preços desloca a curva LM para a direita e para baixo, aumentando o nível de renda, e significando um deslocamento da curva de Demanda Agregada para a direita e para cima. Mas essa queda dos preços irá ampliar a riqueza dos indivíduos, aumentando o consumo autônomo e deslocando a curva IS para a direita, ampliando o impacto expansionista da queda de preços na renda. Os saldos monetários reais são parte da riqueza do indivíduo.

(Cespe-UnB/Analista do MPU – Economista/2013) – Julgue o item a seguir como verdadeiro ou falso.

O efeito Pigou estabelece que uma redução dos salários nominais proporcionara deflação de preços, aumento de riqueza e de consumo até que o produto de pleno emprego seja alcançado.

Solução:

Verdadeiro, conforme estudado anteriormente.

1.4.2. *Efeito-Keynes da Taxa de Juros no Investimento*

Trata-se do efeito da política monetária sobre o nível de renda. Nesse sentido, uma redução do nível de preços eleva os saldos monetários reais $\left(\dfrac{M}{P\downarrow}\right)\uparrow$, reduzindo a taxa de juros $\left(\downarrow r\right)$ e elevando o nível de equilíbrio dos investimentos (I) e do produto (Y). Caso a economia esteja em pleno emprego (modelo clássico), haverá apenas um aumento nos preços. Caso a economia se encontre em um nível de equilíbrio abaixo do pleno emprego (modelo keynesiano extremo: preços rígidos), apenas a renda irá aumentar.

1.4.3. *Efeito Mundell-Fleming sobre as Exportações Líquidas*

Um aumento do nível geral de preços irá acarretar em um aumento da demanda por moeda. Consequentemente, haverá aumento da taxa de juros interna, que resultará em um superávit na conta de capitais autônomos (ou conta financeira, atualmente) no balanço de pagamentos. Além disso, a taxa real de câmbio sofrerá uma redução, isto é, haverá uma valorização (real) da moeda nacional, o que acarretará em déficit no balanço comercial porque as exportações irão diminuir, ao passo que as importações irão aumentar, reduzindo o nível de renda da economia.

$$\uparrow P \Rightarrow \begin{cases} \uparrow M^d \therefore \uparrow r \therefore \uparrow K_A \\ \downarrow Z \therefore \downarrow Y = C + I + G + \downarrow X - M \uparrow \end{cases}$$

(Makiyama/Economista/Eletrobrás – Acre/2011) – A curva da demanda agregada mostra a quantidade de bens e serviços demandada a cada nível de preços. A curva de demanda agregada se inclina para baixo por três motivos:

a) Efeito riqueza, efeito preço e efeito substituição.

b) Efeito riqueza, efeito poupança e efeito multiplicador.

c) Efeito elasticidade, efeito taxa de juros e efeito substituição.

d) Efeito riqueza, efeito taxa de juros e efeito taxa de câmbio.

e) Efeito elasticidade, efeito taxa de juros e efeito de alcance.

Solução:

A resposta é a letra "D", pois se tratam dos seguintes motivos estudados anteriormente: (i) efeito Pigou da riqueza real no consumo; (ii) efeito Keynes da taxa de juros no investimento; (iii) efeito Mundell-Fleming sobre as exportações líquidas.

1.5. Relação entre as Propensões Marginais e a Curva de Demanda Agregada

Propensões Marginais	Impactos sobre a Demanda Agregada
$\begin{cases} \uparrow c & \uparrow i & \uparrow r \\ \downarrow t & \downarrow m & \downarrow s \end{cases} \Rightarrow \uparrow k$	A curva de demanda agregada se torna menos inclinada (mais horizontal).
$\begin{cases} \downarrow c & \downarrow i & \downarrow r \\ \uparrow t & \uparrow m & \uparrow s \end{cases} \Rightarrow \downarrow k$	A curva de demanda agregada se torna mais inclinada (mais vertical, mais íngreme).

Em que c é a propensão marginal a consumir, i é a propensão marginal a investir, r é a propensão marginal a transferir, t é a propensão marginal a tributar, m é a propensão marginal a importar, s é a propensão marginal a poupar e k é o multiplicador keynesiano.

(Cespe-UnB/Analista de Comércio Exterior/MDIC/2008) – Julgue o item a seguir, como verdadeiro ou falso.

No Brasil, as elevadas alíquotas que incidem sobre os bens de consumo duráveis reduzem o multiplicador keynesiano e tornam, portanto, a curva agregada da economia mais inclinada.

Solução:

Verdadeiro. A "curva agregada da economia" a que o examinador se refere é, na verdade, a curva de demanda agregada. Logo, elevadas alíquotas tributárias, isto é, propensões marginais a tributar (t), reduzem o multiplicador keynesiano e tornam a curva de demanda agregada mais inclinada (mais vertical, mais íngreme).

1.6. Relação entre os Componentes Autônomos e a Curva de Demanda Agregada

Componentes Autônomos	Impactos sobre a Demanda Agregada
$\left.\begin{array}{ccc} \uparrow\bar{I} & \uparrow\bar{G} & \uparrow\bar{X} \\ \uparrow\bar{C} & \downarrow\bar{M} & \downarrow\bar{T} \end{array}\right\} \Rightarrow \uparrow DA \Rightarrow \uparrow Y$	São causas da elevação da demanda agregada os aumentos de valor de qualquer um dos componentes autônomos das variáveis que a influenciam positivamente. Também aumenta a demanda agregada as reduções de valor dos componentes autônomos das variáveis que a influenciam negativamente. Essas variações ampliarão a renda pelo deslocamento da curva de demanda agregada para a direita e para cima no **modelo de oferta e demanda agregada**, considerando o curto prazo.
$\left.\begin{array}{ccc} \downarrow\bar{I} & \downarrow\bar{G} & \downarrow\bar{X} \\ \downarrow\bar{C} & \uparrow\bar{M} & \uparrow\bar{T} \end{array}\right\} \Rightarrow \downarrow DA \Rightarrow \downarrow Y$	São causas da redução da demanda agregada as diminuições de valores de qualquer um dos componentes autônomos das variáveis que a influenciam positivamente. Também reduz a demanda agregada os aumentos de valores dos componentes autônomos das variáveis que a influenciam negativamente. Essas variações reduzirão a renda pelo deslocamento da curva de demanda agregada para a esquerda e para baixo no **modelo de oferta e demanda agregada**, considerando o curto prazo.

2. A CURVA DE OFERTA AGREGADA

2.1. Definição de Curva de Oferta Agregada no Curto Prazo

A **Oferta Agregada** é a oferta de todos os bens e serviços produzidos na economia. A Oferta Agregada mostra uma relação direta entre o nível geral de preços (P) e a renda (Y), portanto, a Curva de Oferta Agregada é crescente (positivamente inclinada). A Oferta Agregada é obtida a partir da Curva de Phillips.

A Curva de Oferta Agregada no curto prazo mostra uma relação direta entre o nível de preços e a renda, pois um aumento no nível de atividade econômica (um aumento da renda) é acompanhado por um aumento do nível de preços. Então, no curto prazo, como mostra a figura abaixo, a Curva de Oferta Agregada é positivamente inclinada, mostrando a possibilidade de crescimento à custa da inflação, isto é, a possibilidade de aumento da renda em decorrência do aumento de preços.

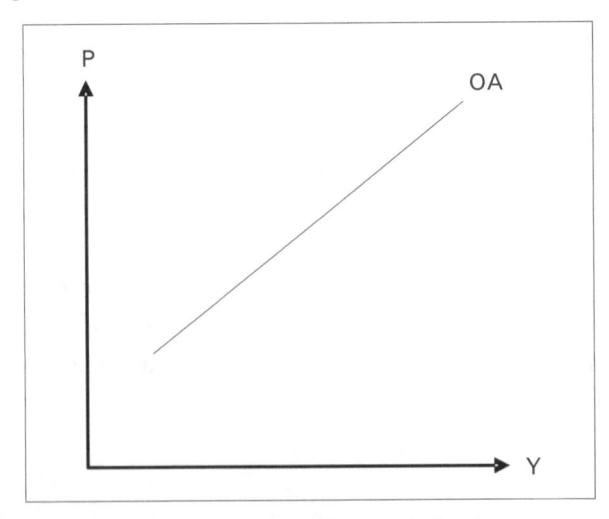

Figura 3: A Curva de Oferta Agregada de Curto Prazo é Positivamente Inclinada

No anexo deste capítulo encontram-se descritos os quatro tipos de modelos que buscam explicar a inclinação positiva da Curva de Oferta Agregada no curto prazo.

2.2. Definição de Curva de Oferta Agregada no Longo Prazo

No longo prazo, a economia encontra-se em pleno emprego, quando todos os fatores de produção estão sendo plenamente utilizados, desse modo, a Oferta Agregada de longo prazo é vertical, mostrando que, quando a economia atinge seu limite máximo de produção (o produto de pleno emprego), não é mais possível haver crescimento às custas da inflação. Desse modo, conforme descrito na figura abaixo, no longo prazo, a Curva de Oferta Agregada é vertical, ao nível do produto de pleno emprego.

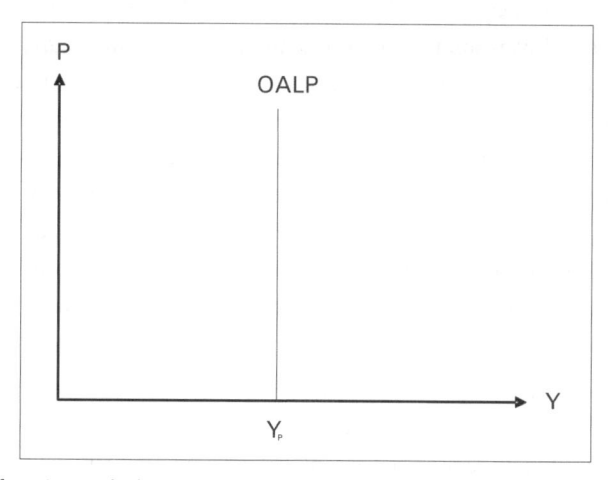

Figura 4: A Curva de Oferta Agregada de Longo Prazo é Vertical ao Nível do Produto de Pleno Emprego

3. MODELO DA OFERTA E DA DEMANDA AGREGADA

O modelo da oferta e demanda agregada constitui um instrumento útil para a análise das flutuações econômica de curto e longo prazo, assim como para o estudo dos efeitos econômicos das políticas fiscal e monetária.

(Cespe-UnB/Consultor do Executivo – Ciências Econômicas/Secretaria de Estado da Fazenda – Governo do Estado do Espírito Santo/2010) – Julgue o item a seguir como verdadeiro ou falso.

O modelo econômico de oferta e demanda agregadas permite analisar, por meio das flutuações econômicas geradas, os efeitos de políticas de estabilização.

Solução:

Verdadeiro. O modelo da oferta e da demanda agregadas é um arcabouço teórico útil para analisar as flutuações econômicas de curto e de longo prazo, por exemplo, os efeitos de deslocamentos das curvas de oferta e de demanda agregadas sobre o nível de preços e o nível de renda da economia.

Nesse contexto, uma análise dinâmica dos movimentos que ocorrem na produção, nos preços e nos salários, faz os economistas admitirem que a economia apresente propriedades keynesianas no curto prazo e propriedades clássicas no longo prazo. E a diferença entre o curto e o longo prazo no referido modelo é explicada pela rigidez nos preços e salários. De acordo com a Figura 3 a seguir, existem casos a serem analisados:

(i)   No **modelo clássico**, cuja análise é de longo prazo, a curva de oferta agregada (OA) é vertical. Nesse caso, deslocamentos na curva de demanda agregada (DA) afetam o nível de preços (ou seja, os preços são flexíveis), mas não o nível do produto, que se encontra em nível de pleno emprego. O produto é determinado pela disponibilidade de capital, trabalho e tecnologia.

(ii) No **modelo keynesiano extremo**, a curva de oferta agregada é horizontal. Verifica-se rigidez total dos preços, e deslocamentos da demanda agregada afetam apenas o produto agregado. Por exemplo, os efeitos resultantes de um aumento da demanda agregada, quando a oferta agregada é do tipo keynesiano extremo, são: o emprego e o produto crescem, e o nível de preços permanece constante. Ao nível de preços dado, qualquer nível de demanda por produto poderia ser satisfeito. Assume-se que a oferta não é uma limitação do nível de produto. As empresas podem oferecer qualquer quantidade a um nível de preços estabelecido, isto é, a oferta agregada é infinitamente elástica em relação aos preços, de tal forma que a demanda agregada é que determina o nível de produto. Ou seja, prevalece o **Princípio da Demanda Efetiva**: "a demanda cria sua própria oferta", de modo que se houver procura, as firmas irão produzir.

(iii) No **modelo keynesiano simples (caso intermediário)**, o produto também é determinado pela demanda agregada, não existindo restrições pelo lado da oferta para a expansão do produto. Considera-se a existência de recursos desempregados em nível suficiente para que as empresas possam oferecer qualquer quantidade do produto sem pressionar seus custos unitários, ou seja, qualquer nível de demanda pode ser atendido em um nível de preços dado. A curva de oferta agregada é positivamente inclinada. Nesse caso, os efeitos de um aumento na demanda agregada são: o emprego, o produto e o nível de preços crescem. Observa-se uma relação direta entre o nível geral de preços (P) e o produto (Y). Portanto, no **modelo keynesiano**, cuja análise é de curto prazo, a curva de oferta agregada não é vertical, mas há dois modelos a serem analisados: modelo keynesiano extremo e modelo keynesiano simples. Em resumo:

Modelo Clássico

(i)   Curva de oferta agregada vertical;

(ii)   O produto é perfeitamente inelástico aos preços;

(iii) Os preços e os salários nominais são totalmente flexíveis;

(iv)   Deslocamentos da curva de demanda agregada não afetam o produto, mas afetam apenas os preços;

(v)   O produto se encontra em nível de pleno emprego;

(vi)   A economia opera no longo prazo.

Modelo Keynesiano Extremo

(i) Curva de oferta agregada horizontal;

(ii) O produto é perfeitamente elástico aos preços;

(iii) Os preços e os salários nominais são totalmente rígidos;

(iv) Deslocamentos da curva de demanda agregada não afetam os preços, mas afetam apenas o produto;

(v) A economia se encontra longe do pleno emprego;

(vi) A economia se encontra no curto prazo.

Modelo Keynesiano ou Trecho Intermediário da Oferta Agregada

(i) Curva de oferta agregada crescente (positivamente inclinada);

(ii) O produto é, ao mesmo tempo, elástico e inelástico ao nível de preços;

(iii) Existe alguma rigidez de preços e salários nominais, mas também existe alguma flexibilidade de preços e salários nominais;

(iv) Deslocamentos da curva de demanda agregada afeta a renda e os preços;

(v) A economia encontra-se abaixo do pleno emprego;

(vi) A economia se encontra no curto prazo.

As relações entre modelo keynesiano extremo, modelo keynesiano simples e modelo clássico estão graficamente descritas a seguir:

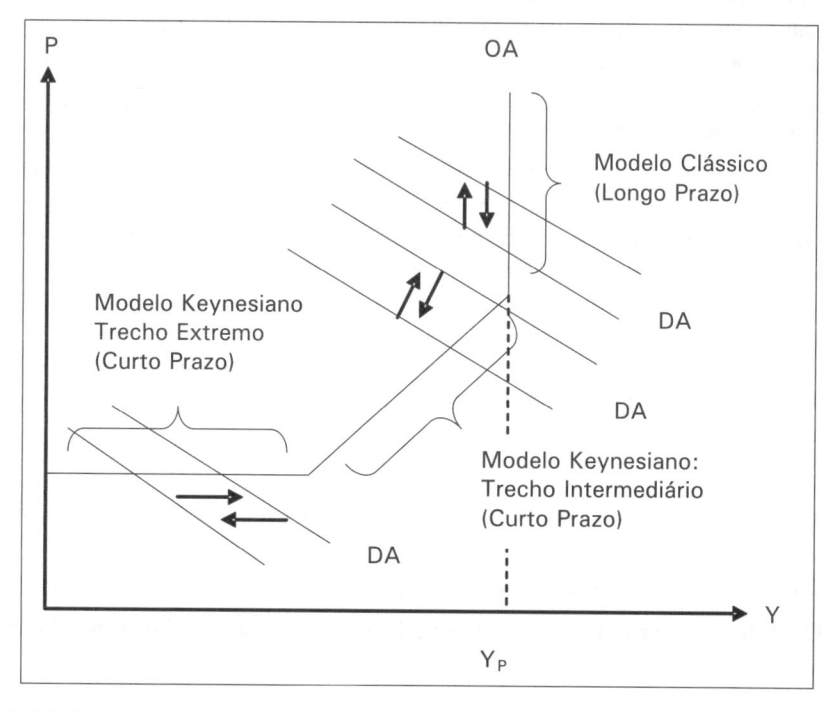

Figura 5: Modelo de Demanda Agregada e de Oferta Agregada

(ESAF/Analista de Finanças e Controle-Secretaria do Tesouro Nacional/2000) - Considerando o modelo de oferta e demanda agregada, podemos afirmar que:

a) No longo prazo, a curva de oferta agregada pode ser vertical ou horizontal, dependendo do grau de rigidez dos preços no curto prazo. Assim, no longo prazo, alterações na demanda agregada necessariamente afetam os preços, mas nada se pode afirmar no que diz respeito aos seus efeitos sobre o produto.

b) No longo prazo, a curva de oferta agregada é vertical. Neste caso, descolamentos na curva de demanda agregada afetam o nível de preços, mas não o produto. No curto prazo, entretanto, a curva de oferta não é vertical. Neste caso, alterações na demanda agregada provocam alterações no produto agregado.

c) Tanto no curto quanto no longo prazo a curva de oferta agregada é vertical. Assim, os únicos fatores que podem explicar as flutuações econômicas, tanto no curto quanto no longo prazo, são as disponibilidades de capital e tecnologia.

d) No curto prazo, não há qualquer justificativa teórica para que a curva de oferta agregada de curto prazo não seja horizontal. Nesse sentido, no curto prazo, alterações na demanda agregada são irrelevantes para explicar tanto a inflação como alterações no nível do produto.

e) Desde que os preços sejam rígidos, as curvas de oferta agregadas são verticais, tanto no curto quanto no longo prazo.

Solução:

A resposta é a letra "b", pois no longo prazo a curva de oferta agregada é vertical e derivada do modelo clássico, em que alterações na demanda agregada só afetam o nível de preços, mas não o produto, o qual já se encontra no nível de pleno emprego.

(FGV Projetos/Economista/Secretaria de Estado de Saúde do Amazonas – SUSAM/2014) - Economistas e analistas discutem atualmente a possibilidade de a economia brasileira estar no *nível de pleno emprego*. Nesse sentido, o modelo clássico mostra que

a) a oferta agregada é vertical e apenas mudanças nas variáveis reais da economia, como elevação da produtividade marginal do trabalho, elevariam o nível real do produto.

b) a demanda é horizontal, a qual é determinada pela Lei de Say, cuja oferta determina a procura e, assim, estímulos de demanda tendem a ser inócuos.

c) o princípio da demanda efetiva é válido, o qual apregoa que a mesma é determinada pela renda que o empresário espera receber por oferecer um maior volume de vagas.

d) os salários nominais são inflexíveis para baixo e, assim, o processo de barganha salarial é importante para impulsionar a renda e, portanto, a atividade econômica.

e) os estímulos de consumo possibilitam crescer mais, pois a propensão marginal a consumir gera um efeito multiplicador sobre a renda da economia.

Solução:

A resposta é a letra "a", uma vez que, no modelo clássico, a curva de oferta agregada (OA) é vertical. Nesse caso, deslocamentos na curva de demanda agregada (DA) afetam o nível de preços (ou seja, os preços são flexíveis), mas não o nível do produto, que se encontra em nível de pleno emprego. O produto é determinado pela disponibilidade de capital, trabalho e tecnologia.

4. INFLAÇÃO

4.1. Introdução

Inflação é o aumento generalizado e persistente do nível geral de preço, de que resulta uma contínua perda do poder aquisitivo da moeda. Define-se **taxa de inflação** como a taxa em que o nível de preços aumenta no decorrer do tempo, isto é, a taxa de inflação mede o ritmo de crescimento dos preços. A inflação intensa, aguda e galopante, situada acima dos limites críticos de tolerância, é indesejável pelas consequências que acarretam aos sistemas econômicos.

4.2. Consequências da Inflação

Principais consequências da inflação:

(i) A inflação afeta as funções da moeda

Sabemos que a moeda possui três funções que a distinguem dos demais ativos da economia: **(i) meio de troca**: um meio de troca é algo que os compradores dão aos vendedores quando compram bens e serviços, permitindo a ocorrência da transação sem necessidade da dupla coincidência de desejos, como ocorre no caso da economia de escambo; **(ii) unidade de conta**: uma unidade de conta é um padrão de medida que as pessoas usam para medir e registrar valores econômicos, como preços, débitos, renda, etc.; **(iii) reserva de valor:** uma reserva de valor é algo que pode ser usado para transferir poder de compra do presente para o futuro.

A função **reserva de valor** é imediatamente afetada quando há inflação. Para o agente econômico (por exemplo, famílias), não vale a pena mais guardar suas economias na forma de moeda que sofre uma depreciação contínua. Na sequência, a função **unidade de conta** é atingida da seguinte forma: caso sejam firmados contratos em valores nominais, os agentes que têm a receber necessariamente perdem, já que receberão valores reais inferiores aos da data de celebração do contrato. Finalmente, quanto à função **meio de troca**, faz-se mais difícil substituir a moeda, mesmo durante um processo inflacionário violento, pois ela é o único meio legal de pagamento.

(Fundação Sousândrade/Analista Técnico – Economista/Agência Goiânia de Habitação S.A. - AGEHAB/2010) - A inflação vai destruindo sequencialmente a moeda e incapacitando-a para cumprir suas funções. Esta visão "funcional" exige que essa sequência dê-se em uma ordem precisa, como se segue:

a) reserva de valor, meio de pagamento e unidade de conta.

b) reserva de valor, unidade de valor e meio de pagamento.

c) unidade de valor, meio de pagamento e reserva de valor.

d) meio de pagamento, unidade de valor e reserva de valor.

e) meio de pagamento, reserva de valor e unidade de valor.

Solução:

A resposta é a letra "b", pois a inflação afeta as funções da moeda na seguinte sequência: (i) reserva de valor; (ii) unidade de valor (conta); e (iii) meio de troca (meio de pagamento).

(ii) Perda do poder aquisitivo dos salários e outras rendas fixas

Há a perda do poder aquisitivo da moeda. Os assalariados que não sofrerem reajustes nominais em seus vencimentos perderão com a inflação, pois a elevação continuada dos preços reduzirá paulatinamente seu poder de compra, ou seja, a quantidade de bens e serviços que eles podem adquirir com seu salário.

(iii) Desorganização do mercado de capitais e aumento da procura por ativos reais

No caso de inflação prolongada, o mercado de capitais fica abalado devido à profunda diferença que passa a existir entre as taxas nominais e reais de juros, fato que inclusive compromete a restituição do principal emprestado. Por outro lado, a inflação torna difícil a operação do mercado de capitais, uma vez que inviabiliza financiamento de prazos médios e longos. Isto reduz drasticamente o valor dos investimentos privados e compromete o crescimento de longo prazo da economia.

(iv) Surgimento de Déficits no Balanço de Pagamentos

Caso o país adote regime de taxas de câmbio fixas e não haja desvalorização da moeda nacional, sob a cotação do incerto, o efeito de uma inflação interna será o de desestimular as exportações e baratear as importações, o que poderá provocar a ocorrência de déficits sucessivos no balanço de pagamentos.

(v) Dificuldades para o Financiamento do Setor Público

Observa-se o surgimento do efeito Tanzi, o qual demonstra que a inflação reduz a receita tributária em termos reais em decorrência da defasagem entre o fato gerador do imposto e sua efetiva coleta (recebimentos dos recursos pela autoridade fiscal). Em outras palavras, o efeito Tanzi demonstra que a inflação tende a corroer o valor da arrecadação fiscal do governo pela defasagem existente entre o fato gerador e o recolhimento efetivo do imposto.

Além disso, o governo tem dificuldades de obter financiamento para seu déficit, uma vez que os poupadores não comprarão títulos da dívida pública por causa dos juros nominais desses papéis serem inferiores à taxa de inflação do período. Isso faz com que o governo tenha de recorrer à emissão de papel-moeda para financiar seu déficit, o que realimenta a inflação. A inflação permite também que o governo arrecade o chamado imposto inflacionário. Tanto o Efeito-Tanzi quanto o Imposto Inflacionário serão objeto de estudo no capítulo referente à macroeconomia do setor público.

(vi) Indexação

A indexação consiste em se corrigir as rendas recebidas pelos agentes econômicos e o valor dos ativos de sua propriedade com base na variação de um índice de preços que reflita a taxa de inflação no período de tempo entre os reajustes. Assim, os salários dos trabalhadores, os aluguéis de imóveis, a taxa de câmbio da economia, o capital emprestado pelo poupador, os títulos da dívida pública emitidos pelo governo, entre outros, são reajustados periodicamente com base na inflação passada.

(Cespe-UnB/IRBR/Terceiro Secretário da Carreira de Diplomata/2004) – Julgue o item a seguir como verdadeiro ou falso.

Em presença de indexação incompleta, a inflação não altera os preços relativos e, portanto, não modifica a alocação de recursos na economia.

Solução:

Falso. A indexação atenua as distorções da inflação sobre o sistema econômico, mas apresenta a desvantagem de perpetuá-la, pois os agentes econômicos sempre tenderão a reajustar os rendimentos pela inflação passada, impedindo que a taxa de inflação venha a cair no futuro.

(vii) Problemas na Distribuição da Carga Tributária

A inflação age em dois sentidos sobre a distribuição da carga tributária. De um lado, atua como um tributo sobre os encaixes reais, afetando relativamente mais as classes de menor poder aquisitivo. De outro lado, erode a base de recolhimento dos tributos, ainda que sejam protegidos por algum esquema de indexação. O resultado é um aumento da regressividade do sistema, uma vez que os segmentos de menor renda, geralmente assalariados, são os mais atingidos.

(Cespe-UnB/Consultor Legislativo – Área IX (Política Econômica) /Câmara dos Deputados/2014) – Julgue o item a seguir como verdadeiro ou falso.

A queda da inflação, além de aumentar o horizonte de previsibilidade dos agentes econômicos, reduzindo a incerteza e propiciando o investimento, favorece a preservação do poder de compra dos salários e contribui para a melhora na distribuição de renda.

Solução:

Verdadeiro. Trata-se da importância de se combater a inflação. Além de aumentar o horizonte de previsibilidade dos agentes econômicos, reduzindo a incerteza e favorecendo o investimento, a queda da inflação favorece a preservação do poder de compra dos salários e contribui para a melhora na distribuição de renda, sustentando a demanda agregada e assegurando maior crescimento ao longo do tempo.

4.3. Teoria da Deflação da Dívida

A Teoria da Deflação da Dívida (*Debt Deflation Theory*), proposta por Irving Fisher (1933)[1], informa que uma queda não antecipada no nível de preços leva a um declínio no patrimônio líquido dos devedores e a um aumento do valor real dos serviços. Ou seja, deflações não-antecipadas prejudicam os devedores e beneficiam os credores. Portanto, haverá uma redução do investimento e teremos um efeito depressivo sobre a demanda agregada.

Por exemplo, suponha que um grupo de agentes econômicos possui uma dívida de $ 1 milhão, que em termos reais corresponde a $\left(\$1.000/P\right)$, onde P é o nível geral de preços. Se houver uma queda não antecipada dos preços, o valor real da dívida irá aumentar: $\uparrow\left(\dfrac{\$1000}{\downarrow P}\right)$.

Se os contratos de dívida não estiverem indexados, a flexibilidade dos preços e dos salários aumenta os efeitos na distribuição resultantes de choques nominais, aumentando, por conseguinte, os seus efeitos reais. Então, se a propensão marginal a consumir dos devedores for superior àquela dos credores, haverá redução da produção e da renda real.

---

[1] FISHER, Irving. The Debt-Deflation Theory of Great Depression. Econometrica, vol. 1, p. 337-357, 1933.

(Cespe-UnB/Analista Legislativo da Câmara dos Deputados/2002) - Assinale se a proposição abaixo é falsa ou verdadeira:

A teoria da deflação da dívida afirma que deflações não-antecipadas prejudicam os devedores e beneficiam os credores. Então, se a propensão marginal a consumir desses agentes for superior àquela dos devedores, haverá redução da produção e da renda real.

Solução:

Falso. Pelo contrário, somente se a propensão marginal a consumir dos devedores for superior àquela dos credores, haverá redução da produção e da renda real.

4.4. As Principais Teorias da Inflação

Nesta seção, iremos abordar as principais teorias que procuram explicar a inflação, as quais encontram-se sintetizadas na figura a seguir:

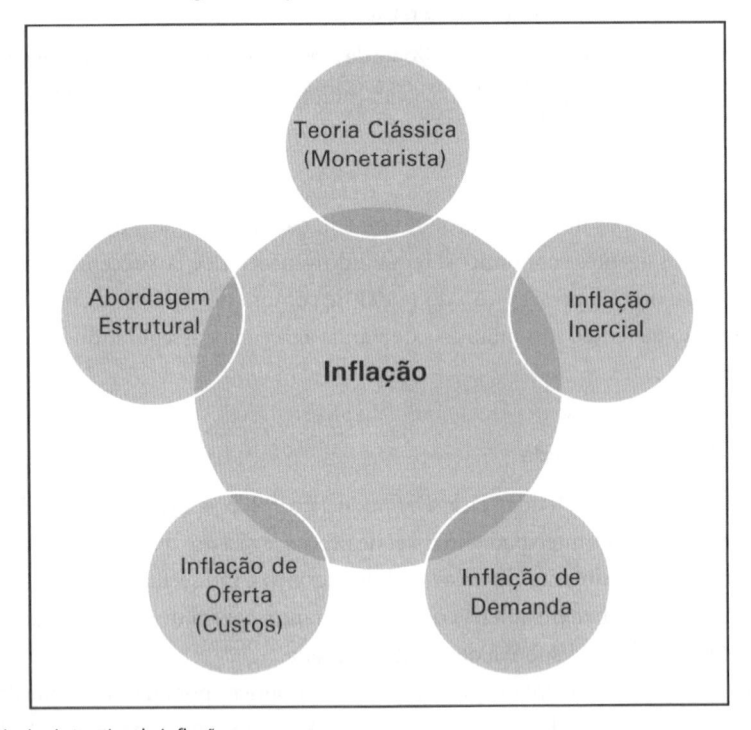

Figura 6: as principais teorias da inflação

4.4.1. *Teoria Clássica da Inflação*

No **modelo clássico**, a inflação é um fenômeno monetário, cuja explicação fundamenta-se na teoria quantitativa da moeda, em que:

$$M\bar{V} = PY_p \Rightarrow\uparrow P = \frac{\uparrow M\bar{V}}{Y_p}$$

onde M é a oferta monetária, $\overline{V}$ é a velocidade-renda da moeda, P é o nível geral de preços e Y_p é o produto de pleno emprego.

(FUNCERN/Economista/Companhia de Águas e Esgotos do Rio Grande do Norte/2014) – Analise as afirmativas a seguir, referentes ao fenômeno da inflação.

I. A inflação de demanda diz respeito ao excesso de demanda agregada na economia.

II. A inflação de custos está ligada a uma insuficiência da demanda agregada.

III. Normalmente, uma valorização cambial eleva os custos dos produtos importados.

IV. Altas taxas de inflação afetam negativamente a distribuição de renda e o Balanço de Pagamentos e desestimulam a aplicação de recursos em terras e imóveis.

Estão corretas as afirmativas:

a) I e III.

b) II e IV.

c) III e IV.

d) I e II.

Solução:

A resposta é a letra "D". As pressões resultantes das duas causas primárias estudadas anteriormente dão origem a dois tipos de inflação, respectivamente, inflação de demanda e inflação de custos (inflação de oferta).

4.4.2. Inflação de Demanda

4.4.2.1. Definição de Inflação de Demanda

Trata-se da inflação resultante de choques sobre a demanda agregada. A inflação de demanda é causada por um aumento da demanda agregada. A elevação contínua e generalizada dos preços é devida a um excesso da demanda agregada sobre a oferta agregada ao nível de preços vigentes, ou seja, é o excesso de demanda global em relação à oferta global. A curva de demanda agregada se desloca para a direita e para cima. Em resumo, há a incapacidade do setor produtivo de atender aos desejos de aquisição de bens, aos preços existentes.

(Economista/Prefeitura Municipal de Iguatu – CE/2013) – Como se denomina o tipo de inflação relacionada ao excesso de demanda agregada em relação à produção disponível de bens e serviços?

a) Inflação de custo;

b) Inflação de demanda;

c) Inflação inercial;

d) Inflação geral;

e) Inflação de oferta.

Solução:

A resposta é a letra "b", ou seja, inflação de demanda.

4.4.2.2. Causas da Inflação de Demanda

Todos os fatores que provocam um deslocamento da curva de demanda agregada para a direita, provocam inflação de demanda. São fatores que deslocam a curva de demanda agregada para a direita e, consequentemente, a inflação de demanda:

(i) **Política fiscal expansionista:** A curva IS se desloca para a direita, aumentando a renda e a taxa de juros, fazendo com que a curva de demanda agregada se desloque para a direita. Para quaisquer níveis de preços, na nova curva de demanda agregada teremos taxas de juros mais elevadas associadas ao respectivo nível de renda, de tal forma que o crescimento da renda se faz acompanhado de uma maior participação do setor público na demanda, tendo em vista que os investimentos se contraem em virtude do aumento da taxa de juros.

(ii) **Política monetária expansionista:** O aumento da oferta monetária, dado um nível de preços constante, representa um deslocamento da curva de demanda agregada, tendo em vista que a taxa de juros se reduzirá, pois aumenta o volume real de moeda (a curva LM se desloca para a direita). O investimento se ampliará a cada nível de preços, pois a estes níveis estarão associadas menores taxas de juros, deslocando a curva de demanda agregada para a direita.

(iii) **Aumento do Consumo Autônomo:** por exemplo, se os sindicatos efetivamente conseguirem um aumento efetivo real de salários, o qual só pode ser obtido se os empresários não reajustarem seus preços em seguida ao aumento de salários nominais, consentindo numa redução da margem de lucros (altamente improvável na prática). Assim, poderia haver um aumento no consumo pelo fato dos trabalhadores terem uma propensão marginal a consumir maior que a dos empresários, o que poderia provocar inflação de demanda $\left(\uparrow \bar{C} \right)$.

(iv) **Desvalorização (Depreciação) real da moeda nacional:** o aumento da taxa de câmbio real torna os produtos nacionais mais competitivas e os produtos importados mais caros. As exportações aumentam e as importações diminuem. Consequentemente haverá um aumento do nível do produto e do emprego. O aumento da taxa de câmbio real também provoca inflação de oferta.

(v) **Aumento das exportações autônomas** $\left(\uparrow \bar{X} \right)$;

(vi) **Diminuição das Importações Autônomas** $\left(\downarrow \bar{M} \right)$;

(vii) **Aumento dos Investimentos Autônomos** $\left(\uparrow \bar{I} \right)$: aumentos dos investimentos internos financiados por empréstimos internacionais. Supondo que a economia se encontre a pleno emprego, um aumento nos níveis de investimento, tudo o mais constante, provocaria inflação de demanda.

(viii) **Aumento das expectativas inflacionárias** $\left(\uparrow \pi^e \right)$: Equação de Fisher: $\bar{i} = \downarrow r + \pi^e \uparrow \therefore \uparrow I$. O fenômeno da ilusão monetária pode originar um processo inflacionário por excesso de demanda. Contudo, conforme será visto a seguir, as expectativas inflacionárias também provocam inflação de oferta.

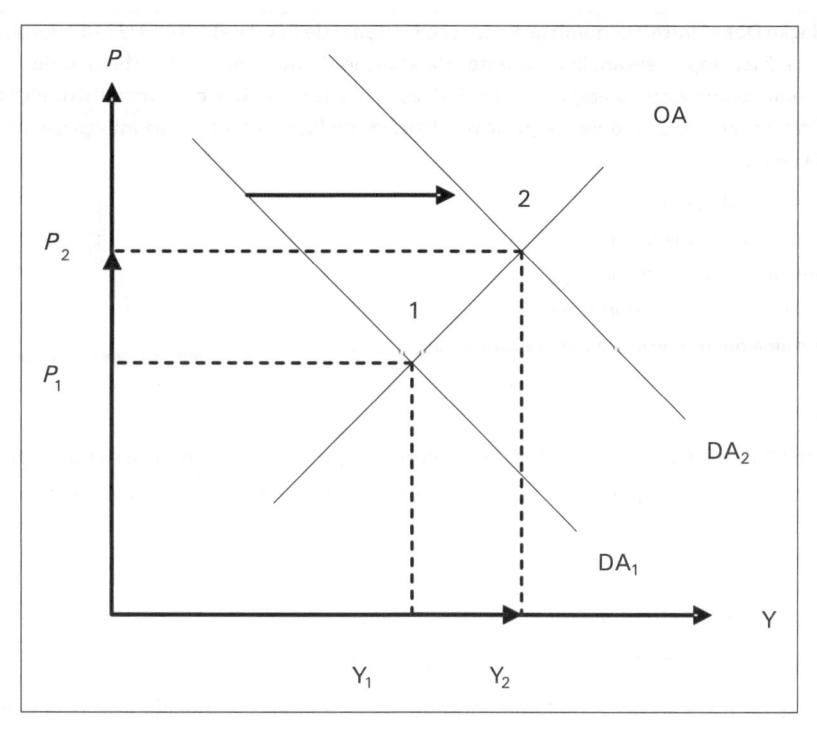

Figura 7: Deslocamento da curva de demanda agregada: inflação de demanda

---

(FUNCAB/Economista/Prefeitura Municipal de Cacoal – RO/2013) – A inflação pode ser definida como um processo contínuo e generalizado de aumento de preços e pode ocorrer quando uma economia estiver utilizando seus recursos produtivos próximo ao pleno emprego. Segundo Vasconcellos, neste caso, em especial, para combater o processo inflacionário, a política econômica deve basear-se em redução dos gastos do governo, aumento da carga tributária, controle do crédito e elevação da taxa de juros. Tal processo inflacionário é definido como inflação:

a) formal.

b) de demanda.

c) de custos.

d) informal.

e) inercial.

Solução:

A reposta é a letra "B", pois se trata de uma inflação de demanda.

Como se combate uma inflação de demanda? Os **economistas monetaristas** julgam mais adequado utilizar política monetária restritiva para diminuir a inflação de demanda, tendo em vista acreditarem que a inflação é um fenômeno monetário. Outras medidas consistentes com uma política monetarista de combate à inflação são: restrições às operações de crédito ao consumidor; elevação da taxa de juros; reajustes salariais abaixo da inflação esperada; e cortes em subsídios governamentais. Já os **economistas keynesianos** preferem enfatizar a utilização da política fiscal restritiva, seja por meio de um aumento da tributação, seja por meio de uma redução dos gastos públicos.

(Fundação Dom Cintra/Economista/Fundação Nacional de Saúde – FUNASA/2010) - As políticas monetária e fiscal representam instrumentos de atuação do governo, com o objetivo de permitir que
a economia opere a pleno emprego, com baixas taxas de inflação e com uma distribuição de renda
justa. Neste sentido, se o objetivo principal do governo fosse o controle da inflação, a medida apropriada seria:

a) fixar a taxa de câmbio
b) diminuir o estoque monetário
c) aumentar os gastos do governo
d) elevar as tarifas de importações
e) ampliar a política de incentivo às exportações

Solução:

A resposta é a letra "b", pois a diminuição do estoque monetária representa uma política monetária restritiva, a qual pode ser utilizada no controle da inflação, especificamente, a inflação de
demanda.

4.4.3. *Inflação de Oferta (Inflação de custos)*

4.4.3.1. Definição de Inflação de Oferta (Inflação de custos)

Trata-se de inflação decorrente de choques sobre a Oferta Agregada. Em outras palavras, a
inflação de oferta é provocada pela diminuição da Oferta Agregada. Devido a um choque de oferta,
a curva de Oferta Agregada se desloca para a esquerda e para cima, aumentando o nível geral de
preços (inflação) e diminuindo o nível do produto (recessão, estagnação), fenômeno esse conhecido
como **estagflação** (isto é, recessão com inflação).

A inflação de oferta é conhecida também como **inflação de custos**, devido à elevação dos
custos de produção, especialmente das taxas de juros, de câmbio, de salários ou dos preços de
importações.

(Cespe-UnB/Professor – Área: Gestão Financeira/Instituto Federal de Educação, Ciência e Tecnologia
de Brasília/2011) – Julgue o item a seguir como verdadeiro ou falso.

Estagflação ocorre quando há, paralelamente, taxas significativas de inflação e recessão econômica com
desemprego.

Solução:

Esse item é verdadeiro, pois estagflação é a combinação de inflação com recessão econômica,
conforme definido anteriormente.

(Cespe-UnB/Consultor do Executivo – Ciências Econômicas/Secretaria de Estado da Fazenda – Governo do Estado do Espírito Santo/2010) – Julgue o item a seguir como verdadeiro ou falso.

Dada a demanda agregada inicial, uma inflação de custos desloca a oferta agregada para a direita, resultando um aumento do nível de preços.

Solução:

Falso. Dada uma demanda agregada inicial, uma inflação de custos (inflação de oferta) desloca a curva de oferta agregada para a esquerda, resultando em um aumento do nível de preços e redução do nível de renda da economia (estagnação econômica), ou seja, estagflação (inflação com recessão econômica).

4.4.3.2. Causas da Inflação de Oferta (ou inflação de custos)

Um choque de oferta adverso causa inflação de oferta. A seguir, são apresentados dois exemplos de choques de oferta adversos:

(i) Aumentos de preços agrícolas em função de intempéries climáticas (geadas, temporais, secas, etc) **ou de outros fatores que reduzam a produção da agricultura** (uma má safra agrícola, por exemplo);

(Fundação Carlos Chagas/Analista Trainee – Economista/Metrô SP/2008) – É um fator determinante de uma inflação de custos:

a) Aumento dos gastos do governo sem aumento correspondente na arrecadação de tributos.

b) Aumento percentual da oferta monetária acima do aumento percentual do produto real.

c) Redução da taxa de juros real em virtude de operações de mercado aberto.

d) Redução dos investimentos privados em virtude de expectativas pessimistas dos agentes econômicos para o futuro.

e) Quebra expressiva da safra agrícola em função de alterações climáticas imprevistas.

Solução:

A resposta é a letra "E". Todos os demais itens se referem aos fatores determinantes da inflação de demanda.

(ii) Elevação autônoma de preços de produtos importados que sejam matérias-primas importantes na produção de bens na economia. Por exemplo, a elevação nos preços internacionais do petróleo na década de 1970 causada pelo cartel dos países produtores – OPEP. Conforme este insumo da produção de inúmeros outros bens e serviços ficou mais caro, as empresas constataram que o custo marginal de produção havia aumentado e, portanto, a curva de Oferta Agregada havia se deslocado para a esquerda. Mais recentemente, podemos citar a invasão do Kwait pelo Iraque em 1990. Quando a produção de petróleo foi interrompida e as Nações Unidas declararam embargo às exportações de petróleo iraquiano, o preço do petróleo subiu vertiginosamente. Depois, no início de 1991, ao ficar evidente a rápida vitória das forças da ONU, o preço do petróleo cai tão rapidamente quanto tinha aumentado.

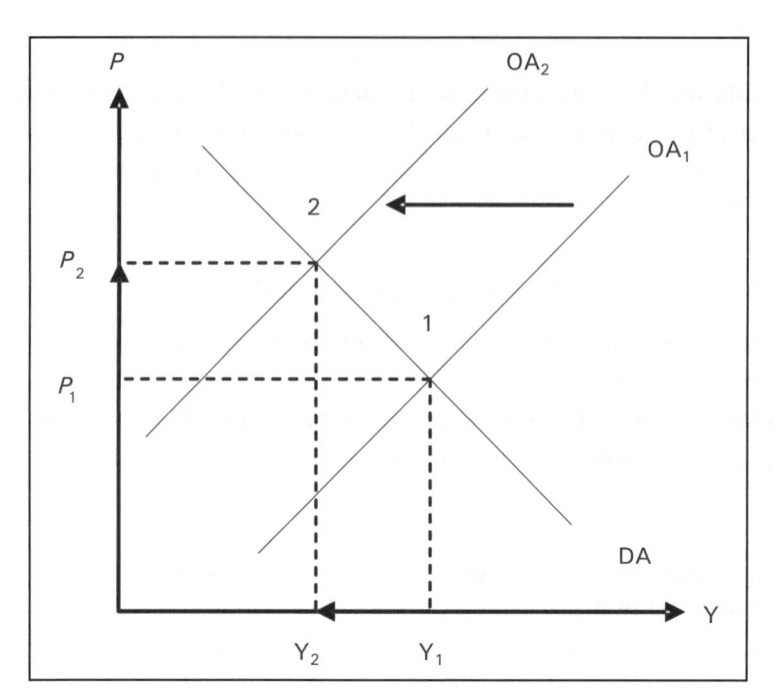

Figura 8: Deslocamento da curva de Oferta Agregada: inflação de oferta

---

(ESAF/Auditor-Fiscal da Receita Federal/2002) – Considere o modelo de oferta e demanda agrega-da, sendo a curva de Oferta Agregada horizontal no curto prazo. Considere um choque adverso de oferta. Supondo que não ocorram alterações na curva de demanda agregada e que o choque de oferta não altere o nível natural do produto, é correto afirmar que

a) no curto prazo, ocorrerá o fenômeno conhecido como "estagflação": uma combinação de inflação com redução do produto. No longo prazo, com a queda dos preços, a economia retornará a sua taxa natural.

b) no curto prazo, ocorrerá apenas queda no produto. No longo prazo, ocorrerá inflação e a economia retornará para o equilíbrio de longo prazo.

c) no curto prazo, ocorrerá apenas inflação. No longo prazo, o produto irá cair até o novo equilíbrio de pleno emprego.

d) se o governo aumentar a demanda agregada em resposta ao choque adverso de oferta, ocorrerá deflação.

e) se a economia encontra-se no pleno emprego, ocorrerá inflação que será mais intensa no longo prazo em relação ao curto prazo.

Solução:

A resposta é a letra "a", pois um choque de oferta provocará um deslocamento da curva de Oferta Agregada para a esquerda e para cima, aumentando o nível de preços e reduzindo o nível do produto, resultando em estagflação (inflação com recessão). Os demais itens estão errados.

(PUC Paraná/Economista/Defensoria Pública do Estado do Paraná/2012) - Aponte, entre as alterna-tivas abaixo, aquela que contempla uma possível causa para a existência de uma inflação de custos:

a) Aumento do volume de moeda em circulação.

b) Redução do volume de moeda em circulação.

c) Aumento da demanda agregada de bens e serviços.

d) Aumento do preço de matérias-primas.

e) Redução da demanda agregada de bens e serviços.

Solução:

A resposta é a letra "d". O aumento do preço de matérias-primas é uma possível causa para a existência de uma inflação de custos.

4.4.3.3. Ineficácia do Governo em Combater a Inflação de Oferta

O deslocamento da Curva de Oferta Agregada para a esquerda e para cima, devido ao choque de oferta, aumenta o nível geral de preços e reduz o nível do produto, provocando estagflação na economia. Tomando como referência o equilíbrio inicial antes do choque de oferta, o governo pode optar por adotar políticas que visem manter controle sobre a inflação, reduzindo-a ao seu patamar inicial antes do choque, ou elevem o nível de renda ao referido patamar inicial. Mas o governo tem controle sobre a demanda agregada, mas não sobre a Oferta Agregada.

(FGV Projetos/Economista/Agência de Fomento do Estado de Santa Catarina S.A. – BADESC/2010) – Com relação aos conceitos de inflação, suas causas e consequências, analise as afirmativas a seguir.

I. Uma política fiscal contracionista para combate à inflação é mais eficiente no caso de uma inflação de demanda do que em uma inflação de custos.

II. Uma política monetária expansionista para combate à inflação é mais eficiente do que uma política contracionista no caso de inflação inercial.

III. Uma política fiscal contracionista para combate à inflação de custos tem como efeito uma diminuição no nível de atividade econômica.

Assinale:

a) se somente a afirmativa I estiver correta.

b) se somente as afirmativas I e III estiverem corretas.

c) se somente as afirmativas I e II estiverem corretas.

d) se somente as afirmativas II e III estiverem corretas.

e) se todas as afirmativas estiverem corretas.

Solução:

Resposta é a letra "b". De fato, uma inflação de demanda se combate com políticas fiscal ou monetária restritivas (contracionistas). Já no caso de uma inflação de oferta (inflação de custos), o uso de uma política fiscal restritiva (contracionista) será o aumento da recessão e, consequentemente, do desemprego, apesar do nível de preços retornar ao patamar inicial antes do choque de oferta.

4.4.4. *Teoria Estruturalista da Inflação*

Essa teoria foi desenvolvida por pesquisadores da Comissão Econômica para a América Latina (CEPAL) entre as décadas de 1950 e 1960 na tentativa de explicar a inflação crônica que vinha assolando os países da área desde a década de 1930. Segundo os adeptos da abordagem estruturalista a inflação é determinada pelos seguintes fatores (LOPES e ROSSETTI, 1998, p. 331-332):

(i) **Inelasticidade da oferta de produtos agrícolas.** (ii) **Desequilíbrio crônico no comércio exterior.** (iii) **Distribuição desigual da renda.** (iv) **Rigidez dos orçamentos públicos.**

(FEPESE/Economista/Celesc Distribuição S.A./2013) - Sobre a teoria estruturalista de combate à inflação, é correto afirmar:

a) Assume-se que os salários, flexíveis e determinados pelo mercado, são fontes importantes de inflação de custos.

b) Um dos componentes da pressão inflacionária é o estrangulamento da oferta agrícola, devido à migração rural-urbana e ao processo de industrialização.

c) Assume-se que existe uma tendência secular de aumento dos preços dos produtos primários, acima dos preços de bens industrializados, no mercado internacional, o que resulta em aumento de preços destes bens essenciais também no mercado interno.

d) Dentre os economistas brasileiros que se afinam com essa proposta teórica estão Eugênio Gudin e Mario Henrique Simonsen.

e) Dentre as causas básicas da inflação, segundo essa concepção, está a ausência de uma regra ou âncora para a emissão de moeda em países em desenvolvimento.

Solução:

A resposta é a letra "B". O estrangulamento da oferta agrícola ocorreria devido ao aumento na demanda de produtos agrícolas em função da migração rural-urbana, do crescimento demográfico e das próprias necessidades criadas pela industrialização. A oferta, contudo, não cresceria no mesmo ritmo, limitada por diversos fatores como a estrutura centralizada da propriedade agrícola e a dificuldade de ampliar as importações, devido as dificuldades enfrentadas no setor externo (balanço de pagamentos).

(Cespe-UnB/Analista de Empresa de Comunicação Pública – Atividade: Economia/Empresa Brasileira de Comunicação/2011) – Julgue o item a seguir, como verdadeiro ou falso.

O fato de a oferta de moeda ser endógena contradiz a visão estruturalista da inflação, de acordo com a qual as altas de preços decorrem de fatores não monetários, tais como o poder de monopólio e os desequilíbrios nos mercados de bens e serviços.

Solução:

Falso. Segundo a Teoria Estruturalista da Inflação, a oferta de moeda é endógena, passiva. Não era o aumento da quantidade de moeda que explicava a inflação, mas era o aumento da inflação, provocada pelo poder de oligopólio e pela necessidade de reduzir as crises cíclicas, que induzia o aumento da oferta monetária.

4.4.5. *Inflação Inercial*

A abordagem inercialista explica a inflação a partir de forças de realimentação, de que é exemplo a indexação generalizada da economia, e de expectativas dos agentes econômicos quanto ao comportamento ascensional dos preços. A abordagem da inflação inercial possui três momentos.

(i)   O primeiro é dado pela contribuição dos economistas da Cepal (Oswaldo Sunkel, Aníbal Pinto, Celso Furtado e Júlio Oliveira) no qual se introduz os seguintes conceitos fundamentais: (i) os pontos de estrangulamento na oferta, provocando a elevação setorial dos preços; (ii) os efeitos propagadores da inflação, generalizando a elevação inicial dos preços para o resto da economia.

(ii) O segundo momento se dá com a contribuição de Ignácio Rangel, em sua obra seminal "A Inflação Brasileira" (1963), na qual apresenta as seguintes ideias: o caráter endógeno da oferta de moeda, a inflação como mecanismo de defesa da própria economia diante da crônica insuficiência de demanda e o conceito de inflação administrada ou oligopolística.

(iii) O terceiro momento da teoria da inflação estrutural ocorre no anos 1980 no Brasil com as contribuições de André Lara Resende, Francisco Lopes, Edmar Bacha, Pérsio Arida, Luiz Bresser Pereira e Adroaldo Moura da Silva.

(Cespe-UnB/Fiscal de Receita Estadual/Secretaria de Estado da Fazenda – Acre/2009) – Os diversos tipos de inflação historicamente registrados estão associados a diferentes teorias e apresentam causas e características próprias. A inflação inercial, por exemplo, caracteriza-se por uma

a) flexibilidade permanente no processo de alta de preços.

b) perda progressiva da memória inflacionária.

c) tentativa contínua de manutenção dos preços relativos.

d) desindexação sistemática dos contratos e obrigações em geral.

Solução:

A resposta é a letra "C". A generalizada indexação da economia constitui um dos principais ingredientes da manutenção do processo inflacionário. Segundo Arida et al. (1986)[2], "a inflação torna-se inercial quando os contratos têm cláusulas de indexação que restabelecem seu valor após intervalos fixos de tempo. O ponto central da inflação inercial é o de que o reajuste do valor nominal dos contratos em 100% da inflação verificada no período prévio não garante a meta de um valor real constante. Isto porque, dada a extensão do período entre os dois reajustes, o valor real médio de um determinado contrato depende da taxa de inflação vigente mesmo que o contrato contemple o pleno reajuste das perdas devidas à inflação passada. A menos que a extensão do período seja mínima, cláusulas de indexação de 100% são uma cobertura imperfeita de inflação. Para um período de indexação determinado, quanto mais curto for o período entre os reajustes, mais elevado será o valor real do contrato. A taxa de inflação e a extensão do período de indexação são duas dimensões cruciais dos contratos com cláusulas de 100% de indexação nos processos de inflação inercial. Estas duas dimensões, contudo, não são independentes. A economia brasileira não constitui exceção à regra de que grandes acelerações da inflação levam a uma redução no prazo normal dos contratos. Considerados os custos de translação envolvidos na reestruturação dos contratos, menores acelerações da inflação não são compensadas por reduções no período de indexação. Mas as perdas causadas por maiores acelerações da inflação tornam inevitável a reformulação legal dos contratos.

---

[2]   ARIDA, Pérsio et al. Inflação zero. Rio de Janeiro: Paz e Terra, 1986. Ver capítulo I, "Inflação Inercial e Reforma Monetária", p. 9-34.

Quanto mais elevada for a taxa de inflação corrente, menor tenderá ser o período de indexação. O retardo no ajuste do período de indexação é uma dádiva ambígua. Do ponto de vista dos choques de oferta, é certamente desejável, porque em uma economia indexada a mudança nos preços relativos provocada por um choque de oferta ocorre através das variações na taxa de inflação. Se os agentes respondem rapidamente a qualquer aceleração da inflação reduzindo a extensão do período de indexação, uma pequena variação nos preços relativos leva a uma aceleração dramática da taxa de inflação. Do ponto de vista da inércia, porém, o retardo no ajuste do período de indexação é um infortúnio. Isto porque é o período de indexação que comanda a memória do sistema econômico."

5. REGIME DE METAS DE INFLAÇÃO NO BRASIL

Segundo Mishkin (1999)[3], as metas de inflação representam uma estratégia de política monetária com pelo menos cinco elementos:

1. O anúncio público de metas quantitativas de médio prazo para a inflação;

2. Um compromisso institucional com a estabilidade de preços – principal objetivo da política monetária, ao qual se subordinam todos os demais;

3. A seleção dos instrumentos de política monetária que leve em conta não somente os agregados monetários e a taxa de câmbio, mas também diversas outras variáveis.

4. A elevada transparência da estratégia de política monetária, pela comunicação ao público em geral e aos mercados dos planos, objetivos e decisões do Banco Central;

5. Responsabilização do Banco Central pelo insucesso das metas de inflação. Em específico, no Brasil caso a meta não seja cumprida, o Presidente do Banco Central divulgará publicamente as razões do descumprimento, por meio de carta aberta ao Ministro de Estado da Fazenda.

(Cespe-UnB/Analista Legislativo/Câmara dos Deputados/2002) – Julgue o item a seguir, como verdadeiro ou falso:

O sistema de metas inflacionárias adotado em julho de 1999 estabeleceu o Índice de Preços ao Consumidor Amplo (IPCA) como indicador para ser usado na condução da política monetária.

Solução:

Verdadeiro. A sistemática de metas de inflação foi instituída no Brasil em 21 de junho de 1999 através do Decreto n° 3.088 com a finalidade de dar a diretriz para fixação do regime de política monetária. O índice que baliza o sistema de metas de inflação é Índice de Preço ao Consumidor Amplo (IPCA) calculado e divulgado pelo Instituto Brasileiro de Geografia e Estatística (IBGE). As metas de inflação, bem como seus intervalos de tolerância, são determinadas pelo Conselho Monetário Nacional (CMN), que toma como ponto inicial uma proposta feita pelo Ministro da Fazenda. O CMN é composto pelo Ministro da Fazenda, pelo Ministro do Planejamento Econômico e pelo presidente do Banco Central.

---

[3] MISHKIN, F. International experiences with different monetary policy regimes. NBER Working Paper n. 6965, february, 1999.

Transcrevemos, a seguir, na íntegra o Decreto nº. 3.088, de 21 de junho de 1999, o qual estabelece a sistemática de metas para inflação como diretriz para fixação do regime de política monetária no Brasil.

DECRETO Nº 3.088, DE 21 DE JUNHO DE 1999.

Estabelece a sistemática de "metas para a inflação" como diretriz para fixação do regime de política monetária e dá outras providências.

O PRESIDENTE DA REPUBLICA, no uso das atribuições que lhe confere o art. 84, inciso IV, da Constituição, e tendo em vista o disposto no art. 4º da Lei nº 4.595, de 31 de dezembro de 1964, e no art. 14, inciso IX, alínea "a", da Lei nº 9.649, de 27 de maio de 1998,

DECRETA:

Art. 1º Fica estabelecida, como diretriz para fixação do regime de política monetária, a sistemática de "metas para a inflação".

§ 1º As metas são representadas por variações anuais de índice de preços de ampla divulgação.

§ 2º As metas e os respectivos intervalos de tolerância serão fixados pelo Conselho Monetário Nacional – CMN, mediante proposta do Ministro de Estado da Fazenda, observando-se que a fixação deverá ocorrer:

I – para os anos de 1999, 2000 e 2001, até 30 de junho de 1999; e

II – para os anos de 2002 e seguintes, até 30 de junho de cada segundo ano imediatamente anterior. (Vide Decreto de 26.6.2002)

Art. 2º Ao Banco Central do Brasil compete executar as políticas necessárias para cumprimento das metas fixadas.

Art. 3º O índice de preços a ser adotado para os fins previstos neste Decreto será escolhido pelo CMN, mediante proposta do Ministro de Estado da Fazenda.

Art. 4º Considera-se que a meta foi cumprida quando a variação acumulada da inflação – medida pelo índice de preços referido no artigo anterior, relativa ao período de janeiro a dezembro de cada ano calendário – situar-se na faixa do seu respectivo intervalo de tolerância.

Parágrafo único. Caso a meta não seja cumprida, o Presidente do Banco Central do Brasil divulgará publicamente as razões do descumprimento, por meio de carta aberta ao Ministro de Estado da Fazenda, que deverá conter:

I – descrição detalhada das causas do descumprimento;

II – providências para assegurar o retorno da inflação aos limites estabelecidos; e

III – o prazo no qual se espera que as providências produzam efeito.

Art. 5º O Banco Central do Brasil divulgará, até o último dia de cada trimestre civil, Relatório de Inflação abordando o desempenho do regime de "metas para a inflação", os resultados das decisões passadas de política monetária e a avaliação prospectiva da inflação.

Art. 6º Este Decreto entra em vigor na data de sua publicação.

Brasília, 21 de junho de 1999; 178º da Independência e 111º da República.

FERNANDO HENRIQUE CARDOSO

Pedro Malan

(Fonte: Presidência da República – Subchefia para Assuntos Jurídicos. Disponível em: << http://www.planalto.gov.br/ccivil_03/decreto/D3088.htm >>).

(Fundação Cesgranrio/Economista Júnior/Petrobrás/2012) - No Brasil, o regime de política monetária atual segue a sistemática de metas de inflação. A meta e seu intervalo de tolerância são

a) referenciados ao Índice Geral de Preços da Fundação Getúlio Vargas.

b) fixados mensalmente pelo Banco Central do Brasil.

c) fixados pelo Conselho Monetário Nacional.

d) alterados se a economia estiver em recessão.

e) prorrogados se não forem cumpridos.

Solução:

A resposta é a letra "C", de acordo com o parágrafo segundo do artigo primeiro do Decreto 3.088/1999.

A tarefa de cumprir os parâmetros da meta de inflação determinados pelo CMN fica a cargo do Comitê de Política Monetária (Copom), que é composto pelo presidente do Banco Central e por seus diretores. Considera-se o cumprimento da meta de inflação quando o resultado do IPCA do ano calendário ficar dentro dos intervalos de tolerância.

Caso a meta não seja cumprida, o presidente do Banco Central divulgará publicamente as razões do descumprimento, por meio de carta aberta ao Ministro da Fazenda que deverá conter, obrigatoriamente, a descrição das causas do descumprimento, as providências para assegurar o retorno da inflação aos limites estabelecidos e o prazo no qual se espera que as providências produzam efeito.

O sistema de metas contempla ainda a publicação trimestral do Relatório de Inflação abordando o desempenho do regime de "metas para a inflação", os resultados das decisões passadas de política monetária e a avaliação prospectiva da inflação.

(Cespe-UnB/Consultor de Orçamento e Fiscalização Financeira/Câmara dos Deputados/2014) - Acerca do regime de metas de inflação, julgue os itens subsecutivos.

(0) A taxa de juros é o principal instrumento utilizado em um regime de metas de inflação, o que faz com que um efeito colateral desse regime, quando comparado a outros regimes de política monetária, seja a maior volatilidade dos juros, da taxa de crescimento do produto interno bruto e da taxa de câmbio.

Solução:

Falso. De fato, no Brasil, o Comitê de Política Monetária do Banco Central (COPOM) definiu a taxa de juros Selic como instrumento de política monetária para controlar o nível de preços no regime monetário de metas de inflação.

Sabemos que o uso de uma taxa de juros real elevada para atrair a entrada de capitais de curto prazo tem como efeito colateral reduzir as possibilidades de crescimento econômico.

(1) O nível da taxa de juros compatível com uma dada taxa de inflação depende da taxa de poupança da economia. No caso brasileiro, em que a taxa de poupança é baixa em relação à média dos países emergentes que utilizam o sistema de metas de inflação, o resultado é uma taxa de juros elevada, quando comparada à taxa média desses outros países.

Solução:

Verdadeiro, conforme estudado anteriormente.

(2) O regime de metas de inflação adota como âncora nominal da política monetária a própria meta de inflação e é incompatível com a adoção de metas de expansão dos agregados monetários.

Solução:

Verdadeiro, conforme estudado anteriormente.

Anexo – Demanda e Oferta Agregada: Abordagem Matemática para Certames Avançados de Economia

A.1. QUATRO MODELOS DE OFERTA AGREGADA

A curva de Oferta Agregada de Lucas pode ser expressa pela seguinte equação:

$$Y = Y_p + \alpha \left(P - P^e \right) \qquad (1)$$

Esta equação implica a existência de um *trade-off* entre inflação e desemprego. A seguir, estudaremos os quatro principais modelos de Oferta Agregada que desembocam na equação da curva de Oferta Agregada de Lucas, conforme exposto em Mankiw (2005):

A.1.1. Modelo dos Salários Nominais Rígidos no Curto Prazo

<u>Hipótese</u>: Os salários nominais são rígidos no curto prazo. Nas atividades sindicalizadas, os salários nominais são fixados em contratos trabalhistas, o que dificulta uma rápida adaptação às mudanças econômicas.

(i) Fixando o salário nominal, um aumento no nível de preços diminui o salário real, tornando o trabalho mais barato: $\downarrow \left(\bar{W}/\uparrow P \right)$.

(ii) Um salário real menor induz as empresas a contratarem mais trabalho.

(iii) A maior quantidade de trabalho contratado aumenta o produto.

Essa relação positiva entre nível de preços e quantidade produzida significa que a curva de Oferta Agregada é positivamente inclinada no período em que o salário nominal não pode ser modificado.

Suponha que os trabalhadores e empresas negociem e concordem com um salário nominal antes de saber qual será o nível de preços vigente quando o acordo entrar em vigor. O salário nominal pode ser representado por:

$$W = w \times P^e \tag{2}$$

onde W é o salário nominal W, w é o salário real objetivado, e P^e é o nível de preços esperado. Depois de fixado o salário nominal e antes que a mão-de-obra tenha sido contratada, as empresas tomam conhecimento do nível de preços vigente, P. O salário real passa a ser:

$$\left(\frac{W}{P}\right) = w \times \left(\frac{P^e}{P}\right) \tag{3}$$

A equação acima mostra que o salário real se desvia do salário objetivado se o nível de preços vigentes difere do esperado.

Se o nível de preços vigente é mais elevado do que o esperado, o salário real é inferior àquele objetivado: $\downarrow\left(W/P\right) = w \times \left(P^e/\uparrow P\right)$.
Por outro lado, ao nível de preços vigentes inferior ao objetivado, o salário real será maior do que o objetivado: $\uparrow\left(W/P\right) = w \times \left(P^e/\downarrow P\right)$

Assume que o nível de emprego é determinado pela quantidade de trabalho que as firmas demandam, e mostrando que quanto menor o salário real, mais trabalho será contratado:

$$L = L^d\left(\frac{W}{P}\right) \tag{4}$$

O produto é determinado pela função de produção, mostrando que quanto mais trabalho for contratado, maior será a quantidade produzida:

$$Y = F\left(L\right) \tag{5}$$

Alterações inesperadas dos preços afastam o salário real daquele pretendido, e esse afastamento exerce influência sobre a quantidade de trabalho contratado e a quantidade produzida. A curva de Oferta Agregada pode ser representada por

$$Y = Y_p + \alpha \left(P - P^e \right) \Rightarrow Y - Y_p = \alpha \left(P - P^e \right) \tag{6}$$

O produto se desvia de seu nível natural (produto de pleno emprego) se o nível de preços se afasta do nível de preços esperado.

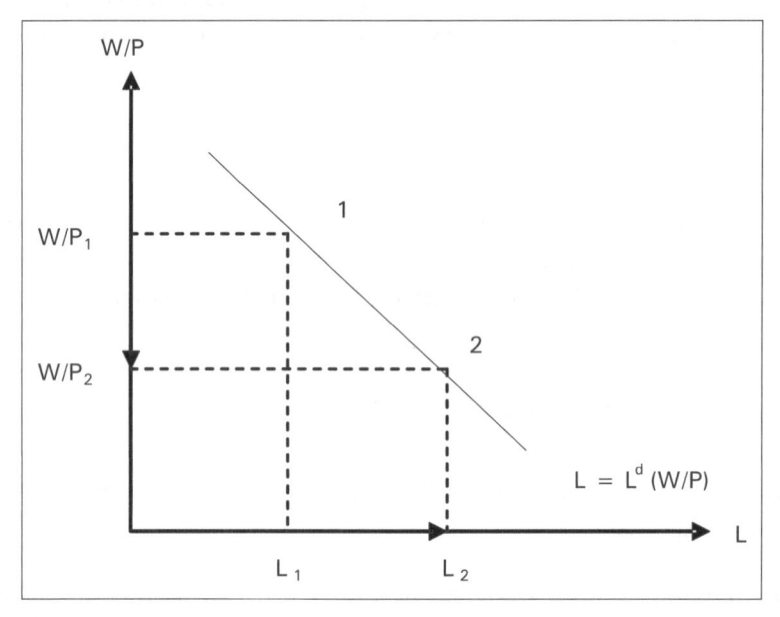

Figura A.1: Demanda por mão-de-obra

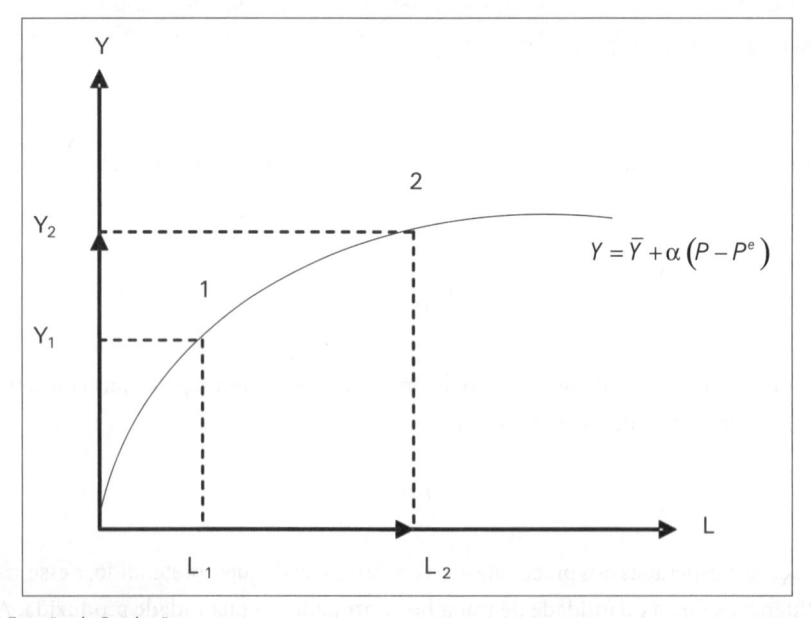

Figura A.2: Função de Produção

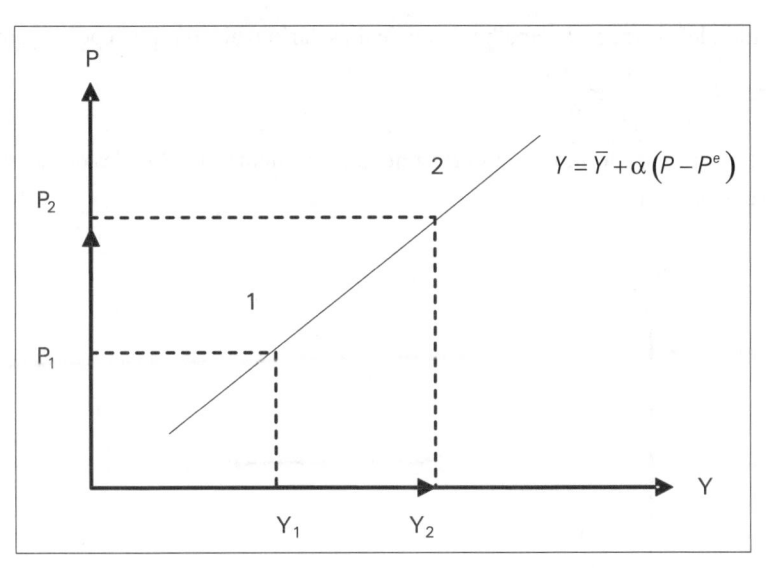

Figura A.3: Curva de Oferta Agregada

(Cespe-UnB/Analista de Comércio Exterior/2001) – Julgue o item que se segue como verdadeiro ou falso.

A teoria keynesiana dos salários rígidos explica porque, no longo prazo, a curva de Oferta Agregada é vertical.

Solução:

Falso. A teoria keynesiana dos salários rígidos explica porque, no longo prazo, a curva de Oferta Agregada é positivamente inclinada.

A.1.2. Modelo de Percepção Equivocada dos Trabalhadores

Também conhecido como **Modelo da Informação Imperfeita dos Trabalhadores**. Hipóteses:

(i) Os salários podem se ajustar rapidamente para equilibrar a oferta e a demanda por trabalho;

(ii) Movimentos inesperados no nível de preços influenciam a oferta de trabalho porque os trabalhadores temporariamente confundem salários reais e nominais.

A quantidade demandada de trabalho: $L = L^d \left(W/P \right)$ (10)

A quantidade ofertada de trabalho: $L = L^S \left(W/P^e \right)$ (11)

Os trabalhadores conhecem seus salários nominais, W, mas não conhecem o nível de preços global, P. Quando decidem o quanto trabalhar, eles consideram o salário real esperado, que é o produto do salário real vigente, W/P, e da percepção equivocada dos trabalhadores acerca do nível de preços, P/P^e: $\dfrac{W}{P^e} = \dfrac{W}{P} x \dfrac{P}{P^e}$ (7)

A quantidade ofertada de trabalho depende do salário real e das percepções equivocadas dos trabalhadores: $L^S = L^S\left(\dfrac{W}{P} x \dfrac{P}{P^e}\right)$ \hfill (8)

Se P^e permanece o mesmo quando P aumenta, o aumento em P/P^e desloca a curva de oferta de trabalho para a direita.

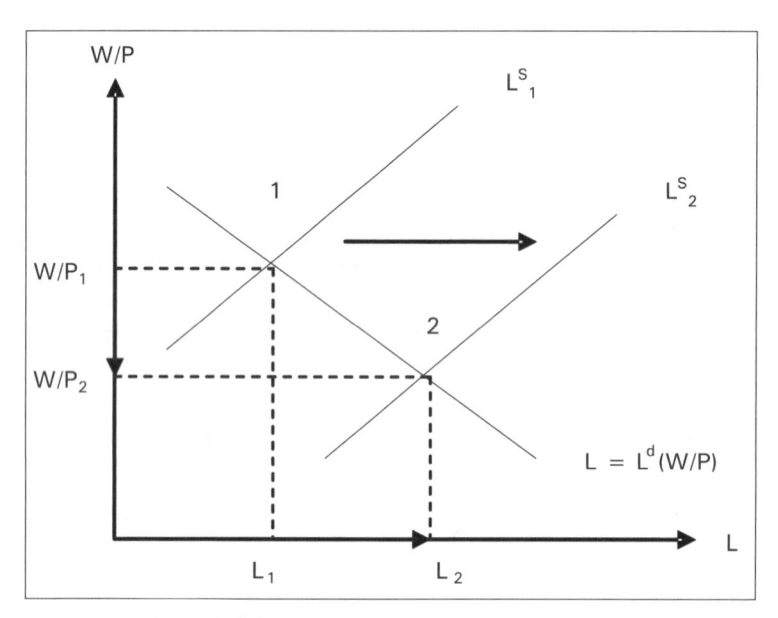

Figura A.4: Aumento inesperado no nível de preços

Supõe-se que as empresas estão mais bem informadas do que os trabalhadores e que reconhecem a queda nos salários reais, de modo que contratam mais trabalhadores e produzem mais. Em resumo, quando os preços se desviam de seu nível esperado, induzem os trabalhadores a alterar a oferta de mão-de-obra. O modelo da percepção equivocada do trabalhador implica uma curva de Oferta Agregada semelhante àquela do modelo dos salários rígidos, ou seja,

$$Y = Y_p + \alpha\left(P - P^e\right) \Rightarrow Y - Y_p = \alpha\left(P - P^e\right)$$ \hfill (9)

O produto se afasta de sua taxa natural (produto de pleno emprego) quando o nível de preços se afasta do nível esperado.

Suponha que o nível de preços P aumenta e que os trabalhadores esperavam por isso. Nesse caso, P^e cresce proporcionalmente a P, de modo que a oferta e a demanda de trabalho não mudam. O salário real e o nível de emprego permanecem constantes. Os salários nominais sobem no mesmo montante que os preços.

Suponha, agora, que o nível de preços sobe sem que os trabalhadores esperassem por isso e sem que o percebam. Neste caso, P^e permanece inalterado. Então, a qualquer salário real, os trabalhadores estão dispostos a oferecer mais trabalho porque acreditam que o salário real é mais alto do que é na realidade. O aumento de P/P^e desloca para a direita a curva de oferta de trabalho. O deslocamento da curva de oferta reduz o salário real e aumenta o nível de emprego. O aumento nos salários nominais provocado pelo aumento dos preços nominais leva os trabalhadores a acreditarem que seu salário real é mais alto, levando-os a oferecer mais trabalho. O salário nominal aumenta menos do que o nível de preços.

(Cespe-UnB/Analista Legislativo – Economia/Câmara dos Deputados/2002) – Julgue o item que se segue como verdadeiro ou falso.

De acordo com o modelo de percepções equivocadas dos trabalhadores, aumentos não-antecipados do nível de preços deslocam a curva de oferta de trabalho para a direita, contribuindo, assim, para aumentar o nível de emprego.

Solução:

Esse item é verdadeiro, porque aumentos não antecipados do nível de preços deslocam a curva de oferta de trabalho para baixo e para a direita, contribuindo para aumentar o nível de emprego.

A.1.3. Modelo da Informação Imperfeita

Hipóteses:

(i) os mercados estão em equilíbrios;

(ii) os ofertantes confundem mudanças no nível total de preços com mudanças nos preços relativos.

Principais ideias:

(i) Os ofertantes decidem o nível de sua produção de acordo com o preço relativo de seu produto, em relação ao nível geral de preços agregado.

(ii) Por não terem conhecimento dos preços de todos os outros bens na economia, os ofertantes precisam estimar o preço relativo de seus produtos usando o preço nominal de seu produto e sua expectativa do nível de preço geral.

(iii) Quando o nível de preços agregado aumenta inesperadamente, o ofertante infere, de maneira equivocada, que os preços relativos dos bens que ele produz aumentaram.

(iv) Diante das circunstâncias, ele trabalha mais e produz mais.

Portanto, o modelo da informação imperfeita diz que, quando os preços são maiores que os preços esperados, os ofertantes inferem que os preços relativos dos bens que produzem aumentaram, o que os induz a aumentar a produção. O modelo implica na curva de oferta de Lucas:

$$Y = Y_p + \alpha \left(P - P^e \right) \tag{10}$$

O produto se afasta de sua taxa natural quando o nível de preços se afasta do nível esperado. O produtor acha que o preço relativo de seu produto aumentou ("preço-surpresa"), mesmo que apenas o nível de preços geral da economia tenha aumentado.

A.1.4. Modelo dos Preços Rígidos

Esse modelo põe em evidência que as empresas não ajustam instantaneamente os preços às mudanças registradas na demanda[4]. Os preços são determinados por contratos de longo prazo entre a empresa e seus clientes. Mesmo sem a existência de acordos formais, as empresas podem manter os preços fixos para não perturbar seus clientes com alterações frequentes nos preços. Alguns preços são rígidos devido a estrutura de mercado: uma vez que a empresa imprimiu e distribuiu seu catálogo de preços, é difícil alterá-lo. Considere-se a decisão a ser tomada por uma empresa individual que tem algum poder de monopólio sobre seus preços.

O preço desejado pela empresa, p, depende de duas variáveis macroeconômicas:

(1º) o nível geral de preços, P: um aumento no nível geral de preços implica que os custos da empresa são mais altos. Logo, maior será preço que a empresa cobrará pelo seu produto.

(2º) o nível da renda agregada, Y: Um aumento de renda aumenta a demanda pelos produtos da empresa. Como os custos marginais aumentam com o acréscimo de produção, quanto maior a demanda, mais alto o preço desejado pela empresa.

O preço desejado pela empresa pode ser representado por:

$$p = P + a\left(Y - Y_P\right) \tag{11}$$

onde $a > 0$; p = preço desejado. Considere dois tipos de empresas: as que possuem preços flexíveis, pois elas sempre estabelecem seus preços em conformidade com essa equação; e as empresas que possuem preços rígidos, pois anunciam seus preços com antecedência, baseadas em sua expectativa acerca das condições econômicas. Essas últimas empresas fixam seus preços com base na expressão:

$$p = P^e + a\left(Y^e - Y_P\right) \tag{12}$$

Suponhamos que essas empresas esperam que o produto se mantenha em sua taxa natural, de modo que o termo $a\left(Y^e - Y_P\right)$ seja igual a zero. Então, as empresas fixam o preço como $p = P^e$. Se s é a parcela de empresas com preços rígidos e $1 - s$ é a parcela de empresas com preços flexíveis, então o nível de preços geral será:

$$P = sP^e + \left(1-s\right)\left[P + a\left(Y - Y_P\right)\right] \tag{13}$$

---

[4] ROTEMBERG, J. Monopolistic Price Adjustment and Aggregate Output. Review of Economic Studies, 49, 1982.

O primeiro termo é o preço das empresas com preços rígidos ponderado por sua participação na economia, sP^e. O segundo termo é o preço das empresas com preços flexíveis, ponderado pela respectiva participação na economia, $(1-s)\left[P+a(Y-Y_P)\right]$. Subtraindo $(1 - s)P$ de ambos os lados, obteremos:

$$P-(1-s)P = sP^e +(1-s)\left[P+a(Y-Y_P)\right]-(1-s)P \Rightarrow$$
$$P-P+sP = sP^e +(1-s)P+(1-s)\left[a(Y-Y_P)\right]-(1-s)P \Rightarrow sP = sP^e +(1-s)\left[a(Y-Y_P)\right]$$

Dividindo ambos os lados por s, chega-se a seguinte expressão do nível de preços global:

$$P = P^e + \left[\frac{(1-s)a}{s}\right](Y-Y_P) \tag{14}$$

Assim, quando as empresas esperam um nível de preços alto, esperam também custos elevados. As empresas que determinam seus preços com antecedência, fixam-nos altos. Esses preços altos levam outras empresas a elevar também seus preços. Logo, um nível de preços esperado alto provoca um nível de preços observado também alto.

Quando o produto é elevado, a demanda por bens é alta. As empresas cujos preços são flexíveis fixam seus preços em nível elevado, o que aumenta o nível de preços. O efeito do produto sobre o nível de preços depende da proporção das empresas com preços flexíveis. Em resumo, o nível de preços geral depende do nível esperado de preços e do nível de produto. Rearranjando os termos, podemos chegar à seguinte equação da curva de oferta:

$$Y = Y_P +\alpha\left(P-P^e\right) \tag{15}$$

Onde $\alpha = \dfrac{s}{\left[(1-s)a\right]}$. O produto se afasta de sua taxa natural quando o nível de preços se afasta do nível esperado.

A.1.5. Implicações Econômicas dos Modelos de Oferta Agregada

A partir da análise dos quatro modelos até o momento estudados, duas implicações de política econômica podem ser obtidas:

(i) O produto se afasta de sua taxa natural quando o nível de preços se afasta do nível esperado.

(ii) A neutralidade monetária de longo prazo e a não-neutralidade de curto prazo são perfeitamente compatíveis.

A.2. LEI DE OKUN

A **Lei de Okun** estabelece uma relação entre produto e desemprego. Essa lei mostra que o hiato do produto, isto é, a diferença entre o produto potencial (Y_p) em relação ao produto efetivo (Y) é proporcional à diferença entre a taxa de desemprego e a taxa natural de desemprego, e é expressa da seguinte forma:

$$\left(\mu - \mu_N \right) = \lambda \left(Y_P - Y \right) \tag{16}$$

onde λ é o parâmetro que mede a elasticidade (sensibilidade) do desemprego em relação ao hiato do produto ($\lambda > 0$).

μ = **taxa de desemprego**: é a diferença entre o total de trabalhadores dispostos a trabalhar (N_T) e os que estão efetivamente trabalhando (N), em relação ao total. É o percentual da força de trabalho que não tem emprego, ou seja, é a razão entre o número de desempregados e a força de trabalho:

$$\mu = \frac{N_T - N}{N_T} \tag{17}$$

μ_N = **taxa de natural desemprego**[5]: é a taxa de desemprego que existe em uma situação de equilíbrio de longo prazo, isto é, é a taxa de desemprego que surge das fricções do mercado de trabalho que existem quando o mercado de trabalho está equilibrado. Mesmo em uma situação de pleno emprego, existe algum desemprego. A taxa de desemprego natural é a diferença entre o total de trabalhadores capazes (N_T) e os que efetivamente trabalham em uma situação de pleno emprego (N_P) em relação ao total, ou seja:

$$\mu_N = \frac{N_T - N_P}{N_T} \tag{18}$$

$\left(Y > Y_p \rightarrow \mu_N > \mu \right) \Rightarrow$ Quando o produto corrente é superior à sua taxa natural (produto potencial), o desemprego é inferior à sua taxa natural.

$\left(Y_p > Y \rightarrow \mu > \mu_N \right) \Rightarrow$ Quando o produto corrente é inferior à sua taxa natural (produto potencial), o desemprego é superior à sua taxa natural.

---

[5] Também conhecida como taxa de desemprego de pleno emprego. É considerada a taxa de desemprego adquirida para manter a taxa de inflação constante, ou é a taxa de desemprego na qual as decisões sobre preços e salários são compatíveis.

A.3. CURVA DE OFERTA AGREGADA DE LUCAS

Considere que os agentes formam expectativas em relação ao preço que vigorará no próximo período, de acordo com suas expectativas sobre o comportamento da demanda agregada. Os desvios do produto de sua taxa natural são decorrentes da diferença entre o nível de preços efetivo e o nível de preços esperado. A curva de Oferta Agregada de Lucas tem a seguinte forma:

$$Y = Y_p + \alpha\left(P - P^e\right) + \varepsilon \therefore \alpha > 0 \Leftrightarrow P = P^e + \frac{1}{\alpha}\left(Y - Y_p\right) + \varepsilon \tag{19}$$

onde, α = elasticidade (sensibilidade) dos preços ao produto) ε são choques aleatórios de oferta.

Observem que os desvios do produto de sua taxa natural são decorrentes da diferença entre o nível de preços efetivo e o nível de preços esperado. O nível de preços efetivo é determinado pela oferta monetária e por choques aleatórios de demanda. Se os agentes econômicos formam expectativas racionais sobre a inflação – utilizam todas as informações disponíveis e nunca cometem erros sistemáticos de avaliação – e conhecem a regra de variação do estoque monetário, pode-se afirmar que, na ausência de choques aleatórios de oferta ou de demanda, o nível do produto efetivo é igual ao do produto natural. Em tese, três situações devem ser consideradas:

$\left(P > P^e \leftrightarrow Y > Y_p\right) \Rightarrow$ Se o nível de preços correntes (efetivo) for superior ao nível de preços esperado, o produto corrente excederá sua taxa natural (ou produto potencial).

$\left(P^e > P \leftrightarrow Y_p > Y\right) \Rightarrow$ Se o nível de preços correntes (efetivo) for inferior ao nível de preços esperados, o produto corrente será menor que sua taxa natural (ou produto potencial).

$\left(P = P^e \leftrightarrow Y_p = Y\right) \Rightarrow$ Caso as expectativas dos agentes se confirmem com o nível de preços igualando o nível esperado, o produto corrente iguala o produto potencial. Consequentemente, a Curva de Oferta Agregada será vertical.

$$P = P^e\left[1 + \gamma\left(Y - Y_p\right)\right] \Rightarrow P = P^e\left[1 + \gamma\,Y - \gamma Y_p\right] \Rightarrow P = P^e + P^e\gamma\,Y - P^e\gamma Y_p \Rightarrow$$

$$P - P^e = P^e\gamma\,Y - P^e\gamma Y_p \Rightarrow P - P^e = P^e\gamma\left(Y - Y_p\right) \Rightarrow Y - Y_p = \frac{1}{P^e\gamma}\left(P - P^e\right) \tag{20}$$

$$\Rightarrow Y - Y_p = \frac{1}{P^e\gamma}\left(P - P^e\right) \therefore \alpha = \frac{1}{P^e\gamma}$$

Assim, políticas econômicas expansionistas não esperadas pelos agentes resultarão no curto prazo tanto em elevação do produto como dos preços, mas no longo prazo, apenas os preços serão afetados:

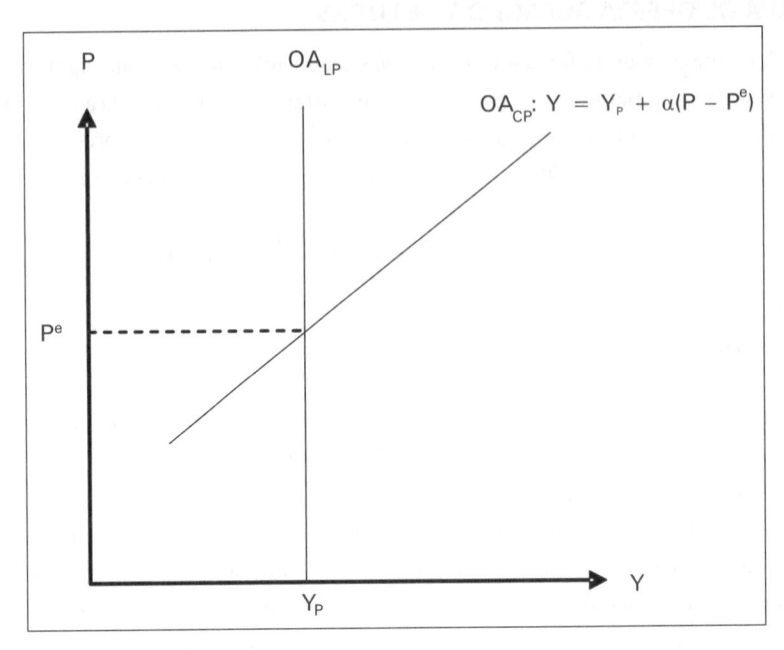

Figura A.5: Curva de Oferta de Lucas

Suponha que o nível de preços esperado seja P^e_1, correspondendo ao nível ao qual, dada certa expectativa em relação às políticas monetária e fiscal, a curva de demanda agregada (DA_1) intercepta o produto. Suponha que as autoridades econômicas têm informação que não está disponível aos agentes privados. Uma política fiscal ou monetária expansionista e inesperada fará com que a curva de demanda agregada se desloque para a direita e para cima (DA_2). Dessa forma, o nível de preços será superior ao esperado, situando-se em P_1, com o que o produto será superior à sua taxa natural (Y_1), observando-se super emprego, o que pressiona os salários nominais. Quando os agentes reveem suas expectativas de preços ou quando renegociam os salários nominais, a curva de Oferta Agregada de curto prazo se desloca para cima e para esquerda (OA_{CP2}), levando à nova ampliação dos preços com redução do produto, que volta ao nível potencial. Assim, os deslocamentos da curva de demanda agregada provocam flutuações no produto somente no curto prazo. No longo prazo, demonstra-se a hipótese clássica da curva de Oferta Agregada vertical.

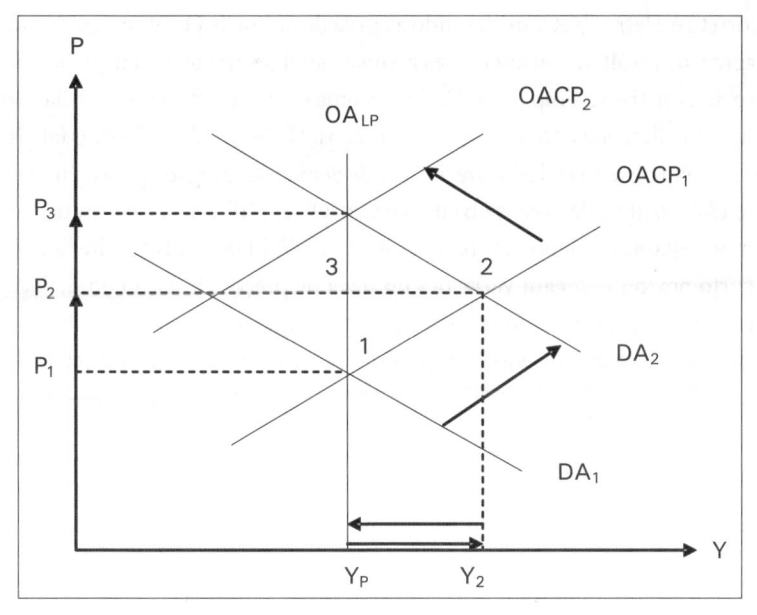

Figura A.6: Expansão da Demanda Agregada: efeitos no curto e no longo prazo

Note que um aumento de preços provoca um deslocamento <u>na</u> curva de oferta de Lucas, ao passo que um aumento de preços esperado provoca um deslocamento <u>da</u> curva de oferta de Lucas.

(ESAF/Auditor-Fiscal da Previdência Social/ 2002) – Considere a seguinte equação para a curva de Oferta Agregada de curto prazo:

$Y = Y_p + \alpha(P - P^e)$

Onde: Y = produto agregado; Y_p = produto de pleno emprego; $\alpha > 0$; P = nível geral de preços; P^e = nível geral de preços esperados.

Com base nas informações constantes da equação acima; e considerando as curvas de Oferta Agregada de longo prazo e de demanda agregada, é correto afirmar que:

a) Uma política monetária expansionista não altera o nível geral de preços, tanto no curto quanto no longo prazo.

b) Alterações na demanda agregada resultam, no curto prazo, em alterações tanto no nível geral de preços quanto na renda.

c) No curto prazo, uma política monetária expansionista só altera o nível geral de preços.

d) O produto estará sempre abaixo do pleno emprego, mesmo no longo prazo.

e) Alterações na demanda agregada, tanto no curto quanto no longo prazo, só geram inflação, não tendo qualquer impacto sobre a renda.

Solução:

O item correto é a letra "b". Considerando a curva de oferta de Lucas, no curto prazo alterações na demanda agregada resultam em alterações no nível geral de preços e no nível de renda. Contudo, no longo prazo demonstra-se a hipótese clássica de uma curva de Oferta Agregada vertical, em que se observam apenas alterações no nível geral de preços. Os itens "a" e "c" estão falsos porque uma política monetária expansionista deslocará a curva de demanda agregada para a direita, aumentando o produto (a renda) e o nível de preços no curto prazo. O item "d" está falso porque, no longo prazo, o produto sempre estará no pleno emprego. O item "e" está falso porque alterações na demanda agregada no curto prazo provocam variações no nível de preços (inflação ou deflação) e no nível do produto (expansão econômica ou recessão), ao passo que no longo prazo observam-se apenas variações no nível geral de preços porque o produto se encontra a pleno emprego.

Capítulo 10

Curva de Phillips e Expectativas

1. A CURVA DE PHILLIPS

1.1. Versão Original

Em sua **versão original**[1], a **Curva de Phillips** mostrava o *trade-off* (relação antagônica) entre a **taxa de crescimento do salário nominal ou taxa de inflação salarial** $\left[g_w = \left(W - W_{-1} \right)/W_{-1} \right]$ e a **taxa de crescimento do desemprego** $\left[g_\mu = \left(\mu - \mu_N \right)/\mu_N \right]$; onde W é salário nominal no período corrente; W_{-1} é o salário nominal no período anterior; μ é a taxa de desemprego e μ_N é a taxa de desemprego natural.

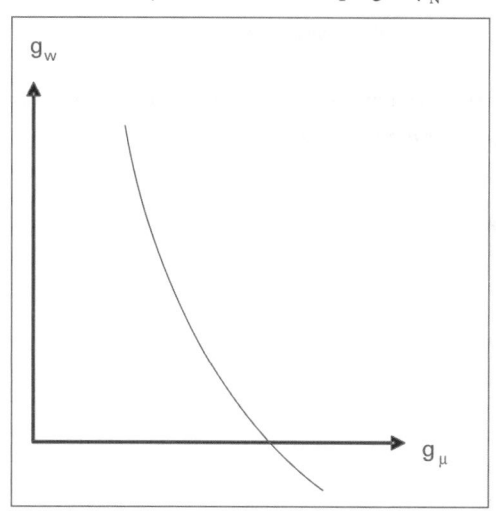

Figura 1: A Curva de Phillips (versão original)

---

[1] PHILLIPS, A. The Relation Between Unemployment and the Rate of Change of Money Wages in the United Kingdom, 1861-1957. Economica, 1958.

O artigo de Phillips de 1958 identificou uma relação negativa entre aumentos de salários e desemprego para a economia inglesa através de uma longa série de dados (1861-1957).

Assim, a equação da Curva de Phillips era dada por:

$$g_w = -\varepsilon \, (\mu - \mu_N) \tag{1}$$

Onde ε é o parâmetro que mede a sensibilidade dos salários em relação ao nível de desemprego; μ é a taxa de desemprego; μ_N é a taxa de desemprego natural.

(Cespe-UnB/Analista de Correios – Economista/2011) – Julgue o item a seguir como verdadeiro ou falso.

A curva de Phillips mostra que a taxa de crescimento dos salários nominais é igual à taxa de inflação mais uma função decrescente da taxa de desemprego.

Solução:

A resposta é a letra "b", pois a versão original da curva de Phillips mostra o *trade-off* entre a taxa de crescimento dos salários e o nível de desemprego.

1.2. Versão Atual

Em 1960, dois economistas americanos, Paul Samuelson e Robert Solow (ganhadores do prêmio Nobel de economia no ano de 1970 e 1987, respectivamente), aplicaram o modelo de Phillips para os Estados Unidos. Porém, substituíram a taxa de variação dos salários nominais (g_w) pela taxa de inflação dos preços (π_t), alegando existir praticamente uma igualdade entre elas. Também encontraram uma relação inversa entra as duas variáveis. A partir de então, a Curva de Phillips passou a ser a pedra fundamental na decisão de políticas macroeconômicas, em que os governos poderiam escolher entre inflação e desemprego no curto prazo. A equação da Curva de Phillips passa a ser:

$$\pi = -\varphi(\mu - \mu_N) \tag{2}$$

Logo, em sua **versão atual, a Curva de Phillips mostra o *trade-off* (relação antagônica) entre inflação (π) e desemprego (μ) no curto prazo.**

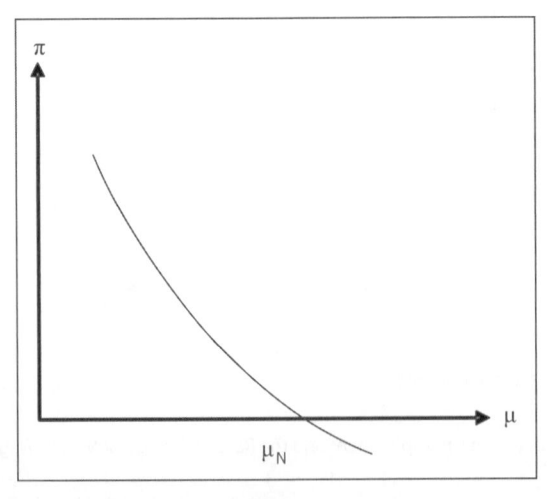

Figura 2: A Curva de Phillips.

(Cespe-UnB/Consultor do Executivo – Ciências Econômicas/Secretaria de Estado da Fazenda – Governo do Estado do Espírito Santo/2010) – Julgue o item a seguir como verdadeiro ou falso.

A curva de Phillips surgiu da relação entre salários monetários e taxas de desemprego. Posteriormente, a curva de Phillips moderna adotou a inflação de preços, incorporando a inflação esperada e os choques de oferta.

Solução:

Verdadeiro. Em sua versão original, a Curva de Phillips mostrava o *trade-off* (relação antagônica) existente entre taxa de crescimento do salário nominal (ou taxa de inflação salarial) e a taxa de crescimento do desemprego. Posteriormente, Posteriormente, a curva de Phillips moderna adotou a inflação de preços, incorporando a inflação esperada e os choques de oferta, de modo que representava, desta vez, o *trade-off* entre taxa de inflação e taxa de desemprego.

(FUNCAB/Economista/Instituto Brasileiro de Museus – IBRAM/2010) - No que se refere ao estudo da macroeconomia, os economistas sempre buscam saber, por exemplo, como os fenômenos econômicos são constituídos e como eles se relacionam entre si. É o caso da chamada curva de Phillips. Esta surge no final dos anos de 1950 e torna-se a partir de então um dos principais instrumentos da tomada de decisão de políticas macroeconômicas. Nesse sentido, numa análise de curto prazo, a curva de Phillips mostra uma relação:

a) inversa entre a taxa de inflação de demanda e a taxa de inflação de custos.

b) inversa entre a taxa de inflação e a taxa de desemprego.

c) direta entre a taxa de inflação e a taxa de desemprego.

d) direta entre a taxa de inflação de custos e a taxa de inflação inercial.

e) direta entre a taxa de inflação inercial e a taxa de inflação de demanda.

Solução:

A resposta é a letra "b", pois a versão atual da curva de Phillips descreve a relação de *trade-off* entre taxa de inflação e taxa de desemprego.

1.3. Inclinação da Curva de Phillips

Os formuladores de política econômica buscam dois objetivos: inflação reduzida e baixa taxa de desemprego. A Curva de Phillips é uma forma alternativa de expressar a Oferta Agregada. Caso se pretende diminuir o desemprego, disso resultará mais inflação e vice-versa. O combate à inflação exige ampliação do desemprego, ou seja, impõe-se uma taxa de sacrifício para a sociedade. Note que, quanto mais horizontal for a Curva de Phillips, maior será o sacrifício decorrente de um processo de estabilização econômica, quanto mais horizontal a Curva de Phillips, mais variação no desemprego é necessária para afetar um pouco a taxa de inflação, o que torna uma política de combate à inflação com base no desemprego mais custosa para a sociedade (e vice-versa).

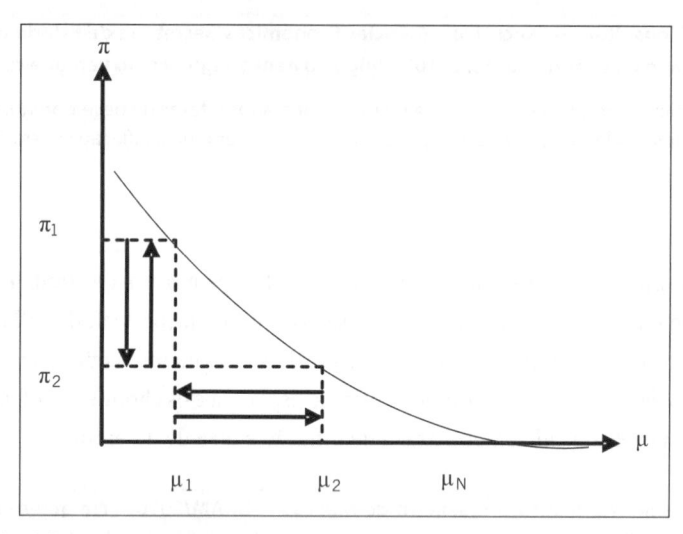

Figura 3: A Curva de Phillips (menos inclinada, mais horizontal)

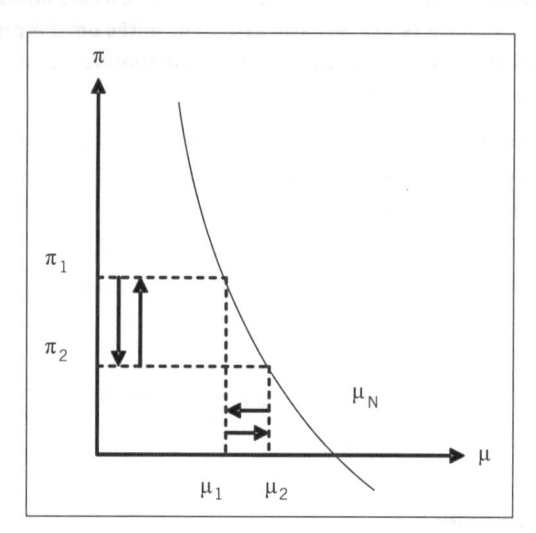

Figura 4: A Curva de Phillips (mais inclinada, mais vertical)

1.4. Deslocamentos na Curva de Phillips

Deslocamentos da curva de demanda agregada causam um deslocamento na curva de Phillips, ou seja, a inflação de demanda provoca deslocamentos na Curva de Phillips, isto é, ao longo da Curva de Phillips.

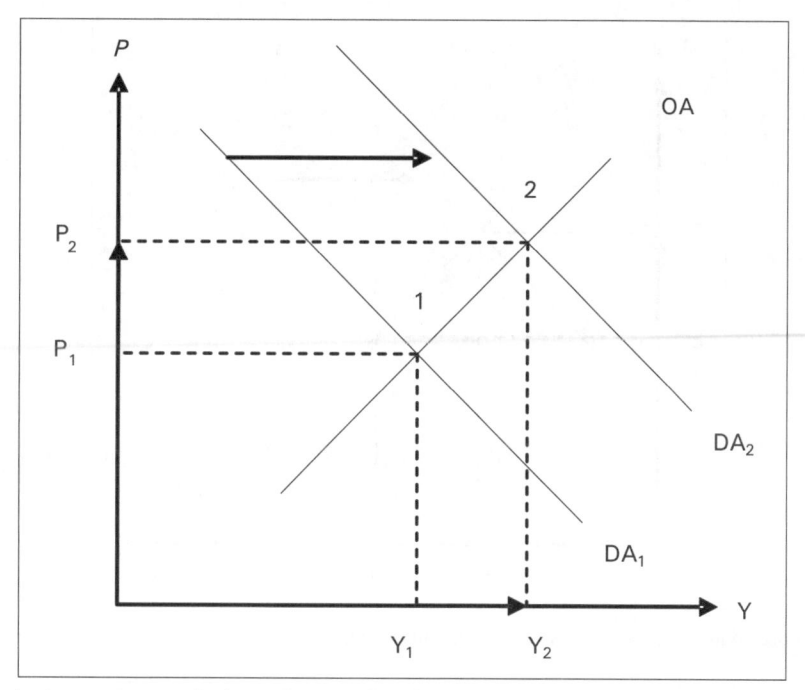

Figura 5: Deslocamento da curva de demanda agregada: inflação de demanda

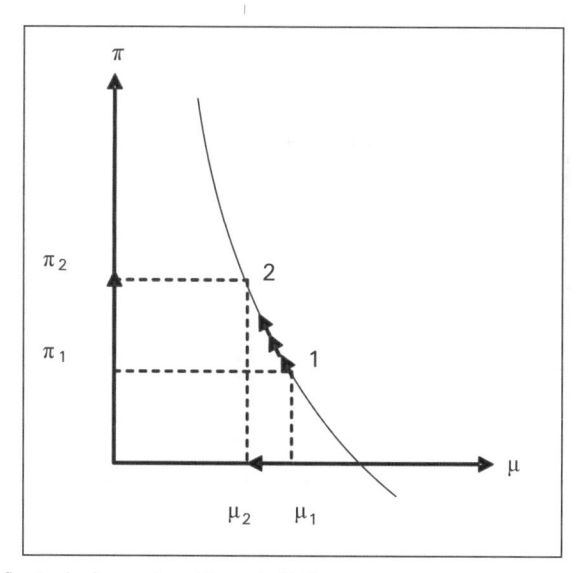

Figura 6: Os efeitos da inflação de demanda na Curva de Phillips

1.5. Deslocamentos da Curva de Phillips

Deslocamentos da curva de oferta agregada causam um deslocamento da curva de Phillips, ou seja, a inflação de oferta provoca deslocamentos da curva de Phillips, isto é, é a própria Curva de Phillips que se desloca para a cima e para a direita.

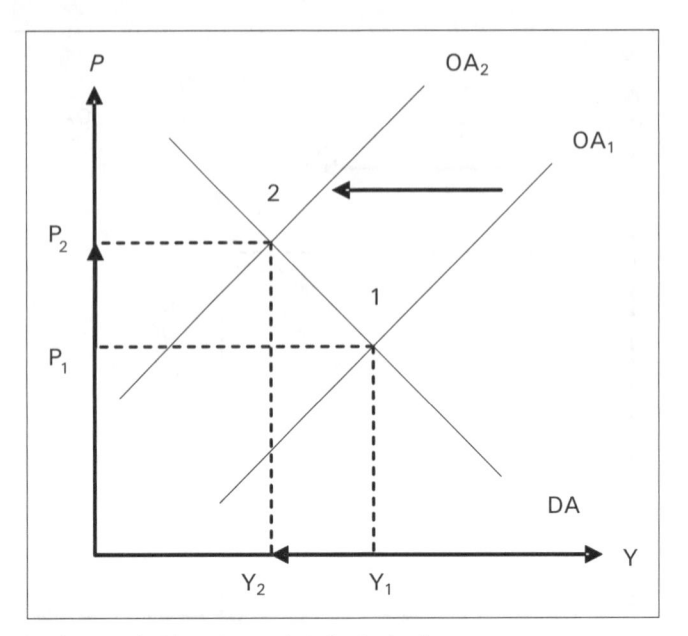

Figura 7: Deslocamento da curva de Oferta Agregada: inflação de oferta

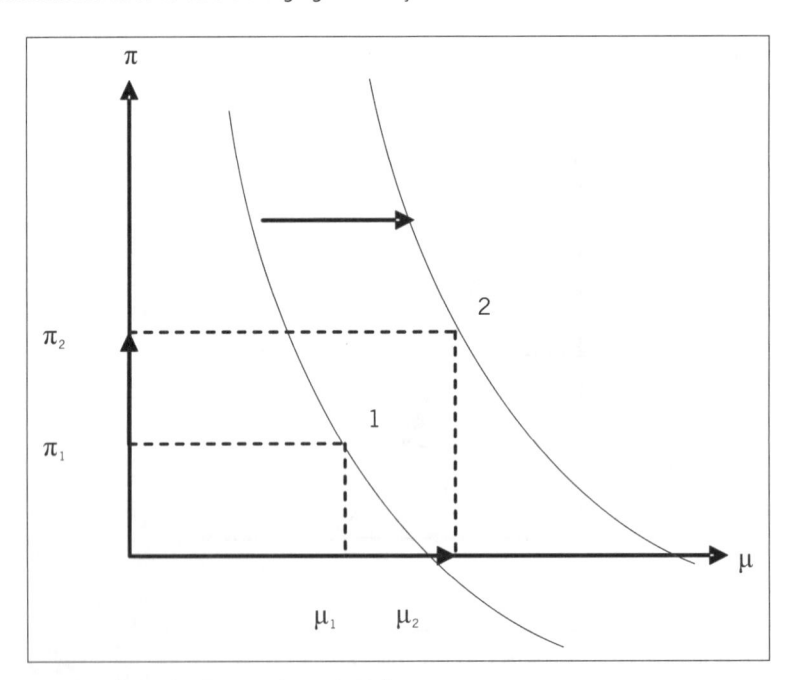

Figura 8: Os efeitos da inflação de oferta na Curva de Phillips

---

(Cespe-UnB/Consultor do Executivo – Ciências Econômicas/Secretaria de Estado da Fazenda – Governo do Estado do Espírito Santo/2010) – Julgue o item a seguir como verdadeiro ou falso.

Na relação entre a demanda agregada e a curva de Phillips, o aumento na demanda agregada conduz a um deslocamento ao longo dessa mesma curva e o choque de custos desloca toda a curva de Phillips.

Solução:

Verdadeiro. Conforme estudado anteriormente, os deslocamentos da curva de demanda agregada causam um deslocamento <u>na</u> curva de Phillips, ou seja, a inflação de demanda provoca deslocamentos na Curva de Phillips, isto é, ao longo da Curva de Phillips. Por outro lado, os deslocamentos da curva de oferta agregada causam um deslocamento <u>da</u> Curva de Phillips, ou seja, a inflação de oferta (inflação de custos) provoca deslocamentos da Curva de Phillips, isto é, é a própria Curva de Phillips que se desloca para a cima e para a direita.

2. CURVA DE PHILLIPS EXPANDIDA PELAS EXPECTATIVAS: A EMENDA FRIEDMAN-PHELPS

De acordo com Blanchard (2001), nas décadas de 1950 e 1960, o Reino Unido e os Estados Unidos experimentaram uma notável estabilidade de preços a longo prazo, caracterizada por taxas de inflação baixas, bem como expectativas de inflação baixas e estáveis, de modo que os governos desses países defendiam um *trade-off* permanente entre inflação e desemprego.

A **primeira crítica** à Curva de Phillips surgiu nos Estados Unidos, a partir dos anos 1960, em que a inflação teve um aumento consistente, fazendo com que os agentes revisassem suas expectativas de inflação. Nesta situação, esperar que os preços de um ano fossem os mesmo do ano passado (expectativas adaptativas) tornava-se incorreto.

A **segunda crítica** surgiu em 1968, onde dois economistas monetaristas, Milton Friedman e Edmond Phelps, argumentaram que a Curva de Phillips original se deslocaria ao longo do tempo quando os trabalhadores e as firmas se acostumassem e passassem a esperar pela inflação contínua. A taxa natural de desemprego era a taxa de desemprego friccional consistente com o mercado de trabalho estando equilibrado (NAIRU – *Non-accelerating Inflation Rate of Unemployment*). Assim que o desemprego estivesse acima da taxa natural, mais pessoas estariam procurando emprego do que seria consistente com o equilíbrio do mercado de trabalho. Este excesso de desemprego deveria fazer com que o salário real caísse, de modo que as firmas iriam querer contratar mais trabalhadores e menos pessoas vão querer trabalhar, reduzindo, portanto, a taxa de desemprego para sua taxa natural. Similarmente, quando o desemprego está abaixo da taxa natural, existem bem menos pessoas disponíveis para as firmas para encontrarem emprego tão rapidamente quanto conseguiram normalmente. O salário real deve aumentar, levando as firmas a quererem contratar menos trabalhadores e atraindo mais pessoas para a força de trabalho. A taxa de desemprego subiria para o seu nível natural. Portanto,

Friedman e Phelps argumentavam que, enquanto pode haver um hiato no curto prazo entre inflação e desemprego, não há nenhum hiato no longo prazo. Portanto, no que ficou conhecida posteriormente como "Emenda Friedman - Phelps", a Curva de Phillips negativamente inclinada passou a ser apenas uma relação de **curto prazo**. No longo prazo a Curva de Phillips é uma reta vertical. Estava rejeitada a ideia de que os governos poderiam escolher entre emprego e inflação. A partir de então, com a incorporação das expectativas de inflação na Curva de Phillips, temos a chamada Curva de Phillips modificada, expandida pelas expectativas:

$$\pi = \pi^e - \varphi(\mu - \mu_N) \tag{3}$$

Em que π^e = taxa esperada de inflação.

Friedman defendia as expectativas adaptativas (conceito a ser analisado logo a seguir), segundo a qual o agente aprenderia com os erros cometidos no passado, levando isso em conta na sua expectativa de hoje.

(UFG/Técnico de Planejamento, Orçamento e Finanças/Universidade do Estado do Amapá/2014) – A curva de Phillips aumentada pelas expectativas demonstra relação negativa entre a taxa de desemprego

a) e a inflação, supondo que os agentes possuem expectativas adaptativas.

b) e a variação da inflação, supondo que os agentes possuem expectativas adaptativas.

c) e a inflação dos salários, supondo que os agentes possuem expectativas racionais.

d) e a variação da inflação, supondo que os agentes possuem expectativas racionais.

Solução:

A resposta é a letra "b". A Curva de Phillips expandida pelas expectativas demonstra relação negativa entre a taxa de desemprego e a variação da inflação, supondo que os agentes possuem expectativas adaptativas.

Friedman e Phelps argumentam que a inflação esperada ($\pi^e > 0$) é dada por um deslocamento da curva de Phillips para a direita, ao passo que uma deflação esperada ($\pi^e < 0$) é dada por um deslocamento da curva de Phillips para a esquerda.

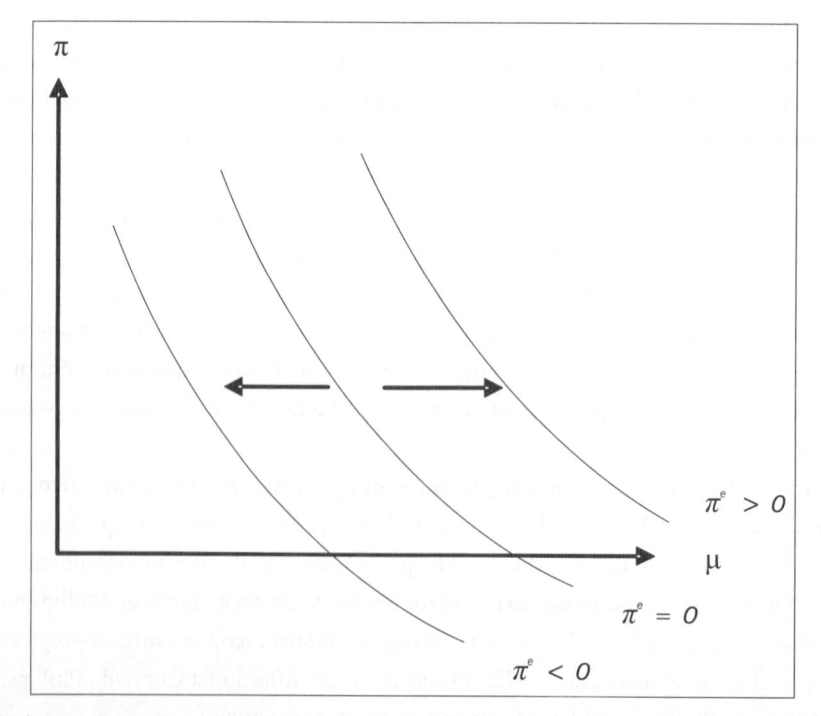

Figura 9: Deslocamentos na Curva de Phillips

A **terceira crítica** surgiu em virtude dos dois choques do petróleo nos anos 1970, em que a estagflação[2] pôs em cheque esta possibilidade de *trade-off*, e reviveu as críticas de Friedman e Phelps. As Crises do Petróleo (1973 e 1979) provocaram altas taxas de inflação e desemprego, contradizendo a hipótese da Curva de Phillips no curto prazo.

(NCE/UFRJ – Economista/Eletronorte 2006) – Na segunda versão da curva de Phillips, desenvolvida pelos monetaristas, o trade-off entre inflação e desemprego:

a) só existia no curto-prazo;

b) não existia;

c) existia tanto no curto quanto no longo prazo;

d) era inconsistente com sua versão aceleracionista;

e) existia apenas no longo-prazo.

Solução:

A resposta é a letra "a". Os monetaristas Milton Friedman e Edmond Phelps argumentaram que o *trade-off* entre inflação e desemprego só existiria no curto prazo, pois no longo prazo a curva de Phillips seria uma reta vertical.

3. A CURVA DE PHILLIPS COMO ESPELHO DA CURVA DE OFERTA AGREGADA

Na verdade, a curva de Phillips e a curva de oferta agregada representam a mesma curva, mas escrita em planos diferentes. Em outras palavras, trata-se de "duas faces de uma mesma moeda". No diagrama preço *versus* renda, a curva de oferta agregada é crescente. No diagrama inflação versus desemprego, a curva de Phillips é decrescente. Para cada curva de Phillips existe uma única curva de oferta agregada e, vice-versa, para cada curva de oferta agregada existe uma única curva de Phillips. A curva de Phillips é decrescente porque a curva de oferta agregada é crescente, e vice-versa, a curva de oferta agregada é crescente porque a curva de Phillips é decrescente.

4. CURVA DE OFERTA AGREGADA DE LONGO PRAZO E CURVA DE PHILLIPS DE LONGO PRAZO

A curva de oferta agregada de longo prazo é vertical, pois a economia não pode operar acima do nível de pleno emprego, ou seja, no longo prazo a curva de oferta agregada é vertical ao nível do produto de pleno emprego (y_p). Como a curva de oferta agregada de longo prazo é vertical, então a curva de Phillips de longo prazo também é vertical, ou seja, a curva de Phillips de longo prazo é vertical ao nível da taxa natural do desemprego (μ_N).

Note que a curva de oferta agregada de longo prazo e a curva de Phillips de longo prazo também são verticais devido à: (i) limitação física da produção; (ii) neutralidade da moeda (expansão monetária gera inflação, mas não altera o nível do produto); (iii) dicotomia clássica (variáveis no-

---

[2] **Estagflação** é a situação de produto declinante e preços em ascensão, ou seja, combinação de estagnação (recessão) e inflação.

minais não alteram variáveis reais); (iv) inelasticidade do produto ao preço; (v) quando os preços esperados forem idênticos aos preços realizados: o mercado de trabalho estará sempre em equilíbrio.

A figura 10 mostra que a Oferta Agregada de Longo Prazo é vertical (ao **nível do produto de pleno emprego**) e que a Curva de Phillips de Longo Prazo também é vertical (ao **nível da taxa natural de pleno-emprego**).

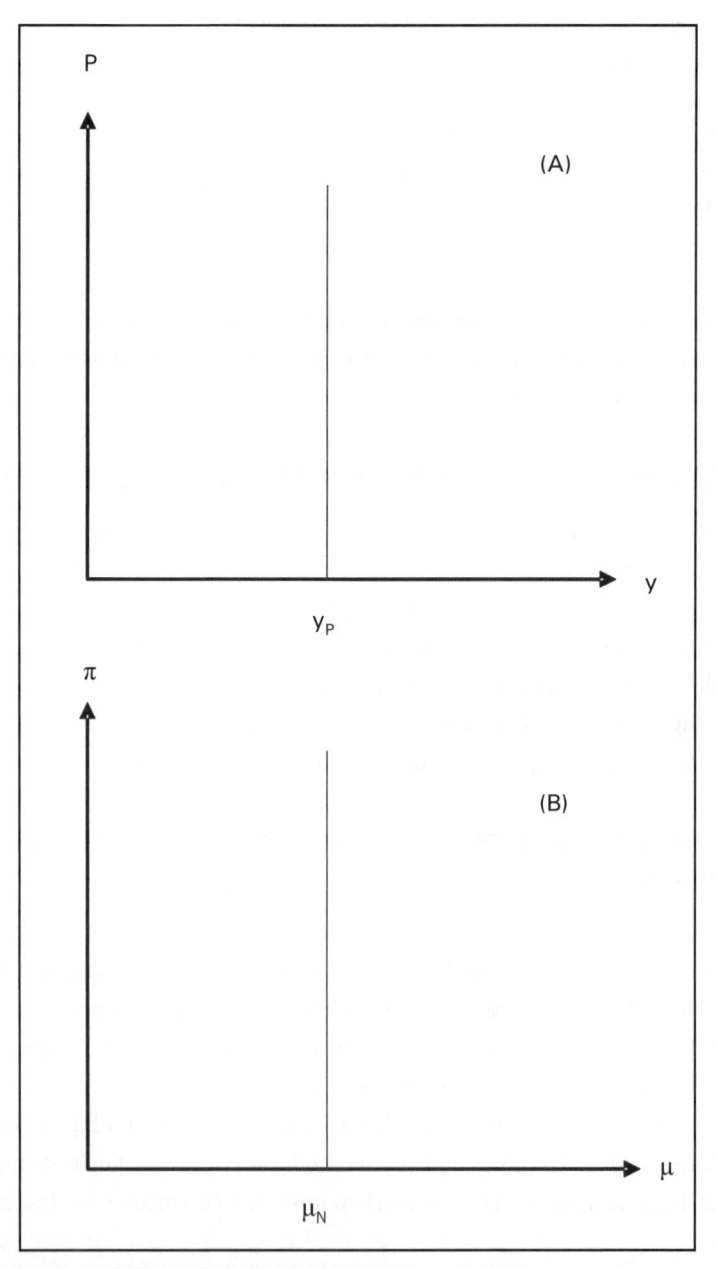

Figura 10: Curva de Oferta Agregada Vertical (A) e Curva de Phillips vertical (B)

(UFG/Técnico de Planejamento, Orçamento e Finanças/Universidade do Estado do Amapá/2014) - A curva de Phillips evidencia o *trade-off* entre as taxas de desemprego e de inflação. Sendo assim, na perspectiva de longo prazo,

a) o desemprego diminui quando a inflação aumenta.

b) o desemprego aumento quando a inflação aumenta.

c) a relação, no longo prazo, é vertical, pois a economia se encontra na taxa natural de desemprego.

d) a relação, no longo prazo, é vertical, pois depende da expansão monetária.

Solução:

A resposta é a letra "c". No longo prazo, a Curva de Phillips é vertical ao nível da taxa natural do desemprego (μ_N).

5. EQUAÇÃO DA CURVA DE PHILLIPS

Segundo essas três modificações, pode-se representar a versão atual da curva de Phillips a partir da seguinte equação:

$$\pi = \pi^e - \varphi(\mu - \mu_N) + \varepsilon \tag{4}$$

onde: π = taxa de inflação; π^e = taxa esperada de inflação; μ = taxa de desemprego; μ_N = taxa natural de desemprego; ε = choques de oferta; φ = elasticidade da inflação ao desemprego (parâmetro maior do que zero)

De acordo com a equação acima, há inicialmente três causas para a inflação:

(i) **Inflação esperada**: a inflação existe porque as pessoas acreditam que haverá inflação. A inclusão da inflação esperada deve-se a Milton Friedman e Edmund Phelps.

Aumentar/Diminuir a inflação de demanda significa deslocamentos **na Curva de Phillips**, ao passo que **aumentar/diminuir a inflação esperada** significa **deslocamentos da Curva de Phillips**.

(ii) **Desemprego cíclico**, que é o afastamento do desemprego de sua taxa natural. Isso ocorre devido ao fato de que o desemprego situa-se abaixo do nível natural, isto é, o produto corrente supera o produto potencial ($\mu_N > \mu \Rightarrow Y > Y_p$), levando a elevações no nível geral de preços, correspondente à **inflação de demanda**. Note que há um sinal de menos antes do termo do desemprego cíclico: desemprego alto tende a reduzir a inflação, ao passo que desemprego baixo empurra a inflação para cima. O parâmetro φ mede o quanto a inflação responde ao desemprego cíclico.

Para que o desemprego diminua, as empresas devem contratar mais trabalhadores, o que se faz com a queda do salário real. Mesmo que os salários nominais se elevem devido ao menor desemprego, seu aumento deve ser inferior ao do nível geral de preços, de modo que o salário real diminua e aumente o emprego.

(iii) **Choques de oferta**: A inserção da variável aleatória ruído branco (ε) representa os choques de oferta, por exemplo, a elevação dos preços das matérias primas devido ao choque do petróleo, uma alteração do salário mínimo ou controle do governo sobre os preços. Corresponde à **inflação de oferta** ou **inflação de custos,** pois os choques de oferta são eventos que elevam os custos de produção:

$$\pi = \underbrace{\pi^e}_{componente\ inercial} - \underbrace{\phi(\mu - \mu_N)}_{inflação\ de\ demanda} + \underbrace{\varepsilon}_{inflação\ de\ oferta} \qquad (5)$$

Inflação = (inflação esperada) − φ × (desemprego cíclico) + (choque de oferta)

> Um **choque de oferta positivo** ou favorável, por exemplo, uma redução dos preços agrícolas, desloca para a esquerda e para baixo a Curva de Phillips. Por exemplo, o excesso de petróleo na década de 1980, que levou a uma queda em seu preço, significa que ε tem sinal negativo, levando a uma redução na inflação.
>
> Um **choque de oferta negativo** ou desfavorável, por exemplo, a Crise do Petróleo na década de 1970, desloca a Curva de Phillips para a direita e para cima. O termo ε tem sinal positivo.

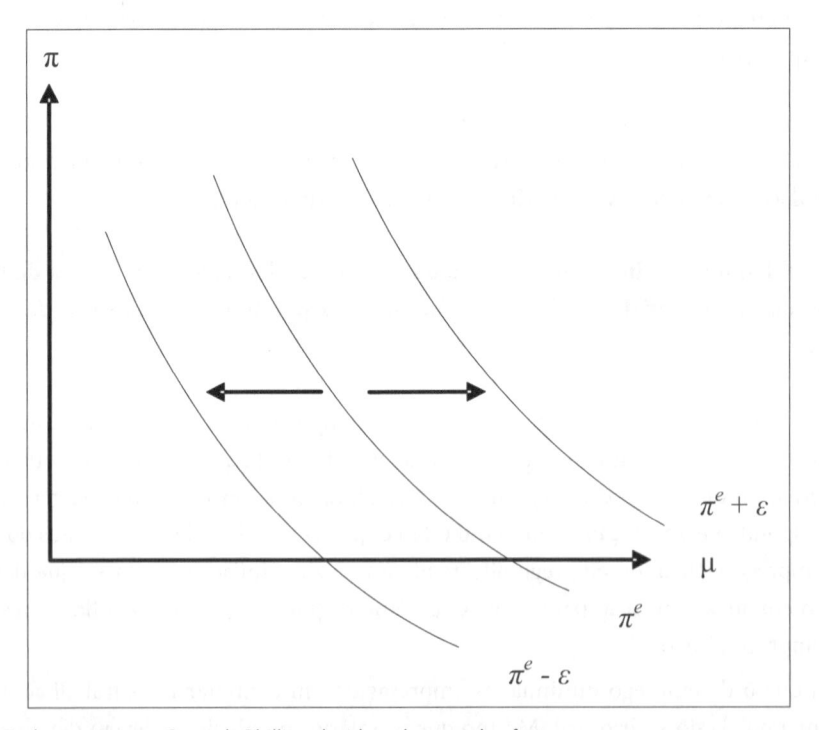

Figura 11: Deslocamentos na Curva de Phillips, devido a choques de oferta

O valor esperado de um ruído branco é igual a zero e a variância é constante: $E(\varepsilon) = 0$ e $VAR(\varepsilon) = \sigma^2$. Os choques de oferta podem ser positivos ou negativos. Algumas situações podem ser analisadas a seguir:

(i) $\pi^e = 0 \therefore \not\exists\varepsilon \Rightarrow \pi = -\phi(\mu - \mu_N) \Rightarrow$ Se a inflação esperada é zero e caso não haja choques de oferta, a única explicação para a inflação passa a ser o nível de emprego;

(ii) $\mu = \mu_N \Rightarrow \pi = \pi^e = 0 \therefore \not\exists\varepsilon \Rightarrow$ Se a inflação esperada é zero, a taxa de desemprego esteja em seu nível natural e não haja choques de oferta, a inflação será igual a zero;

(iii) $\pi^e = 0 \Rightarrow \mu_N > \mu \Rightarrow \not\exists\varepsilon \Rightarrow$ Se a inflação esperada é zero, a taxa de desemprego seja inferior à taxa natural de desemprego e não há choques de oferta, haverá inflação;

(iv) $\pi^e = 0 \Rightarrow \mu > \mu_N \Rightarrow deflação \therefore \not\exists\varepsilon \Rightarrow$ Se a inflação esperada é zero, a taxa de desemprego seja superior à taxa natural de desemprego e não há choques de oferta, haverá deflação[3];

(Cespe-UnB/Analista do Banco Central do Brasil/2013) – Julgue o item a seguir como verdadeiro ou falso.

De acordo com as modificações propostas por Milton Friedman e Edmund Phelps para a curva de Philips, a taxa de desemprego deveria ser mantida acima do que consideraram a taxa natural de desemprego, na qual o nível de preços existente é igual ao nível de preços esperado e a inflação atual corrente correspondente à inflação esperada.

Solução:

O gabarito oficial indica que essa questão é verdadeira. Mas note que, de acordo com a Curva de Phillips expandida pelas expectativas, quando a taxa de desemprego é igual a taxa natural de desemprego, a taxa efetiva de inflação é igual a taxa de inflação esperada, ou seja, a inflação é igual a sua expectativa. Logo, a taxa de desemprego deveria ser igual ao que se chamam de taxa natural de desemprego, para que o nível de preços existente seja igual ao nível de preços esperado, e a inflação atual corrente corresponda à inflação esperada.

(ESAF/AFC-STN/2000) - Podemos representar a curva de Phillips a partir da seguinte equação:

$\pi = \pi^e - \beta(u - u^n) + \varepsilon$

onde: π = taxa de inflação (π^e = taxa esperada de inflação); u = taxa de desemprego (u^n = taxa natural de desemprego); ε = choques de oferta; β = parâmetro maior do que zero

Considerando a hipótese de expectativas adaptativas nesta equação, pode-se afirmar que:

a) é possível construir um modelo de inflação inercial. Neste caso, mesmo que o desemprego esteja em sua taxa natural e não haja choques de oferta, ainda assim pode-se prever um processo inflacionário no modelo

b) se β e ε forem nulos, não é possível construir um modelo de inflação com a equação em questão

c) a inflação somente poderá ser explicada pelo desemprego cíclico

---

[3] **Deflação** é inflação negativa, isto é, redução no nível geral de preços. **Desinflação** é a redução na taxa de crescimento dos preços, isto é, diminuição da inflação.

d) a inflação somente será explicada a partir da expectativa acerca do comportamento dos preços futuros e da possibilidade de existência de choques exógenos

e) a inflação será sempre constante, mesmo com desemprego cíclico e com choques de oferta

Solução:

A resposta é a letra "a" porque é possível construir um modelo de inflação inercial caso se considere $\mu = \mu_N \therefore \varepsilon = 0 \Rightarrow \pi = \pi^e$. A alternativa "b" é falsa porque se os parâmetros β e ε forem nulos, ainda sim, é possível construir um modelo de inflação inercial. A alternativa "c" é falsa porque a inflação é explicada pelo componente inercial (π^e), pelo desemprego cíclico ($\mu - \mu_N$) e pelo choque de oferta (ε). A alternativa "d" é falsa porque a inflação também pode ser explicada pelo componente do desemprego cíclico ($\mu - \mu_N$). A alternativa "e" é falsa porque a inflação não será constante haja vista a presença do componente inercial.

6. TIPOS DE EXPECTATIVAS

Nesse tópico iremos analisar as principais definições de expectativas, as quais serão úteis não só no estudo desse capítulo, mas também para outros temas abordados na macroeconomia, por exemplo, os ciclos econômicos.

6.1. Expectativas Estáticas

Consideremos a expectativa de renda futura como Y^e; e Y^e_{t+1} significará a expectativa do valor de Y no próximo período, formulada no período atual (antes de Y_{t+1} ser conhecido). A regra mais simples para formar expectativas é agir como se o próximo ano fosse igual ao atual, uma regra conhecida como **expectativas estáticas**:

$$Y^e_{t+1} = Y \tag{6}$$

6.2. Expectativas Adaptativas

Uma regra simples para formação de como os agentes formam expectativas inflacionárias é a chamada **expectativa adaptativa (expectativa progressiva ou aprendizagem do erro)**. Segundo essa abordagem, as pessoas atualizam as expectativas da inflação futura dependendo da concretização ou não das expectativas inflacionárias feitas no período anterior. Suponha que π^e_t significa a expectativa de inflação no período t, e π_t a inflação que efetivamente ocorreu no período t. Neste caso $\left(\pi_t - \pi^e_t \right)$ representa o erro da previsão cometido. O termo π^e_{t+1} é formulado atualizando-se as expectativas π^e_t por meio de uma fração τ de erro previsto conhecida como coeficiente de expectativa:

$$\pi^e_{t+1} = \pi^e_t + \tau \left(\pi_t - \pi^e_t \right) \tag{7}$$

onde $0 < \tau < 1$. Esse parâmetro τ pode ser interpretado como a velocidade de ajuste da expectativa.

Assim, as expectativas são revistas a cada período por uma fração τ da lacuna entre o valor corrente da variável e seu valor esperado anterior. Reescrevendo essa equação, vemos que o valor de π^e_{t+1} na realidade é a média ponderada da previsão do ano anterior $\left(\pi^e_t\right)$ e o valor efetivo da inflação ocorrida (π_t) neste ano:

$$\pi^e_{t+1} = \pi^e_t + \tau\pi_t - \tau\pi^e_t \Rightarrow \pi^e_{t+1} = (1-\tau)\pi^e_t + \tau\pi_t \tag{8}$$

Quando $\tau = 1$, isto é, quando a velocidade de ajuste é instantânea, percebemos que, substituindo $\tau = 1$ na equação (8) acima, temos que $\pi^e_{t+1} = \pi_t$. Ou seja, a inflação esperada para amanhã (para o período t +1) é a inflação que ocorreu hoje (a inflação que ocorreu no período t).

De modo análogo, poderíamos reescrever a equação (2) da seguinte forma:

$$\pi^e_t = \pi^e_{t-1} + \tau\left(\pi_{t-1} - \pi^e_{t-1}\right) \tag{9}$$

Quando $\tau = 1$, isto é, quando a velocidade de ajuste é instantânea, percebemos que, $\pi^e_t = \pi_{t-1}$. Ou seja, a inflação esperada para hoje (a inflação esperada para o período t) é a inflação que ocorreu ontem (a inflação que efetivamente ocorreu no período t -1).

6.3. Expectativas Racionais

A hipótese geral de que as pessoas fazem o melhor uso possível de todas as informações disponíveis é conhecida como **hipótese das expectativas racionais**. Para especificar a inflação esperada para o período $t \left(\pi^e_t\right)$, teríamos de saber qual modelo econômico que os agentes estão utilizando e de quais informações dispõe. A hipótese das expectativas racionais implica que os agentes incorporam rapidamente as informações disponíveis na formação das expectativas, e que não cometem nem repetem erros simples, assim como dispõe de informações que podem preveni-los, de modo que as expectativas devem ser consistentes com o modelo econômico que os agentes acham que governa a economia.

(Fundação Cesgranrio/Economista/Petrobrás/2008) – A hipótese de que as expectativas dos agentes econômicos se formam racionalmente leva a que

a) a Curva de Phillips seja horizontal, mesmo a curto prazo.

b) a economia nunca se afaste de sua posição de equilíbrio de pleno emprego.

c) os preços na economia sejam inflexíveis e rígidos, mesmo a longo prazo.

d) os agentes econômicos não cometam erros quando formam suas expectativas.

e) os erros sistemáticos de expectativas sejam considerados e corrigidos pelos agentes

Solução:

A resposta é a letra "E". Sob expectativas racionais, os agentes econômicos não cometem erros sistemáticos, mas há margem para que eles cometam outros erros de estimação oriundos, por exemplo, de informação assimétrica. De acordo com a hipótese das expectativas racionais, as expectativas são formadas com base em todas as informações relevantes disponíveis sobre a variável que está sendo prevista. As expectativas são racionais no sentido de que os agentes econômicos não cometerão erros sistemáticos. Assim, os agentes econômicos utilizam as informações disponíveis de maneira inteligente; ou seja, compreendem como as variáveis que observam afetarão a variável que estão tentando prever. Desse modo, a previsão dos agentes na formação de suas expectativas inflacionárias é perfeita, isto é, ou os agentes sempre acertam as suas expectativas (previsão perfeita ou versão forte das expectativas racionais), ou sempre acertam na média suas expectativas inflacionárias (versão fraca das expectativas racionais). Assim, na versão forte das expectativas racionais, como os agentes sempre acertam suas expectativas inflacionárias, temos que a inflação esperada para o período t é exatamente a inflação que efetivamente ocorre nesse período, isto é, $\pi_t^e = \pi_t$, ao passo que, na versão fraca das expectativas inflacionárias, como os agentes sempre acertam na média, temos que a inflação esperada para o período t é o valor esperado da inflação que efetivamente ocorreu nesse período (é a média da inflação que ocorreu no período), de modo que $\pi_t^e = E(\pi_t)$.

(ESAF/Especialista em Políticas Públicas e Gestão Governamental/1997) - Com relação as regras de formação das expectativas nos modelos macroeconômicos, pode-se afirmar que

a) As expectativas adaptativas não podem ser utilizadas em modelos de previsão para variáveis como inflação e modelos de renda permanente.

b) As expectativas são racionais quando os agentes fazem previsões de uma variável com base no comportamento passado de uma determinada variável, já que é impossível prever o futuro com 100% de certeza.

c) Somente as expectativas racionais podem ser utilizadas em modelos de previsão, já que estas não induzem a erros.

d) As expectativas são adaptativas quando são formadas a partir de um mecanismo dinâmico de revisão do valor esperado de uma determinada variável a partir do seu comportamento histórico passado.

e) As expectativas são estáticas quando é impossível determinar um valor esperado para uma determinada variável.

Solução:

A resposta é a letra "d", conforme os argumentos apresentados. O item (A) está falso porque as expectativas adaptativas podem ser usadas em modelos de previsão. O item (B) está falso porque as expectativas racionais são formadas com base em todas as informações relevantes disponíveis no momento sobre a variável que está sendo prevista. O item (C) é falso porque as expectativas adaptativas podem ser usadas em modelos de previsão. O item (E) é falso porque as expectativas são estáticas quando é possível agir como se o próximo período futuro seja igual ao atual.

7. CURVA DE PHILLIPS COM EXPECTATIVAS ADAPTATIVAS: A TEORIA ACELERACIONISTA DA INFLAÇÃO

As expectativas adaptativas são formadas a partir de um mecanismo dinâmico de revisão do valor esperado de uma determinada variável em relação ao seu comportamento histórico passado. Nas expectativas adaptativas, o mecanismo de projeções das variáveis econômicas é retrospectivo e baseia-se apenas na experiência passada. Por exemplo, se no período anterior o agente subestimou a taxa de inflação, ele corrigirá sua nova expectativa, levando em consideração a subestimação. Observe a equação a seguir:

$$\pi_t^e = \pi_{t-1}^e + \beta\left(\pi_{t-1} - \pi_{t-1}^e\right) \tag{10}$$

onde, π_t^e = inflação esperada para o período t; π_{t-1}^e = inflação esperada para o período t-1; π_{t-1} = inflação que ocorreu no período t-1; $\left(\pi_{t-1} - \pi_{t-1}^e\right)$ = erro cometido; β = velocidade de correção (ajuste) das expectativas

Se $\beta = 1$, o valor esperado de uma variável será sempre o valor verificado no último período, significando que os agentes acham que o passado recente é o melhor previsor para o presente e para o futuro. Dessa forma, no caso extremo, se $\beta = 1$, a expectativa transforma-se no último valor verificado da variável, e teremos:

$$\beta = 1 \Rightarrow \pi_t^e = \pi_{t-1}^e + 1\left(\pi_{t-1} - \pi_{t-1}^e\right) \Rightarrow \pi_t^e = \pi_{t-1} \tag{11}$$

Quando os indivíduos olham para o passado como melhor previsor do futuro, mesmo que não haja choques de oferta ou o desemprego se encontre em sua taxa natural, a inflação tende a se perpetuar no nível previamente atingido, gerando-se a inflação inercial (inércia inflacionária). Nesse contexto, para que a inflação se reduza desse patamar, ou será necessária a ocorrência de um choque deflacionário, ou a taxa de desemprego deverá situar-se acima da natural, forçando os agentes a reverem suas expectativas.

Suponha que em um dado momento a inflação seja zero e a taxa de desemprego esteja em sua taxa natural. Além disso, suponha que o governo decida fazer uma política para reduzir o desemprego, por exemplo, ampliando a oferta de moeda. No caso das expectativas adaptativas, os agentes vão revendo suas expectativas inflacionárias, e jogando-as para cima, com o que a manutenção do desemprego abaixo de sua taxa natural necessitará de taxas de inflação crescentes.

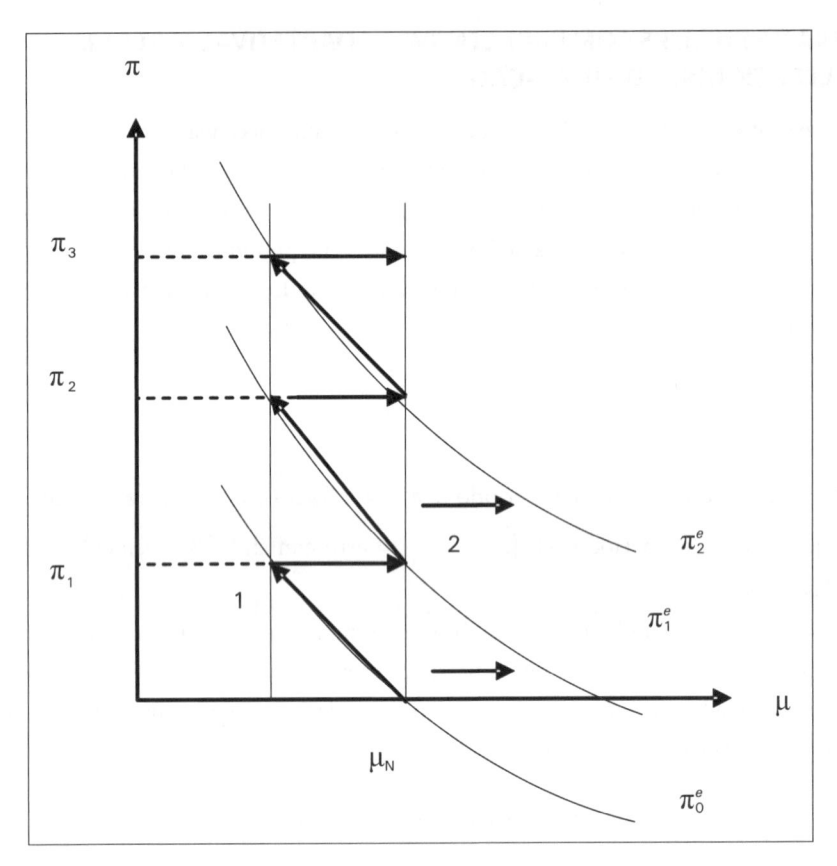

Figura 12: Curva de Phillips e expectativas adaptativas

A política monetária expansionista levará, em um primeiro momento a uma menor taxa de desemprego e a uma maior inflação (inflação de demanda), observado no ponto 1. Mas o aumento da inflação faz com que os agentes econômicos ampliem suas expectativas inflacionárias, deslocando a Curva de Phillips para a direita e para cima. Mantida nos períodos seguintes a mesma taxa de expansão monetária, a taxa de inflação se estabilizará em π_1, mas o desemprego voltará a sua taxa natural (ponto 2). Caso o governo pretenda manter de maneira indefinida o desemprego abaixo da taxa natural, isso irá requerer taxas crescentes de expansão monetária e de inflação. Dessa forma, sucessivas expansões monetárias causam uma espiral inflacionária. Observe que a espiral inflacionária pode ser explicada como se segue:

$$\pi_1 = \pi_0 - \phi\left(\mu - \mu_N\right) + \varepsilon$$
$$\pi_2 = \pi_1 - \phi\left(\mu - \mu_N\right) + \varepsilon$$
$$\pi_3 = \pi_2 - \phi\left(\mu - \mu_N\right) + \varepsilon \qquad (12)$$
$$\pi_{t-1} = \pi_{t-2} - \phi\left(\mu - \mu_N\right) + \varepsilon$$
$$\pi_t = \pi_{t-1} - \phi\left(\mu - \mu_N\right) + \varepsilon$$

Onde a inflação esperada é igual à inflação do período anterior ($\pi^e = \pi_{t-1}$). Logo, o primeiro termo dessa equação implica que a inflação é inercial.

A variação da inflação depende da diferença entre as taxas de desemprego corrente e natural:

$\mu > \mu_N \Rightarrow \pi_{t-1} > \pi_t \Rightarrow\downarrow \pi_t \Rightarrow$ Quando a taxa de desemprego corrente é maior que a taxa natural, a inflação diminui;

$\mu_N > \mu \Rightarrow \pi_t > \pi_{t-1} \Rightarrow\uparrow \pi_t \Rightarrow$ Quando a taxa de desemprego corrente é menor do que a taxa natural, a inflação aumenta.

$\mu_N = \mu \Rightarrow \pi_t = \pi_{t-1} \Rightarrow$ Quando a taxa de desemprego corrente é igual à taxa natural, a inflação passada é igual à inflação corrente.

Logo, a Curva de Phillips de longo prazo é vertical, de modo que a economia situa-se na taxa natural de desemprego e qualquer tentativa de reduzi-la apenas gerará inflação. Trata-se do mesmo resultado observado na curva de Oferta Agregada de longo prazo, onde o produto situa-se em seu nível potencial, e apenas os preços variam[4].

No modelo da oferta e da demanda agregada, a inflação inercial é interpretada como sendo um deslocamento persistente e para cima de ambas as curvas de demanda e oferta agregada. Se os preços aumentam rapidamente, as pessoas esperam que eles continuem a subir rapidamente. Como a posição da Curva de Oferta Agregada no curto prazo depende do nível de preços esperado, a Curva de Oferta Agregada no curto prazo se deslocará para a esquerda ao longo do tempo. Ela continuará a se deslocar nessa direção até que algum evento, como uma recessão ou choque de oferta, altere a inflação e, portanto, as expectativas inflacionárias. Além disso, a curva de demanda agregada também tem que estar se deslocando para a direita, confirmando as expectativas de inflação. Considere, agora, que as expectativas sejam formadas de acordo com a relação:

$$\pi_t^e = \varphi\pi_{t-1} \Rightarrow \pi_t = \varphi\pi_{t-1} - \phi(\mu - \mu_N) + \varepsilon \Rightarrow \pi_t = A + \varphi\pi_{t-1}$$

onde, $\phi = \dfrac{1}{\alpha\lambda}$ mede a elasticidade (sensibilidade) dos preços em relação à taxa de desemprego ($\varphi > 0$); ε = choques de oferta (inflação de oferta ou inflação de custos); A = choques exógenos; ϕ = regra de indexação da economia

Trata-se de outra maneira da versão aceleracionista da curva de Phillips (ou espiral inflacionária). A trajetória da inflação e a dinâmica do modelo dependerão do parâmetro ϕ. O modelo sugere que o controle inflacionário passa por medidas de desindexação da economia combinado com políticas de controle da demanda agregada.

Quanto maior for o valor de ϕ, maior o efeito de π_{t-1} sobre π_t^e. Em outras palavras, Quanto maior for ϕ, tanto mais a inflação do período passado induzirá os trabalhadores e empresas e reverem suas expectativas sobre a inflação do período corrente e, portanto, maior a inflação esperada:

$$\uparrow \varphi \Rightarrow\uparrow \pi_{t-1} \Rightarrow\uparrow \pi_t^e.$$

---

[4] A estagflação observada durante a década de 1970 em alguns países desenvolvidos, e que corresponde a uma das características marcantes de uma inflação de oferta (ou inflação de custos) só pode ser explicada com a introdução das expectativas adaptativas na Curva de Phillips. Nessa época, observava-se um aumento do desemprego, mas como as expectativas inflacionárias eram também elevadas, tinha-se a situação de inflação com desemprego. Dessa forma, um choque de oferta que gere elevação de preços, caso não seja acomodado por uma expansão da demanda, resultará em recessão.

À medida que a inflação torna-se mais persistente, tanto trabalhadores quanto empresas começam a mudar seu modo de formar expectativas. Esses agentes econômicos pressupõem que se a inflação foi mais alta no ano passado, será provável que também seja mais alta este ano. Assim, constata-se que as pessoas formam expectativas mediante o julgamento de que a taxa de inflação deste ano será a mesma do ano passado, ou seja, confirma-se o postulado das expectativas adaptativas.

No período estudado por Samuelson e Solow, tínhamos $\pi_t^e = 0$, e ϕ bem próximo de zero. Com o aumento e a persistência da inflação, ϕ foi crescendo. Nos anos 70, a evidência era de que $\phi = 1$.

Se o parâmetro ϕ é igual a 1, a taxa de desemprego afeta não a taxa de inflação, mas sim a variação da taxa de inflação: o alto desemprego provoca queda da inflação, ao passo que o baixo desemprego provoca a elevação da inflação. Dessa forma, supondo a ausência de choques exógenos (A = 0), teremos:

$\phi = 0 \Rightarrow$ Obtém-se a curva de Phillips original;

$\phi > 0 \Rightarrow$ O parâmetro θ é positivo. Isso significa que a taxa de inflação depende não apenas da taxa de desemprego (μ), mas também da taxa de inflação do ano passado (π_{t-1});

$\phi = 1 \Rightarrow$ A taxa de desemprego afeta não a taxa de inflação, mas sim a <u>variação da taxa de inflação</u>: o alto desemprego provoca inflação decrescente (não necessariamente baixa), ao passo que o baixo desemprego provoca inflação crescente (não necessariamente alta). Teremos inflação inercial.

$\phi > 1 \Rightarrow$ A inflação terá dinâmica explosiva

$\phi < 1 \Rightarrow$ A inflação será decrescente

(ESAF/AFRF-2000) - Considere a seguinte equação:

$\pi_t - \phi\pi_{t-1} = A$

onde: π_t = **taxa de inflação em t** (π_{t-1} = **taxa de inflação em t -1); A = choques exógenos; e** $\phi \geq 0$.

Com base nesta equação, pode-se afirmar que

a) a trajetória da inflação dependerá de A e ϕ. Se A > 0 ou se ϕ > 0, a inflação será crescente; mas se A = 0, independente de ϕ, a inflação será estável.

b) a trajetória da inflação dependerá principalmente de A. Neste sentido, a inflação será estável somente se A = 0.

c) a trajetória da inflação dependerá exclusivamente do termo ϕ. Supondo a ausência de choques exógenos, se ϕ > 1, a inflação será explosiva; se ϕ = 1 a inflação será inercial; e se ϕ < 1, a inflação será decrescente.

d) a trajetória da inflação, pela equação, será sempre crescente, independente dos valores de A e ϕ.

e) não é possível, a partir da equação, prever uma situação de inflação inercial.

Solução:

A resposta e a letra "c", conforme visto no quadro acima.

Em resumo:

Curva de Phillips original: $\left(\uparrow u_t \Rightarrow \downarrow \pi_t \right) \Leftrightarrow \left(\downarrow u_t \Rightarrow \uparrow \pi_t \right)$

Curva de Phillips com expectativas: $\left[\uparrow u_t \Rightarrow \downarrow \left(\pi_t - \pi_{t-1} \right) \right] \Leftrightarrow \left[\downarrow u_t \Rightarrow \uparrow \left(\pi_t - \pi_{t-1} \right) \right]$

8. A CURVA DE PHILLIPS SOB EXPECTATIVAS RACIONAIS

O conceito de expectativas racionais, em sua **versão fraca**, se resume na formação de expectativas com base em previsões racionais, em vez do simples uso da informação passada. Em outras palavras, supõe-se que as pessoas utilizam de forma ótima toda a informação disponível – incluindo aí informações relativas às políticas presentes – para prever o futuro. Os defensores das expectativas racionais defendem que os agentes econômicos utilizam todas as informações disponíveis para compreenderem o funcionamento real de uma economia.

Com expectativas racionais, a taxa de desemprego diferente da taxa natural de desemprego está associada à variação não antecipada na inflação. Se os agentes econômicos formam expectativas racionais sobre a inflação – utilizam todas as informações disponíveis e nunca cometem erros sistemáticos de avaliação – e conhecem a regra de variação do estoque monetário, pode-se afirmar que na ausência de choques aleatórios de oferta ou de demanda, que o nível do produto efetivo é igual ao do produto potencial (produto natural).

Na **versão forte** das expectativas racionais, os agentes, ao desenvolverem suas expectativas, sempre acertam na média o valor efetivo da variável. A hipótese das expectativas racionais não implica a suposição de previsão perfeita os agentes econômicos porque considera que somente na média suas previsões são confirmadas.

Matematicamente, o valor esperado da inflação esperada é a própria inflação. Consequentemente, a Curva de Phillips de longo prazo será vertical no longo prazo (Figura 10):

$$E(\pi^e) = \pi \tag{13}$$

Se os agentes possuem previsão perfeita, ou seja, se o valor efetivo da variável for exatamente igual ao valor esperado $[E(\pi^e) = \pi]$, o desemprego estará sempre em sua taxa natural ($\mu = \mu_N$) e o produto não se desviará do potencial ($Y = Y_p$). Os desvios só poderão ocorrer devido à ocorrência de choques. **A Curva de Oferta Agregada de longo prazo também será vertical**, segundo a hipótese da taxa natural de desemprego. Matematicamente:

$$\pi = \pi^e - \varphi(\mu - \mu_N) + \varepsilon \tag{14}$$

Considerando $\pi = \pi^e$ e $\varepsilon = 0$, temos:

$$\pi = \pi^e - \phi(\mu - \mu_N) + \varepsilon \Rightarrow E(\pi) = E\left[\pi^e - \phi(\mu - \mu_N) + \varepsilon\right]$$
$$\Rightarrow E(\pi) = E(\pi^e) - E\left[\phi(\mu - \mu_N)\right] + E(\varepsilon)$$
$$\Rightarrow \pi = \pi - \phi(\mu - \mu_N) \Rightarrow \pi - \pi = -\phi(\mu - \mu_N) x(-1)$$
$$\Rightarrow \phi(\mu - \mu_N) = 0 \Rightarrow (\mu - \mu_N) = 0 \Rightarrow \mu = \mu_N$$

Com expectativas racionais caso o governo anuncie a implementação de uma política (por exemplo uma expansão monetária) os agentes irão se antecipar anulando assim os efeitos dessa política (aumentarão os preços) e portanto a política será inócua (não afeta o produto) e neste caso a curva de Phillips será vertical (ao nível da taxa natural de desemprego) e oferta agregada também será vertical (ao nível do produto de pleno emprego). Com expectativas racionais somente políticas não anunciadas (e, portanto, não antecipadas) afetarão o produto (serão eficientes), em resumo:

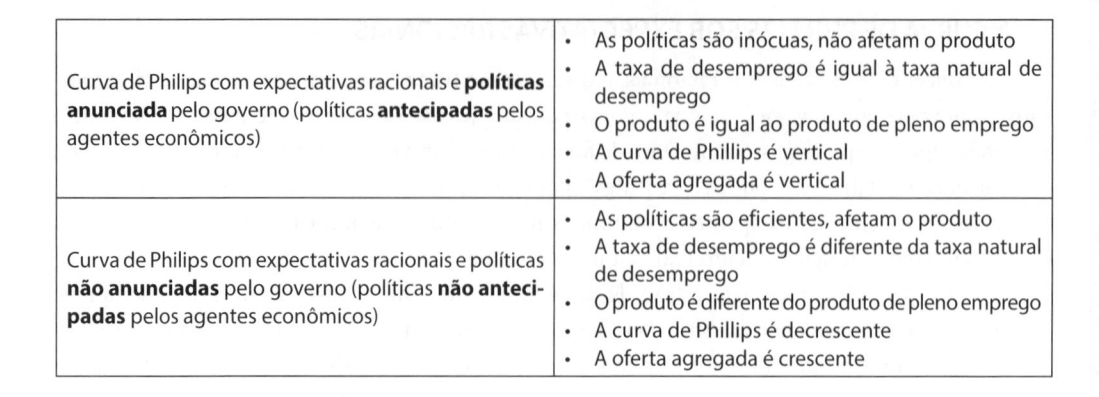

Curva de Philips com expectativas racionais e **políticas anunciada** pelo governo (políticas **antecipadas** pelos agentes econômicos)	• As políticas são inócuas, não afetam o produto • A taxa de desemprego é igual à taxa natural de desemprego • O produto é igual ao produto de pleno emprego • A curva de Phillips é vertical • A oferta agregada é vertical
Curva de Philips com expectativas racionais e políticas **não anunciadas** pelo governo (políticas **não antecipadas** pelos agentes econômicos)	• As políticas são eficientes, afetam o produto • A taxa de desemprego é diferente da taxa natural de desemprego • O produto é diferente do produto de pleno emprego • A curva de Phillips é decrescente • A oferta agregada é crescente

(Fundação Cesgranrio/Analista do Banco Central do Brasil/2010) – O gráfico abaixo mostra Curvas de Phillips para uma determinada economia.

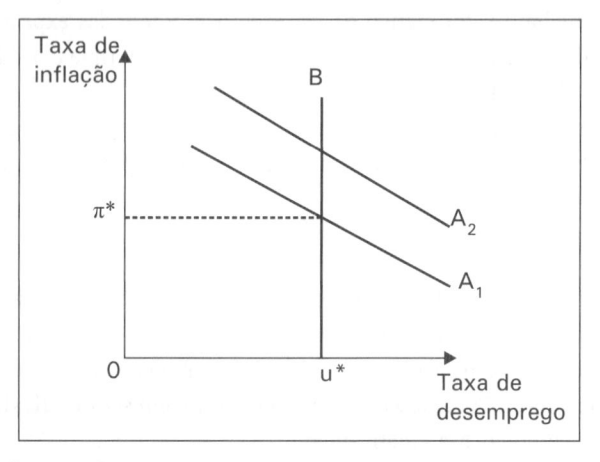

Analisando o gráfico, conclui-se que a

a) taxa natural de inflação é igual a π^*.

b) taxa natural de desemprego é igual a u^*.

c) curva A_1 reflete expectativas de inflação mais elevadas que A_2.

d) curva B é de curto prazo, inelástica.

e) demanda agregada da economia é representada por B.

Solução:

A resposta é a letra "B". No longo prazo, a curva de Phillips é vertical (curva B) ao nível da taxa natural de desemprego (u^*). O item (A) está errado porque (π^*) representa o nível de taxa de inflação relacionado à taxa natural do produto, isto é, não existe taxa natural de inflação. O item (C) está errado porque a curva de Phillips A_2 reflete expectativas de inflação mais elevadas que a curva de Phillips A_1 no curto prazo. O item (E) está errado porque a curva B representa a curva de Phillips de longo prazo, que é vertical e também está associada a uma curva de oferta de longo prazo também vertical.

9. LEI DE OKUN

A Lei de Okun relaciona o crescimento do produto à variação no desemprego e pode ser expressa da seguinte forma:

$$\mu_t - \mu_{t-1} = -\beta\left(g_{yt} - \overline{g}_y\right) \tag{15}$$

onde

g_{yt}: Taxa de crescimento do produto;

$\overline{g}_y$: Taxa normal de crescimento da economia;

β : Parâmetro que informa como o crescimento além da taxa normal afeta a taxa de desemprego. A inclinação (β) da Lei de Okun também reflete a organização interna das firmas, bem como as restrições legais e sociais quanto a demissões e contratações.

μ_t: Taxa de desemprego no período corrente;

μ_{t-1}: Taxa de desemprego no período anterior.

A equação (14) informa que a variação na taxa de desemprego é igual ao desvio do crescimento do produto de seu nível normal. Note que,

$\left(g_{yt} > \overline{g}_y \to \mu_t < \mu_{t-1}\right) \Rightarrow$ O crescimento do produto acima do normal provoca uma redução da taxa de desemprego;

$\left(g_{yt} < \overline{g}_y \to \mu_t > \mu_{t-1}\right) \Rightarrow$ O crescimento do produto abaixo do normal leva a um aumento da taxa de desemprego.

$\left(g_{yt} = \overline{g}_y \to \mu_t = \mu_{t-1}\right) \Rightarrow$ A igualdade entre o crescimento do produto e sua taxa normal equivale à igualdade entre a taxa de desemprego corrente e passada.

(ESAF/Especialista em Políticas Públicas e Gestão Governamental/MPOG/2005) - Um dos importantes "pressupostos" utilizado na análise entre inflação e desemprego é conhecido na literatura como "Lei de Okun" e relaciona a taxa de desemprego com a taxa de crescimento do produto. Considerando g_{yt} = taxa de crescimento do produto no período t, u_t e u_{t-1} as taxas de desemprego nos períodos t e t-1 respectivamente e g_o a taxa "normal" de crescimento da economia, não está de acordo com a Lei de Okun:

a) $g_{yt} = g_o \Rightarrow u_t = u_{t-1}$

b) $g_{yt} > g_o \Rightarrow u_t < u_{t-1}$

c) $g_{yt} < g_o \Rightarrow u_t > u_{t-1}$

d) $u_t - u_{t-1} = \beta.(g_{yt} - g_o); \beta > 0$

e) a Lei de Okun permite a passagem da Oferta Agregada de curto prazo para a curva de Phillips

Solução:

A resposta é a letra "d". O parâmetro β, que informa como o crescimento além da taxa normal afeta a taxa de desemprego, é negativo.

(Cespe-UnB/Economista/Conselho Administrativo de Defesa Econômica – CADE/Ministério da Justiça/2014) – Julgue o item a seguir, como verdadeiro ou falso:

A Lei de Okun – conceito utilizado na análise da relação entre inflação e emprego – indica que a inflação presente e o somatório da inflação inercial, da inflação de demanda e da inflação de custos.

Solução:

Falso. O conceito acima não se refere à Lei de Okun, mas sim à Curva de Phillips.

10. CRESCIMENTO MONETÁRIO, INFLAÇÃO E CRESCIMENTO DO PRODUTO

A taxa de crescimento do produto é igual à taxa nominal de expansão monetária menos a taxa de inflação, conforme pode ser visto na equação a seguir:

$$g_{yt} = g_{mt} - \pi_t \tag{16}$$

$\left(\uparrow \pi \Rightarrow \downarrow g_{yt} \right) \Rightarrow$ Dada a expansão monetária, uma inflação elevada provoca uma redução no estoque real de moeda e uma diminuição do produto;

$\left(\downarrow \pi \Rightarrow \uparrow g_{yt} \right) \Rightarrow$ Dada a expansão monetária, uma inflação reduzida provoca um aumento no estoque real de moeda e um aumento do produto

Suponha as seguintes hipóteses já estudadas no modelo IS-LM: $Y = Y\left(M/P, G, T\right)$, com $\partial Y/\partial \left(M/P\right) > 0$, $\partial Y/\partial G > 0$ e $\partial Y/\partial T < 0$. Ignorando outros fatores que não a moeda, teremos:

$$Y_t = \gamma\left(M_t/P_t\right) \therefore \gamma > 0 \tag{17}$$

A equação (17) informa que um aumento em $\left(M_t/P_t\right)$ causa um aumento proporcional na demanda por bens e, por conseguinte, no produto. No modelo IS-LM, um aumento da oferta monetária irá reduzir a taxa de juros que, por sua vez, aumentará os investimentos privados da economia. Consequentemente, haverá um aumento do produto:

$$\uparrow\left(M/P\right) \Rightarrow \downarrow i \Rightarrow \uparrow I \Rightarrow \uparrow Y$$

Devemos, agora, transformar a equação (17) em termos de taxa de crescimento. Tomando os logaritmos de ambos os lados da equação, e depois derivando em relação ao tempo, teremos:

$$\begin{aligned}
&\ln\left(Y_t\right) = \ln\left(\gamma\right) + \ln\left(M_t\right) - \ln\left(P_t\right) \\
&d\ln\left(Y_t\right)/dt = d\ln\left(\gamma\right)/dt + d\ln\left(M_t\right)/dt + d\ln\left(P_t\right)/dt \\
&\left(dY_t/dt\right)/Y_t = \left(dM_t/dt\right)/M_t - \left(dP_t/dt\right)/P_t \\
&g_{yt} = g_{mt} - \pi_t
\end{aligned} \tag{18}$$

A equação (18) mostra que a taxa de crescimento do produto é igual à taxa de crescimento nominal da moeda menos a taxa de inflação. Dado o crescimento da moeda, a alta inflação leva a uma queda no estoque de moeda real e a uma queda no produto. Note que:

$$g_{mt} > \pi_t \Rightarrow g_{yt} > 0$$

e

$$g_{mt} < \pi_t \Rightarrow g_{yt} < 0$$

Assim, as três relações entre inflação, desemprego e produto são expressas da seguinte maneira:

Lei de Okun: $\mu_t - \mu_{t-1} = -\beta\left(g_{yt} - \overline{g}_y\right)$

Curva de Phillips: $\pi_t - \pi_{t-1} = -\alpha\left(u_t - u_N\right)$

Demanda Agregada: $g_{yt} = g_{mt} - \pi_t$

As três equações constituem um **sistema determinante**. Sistema determinante é àquele que pode ser resolvido por todas as variáveis. Ocorre quando o número de equações igual o número de variáveis desconhecidas. Este sistema particular possui três variáveis desconhecidas (inflação, desemprego e produto) e três equações para resolvê-las.

Consideremos uma situação no curto prazo, por exemplo, o caso de uma redução da oferta monetária da economia ($\downarrow g_{mt}$), a qual deslocará a curva LM para esquerda e para cima, aumentado a taxa de juros e reduzindo o nível do produto. Primeiro, haverá um deslocamento da curva de demanda agregada para a esquerda e para baixo, reduzindo o nível geral de preços e uma redução do produto. Segundo, observando a Lei de Okun a redução do produto aumentará o desemprego. Terceiro, na Curva de Phillips, maior desemprego resultará em menor inflação. Em resumo:

Da Demanda Agregada: $\downarrow g_{mt} \Rightarrow \downarrow g_{yt}$

Da Lei de Okun: $\downarrow g_{yt} \Rightarrow \uparrow u_t$

Da Curva de Phillips: $\uparrow u_t \Rightarrow \downarrow \pi$

(ESAF/Analista de Finanças e Controle/Secretaria do Tesouro Nacional/2013 - adaptada) – Suponha uma economia representada pelas seguintes equações:

(i) Lei de Okun: $\mu_t - \mu_{t-1} = -0,5(g_{yt} - 0,05)$

(ii) Demanda Agregada: $g_{yt} = g_{mt} - \pi_t$

(iii) Curva de Phillips: $\pi_t - \pi_{t-1} = -(\mu_t - 0,02)$

a) caso a taxa de desemprego vigente seja igual à natural e a taxa de inflação em vigor seja de 2%, uma taxa de crescimento monetário de 6% manterá constante a taxa de desemprego.

b) a taxa de desemprego natural é igual a 2%.

c) para manter a inflação nula é necessário expandir a demanda em 10%.

d) se a taxa de desemprego vigente for maior que a taxa natural, a taxa de inflação vigente será maior que aquela que seria observada caso a taxa de desemprego vigente fosse igual à taxa natural.

e) admitindo a hipótese das expectativas racionais, a taxa de inflação será igual a 5%.

Solução:

Caro leitor, antes de iniciarmos a resolução do exercício, gostaríamos de esclarecer que houve a necessidade de se realizar algumas alterações na redação da equação da Lei de Okun, no comando da questão, em comparação com o texto original, a fim de torna-la mais coerente com a teoria econômica. De todo modo, o gabarito oficial se manteve, e a resposta é a letra "b". As dinâmicas de médio prazo dessa economia são descritas pelas três equações com a taxa de desemprego natural de 0,02 ou 2%.

São três as equações componentes do arcabouço teórico que permite analisar as inter-relações entre produto, desemprego e inflação, a saber: (i) demanda agregada (que relacionada a taxa de crescimento nominal da moeda ao crescimento econômico); (ii) Lei de Okun (que relacionada o crescimento do produto à variação no desemprego; (iii) Curva de Phillips (que relaciona a taxa de desemprego à variação na inflação.

Substituindo a relação de demanda agregada na Lei de Okun, tem-se:

$$\mu_t - \mu_{t-1} = -0,5\left(g_{yt} - 0,05\right) \Rightarrow \mu_t - \mu_{t-1} = -0,5\left[\left(g_{mt} - \pi_t\right) - 0,05\right]$$
$$\Rightarrow \mu_t = \mu_{t-1} - 0,5\left[\left(g_{mt} - \pi_t\right) - 0,05\right]$$

Temos, agora, um sistema de duas equações:

$\pi_t = \pi_{t-1} - (\mu_t - 0,02)$ *(iii)*

$\mu_t = \mu_{t-1} - 0,5[(g_{mt} - \pi_t) - 0,05]$ *(iv)*

O item "a" está falso. Note que, se $\mu_t = \mu_{t-1}$, então $\mu_t - \mu_{t-1} = 0$. Substituindo esse resultado na equação (i), Lei de Okun, teremos:

$$\mu_t - \mu_{t-1} = -0,5\left(g_{yt} - 0,05\right) \Rightarrow 0 = -0,5\left(g_{yt} - 0,05\right) \Rightarrow 0 = -0,5g_{yt} + 0,025$$
$$\Rightarrow 0,5g_{yt} = 0,025 \Rightarrow g_{yt} = \frac{0,025}{0,5} \Rightarrow g_{yt} = 0,05 \, ou \, 5\%$$

Assim, somente uma taxa de crescimento do produto igual a 5% manterá constante a taxa de desemprego.

O item "c" está falso. Tomando como referência a equação (2), demanda agregada, e o resultado obtido no item "a", para manter a inflação nula ($\pi_t = 0$), é necessário expandir a taxa de crescimento nominal da moeda em 5%, pois:

$$g_{yt} = g_{mt} - \pi_t \Rightarrow 0,05 = g_{mt} - 0 \Rightarrow g_{mt} = 0,05 \, ou \, 5\%$$

O item "d" está falso. Como a taxa de desemprego natural é de 2% ($\mu_N = 0,02$), suponha, então, que a taxa de desemprego vigente seja de 3% ($\mu_N = 0,03$). Logo, a Curva de Phillips passa a ser expressa por:

$$\pi_t - \pi_{t-1} = -(\mu_t - 0,02) \Rightarrow \pi_t - \pi_{t-1} = -(0,03 - 0,02) \Rightarrow \pi_t - \pi_{t-1}$$
$$= -0,03 + 0,02 \Rightarrow \pi_t - \pi_{t-1} = -0,01 ou - 1\% \Rightarrow \pi_t - \pi_{t-1} < 0 \Rightarrow \pi_t < \pi_{t-1}$$

Portanto, se a taxa de desemprego vigente for maior que a taxa natural, a taxa de inflação vigente será MENOR do que aquela que seria observada caso a taxa de desemprego vigente fosse igual à taxa natural.

11. A CURVA DE PHILLIPS E A TAXA DE CRESCIMENTO DOS SALÁRIOS NOMINAIS

Caro leitor, podemos expressar também a Curva de Phillips, de tal modo que a taxa de inflação seja proveniente da variação entre os salários nominais hoje e os salários nominais no período anterior, isto é, a taxa de crescimento dos salários nominais. Por exemplo, analise a seguinte questão:

(Cespe-UnB/Especialista em Estudos e Pesquisas Governamentais/Instituto Jones dos Santos Neves/ES/2010) – Julgue o item a seguir como verdadeiro ou falso:

A relação $w_t - w_{t-1} = \pi_t^e + F(h_{t-1})$, com $F'(h) > 0$ e $F(0) = 0$, em que $(w_t - w_{t-1})$ é a taxa de crescimento dos salários nominais, π_t^e é a inflação esperada e $F(h_{t-1})$ é uma função crescente do desvio do produto, denomina-se curva de Phillips.

Solução:

Verdadeira. Trata-se, pois, da Curva de Phillips, mas em que a inflação é expressa pela variação dos salários nominais em dois períodos distintos, ou seja, a taxa de crescimento dos salários nominais. Note que, nesta questão, o examinador considerou os conceitos de variação e de taxa de crescimento como sinônimos, mas, regra geral, a variação dos salários nominais seria expressa por $\Delta w = w_t - w_{t-1}$, ao passo que a taxa de crescimento dos salários nominais seria expressa por $\tilde{w} = (w_t - w_{t-1}) / w_{t-1}$.

12. HISTERESE E A HIPÓTESE DA TAXA NATURAL DE DESEMPREGO

A hipótese da taxa natural, desenvolvida por Milton Friedman[5] e Edmund Phelps[6], postula que existe um nível de equilíbrio do produto e uma taxa de desemprego a ele associada, determinados pela oferta de fatores de produção, pela tecnologia e por aspectos institucionais da economia. Portanto, as flutuações da demanda agregada afetam o produto e o emprego apenas no curto prazo. No longo prazo, a economia retorna aos níveis de produto, emprego e desemprego descritos na teoria (neo) clássica.

Contudo, alguns economistas[7] sugeriram que a demanda agregada pode afetar o produto e o emprego até no longo prazo. Para esses economistas, as recessões podem deixar marcas permanentes na economia, alterando a taxa natural de desemprego.

---

[5] FRIEDMAN, Milton. The Role of Monetary Policy. American Economic Review, 58, 1968.

[6] PHELPS, Edmund. Employment and Inflation Theory. New York, Norton, 1970.

[7] BLANCHARD, O; SUMMERS, L. Hysteresis and the European Unemployment Problem. *National Bureau of Economic Research Macroeconomics Annual 1986*, Cambridge, MA: MIT Press, 1986.

_____ Beyond the Natural Rate Hypothesis. American Economic Review, 78, 1988.

Histerese é o termo utilizado para descrever a influência duradoura da história sobre a taxa natural. Em outras palavras, histerese refere-se a proposição de que o valor de equilíbrio de uma variável depende de sua evolução histórica. No contexto do desemprego, ela significa que, se um choque temporário faz com que a taxa de desemprego aumente, esta não voltará ao nível original depois de a crise passar. Assim, a taxa natural de desemprego pode variar em decorrência de um aumento temporário no desemprego.

Evidências indicam que muitos dos trabalhadores que permanecem desempregados por longos períodos perdem habilidades e hábitos de trabalho. Além disso, um período longo de desemprego pode mudar a atitude individual em relação ao trabalho e reduzir o desejo de encontrar emprego. O resultado é um círculo vicioso no qual os empregadores relutam em contratar os que estão desempregados há muito tempo, e que então desistem de procurar colocações no mercado de trabalho. O surgimento do desemprego de longo prazo leva a um aumento da taxa natural de desemprego.

A teoria da histerese tem duas implicações importantes: a desinflação pode ser mais onerosa, pois o aumento no desemprego necessário para reduzir a inflação pode conduzir a um aumento da taxa natural e assim a custos de desemprego prolongados. Dessa forma, a histerese implica que as recessões tenham um custo muito mais alto do que aquele sugerido pela hipótese da taxa natural de desemprego, ou seja, a histerese aumenta a taxa de sacrifício, porque se perde produto mesmo depois de encerrado o período de desinflação.

(ESAF/Analista de Comércio Exterior/1998) - Uma maneira possível de reduzir a "taxa natural" de desemprego de uma economia seria

a) aumentar o valor do salário mínimo real

b) praticar uma política monetária expansionista

c) praticar uma política fiscal expansionista

d) aumentar o volume de informações sobre oferta e demanda por trabalhadores

e) aumentar o valor dos benefícios do seguro-desemprego em termos reais

Solução:

A resposta é a letra "d". A **histerese** sustenta que o alto desemprego deve-se a políticas desinflacionarias, mas que a alta taxa corrente de desemprego leva a uma alta taxa natural de desemprego. Os defensores dessa teoria argumentam que o alto desemprego conduz a uma alta proporção de desempregados de longo prazo e que o desemprego de longo prazo tem pouco efeito sobre a fixação de salários. Contudo, se houver um aumento do volume de informações sobre oferta e demanda por trabalhadores, a taxa natural de desemprego de uma economia se reduziria porque os indivíduos desempregados iriam encontrar empregos.

13. RESUMO

"A curva de Phillips, que mostra a relação antagônica (trade-off) entre inflação e desemprego (ou, de maneira geral, uma medida do nível de atividade econômica), é um dos mais importantes fatos estilizados da macroeconomia. Iniciada como o resultado de uma investigação empírica do comportamento salarial no Reino Unido por Phillips (1958), essa pesquisa foi estendida com uma interpretação teórica formulada por Lipsey (1960), e com uma aplicação no contexto da economia dos Estados Unidos dada por Samuelson e Solow (1960).

Inicialmente, a curva de Phillips foi interpretada como o locus das combinações de inflação e desemprego disponíveis para os formuladores de política econômica. A fim de reduzir o desemprego, os bancos centrais precisavam adotar políticas monetárias expansionistas. Mas essa política expansionista teria um custo: mais inflação.

Posteriormente, a versão original da curva de Phillips foi criticada por Friedman (1968) e Phelps (1968), por não considerarem o papel das expectativas inflacionárias, e propuseram a alteração que ficou conhecida na literatura como a "Emenda Friedman-Phelps". Friedman e Phelps argumentaram que não existia um trade-off permanente entre inflação e desemprego, com uma única taxa de desemprego ("natural") compatível com alguma taxa de inflação; o trade-off, todavia, sobreviveria no curto prazo devido às defasagens no ajustamento das expectativas.

Portanto, a noção de que o desemprego baixo necessitava permanentemente de alta inflação foi substituído pela curva de Phillips expandida pelas expectativas. Os desvios da taxa natural de desemprego resultavam da percepção equivocada da taxa de inflação atual por parte do público. Dado qualquer mecanismo razoável em que os agentes formam suas expectativas, argumentava-se que os erros de previsão convergiriam para zero. Logo, não poderia haver trade-off permanente entre inflação e desemprego.

As críticas acima foram eventualmente incorporadas, de tal modo que a curva de Phillips original foi aumentada para incluir a expectativa de inflação como uma variável adicional. Nesse sentido, um consenso emergiu no início dos anos 1970 na característica empírica principal do mecanismo preço-salário considerado em vários modelos macroeconométricos daquela época (Tobin, 1972). Os preços foram considerados como markups em relação aos custos unitários, e os salários eram explicados pela curva de Phillips expandida pelas expectativas, ou seja, em termos de desemprego e inflação passada (assumida como proxy da inflação esperada, caso conhecido como expectativas adaptativas). A questão sobre se o coeficiente da inflação passada era igual ou menor que um foi tratada como uma questão empírica (Blanchard, 1990).

Todavia, as curvas de Phillips estimadas provaram ser instáveis ao longo do tempo, coincidindo com um período de aumento da inflação e do desemprego nas principais economias durante os anos 1970. Parte da explicação pode estar relacionada com a ocorrência de choques exógenos na oferta agregada que ocorreram naquele período (as crises do Petróleo). De fato, a instabilidade da curva de Phillips decorreu provavelmente da famosa aplicação da "crítica de Lucas". De acordo com Lucas (1976), mudanças no comportamento dos formuladores de política econômica, através de seus efeitos nas expectativas dos agentes, poderiam causar alterações nos parâmetros estimados de modelos macroeconômicos, de tal forma que as inferências baseadas nesses parâmetros não seriam válidas. Portanto, enquanto a existência de um trade-off entre inflação e desemprego, devido à rigidez dos preços no curto prazo, é algo geralmente aceito por vários macroeconomistas (Mankiw, 2000), a instabilidade das curvas de Phillips na presença de quebras estruturais (por exemplo, choques exógenos ou mudanças em regimes de política econômica) significaria um importante obstáculo para seu uso como instrumento de política.

Assim, a nova visão da curva de Phillips levava em consideração as expectativas em uma estrutura de imperfeições no mercado de fatores. A taxa corrente de inflação igualava a taxa esperada de inflação mais componentes da demanda agregada (inflação de demanda) e da oferta agregada (inflação de oferta). Por exemplo, dadas as expectativas inflacionárias, os choques positivos de demanda agregada, medidos pela discrepância entre as taxas corrente e natural de desemprego, induziriam a um aumento na taxa de inflação.”

(Fonte: Gadelha, S. R. B. A curva de Phillips. Carta Econômica, Ano XV, n. 3, p. 1-2, 01 nov 2009.)

Capítulo 11

Consumo

1. INTRODUÇÃO

Como as famílias dividem a renda entre consumo e poupança, uma das decisões mais importantes que elas tomam? Sabemos que, a nível da família individual, essa decisão afeta seu bem-estar econômico hoje. As famílias que preferem consumir mais hoje (e, portanto, poupar menos) terão possibilidade de consumir menos futuramente. Em nível de economia agregada, o efeito cumulativo das decisões individuais de consumo e poupança ajuda a determinar a taxa de crescimento da economia, a balança comercial e o nível de produção e emprego.

2. TEORIA KEYNESIANA DA FUNÇÃO CONSUMO

2.1. Hipótese da Renda Absoluta (Renda Corrente)

Trata-se de um modelo de consumo corrente baseado na renda familiar, e é o ponto de partida para a teoria keynesiana do comportamento do consumidor. Segundo Keynes, a função consumo é uma relação linear, que relaciona a renda atual com o consumo atual, caracterizada por dois parâmetros, $\overline{C}$ e c:

$$C = \overline{C} + cY_d \Rightarrow C = \overline{C} + c(Y - T + R)$$

onde $\overline{C}$ é o consumo autônomo (a parcela do consumo que não depende da renda), isto é, o intercepto, e c é a propensão marginal a consumir (PMgC). Conforme visto no capítulo sobre modelo keynesiano simples, a propensão marginal a consumir é a declividade, inclinação ou coeficiente angular da função consumo. É a relação entre o acréscimo de consumo (ΔC) e o acréscimo da renda (ΔY) que o originou. Como $0 < c < 1$, a inclinação da reta é menor do que 1: a reta é mais horizontal do que uma reta de 45 graus.

(CESPE-UnB/Economista Júnior – Petrobrás/2001) – Julgue o item a seguir, como verdadeiro ou falso:

De acordo com a teoria keynesiana, os determinantes mais importantes do consumo são, nessa ordem, a riqueza do consumidor e a taxa de juros.

Solução:

Esse item é falso porque a teoria keynesiana do consumo negligencia o papel das taxas de juros e da renda futura na determinação do consumo atual. Keynes considerou que a renda é o principal determinante do consumo e que a taxa de juros não exerce um papel importante. Essa afirmação contrasta com o pensamento dos economistas clássicos, os quais consideravam que uma alta taxa de juros elevava a poupança e desestimulava o consumo. Em resumo, a função consumo keynesiana não leva em conta o papel da taxa de juros e da renda futura na decisão de consumo.

(Fundação Sousândrade/Analista Técnico – Economista/2010) - A função consumo keynesiana é usualmente representada por $C = C_0 + cY$, onde C é o consumo agregado, Y a renda, C_0 o consumo autônomo e c a propensão marginal a consumir. Com base nessa função, Keynes afirmava que a razão entre o nível de consumo e o nível de renda cai à medida que a renda aumenta. Isto nos autoriza a dizer que

a) as famílias de renda mais alta e famílias de renda mais baixa tendem a ter o mesmo nível de poupança.

b) as famílias de renda mais alta tendem a poupar menos que as de renda mais baixa.

c) as famílias de renda mais alta tendem a poupar mais que as de renda mais baixa.

d) nada podemos afirmar a respeito da tendência da poupança à medida que a renda cresce.

e) a renda adicional será inteiramente poupada tanto pelas famílias de renda mais alta, quanto pelas de renda mais baixa.

Solução:

A resposta é a letra "c". Segundo Keynes, a propensão marginal a consumir da população de baixa renda é muito alta, enquanto que a propensão marginal a consumir da população de alta renda é muito baixa (isto é, a propensão marginal a poupar é muito alta para os ricos). Keynes acreditava que a poupança é um luxo, de modo que esperava que os ricos poupassem uma proporção maior de sua renda do que os pobres. Por outro lado, as famílias pobres teriam uma propensão marginal a consumir muito alta, isto é, toda a renda seria direcionada ao consumo. Logo, quanto maior a renda de um indivíduo, maior será sua propensão marginal a poupar, ao passo que, quanto mais pobre for um indivíduo, maior será sua propensão marginal a consumir.

2.2. O Enigma do Consumo (Ou Paradoxo de Kuznets)

Em 1946, Simon Kuznets publicou um estudo sobre o comportamento do consumo e da poupança nos Estados Unidos, a partir de séries para o período 1869-1938, obtendo os seguintes "fatos estilizados":

(i) Para longos períodos, a relação C/Y é estável, ou seja, não apresenta nenhuma tendência a aumentar ou diminuir;

(ii) Ao longo de flutuações de curto prazo do nível de renda e de emprego, a relação C/Y cai, quando a economia se expande, ou aumenta quando a economia se contrai, isto é, a propensão a consumir é contra-cíclica.

Entretanto, a função consumo keynesiana é incapaz de reproduzir tais fatos estilizados de Kuznets simultaneamente:

Se $C = cY \,[\overline{C} = 0]$: a função consumo keynesiana só reproduz o primeiro fato.

Se $C = \overline{C} + cY;\ \left[\overline{C} \neq 0\right]$: a função consumo keynesiana só reproduz o segundo fato.

Em outras palavras, Simon Kuznets verificou uma proporcionalidade entre a renda e consumo no longo prazo, rejeitando a hipótese da propensão média a consumir ser decrescente em relação à renda no curto prazo. Dessa forma, haveria duas funções de consumo, uma de curto prazo e outra de longo prazo, fato que ficou conhecido na literatura como o Enigma do Consumo, conforme visto na figura 1 a seguir:

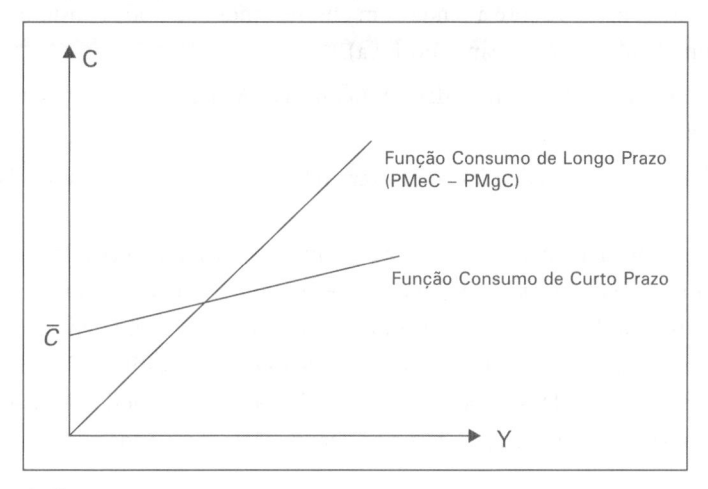

Figura 1: O Enigma do Consumo

Resolver o Paradoxo de Kuznets originou o aparecimento de diversas teorias. Nos anos 50, Franco Modigliani e Milton Friedman apresentaram explicações para essas constatações aparentemente contraditórias. Contudo, antes de se analisar como tais autores tentaram resolver esse enigma do consumo, deve-se verificar a contribuição de Irving Fisher à teoria de consumo, já que tanto a teoria da renda permanente de Friedman, quanto a teoria de ciclo da vida de Modigliani, se basearam na teoria proposta anteriomente por Irving Fisher.

3. TEORIA DO CONSUMO INTERTEMPORAL DE IRVING FISHER

3.1. Restrição Orçamentária Intertemporal

Os agentes enfrentam a restrição orçamentária intertemporal, de modo que as famílias decidem quanto consumir e poupar hoje, levando em conta o futuro. Consumir mais hoje e consequentemente poupar menos significa um menor consumo amanhã. Por outro lado, os jovens poupam para poderem ter um consumo desejável no futuro, já que, quando idosos, é esperada uma renda menor. As famílias podem ainda tomar empréstimos para consumir mais no presente, e esses empréstimos, porém, deverão ser pagos, comprometendo parte do consumo futuro. As principais hipóteses do modelo básico de comportamento do consumidor são:

(1) O consumidor possui preferências (utilidades) que dependem das quantidades de bens que são consumidas no período presente (consumo do período 1) e no período futuro (consumo do período 2) denotados respectivamente C_1 e C_2. Essas preferências podem ser representadas através de uma função utilidade do tipo $U(C_1 C_2)$.

(2) O consumidor possui informação perfeita a respeito dos rendimentos que irá obter nos períodos presente (renda no período 1) e futuro (renda no período 2) denotados respectivamente por: Y_1 e Y_2.

(3) O consumidor pode consumir mais do que ganha (uma vez que o indivíduo pode financiar o seu excesso de consumo sobre a renda com empréstimos) ou pode consumir menos do que ganha (acumulando uma poupança positiva).

(4) Os indivíduos não recebem e nem deixam heranças, não havendo motivos de deixar legados para as próximas gerações.

(5) Os indivíduos não deixam dívidas ao morrerem (condição de **Não Esquema Ponzi**).

A poupança do primeiro período (S_1) será consumida no segundo período, ou seja, as famílias começam e terminam sem ativos, a poupança do primeiro período é exatamente igual à despoupança do segundo período. Portanto, a decisão não consiste em escolher entre poupar ou tomar empréstimos, mas em resolver quando poupar e quando tomar empréstimos. Se as famílias poupam enquanto "jovens" (período 1), vão despoupar quando "idosas" (período 2), e, se despouparem quando jovens, vão poupar quando idosas. Considere os seguintes dados:

Dois períodos: 1 (juventude) e 2 (velhice)
C_1 = Consumo no período 1 e C_2 = Consumo no período 2
Y_1 = Renda no período 1 e Y_2 = Renda no período 2
S_1 = Poupança no período 1 e S_2 = Poupança no período 2
Q_1 = Produção no período 1 e Q_2 = Produção no período 2
T_1 = Tributação no período 1 e T_2 = Tributação no período 2
r = taxa de juros

A renda nos períodos 1 e 2 é expressa por:

$$Y_1 = Q_1 - T_1$$
$$Y_2 = Q_2 - T_2$$

Suponha a possibilidade de se tomar empréstimos. A poupança no período 1 será: $S_1 = Y_1 - C_1$ (1)

Suponha um consumidor que pode escolher comprar um bem hoje ou amanhã e que tenha uma renda fixa nos dois períodos. O **consumidor poupador** é àquele que consume hoje um valor menor que a sua renda hoje, de modo que a diferença é aplicada (poupada) e rende juros, que pode aumentar seu consumo amanhã:

$$\boxed{Y_1 > C_1 \Rightarrow S_1 > 0 \Rightarrow poupadores}$$

Por outro lado, o consumidor é considerado **tomador de empréstimos** se ele consume hoje um valor menor que sua renda hoje, de modo que ele pode tomar a diferença emprestada, e pagar juros por ela amanhã, diminuindo seu consumo amanhã, ou seja:

$$\boxed{Y_1 < C_1 \Rightarrow S_1 < 0 \Rightarrow tomadores\ de\ empréstimos}$$

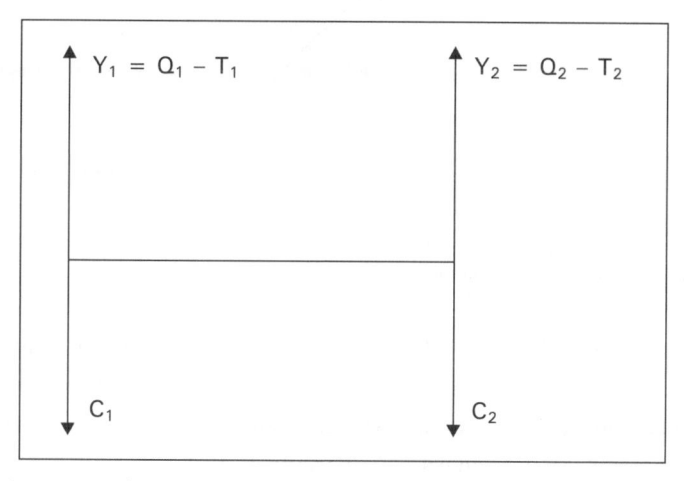

Figura 2: Consumo Intertemporal

No segundo período, o consumo é dado por: $C_2 = (1+r)S_1 + Y_2$ (2)

Não há poupança no período 2 (a pessoa não deixa herança). Substituindo (1) em (2), obtemos:
$$C_2 = (1+r)(Y_1 - C_1) + Y_2 \Rightarrow C_2 = Y_1 - C_1 + rY_1 - rC_1 + Y_2$$
Isolando C_1 e C_2 e dividindo-se ambos os lados do resultado por (1 + r), obtemos:

$$C_2 + C_1 + rC_1 = Y_1 + rY_1 + Y_2 \Rightarrow C_2 + C_1(1+r) = Y_1(1+r) + Y_2$$

$$\Rightarrow \frac{C_2}{(1+r)} + \frac{C_1(1+r)}{(1+r)} = \frac{Y_1(1+r)}{(1+r)} + \frac{Y_2}{(1+r)} \Rightarrow C_1 + \frac{C_2}{(1+r)} = Y_1 + \frac{Y_2}{(1+r)} \qquad (3)$$

A equação (3) representa a **restrição orçamentária intertemporal do consumidor**. Por essa restrição, o consumo no período 1 mais o consumo do período 2, descontado pelo fator $(1+r)$ tem que ser igual à renda do período 1 mais a renda do período 2 também descontada pelo fator $(1+r)$. Em outras palavras, o valor presente do consumo é igual ao valor presente da renda. O lado direito da restrição é conhecido como **riqueza do consumidor no período 1**. Observe que:
$r = 0 \Rightarrow C_1 + C_2 = Y_1 + Y_2$

Em termos matemáticos, a restrição orçamentária intertemporal é uma equação de 1º grau da reta e, graficamente, é expressa pela figura 3 a seguir:

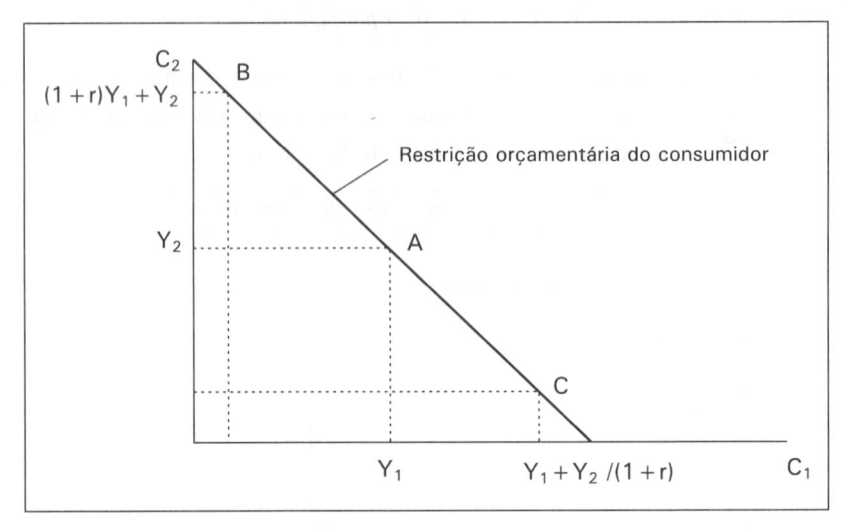

Figura 3: Restrição Orçamentária Intertemporal

A inclinação da reta é dada por $-(1+r)$ e todos os seus pontos representam combinações possíveis para o consumidor. No ponto A, o consumidor consume exatamente sua renda no período 1. Como não poupa, o consumo no período 2 também é igual à sua renda nesse período. No ponto B, o consumidor poupa no primeiro período, o que lhe permite consumir mais do que sua renda no segundo período. No ponto C, ele consome mais do que sua renda no período 1. Isso só é possível dada a possibilidade que o consumidor tem de levantar empréstimos, os quais deverão ser pagos.

3.2. Preferências do Consumidor

As preferências do consumidor, quanto ao consumo do primeiro ou segundo período, estão representadas através de curvas de indiferença, apresentando as combinações de consumo que proporcionam o mesmo nível de satisfação ao consumidor. Suponha que as famílias obtêm utilidade no consumo de cada período. Também suponha que o nível de utilidade obtido por meio de certa combinação de C_1 e C_2 é caracterizado por uma função de utilidade intertemporal $U = U(C_1, C_2)$. No tempo 1, imagina-se que a família escolhe a combinação de C_1 e C_2 que traga o maior valor de utilidade desde que C_1 e C_2 estejam dentro da restrição orçamentária. A função de utilidade intertemporal atua como qualquer outra função de utilidade da teoria do consumidor. A família estará melhor com uma quantidade maior tanto de C_1 como de C_2, conforme mostrado na figura 4.

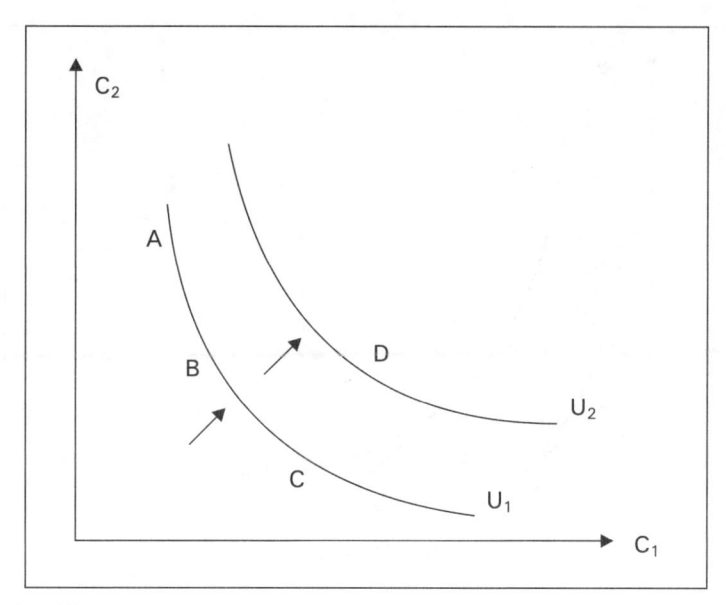

Figura 4: Curvas de Indiferença

A figura 4 apresenta duas curvas de indiferença. Cada uma delas representa combinações de consumo nos períodos 1 e 2, que proporcionam o mesmo nível de utilidade. O consumidor é indiferente entre as combinações de consumo nos pontos A, B e C, e todos os pontos na curva de utilidade U_2 são preferíveis aos pontos da curva de utilidade U_1. A inclinação da curva de indiferença é dada pela taxa marginal de substituição entre o consumo nos períodos 1 e 2, a qual representa o quanto o consumidor está disposto a abrir mão do consumo no primeiro período para poder consumir mais no segundo período. Isto é, a inclinação de qualquer ponto da curva de indiferença mostra de quanto consumo o consumidor necessita no segundo período para se sentir compensado pela redução de uma unidade de consumo no primeiro período.

Observe que quando a Taxa Marginal de Substituição é baixa, o consumidor exige pouco consumo adicional no segundo período para abrir mão do consumo no primeiro período. Por outro lado, quando a Taxa Marginal de Substituição é alta, o consumidor exige muito consumo adicional no segundo período para abrir mão do consumo no primeiro.

3.3. Impacto de um Aumento na Renda

Analisando a figura 5, suponha que os agentes são poupadores e que se trata do consumo de um **bem normal**[1]. Um aumento na renda do período 1 e/ou período 2 eleva o consumo tanto no período 1 quando no período 2, deslocando a restrição orçamentária para a direita. Este aumento na renda aumenta o consumo em ambos os períodos. Dessa forma, temos: $\uparrow Y_1$ *e / ou* $\uparrow Y_2 \Rightarrow \uparrow C_1$ *e / ou* $\uparrow C_2$

Note que o consumo no período 1 depende da renda nos dois períodos.

---

[1] **Bem Normal**. Um aumento na renda leva a um aumento na quantidade consumida em uma proporção menor ou igual à do aumento na renda. Ex.: Arroz, Feijão. Esse bem tem demanda inelástica (pouco sensível) em relação à renda.

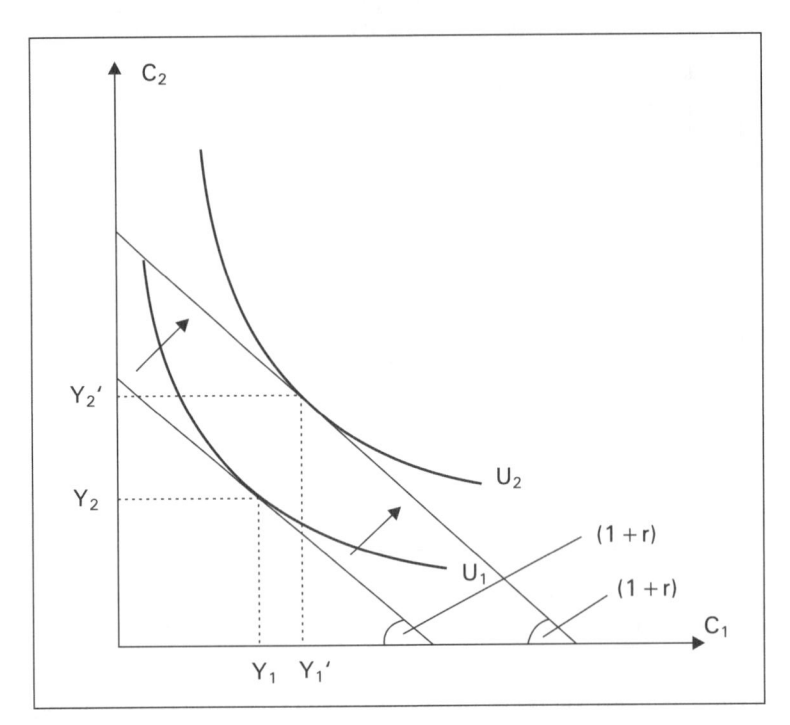

Figura 5: Efeito de aumentos no nível de renda

3.4. Implicações de um Aumento na Taxa de Juros

O impacto de um aumento na taxa de juros real é decomposto em dois efeitos:

(i) Efeito Renda: E a variação no consumo que resulta da variação na renda real (no poder de compra) e que resulta na passagem para uma curva de indiferença mais alta. Uma elevação na taxa de juros melhora a situação do agente, proporcionando maior consumo no período 2. Para o tomador de empréstimos, só interessa o efeito renda.

(ii) Efeito Substituição: É a mudança do consumo que resulta de uma variação do preço relativo nos dois períodos. Se a taxa de juros aumenta, o consumo no período 2 se torna mais barato em relação ao consumo no período 1. Como a taxa de juros auferida através da poupança é maior, o consumidor pode abrir mão de um pouco de consumo do primeiro período para obter uma unidade adicional no segundo, isto é, o consumidor tenderá substituir o consumo no período 1 pelo consumo no período 2.

Logo, se o consumidor for um tomador de empréstimos, o efeito-substituição e o efeito-renda caminham na mesma direção. Se houver um aumento da taxa de juros, esses efeitos reduzem o consumo no primeiro período: $\uparrow r \Rightarrow \downarrow C_1$

Suponha, agora, que a família é **poupadora** (ou emprestadora) no presente e que o consumo seja de bens normais, pode-se afirmar que o efeito renda tende a atuar no sentido de aumentar o consumo nos dois períodos ao passo que o efeito substituição tende a reduzir o consumo no primeiro período e aumentá-lo no segundo período, e vice-versa. Em resumo:

$$efeito-renda \Rightarrow \begin{cases} \uparrow r \Rightarrow \uparrow (1+r) \Rightarrow poupadores \Rightarrow \uparrow (renda\ real) \Rightarrow bem\ normal \Rightarrow \begin{cases} \uparrow C_1 \\ \uparrow C_2 \end{cases} \\ \downarrow r \Rightarrow \downarrow (1+r) \Rightarrow poupadores \Rightarrow \downarrow (renda\ real) \Rightarrow bem\ normal \Rightarrow \begin{cases} \downarrow C_1 \\ \downarrow C_2 \end{cases} \end{cases}$$

$$efeito-substituição \Rightarrow \begin{cases} \uparrow r \Rightarrow \uparrow (1+r) \Rightarrow poupadores \Rightarrow bem\ normal \Rightarrow \begin{cases} \downarrow C_1 \\ \uparrow C_2 \end{cases} \\ \downarrow r \Rightarrow \downarrow (1+r) \Rightarrow poupadores \Rightarrow bem\ normal \Rightarrow \begin{cases} \uparrow C_1 \\ \downarrow C_2 \end{cases} \end{cases}$$

$$\left.\begin{matrix} Poupadores \\ Bem\ Normal \end{matrix}\right\} \Rightarrow \uparrow r \Rightarrow \begin{cases} C_1 \begin{cases} ER > ES \therefore \uparrow C_1 \\ ER < ES \therefore \downarrow C_1 \end{cases} \\ \uparrow C_2 \end{cases}$$

$$\left.\begin{matrix} Poupadores \\ Bem\ Normal \end{matrix}\right\} \Rightarrow \downarrow r \Rightarrow \begin{cases} C_1 \begin{cases} ER > ES \therefore \downarrow C_1 \\ ER < ES \therefore \uparrow C_1 \end{cases} \\ \downarrow C_2 \end{cases}$$

Um aumento na taxa de juros real provoca a rotação da reta de restrição orçamentária intertemporal do consumidor; consequentemente esta mudança altera o volume do consumo em ambos os períodos.

O **efeito total** é dado pela soma dos dois efeitos. Pode-se afirmar que o consumo no período 2 aumenta com o aumento na taxa de juros. Os dois efeitos contribuem para aumentar o consumo no segundo período. Portanto podemos concluir que **um aumento na taxa de juros real eleva o consumo do segundo período**. Todavia, **o aumento na taxa de juros real tanto pode aumentar como pode diminuir o consumo no primeiro período**.

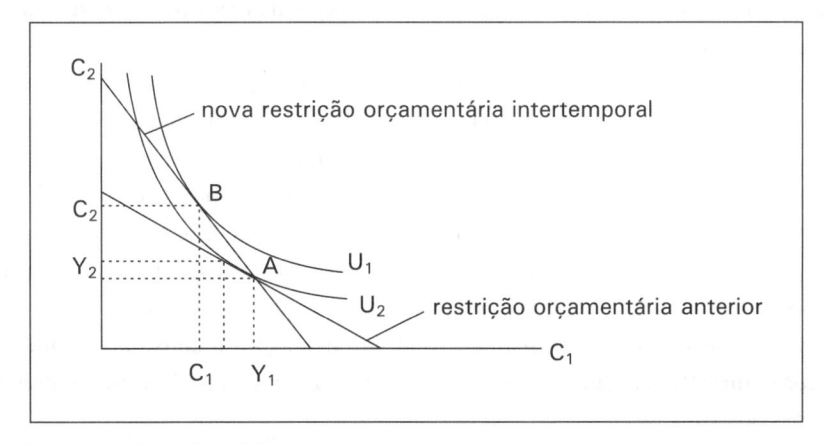

Figura 6: Efeito de aumentos na taxa de juros

(ESAF/Auditor-Fiscal da Previdência Social/2002) - Considere a restrição orçamentária de um consumidor num modelo de dois períodos:

$C_1 + C_2/(1 + r) = Y_1 + Y_2/(1 + r)$,

onde

C_1 = consumo no período 1;

C_2= consumo no período 2;

Y_1 = renda no período 1;

Y_2= renda no período 2;

r = taxa de juros.

Considerando que as preferências do consumidor quanto à alocação do consumo ao longo do tempo sejam representadas por curvas de indiferenças convexas em relação à origem, é correto afirmar que:

a) um aumento na renda no primeiro período não altera o consumo no segundo período, independentemente da estrutura de preferências do consumidor.

b) no equilíbrio, o consumo será tal que a taxa marginal de substituição intertemporal seja igual a "r".

c) se o consumidor é poupador no primeiro período, um aumento na taxa de juros aumenta o consumo no período 2.

d) independentemente de o consumidor ser poupador ou devedor no primeiro período, uma elevação nas taxas de juros reduz o consumo nos dois períodos.

e) a ausência de um sistema de poupança e empréstimo não altera o bem-estar do consumidor, desde que ele respeite a sua restrição orçamentária intertemporal.

Solução:

A resposta é a letra "c". Ao se considerar o consumo de um bem normal e que o agente econômico é poupador, um aumento na taxa de juros sempre aumenta o consumo no período 2.

3.5. Restrições aos Empréstimos

A impossibilidade de se levantar empréstimos impede que o consumo corrente seja maior do que a renda corrente para a maioria das pessoas. A **restrição de crédito** ou **restrição de liquidez** pode ser expressa por: $C_1 \, '' \, Y_1$

Esta desigualdade mostra que o consumo no 1º período é menor ou igual à renda no 1º período. Assim, se o consumidor não pode tomar empréstimos, ele enfrenta uma restrição adicional no primeiro período: a de não consumir mais do que a sua renda corrente permite.

Note que a restrição à tomada de empréstimos reduz o conjunto de escolhas do consumidor. Estas devem satisfazer tanto a restrição orçamentária quanto a restrição aos empréstimos. A área compreendida entre a restrição orçamentária e a restrição aos empréstimos representa as combinações de consumo nos dois períodos que atendem ambas as restrições, isto é, entre essas combinações, o consumidor pode escolher. Analisaremos agora **o consumo ótimo com uma restrição aos empréstimos**. Quando o consumidor enfrenta uma restrição aos empréstimos, há duas situações possíveis:

(i) o consumidor deseja consumir, no 1º período, menos do que ganha, neste caso, a restrição aos empréstimos não é impeditiva e, logo, não afeta o consumo. Assim, o consumidor escolhe consumir, no primeiro período, menos do que ganha, de forma que o consumo não é afetado. Dessa forma, pode-se concluir a existência de duas funções consumo. Para alguns consumidores, **a restrição aos empréstimos não é impeditiva**, e o consumo depende do valor presente da renda vitalícia, $Y_1 + \dfrac{Y_2}{(1+r)}$.

(ii) para outros consumidores, **a restrição aos empréstimos é impeditiva** e sua função consumo é $C_1 = Y_1$. Consequentemente, para os consumidores que desejariam tomar empréstimos, mas não conseguem fazê-lo, o consumo depende unicamente da renda corrente.

O modelo de escolha intertemporal de dois períodos com restrição de crédito pode considerar três tipos de consumidores com os seguintes perfis:

- Consumidor tipo I – prefere poupar no primeiro período: $S_1 = Y_1 - C_1 \Rightarrow Y_1 > C_1 \Rightarrow S_1 > 0$ (poupador);

- Consumidor tipo II – prefere consumir exatamente o que a renda permite em cada período: $Y_1 = C_1 \Rightarrow S_1 = 0$ (não é poupador nem tomador de empréstimos);

- Consumidor tipo III – prefere ser devedor no primeiro período: $Y_1 < C_1 \Rightarrow S_1 < 0$ (tomador de empréstimos)

As restrições de crédito só afetam o bem-estar do consumidor III. Os modelos de escolha intertemporal só são válidos com a hipótese de não existir restrição de crédito, pois se o consumidor se depara com uma curva de indiferença intertemporal com concavidade voltada para cima, restrições de crédito tendem a piorar o seu bem-estar. Por outro lado, desde que exista um sistema eficiente de poupança e crédito, o consumidor pode consumir mais no primeiro período do que a sua renda permite neste período.

(ESAF/AFC/STN-2002) - Considere um modelo de escolha intertemporal de dois períodos com restrição de crédito. Considere três "tipos" de consumidores com os seguintes perfis:

- **Consumidor tipo I - prefere poupar no primeiro período;**

- **Consumidor tipo II - prefere consumir exatamente o que a renda permite em cada período;**

- **Consumidor tipo III - prefere ser devedor no primeiro período.**

Considerando que o consumidor é racional e possui curva de indiferença intertemporal com concavidade voltada para cima, é correto afirmar que:

a) as restrições de crédito não têm influência sobre os três consumidores já que a curva de indiferença intertemporal é "bem comportada".

b) as restrições de crédito só afetam o bem-estar do consumidor III.

c) as restrições de crédito afetam o bem-estar dos três tipos de consumidores.

d) as restrições de crédito reduzem o consumo no segundo período para os três tipos de consumidores.

e) somente o consumidor II não é afetado pelas restrições de crédito.

Solução:

A resposta é a letra "b". O consumidor III irá consumir mais do que ganha no primeiro período, significando que ele é um tomador de empréstimo. Logo, as restrições de crédito irão afetar o bem-estar de um tomador de empréstimos. O item "a" está falso porque as restrições de crédito têm influência sobre o consumidor tipo III. O item "c" está falso porque as restrições de crédito afetam o bem-estar do consumidor tipo III. O item "d" está falso porque as restrições de crédito reduzem o consumo no segundo período apenas para o consumidor tipo III. O item "e" é falso porque somente os consumidores I e II não são afetados pelas restrições de crédito.

4. TEORIA DA RENDA PERMANENTE

A **Teoria da Renda Permanente**[2], desenvolvida pelo economista Milton Friedman na década de 1950, argumenta que as pessoas tendem a manter um padrão de consumo estável ao longo do tempo, e esse padrão de consumo depende da renda permanente, isto é, a renda que as famílias esperam receber ao longo de suas vidas, ou a renda média que as famílias esperam em um prazo mais longo. Alterações no consumo são devidas a alterações na renda permanente. Os agentes experimentam flutuações permanentes e transitórias em sua renda, mas preferem um consumo estável a um instável, ou seja, há uma alta aversão a alterações abruptas no padrão de vida.

(Cespe-UnB/Especialista em Estudos e Pesquisas Governamentais – Área de Formação: Economia e Estatística/Instituto Jones dos Santos Neves/2010) – Julgue o item a seguir como verdadeiro ou falso.

De acordo com a teoria da renda permanente de Friedman, as escolhas pelos consumidores de suas trajetórias de consumo são determinadas pelas expectativas de renda de longo prazo, do que se conclui que as mudanças transitórias na renda afetam o comportamento de consumo de longo prazo.

Solução:

Falso. Apenas a renda permanente (e não a renda transitória) afeta o consumo de longo prazo. O consumo depende da renda permanente, porque os consumidores usam a poupança e os empréstimos para nivelar o consumo em resposta a mudanças transitórias na renda. Os consumidores despendem sua renda permanente, mas preferem poupar sua renda transitória. Alterações transitórias na renda teriam pouco ou nenhum efeito sobre o consumo, porque as pessoas tendem a poupar ou despoupar quando ocorrem alterações temporárias na renda, mantendo com isso um padrão estável de consumo ao longo do tempo. Em períodos de crescimento econômico, as famílias poupam a parcela da renda transitória, ao passo que em períodos de recessão econômica as famílias despoupam a parcela da renda transitória. Em resumo, de acordo com Friedman, o consumo não responde de forma muito importante às flutuações transitórias na renda.

As equações básicas são:

$$Y = Y^t + Y^p \tag{4}$$

---

[2] FRIEDMAN, M. A Theory of the Consumption Function. Princeton, New Jersey: Princeton University Press, 1957.

$$C = cY^P \tag{5}$$

$$Y^P = \theta Y + (1 - \theta)Y^P_{-1} \therefore 0 < \theta < 1 \tag{6}$$

onde Y = renda (renda corrente ou efetiva); Y_{-1} = renda passada; Y^t = renda transitória (aleatória); Y^P = renda permanente. A função consumo é dada por: $C = cY^P$, onde c é o fator de proporcionalidade ou propensão marginal a consumir de longo prazo da renda permanente: $c = \dfrac{\Delta C}{\Delta Y^P}$.

Substituindo (6) em (5), temos que:

$$C = cY^P \Rightarrow C = c(\theta Y + (1 - \theta)Y^P_{-1}) \tag{7}$$

onde c = Propensão Marginal a Consumir de Curto Prazo = PMgC = $\dfrac{\partial C}{\partial Y}$ e

θ = Fração pela qual a renda permanente estimada pelos indivíduos é ajustada a uma mudança na renda corrente.

(FGV Projetos/Economista/Superintendência do Desenvolvimento do Nordeste/2013) - A Teoria da Renda Permanente de Milton Friedman afirma que

a) os indivíduos poupam quando são jovens e despoupam na velhice, pois sabem que nesta fase a renda vai parar de crescer e passar a declinar, devido a aposentadoria.

b) as famílias investem em um capital de uma empresa desde que o valor das ações da mesma seja maior do que o custo de reposição deste capital, garantindo assim uma renda permanente.

c) a renda pode ser decomposta em renda permanente (média ao longo do ciclo de vida) e transitória (desvios aleatórios da renda corrente em relação à renda permanente).

d) as famílias, ao consumirem, consideram a taxa de juros que é o preço do consumo hoje em termos do consumo futuro, ou seja, é o custo de oportunidade do consumo presente.

e) os indivíduos aumentam o consumo conforme o aumento da renda, mas não na mesma magnitude, pois o restante é destinado à poupança.

Solução:

A resposta é a letra "c". De fato, a Teoria da Renda Permanente de Milton Friedman afirma que a renda pode ser decomposta em renda permanente (média ao longo do ciclo de vida) e transitória (desvios aleatórios da renda corrente em relação à renda permanente). De maneira específica, a **renda permanente** é a parte da renda que as pessoas esperam manter no futuro, isto é, é a renda média de longo prazo esperada, proveniente de "riqueza humana e não humana", por exemplo, a renda esperada do trabalho e os ganhos esperados de ativos. Por outro lado, a **renda transitória** é a parte da renda que as pessoas não esperam manter no futuro, podendo ser positiva ou negativa. Note que apenas o componente permanente da renda influencia o consumo.

A equação (7) afirma que, em cada período, os indivíduos ajustam sua estimativa de renda permanente em uma fração θ da discrepância entre a renda efetiva no período corrente e a estimativa da renda permanente do período anterior.

Podem ocorrer alterações na renda. Por exemplo, a sazonalidade da renda de um produtor rural: na época da colheita, sua renda é maior do que no período de entressafra. Isso, no entanto, não significa que esse produtor consome mais na entressafra. Ele buscará nivelar seu consumo ao longo do ano, poupando no período de abundância e despoupando nos momentos de escassez. A renda do produtor rural sofrerá flutuações de ano em ano, dependendo do tempo e da cotação de seus produtos no mercado. Novamente, ele vai tentar nivelar o consumo em face das flutuações. Nos anos bons, ele poupa, nos anos ruins, vai despoupar, mantendo assim um padrão de vida estável.

Note mais dois exemplos em que podemos separar a renda em permanente e em transitória:

- Camila, que se formou em Administração de Empresas, ganhou neste ano mais do que Ricardo, que abandonou o ensino médio (antigo 2º grau). A renda mais alta de Camila é consequência de uma **renda permanente** mais alta, porque sua instrução lhe permitirá continuar ganhando mais. Dessa forma, essa teoria explica por que as pessoas buscam qualificação superior, ou seja, pessoas formadas geralmente possuem maior renda permanente do que as não possuem curso superior;

- Raimundo, produtor de laranjas em São Paulo, ganhou menos este ano porque a geada prejudicou a safra. Paulo, um produtor de laranjas de Mato Grosso, ganhou mais do que em outros anos porque a geada em São Paulo aumentou os preços da laranja. O aumento na **renda** de Paulo **foi transitório** porque não é provável que essa situação se repita. Condições climáticas favoráveis só proporcionam aumentos transitórios na renda.

- Um outro exemplo foi o período imediatamente após a implantação do Plano Real. As famílias imaginavam que a renda fosse permanecer alta indefinidamente, de modo que aumentaram o seu consumo nesse período.

No caso de um choque permanente, se a renda permanente sobe, o consumo sobe, mas se a renda permanente cai, o consumo cai. Em resumo:

$$Choques \;\; permanentes \Rightarrow \begin{cases} positivos \Rightarrow \uparrow Y^{P} \Rightarrow \uparrow C \\ negativos \Rightarrow \downarrow Y^{P} \Rightarrow \downarrow C \end{cases}$$

4.1. Implicações

A hipótese da renda permanente tenta resolver o enigma do consumo ao sugerir que a função consumo keynesiana padrão usa a variável errada. O consumo depende da renda permanente, apesar de vários estudos relacionarem consumo com renda corrente. Dividindo a função consumo (equação (7)) por Y, teremos:

$$C = c\left(\theta Y + (1-\theta)Y_{-1}^{P}\right) \Rightarrow \frac{C}{Y} = \frac{c\left(\theta Y + (1-\theta)Y_{-1}^{P}\right)}{Y} \Rightarrow PMeC = \frac{c\left(\theta Y + (1-\theta)Y_{-1}^{P}\right)}{Y} \therefore \qquad (8)$$

Onde PMeC é a propensão média a consumir.

A hipótese da renda permanente é consistente com a função consumo proporcional de longo prazo (PMeC constante) e com a função consumo não proporcional de curto prazo (PMeC declina quando Y aumenta). A propensão média a consumir depende da razão expressa no lado direito de (8).

(CESPE-UnB/Economista Júnior – Petrobrás/2001) – Julgue o item a seguir, como verdadeiro ou falso:

A propensão média a consumir a renda transitória é, para os defensores da hipótese da renda permanente, superior à propensão média a consumir a renda permanente.

Solução:

Esse item é falso porque as famílias com rendas transitórias altas terão um menor consumo. Logo, a propensão média a consumir a renda transitória será menor que a propensão média a consumir a renda permanente.

4.2. Alterações nos Impostos

De acordo com a análise keynesiana, corte nos impostos estimulam o consumo e aumenta a renda agregada, enquanto aumentos nos impostos reduzem o consumo e a renda agregada. A hipótese da renda permanente afirma que o consumo apenas responde a mudanças na renda permanente. Consequentemente, alterações transitórias nos impostos não terão um forte impacto no consumo e pouco repercutirão sobre a demanda agregada.

(ESAF/Analista de Comércio Exterior/1998) – A hipótese da teoria da renda permanente, que faz parte de algumas formulações da função consumo, implica que

a) um ganho de renda inesperado no período presente será integralmente gasto no aumento do consumo deste período

b) alterações temporárias nos impostos não terão efeito significativo sobre o consumo dos períodos em que ocorrem, sejam estas alterações no sentido de aumento ou redução dos impostos

c) o nível de consumo no período presente depende, antes de mais nada, do maior nível de renda disponível registrado no período anterior

d) o padrão de consumo ao longo do tempo é afetado pela existência de ilusão monetária por parte dos consumidores

e) a variação do padrão de consumo ao longo do tempo provavelmente é maior que a variação observada na renda disponível dos consumidores ao longo do tempo

Comentários:

A resposta é a letra "b" porque se os consumidores considerarem que a alteração nos impostos será temporária, ela terá um pequeno impacto sobre o consumo e a demanda agregada. Em cada período, quando subtraímos os impostos da renda familiar, a restrição orçamentária intertemporal muda para:

$$C_1 + \frac{C_2}{(1+r)} = (Q_1 - T_1) + \frac{(Q_2 - T_2)}{(1+r)} \Rightarrow C_1 + \frac{C_2}{(1+r)} = Q_1^d + \frac{Q_2^d}{(1+r)} \tag{9}$$

onde Q_1^d e Q_2^d representam a produção disponível nos períodos 1 e 2, respectivamente. Note que a renda disponível $Yd = Qd + rB_{-1}$, quando B_{-1} não é igual a zero.

Assim, impostos maiores tendem a reduzir o consumo para certa trajetória de produção, diminuindo o valor presente descontado da renda disponível da família. O efeito de impostos mais altos, T_1, sobre C_1, depende se o aumento de imposto seja transitório ou permanente (e no modelo de dois períodos, se vai durar um ou dois períodos). Desse modo um aumento transitório nos impostos reduzirá a renda permanente em $(1 + r)/(2 + r)$ vezes o aumento dos impostos. Um aumento permanente de impostos vai reduzir a renda permanente no valor deste aumento.

Cabe destacar também que, considerando uma propensão marginal a consumir baixa, uma mudança na política tributária, por exemplo, não provocará uma grande reação no consumo. No sistema keynesiano, políticas tributárias funcionam por meio de um efeito sobre a renda corrente (disponível) e, portanto, sobre o consumo (por meio da propensão marginal a consumir). Se a resposta do consumo à renda for fraca, mudanças na política tributária serão ineficazes. Se, porém, a estimativa da renda permanente for mais sensível a alterações na renda corrente (θ alto) ou caso uma mudança percebida como permanente na carga tributária provoque independentemente a revisão da referida estimativa, a política tributária e outras políticas fiscais que dependam do processo multiplicador keynesiano deverão ser eficazes.

4.3. Expectativas Racionais e Teorema do Caminho Aleatório

A hipótese da renda permanente destaca que o consumo depende das expectativas. Os consumidores atentos ao futuro pautam suas decisões não apenas na renda corrente, mas também no que esperam receber no futuro. Segundo Friedman, a hipótese da renda permanente pressupõe que as estimativas individuais da renda permanente são formadas de uma maneira adaptativa (ou retrospectiva). Observando a equação a seguir:

$$Y^P = \theta Y + (1-\theta)Y_{-1}^P \Rightarrow Y^P = \theta Y + Y_{-1}^P - \theta Y_{-1}^P \Rightarrow Y^P = Y_{-1}^P + \theta\left(Y - Y_{-1}^P\right) \tag{10}$$

Note que os indivíduos corrigem suas estimativas da renda permanente com base na diferença entre a renda efetivamente recebida no último período e a estimativa de renda permanente para o último período, realizada no período anterior.

Os economistas novo-clássicos criticam o pressuposto das expectativas adaptativas, e propuseram que as expectativas fossem racionais[3]: as expectativas são formadas a partir de todas as informações relevantes disponíveis e usadas de modo inteligente.

(ESAF/Analista de Finanças e Controle da Secretaria do Tesouro Nacional /1997) – Julgue o item a seguir, como verdadeiro ou falso:

Se a hipótese da renda permanente é correta, e se os consumidores têm expectativas racionais, então mudanças no consumo ao longo do tempo são imprevisíveis.

---

[3] HALL, R. E. Stochastic Implications of the Life Cycle-Permanent Income Hypothesis: Theory and Evidence. Journal of Political Economy, 86, abril de 1978, p. 971-987.

Solução:

Esse item é verdadeiro porque se as expectativas são racionais, todas as informações disponíveis antes do período corrente já terão sido usadas para estimar a renda permanente. Isso implica que mudanças no consumo ocorrerão apenas como resultado de alterações imprevistas na renda que causem mudanças na renda permanente estimada. Mudanças no consumo devem ocorrer apenas no caso de "surpresas" com relação à renda. A combinação da hipótese da renda permanente com as expectativas racionais significa que o consumo segue um caminho aleatório[4].

De acordo com a hipótese da renda permanente, os consumidores enfrentam flutuações na renda e tentam, da melhor maneira possível, nivelar seu consumo ao longo do tempo. A qualquer momento, o consumidor determina seu consumo com base nas expectativas correntes sobre sua renda permanente. Com o tempo, eles mudam seu consumo porque recebem novas informações que os levam a rever suas expectativas. Por exemplo, um aumento de salário leva determinada pessoa a aumentar seu consumo, ao passo que uma demissão leva outra pessoa a reduzir seu consumo. Se os consumidores usam todas as informações disponíveis de maneira ótima, então as revisões de suas expectativas deveriam ser imprevisíveis. Portanto, as alterações em seu consumo também seriam imprevisíveis.

4.4. Taxa de Poupança

A taxa de poupança tende a crescer nos períodos de recessão econômica, ao passo que períodos de expansão econômica são precedidos por baixas taxas de poupança. Logo, se as famílias forem induzidas a esperar uma redução permanente de renda, haverá um aumento imediato da poupança.

5. TEORIA DO CICLO DA VIDA DE FRANCO MODIGLIANI

Defendida por Franco Modigliani, a hipótese do ciclo de vida[5] focaliza indivíduos, planejando seu comportamento de consumo e poupança no decorrer de longos períodos com a intenção de alocar seu consumo da melhor maneira possível por toda a sua vida. Franco Modigliani usou o modelo do consumo intertemporal de Irving Fisher para resolver o enigma do consumo, mas destacou que a renda varia ao longo da vida das pessoas, e que a poupança permite aos consumidores deslocar a renda dos períodos em que ela é alta para aqueles períodos em que a renda é mais baixa.

Na juventude, o indivíduo experimenta uma renda menor. Com o passar dos anos, a consolidação de sua vida profissional proporciona uma renda maior. Na velhice, a renda das pessoas tende a sofrer uma queda significativa, geralmente pela impossibilidade de continuar trabalhando.

O modelo do ciclo da vida, assim como o modelo da renda permanente, baseia-se na ideia de que o consumo de um determinado período não depende da renda corrente (atual), mas da renda auferida ao longo de toda a vida economicamente ativa (*life-time earnings*) dos agentes econômicos, isto é, depende das expectativas de renda da vida toda.

---

[4] Em econometria, o caminho aleatório descreve a trajetória de uma variável cujas alterações são imprevisíveis.
[5] MODIGLIANI, F. Life Cycle, Individual Thrift, and the Wealth of Nations. American Economic Review, 76, junho de 1986, p. 297-313.

(CESPE-UnB/Economista Júnior – Petrobrás/2001) – Julgue o item abaixo, como verdadeiro ou falso:

De acordo com a teoria do ciclo de vida do consumo, além da renda corrente, todo o perfil futuro da renda contribui para explicar os níveis de consumo ao longo do seu tempo de vida.

Solução:

Esse item é verdadeiro porque a teoria do clico de vida do consumo postula que a renda dos indivíduos tende a sofrer flutuações sistemáticas ao longo da vida. Dessa forma, o comportamento da poupança seria determinado pelo estágio do ciclo da vida em que o indivíduo se encontra.

Os diversos estágios do ciclo da vida de um consumidor:

1. No estágio I (juventude), a renda dos indivíduos é baixa, bem como o estoque de poupança (possivelmente negativo), e tais indivíduos, geralmente, contraem dívidas porque sabem que ganharão rendas maiores no futuro.

2. No estágio II (meia idade), a renda atinge um pico e os indivíduos pagam as dívidas contraídas no estágio I, além de pouparem para a velhice. Assim, conforme a renda aumenta na fase intermediária da vida, o mesmo acontece com os depósitos em poupança.

3. No estágio III (velhice), a renda tende a zero, e os indivíduos consomem toda a poupança acumulada. A aposentadoria traz uma queda na renda, e pode-se esperar o início de um período de despoupança (taxa de poupança negativa).

Sendo assim, as flutuações da renda corrente teriam impacto unicamente sobre a poupança dos indivíduos, e não sobre a sua decisão de consumo. Em outras palavras, a decisão de consumo seria unicamente determinada pelo valor presente dos rendimentos ao longo da vida e pela relação entre r e θ.

O padrão desejado de consumo aumenta suavemente com o tempo, em vez de manter-se constante. O padrão de renda, porém, sobe mais abruptamente, e o indivíduo suaviza seu fluxo de consumo por meio de um breve período de despoupança inicial, um período de poupança positiva e, depois, um período um pouco mais longo de despoupança após a aposentadoria. Portanto, há dois períodos de despoupança na vida das pessoas.

(CESPE-UnB/Economista/FUNCAP/PA/2004) – Julgue o item a seguir, como verdadeiro ou falso:

De acordo com a hipótese do ciclo de vida (life-cycle hypothesis), uma elevação temporária nos impostos pagos pelos consumidores reduzirá de forma substancial, o consumo corrente, contribuindo, assim, para expandir os níveis de poupança da economia.

Solução:

Verdadeiro. O consumo durante a aposentadoria é financiado tanto pela poupança acumulada nos anos produtivos como pelas transferências recebidas do governo e dos descendentes. Por exemplo, no Brasil, os jovens trabalhadores pagam tributação relacionada a seguro social que são transferidos para os trabalhadores aposentados. Esse sistema tem consequências importantes na decisão de poupar. Quanto mais generoso for o sistema de seguro social, ou seja, quanto menor a tributação, menos a família precisa poupar durante o período produtivo para garantir seu consumo no período de aposentadoria. O resultado pode ser uma redução da poupança familiar, e até da poupança agregada da economia.

(CESPE-UnB/Consultor do Senado Federal – Política Econômica/2002) – Julgue o item a seguir, como verdadeiro ou falso:

De acordo com a hipótese do ciclo de vida, o consumo depende tanto da renda quanto da riqueza dos consumidores e implica, também, que a poupança varie, ao longo da vida, de maneira previsível.

Solução:

Esse item é verdadeiro. Segundo a teoria do ciclo da vida de Modigliani, o consumo depende da renda e da riqueza dos trabalhadores, e a poupança varia ao longo da vida de forma previsível. Se o consumidor nivela o consumo ao longo de sua vida, poupará e acumulará riqueza durante os anos em que trabalha e consumirá o patrimônio acumulado na sua aposentadoria. Se a pessoa entra na idade adulta sem riqueza, acumulará riqueza nos seus anos de trabalho e consumirá essa riqueza nos anos da aposentadoria. Dessa forma, os jovens que trabalham poupam, ao passo que os velhos que se aposentam despoupam, conforme visto na figura 11.

5.1. A Hipótese do Ciclo de Vida

Uma das razões pela qual a renda varia ao longo da vida de uma pessoa é a aposentadoria. Muitas esperam aposentar-se em torno dos 65 anos e esperam uma grande queda em seus rendimentos, sem almejar uma queda significativa em seu padrão de vida, medido em termos de consumo. Portanto, muitas pessoas se preparam para a aposentadoria poupando. Dessa forma, considere os seguintes dados:

T = tempo esperado de vida (anos);
R = tempo de trabalho (anos);
$TA = T - R$ = tempo de aposentadoria (anos);
W = riqueza inicial;
Y = Renda (salário/ano);
S = Poupança;
$R \times Y$ = Renda da Família (ganhos auferidos no decorrer da vida);
C = Consumo;
$W + RY$ = recursos do consumidor ao longo de sua vida

Considere um consumidor que espera viver mais T anos, possui uma riqueza W e espera ganhar uma renda Y até aposentar-se daqui a R anos. Suponha uma taxa de juros igual a zero (se a taxa de juros fosse maior do que zero, deve-se considerar também os juros da poupança).

O consumidor pode dividir os recursos de sua vida entre os T anos que lhe restam. Supondo que deseje alcançar a trajetória mais regular possível, dividirá o total de $W + RY$ igualmente entre os T anos e a cada ano consumirá

$$C = \frac{(W + RY)}{T} = \frac{1}{T}W + \frac{R}{T}Y = \alpha W + \beta Y \therefore \alpha = \frac{1}{T} \quad e \quad \beta = \frac{R}{T} \tag{11}$$

onde α é a propensão marginal a consumir riqueza. β é a propensão marginal a consumir renda do trabalho. A equação (11) informa que o consumo depende tanto da renda quanto da riqueza.

Se todos os consumidores da economia planejam dessa forma seu consumo, a função consumo é muito semelhante à função consumo individual. O consumo agregado dependerá tanto da renda quanto da riqueza. Mas essa função só se mantém no curto prazo se a riqueza for constante.

(CESPE-UnB/Economista Pleno/Petrobrás/2004) – Julgue o item a seguir, como verdadeiro ou falso:

No modelo de ciclo de vida, o consumo corrente é financiado pelo estoque de riqueza e pela renda gerada ao longo da vida dos consumidores.

Solução:

Esse item é verdadeiro, conforme pode ser constatado na equação (11). Por exemplo, se o consumidor espera viver mais 50 anos e trabalhar por mais 30, então T = 50 e R = 30, a função consumo será dada por:

$$C = \frac{1}{50}W + \frac{30}{50} \Rightarrow C = 0{,}02W + 0{,}6Y$$

Em outras palavras, um real a mais de renda por ano aumenta o consumo em 60 centavos por ano e um real a mais de riqueza aumenta o consumo em 2 centavos ao ano.

(CESPE-UnB/Analista de Comércio Exterior/2001) – julgue o item a seguir:

De acordo com a teoria do ciclo de vida, o consumo depende do estoque de riqueza do indivíduo, do número de anos que ele espera trabalhar, do tempo que ele passará inativo e do déficit fiscal.

Solução:

Esse item é falso porque na teoria do ciclo de vida não há menção de déficit fiscal na função consumo.

5.2. Implicações Econômicas

A teoria do ciclo de vida para o comportamento do consumidor tenta resolver o enigma do consumo. A função consumo do ciclo de vida implica que a propensão média a consumir seja:

$$PMeC = \frac{C}{Y} = \alpha\left(\frac{W}{Y}\right) + \beta\left(\frac{Y}{Y}\right) = \alpha\left(\frac{W}{Y}\right) + \beta \Rightarrow \downarrow PMeC = \alpha\left(\frac{W}{\uparrow Y}\right) + \beta \tag{12}$$

Como a riqueza não varia proporcionalmente à renda, de pessoa para pessoa ou de ano para ano, deve-se verificar que, usando dados de conjuntos de indivíduos ou **no curto prazo**, uma renda alta implica uma baixa propensão média a consumir.

Mas, **no longo prazo**, a renda e a riqueza crescem juntas, significando uma razão (W/Y) constante e, portanto, uma propensão média a consumir constante. **Assim, a teoria do ciclo de vida de Modigliani explica o enigma do consumo, ao evidenciar que a propensão média a consumir é inversamente relacionada ao nível de renda no curto prazo, mas é constante no longo prazo.**Dessa forma, no curto prazo, W pode ser considerado como relativamente estável. Com Y crescendo e W constante, tem-se uma propensão média a consumir decrescente, como visto na função consumo keynesiana:

$$no \quad curto \quad prazo \Rightarrow \downarrow PMeC = \alpha\left(\frac{\bar{W}}{\uparrow Y}\right) + \beta$$

No longo prazo, tanto W quanto C crescem, tornando estável a propensão média a consumir (C/Y). As pessoas acumulam riqueza ao longo dos anos para consumir nos anos de aposentadoria:

$$no \quad longo \quad prazo \Rightarrow PMeC = \alpha\left(\frac{\uparrow W}{\uparrow Y}\right) + \beta$$

Assim, a teoria do Ciclo da Vida de Modigliani permite racionalizar a evidência empírica de que a propensão média a consumir é inversamente relacionada ao nível de renda no curto prazo, mas é constante no longo prazo.

Figura 7: Consumo, renda e riqueza ao longo do ciclo de vida.

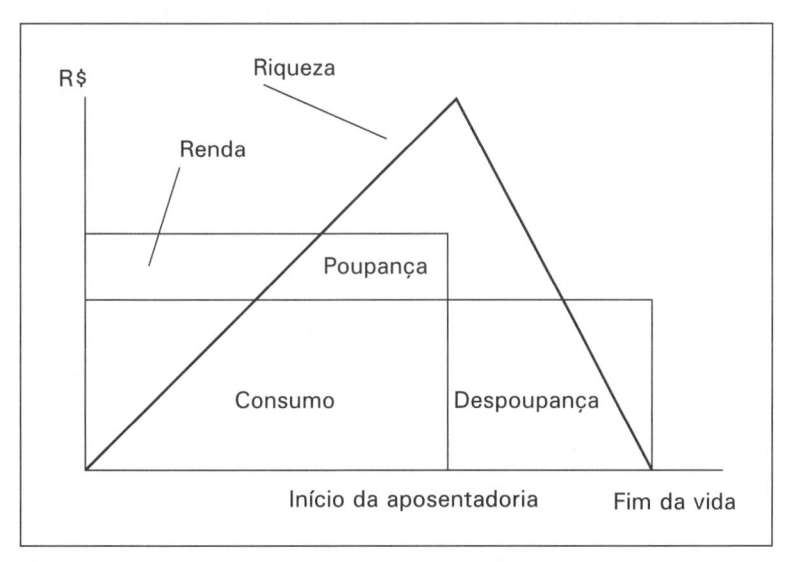

Fonte: MANKIW (2013).

Cabe observar que a função poupança será expressa da seguinte forma:

$$S = Y - C \Rightarrow S = Y - (\alpha W + \beta Y) \Rightarrow S = Y - \alpha W - \beta Y \Rightarrow S = (1 - \beta)Y - \alpha W$$
$$\Rightarrow S = sY - \alpha W \tag{13}$$

onde s é a propensão marginal a poupar renda do trabalho, dada por:

$$s = 1 - \beta = 1 - \frac{R}{T} = \frac{T - R}{T} = \frac{TA}{T} \tag{14}$$

A teoria do ciclo de vida também defende que, quando o consumo for o mesmo em todos os períodos, este será igual à renda permanente. Na equação (15), pode-se considerar C_1 como uma proporção da riqueza:

$$C_1 = \left[\frac{(1+r)}{(2+r)} \right] \left[Q_1 + \frac{Q_2}{(1+r)} \right] = \alpha(r)W_1 \tag{15}$$

Logo, o consumo é uma fração da riqueza, e o fator de proporcionalidade ou a propensão marginal a consumir da riqueza, α, depende da taxa de juros. Na prática, o fator de proporcionalidade também depende de variáveis como a taxa de preferência temporal e a idade dos membros da família.

No modelo de dois períodos, $\alpha = \frac{(1+r)}{(2+r)}$, e está entre ½ e 1. Em um número maior de períodos, α é menor, porque um aumento de uma unidade na riqueza tende a ser dividido entre vários períodos.

Assim, a propensão marginal a consumir tem uma relação inversamente proporcional à idade dos membros da família, e famílias mais idosas consomem uma fração maior da riqueza do que as mais jovens, em qualquer período. O que conta para uma determinada família é o número de períodos restantes no horizonte de planejamento, e as famílias mais idosas tendem em média a ter horizontes mais curtos que as famílias mais jovens.

5.3 O Consumo e a Poupança dos Idosos

Posteriormente ao estudo de Modigliani, vários outros estudos[6] constataram divergências entre o consumo e a poupança dos idosos e a teoria do ciclo de vida. Há duas explicações possíveis para essa constatação.

(i) Os idosos estão preocupados com a possível concorrência de situações imprevistas e dispendiosas. Chama-se **poupança precaucional** a poupança adicional que decorre da incerteza. Uma das razões pelas quais os idosos estariam propensos à poupança precaucional é a possibilidade de uma vida mais longa do que o esperado e, portanto, um período de aposentadoria maior do

---

6   ANDO, A; KENNICKELL, A. How Much (or Little) Life Cycle Saving is There in Micro Data? Em Rudiger Dornbusch, Stanley Fischer e John Bossons, eds. *Macroeconomics and Finance: Essays in Honor of Franco Modigliani*. Cambridge, Massachusetts: MIT Press, 1986.

HURD, M. Research on the Elderly: Economic Status, Retirement, and Consumption and Saving. Journal of Economic Literature, 28, junho de 1990, p. 565-589.

que o planejado. Outra razão é a possibilidade de uma doença que exigiria elevadas despesas médicas. Diante dessa incerteza, os idosos podem reagir poupando mais, a fim de estarem preparados para qualquer eventualidade.

(ii) A recusa dos idosos em despoupar está na possibilidade de que desejem deixar herança para seus descendentes.

(FGV Projetos/Economista/Companhia de Desenvolvimento Urbano do Estado da Bahia – CONDER/2013) - Em relação ao modelo de ciclo de vida, assinale V para a afirmativa verdadeira e F para a falsa.

( ) As pessoas quando estão no período de juventude não despoupam nem tomam empréstimos, mesmo que a renda na fase adulta seja maior.

( ) Os recursos para que os indivíduos mantenham seu padrão de vida quando idosos se origina tanto da poupança espontânea como da imposição do governo via previdência pública.

( ) A propensão média a consumir é aproximadamente constante tanto no curto como no longo prazo, dado que a expectativa de renda do indivíduo é constante ao longo do seu ciclo de vida.

As afirmativas são, respectivamente,

a) V, V e V.

b) V, V e F.

c) V, F e V.

d) F, V e V.

e) F, V e F.

Solução:

A resposta é a letra "e", em que apenas a segunda alternativa é verdadeira. De fato, segundo o Modelo de Ciclo de Vida, há dois tipos de transferência de poupança dos jovens para os velhos: (i) **Poupança espontânea,** dá-se quando o consumidor se programa ao longo de sua vida. O consumidor também pode recorrer a planos de previdência privada; (ii) **Poupança compulsória,** dá-se por imposição do governo, que se encarrega, via sistema de previdência pública, de transferir poupança entre as gerações. Os motivos dessa preocupação se justificam pelo fato de o governo entender que os jovens não se preocupam adequadamente com a velhice. Os demais itens estão falsos.

5.4. Exercício de Fixação

Uma pessoa pretende começar a trabalhar aos 20 anos, a se aposentar aos 55 anos, e morrer aos 80 anos. Seu salário mensal é de R$ 5.000,00, e ele não possui herança. Baseado na teoria do ciclo de vida de Franco Modigliani, calcule:

a) o seu consumo atual.

b) a sua poupança anual;

c) PMgC (propensão marginal a consumir) renda do trabalho

d) PMgS (propensão marginal a poupar)

e) PMgC Riqueza

f) a Função Consumo

Resposta: temos os seguintes dados:

T = tempo esperado de vida (anos) = idade em que o indivíduo espera morrer – idade em que o indivíduo começa a trabalhar = 80 – 20 = 60 anos.

R = tempo de trabalho (anos) = Idade em que o indivíduo se aposenta – idade em que o indivíduo começa a trabalhar = 55 – 20 = 35 anos.

TA = T – R = tempo de aposentadoria (anos) = 60 – 35 = 25 anos

W = riqueza inicial = 0

Y = Renda (salário/ano) = (R$ 5.000) (12 meses) = R$ 60.000,00 anuais

S = Poupança

R x Y = Renda da Família (ganhos auferidos no decorrer de sua vida)

C = Consumo

W + RY = recursos do consumidor ao longo de sua vida

a)   Consumo Atual:

     C x T = W + R x Y

     C(60) = 0 + (35)(60000)

     C = 2100000/60

     C = R$ 35.000,00 anual

b)   Poupança Atual

     S = Y – C

     S = 60000 – 35000

     S = R$ 25.000,00

c)   Propensão Marginal a Consumir Renda do Trabalho

$$PMgC = \beta = \frac{R}{T} = \frac{35}{60} \cong 0,5833$$

d)   Propensão Marginal a Poupar Renda do Trabalho

$$PMgS = 1 - \beta = 1 - \frac{7}{12} \cong 0,4167$$

e)   Propensão Marginal a Consumir Riqueza

$$\alpha = \frac{1}{T} = \frac{1}{60} \cong 0,0167$$

f)   A Função Consumo

$$C = \alpha W + \beta Y = 0,0167W + 0,5833Y = 0,0167(0) + 0,5833Y = 0,5833Y$$

6. RESTRIÇÃO ORÇAMENTÁRIA INTERTEMPORAL DE UMA NAÇÃO

Considere o seguinte modelo de dois períodos:

C_1 = Consumo no período 1 e C_2 = Consumo no período 2

Q_1 = Produção no período 1 e Q_2 = Produção no período 2

TC_1 = saldo em transações correntes no período 1 e I_1 = Investimento no período 1

I_2 = Investimento no período 2

$C + I$ = Absorção

B^*_0 = ativo externo líquido no período 0; B^*_1 = ativo externo líquido no período 1; B^*_2 = ativo externo líquido no período 2

r = taxa de juros real

BC_1 = Balança Comercial no período 1 $\to BC_1 = Q_1 - (C_1 + I_1)$

BC_2 = Balança Comercial no período 2 $\to BC_2 = Q_2 - (C_2 + I_2)$

$Y_1 = Q_1 - T_1$ e $Y_2 = Q_2 - T_2$

Suponha que, no início, a nação não tenha ativos externos ($B^*_0 = 0$). Neste caso, o valor de B^* no período 1 (B^*_1) é igual ao superávit corrente do primeiro período:

$$B^*_1 = Q_1 - C_1 - I_1 = TC_1 \qquad (16)$$

A alteração no ativo líquido externo do primeiro para o segundo período é o saldo em transações correntes no segundo período:

$$B^*_2 - B^*_1 = Q_2 + rB^*_1 - C_2 - I_2$$

ou

$$B^*_2 = (1 + r) B^*_1 + Q_2 - C_2 - I_2 \qquad (17)$$

De acordo com as regras do modelo de dois períodos, a nação no fim precisa ficar com saldo zero de ativos externos líquidos ($B^*_2 = 0$), e não faz nenhum investimento no segundo período ($I_2 = 0$). Portanto, pode-se combinar as equações (16) e (17), obtendo:

$$C_1 + \frac{C_2}{(1+r)} = (Q_1 - I_1) + \frac{Q_2}{(1+r)} \qquad (18)$$

Portanto, as nações também estão sujeitas a uma **restrição orçamentária intertemporal nacional**: o valor descontado do consumo agregado deve ser igual ao valor descontado da produção nacional menos investimento.

Considere um exemplo no qual não há oportunidades interessantes de investimento. Dessa forma, a única decisão que a economia precisa tomar é quanto vai consumir e poupar hoje. Na figura a seguir, a restrição orçamentária intertemporal nacional é representada pela reta TC. Para todos os pontos de TC,

$$C_1 + \frac{C_2}{(1+r)} = Q_1 + \frac{Q_2}{(1+r)}$$

Embaixo, e à direita do ponto Q, a economia estaria com déficit em transações correntes no primeiro período, com C > Q1. Para cima e à esquerda do ponto Q, haveria superávit em transações correntes. O ponto no qual a economia está na reta orçamentária depende das preferências da sociedade. Surgem três conclusões importantes desta análise:

1. $C_1 > Q_1$: Se o consumo for maior que a produção no primeiro período, o consumo vai precisar ser menor que a produção no segundo período ($C_2 < Q_2$). Por outro lado, se $C_1 < Q_1$, então $C_2 > Q_2$.

   $C_1 > Q_1 \rightarrow C_2 < Q_2 \rightarrow$ Se a nação apresenta um déficit comercial no primeiro período, esse déficit deverá ser compensado com um superávit no segundo período.

   $C_1 < Q_1 \rightarrow C_2 > Q_2 \rightarrow$ Se a nação apresenta um superávit comercial no primeiro período, esse superávit deverá ser compensado com um déficit no segundo período.

2. Não havendo investimento, o superávit da balança comercial é a diferença entre a produção e o consumo ($BC_1 = Q_1 - C_1$), e o déficit da balança comercial no primeiro período precisa ser compensado por um superávit comercial no segundo período.

3. Se a nação tiver um déficit em transações correntes no primeiro período, incorrendo assim em dívida externa (lembre-se de que, em contas nacionais, um déficit em transações correntes significa uma poupança externa positiva e um aumento do passivo externo líquido, isto é, -TC → + Se → ↑PEL), deverá ter um superávit futuro para pagar a dívida. Da mesma forma, se houver um superávit no período 1, deverá haver um déficit no período 2.

Capítulo 12

Investimento

1. INTRODUÇÃO

Há três tipos de despesa de investimento[1] identificados no estudo das Contas Nacionais. O **investimento em capital fixo privado ou investimento no imobilizado da empresa (modelo neoclássico do investimento)** inclui o equipamento e as construções que as empresas adquirem para utilizar na produção. O **investimento em residências** inclui as novas habitações que as pessoas compram para morar ou para alugar a terceiros. O **investimento em estoques** abrange os bens que as empresas estocam, incluindo matérias-primas e componentes, trabalho em processo e bens acabados. A estrutura desse capítulo é baseada em Mankiw (2010).

1.1. Investimento Líquido e Investimento Bruto

O desgaste natural do estoque de capital no processo produtivo ao longo do tempo é conhecido como depreciação. A relação entre investimento bruto e investimento líquido é dada por:

$$I_B = I_L + \delta k \tag{1}$$

onde: I_B é o investimento bruto; I_L é o investimento líquido; δ é a depreciação; e k é o estoque de capital. Há uma dificuldade de se estimar δ já que esse coeficiente varia de máquina para máquina. No estudo da Contabilidade Nacional, faz-se uma estimativa para a depreciação de 5% do PIB ao ano. A alteração no estoque de capital é igual à taxa de investimento líquido:

---

[1] O termo **capital** significa o estoque acumulado de máquinas, fábricas e outros fatores duráveis de produção. **Investimento** é o fluxo de produção em um determinado período usado para manter ou aumentar o estoque de capital da economia. O investimento é também chamado **taxa de acumulação de capital**. Aumentando o estoque de capital, os investimentos aumentam a futura capacidade produtiva da economia.

$$K_{t+1} - K_t = I_L \tag{2}$$

Na equação (2) acima, o investimento líquido mede a mudança no estoque de capital ocorrida em determinado intervalo de tempo. Combinando as equações (1) e (2), temos a equação básica de acumulação de capital:

$$K_{t+1} - K_t = I_L \Rightarrow K_{t+1} = I_L + K_t \Rightarrow K_{t+1} = \left(I_B - \delta K_t\right) + K_t \Rightarrow K_{t+1} = I_B + \left(1 - \delta\right)K_t$$

As decisões de investimento são feitas pelas empresas que são, em última instância, propriedade das famílias, logo a decisão de investir pode ser considerada como parte das decisões das famílias sobre alocar os consumos presente e futuro. Por essa razão, a teoria do investimento, assim como a teoria do consumo, é intertemporal.

1.2. Investimento das Famílias: Modelo de Dois Períodos

Em um modelo de dois períodos, a poupança está relacionada à compra de ativos financeiros ou bens de capital pelas famílias. Como a decisão de investir é realizada pelas famílias e essa decisão implica maior possibilidade de consumo no futuro, a compra de bens de capital representa uma alternativa para as famílias em sua alocação intertemporal da renda. De acordo com a estrutura do modelo de dois períodos de alocação intertemporal de Fisher, a poupança no período 1 pode ser escrita como:

$$S_1 = Y_1 - C_1$$

Onde: S_1 = poupança no período 1; Y_1 = renda no período 1; C_1 = consumo no período 1.

A poupança no período 1 pode ser distribuída entre ativos financeiros (B_1) e investimento (I_1), ou seja: $S_1 = B_1 + I_1 \Rightarrow B_1 = S_1 - I_1$

No período 2, o consumo é dado por: $C_2 = Y_2 + \left(1 + r\right)B_1$

Combinando as três equações, obtém-se:

$$C_2 = Y_2 + \left(1+r\right)B_1 \Rightarrow C_2 = Y_2 + \left(1+r\right)\left(S_1 - I_1\right) \Rightarrow C_2 = Y_2 + \left(1+r\right)\left[\left(Y_1 - C_1\right) - I_1\right]$$

Isolando C_1 e C_2 e dividindo-se ambos os lados do resultado por $(1 + r)$, obtém-se:

$$\begin{aligned}
&C_2 = Y_2 + \left(1+r\right)\left(Y_1 - C_1 - I_1\right) \Rightarrow C_2 = Y_2 + Y_1 - C_1 - I_1 + rY_1 - rC_1 - rI_1 \Rightarrow \\
&C_2 + C_1 + rC_1 = Y_2 + Y_1 - I_1 + rY_1 - rI_1 \Rightarrow C_2 + \left(1+r\right)C_1 = Y_2 + \left(1+r\right)\left(Y_1 - I_1\right) \Rightarrow \\
&\frac{C_2}{\left(1+r\right)} + \frac{\left(1+r\right)C_1}{\left(1+r\right)} = \frac{Y_2}{\left(1+r\right)} + \frac{\left(1+r\right)\left(Y_1 - I_1\right)}{\left(1+r\right)} \Rightarrow C_1 + \frac{C_2}{\left(1+r\right)} = \left(Y_1 - I_1\right) + \frac{Y_2}{\left(1+r\right)}
\end{aligned} \tag{3}$$

Essa expressão (3) representa a restrição orçamentária intertemporal das famílias, considerando-se o investimento. A família precisa escolher aplicar sua poupança em ativos financeiros ou em investimentos, de forma a maximizar sua riqueza. Considerando que a riqueza (W) é dada por:

$$W = \left(Y_1 - I_1\right) + \frac{Y_2}{\left(1+r\right)} \tag{4}$$

Pode-se escolher o nível de investimento que maximiza W. A família deve realizar todos os investimentos para os quais a produtividade marginal do capital é maior do que $(1 + r)$. Em termos de derivação, a derivada de W em relação a I será:

$$\Delta W = \frac{\partial W}{\partial I_1} = -1 + \frac{PMgK_2}{\left(1+r\right)} \tag{5}$$

onde $PMgK_2$ é a produtividade marginal do capital no período 2. Quando o investimento aumenta em uma unidade, o aumento de Y_2 é igual a $PMgK_2$. A riqueza da família é maximizada quando $\frac{\partial W}{\partial I_1} = 0$. Para que isso ocorra, deve-se ter:

$$\frac{\partial W}{\partial I_1} = 0 \Rightarrow -1 + \frac{PMgK_2}{\left(1+r\right)} = 0 \Rightarrow \frac{PMgK_2}{\left(1+r\right)} = 1 \Rightarrow PMgK_2 = \left(1+r\right) \tag{6}$$

ou seja, a riqueza da família é maximizada quando a produtividade marginal do capital é igual a um mais a taxa de juros (o custo do capital). Considerando-se que as famílias se preocupam com a produção e o consumo em termos reais, a taxa de juros relevante para suas decisões de investimento é a taxa real de juros. Observe a seguinte relação:

$PMgK_2 > \left(1+r\right) \Rightarrow$ O aumento do investimento gera riqueza

$PMgK_2 < \left(1+r\right) \Rightarrow$ O aumento do investimento reduzirá a riqueza

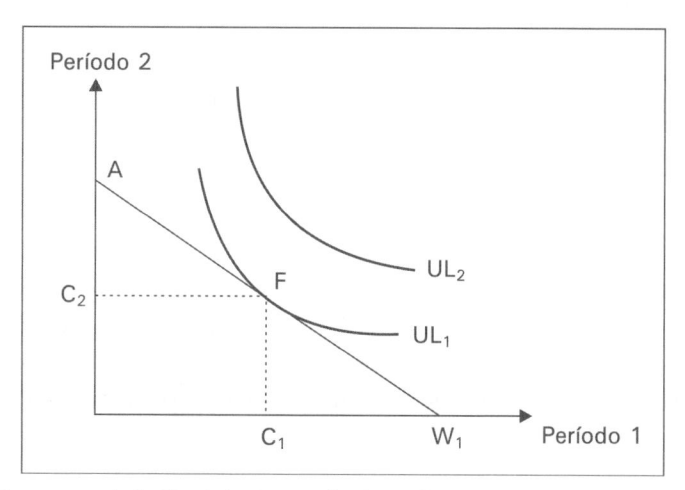

Figura 1: Decisão de consumo da família, dada uma escolha ótima de investimento

A reta W_1 na figura 1 representa a fronteira de possibilidades de consumo em um nível de riqueza W_1 (obtido com a escolha ótima de investimento). O consumo ótimo no ponto de tangência da curva de indiferença mais alta, UL_1, com a reta W_1A, é o ponto F. Portanto, o consumo no primeiro período é C_1.

1.3. Investimento das Famílias: Modelo de N Períodos

Suponha que o capital adquirido pela família sofra um desgaste igual a δ. Na situação anterior, supomos $\delta = 1$, isto é, que o capital adquirido era consumido totalmente no final do último período. Agora, consideremos $\delta < 1$ e que, no período 2, a família deseje vender o capital, cujo valor de venda, nesse período, é igual a $K(1 - \delta)$. Assim, a riqueza da família pode ser reescrita da seguinte forma:

$$W = \left(Y_1 - I_1\right) + \frac{Y_2}{\left(1+r\right)} + K\frac{\left(1-\delta\right)}{\left(1+r\right)} \tag{7}$$

Diferenciando essa expressão e considerando que no início do período a família não possuía capital, chega-se a:

$$\partial W = -\partial I + \partial I\frac{PMgK}{\left(1+r\right)} + \partial I\frac{\left(1-\delta\right)}{\left(1+r\right)} \Rightarrow \ldots \Rightarrow \partial W = \partial I\left\{\frac{PMgK - \left(r+\delta\right)}{\left(1+r\right)}\right\}$$

$$\Rightarrow \frac{\partial W}{\partial I} = \frac{PMgK - \left(r+\delta\right)}{\left(1+r\right)} \tag{8}$$

A riqueza da família será maximizada quando:

$$\frac{\partial W}{\partial I} = 0 \Rightarrow \frac{PMgK_2 - \left(r+\delta\right)}{\left(1+r\right)} = 0 \Rightarrow PMgK_2 - \left(r+\delta\right) = 0 \Rightarrow PMgK_2 = \left(r+\delta\right) \tag{9}$$

Generalizando-se, a escolha do nível de investimento que maximiza a riqueza da família deverá resultar na condição:

$$PMgK_{t+1} = r + \delta \tag{10}$$

onde $\left(r+\delta\right)$ é o custo do capital, definido como a soma da taxa de juros com a taxa de depreciação. A equação (10) também pode ser obtida via análise do Valor Presente Líquido. Suponha que uma família esteja disposta comprar uma geladeira, em um determinado período de tempo, ao custo de ΔI^2, que planeja vender no próximo período. O investimento vai gerar $\Delta I\left(PMgK_{t+1}\right)$ no próximo

---

[2] Usamos a notação ΔI para destacar que a compra do computador é uma decisão marginal de investimento (que envolve o gasto de ΔI unidades).

período e depois será vendido ao preço original, menos a depreciação. O preço de revenda será $\Delta I(1-\delta)$. O valor presente líquido é igual à soma de três itens:

$$VPL = -\Delta I + \frac{\Delta I(PMgK_{t+1})}{(1+r)} + \frac{\Delta I(1-\delta)}{(1+r)} \Rightarrow VPL = -\Delta I\left[\frac{(PMgK_{t+1})(r+\delta)}{(1+r)}\right] \qquad (11)$$

Onde

$-\Delta I$ = o custo do investimento;

$\dfrac{\Delta I(PMgK_{t+1})}{(1+r)}$ = o aumento de produção do próximo período em consequência do investimento, em valor presente;

$\dfrac{\Delta I(1-\delta)}{(1+r)}$ =, o preço de revenda da geladeira, em valor presente.

$$\boxed{\begin{aligned} VPL \geq 0 &\Leftrightarrow PMgK_{t+1} \geq (r+\delta) \\ VPL < 0 &\Leftrightarrow PMgK_{t+1} < (r+\delta) \end{aligned}}$$

Para que a família escolha o nível maximizador da riqueza (K^*), deve definir o estoque de capital no nível de K em que $PMgK_{t+1}$ seja igual ao custo do capital $(r+\delta)$. Isso resulta em uma escolha de capital K^*_{t+1}. Para obter esse nível de capital no próximo período, é preciso escolher o nível de investimento I neste período, de modo que,

$$I = K^*_{t+1} - K + \delta K \qquad (11)$$

1.4. Impostos e Subsídios

Suponha um imposto t sobre os lucros de uma empresa. O benefício marginal de um aumento no valor de um real no investimento é $PMgK(1-t)$. Os subsídios s representam a economia derivada do crédito fiscal por causa do investimento, da redução de impostos por causa da depreciação e da dedução fiscal dos gastos com juros.

No equilíbrio, a empresa vai igualar PMgK(1 – r) ao custo líquido do capital:

$$PMgK(1-t) = (r+\delta)(1-s) \Rightarrow PMgK = \left[\frac{(1-s)}{(1-t)}\right](r+\delta) \qquad (12)$$

A expressão (13) é parecida com a equação (10), em que o produto marginal do capital é igual ao custo do capital. Observe que:

$s = t \Rightarrow$ O nível de investimento não é afetado pela tributação O efeito do imposto sobre o lucro é exatamente compensado pelos incentivos do crédito de impostos e pela provisão para depreciação, voltando-se às condições originais em que $PMgK_{t+1} = r + \delta$.

$s > t \Rightarrow$ Resulta um incentivo líquido e o custo ajustado do capital é menor. A empresa investe mais do que o faria sem os impostos.

$t > s \Rightarrow$ Há um desincentivo líquido por causa dos impostos, que resulta em um investimento menor. O custo ajustado do capital fica maior e a empresa investe menos.

2. INVESTIMENTO DAS EMPRESAS

No Modelo Neoclássico de Investimento, existem na economia dois tipos de empresas. As empresas produtoras produzem bens e serviços usando o capital que alugam. As empresas locadoras fazem todos os investimentos na economia: compram bens de capital e os alugam às empresas produtoras.

2.1. O Preço de Arrendamento Mercantil

A empresa decide quanto capital alugar comparando os custos e lucros de cada unidade de capital. Considere os seguintes dados:

R = taxa de arrendamento do capital

P = preço da produção

R/P = preço de arrendamento de capital para a empresa produtora (ou custo real de uma unidade de capital)

$PMgK$ = Produto Marginal do Capital (produção adicional por uma unidade a mais de capital) é o lucro real de uma unidade de capital.

$\uparrow K \Rightarrow \downarrow PMgK$: quanto mais capital a empresa tem, menor será o acréscimo de produto gerado por uma unidade adicional de capital.

$\downarrow K \Rightarrow \uparrow PMgK$: quanto menor capital a empresa tem, maior será o acréscimo de produto gerado por uma unidade adicional de capital.

$PMgK = R/P$: a maximização do lucro ocorre quando a empresa aluga capital até que a produtividade marginal do capital seja igual ao seu preço de arrendamento.

Na figura 2.1, a curva de produto marginal determina a curva de demanda por capital. Esta curva tem declividade negativa porque o produto marginal do capital é baixo quando o nível de capital é elevado. Em qualquer período, a quantidade de capital existente na economia é fixa, de modo que a curva de oferta é vertical. O preço de arrendamento real do capital se ajusta para equilibrar a oferta e a demanda.

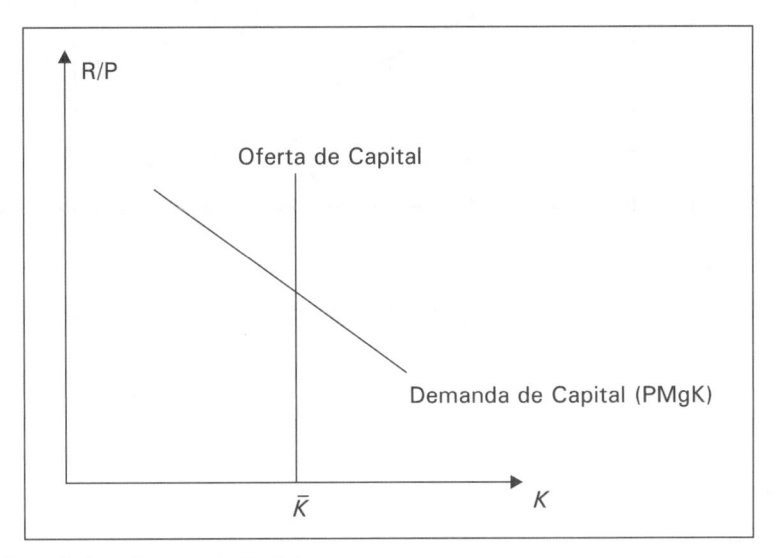

Figura 2.1: O Preço de Arrendamento de Capital

Na análise microeconômica, determina-se a relação entre a propensão marginal do capital e a taxa de juros da seguinte forma:

$$\text{Lucro Total (LT)} = \text{Receita Total (RT)} - \text{Custo Total (CT)}$$

ou

$$\pi = p \times F(K,L) - (w \times L + r \times K) \tag{13}$$

onde: w = salário nominal por unidade de trabalho L; r = custo por unidade de capital K ou taxa real de juros; $RT = p \times F(K,L)$; $CT = w \times L + r \times K$; p = nível geral de preços, normalizado para 1;

Maximizando a função lucro anterior em relação ao capital, a condição de primeira ordem é dada por: $\dfrac{\partial \pi}{\partial K} = 0 \Rightarrow P.f'_K - r = 0 \Rightarrow 1.f'_K = r \Rightarrow PMgK = r$

Onde f'_K é a derivada primeira de F(K); $f'_K = PMgK \therefore f'_K < 0$.

No equilíbrio, observa-se que a produtividade marginal do capital é igual à taxa real de juros. Conclui-se que a demanda por capital é uma função inversa da taxa de juros.

Um choque tecnológico que aumenta a produtividade do capita, *ceteris paribus*, deslocará para cima e para a direita a curva de demanda por capital, aumentando a taxa real de juros.

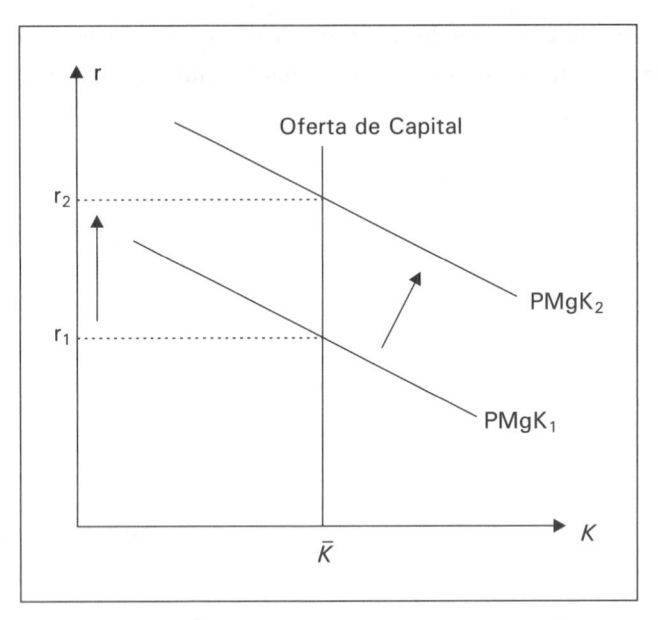

Figura 2.2: O Preço de Arrendamento de Capital

A análise descrita na figura 2.2 serve também para o caso da curva de oferta de capital positivamente inclinada. Considere, agora, o caso da função de produção Cobb-Douglas a seguir:

$$Y = AK^{\alpha}L^{1-\alpha} \tag{14}$$

onde Y é o produto, K é o capital, L é o trabalho, A é uma variável que mede o nível tecnológico e α um parâmetro, variando entre 0 e 1, que mede a participação do capital no produto. O produto marginal do capital será:

$$PMgK = \frac{\partial Y}{\partial k} = \alpha AK^{\alpha-1}L^{1-\alpha} = \alpha A\left(\frac{L}{K}\right)^{1-\alpha}$$

No equilíbrio, o preço do arrendamento real é igual à produtividade marginal do capital. Logo,

teremos: $\dfrac{R}{P} = \alpha A\left(\dfrac{L}{K}\right)^{1-\alpha}$

A equação identifica as variáveis que determinam o preço de arrendamento real e mostra que:

(i)   Quanto menor o estoque de capital, maior o preço de arrendamento real do capital e, inversamente, quanto maior o estoque de capital menor o preço de arrendamento real do capital:

$$\downarrow K \Rightarrow \uparrow \left(\frac{R}{P}\right) = \alpha A\left(\frac{L}{K\downarrow}\right)^{1-\alpha} \quad e \quad \uparrow K \Rightarrow \downarrow \left(\frac{R}{P}\right) = \alpha A\left(\frac{L}{K\uparrow}\right)^{1-\alpha}$$

(ii) Quanto maior a quantidade de trabalho empregada, maior o preço de arrendamento real do capital; e, inversamente, quanto menor a quantidade de trabalho empregada, menor o preço de arrendamento real do capital:

$$\downarrow L \Rightarrow \downarrow \left(\frac{R}{P}\right) = \alpha A \left(\frac{L\downarrow}{K}\right)^{1-\alpha} \quad e \quad \uparrow L \Rightarrow \uparrow \left(\frac{R}{P}\right) = \alpha A \left(\frac{L\uparrow}{K}\right)^{1-\alpha}$$

(iii) Quanto melhor a tecnologia, maior o preço de arrendamento real do capital. Por outro lado, quanto pior a tecnologia, menor o preço de arrendamento real do capital.

$$\downarrow A \Rightarrow \downarrow \left(\frac{R}{P}\right) = \alpha(\downarrow A)\left(\frac{L}{K}\right)^{1-\alpha} \quad e \quad \uparrow A \Rightarrow \uparrow \left(\frac{R}{P}\right) = \alpha(\uparrow A)\left(\frac{L}{K}\right)^{1-\alpha}$$

Assim, eventos que reduzem o estoque de capital (um terremoto, por exemplo), ou aumentam o emprego (uma expansão da demanda agregada), ou aperfeiçoam a tecnologia (uma descoberta científica), aumentam o preço de arrendamento real do capital de equilíbrio:

$$\left(\downarrow K, \uparrow L, \uparrow A\right) \Rightarrow \uparrow \left(\frac{R}{P}\right)$$

Por outro lado, um grande aumento do estoque de capital, ou uma queda no nível do emprego (por exemplo, uma recessão econômica) ou uma piora no nível tecnológico de um país diminuem o preço de arrendamento real do capital de equilíbrio:

$$\left(\uparrow K, \downarrow L, \downarrow A\right) \Rightarrow \downarrow \left(\frac{R}{P}\right)$$

2.2. Empresa Locadora: O Custo Do Capital

A empresa locadora recebe o preço de arrendamento real do capital, R/P, de cada unidade de capital que possui e aluga. No tocante ao custo do capital, a empresa, em cada período de aluguel de uma unidade de capital:

$$C = iP_k - \Delta P_k + \delta P_k \Rightarrow P_k\left(i - \frac{\Delta P_k}{P_k} + \delta\right) \tag{15}$$

Onde, i é taxa de juros nominal e P_k é o preço de aquisição de uma unidade de capital.

iP_k = custo em termos de juros. Se a empresa levanta um empréstimo para comprar o bem de capital, terá de pagar juros sobre o empréstimo.

$-\Delta P_k$ = é o custo da perda (a empresa aluga o capital, e o preço do capital cai) ou ganho (a empresa aluga o capital, e o preço do capital aumenta).

δP_k = custo, em unidade monetária, da depreciação

O custo do capital depende do preço do capital, da taxa de juros, da taxa de variação dos preços do capital e da taxa de depreciação.

Suponha que o preço dos bens de capital sobe com os preços dos outros bens. Neste caso, $\varnothing P_k/P_k$ é igual à taxa de inflação, π. A taxa real de juros é dada por $(r = i - \pi)$ - Efeito Fisher – de modo que a expressão do custo de capital pode ser escrita como:

$$C = P_K\left[(i - \pi) + \delta\right] = P_K\left(r + \delta\right) \tag{16}$$

A equação acima mostra que o custo do capital depende do preço do capital, da taxa de juros real e da taxa de depreciação. O custo real do capital, isto é, o custo de adquirir e alugar uma unidade de capital medida em termos de unidades de produto é,

$$C_{real} = \left(\frac{P_K}{P}\right)\left(r + \delta\right) \tag{17}$$

A equação acima mostra que o custo real do capital depende do preço relativo do bem de capital, P_k/P, da taxa real de juros, r, e da taxa de depreciação, δ.

2.3. Os Determinantes do Investimento

Considere a decisão da empresa locadora quanto a aumentar ou reduzir seu estoque de capital. Em cada unidade de capital, a empresa aufere uma receita real, R/P, e incorre em um custo real, $(P_k/P)(r + \delta)$. O lucro real por unidade de capital é:

$$Taxa\ de\ Lucro_{real} = Receita_{real} - Custo_{real} = \frac{R}{P} - \left(\frac{P_K}{P}\right)(r + \delta) \tag{18}$$

No equilíbrio, o preço de arrendamento real é igual ao produto marginal do capital. Dessa forma, a taxa de lucro será:

$$Taxa\ de\ Lucro_{real} = PMgK - \left(\frac{P_K}{P}\right)(r + \delta)$$

$\left(PMgK = \dfrac{R}{P}\right) > \left(\dfrac{P_K}{P}\right)(r + \delta) \Rightarrow \uparrow I$: A empresa locadora terá lucro. As empresas consideram lucrativo aumentar seu estoque de capital. Em outras palavras, as empresas terão incentivos em aumentar o seu estoque de capital, ou seja, as empresas irão investir.

$\left(PMgK = \dfrac{R}{P}\right) < \left(\dfrac{P_K}{P}\right)(r + \delta) \Rightarrow \downarrow I$: A empresa locadora terá prejuízo. As empresas deixarão o estoque de capital reduzir-se.

A variação no estoque de capital, ou **investimento líquido**, é expressa por:

$$\Delta K = I_n \left[PMgK - \left(\frac{P_k}{P} \right)(r + \delta) \right] \tag{19}$$

onde $I_n(\cdot)$ é a função que mostra o quanto o investimento líquido responde ao incentivo para investir. A despesa total com investimento fixo é o somatório do investimento líquido e do investimento para reposição do capital desgastado. A função investimento é, portanto:

$$I = I_n \left[PMgK - \left(\frac{P_k}{P} \right)(r + \delta) \right] + \delta K \tag{20}$$

Assim, o investimento em capital fixo privado depende do produto marginal do capital, do custo do capital e da sua taxa de depreciação. Esse modelo mostra por que o investimento depende da taxa de juros.

(i)   um aumento na taxa real de juros aumenta o custo do capital e, portanto, reduz tanto o lucro decorrente da posse do capital como o incentivo para acumular mais capital:

$$\boxed{\uparrow r \Rightarrow \uparrow \left[\left(\frac{P_k}{P} \right)(\uparrow r + \delta) \right] \Rightarrow \downarrow I}$$

Por outro lado, uma redução na taxa de juros real reduz o custo do capital e incentiva o investimento. Ou seja, o investimento em capital fixo privado aumenta quando a taxa de juros cai, porque a taxa de juros mais baixa reduz o custo do capital e torna mais lucrativa a posse do capital.

$$\boxed{\downarrow r \Rightarrow \downarrow \left[\left(\frac{P_k}{P} \right)(\downarrow r + \delta) \right] \Rightarrow \uparrow I}$$

No equilíbrio, $PMgK = R/P$, logo:

$$I = I_n \left[\frac{R}{P} - \left(\frac{P_k}{P} \right)(r + \delta) \right] + \delta K \tag{21}$$

Por isso, a curva de investimento, que relaciona o investimento à taxa de juros, tem inclinação negativa, conforme pode ser visto na figura 3.

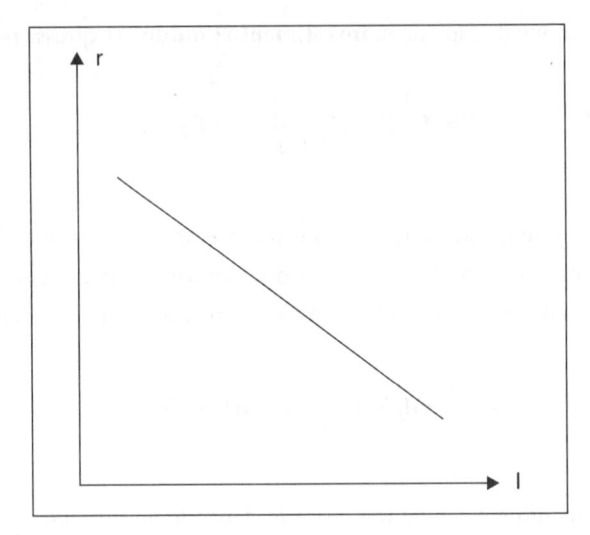

Figura 3: A função investimento

Conforme já visto no estudo do modelo IS-LM e nesse capítulo, o investimento é inversamente relacionado com a taxa de juros, de acordo com a figura 3.

Qualquer fator que aumente o produto marginal do capital aumenta a lucratividade do investimento e desloca a curva de investimento para a direita, conforme pode ser visto na figura 4. Por exemplo, uma inovação tecnológica que aumenta o parâmetro A, na função de produção, aumenta o produto marginal do capital e, dada a taxa de juros, eleva a quantidade de bens de capital que a empresa locadora deseja comprar.

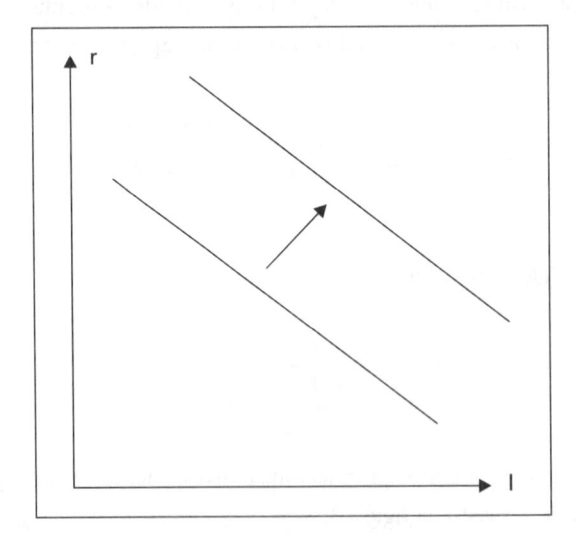

Figura 4: A função investimento

$$\left(\downarrow K, \uparrow L, \uparrow A\right) \Rightarrow \uparrow PMgK = \left(\frac{R}{P}\right) \Rightarrow \uparrow I$$

$$e$$

$$\left(\uparrow K, \downarrow L, \downarrow A\right) \Rightarrow \downarrow PMgK = \left(\frac{R}{P}\right) \Rightarrow \downarrow I$$

Finalmente, se, no início, o produto marginal do capital é superior ao custo marginal, o estoque de capital aumenta e o produto marginal cai. Por outro lado, se, no início, o produto marginal do capital é inferior ao custo, o estoque de capital cai e o produto marginal do capital aumenta.

$$\left(PMgK = \frac{R}{P}\right) > \left(\frac{P_K}{P}\right)(r+\delta) \Rightarrow \uparrow K \Rightarrow \uparrow I \Rightarrow \downarrow PMgK$$

$$e$$

$$\left(PMgK = \frac{R}{P}\right) < \left(\frac{P_K}{P}\right)(r+\delta) \Rightarrow \downarrow K \Rightarrow \downarrow I \Rightarrow \uparrow PMgK$$

(CESPE-UnB/Consultor do Senado Federal – Política Econômica/2002) – A análise do consumo, da poupança e do investimento, variáveis macroeconômicas básicas, permite o entendimento da determinação da renda e do produto de equilíbrio. A respeito dessas variáveis, julgue o item a seguir.

Quando a produtividade marginal do capital excede o custo do capital, as empresas tendem a reduzir o estoque de capital, contraindo, assim, o investimento líquido.

Solução:

Falso. Se o produto marginal do capital é superior ao custo marginal, o estoque de capital aumenta, elevando o investimento, e o produto marginal cai.

Concluindo, à medida que o estoque de capital se ajusta, o produto marginal do capital se aproxima do custo do capital. Quando o estoque de capital atinge o nível do estado estacionário, pode-se escrever:

$$PMgK = \left(\frac{P_K}{P}\right)(r+\delta) \tag{22}$$

Assim, no longo prazo, o produto marginal do capital é igual ao custo real do capital. A velocidade de ajustamento em direção ao estado estacionário depende da rapidez com que as empresas ajustam seus estoques de capital, o que, por sua vez, depende do custo de fabricar, entregar e instalar o novo capital.

(ESAF/AFC-STN/2000) - Considerando as decisões de investimento, podemos então afirmar que com o produto marginal do capital

a) Determinando o custo do capital e a taxa de juros real, a taxa de depreciação e o preço relativo dos bens de capital determinando o preço de arrendamento do capital, as empresas irão investir se o preço do arrendamento for maior do que o custo do capital

b) Determinando o preço de arrendamento real do capital, e a taxa de juros real, a taxa de depreciação e o preço relativo dos bens de capital determinando o custo do capital, as empresas irão investir se o preço do arrendamento for menor do que o custo do capital

c) Determinando o preço de arrendamento real do capital, e a taxa de juros real, a taxa de depreciação e o preço relativo dos bens de capital determinando o custo do capital, as empresas irão investir se o preço do arrendamento for maior do que o custo do capital

d) Determinando o custo do capital e a taxa de juros real, a taxa de depreciação e o preço relativo dos bens de capital determinando o preço de arrendamento do capital, as empresas irão investir se o preço do arrendamento for menor do que o custo do capital

e) E a taxa de juros real, a taxa de depreciação e o preço relativo dos bens de capital determinando o custo do capital, as empresas irão investir se o custo do financiamento do capital for menor do que o custo do capital

Solução:

A resposta é a letra "c" porque as empresas irão investir somente se o preço do arrendamento for maior do que o custo do capital: $\left(PMgK = \dfrac{R}{P} \right) > \left(\dfrac{P_K}{P} \right)(r+\delta) \Rightarrow \uparrow I$.

2.4. A Teoria "q" de Tobin

A teoria q "mede" as expectativas pelo comportamento do preço das ações, que representam participações na propriedade das empresas. Mercado de ações é o mercado em que essas participações são negociadas. Quando as empresas têm muitas oportunidades de investimento lucrativo, há uma tendência de valorização das suas ações, pois isso implica um maior retorno futuro para seus detentores.

James Tobin considera que as empresas baseiam suas decisões de investimento na seguinte razão, conhecida como q de Tobin:

$$q = \frac{valor \; de \; mercado \; do \; capital \; instalado}{custo \; de \; reposição \; do \; capital \; instalado} = \frac{preço \; de \; demanda}{preço \; de \; oferta} \qquad (23)$$

Note que q é um índice de lucratividade que reflete a situação de oferta dos bens de capital, e as expectativas em relação a esse estoque. O numerador do q de Tobin é o valor do capital existente na economia tal como avaliado pelo mercado de ações. O denominador é o preço do capital se fosse comprado hoje. Assim, as empresas em suas decisões de investimento, levam em conta a relação entre o valor de mercado do capital instalado (dado pelo mercado de ações) e o custo de reposição do capital instalado.

A teoria "q" do investimento, de Tobin, afirma que as empresas fundamentam suas decisões de investimento na relação entre o valor de mercado do capital instalado e o custo de substituição desse capital.

Solução:

Esse item é verdadeiro, pois se trata da própria definição do "q" de Tobin.

O custo de reposição do capital instalado é o custo que teria de ser pago para comprar, por exemplo, um prédio e os equipamentos da empresa no mercado. Se o valor da empresa no mercado de ações for R\$ 150 milhões e o custo de reposição do capital da empresa for R\$ 100 milhões, então q é igual a 1,5:

$$q = \frac{R\$150}{R\$100} = 1,5$$

Portanto, q é a proporção entre o custo de adquirir a empresa através do mercado financeiro e o custo de comprar o capital da empresa no mercado de produto.

O valor de q de um empreendimento é igual ao valor descontado dos futuros dividendos pagos pela empresa por unidade de capital da empresa. Suponha que o estoque de capital seja constante, que a PMgK seja constante e que a taxa de depreciação seja δ. Neste caso, o dividendo de cada período por unidade de capital é igual a $PMgK - \delta$, e o valor de q é igual a:

$$q = \frac{\left(PMgK - \delta\right)}{\left(1+r\right)} + \frac{\left(PMgK - \delta\right)}{\left(1+r\right)^{2}} + \frac{\left(PMgK - \delta\right)}{\left(1+r\right)^{3}} + \dots \tag{24}$$

Nesse ambiente simples, em que a PMgK é a mesma em cada período, a expressão para q pode ser modificada para:

$$q = \frac{\left(PMgK - \delta\right)}{r} \tag{25}$$

A partir da equação acima, encontra-se três possíveis resultados:

(i) $q > 1 \Rightarrow PMgK > \left(r + \delta\right)$: O preço por ação do capital na bolsa de valores é maior do que o custo físico do capital. O mercado de ações considera que o capital instalado vale mais do que seu custo de reposição. Os empresários poderiam aumentar o valor de mercado de suas empresas comprando mais capital. O mercado acionário está valorizando a empresa mais do que ela vale em termos de reposição do capital instalado. Logo, vale a pena investir, pois a valorização da empresa no mercado mais do que compensa o custo de se aumentar o estoque de capital. Portanto, $q > 1$ assinala que, vendendo ações, a empresa pode financiar lucrativamente um novo projeto de investimento. A quantidade desejada de capital no próximo período K_{t+1}^{*} é maior que o estoque de capital no nível K $\left(K_{t+1}^{*} > K\right)$.

(ii) $q < 1 \Rightarrow PMgK < (r + \delta)$: O estoque de capital é menor do que seu custo de reposição. Os empresários não substituiriam o capital à medida que este se desgasta e, então, o investimento se reduz. Não haverá incentivos para investir $\left(K^{*}_{t+1} < K\right)$ e o investimento deve ser baixo.

(iii) $q = 1 \Rightarrow PMgK = P_{K}(r + \delta)$: O valor da empresa avaliado pelo mercado acionário é igual ao custo de reposição de seu capital instalado $\left(K^{*}_{t+1} = K\right)$

Observe a seguinte relação entre produto marginal do capital e custo do capital:

$PMgK > P_{k}(r + \delta) \Rightarrow$ O capital instalado gera lucro. Esse lucro torna desejável a posse de empresas locadoras, o que aumenta o valor das ações dessas empresas, implicando um valor mais alto para q.
$PMgK < P_{k}(r + \delta) \Rightarrow$ O capital instalado registra prejuízo, o que representa um baixo valor de mercado e um baixo valor de q.

O q de Tobin reflete a lucratividade esperada futura do capital e a lucratividade corrente. Por exemplo, se o Congresso Nacional aprova uma lei reduzindo o imposto de renda da pessoa jurídica a partir do próximo ano, esta queda esperada do imposto implica lucros maiores para os donos de capital. Esses lucros mais altos aumentam o valor do mercado de ações no presente, elevam o q de Tobin e, portanto, estimulam o investimento hoje.

Esse índice oferece, também, uma razão para esperar que as flutuações no mercado de ações estejam estreitamente relacionadas com flutuações no produto e no emprego. Considere uma queda no preço das ações. Como o custo de reposição do capital é bastante estável, a queda no mercado de ações implica uma queda no q de Tobin. Uma queda em q reflete o pessimismo dos investidores quanto à lucratividade, corrente ou futura, do capital, e provocará uma redução no investimento, reduzindo a demanda agregada:

$$\downarrow q \Rightarrow \downarrow I \Rightarrow \downarrow Y = C + \downarrow I + G + X - M = \downarrow DA$$
$$e$$
$$\uparrow q \Rightarrow \uparrow I \Rightarrow \uparrow Y = C + \uparrow I + G + X - M = \uparrow DA$$

Ceteris paribus, note que uma queda na cotação das ações na Bolsa de Valores irá reduzir o valor de mercado do capital instalado e, consequentemente, irá reduzir q de Tobin.

3. O MODELO DO ACELERADOR SIMPLES DO ESTOQUE

O **Princípio do Acelerador (ou Princípio de Ampliação da Procura Derivada)** postula que *"o investimento é influenciado, basicamente, pela taxa de crescimento do produto, não pelo nível de produto"*. A procura derivada é a que se propaga do mercado de bens e serviços de consumo para o mercado de bens de capital, dentro do setor real da economia. Trata-se de teoria muito utilizada em modelos de ciclos econômicos e de crescimento econômico, pois destaca o duplo papel do Investimento sobre a Demanda Agregada e sobre a Oferta Agregada. O Investimento é uma proporção v do acréscimo da renda:

$$I_t = v(Y_t - Y_{t-1}) \text{ ou } I_t = v\Delta Y \qquad (26)$$

sendo v chamado de **acelerador** e igual a $v = \dfrac{I_t}{\Delta Y}$

Como o investimento I_t é a variação do estoque de capital K, isto é,

$$I_t = K_t - K_{t-1} = \Delta K$$

Então, $v = \dfrac{\Delta k}{\Delta y}$

Supõe-se que o investimento líquido seja igual à diferença entre o estoque desejado de capital e o estoque de capital herdado do período anterior. Ignora-se, a princípio, a depreciação do estoque de capital existente. O acelerador v é também conhecido como **relação capital-produto desejada** ou **relação marginal capital-produto** *(v>0)*.

(Cespe-UnB/Economista/UFT/2004) – Julgue o item a seguir, como verdadeiro ou falso:

O modelo de acelerador afirma que as despesas de investimento são autônomas, dado que elas não dependem nem da evolução das taxas de juros nem tampouco das alterações do nível de produção na economia.

Solução:

Falso. O investimento mede a variação no estoque de capital ocorrida em determinado ponto no tempo, logo, trata-se de uma variável-fluxo, conforme já visto no capítulo sobre contabilidade nacional. Portanto, o modelo do acelerador parte do pressuposto da existência de um estoque desejado de capital. O investimento, como é fluxo, trata-se de uma resposta a desvios deste estoque desejado de capital. Um dos pressupostos é que o estoque de capital depende da variação do nível do produto.

O princípio do acelerador também pode ser visto da seguinte forma: esse modelo será aplicado aos investimentos em manutenção de estoques, que é onde o modelo funciona melhor. O modelo pressupõe que as empresas mantêm um estoque proporcional ao seu nível de produção, isto é, sendo K os estoques e Y a produção,

$$K = vY \qquad (27)$$

onde v é um parâmetro que reflete o quanto a empresa deseja manter em estoques como proporção do produto ($v > 0$). A determinação do nível de estoques se dá por vários motivos. Quando a produção é alta, as fábricas têm mais matérias-primas e peças à mão, esperando para serem usadas, e produtos em fase de acabamento. Quando a economia está em expansão, as lojas varejistas desejam ter mais mercadorias nas prateleiras para atender os clientes. O investimento em estoque, I, é a variação nos estoques ΔK. Logo,

$$I = \Delta K = v\Delta Y \qquad (28)$$

O modelo do acelerador prevê que o investimento em estoques será proporcional à variação da produção. Quando esta se expande, as empresas procuram manter estoques maiores, de forma que o investimento em estoques cresce. Quando a produção cai, as empresas desejam manter estoques menores, de modo que desinvestem, ou seja, deixam seus estoques chegarem ao fim. Como a variável Y é a taxa à qual as empresas produzem bens, ΔY é a "aceleração" da produção. Portanto, o modelo diz que o investimento em estoques depende de a economia estar crescendo a um ritmo mais ou menos lento.

(Cespe-UnB/Consultor do Executivo – Ciências Econômicas/Secretaria de Estado da Fazenda do Espírito Santo/2010) – Julgue o item a seguir como verdadeiro ou falso.

O modelo do acelerador aplicado a todo tipo de investimento prevê que o investimento em estoques não é proporcional à variação da produção.

Solução:

Falso. Pelo contrário, o modelo do acelerador aplicado a todo tipo de investimento prevê que o investimento em estoques é, sim, proporcional à variação da produção. Em outras palavras, de acordo com o modelo do acelerador do investimento, quanto maior a variação da renda, isto é, quanto maior a variação da produção, maior será o investimento em estoques da empresa.

É interessante notar a relação entre os conceitos de **multiplicador keynesiano e o princípio do acelerador**:

Multiplicador: $k = \dfrac{\Delta Y}{\Delta \overline{I}} \therefore \Delta Y = k \Delta \overline{I}$

Acelerador: $I = v \Delta Y$

Logo, I = v(kΔI)

Os efeitos multiplicador e acelerador descrevem, respectivamente, o efeito do investimento autônomo sobre a expansão da demanda agregada, e o efeito induzido pela expansão da demanda agregada sobre a propensão a investir. Pelo efeito multiplicador, o aumento de I eleva a renda. Pelo efeito acelerador, esse aumento de renda leva a novo aumento de investimentos, reforçando o efeito multiplicador.

Suponha, por exemplo, que a razão capital/produto desejada seja 2. Nesse caso, cada variação de 1 unidade monetária na taxa de crescimento do produto (ΔY) causará uma variação de 2 unidades monetárias nos investimentos. Assim, os investimentos exibem uma considerável instabilidade ao longo do ciclo de negócios. No modelo keynesiano simples, vimos que mudanças nos investimentos (resultante de alterações em ΔY) têm efeitos multiplicadores sobre a renda. Dessa forma, a teoria simples do acelerador, em conjunto com o processo multiplicador keynesiano, pode explicar flutuações cíclicas no produto. Um choque no crescimento do produto causaria uma alteração nos investimentos, com resultantes efeitos multiplicadores sobre o nível de produto de equilíbrio e, portanto, efeitos adicionais sobre os investimentos por intermédio do acelerador.

<h1>Capítulo 13</h1>

<h1>Demanda por Moeda</h1>

1. INTRODUÇÃO

Segundo Mankiw (2010), as teorias da demanda por moeda que enfatizam o papel da moeda como meio de troca são conhecidas como teorias transacionais, ao passo que as teorias da demanda por moeda que enfatizam o papel da moeda como reserva de valor são chamadas **teorias de portfólio ou de carteira**. A literatura econômica aponta duas teorias principais: O Modelo Baumol-Tobin de Demanda por Moeda ou Abordagem da Teoria dos Estoques (teorias transacionais) e o Modelo Tobin de Preferência pela Liquidez (teorias de portfólio). Antes, iremos revisar duas teorias tradicionais: as Teorias Clássica e Keynesiana da demanda por moeda, bem como a Teoria Monetarista da Demanda por Moeda.

(NCE/UFRJ – Economista/Eletronorte 2006). As teorias de carteira de demanda por moeda enfatizam o papel da moeda como:

a) meio de troca;

b) unidade de medida;

c) reserva de valor;

d) meio circulante;

e) ativo real.

Solução:

A resposta é a letra "c" pois as teorias de carteira da demanda por moeda enfatizam o papel da moeda como reserva de valor.

2. TEORIA CLÁSSICA DA DEMANDA POR MOEDA

No modelo clássico, estudamos que a demanda por saldos monetários reais é proporcional à renda, isto é,

$$\left(\frac{M}{P}\right)^d = kY \Rightarrow M^d = kPY \therefore k = \frac{1}{v} \tag{1}$$

Onde k é o coeficiente de Cambridge ou constante marshalliana, a qual representa o inverso da velocidade de circulação da moeda (considerada constante). Para os **economistas clássicos, não existe demanda especulativa por moeda**, isto é, a demanda por moeda não depende da taxa de juros. A demanda por moeda é infinitamente insensível, inelástica à taxa de juros. Não existem encaixes monetários ociosos, e demandar moeda significa "entesourar" moeda.

No equilíbrio monetário, haverá uma igualdade entre a oferta e a demanda por encaixes reais, e a equação quantitativa da moeda se transforma em uma função da demanda por moeda pôr motivo transação, isto é, da moeda enquanto meio de troca:

$$\uparrow\left(\frac{M}{P}\right)^d = kY \uparrow \Leftrightarrow \downarrow\left(\frac{M}{P}\right)^d = kY \downarrow$$

Quanto maior a renda, maior será a demanda por moeda, e vice-versa. Assim, prevalecem as seguintes características:

a) a moeda é um instrumento de troca: motivo transação;

b) a demanda por moeda e estável: a constante marshalliana, k, é constante.

c) a moeda é neutra: a moeda não afeta as variáveis reais;

d) o impacto de variações do estoque de moeda é previsível.

No longo prazo, considera-se o produto em seu nível de pleno emprego (produto real e produto potencial são os mesmos), de modo que a equação quantitativa da moeda é dada por:

$$M = kPY_p \tag{2}$$

No modelo clássico, temos a demanda de moeda por motivo transação e precaução, mas não existe a demanda especulativa de moeda, isto é, a demanda por moeda não é função da taxa de juros. Para os clássicos, a demanda por moeda é perfeitamente insensível (inelástica) à taxa de juros e demanda por moeda significa "entesourar moeda".

3. TEORIA KEYNESIANA DA DEMANDA POR MOEDA

Na teoria keynesiana, são três os motivos para se demandar moeda: os motivos transação $\left(M_T^d\right)$, precaução $\left(M_p^d\right)$ e especulação $\left(M_E^d\right)$. O **motivo transação** está relacionado ao intervalo entre recebimentos e despesas de renda, e depende do montante da renda e da duração normal do intervalo entre o seu recebimento e o seu desembolso, ou seja, das compras projetadas e dos hábitos de pagamento dos agentes. O **motivo precaução** refere-se ao fato de que os agentes podem reter moeda por precaução para atender às contingências inesperadas e às oportunidades imprevistas na realização de compras vantajosas. O **motivo especulação** está relacionado à incerteza quanto ao comportamento futuro da taxa de juros, como resultado de uma mudança nas informações de mercado. Sintetizando, temos:

$$M^d = M^d_{T,P} + M_E \tag{3}$$

(Universidade Federal de Goiás/Analista em Organização e Finanças – Economista/Prefeitura de Goiânia/2012) - Na economia monetária, preferência pela liquidez, procura por moeda e retenção de saldos monetários são expressões equivalentes. A procura por moeda é definida com base em três motivos, que são:

a) transação, restrição e especulação.

b) acumulação, precaução e transação.

c) transação, precaução e especulação.

d) especulação, precaução e restrição.

Solução:

A resposta é a letra "c" pois, conforme postula a teoria keynesiana, a demanda por moeda é definida com base nos seguintes motivos: transação, precaução e especulação.

Segundo Keynes, a demanda por moeda relaciona-se positivamente com a renda e negativamente com a taxa nominal de juros. Ou seja, aumentos da renda elevam a demanda por moeda (e vice-versa), ao passo que aumentos na taxa nominal de juros reduzem a demanda por moeda (e vice-versa):

$$\uparrow \left(\frac{M}{P} \right)^d = f\left(\uparrow Y, \downarrow i \right)$$

$$e$$

$$\downarrow \left(\frac{M}{P} \right)^d = f\left(\downarrow Y, \uparrow i \right)$$

(ESAF/AFRF-2000) - É correto afirmar que a demanda por moeda depende

a) Tanto da renda quanto da taxa nominal de juros. Assim, quanto maior a renda ou quanto maior a taxa de juros, maior será a demanda por moeda

b) Exclusivamente da taxa de juros real. Assim, quanto maior for a taxa de inflação esperada, maior tenderá ser a demanda por moeda

c) Exclusivamente da renda real. Assim, quanto maior for a inflação esperada, maior será a demanda por moeda

d) Tanto da renda quanto da taxa nominal de juros. Assim, quanto maior a renda ou quanto menor a taxa de juros, maior será a demanda por moeda

e) Exclusivamente da taxa esperada de inflação. Assim quanto maior for esta taxa, maior será a demanda por moeda

Solução:

A resposta é a letra "d". Quanto maior a renda ou quanto menor a taxa de juros, maior será a demanda por moeda: $\uparrow (M/P)^d = f(\uparrow Y, \downarrow i)$

A demanda por moeda keynesiana apresenta as seguintes características:

(i) a função demanda por moeda é instável. Segundo Keynes, a função demanda por moeda se desloca diante de mudanças na confiança do público na economia;

(ii) Keynes segmenta a demanda por moeda em componentes motivacionais que representam transação, precaução e especulação;

(iii) A análise keynesiana concentra-se, de maneira estrita, na escolha entre moedas e títulos.

4. DEMANDA POR MOEDA, INFLAÇÃO E EXPECTATIVAS RACIONAIS

De acordo com o **Efeito Fisher**, o qual postula que $i = r + \pi^e$, onde i é a taxa nominal de juros, r é a taxa real de juros e π^e é a taxa de inflação esperada, percebe-se que a taxa nominal de juros se eleva ou por aumentos na taxa real de juros, ou por aumentos na expectativa de inflação. Como a demanda de moeda é função da taxa nominal de juros, podemos expressá-la como uma função da expectativa de inflação e da taxa real de juros, tal que:

$$\downarrow \left(\frac{M}{P} \right)^d = f\left(Y, i = \uparrow r + \uparrow \pi^e \right)$$

$$e$$

$$\uparrow \left(\frac{M}{P} \right)^d = f\left(Y, i = \downarrow r + \downarrow \pi^e \right)$$

Conforme visto no capítulo sobre inflação, para os economistas clássicos, a inflação é um fenômeno monetário. Como a Autoridade Monetária detêm o monopólio de emissão de moeda, caso os formuladores de política econômica desejassem implantar uma política de estabilização, devem nessa situação cessar a emissão monetária.

Ao considerar o Efeito Fisher, se os agentes esperam que o governo adote uma política monetária expansionista, aumentando a oferta monetária, essa informação passa a ser incorporada em suas expectativas inflacionárias, elevando a taxa nominal de juros no presente. Com este aumento da taxa nominal de juros, reduz-se a demanda por moeda, gerando um excesso de oferta monetária, o que provocará elevações de preços no presente para equilibrar a oferta e demanda de encaixes reais. Ou seja, a inflação ocorre antes mesmo da emissão monetária.

Por outro lado, se houver expectativa de que o governo não adote mais uma política monetária expansionista no futuro, os agentes irão rever suas expectativas de inflação para baixo, reduzindo a taxa nominal de juros no presente e, portanto, gerando um excesso de demanda por moeda. Consequentemente, os preços terão que reduzir-se no presente para equilibrar a oferta e a demanda por moeda (lembre-se do equilíbrio no mercado monetário visto no estudo do modelo IS-LM):

$$\uparrow \pi^e \Rightarrow \downarrow \left(\frac{M}{P}\right) = f\left(Y, \uparrow i = r + \pi^e \uparrow\right) \Rightarrow \uparrow M = k \times \uparrow P \times Y_p$$

$$e$$

$$\downarrow \pi^e \Rightarrow \uparrow \left(\frac{M}{P}\right) = f\left(Y, \downarrow i = r + \pi^e \downarrow\right) \Rightarrow \downarrow M = k \times \downarrow P \times Y_p$$

Dessa forma, ao se considerar a prevalência a hipótese das expectativas racionais na economia, caso o governo tenha credibilidade, ele pode reduzir a inflação no presente com o simples anúncio de que no futuro irá adotar uma política monetária restritiva. Por outro lado, se os agentes acreditarem no governo e se este quiser evitar uma deflação (redução no nível geral de preços)[1] momentânea da economia, terá inclusive que ampliar a oferta monetária no presente, para evitar o excesso de demanda por moeda.

5. O MODELO BAUMOL-TOBIN DE DEMANDA POR MOEDA

5.1. Hipóteses Básicas de Baumol-Tobin

Conhecida também como Abordagem da Teoria dos Estoques, o Modelo de Baumol-Tobin de Demanda por Moeda[2], o indivíduo faz uma análise custo-benefício entre a retenção da moeda ou a aplicação no mercado financeiro. O custo de reter moeda são os juros que o indivíduo deixa de ganhar caso aplicasse o dinheiro, enquanto que o benefício refere-se ao fato de não ter que ir ao banco para converter os títulos em moeda, ou seja, deixa de incorrer nos custos de transação.

Suponha que uma pessoa faça N idas ao banco ao longo do ano. Em cada ida retira-se Y/N reais, gasta a moeda gradualmente ao longo de uma enésima parte do ano. A figura a seguir mostra que o montante retido varia entre Y/N e zero, com média de $Y/2N$. Tecnicamente, a demanda de moeda é a área total dos n triângulos da figura. Como os intervalos são iguais, a base de cada triângulo é $1/N$.

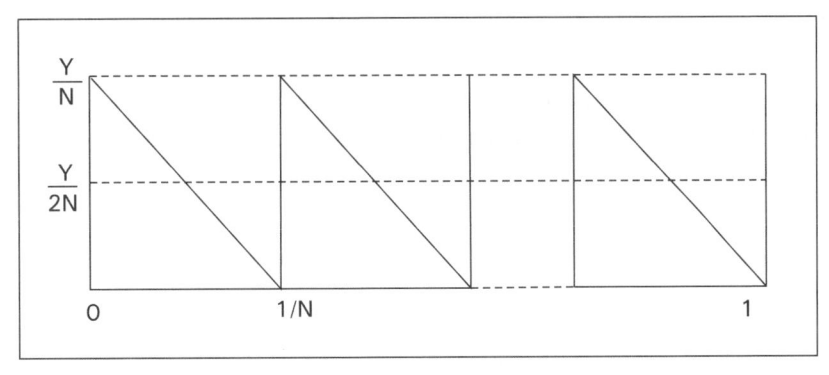

Figura 1: Posse de Moeda no caso de N idas ao banco

[1]   Conceito diferente de Desinflação, que é a redução na taxa de crescimento dos preços.

[2]   BAUMOL, W. "The Transactions Demand for Cash: An Inventory Theoretic Approach. *Quarterly Journal of Economics* 66: p. 545-556, novembro de 1952;

TOBIN, J. The Interest Elasticity of the Transactions Demand for Cash. *Review of Economics and Statistics*: p. 241-247, agosto de 1956.

Pode-se construir uma função custo, que depende da taxa de juros e do número de vezes que terão que fazer a conversão de títulos em moeda, e o agente minimizará esta função em relação a este número de conversões. Considere os seguintes dados:

C = Custo de Reter Moeda

N = nº de idas ao banco para converter títulos em moeda

f = Custo unitário de idas ao banco (constante)

i = taxa de juros

Y = Renda de um dado período

Y/2N = Retenção média da moeda

A teoria quantitativa da moeda diz que o saldo de encaixes reais mantido pelos agentes corresponde à renda que o agente possui durante um determinado período, dividido por duas vezes o número de recebimentos que o indivíduo possui nesse período. Quando há apenas um recebimento por período, por exemplo, a velocidade de circulação é dois. Quando existem dois recebimentos, ela passa para quatro. Logo,

$$\frac{M}{P} = \frac{Y}{2N} \tag{4}$$

O modelo Baumol-Tobin considera dois tipos de custos na composição do custo total: **custo de oportunidade da retenção da moeda**, que corresponde ao juro não recebido; e **custo da ida ao banco** para realizar a conversão (o tempo que se gasta no deslocamento, nas filas etc.). Enquanto o primeiro custo diminui com o aumento de número de idas ao banco, ou seja, com a menor retenção de moeda, o segundo custo aumenta. A função custo total é expressa da seguinte forma:

$$CT = i\left(\frac{Y}{2N}\right) + fN$$

Onde $i(Y/2N)$ é o juro não-auferido e fN representa as idas ao banco.

Quanto maior o número de idas ao banco, N, menor o juro não-auferido e maior o custo de idas ao banco:

$$CT = \downarrow i\left(\frac{Y}{2N\uparrow}\right) + fN\uparrow$$

5.2. Saldo Monetário Ótimo e a Fórmula da Raiz Quadrada

Os indivíduos determinarão o quanto demandarão de saldos monetários reais a partir da definição do N ótimo, o qual é obtido pela minimização da função custo total. Diferenciando a função custo total em relação a N e igualando-a a zero, obtêm-se o número de idas ao banco que minimiza a função custo total (N^*). Logo,

$$CT = i\left(\frac{Y}{2N}\right) + fN \Rightarrow CT = \frac{Y}{2}N^{-1}i + fN \Rightarrow \frac{\partial CT}{\partial N} = 0 \Rightarrow (-1)\frac{Y}{2}N^{-2}i + f = 0$$

$$\Rightarrow -\frac{Yi}{2N^2} + f = 0 \Rightarrow f = \frac{Yi}{2N^2} \Rightarrow N^2 = \frac{Yi}{2f} \Rightarrow N^* = \sqrt{\frac{Yi}{2f}} \therefore (5)$$

Sendo N* o N ótimo, define-se o saldo monetário médio ótimo substituindo (5) em (4) da seguinte forma:

$$\frac{M}{P} = \frac{Y}{2N^*} \Rightarrow \frac{M}{P} = \frac{Y}{2} \times \frac{1}{N^*} \Rightarrow \frac{M}{P} = \frac{Y}{2} \times \frac{1}{\sqrt{\frac{Yi}{2f}}} \Rightarrow \frac{M}{P} = \frac{Y}{2} \times \sqrt{\frac{2f}{iY}} \Rightarrow \frac{M}{P} = \sqrt{\frac{Y^2}{2^2} \times \frac{2f}{iY}}$$

$$\Rightarrow \frac{M}{P} = \sqrt{\frac{Y}{2} \times \frac{f}{i}} \quad (6)$$

A equação $\frac{M}{P} = \sqrt{\frac{Y}{2} \times \frac{f}{i}}$ é a conhecida como **Lei da Raiz Quadrada para a Demanda Monetária**. Uma elevação no custo de ir ao banco (f), tudo o mais constante, elevará a demanda por moeda, e vice-versa. Além disso, a demanda por moeda variará positivamente com a renda, e inversamente com a taxa de juros e a taxa de inflação (se considerarmos o Efeito Fisher):

$$\uparrow\left(\frac{M}{P}\right)^d = \sqrt{\frac{\uparrow Y \uparrow f}{2i \downarrow}}$$

$$e$$

$$\downarrow\left(\frac{M}{P}\right)^d = \sqrt{\frac{\downarrow Y \downarrow f}{2i \uparrow}}$$

Dessa forma, o modelo de Baumol-Tobin fundamenta microeconomicamente a teoria da demanda por moeda apresentada por Keynes. Em outras palavras, a demanda por moeda relaciona-se positivamente com a renda e negativamente com a taxa de juros. A figura 2 a seguir sintetiza os conceitos apresentados no modelo Baumol-Tobin:

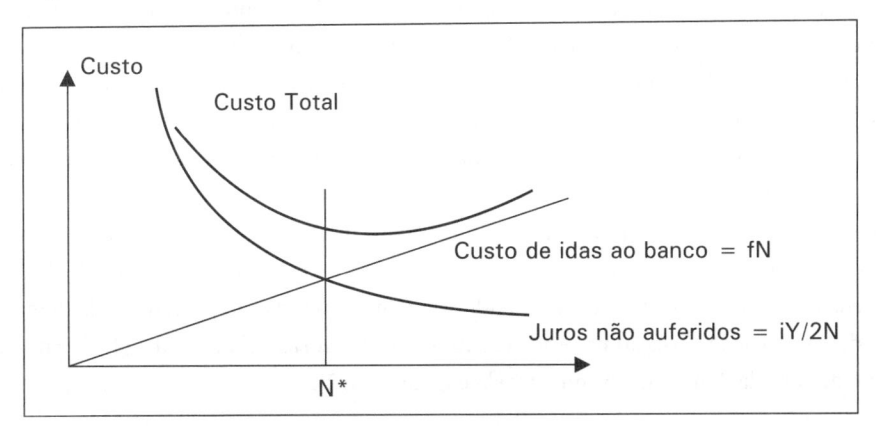

Figura 2: O custo de reter moeda

Segundo o modelo Baumol-Tobin é que a demanda de moeda é uma demanda de saldos reais, ou seja, as pessoas só estão preocupadas com o poder de compra da moeda que mantêm, não com seu valor nominal. Essa característica da demanda é conhecida como a ausência de "ilusão monetária".

(CESPE-UnB/Analista Legislativo – Câmara dos Deputados/2002) – A respeito da economia monetária, essencial ao entendimento de questões relevantes da economia, julgue o item seguinte.

De acordo com a abordagem dos estoques, quanto mais elevada for a taxa de juros, menor será a demanda de moeda para transações.

Solução:

Verdadeiro. O modelo de Baumol-Tobin de demanda por moeda fundamenta microeconomicamente a retenção de moeda. Assim, quanto mais elevada for a taxa de juros, menor será a demanda de moeda para transações: $\downarrow \left(\dfrac{M}{P} \right)^{d} = \sqrt{\dfrac{\downarrow Y \times f \downarrow}{2 \times i \uparrow}}$.

(Economista/VALEC Engenharia, Construções e Ferrovias S.A./2012) – Dada a equação de Baumol: $M = P\sqrt{AY / 2r}$, a elasticidade da demanda por encaixes reais (M/P) em relação à renda é:

a) $1/2$

b) $3/8$

c) lnM/lnY

d) lnY/lnP

e) dM/dP

Solução:

A resposta é a letra "a". A equação acima, conhecida como a fórmula da raiz quadrada, mostra que a demanda transacional da moeda aumenta com os custos de corretagem, ou com o custo transacional e com o nível de renda nominal, mas cai com o aumento da taxa de juros. Note que: (i) a demanda de moeda por transação é inversamente proporcional à taxa de juros; (ii) a demanda de moeda por transação é diretamente proporcional à renda. Como há economias de escala em manter dinheiro, a demanda por moeda sobe menos do que proporcionalmente com a renda. Assim, por exemplo, se a renda nominal aumentar 4 vezes, a demanda por moeda apenas irá dobrar; (iii) uma redução nos custos de corretagem devida, por exemplo, aos avanços tecnológicos reduziria a demanda por moeda para transações; (iv) não há ilusão monetária na demanda por moeda, ou seja, ela é homogênea de grau um.

A equação da fórmula da raiz quadrada mostra que um aumento na renda aumenta a demanda por moeda proporcionalmente menos do que o aumento na renda. A elasticidade da demanda por moeda é menor do que um. A elasticidade-renda mede a variação percentual da demanda por moeda devida a 1% de variação na renda e, sob o aspecto teórico, ela é igual a $(1/2)$. Em relação à elasticidade-juro da demanda por moeda, ela é igual a $(-1/2)$.

$$M = P\sqrt{\frac{AY}{2r}} \Rightarrow \frac{M}{P} = \sqrt{\frac{AY}{2r}} \Rightarrow \frac{M}{P} = \left(\frac{AY}{2r}\right)^{\frac{1}{2}} \Rightarrow \frac{M}{P} = \left(\frac{AY}{2r}\right)^{\frac{1}{2}}$$

(Instituto de Planejamento e Apoio ao Desenvolvimento Tecnológico e Científico – IPAD/Analista de Gestão – Economista/Companhia Pernambucana de Saneamento – COMPESA/2009) – Considerando o Modelo de Baumol-Tobin de demanda por moeda, com relação a elasticidade-renda pode-se dizer que:

a) é igual a 1

b) é igual a 0,5

c) é igual a – 0,5

d) é igual a – 1

e) está entre 0,5 e 1, exclusive.

Solução:

A resposta é a letra "b", ou seja, no Modelo de Baumol-Tobin de demanda por moeda, a elasticidade-renda é igual a 0,5, conforme visto acima.

5.3. Impacto das Inovações Financeiras Sobre a Demanda por Moeda por Motivo Transação

A partir dos anos 1970, principalmente nos Estados Unidos, foram feitas várias inovações financeiras que permitiram às pessoas manter menos dinheiro e depósitos à vista. Tais inovações financeiras incluíram os "bancos 24 horas", a ampliação no uso de cartões de crédito e várias contas que permitiram transferências computadorizadas a um custo muito baixo entre depósitos à vista e depósitos a prazo.

Michael Dotsey (1988) encontrou que o volume de transferências dos fundos eletrônicos era uma boa *proxy* para o estado das inovações financeiras. Assim, ele mostrou que as inovações financeiras têm um forte efeito negativo sobre a manutenção dos depósitos à visto. Quando ele incluiu sua medida de inovação financeira, ele derivou uma equação de demanda por moeda que parecia estável como antes de 1970.

(CESPE-UnB/Analista Pleno I – Área: Economia/CNPq/2004) – Julgue o item a seguir, como verdadeiro ou falso:

A disseminação de cartões de crédito, ao permitir que as pessoas concentrem seus pagamentos em um determinado momento – o dia do vencimento dos cartões – contribui para expandir a detenção e a demanda de moeda por motivos transacionais.

Solução:

Falso. A disseminação de cartões de crédito, ao permitir que as pessoas concentrem seus pagamentos em um determinado momento – o dia do vencimento dos cartões – contribui para reduzir a demanda de moeda por motivos transacionais.

5.4. Impacto dos Caixas Automáticos Sobre a Demanda por Moeda por Motivo Transação

A relação $(PMPP/DVBC)$, onde PMPP é o papel moeda em poder do público e DVBC são os depósitos à vistas nos bancos comerciais, é determinada pelo comportamento do público, o qual decide que proporção deter em moeda e depósito. Essa relação é determinada pelos hábitos de pagamento do público, sendo afetada pela conveniência e acessibilidade aos bancos para realizar pagamentos, saques e depósitos. Por exemplo, quando há um caixa eletrônico por perto, as pessoas geralmente levam consigo menos dinheiro porque o custo de ficar sem dinheiro é baixo.

Essa relação aumenta quando a proporção de consumo em relação ao PIB aumenta, visto que a demanda por moeda está mais relacionada ao consumo do que ao PIB, ao passo que a demanda por depósitos está mais relacionada ao PIB:

$$\uparrow \left(\frac{C}{PIB} \right) \Rightarrow \uparrow \left(\frac{PMPP}{DVBC} \right)$$

Nesse contexto, adota-se o pressuposto de que a relação $(PMPP/DVBC)$ é constante e independente da taxa de juros.

Um fator que determina a relação $(PMPP/DVBC)$ é a facilidade de acesso aos bancos e a qualidade de seus serviços, bem como a extensão pela qual os cheques são aceitos nas transações comuns.

Quanto maior for a aceitação dos cheques e a qualidade dos serviços bancários (bancos 24 horas, número de agências, facilidade de acesso, horário de funcionamento, maior será DVBC e, portanto, menor será $(PMPP/DVBC)$:

$$\downarrow \left(\frac{PMPP}{\uparrow DVBC} \right)$$

Beenstock (1989) assume que outro fator que reduziu a relação $(PMPP/DVBC)$ foi a introdução dos caixas automáticos, que reduz a demanda por moeda e aumenta os depósitos junto aos bancos comerciais.

(ESAF/AFC-STN/1996) – A introdução dos caixas automáticos leva a todos os resultados enumerados abaixo, exceto:

a) A um aumento na velocidade de circulação da moeda;

b) A um aumento na demanda por moeda;

c) A uma mudança para a direita na curva de demanda agregada, se a oferta de moeda é mantida constante;

d) A um aumento do produto no curto prazo;

e) A um aumento dos preços no longo prazo.

Solução:

A resposta é a letra "b". A introdução dos caixas automáticos leva a uma redução da demanda por moeda. Nas últimas décadas, especificamente, a partir dos anos 1980, diversas inovações financeiras passaram a ser amplamente disponíveis. Tais inovações financeiras, como os caixas automáticos, os Bancos 24 horas, a ampliação no uso de cartões de crédito etc., contribuíram para a redução da demanda por moeda.

6. MODELO TOBIN DE PREFERÊNCIA PELA LIQUIDEZ

Defendida por James Tobin[3], essa teoria enfatiza as chamadas decisões de portfólio dos agentes econômicos. A moeda entra como parte dos ativos da economia, concorrendo com os demais na distribuição da riqueza dos indivíduos. A função demanda por moeda considera a rentabilidade dos diversos ativos existentes e o estoque de riqueza a ser alocado. Os mercados de estoques não sofrem influência de variáveis-fluxo. A função demanda por moeda é expressa por:

$$\uparrow\left(\frac{M}{P}\right)^d = \frac{M}{P}\left(\downarrow r_s, \downarrow r_b, \downarrow \pi^e, \uparrow W\right)$$

$$e$$

$$\downarrow\left(\frac{M}{P}\right)^d = \frac{M}{P}\left(\uparrow r_s, \uparrow r_b, \uparrow \pi^e, \downarrow W\right)$$

onde r_s é a remuneração real esperada sobre o capital (máquinas e equipamentos), r_b é a remuneração real esperada sobre os títulos (ações); π^e é a taxa de inflação esperada; e W é a riqueza real.

Note que a demanda por moeda varia inversamente com a rentabilidade dos demais ativos e com a expectativa inflacionária, e positivamente com a riqueza. Um aumento de r_s ou r_b, por exemplo, um aumento da rentabilidade dos títulos, reduz a demanda por moeda, porque os outros ativos se tornam mais atraentes (e vice-versa). Um aumento da taxa de inflação esperada reduz a demanda por moeda, porque a moeda torna-se menos atraente haja vista que uma queda na sua rentabilidade faz com que os agentes econômicos diminuam sua demanda, procurando outros ativos. Um aumento no estoque de riqueza, W, aumenta a demanda por moeda e outros ativos porque a riqueza maior significa uma maior quantidade de ativos a serem alocados em carteira, ou seja, uma carteira maior.

Em resumo, o modelo elaborado por Tobin utiliza a ideia de preferência pela liquidez para derivar uma relação inversa não só entre a demanda de moeda e a rentabilidade dos demais ativos, mas também entre essa demanda e a expectativa de inflação.

---

[3] TOBIN, J. Liquidity preference as behavior toward risk. *Review of Economic Studies*, 25, p. 65-86, fevereiro de 1958.

7. TEORIA MONETARISTA DE MILTON FRIEDMAN

De acordo com Simonsen e Cysne (1995), a Teoria Monetarista de Friedman é uma extensão da Teoria Clássica, a partir de dois artigos onde se propôs a reconstrução da teoria quantitativa da moeda[4]. A versão da demanda por moeda de Friedman (1956) constitui-se em uma espécie de ressurgimento, em bases teóricas mais sofisticadas, da tradicional abordagem quantitativa de Cambridge. Friedman procurou analisar por que os indivíduos desejam possuir moeda.

Ao contrário de Keynes (1939) e de outros economistas keynesianos, como Tobin (1956, 1958) e Baumol (1952), Friedman (1956) simplesmente afirmou que a demanda por moeda deveria ser influenciada pelos mesmos motivos e fatores que influenciam a demanda por qualquer ativo, definindo assim as bases da Teoria da Escolha de Portfólio.

Friedman considerou que o consumidor (agregado em famílias) possui riqueza total dividida em riqueza humana e em riqueza não-humana (riqueza material). A riqueza humana é um valor pessoal que, colocado a serviço do processo social de produção, gera renda e, consequentemente, riqueza, por exemplo, os dons, as habilidades e os conhecimentos das pessoas (beleza, voz e conhecimento científico, por exemplo). A riqueza não-humana consiste em moeda, títulos (de renda variável e de renda fixa) e bens físicos como imóveis e outros ativos materiais (Bacha e Lima, 2006).

$$
\begin{array}{l}
\text{Demanda} \\
\text{por} \\
\text{Moeda}
\end{array}
\left\{
\begin{array}{l}
a)\text{Famílias} \left\{ \text{Riqueza} \quad \text{total} \left\{ \begin{array}{ll} \text{riqueza} & \text{humana} \\ \text{riqueza} & \text{não humana} \end{array} \right. \right. \\
b)\text{Empresas}
\end{array}
\right.
$$

No contexto da teoria microeconômica do comportamento do consumidor, os indivíduos escolhem a quantidade de moeda a reter pela maximização de uma função utilidade, cujos argumentos devem incluir as cinco diferentes formas de alocação de riqueza.

Segundo Friedman (1956), a demanda por moeda pelas famílias é função das seguintes variáveis:

a)   riqueza total: decorrente da soma das riquezas humana e não-humana;

b)   da proporção da riqueza humana sobre a não-humana (material);

c)   do custo de oportunidade de reter ativos monetários (dado pelos retornos dos títulos de renda variável, de renda fixa, bem como da taxa de inflação);

d)   de outros fatores econômicos e não-econômicos, de natureza institucional decorrentes do processo de desenvolvimento das economias e/ou de fatores conjunturais que interferem nas preferências das famílias sobre as formas de retenção de ativos.

A moeda representa para os agentes econômicos uma das cinco formas de alocação de riqueza[5]. A função de demanda por encaixes reais[6] é dada por:

4   FRIEDMAN, M. The Quantity Theory of Money: A Restatement. Studies in the Quantity Theory of Money. *Chicago: The University of Chicago Press*, 1956.

_____. The Demand for Money: Some Theoretical and Empirical Results. *Journal of Political Economy*, agosto de 1999.
5   As outras possibilidades seriam títulos com rendimento nominal constante, títulos com rendimento real constante (indexados), bens físicos e capital humano (SIMONSEN e CYSNE, 1995).

6   Medidos em termos do seu poder de aquisição de bens e serviços.

$$\left(\frac{M}{P}\right)^{d} = f\left(i,r,\pi^{e},w,Y^{P},u\right) \tag{7}$$

Sendo: $\dfrac{\partial f(\cdot)}{\partial Y^{P}} > 0 \quad \dfrac{\partial f(\cdot)}{\partial w} < 0 \quad \dfrac{\partial f(\cdot)}{\partial r} < 0 \quad \dfrac{\partial f(\cdot)}{\partial \pi^{e}} < 0 \quad \dfrac{\partial f(\cdot)}{\partial i} < 0$

Onde: $(M/P)^{d}$ é a demanda por encaixes reais; i é a taxa nominal de juros (ou seja, dos títulos de renda nominal constante); r taxa real de juros (ou seja, dos títulos de renda real constante); π^{e} é a taxa de inflação esperada; w é a relação entre a riqueza aplicada sob forma de capital não-humano e a riqueza alocada sob a forma de capital humano; Y^{P} é a renda permanente (*proxy* da riqueza $\overline{W}$), admitindo-se que **a moeda não é um bem inferior**; u é uma variável relacionada ao gosto e preferência dos consumidores.

Riqueza total é equivalente ao montante máximo em moeda que suas riquezas materiais possam ser transformadas ao valor atual dos rendimentos futuros proporcionados pela aplicação da riqueza humana no processo produtivo. Pode-se convertê-la em uma linha de restrição orçamentária das famílias cuja declividade é dada pelo preço relativo que se estabelece entre a moeda e as demais formas alternativas de deter riqueza. Um aumento da riqueza total do indivíduo desloca a restrição orçamentária, expandindo a demanda por moeda e demais ativos. Isso significa que **a moeda é um bem-normal**, com o efeito-renda positivo:

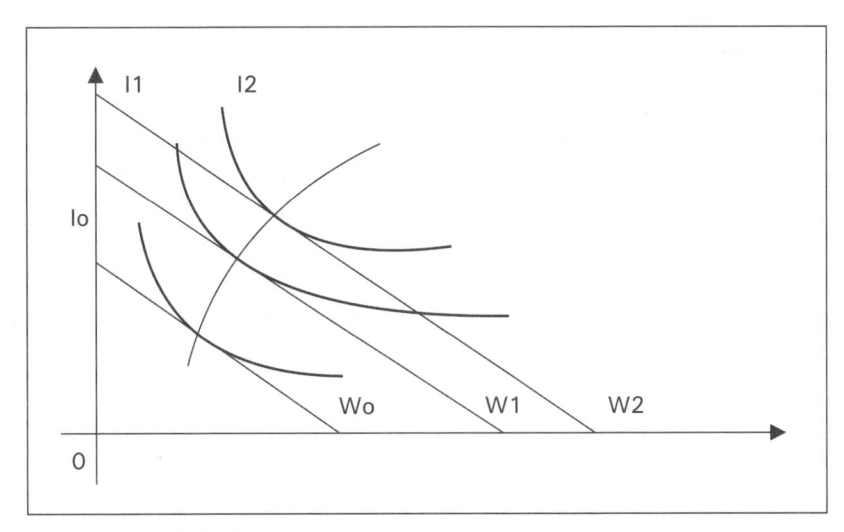

Figura 3: Teoria Monetarista de Friedman

O custo de oportunidade de reter moeda é medido com relação às taxas de retorno dos ativos financeiros de renda variável e de renda fixa, bem como em relação à taxa esperada de inflação. Ao decidir reter saldos monetários, as unidades familiares incorrem em custos de oportunidades.

Assim, uma variação nas taxas de retorno dos ativos financeiros e em que a moeda pode ser convertida, bem como pela variação esperada da taxa de inflação, levará as unidades familiares a alterar a composição de sua riqueza (de seu portfólio), afetando a demanda por moeda, visto que afeta o custo relativo de reter moeda.

Um aumento nas taxas de retorno dos títulos de renda fixa ou variável, bem como um aumento na taxa de inflação esperada, altera a declividade da reta de restrição orçamentária, implicando em uma alteração da composição do portfólio das famílias. Essa alteração nos preços relativos corresponde ao efeito substituição de Hicks.

> Um aumento de i, r ou π^e significa que o fluxo de rendimentos associados à aplicação, respectivamente, em títulos com rendimento nominal fixo, títulos com rendimento real fixo ou bens (custo de estocagem) aumentou, o que, por efeito de substituição, implicará uma menor alocação da riqueza em moeda (Simonsen e Cysne, 1995).

> No tocante à w, espera-se que, aumentando a participação relativa de riqueza alocada sob a forma de capital humano no portfólio dos indivíduos (significando uma queda de w), estes se tornem menos líquidos, demandando mais moeda (Simonsen e Cysne, 1995).

Outros fatores que afetam a demanda pelas famílias:

a)   Estrutura da distribuição de renda;

b)   Grau de incerteza quanto ao futuro;

c)   Expectativas quanto à ocorrência de manifestações anormais, crises econômicas;

d)   Grau de estabilidade da ordem político-institucional.

Como esses outros fatores são de difícil quantificação, e nem sempre é possível precisar a direção dos seus efeitos sobre a demanda por moeda, eles são representados por u.

> A variável u capta as modificações mensuráveis nos gostos e preferências dos indivíduos. Por exemplo, o aumento na quantidade de moeda retida pelos indivíduos em suas viagens, ou em momentos de aumento de incerteza, como em períodos de guerras etc., seria captado por esse termo (Simonsen e Cysne, 1995).

Em resumo:

$$\downarrow\left(\frac{M}{P}\right)^d = f\left(\uparrow i, \uparrow r, \uparrow \pi^e, \uparrow w, \downarrow Y^P, u\right)$$

$$e$$

$$\uparrow\left(\frac{M}{P}\right)^d = f\left(\downarrow i, \downarrow r, \downarrow \pi^e, \downarrow w, \uparrow Y^P, u\right)$$

De acordo com a reconstrução da teoria quantitativa da moeda, de Friedman, um aumento da participação da riqueza sob a forma de capital humano no portfólio dos indivíduos torna os portfólios menos líquidos e eleva a demanda de moeda. Um aumento da participação da riqueza sob a forma de capital humano no portfólio dos indivíduos irá reduzir a riqueza $\left(\downarrow w\right)$, tornando os portfólios menos líquidos e elevando a demanda por moeda. Como, numa mudança de composição de portfólio, uma unidade monetária alocada de determinada forma se troca sempre por uma mesma unidade monetária alocada de maneira alternativa, o que determinará a composição de ativos será o fluxo de rendimentos esperados associados a cada possibilidade de alocação de riqueza (Simonsen e Cysne, 1995).

No tocante à demanda por moeda por parte das empresas, Friedman admite que a equação (7) possa ser utilizada, desde que a variável u passe também a captar as possíveis variações tecnológicas na função de produção. Para a empresa, a moeda se constituiria em uma fonte de serviços produtivos que, aliados a outros insumos de produção, seriam utilizados na produção dos bens e serviços finais colocados no mercado (Simonsen e Cysne, 1995).

As empresas veem a moeda como um elemento que interage com outros fatores de produção, em outras palavras, a moeda é vista como um repositório de poder de compra. A demanda por moeda por parte das empresas é obtida minimizando seus custos, dada a limitação tecnológica dada pela função de produção.

A função demanda por moeda por parte das empresas é dada por:

$$\frac{M^d}{PY^P} = f\left(i,r,\pi^e,w,\frac{1}{Y^P},u\right) = \frac{1}{V\left(i,r,\pi^e,w,Y^P,u\right)} \tag{8}$$

Sendo: $\dfrac{\partial f(\cdot)}{\partial Y^P} > 0\ \dfrac{\partial f(\cdot)}{\partial w} < 0 \quad \dfrac{\partial f(\cdot)}{\partial r} < 0 \quad \dfrac{\partial f(\cdot)}{\partial \pi^e} < 0 \quad \dfrac{\partial f(\cdot)}{\partial i} < 0$

A equação (8) equivale à equação quantitativa da moeda $MV = PY$, onde a velocidade-renda da moeda, V, aparece como função das mesmas variáveis que afetam a demanda por encaixes reais descrita pela equação (7).

Logo, as várias taxas incluídas na equação (8) representam os custos de oportunidade, para a empresa, de reter moeda. As taxas de juros indicam o custo alternativo de reter moeda em termos de ativos financeiros (r, i). Por outro lado, a taxa de inflação esperada representa o custo alternativo de reter moeda em termos de bens físicos.

Assim, quanto maior for a produção, o que implica aumento da renda Y^P, maior será a demanda por moeda por parte das empresas. De outro lado, o aumento da remuneração dos títulos (aumento de r) leva as empresas a reduzirem as solicitações de empréstimos, diminuindo, assim, sua demanda por moeda. A elevação da taxa de inflação esperada leva as empresas a reduzirem seus encaixes reais em moeda, substituindo-os por estoques de produtos. Em resumo:

$$\downarrow\left(\frac{M}{P}\right)^d = f\left(\uparrow i,\uparrow r,\uparrow \pi^e,\uparrow w,\downarrow Y^P,u\right)$$

$$e$$

$$\uparrow\left(\frac{M}{P}\right)^d = f\left(\downarrow i,\downarrow r,\downarrow \pi^e,\downarrow w,\uparrow Y^P,u\right)$$

Friedman considera a moeda como bem de capital, que presta serviços ao seu possuidor. Basicamente, relaciona a demanda por moeda com a renda permanente (à luz de sua Teoria da Renda Permanente) dos agentes econômicos e com as taxas de rentabilidade da moeda e dos títulos de crédito e propriedade. Assim,

a)   definição de moeda: a moeda é um bem de capital que presta serviços (inclui depósitos de poupança e depósitos a prazo);

b)   demanda monetária é estável, mas está sujeita a pequenas variações transitórias, resultantes de variações nas taxas de juros;

c)   impacto da moeda: moeda é neutra a longo prazo, mas semi-neutra a curto prazo, devido aos efeitos transitórios.

A análise de Friedman fornece uma teoria sobre os fatores que determinam a constante marshalliana (k de Cambridge), os estoques mantidos de moeda como uma proporção da renda nominal. Outra maneira simplificada de expressar a função demanda por moeda de Friedman é dada por:

$$M^d = L(P, Y, r_B, r_A, r_D) \qquad (9)$$

Onde: P = nível de preços; Y = renda real; $P \times Y$ = renda nominal; r_B = taxa de juros nominal sobre títulos; r_A = retorno nominal das ações; r_D = retorno nominal dos bens duráveis.

Segundo Friedman, a demanda por moeda depende da renda nominal. Portanto, um aumento da renda nominal eleva a demanda por moeda, e vice-versa. Assim como Keynes, para determinado nível de renda nominal, Friedman acredita que a quantidade de moeda demandada depende da taxa de retorno de outros ativos. A equação (9) inclui as taxas de retorno das principais alternativas à moeda como ativo. Essas alternativas são os títulos, conforme tratados por Keynes, as ações (participações acionárias das empresas) e os bens duráveis (por exemplo, bens de consumo duráveis, terrenos, imóveis etc.). Os bens duráveis não pagam uma taxa de juros, de modo que seu retorno monetário é o aumento esperado no preço (ou inflação esperada) do bem durável ao longo do período. Logo, um aumento na taxa de retorno de qualquer um desses ativos alternativos faz a demanda por moeda cair, e vice-versa:

$$\uparrow M^d = L\left(\uparrow (P \times Y), \downarrow r_B, \downarrow r_A, \downarrow r_D\right)$$

$$ou$$

$$\downarrow M^d = L\left(\downarrow (P \times Y), \uparrow r_B, \uparrow r_A, \uparrow r_D\right)$$

Em resumo, a demanda por moeda de Friedman apresenta três características:

(i)   A demanda por moeda é estável.

(ii) Friedman não segmenta a demanda por moeda em componentes motivacionais que representam transação, precaução e especulação. Pelo contrário, a moeda, assim como outros bens, possui uma série de atributos que a tornam útil.

(iii) Incluem-se rendimentos separados para títulos, ações e bens duráveis. Friedman considera ainda a substituição direta da demanda por moeda pela demanda por mercadorias (bens duráveis) quando as taxas de retorno mudam.

Para Friedman (1956) e demais economistas monetaristas, a demanda por moeda é estável, indicando que flutuações aleatórias (transitórias) são pequenas. As variáveis na equação determinam a quantidade de moeda que será demandada, mas a função demanda por moeda, propriamente, não sofre deslocamentos erráticos. Na teoria keynesiana, por outro lado, a função demanda por moeda seria instável, deslocando-se diante de mudanças na confiança do público na economia.

Opondo-se à caracterização da armadilha da liquidez, Friedman argumentou que a elasticidade da demanda por moeda em relação aos juros não era infinita, mas, na verdade, seria bastante pequena. Logo, a quantidade de moeda era a influência dominante sobre o nível de atividade econômica.

(Instituto de Planejamento e Apoio ao Desenvolvimento Tecnológico e Científico – IPAD/Analista de Gestão – Economista/Companhia Pernambucana de Saneamento – COMPESA/2009) – Considerando as divergências entre keynesianos e monetaristas, no que concerne à demanda por moeda, avalie as seguintes afirmações:

1. **Keynesianos consideram que uma mudança na quantidade de moeda afeta a taxa de juros, enquanto os monetaristas não enfatizam o papel da taxa de juros na demanda por moeda.**

2. **Os keynesianos se concentram em ativos negociáveis e taxa de juros, enquanto os monetaristas levam em conta um gama maior de ativos (bens duráveis e semiduráveis) e de taxa de juros.**

3. **Os keynesianos consideram ativos reais e taxa de juros enquanto os monetaristas se restringem a ativos negociáveis (moeda e títulos de renda fixa).**

Está(ão) *correta(s)*

a) 1 e 3, apenas.

b) 1 e 2, apenas.

c) 2 e 3, apenas.

d) 1, 2 e 3.

e) 3, apenas.

Solução:

A resposta é a letra "b". Keynes enfatizava o papel da moeda como um ativo e como facilitadora de transações. Ao estudar os fatores que determinavam a quantidade de moeda que as pessoas iriam manter, Keynes considerou fatores que determinavam a desejabilidade da moeda em relação a outros ativos, pressupondo que os outros ativos eram um grupo homogêneo, de forma a poder agrupá-los sob a categoria de "títulos". Segundo Keynes, os principais fatores que determinavam a alocação da riqueza do indivíduo entre moeda e títulos eram o nível de renda e a taxa de juros. Em termos da equação quantitativa da moeda (ou equação de Cambridge), Keynes centrou-se na taxa de juros como o determinante da constante marshalliana (k), o montante de saldos monetários que uma pessoa manteria para um dado nível de renda. Assim, um aumento na taxa de juros levaria a uma queda em k ou, em outras palavras, em um aumento na velocidade de circulação da moeda (e vice-versa):

$$\uparrow i \Rightarrow \uparrow v \Rightarrow \downarrow k = \downarrow \left(\frac{1}{\uparrow v} \right)$$

$$e$$

$$\downarrow i \Rightarrow \downarrow v \Rightarrow \uparrow k = \uparrow \left(\frac{1}{\downarrow v} \right)$$

De acordo com Keynes, como k era uma variável, e não constante, a equação de Cambridge não fornecia uma teoria da renda nominal.

Por outro lado, para os economistas monetaristas, como Friedman, a moeda representa para os agentes econômicos uma das cinco formas de alocação de riqueza. A demanda por encaixes reais é função das seguintes variáveis: taxa nominal de juros (ou seja, dos títulos de renda nominal constante); taxa real de juros (ou seja, dos títulos de renda real constante); taxa de inflação esperada; relação entre a riqueza aplicada sob forma de capital não-humano e a riqueza alocada sob a forma de capital humano; renda permanente (*proxy* da riqueza), admitindo-se que **a moeda não é um bem inferior**; uma variável relacionada ao gosto e preferência dos consumidores.

8. RESUMO DAS PRINCIPAIS TEORIAS SOBRE DEMANDA POR MOEDA

Quadro 1 – Resumo das Principais Teorias sobre Demanda por Moeda

Características	Clássico	Keynesiano	Baumol-Tobin	Friedman
Regularidade da função demanda por moeda		Instável		Estável
Motivações para demandar moeda	Transação	Transação, precaução e especulação		Como bem de consumo para as famílias e como fator de produção pelas empresas
Intercâmbio entre títulos e moeda	Não se considera	Há intercâmbio entre títulos e moeda demandada para especulação		A remuneração dos títulos dá o custo de oportunidade de se reter moeda
Tipos de remunerações obtidas pelos títulos	Não se especifica	Ganho de rendimento e ganho de capital		Ganho de rendimento
Tipos de taxa de juros	Não se especifica			Taxa de juros representativa do conjunto de ativos financeiros disponíveis
Variáveis que determinam a demanda por moeda	Renda real, nível de preços e velocidade de circulação da moeda.		Renda real, custo de ida ao banco e taxa de juros	Renda real, taxa de juros e taxa esperada de inflação
Equação da demanda por moeda	$\left(\dfrac{M}{P}\right)^d = kY$	$\left(\dfrac{M}{P}\right)^d = f(Y,i)$	$\left(\dfrac{M}{P}\right)^d = \sqrt{\dfrac{Y \times f}{2 \times i}}$	$\left(\dfrac{M}{P}\right)^d = f\left(i,r,\pi^e,w,Y^P,u\right)$

Capítulo 14

Política Macroeconômica em Debate

1 INTRODUÇÃO: POLÍTICA MONETÁRIA E POLÍTICA FISCAL

A **política monetária** é o conjunto de operações existentes com o intuito de controlar a liquidez da economia, utilizando-se para essa finalidade diversos instrumentos, destacando-se: (i) o recolhimento compulsório; (ii) as operações de mercado aberto (open Market) para compra e venda de títulos; (iii) as operações de redesconto (assistência financeira de liquidez. Nesse contexto, a autoridade monetária (banco central) utiliza a oferta de moeda (exógena) para combater a inflação, ou seja, controla a liquidez da economia para manter a estabilidade do nível de preços. Como a autoridade monetária controla a liquidez da economia, diz-se que a oferta de moeda é exógena. Nesse caso, a taxa de juros (endógena) é determinada pela oferta e demanda por moeda.

(Economista/Prefeitura Municipal de Iguatu - Estado do Ceará/2013) – "A _____ **diz respeito à atuação do Banco Central para dimensionar os meios de pagamentos e os níveis das taxas de juros, adequando essas variáveis aos objetivos de crescimento da produção e do emprego, com estabilidade de preços". Assinale a alternativa que preenche corretamente a lacuna.**

a) Política Fiscal;

b) Política Cambial;

c) Política Contábil;

d) Política Monetária;

e) Política Tributária.

Solução:

Letra "d". A política monetária se refere ao tipo de política de estabilização que implica mudanças, por exemplo, na quantidade de moeda em circulação destinadas a alterar a taxa de juros e afetar o nível de atividade econômica. A política monetária, ao determinar a quantidade de dinheiro em circulação, determina também a formação da taxa de juros, ou seja, a taxa de juros pode ser interpretada como sendo o preço do dinheiro. No entanto, se as taxas de juros permanecem elevadas por um período longo, podem prejudicar o crescimento econômico.

A **política fiscal** é o conjunto de operações que estão relacionadas aos dispêndios do Estado e aos recursos que este obtém para o financiamento dos mesmos, bem como, e principalmente, à influência que tais gastos e receitas exercem sobre a contração ou sobre a expansão da atividade econômica. Dessa forma, a política fiscal pode ser utilizada para atenuar os ciclos econômicos, reduzindo tributos e/ou aumentando gastos públicos em períodos de baixo nível de atividade econômica e pode fazer o oposto nos períodos de expansão econômica. Nesse sentido, a política fiscal atua de forma anticíclica. Esse é o comportamento esperado e desejável no que diz respeito à postura das autoridades fiscais que devem estar preocupadas com a trajetória da dívida pública e, portanto, com o ajuste fiscal

---

(Cespe-UnB/Analista do Ministério Público da União – Área Pericial: Economia/2013) – Acerca das funções econômicas e das políticas governamentais, julgue o item abaixo.

A política fiscal, de que são exemplos as compras governamentais e a tributação, é empregada para intervir nas flutuações econômicas relacionadas à demanda agregada, sem que gere repercussões monetárias sobre a economia.

Solução:

Falso. Pelo contrário, a maneira como a política fiscal é empregada para intervir nas flutuações econômicas relacionadas à demanda agregada irá afetar o comportamento da política monetária, gerando repercussões monetárias na economia. Note que diversos estudos existentes procuram analisar a interação entre as políticas fiscal e monetária.

(Economista/Prefeitura Municipal de Santo Antônio da Platina) – A "política fiscal" de um governo pode ser definida como sua política relativa a quê?

a) Relação entre o total de suas compras de bens e serviços e o total de seus pagamentos de pensões.

b) Total e aos tipos de despesas, e à maneira de financiar essas despesas (tributação, levantamento de empréstimos etc.).

c) Regulamentação de atividades bancárias e de crédito.

d) Serviços de educação, saúde e segurança nacional.

e) Regulamentação de impostos.

Solução:

Letra "b". A política fiscal se refere à escolha do governo do que diz respeito aos níveis de gasto e tributação. De maneira específica, refere-se ao uso do orçamento público do governo para afetar o nível de atividade econômica ou, em termos mais gerais, proporcionar bens e serviços públicos, assim como para a redistribuição da renda. Trata-se de política relativa ao nível e à composição dos gastos e tributação do governo. Em resumo, a política fiscal se refere às mudanças no gasto público e na tributação destinadas a afetar o nível de atividade econômica por meio da demanda agregada. Assim, a política fiscal refere-se não apenas à política tributária, como também à política de gastos, isto é, às despesas do governo e ao financiamento dessas despesas. As alternativas "a" e "d" estão incompletas, pois se referem somente a gastos. A alternativa "e" está incompleta pois se refere apenas à política tributária. E a alternativa "c" se refere à política monetária.

A interação entre as políticas monetária e fiscal é um ponto chave na literatura econômica. Por um lado, os argumentos indicam a importância ajuste da política fiscal como forma de garantir a existência da política monetária. Por outro lado, a autoridade monetária (banco central) poderia não ser suficiente no combate à inflação, sendo preciso ver como se estabelece a coordenação entre a política fiscal e a política monetária.

(Fundação Ajuri/Economista/Prefeitura Municipal de Boa Vista – RR/2012) - Política Monetária e Fiscal são meios:

a) para a distribuição equânime da renda. Assim, os mais pobres conseguem o bem viver;

b) para arrecadar e pagar a dívida externa nos países subdesenvolvidos;

c) para equilibrar a balança comercial em países eminentemente exportadores;

d) alternativos diferentes para as mesmas finalidades. A política econômica dever ser executada por meio de uma combinação adequada de instrumentos fiscais e monetários;

e) para se alcançar o desenvolvimento e o crescimento econômico. Seja no curto prazo, ou no longo prazo.

Solução:

A resposta é a letra "d". A política econômica deve ser conduzida de maneira eficiente por meio da interação entre as políticas fiscal e monetária.

2. ECONOMIA NORMATIVA E ECONOMIA POSITIVA

Economia Positiva é o ramo da análise econômica que descreve como a economia de fato funciona. Por exemplo, quando os economistas descrevem a economia, e constroem modelos que predizem como a economia irá se comportar ou os efeitos de diferentes políticas, esses economistas atuam na economia positiva. A economia positiva está preocupada com "o que é", descrevendo como a economia funciona. São exemplos de instrumentos da análise positiva da economia: estudos empíricos, entrevistas, experimentos sociais, experimentos laboratoriais, estudos econométricos etc. A **Teoria Positiva da Política Econômica** se cruza com a ciência política e estuda a forma pela qual as autoridades políticas agem. As autoridades estão sujeitas a diversas influências: pressões políticas, limites institucionais, teorias econômicas etc. Consequentemente, os governos desviam-se muito da política sugerida pela teoria normativa. Os adeptos dessa teoria analisam temas como o problema da inconsistência temporal e o ciclo político. Essa teoria está relacionada ao seguinte debate macroeconômico: a política econômica deve ser discricionária ou seguir regras (normas)?

Economia Normativa é o ramo da análise econômica em que são feitas prescrições sobre como a economia deveria funcionar. Por exemplo, quando os economistas pretendem avaliar alternativas de políticas, ponderando os vários benefícios e custos, pode-se dizer que esses economistas atuam na economia normativa. A economia normativa lida com o que "deve ser", realizando julgamentos sobre a conveniência de vários cursos de ações. A economia normativa faz uso da economia positiva. São exemplos de instrumentos da análise normativa da economia: a análise do modelo de equilíbrio geral e dos primeiros e segundo teoremas do bem-estar econômico, o estudo das falhas de mercado etc. A **Teoria Normativa da Política Econômica** analisa como as autoridades que formulam as políticas econômicas (*policymakers*) devem agir, tendo o trabalho pioneiro do economista holandês Jan Tinbergen, que delineou os passos básicos da formulação de política econômica. A teoria normativa está associada ao debate macroeconômico, relacionado às políticas ativa e passiva: as autoridades devem ter participação ativa na economia ou devem tentar intervir o mínimo possível, deixando os mercados agir livremente?

(Cespe-UnB/Analista de Empresa de Comunicação Pública – Atividade: Economia/Empresa Brasileira de Comunicação – EBC/2011) – Julgue o item a seguir como verdadeiro ou falso.

Uma análise econômica normativa leva em conta juízo de valor; uma análise positiva está relacionada a explicações e previsões.

Solução:

Verdadeiro, conforme conceitos estudados anteriormente.

(VUNESP/Agente Técnico – Economista/Ministério Público do Estado do Espírito Santo/2013) - Em Economia, convivem textos que se referem à análise positiva com outros que propõem uma análise normativa. Neste aspecto, podemos dizer que a

a) demonstração do mecanismo de equilíbrio de mercado é um exemplo de análise normativa.

b) demonstração do mecanismo de equilíbrio da firma é um exemplo de análise normativa.

c) demonstração do mecanismo de equilíbrio de mercado é um exemplo de análise positiva.

d) derivação da curva de demanda do consumidor é um exemplo de análise normativa.

e) derivação da curva de demanda do consumidor não é um exemplo de análise positiva.

Solução:

A resposta é a letra "c". A economia positiva tenta descrever a economia como ela é, de modo que se trata de uma análise descritiva, pois o economista se comporta como um cientista. Por exemplo, a demonstração do mecanismo de equilíbrio de mercado é um exemplo de análise positiva. Já a economia normativa faz afirmações sobre como a economia deveria ser, de modo que se trata de uma análise prescritiva, pois o economista se comporta como um político.

2.1. 1º Debate: Política Ativa *Versus* Política Passiva

Os defensores da **política econômica ativa** consideram que a economia está sujeita a choques que levam o produto agregado e o nível de emprego a oscilações desnecessárias (por exemplo, recessões, alto desemprego etc.), a menos que haja uma resposta de política fiscal ou monetária. Portanto, a política econômica tem sido bem-sucedida na estabilização da economia. Essa é a visão dos adeptos da teoria keynesiana.

Os defensores da **política econômica passiva** argumentam que o governo não deve interferir na política macroeconômica, pois as políticas monetária e fiscal operam com hiatos longos e variáveis, tornando-se desestabilizadoras, além do fato de a política econômica girar em torno das defasagens interna e externa. Essa é a visão dos adeptos da teoria clássica.

2.1.1. *Defasagens das Políticas Econômicas*

A **defasagem interna (ou hiato interno)** é aquela que acontece entre o momento do choque e o instante em que a autoridade econômica implementa a política econômica apropriada em resposta a esse choque.

A **defasagem externa (ou hiato externo)** marca a diferença de tempo entre a implementação da política e o efeito desta política sobre a economia. Essa defasagem ocorre porque as políticas econômicas nem sempre influenciam de forma imediata o gasto, a renda e o emprego.

A **política fiscal**, em particular, **é caracterizada por longa defasagem interna**, principalmente nos países onde as decisões para implementá-la dependem de negociações entre partidos no Congresso (Mankiw, 2003). Por incorporar tal característica, alguns analistas entendem que essa política pode contribuir para ampliar, ao invés de suavizar, os ciclos econômicos, principalmente onde os esforços para alcançar a estabilidade financeira do setor público levam à implementação do que se tem denominado política fiscal discricionária[1].

Por exemplo, no Brasil, as decisões sobre gastos e tributação devem ter a participação do Poder Legislativo Federal (Congresso Nacional) e o Poder Executivo Federal (Ministério da Fazenda), sendo que, no tocante à tributação, deve-se respeitar o princípio da anterioridade tributária, conforme dispõe o art. 150, III, "b" e "c" da Constituição Federal:

> *"Artigo 150 – Sem prejuízo de outras garantias asseguradas ao contribuinte, é vedado à União, aos Estados, ao Distrito Federal e aos Municípios:*
>
> *(...)*
>
> *III – cobrar tributos:*
>
> *(...)*
>
> *b) no mesmo exercício financeiro em que haja sido publicada a lei que os instituiu ou aumentou;*
>
> *c) **antes de decorridos noventa dias da data em que haja sido publicada a lei que os instituiu ou aumentou, observado o disposto na alínea b.***
>
> *(...)*
>
> *§ 1º - **A vedação do inciso III, b, não se aplica aos tributos previstos nos artigos 148, I, 153, I, II, IV e V; e 154, II; e a vedação do inciso III, c, não se aplica aos tributos previstos nos artigos 148, I, 153, I, II, III e V; e 154, II, nem à fixação da base de cálculo dos impostos previstos nos artigos 155, III, e 156, I".*** *(Os grifos são referentes as inovações trazidas pela Emenda Constitucional nº 42/03).*

Entretanto, a possibilidade de ocorrer defasagens de tempo entre a adoção de uma medida política e os efeitos dessa intervenção pode reduzir a eficácia da política fiscal sobre a atividade econômica. Se isso acontece, uma política fiscal restritiva poderia começar a ter efeitos no momento errado, isto é, seus efeitos surgiriam num período de recessão, quando a economia precisava realmente de efeitos de política expansionista.

---

[1] Noord, van den P. – "The Size and Role of Automatic Fiscal Stabilizers In The 1990s And Beyond". Organisation for Economic Cooperation and Development Working Papers Nº 230, 2000.

A **política monetária**, por sua vez, **tem uma defasagem interna mais curta** do que a defasagem da política fiscal. Por exemplo, no Brasil uma vantagem, frequentemente apontada, da política monetária sobre a fiscal é que a primeira pode ser implementada logo após a sua aprovação, dado que depende apenas de decisões diretas das autoridades monetárias (o Comitê de Política Monetária – COPOM).

Os defensores da política econômica passiva argumentam que, por causa dessas defasagens, a política de estabilização bem-sucedida é quase impossível, podendo tornar-se desestabilizadora. Por outro lado, os defensores da política econômica ativa argumentam que as defasagens não significam que a política deva ser passiva, ainda mais quando ocorre um declínio econômico severo e prolongado.

(CESPE-UnB/Analista Judiciário/TSE/2008) – Julgue a afirmativa a seguir, como verdadeiro ou falso:

Na implementação das políticas fiscais, a existência de defasagens políticas e administrativas torna essas políticas mais efetivas para a expansão da produção e do emprego.

Solução:

Falso. A política fiscal é caracterizada por **longa defasagem interna**, principalmente nos países onde as decisões para implementá-la dependem de negociações entre partidos no Congresso. A política monetária, por sua vez, tem **uma defasagem interna mais curta** do que a defasagem da política fiscal, tornando-a mais efetiva para a expansão da produção e do emprego.

2.1.2. *O Esquema de Tinberger*

Nesse trabalho, em primeiro lugar, as metas da política econômica são especificadas em uma função do bem-estar social que se tenta maximizar. Com base nisso, a autoridade identifica as metas econômicas. Em segundo lugar, os instrumentos de política disponíveis para atingir as metas devem ser identificados. Em terceiro lugar, é preciso ter um modelo da economia relacionando os instrumentos com as metas, a fim de escolher o valor ótimo dos instrumentos de política.

O esquema de Tinberger já foi tema de prova do concurso do Banco Central do Brasil, conforme análise da questão a seguir:

(ESAF/Analista do Banco Central do Brasil/2001) – Considere o seguinte sistema de equações:

$$M_1 = a_1.I_1 + a_2.I_2$$
$$M_2 = b_1.I_1 + b_2.I_2$$

Onde I_1 e I_2 são os instrumentos de política econômica; M_1 e M_2 as metas desejadas de política; e a_1, a_2, b_1, b_2 os coeficientes que relacionam as metas com os instrumentos. Com base nestas informações, é correto afirmar que:

a) para a autoridade econômica, a situação ideal é aquela em que $a_1.b_2 = a_2.b_1$.

b) para que seja possível atingir as duas metas com os instrumentos disponíveis, todos os coeficientes do sistema têm que ser diferentes de zero.

c) quanto mais próximo for a_1/a_2 de b_1/b_2, menor tende a ser a intensidade de aplicação dos instrumentos para se alcançar as metas desejadas.

d) se $a_1/a_2 = b_1/b_2$, não é possível atingir as duas metas com os instrumentos disponíveis.

e) se $a_1 = 0$ e $b_2 = 0$, não é possível atingir as metas com os instrumentos disponíveis.

Solução:

Tinbergen usou um esquema linear simples para analisar a teoria da política econômica, composto de duas metas (M_1 e M_2) e dois instrumentos (I_1 e I_2). Suponha que os níveis de I_1 e I_2 sejam dados pelos valores específicos I_1^* e I_2^*. Quando a economia está funcionando aos níveis desejados, diz-se que está em seu "ponto paraíso", isto é, o ponto de máxima felicidade possível. Portanto, as metas são descritas como uma função linear dos instrumentos:

$$M_1 = a_1.I_1 + a_2.I_2 \qquad (1)$$

$$M_2 = b_1.I_1 + b_2.I_2 \qquad (2)$$

Cada meta é influenciada pelos dois instrumentos. Nessa situação é fácil ver o resultado básico que as autoridades podem atingir se puderem usar os dois instrumentos e se os efeitos dos instrumentos sobre as metas forem linearmente independentes.

Tecnicamente, para que os efeitos dos instrumentos sejam linearmente independentes, a_1/b_1 não pode ser igual a a_2/b_2: ($a_1/b_1 \neq a_2/b_2$). Se forem iguais, só será possível atingir uma das metas.

Para encontrar as políticas ótimas, deve-se substituir M_1^* e M_2^* nas equações (1) e (2) para obter um sistema de equações 2×2, ou seja, duas equações com duas incógnitas:

$$M_1^* = a_1 I_1 + a_2 I_2$$
$$M_2^* = b_1 I_1 + b_2 I_2$$

O valor de I_1 e I_2 em termos de M_1^* e M_2^* pode ser encontrado se ($a_1 b_2 - b_1 a_2$) não for igual a zero e se a_1/b_1 não for igual a a_2/b_2:

$$I_1 = \frac{\left(b_2 M_1^* - a_2 M_2^*\right)}{\left(a_1 b_2 - b_1 a_2\right)}$$

$$I_2 = \frac{\left(a_1 M_2^* - b_1 M_1^*\right)}{\left(a_1 b_2 - b_1 a_2\right)}$$

Portanto, se as condições de independência linear forem satisfeitas, uma economia pode atingir o ponto paraíso $\left(M_1 = M_1^* \quad e \quad M_2 = M_2^*\right)$ por meio da escolha adequada dos valores dos instrumentos.

A resposta correta é a letra "d" pois, se $a_1/b_1 = a_2/b_2$, nesse caso os dois instrumentos têm os mesmos efeitos proporcionais sobre as duas metas. Na realidade, a autoridade só tem um instrumento independente com o qual vai tentar atingir suas metas. Geralmente, isso não é conseguido. A autoridade poderá definir $M_1 = M_1^*$ ou $M_2 = M_2^*$, mas não simultaneamente. Portanto, não é suficiente ter dois instrumentos para atingir duas metas; os instrumentos precisam ter efeitos linearmente independentes sobre as metas para ser considerados instrumentos verdadeiramente separados.

2.1.3. *A Crítica de Lucas*

Nas décadas de 1960 e 1970, a previsão econômica dos países desenvolvidos, principalmente dos Estados Unidos, foi dominada modelos macroeconométricos alicerçados em equações simultâneas. Por exemplo, o esquema de Tinbergen estava baseado na ideia de que há uma relação quantitativa estável entre os instrumentos de política e as metas, e essa ideia foi implementada em modelos macroeconométricos de grande escala. Entretanto, o encanto com esses modelos de previsão desapareceu devido a seu fraco desempenho, especialmente a partir dos choques do petróleo em 1973 e 1979, devido aos embargos da OPEP, e também em decorrência da chamada *crítica de Lucas*[2].

O ponto central dessa crítica é que os parâmetros estimados por meio de um modelo econométrico dependem da política econômica vigente na época em que o modelo é estimado, e mudarão se essa política for alterada. Ou seja, os parâmetros estimados não são invariáveis quando ocorrem mudanças na política econômica porque quando as políticas mudam muito, os coeficientes dos modelos se tornam instáveis. Lucas enfatiza a questão da maneira como as pessoas criam expectativas quanto ao futuro. As expectativas desempenham papel fundamental na economia porque influenciam todos os tipos de comportamento econômico. Assim, quando os formuladores de política econômica calculam o efeito de qualquer mudança de política econômica precisam saber como as expectativas das pessoas reagirão à referida mudança. Segundo Lucas, os métodos de avaliação de política econômica, que se baseiam em modelos macroeconométricos, não levam em consideração esse impacto da política econômica nas expectativas.

A Crítica de Lucas (1976) teve uma poderosa influência na redução da aplicação de modelos macroeconométricos de grande porte na análise de políticas. Ele observou que os agentes se comportavam de acordo com uma abordagem de otimização dinâmica e formavam expectativas racionais. Isto significava que esses agentes maximizavam bem-estar durante a vida inteira, tendo em conta não só as condições econômicas passadas e presentes, mas também as suas perspectivas sobre o futuro, usando todas as informações relevantes disponíveis e que, embora eles não pudessem prever totalmente o futuro, os agentes eram capazes de formar expectativas que não eram sistematicamente viesadas. Portanto, se os agentes antecipavam qualquer mudança no ambiente econômico, como uma mudança de política, eles imediatamente incorporavam essas expectativas em seus problemas de decisão e, dessa forma, alteravam seus comportamentos atual e futuro. Nesse contexto, segundo Lucas, a previsão dos efeitos decorrente de ações da política econômica deve basear-se na modelagem econométrica dos microfundamentos econômicos, isto é, nas preferências, na tecnologia e nas restrições de recursos.

Sendo exclusivamente baseados no passado, os modelos tradicionais não poderiam explicar o papel das expectativas sobre o comportamento dos agentes econômicos e, consequentemente, esses modelos perdiam uma peça importante do funcionamento da economia. Em particular, esses modelos assumiam que as relações entre as variáveis econômicas válidas em um determinado contexto seriam capazes de explicar desenvolvimentos na economia, mesmo se o contexto tenha mudado de modo subjacente, sem levar em consideração que a antecipação dessas mudanças por parte dos

---

[2]   LUCAS, R. E. Econometric Policy Evaluation: A Critique. In: Carnegie-Rochester Conference Series. *The Phillips Curve*. Amsterdã: North-Holland, p. 19-46, 1976.

agentes econômicos poderia alterar a maneira como eles reagiam e, dessa forma, invalidar as relações anteriormente estimadas. Portanto, a fim de prever corretamente os efeitos de novas políticas, os modelos teriam de lidar com o papel das expectativas nas decisões dos agentes econômicos.

Em resumo, sob formulações de políticas alternativas, devido ao fato de que todos os agentes econômicos baseiam suas decisões em informação completa, *"qualquer alteração na política irá alterar sistematicamente a estrutura de modelos econométricos"* (LUCAS, 1976, p. 41). Nesse contexto, é altamente provável que os coeficientes estimados de um modelo macroeconométrico irão variar como um resultado dos agentes econômicos antecipando e conhecendo as medidas de políticas. Consequentemente, Lucas (1976) rejeita o uso de modelos macroeconométricos para a análise de políticas, argumentando que, sob a hipótese de expectativas racionais, os modelos econométricos não poderiam ser utilizados com fins de formulação de políticas econômicas, pois, uma vez mudado o parâmetro de política, os agentes se readequariam à nova realidade, o que alteraria seu comportamento e, consequentemente, isso causaria mudanças nos parâmetros antes encontrados pelos modelos econométricos. No entanto, em um artigo posterior sobre o comportamento da função consumo no Reino Unido, Davisdon, Hendry, Srba e Yeo (1978) mostraram condições sob as quais a Crítica de Lucas não se aplicava, em outras palavras, se determinada variável é superexógena ao modelo, então tal modelo poderá ser usado para formulação de políticas.

(ESAF/AFC-STN/1997) – Julgue o item a seguir, como verdadeiro ou falso.

Segundo a crítica de Lucas as expectativas são importantes para muitas relações entre variáveis agregadas, e mudanças na política muito provavelmente afetam essas expectativas. Como resultado, mudanças na política podem mudar as relações agregadas da economia.

Solução:

Verdadeiro. Lucas argumenta que, se as regras de políticas mudam, a formulação de expectativas também tende a mudar, mas em formas que não serão captadas pelos modelos macroeconométricos de grande escala, cuja formulação de expectativas é dominada por um processo de expectativas adaptativas. Em essência, Lucas informa que os modelos macroeconométricos não tratam as expectativas de forma adequada e, portanto, não é provável que sejam eficazes para prever os efeitos de alteração das regras políticas.

(Cespe-UnB/Especialista em Estudos e Pesquisas Governamentais/Instituto Jones dos Santos Neves – Governo do Estado do Espírito Santo/2010) – Julgue o item a seguir como verdadeiro ou falso.

Segundo a crítica de Lucas, a previsão dos efeitos decorrente de ações da política econômica deve basear-se na modelagem econométrica dos microfundamentos econômicos, isto é, nas preferências, na tecnologia e nas restrições de recursos.

Solução:

Verdadeiro. A crítica de Lucas surgiu na década de 1970, em um contexto em que diversas economias mundiais que haviam seguido políticas econômicas de inspiração keynesiana, enfrentavam naquela ocasião uma situação de inflação alta e estagnação (ou seja, estagflação), por exemplo, a própria economia dos Estados Unidos. Vamos recorrer à econometria para justificar essa assertiva verdadeira. Conforme argumentam Jardim, Lichand e Gala (2009)[3], os modelos macroeconométricos utilizados para prever as respostas de uma economia a mudanças de política econômica ou choques são baseados em modelos de equações simultâneas. E esses modelos apresentam como problema principal a correlação entre variáveis explicativas e resíduos em suas equações na forma estrutural, já que várias variáveis endógenas se determinam concomitantemente. Para solucionar esse problema, essas equações são regredidas na chamada forma reduzida, em que todas as variáveis endógenas são deixadas somente em função das exógenas. Enquanto o objetivo for o de fazer previsões de curto prazo não condicionais, a forma reduzida pode ser utilizada. Mas, ao contrário, se o objetivo for entender como os parâmetros descritos pela teoria se apresentam em determinada Economia ou como esta Economia reagiria a mudanças de política (previsão condicional), deve-se recuperar a forma estrutural do modelo. Então, surge o problema da identificação: a passagem dos parâmetros da forma reduzida para os parâmetros da forma estrutura, em geral, não é possível, pois o número de incógnitas (parâmetros do segundo tipo) tende a ser menor que o número de equações que os determinam (parâmetros do primeiro tipo).

A crítica de Lucas está na maneira como os keynesianos lidariam com essa passagem, os quais se baseavam em restrições divididas em três grupos: (i) determinação de defasagens (*lags*) em que há correlação serial; (ii) parâmetros de certas variáveis explicativas igualados a zero; (iii) classificação a priori de quais seriam varáveis exógenas e endógenas. Mas, segundo Lucas, ao agir dessa forma, os modelos keynesianos não possibilitavam previsões condicionais. Sem uma fundamentação teórica sólida, argumentava Lucas, não há nada que os parâmetros que levaram a uma adequação tão boa dos modelos no passado manterão tal adequação no futuro. Para Lucas, pelo simples fato de tais parâmetros não serem efetivamente estruturais, dadas as mudanças de política econômica, vários desses parâmetros mudarão de valor (JARDIM, LICHAND e GALA, 2009).

Assim, a resposta novo-clássica aos modelos macroeconométricos de inspiração keynesiana foi a necessidade de haver um aprofundamento da formalização e da microfundamentação desses modelos, a partir de conceitos de equilíbrio geral e da hipótese de agentes racionais maximizadores. Logo, de acordo com a crítica de Lucas, a previsão dos efeitos decorrentes de ações da política econômica deve basear-se na modelagem econométrica dos microfundamentos econômicos, ou seja, nas preferências, na tecnologia e nas restrições de recursos presentes nessa nova classe de modelos propostos por Lucas e outros autores.

Em resumo, Lucas defende que, a fim de prever corretamente os efeitos de novas políticas econômicas, os modelos macroeconométricos precisam lidar com o papel das expectativas nas decisões dos agentes econômicos e, além disso, a previsão dos efeitos decorrente de ações da política econômica deve basear-se na modelagem econométrica dos microfundamentos econômicos, abrangendo aspectos da macroeconomia e da microeconomia.

---

[3] JARDIM, E. F.; LICHAND, G.; GALA, P. Microfundamentos da macroeconomia: notas críticas. Estudos Econômicos, v. 39, n. 4, p. 851-871, outubro-dezembro, 2009.

2.2. 2º Debate: Regras (Normas) *Versus* Discrição

A política econômica é conduzida por **regras** se seus formuladores anunciam com antecedência como a política reagirá a várias situações e se comprometem a atuar de acordo com o que foi anunciado.

A política econômica é **discricionária** se seus formuladores são livres para avaliar os eventos à medida que ocorrem, optando pela política que for mais apropriada na ocasião.

A política econômica pode ser conduzida por regras e, mesmo assim, ser passiva ou ativa. A seguir, serão apresentadas várias regras de política econômica possíveis.

(Cespe-UnB/Técnico Científico – Economia/BASA/2007) - Julgue o item a seguir, como verdadeiro ou falso:

Os benefícios fiscais anunciados no âmbito do PAC constituem um exemplo típico de política fiscal discricionária, que visa expandir a produção e o emprego.

Solução:

Verdadeiro. O Programa de Aceleração do Crescimento (PAC) é um programa governamental de desenvolvimento, de natureza discricionária, que visa promover a aceleração do crescimento econômico, o aumento do emprego e a melhoria das condições de vida da população brasileira.

2.2.1. *Ciclo Econômico Político*

Os defensores das regras da política econômica argumentam que se pode confiar no processo político. Acham que os políticos cometem erros frequentes na condução da política econômica (incompetência na política econômica) e, às vezes, a utilizam para atingir seus próprios objetivos eleitorais (oportunismo na política econômica).

No caso do oportunismo, em países em desenvolvimento, como o Brasil, por exemplo, a política econômica do governo depende do estágio do mandato em que se encontra, o qual adota políticas austeras contra a inflação nos primeiros anos, provocando assim recessão, para liberar no período final, de modo a gerar mais emprego e expansão econômica para se reeleger: isto é conhecido na literatura econômica como **ciclo econômico político**. Em outras palavras, o governo que acabou de se eleger faz política econômica restritiva, e o governo que quer se eleger faz política econômica expansiva.

Nota-se, então, que os políticos usam instrumentos macroeconômicos para atingir seus objetivos eleitorais. Caso o cidadão brasileiro, por exemplo, vote em função da conjuntura econômica vigente na época da eleição, os políticos estarão tentados a adotar medidas econômicas que tenham reflexos favoráveis no período eleitoral.

(Cespe-UnB/Especialista em Regulação de Serviços de Transporte Terrestre/ANTT/2013) – Julgue o item a seguir, como verdadeiro ou falso.

A política econômica que se baseia em regras é mais vulnerável aos ciclos políticos que a política econômica discricionária.

Solução:

Falso. A política econômica é conduzida por **regras** se seus formuladores anunciam com antecedência como a política reagirá a várias situações e se comprometem a atuar de acordo com o que foi anunciado. A política econômica pode ser conduzida por regras e, mesmo assim, ser passiva ou ativa. Por outro lado, a política econômica é **discricionária** se seus formuladores são livres para avaliar os eventos à medida que ocorrem, optando pela política que for mais apropriada na ocasião. A política econômica que se baseia em regras é menos vulnerável aos ciclos políticos que a política econômica discricionária.

2.2.2. *Inconsistência Temporal*

O argumento da inconsistência dinâmica apoia-se na ideia de que os agentes conhecem o incentivo da autoridade monetária em produzir taxas de inflação maiores com o objetivo de aumentar o nível de produto para além de seu valor de longo prazo. Dessa forma, os agentes incorporam esse conhecimento em suas decisões, de modo que o resultado final é uma maior taxa de inflação sem crescimento do produto.

(CESPE-UnB/Analista Judiciário – Área Administrativa/TSE/2008) – Julgue o item a seguir, como verdadeiro ou falso:

Devido à existência de inconsistências temporais, a utilização de políticas monetárias discricionárias para combater a inflação gera resultados ótimos e, por essa razão, essas políticas são fortemente recomendadas.

Solução:

Falso. Um argumento em favor do uso de regras, ao invés de políticas discricionárias, surge do problema da inconsistência temporal da política econômica. Em algumas situações, os formuladores de política econômica podem querer anunciar com antecedência a política que seguirão, a fim de influenciar as expectativas dos agentes econômicos da iniciativa privada. Mais tarde, depois que os agentes privados agiram com base em suas expectativas, os formuladores de política econômica podem se sentir tentados a voltar atrás em seu anúncio. Por compreenderem que tais formuladores podem ser inconsistentes ao longo do tempo, os agentes privados são levados a desconfiar dos anúncios de política econômica.

Nessa situação, para tornar dignos de crédito os seus comunicados, os formuladores de política econômica podem querer assumir um compromisso com uma regra fixa. Três regras de política econômica têm sido bastante defendidas pelos economistas, conforme veremos a seguir.

2.2.3. Meta de PIB Nominal

Nessa regra, o Banco Central anuncia um curso planejado para o PIB nominal. Se o PIB nominal eleva-se acima da meta, o Banco Central reduz a expansão monetária para conter a demanda agregada. Se cair abaixo da meta, o Banco Central aumenta a expansão monetária para estimular a demanda agregada.

2.2.4. Meta de Inflação

Sob essa regra, o Banco Central anunciaria uma meta para a taxa de inflação (em geral baixa), para depois ajustar a oferta monetária quando a inflação efetiva se desvia da meta. Como a meta de PIB nominal, a meta de inflação isola a economia das variações da velocidade da moeda. Além disso, uma meta de inflação proporciona a vantagem política de ser fácil de explicar para o público.

(CESPE-UnB/Consultor do Senado Federal – Política Econômica/2002) – Com respeito a gestão da política de estabilização, julgue os itens abaixo.

(1) O sistema de metas inflacionárias fornece uma âncora nominal, estabelece as expectativas de inflação e inibe a inconsistência temporal na gestão da política macroeconômica.

Solução:

Verdadeiro. Mishkin (1999) esclarece que a principal característica dos regimes monetários discutidos é a presença de certa forma de uma âncora nominal. Esta é um elemento de compromisso (obrigação) no valor da moeda doméstica, que de certa forma é um ponto fundamental para o sucesso dos regimes de política monetária devido a sua capacidade em prover condições únicas para a determinação do nível de preços. A âncora nominal é fundamental também para corrigir problemas de inconsistência temporal descritos por Kydland e Prescott (1977): "O problema de inconsistência temporal surge porque há incentivos para os formuladores de políticas em alcançar objetivos no curto prazo mesmo que os resultados no longo prazo sejam pobres o qual resulta em comportamentos forward-looking em parte dos agentes econômicos (MINSHKI, 1999, p.1-2).

(2) O sistema de metas inflacionárias é muito difícil de controlar, e sempre demanda respostas expansionistas aos choques externos e de oferta, gerando taxas altamente variáveis de desemprego.

Solução:

Falso. Pelo contrário, a adoção do sistema de metas inflacionárias visa controlar a taxa de inflação e, dessa forma, permite estabilidade no nível de atividade econômica.

2.2.5. Regras Monetárias (Ou Âncoras Monetárias)

Uma estratégia de metas monetárias para o controle da inflação compreende quatro elementos básicos (MISHKIN e SAVASTANO, 2000)[4]: (i) confiança nas informações transmitidas por um agregado monetário para condução da política monetária; (ii) anúncio das metas para um

---

[4] MISHKIN, F. & SAVASTANO, M. A. "Monetary Policy Strategies for Latin America". NBER, Draft: February 22, 2000.

agregado monetário capaz de guiar as expectativas inflacionárias do público; (iii) criação de algum mecanismo de responsabilidade que elimine grandes e sistemáticos desvios da meta monetária; e (iv) inexistência de dominância fiscal e presença de taxa de câmbio flexível.

As principais vantagens da meta monetária sobre a fixação da taxa de câmbio podem ser sumariadas em três pontos básicos: (i) a capacidade do BC de escolher suas metas para inflação; (ii) a possibilidade de a política monetária responder às flutuações do produto no curto termo e a choques externos; e (iii) maior transparência da condução da política monetária, uma vez que são reportados em intervalos regulares de tempo o comportamento dos agregados monetários ao público (MENDONÇA, 2002)[5].

De acordo com Mendonça (2002), a estratégia de metas monetárias parte do pressuposto de que o BC torna-se mais comprometido com o objetivo de inflação baixa sendo capaz de atenuar o problema de inconsistência temporal da política monetária. O mecanismo para a busca de baixa inflação pode ser entendido da seguinte forma: (i) em um primeiro momento, é anunciado o agregado monetário selecionado e sua respectiva meta; (ii) esse agregado torna-se a principal fonte de sinais para o público na formação de expectativas sobre a inflação futura; (iii) a autoridade monetária divulga informações sobre o comportamento do agregado monetário; (iv) o público faz o cotejo entre a informação divulgada pelo BC e a meta anunciada; (v) os sinais emitidos pela autoridade monetária ajudam a consolidar as expectativas inflacionárias do público; e (vi) menor inflação é obtida.

Mishkin (1999)[6] argumenta que há dois problemas principais que precisam ser levados em consideração quando da adoção de regras monetárias, a saber: (i) fraca relação entre o agregado monetário e a variável meta (*goal variable*), de modo que a meta (*target*) propriamente dita não irá produzir um resultado desejável para a variável meta e, portanto, o agregado monetário não irá fornecer uma sinalização adequada sobre a postura da política monetária; (ii) falta de controle do agregado monetário por parte da autoridade monetária (banco central).

(Fundação Cesgranrio/Profissional Básico – Economia/Banco Nacional de Desenvolvimento Econômico e Social – BNDES/2009) – Para a orientação da política monetária de um país, o uso de metas de expansão monetária, expressas em % a.a.,

a) enfrenta a dificuldade de definição e escolha do agregado monetário relevante.

b) é uma indicação de economistas da escola Keynesiana.

c) deve ser complementado com um regime cambial fixo entre os países que adotam estas metas.

d) leva a taxas de juros reais negativas.

e) seria possível somente se o orçamento do governo estivesse equilibrado.

Solução:

A resposta é a letra "a". As metas monetárias ou âncoras monetárias consistem em fixar a taxa de variação de determinados agregados monetários com o propósito de controlar a quantidade de moeda na economia e, dessa forma, afetar a taxa de variação de preços. Nessa regra, a política

---

[5]   MENDONÇA, H. F. Metas para a taxa de câmbio, agregados monetários e inflação. Revista de Economia Política, v. 22, n. 1, janeiro/março, 2002.

[6]   MISHKIN, F. "International Experiences with Different Monetary Policy Regimes". *NBER Working Paper* 6965, February 1999.

monetária pode escolher objetivos inflacionários domésticos e levar em consideração as flutuações do produto. Mas essa regra de política monetária enfrenta diversos problemas. O primeiro problema refere-se à escolha do agregado monetário a ser controlado. A resposta não é óbvia porque o controle desses agregados é cada dia mais difícil devido às inovações financeiras. Uma vez escolhido o agregado monetário a ser controlado, há também uma dificuldade adicional: a relação entre agregados monetários e a inflação não é estável, do modo que pode tornar inócuo o controle do agregado monetário para controlar a inflação e comprometer a definição das expectativas que entram na formação de preços. Em outras palavras, os agentes econômicos não percebem os efeitos da política monetária sobre a inflação.

2.2.6. Regras Fiscais versus Política Fiscal Discricionária

Os modelos de tradição keynesiana recomendam a adoção de política fiscal anticíclica para amenizar as flutuações econômicas, ou seja, durante as recessões o governo deve aumentar os gastos e reduzir impostos. Por outro lado, nas expansões da atividade econômica a política fiscal deve ser restritiva para impedir o superaquecimento e gerar poupança pública, por meio da redução dos gastos públicos e aumento da tributação, com alíquotas constantes e algum grau de progressividade. Como resultado, os superávits fiscais como parcela do PIB deveriam aumentar. O oposto deveria ocorrer durante os períodos de desaceleração da atividade econômica

No que se refere a regras fiscais no caso brasileiro, note que a Constituição Federal de 1988 determina que a Lei de Diretrizes Orçamentárias (LDO) defina as metas e prioridades da administração pública federal para orientar a elaboração da Lei Orçamentária Anual (LOA). A Lei de Responsabilidade Fiscal (LRF), por sua vez, determina que a LDO estabeleça a meta fiscal, avaliação do cumprimento das metas relativas ao ano anterior e demonstrativo das metas anuais. Outras regras fiscais constantes na LRF, ambas com cláusulas de escape: (i) Limite de pessoal; (ii) Limite de endividamento.

3. POLÍTICAS MONETÁRIAS NÃO CONVENCIONAIS: *QUANTITATIVE EASING*

De acordo com Bernanke e Reinhart (2004)[7], existem três alternativas de condução da política monetária quando a taxa básica de juros da economia, instrumento tradicional do banco central (BC), está a níveis muito baixos:

(i) A autoridade monetária pode influenciar as expectativas das taxas de juros de longo prazo, anunciando que as taxa básica permanecerá por um longo período ao nível baixo vigente. Isso afetaria o mercado de crédito incentivando a atividade econômica similarmente a queda na taxa de curto prazo via corte nas taxas de fundos do Banco Central dos EUA (*fed funds rates*), que muda a estrutura a termo da taxa de juros. Em outras palavras, modela-se as expectativas sobre a taxas de juros dos agentes, fazendo-lhes acreditar que as taxas se manterão baixas no futuro, afetando a taxa de juros de longo prazo.

---

[7] BERNANKE, B.; REINHART, V. Conducting monetary policy at very low short-term interest rates. *American Economic Review*, v. 94, n. 2, p. 85-90, 2004.

(ii) O banco central pode mudar a composição de sua carteira de títulos, comprando títulos de maturidades mais longas e alterando assim, novamente, a taxa de juros de longo prazo. Ou seja, o banco central altera a oferta relativa de ativos no mercado via alteração da composição de seu balanço.

(iii) a autoridade monetária pode mudar o tamanho do seu balanço pela prática conhecida com *quantitative easing* ("facilitação quantitativa" ou "afrouxamento quantitativo") na qual banco central ao invés de operar via compra e venda de títulos do governo, ele influencia na taxa de juros de mercado comprando ativos de bancos comerciais ou de empresas. Assim, aumenta-se o balanço do banco central além do nível necessário para deixar a taxa de juros zero.

Froyen (2013, p. 396-397) destaca que, devido aos problemas nos mercados financeiros por causa da crise financeira internacional de 2007-2009, o *Federal Reserve*, que é o Banco Central dos EUA, sob a liderança de Ben Bernanke, fez uso dos usuais instrumentos de política monetária, por exemplo, operações de mercado aberto, para conter os efeitos adversos provocados por essa crise. Mas, como esses instrumentos se mostraram inadequados, houve a necessidade de se tomar ações para aumentar o crédito conforme o *Federal Reserve* expandia seu balanço patrimonial, sendo que essas ações ficaram conhecidas como *quantitative easing* ("facilitação quantitativa" ou "afrouxamento quantitativo").

De maneira específica, conforme o Federal Reserve expandia o lado dos ativos de seu balanço patrimonial, o lado dos passivos também aumentava, sendo conhecido como controle da base monetária. A expansão do lado dos ativos também aumentava a quantidade de crédito que o Federal Reserve ofertava a alguns setores da economia. A compra de títulos governamentais por meio das operações de mercado aberto, por exemplo, aumentava o crédito oferecido ao governo federal. Esses novos instrumentos adotados durante a crise financeira internacional de 2007-2009 aumentaram expressivamente a quantidade de crédito disponibilizada pelo Federal Reserve e ampliaram os setores que receberam esse crédito. Assim, o Federal Reserve aumentou seu estoque de títulos do governo e empréstimos a instituições financeiras, assim como eram feitos empréstimos a instituições financeiras que não são bancos comerciais, entre elas, corretoras de títulos públicos e bancos de investimento. Além disso, o estoque de títulos lastreados em hipotecas comprados durante a crise indicava que o Federal Reserve procurava apoiar o financiamento imobiliário.

Por outro lado, ao se alterar a taxa de juros, o alvo do Banco Central é o mercado de crédito, que faz uma das conexões entre o mercado financeiro e a economia real, sugerindo então que há um *qualitative easing* ("facilitação qualitativa") ou *credit policy* (política de crédito), na qual ocorre uma mudança no tipo de ativo financeiro comprado pelo banco central no mercado, mudando a composição de sua carteira.

(Cespe-UnB/Analista Administrativo – Área 1: Administração/Economia/Tribunal de Contas do Estado do Espírito Santo/2013) - Considerando o modelo macroeconômico IS/LM, assinale a opção correta.

a) Ainda que na situação de armadilha da liquidez, o Banco Central possui poder de influência sobre a economia. Um exemplo desse resultado é a política do *quantitative easing*.

b) Se o Banco Central fixar a taxa de juros da economia, a LM será horizontal e a economia estará na situação de armadilha da liquidez.

c) A elevação da propensão marginal a consumir altera a inclinação da curva IS em rotação horaria.

d) Um aumento do consumo autônomo altera a inclinação da curva IS em rotação anti-horária.

e) O aumento da sensibilidade do investimento em relação a taxa de juros acarreta a inclinação da IS.

Solução:

A resposta é a letra "a". O *quantitative easing* ("facilitação quantitativa" ou "afrouxamento quantitativo") trata-se de uma política monetária não convencional, quando o instrumento tradicional de compra e venda de títulos públicos de curto prazo, isto é, as operações de mercado aberto, se torna indisponível devido ao baixo nível da taxa básica de juros, próximo do zero. De maneira específica, trata-se de ações que foram tomadas pelo Federal Reserve dos EUA para aumentar o crédito conforme ele expandia seu balanço patrimonial comprando ativos de bancos comerciais ou de empresas, influenciando assim o comportamento da taxa de juros.

(Cespe-UnB/Analista em Geociências – Área: Economia/Companhia de Pesquisas de Recursos Minerais/2013) – Julgue o item a seguir, como verdadeiro ou falso.

Na situação de armadilha da liquidez, o Banco Central perde completamente a capacidade de influenciar a atividade econômica.

Solução:

Falso. Em situações de baixa taxa de juros, em que os usuais instrumentos de política monetária (operações de mercado aberto, taxa de redesconto e depósitos compulsórios) perdem a eficácia para influenciar a atividade econômica, os Bancos Centrais podem recorrer a políticas monetárias não-convencionais para influenciar a atividade econômica, por exemplo, o *quantitative easing* ("facilitação quantitativa" ou "afrouxamento quantitativo").

Capítulo 15

Teorias sobre o Ciclo Econômico

1. INTRODUÇÃO

A macroeconomia pode ser dividida em duas grandes áreas de pesquisa: uma área referente ao estudo do comportamento de curto prazo do produto (ou seja, os ciclos de negócios), que é a macroeconomia de curto prazo; e outra área relacionada ao desempenho do produto no longo prazo (sua tendência), que engloba as teorias de crescimento econômico.

Ao longo do tempo, algumas das principais variáveis macroeconômicas de um país sofrem consideráveis alterações. Por exemplo, o nível agregado de produto real da economia (representado pelo PIB ou PNB) tende a crescer ao longo do tempo, apresentando uma tendência de crescimento, em torno da qual sofre desvios. A estes desvios recorrentes do produto real agregado em relação a sua tendência, convencionou-se utilizar algumas denominações para designá-los, tais como: ciclos de negócios, ciclos econômicos ou flutuações econômicas. Portanto, **Ciclos de negócios** são desvios temporários de importantes variáveis econômicas de sua tendência. Um ciclo é uma expansão que ocorre ao mesmo tempo em várias atividades econômicas, seguida de uma contração igualmente geral nessas variáveis. Os ciclos são recorrentes, mas não em um período de tempo fixo.

Denomina-se **fatos estilizados** dos ciclos econômicos o comportamento comum das variáveis econômicas, condizente com o padrão descrito nas estatísticas correntes.

As variáveis podem ser classificadas em **procíclicas, contracíclicas ou acíclicas**, de acordo com a direção que seguem ao longo do ciclo. As variáveis **procíclicas** são aquelas que tendem a aumentar durante as expansões (aumento do produto ou renda) e a cair nas recessões (queda do produto ou renda), ou seja, se movimentam na direção do ciclo. As variáveis **contracíclicas** ou **anticíclicas** tendem a aumentar durante as recessões e a cair nas expansões, isto é, se movimentam contra o ciclo. As variáveis **acíclicas** não se movimentam ao mesmo tempo no ciclo de negócios, isto é, se movimentam sem referência ao ciclo (não possuem um padrão definido ao longo do ciclo).

As variáveis também podem ser classificadas de acordo com a sua correlação com o ciclo (alta ou baixa), bem como de acordo com o *timing* de suas oscilações. Assim, uma variável é tida como "*leading*", caso tenda a mover-se antes do produto agregado, "*lagging*" (ou defasada), caso mova-se depois do produto e "coincidente" se apresenta um padrão cíclico que ocorre simultaneamente às oscilações no produto.

A tabela 1 a seguir apresenta uma classificação das principais variáveis macroeconômicas de acordo com suas propriedades relacionadas com os ciclos de negócios.

Tabela 1 – Relação entre variáveis macroeconômicas e comportamento cíclico.

Variável	Direção	Correlação com o Ciclo	Timing
Produção Agregada	Procíclico	Alta	Coincidente
Produção Setorial	Procíclico	Alta	Coincidente
Consumo	Procíclico	Alta	Coincidente
Investimento	Procíclico	Alta	Coincidente
Agregados Monetários	Procíclico	Alta	Leading
Nível de preços	Procíclico	Alta	Lagging
Inflação	Procíclico	Alta	Lagging
Taxa de emprego	Procíclico	Alta	Coincidente
Taxa de Desemprego	contra-cíclico	Alta	-
Produtividade Média do Trabalho	Procíclico	Alta	Leading
Salários reais	Acíclico (*)	Baixa	-
Taxa de Juros Nominais (Curto Prazo)	Procíclico	Alta	Lagging
Taxa de Juros Nominais (Longo Prazo)	Procíclico	Baixa	Lagging
Taxa de juros reais	Acíclico	Baixa	-
Estoques de bens acabados	Contra-cíclico	Alta	Lagging
Estoques de insumos de produção	contra-cíclico	Alta	Lagging
Lucros dos negócios	Procíclico	Alta	-
Velocidade da moeda	Procíclico	Alta	-
Falências	Contra-cíclico	Alta	-
Exportações	Acíclico	-	-

Fonte: Sachs e Larrain (2000, cap. 17), baseado em Arthur Burns e Wesley C. Mitchell, Measuring Business Cycles, New York: National Bureau of Economic Research, 1946; e Robert Lucas, "Understanding Business Cycles", Carnegie-Rochester Conference Series on Public Policy, 1977. Abel e Bernanke (1992).

1- (*) os salários reais podem também ter um comportamento procíclico.

2- O termo "lagging" refere-se a defasagens (lags), ao passo que o termo "leading" refere-se a adiantamentos (leads).

(Fundação Escola Superior do Ministério Público do Rio Grande do Sul/Auditor Público Externo/ Tribunal de Contas do Estado do Rio Grande do Sul/2011) - Quanto aos ciclos econômicos pode-se afirmar que:

I. um ciclo econômico é um movimento periódico, para cima e para baixo na produção, emprego, consumo, investimento e outras variáveis econômicas relevantes.

II. os ciclos econômicos são flutuações da atividade econômica agregada e não de uma variável específica. As variáveis econômicas mostram co-movimentos, apresentando padrões regulares e previsíveis ao longo do ciclo econômico.

III. a produção agregada flutua de modo marcante nas economias capitalistas. Elas possuem uma forte tendência (de crescimento econômico), mas longe de ser um crescimento suave, ele flutua em torno desta tendência com significativa amplitude.

As afirmações I, II e III são:

a) verdadeira, falsa, verdadeira.

b) verdadeira, verdadeira, verdadeira.

c) falsa, verdadeira, verdadeira.

d) verdadeira, falsa, falsa.

e) verdadeira, verdadeira, falsa.

Solução:

A resposta é a letra "B", uma vez que todos os argumentos apresentados nos tópicos I a III estão corretos de acordo com a teoria sobre ciclos econômicos.

(Economista/Prefeitura Municipal de Cariacia/2012) – A política fiscal é um importante instrumento de política do governo, operando de modo a manter um tolerável nível de estabilização econômica e de empresa e relaciona-se também com o ritmo do crescimento, com o padrão da distribuição da renda e com o emprego. Em geral, ela atua como um movimento contracíclico para controlar o nível de renda e, quando existe necessidade de expansão da renda, por exemplo, ela:

a) aumenta os tributos ou aumenta os gastos do governo, ou usa das duas políticas ao mesmo tempo.

b) diminui os tributos ou aumenta os gastos do governo, ou usa das duas políticas ao mesmo tempo.

c) diminui os gastos do governo ou diminui os tributos, ou usa das duas políticas ao mesmo tempo.

d) diminui as transferências de pagamentos ou aumenta o emprego, ou usa das duas políticas ao mesmo tempo.

e) diminui os gastos do governo ou aumenta os tributos, ou usa das duas políticas ao mesmo tempo.

Solução:

A resposta é a letra "B". De fato, uma política fiscal expansionista se baseia em um aumento dos gastos governamentais e/ou redução dos tributos, visando a expansão da renda. A seguir, será apresentado um resumo das principais teorias que procuram explicar o ciclo econômico.

(Cespe-UnB/Economista/Ministério da Justiça/2013) – Julgue o item a seguir, como verdadeiro ou falso.

No atual governo federal, observa-se elevação da dívida líquida do setor público em decorrência da política fiscal contracíclica.

Solução:

Falso. A política fiscal anticíclica (ou contracíclica) refere-se à combinação de gastos públicos anticíclicos, alíquotas tributárias pró-cíclicas ou acíclicas, e déficits orçamentários anticíclicos. Por outro lado, política fiscal pró-cíclica refere-se a um desvio de qualquer uma dessas variáveis da definição anticíclica. Isto é, por analogia, política fiscal pró-cíclica refere-se a combinação de gastos pró-cíclicos, alíquotas tributárias anticíclicas e déficits orçamentários pró-cíclicos. Uma política fiscal acíclica é definida como sendo uma política em que as flutuações no produto real não têm impacto no gasto governamental discricionário e nas alíquotas tributárias, assim como uma política fiscal pró-cíclica é definida como sendo uma política em que aumentos no produto real levam a aumentos discricionários nos gastos públicos e/ou corte de impostos.

2 TEORIA MONETARISTA

A partir da década de 1970, Milton Friedman e outros economistas da Universidade de Chicago apresentaram uma doutrina que era uma antítese do keynesianismo e que ficou conhecida como monetarismo, em que se postulava que a maioria dos choques da economia vinham do lado da demanda, principalmente das políticas monetárias instáveis dos bancos centrais. As proposições monetaristas características apresentadas aqui são as seguintes:

> **Os principais pressupostos da Teoria Monetarista são:**
>
> (i) **Ênfase no Estoque Monetário**: mudanças no estoque de moeda é o fator predominante (embora não único) que explica mudanças na renda nominal.
>
> (ii) **Regras de Agregados Monetários**: na condução da política econômica, as autoridades devem seguir algumas regras de agregados monetários para assegurar a estabilidade dos preços no longo prazo, com a política fiscal voltada ao seu papel tradicional de influenciar a distribuição de renda e alocação de recursos.
>
> (iii) **Expectativas Adaptativas**: as expectativas dos agentes são formadas a partir de um mecanismo dinâmico de revisão do valor esperado de uma determinada variável a partir do seu comportamento histórico passado
>
> (iv) **Estabilidade do Setor Privado**: a economia é inerentemente estável porque o setor privado é estável e capaz de absorver choques. A instabilidade na economia resulta de políticas econômicas governamentais.
>
> (v) **Reformulação da Teoria Quantitativa da Moeda**;
>
> (vi) **Não-neutralidade da moeda no curto prazo**.
>
> (vii) **Não existe *trade-off* entre inflação e desemprego no longo prazo**, ou seja, a curva de Phillips de longo prazo é vertical na taxa natural de desemprego
>
> (viii) **A inflação e o balanço de pagamento são essencialmente fenômenos monetários**

2.1. Ênfase no Estoque Monetário

A oferta de moeda é a influência dominante sobre a renda nominal e, no curto prazo, também na renda real. O nível de atividade econômica, medido em unidades monetárias correntes, é determinado pelo estoque de moeda. Pressupõe-se que mudanças no estoque monetário causam mudanças na renda nominal. O nível e a taxa de crescimento do estoque monetário seriam determinados pelas ações do Banco Central.

(NCE/Auditoria Geral do Estado de Mato Grosso/2004) - De acordo com a Escola Monetarista, capitaneada por Milton Friedman, alterações na oferta monetária conduziriam a:

a) aumento do nível de emprego;

b) alterações da demanda por moeda no longo prazo;

c) alterações no volume de poupança agregada no longo prazo;

d) diminuição do volume de investimentos;

e) alterações na renda real apenas no curto prazo.

Solução:

A resposta é a letra "E". Conforme visto acima, de acordo com a teoria monetarista, as alterações na oferta monetária conduzem a alterações na renda real apenas no curto prazo.

2.1.1. *Defasagens Longas e Variáveis*

Os monetaristas acreditam que mudanças no estoque de moeda terão um efeito forte sobre a renda, mas acreditam que a moeda afeta a renda com alguma defasagem. O monetarismo enfatiza que os efeitos das variações na taxa de crescimento da moeda sobre o comportamento subsequente do Produto Nacional Bruto dos EUA (PNB) surgiram com defasagens longas e variáveis. Em média, leva um longo tempo para que uma variação na taxa de crescimento da moeda afete o PNB, e, sendo assim, a defasagem é longa. Além disso, o tempo que leva para esta variação afetar o PNB varia de um episódio histórico para outros – os intervalos são variáveis.

(COMPERVE/Instituto Federal de Educação, Ciência e Tecnologia/Estado do Rio Grande do Norte/2010) – Os economistas ortodoxos, em especial os monetaristas, recomendam cautela no uso das Políticas Monetárias Ativas. Essa cautela deve-se à constatação de diversas defasagens existentes na aplicação dessa Política, tornando-a potencialmente desestabilizadora da Economia e, consequentemente, implicando mais problemas do que soluções. A primeira defasagem que surge quando as autoridades monetárias pretendem implementar uma Política Monetária é a de

a) implementação.

b) tomada de decisão.

c) percepção e interpretação.

d) efeito.

Solução:

A resposta é a letra "c". A primeira defasagem que surge quando as autoridades monetárias pretendem implementar uma política monetária é a de percepção e interpretação. Para os monetaristas, uma das dificuldades da utilização da política monetária para estabilização do produto, no curto prazo, decorre da existência de defasagens de extensão desconhecida, que afetam a correlação entre variações na oferta de moeda e na demanda agregada. O efeito mais significativo de uma política monetária adotada hoje será sentido somente após um período de seis a dezoito meses. Para compensar um pequeno choque, é preciso ser capaz de prever seu tamanho, e quando esse choque irá afetar a economia, com muito tempo de antecedência. Mas Friedman e outros monetaristas não acreditam que tenham conhecimento suficiente para fazê-lo.

2.2. Regras na Política Monetária

Milton Friedman atribui a maior parte da instabilidade no crescimento da renda no passado a um crescimento instável no estoque de moeda. Assim, a estabilidade no crescimento do estoque monetário é fundamental para a estabilidade econômica. Os monetaristas acreditam que essa estabilidade é atingida de forma mais adequada pela adoção de uma regra (uma lei) para a taxa de crescimento do estoque monetário.

Posteriormente, em seu estudo sobre a precisão de previsões econômicas, Allan Meltzer concluiu que as previsões sobre a maior parte dos agregados econômicos são tão imprecisas que políticas econômicas arbitrárias, baseadas em previsões, têm pouca probabilidade de estabilizar a economia[1].

Por fim, Friedman e Anna Schwartz reestudaram as evidências sobre a política monetária e a relação entre moeda e produto nos EUA ao longo de um século, e as conclusões sugeriram não apenas que a política monetária era poderosa, como também que essa política podia explicar grande parte das flutuações do produto[2]. Eles interpretaram a Grande Depressão como consequência de um trágico erro de política monetária, uma redução da oferta de moeda por causa das falências bancárias (uma redução que o FED poderia ter evitado com o aumento da base monetária, mas não o fez).

(CESPE-UnB/PF Nacional-Escrivão/2004) – Julgue o item a seguir como verdadeiro ou falso.

Os adeptos da teoria monetarista acreditam que as políticas discricionárias tendem a desestabilizar a economia e advogam o uso de regras na condução da política econômica.

Solução:

Verdadeiro. Os monetaristas são a favor de regras em lugar da discricionariedade dos formuladores de políticas econômicas para determinar o estoque de moeda. Em outras palavras, os monetaristas acreditam que a adoção de uma regra seja a melhor forma de obter crescimento monetário estável. Milton Friedman propõe o uso de uma regra de taxa constante de crescimento da oferta de moeda, para que esse crescimento fique imune ao arbítrio dos formuladores de políticas econômicas. Por exemplo, suponha que o Banco Central do Brasil anuncie e cumpra uma meta para a taxa de crescimento da oferta monetária, conceito M_1, de 5% ao ano. Milton Friedman acredita que o crescimento da renda nominal será, aproximadamente, de 5% ao ano. Se a tendência de crescimento da renda real for de 3% ao ano, o nível de preços aumentará em 2% ao ano. Friedman argumenta contra o uso da política monetária ativa. Ele sugere que, pelo fato do comportamento do estoque monetário ser de importância crítica para o comportamento do produto real e nominal, e porque a moeda opera com uma defasagem longa e variável, não deveria ser usada política monetária ativa, pois o seu uso desestabiliza a economia.

2.2.1. *Regras de Taxas de Juros* Versus *Metas Monetárias*

Friedman apresenta duas críticas sérias ao procedimento do *Federal Reserve* (o Banco Central norte-americano) de tentar determinar as taxas de juros como base para a conduta da política monetária.

---

[1]   MELTZER, A. Limits of short-run stabilization policy. *Economy Inquiry*, 1987.

[2]   FRIEDMAN, M; SCHWARTZ, A. A Monetary History of the United States, 1867-1960. Princeton University Press, 1963.

Primeiro, o comportamento das taxas de juros nominais não é um bom guia para a direção da política monetária. A taxa real de juros é a taxa relevante para a determinação do nível de investimento. Mas uma taxa nominal de juros alta, junto com inflação esperada alta, significa uma taxa real de juros baixa ($\downarrow r = \uparrow i - \uparrow \pi^e$), desde que a taxa nominal de juros seja menor, em magnitude, que a taxa esperada de inflação. Logo, a política monetária pode ser quase expansionista nos seus efeitos sobre os gastos com investimento, mesmo quando as taxas nominais de juros são altas.

Segundo, a tentativa do Banco Central de controlar as taxas nominais de juros pode ser desestabilizante. Suponha que o Banco Central decida que a política monetária deva ser expansionista e que a taxa de juros deva ser reduzida. Para alcançar essas metas, o Banco Central compra títulos no mercado aberto (operações de mercado aberto), aumentando a oferta monetária. A política monetária expansionista desloca a curva LM para a direita, diminuindo a taxa de juros e aumentando o nível de renda da economia, e, consequentemente, provoca um deslocamento da curva de demanda agregada para direita e para cima, refletindo o aumento da renda e do nível de preços (inflação). Conforme pode ser visto na equação de Fisher, um aumento da taxa esperada de inflação diminui a taxa real de juros, em um primeiro momento ($\downarrow r = i - \uparrow \pi^e$). Logo em seguida, a própria política monetária expansionista tende a aumentar a taxa nominal de juros quando os investidores ajustam suas expectativas de inflação em resposta ao comportamento da taxa real de inflação ($\uparrow r = \uparrow i - \pi^e$). Então, o Banco Central precisaria comprar no mercado aberto na tentativa de manter as taxas nominais de juros baixas, e assim por diante. O resultado final poderia ser que uma tentativa de manter as taxas nominais de juros baixas leva à inflação crescente.

2.3. Expectativas Adaptativas

Os monetaristas defendem a ideia de que os agentes formam suas expectativas com base em um modelo de expectativas adaptativas, podendo incorrer em erros sistemáticos no curto prazo, período este em que as distribuições de probabilidade não seriam perfeitamente conhecidas podendo haver erros de previsões, bem como, atritos no processo de formação de expectativas, de tal forma que a moeda passaria a ter, no curto prazo, efeitos reais sobre a economia. Tais atritos seriam explicados pelas imperfeições no mercado que provocariam uma anomalia da estrutura econômica, qual seja, produto efetivo da economia abaixo do produto potencial da economia.

2.4 A Estabilidade do Setor Privado

A instabilidade na economia resulta de políticas econômicas governamentais. O setor privado (famílias e firmas) não é a fonte de instabilidade na economia. O governo causa instabilidade na economia com suas políticas discricionárias, por permitir instabilidade no crescimento do estoque monetário, o principal determinante do nível de atividade econômica. O governo também pode desestabilizar a economia ao interferir nos mecanismos normais de ajuste do setor privado. Controles obrigatórios de preços e salários são o exemplo mais evidente de interferência governamental sobre essas propriedades de ajuste automático. Outros exemplos são as taxas de juros excessivamente altas, controles de aluguéis e leis de regulamentação do salário mínimo. Portanto, o setor privado é considerado estável e capaz de absorver choques.

A causa principal das flutuações econômicas alinham-se às ações governamentais inadequadas.

2.4.1. *Ineficácia da Política Fiscal*

A política fiscal em si tem pouco efeito sistemático sobre a renda real ou nominal, não sendo um instrumento eficiente de estabilização.

(CESPE-UnB/Analista/MPE-TO/2006) – Julgue o item a seguir, como verdadeiro ou falso.

No longo prazo, políticas fiscais discricionárias que envolvam manipulações dos impostos e dos gastos públicos são particularmente úteis para reduzir a taxa de desemprego, de forma que fique abaixo da taxa natural.

Solução:

Falso. Os adeptos da teoria monetarista acreditam que as políticas discricionárias tendem a desestabilizar a economia e advogam o uso de regras na condução da política econômica. Considere uma política fiscal expansionista, por exemplo, um aumento nos gastos governamentais, mantendo-se constante a quantidade de moeda, se a arrecadação tributária não for alterada, esse déficit público deve ser financiado pela emissão de moeda ou pela venda de títulos. Por outro lado, se um corte nos impostos, ou um aumento nos gastos, for financiado pela emissão de moeda, haverá uma política monetária expansionista.

2.5. Reformulação da Teoria Quantitativa da Moeda

2.5.1. *Versão Fraca*

A teoria da demanda por moeda de Friedman pode ser usada para reformular a equação quantitativa da moeda, cuja versão fraca é dada por:

$$M^d = k(r_B, r_A, r_D)PY \tag{3}$$

Onde: P = nível de preços; Y = renda real; $P \times Y =$ renda nominal; r_B = taxa de juros nominal sobre títulos; r_A = retorno nominal das ações; r_D = retorno nominal dos bens duráveis. Note que k não é mais uma constante, mas é expresso como uma função das taxas de retorno dos ativos alternativos à moeda. Um aumento na taxa de retorno de qualquer um dos ativos alternativos faz k declinar, refletindo um aumento no desejo por manter o ativo alternativo (e vice-versa):

$$M^d = \uparrow k(\downarrow r_B, \downarrow r_A, \downarrow r_D)PY$$

$$e$$

$$M^d = \downarrow k(\uparrow r_B, \uparrow r_A, \uparrow r_D)PY$$

Desse modo tem-se:

(1º) A função demanda por moeda é estável;

(2º) Essa função demanda desempenha um papel importante na determinação do nível de atividade econômica.

(3º) A quantidade de moeda é fortemente afetada por fatores de oferta monetária.

A condição de equilíbrio no mercado monetário é dada por:

$$M^s = M^d = k(r_B, r_A, r_D)PY \tag{4}$$

Observe que um aumento exógeno no estoque de moeda leva a um aumento de renda nominal e/ou uma redução em r_B, r_A e r_D (k aumentará), com efeitos indiretos sobre a renda nominal (e vice-versa), logo, a função demanda por moeda é estável, e mudanças no estoque de moeda derivam basicamente do lado da oferta, como resultado de políticas do Banco Central. Finalmente, mudanças na quantidade de moeda são importantes para a determinação da renda (ou produto) nominal.

Essa versão é conhecida como fraca em, pelo menos, dois sentidos. Primeiro, essa versão é suficiente para estabelecer o postulado da teoria quantidade clássica de que o nível de preços move-se proporcionalmente ao estoque de moeda. Segundo, a versão fraca não é suficiente para estabelecer a primeira e a terceira das proposições monetaristas vistas anteriormente: que a oferta de moeda é a influência dominante sobre a renda nominal e, no curto prazo, também sobre a renda real. A versão fraca diz que a moeda é importante na determinação dessas variáveis, mas não que ela seja a única influência sistemática importante sobre elas.

2.5.2. *Versão Forte*

Nessa versão, a teoria quantitativa da moeda é transformada em uma teoria da renda nominal, se as outras variáveis (r_B, r_A, r_D), além da renda nominal, tiverem pouco efeito sobre a demanda por moeda e, consequentemente, pouco efeito sobre k. A manutenção de moeda, como uma proporção da renda (k), será constante. Como Friedman não acredita que a demanda por moeda seja completamente independente de (r_B, r_A, r_D), a teoria da renda nominal deve ser percebida como uma aproximação. Assim,

$$M\left(\frac{1}{\overline{k}}\right) = PY \tag{5}$$

Essa versão forte da teoria quantitativa da moeda é elemento central do monetarismo, produzindo conclusões de política monetária bastante diferentes da análise keynesiana moderna. No modelo IS-LM, a curva LM é quase, mas não completamente, vertical, refletindo a visão de Friedman de que a elasticidade da demanda por moeda em relação aos juros (d) é bastante baixa. Por outro lado, a curva IS é mais horizontal, consistente com a posição monetarista de que a curva de demanda agregada é bastante sensível a mudanças na taxa de juros. Graficamente:

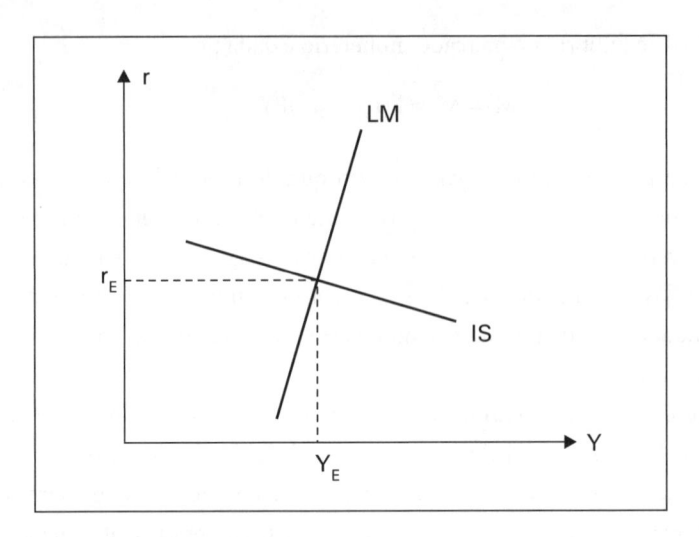

Figura 2: Curvas IS-LM, versão monetarista.

Porém, um nível de preços constante, mesmo como uma aproximação de curto prazo, **não** é um pressuposto assumido pelos economistas monetaristas. No gráfico a seguir, três posições para a curva de demanda agregada são mostradas [$DA_1(M_1)$, $DA_2(M_2)$ e $DA_3(M_3)$], correspondentes a três valores do estoque de moeda (M_1, M_2 e M_3), de acordo com a figura 3. De acordo com a versão forte, serão necessárias alterações em M para que ocorram deslocamentos significativos da curva de demanda agregada. Ou seja, a moeda é a única influência sistemática importante sobre a demanda agregada:

$$\uparrow M\left(\frac{1}{k}\right)=\uparrow(PY) \quad e \quad \downarrow M\left(\frac{1}{k}\right)=\downarrow(PY)$$

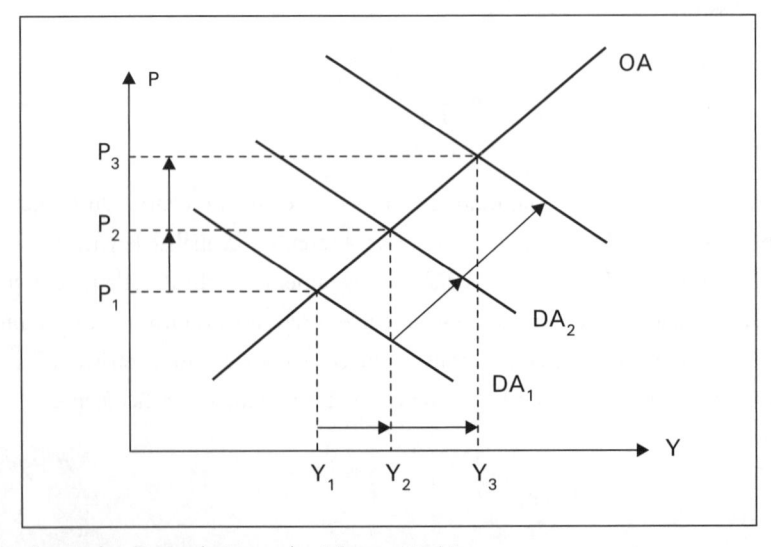

Figura 3: Oferta Agregada e Demanda Agregada, visão monetarista

---

(Cespe-UnB/Consultor do Executivo – Ciências Econômicas/Secretaria de Estado da Fazenda do Governo do Espírito Santo/2010) – Julgue o item a seguir como verdadeiro ou falso.

Segundo a teoria monetarista da inflação, aumentos gerais de preços são embasados em aumentos na quantidade de moeda existente na economia.

Solução:

Verdadeiro. Segundo a teoria monetarista, a inflação é um aumento monetário. Em outras palavras, e tendo como referência a teoria quantitativa da moeda, se a velocidade-renda da moeda é constante, e o produto encontra-se em seu nível potencial, aumentos na oferta monetária resultam em aumentos no nível geral de preços, ou seja, inflação.

2.6. Não Neutralidade da Moeda no Curto Prazo

Friedman e Phelps demonstraram que o *tradeoff* entre taxa de inflação e taxa de desemprego, representado na curva de Phillips, ocorre apenas no curto prazo, devido às assimetrias de reação entre empresários e trabalhadores no que diz respeito ao aumento de preços. Ou seja, as políticas econômicas atuariam apenas no curto prazo. Uma expansão monetária, por exemplo, elevaria a demanda agregada e os preços, reduzindo os salários reais. Porém, os trabalhadores somente perceberiam a perda do poder de compra dos salários com alguma defasagem.

Não-neutralidade da moeda implica que os agentes sofrem de "ilusão monetária" [3]. Por um lado, os empresários percebem primeiro o aumento de preço e verificam uma redução nos salários reais, aumentando a procura por emprego. Por outro lado, os trabalhadores aumentam a oferta de trabalho, pois percebem somente o aumento nos salários nominais e não nos preços. Em outras palavras, enquanto dure a "ilusão monetária", os trabalhadores identificam aumento nos salários nominais como sendo aumentos nos salários reais e, por isso, ampliam a oferta de trabalho.

O resultado é que, no curto prazo, há uma redução do desemprego e um aumento da inflação. Todavia, no longo prazo, os trabalhadores percebem que seus salários reais permaneceram os mesmos, devido ao aumento de preços, e reduzem a oferta de trabalho, fazendo com que a taxa de desemprego retorne à sua taxa natural através de deslocamento da curva de Phillips, porém com uma taxa de inflação maior que a anterior.

Isto é, quando fosse percebido que os rendimentos reais haviam caído, de fato, a oferta de trabalho se reduziria e os trabalhadores reivindicariam reajuste salarial. O reajuste reduziria a demanda por trabalho, conduzindo a taxa de desemprego para a situação inicial. Portanto, se não houver frustração de expectativas, no longo prazo, não se verifica *trade-off* entre inflação e desemprego e a curva de Phillips se torna vertical.

Assim, Friedman e Phelps constataram que a curva de Phillips é vertical no longo prazo, demonstrando que **a moeda é não-neutra no curto prazo e neutra no longo prazo**. Este nível de equilíbrio de longo prazo, denominado por Friedman de taxa natural de desemprego, corresponde a uma situação compatível com o equilíbrio geral walrasiano. Seus determinantes operam no plano real da economia e, portanto, pelo lado da oferta de trabalho. Podem ser sintetizados, sobretudo,

---

[3] FRIEDMAN, M. The Role of Monetary Policy. American Economic Review, março de 1968.

no sistema de benefícios aos desempregados, na magnitude do salário mínimo, na extensão do poder sindical e etc.

(NCE/Auditoria Geral de Mato Grosso/2004) - De acordo com a Escola Monetarista, capitaneada por Milton Friedman, alterações na oferta monetária conduziriam a:

a) aumento do nível de emprego;

b) alterações da demanda por moeda no longo prazo;

c) alterações no volume de poupança agregada no longo prazo;

d) diminuição do volume de investimentos;

e) alterações na renda real apenas no curto prazo.

Solução:

A resposta é a letra "e". Segundo a teoria monetarista, a oferta de moeda é a influência dominante sobre a renda nominal. A oferta monetária é exógena, sendo determinada pela autoridade monetária. No longo prazo, a influência da moeda revela-se nos preços e em outras variáveis nominais. Variáveis reais, como produto real e nível de emprego, são determinadas por fatores reais, e não monetários (Neutralidade da moeda no longo prazo). No curto prazo, a oferta de moeda influencia variáveis reais. As oscilações na oferta monetária são as maiores responsáveis pelas flutuações cíclicas de curto prazo no produto e no nível de emprego da economia (Não-neutralidade da moeda no curto prazo).

2.6.1. *O Ajustamento Lento dos Salários e Preços*

Os economistas keynesianos e monetaristas concordam sobre um ponto fundamental: a economia se ajusta apenas lentamente às variações na política econômica, e as mudanças políticas geralmente afetam primeiro a produção e depois a inflação. Da mesma forma, os monetaristas, assim como os keynesianos, argumentaram que uma inflação não poderia ser reduzida sem uma recessão (lembrem-se da curva de Phillips).

No curto prazo, a oferta de moeda influencia variáveis reais. A moeda é o fator dominante que causa movimentos cíclicos na produção e no nível de preços. O produto real e o nível de emprego são fortemente influenciados por mudanças no estoque de moeda. Os preços também são afetados; porém, no curto prazo, os preços, incluindo os salários (o preço do trabalho), não são perfeitamente flexíveis. Quando a quantidade de moeda se altera, os preços não sofrem o ajuste completo que só ocorrerá no longo prazo.

2.6.2. *A Influência da Moeda nos Preços e em Outras Variáveis Nominais no Longo Prazo*

No longo prazo, o nível de atividade econômica, medido em unidades monetárias reais (corrigidas pela inflação), não depende da quantidade de moeda. No longo prazo, o nível de produto real é determinado por fatores reais, como o estoque de bens de capital, o tamanho e a qualidade da mão-de-obra, e o padrão tecnológico. Se, no longo prazo, o nível de atividade econômica real não é afetado pela quantidade de moeda, ao passo que o nível de atividade econômica, em termos nominais, é quase inteiramente determinado pelo estoque de moeda, segue que o efeito de longo prazo da moeda é sobre o nível de preços. Lembre-se do que foi visto nos capítulos referentes ao modelo de oferta e demanda agregada, bem como o modelo IS-LM, onde temos, no longo prazo (modelo clássico), a curva de oferta agregada e a curva LM verticais. O produto é de pleno emprego, e deslocamentos da curva de demanda agregada só influenciaram o nível de preços.

(Cespe-UnB/Analista Econômico/IEMA/2007) – Julgue o item a seguir, como verdadeiro ou falso:

De acordo com a visão monetarista, políticas monetárias expansionistas, por elevarem os gastos de investimentos, concorrem, no longo prazo, para a expansão da renda e do emprego.

Solução:

Falso. Segundo a teoria monetarista, no longo prazo, o nível de atividade econômica não depende da quantidade de moeda, de modo que o produto real é determinado por fatores reais, como o estoque de bens de capital, o tamanho e a qualidade da mão-de-obra, e o padrão tecnológico. Portanto, no longo prazo, políticas monetárias expansionistas são ineficazes em aumentar o nível de renda da economia, afetando apenas o nível de preços.

(Cespe-UnB/Analista de Correios – Especialidade: Economia/Empresa Brasileira de Correios e Telégrafos/2012) – Julgue o item a seguir como verdadeiro ou falso.

Na visão monetarista, um aumento na oferta de moeda gera um encaixe excedente nas mãos das empresas e dos indivíduos. A explicação dos defensores dessa teoria para a elevação dos preços fundamenta-se na identificação dos pontos de estrangulamento da economia responsáveis pela insuficiência de oferta que pressiona os preços permanentemente.

Solução:

Falso. Para os economistas monetaristas, a inflação é um fenômeno monetário. O texto acima se refere, na verdade, ao postulado teórico dos economistas estruturalistas da CEPAL (Comissão Econômica para a América Latina e o Caribe) sobre o processo inflacionário.

3. MACROECONOMIA NOVO-CLÁSSICA

A macroeconomia novo-clássica nasce da crítica à teoria keynesiana no início da década de 1970. Enquanto a teoria monetarista mostrou que o equilíbrio na curva de Phillips dependia muito mais de fatores microeconômicos do que da taxa de expansão monetária, a teoria novo-clássica atingiu também os alicerces do monetarismo. Os trabalhos dos novos clássicos defendem a busca de microfundamentos para explicar o comportamento das variáveis macroeconômicas, mas não aceitaram os resultados monetaristas de curto prazo. Por outro lado, demonstra-se a ineficiência das políticas keynesianas em um ambiente racional otimizante.

A teoria novo-clássica restabelece a visão clássica de neutralidade da moeda – o mesmo volume de trabalhadores produz a mesma quantidade de produto real, não importando qual seja o nível geral de preços – inclusive para o curto prazo. Segundo esta escola, o monetarismo só conseguiria explicar as flutuações do produto real no curto prazo através da não neutralidade da moeda nesse período, uma vez que os agentes sofreriam de ilusão monetária ao formarem suas expectativas sobre as variáveis futuras.

Robert Lucas e Thomas Sargent (1981)[4] apresentam a crítica à teoria keynesiana em duas frentes. Primeiro, eles enfatizam a falta de rigor dos modelos keynesianos. Segundo os autores, estes modelos ignoram as variáveis defasadas, restringem a ordem e o grau de correlação serial dos vetores que representam os choques aleatórios e, principalmente, classificam *a priori* as variáveis em endógenas e exógenas. Geralmente, as variáveis exógenas são as que estão sob controle das autoridades, e as variáveis endógenas são determinadas pelos agentes privados. Isto permitiria ao keynesianismo utilizar a política econômica para obter resultados reais, já que a política não seria afetada pelos agentes econômicos privados. Em suma, as variáveis exógenas (de política) afetariam o sistema econômico, mas não seriam afetadas por ele.

Os economistas novo-clássicos afirmam que modelos macroeconômicos úteis devem corrigir as falhas da teoria keynesiana obedecendo aos seguintes pressupostos:

(i) **Fundamentos microeconômicos** tendo em vista que os indivíduos comportam-se maximizando a utilidade, as firmas operam maximizando o lucro e os mercados estão equilibrados (*market clearing*);

(ii) **Hipótese das expectativas racionais**, de modo que os agentes econômicos não erram sistematicamente em suas previsões porque há o uso eficiente da informação disponível.

(iii) **Postulado da ineficácia das políticas econômicas**. Trata-se do papel limitado das políticas econômicas discricionárias (políticas adotadas de surpresa) em afetar o nível de produto e a taxa de inflação no longo prazo.

(iv) **Neutralidade da moeda no curto prazo e no longo prazo**: visão monetarista da estrutura da economia, isto é, a dicotomia clássica entre o lado real determinado pelo modelo de equilíbrio geral e o lado monetário, traduzido pela versão moderna da teoria quantitativa da moeda, proposta por Friedman.

3.1. Fundamentos Microeconômicos

Os economistas novo-clássicos afirmam que o modelo clássico obedece aos pressupostos: (a) os agentes otimizam (comportamento otimizador individual); e (b) os mercados se equilibram (*market clearing*).

A hipótese de *market clears* assume que todos os mercados da economia equilibram perfeitamente suas demandas e ofertas pelo mecanismo de preço (leiloeiro walrasiano). Não existem falhas de mercado que impeçam a economia de atingir o equilíbrio geral dos mercados. As famílias formulam de modo ótimo as suas preferências, as firmas maximizam perfeitamente os seus lucros e as demandas e ofertas resultantes determinam um vetor de preços que definem um equilíbrio instantâneo da economia. A hipótese de *market clearing* contínuo assume que os agentes estão sempre maximizando suas funções-objetivo, o que será decisivo para mostrar mais adiante que as flutuações econômicas só podem ser explicadas por choques aleatórios (monetários e/ou reais).

---

[4] LUCAS, R; SARGENT, T. J. After keynesian macroeconomics. In: *Lucas, R. E. & Sargent, T. J. Rational Expectations and Econometric Practice*. The University of Minnesota Press, 1981.

3.2. Hipótese das Expectativas Racionais

Se a teoria econômica assume que os agentes são otimizadores, seja quando um consumidor maximiza sua função utilidade, sujeito à restrição orçamentária, ou quando a firma maximiza seus lucros, dada sua estrutura de custos, então o agente econômico é racional na formulação de expectativas a respeito de variáveis futuras.

A hipótese das expectativas racionais implica que os agentes econômicos maximizam o uso das informações disponíveis e não incorrem em erros sistemáticos. Todavia, a hipótese de expectativas racionais não implica previsão perfeita, de modo que ela é compatível com a ocorrência de desvios da taxa de desemprego em relação a seu valor natural. Em outras palavras, devido ao fato de existir espaço para choques ou falhas de informação não sistemáticas (erros não sistemáticos) que ela é capaz de se acomodar a flutuações do nível de renda. Na década de 1970, a partir da integração realizada por Lucas (1972)[5] entre a teoria do equilíbrio geral e as expectativas racionais, essas se tornaram a hipótese dominante dos modelos macroeconômicos do *mainstream*, tendo Lucas demonstrado que, em condições de preços flexíveis, todos os mercados são ajustados simultaneamente (market clears). Conforme será visto a seguir, há duas versões referentes às expectativas racionais.

(CESPE-UnB/Consultor do Senado Federal – Política Econômica/2002) – Julgue os itens a seguir, como verdadeiro ou falso:

A hipótese das expectativas racionais implica em afirmar que os agentes econômicos fazem uso eficiente das informações disponíveis e, portanto, jamais cometem erros nas suas estimativas

Solução:

Esse item é falso, pois, sob a hipótese das expectativas racionais, os agentes econômicos usam toda a informação disponível e não incorrem em erros sistemáticos, mas eles podem incorrer em erros não sistemáticos como falhas de informação.

(NCE/Suporte Técnico Nível Único/IDAF/2006) - O modelo de expectativas racionais é adotado por várias escolas de pensamento econômico como parte do tratamento das questões associadas às expectativas dos agentes econômicos. Entre estas escolas estão os:

a) pós-keynesianos;

b) neo-keynesianos;

c) institucionalistas;

d) novo-clássicos;

e) monetaristas.

Solução:

A resposta é a letra "D". Na Teoria Novo-Clássica, adotam-se expectativas racionais, que significa que os agentes não cometem erros sistemáticos; as expectativas são formadas com toda a informação disponível. Considerando-se modelos com expectativas racionais, os resultados econômicos ficam na dependência de serem políticas antecipadas (previstas) ou não antecipadas (não previstas).

---

[5] LUCAS, R. E. Expectations and the neutrality of money. *Journal of Economic Theory*, n. 4, p. 103-124, 1972.

3.2.1. *Versão Fraca*

Os agentes formam expectativas de acordo com uma distribuição subjetiva de probabilidade. Ao formular as expectativas em um determinado tempo *t*, sobre o comportamento de uma variável em *t* + 1, os agentes o fazem utilizando todas as informações disponíveis naquele momento *t*. Assim, os indivíduos formam as expectativas usando da melhor forma possível o conjunto de informações de que dispõem, de modo que as informações não são desperdiçadas.

Consequentemente, o governo não pode manipular sistematicamente o erro de previsão dos agentes quando as expectativas são racionais. Se os agentes utilizam otimamente toda a informação disponível em *t* para prever o nível geral de preços, por exemplo, em t + 1, a única forma que eles têm de errar em suas previsões é se algo inesperado acontecer, algo que não pertencia ao conjunto de informações em t. O governo só influirá no erro de previsão se tomar uma atitude completamente inesperada

3.2.2. *Versão Forte*

A versão forte de expectativas racionais assume que o modo como os agentes entendem o funcionamento da economia corresponde ao seu verdadeiro funcionamento, isto é, que a probabilidade subjetiva, formulada em *t*, de variáveis econômicas futuras coincide com a distribuição objetiva real dessas variáveis, baseada na informação que se supõe ser disponível no presente. Isso implica que o valor da variável prevista será igual ao valor da variável efetiva, em outras palavras, trata-se de um processo estocástico estacionário.

Portanto, se os agentes conhecem o "modelo correto" de funcionamento da economia, conclui-se, desde já, que o resultado de qualquer política econômica, não aleatória, é perfeitamente antecipado. Logo, políticas de demanda não podem afetar o produto real da economia.

Nesse contexto, somente restrições informacionais a respeito de um choque estocástico, que na macroeconomia novo-clássica representa um choque monetário, explicam a variação do produto real em relação a sua taxa natural (produto de pleno emprego). Portanto, a explicação relativa à natureza do ciclo encontra-se no impacto de um choque exógeno no sistema. Como a regra de política está na base das informações disponíveis pelos agentes, estes não poderão ser surpreendidos por políticas econômicas sistemáticas, isto é, somente uma mudança inesperada na regra de política poderá desviar o produto de seu nível natural. Entretanto, esse desvio ocorre apenas no curto prazo, pois os agentes são racionais e aprenderão com seus erros, mudando suas regras de decisão à medida que incorporem a nova regra de política em sua base de informações.

Essa hipótese implica considerar os erros de previsão iguais a zero, ou seja, na ausência de perturbações estocásticas, os agentes fazem previsões exatas, buscando, através de uma racionalidade comportamental, otimizar suas previsões fazendo o melhor uso possível da informação disponível.

3.3. Postulado da Ineficácia das Políticas Econômicas

Medidas sistemáticas de política fiscal e monetária de alteração da demanda agregada não afetarão o produto e o emprego, nem mesmo no curto prazo. Para a escola novo-clássica a visão de eficiência da política monetária, no curto prazo, da escola monetarista – vinculada às expectativas adaptativas dos agentes – constitui uma inconsistência teórica, qual seja: se os modelos monetaristas assumem que os agentes são otimizadores, deveriam assumir também, como consequência, que eles deveriam utilizar todas as informações disponíveis para sua tomada de decisão (expectativas racionais). Isso, por sua vez, os levaria, consequentemente, a não incorrer em erros sistemáticos como requer o modelo de expectativas adaptativas.

Por que os agentes econômicos iriam se basear somente em valores passados do nível de preços para formar expectativas sobre o nível futuro dessa variável, sabendo que tal comportamento resulta em erros sistemáticos quando a demanda agregada se altera? Se as expectativas são racionais, os agentes econômicos não cometerão erros sistemáticos como este. Se as expectativas são racionais, os ofertantes de mão-de-obra usarão todas as informações passadas relevantes na realização de uma previsão para o valor do nível agregado de preços para o período corrente, e não somente as informações do comportamento passado dos preços. Além disso, os agentes usarão todas as informações de que dispuserem sobre os valores correntes de variáveis que participam da determinação do nível de preços. Os ofertantes irão levar em conta qualquer medida de política econômica prevista (esperada) na elaboração de suas estimativas de preços, além de compreenderem a relação entre políticas de demanda agregada e o nível de preços.

Tome-se, por exemplo, a análise do mercado de trabalho sob essa abordagem teórica. Como no modelo keynesiano, a visão novo-clássica pressupõe-se que a oferta de mão-de-obra dependa do salário real esperado, isto é, o salário monetário conhecido dividido pelo nível de preços:

$$N^5 = t\left(W / P^e\right)$$

Com o pressuposto das expectativas racionais, o nível esperado de preços depende dos níveis esperados para as variáveis que, segundo o modelo, determinam o nível de preços. Estas incluem os níveis esperados do estoque de moeda, de gastos governamentais, da arrecadação de impostos, dos investimentos autônomos e de outras variáveis (fatores do lado da oferta, por exemplo, mudanças esperadas nos preços do petróleo).

Analisando as figuras 4 e 5, caso ocorra uma política monetária antecipada, de M_1 para M_2, esse aumento deslocará a curva de demanda agregada para DA_2. Se a curva de oferta não se deslocasse, o produto subiria de Y_1 para Y_2, e o nível de preços aumentaria de P_1 para P'_2. Com o aumento no nível de preços, a curva de demanda por mão-de-obra desloca-se para a direita (curva tracejada: N^d_2). Caso a curva de oferta de mão-de-obra também não se deslocasse, o emprego subiria de N_1 para N_2. Nos modelos keynesiano e monetaristas, a posição das curvas de oferta agregada e da oferta de mão-de-obra seria fixa no curto prazo, e a análise estaria completa.

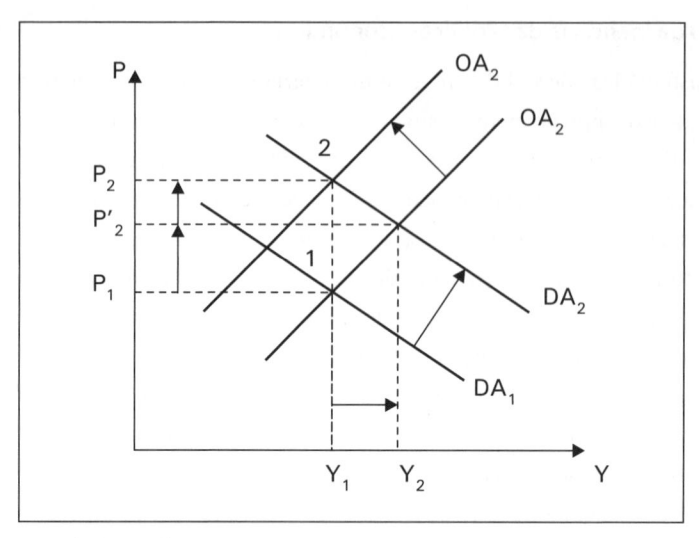

Figura 4: Oferta e Demanda Agregadas

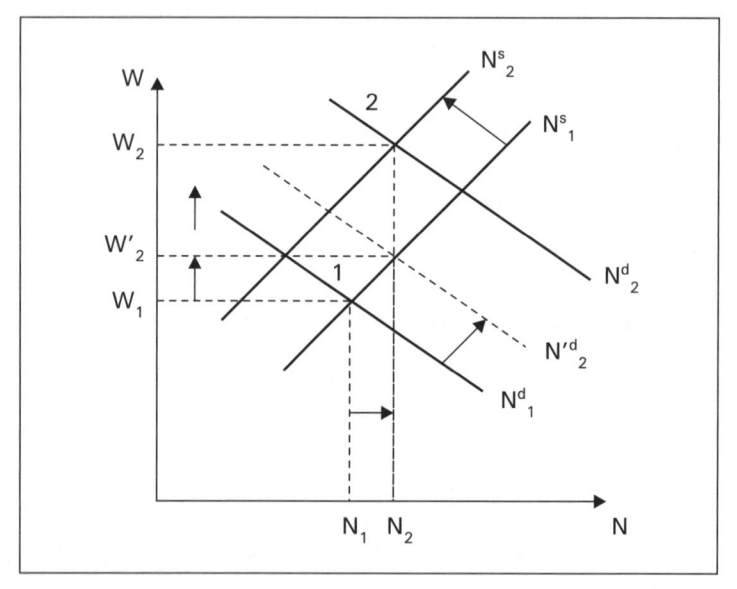

Figura 5: O Mercado de Trabalho.

Como os salários reais estão se reduzindo, as empresas contratam mais trabalhadores e ampliam a produção. Se esses agentes tivessem informações completas, compreenderiam que os choques de demanda nominal apenas aumentam os salários e os preços nominais, sem alterar os preços e salários reais. Se estivessem bem-informados, os trabalhadores não ofereceriam mais trabalho e as empresas não aumentariam a produção. Assim, as flutuações só ocorrem porque os agentes possuem informações incompletas.

3.3.1. Política Monetária

Considere, agora, um **aumento imprevisto na demanda agregada** devido, por exemplo, a um aumento não antecipado no estoque de moeda (surpresa monetária). Analisando as figuras anteriores 4 e 5, o aumento no estoque de moeda desloca a curva de demanda agregada de DA_1 para DA_2. O aumento no nível de preços aumenta para P'_2, a curva de demanda por mão-de-obra também se desloca para a direita, para N^d_2. Para um aumento imprevisto no estoque de moeda, estas são as únicas curvas que se deslocam no curto prazo. Quando o aumento do estoque monetário não é previsto, ele não afeta as expectativas dos ofertantes de mão-de-obra com relação ao valor que o nível de preços agregado irá assumir ao longo do período atual. É por isso que a curva de oferta de mão-de-obra não se desloca.

Quando o aumento no estoque de moeda é imprevisto, o modelo clássico indica que o produto e o emprego serão afetados. O produto irá subir de Y_1 para Y_2, e o emprego aumentará de N_1 para N_2, resultados idênticos às análises keynesiana e monetarista. Para o **curto prazo**, os ofertantes de mão-de-obra, mesmo pressupondo expectativas racionais, não percebem o efeito inflacionário do aumento na demanda agregada. Este era o pressuposto da visão keynesiana ou monetarista para qualquer mudança na demanda agregada. A visão novo-clássica dos efeitos de mudanças imprevistas na demanda agregada não difere daquela dos keynesianos ou dos monetaristas. Mas no **longo prazo**, os agentes econômicos descobririam que a política havia mudado. Os ofertantes de mão-de-obra observariam o aumento no estoque de moeda e corrigiriam para cima suas expectativas de preços. A curva de oferta de mão-de-obra e a curva de oferta agregada deslocariam para a esquerda. Produto e emprego voltariam a seus níveis iniciais.

(Fundação Cesgranrio/Economista Júnior/Petrobrás/2010) - Em um modelo macroeconômico Novo Clássico, com expectativas racionais, se a política monetária for igual à que era esperada pelos agentes econômicos, essa política:

a) será eficaz, somente caso o câmbio seja flutuante.

b) será mais eficaz do que a política fiscal.

c) não terá efeitos sobre as variáveis econômicas reais.

d) aumentará a taxa de juros real da economia.

e) aumentará a produção e o emprego transitoriamente.

Solução:

A resposta é a letra "c". Segundo a macroeconomia novo-clássica, com a hipótese das expectativas racionais, a taxa de desemprego diferente da taxa natural está associada à variação não antecipada da inflação. Como essa hipótese não implica previsão perfeita, ela é compatível com a ocorrência de desvios da taxa de desemprego em relação a seu valor natural no curto prazo. Para reduzir a taxa natural de desemprego, pela hipótese das expectativas racionais, as medidas de política econômica são ineficientes no curto e longo prazo porque qualquer política de redução de desemprego anunciada (antecipada) pelo governo se transformará em inflação. Portanto, sob a hipótese das expectativas racionais, **apenas as políticas monetárias não anunciadas (surpresa monetária)**, ou seja, não antecipadas, são eficientes para alterar o nível do produto. Porém, ao se anunciar medidas de políticas monetárias restritivas da demanda agregada para combater a inflação, por exemplo, o governo somente terá êxito se os agentes se convencerem de que tais medidas serão realmente implementadas, ou seja, se o governo tiver credibilidade perante os agentes econômicos.

(NCE/UFRJ – Economista/Eletronorte 2006) - A Curva de Phillips, não existiria, de acordo com os:

a) monetaristas;

b) pós-keynesianos;

c) neo-keynesianos;

d) neoestruturalistas;

e) novo-clássicos.

Solução:

A resposta é a letra "e". Segundo a teoria novo-clássica, uma política monetária expansionista (um choque de demanda) visando a elevação do emprego só poderia surtir efeito no curto prazo se fosse imprevista, visto que, caso contrário, seria antecipada e o resultado seria somente a elevação da inflação. Desta forma, nem o aumento passageiro do emprego previsto pela curva de Phillips monetarista ocorreria. Ou seja, não existe a curva de Phillips de curto prazo, ou alguma alternativa entre produção e inflação com taxa de desemprego menor que a natural.

3.3.2. Política Fiscal

A política fiscal não teria os efeitos previstos pelos modelos keynesianos - aumento do produto e do emprego –, uma vez que os agentes seriam, no arcabouço novo-clássico, racionais, maximizadores e alocariam intertemporalmente seus recursos, de tal forma que o aumento dos gastos do governo no período presente implicaria na espera de um aumento na carga tributária futura. Assim, o feito final de uma política fiscal que expandisse os gastos do governo seria o aumento da poupança e não o do consumo. Este comportamento é conhecido na literatura por "equivalência ricardiana".

3.4. Neutralidade da Moeda no Curto Prazo e no Longo Prazo

Para os economistas monetaristas, não-neutralidade da moeda no curto prazo implica que os agentes sofrem de ilusão monetária porque não possuem informações completas. Por exemplo, o trabalhador confunde um aumento do seu salário nominal, decorrente de um aumento na taxa de expansão monetária, com um aumento do salário real, aumentando seus gastos efetivos e causando modificação nas variáveis reais. O aumento inicial do estoque de moeda leva ao deslocamento da demanda agregada para a direita, elevando o nível geral de preços. Como este aumento não era esperado pelos agentes, isso leva a erros de percepção e, consequentemente, amplia-se a oferta. Os produtores acham que o aumento do preço só se aplica ao seu produto e, portanto, chegam à conclusão de que houve alteração dos preços relativos, não do nível geral de preços. Os trabalhadores estão dispostos a oferecer mais trabalho porque equivocadamente acham que o aumento no salário nominal é um aumento no salário real.

Por exemplo, considere o caso no qual os salários nominais são fixados em contratos de trabalho. Uma política monetária expansionista (aumento da oferta monetária) deslocará a curva de demanda agregada para a direita e para cima, aumentado o produto e os níveis de preços, que reduzirá o salário real, $\downarrow \left(\overline{W} / \uparrow P \right)$, tornando o trabalho mais barato, induzindo as empresas a contratarem mais mão-de-obra e, portanto, aumentando o produto. Trata-se da hipótese keynesiana da inflexibilidade para baixo dos salários nominais, em que não pode haver redução de salários nominais, pois as firmas temem a reação dos trabalhadores que sofrem de ilusão monetária. Mas os salários reais são flexíveis.

Entretanto, para os novos clássicos, se o agente é racional, ele não irá fazer esta confusão, visto que perceberá que não só seu salário nominal aumentou, mas também o nível de preços. Ou seja, não-neutralidade da moeda e comportamento racional otimizante são incompatíveis na macroeconomia novo-clássica, a qual postula que os movimentos cíclicos da economia ocorrem devido às barreiras informacionais (devido ao impacto de um choque exógeno sobre o sistema) e não devido a não-neutralidade da moeda. A moeda é neutra tanto no curto como no longo prazo, pois à medida que os agentes reformulem o modelo quantitativo e incorporem a nova política, um choque monetário somente irá provocar um aumento no índice geral de preços e não terá influência alguma sobre as variáveis reais.

(CESPE-UnB/Economista Júnior da Petrobrás/2001) – Julgue o item seguinte:

De acordo com a escola das expectativas racionais, se as políticas monetárias forem completamente antecipadas pelos agentes econômicos, então, elas não afetarão os níveis de produção de emprego.

Solução:

Verdadeiro. Com expectativas racionais, apenas políticas monetárias expansionistas não anunciadas, ou seja, não antecipadas, são eficientes para alterar o nível do produto e a taxa natural de desemprego. Vamos analisar o mercado de trabalho novamente. Se vale a hipótese das expectativas racionais e a expansão monetária já é esperada pelos agentes, então, no contrato de trabalho, eles podem, por exemplo, incluir uma cláusula de correção dos salários nominais caso ocorra mudanças de política monetária. Então, quando a oferta de moeda se ampliasse, tanto a Demanda quanto a Oferta Agregada se elevariam. Nesse caso, a política monetária expansionista não teria qualquer impacto sobre o produto, apenas sobre o nível de preços. Em outras palavras, as políticas econômicas antecipadas (anunciadas) são ineficientes em exercer efeitos sobre o produto. Expectativas racionais implicam que os preços aumentam antes do aumento da oferta de moeda, quando este aumento for antecipado.

Os economistas novo-clássicos argumentam que o modelo clássico pode explicar os desvios do emprego em relação aos níveis de pleno emprego quando se incorpora o pressuposto das expectativas racionais. Por um lado, o modelo clássico do mercado de trabalho pressupunha que os ofertantes de mão-de-obra conheciam o salário real, de modo que tinham informações perfeitas sobre o valor que o nível de preços agregado iria assumir no curto prazo. Por outro lado, os economistas novo-clássicos atualizam o modelo clássico com o pressuposto das expectativas racionais, em substituição ao pressuposto da informação perfeita. Assim, os ofertantes de mão-de-obra fazem uma previsão racional do nível de preços agregado. Como mudanças sistemáticas e previstas na demanda agregada não afetarão o produto e o emprego na visão novo-clássica, somente mudanças imprevistas (não-antecipadas) na demanda agregada podem explicar desvios do emprego em relação aos níveis de pleno emprego.

A estrutura da economia que é trabalhada pelos novos clássicos é monetarista, e procura resgatar a dicotomia clássica para obter os resultados de neutralidade da moeda. Essa dicotomia se define pela determinação das variáveis reais da economia em um modelo de equilíbrio geral walrasiano, decorrente, como visto, da hipótese de *market clearing* contínuo, separadamente das variáveis nominais, determinadas pela teoria quantitativa da moeda, em sua versão neoquantitativista.

Seguidores da metodologia proposta por Friedman, os economistas novo-clássicos acreditam que o fato das hipóteses serem realistas ou não é irrelevante. A postura metodológica destes autores é a de que a validade de uma teoria não é dada pelo realismo de suas hipóteses, mas pela capacidade que ela tem de prever os acontecimentos. Assim, a pretensão não é possuir hipóteses de trabalho descritivas, mas que elas permitam obter conclusões/corolários testáveis. Essa postura metodológica vale tanto para as expectativas racionais, quanto para o *market clearing* contínuo e a dicotomia clássica.

A macroeconomia novo-clássica apresentou dois desdobramentos, que serão estudados a seguir: (i) Modelo da Informação Imperfeita, e (ii) Teoria dos Ciclos Reais de Negócios.

3.5. Modelo da Informação Imperfeita

O modelo das informações imperfeitas (modelo das informações incompletas ou modelo da percepção equivocada dos empresários) foi apresentado por Robert Lucas, em que se afirma que o mercado de cada bem é como uma ilha[6].

Hipóteses do modelo:

(i)   Os agentes formam expectativas racionais;

(ii) Os participantes desse mercado, como os habitantes de uma ilha, têm todas as informações a seu respeito, mas estão isolados dos demais mercados (ou ilhas) e só ficam sabendo do que está acontecendo em outros lugares depois de certo tempo; ou seja, não possuem informação dos demais mercados (ilhas).

(iii) Não existe arbitragem;

(iv) Os agentes buscam discernir o nível geral de preços observando os preços (P_1, P_2, ...) nos mercados.

Desenvolvido por Robert Lucas na década de 1970, nesse modelo os mercados se ajustam automaticamente, e curto e longo prazos diferem devido a percepções equivocadas, no curto prazo,

---

[6] LUCAS, R. Some International Evidence on Output-Inflation Trade-Offs. *American Economic Review*, junho de 1973.

_____. Understanding Business Cycles. *Stabilization of the Domestic and International Economy*, vol. 5, Amsterdam, 1977.

com relação aos preços. Cada ofertante da economia produz um único bem e consome muitos outros bens. Como o número de bens é grande, os ofertantes monitoram de perto os preços dos bens que produzem, mas dão pouca atenção aos preços dos bens que consomem. Dada a imperfeição da informação, e supondo a hipótese de expectativas racionais, os empresários <u>confundem variações no nível geral de preços com alterações nos preços relativos</u>. As principais ideias que embasam esse modelo são:

(i) Os ofertantes decidem o nível de sua produção de acordo com o preço relativo de seu produto, em relação ao nível geral de preços agregado.

(ii) Por não ter conhecimento dos preços de todos os outros produtos na economia, os ofertantes precisam estimar o preço relativo de seus produtos usando o preço nominal de seu produto e sua expectativa do nível de preço geral.

(iii) Quando o nível de preços agregado aumenta inesperadamente, o ofertante infere, de maneira equivocada, que os preços relativos dos bens que ele produz aumentaram.

(iv) Diante das circunstâncias, ele trabalha mais e produz mais.

Segundo o modelo de informação imperfeita proposto por Lucas, quando os preços são maiores que os preços esperados, os ofertantes inferem que os preços relativos dos bens que produzem aumentaram, o que os induz a aumentar a produção. Então, a elasticidade da oferta irá aumentar. O modelo implica na curva de oferta de Lucas:

$$Y = Y_p + \alpha \left(P - P^e \right) \qquad (6)$$

O produto se afasta de sua taxa natural quando o nível de preços se afasta do nível esperado. O produtor acha que o preço relativo de seu produto aumentou ("preço-surpresa"), mesmo que apenas o nível de preços geral da economia tenha aumentado.

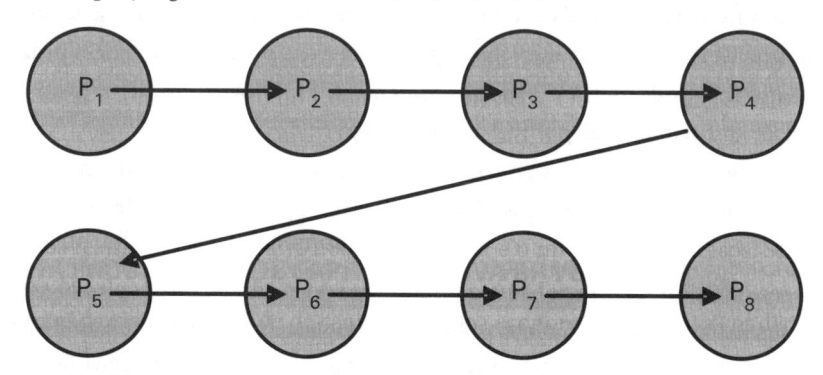

Figura 6: os mercados (ilhas) de Lucas.

Lucas destacou que, nessas circunstâncias, os produtores precisam enfrentar um problema: quando o preço de mercado do seu produto aumenta, eles não têm certeza se ele aumentou em relação aos preços dos outros produtos (neste caso, teriam de aumentar a produção) ou se todos os preços aumentaram (neste caso, não é adequado aumentar a produção). Nesse sentido, os agentes precisam discriminar mudanças de preços relativos e mudanças o nível geral de preços provocadas por políticas econômicas. Trata-se do "problema da extração do sinal".

Quando um choque de demanda agregada atinge a economia, cada empresário (produtor) conclui que, até certo ponto, o preço relativo de seu produto aumentou. Mas isso é um engano porque, na realidade, os preços relativos não se alteraram, só o nível agregado de preços aumentou. Mas o choque de demanda agregada provoca um aumento involuntário da oferta agregada.

Nesse modelo, quando os preços são maiores que os preços esperados, os ofertantes inferem que os preços relativos dos bens que produzem aumentaram, o que os induz a aumentar a produção. O modelo implica na curva de oferta de Lucas:

$$Y = Y_p + \alpha \left(P - P^e \right)$$

Mesmo sob hipótese das expectativas racionais, o produto se afasta de sua taxa natural (pleno emprego) quando o nível de preços se afasta do nível esperado. O produtor acha que o preço relativo de seu produto aumentou ("preço-surpresa"), mesmo que apenas o nível de preços geral da economia tenha aumentado.

(ESAF/AFC-STN/1997) – Julgue o item a seguir, como verdadeiro ou falso.

A curva de oferta de Lucas implica que a política monetária pode afetar o produto somente se as autoridades de política econômica têm informação que não está disponível aos agentes privados.

Solução:

Verdadeiro. Uma das implicações desse modelo é que as variações previstas da oferta monetária não têm efeito sobre a produção, mas apenas sobre o preço, supondo que todos os agentes compreendam o funcionamento da economia e que suas expectativas sejam racionais. **Somente variações imprevistas da política monetária podem afetar a produção no curto prazo, ou seja, a política monetária pode afetar o produto somente se as autoridades de política econômica têm informação que não está disponível aos agentes privados**.

Se todos os agentes econômicos privados souberem que vai haver um aumento na oferta monetária, vão compreender que os preços vão aumentar em igual proporção (a curva de demanda agregada se desloca para cima ao longo da curva de oferta agregada vertical). Assim, quando os preços aumentam em um valor previsto, os produtores não vão se equivocar concluindo que houve mudança do preço relativo, e a oferta agregada não vai mudar. No longo prazo, a política monetária não tem efeitos reais sobre a economia, estando de acordo com a teoria monetarista.

Em resumo, no modelo de informação imperfeita de Lucas, quando um choque de demanda agregada atinge a economia, cada produtor interpreta a variação do nível geral de preços como variação relativa de preços, passando a ofertar uma quantidade maior de seu produto, ou seja, observa-se um aumento involuntário da oferta agregada.

4. CICLOS REAIS DE NEGÓCIOS

A teoria dos ciclos reais de negócios é um desdobramento da teoria novo-clássica que, por sua vez, tem suas bases fundamentadas no modelo clássico original[7]. Considera-se o pressuposto da dicotomia clássica, em que as variáveis nominais, como a oferta de moeda e o nível de preços, não exercem impacto sobre as variáveis reais, como o emprego e o produto real. Para explicar as flutuações das variáveis reais, a teoria dos ciclos reais de negócios enfatiza as mudanças reais da economia que possam afetar a taxa natural da economia, como as alterações nas técnicas de produção. Segundo a teoria dos ciclos econômicos reais, as hipóteses usadas para a análise a longo prazo no modelo clássico se aplicam também no curto prazo. Os preços são totalmente flexíveis, mesmo no curto prazo. Quase toda a análise microeconômica está baseada na hipótese de que os preços se modificam para ajustar automaticamente os mercados.

Os principais pressupostos da teoria dos ciclos reais de negócios são:

(i) **Ênfase nos fundamentos microeconômicos**: a teoria dos ciclos reais utiliza a estrutura do agente representativo, onde o agente/famílias/firmas objetiva a maximizar suas utilidades ou lucros, sujeitos às suas restrições de recursos.

a) Os agentes formam expectativas racionais e não sofrem de assimetria de informação. Enquanto que os preços esperados são iguais aos preços vigentes (atuais), os agentes enfrentam um problema de extração do sinal em decidir ou não se um choque de produtividade particular é temporário ou permanente.

b) A flexibilidade de preços assegura um equilíbrio de mercado contínuo. Não existem fricções ou custos de transações ou, de maneira geral, não existem falhas de mercados;

(ii) **Flutuações econômicas causadas por choques de oferta**: as flutuações no produto agregado e no nível de emprego são provocadas por mudanças aleatórias na tecnologia de produção disponível. Choques exógenos na tecnologia atual como um mecanismo de impulso nesses modelos.

a) A mudança tecnológica é a fonte mais importante dos choques econômicos;

b) Os choques econômicos são propagados em mercados perfeitamente competitivos

(iii) **Economia de Robinson Crusoé**: as flutuações no emprego refletem mudanças voluntárias das horas que as pessoas escolhem para trabalhar. Trabalho e lazer são considerados bens substitutos ao longo do tempo.

(iv) **Neutralidade da Moeda no Curto Prazo e no Longo Prazo**:

a) A política monetária é irrelevante, não exercendo influência nas variáveis reais, ou seja, a moeda é neutra;

b) A distinção entre o curto prazo e o longo prazo na análise das flutuações econômicas e tendências é abandonada.

(v) **A Política Fiscal Afeta o Lado Real da Economia.**

---

[7] Alguns autores chamam essa teoria de "a segunda geração novo-clássica".

4.1. Ênfase nos Fundamentos Microeconômicos

Os agentes otimizam e os mercados se equilibram, conforme defendido pelos novos clássicos. Por exemplo, diferentemente da teoria keynesiana, que defendia que o mercado de trabalho não se equilibrava e, por conseguinte, existia o desemprego involuntário, para os teóricos dos ciclos reais e os novos clássicos, os mercados se equilibram e, portanto, todo desemprego é voluntário.

4.2. Flutuações Econômicas Causadas por Choques de Oferta

Os teóricos dos ciclos econômicos reais interpretam que as flutuações no produto e no emprego são causadas por fatores do lado da oferta, oriundos do modelo clássico original, por exemplo, choques de tecnologia. Ao contrário dos economistas clássicos, que acreditavam que esses fatores determinavam o crescimento de longo prazo da economia, para os teóricos dos ciclos reais de negócios esses fatores também são as causas das flutuações econômicas de curto prazo.

Outros fatores, como condições climáticas adversas, aprovação de legislação ambiental muito restritiva ou aumento nos preços de matéria-prima importada (por exemplo, petróleo), mudanças nas preferências individuais e política fiscal (por exemplo, expansão dos gastos públicos ou mudanças nas alíquotas tributárias), são também considerados como choques tecnológicos: todos estes fatos reduzem a capacidade da economia de transformar capital e trabalho em bens e serviços.

A teoria dos ciclos reais de negócios não aceita o argumento da macroeconomia novo-clássica de que mudanças imprevistas na demanda agregada resultantes, por exemplo, de uma política monetária não prevista (não anunciada), são as principais causas das flutuações econômicas de curto prazo. Apesar de a teoria novo-clássica incorporar choques do lado da oferta, os teóricos dos ciclos reais de negócios diferenciam seus modelos de modelos novo-clássicos por defenderem uma posição mais forte, ou seja, de que fatores reais do lado da oferta são as principais causas das flutuações da atividade econômica, e que choques monetários e outros choques nominais do lado da demanda não têm nenhum efeito significativo sobre o produto e o emprego.

Os defensores da teoria do ciclo real de negócios argumentam que tanto os keynesianos quanto os monetaristas estão errados na identificação da fonte de choques da economia. Dizem que são os choques tecnológicos (do lado da oferta), e não os choques de política ou choques de demanda, que explicam as flutuações econômicas observadas.

4.2.1. *Mudanças Tecnológicas*

A teoria dos ciclos reais de negócios postula que as mudanças tecnológicas são o principal determinante das flutuações nas variáveis reais. Segundo Edward Prescott e seus seguidores, modelos do ciclo real de negócios pressupõem que o produto esteja sempre em seu nível natural (pleno emprego), de modo que as flutuações do produto constituem alterações do próprio nível natural, em oposição aos afastamentos do produto de seu nível natural. De onde vêm esses movimentos? A resposta proposta por Prescott é o progresso tecnológico. À medida que surgem novas descobertas, a produtividade aumenta, provocando o aumento do produto. O aumento de produtividade acarreta aumento de salário, que torna o trabalho mais atraente e assim leva os trabalhadores a trabalharem mais. O aumento da produtividade acarreta, portanto, aumento tanto do salário quanto do emprego, como se observa no mundo real.

(Cespe-UnB/Analista do Banco Central do Brasil – Área: Política Econômica e Monetária/2013) – Julgue o item a seguir como verdadeiro ou falso.

De acordo com a teoria do ciclo econômico real de equilíbrio, as flutuações do produto e do emprego independem dos choques reais que atingem a economia, pois os mercados se ajustam rapidamente e atingem o equilíbrio.

Solução:

Falso. Os teóricos dos ciclos reais de negócios permanecem convictos de que o ciclo de negócios pode ser explicado como um fenômeno de equilíbrio. Flutuações no produto surgem quando agentes econômicos otimizadores reagem a choques reais que afetam as possibilidades de produção. Políticas econômicas para tentar evitar essas flutuações são desnecessárias e mal direcionadas. Assim, se o governo estivesse interessado em reverter uma tendência de queda no nível de atividades da economia, sua melhor alternativa seria não utilizar seus instrumentos de política fiscal e monetária. A teoria dos ciclos reais de negócios implica que as intervenções do Governo para suavizar as flutuações econômicas podem somente reduzir o bem-estar. Portando, a teoria do ciclo econômico real (ou ciclo real de negócios) postula que as flutuações econômicas (por exemplo, flutuações do nível de produto e flutuações do nível de emprego) são resultado das variações na produtividade e em outras variáveis que afetam a oferta das firmas, isto é, os choques reais. Já a demanda agregada não provoca variações nos níveis do produto e do emprego, uma vez que a curva de oferta agregada é vertical no longo prazo.

4.2.2. *O Equilíbrio dos Ciclos Econômicos Reais de Negócios*

Considera-se que os choques tecnológicos são os principais **distúrbios** a que estão sujeitas as economias, e que estes choques **propagam-se** em mercados perfeitamente competitivos, com o que a economia encontra-se sempre no nível de pleno emprego, ou seja, os preços são perfeitamente flexíveis, garantindo o equilíbrio econômico.

As duas hipóteses principais dos modelos do ciclo real de negócios são que a alteração tecnológica é a fonte mais importante dos choques econômicos e que estes choques são propagados em mercados perfeitamente competitivos. A última hipótese combina com a abordagem das informações imperfeitas de Lucas, mas a primeira não. Os teóricos do ciclo real de negócios rejeitam a idéia de que a principal fonte das flutuações são os choques de demanda ou de política, como, por exemplo, a variação da oferta monetária.

(A) DISTÚRBIOS OU CHOQUES

Os distúrbios mais importantes do ciclo de negócios são os **choques na produtividade (choque tecnológico)** e **choques nos gastos do governo**. Há dois tipos de choques de produtividade: positivo e negativo.

Choques negativos de produtividade ou choques desfavoráveis (por exemplo, a crise do petróleo na década de 1970) provocam diminuem o produto e aumentam os preços (estagflação), de modo que a curva de oferta agregada se desloca para a esquerda e para cima. Choques negativos de produtividade podem ser interpretados como elevação de custos e de contração da curva de oferta agregada.

Por outro lado, **choques positivos de produtividade ou choques favoráveis** (por exemplo, um avanço tecnológico) aumentam o produto e reduzem os preços haja vista que a curva de oferta agregada se desloca para a direita e para baixo. Choques positivos de produtividade podem interpretados como redução dos custos e expansão da curva de oferta agregada.

(B) MECANISMOS DE PROPAGAÇÃO

Mecanismo de propagação é o meio através do qual um distúrbio se espalha na economia. O objetivo é explicar por que os choques na economia parecem ter efeitos de longa duração.

Um mecanismo muito associado com o equilíbrio dos ciclos de negócios, contudo, é a **substituição intertemporal de trabalho (lazer)**. A teoria dos ciclos reais de negócios considera que a oferta de trabalho, em um determinado momento do tempo, depende dos incentivos econômicos oferecidos ao trabalhador. Trata-se do pressuposto da substituição intertemporal de trabalho (ou lazer). Quando os trabalhadores são bem remunerados, estarão dispostos a trabalhar mais horas, ao passo que se a remuneração é menor, os trabalhadores desejam trabalhar menos horas. Se a remuneração for muito baixa, os trabalhadores deixarão de trabalhar temporariamente. Portanto, se o salário real for temporariamente alto, ou a taxa de juros for elevada, a oferta de trabalho tende a se expandir. Caso contrário, o trabalhador escolhe o lazer. Para que a oferta de trabalho reaja a um pequeno aumento do salário real é preciso que existam duas condições:

(1º) as pessoas devem ter grande flexibilidade de poder substituir o trabalho no tempo (a *elasticidade intertemporal da substituição do lazer deve ser grande*), ou seja, deve existir uma flexibilidade muito grande por parte dos trabalhadores para ajustarem seu lazer presente e futuro;

(2º) os trabalhadores devem considerar transitório o aumento salarial no ciclo de negócios, para que estejam dispostos a variar abruptamente a oferta de trabalho para aproveitar o salário real temporariamente alto, ou seja, os trabalhadores devem ser capazes de identificar que o aumento dos salários é transitório.

(CESPE-UnB/Analista de Comércio Exterior/2001) – Julgue o item a seguir, como verdadeiro ou falso.

O mecanismo da substituição intertemporal do lazer tenta explicar porque pequenas variações salariais se traduzem em mudanças substanciais no emprego durante os ciclos econômicos.

Solução:

Verdadeiro. A teoria dos ciclos econômicos reais usa a substituição intertemporal do trabalho para explicar por que o produto e a renda flutuam. Choques na economia que provoquem aumento nos juros ou elevação temporária dos salários levam os trabalhadores a querer trabalhar mais. O aumento no esforço da mão-de-obra aumenta o emprego e o produto da economia. Esta teoria assume que, se a tecnologia de produção disponível melhora, a produção aumenta e, por causa da substituição intertemporal do trabalho, a melhora tecnológica acaba conduzindo a um aumento do emprego. A curva de oferta, não só é positivamente inclinada, como se desloca para frente em face de um choque positivo de oferta. Esse deslocamento da curva de oferta se deve a substituição intertemporal de trabalho, ou seja, em situações em que a produtividade marginal do trabalho é excepcional, aumentam as horas de trabalho que os trabalhadores estão dispostos a oferecer em detrimento de situações em que a produtividade está em baixa.

4.3. Economia de Robinson Crusoé

Trata-se de um modelo simples de ciclos reais de negócios, conforme desenvolvido em Froyen (2003). Nesse modelo, a economia é composta por um grupo de indivíduos idênticos, de modo que o comportamento desse grupo pode ser explicado pelo comportamento de um agente representativo, chamado Robinson Crusoé, cuja utilidade depende da renda e do consumo.

A função de produção depende do emprego de quantidades dadas de capital (K) e trabalho (N). A renda de Robinson Crusoé é alocada em consumo e poupança, pois ele não precisa consumir todo o produto que gera em cada período, preferindo economizar para quando chegar à velhice ou deixando um patrimônio para seus descendentes.

Além de um *trade-off* trabalho-renda, o agente representativo confronta-se com um *trade--off* entre o consumo corrente e poupança para aumentar o consumo futuro. A poupança hoje irá aumentar o consumo no futuro, porque se supõe que a poupança seja investida para aumentar o estoque de capital no período seguinte: $K_{t+1} = s_t + (1 - \delta)K_t$, nessa equação o estoque de capital no período t + 1 é igual à poupança no período t mais a parte do estoque de capital $(1 - \delta)$ que sobrou do período *t*. onde δ é a taxa de depreciação do capital.

4.4. Política Monetária e a Neutralidade da Moeda no Curto Prazo

A teoria dos ciclos econômicos reais supõe que a moeda é neutra, isto é, a política monetária não afeta as variáveis reais, como o produto e o emprego, reduzindo a importância de que a variação do estoque nominal de moeda aparentemente teve um grande papel no início de muitas recessões nos Estados Unidos da América no período pós-guerra. Ou seja, as variações no estoque monetário não desempenham um papel importante no ciclo produtivo[8]. O argumento é que a quantidade de moeda ajusta-se sozinha ao nível de produção. Portanto, os teóricos do ciclo reais de negócios defendem que as variações na produção provocam variações na quantidade de moeda em vez de qualquer outro caminho. A explicação é que, quando o nível de produção aumenta, as pessoas demandam mais encaixes reais e os bancos podem respondem criando mais moeda. Assim, os defensores dessa abordagem argumentam que flutuações no produto podem causar flutuações na oferta de moeda. Esta proposta endógena da moeda à atividade econômica poderia conduzir à ilusão de não-neutralidade da moeda.

---

[8] WALSH, C. New View of the Business Cycle: Has the Past Emphasis on Money Been Misplaced?, Business Review, Federal Reserve Bank of Philadelphia, 1986.

WALSH, C, HARTLEY, P. Financial Intermediation, Monetary Policy, and Equilibrium Business Cycles, Federal Reserve Bank of San Francisco Review, 1988.

A característica definidora de modelos de ciclos reais de negócios é que fatores reais, e não monetários, são responsáveis por flutuações no produto e no emprego. Muitos modelos de ciclos reais de negócios nem sequer incluem a moeda como uma variável, e, portanto, não explicam o modo como políticas monetárias deveriam ser conduzidas. Em modelos de ciclos reais de negócios que levam em consideração a moeda, seu papel é determinar o nível de preços, como no modelo clássico original. Mudanças na quantidade de moeda resultam em mudanças proporcionais no nível de preços, mas não alteram o produto e o emprego (teoria quantitativa da moeda).

4.5. Política Fiscal e Choques nos Gastos Governamentais

Além dos choques tecnológicos, as flutuações no produto também são devidas à política fiscal, mas em uma análise diferente da teoria keynesiana, porque a política fiscal, ao alterar a taxa de juros, afeta o pressuposto da substituição intertemporal do trabalho (ou lazer). Em outras palavras, o efeito da política fiscal ocorre pelo lado real da economia, e não por causa de seu efeito sobre a demanda agregada. De acordo com esse pressuposto, quanto maior a taxa de juros, por causa de uma política fiscal expansionista, mais os agentes estarão dispostos a sacrificar o lazer hoje (aumentar as horas trabalhadas hoje), substituindo-o por mais lazer no futuro (menos trabalho no futuro), quando as taxas de juros tiverem diminuído. O aumento da taxa de juros eleva o salário real hoje, resultando em um aumento da disponibilidade de trabalho e expansão do produto.

Note que muitas ações de política fiscal irão afetar o produto e o emprego em um modelo de ciclos reais de negócios, não por meio de um efeito sobre a demanda agregada nominal, como no modelo keynesiano, mas por meio de efeitos no lado da oferta. Mudanças na carga tributária sobre a renda dos trabalhadores ou sobre o retorno do capital afetarão as escolhas dos agentes otimizadores. Um imposto sobre a renda dos trabalhadores fará um indivíduo escolher lazer demais em relação ao emprego (e consumo resultante). Um imposto *lump sum* (imposto fixo por pessoa) afetará o comportamento individual, porque afetará a riqueza ao longo do horizonte de planejamento.

A tarefa da política fiscal no esquema de ciclos reais de negócios é minimizar essas distorções tributárias sem prejudicar a provisão de serviços governamentais necessários, como defesa nacional. Surge, então, um papel alternativo para a política monetária. Uma alternativa a financiar os gastos do governo por meio de tributação é financiá-los pela emissão de moeda. Os formuladores de políticas econômicas podem reduzir a distorção devida à tributação financiando uma parte dos gastos do governo com a criação de mais moeda. Trata-se da senhoriagem, em que o governo obtém recursos reais por meio da emissão de moeda. Porém, a taxa de senhoriagem tem seus custos, pois quanto mais rápida for a taxa de crescimento da oferta monetária, mais alta será a taxa de inflação. Logo, nos modelos de ciclos reais de negócios, segue-se que o uso ótimo das políticas fiscal e monetária é combiná-las de forma a minimizar os custos totais da inflação e da distorção tributária.

5. OS NOVOS KEYNESIANOS

5.1. Introdução

Apesar do sucesso inicial da macroeconomia novo-clássica nos Estados Unidos durante a década de 70, algumas das falhas inerentes a modelos como os de ciclos monetários e a extrema simplicidade dos modelos de ciclos reais de negócios fizeram com que, ainda nessa época, surgissem explicações alternativas a respeito das flutuações econômicas. Ao oposto da hipótese de *market-clearing*, surgem modelos baseados em um ajuste gradual de preços e salários (ou seja, modelos com rigidez nominal e real de preços e salários). Logo, começa a tomar forma uma nova abordagem macroeconômica, baseada principalmente em falhas de mercado, que produzem problemas de coordenação da economia, impedindo-a de operar eficientemente, e chegam a conclusões bem distintas dos modelos da macroeconomia novo-clássica.

A **teoria novo-keynesiana é caracterizada por abordagens diversificadas**, que possuem os seguintes elementos em comum:

a) Nos modelos novos-keynesianos, pressupõe-se alguma forma de concorrência imperfeita para o mercado de produtos. Isto contrasta com os modelos keynesianos anteriores, que pressupunham concorrência perfeita.

b) Enquanto a principal rigidez nominal nos modelos keynesianos anteriores era a do salário monetário, os modelos novos-keynesianos também se voltam para a rigidez dos preços dos produtos;

c) Além dos fatores que causam a rigidez de variáveis nominais, por exemplo o salário monetário (salário nominal), os modelos novos-keynesianos introduzem a rigidez real – fatores que provocam a rigidez do salário real ou do preço relativo das firmas diante de mudanças na demanda agregada.

d) Os modelos novos-keynesianos tentam explicar o desemprego involuntário;

e) Os modelos novos-keynesianos tentam explicar como variações na demanda agregada, implicam em variações reais, pelo menos no curto prazo (ou negação da dicotomia clássica).

Nesse sentido, **as principais proposições da teoria novo-keynesiana** são:

(i) Uma economia de mercado não regulada irá experimentar períodos prolongados de excesso de oferta do produto e do trabalho, em contradição com o pressuposto clássico da "Lei de Say";

(ii) a instabilidade macroeconômica agregada (ciclos de negócios) é principalmente causada por distúrbios na demanda agregada;

(iii) a moeda é importante na maioria das vezes, embora em recessões profundas a política monetária possa ser ineficiente (Blanchard, 1990; Krugman, 1998);

(iv) a intervenção do governo na forma de políticas de estabilização tem o potencial de aumentar a estabilidade macroeconômica e o bem-estar.

(FGV Projetos/Economista/Superintendência do Desenvolvimento do Nordeste – SUDENE/2013) – Segundo a teoria novo-keynesiana os custos de menu explicam a:

a) rigidez nominal dos preços.

b) rigidez real dos preços.

c) indexação da economia.

d) existência de inflação de custos.

e) existência do salário-eficiência.

Solução:

A resposta é a letra "a". Entre os modelos que enfatizam a **rigidez nominal** destacam-se os de custos de reajuste de preços – custos de menu (*menu costs*) e seus derivados – e os de contratos justapostos. Os primeiros enfatizam custos fixos relacionados à remarcação de preços como causa de relativa inércia nominal. Também são compatíveis com a ideia de informação imperfeita acerca da ação dos concorrentes, aonde o custo da mudança é a perda potencial de clientela num ambiente de jogo não-cooperativo. Quando o custo marginal (esperado) da mudança supera o ganho marginal da mesma, mantém-se a tabela anterior. Os segundos modelos derivam de uma combinação de informação imperfeita com a inexistência de mercados contingentes completos, o que leva os agentes a firmarem contratos fixos nominalmente para intervalos de tempo determinados. A justaposição destes intervalos é analiticamente necessária para evitar uma dinâmica de preços monetários que apresente saltos discretos sincronizados. Esta hipótese é condição suficiente para a não-neutralidade da moeda, no curto prazo, ainda que se considere a hipótese de expectativas racionais.

Do lado dos modelos de **rigidez real** destacam-se os de concorrência imperfeita no mercado de bens, os de seleção adversa de crédito, os de salário-eficiência e *insider-outsider* no mercado de trabalho. A lógica geral destes é de definição de situações que geram rigidez de preços relativos, impedindo que os mercados equilibrem continuamente ofertas e demandas. A seguir, examinaremos os principais aspectos da teoria novo-keynesiana.

> A diferença central entre novos-keynesianos e keynesianos tradicionais – entenda-se a teoria keynesiana consolidada na Curva de Phillips e no instrumental IS-LM – está na neutralidade da moeda. Para os novos-keynesianos a moeda é neutra no longo prazo, sendo os efeitos da política monetária sobre as variáveis reais no curto prazo explicados pela rigidez de preços e salários. Ao contrário da teoria keynesiana tradicional, portanto, o *trade-off* da Curva de Phillips seria limitado ao curto prazo.

5.2. Custos de Menu

Existem alguns custos que podem explicar a rigidez de preços na economia, dentre os quais se destacam os chamados custos de *menu* (custos de cardápio ou custos de etiquetagem), definidos custos de reajuste de preços por parte das empresas. Os economistas novos-keynesianos defendem que tais custos podem resultar em efeitos negativos para a sociedade, pois quando uma empresa reduz seus preços, ocorre uma ligeira redução no nível médio dos preços, causando, portanto, um aumento nos saldos monetários reais, o que expande a renda agregada de acordo com o modelo IS/LM. Tal expansão, por sua vez, aumenta a demanda pelo produto de todas as outras empresas. Mas a presença de rigidez de preços decorrente da existência de custos de *menu* impede a ocorrência deste processo.

Exemplo: Considere o seguinte exemplo: suponha uma economia na qual as firmas operam em concorrência imperfeita e são capazes de fixar preços. Segundo **os novos-keynesianos**, se, para cada empresa, os custos associados a mudanças de preços (*custos de menu*) são superiores aos benefícios que elas obtêm individualmente com alterações de preços, é possível afirmar que, em resposta a uma elevação do nível de demanda:

a)   os *custos de menu* são ignorados pelas firmas, não afetando os níveis de produção e emprego.

b)   os preços aumentam bem como os níveis de produção e emprego.

c)   os preços aumentam, mas os níveis de produção e emprego não variam.

d)   os preços não variam, mas os níveis de produção e emprego aumentam.

e)   os preços não variam, nem os níveis de produção e emprego.

Solução:

A resposta é a letra "d". Segundo os novos keynesianos, os concorrentes monopolistas e oligopolistas têm algum controle sobre os preços de seus produtos. De fato, o incentivo para baixar preços pode ser bastante fraco para esses tipos de firmas. Se elas mantiverem seu preço inicial quando a demanda cair, irão perder vendas, mas as vendas que se conservarem serão ainda feitas pelo preço inicial relativamente alto. Além disso, se todas as firmas mantiverem os preços iniciais, nenhuma firma irá perder vendas para seus concorrentes. Diante de uma queda na demanda, o preço que maximiza o lucro irá cair, mesmo para uma firma em um ambiente de concorrência imperfeita. Embora o lucro devido a uma redução de preços possa ser pequeno, há algum ganho. Por que, então, as firmas não reduziram os preços? Algumas firmas podem manter constantes os preços dos produtos, mesmo com a queda da demanda, se perceberem um custo com a mudança de preços que supere o benefício da redução de preços. Em outras palavras, as empresas que alteram os preços têm pequenos custos diretos, por exemplo, os catálogos precisam ser revisados, reimpressos e enviados aos clientes, as máquinas de refrigerantes precisam ser recalibradas, os restaurantes precisam alterar os cardápios, a empresa precisa distribuir novas listas de preços às suas equipes de venda etc. No caso de uma elevação da demanda, o raciocínio é o inverso, ou seja, os preços continuam não variando, mas os níveis de produção e de emprego aumentam.

(ESAF/Técnico de Pesquisa e Planejamento do IPEA/2004) – Considere a seguinte afirmação:

"Uma das razões pelas quais os preços, no curto prazo, não se ajustam imediatamente está no fato de que esse ajuste envolve alguns custos. Para mudar seus preços, a empresa deve enviar catálogos a seus clientes, distribuir novas listas de preços a suas equipes de venda (...). Estes custos de ajustes (...) levam as empresas a ajustar seus preços de forma intermitente, e não constante".

(Adaptado do livro de N. Gregory Mankiw, Macroeconomia, 3ª Edição, LTC editora).

A afirmação acima refere-se:

a)   aos custos de menu;

b)   aos custos da inflação;

c)   aos custos da mão-de-obra em situações onde há rigidez de salário;

d)   aos custos de transação;

e)   aos custos de informação.

Solução:

A resposta é a letra "a". Mankiw (1985)[9] demonstra como os custos de *menu* podem ter amplos efeitos a nível de bem-estar social agregado. Ou seja, mesmo que uma dada firma se depare com choques de demanda, ela pode vir a não alterar seus preços, posto que o custo de fazê-lo pode ser maior do que a perda incorrida pela não-execução da estratégia ótima (que seria ajustar seus preços em resposta aos choques de demanda). O resultado disto é um comportamento inercial por parte da firma, o que acaba por ter sérias consequências sobre o bem-estar social. Isto porque, devido à hipótese de concorrência imperfeita do modelo, passa a haver um intervalo entre os retornos privado e social; o que em última instância, demonstra o caráter assimétrico de *booms* e recessões.

Akerlof e Yellen (1985)[10] complementam a explicação de Mankiw (1985) a partir da definição do conceito de "quase-racionalidade", que segundo esses autores, equivale a uma situação onde os agentes econômicos, mesmo quando não atuam de forma a maximizar seus ganhos individuais, podem vir a incorrer em perdas muito pequenas do ponto-de-vista individual, o que faz com que estes nem sempre maximizem (já que o custo de não fazê-lo é pequeno). O principal resultado daí decorrente é que um comportamento não-maximizador que gere perdas de segunda ordem (definidas como muito pequenas) para os agentes, pode ainda assim, exercer efeitos de primeira ordem (de magnitudes consideráveis) sobre variáveis reais, como os níveis de renda e emprego, por exemplo.

Blanchard e Kiyotaki (1987)[11] consideram ainda a possibilidade de ocorrência de externalidades advindas de decisões individuais das firmas, que tendem a operar a partir da demanda agregada da economia ("externalidades de demanda agregada"), pode vir a ocorrer uma situação onde os custos sociais decorrentes da rigidez de preços tendem a suplantar os custos privados para cada firma individual, acabando por afetar, em última instância, as demais firmas da economia e tendo sérias consequências em termos de bem-estar social. Para entender como os preços se ajustam lentamente, deve-se admitir que haja externalidades nos ajustes de preços: a redução dos preços de uma empresa beneficia outras empresas. Quando uma empresa reduz os preços cobrados ($\downarrow$P), reduz ligeiramente o nível médio de preços e, portanto, aumenta os salários monetários reais [$(M/P\downarrow)\uparrow$]. O aumento dos saldos monetários reais expande a renda agregada, deslocando a curva LM para a direita. A expansão econômica, por sua vez, aumenta a demanda pelos produtos de todas as outras empresas. O impacto macroeconômico do ajuste dos preços de uma empresa sobre a demanda pelos produtos de todas as outras é chamado de externalidade da demanda agregada.

Em presença de externalidades da demanda agregada, os pequenos custos de *menu* podem tornar os preços rígidos, e esta rigidez pode ter um alto custo para a sociedade. Por exemplo, considere uma empresa que fixe seus preços em nível elevado e depois decida reduzir os preços. Devido

---

[9] MANKIW, N. G. Small Menu Costs and Large Business Cycles: A Macroeconomic Model of Monopoly, *Quartely Journal of Economics* 100, maio de 1985, p. 529-537.

[10] AKERLOFF, G. A; YELLEN, J. A Near-Rational Model of the Business Cycle with Wage and Price Inertia, *Quarterly Journal of Economics*, suplemento de 1985, p. 823-838

[11] BLANCHARD, O. J; KIYOTAKI, N. Monopolistic Competition and the Effects of Aggregate Demand, *American Economic Review 77*, setembro de 1977, 647-666.

à externalidade da demanda agregada, o benefício para a sociedade será maior do que o benefício para a empresa. Uma vez que a empresa ignora esta externalidade ao tomar a decisão, às vezes deixa de pagar o custo de *menu* e cortar seu preço mesmo que esse corte seja socialmente desejável. Neste contexto, os preços rígidos podem ser ótimos para aqueles que determinam os preços, mesmo sendo indesejáveis para a sociedade como um todo.

5.3. Contratos de Trabalho Justapostos

O fato de os salários não serem determinados em base diária ou mensal, mas sim predeterminados em contratos, acarreta que os salários não se movimentam rapidamente em direção ao equilíbrio de mercado. Para a teoria keynesiana, uma das fontes de rigidez macroeconômica é o salário nominal predeterminado por um contrato salarial de longo prazo. Nesse contexto, os salários não são fixos, mas sim **rígidos** e ajustam-se gradualmente aos deslocamentos da demanda agregada. Esse ajustamento gradual é suficiente para justificar a curva de oferta agregada positivamente inclinada, bem como para que as variações da demanda agregada ocasionem variações na produção e no emprego.

Nos países mais desenvolvidos, os contratos salariais formais são muito mais utilizados que nas nações em desenvolvimento, e a vigência dos contratos é de um a três anos. Os contratos podem determinar várias características: certo salário nominal, ou trajetória de salário nominal, para o período do contrato; uma regra de indexação que relaciona a variação salarial com a inflação passada; e cláusula que afirma que o contrato deve ser renegociado caso a inflação, ou outra variável macroeconômica, ultrapasse certo nível. Entretanto, nos países de menor renda *per capita*, parte da força de trabalho está ou na agricultura, como autônoma ou sem contratos formais, ou setor informal, onde as pessoas são autônomas ou trabalham em troca de um pagamento diário, sem um contrato formal de trabalho.

Finalmente, em que medida os contratos são negociados ao mesmo tempo? Sabe-se que a sincronização está diretamente ligada ao grau de centralização. Japão é uma importante exceção a essa regra. Quando os contratos não são sincronizados diz–se que a contratação salarial é justaposta ("*staggered*"). A inércia aumenta com a duração e o grau de justaposição dos contratos salariais. Isso torna o combate à inflação mais complicado. Se o governo anunciar um plano de combate à inflação, por exemplo, através de contração monetária, os salários continuarão sendo ajustados de acordo com a situação econômica anterior ao anúncio do novo plano. De outro lado contratos sincronizados de duração anual, permitem que todo ano haja a oportunidade de que planos anunciados antes da data geral de negociação, tenha efeito completo logo em seguida. Em resumo o custo da inflação é maior em países com contratos salariais justapostos.

Os modelos de contrato justapostos derivam de uma combinação de informação imperfeita com a inexistência de mercados contingentes completos, o que leva os agentes a firmarem contratos fixos nominalmente para intervalos de tempo determinados. A justaposição destes intervalos é analiticamente necessária para evitar uma dinâmica de preços monetários que apresente saltos discretos sincronizados. Esta hipótese é condição suficiente para a não-neutralidade da moeda, no curto prazo, ainda que se considere a hipótese de expectativas racionais.

5.4. Modelo Incluído-Excluído e Histerese

Determinada variável exibe histerese se, quando forçada a se afastar de um valor inicial, não apresenta nenhuma tendência de retorno mesmo quando o choque termina. Em termos de desemprego, modelos de histerese procuram explicar por que altas taxas de desemprego persistem mesmo depois que sua causa inicial já deixou de existir.

Uma das explicações para a histerese no processo do desemprego é o modelo incluído-excluído, que requer concorrência imperfeita no mercado do produto e no mercado de trabalho[12]. Considere uma situação com um sindicato no lado dos empregados e poucas firmas empregadoras. Os membros do sindicado (*incluídos*, "de dentro"), têm poder de negociação com os empregadores porque é caro substituí-los por *excluídos* ("de fora", trabalhadores não pertencentes ao sindicato ou que estão desempregados). O custo de substituí-los é um custo de recrutamento e treinamento de novos trabalhadores. Os membros do sindicato também podem impor custos aos *excluídos* que tentem aceitar empregos mais baixos, fazendo uso de piquetes, por exemplo.

Pressupõe-se que os *incluídos* usem seu poder de negociação (poder de barganha) para empurrar o salário real para cima do nível de equilíbrio de mercado, o que resulta em um grupo de *excluídos* desempregados. Os *incluídos* só empurrarão o salário real para cima até certo ponto, porque quanto mais alto o salário real, menos *incluídos* estarão empregados. Isso acontece porque o nível de empregos é igual à demanda por trabalho das firmas, a qual depende negativamente do salário real.

No modelo *incluído-excluído*, o desemprego resulta de um salário real fixado acima do nível de equilíbrio de mercado (desemprego de *excluídos*) e de uma resposta cíclica a mudanças na demanda agregada. Note que, durante as recessões, algumas dispensas são permanentes e alguns trabalhadores saem dos sindicatos. Alguns *incluídos* tornam-se *excluídos*. A velocidade exata com que isso acontece depende das regras dos sindicatos. Com o conjunto de *incluídos* reduzido, vamos dizer, para 160 mil trabalhadores, quando ocorrer uma recuperação econômica o sindicato negociará um salário real mais alto do que o anterior (antes das recessões, quando havia 200 mil incluídos). Agora há menos *incluídos* cujas perspectivas de emprego precisem ser levadas em conta. Observe o pressuposto de que os *incluídos* não se preocupam com os *excluídos*. Com um salário real mais alto, o emprego permanecerá mais baixo do que no período pré-recessão.

O desemprego passado causa o desemprego atual por transformar *incluídos* em *excluídos*; esse é o fenômeno da histerese. Uma vez isso tendo acontecido, ocorre uma espécie de armadilha do desemprego. Os *excluídos* não exercem pressão para baixo sobre os salários reais porque eles são irrelevantes para o processo de negociação de salários. Cabe destacar que há extensões desse modelo básico *incluído-excluído* em que os desempregados *excluídos* têm alguma influência na negociação de salários. Nesses modelos estendidos[13], quanto mais alta a taxa de desemprego, menor o poder de negociação que os *incluídos* podem exercer. Isso acontece porque seu receio de ficar desempregados é maior, uma vez que eles sabem que sua perspectiva de encontrar outro emprego é pequena, e a ameaça dos empregadores de substituí-los por trabalhadores desempregados é mais digno de crédito. Nesses modelos estendidos, porém, ainda há desemprego persistente.

---

[12] BLANCHARD, O. SUMMERS, L. Hysteresis and the European Unemployment Problem, *in Stanley Fischer, org., NBER Macroeconomics Annual,* Cambridge, Mass., MIT Press, 1986.

[13] BLANCHARD, O. J. Wage Bargaining and Unemployment Persistence, *Journal of Money, Credit, and Banking,* 1991.

Os pesquisadores Assar Lindbeck e Dennis Snower publicaram obra sobre a análise abrangente do papel dos membros e não-membros de sindicatos na negociação salarial e as implicações para o equilíbrio macroeconômico.[14] O resultado básico seria a rigidez real dos salários, mesmo diante da ocorrência de desemprego involuntário. Uma das principais virtudes desse tipo de modelo reside no fato deles representarem uma justificativa teórica à existência de sindicatos.

5.5. Contratos Implíticos

A teoria dos contratos implícitos tenta explicar a rigidez salarial, postulando que há uma assimetria fundamental entre os trabalhadores e a empresa que os emprega. Enquanto as empresas são neutras ao risco, os trabalhadores são avessos ao risco. O nível de salário não só define um padrão de compensação pelos serviços prestados pela mão-de-obra, como também serve como um tipo de seguro contra o risco de variação da renda, quando os trabalhadores não têm acesso ao mercado financeiro para reduzir o risco. Em especial, as empresas podem concordar em manter o salário real constante, mesmo diante de crises, a fim de proteger os trabalhadores avessos ao risco das variações de renda. Esse acordo pode ser formalmente incluído nos contratos de trabalho, ou estar implicitamente refletido no comportamento da determinação de salário por parte da empresa, mesmo na ausência de acordos salariais formalmente negociados.

Por exemplo, considere uma economia sujeita a choques de oferta, como a variação de preços do petróleo importado. Normalmente, os salários reais de equilíbrio vão variar de acordo com o preço relativo do petróleo. Quando o preço do petróleo aumenta ($\uparrow$P), o salário real geralmente cai [(W/$\uparrow$P)$\downarrow$]. Mas, se a empresa estiver agindo tanto como empregador quanto como agente de seguros, pode concordar (implícita ou explicitamente) em manter os salários constantes em face das variações do preço do petróleo.

Em resumo, o salário desempenha outras funções além de equilibrar o mercado de trabalho. Ele pode funcionar como um seguro para os trabalhadores: uma vez que esses têm dificuldade de acesso ao crédito eles podem valorizar o compromisso de uma renda constante mesmo em situações de adversidade. Mesmo que isso não seja explicitado contratualmente, o acordo pode estar implícito. Isso explicaria a rigidez salarial, mas dificilmente é um bom argumento para justificar flutuações no emprego.

No caso dos chamados contratos implícitos o ponto central está relacionado ao padrão de comportamento dos agentes com relação ao risco. A teoria supõe, por exemplo, que os trabalhadores seriam avessos ao risco, enquanto as firmas seriam risco-neutras. Neste caso, a inflexibilidade salarial face às oscilações na demanda cumpriria o papel de um seguro contra a incerteza da renda futura dos trabalhadores.

---

[14] LINDBECK, A; SNOWER, D. *The Insider-Outsider Theory of Employment and Unemployment,* Cambridge, MA: MIT Press, 1989;

_____. Wage Setting Unemployment and Insider-Outsider Relations, *American Economic Review,* 76, maio de 1986.

SOLOW, R. Insiders and Outsiders in Wage Determination, *Scandinavian Journal of Economics,* 87, 1985.

5.6. Salários de Eficiência

Alguns modelos macroeconômicos trabalham com a hipótese de que o salário não se ajusta conforme um modelo tradicional de oferta e demanda por trabalho, existindo, assim, certa "rigidez salarial". Tal rigidez é sustentada pelas teorias do **salário de eficiência**[15]. Estas teorias sustentam que salários mais elevados tornam os trabalhadores mais produtivos, o que pode explicar porque determinadas empresas não reduzem salário, mesmo quando há excesso de oferta no mercado de trabalho. As teorias de salário-eficiência afirmam que o fato de salários mais altos tornarem os trabalhadores mais produtivos seria uma terceira causa, além das leis de salário mínimo e da sindicalização e da rigidez salarial.

(CESPE-UnB/Analista de Comércio Exterior/2001) – Julgue o item a seguir, como verdadeiro ou falso:

A teoria do salário-eficiência sugere que os salários são rígidos em parte porque salários mais elevados contribuem para elevar a produtividade dos trabalhadores.

Solução:

Verdadeiro. A teoria do salário de eficiência tenta explicar a rigidez do salário real como resultado do custo de avaliar o esforço e a produtividade dos trabalhadores isoladamente. Na vida real, as pessoas possuem diferentes habilidades em consequência de seu treinamento ou talentos inatos (trabalhadores são heterogêneos: variam em habilidades inatas e treinamento). Ao mesmo tempo, certo trabalhador pode-se esforçar mais do que outro para fazer determinado serviço (esforço dedicado ao trabalho igualmente varia entre trabalhadores). É evidente que as empresas têm interesse na habilidade e no esforço que o trabalhador emprega no serviço, mas não é fácil monitorar essas variáveis. A premissa da teoria do salário de eficiência é que a eficiência dos trabalhadores depende positivamente do salário real que eles recebem. Logo, as teorias de salário-eficiência afirmam salários mais elevados tornam os trabalhadores mais produtivos, o que pode explicar porque determinadas empresas não reduzem salário, mesmo quando há excesso de oferta no mercado de trabalho.

O elemento fundamental dos modelos de salário de eficiência é uma explicação do motivo pelo qual a eficiência (ou produtividade) dos trabalhadores depende do salário real. Várias explicações lógicas são oferecidas:

a) **Modelo de Leniência (*shirking*).** Suponha que os trabalhadores tendam a "enganar" no serviço, fazem "corpo mole", esforçando-se pouco porque sabem que para a empresa sai caro verificar que estão trabalhando. Os salários, se vistos pelos trabalhadores como muito baixos, podem levar os trabalhadores à indolência, a problemas de motivação dentro da empresa, a dificuldades para recrutar ou manter bons trabalhadores e assim por diante. Porém, a empresa monitora o trabalho e, quando um empregado é apanhado nessa situação, é despedido. O custo

---

[15] STIGLITZ, J. The Efficiency Wage Hipothesis, Surplus Labor and the Distribution of Income in L.D.Cs, *Oxford Economic Papers*, 1976; SOLOW, R. Another Possible Source of Wage Stickyness, *Journal of Macroeconomics*, 1979; YELLEN, J. Efficiency Wage Models of Unemployment, *American Economic Review*, 1984. Para os alunos de cursos superiores de Administração de Empresas, é interessante lembrar que Henry Ford instituiu, em 1914, o salário diário de cinco dólares para seus trabalhadores, acima do salário diário de mercado de dois a três dólares. Ford achou que, com isso, desestimularia as faltas ao trabalho, reduzira a rotatividade de mão-de-obra e melhoraria o moral do trabalhador, a produtividade, como resultado, cresceria.

de oportunidade de ser despedido é o salário que o funcionário estava recebendo no emprego, menos o salário que pode receber em outro emprego.

Uma empresa pode achar lucrativo pagar salários superiores ao **salário de equilíbrio de mercado (salário de restrição ou salário de *market-clearing*)**, deduzindo que, se o funcionário receber mais do que o mercado paga, vai achar arriscado "enganar" no serviço; o custo de ser despedido será muito alto. Na realidade, pagando mais, a empresa induz os funcionários a se esforçar ao máximo. Quanto mais difícil monitorar o desempenho de um trabalhador, maior deve ser o seu salário.

Em resumo, há um problema de **risco moral:** a empresa é incapaz de monitorar as atividades dos seus empregados sem incorrer em algum custo. Por isso, a firma aumenta os salários num patamar acima do equilíbrio competitivo, pois assim os empregados terão incentivos para trabalhar duro, elevando assim a produtividade.

(Cespe-UnB/Analista do Banco Central do Brasil – Área: Política Econômica e Monetária/2013) – Julgue o item a seguir como verdadeiro ou falso.

O salário de restrição é o menor salário que os empregadores estão interessados em pagar para determinada atividade econômica.

Solução:

Falso. O salário de restrição é conhecido também por "salário reserva", isto é, o salário que torna os trabalhadores indiferentes entre trabalhar ou ficar desempregado. É claro que os empregadores estarão interessados em pagar maiores salários para determinada atividade econômica.

b) **Modelos de custos de rotatividade (*turnover*).** Uma teoria de salário-eficiência afirma que o pagamento de salários mais altos reduz a rotatividade da mão-de-obra. Se os trabalhadores recebessem apenas seu salário de equilíbrio, eles ficariam indiferentes entre permanecer ou sair e a rotatividade seria elevada. O pagamento de salário maior do que o salário de equilíbrio pode reduzir a rotatividade da mão-de-obra, desincentivando os pedidos de demissão e aumentando a produtividade. Se sair caro para a empresa perder um funcionário (em termos de redução da produtividade ou de custos de contratação e demissão), a empresa pode optar por pagar salários acima do mercado. Além do mais, se os funcionários possuem habilidades diferentes, a empresa que paga mais vai atrair os mais capacitados e as que reduzem salários vão instigar um número desproporcional de demissões por parte dos trabalhadores altamente produtivos. Os custos de recrutamento e treinamento também serão reduzidos.

c) **Modelos de reciprocidade.** Outra explicação para a eficiência depender do salário real centra-se no estado de ânimo dos trabalhadores. De acordo com essa argumentação, se a firma pagar um salário real acima do salário de equilíbrio de mercado, melhorará o moral dos trabalhadores, que se esforçarão mais. A firma dá aos trabalhadores o presente de um salário acima do mercado, e os trabalhadores retribuem com uma maior eficiência. Quanto maiores as responsabilidades de um trabalhador, maior deve ser o seu salário.

d) **Modelos de salário de eficiência em países subdesenvolvidos e em desenvolvimento**. Trata-se de uma teoria de salário-eficiência, aplicada principalmente a países em desenvolvimento, que associa a decisão da firma de pagar um salário acima do nível de equilíbrio à manutenção de uma força de trabalho mais saudável. Essa teoria de salário-eficiência afirma que o pagamento de salários acima do nível de equilíbrio melhora a qualidade média da força de trabalho. Um salário real mais alto permite um nível mais elevado de consumo, o que proporciona melhor nutrição e saúde. Isso, por sua vez, reduz as faltas ao trabalho e torna os trabalhadores mais saudáveis e produtivos.[16]

Em muitos países pobres, entretanto, os indivíduos não podem se alimentar adequadamente a menos que recebam um salário razoável. Segundo Dornbusch e Fischer (1991), em países pobres, as firmas em concorrência imperfeita e em oligopólio podem pagar salários mais elevados do que os de equilíbrio de mercado, pelo fato de estes não garantirem um adequado padrão nutricional ao trabalhador para que ele tenha a maior eficiência no trabalho. Já em países desenvolvidos, as firmas fixam o salário acima do salário de equilíbrio de mercado, para evitar que os trabalhadores mais eficientes peçam demissão ou para atraí-los.

A teoria do salário de eficiência sugere que os salários dependem tanto da natureza do emprego quanto das condições do mercado de trabalho:

a) Empresas – como as de alta tecnologia – que consideram o moral e a dedicação dos empregados essenciais à qualidade de seu trabalho, pagarão mais do que empresas em ramos em que a atividade dos trabalhadores é mais rotineira.

b) Segundo, as condições do mercado de trabalho afetarão o salário. Uma taxa de desemprego baixa torna a saída mais atraente para os trabalhadores: mesmo que eles experimentem um breve período de desemprego, a possibilidade de encontrar rapidamente outro emprego é alta. Assim, uma empresa que deseje evitar o aumento do número de demissionários aumentará os salários. Em resumo, uma taxa de desemprego baixa levará a salários mais altos.

(Cespe-UnB/Economista/MDS/2006) - Julgue o item a seguir, como verdadeiro ou falso:

De acordo com a teoria dos salários eficiência, dificuldades na avaliação do verdadeiro potencial dos trabalhadores levam os empregadores a pagar salários superiores àqueles oferecidos pelo mercado, provocando, assim, desemprego.

Solução:

Verdadeiro. Se as considerações de salário de eficiência forem importantes e, portanto, os salários reais forem definidos acima dos níveis de equilíbrio do mercado em muitos setores, poderá haver um substancial desemprego involuntário como resultado. Os trabalhadores continuarão a procurar empregos no setor de altos salários, trabalhando, por exemplo, quando a demanda é alta, em vez de aceitar empregos com salários mais baixos. Assim, o modelo de salário eficiência compatibiliza a racionalidade dos agentes com a existência de equilíbrio com desemprego involuntário.

---

[16] LEIBENSTEIN, H. The Theory of Underemployment in Densely Populated Backward Áreas, in *Economic Backwardness and Economic Growth*, Nova Iorque, Wiley, 1963.

Concluindo, a teoria dos salários de eficiência sugere que deve haver dois tipos de emprego – os bem remunerados, empregos desejáveis que são difíceis de se encontrar porque o salário está acima do salário de equilíbrio de mercado, os mal remunerados, que são fáceis de encontrar e nos quais as empresas podem observar o esforço dos trabalhadores. Esta descrição nos faz pensar que quase sempre existem empregos como esses disponíveis, mesmo quando há desemprego. Algumas vezes, esses dois tipos de empregos são descritos como primários e secundários, sendo os primários os melhores. Esta é a **hipótese do mercado dual**. Note que, independentemente do poder de barganha dos trabalhadores, as firmas têm elas próprias razões para pagar mais do que o salário de reserva.

5.7. Imperfeições no Mercado de Crédito

Duas áreas de pesquisa da economia novo-keynesiana relativamente recentes procuram evidenciar fontes potenciais de choques que não sejam baseadas exclusivamente na rigidez de preços e salários. É o caso das teorias de falhas de coordenação e das novas abordagens do mercado de crédito.

No tocante ao mercado de crédito, são enfatizadas as imperfeições inerentes a mercados de crédito, em especial, o fato de haver problemas de informação assimétrica entre credores e devedores (**seleção adversa**). Greenwald e Stiglitz (1993)[17] chamam a atenção para a possibilidade de se obter uma explicação para flutuações na atividade econômica, mesmo considerando-se a hipótese de preços e salários plenamente flexíveis. Aqui, as barreiras de ajuste em relação a distúrbios nominais não precisam estar necessariamente ligadas à rigidez de salários e preços, podendo ser causadas pelo fato de contratos de débito não serem indexados (ou seja, devido ao fato de estarem estipulados apenas em termos nominais), o que faz com que qualquer distúrbio nominal tenha efeitos reais, já que gera uma redistribuição de renda entre credores e devedores.

(Cespe-UnB/Especialista em Estudos e Pesquisas Governamentais/Instituto Jones dos Santos Neves – Governo do Estado do Espírito Santo/2010) – Julgue o item a seguir como verdadeiro ou falso.

Os novos keynesianos consideram que a rigidez nominal dos preços é responsável pela explicação dos ciclos econômicos, mas não esperam que as imperfeições informacionais tenham esse efeito sobre os ciclos.

Solução:

Falso. Os novos keynesianos concordam com a necessidade de introdução de microfundamentos mais consistentes na modelagem macroeconômica. No entanto, recusam a possibilidade de interpretar a realidade econômica a partir de mercados perfeito, como propuseram os novos clássicos. A alternativa proposta é de configurar um quadro teórico em que falhas de mercado resultam em problemas de coordenação na economia, impedindo-a de operar de forma eficiente. Em uma economia onde estão presentes estas imperfeições, existe a possibilidade de existência de rigidez nominal e real de preços, condição necessária para a negação da dicotomia clássica, conforme argumentam Mankiw e Romer (1991)[18]. A existência de falhas de mercado (por exemplo, rigidez de preços), associadas à falta de informação, à heterogeneidade, às estruturas de mercado etc., criaria

[17] GREENWALD, B; STIGLITZ, J. E. New and old keynesians. *Journal of Economic Perspectives*, v.7, n.1, p. 23-44, 1993.
[18] MANKIW, G.; ROMER, D. New keynesian economics. Cambridge, The MIT Press, 1991.

uma instabilidade relativa do equilíbrio, abrindo a possibilidade de desequilíbrio no curto prazo. No entanto, no longo prazo, após o ajustamento de preços e salários, prevaleceria a estabilidade clássica ou novo clássica. Para os economistas novos keynesianos, existe um tempo necessário (defasagem), maior do que àquele previsto pelos economistas monetaristas, para que os preços e os salários se ajustem, o que, por sua vez, explicaria as flutuações cíclicas do produto para além ou aquém do pleno emprego, admitindo-se, com isso, a existência de desemprego involuntário no curto prazo.

5.8. Recessões como Falhas de Coordenação

Alguns defensores da teoria novo-keynesiana sugerem que as recessões resultam de falhas na coordenação. Nas recessões, o produto é baixo, os trabalhadores estão desempregados e as fábricas ociosas. Os problemas de coordenação podem surgir na fixação de salários e preços, porque aqueles que os determinam devem antecipar a ação de outros fixadores de salários e preços. Os líderes sindicais que negociam salários estão preocupados com as concessões que outros sindicatos poderão obter. As empresas estarão preocupadas com os preços de seus concorrentes.

As falhas de coordenação se referem à hipótese de que se uma firma não acreditar que seus concorrentes também reduzirão os preços quando de uma redução da demanda, esta não diminuirá seu preço com receio de que uma queda isolada a deixe numa posição relativa de mercado desfavorável.

Dependendo do que as empresas assumem sobre as ações das outras, a economia pode alcançar diferentes pontos de equilíbrio. Alguns destes podem ser pontos de equilíbrio "bons", no sentido de que a produção é alta porque todos acreditam que alguém mais também acredita que este é um bom ano; mas é também possível que as empresas formem visões pessimistas sobre as ações das outras, o que resulta em um ponto "ruim" de equilíbrio.

5.9. A Defasagem de Preços e Salários

Na teoria novo-keynesiana, é importante observar que a ideia de rigidez de preços e salários é diferente da ideia de fixidez. Preços e salários rígidos significam que há um ajustamento lento dos mesmos e não que sejam fixos.

Os salários e preços da economia não são todos fixados ao mesmo tempo. Há defasagens nos reajustes. Essas defasagens fazem com que o nível global de preços e salários se ajuste lentamente, mesmo quando os preços e os salários individualmente variam frequentemente.

Suponha que a fixação de preços seja sincronizada: cada empresa reajusta seu preço no primeiro dia do mês. Se a oferta e a demanda agregadas aumentam no dia 10 de janeiro, o produto será maior do dia 10 de janeiro ao dia 1º de fevereiro, porque nesse intervalo os preços se mantêm fixos. Mas no dia 1º de fevereiro todas as empresas aumentarão seus preços em resposta à elevação da demanda, interrompendo a expansão.

Mas e se o reajuste de preços for defasado. Metade das empresas reajuste seus preços no início do mês e a outra metade no dia 15. Se houver um aumento da oferta monetária no dia 10, metade das empresas reajustará seus preços no dia 15. Mas estas empresas não farão um grande reajuste. Como metade das empresas não reajusta seus preços no dia 15, um aumento de preços de qualquer empresa aumentará seu preço relativo, fazendo-a perder clientes. Se as empresas que reajustam seus preços no dia 15 aumentam-nos em um pequeno percentual, as empresas que reajustam no dia 1º do mês seguinte também farão pequenos reajustes, para evitar alterações nos preços relativos. E assim por diante. O nível de preços se eleva lentamente em consequência dos pequenos aumentos feitos no dia 1º e no dia 15. Logo, os preços defasados tornam os preços rígidos, pois nenhuma empresa quer ser a primeira a fazer um grande reajuste de preços.

(Economista/Prefeitura Municipal de Maracanaú/2011) – Conforme o Novo Modelo Keynesiano que leva em consideração a existência de imperfeições de mercado e a rigidez de preços (e salários), onde os preços não são plenamente flexíveis, permitindo ajustamentos automáticos em direção a situações de equilíbrio, algumas das explicações para a ocorrência dessas características na economia abrangem os seguintes aspectos, exceto:

a) Contratos de trabalhos;

b) Atuação sindical;

c) Contratos implícitos;

d) Salário ineficiente;

e) Custo de menu.

Solução:

A resposta e a letra "D", pois não existe teoria do salário ineficiente. A teoria do salário-eficiência sugere que os salários são rígidos em parte porque salários mais elevados contribuem para elevar a produtividade dos trabalhadores.

6. RESUMO

O quadro a seguir apresenta um resumo das características de cada escola estudada neste capitulo e, em seguida, algumas questões de concursos públicos relacionadas com o tema.

Pressupostos	Teoria Keynesiana		Teoria Clássica			
	Modelo Keynesiano	Novos Keynesianos	Modelo Clássico	Monetaristas	Novos Clássicos	Ciclos Reais de negócios
Origem das Flutuações Econômicas	Choque de Demanda Agregada	Choque de Demanda Agregada	Choques de Oferta Agregada	Choques de Demanda: PF e PM inadequadas	Choque de Demanda Agregada	Choques de Oferta Agregada
Causas das Flutuações econômicas	Rigidez nominal dos salários monetários	(i) Rigidez (nominal e real) dos preços e salários; (ii) Choques monetários nominais em variáveis reais		Variações na oferta monetária	Informação imperfeita	Choques de tecnologia
Tipo de expectativas	Expectativas Adaptativas	Expectativas Racionais	Informação Perfeita	Expectativas Adaptativas	Expectativas Racionais	Expectativas Racionais

Pressupostos	Teoria Keynesiana		Teoria Clássica			
	Modelo Keynesiano	Novos Keynesianos	Modelo Clássico	Monetaristas	Novos Clássicos	Ciclos Reais de negócios
Estrutura de Mercado	Modelos de concorrência perfeita	Modelos de Concorrência Imperfeita		Equilíbrio Geral Walrasiano: concorrência perfeita	Equilíbrio Geral Walrasiano: concorrência perfeita	Equilíbrio Geral Walrasiano: concorrência perfeita
Uso de políticas econômicas	Intervencionistas (ativistas): uso de PM e PF discricionárias em exercerem efeitos sobre o nível de atividade econômica			Não intervencionistas (passivos): (i) Regras de Política Monetária: crescimento constante da oferta monetária; (ii) PF pouco eficiente sobre o nível da atividade econômica	(i) Ineficácia das PE anunciadas; (ii) Eficácia da PE não anunciada: "surpresa monetária"	Ineficácia das PE
Dicotomia Clássica	(i) Não-neutralidade da moeda no CP;	Não neutralidade da moeda no CP; Neutralidade da moeda no LP.	Neutralidade da moeda no LP	(i) Não-neutralidade da moeda no CP; (ii) Neutralidade da moeda no LP.	Neutralidade da moeda no CP e no LP.	Neutralidade da moeda no CP e no LP.
Ajustamento de Preços e Salários	Lento: rigidez de preços/salários nominais no CP	Lento: rigidez de preços/salários nominais no CP		Lento: preços e salários não são perfeitamente flexíveis	Rápido: perfeita flexibilidade de preços e salários	
Curva de Phillips	Existe no CP	Existe no CP		Existe no CP Não existe no LP	Não existe no CP, nem no LP	
Desemprego	Involuntário	Involuntário	Voluntário		Voluntário	Voluntário

Fonte: Elaboração Própria. "CP" significa curto prazo. "LP" significa longo prazo. "PE" significa políticas econômicas ou políticas de demanda agregada. "PF" significa política fiscal. "PM" significa política monetária. Novos clássicos e novos keynesianos são considerados escolas do *mainstream* macroeconômico.

(Fundação Cesgranrio/Analista do Banco Central do Brasil/2010) – A existência de ciclos econômicos tem estimulado o desenvolvimento das mais variadas teorias que procuram explicar suas causas de modo a sugerir o que pode ser feito pelos responsáveis pelas políticas macroeconômicas. Nessa perspectiva, relacione as explicações às referências de autores, grupo de autores ou teoria a seguir.

Proposições

I - Os ciclos econômicos são identificados pelos movimentos autocorrelacionados das discrepâncias do produto real quanto à sua tendência, as quais não podem ser explicadas pela disponibilidade de fatores e pela tecnologia.

II - À medida que a economia se aproxima do pleno emprego, a taxa de crescimento do produto se reduz e, pelo efeito acelerador, os investimentos caem, o que realimenta a redução na taxa de crescimento do produto pelo multiplicador keynesiano.

III - O princípio do acelerador não considera a existência de excesso de capacidade durante os ciclos, excesso que pode permitir aumento de produto sem que ocorra investimento; dessa forma, os investimentos devem depender das taxas de lucro e não do crescimento do produto como sugere o princípio do acelerador.

IV - A maioria das flutuações econômicas é causada, não pelas variações de demanda agregada decorrentes de mudanças de expectativas ou otimismo empresarial, mas sim pelas reações dos agentes econômicos a choques de oferta.

Autores ou teorias

P - Kalecki

Q - Keynesianos

R - Teoria dos ciclos reais

S - Novos clássicos

T - Teoria monetarista dos ciclos

As associações corretas são:

a) I – R ; II – S ; III – P e IV – Q.

b) I – R ; II – S ; III – T e IV – P.

c) I – S ; II – P ; III – R e IV – T.

d) I – S ; II – Q ; III – P e IV – R.

e) I – T ; II – Q ; III – S e IV – R.

Solução:

A resposta é a letra "d". Para os economistas novos clássicos, os ciclos econômicos são identificados pelos movimentos autocorrelacionados das discrepâncias do produto real quanto à sua tendência, as quais não podem ser explicadas pela disponibilidade de fatores e pela tecnologia. Para os economistas keynesianos, à medida que a economia se aproxima do pleno emprego, a taxa de crescimento do produto se reduz e, pelo efeito acelerador, os investimentos caem, o que realimenta a redução na taxa de crescimento do produto pelo multiplicador keynesiano. Já Kalecki postula que o princípio do acelerador não considera a existência de excesso de capacidade durante os ciclos, excesso que pode permitir aumento de produto sem que ocorra investimento; dessa forma, os investimentos devem depender das taxas de lucro e não do crescimento do produto como sugere o princípio do acelerador. Finalmente, de acordo com a teoria dos ciclos reais de negócios, a maioria das flutuações econômicas é causada, não pelas variações de demanda agregada decorrentes de mudanças de expectativas ou otimismo empresarial, mas sim pelas reações dos agentes econômicos a choques de oferta.

Capítulo 16

Teorias Econômicas sobre Crescimento no Longo Prazo

1. MODELOS DE CRESCIMENTO EXÓGENO

1.1. Modelo de Solow-Swan

Robert Solow (1956)[1] desenvolveu um modelo neoclassico visando identificar os determinantes de crescimento de longo prazo e explicar alguns fatos estilizados sobre as tendências de crescimento em países desenvolvidos. O esquema contábil busca medir os principais fatores de crescimento econômico: a acumulação de capital, o crescimento da força de trabalho e a mudanças tecnológicas.

Em 1958, o economista australiano Trevor Swan publicou um artigo que chegava nas mesmas conclusões do modelo de Solow, porém sua apresentação não era tão elegante quanto o modelo de Solow. A partir da década de 1980, visando homenagear a contribuição de Swan, Romer e outros autores passaram a se referir ao modelo Solow como sendo modelo Solow-Swan."

1.1.1. *Características da Função de Produção no Longo Prazo*

➤ **FUNÇÃO E PRODUÇÃO**: a função de produção (Y) é dada por:

$$Y = F(K, E \times L) \therefore \tag{1}$$

A produção é função de três insumos: estoque de capital (K), mão-de-obra (L) e progresso tecnológico, estado da tecnologia ou eficiência do trabalho (E). O progresso tecnológico é exógeno ao modelo, ou seja, surge na economia automaticamente, sem levar em consideração outros acontecimentos que estejam afetando a economia, e depende da saúde, educação, qualificação e conhecimentos da força de

[1] SOLOW, R. M. A Contribution to the Theory of Economic Growth. *Quarterly Journal of Economics*, 70, p. 65-94, 1956.

_____. Technical Change and the Aggregate Production Function. *Review of Economics and Statistics*, 39, p. 312-320, 1957.

trabalho: dado capital e trabalho, uma melhoria no estado da tecnologia provoca um aumento do produto. O termo $E \times L$ é a mão-de-obra medida em **unidades de eficiência** ou **a quantidade de trabalho efetivo da economia**. Este termo considera o número de trabalhadores L e a eficiência de cada um, E.

A função de produção depende, basicamente, do capital e do trabalho, mas Solow supôs uma forma especial de mudança tecnológica em que as variações de E causam o mesmo aumento no produto marginal de K e L. A equação (1) pode ser escrita da seguinte forma:

$$Y = E \times F(K,L) \therefore \tag{2}$$

Conforme o tempo passa, o termo E aumenta, significando que mais produto será gerado para uma dada quantidade de insumos, de modo que esse termo participa de forma multiplicativa. Com essa especificação, supõe-se que a mudança tecnológica não afeta a produtividade marginal relativa dos dois fatores, sendo denominada **neutra**, pois não favorece nem o capital nem a mão-de-obra. Especificamente, temos três possibilidades de função de produção:

Tecnologia "Hicks-neutra": $Y = AF(K,L) = AK^{\alpha} L^{1-\alpha}$

"Aumentadora de Capital" ou "Solow-neutra": $Y = F(AK,L) = (AK)^{\alpha} L^{1-\alpha}$

"Aumentadora de Trabalho" ou "Harrod-neutra": $Y = F(K,AL) = K^{\alpha} (AL)^{1-\alpha}$

Onde A é a variável de tecnologia, K é a variável de capital, L é a variável de mão-de-obra, e Y é a função de produção.

A função de produção neoclássica $Y = F(K, L)$ possui as seguintes propriedades:

(1) A função de produção é homogênea de grau 1, de modo que as firmas exibem **retornos constantes de escala**[2]. Por exemplo, se as firmas dobram os insumos, a produção também é dobrada; se as firmas triplicam os insumos, a produção também é triplicada, e assim por diante:

$$Y = F(2K,2L,) = 2F(K,L)$$

$$Y = F(3K,3L,) = 3F(K,L)$$

(2) Ambos os fatores de produção são necessários, isto é, $F(0,L) = F(K,0) = 0$, para qualquer K, L.

(3) Ambos os fatores de produção contribuem ao produto:

$$\frac{\partial F(K,L)}{\partial K} > 0$$

$$\frac{\partial F(K,L)}{\partial L} > 0$$

(4) A firma possui produtividade marginal decrescente, ou seja, F é côncava em ambos os argumentos:

$$\frac{\partial^2 F(K,L)}{\partial K^2} < 0$$

$$\frac{\partial^2 F(K,L)}{\partial L^2} < 0$$

---

[2] Se $y = f(x_1,\ldots,x_n)$ é uma função de produção homogênea de grau 1, então $f(tx_1,\ldots,tx_n) = tf(x_1,\ldots,x_n)$ para toda cesta de insumos $(x_1,\ldots,x_n)$ e todo $t > 0$. SIMON, C. P.; BLUME, L. *Matemática para Economistas*. São Paulo: Bookman Companhia Ed., 2004.

(5) Assumem-se as condições de Inada:

$$\lim_{K \to 0} \frac{\partial F(K,L)}{\partial K} = \infty$$

$$\lim_{K \to \infty} \frac{\partial F(K,L)}{\partial K} = 0$$

(Cespe-UnB/Analista Pericial – Área de Atividade: Economia/Ministério Público da União/2013) – Em relação ao Modelo de Solow, julgue o item a seguir como verdadeiro ou falso.

O modelo pressupõe retornos decrescentes a escala em relação aos insumos capital e trabalho.

Solução:

Falso. O modelo de Solow pressupõe retornos constantes de escala em relação aos insumos capital e trabalho

1.1.2. *Contabilidade do Crescimento e Resíduo de Solow*

(1) Capital: $PMgK = F(K + 1,L) - F(K,L)$

O produto marginal do capital ($PMgK$) indica o quanto cresce o produto quando o capital aumenta de uma unidade. Quando o capital aumenta em ΔK unidades, o produto varia, aproximadamente, em $\Delta Y = PMgK (\Delta K)$. Assim:

$$\Delta Y = PMgK(\Delta K) \Rightarrow PMgK = \frac{\Delta Y}{\Delta K}$$

(2) Trabalho: $PMgL = F(K + 1,L) - F(K,L)$

O produto marginal do trabalho mostra o aumento o produto quando o trabalho é acrescido em uma unidade, isto é, quando o trabalho aumenta de ΔL, o produto cresce aproximadamente de $\Delta Y = PMgL(\Delta L)$. Assim:

$$\Delta Y = PMgL(\Delta L) \Rightarrow PMgL = \frac{\Delta Y}{\Delta L}$$

(3) Capital e Trabalho: o aumento do produto decorre de duas fontes: mais capital e mais trabalho. Podemos dividir este aumento usando os produtos marginais de ambos os insumos:

$$\Delta Y = (PMgK)(\Delta K)) + (PMgL(\Delta L)) \tag{3}$$

A equação (3) mostra como atribuir o crescimento a cada fator de produção. A equação (3) pode ser convertida da seguinte forma:

$$\frac{\Delta Y}{Y} = \left(\frac{PMgK(K)}{Y}\right)\frac{\Delta K}{K} + \left(\frac{PMgL(L)}{Y}\right)\frac{\Delta L}{L} \tag{4}$$

Esta equação relaciona a taxa de crescimento do produto, $\Delta Y/Y$, com a taxa de crescimento do capital, $\Delta K/K$, e a taxa de crescimento do trabalho, $\Delta L/L$. Considere também os seguintes conceitos:

$$PMgL(L) = \text{remuneração total do trabalho}$$

$$\left(\frac{PMgL(L)}{Y}\right) = \text{participação do trabalho no produto}$$

$$PMgK(K) = \text{retorno total do capital}$$

$$\left(\frac{PMgK(K)}{Y}\right) = \text{participação do capital no produto}$$

Se a função de produção neoclássica apresenta retornos constantes de escala, o teorema de Euler indica que a soma dessas parcelas é igual a um. Assim,

$$\frac{\Delta T}{T} = \frac{\Delta Y}{Y} - \alpha\frac{\Delta K}{K} - (1-\alpha)\frac{\Delta L}{L}$$

onde α é a parcela do capital e (1 - α) é a parcela do trabalho.

A inclusão de mudanças tecnológicas acrescenta um novo termo à equação que representa o crescimento econômico:

$$\frac{\Delta Y}{Y} = \alpha\frac{\Delta K}{K} + (1-\alpha)\frac{\Delta L}{L} + \frac{\Delta T}{T}$$

Essa última equação permite quantificar as três fontes do crescimento: **mudanças no montante do capital, na quantidade de trabalho e na produtividade total dos fatores**. O resíduo de Solow ($\Delta T/T$), que mede a variação percentual do produto menos a variação percentual dos insumos ponderados por sua participação no futuro, tenta captar a importância dos choques tecnológicos e representa a mudança no produto que não pode ser explicada pelas alterações nos insumos.

Segundo o modelo neoclássico de crescimento econômico, a acumulação de capital é o primeiro passo para compreender o crescimento. No entanto, só esta variável não explica a enorme produtividade que os diversos setores da economia têm experimentado. Nesse sentido, foi incorporada às analises neoclássicas as mudanças tecnológicas e os avanços no processo de produção e a introdução de novos e melhores bens e serviços. Como esse avanço não pode ser calculado, o economista norte americano Robert Solow o calculou de forma residual. Segundo ele a contribuição do progresso técnico para o crescimento pode ser obtida pela diferença entre as taxas de investimento e a taxa de poupança

---

(Economista/Prefeitura Municipal de Maracanaú/2011) – São fatores determinantes do crescimento do produto no longo prazo, exceto:

a) Aumento do nível de qualidade de vida;

b) Aumento do estoque de capital;

c) Crescimento do trabalho;

d) Crescimento da produtividade total dos fatores;

e) Nenhuma das opções anteriores.

Solução:

A resposta é a letra "A", pois o aumento do nível de qualidade de vida não é um fator determinante do crescimento do produto no longo prazo. Pelo contrário, esses fatores estão relacionados às mudanças no estoque de capital, na quantidade de trabalho e na produtividade total dos fatores.

(CESPE-UnB/Consultor do Senado Federal – Política Econômica/2002) – Com base no modelo de crescimento econômico proposto pôr Robert Solow, julgue o item a seguir como verdadeiro ou falso.

O resíduo obtido após a subtração das fontes identificáveis de crescimento econômico é, na grande maioria dos casos, insignificante, e decorre, fundamentalmente, de mudanças na produtividade total dos fatores.

Solução:

Falso. O crescimento da produtividade total dos fatores é calculado como um resíduo, isto é, como uma parcela do crescimento do produto que sobe após serem considerados os fatores de crescimento que podem ser medidos. O resíduo de Solow é uma medida de progresso tecnológico, e pode ser afetado pelos seguintes fatores: (i) maiores conhecimentos sobre os métodos de produção; (ii) educação: aumento de despesas públicas que melhoram a qualidade da educação, tornando os trabalhadores mais produtivos e, assim o produto cresce, significando maior produtividade total dos fatores; (iii) regulamentos governamentais: por exemplo, exigência para que as empresas comprem equipamentos para reduzir a poluição, ou aumentar a segurança do trabalho.

1.1.3. *Hipóteses do Modelo de Solow*

O modelo de crescimento de Solow é o início do estudo da moderna teoria do crescimento econômico. Esse modelo procura explicar as diferenças entre os níveis de padrões de vida por meio da acumulação de capital físico e humano. Para entender a determinação do produto no longo prazo, é preciso ter em mente duas relações entre produto e capital:

- A quantidade de capital em uma economia determina o nível de produto que pode ser alcançado.
- O nível de produto determina, por sua vez, os níveis de poupança e de investimento e, pois, o quanto se acumula de capital.

Esse modelo mostra a relação entre poupança, acumulação de capital e crescimento. Inicialmente, partindo-se das seguintes hipóteses:

HIPÓTESE: a função de produção pode ser reescrita em termos de produto per capita como uma função da relação capital/trabalho.

Um capital por trabalhador maior leva a um produto por trabalhador maior. Essa equação estabelece que o produto por trabalhador ou produto *per capita* $y = Y/L$ é uma função crescente do capital por trabalhador ou capital *per capita* $k = K/L$.

A função de produção *per capita* é mostrada graficamente na figura 1 a seguir:

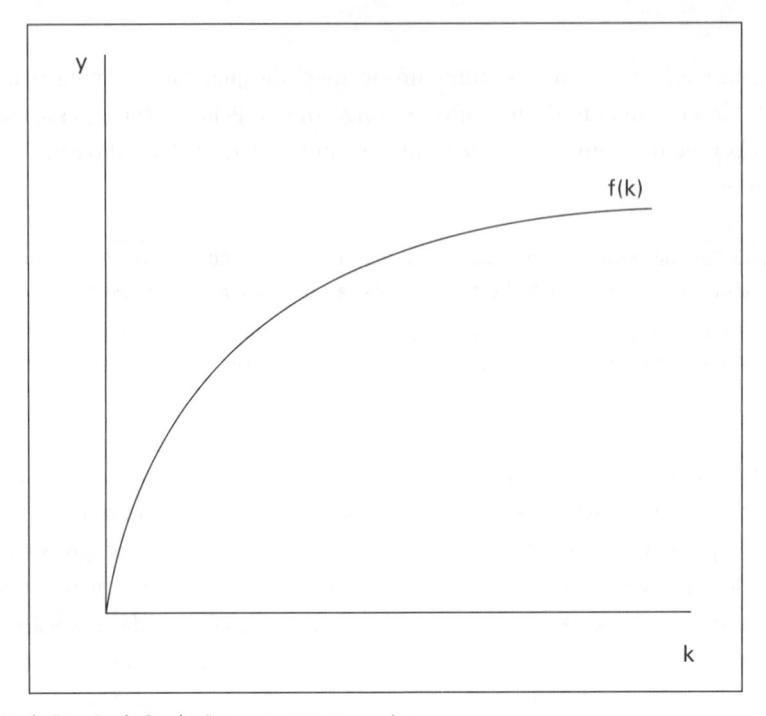

Figura 1: Forma da Função de Produção em termos *per capita*.

De acordo com a figura acima, o nível de produto por trabalhador determina a variação no nível de capital por trabalhador ao longo do tempo: aumentos no capital *per capita* (k) provocam aumentos cada vez menores no produto *per capita* (y), representado movimentos ao longo da função de produção.

A inclinação da função $y = f(k)$ é igual à produtividade marginal do capital ($PMgK$).

HIPÓTESE: Não há progresso tecnológico e, portanto, considera-se a função de produção neoclássica como dada e inalterada ao longo do tempo. No modelo de Solow, a tecnologia é exógena, isto é, a tecnologia disponível para as empresas não é afetada pelas ações dessas empresas, incluindo pesquisa e desenvolvimento.

1.1.4. *Estado Estacionário (Steady State) em uma Economia Fechada*

No modelo de Solow, **a economia é fechada ao comércio exterior**

A poupança nacional é igual à poupança privada. A poupança privada (S) é proporcional ao produto (à renda), ou seja: $S = sY$

onde s é a taxa de poupança ($0 < s < 1$). À medida que o produto cresce, a poupança cresce.

Considere as seguintes equações para uma economia fechada e sem governo:

$$y = c + i' \Longrightarrow c = y - i'$$
$$c = (1 - s)y$$

onde: $c = C/L$ é consumo *per capita*; $i' = I/L$ é investimento *per capita*.

A demanda provém do consumo e do investimento. Logo, o produto por trabalhador divide-se em consumo por trabalhador (c) e investimento por trabalhador (i')[3]. **O investimento é proporcional ao produto (à renda)**: quanto mais elevado o produto, mais elevado o nível de investimento $\left(\uparrow y = c + \uparrow i' \right)$.

O consumo é proporcional à renda: cada ano, uma fração ($1 - s$) da renda é consumida e uma fração s é poupada. Combinando as duas equações anteriores, obtemos:

$$y = c + i' \Leftrightarrow y = (1-s)y + i' \Leftrightarrow y = y - sy + i' \Leftrightarrow i' = sy \Leftrightarrow i' = sf(k)$$

Uma vez que o investimento equivale à poupança, a taxa de poupança (s) também é igual à fração do produto destinada ao investimento. Logo, quanto mais alto for o nível de capital (k), maiores serão os níveis de produto [f(k)] e do investimento (i'). Conforme pode ser visto no gráfico da Figura 2 a seguir, a taxa de poupança determina a divisão do produto entre consumo e investimento para cada valor de k:

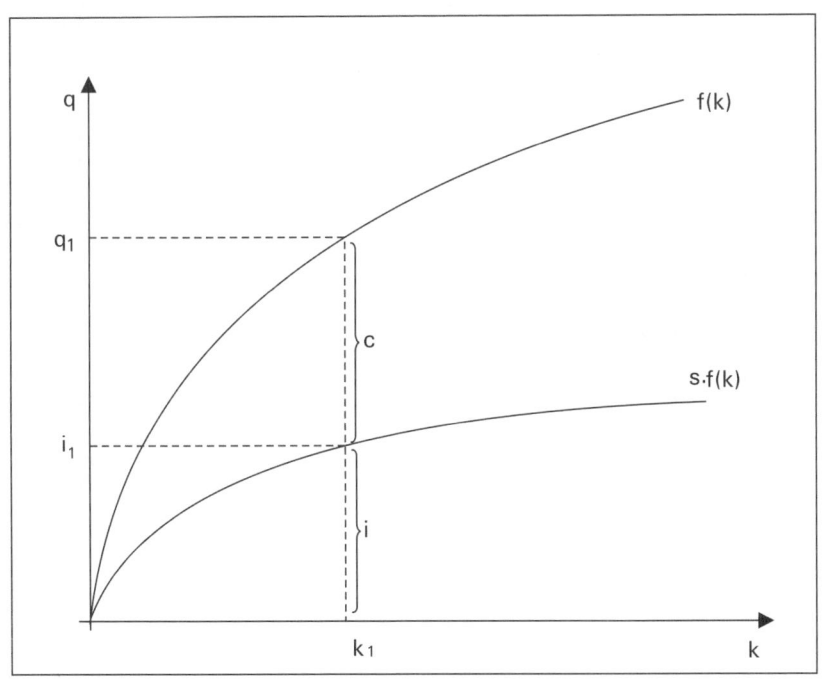

Figura 2: Relação entre propensão a poupar, capital e investimento, trabalhador e produto. A repartição da produção entre consumo e investimento.

A variável $sf(k)$ pode incluir um componente exógeno da poupança agregada, S_g. Como resultado, o produto será dividido entre consumo (que pode incluir o consumo governamental) e o investimento.

---

[3] Essa equação é a própria fórmula da identidade das contas nacionais para a economia fechada e sem governo, mas observando o fato de que se trabalha com agregados *per capita*.

Assumindo tecnologia constante e crescimento da força de trabalho zero, o que determina o estoque de capital? O investimento é considerado gastos das firmas que se adiciona ao estoque de capital. Contudo, se gastos com investimento dependem da poupança, então o estoque de capital aumenta como uma consequência da poupança.

A construção de um modelo de crescimento da renda significa que a poupança nacional não é constante, mas também crescente. O crescimento da renda é acompanhado do crescimento da poupança, que por sua vez estimula o investimento e o crescimento no estoque de capital, levando a mais produto. Implicações econômicas: o produto pode crescer sem limites.

Acréscimos no estoque de capital tornam possível o crescimento no produto. Mas ao mesmo tempo, parcela do estoque de capital tornar-se obsoleto e precisa ser substituído. Trata-se da depreciação, isto é, uma fração constante de um capital existente se deprecia a cada ano. Assuma que o estoque de capital se deprecia a uma taxa constante igual a δ. Logo, δk representa a depreciação do capital. A depreciação total é proporcional ao estoque de capital. Graficamente, temos:

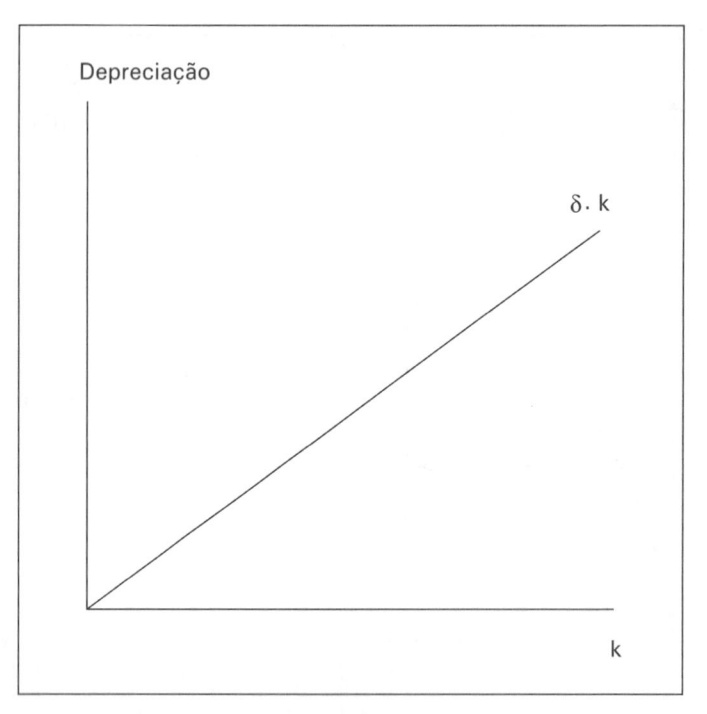

Figura 3: relação entre taxa de depreciação e capital por trabalhador

O investimento aumenta o estoque de capital, ao passo que a depreciação reduz o estoque de capital. Além disso, se a poupança nacional (investimento) é maior que a depreciação do capital, então o estoque de capital aumenta. Por outro lado, se a poupança nacional (investimento) é menor que a depreciação do capital, então o estoque de capital se reduz.

$$investimento \Rightarrow \uparrow K$$
$$depreciação \Rightarrow \downarrow K$$

$$sY > \delta K \Rightarrow \uparrow K \Rightarrow poupança\ total(investimento) > depreciação\ total$$
$$sY < \delta K \Rightarrow \downarrow K \Rightarrow poupança\ total(investimento) < depreciação\ total$$

Por definição, a equação de acumulação do capital (formação líquida de capital) em termos de trabalhador, é dada por:

$$\Delta k = i' - \delta k \Leftrightarrow \Delta k = sf(k) - \delta k \therefore \tag{8}$$

Onde $\Delta k = k - k_{-1}$ é a variação da razão capital-trabalho k. Dessa forma, a equação (8) mostra que a modificação no estoque de capital é igual ao investimento $sf(k)$, descontada a depreciação do capital corrente δk. Em outras palavras, a variação do estoque de capital *per capita* é igual ao investimento *per capita* menos a depreciação do capital. A equação (8) pode também ser obtida a partir da poupança nacional. Portanto:

$$I = S = sY \Rightarrow \Delta K = sY - \delta K \therefore \tag{9}$$

Se dividirmos os dois lados desta expressão pela quantidade de trabalhadores, teremos:

$$\frac{\Delta K}{L} = s\frac{Y}{L} - \delta\frac{K}{L} \Leftrightarrow \frac{\Delta K}{L} = sy - \delta k \Leftrightarrow \Delta k = sy - \delta k \tag{10}$$

Se $\Delta k = 0$, temos o **crescimento equilibrado** ou **estado estacionário (*steady-state*)** de longo prazo, em que:

$$sf(k) = \delta k \Leftrightarrow sy = \delta k \therefore \tag{11}$$

O estado estacionário pode ser considerado como um equilíbrio de longo prazo. Nessa situação, há um único nível de estoque de capital no qual o nível de investimento é igual à depreciação do capital. Se tal estoque existe na economia, o capital não será alterado com o tempo, pois as duas forças que atuam para modificá-lo (investimento e depreciação) se equilibram no nível de estoque $\Delta k = 0$. Em estado estacionário o investimento é dado por:

$$i' = \delta k^* \therefore (12) \tag{12}$$

O estado estacionário trata-se de um equilíbrio estável, já que qualquer estoque de capital diferente de k^* tende ao equilíbrio ao longo do tempo. No equilíbrio, o investimento equivale à depreciação, ou seja, o investimento é apenas suficiente para cobrir a depreciação e o capital *per capita* permanece constante.

Em resumo, o estado estacionário é um equilíbrio estável: se $k \neq k^*$, então a economia tenderá a mover-se de volta ao ponto k^*:

$$k < k^* \Rightarrow investimento > depreciação \Rightarrow \uparrow k$$
$$k > k^* \Rightarrow investimento < depreciação \Rightarrow \downarrow k$$

(CESPE-UnB/Consultor do Senado Federal – Política Econômica/2002) – Com base no modelo de crescimento econômico proposto pôr Robert Solow, julgue o item a seguir.

Ignorando o efeito do progresso técnico, o estado estacionário pode ser determinado pelo ponto em que o montante de poupança é apenas suficiente para cobrir a depreciação do estoque de capital existente.

Solução:

Verdadeiro. Na ausência de progresso tecnológico, o conceito de equilíbrio estacionário refere-se às condições requeridas para manter inalterado o estoque de capital *per capita* da economia.

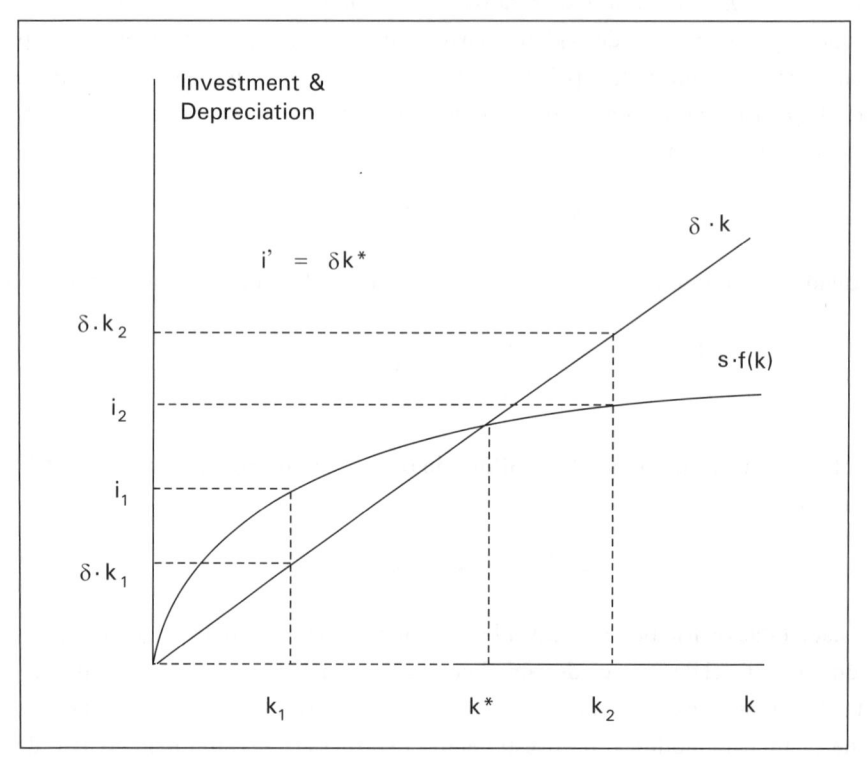

Figura 4: Equilíbrio no Modelo de Solow

Uma vez que a taxa de poupança é constante e a poupança iguala o investimento, a quantidade do investimento é $sf(k)$. Como o capital se deprecia a uma taxa constante δ, o montante da depreciação é δk.

(Cespe-UnB/Analista Pericial - Economia/Ministério Público da União/2013) – Julgue o item a seguir como verdadeiro ou falso.

Quando o estoque de capital por trabalhador é inferior ao estoque de capital por trabalhador de estado estacionário, o capital *per capita* cresce ao longo tempo.

Solução:

Verdadeiro. Se a economia apresenta um estoque de capital igual a k_1, abaixo do estado estacionário, os investimentos excedem a depreciação, elevando o estoque de capital ao longo do tempo até k^*.

Trata-se da situação em que a poupança é superior à depreciação física do capital: $sf(k) > \delta k$. À medida que se move para a direita ao longo do eixo horizontal, o investimento aumenta com o capital, mas a taxas cada vez menores à medida que o capital aumenta, enquanto a depreciação começa a aumentar proporcionalmente com o capital. Assim, o estoque de capital *per capita* volta a crescer e continuará crescendo juntamente com o produto *per capita* até que esteja próximo do estado estacionário k^*.

Em resumo, no estado estacionário, o capital por trabalho (k^*) é dado por:

$$sy = sf(k^*) = (n + \delta + g)\, k^*$$

Onde:

s = taxa de poupança

y = produto por trabalhador (Y/L)

k = capital por trabalhador (K/L)

$y = f(k)$ = função de produção

n = taxa de crescimento populacional

δ = taxa de depreciação

g = taxa de crescimento técnico trabalho aumentativo

Vamos resolver o seguinte exercício:

(ESAF/Técnico de Pesquisa e Planejamento do IPEA/2004) – Considere o modelo de crescimento de Solow com as seguintes informações:

• $y = k^{0,5}$

• $\delta = 0,1$

• $s = 0,3$

onde y = produto por trabalhador; k = estoque de capital por trabalhador; s = taxa de poupança.

Com base nessas informações, os valores do estoque de capital por trabalhador, produto por trabalhador e consumo por trabalhador, no equilíbrio de longo prazo, são, respectivamente:

a) 9; 3; 1,5

b) 16; 4; 2,5

c) 9; 3; 2,1

d) 16; 4; 2,1

e) 25; 5; 2,5

Solução:

A resposta é a letra "c". Trata-se do Modelo de Solow sem progresso técnico e sem crescimento populacional. As equações básicas do modelo são:

$$y = c + i'$$
$$c = (1 - s)y$$
$$i' = sy \Rightarrow i' = sf(k)$$
$$\Delta k = i' - \delta k \Rightarrow \Delta k = sf(k) - \delta k$$

<u>1º PASSO:</u> Função de Produção: $y = k^{\frac{1}{2}} = k^{0,5}$

<u>2º PASSO:</u> Cálculo do nível de capital per capita no estado estacionário:

$$i' = sy \Rightarrow i' = sf(k) \Rightarrow i' = (0,3)\, k^{\frac{1}{2}}$$

3º PASSO: $\Delta k = i' - \delta k \Rightarrow \Delta k = sf(k) - \delta k \Rightarrow \Delta k = (0,3)\,k^{\frac{1}{2}} - (0,1)k$

Fazendo $\Delta k = 0$ chega-se ao crescimento equilibrado ou estado estacionário de longo prazo, em que o nível de investimento é igual à depreciação do capital:

$$\Delta k = 0 \Rightarrow sf(k) = \delta k \Rightarrow i' = \delta k$$

O estado estacionário pode ser considerado como um equilíbrio de longo prazo. Substituindo os dados do exercício, obtém-se:

$$(0,1)k = (0,3)k^{\frac{1}{2}} \Rightarrow \frac{k}{k^{\frac{1}{2}}} = \frac{0,3}{0,1} \Rightarrow kk^{-\frac{1}{2}} = 3 \Rightarrow k^{\frac{1}{2}} = 3 \Rightarrow \left(k^{\frac{1}{2}}\right)^2 = (3)^2 \Rightarrow k^* = 9$$

4º PASSO: Cálculo do produto per capita no estado estacionário:

$$y = k^{\frac{1}{2}} \Rightarrow y^* = \left(k^*\right)^{\frac{1}{2}} \Rightarrow y^* = (9)^{\frac{1}{2}} \Rightarrow \left(y^*\right)^2 = \left[(9)^{\frac{1}{2}}\right]^2 \Rightarrow$$
$$\left(y^*\right)^2 = 9 \Rightarrow y^* = \sqrt{9} \Rightarrow y^* = 3$$

5º PASSO: Consumo por trabalhador:

$$c^* = (1-s)y^* \Rightarrow c^* = (1-0,3)(3) \Rightarrow (0,7)(3) \Rightarrow 2,1$$

ou

$$y^* = c^* + \left(i^*\right)' \Rightarrow c^* = y^* - \left(i^*\right)' \Rightarrow c^* = y^* - s.y^* \Rightarrow c^* = 3 - (0,3)(3) \Rightarrow c^* = 3 - 0,9 \Rightarrow c^* = 2,1$$

1.1.5. *Efeitos da Taxa de Poupança Sobre o Crescimento*

Analisaremos o que acontece quando a taxa de poupança de um país aumenta. Considere um país em equilíbrio estacionário cuja taxa de poupança é a mais baixa da Figura 5 a seguir:

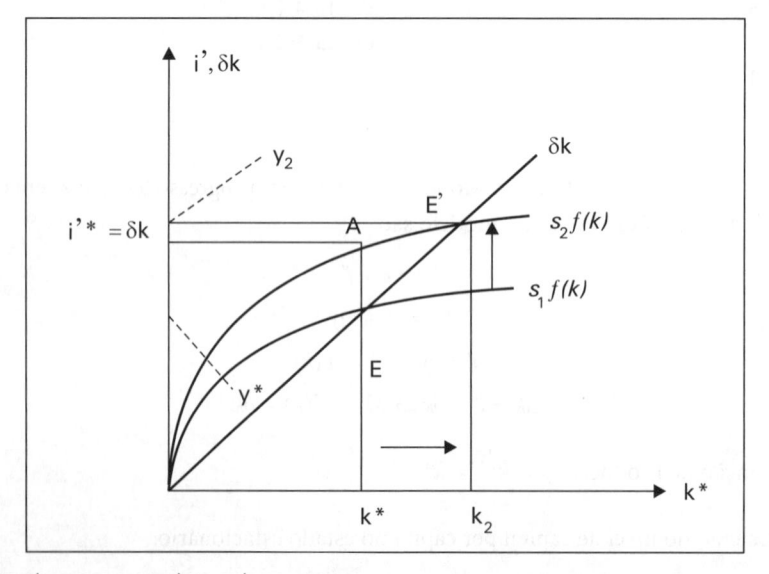

Figura 5: Efeitos de um aumento da taxa de poupança

Analisando a figura 5, considere a adoção de uma política governamental de incentivo de aumento da poupança privada. O aumento da taxa de poupança de S_1 para S_2 eleva os investimentos (ponto A), isto é, há um deslocamento para cima da função de produção. No curto prazo, o estoque de capital por trabalhador e a depreciação do capital permanecem constantes. Mas, ao longo do tempo, o estoque de capital aumentará, já que os investimentos excedem a depreciação. Um novo estado estacionário é atingido (ponto E'), no qual haverá mais capital e mais produto. Logo, a taxa de poupança determina a quantidade do estoque de capital por trabalhador e, portanto, o nível do produto por trabalhador no estado estacionário.

A taxa de poupança (ou propensão marginal a poupar) da sociedade não tem efeito sobre a taxa de crescimento do produto no longo prazo, isto é, no modelo de Solow, **a taxa de crescimento de equilíbrio de longo prazo independe da taxa de poupança de uma nação, que é dada exogenamente no modelo.** Caso a economia apresente elevado nível de poupança, essa economia possuirá grande estoque de capital e, consequentemente, alto nível de produção *per capita*. Isso, no entanto, não significa que essa economia manterá um crescimento sustentado em *y* ao longo do tempo. Esse crescimento ocorrerá apenas **na passagem de um estado estacionário para outro** (figura 5 do texto), isto é, trata-se de um **aumento temporário**. Quando o novo equilíbrio estacionário for alcançado, a renda *per* capita volta a crescer à taxa de progresso técnico constante, mas é mais elevada que no equilíbrio estacionário inicial. O crescimento persistente que explica os altos padrões de vida sustentados por nações desenvolvidas vem do progresso tecnológico, e o aumento da propensão marginal a poupar não exerce efeito sobre o crescimento, mas sim sobre o nível de produto *per capita*. No longo prazo, a taxa de crescimento do produto *per capita* é igual à taxa de progresso tecnológico constante.

(ESAF/AFRF/2002) - Com base no Modelo de Crescimento de Solow, é incorreto afirmar que

a) mudanças na taxa de poupança resultam em mudanças no equilíbrio no estado estacionário.

b) quanto maior a taxa de poupança, maior o bem-estar da sociedade.

c) um aumento na taxa de crescimento populacional resulta num novo estado estacionário em que o nível de capital por trabalhador é inferior em relação à situação inicial.

d) no estado estacionário, o nível de consumo por trabalhador é constante.

e) no estado estacionário, o nível de produto por trabalhador é constante.

Solução:

A resposta é a letra "b". Caso a economia apresente elevado nível de poupança, essa economia possuirá grande estoque de capital e, consequentemente, alto nível de produção *per capita*. Isso, no entanto, não significa que essa economia manterá um crescimento sustentado em *y* ao longo do tempo. Esse crescimento ocorrerá apenas **na passagem de um estado estacionário para outro** (figura 5 do texto), isto é, trata-se de um **aumento temporário**. Logo, uma maior taxa de poupança não representa maior bem-estar da sociedade. Todos os demais itens estão corretos.

1.1.6. *A Regra de Ouro da Acumulação de Capital*

1.1.6.1. Comparando Estados Estacionários

Qual o montante de capital (k) que é ótimo do ponto de vista do bem-estar social? Como as pessoas não se preocupam com a quantidade de capital de uma economia ou com o volume do produto, mas apenas se interessam pela quantidade de bens e serviços que consomem, o governo que se preocupa com o bem-estar da população vai escolher um estado estacionário de longo prazo que contenha o máximo de consumo possível, isto é, o nível de capital que maximiza o bem-estar. A maximização do bem-estar social de equilíbrio de longo prazo é obtida quando o nível do consumo por trabalhador eficiente é máximo. Esse equilíbrio é chamado de **nível ótimo de acumulação de capital definido pela Regra de Ouro (Consumo Ótimo ou Nível Ótimo de Acumulação).**

(Cespe-UnB/Economista/Ministério da Justiça/2013) – Julgue o item a seguir, como verdadeiro ou falso.

De acordo com o modelo de Solow, o nível ótimo da acumulação de capital proposto pela regra de ouro corresponde ao consumo *per capita* máximo.

Solução:

Verdadeiro. A hipótese básica é que o formulador de política econômica pode escolher a taxa de poupança e, portanto, o estado estacionário. Dito de outra forma, a poupança é uma variável exógena. Obviamente que os indivíduos não estão preocupados com o nível de produto por trabalhador, capital por trabalhador ou depreciação, eles estão preocupados tão somente com a quantidade de bens e serviços que podem adquirir. Se o objetivo do formulador de política econômica for maximizar o bem-estar da população, deve ser escolhido um equilíbrio de longo prazo que contemple o máximo de consumo possível. Esse equilíbrio é chamado de nível ótimo de acumulação definido pela regra de ouro. A Regra de Ouro da Acumulação de Capital consiste em determinar o valor da taxa de poupança, a qual determina os níveis de investimento e consumo, que conduz a uma situação de equilíbrio estacionário em que o consumo *per capita* é máximo. Parte-se da hipótese que o formulador de políticas econômicas pode escolher a taxa de poupança e, por conseguinte, o estado estacionário. Qual o estado estacionário ele deve escolher? De acordo com a identidade das contas nacionais para uma economia fechada e sem governo, temos:

$$\left.\begin{cases} y = c + i' \Leftrightarrow c = y - i' \\ y^* = f(\ \ ^*) \\ \Delta k = 0 \Rightarrow i^* = \delta k^* \end{cases}\right\} \therefore \tag{13}$$

Substitui-se o produto e o investimento pelos valores no estado de equilíbrio de longo prazo (denotados por *). O produto *per capita* é $f(k^*)$, em que k^* é o estoque de capital por trabalhador em estado estacionário, que não se altera de tal forma que o investimento é igual à depreciação (δk^*). Substitui-se também y por $f(k^*)$ e o i' por δk^*, e pode-se expressar o consumo *per capita* em estado estacionário da seguinte forma:

$$c^* = f(k^*) - \delta k^* \therefore \tag{14}$$

(Cespe-UnB/Analista Pericial – Área de Atividade: Economia/Ministério Público da União/2013) – Em relação ao Modelo de Solow, julgue o item a seguir como verdadeiro ou falso.

A regra de ouro do modelo e alcançada quando a inclinação da curva de produto per capita iguala a curva de depreciação do capital per capita.

Solução:

Verdadeiro. Conforme pode ser visto na equação (14) acima, no estado estacionário, o consumo é a diferença entre o produto e a depreciação.

Observe que o aumento do capital gera um aumento da produção, mas também é preciso destinar um volume maior do produto para substituir o capital depreciado.

Maximizando o consumo per capita em relação ao capital per capita, obtém-se:

$$\partial c/\partial k^* = 0 \Rightarrow f'(k^*) - \delta = 0 \Rightarrow f'(k^*) = \delta$$

Quanto a produtividade marginal do capital $[(f'(k^*) = PMgK) = \delta]$ for igual à taxa de depreciação, o consumo *per capita* será máximo.

Na Figura 6, o nível de capital capaz de maximizar o estoque de capital é k^*_{ouro}. Suponha que a economia parta de um estoque de capital k^* e que o formulador de políticas econômicas planeje aumentá-lo para $(k^* + 1)$. O nível adicional do produto é $f(k^* +1) - f(k^*)$, ou a produtividade marginal do capital $(PMgK)$.

O produto adicional do capital descontado a taxa de depreciação $(PMgK - \delta)$ é conhecido como produtividade marginal do capital líquido, ou seja, o efeito líquido do acréscimo do capital sobre o consumo. Dois casos são possíveis de serem analisados:

(i) **se o estoque de capital estiver abaixo do nível ótimo, sua expansão adicionará mais ao produto do que à depreciação, causando um aumento do consumo.** Assim, a função de produção $f(k^*)$ é mais inclinada do que a reta δk^*, ocorrendo o aumento do espaço entre as duas curvas, equivalente ao consumo, à medida que ocorre o crescimento de k^*. Todo o acréscimo no capital resultará em um aumento do consumo, pois a produtividade marginal do capital será maior do que a taxa de depreciação: PMgK > δ

(ii) **se o estoque de capital estiver acima do nível ótimo, o crescimento deste reduzirá o consumo, pois a expansão do produto será menor do que o aumento da depreciação.** Nesse último caso, a função de produção $f(k^*)$ será mais ampla do que a reta δk^*, e o espaço entre as curvas (o consumo) se tornará mais estreito à medida que houver um aumento de k^*. No nível ótimo de capital, a função de produção e a reta δk^* terão inclinação igual e o consumo atinge seu nível mais alto. Se o estoque de capital superar o nível ótimo, um aumento no capital reduzirá o consumo, já que a produtividade marginal do capital será menor do que a taxa de depreciação: PMgK < δ

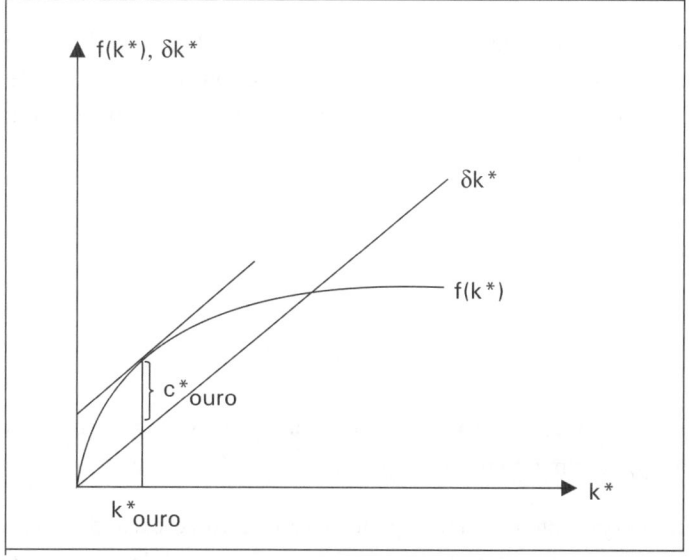

Figura 6: Consumo no estado estacionário

Geometricamente, a distância máxima entre as curvas f(k*) e investimento irá ocorrer no ponto onde suas inclinações são iguais, ou seja:

$$PMgK = \delta \Leftrightarrow PMgK - \delta = 0$$

A expressão acima descreve o ponto ótimo. A economia não gravita em torno do estado estacionário definido pela regra de ouro, pois a escolha de uma determinada acumulação de capital correspondente a esse estado é resultado da escolha de uma taxa de poupança específica, conforme pode ser visto na Figura 7, a qual mostra o estado estacionário em uma situação em que a taxa de poupança conduz ao nível de acumulação de capital definido pela Regra de Ouro.

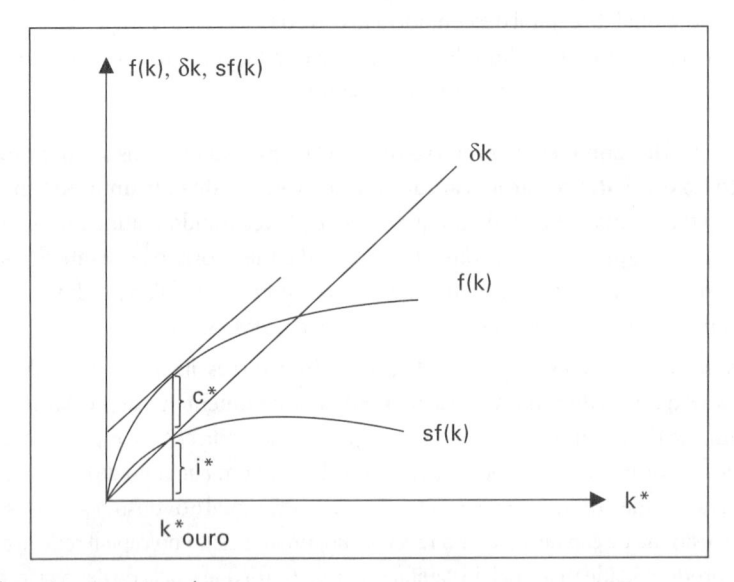

Figura 7: taxa de poupança e a regra de ouro

Uma mudança na taxa de poupança irá deslocar a curva *s.f(k)*, o que levará a economia ao seu estado estacionário que corresponde a um nível menor de consumo. Se a taxa de poupança nesse ponto for maior do que a taxa de poupança no futuro, o estoque de capital de estado estacionário crescerá muito, e vice-versa.

Intuição:

a) existe um k^*_{ouro} que maximiza o consumo.

b) aumentando k eleva-se ambos produto e depreciação

c) se $k^* < k^*_{ouro}$ então um aumento em k eleva o produto mais que a depreciação, ou seja, o consumo aumenta.

d) se $k^* > k^*_{ouro}$ então um aumento em k reduz o consumo uma vez que o aumento no produto é menor do que o aumento na depreciação.

Observe que, se o produto marginal líquido do capital (isto é, excluída a depreciação) é maior que a taxa de crescimento, a economia opera com menos capital do que no estado estacionário definido pela Regra de Ouro. Neste caso, o aumento na taxa de poupança acabará levando ao estado estacionário com maior consumo. Por outro lado, se o produto marginal líquido do capital é inferior à taxa de crescimento da economia, esta estará operando com excesso de capital, e a taxa de poupança deverá ser reduzida.

1.1.6.2. A Transição de um Ponto Ótimo do Estado Estacionário

a) NÍVEL DE CAPITAL SUPERIOR AO ÓTIMO

Analisando novamente a figura 6, considere o caso da economia estar inicialmente com mais capital do que aquele compatível com o ponto ótimo. O formulador de políticas econômicas irá implementar políticas destinadas a reduzir a taxa de poupança, a fim de restringir o estoque de capital e conduzir a economia ao ponto ótimo do estado estacionário.

A restrição da poupança causa uma elevação imediata no nível de consumo e um decréscimo proporcional no investimento, que passa a ser inferior à depreciação, de modo que a economia já não se encontrará em estado estacionário. À medida que o estoque de capital se reduz, o produto, o consumo e o investimento também diminuem para o nível compatível com o novo estado estacionário.

Como essa nova situação corresponde ao ponto ótimo do estado estacionário, sabe-se que o nível de consumo será agora mais elevado do que antes da alteração da taxa de poupança, ainda que o produto e o investimento sejam inferiores. Em comparação com o que se passa no estado estacionário anterior, o consumo é mais alto não só no novo estado estacionário como durante toda a transição que leva a este. Dessa forma, quando o estoque de capital é maior do que o nível ótimo, uma restrição da poupança pode ser uma boa política, pois aumenta o consumo em todos os momentos do tempo. Em resumo, **quando a economia começa em níveis acima do ponto ótimo, chegar a esse ponto induz a mais consumo em todos os momentos do tempo.**

b) NÍVEL DE CAPITAL INFERIOR AO ÓTIMO

Nessa situação, o formulador de políticas econômicas tem de aumentar a taxa de poupança para atingir o nível ótimo. O acréscimo da poupança acarreta uma queda imediata no consumo e uma expansão proporcional do investimento. No longo prazo, o acréscimo do investimento causa uma ampliação do estoque de capital. À medida que se processa a acumulação de capital, produto, consumo e investimento crescem gradualmente, aproximando-se dos níveis do novo estado estacionário. Como a situação inicial está aquém do nível ótimo, o aumento da poupança leva um nível maior de consumo.

A expansão da poupança promove o bem-estar econômico, pois o nível de consumo do estado estacionário é mais elevado. Mas até chegar ao novo estado estacionário, é preciso passar por um período inicial de restrição do consumo. Em resumo, **quando a economia começa abaixo do ponto ótimo, alcançar este nível impõe que se restrinja o consumo hoje, para aumentá-lo amanhã.** Logo, existe um *trade-off* intertemporal, que pode ser intergeracional dependendo do horizonte temporal, conforme visto na figura 8 a seguir:

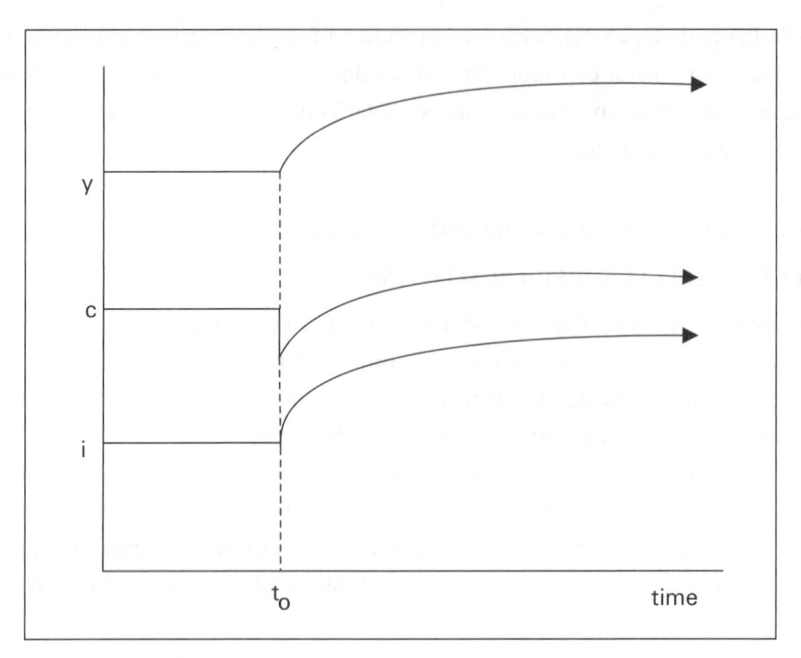

Figura 8: consumo intertemporal e a regra de ouro

1.1.7. *Crescimento Populacional*

Seja *n* a taxa de crescimento populacional constate. A taxa de crescimento da população é igual à taxa de crescimento da força de trabalho. Porém, $\Delta L/L = n$. Considerar que o progresso tecnológico seja inicialmente zero. Agora, como $k = K/L$, a taxa de crescimento proporcional de *k* é dada por:

$$\frac{\Delta k}{k} = \frac{\Delta K}{K} - \frac{\Delta L}{L} \Rightarrow \frac{\Delta k}{k} = \frac{\Delta K}{K} - n \Rightarrow \left(\frac{\Delta k}{k}\right) = \frac{\Delta K - nK}{K} \Rightarrow \Delta K = \left(\Delta k/k\right)K + nK$$

$$\Rightarrow \frac{\Delta K}{L} = \frac{\left(\Delta k/k\right)K}{L} + \frac{nK}{L} \Rightarrow \frac{\Delta K}{L} = \left(\frac{\Delta k}{k}\right)k + nk \Rightarrow \frac{\Delta K}{L} = \Delta k + nk$$

Substituindo essa expressão por $\Delta K/L$ na equação (10), chegaremos à **equação fundamental de acumulação de capital**:

$$sy - \delta k = \Delta k + nk \Rightarrow \Delta k = sy - \delta k - nk \Rightarrow \begin{cases} \Delta k = sy - \left(n + \delta\right)k \\ \Delta k = i' - \left(n + \delta\right)k \\ \Delta k = sf\!\left(\ \right) - \!\left(\ + \delta\right) \end{cases} \therefore \quad (13)$$

No estado estacionário, $\Delta k = 0 \Rightarrow sf(k) = (n + \delta)k$, onde $(n + \delta)k$ represente o nível de investimento "*break-even*".

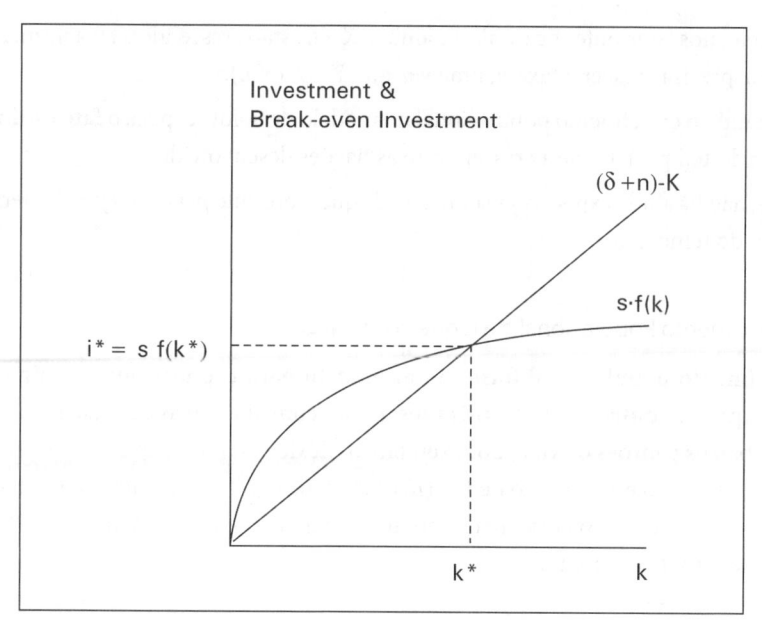

Figura 9: Nível de investimento "break even"

Essa equação (13) nos diz que o crescimento do capital por trabalhador (ou aprofundamento do capital - Δk) é igual à taxa de poupança *per capita* (sy) menos o aumento de capital, $(n + \delta)k$, termo também conhecido como **requerimento de investimento ou investimento exigido.** Em outras palavras, o novo investimento acrescenta a k, enquanto a depreciação e o crescimento populacional subtraem de k.

Certa quantidade de poupança *per capita*, portanto, deve ser usada para equiparar os novos ingressantes na força de trabalho com capital k por trabalhador. Deve-se ter uma quantidade nk para esse propósito. Ao mesmo tempo, certa quantidade de poupança *per capita* deve ser usada para substituir o capital depreciado. Para tal, um montante de poupança per capita δk deve ser utilizado. Assim, no total, $(n + \delta)k$ em poupança *per capita* deve ser utilizado somente para manter a razão capital-trabalho constante ao nível k. Qualquer poupança acima do montante $(n + \delta)k$ provoca um aumento da proporção entre capital e mão-de-obra (isto é, $\Delta k > 0$).

Tanto a depreciação quanto o crescimento da força de trabalho tendem a reduzir o montante de capital per capita da economia. No tocante à **população**, a cada período aparecem nL novos trabalhadores que não existiam no período anterior. Se não houver novos investimentos nem depreciação, o capital per capita se reduzirá devido ao aumento na força de trabalho, e o montante da redução será exatamente nk. Os resultados do modelo de Solow serão mudados de três maneiras:

1.1.7.1. Explicação para o Crescimento Econômico Persistente

- Se a população está crescendo, então no estado estacionário o produto e o estoque de capital irão crescer a taxa n.

- $k = (K/L)$ é constante, significando que $y = Y/L$ é constante.

- Dados retornos constantes de escala, se ambos K e L estão crescendo à taxa n, então o produto (renda) Y precisa crescer à taxa n, uma vez que $Y = F(K,L)$.

- Adicionando o crescimento populacional no modelo de Solow explica o **fato estilizado** de que ao longo do tempo Y tende a crescer entre as nações desenvolvidas.

- Todavia, não há ainda explicações sobre fato de que o produto *per capita* $y = Y/L$ tende a crescer ao longo do tempo.

1.1.7.2. Crescimento Populacional e a Riqueza das Nações

O crescimento populacional fornece um modelo para explicar por que algumas nações são tão ricas quantas outras. Fatos estilizados: países com altas taxas de crescimento populacional possuem baixos padrões de vida, por exemplo, o México. Suponha que n aumente para $n' > n$. Então, o nível de estado estacionário de $k = (K/L)$ irá cair, significando que $y = Y/L$ também irá se reduzir. Logo, países com alto crescimento populacional possuem baixos níveis de PIB *per capita*, conforme pode ser visto na figura 10.

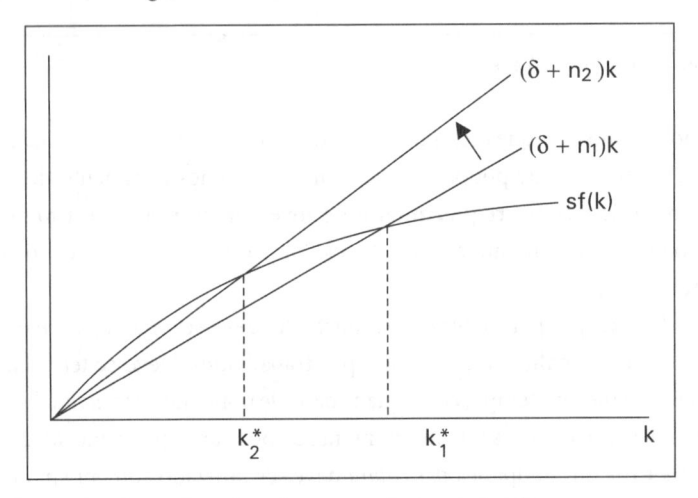

Figura 10: Economia com duas taxas alternativas de crescimento populacional

Maior taxa de crescimento populacional, com tudo o mais constante, resulta em queda na renda *per capita* no estado estacionário. Na Figura 10, a reta de aumento do capital $(n + \delta)k$ é mais inclinada, e o aumento na taxa de crescimento populacional n (por exemplo, um aumento da imigração) desloca para cima a linha $(n + \delta)k$. A reta **mais inclinada (mais íngreme, mais "em pé")** provoca um equilíbrio com nível menor nível de renda *per capita* no estado estacionário. O aumento da taxa de crescimento populacional de n_1 para n_2 reduz o nível de capital por trabalhador de k_1^* para k_2^*, isto é, o investimento *per capita* já não é mais suficiente para manter a razão capital-trabalho ou capital *per capita* (k), reduzindo este último termo. Como k' é menor, $y^* = f.(k^*)$, o produto por trabalhador, também diminui. O nível de capital por trabalhador é inferior em relação à situação inicial, e a economia, portanto, está mais pobre.

Concluindo, o efeito da elevação da taxa de crescimento populacional altera o estado estacionário, reduzindo o estoque de capital por trabalhador de k_1^* para k_2^*. Dessa forma, economias com altas taxas de crescimento populacional tendem a apresentar baixos níveis de capital por trabalhador e, portanto, produto e renda *per capita* mais baixos. A poupança será muito pequena para permitir que o capital aumente em relação ao trabalho e para que k alcance um nível satisfatório de renda *per capita*. O declínio da produção *per capita* como uma consequência do crescimento populacional maior traz à tona o problema enfrentado por muitos países em desenvolvimento. Em países pobres pode-se explicar a pobreza, ou renda baixa *per capita*, como estando relacionada à taxa muito alta de crescimento populacional. Nesses países, faz-se necessário uma fração maior das poupanças apenas para manter constante a razão capital-produto face ao aumento da população. E essa exigência de aumento do capital dificulta o aprofundamento do capital, e esses países tendem a acumular menos capital por trabalhador.

Por outro lado, quais os efeitos sobre uma economia com a redução da taxa de crescimento da população, uma situação existente, por exemplo, nas nações em desenvolvimento? A queda do crescimento populacional desloca a reta $(n + \delta)k$ para baixo e para a direita. Com a queda do crescimento populacional, as necessidades de aumento do capital ficam menores no estado estacionário inicial. A economia começa a se movimentar ao longo da função produção até que o estado estacionário seja atingido, de k_1^* para k_2^*. No novo estado estacionário, a taxa de crescimento da economia será mais baixa e o nível de estado estacionário por renda *per capita* será mais alto. A redução do crescimento populacional de início reduz a taxa de crescimento agregado da economia, mas também eleva a taxa de crescimento *per capita*. Ou seja, quando ocorre a redução do crescimento populacional, $\Delta Y/Y$ diminui, enquanto $\Delta y/y$ aumenta. No estado estacionário, $\Delta Y/Y$ fica permanentemente menor (e igual a n'), ao passo que $\Delta y/y$ é igual a zero. Assim, uma redução na taxa de crescimento populacional parece ser uma maneira de se alcançar altos níveis de renda *per capita* do estado estacionário e de se escapar da pobreza.

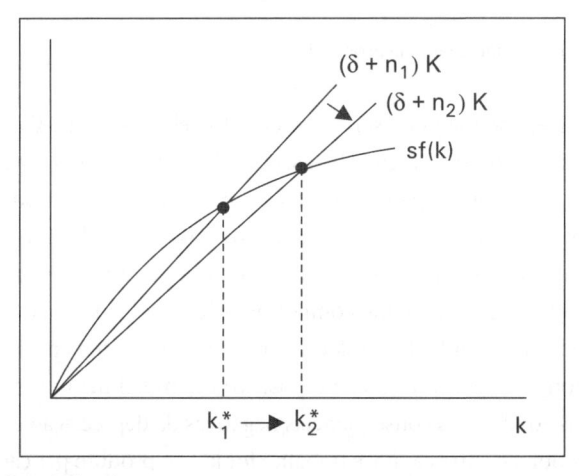

Figura 11 – Crescimento Populacional

1.1.7.3. Efeitos da Taxa de Poupança Sobre o Crescimento

A poupança utilizada para aumentar a proporção entre capital e produto é chamada **aprofundamento do capital (*capital deepening*)**. No estado estacionário, o capital por trabalhador atinge um valor de equilíbrio e permanece inalterado neste nível. Em consequência, o produto por trabalhador também atinge um estado estacionário. Portanto, no estado estacionário, tanto k quanto y atingem um nível permanente. **Para que o estado estacionário seja atingido, a poupança *per capita* precisa ser igual ao aumento do capital**, de modo que $\Delta k = 0$.

Mesmo que o estado estacionário signifique que há um valor constante de y e k, isso não quer dizer que o crescimento também seja zero. De fato, no estado estacionário há um crescimento positivo do produto à taxa n. Para ver isso, lembre-se de que a força de trabalho está crescendo à taxa n. Portanto, como a razão entre capital e trabalho é constante, significa que $\Delta K/K = \Delta L/L = n$. Portanto, o estoque de capital também aumenta a essa taxa. Outra forma de ver isso é verificar se o produto per capita Y/L é constante, de modo que Y esteja crescendo na mesma proporção que L. Ou seja, $\Delta Y/Y = \Delta L/L = n$.

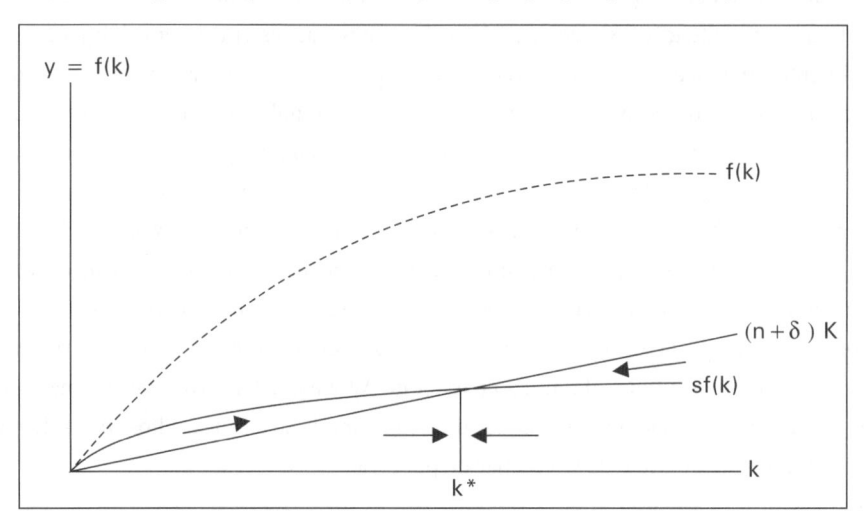

Figura 12: Equilíbrio do estado estacionário da economia

O equilíbrio dessa economia pode ser representado pelo gráfico da Figura 12. Começaremos com a função de produção, como na Figura 1. A seguir, definiremos uma nova curva sy, que mostra a poupança per capita. Como a poupança é uma fração constante s do produto $(0 < s < 1)$, a nova curva tem a mesma inclinação da função de produção, mas o valor do eixo vertical é s vezes o valor da função produção. Com s < 1, a nova curva está abaixo da função produção. Desenharemos também a linha $(n + \delta)k$. É uma linha que começa na origem e sua inclinação é $(n + \delta)$.

No **estado estacionário**, a linha $(n + \delta)k$ e a curva sy devem interceptar-se, porque $sy = (n + \delta)k$. A intersecção é o ponto A da figura. O efeito positivo do investimento sobre o estoque de capital por trabalhador apenas equilibra as consequências negativas da depreciação e do crescimento populacional. Quando a proporção entre capital e trabalho for k*, e o produto per capita for y*, a poupança é suficiente para o aumento do capital. Isto é, no nível de k*, $\Delta k = 0$ e i^{*} [sy* ou s.f(k*)] $= (n + \delta)k^{*}$. Estando a economia no estado estacionário, o investimento tem duas finalidades: uma parcela (δk^{*})

substitui o capital depreciado e o restante (nk*) provê os novos trabalhadores com o volume de capital em estado estacionário. A poupança per capita é suficiente para fornecer capital para a população em crescimento e para substituir o capital em depreciação, sem provocar alteração na proporção geral entre capital e mão-de-obra. Cabe destacar que o estado estacionário só é "estável" para valores per capita das variáveis. No estado estacionário, as variáveis agregadas da economia (produção, mão-de--obra e capital) aumentam todas à taxa n.

À esquerda do ponto A, a curva sy [ou s.f(k)] é mais alta que a reta (n + δ)k. Isso significa que a poupança é maior do que o necessário para o aumento do capital. Como resultado, há um aprofundamento do capital quando a economia está funcionando à esquerda de A, pois o montante de investimento por trabalhador (i' = sy) é superior ao necessário para se manter constante o capital por trabalhador. Aprofundamento do capital significa que o estoque de capital por trabalhador vai estar aumentado ao longo do tempo, $\Delta k > 0$ (Δk é positivo). Portanto, à esquerda do ponto A, k terá tendência a aumentar em direção à k*, pois o investimento será maior do que o seu nível de equilíbrio, de modo que k aumenta.

À direita de A, ocorre o oposto, pois a poupança não é suficiente para provocar o aumento do capital, isto é, o montante de investimento suprido pela economia é menor que o necessário para manter constante a razão capital-trabalho inicial. Assim, à direita do ponto A, temos sy < (n + δ)k. Logo, $\Delta k < 0$ (Δk é negativo), isto é, k tem a tendência de cair em direção a k*. Em outras palavras, se k for maior do k*, o investimento é menor do que o do equilíbrio, de modo que k diminui.

Logo, com a poupança como uma fração constante, s, da produção, estabelece-se que k move-se para um nível de estado estacionário k* onde a produção e, portanto, a poupança (investimento) são suficientes para manter k constante.

Cabe destacar que, não obstante o crescimento populacional resulte em um crescimento do produto total, isso não explica o crescimento do produto por trabalhador, que permanece constante no estado estacionário. Observe, agora, o caso de uma economia com início em um ponto que fica bem longe do estado estacionário, conforme visto na figura 13 a seguir:

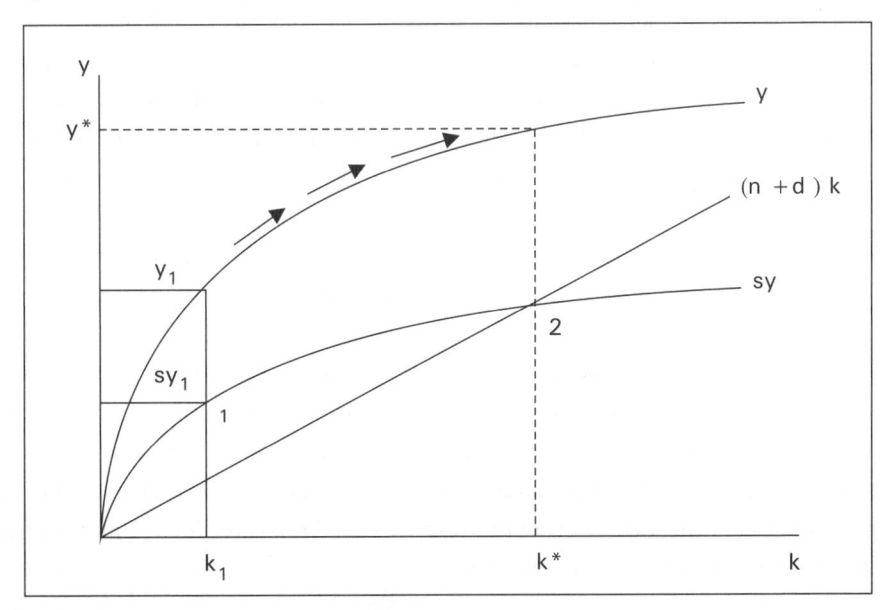

Figura 13: Desenvolvimento econômico no tempo em uma nação hipotética.

Suponha que o país esteja nos estágios iniciais do desenvolvimento econômico, com uma proporção muito baixa entre capital e trabalho. Por exemplo, k_1, da Figura 13. O produto per capita inicial também é baixo: y_1. Em virtude do baixo estoque de capital, há pouca necessidade de usar a poupança para o aumento do capital, ou seja, $(n + \delta)k_1$ é pequeno. Logo, a poupança nacional, que é igual a sy_1, é maior do que é necessário para o aumento do capital, e seu estoque tende a se expandir. À medida que isso ocorre, a economia movimenta-se ao longo da função produção, para a direita do ponto 1. Com o tempo, há um aprofundamento do capital – k se aproxima de k*. Conforme o capital aprofunda-se, a quantidade necessária para seu aumento aumenta até o ponto em que toda a poupança é usada simplesmente para manter k constante. Nesse ponto, a economia atinge um ponto estacionário.

Qual é a taxa de crescimento da economia no período de transição para o estado estacionário? Note que, quando a economia está em uma fase de aprofundamento, tanto y quanto k tendem a aumentar com o tempo. Ou seja, Y/L e K/L aumentam na direção dos valores de estado estacionário. Se Y/L está aumentando, então Y está crescendo mais rapidamente que L. Portanto, $\Delta Y/Y > \Delta L/L = n$. Isso significa que, durante um período de aprofundamento do capital, o crescimento da produção está acima da taxa do estado estacionário. Ou, em termos mais simples, esperamos que (com tudo o mais constante) as nações pobres em capital vão crescer mais rapidamente que as nações ricas em capital. E, à medida que o estoque de capital aprofunda-se (conforme k atinge k*), a taxa de crescimento vai se desacelerar.

Por outro lado, quando k está acima de k*, o capital por trabalhador tende a cair ao nível de estado estacionário. A poupança nacional é insuficiente para manter constante a razão entre capital e trabalho. Observe que, se uma nação rica em capital tem uma proporção decrescente capital-mão-de-obra, o crescimento do produto fica abaixo de n.

Diante do exposto, no modelo de Solow mostra que não somente o estado estacionário é um ponto em que y e k permanecem inalterados, mas também que a economia tende naturalmente a se desenvolver na direção do ponto do estado estacionário. Um sistema dinâmico em que as variáveis tendem naturalmente a se movimentar em direção ao equilíbrio do estado estacionário é chamado sistema estável. Logo, o modelo de crescimento de Solow mostra um processo de crescimento dinâmico estável.

Considere um país em equilíbrio estacionário cuja taxa de poupança é a mais baixa da Figura 14 a seguir. Novamente, institui-se uma política governamental para elevar a poupança privada de s para s'. Quando a taxa de poupança aumenta, a poupança nacional ultrapassa as necessidades de aprofundamento do capital, e a proporção capital-trabalho começa a aumentar. Em outras palavras, o investimento per capita é superior ao montante necessário para manter constante o capital *per capita*, e, portanto, se reinicia um aprofundamento do capital. Assim, a economia sai do ponto y* para o ponto y'. Durante essa transição, a taxa de crescimento da economia sobe acima de n, pois $\Delta Y/Y > \Delta L/L = n$. Conforme se chega mais perto do novo equilíbrio, a taxa de crescimento desacelera novamente até atingir a taxa do estado estável *n*.

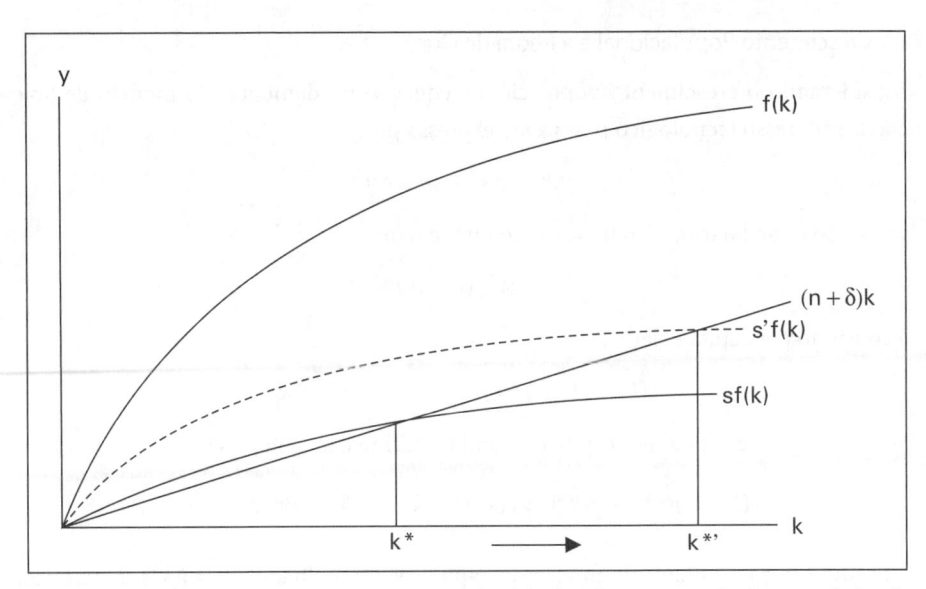

Figura 14: Efeitos de um aumento da taxa de poupança no Modelo de Solow com crescimento populacional

Suponha, agora, dois países, o primeiro com uma taxa de poupança s* e o segundo com uma taxa de poupança s', maior que s*. A taxa de crescimento da população é a mesma, e a taxa de depreciação do capital também é igual nos dois países. A diferença é o ponto de intersecção entre a curva de poupança e a reta de aumento do capital nos dois países. Na Figura 15, **a nação com maior taxa de poupança tem nível maior de renda per capita no estado estacionário e maior proporção entre capital e trabalho no estado estacionário.** Nos dois casos, contudo, a taxa de crescimento no estado estacionário é a mesma, igual à taxa de crescimento da força de trabalho *n*.

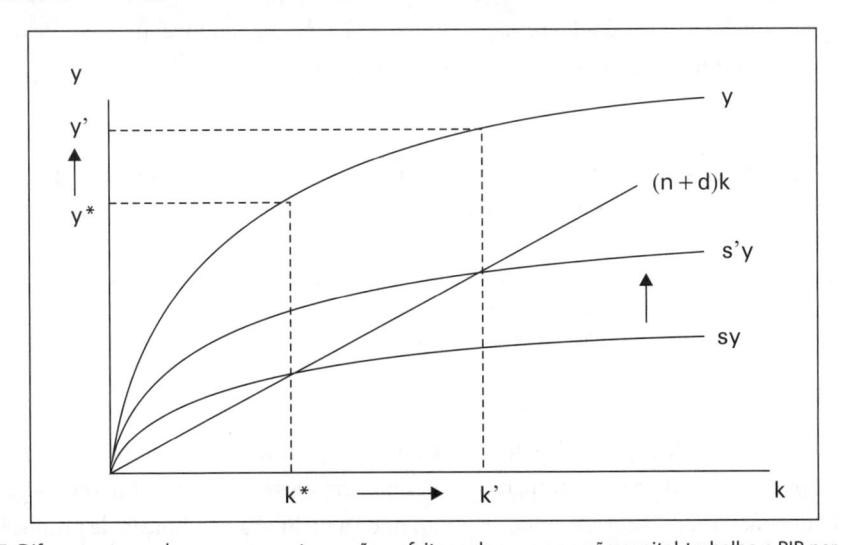

Figura 15: Diferentes taxas de poupança entre nações: efeitos sobre a proporção capital-trabalho e PIB per capita.

1.1.7.4. Crescimento Populacional e a Regra de Ouro

Considerando o crescimento populacional, equação fundamental do modelo de Solow na ausência de progresso tecnológico passa a ser expressa por:

$$\Delta k = sf(k) - (n + \delta)k$$

No estado estacionário, $\Delta k = 0$, de modo que se tem:

$$f(k) = (n + \delta)k$$

O consumo per capita é dado por:

$$c(k) = (1 - s) f(k) \Rightarrow c(k) = f(k) - sf(k)$$

Para o estoque de capital per capita no estado estacionário, obtém-se:

$$c(k^*) = f(k^*) - sf(k^*) \Rightarrow c(k^*) = f(k^*) - (\delta + n)k^* \;\therefore \tag{14}$$

O produto por trabalhador é função do capital por trabalhador: $y = f(k^*)$. Maximizando o consumo *per capita* em relação ao capital *per capita*, obtém-se:

$$\partial c/\partial k^* = 0 \Rightarrow f'(k^*) - (n + \delta) = 0 \Rightarrow [f'(k^*) = PMgK] = (n + \delta)$$

(i) **se o estoque de capital estiver abaixo do nível ótimo no estado estacionário da regra de ouro,** a produtividade marginal do capital será maior que a soma da taxa de crescimento populacional e da taxa de depreciação: $PMgK > n + \delta$. Logo, o nível da regra de ouro será alcançado por meio da elevação da taxa de poupança.

(ii) **se o estoque de capital estiver acima do nível ótimo no estado estacionário da regra de ouro,** a produtividade marginal do capital será menor que a soma da taxa de crescimento populacional e da taxa de depreciação: $PMgK < n + \delta$. Logo, o nível da regra de ouro será alcançado por meio da redução da taxa de poupança.

(Cespe-UnB/Especialista em Estudos e Pesquisas Governamentais/Instituto Jones dos Santos Neves/2010) – Com relação aos elementos básicos da teoria do crescimento, julgue o item a seguir como verdadeiro ou falso:

Segundo o modelo de crescimento econômico de Solow, se a produtividade marginal do capital se igualar à taxa de crescimento da população somada com a taxa de depreciação, o consumo per capita atingirá seu valor máximo, desde que não haja progresso técnico.

Solução:

Verdadeiro. Quando a produtividade marginal do capital for igual à soma das taxas de crescimento populacional e de depreciação, o consumo per capita será máximo. Em outras palavras, o nível de k^* que maximiza c^* corresponde ao ponto onde a inclinação da função de produção iguala a inclinação da reta "*break-even investment*", ou seja, $PMgK = \delta + n$.

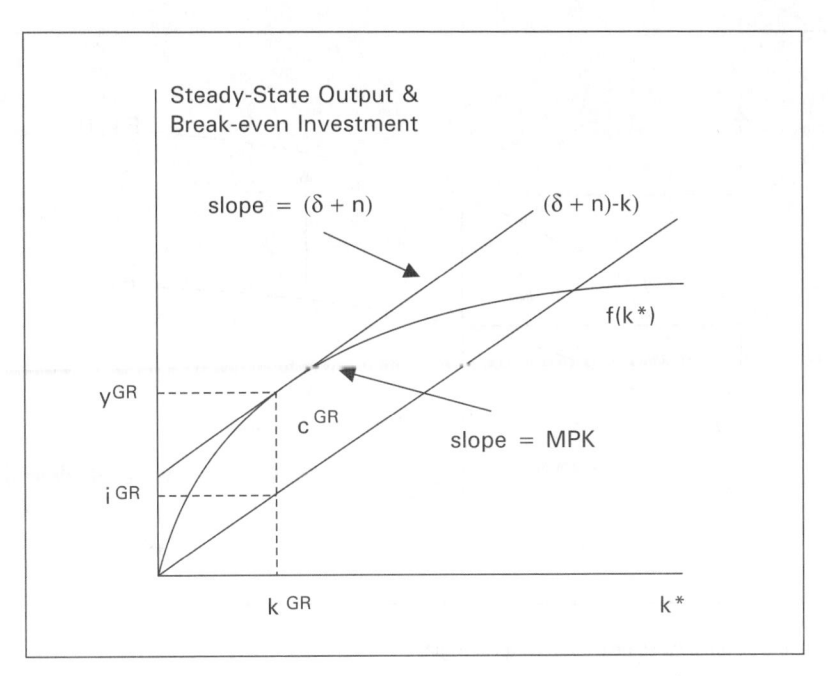

Figura 16: Crescimento populacional e regra de ouro. "GR" significa *golden rule* ou regra de ouro.

Análise de Estática Comparativa no Modelo de Solow com Crescimento Populacional		
Variáveis	**Nível de Equilíbrio**	**Taxa de Crescimento no Equilíbrio**
$s \uparrow$	$k^* \uparrow, y^* \uparrow, c^* \uparrow, s^* \uparrow$	Não muda
$n \uparrow$	$k^* \downarrow, y^* \downarrow, c^* \downarrow, s^* \downarrow$	Aumenta
Onde: $\uparrow \Rightarrow aumenta; \downarrow \Rightarrow diminui; * \Rightarrow equilíbrio$		

1.1.8. *Progresso Tecnológico*

A fim de explicar o crescimento do produto *per capita* $y = Y/L$, deve-se modificar o modelo de Solow para permitir mudança tecnológica. O crescimento sustentado exige progresso tecnológico sustentado. Dado que os dois fatores que podem conduzir a um aumento no produto *per capita* são acumulação de capital e progresso tecnológico, se a acumulação de capital não pode sustentar indefinidamente o progresso, então o progresso técnico será fundamental.

No longo prazo, uma economia que sustenta uma taxa de progresso tecnológico mais elevado irá superar as demais economias. Isso levanta a questão do que determina a taxa de progresso tecnológico (papel dos gastos com pesquisa e desenvolvimento ao papel das leis de patente e da educação e treinamento).

Um avanço no estado da tecnologia provoca um deslocamento da função de produção de F para F', provocando um aumento no produto *per capita* para dado nível de capital *per capita*. Para dado nível de k, o avanço tecnológico provoca um aumento de y. Por exemplo, para o nível de capital por trabalhador correspondente ao ponto A, o produto *per capita* aumenta de A' para B', conforme pode ser visto na Figura 17.

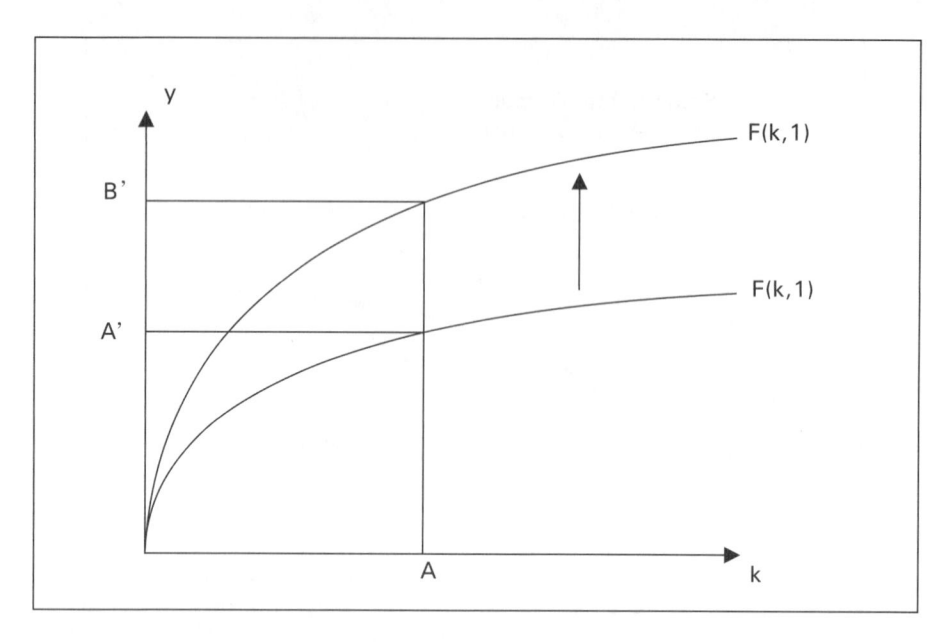

Figura 17: Efeitos de um avanço no estado da tecnologia.

(CESPE-UnB/Consultor do Senado Federal – Política Econômica/2002) – Ainda a respeito da questão da acumulação de capital, julgue o item seguinte.

Considerando o modelo de Solow, pode-se afirmar que a taxa de crescimento estacionário não é afetada quando se considera os efeitos do progresso tecnológico.

Solução:

Esse item é falso. De acordo com o Modelo de Solow, somente o progresso tecnológico, o qual permite sucessivos deslocamentos da função de produção para cima, pode explicar o crescimento do produto por trabalhador ao longo do tempo.

O progresso tecnológico é exógeno ao modelo, ou seja, surge na economia automaticamente, sem levar em consideração outros acontecimentos que estejam afetando a economia. A função de produção neoclássica assume agora a seguinte forma:

$$Y = F(K, E \times L) \; \therefore \tag{15}$$

Assim, o produto depende do capital e do trabalho (K e L) e do **estado da tecnologia ou eficiência do trabalho** (E), que depende da saúde, educação, qualificação e conhecimentos da força de trabalho: dado capital e trabalho, uma melhoria no estado da tecnologia provoca um aumento do produto. O termo $E \times L$ é a mão-de-obra medida em **unidades de eficiência** ou **a quantidade de trabalho efetivo da economia**. Este termo considera o número de trabalhadores L e a eficiência de cada um, E.

1.1.8.1. Eficiência da Mão-De-Obra

Dado o estoque de capital existente, o progresso tecnológico reduz o número de trabalhadores necessários para obter dada quantidade de produto. A duplicação de E permite à economia produzir a mesma quantidade de produto com apenas metade do número original de trabalhadores, L.

A variável E é **aumentadora de trabalho** ou **Harrod-neutra**[4]. O progresso tecnológico ocorre quando E aumenta ao longo do tempo – uma unidade de trabalho é mais produtiva quando o nível da tecnologia é mais elevado. A hipótese mais simples do progresso tecnológico é a de que esse progresso leva à eficiência do trabalho, E, fazendo-o crescer em uma taxa constante g. Em outras palavras, essa forma de progresso tecnológico é conhecida como **incorporadora de trabalho**, e g é denominada **taxa de progresso tecnológico incorporador de trabalho**. Como a força de trabalho L cresce à taxa n, e a eficiência de cada unidade de mão-de-obra E aumenta à taxa g, o número de unidades eficientes $E \times L$ aumenta a uma taxa $(n + g)$.

No estado estacionário, Harrod compara pontos da função de produção antes e depois da ocorrência do progresso tecnológico em que a **relação capital-produto** é constante. O progresso técnico é poupador de capital se, para qualquer valor constante da relação capital-produto, a razão $\delta = rK/wL$ decresce, ao passo que o progresso técnico é poupador de trabalho se, para qualquer valor constante da relação capital-produto, a razão $\delta = rK/wL$ cresce.

Há outras duas possibilidades:

a) $F(E \times K, L)$ é conhecida como **aumentadora de capital** ou **Solow-neutra**

b) $EF(K, L)$ é conhecida como tecnologia **Hicks-neutra**. No estado estacionário, Hicks compara pontos da função de produção onde a **relação capital-trabalho** é constante. Nessa definição, o deslocamento da função de produção denomina-se progresso técnico poupador de capital se o produto marginal do trabalho diminui para qualquer valor constante da relação capital-trabalho. Por outro lado, um progresso técnico poupador de trabalho significa que o produto marginal do trabalho aumenta para qualquer valor constante da relação capital-trabalho.

É válida a hipótese de retornos constantes de escala:

$$zY = F(zK, z(E \times L))$$

Observa-se também a existência de retornos decrescentes para cada um dos dois fatores, capital e trabalho efetivo. Dado o trabalho efetivo, um aumento no capital tende a aumentar o produto, mas a taxa decrescente. Por outro lado, dado o capital, um aumento no trabalho efetivo tende a aumentar o produto, mas a uma taxa decrescente. No estado estacionário, o produto e o capital por trabalhador efetivo são constantes.

---

[4] JONES, C. I. Introdução à Teoria do Crescimento Econômico. Rio de Janeiro, Campus: 2000.

1.1.8.2. Estado Estacionário com Progresso Tecnológico

Considere $k = K/(L \times E)$ o capital por unidade de eficiência ou capital por trabalhador efetivo; $y = Y/(L \times E)$, o produto por unidade de eficiência ou produto por trabalhador efetivo; $c = C/(L \times E)$ é o consumo por unidade de eficiência; $i = I/(L \times E)$ é o investimento por unidade de eficiência. A função de produção pode ser escrita como:

$$\frac{Y}{L \times E} = f\left(\frac{K}{L \times E}\right) \Leftrightarrow y = f(k)$$

A equação que mostra a evolução de k ao longo do tempo agora é representada por,

$$\Delta K = s.f(k) - (\delta + n + g)k$$

Essa equação representa a dinâmica do capital por trabalho efetivo como função do investimento por unidade de trabalho efetivo e do investimento mínimo necessário para manter k no nível corrente. Se g é alta, então as unidades de eficiência estão se expandindo com rapidez, e a quantidade de capital por unidade de eficiência tende a cair:

$$\downarrow \Delta k = s.f(k) - (\delta + n + \uparrow g)k$$

De acordo com a Figura 18, a inclusão do progresso tecnológico não altera substancialmente a análise do estado estacionário. Há um nível de k, denotado por k* (estado estacionário), no qual o capital por unidade de eficiência e o produto por unidade de eficiência são constantes. Logo, quando k é definido como quantidade de capital por unidade de eficiência, os aumentos no número de unidades de eficiência decorrentes do progresso tecnológico tendem a reduzir k. No estado estacionário, o investimento, $s.f(k)$ anula a redução verificada por k em virtude da depreciação, do crescimento populacional e do progresso tecnológico.

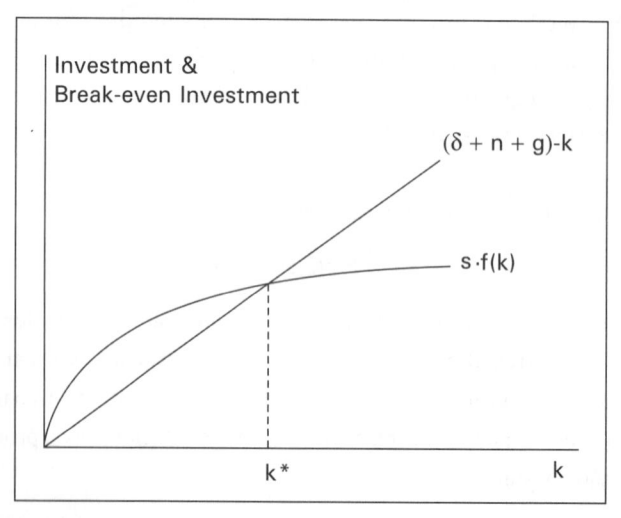

Figura 18: Inclusão do progresso tecnológico

Considere, na Figura 19, um dado nível de capital por trabalhador efetivo (k_0). A esse nível, o produto por trabalhador efetivo é igual à distância AB. O investimento por trabalhador efetivo é AC. A quantidade de investimento exigido para manter esse nível de capital por trabalhador efetivo é dada por AD. Como o investimento realizado supera o nível de investimento exigido para manter o nível existente de capital por trabalhador efetivo, k aumenta.

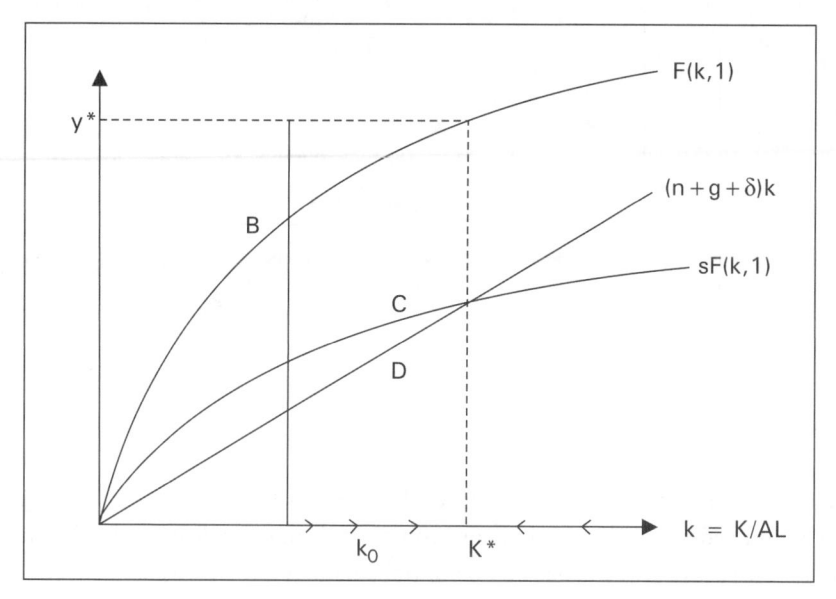

Figura 19: Dinâmica do Capital e do Produto por Trabalhador Efetivo. O capital e o produto por trabalhador efetivo convergem para valores constantes no longo prazo.

Começando de k_0, a economia se move para a direita, com o nível de capital por trabalhador efetivo aumentando ao longo do tempo. Isto prossegue até que o investimento seja apenas suficiente para manter o nível existente de capital por trabalhador efetivo, até que o capital por trabalhador efetivo alcance k^*. No longo prazo, o capital por trabalhador efetivo atinge um nível constante, ocorrendo o mesmo com o produto por trabalhador efetivo. Em outras palavras, o estado estacionário dessa economia é tal que o capital por trabalhador efetivo e o produto por trabalhador efetivo são constantes e iguais a k^* e y^*, respectivamente.

Assim, no estado estacionário, nesta economia, o que é constante não é o produto, mas sim o produto por trabalhador efetivo. No estado estacionário, o produto (Y) cresce à mesma taxa que o trabalho efetivo (E x L), de modo que o quociente entre as duas variáveis é, de fato, constante. Como o trabalho efetivo cresce à taxa (n + g), o crescimento do produto, no estado estacionário, deve também ser igual a (n + g). Concluindo, **no estado estacionário, a taxa de crescimento do produto é igual à taxa de crescimento populacional (n) mais a taxa de progresso tecnológico (g). Consequentemente, a taxa de crescimento do produto independe da taxa de poupança.**

Observando a figura 20, há dois pontos fixos. O primeiro em que k = 0, não sendo um ponto de interesse econômico, já que é difícil conceber uma economia com dotação nula de capital por unidade de trabalho efetivo, e um segundo ponto $k \neq 0$, a que a economia tenderia. Note que este ponto é diretamente proporcional à taxa de poupança da sociedade, e inversamente proporcional à taxa de crescimento populacional.

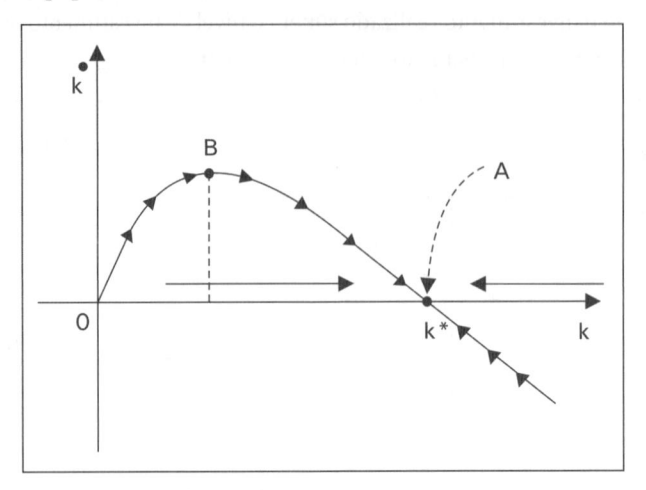

Figura 20: Diagrama de fase e a dinâmica do capital

No estado estacionário o capital por unidade de eficiência, k, é constante. Uma vez que $y = f.(k)$, o produto por unidade de eficiência também é constante. O número de unidades de eficiência por trabalhador cresce à taxa g. assim, o produto por trabalhador ($Y/L = y \times E$) também cresce à taxa g. O produto total $Y = y (E \times L)$ cresce à taxa $n + g$.

Suponha que uma economia tente obter um crescimento do produto superior a $(n + g)$. Dados os rendimentos decrescentes do capital, o capital teria de crescer mais rapidamente do que o produto. A economia teria de destinar proporções do produto cada vez maiores à acumulação de capital. Em algum momento, isso se tornaria impossível. Então a economia não pode crescer, permanentemente, a uma taxa maior do que $(n + g)$.

No estado estacionário, o produto por trabalhador cresce à taxa de progresso tecnológico. Como o produto, capital e trabalho efetivo crescem todos à mesma taxa $(n + g)$ no estado estacionário, o estado estacionário desta economia é também denominado de **crescimento equilibrado**: no estado estacionário, o produto e os dois insumos, capital e trabalho efetivo, crescem em equilíbrio (à mesma taxa). As características do crescimento estão resumidas na tabela a seguir:

- O capital por trabalhador efetivo e o produto por trabalhador efetivo são constantes.
- O capital por trabalhador e o produto por trabalhador crescem à taxa do progresso tecnológico, g.
- O trabalho cresce à taxa do crescimento populacional, n. Capital e produto crescem a uma taxa igual à soma do crescimento populacional e da taxa de progresso tecnológico: $n + g$.

Tabela-Resumo

Variável	Símbolo	Taxa de Crescimento
Capital por unidade de eficiência	$k = K/(E \times L)$	0
Produto por unidade de eficiência	$y = Y/(E \times L) = f(k)$	0
Capital por trabalhador	$k = K/L$	g
Produto por trabalhador	$Y/L = y \times E$	g
Produto Total	$Y = y \times (E \times L)$	$n + g$
Capital	K	$n + g$
Trabalho	L	n

Fonte: MANKIW (2005) e BLANCHARD (2005)

(ESAF/Técnico de Pesquisa e Planejamento do IPEA/2004) - Considere o Modelo de Crescimento de Solow com crescimento populacional e progresso tecnológico. Suponha que a função de produção do modelo seja dada por:

Y = F(K, LxE)

onde Y = produto; K = estoque de capital; E = eficiência do trabalho; L = trabalho; LxE = mão-de-obra medida por unidade de eficiência.

Suponha ainda: n = taxa de crescimento populacional; g = taxa de crescimento da eficiência do trabalho

Com base nestas informações, as taxas de crescimento, no "estado estacionário", do "capital por unidade de eficiência", do "produto por unidade de eficiência", do "produto por trabalhador" e do "produto total" são, respectivamente:

a) 0, 0, g, n+g

b) 0, g, n+g, 0

c) g, n + g, 0, n+g

d) 0, 0, 0, n+g

e) 0, 0, 0, 0

Solução:

A resposta é a letra "a", conforme visto na tabela anterior.

1.1.8.3. Efeitos da Taxa de Poupança Sobre o Crescimento

No estado estacionário, a taxa de crescimento do produto depende apenas da taxa de crescimento populacional e da taxa de progresso tecnológico. Alterações da taxa de poupança não afetam a taxa de crescimento do estado estacionário. Contudo, isto não quer dizer que a taxa de poupança seja irrelevante: variações na taxa de poupança afetam o nível de produto por trabalhador efetivo no estado estacionário.

Conforme pode ser visto na Figura 21, o aumento da taxa de poupança de s_0 para s_1, desloca a relação de investimento de $s_0 F(K,1)$ para $s_1 F(K,1)$. Segue-se que o nível de capital por trabalhador efetivo no estado estacionário aumenta de k_0^* para k_1^*, com um correspondente aumento do nível de produto por trabalhador efetivo de y_0^* para y_1^*.

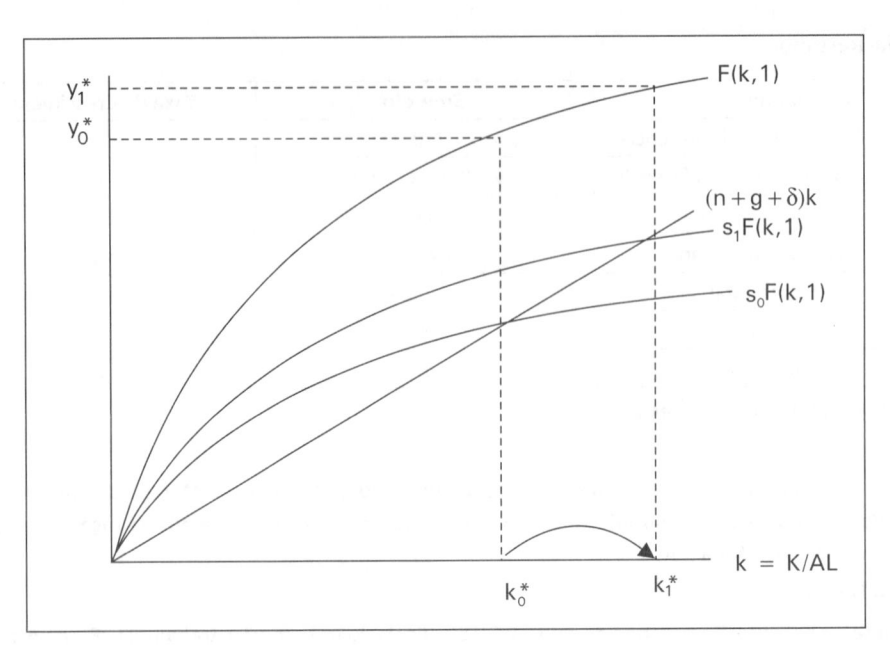

Figura 21: Efeitos de um aumento na taxa de poupança

Logo, uma alta taxa de poupança leva a uma alta taxa de crescimento somente até o ponto em que se atinge o estado estacionário. Uma vez alcançado o estado estacionário, a taxa de crescimento do produto por trabalhador depende apenas da taxa de progresso tecnológico. O modelo de Solow mostra que apenas o progresso tecnológico pode explicar o contínuo crescimento dos padrões de vida.

Uma das implicações do modelo de crescimento de Solow é que a trajetória de crescimento equilibrado é estável e a taxa de crescimento do produto, no estado estacionário, não depende da taxa de poupança. Isso porque a taxa de crescimento do produto em equilíbrio estacionário será igual à taxa de crescimento do progresso tecnológico (*g*) mais a taxa de crescimento da população (*n*), ou, em outras palavras, a taxa de crescimento do produto só depende de *n* e *g*.

Contudo, a taxa de poupança afeta, no estado estacionário, o nível de produto por trabalhador efetivo. E aumentos na taxa de poupança provocam, durante algum tempo, aumentos na taxa de crescimento superiores à taxa de crescimento no estado estacionário. No modelo de crescimento de Solow, uma elevação da propensão marginal a poupar (taxa de poupança) aumenta a renda per capita (*y*). Mas é verdade também que um aumento na taxa de poupança aumenta apenas transitoriamente o crescimento da renda per capita, durante a transição de um estado estacionário para outro. Assim, as economias que apresentam renda per capita mais elevada são aquelas que têm maior taxa de poupança, ceteris paribus.

Observe que no modelo de crescimento de Solow com progresso técnico, para manter constante a razão capital-produto (*k*) ao longo da trajetória de crescimento equilibrado, será necessário manter uma taxa de poupança maior do que na ausência de progresso técnico: $\Delta k = sf(k) - (\delta + n + g)k$

No estado estacionário, $\Delta k = 0$. Logo,

$$\left(\delta+n+g\right)k = sf(k) \Rightarrow \left(\delta+n+g\right)\frac{k}{f(k)} = s \Rightarrow \left(\delta+n+g\right)\frac{k}{y} = s \Rightarrow \frac{k}{y} = \frac{s}{\left(\delta+n+g\right)}$$

Assim, aumentando g, é preciso aumentar s.

1.1.8.4. A Regra de Ouro da Acumulação de Capital

O nível de acumulação de capital da Regra de Ouro é definido como o estado estacionário que maximiza o consumo por unidade de eficiência do trabalho. Então, pode-se mostrar que o consumo no estado estacionário por unidade de eficiência é:

$$c^* = f(k^*) - (\delta + n + g)k^*$$

O consumo no estado estacionário é maximizado quando a produtividade marginal do capital líquido é igual à taxa de crescimento do produto:

$$PMgK = \delta + n + g \Leftrightarrow PMgK - \delta = n + g$$

Dito de outra forma, quando a produtividade marginal do capital for igual à soma da taxa de crescimento populacional, da taxa de depreciação e da taxa de progresso tecnológico, o consumo *per capita* será máximo.

(i) Se a produtividade marginal do capital líquido for maior que a taxa de crescimento do produto, o estoque de capital estará abaixo da regra de ouro: $PMgK - \delta > n + g$. Assim, um aumento da taxa líquida de poupança (e do investimento) leva a um maior crescimento do produto.

(ii) Se a produtividade marginal do capital líquido for menor que a taxa de crescimento do produto, o estoque de capital estará acima da regra de ouro: $PMgK - \delta < n + g$.

Assim, o modelo de Solow prevê que o progresso tecnológico induz ao crescimento simultâneo de diversas variáveis. No estado estacionário, tanto o produto por trabalhador quanto o estoque de capital por trabalhador crescem à taxa do progresso tecnológico.

Além disso, se a economia opera com capital superior àquele previsto pela regra de ouro, uma queda na taxa de poupança determinará níveis de consumo superiores ao original, tanto no curto quanto no longo prazo. Se a queda na taxa de poupança permitir uma queda no capital per capita (k) que coloque a economia na relação correspondente à regra de ouro, a economia vai se manter sustentadamente no nível de consumo per capita máximo.

Finalmente, note que se o estoque de capital for menor do que o dado pela regra de ouro, uma elevação da propensão marginal a poupar e/ou uma redução da taxa de crescimento elevam o consumo de longo prazo.

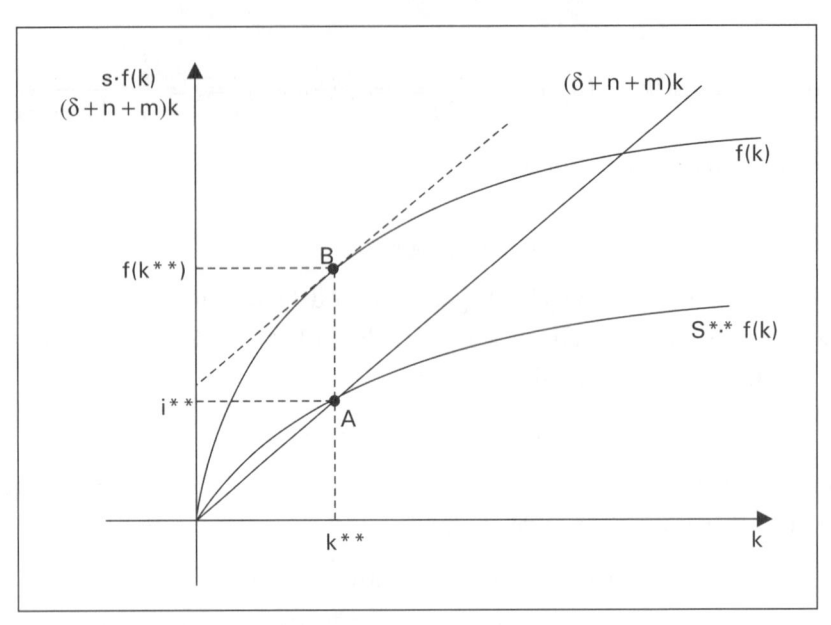

Figura 22: A regra de ouro da acumulação de capital, no modelo de Solow com progresso tecnológico e crescimento populacional.

1.1.9. *Convergência e Explicação das Diferenças nas Taxas de Crescimento*

As taxas de crescimento econômico dos países ricos e pobres irão convergir? Será que países que partem de um nível maior de pobreza crescerão mais acentuadamente que aqueles que já atingiram um nível maior de acumulação de riqueza, de forma a fechar o hiato entre os dois grupos? Por que há convergência em alguns países, por exemplo, países da OCDE ou países industrializados, mas uma falta de convergência entre os países de todo o mundo? Dois conceitos de convergência se destacam:

(i) **Convergência Absoluta**: de acordo com o modelo de Solow, países homogêneos convergem para um mesmo nível de capital e produto. Essa hipótese refere-se ao fato de que o país mais pobre cresce mais rapidamente do que o país mais rico, não estando condicionado a qualquer tipo de característica. Considere um grupo de países, todos tendo acesso à mesma tecnologia, a mesma taxa de crescimento populacional (n) e a mesma taxa de poupança (s), somente se diferenciando em termos de capital *per capita* inicial, k. Deve-se esperar que haja convergência de todos os países para o mesmo capital *per capita*, produto *per capita* e consumo *per capita* no estado estacionário (k^*, y^*, c^*) e, claro, a mesma taxa de crescimento populacional.

A convergência absoluta é descrita na figura abaixo, onde k_1 representa o capital *per capita* de um país pobre e k_2 representa o capital per capita de um país rico. A estabilidade do modelo de Solow prediz que ambos os países irão se aproxima de k^*. Isto significa que o país pobre irá crescer mais rápido relativamente (capital e produto crescem mais rápido que n), enquanto que a nação rica irá crescer relativamente devagar (capital e produto crescem mais devagar que n). Matematicamente, como $k_1 < k_2$, então $f'(k_1) > f'(k_2)$, de modo que o produto marginal do capital relativo ao trabalho é maior em nações pobres do que em nações ricas, logo os pobres irão acumular mais capital e crescer a uma taxa mais rápida que os ricos.

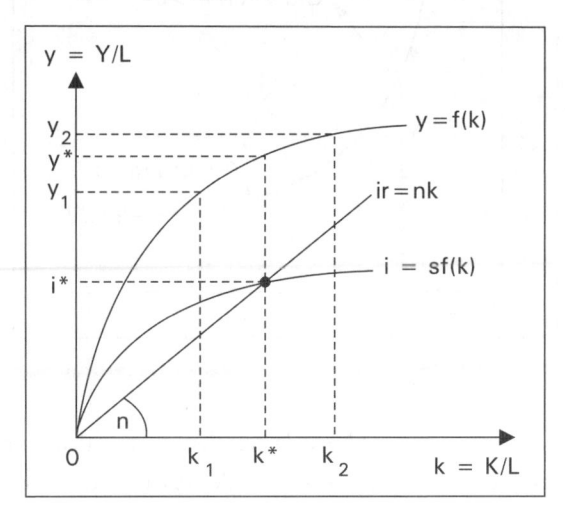

Figura 23: Hipótese da Convergência Absoluta

Cabe destacar, também, o princípio da dinâmica da transição, o qual postula que "quanto mais "abaixo" do seu estado estacionário estiver uma economia, tanto mais ela deverá crescer. Quanto mais "acima" a economia estiver do seu estado estacionário, mais lentamente ela irá crescer". Em outras palavras, o princípio da dinâmica da transição esclarece que os países que não alcançaram seu estado estacionário não deverão crescer à mesma taxa. Os países que estão abaixo do seu estado estacionário crescerão mais rapidamente, os que estão acima crescerão mais lentamente.

Assim, entre países que apresentam o mesmo estado estacionário, a **hipótese da convergência absoluta** se sustenta: os países pobres crescerão mais rápido, em média, do que os países ricos. Por exemplo, considere o fim da Segunda Guerra Mundial, quando os estoques de capital (mas não o trabalho) do Japão e da Alemanha foram destruídos pela guerra. Antes da guerra, essas duas nações eram semelhantes às demais nações industrializadas daquela época, em termos de possibilidade de tecnologia, taxas de poupança, crescimento populacional etc. Então, relativo às outras nações industrializadas com os mesmos parâmetros, o Japão e a Alemanha pós-guerra possuíam baixo capital per capita (k_1) da figura anterior. De acordo com a hipótese da convergência absoluta, o modelo de Solow prediz que essas duas nações cresceriam mais rápido que outras nações industrializadas no período pós-guerra, ou seja, essas duas nações iriam convergir, e de fato foi isso que aconteceu!

Analisando de outra maneira, suponha a economia do país pobre com um nível de capital *per capita* $k(0)_{poor}$ e a economia do país rico com um nível de capital $k(0)_{rich}$, mas ambos os níveis de capital abaixo do nível de capital no estado estacionário (k^*). Se as duas economias têm os mesmos níveis de tecnologia, as mesmas taxas de investimento e de crescimento populacional, então o país pobre crescerá temporariamente mais rápido do que o país rico. O hiato do produto por trabalhador dos dois países irá se estreitando à medida que ambas as economias se aproximam do mesmo estado estacionário.

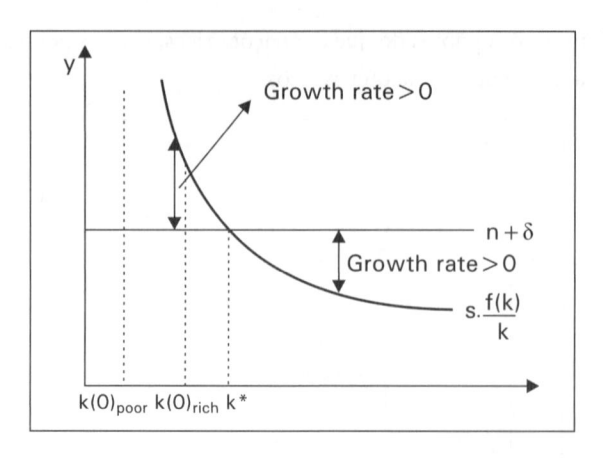

Figura 24:

Na figura 24, a taxa de crescimento de k é dada pela distância vertical entre a curva de poupança $s.f(k)/k$ e a reta de depreciação $n + \delta$. Se $k < k^*$, a taxa de crescimento (*growth rate*) de k é positiva, e k cresce até k^*. Se $k > k^*$, a taxa de crescimento é negativa, e k decresce até k^*. Logo, o capital per capita no estado estacionário, k^*, é estável. Note que, ao longo da transição de um capital per capital inicial baixo, a taxa de crescimento de k decresce monotonicamente para zero. As setas no eixo horizontal indicam a direção do movimento de k ao longo do tempo.

Certamente no mundo a hipótese da convergência absoluta não se sustenta em nações que não são semelhantes. Em outras palavras, é difícil presumir que Moçambique e Dinamarca devem convergir às mesmas taxas de crescimento porque suas taxas de poupança, possiblidades tecnológicas e taxas de crescimento populacional são bastante diferentes.

Esse resultado é observado apenas em parte, isto é, esse resultado é consistente com os milagres econômicos em países como Coréia e Japão, já que milagres econômicos acontecem apenas em países que eram inicialmente pobres, segundo o modelo de Solow. No entanto, estes fatos não explicam, por exemplo, o longo período de estagnação econômica em vários países africanos.

Estudos empíricos em dados *cross section* de nações ao longo dos anos 1960 a 1985 não apóiam a hipótese da convergência absoluta porque existe uma tendência de nações inicialmente ricas crescerem mais rápido em termos *per capita*. Para remediar esse problema, a heterogenei-dade entre as nações é permitida. Em particular, a hipótese que todas as economias possuem os mesmos parâmetros e, portanto, as mesmas posições em estado estacionário deve ser ignorada. Se os estados estacionários diferem, então devemos modificar a análise para considerar o conceito de convergência condicional.

Convergência: países pobres crescem mais rapidamente que países ricos.
Divergência: países ricos crescem mais rápido que países pobres.

(ii) **Convergência Condicional:** hipótese da convergência condicional postula que se nações possuem as mesmas possibilidades tecnológicas e taxas de crescimento populacional, mas diferente em suas taxas de poupança e capital *per capita* iniciais, então essas nações devem ainda convergir para a mesma taxa de crescimento, mas não necessariamente ao mesmo capital *per capita*. Em resumo, a hipótese da convergência condicional argumenta que nações podem ser diferentes em seus parâmetros no estado estacionário (por exemplo. k_1^* e. k_2^* na figura abaixo) e, portanto, diferirem no consumo *per capita*, mas à medida que essas nações possuem a mesma taxa de crescimento populacional, n, então todos os níveis de variáveis – capital, produto, consumo, etc – irão crescer a uma mesma taxa.

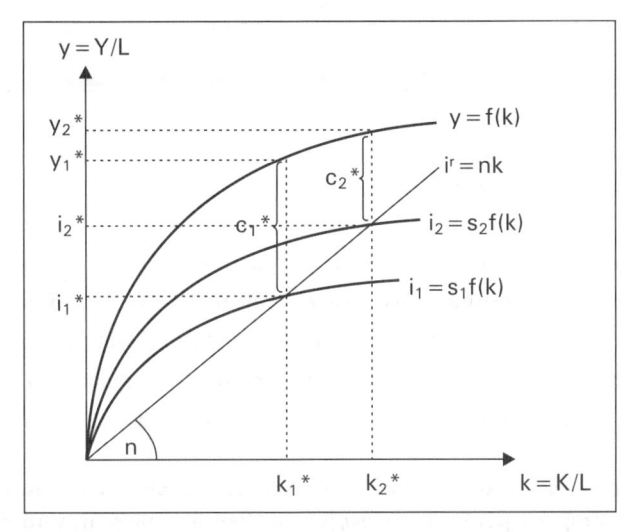

Figura 25: Convergência condicional

De fato, mesmo a hipótese da convergência condicional não necessariamente deve ocorrer quando se compara nações industrializadas com nações subdesenvolvidas porque as taxas de crescimento populacional entre as nações nesses dois grupos são diferentes (Dinamarca e Moçambique, por exemplo). Mas a hipótese da convergência condicional ajuda a explicar porque países com taxas de crescimento populacional semelhantes (por exemplo, Índia e Nigéria) podem convergir às mesmas taxas de crescimento, embora com diferente capital *per capita* no estado estacionário, e portanto, diferentes consumo e renda *per capita*.

A figura abaixo reflete que uma economia rica tem uma alta taxa de poupança que uma economia pobre, de modo que a economia rica teria um crescimento per capita mais rápido que a economia pobre. Ou seja, a hipótese da convergência absoluta não ocorre.

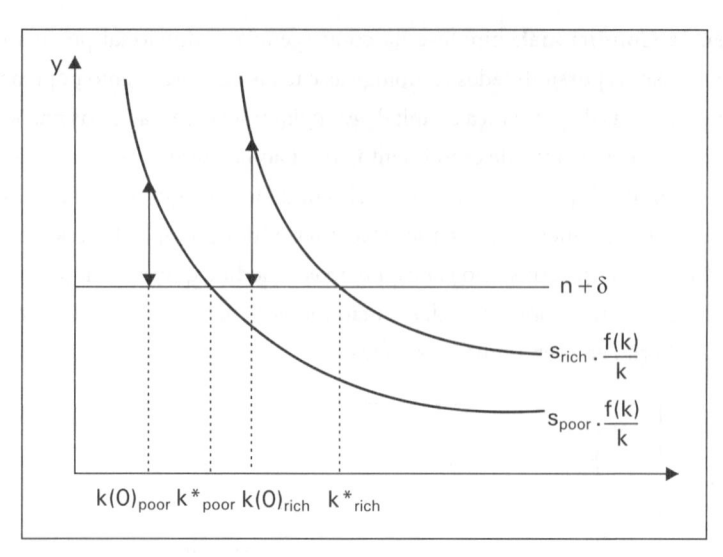

Figura 26: ausência de convergência absoluta

Considere, agora, duas economias A e B que partem de estados estacionários diferentes, talvez por terem taxas de poupanças distintas, elas possivelmente não convergirão. Ou seja, cada economia irá se comportar de acordo com o seu próprio estado estacionário. Assim, como nem todos os países no mundo têm as mesmas taxas de investimento e de crescimento populacional ou os mesmos níveis tecnológicos, não se pode esperar que rumem para o mesmo estado estacionário.

(CESPE-UnB/Consultor do Senado Federal – Política Econômica/2002) – Com base no modelo de crescimento econômico proposto pôr Robert Solow, julgue o item a seguir como verdadeiro ou falso.

O modelo proposto pôr Solow explica o fenômeno da convergência nos níveis de renda entre os países pobres e ricos, observada ao longo dos últimos 50 anos.

Solução:

Esse item é falso. O modelo de Solow não prediz que todos os países devem convergir para uma mesma taxa de crescimento da renda *per capita* (**hipótese da convergência absoluta**). O modelo de Solow apenas prediz que cada país converge para seu próprio estado estacionário (**hipótese da convergência condicional**), isto é, os países que são pobres em relação ao seu próprio estado estacionário tendem a crescer mais rápido, por exemplo, Coréia, Japão, Cingapura e Hong Kong. Nesses países, reflete-se a situação da convergência depois que foi feito um controle ("uma condição") relativo ao estado estacionário. Em resumo os países com estados estacionários semelhantes registrarão convergência. Isso não quer dizer que todos os países do mundo convergirão para o mesmo estado estacionário, mas apenas que eles estão convergindo para seu próprio estado estacionário, o que por sua vez é determinado pela poupança, crescimento populacional e nível de instrução.

1.2. Modelo de Harrod-Domar

O modelo de crescimento de Harrod-Domar, de inspiração keynesiana, considera que o desenvolvimento econômico é um processo gradual, contínuo e equilibrado. Esse modelo destaca a importância de três variáveis básicas para o crescimento: a taxa de investimento, a taxa de poupança e a relação produto-capital. O investimento agregado apresenta dois efeitos na economia:

(i)   Efeito da demanda de investimento sobre a demanda agregada

(ii) Efeito da oferta de investimento sobre a oferta agregada

1.2.1. *Efeito Demanda do Investimento e o Crescimento da Demanda Agregada*

De acordo com o modelo keynesiano simples para uma economia fechada e sem governo:

$$Y_E = C + I \therefore C = cY_E$$

Onde: Y_E = produto efetivo; C = Consumo; I = Investimento; c = propensão marginal a consumir. O multiplicador dos investimentos é expresso por:

$$\frac{\Delta Y_E}{\Delta I} = \frac{1}{1-c} = \frac{1}{s}$$

Como o $1 - c = s$, onde s = propensão marginal a poupar ou taxa de poupança[5], temos:

$$\Delta Y_E = \frac{1}{s}\Delta I \Rightarrow \begin{cases} \uparrow\left(\dfrac{\Delta Y_E}{\Delta I}\right) = \dfrac{1}{\downarrow s} \\[2ex] e \\[2ex] \downarrow\left(\dfrac{\Delta Y_E}{\Delta I}\right) = \dfrac{1}{\uparrow s} \end{cases}$$

Quanto menor s, maior o efeito do investimento sobre o produto efetivo, e vice-versa.

1.2.2. *Efeito Capacidade Produtiva do Investimento e o Crescimento da Oferta Agregada*

As variações do produto potencial Y_P (ou da oferta agregada) podem ser determinadas como resultado das variações no estoque de capital da economia, ou seja:

$$\Delta Y_P = \sigma\Delta k \Rightarrow \Delta Y_P = \sigma I \Rightarrow \Delta Y_P = \frac{Y_P}{K}$$

onde $\sigma = \dfrac{\Delta Y_P}{\Delta k}$ é a *produtividade média social potencial do capital* ou *relação incremental produto-capital*: O crescimento da oferta agregada acontece a partir de uma relação produto-capital constante; ΔY_P = variação do produto potencial (ou oferta agregada); Δk = variação do estoque de capital K; I = taxa de investimento. Note que $\sigma.I$ representa o efeito do investimento sobre a oferta agregada.

---

[5] Em alguns livros de macroeconomia, ela é chamada de propensão média a poupar. Nesse caso, a função poupança é linear, com intercepto nulo, quando então as propensões média e marginal a poupar são iguais.

1.2.3. *Taxa Garantida de Crescimento (g_w)*

A equação abaixo mostra a **principal contribuição** do modelo de Harrod-Domar: a ênfase no duplo papel do investimento, que atua tanto como elemento de demanda (gastos) como de oferta (ampliação da capacidade).

$$g_w = \frac{\Delta I}{I} = s\sigma$$

Na equação acima $\sigma = \frac{Y}{K}$ é a relação Produto-Capital. Logo o inverso de σ é a chamada relação capital-produto $k = \frac{1}{\sigma} = \frac{K}{Y}$. Assim a equação acima pode ser reescrita como:

$$g_w = \frac{\Delta I}{I} = s\sigma = s.\frac{Y}{K} = \frac{s}{K/Y} = \frac{s}{k}$$

1.2.4. *Taxa Efetiva de Crescimento (g_t)*

É a taxa de crescimento do produto, onde a oferta agregada iguala a demanda agregada (OA = DA), mas não necessariamente a pleno emprego do capital, como a taxa garantida.

$$g_t = \frac{\Delta Y}{Y} = \frac{\Delta I}{I}$$

1.2.5. *Interação entre o Efeito Demanda de Investimento e o Efeito Capacidade Produtiva do Investimento*

Se a cada período ocorrem investimentos, no período seguinte tem-se um aumento da capacidade produtiva. Tal efeito pode resultar em um aumento da capacidade ociosa. Para que isso não ocorra, deve ocorrer um equilíbrio entre os dois efeitos, isto é, deve ocorrer crescimento equilibrado:

$$\Delta Y_P = \Delta Y_E \quad e \quad \sigma I = \frac{1}{s}\Delta I$$

multiplicando ambos os termos dessa última equação por s, obtêm-se:

$$\Delta I = s\sigma I \Rightarrow \frac{\Delta I}{I} = s\sigma$$

Fazendo $\Delta Y_E = \Delta Y_P = \Delta Y = \sigma I$. Supondo, no produto de equilíbrio, $S = I$, onde a função poupança é expressa por $S = sY$, com que também $I = sY$, no equilíbrio, segue que,

$$\Delta Y_P = s\sigma Y \Rightarrow \frac{\Delta Y}{Y} = s\sigma \Rightarrow \dot{y} = s\sigma \Rightarrow g_t = g_w$$

Dessa forma, para que haja um crescimento equilibrado, isto é, para que o produto efetivo se eleve junto com o produto potencial, evitando-se, dessa maneira, a elevação da capacidade ociosa na economia, deve-se ter que a taxa de crescimento do investimento líquido (taxa de acumulação de capital) e a taxa de crescimento do produto devem ser iguais à relação incremental produto-capital. Em outras palavras, a taxa efetiva de crescimento (g_t) é igual à taxa garantida de crescimento (g_w). É a condição de equilíbrio balanceado, com plena utilização do estoque de capital.

(Cespe-UnB/Analista de Empresa de Comunicação Pública – Atividade: Economia/Empresa Brasileira de Comunicação/2011) – Julgue os próximos itens, relativos aos processos de crescimento e de desenvolvimento econômico.

No modelo de crescimento de Harrod-Domar, o fato de a relação capital-produto ser constante conduz ao equilíbrio em "fio de navalha".

Solução:

Verdadeiro. Os desvios da taxa efetiva de crescimento (g_t) com relação a taxa garantida (g_w), não somente não são autocorretivo, como são de fato cumulativos. Dessa forma, a taxa garantida de crescimento corresponde a um crescimento sob "fio de navalha", pois se a economia se afastar minimamente dessa posição, jamais irá retornar a mesma. Isto significa dizer que um país que sai da trajetória de equilíbrio estável, ao longo de um período, o mesmo não consegue mais retornar para a trajetória de crescimento equilibrado, gerando assim uma contradição básica: porque se o país tiver excesso de capital ele precisará diminuir o nível de investimento. Nessas condições, a situação de crescimento equilibrado no longo prazo será, na melhor das hipóteses, o de equilíbrio sobre um "fio de navalha", ressaltando que não há razão para as expectativas dos empresários serem consistentes com a taxa garantida de crescimento econômico. Nesse modelo para manter uma trajetória consistente de equilíbrio de longo prazo as **taxas de garantia, de crescimento e natural devem ser sempre iguais** (condição essa conhecida como **equilíbrio em fio da navalha**). De fato, se um país sair da trajetória de equilíbrio de longo prazo, ele não consegue voltar mais para a trajetória do crescimento equilibrado. Isso se deve à hipótese de relação produto-capital constante (ou coeficientes fixos de produção). Assim, se o país tiver excesso de capital, ele precisa investir mais ainda. Por outro lado, se o país tiver escassez de capital, precisa diminuir a taxa de investimento, desse modo, uma vez saindo da trajetória de equilíbrio, nunca se retornaria ao crescimento equilibrado.

1.2.6. *Crescimento em Estado Estacionário (Steady State of Growth)*

A *taxa natural de crescimento* ou *taxa de crescimento da mão-de-obra* é a taxa de crescimento que garante um crescimento estável do produto, onde a oferta agregada iguala a demanda agregada (OA = DA), e com pleno emprego da mão-de-obra e do capital. Em estado estacionário temos que:

$$g_t = g_w = g_n = s\sigma = s.\frac{Y}{K} = \frac{s}{K/Y} = \frac{s}{k}$$

Ou seja, em equilíbrio balanceado:

taxa efetiva = taxa garantida = taxa natural = taxa de poupança/relação capital-produto

Em outras palavras, no modelo de Harrod-Domar, em equilíbrio de longo prazo temos que:

(i) A taxa de crescimento da economia é constante é igual às taxas de garantia e natural: $g_t = g_w = g_n$

(ii) A taxa de crescimento da economia (que é igual às taxas natural e de garantia) é igual ao produto da taxa de poupança pela relação produto-capital: $g_t = g_w = g_n = s\sigma = s.\dfrac{Y}{K}$

(iii) A taxa de crescimento da economia (neste caso igual às taxas natural e de garantia) é igual ao quociente entre a taxa de poupança e a relação capital-produto: $g_t = g_w = g_n = s.\dfrac{s}{K/Y} = \dfrac{s}{k}$

1.2.7. Hipóteses do Crescimento

Partindo-se de uma posição de pleno emprego, temos as seguintes situações:

g_t (taxa efetiva) > g_w (taxa garantida pelo estoque de capital) → *escassez de capital*

g_t (taxa efetiva) < g_w (taxa garantida pelo estoque de capital) → *excesso de capacidade instalada* (excesso de K), isto é, capacidade ociosa

g_w (taxa garantida) > g_n (taxa natural) → *escassez de mão-de-obra*. Se a taxa de crescimento garantida for maior que a taxa de crescimento natural ($g_w > g_n$), a taxa efetiva de crescimento do produto (g_t) não consegue sequer sustentar-se em g_n, mas cai progressivamente até se tornar negativa, o que constitui a explicação de Harrod para as crises.

g_w (taxa garantida) < g_n (taxa natural) → *desemprego de mão-de-obra*. A mão-de-obra cresce a taxas superiores à permitida pela capacidade instalada existente na economia.

(FUNCAB/Economista/Instituto de Pesos e Medidas do Estado de Rondônia – IPEM/2013) – No modelo Harrod-Domar, de crescimento econômico, considerando a função poupança igual a S = 0,25y e uma relação capital-produto igual a 3,0, pode-se afirmar que, em situação de equilíbrio, a taxa de crescimento da renda é igual a:

a) 7,5%

b) 1,3%

c) 8,3%

d) 12,0%

e) 5,5%

Solução:

A resposta é a letra "C". Sabemos que, no modelo de Harrod-Domar, o estado estacionário, a taxa de crescimento da economia (neste caso igual às taxas natural e de garantia), é igual ao quociente entre a taxa de poupança e a relação capital-produto:

$$g_t = g_w = g_n = \frac{s}{K/Y} = \frac{s}{k} = \frac{0,25}{3} = 0,083 \text{ ou } 8,3\%$$

Uma outra forma, mais detalhada, de resolver essa questão é a seguinte. Considere as seguintes informações:

Poupança Agregada: $S = sy$

Propensão marginal a poupar (ou taxa de poupança): s

Renda real: y

Taxa de crescimento da renda: $\Delta y = sv$

Sabemos que

$s = 0,25$

$$v = \frac{1}{relação\ capital - produto} = \frac{1}{3}$$

Então:

$$\Delta y = sv = 0,25 \times \left(\frac{1}{3}\right) = 0,0833 = 8,33\%$$

2. MODELOS DE CRESCIMENTO ENDÓGENO

2.1. Introdução

A classe de modelos onde o produto *per capita* cresce sem a necessidade de progresso tecnológico exógeno é chamada modelos de crescimento endógeno. Esses modelos representam economias onde, na ausência de progresso tecnológico exógeno, o produto *per capita* cresce permanentemente. O artigo intitulado "Increasing Returns and Long-Run Growth" do economista americano P. M. Romer e publicado no *Journal of Political Economy* no ano de 1986 e o artigo de R. Lucas "On the Mechanics of Economic Development" publicado no *Journal of Monetary Economics* em 1988 são os primeiros modelos de crescimento econômico endógeno, isto é, nesses modelo considera-se que o crescimento *per capita* decorre de mecanismos endógenos do sistema econômico e não de forças externas à economia. Esses modelos, diferente do modelo de Solow que apresenta uma função de produção com retornos decrescentes de escala, apresentam rendimentos crescentes de escala para a função de produção. Os rendimentos crescentes são obtidos de duas maneiras: (i) presença de externalidades positivas entre produtores, e (ii) tomando o conhecimento técnico (o progresso tecnológico) como indutor do crescimento econômico.

(Cespe-UnB/Especialista em Estudos e Pesquisas Governamentais/Instituto Jones dos Santos Neves/2010) – Com relação aos elementos básicos da teoria do crescimento, julgue o item a seguir como verdadeiro ou falso.

A noção de estado estacionário explica o crescimento econômico contínuo, segundo descrevem as teorias de crescimento endógeno.

Solução:

Falso. Nas teorias de crescimento endógeno, as causas do crescimento de longo prazo se devem a dois importantes fatores: (i) a exclusão do estado estacionário (*steady state*), eliminando do capital físico os retornos marginais decrescentes, de modo que, sem esse estado estacionário, a economia poderia continuar a crescer indefinidamente; (ii) Explicação do processo de geração do progresso técnico.

2.2. Características dos modelos de crescimento endógeno

(i) O crescimento sustentado é obtido através do progresso tecnológico, isto é, o progresso técnico é endógeno. No modelo de Solow, em *steady state,* a taxa de crescimento do produto por trabalhador é igual à taxa de progresso tecnológico, que por sua vez é exógena, isto é, não é explicado pelo modelo e sim um parâmetro tomado de fora do modelo. Os modelos de crescimento endógeno, por sua vez, introduzem explicitamente o papel das inovações tecnológicas no processo de acumulação de capital para explicar o crescimento econômico sustentado, e o crescimento do produto per capita, no longo prazo, depende de variáveis como o nível de gastos em educação e pesquisa. A taxa de crescimento é explicada a partir de fatores, tais como externalidades e investimento em P&D (pesquisa e desenvolvimento). Em resumo, os modelos de crescimento endógeno tentam explicar a taxa de progresso tecnológico (considerada exógena no modelo de Solow);

(ii) Pressupõe-se que o rendimento marginal do conhecimento é constante. A acumulação do fator acumulável não possui rendimentos marginais decrescentes, mas sim constantes. Logo, um maior esforço de acumulação terá o efeito permanente de gerar uma maior taxa de crescimento equilibrado.

(iii) Além de endogeneizarem o progresso técnico, esses modelos se caracterizam pelo fato de que a taxa de investimento afeta a trajetória de crescimento equilibrado (estado estacionário ou *steady state*) da economia;

(iv) Um aumento da taxa de investimento agregado resultará não apenas na elevação de uma só vez nos níveis de capital e produto, mas induzirá um aumento permanente nas taxas de crescimento do capital e do produto de longo prazo. Uma ideia básica das novas teorias do crescimento endógeno é que o investimento de capital, seja em máquinas, seja em pessoas, cria fatores externos positivos, ou seja, o investimento aumenta não somente a capacidade produtiva da empresa investidora ou do trabalhador, como também a capacidade produtiva de outras empresas e trabalhadores similares;

(v) Modelos com mudanças tecnológicas endógenas exibem rendimentos crescentes de escala se forem levados em conta os efeitos dos aumentos no capital e não mão-de-obra sobre a tecnologia. Nesses modelos, existem duas formas para se tratar os retornos crescentes de escala para tornar endógena a acumulação de capital (físico ou humano): (i) em relação à acumulação de capital, abandona-se a hipótese de concorrência perfeita e se modela a acumulação como resultado de esforços internacionais de pesquisadores; ou (ii) mantém-se a hipótese de concorrência perfeita, mas supõe-se que a acumulação de conhecimento é uma externalidade positiva de alguma atividade econômica;

(CESPE-UnB/Consultor do Senado Federal – Política Econômica/2002) – Ainda a respeito da questão da acumulação de capital, julgue os itens seguintes.

Uma consequência importante do modelo de crescimento endógeno é a de que um aumento na taxa de poupança, pode resultar em um aumento permanente na taxa de crescimento do produto

Solução:

Verdadeiro. A taxa de poupança afeta a taxa de crescimento equilibrado da economia. Como nos modelos de crescimento endógeno a acumulação não tem retornos marginais decrescentes, mas sim constantes, isso resulta que um maior esforço de acumulação (poupança) terá efeito permanente de gerar uma maior taxa de crescimento equilibrado.

(CESPE-UnB/Economista/FUNCAP/PA/2004) – Julgue o item a seguir como verdadeiro ou falso.

O **capital humano**, importante determinante do crescimento econômico, engloba os diferentes tipos de educação e treinamento que permitem aos indivíduos aumentar o seu nível de produtividade.

Solução:

Esse item é verdadeiro, sob a perspectiva dos modelos de crescimento endógeno, os quais consideram a explicação do processo de acumulação de capital humano e de conhecimento como parte do modelo. Nesses modelos, o foco principal é o capital humano, que se soma ao capital físico e, com isso, fornece justificativa para um crescimento sem limites determinados, ou seja, ausência de estado estacionário, como previam os modelos neoclássicos. A ideia básica é que, diferentemente de capital físico, o capital humano não está sujeito a retornos marginais decrescentes e, por isso, seu efeito sobre a economia não se torna cada vez menor na medida em que esta cresce.

(Cespe-UnB/Especialista em Estudos e Pesquisas Governamentais/Instituto Jones dos Santos Neves/2010) – Com relação aos elementos básicos da teoria do crescimento, julgue o item a seguir como verdadeiro ou falso.

Os modelos de crescimento endógeno caracterizam-se pelo fato de o aumento da taxa de investimento agregado induzir um aumento permanente nas taxas de crescimento do capital e do produto de longo prazo.

Solução:

Verdadeiro. Conforme visto antes, os modelos de crescimento endógeno se caracterizam pelo fato de que um aumento da taxa de investimento agregado resultará não apenas na elevação de uma só vez nos níveis de capital e produto, mas induzirá um aumento permanente nas taxas de crescimento do capital e do produto de longo prazo.

2.3. Modelo AK

No modelo de Solow, atingido o estado estacionário, a economia tende a permanecer nesse estado para sempre o que necessariamente leva a uma convergência da renda *per capita*, fato esse que não se verifica no mundo real visto a grande disparidade de renda entre os países. Mas tanto a "estagnação" no estado estacionário quanto a convergência de renda são uma mera consequência lógica da presença de rendimentos decrescentes de escala. Isso pode ser facilmente resolvido forçando rendimento crescente na função de produção (retirando assim a presença de rendimentos decrescentes que levam a convergência de renda), ou seja, utilizando uma função de produção com rendimentos crescente de escala retiramos a possibilidade de rendimentos decrescentes que "causam" o estado estacionário e a consequente convergência de renda per capita. Uma maneira fácil de fazer isso é utilizar uma função de produção na qual o Produto (Y) depende apenas do estoque de capital (K) existente na economia (Modelo AK): no qual a função de produção é dada por Y=A.K, onde K é uma constante.

Considere a então que a economia possui a seguinte função de produção:

$$Y(t) = AK(t)$$

em que Y é o produto, K é o estoque de capital e A é uma constante medindo o produto gerado para cada unidade de capital. Esse modelo é linear no estoque de capital agregado. Assume-se que a população cresce a taxa n. A taxa de crescimento do produto *per capita* é dada por:

$$\frac{\dot{y}(t)}{y(t)} = \frac{\dot{k}(t)}{k(t)}$$

que iguala a taxa de crescimento do capital *per capita*. A equação de crescimento de Solow, em termos per capita, é dada por:

$$\dot{k}(t) = sAk(t) - (\delta + n)k(t) \Rightarrow \frac{\dot{k}(t)}{k(t)} = sA - (\delta + n)$$

A expressão acima mostra que ambos capital e produto crescem permanentemente a uma taxa constante:

$$g_y = sA - (\delta + n)$$

Se $sA > (\delta + n)$, essa economia apresenta um crescimento de longo prazo positivo, mesmo na ausência do pressuposto de progresso tecnológico exógeno.

Note que essa economia linear AK é um caso limite do modelo de Solow quando a fração de capital tende a 1 ($\alpha \to 1$). Quando $\alpha = 1$, os retornos decrescentes na produção, que são a força que impede o crescimento permanente no modelo de Solow padrão, desaparecem e o produto é produzido com retornos constantes de capital.

Uma maneira alternativa para explicar por que essa economia apresenta crescimento endógeno é que o fator reproduzível (nesse caso, capital) é produzido sem retornos marginais decrescentes, isto é, o investimento (novo capital) pode ser gerado com a estrutura de produção que é linear no capital físico.

$$i = sy = sAk$$

A lição aprendida do modelo AK é sobre a estrutura matemática dos modelos que é necessária para gerar crescimento de longo prazo. Necessita-se de uma maneira para parar os retornos marginais decrescentes para os fatores de produção.

2.4. Modelo de Romer

O primeiro modelo que tenta endogeneizar (tornar endógena, isto é, explicar a partir de variáveis determinadas no próprio modelo) a taxa de progresso técnico foi o modelo de Romer em 1986 baseado no conceito de *learning-by-doing (*aprender fazendo).

Learning-by-doing (conceito criado por Arrow em 1962) significa a criação e acumulação de conhecimento decorrente do próprio processo produtivo, ou seja, quanto mais a firma produz mais tecnologia vai adquirindo e desse modo a criação de conhecimento pode ser vista como algo que decorre da própria experiência produtiva e, portanto, do investimento correspondente. Desse modo o investimento contribui para o aumento da produtividade, e o aprendizado realizado por um produtor aumenta a produtividade de outros produtores através de um processo de transbordamento do conhecimento (*spillovers of knowledge*). Esse processo de transbordamento de um conhecimento do tipo *learning-by-doing* não geraria custos para outras firmas, tendo assim as características de um **bem público** (não-rivalidade e não-exclusividade), pois esses novos conhecimentos criados pela experiência iriam se difundir imediatamente na economia, podendo, a um custo zero, serem utilizados pelas outras firmas. O conhecimento comumente transbordado e criado pela experiência cria uma **externalidade positiva** no processo produtivo aumentando assim a produtividade da economia como um todo. Em resumo, o modelo de Romer afirma que as empresas acumulando capital acumulam também conhecimento (aprendizagem na prática) que se transborda pela economia gerando externalidades positivas; e essas externalidades positivas fazem com que sejam originados rendimentos crescentes na economia, gerando, assim, o crescimento econômico sustentado de longo prazo.

Dito de outra maneira, Romer torna endógeno o progresso tecnológico ao introduzir, no modelo Solow, a busca de novos conhecimentos, quer dizer, a busca de novas ideias perseguidas por empresários, que visam lucrar a partir de suas invenções e inovações.

A função de produção no modelo de Romer é dada por: $Y = A(R)F(R_j, K_j, L_j)$

Onde

R_j = estoque de resultado dos gastos em pesquisa e desenvolvimento (P&D) da firma j.

K_j = estoque de capital da firma j.

L_j = nível de trabalho utilizado da firma j.

R = total de resultado dos gastos em P&D.

A = constante que determinada pelo transbordamento de conhecimento.

(CESPE-UnB/Consultor do Senado Federal – Política Econômica/2002) – Ainda a respeito da questão da acumulação de capital, julgue os itens seguintes.

(0) Uma formulação alternativa à de Solow, proposta por Romer, é fundada no pressuposto de que as mudanças tecnológicas seriam endógenas, resultado de incentivos fornecidos pelo mercado.

Solução:

Verdadeiro. Romer (1986), torna endógeno o progresso tecnológico ao introduzir, no modelo inicialmente desenvolvido por Solow-Swan (1956)[6], a busca de novos conhecimentos, quer dizer,

---

6   SWAN, T. W. Economic growth and capital accumulation. *The Economic Record*, v.32, p. 334-61. November 1956.

a busca de novas ideias perseguidas por empresários, que visam lucrar a partir de suas invenções e inovações. Romer propõe um modelo em que "A" seja determinado pelo "transbordamento de conhecimento", seguindo Arrow (1962) em seu tratamento do trasbordamento de conhecimento, destacando que cada unidade de capital investido não somente aumenta o montante de capital físico e o nível de produtividade de uma única firma, mas de todas as firmas presentes em uma dada economia.

(1) Um pressuposto importante do **modelo de Romer** é o da existência de retorno crescentes de escala, o que significa que é possível sustentar taxas de crescimento acima da taxa de crescimento populacional mais alteração tecnológica.

Solução:

Verdadeiro. A ideia subjacente no modelo proposto por Romer (1986) é que um aumento no conhecimento da firma gera um efeito positivo sobre o nível de conhecimento agregado que, por sua vez, eleva o produto das demais firmas e, assim, o nível de produção da economia. As hipóteses básicas do modelo são rendimentos crescentes de escala para a função de produção, e rendimentos marginais crescentes do conhecimento.

A experiência com a produção ou investimento contribui para o incremento da produtividade, e o aprendizado realizado por um produtor incrementa a produtividade de outros através de um processo de transbordamento do conhecimento (*spillovers of knowledge*). De forma detalhada, esse *learning-by-doing*, além de não ter custos específicos no interior da firma, teria ainda características de um bem público: os novos conhecimentos gerados por via da experiência difundir-se-iam de imediato na economia, podendo ser utilizados por todas as outras firmas a um custo zero. Sendo assim, a utilização desses conhecimentos é caracterizada pela não-rivalidade e pela não-exclusão.

Ao acumular capital físico, uma firma não só aumenta sua produtividade, como também a produtividade de todas as outras firmas existentes na economia, pois esse fator de produção é considerado um bem público e, logo, sem custo de propagação e difusão do processo em todas as firmas. Em consequência dessa externalidade positiva, verifica-se o aumento da produtividade global da economia.

As **externalidades positivas** sobre o capital físico podem ser obtidas de duas formas. A primeira forma se refere ao mesmo capital físico, no mecanismo que se refere à existência de complementaridade entre a indústria e suas atividades. Por exemplo, quando um formulador de políticas (*policymakers*) decide construir redes ferroviárias, essa construção requer a existência de uma indústria siderúrgica, que, por sua vez, requer meios de transporte eficientes. Para que se atinja essa simultaneidade em diversos setores, é necessário o desenvolvimento econômico. A segunda maneira é apresentada pelo próprio Romer, o qual afirma que as empresas acumulando capital, ao mesmo tempo, acumulam conhecimento (aprendizagem na prática). Essas externalidades positivas fazem com que sejam originados rendimentos crescentes na economia, gerando, assim, o crescimento econômico sustentado de longo prazo.

(ESAF/Analista da CVM – Mercado de Capitais/2010) - Arrow e Sheshinski consideram a possibilidade da incorporação de progresso tecnológico nos modelos de crescimento por meio do mecanismo denominado de *learning-by-doing*. Assim sendo:

a) pode-se afirmar que esses modelos são incompatíveis com o pressuposto neoclássico de um mercado perfeitamente competitivo.

b) nesses modelos, o equilíbrio não se configurava como uma situação Pareto-Ótimo.

c) em tais modelos, o aprendizado ocorria de forma intencional e tinha a característica de um bem público, cuja difusão não era instantânea.

d) nesses modelos, a otimalidade paretiana não seria garantida por meio da presença do chamado "ditador benevolente", ou seja, um governo que garanta a manutenção da lei e da ordem, a oferta de infraestrutura básica, etc.

e) nesses modelos, o mercado fornece equilíbrio eficiente devido à existência de externalidades e a sua não completa apropriação por parte de quem as gerou.

Solução:

A resposta é a letra "b". Arrow (1962)[7] e Sheshinski (1967)[8] já haviam considerado a possibilidade da incorporação do progresso tecnológico nos modelos de crescimento por meio do mecanismo denominado de *learning-by-doing*. Contudo, em tal processo, o aprendizado (a tecnologia) ocorria de forma não intencional e tinha a característica de um bem público, cuja difusão era instantânea. Embora esses modelos fossem compatíveis com o pressuposto neoclássico de um mercado que opera em concorrência perfeita, o equilíbrio não se configurava como uma situação Pareto-ótima. Nos modelos de Arrow (1962) e Sheshinski (1967), o mercado não fornece equilíbrio eficiente, dada a existência de externalidades e a sua não completa apropriação por parte de quem as gerou, bem como o efeito "derramamento" (*spillover*) das novas descobertas. A otimalidade paretiana seria garantida, portanto, por meio da presença do chamado "ditador benevolente", ou seja, um governo que garanta a manutenção da lei e da ordem, a oferta de infraestrutura básica, a proteção dos direitos de propriedade intelectual e regulamente o mercado financeiro e o mercado internacional, entre outras atribuições[9].

2.5. Modelo de Lucas

2.5.1. *Introdução*

Lucas (1988) [10], em sua contribuição pioneira a teoria do crescimento endógeno enfatizou a acumulação do capital humano como sendo uma fonte alternativa de crescimento econômico sustentado. Ele distinguiu duas fontes principais de acumulação de capital humano (ou aquisição de habilidades): a educação e o *learning by doing*. Sua contribuição, que enfatiza o papel e a importância da acumulação do capital humano foi inspirada por Gary Becker, e se baseia na ideia de que a

---

[7] ARROW, K. J. The economic Implications of learning by doing. *Review of Economics Studies*, n. 29, p. 155-173, 1962.

[8] SHESHINSKI, E. *Optimal accumulation with learning by doing*. In: SHELL, K. (Ed.). Essays on the theory of optimal economic growth, p. 31-52. Cambridge-MA: MIT Press, 1967.

[9] A resolução dessa questão baseou-se em: OLIVEIRA, C. W. Introdução: lições da teoria econômica. In: Instituto de Pesquisa Econômica Aplicada (IPEA); Boletim Regional, Urbano e Ambiental, n. 10, jul.-dez. 2014.

[10] LUCAS, R. On the Mechanics of Economic Development. *Journal of Monetary Economics*. V.22. p.3-42, 1988.

principal causa do crescimento econômico é a acumulação de capital humano. Assim, as diferenças nas taxas de crescimento entre os países são atribuíveis principalmente às diferenças nas taxas de acumulação de capital humano ao longo do tempo.

A ideia do modelo de Lucas é tornar endógeno o mecanismo através do qual diferentes países adquirem a capacidade de usar os vários bens de capital intermediários. As economias crescem porque aprendem a utilizar novas ideias que são geradas em todo o mundo; e a aprendizagem é função do nível de capital humano possuído previamente.

O modelo de Lucas apresenta uma estrutura similar à do modelo de Romer. A diferença básica é que o investimento em capital humano proporciona as externalidades positivas, através de aumentos no nível tecnológico. Lucas considera o capital humano como um fator acumulável e como a fonte primária de crescimento. O capital humano pode ser definido como a soma de habilidades dos indivíduos.

2.5.2. *Características*

Considere a seguinte função de produção:

$$Y = K^\alpha (AL)^{1-\alpha}$$

Em que:
$A = h = H/L$ é a tecnologia
H = estoque de conhecimento
L = quantidade de trabalhadores
h = capital humano per capita.

A função de produção pode ser reescrita como:

$$Y = K^\alpha \left(AL\right)^{1-\alpha} \Rightarrow Y = K^\alpha \left(hL\right)^{1-\alpha} \Rightarrow Y = K^\alpha \left(\frac{H}{L}L\right)^{1-\alpha} \Rightarrow Y = K^\alpha \left(H\right)^{1-\alpha}$$

No modelo de Lucas, o termo h entra na função de produção da economia tal como a mudança tecnológica aumentadora de trabalho entra no modelo de Solow. Em vista disso, as conclusões obtidas no modelo de Solow com progresso tecnológico podem ser adaptadas ao modelo de Lucas, com a distinção de que se deve substituir a taxa de crescimento tecnológico (a) pela taxa de crescimento do capital humano per capita (g_h), a qual Lucas supõe ser dada por:

$g_h = u$
u = tempo dedicado à acumulação de qualificações
$(1 - u)$ = tempo despendido com trabalho.

Se, no modelo de Solow com progresso técnico, concluiu-se que $g_k^* = g_y^* = a$, no caso do modelo de Lucas, tem-se: $g_y^* = u$.

No modelo de Lucas, há uma taxa de crescimento para acumulação de capital humano dada pelo tempo dedicado à acumulação de qualificações.

2.5.3. Modelo de Lucas e Modelo AK: Pontos Divergentes

- O modelo AK e o modelo de Lucas admitem que diferenças nas taxas de investimento (ou poupança), assim como diferenças na taxa a qual as pessoas acumulam qualificações, conduzem a diferenças permanentes nas taxas de crescimento. Todavia, as grandes diferenças nas políticas econômicas entre os países se refletem nos níveis de renda, mas não nas taxas de crescimento.

- Os modelos de crescimento endógeno apresentam rendimentos marginais constantes, mas não decrescentes, para algum fator acumulável. Por exemplo, no modelo de Lucas é o conhecimento (capital humano), ao passo que no modelo AK é o capital físico.

2.5.4. Conclusões de Implicações de Política

- Uma política governamental que conduza a um aumento permanente no tempo que as pessoas despendem obtendo qualificações gera um aumento permanente no crescimento do PIB per capita;

- Observa-se crescimento endógeno, pois, se as pessoas decidem se qualificar mais, haverá aumento na taxa de crescimento do PIB per capita.

- Ao contrário do modelo AK, o modelo de Lucas não pode ser usado para explicar o fato estilizado sobre a relação taxa de investimento e crescimento, pois a hipótese de rendimentos marginais decrescentes para o capital físico é mantida. Logo, a "taxa de poupança" relevante é a proporção de força de trabalho alocada no setor produtor de conhecimento, ou seja, a taxa "u". A perda de consumo presente vem do fato de que, se "u" aumenta, menos bens serão produzidos hoje.

- Segundo Jones (2000, p. 139)[11], há duas formas de se tratar os retornos crescentes de escala que são exigidos quando se deseja tornar endógena a acumulação de conhecimento: (i) introduzir concorrência imperfeita nos mercados; ou (ii) presença de externalidades.

- Tanto a taxa de poupança no modelo AK, quanto a taxa a qual se acumula conhecimento no modelo de Lucas, são responsáveis por mudanças na taxa de crescimento do curto prazo quanto do longo prazo.

(Fundação Cesgranrio/Economista/BNDES/2008) - Na Teoria do Crescimento Endógeno de Lucas e outros, ao contrário de outros modelos (clássico, neoclássico, etc.),

a) o limite do crescimento econômico decorre das restrições à formação de capital físico.

b) o crescimento da economia é consequência única da ligação weberiana entre o capitalismo e o protestantismo.

c) o investimento em capital humano, estimulando a capacidade de criação e a invenção, é considerado um fator básico para crescer

d) os recursos naturais do país são considerados o fator fundamental para o crescimento.

e) as restrições externas, de balanço de pagamentos, limitam o crescimento da economia.

Solução:

A resposta é a letra "c". Os modelos de crescimento endógeno, desenvolvidos inicialmente por Paul Romer e Robert Lucas, afirmam que o crescimento da renda per capita (ou produto per capita), no longo prazo, depende de variáveis como o nível de gastos em educação e pesquisa.

---

[11] JONES, C. I. *Introdução à teoria do crescimento econômico*. Rio de Janeiro: Elsevier, 2000.

O conhecimento (capital humano) é um insumo importante na produção da economia, tanto no que se refere à produção de bens e serviços, quanto na produção de novos conhecimentos.

(Fundação Cesgranrio/Analista do Banco Central do Brasil/2010) – A teoria do crescimento endógeno, associada aos trabalhos de Paul Romer e Robert Lucas, diferente de outras construções com base no Modelo de Crescimento de Solow, considera que

a) capital humano, externalidades positivas entre firmas e investimentos em pesquisa e desenvolvimento são os fatores determinantes do crescimento econômico e explicam a não verificação da hipótese de convergência das diferentes taxas de crescimento.

b) as instituições sociais são um fator determinante para o crescimento econômico e explicam a não verificação da hipótese de convergência das diferentes taxas de crescimento.

c) a taxa de crescimento do capital físico resultante dos investimentos financiados pela poupança é o fator determinante do crescimento econômico.

d) a disponibilidade de recursos naturais limita o processo de crescimento que, para ser promovido, depende da abertura da economia para o comércio e para as transações financeiras internacionais.

e) o desenvolvimento de tecnologia própria e adequada às condições internas é o fator preponderante na promoção do crescimento econômico

Solução:

A resposta é a letra "a". Os modelos de crescimento endógeno, desenvolvidos inicialmente por Paul Romer e Robert Lucas, afirmam que o crescimento da renda per capita (ou produto per capita), no longo prazo, depende de variáveis como o nível de gastos em educação e pesquisa. O conhecimento é um insumo importante na produção da economia, tanto no que se refere à produção de bens e serviços, quanto na produção de novos conhecimentos. Ademais, segundo essa abordagem, mudanças permanentes nas políticas públicas convencionais, como subsídios à pesquisa ou impostos sobre investimentos, podem não somente ter efeito no nível, mas também de forma permanente na taxa de crescimento do produto per capita no longo prazo.

Por seu lado, Lucas (1988) propõe um modelo em que o capital humano serve de motor para o crescimento econômico. O capital humano, no caso, é entendido como trabalho qualificado, onde o produto final é produzido com capital humano e físico. Ao incluir o capital humano no modelo ocorre o reconhecimento de que a mão de obra de diferentes economias tem diferentes níveis de instrução e qualificação, sugerindo trajetórias diferentes de crescimento entre as economias.

(CESPE-UnB/Analista de Comércio Exterior/2001) – Julgue o item a seguir, como verdadeiro ou falso:

Na teoria do crescimento endógeno, o investimento em **capital humano** aumenta a eficiência da mão-de-obra e contribui, assim, para expandir o crescimento econômico de longo prazo.

Solução:

Verdadeiro. Os defensores da teoria do crescimento endógeno argumentam que o pressuposto de rendimentos constantes (em vez de decrescentes) do capital é mais aceitável se K é interpretado de uma maneira mais ampla, considerando o conhecimento uma forma de capital. É evidente que o conhecimento é um insumo importante na produção da economia, tanto na produção de bens e serviços quanto na produção de novos conhecimentos. Em comparação com outras formas de capital, no entanto, é menos natural pressupor que o conhecimento apresenta a propriedade de rendimentos decrescentes.

Capítulo 17

Macroeconomia do Setor Público

1. TEORIA CONVENCIONAL DA DÍVIDA PÚBLICA

Conforme postula a teoria keynesiana um corte nos impostos aumenta o consumo presente devido à elevação da renda disponível e, consequentemente, haverá um aumento do produto da economia:

$$\downarrow T \Leftrightarrow \uparrow Y_d = Y - \downarrow T + R \Leftrightarrow \uparrow C = \bar{C} + cY_d \uparrow \Leftrightarrow \uparrow Y = \uparrow C + I + G + X - M$$

Onde: Y = Produto/Renda; Y_d = Renda Disponível; T = Tributação; R = Transferência; C = Consumo; $\bar{C}$ = Consumo Autônomo; c = Propensão Marginal a Consumir; I = Investimento; G = Gasto Público; X = Exportações; M = Importações

Além disso, a teoria keynesiana argumenta que uma redução da tributação e/ou um aumento dos gastos públicos eleva o déficit governamental (déficit público ou déficit orçamentário):

$$\uparrow D_g = \uparrow G - \downarrow T$$

Em que D_g é o déficit governamental.

(ESAF/Analista de Finanças e Controle/Secretaria do Tesouro Nacional/2013) – Segundo a teoria convencional da dívida pública:

a) a redução de impostos, com tudo mais constante, gera uma diminuição da dívida pública, no curto prazo, pois tem efeitos positivos sobre a renda disponível das famílias e, consequentemente, no produto.

b) o efeito da redução de impostos sobre a dívida pública, no curto prazo, é positivo, ou seja, aumenta a dívida pública, mas também aumenta o consumo e a renda da economia.

c) no longo prazo, a redução de impostos pode levar a uma queda na taxa de juros da economia.

d) a redução de impostos não gera qualquer impacto sobre a economia, somente sobre o orçamento do governo.

e) no longo prazo, um aumento da dívida pública pode reduzir a produtividade marginal do capital, como consequência da diminuição do estoque de capital na economia.

Solução:

A resposta é a letra "b". Uma redução dos impostos provoca um aumento da renda disponível e, consequentemente, um aumento do consumo das famílias. Contudo, essa redução da tributação provocará um aumento do déficit governamental, que deverá ser financiando por meio de emissão de títulos públicos, resultando em aumento da dívida pública.

2. TEORIA DA EQUIVALÊNCIA RICARDIANA

2.1. Introdução

Contudo, a **Teoria da Equivalência Ricardiana**, também conhecida como **Proposição Barro-Ricardiana,** constitui uma das concepções alternativas acerca da análise do déficit público e suas implicações sobre o desempenho econômico. Defendida inicialmente por David Ricardo[1], no século XIX, essa teoria recentemente foi tratada formalmente por Robert Barro, da Universidade de Harvard[2]. A concepção ricardiana da dívida pública defende a neutralidade do déficit público.

(Fundação Cesgranrio/Economista/Petrobrás/2008) – A hipótese da Equivalência Ricardiana nos modelos macroeconômicos consiste em supor que

a) a forma pela qual o governo financia seus gastos (impostos ou empréstimos) não tem efeito na economia.

b) a política fiscal e a monetária são igualmente potentes.

c) a redistribuição de renda influencia os resultados do modelo.

d) os modelos abstratos retratam fielmente o comportamento da economia real.

e) ao dobrar a oferta monetária, os preços dobram, nada mais se alterando na economia.

Solução:

A resposta é a letra "a". As trajetórias do consumo e do crescimento econômico não serão alteradas em função de um aumento do déficit que envolve cortes de impostos sem considerar mudanças presentes e futuras na trajetória de gastos públicos.

Assim, essa neutralidade do déficit público defendida pela Equivalência Ricardiana é justificada com base em duas hipóteses básicas de comportamento dos agentes privados:

a)   O **modelo de expectativas racionais** (Muth, 1961; Lucas e Sargent, 1978), em que se admite que os agentes econômicos formulem suas expectativas com relação a variáveis econômicas utilizando todas as informações disponíveis e interpretando essas informações de acordo com modelos teóricos considerados corretos. O erro sistemático de informação e interpretação é considerado como um sinal de irracionalidade[3].

---

[1]   RICARDO, D. Founding System, in Pietro Srafa (eds.), *The Works and Correspondence of David Ricardo*, Cambridge, MA: Cambridge University Press, 1951, vol. 4.

[2]   BARRO, R. Are Government Bonds Net Wealth? *Journal of Political Economy*, novembro/dezembro de 1979.

[3]   Trata-se da chamada versão forte da hipótese das expectativas racionais, conforme estudado no capítulo sobre inflação. Admite-se que a única fonte de erro possível, por parte de agentes racionais, é a insuficiência de informação sobre as ações de política econômica – um problema exógeno causado pelo governo.

b) O **modelo do ciclo da vida de Modigliani**, segundo o qual os agentes definem a distribuição de sua renda entre consumo (C) e poupança (S), visando manter um padrão estável de consumo ao longo da vida, apesar das variações correntes da renda disponível.

A restrição orçamentária intertemporal das famílias para o modelo de dois períodos, já estudada nos capítulos sobre consumo e investimento, mas agora modificada pela inclusão de impostos, é dada por:

$$C_1 + \frac{C_2}{(1+r)} = (Y_1 - T_1) + \frac{(Y_2 - T_2)}{(1+r)} \Leftrightarrow C_1 + \frac{C_2}{(1+r)} = Y_1 + \frac{Y_2}{(1+r)} - \left[T_1 + \frac{T_2}{(1+r)} \right] \therefore \qquad (1)$$

A equação (1) mostra que o consumo de toda a vida de um indivíduo é igual ao valor presente da produção menos o valor presente dos impostos. A trajetória dos impostos não afeta a restrição orçamentária da unidade familiar enquanto o valor presente dos impostos não for modificado (por definição, o valor presente dos impostos permanece constante). Suponha uma redução dos impostos hoje. Segundo a Teoria da Equivalência Ricardiana, apesar da redução nos impostos atuais e do aumento da renda disponível atual, as unidades familiares não vão alterar o nível de consumo C_1. A redução não afeta a riqueza de toda a vida porque os futuros impostos vão compensar a redução atual. Em contabilidade nacional, diz-se que a poupança privada corrente aumenta quando T_1 se reduz porque as famílias economizam o que conseguem na redução tributária para pagar o futuro aumento de impostos. Na Teoria da Equivalência Ricardiana, os impostos devem ser do tipo *lump-sum*.

(ESAF/AUDITOR-FISCAL DA RECEITA FEDERAL/2002) – Considere a seguinte equação, também conhecida como restrição orçamentária intertemporal de um consumidor num modelo de dois períodos:

$C_1 + C_2/(1+r) = (Y_1 - T_1) + (Y_2 - T_2)/(1+r)$

Onde Ci = consumo no período i (i = 1, 2); Yi = renda no período i (i = 1, 2); r = taxa real de juros; T_i = impostos no período i (i = 1, 2)

Com base nesse modelo, é correto afirmar que

a) as restrições de crédito pioram a situação do consumidor, independente de sua estrutura de preferências intertemporal.

b) se vale a equivalência ricardiana, um aumento em T_1 reduz o consumo no período 1.

c) se o consumidor é poupador, um aumento na taxa real de juros eleva o consumo no segundo período.

d) no equilíbrio, o consumidor irá escolher consumir nos dois períodos quando a taxa marginal de substituição intertemporal for igual a zero.

e) Se Ti = 0 (i = 1,2) a restrição orçamentária intertemporal apresentada se reduz à função consumo keynesiana.

Solução:

A alternativa é a letra "c" porque um aumento na taxa de juros real sempre aumenta o consumo no período 2. A alternativa "a" é falsa porque as restrições de crédito pioram a situação somente do consumidor tipo III, caracterizado como tomador de empréstimo. As demais alternativas também estão falsas.

(ESAF/Técnico de Planejamento e Pesquisa do IPEA/2004) - Considere as seguintes restrições orça-mentárias num modelo de dois períodos:

• **do governo:** $T_1 + T_2/(1+r) = G_1 + G_2/(1+r)$

• **das famílias:** $C_1 + C_2/(1+r) = (Y_1 - T_1) + (Y_2 - T_2)/(1+r)$

Onde

T_1 = impostos no período 1;

T_2 = impostos no período 2;

G_1 = gastos do governo no período 1;

G_2 = gastos do governo no período 2;

C_1 = consumo no período 1;

C_2 = consumo no período 2;

Y_1 = renda no período 1;

Y_2 = renda no período 2.

Com base nessas informações e partindo da proposição conhecida como "equivalência ricardiana", é correto afirmar que:

a) mesmo que o governo altere o seu padrão de gastos corrente e futuro, uma queda nos impostos no período 1 financiado com endividamento público não altera o consumo no período 1.

b) desde que o governo não altere o seu padrão de gastos corrente e futuro, uma queda nos impostos no período 1, financiado com endividamento público, não altera o consumo no período 1.

c) uma redução nos impostos no período 1, financiado com endividamento público, aumenta o consumo nos períodos 1 e 2.

d) uma redução nos impostos no período 1, financiado com endividamento público, reduz o consumo nos períodos 1 e 2.

e) desde que o governo não altere o seu padrão de gastos corrente e futuro, uma queda nos impostos no período 1, financiado com endividamento público, resulta num aumento no consumo apenas do período 2.

Solução:

A resposta é a letra "b". A equivalência ricardiana mostra que uma redução de impostos não exerce impacto algum sobre as decisões de consumir, caso os planos de gastos governamentais permaneçam inalterados.

A Teoria da Equivalência Ricardiana é sustentada por **quatro fundamentos ("pilares")** que serão estudados a seguir, contra-argumentados por **limitações**:

(I) – RESTRIÇÃO ORÇAMENTÁRIA INTERTEMPORAL DO GOVERNO

O primeiro pilar de sustentação da equivalência ricardiana refere-se ao fato de que o governo, na condução de seus gastos, deve respeitar o que é conhecido na literatura como "restrição orçamentária intertemporal", a qual indica que o valor presente dos gastos do governo tem que ser igual ao valor presente de suas receitas provenientes dos impostos. Considere os seguintes dados:

Períodos: 1 e 2

Dg^1 = Dívida Pública no período 1 e Dg^2 = Dívida Pública no período 2

G_1 = Gasto do Governo no período 1 e G_2 = Gasto do Governo no período 2

T_1 = Impostos no período 1 e T_2 = Impostos no período 2

r = taxa de juros pagos nos títulos públicos

$$D_{g1} = G_1 - T_1 \therefore \tag{2.1}$$

$$D_{g2} = D_{g1} + rD_{g1} + (G_2 - T_2) \therefore \tag{2.2}$$

$$T_2 = (1 + r)D_{g1} + G_2 \therefore \tag{3}$$

Se o governo financia o déficit por meio da venda de títulos, no segundo período a arrecadação de impostos deve ser suficiente para liquidar sua dívida e ainda cobrir seus gastos. Substituindo (2.1) em (3), e dividindo logo depois ambos os lados por $(1 + r)$, teremos:

$$
\begin{aligned}
&T_2 = \left(1+r\right)D_{g1} + G_2 \Rightarrow T_2 = \left(1+r\right)\left(G_1 - T_1\right) + G_2 \Rightarrow T_2 = G_1 - T_1 + rG_1 - rT_1 + G_2 \\
&\Rightarrow T_2 + T_1 + rT_1 = G_1 + rG_1 + G_2 \Rightarrow T_2 + T_1\left(1+r\right) = G_1\left(1+r\right) + G_2 \\
&\Rightarrow \frac{T_2}{\left(1+r\right)} + \frac{T_1\left(1+r\right)}{\left(1+r\right)} = \frac{G_1\left(1+r\right)}{\left(1+r\right)} + \frac{G_2}{\left(1+r\right)} \Rightarrow T_1 + \frac{T_2}{\left(1+r\right)} = G_1 + \frac{G_2}{\left(1+r\right)} \therefore
\end{aligned}
\tag{4.1}
$$

Incluindo os efeitos do déficit público, teremos:

$$T_1 + \frac{T_2}{\left(1+r\right)} + \frac{D_{g2}}{\left(1+r\right)} = G_1 + \frac{G_2}{\left(1+r\right)} \therefore \tag{4.2}$$

As expressões matemáticas (4.1) e (4.2) são a restrição orçamentária intertemporal do governo, e mostram que o valor presente das aquisições do governo é igual ao valor presente dos impostos. Um corte nos impostos no período 1 em ΔT, sem que haja alterações nos padrões dos gastos do governo, deve ser compensado por uma elevação dos impostos no período 2 em $\Delta T(1 + r)$.

Se o governo corta impostos no presente sem que ocorram alterações no padrão de seus gastos, presente e futuro, tanto o consumo presente quanto futuro ficam inalterados. Em outras palavras, a equivalência ricardiana mostra que uma redução de impostos não exerce impacto algum sobre as decisões de consumir, caso os planos de gastos governamentais permaneçam inalterados.

Caso o governo corte os impostos no primeiro período sem alterar simultaneamente suas despesas $\left(\uparrow D_g = \bar{G} - T \downarrow\right)$, entra no segundo período com uma dívida para com os detentores de títulos públicos. Essa dívida obriga o governo a escolher entre uma redução em seus gastos ou um aumento nos impostos. Em outras palavras, uma redução nos impostos no presente financiado com dívida pública, e sem que haja uma alteração no padrão de gastos do governo, deixa o consumo inalterado. Um corte nos impostos só aumenta o consumo presente se o governo diminuir os seus gastos.

Para um determinado perfil no tempo do gasto governamental (G_1 e G_2), a evolução do consumo (C_1 e C_2) não depende da evolução do imposto no tempo (T_1 e T_2). Na equação (4), vemos que, para um determinado G_1 e G_2, o valor presente dos impostos também é dado. De (1) vemos que a restrição orçamentária familiar depende não apenas da evolução dos impostos no tempo, mas do seu valor presente.

Suponha que prevaleça o **Teorema do Orçamento Equilibrado** período após período, com $G_1 = T_1$ e $G_2 = T_2$. Suponha que se realize um corte T_1 em ΔT sem nenhuma alteração nos gastos. Nesse caso, a dívida pública vai aumentar no valor do corte de impostos. No próximo período, os impostos (T_2) vão precisar aumentar $\Delta T(1 + r)$ a fim de evitar que D_{g2} aumente. Note que os futuros impostos têm de subir mais do que o corte, porque o governo precisa pagar os juros e o principal do empréstimo do período 1. De acordo com a equivalência ricardiana, portanto, C_1 e C_2 não serão afetados pela variação em T_1 e T_2.

No tocante à poupança nacional (doméstica ou interna), quando T_1 é cortado, a poupança governamental diminui no valor do corte de impostos: $\left(\downarrow S_{g1} = \downarrow T_1 - G_1 \right)$. A poupança privada aumenta no valor da redução dos impostos $\left[\left(\uparrow S_{p1} = \downarrow T_1 - G_1 \right) - C_1 \right]$. Portanto, a poupança nacional permanece inalterada com o corte nos impostos, pois a redução da poupança governamental é compensada pelo aumento da poupança privada. Portanto, a equivalência ricardiana implica que uma forma de política fiscal expansionista, neste caso um corte nos impostos sem alteração nos gastos do governo, não tem efeito sobre a poupança nacional e, logo, sobre o saldo em transações correntes e a taxa de juros.

A Teoria da Equivalência Ricardiana acarreta em importantes implicações de política econômica. Primeiro, o governo não pode usar a redução de impostos como política de expansão da economia. Segundo, esses economistas reivindicam a ausência de qualquer relação entre o déficit em transações correntes e o déficit público, por exemplo, a teoria dos **déficits gêmeos**.

(Fundação Cesgranrio/Economista/Banco Nacional de Desenvolvimento Econômico e Social – BNDES/2013) - Um governo, com seu orçamento inicialmente equilibrado, decide manter o gasto público mas cortar os impostos, emitindo títulos de sua dívida para cobrir o *déficit*. Seu objetivo é expandir a demanda agregada por bens e serviços. Na hipótese de que as pessoas considerem o subsequente aumento dos encargos da dívida como geradores de futuras obrigações fiscais, essa política do governo não teria o efeito expansivo esperado. Tal hipótese é denominada:

a) equivalência ricardiana

b) efeito *crowding-in*

c) efeito riqueza negativo

d) efeito caixa real

e) armadilha da liquidez

Solução:

A resposta é a letra "a". Se as famílias, em suas decisões de consumo, levam em conta tal restrição, pode-se afirmar que um corte nos impostos hoje financiado com dívida pública, sem que ocorram alterações nos padrões de gasto do governo, poderá levar as pessoas a anteciparem uma elevação dos impostos no futuro, o que deixaria o consumo presente inalterado

---

(Economista/Fundação Universidade do Estado de Santa Catarina/2010) – A respeito da relação entre déficit público e dívida pública, pode-se afirmar:

a) A geração de déficit público em momentos de expansão econômica atua como medida de efeito anticíclico.

b) Segundo a restrição orçamentária do governo, a dívida pública aumenta quando ocorre déficit público e quando caem as taxas de juros que incidem sobre a dívida passada.

c) A geração de superávits fiscais resulta na redução da poupança nacional e no comprometimento do crescimento sustentável de uma nação.

d) Uma das consequências de uma dívida pública muito elevada é o estímulo gerado em termos de aumento da poupança privada e da acumulação de capital.

e) Segundo a proposição da equivalência Ricardiana, um déficit público maior é compensado por um aumento na poupança privada, fazendo com que o déficit não tenha efeito sobre o produto.

Solução:

A resposta é a letra "E". Dizer que os consumidores não alteram o consumo em resposta à diminuição dos impostos é o mesmo que dizer que a poupança privada aumenta na mesma proporção do déficit. A proposição da equivalência ricardiana diz que se o governo financiar um dado padrão de gasto por intermédio de déficits, a poupança privada aumentará na mesma proporção em que a poupança pública diminui, deixando inalterada a poupança total. As pessoas pouparão mais em antecipação aos impostos mais altos que virão. A diminuição da poupança pública é compensada por um aumento igual na poupança privada. Como resultado, o valor total do investimento não será afetado. Com o tempo, a mecânica da restrição orçamentária do governo fará com que a dívida pública aumente. Mas esse aumento não virá à custa da acumulação de capital:

$$\uparrow D_g = \overline{G} - T \downarrow \Leftrightarrow \downarrow S_g = \downarrow T - \overline{G} \Rightarrow I = \uparrow S_p + \downarrow S_g + S_e$$

(ESAF/Analista de Finanças e Controle da Secretaria do Tesouro Nacional/2000) - Considere o consumo das famílias e os gastos do governo num modelo de escolha intertemporal de 2 períodos: presente e futuro. Suponha que as decisões de consumo das famílias possam ser expressas a partir da seguinte equação, também conhecida como restrição orçamentária intertemporal das famílias num modelo de 2 períodos:

$C_1 + C_2/(1 + r) = (Q_1 - T_1) + (Q_2 - T_2)/(1 + r)$

onde (para i = 1,2)

C_i = consumo no período i

Q_i = produção no período i

T_i = impostos no período i

r = taxa real de juros.

Suponha ainda que o governo se depare com a seguinte restrição orçamentária intertemporal:
$G_1 + G_2/(1 + r) = T_1 + T_2/(1 + r)$

onde (para i = 1,2) e G_i = gastos do governo no período i

Podemos afirmar então que:

a) Um corte nos impostos no presente tem maiores efeitos no consumo futuro, caso este corte não seja acompanhado por alterações no padrão de gastos do governo

b) Um corte nos impostos no presente com certeza altera o consumo presente, independente de alterações no padrão de gastos do governo no presente e futuro

c) Um corte nos impostos no presente atua no modelo de escolha intertemporal como no modelo keynesiano: o consumo é estimulado pelo aumento da renda disponível

d) Se o governo corta os impostos no presente sem que ocorram alterações no padrão de seus gastos, presente e futuro, tanto o consumo presente quanto futuro ficam inalterados

e) Um corte nos impostos não causa alterações no consumo, já que, em um modelo de escolha intertemporal, o consumo é exógeno

Solução:

A resposta é a letra "d". A equivalência ricardiana mostra que uma redução de impostos não exerce impacto algum sobre as decisões de consumir, caso os planos de gastos governamentais permaneçam inalterados.

O **Argumento do Horizonte Temporal** refere-se à **primeira limitação** para a concepção ricardiana da dívida pública. O setor público possui um horizonte de empréstimo mais longo do que a vida de uma pessoa. Suponha que o governo, por exemplo, corte hoje os impostos e lance um bônus de 100 anos para financiar o déficit público, aumentando os impostos 100 anos depois para liquidar sua dívida. Como o período de vida de um indivíduo geralmente é menor do que 100 anos, um corte nos impostos hoje poderá elevar o consumo hoje, já que o indivíduo não irá sofrer com o ônus do aumento dos impostos no futuro. As pessoas que vivem atualmente vão considerar a atual redução de impostos um ganho real, que não será abalado pelos futuros aumentos de impostos que eles vão pagar. A redução tributária ocasiona um aumento de consumo e a uma queda na poupança nacional, pois a poupança privada não vai compensar totalmente a queda na poupança governamental. Como resultando, o saldo em transações correntes do balanço de pagamentos tende a cair. A hipótese de que os consumidores são indiferentes ao bem-estar das gerações futuras enfraquece a teoria da equivalência ricardiana. O horizonte temporal dos indivíduos é mais estreito que o de governos. Indivíduos vivem no máximo 100 anos (provavelmente), enquanto governos duram por séculos. Se a dívida contraída pelo governo for paga num futuro longínquo e os agentes não se importam com os seus descendentes, eles não considerarão um aumento do endividamento como uma redução de sua renda no futuro. Em resumo, a hipótese de que os consumidores são indiferentes ao bem-estar das gerações futuras enfraquece a teoria da equivalência ricardiana. Trata-se do argumento do horizonte temporal. Se a dívida contraída pelo governo for paga num futuro longínquo e os agentes não se importam com os seus descendentes, ou seja, os consumidores são indiferentes ao bem-estar das gerações futuras, então eles não considerarão um aumento do endividamento como uma redução de sua renda no futuro. Pelo contrário, prevalecerá a hipótese keynesiana em que um corte nos impostos financiados por títulos da dívida pública aumentará o consumo hoje. Contudo, essa limitação será superada pelos estudos de Robert Barro, a serem comentados a seguir.

(II) – PROPOSIÇÃO BARRO-RICARDO: VISÃO "FORWARD-LOOKING"

A Proposição Barro-Ricardo trata-se do **segundo pilar** que sustenta a equivalência ricardiana. Robert Barro afirma que as famílias podem preocupar-se com os impostos que seus filhos ou netos vão precisar pagar no futuro distante. Para garantir o bem-estar econômico dos herdeiros, a poupança das famílias que vivem atualmente pode aumentar para compensar totalmente o atual corte dos impostos mesmo que os aumentos só sejam esperados para muito depois de elas terem morrido. A atual geração vai querer deixar poupanças privadas para os filhos e fim de ajudá-los a pagar a dívida governamental. Portanto, se as pessoas se preocupam com suas gerações futuras, elas podem deixar como herança o correspondente ao corte dos impostos para que as gerações futuras não incorram no ônus da elevação dos impostos hoje, validando, assim, a equivalência ricardiana. Porque existe herança e os agentes se preocupam com seus descendentes (preocupações intergeracionais), é que a equivalência ricardiana mantém sua validade, mesmo assumindo-se que o horizonte de planejamento dos governos são mais amplos que o dos indivíduos. É a **réplica** da equivalência ricardiana.

Para Barro, os agentes econômicos tomam suas decisões no presente olhando para o futuro (visão *forward-looking*). Além disso, o horizonte de planejamento é suficientemente longo e ultrapassa o próprio período de vida, dado que se reflete na preocupação dos agentes com seus descendentes. Os indivíduos constroem um patrimônio para seus filhos, que é transmitido por meio de herança. **Um conjunto de agentes econômicos individuais com vidas finitas comporta-se como se fosse uma única família (agente representativo) com horizonte infinito de vida. Portanto, a existência da herança corrobora, isto é, torna válida a equivalência ricardiana.**

Nos anos 1980, alguns economistas[4] sugeriram que os pais usam as heranças para controlar seus filhos, isto é, os pais usam a ameaça implícita de cortar a herança para induzir os filhos a dar-lhes mais atenção. Por meio de estudos, esses economistas verificaram que quanto mais ricos os pais, mais assíduas as visitas dos filhos. Além disso, só a riqueza que pode ser deixada como herança induz maior número de visitas. A riqueza que não pode ser legada, como pensões que cessam com a morte do pensionista, não estimulam a visita dos filhos. Trata-se da "**tréplica**" da equivalência ricardiana.

(ESAF/Analista de Comércio Exterior/2002) - Alguns economistas afirmam que um corte nos impostos hoje financiados com dívida pública não causa elevações no consumo agregado. Ou seja, uma política de corte dos impostos não teria os efeitos previstos no modelo de determinação da renda. Estes economistas são conhecidos como "ricardianos" por defenderem a ideia da chamada "equivalência ricardiana". Com base nesta afirmação, é correto afirmar que esses economistas

a) levam em conta os efeitos previstos no modelo IS/LM em uma economia aberta com taxas fixas de câmbio: a elevação do déficit público tende a provocar mudanças nas taxas de juros, com efeitos desfavoráveis sobre o consumo.

b) afirmam que o consumo depende da renda disponível; ou seja, os consumidores não levam em conta um corte nos impostos financiados com dívida pública em suas decisões de consumo.

c) afirmam que um corte nos impostos financiados com dívida pública torna o valor do multiplicador dos gastos igual a 1.

d) partem da ideia de que um corte nos impostos hoje financiados com dívida pública resulta em um aumento nos impostos futuros. Se os agentes são racionais e se preocupam ou com o seu futuro ou com as gerações futuras, irão poupar o corte nos impostos hoje.

e) levam em conta os efeitos previstos no modelo IS/LM em uma economia aberta com taxas fixas de câmbio: a elevação do déficit público tende a reduzir as exportações, consequentemente, sobre a renda e consumo.

Solução:

A resposta é a letra "d" porque um corte nos impostos hoje financiado com dívida pública deixa o consumo inalterado, porque as famílias esperam um aumento nos impostos futuros e se preocupam com as gerações futuras. Os economistas "ricardianos" afirmam que um corte nos impostos hoje

---

[4] Veja Douglas Bernheim, Andrei Shleifer e Lawrence H. Summers, "The Strategic Bequest Motive", Journal of Political Economy 93 (1985): 1045-1076.

financiados com dívida pública não causa elevações no consumo agregado, ou seja, uma política de corte dos impostos não teria os efeitos previstos no modelo de determinação da renda. Esses economistas partem da idéia de que um corte nos impostos hoje financiados com dívida pública resulta em um aumento nos impostos futuros. Se os agentes são racionais e se preocupam ou com o seu futuro ou com as gerações futuras, irão poupar o corte nos impostos hoje.

A **segunda limitação** da equivalência ricardiana seria a incerteza. Martin Feldstein da Universidade de Harvard demonstrou que, quando as famílias não têm certeza do futuro nível de renda, um corte de impostos tende a aumentar o consumo privado mesmo que os indivíduos se preocupem com os impostos que os filhos precisarão pagar depois. Além do mais, a proposição da equivalência ricardiana fica abalada se a tributação não for clara. Por exemplo, uma redução atual de impostos sobre a renda do trabalho pode implicar futuro aumento dos impostos sobre a renda de capital. Esse corte de impostos pode gerar uma queda – e não a um aumento – da poupança privada. Finalmente, foi demonstrado que os impostos progressivos sobre heranças também negam a equivalência ricardiana.

(III) – HIPÓTESE DA RENDA PERMANENTE

O **terceiro pilar da equivalência ricardiana** é a hipótese da renda permanente. As famílias escolhem sua trajetória de consumo em função de sua renda permanente, e não de sua renda disponível. Isto é, uma maneira de testar a equivalência ricardiana é verificar se o consumo das pessoas depende da renda disponível (renda corrente) ou da renda permanente (renda presente + renda futura). A renda permanente é definida como o valor presente esperado dos rendimentos líquidos (descontados os impostos). Portanto, flutuações abaixo e acima do valor presente dos impostos alteram a renda disponível das famílias em determinados períodos de tempo, porém essas famílias estão preocupadas em suavizar sua trajetória de consumo. A poupança das famílias é que acompanha os movimentos transitórios da renda e é utilizada como instrumento de suavização de consumo.

A **terceira limitação** da equivalência ricardiana refere-se aos **impostos distorcivos (*non-lump-sum taxes*)**[5]. Antes de tudo, **impostos ou subsídios do tipo *lump-sum*** representam, na literatura econômica, tributos ou subsídios que não exercem efeitos distorcivos sobre as decisões alocativas dos agentes econômicos. Esses impostos ou subsídios representam uma forma de redistribuir renda, no caso do setor privado para o governo, sem alterar as decisões de consumo e investimento. No mundo real é muito difícil operacionalizar impostos lump-sum. Contudo, esses impostos ou subsídios são úteis por não introduzir distorções sobre a alocação ótima de recursos na economia. A forma mais comum como aparecem os impostos e subsídios lump-sum é linear, em que se cobra ou deixa de cobrar um valor fixo e igual a todos os indivíduos. O fato de os impostos cobrados não serem do tipo lump-sum pode influenciar os resultados previstos pela equivalência ricardiana.

---

[5]   Os principais impostos distorcivos utilizados em modelagens macroeconômicas são: impostos sobre consumo, impostos sobre a renda do trabalho e impostos sobre a renda do capital.

(IV) – LIVRE ACESSO AO MERCADO DE CRÉDITO

O **quarto pilar** da equivalência ricardiana pressupõe que os agentes tomam decisões num mercado perfeito e que eles podem tomar emprestado e emprestar a uma dada taxa de juros, o quanto quiserem. Nesse caso, uma queda do gasto do governo permanente permite que os agentes econômicos aumentem o consumo hoje (contraindo empréstimos), mesmo que os impostos não caiam no mesmo momento.

Note, portanto que as imperfeições no mercado de crédito invalidam a concepção ricardiana da dívida pública. A equivalência ricardiana não se aplica se houver restrições ao crédito para as famílias, conforme análise a seguir: suponha uma família que não pode tomar empréstimos por problemas no mercado financeiro (por exemplo, o banco desconhece o nível de renda futuro dessa família, logo não acha seguro conceder o empréstimo). Para essa família com restrições de liquidez, qualquer aumento da renda disponível atual vai lhe permitir gastar mais. Nestas circunstâncias, a equivalência ricardiana é eliminada. Os agentes com restrições de liquidez vão optar por aumentar os gastos quando houver reduções de impostos, em vez de poupar o valor adicional para compensar os filhos pelos futuros aumentos de impostos[6].

Os mercados financeiros dos países em desenvolvimento, na maioria das vezes, são imperfeitos e incipientes. O acesso a crédito é limitado e a taxa de juros pode ser bastante diferenciada para os níveis de riqueza e renda. Um aumento do déficit e da dívida pública eleva a renda disponível e o consumo para aqueles que se defrontam com restrição de crédito. Por outro lado, as restrições de liquidez não são exogenamente dadas, mas refletem as condições da economia. Uma emissão de títulos públicos significa maiores impostos no futuro e em consequência aumenta-se a possibilidade dos empréstimos no mercado financeiro serem pagos. Então, os emprestadores reduzem a disponibilidade de crédito na quantidade exata da emissão de títulos públicos e corte dos impostos, neutralizando o seu efeito.

(ESAF/Analista de Finanças e Controle/Secretaria do Tesouro Nacional/2000) - A equivalência ricardiana constitui uma das concepções alternativas acerca da análise do déficit público e suas implicações sobre o desempenho econômico. Tal concepção significa que:

a) Um corte nos impostos hoje financiado com dívida pública deixa o consumo inalterado, ou porque as famílias não esperam um aumento nos impostos futuros ou porque elas não se preocupam com as gerações futuras

b) Um corte nos impostos hoje financiado com dívida pública deixa o consumo inalterado, porque as famílias esperam um aumento nos impostos futuros e não se preocupam com as gerações futuras

c) Um corte nos impostos hoje financiado com dívida pública deixa o consumo inalterado apenas se as famílias não se preocupam com as gerações futuras

d) Um corte nos impostos hoje financiado com dívida pública deixa o consumo inalterado, porque as famílias esperam um aumento nos impostos futuros e se preocupam com as gerações futuras

e) Um corte nos impostos hoje financiado com dívida pública deixa o consumo inalterado somente se as famílias não esperam um aumento nos impostos futuros

---

[6] BUITER, W; TOBIN, J. Debt Neutrality: A Brief Review of Doctrine and Evidence, in George von Furstenberg, *Social Security versus Private Saving*, Cambridge, M.A: Ballinger, 1979.

HUBBARD, G; JUDD, K. Liquidity Constraints, Fiscal Policy and Consumption, *Brookings Papers on Economic Activity*, 1: 1986.

Comentários:

A resposta é a letra "d" porque um corte nos impostos hoje financiado com dívida pública deixa o consumo inalterado, porque as famílias esperam um aumento nos impostos futuros e se preocupam com as gerações futuras. Os economistas "ricardianos" afirmam que um corte nos impostos hoje financiados com dívida pública não causa elevações no consumo agregado, ou seja, uma política de corte dos impostos não teria os efeitos previstos no modelo de determinação da renda. Esses economistas partem da idéia de que um corte nos impostos hoje financiados com dívida pública resulta em um aumento nos impostos futuros. Se os agentes são racionais e se preocupam ou com o seu futuro ou com as gerações futuras, irão poupar o corte nos impostos hoje.

2.2. Efeitos Sobre a Poupança

O déficit público é resultado de um corte nos impostos, os quais não produzem nenhum efeito na poupança nacional. A redução da arrecadação de impostos diminui tanto a receita quanto a poupança do governo. E a diminuição da poupança do governo amplia o déficit orçamentário. Mas, a diminuição da poupança pública será combinada com um aumento igual na poupança privada. Assim, a poupança nacional (doméstica ou interna) não será afetada. As pessoas irão poupar hoje, pois elas sabem que os impostos irão aumentar no futuro. A arrecadação de impostos foi apenas postergada para um momento futuro, mas não deixou de existir. Consequentemente, o déficit orçamentário não provocaria impacto por não mudar a poupança nacional. Matematicamente,

$$\downarrow T \Leftrightarrow \begin{cases} \downarrow S_g = \downarrow T - G \\ \begin{bmatrix} \uparrow D_g = I_g - \downarrow S_g \\ \uparrow D_g = G - \downarrow T \end{bmatrix} \end{cases} \Leftrightarrow I_g - \downarrow S_g = \uparrow S_p - I_p + S_e \Leftrightarrow I = S$$

(CESPE-UnB/Economista Júnior – Petrobrás/2001) – A análise do consumo, da poupança e do investimento, variáveis macroeconômicas básicas, é crucial para a determinação da renda e do produto de equilíbrio. A esse respeito, julgue os itens abaixo.

A hipótese de Barro-Ricardo afirma que uma redução nas alíquotas tributárias que incidem sobre a renda, em vez de aumentar o consumo, contribui para incrementar as taxas de poupança da economia.

Solução:

Verdadeiro. A equivalência ricardiana revela que o corte nos impostos hoje é um procedimento provisório, pois a diminuição da poupança pública será compensada por um aumento da poupança privada.

3. CURVA DE LAFFER

A **Curva de Laffer** mostra o efeito de variações na alíquota do imposto sobre a receita tributária, conforme pode ser visto na figura 1 a seguir. Observa-se que, a princípio, a curva sobe quando as alíquotas tributárias afastam-se de zero, mas, adiante, a curva começa a declinar. Em outras palavras, a Curva de Laffer mostra que as receitas tributárias reais inicialmente crescem à medida que a taxa marginal de tributação cresce, alcançam um ponto máximo (ponto ótimo de alíquota que gera uma receita tributária máxima, alíquota marginal correspondente à arrecadação máxima ou ponto de maximização) e, em seguida, declinam com outros incrementos na taxa marginal de tributação. Essa curva é bastante popular entre um grupo de economistas "do lado da oferta", os quais foram muito influentes durante o governo Reagan nos EUA. Arthur Laffer afirmou no início da década de 1980 que um corte nas alíquotas dos impostos americanos proporcionaria um aumento nas receitas com impostos. O argumento de Laffer foi parcialmente responsável pela grande redução da alíquota dos impostos sobre a renda nos Estados Unidos no início da década de 1980.

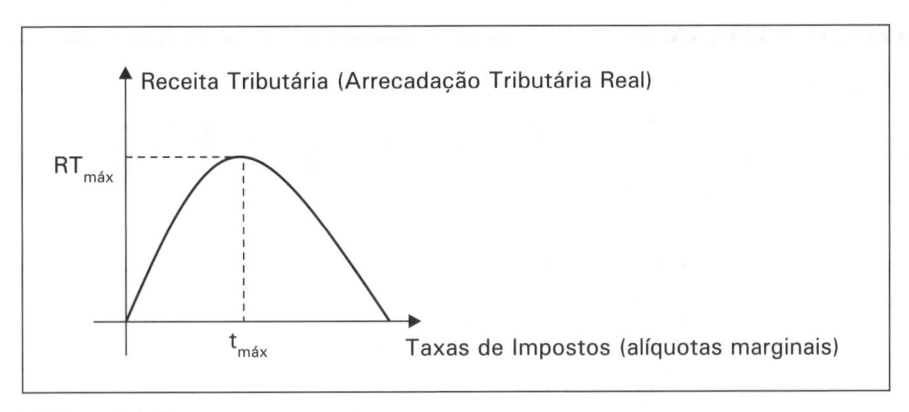

Figura 1: A Curva de Laffer

(ESAF/Analista de Finanças e Controle/Secretaria do Tesouro Nacional/2013) – A relação entre alíquotas de tributo e receitas obtidas com o tributo, conhecida como curva de Laffer:

a) é uma relação linear direta, com inclinação de 45 graus.

b) é uma relação linear inversa, com inclinação de 45 graus.

c) mostra que as receitas podem crescer com o aumento das alíquotas, até um nível máximo e, a partir daí, cair se as alíquotas continuarem a crescer.

d) mostra que a arrecadação com o tributo será máxima se este tiver uma alíquota de cem por cento.

e) mostra que a arrecadação com o tributo será máxima se a alíquota for igual a zero.

Solução:

A resposta é a letra "c". A Curva de Laffer relaciona as taxas de tributação (ou seja, alíquotas tributárias) com as receitas tributárias e mostra que as receitas podem crescer com o aumento das alíquotas, até um nível máximo e, a partir daí, cair se as alíquotas continuarem a crescer.

(FGV Projetos/Economista/Companhia Pernambucana de Saneamento - COMPESA/2014) - Em relação ao conceito da curva de Laffer e suas características, assinale a afirmativa incorreta.

a) As elevações da alíquota tributária pode gerar tanto aumento ou redução da arrecadação.

b) Existe dois níveis de alíquota tributária nos quais a arrecadação é nula.

c) O governo maximiza sua receita tributária em um determinado nível de alíquota positivo.

d) A sonegação tributária e o estímulo à atividade informal ocorrem quando a alíquota é nula.

e) Para uma alíquota de 100%, as pessoas ofertam zero horas de trabalho no setor formal.

Solução:

A resposta é a letra "d", que é a alternativa incorreta. A receita pode cair com impostos muito altos, não somente por causa da queda no esforço de trabalho, mas também porque os contribuintes terão mais incentivo para sonegar, ilegalmente, ou para evitar pagar maiores impostos, legalmente, dedicando-se atividades cuja tributação é menor (economia informal). Portanto, o governo pode coletar menos receita de impostos se as alíquotas forem altas, em vez de baixas, e se a alíquota maior desincentivar a geração de renda.

4. EFEITO OLIVEIRA-TANZI

O Efeito Tanzi postula que a inflação reduz a receita tributária em termos reais em decorrência da defasagem entre o fato gerador do imposto e sua efetiva coleta (recebimentos dos recursos pela autoridade fiscal). Assim, o efeito Tanzi é a corrosão (redução) da arrecadação tributária real (valor real dos impostos) durante a inflação.

> Essa corrosão ocorre pelos seguintes motivos:
> (i)   corrosão da base do tributo;
> (ii)   defasagem entre o fato gerador e o lançamento do imposto;
> (iii)   defasagem entre o lançamento e o recolhimento do imposto.

Uma das formas do governo minimizar tal efeito é adotar a indexação do sistema tributário, ou seja, cobrar os impostos em termos de um índice que acompanhe a evolução da inflação. Em uma situação de descontrole inflacionário, os três mecanismos mais conhecidos de proteção do valor real da arrecadação são a indexação do imposto a pagar, a redução do período de apuração do imposto e a redução do período de recolhimento do imposto.

(ESAF/AUDITOR-FISCAL DA RECEITA FEDERAL/2000) – Assinale a única opção correta no que diz respeito ao efeito Tanzi e às finanças públicas.

a)   Segundo o efeito Tanzi, a inflação tende a corroer as expectativas da sociedade como um todo.

b)   De acordo com o efeito Tanzi, quanto maior a inflação, maior a arrecadação real do governo.

c)   O efeito Tanzi apresenta a relação entre as altas taxas de inflação e o futuro quadro econômico a ser enfrentado pelo empresariado e pelo setor governamental.

d)   O efeito Tanzi demonstra que a inflação tende a corroer o valor da arrecadação fiscal do governo, pela defasagem existente entre o fato gerador e o recolhimento efetivo do imposto.

e)   O efeito Tanzi afirma que o imposto inflacionário representa a taxação que o Banco Central impõe à coletividade, pelo fato de deter o monopólio das emissões.

Solução:

A resposta é a letra "d" porque o efeito Tanzi realmente demonstra que a inflação tende a correr o valor da arrecadação fiscal do governo no período existente entre o fato gerador e o recolhimento efetivo do imposto.

(CESPE-UnB/Analista Pericial – Área: Economia/Ministério Público da União/2013) – Julgue o item a seguir, como verdadeiro ou falso.

O efeito Oliveira-Tanzi estabelece que a receita fiscal é positivamente afetada pela inflação devido ao imposto inflacionário.

Solução:

Falso. O Efeito Oliveira-Tanzi postula que a inflação reduz a receita tributária em termos reais em decorrência da defasagem entre o fato gerador do imposto e sua efetiva coleta (recebimentos dos recursos pela autoridade fiscal).

5. EFEITO PATINKIN

O efeito Patinkin sugere que a elevação dos preços pode proporcionar uma redução do déficit público por meio da queda real nos gastos públicos, e, para isso ocorrer, basta o governo adiar pagamentos e postergar aumentos de salários num ambiente de aceleração inflacionária.

6. IMPOSTO INFLACIONÁRIO E SENHORIAGEM (SEIGNORIAGE)

6.1. Imposto Inflacionário (ou Seigniorage Nominal)

O **imposto inflacionário** refere-se às perdas sofridas pela detenção de moeda em consequência da inflação. Isto é,

(i)   É a perda do poder aquisitivo da moeda durante a inflação;

(ii) É o juro real negativo pago pela base monetária;

(iii) É uma transferência de renda da economia para o Banco Central;

(iv) É dado pela incidência da taxa de inflação (π) sobre os encaixes monetários reais (M/P):

$$II = \pi \left(\frac{M}{P} \right) \therefore \pi = \frac{P - P_{-1}}{P}$$

O imposto inflacionário incide sobre os saldos monetários em poder do público. Cabe destacar algumas observações importantes sobre o imposto inflacionário:

(i)   O imposto inflacionário é muito regressivo;

(ii) O imposto inflacionário é uma forma espúria de financiamento do déficit público;

Define-se **Transferência Inflacionária (TI)** como sendo a perda de poder aquisitivo da moeda escritural pelo fato de que depósitos à vista não renderem juros. É uma transferência de renda da economia para os bancos comerciais. Com a inflação, os bancos comerciais recebem uma transferência líquida de renda equivalente ao que recebem dos depositantes, menos o que pagam ao Banco Central.

Simonsen e Cysne (1995) definem **Transferências Inflacionárias Totais (TIT)** como sendo a soma do imposto inflacionário com a transferência inflacionária, isto é:

$$TIT = II + TI$$

A Curva de Laffer do imposto inflacionário é demonstrada a seguir:

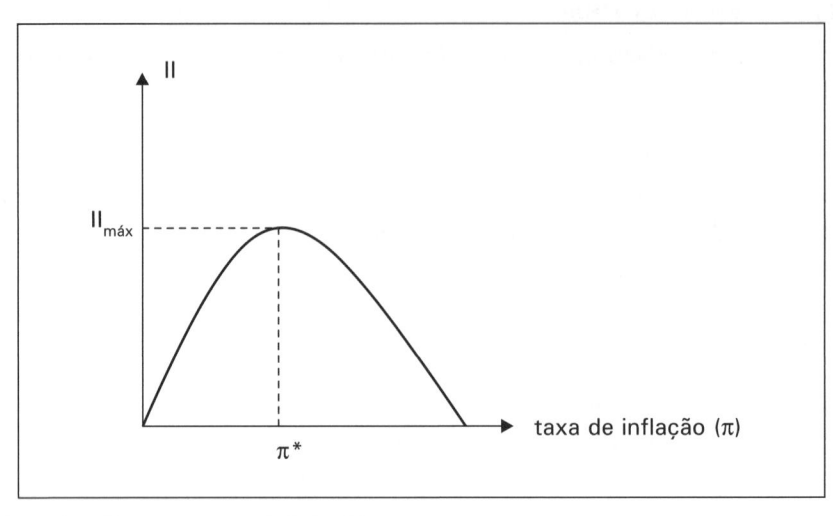

Figura 2: Curva de Laffer para o Imposto Inflacionário

Como pode ser visto na figura acima, existe uma receita máxima com o imposto inflacioná-rio. Se a taxa de inflação for zero, a receita tributária também será zero. Quando a taxa de inflação ultrapassa determinados valores, o público tende a reduzir a demanda por moeda, dado que os agentes econômicos mudarão seu portfólio tentando proteger seus ativos da corrosão inflacionária. Assim, haverá um II máximo (II*) relacionado com determinado nível ótimo de inflação (π^*) ou, alternativamente, há uma taxa de inflação que maximiza o imposto inflacionário. A partir desse ponto, o governo passa a perder mais do que ganhar porque a receita com o imposto inflacionário passa a decrescer, tornando-se necessária mais emissão monetária. No limite, o descontrole dessa emissão pode levar a um processo inflacionário.

Portanto, à medida que a inflação aumenta, a base tributária (demanda por saldos monetários reais) diminui. Os aumentos posteriores da inflação dão origem a uma queda na receita, porque a inflação maior é mais do que compensada pela queda nos saldos monetários reais que estão sendo tributados.

Supondo que a taxa de inflação seja estável, há um déficit máximo, igual à $II_{máx}$, que pode ser financiado pela emissão de dinheiro. É possível o governo financiar temporariamente um déficit superior a $II_{máx}$, mas ao custo de acelerar a inflação em vez de conseguir uma taxa estável. Se o governo persistir em financiar o déficit superior a $II_{máx}$, o resultado provável será a hiperinflação. Em uma inflação em aceleração, pode acontecer de o público estar persistentemente subestimando a inflação que vai ocorrer a cada período e, portanto, manter maiores saldos do que se soubesse exatamente qual seria a inflação. O governo também pode aproveitar esta percepção errada, ao menos durante algum tempo, no sentido de recolher receita de senhoriagem acima do $II_{máx}$.

$$\uparrow II = \uparrow \pi \left(\frac{M}{\uparrow P} \right) \downarrow \Leftrightarrow \downarrow II = \uparrow \pi \left(\frac{M}{\uparrow P} \right) \downarrow$$

O resultado é o aumento da regressividade do sistema, uma vez que os segmentos de menor renda, geralmente os assalariados, são os mais atingidos. Em uma situação de hiperinflação, a arrecadação tende a zero porque ninguém desejará reter moeda. A inflação é tratada como um imposto não apenas porque corrói os encaixes monetários, mas porque a contrapartida disso é a receita do governo, que arrecada o imposto inflacionário com moeda que emite para comprar bens e serviços do setor privado. Infere-se disso que o financiamento do déficit público só pode ser feito por tributação ou endividamento, visto que a emissão de moeda para esse fim pode ser considerada forma alternativa de tributação. Assim, a inflação é um imposto sobre a posse de moeda.

É importante destacar que o nível ótimo de taxa de inflação depende de fatores, como a capacidade de substituição da moeda por outros ativos que forneçam alto grau de liquidez e que possam compensar a perda com a erosão real. Nesse caso, quanto mais elevada for essa capacidade, maior será a inflação requerida para atingir a receita máxima.

6.2. Senhoriagem (Ou Seignoriage Real)

Os governos podem financiar suas despesas de três formas: primeiro, podem levantar recursos através da tributação ($\uparrow$T), como os impostos de renda sobre a pessoa física ou sobre a pessoa jurídica; segundo, podem tomar empréstimos (aumento do passivo externo líquido: $\uparrow$PEL); e, terceiro, os governos podem emitir moeda. Dessa forma, os governos podem auferir receita como resultado de seu monopólio na emissão de moeda[7]. Nesse contexto, define-se **seignoriage real** ou **senhoriagem** como sendo o produto da expansão monetária pelos saldos monetários reais. É o poder de compra da expansão monetária feita pelo Banco Central.

(ESAF/Especialista em Políticas Públicas e Gestão Governamental/2002) - Assinale a opção que preenche corretamente a lacuna abaixo.

Os governos podem obter volumes significativos de recursos ano após ano pela emissão de moeda, isto é, aumentando a base monetária. Esta fonte de receita é, às vezes, conhecida como _____, que é a habilidade do governo para aumentar a receita por meio do seu direito de criar moeda.

a) crowding out

b) coeteris paribus

c) seigniorage

d) break-even point

e) take-off

Solução:

A resposta é a letra "c. A senhoriagem é dada pela incidência da taxa de expansão monetária sobre os encaixes monetários reais. É a razão entre a expansão monetária e o nível geral de preços. Teoricamente, são bens e serviços que o Banco Central pode adquirir pelo fato de ser monopolista da emissão de papel moeda.

---

[7] O direito de emitir dinheiro foi de fato uma fonte preciosa de receita para os "senhores feudais" na Idade Média. O termo senhoriagem é derivado de *seigneur*, do francês para senhor feudal. Na Idade Média, o senhor feudal tinha o direito exclusivo de cunhar moeda em seu feudo. Atualmente, esse direito cabe ao governo e é uma de suas fontes de receita.

(FUNCAB/Economista/Instituto de Pesos e Medidas do Estado de Rondônia – IPEM/2013) – Senhoriagem (Seignoriage) tem o significado de:

a) um princípio de tributação segundo o qual os indivíduos devem pagar impostos de maneira proporcional aos benefícios que obtêm dos gastos públicos.

b) um conjunto de ações indesejáveis adotadas por uma das partes contratantes que, em razão da assimetria de informações, não é observada pela outra parte e que compromete o cumprimento do contrato.

c) um princípio tributário segundo o qual cada indivíduo deve pagar proporcionalmente à sua condição financeira.

d) a taxa de crescimento econômico, com equilíbrio entre oferta e demanda agregadas, com pleno emprego de mão de obra.

e) o ganho implícito do emissor de moeda, já que o custo de produção do papel-moeda ou da moeda metálica é bastante inferior ao seu valor de face.

Solução:

A resposta é a letra "e". O poder de seignoriage se concretiza sob duas formas. A primeira resulta de um aumento da demanda real por moeda suprido por emissão monetária (sempre em termos nominais) pelo Banco Central. Trata-se de uma forma legítima de receita para o governo, e costuma ser tão maior quanto maior a elevação na demanda real por moeda no decorrer do tempo. Por outro lado, existe a possibilidade de a demanda real por moeda cair e, ainda assim, o governo arrecadar receita de senhoriagem. Um exemplo típico ocorre quando se emite moeda para recompor os estoques reais de moeda do público, corroídos pela inflação. Havendo inflação positiva, um dado estoque nominal de moeda passará a viabilizar um número menor de transações, o que forçará o público a procurar adquirir mais moeda na tentativa de restabelecer o nível de transações anterior à elevação dos preços. Os recursos obtidos pelo governo por esse expediente corresponde à seignorage nominal (ou imposto inflacionário).

Existirá senhoriagem toda vez que o Banco Central variar a taxa de expansão monetária (ΔM). A senhoriagem é dada pela incidência da taxa de expansão monetária sobre os encaixes monetários reais. É a razão entre a expansão monetária e o nível geral de preços:

$$SENHORIAGEM = EXPANSÃO\ MONETÁRIA \times SALDOS\ MONETÁRIOS\ REAIS$$

$$SE = \frac{\Delta M}{P} \times \frac{M}{M} \Leftrightarrow \frac{\Delta M}{M} \times \frac{M}{P} \therefore \frac{M}{P} = SALDOS\ MONETÁRIOS\ REAIS$$

Note que, dada uma taxa de expansão monetária, quanto maiores forem os saldos monetários reais existentes, maior será o montante de senhoriagem correspondente, como pode ser visto a seguir:

$$\uparrow SE = \mu \left(\frac{M}{P} \right)^{d} \uparrow$$

$$\uparrow II = \pi \left(\frac{M}{P} \right)^{d} \uparrow$$

$$\pi^{e} = \pi \Rightarrow PREVISÃO\ PERFEITA$$

(CESPE-UnB/Analista Judiciário – Área Administrativa/TSE/2008) – Julgue a alternativa a seguir:

Conforme estabelecido na curva de Laffer monetária, um aumento na taxa de crescimento do estoque monetário aumenta, de modo inequívoco, a senhoriagem.

Solução:

Falso. A Curva de Laffer para a senhoriagem mostra que, quando a inflação sobe acima de certo patamar, reduz-se a receita do Banco Central com a inflação, já que os agentes passam a reter menos moeda. Logo, a senhoriagem é primeiro, função crescente e, depois, decrescente da expansão da moeda, como pode ser visto na figura a seguir:

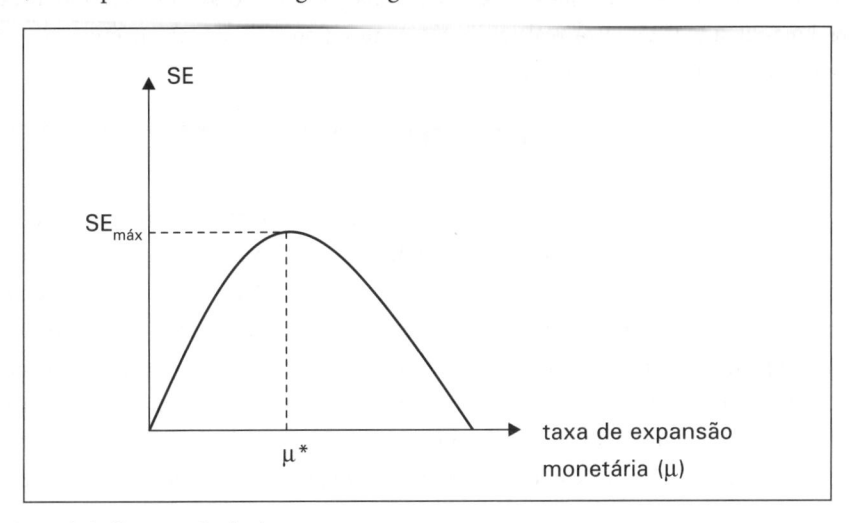

Figura 3: Curva de Laffer para a Senhoriagem

De acordo com a figura anterior, nos episódios de hiperinflação, há uma tendência a que a taxa de expansão monetária que maximiza a senhoriagem seja inferior à expansão monetária corrente média observada. Por outro lado, se mantida para sempre, uma taxa mais alta de crescimento monetário irá reduzir a senhoriagem.

Podemos analisar a situação descrita pela Curva de Laffer para a senhoriagem de outra forma, mas com os mesmos resultados. Lembre-se da relação LM:

$$\frac{M}{P} = YL\left(\underset{-}{i}\right)$$

A renda real maior (Y) leva as pessoas a terem maiores saldos monetários reais:

$$\uparrow\left(\frac{M}{P}\right) = \uparrow YL\left(\underset{-}{i}\right)$$

Uma taxa de juros maior aumenta o custo de oportunidade de deter moeda em vez de títulos da dívida e leva as pessoas a reduzirem seus saldos monetários reais:

$$\downarrow\left(\frac{M}{P}\right) = YL\left(\underset{-}{i}\right)\uparrow$$

Essa caracterização vale tanto para épocas de estabilidade econômica quanto para períodos de inflação. Mas em épocas de hiperinflação podemos simplificá-la um pouco mais. Primeiro, podemos reescrever a relação LM com o uso da equação de Fisher, isto é, $i = r + \pi^e$:

$$\left(\frac{M}{P}\right) = YL\left(r + \pi^e\right)$$

Os saldos monetários reais dependem da renda real (Y), da taxa de juros real (r) e da inflação esperada (π^e). Todas as três variáveis se alteram durante a hiperinflação, mas a inflação esperada sofre alterações muito maiores do que as outras variáveis. Admitindo-se o pressuposto de que tanto a renda real quanto a taxa de juros real sejam constantes, podemos apenas acompanhar os movimentos da inflação esperada. Dessa forma,

$$\left(\frac{M}{P}\right) = \bar{Y}L\left(\bar{r} + \pi^e\right)$$

Em épocas de hiperinflação, podemos encarar os saldos monetários reais como dependentes da inflação esperada. À medida que a inflação esperada cresce e a posse da moeda torna-se cada vez mais onerosa, as pessoas reduzem seus saldos monetários reais. Observamos, então, que a permuta de bens por outros bens, em vez de por dinheiro aumenta. Os pagamentos de salários tornam-se muito mais frequentes (duas vezes por semana, por exemplo). Assim que recebem os salários, as pessoas correm para as lojas para comprar bens. Embora o governo costume proibir o uso de outras moedas além da moeda nacional que ele emite, as pessoas se voltam para moedas estrangeiras como reserva de valor. E, mesmo sendo ilegal, uma proporção crescente de transações ocorre com moeda estrangeira.

Em resumo, aumentos na inflação levam as pessoas a reduzir sua demanda por moeda, o que por sua vez provoca uma redução dos saldos monetários reais. O fato que os saldos monetários reais se reduzem durante uma hiperinflação implica que os preços devem aumentar mais do que a oferta monetária: $\downarrow\left(M/\uparrow P\right)$.

É importante observar que a senhoriagem pode ser expressão da seguinte forma:

$$SE = \left(\frac{M}{P}\right)\left[\bar{Y}L\left(\bar{r} + \pi^e\right)\right]$$

Isto é, a senhoriagem é igual à taxa de expansão monetária multiplicada pelos saldos monetários reais, sendo que os saldos monetários reais dependem negativamente da inflação esperada. Dessa forma, podemos demonstrar como a necessidade de financiar um grande déficit público pode provocar não apenas uma elevação da inflação mas também, no caso das hiperinflações, a uma inflação alta e crescente.

Suponha que o governo escolha uma taxa constante de expansão monetária e mantenha-a indefinidamente. Quanto de senhoriagem esta taxa constante irá gerar?

Se a expansão monetária for sempre constante, tanto a inflação quanto a inflação esperada também terão de acabar constantes. Para simplificar, suponhamos também que o crescimento do produto seja zero. Assim, as inflações real e esperada terão de ser iguais à expansão da moeda:

$$\pi^e = \pi = \frac{\Delta M}{M}$$

A substituição de π^e por $\Delta M/M$ fará com que a equação da senhoriagem seja expressa da seguinte forma:

$$SE = \left(\frac{\Delta M}{M}\right)\left[\overline{Y}L\left(\overline{r} + \pi^e\right)\right]$$

A expansão monetária terá dois impactos opostos sobre a senhoriagem:

- Por um lado, dados os saldos monetários reais, a expansão monetária, $\Delta M/M$, aumenta a senhoriagem.
- Por outro lado, um aumento da expansão monetária aumenta a inflação e, por conseguinte, reduz os saldos monetários reais.

Observe que, para taxas baixas de expansão monetária, o aumento da expansão monetária provoca uma pequena redução dos saldos monetários reais. Isso leva, pois, ao aumento da senhoriagem. Quando a expansão da moeda e, portanto, da inflação, tornar-se, no entanto, mais alta, a redução dos saldos monetários reais induzida pela maior expansão da moeda tornar-se cada vez maior. Por fim, haverá uma taxa de expansão monetária além da qual novas expansões monetárias na verdade diminuem a senhoriagem!!!

Cabe destacar que, sob **taxas de câmbio fixas**, um déficit do governo é basicamente financiado pelas reservas. Haverá dois casos em que o governo consegue o recolhimento de senhoriagem, mantendo simultaneamente a paridade da moeda e suas reservas internacionais. **Primeiro**, no caso em que há inflação no resto do mundo. Conforme aumento o nível externo de preços, a Paridade do Poder de Compra afirma que os preços internos também vão aumentar. Quando isso ocorre, o valor real dos saldos monetários reais diminui e surge um excesso de demanda de moeda. Isso fornece ao Banco Central uma oportunidade para aumentar a oferta monetária no valor que compensa o aumento dos preços, deixando os saldos monetários reais inalterados. Note que, neste caso, o governo obtém senhoriagem, mesmo havendo aumento de preços, e não perde reservas. **O segundo caso** existe quando há um aumento da demanda de saldos monetários reais na economia, talvez em decorrência do aumento do PIB. Se o banco central aumentar a oferta monetária apenas o suficiente para satisfazer o aumento de demanda, não haverá excesso de oferta monetária e não haverá inflação (supondo que o nível de preços externo seja constante). Nessas circunstâncias, o governo recolhe senhoriagem, mas não há imposto inflacionário nem perda de reservas.

Por outro lado, haverá três situações em que não será o governo que receberá a receita da senhoriagem: **Primeiro**, se uma nação usa a moeda de outra, o governo emissor da moeda é quem ganhará a senhoriagem. **Segundo**, quando há substituição de moeda em uma economia, isto é, quando o banco central tem o monopólio da criação da moeda nacional, mas em decorrência de instabilidade monetária, por exemplo, os residentes da nação também usam outra moeda para as transações internas. Portanto, há duas moedas funcionando como meio de troca. Assim parte da senhoriagem é coletada pelo governo nacional e a outra parte pelo governo estrangeiro. **Terceiro**, haverá casos em que o setor privado terá o direito de imprimir papel-moeda e, portanto, o direito de recolher parte ou toda a senhoriagem. Antes da criação dos bancos centrais modernos, a moeda era emitida pelos bancos comerciais.

6.3. Relação Entre Senhoriagem e Imposto Inflacionário

A chamada **senhoriagem** corresponde ao aumento real da base monetária, enquanto o **imposto inflacionário** se refere à desvalorização da quantidade de moeda em poder do público. A Senhoriagem e o Imposto Inflacionário são conceitos diferentes. A senhoriagem é dada pela incidência da taxa de expansão monetária sobre os encaixes monetários reais, ao passo que o imposto inflacionário refere-se às perdas sofridas pela detenção de moeda em consequência da inflação. Porém, esses conceitos serão idênticos quando:

1º) A taxa de expansão monetária for igual à taxa de inflação, isto é:

$$\left.\begin{array}{l} II = \pi\left(\dfrac{M}{P}\right) \\[2em] SE = \mu\left(\dfrac{M}{P}\right) \end{array}\right\} \Leftrightarrow II = SE \Leftrightarrow \pi\left(\dfrac{M}{P}\right) = \mu\left(\dfrac{M}{P}\right) \Leftrightarrow \pi = \mu$$

2º) Os encaixes monetários reais $\left(\dfrac{M}{P}\right)$ são constantes, isto é, senhoriagem e imposto inflacionário podem ser considerados conceitos idênticos, quando o crescimento monetário é constante.

$$II = SE \Rightarrow \mu = \pi \Rightarrow \frac{P - P_{-1}}{P_{-1}} = \frac{M - M_{-1}}{M_{-1}} \Rightarrow \frac{P}{P_{-1}} - \frac{P_{-1}}{P_{-1}} = \frac{M}{M_{-1}} - \frac{M_{-1}}{M_{-1}} \Rightarrow \frac{P}{P_{-1}} - 1 = \frac{M}{M_{-1}} - 1 \Rightarrow$$

$$\frac{P}{P_{-1}} = \frac{M}{M_{-1}} \Rightarrow \frac{M_{-1}}{P_{-1}} = \frac{M}{P} \Rightarrow CONSTANTE$$

3º) A elasticidade da demanda por moeda é constante. Quando a elasticidade da demanda por saldos monetários reais com relação à inflação é unitária, o Governo está maximizando o nível de gastos que ele pode financiar através da criação de moeda. Assim,

$$II = SE \Rightarrow \mu = \pi \Rightarrow \frac{\Delta P}{P} = \frac{\Delta M}{M} \Rightarrow \eta_v = \frac{\dfrac{\Delta M}{M}}{\dfrac{\Delta P}{P}} \Rightarrow \eta_v = \frac{\Delta M\%}{\Delta P\%} \Rightarrow \frac{\mu}{\pi} \Rightarrow 1$$

Note que a variação dos encaixes monetários reais é igual ao excesso da senhoriagem sobre o imposto inflacionário, isto é: Variação dos Encaixes Reais = SE - II

7. FINANÇAS PÚBLICAS

7.1. Definição

Uma alocação eficiente de Pareto é aquela em que não há desperdícios dos recursos e portanto como fazer com que todos os consumidores fiquem melhores.

O primeiro teorema da teoria econômica do bem-estar social (*welfare economics*) para uma economia de trocas afirma que todo equilíbrio competitivo (ou equilíbrio Walrasiano) é também um equilíbrio de Pareto. Ou seja, se uma alocação x^* é um equilíbrio Walrasiano, então x^* também é um equilíbrio de Pareto, de modo que todos os equilíbrios de mercado são eficientes de Pareto. As hipóteses implícitas do Primeiro Teorema da Teoria Econômica do Bem-Estar Social em uma economia de trocas são: (i) Os agentes só se preocupam com o seu consumo de bens, e não com o consumo dos outros agentes, isto é, não existem externalidades positivas ou negativas no consumo; quando há externalidades no consumo, o equilíbrio competitivo não precisa ser eficiente de Pareto; (ii) Os agentes se comportam como numa economia competitiva (mercado em competição perfeita, isto é, em concorrência perfeita), isto é, são tomadores de preço (tomam o preço como dado); todas as informações relevantes devem ser de conhecimento comum de compradores e vendedores. Trata-se da existência de um mercado otimizado – onde as decisões quanto à quantidade produzida de grande número de pequenas firmas são incapazes de afetar o preço de mercado – e de informação perfeita da parte dos agentes econômicos. Se houvesse apenas dois indivíduos, seria improvável que eles tomassem os preços como dados. Ao contrário, os dois indivíduos provavelmente iriam reconhecer seu poder de mercado e tentariam utiliza-lo para melhorar suas próprias posições. O conceito de equilíbrio competitivo só faz sentido quando há um número suficiente de agentes para assegurar que cada um deles se comporte de maneira competitiva; (iii) Supõe-se a existência real de um equilíbrio competitivo. É o caso onde os consumidores forem pequenos em relação ao tamanho do mercado; (iv) Todos os bens são privados, isto é, não existem bens públicos; (v) a não existência de progresso tecnológico.

Assim, o Primeiro Teorema da Teoria Econômica do Bem Estar afirma que, em uma economia de trocas, existe um mecanismo (a saber, o mecanismo competitivo) que faz com que os recursos sejam alocados de uma maneira eficiente, independente da distribuição dos benefícios econômicos entre os agentes. Mas, segundo GÓES (2002, p. 184), "se no mundo real fossem observadas as condições para a realização do Primeiro Teorema Fundamental do Bem-Estar, então não haveria condições para o Estado atuar, visto que o mercado competitivo alocaria os recursos da melhor maneira possível. Porém, nas chamadas 'Falhas de Mercado', não se encontram as condições necessárias para a realização deste teorema e, portanto, em presença dessas 'Falhas de Mercado', somente a atuação do Estado pode levar a economia a atingir uma eficiência no sentido de Pareto." Logo, na presença de "Falhas de Mercado", a ação do Governo (Estado) pode aumentar a eficiência na alocação de recursos. Podemos citar como alguns exemplos de falhas de mercado: (1) Bens Públicos; (2) Monopólio Natural; (3) Externalidades; (4) Assimetria de Informação (por exemplo, seleção adversa e risco moral); (5) Mercados Incompletos; (6) Flutuações do Nível da Atividade Econômica (por exemplo, desemprego e inflação).

7.2. Funções Econômicas do Governo

Devido à existência de falhas de mercado, e tendo em vista a necessidade de aumentar o bem estar da sociedade, o setor público intervém na economia, desempenhando três funções básicas. Richard Abel Musgrave[8] apresentou a divisão das funções do Estado na economia em alocativa, distributiva e estabilizadora.

A **função alocativa** do governo está associada ao fornecimento de bens e serviços não oferecidos adequadamente pelo sistema de mercado. Em outras palavras, essa função tem o objetivo de alocar os recursos quando não seja possível, pelas condições de mercado, a determinação de preços de bens e serviços de forma a assegurar uma maior eficiência na utilização dos recursos disponíveis na economia.

A **função estabilizadora** do governo concentra seus esforços na manutenção de um alto nível de utilização de recursos e de um valor estável da moeda. O objetivo principal da intervenção do governo é controlar a demanda agregada, através, por exemplo, de políticas fiscais restritivas voltadas ao controle dos gastos públicos e ao aumento da tributação, de forma que o impacto causado pelas crises inflacionárias ou de recessão econômica seja atenuado.

A **função distributiva** do governo é voltada na necessidade do governo de intervir na economia para tentar corrigir a desigualdade existente na distribuição da renda nacional que, normalmente, não é igualitária. Assim, a correção da desigualdade na repartição da renda pode ser efetuada mediante intervenção governamental, e um dos processos mais utilizados com vistas a tal objetivo consiste em utilizar o sistema tributário e a política de gastos governamentais.

8. CONCEITOS DE DÉFICIT E DÍVIDA PÚBLICA

8.1. Ótica das Contas Nacionais

No capítulo sobre contabilidade nacional, estudamos que o déficit público é considerado uma variável-fluxo, ao passo que dívida pública é definida como uma variável-estoque. Conceitualmente, o déficit público é a variação do estoque da dívida pública. A dívida pública é formada pelos déficits públicos acumulados.

(ESAF/Especialista em Políticas Públicas e Gestão Governamental/1997) - Com relação aos conceitos de variável estoque e variável fluxo, pode-se afirmar que

a) o déficit público é necessariamente uma variável-fluxo, ao passo que a dívida pública é necessariamente uma variável-estoque.

b) o déficit público é uma variável fluxo e nada se pode afirmar quanto a dívida pública.

c) o déficit público, por ser independente da variável tempo, é necessariamente uma variável- estoque.

d) dependendo do modelo, a classificação do déficit e dívida pública nos conceitos de variável estoque e fluxo podem ser alteradas.

e) as variáveis déficit e dívida pública, só podem ser classificadas num único conceito: ou ambas são variáveis estoque ou ambas são variáveis fluxo.

---

[8] Voluntary Exchange Theory of Public Finance, 1959.

Solução:

A resposta é letra "a", pois o déficit público é a variação do estoque da dívida pública. A dívida pública é formada pelos déficits públicos acumulados. Todos os demais itens estão errados.

No estudo das contas nacionais e da teoria keynesiana, o conceito de déficit público pode ser obtido por três maneiras. **Primeiro**, define-se déficit público (déficit orçamentário ou déficit governamental – D_g) como o excesso dos gastos públicos (G) em relação à tributação (T), ou seja, um déficit público decorre, por exemplo, de um corte nos impostos ou no aumento dos gastos governamentais:

$$D_g = G - T$$

Este conceito é o mais abrangente possível, pois define déficit público como sendo a diferença entre todos os gastos ou dispêndios (compras de bens e serviços, transferências, investimentos, pagamento de juros etc.) e todas as receitas (financeiras e não-financeiras). Inclui todas as esferas do setor público (governo central, estados e municípios).

G > T → Déficit Público (D_g)

T > G → Poupança governamental (S_g) ou saldo do governo em conta corrente

$$S_g = T - G = RLG - G$$

Onde RLG é a renda líquida do governo.

Segundo, define-se déficit público como a diferença entre o investimento governamental e a poupança governamental em conta corrente, ou seja, é o excesso do investimento público sobre a poupança pública:

$$D_g = I_g - S_g = I_g - (RLG - G)$$

Onde: I_g é o investimento governamental e S_g é a poupança do governo em conta corrente.

O governo financia seu déficit emitindo títulos públicos, ou seja, tomando empréstimos. O déficit orçamentário inibe o investimento. O estoque de capital reduzido é parte do ônus da dívida nacional sobre as futuras gerações. Por outro lado, se o receita excede as despesas (Sg), o governo incorre em um superávit orçamentário. Pode então amortizar parte da dívida nacional e estimular o investimento. Note que,

Ig > Sg (o governo gasta mais do que arrecada) → Sp > Ip (excesso de poupança do setor privado para financiar o governo)

Ig < Sg (o governo arrecada mais do que gasta) → Sp < Ip (excesso de investimento privado sobre a poupança privada)

Terceiro, define-se déficit público a partir da seguinte identidade macroeconômica entre investimento agregado e poupança agregada,

$$I = S \Rightarrow I_p + I_g = S_i + S_e \Rightarrow I_p + I_g = \left(S_p + S_g\right) + S_e \Rightarrow I_g - S_g = \left(S_p - I_p\right) + S_e$$
$$\Rightarrow D_g = \left(S_p - I_p\right) + S_e$$

Onde: I_p = Investimento Privado; S_p = Poupança Privada; S_e = Poupança; S_i = Poupança Interna (doméstica ou nacional); I = Investimento; S = Poupança

O déficit público é financiado pelo excesso da poupança bruta do setor privado (S_p) sobre o investimento privado (I_p) e pela poupança externa (S_e), a qual corresponde a um déficit em transações correntes (-T).

(ESAF/Analista de Finanças e Controle/Secretaria do Tesouro Nacional/2002) - Considere A = poupança privada; B = investimento privado; C = poupança externa; e D = déficit público.

Com base nas identidades macroeconômicas básicas, é correto afirmar que:

a) D = C - A

b) D = A - B + C

c) D = C - B

d) D = B - C

e) D = - A - B – C

Solução:

A resposta é a letra "b". Define-se déficit público como o excesso da poupança privada sobre o investimento privado, mais a poupança externa: $D_g = (S_g - I_p) + S_e$.

8.2. Medidas de Déficit Público: Critérios "Acima da Linha" e "Abaixo da Linha"

No estudo das finanças públicas, os conceitos de déficit público são ajustados para captar e separar os efeitos de variáveis econômicas como taxa de juros, nível geral de preços e nível de atividade econômica.

Existem dois critérios de cálculos. Quando se mede o déficit público com base na execução orçamentária das entidades que o geram, isto é, diretamente das receitas e despesas, usa-se o critério **"acima da linha"**. Nesse critério de cálculo, são explicitados os principais fluxos de receita e despesas. As estatísticas fiscais desagregadas, que apresentam as variáveis de receita e despesa, são chamadas "acima da linha".

Por outro lado, em virtude de problemas de controle dos gastos e de contabilização, tem-se o critério **"abaixo da linha"**, o que mede o tamanho do déficit público pelo lado do financiamento, isto é, pela forma como foi financiado, e não pela forma como foi gerado. A variável que mede a dimensão do desequilíbrio através da variação do endividamento público – sem que se saiba ao certo se este mudou por motivos ligados à receita ou à despesa – é denominada de estatística "abaixo da linha". Nesse sentido, toda a variação da dívida pública deve-se à ocorrência de um déficit. Pelo critério "abaixo da linha", observa-se o déficit com base na variação da dívida pública, pela ótica de seu financiamento.

Este é conhecido como Necessidade de Financiamento do Setor Público (NFSP). O conceito de necessidade de financiamento do setor público (NFSP) engloba os gastos dos governos federal, estaduais e municipais, empresas estatais e agências descentralizadas. O Banco Central monitora, com muito maior precisão, o valor das NFSP do que o Governo monitora suas receitas e despesas.

Em resumo:

(i) **Acima da Linha**: Ótica das receitas e despesas. Mede o déficit público a partir de sua geração. Órgão responsável: Secretaria do Tesouro Nacional (STN).

(ii) **Abaixo da Linha**: Ótica do financiamento. Analisa-se o déficit com base na variação da dívida pública, pela ótica do financiamento, por essa razão conhecido também como Necessidades de Financiamento do Setor Público (NFSP). Órgão responsável: Banco Central do Brasil (BCB).

(VUNESPE/Economista/BNDES-2002) Os termos "acima da linha" e "abaixo da linha", aplicados em relação ao déficit público no Brasil, correspondem a

a) duas definições distintas de déficit público, que se diferenciam, respectivamente, pela inclusão ou não dos pagamentos de juros pelo governo.

b) dois conceitos distintos de déficits, que se diferenciam, respectivamente, pela inclusão ou não da correção monetária paga pelo governo.

c) conceitos distintos de déficit, calculados a partir da mesma fonte de informações.

d) duas formas de medir o déficit, respectivamente, a partir de sua geração e de seu financiamento.

e) duas definições distintas de déficit público, que se diferenciam, respectivamente, pela inclusão ou não das despesas de capital do governo.

Solução:

A resposta é a letra "d". Em resumo, as estatísticas fiscais que apresentam a receita e despesa são chamadas "acima da linha", enquanto a variável que mede o desequilíbrio através do endividamento público é denominada "abaixo da linha"

(Cespe-UnB/Consultor Legislativo/Câmara dos Deputados/2014) – Julgue o item a seguir como verdadeiro ou falso.

A apuração dos resultados fiscais pode ser realizada por dois critérios: abaixo da linha e acima da linha. O primeiro critério é calculado pela Secretaria de Tesouro Nacional do Ministério da Fazenda, enquanto o segundo é acompanhado somente pela Secretaria de Orçamento Federal do Ministério de Planejamento, Orçamento e Gestão, órgão que apura o desempenho fiscal do governo.

Solução:

Falso. O critério "acima da linha", que trata da ótica das receitas e despesas, bem como mede o déficit público a partir de sua geração, é calculado pela Secretaria do Tesouro Nacional/Ministério da Fazenda. No segundo critério, que trata da ótica do financiamento, analisa-se o déficit com base na variação da dívida pública, por essa razão conhecido também como Necessidades de Financiamento do Setor Público (NFSP), e é calculado pelo Banco Central do Brasil.

(NCE/Auditoria Geral do Estado de Mato Grosso/2004) - O conceito de necessidade de financiamento do setor público (NFSP) engloba os gastos do(s):

a) governo federal;

b) governos federal e estaduais;

c) governos federal, municipais e estaduais;

d) governos federal, estaduais e agências regulatórias;

e) governos federal, estaduais e municipais, empresas estatais e agências descentralizadas.

Solução:

A resposta é a letra "E", conforme visto anteriormente.

(CESPE-UnB/Analista Legislativo da Câmara dos Deputados/2002) – Julgue o item a seguir:

A metodologia de cálculo das necessidades de financiamento do governo central sob o critério "acima da linha" enfoca a realização do gasto público pela ótica de caixa e abrange as operações de todas as entidades não-financeiras da administração direta e indireta que compõem o orçamento da União.

Solução:

Verdadeiro. É importante destacar conceitos relevantes como **"caixa"** e **"competência"**. O conceito **"caixa"** significa que as despesas são consideradas nas estatísticas como tendo ocorrido no momento ou período em que são de fato pagas. Por exemplo, a apuração do resultado primário do governo central pelo critério de caixa ou pagamento efetivo é analisada por meio das movimentações ocorridas na conta única do Tesouro Nacional. O conceito de **"competência"** está associado ao momento ou período em que a despesa é gerada, mesmo que não tenha sido paga. No Brasil, as NFSP e a DLSP são apuradas pelo critério de competência com o objetivo de evitar grandes flutuações nos indicadores (REZENDE, 2001).

(Cespe-UnB/Analista Pericial – Área de Atividade: Economia/Ministério Público da União/2013) – Julgue o item a seguir como verdadeiro ou falso.

As necessidades de financiamento do setor público não financeiro (NFSP) apuram o resultado pelo regime de caixa, de maneira que as despesas públicas, com exceção dos juros, são computadas como déficit no momento em que são pagas, e as receitas não são consideradas quando ocorre o fato gerador, mas no momento do recebimento dessas.

Solução:

Verdadeiro. Note que o conceito de NFSP não financeiro citado no comando da questão está diretamente relacionado ao conceito "acima da linha" de cálculo do déficit público.

A partir do primeiro critério, "acima da linha", obtêm-se os seguintes conceitos de déficit público:

a)   **Déficit Primário (D_p):**

Déficit Primário = Despesas Correntes não-financeiras – Receitas Correntes não-financeiras

O conceito de déficit primário mostra, efetivamente, a condução da política fiscal do governo. Esse conceito não considera os gastos e ganhos advindos de operações financeiras. Em outras palavras, o déficit primário não inclui entre as despesas do governo os juros da dívida pública. Nesse conceito de déficit, estão incluídos apenas a arrecadação tributária e os gastos correntes e de investimento, e exclui do cálculo o pagamento dos juros e das amortizações da dívida pública, entre outras despesas e receitas financeiras.

(Cespe-UnB/Consultor de Orçamento e Fiscalização Financeira/Câmara dos Deputados/2014) – Julgue o item a seguir como verdadeiro ou falso.

O resultado primário é um conceito de déficit público que visa medir o esforço fiscal feito pelo governo dentro de um dado intervalo de tempo, incluindo no cálculo o efeito de déficits ou superávits passados sobre o esforço fiscal feito no período sob análise.

Solução:

Falso. O resultado primário, que corresponde ao resultado nominal excluída a parcela referente aos juros nominais incidentes sobre a dívida líquida, indica, efetivamente, o esforço fiscal do setor público sem os efeitos dos déficits incorridos no passado.

(Cespe-UnB/Atividades de Complexidade Intelectual – Especialidade: Economia/Ministério das Comunicações/2013) – Julgue o item a seguir como verdadeiro ou falso.

O resultado primário exclui a incidência de juros sobre a dívida pública.

Solução:

Verdadeiro. No conceito de resultado primário, estão incluídos apenas a arrecadação tributária e os gastos correntes e de investimento, e exclui do cálculo o pagamento dos juros e das amortizações da dívida pública, entre outras despesas e receitas financeiras.

b) Déficit Nominal (D_N):

> Déficit Nominal = Déficit Primário + Juros Nominais do Estoque da Dívida Pública
> Déficit Nominal = Déficit Primário + Juros das dívidas interna e externa + correção monetária sobre as dívidas interna e externa

O déficit nominal inclui todas as receitas e despesas, inclusive a correção monetária e cambial do estoque da dívida pública. Por essa razão, o déficit nominal é um conceito muito afetado pela inflação.

(FGV Projetos/Economista/Companhia Pernambucana de Saneamento - COMPESA/2014) - Assinale a opção que completa o fragmento a seguir.

Se um governo alcançar um superávit primário, então _____

a) o seu resultado operacional será deficitário, se os juros reais da dívida forem negativos.

b) o seu resultado nominal será superavitário, apenas quando os juros nominais da dívida não compensarem o resultado primário.

c) o seu resultado operacional será superavitário, se a atualização monetária da dívida for negativa.

d) o seu resultado nominal será deficitário, se os juros reais forem positivos e a atualização monetária negativa.

e) o seu resultado operacional será deficitário, apenas quando os juros reais forem nulos.

Solução:

A resposta é a letra "b". Sabemos que o resultado primário pode ser calculado a partir do resultado nominal subtraindo-se deste último os juros nominais que incidem sobre a dívida pública. Por exemplo: Déficit primário = déficit nominal – juros nominais do estoque da dívida pública. *Ceteris paribus*, um aumento dos juros pagos pelos títulos do governo aumenta o déficit nominal, mas não o déficit primário.

c)   **Déficit Operacional (D_o):**

> Déficit Operacional = Déficit Nominal – Correção Monetária e Cambial do Estoque da Dívida Pública
> Déficit Operacional = Déficit Primário + Pagamento de Juros Reais
> Déficit Operacional = Déficit Público Real + Imposto Inflacionário

Esta medida exclui do cálculo do pagamento dos juros nominais da dívida pública os efeitos da correção monetária. Foi utilizado no Brasil nos períodos de inflação elevada para se ter uma medida real do déficit público.

O déficit operacional não leva em consideração a correção monetária sobre as dívidas interna e externa. Ele consiste no deflacionamento de todas as variáveis orçamentárias e no cálculo dos juros com base numa taxa real (descontado o efeito da inflação).

A outra definição mostra que o déficit operacional será menor que o déficit primário se, ao longo do tempo, a taxa de juros real que incide sobre a dívida pública for negativa. O déficit operacional e o déficit nominal seriam idênticos, caso não houvesse inflação, isto é, a inflação fosse igual a zero.

(FGV Projetos/Economista/Defensoria Pública do Estado do Rio de Janeiro/2014) – Se o resultado primário de um governo for positivo e o resultado operacional for negativo, então necessariamente

a) a receita é maior do que a soma das despesas financeiras e não financeiras.

b) os juros reais são maiores do que o resultado operacional.

c) o componente de atualização monetária da dívida é maior do que o resultado primário.

d) a receita não monetária é maior do que a despesa não financeira.

e) o resultado nominal é superavitário.

Solução:

A resposta é a letra "b". Se o resultado primário de um governo for positivo e o resultado operacional for negativo, então necessariamente os juros reais são maiores do que o resultado operacional, pois: Déficit Operacional = Déficit Primário + Pagamento de Juros Reais.

(**Fundação Carlos Chagas/Agente Técnico – Economista/Ministério Público do Estado do Amazonas/2013) - De acordo com a notícia publicada pelo Portal INFOMONEY em 13/04/2012 e consultada em 16/06/2013**

(http://www.infomoney.com.br/mercados/economia/noticia/2402421/meta-superavit-primario-
-para-ano-que-vem-155-milhoes), **a meta de superávit nas contas governamentais, visando ao objetivo de pagar os juros da dívida pública, foi estabelecida em 3,1% do PIB para 2013 pela Lei de Diretrizes Orçamentárias. O conceito de superávit das contas públicas adotado pelo governo brasileiro na fixação de sua meta é o**

a) Nominal, pois este já inclui os gastos com juros e correção monetária e cambial da dívida pública.

b) Primário, pois este não inclui apenas os juros da dívida pública.

c) Operacional, pois este não inclui nem juros, nem correção monetária e cambial da dívida pública.

d) Primário, pois este é apurado antes do cômputo de gastos com juros e correção monetária e cambial da dívida pública.

e) Nominal, pois este é apurado antes do cômputo de gastos com juros e correção monetária e cambial da dívida pública.

Solução:

A resposta é a letra "d". O conceito de superávit adotado pelo governo brasileiro na fixação de sua meta é o superávit primário, o qual é apurado antes do cômputo de gastos com juros e correção monetária e cambial da dívida pública.

d) **Déficit Público de Pleno Emprego:** é dado pela diferença entre gastos e receitas estimados sob a hipótese de que a economia esteja em pleno emprego (Rezende, 2001).

e) **Déficit público real**: Dg^{real} = aumento real da base monetária + aumento real da dívida líquida do governo

De acordo com Simonsen e Cysne (1995), *"os juros da dívida do Governo recebidos pelo público afetam a demanda agregada quando alteram a renda disponível do setor privado e, consequentemente, os níveis de consumo privado. Assim, se o argumento relevante para a função consumo for a renda pessoal disponível real (Y – RLEr – RLGr – RDEr), o que ocorreria no caso de os agentes econômicos não apresentarem ilusão monetária, o déficit real do Governo seria a conta realmente para fins de acompanhamento. Se, por outro lado, os agentes econômicos confundirem rendimentos nominais com rendimento reais, elevando o seu consumo sempre que receberam rendimentos relativos à correção monetária de títulos da dívida pública em seu poder, então o simples acompanhamento do déficit real não seria adequado. Isto porque, para um mesmo déficit real, a demanda agregada poderia estar aumentando devido ao aumento de consumo oriundo da correção monetária recebida pelo público"*.

Note, também, a seguinte relação entre Juro Real (J_r), Juro Nominal (J_n) e Correção Monetária (CM):

$$J_r = J_n - CM \rightarrow CM = J_n - J_r$$

Considere, agora, o déficit nominal (Do), déficit primário (Dp) e o déficit nominal (Dn). Assim, teremos:

$$D_o = D_n - (J_n - J_r) \to D_o = D_n - J_n + J_r \to D_o = (D_p + J_n) - J_n + J_r \to D_o = D_p + J_n - J_n + J_r \to D_o = D_p + J_r$$

Isto é, o déficit operacional é igual ao déficit primário acrescido dos juros reais pagos sobre as dívidas interna e externa do governo.

Pelo critério "abaixo da linha", os principais conceitos apurados pelo Banco Central são (Rezende, 2001; Giambiagi e Além, 2000):

(f) Necessidade de Financiamento do Setor Público, Conceito Primário. São consideradas apenas as receitas genuínas. Por outro lado, não são considerados os juros nominais da dívida líquida. Em outras palavras, exclui das necessidades de financiamento nominais, o pagamento de juros nominais que incide sobre DFL. Equivale ao déficit **primário** apurado pelo critério "acima da linha".

$NFSP_{cp}$ = (despesas correntes não-financeiras da União, Estados, Municípios, Distrito Federal e Empresas Estatais) – (Receitas Correntes não-financeiras da União, Estados, Municípios, Distrito Federal e Empresas Estatais)
$NFSP_{cp} = NFSP_{co}$ – receitas e despesas financeiras
Déficit Primário = $NFSP_{cp} = \Delta DFL$ – juros sobre Dívida Interna e Externa – atualização monetária das Dívidas Interna e Externa.

Fonte: Giambiagi e Além (2001)

(CESPE-UnB/Consultor do Senado Federal - Política Econômica/2002) – Com referência às finanças públicas no Brasil, julgue o item que se segue.

No setor público, as necessidades de financiamento no conceito primário excluem a correção monetária, mas incluem o pagamento de juros que incidem sobre a sua dívida líquida.

Solução:

Falso. As necessidades de financiamento no conceito primário excluem o pagamento de juros que incidem sobre a sua dívida líquida.

g) Necessidade de Financiamento do Setor Público, Conceito Nominal. Corresponde ao conceito de déficit nominal apurado pelo critério "acima da linha". Refere-se à variação da DFL entre os dois períodos. Engloba qualquer demanda de recursos pelo setor público, inclusive para fazer frente a despesas financeiras – pagamento de juros sobre a dívida pública.

$NFSP_{cn} = NFSP_{cp}$ + (juros nominais do estoque da dívida da União, Estados, Distrito Federal, Municípios e Empresas Estatais)
$NFSP_{cn} = G - T + iB$

Fonte: Giambiagi e Além (2001)

Onde, G = Total dos gastos públicos não-financeiros; T = Total da arrecadação não-financeira do governo; G – T = Déficit Primário; B = Estoque da Dívida Pública (Estoque de Títulos Públicos); i = Taxas de juros nominal (taxa de juros real mais correção monetária ou cambial). Observe que, quanto maiores forem as taxas de juros nominais dos títulos públicos, maior deverá ser a $NFSP_{cn}$.

Os recursos que o Governo utiliza para cobrir esse déficit são o aumento da base monetária (ΔBM), o aumento da dívida interna (Δdi) e o aumento da dívida externa (Δde). A Soma ΔBM + Δdi + Δde também é conhecida $\Delta DLSP$ (aumento da dívida líquida do setor público).

$$NFSP_{cn} = \Delta BM + \Delta di + \Delta de$$

Fonte: Giambiagi e Além (2001)

(Cespe-UnB/Analista Pericial – Área de Atividade: Economia/Ministério Público da União/2013) – Julgue o item a seguir como verdadeiro ou falso.

O resultado primário corresponde ao resultado nominal menos os juros nominais apropriados por competência, incidentes sobre a dívida. O resultado primário permite avaliar a consistência entre as metas de política macroeconômicas e a sustentabilidade da dívida, ou seja, da capacidade do governo de honrar com seus compromissos.

Solução:

Verdadeiro, conforme conceito estudado acima.

(CESPE-UnB/Consultor do Senado Federal - Política Econômica/2002) - Com referência às finanças públicas no Brasil, julgue o item que se segue.

As necessidades de financiamento do setor público no conceito nominal são definidas pela variação de sua dívida líquida.

Solução:

Falso. As NFSP no conceito nominal correspondem à variação da Dívida Fiscal Líquida (DFL), isto é, DFL = DLSP – ajustes patrimoniais, em que DLSP é a Dívida Líquida do Setor Público. Portanto, a DFL é a Dívida Líquida do Setor Público com ajustes patrimonial e metodológico, de forma que sua variação seja igual ao Déficit Nominal do Setor Público consolidado. E, de acordo com o "Manual de Estatísticas Fiscais publicadas pelo Departamento Econômico do Banco Central do Brasil"[9], as Necessidades de Financiamento no conceito nominal correspondem à variação nominal dos saldos da dívida líquida, deduzidos os ajustes patrimoniais efetuados no período (privatizações e reconhecimento de dívidas). Exclui, ainda, o impacto da variação cambial sobre a dívida externa. Abrange o componente de atualização monetária da dívida, os juros reais e o resultado fiscal primário

h)   **Necessidade de Financiamento do Setor Público, Conceito Operacional.** Nesse conceito, deduzem-se as correções monetária e cambial pagas sobre a dívida. Também conhecida como **déficit operacional do setor público.** Exclui das necessidades de financiamento nominais a

---

9   Disponível em: <<http://www.bcb.gov.br/ftp/infecon/Estatisticasfiscais.pdf>> Acesso em 17 Julho 2015.

correção monetária (efeito inflacionário) que incide sobre a DFL. Seu correspondente pelo critério "acima da linha" é o déficit operacional.

$$NFSP_{co} = NFSP_{cp} + \text{(Juros reais pagos sobre as dívidas públicas interna e externa)}$$
$$NFSP_{co} = (G - T) + rB$$

Sendo que, $G - T = NFSP_{cp}$; r = taxa real de juros (exclui a correção monetária); B = estoque da dívida pública

---

(FGV Projetos/Economista/Assembleia Legislativa do Estado do Mato Grosso/2013) - Para se obter a necessidade operacional de financiamento do setor público,

a) deve-se somar a correção monetária sobre a dívida pública do resultado nominal.

b) deve se, a partir do resultado nominal, deduzir a despesa com juros reais.

c) deve-se, apenas, calcular a receita de juros obtida a partir da aplicação das reservas internacionais.

d) soma-se o valor dos juros reais incidentes sobre a dívida pública, a partir do resultado primário.

e) deve-se somar o resultado nominal e primário da dívida pública.

Solução:

A resposta é a letra "d" pois, conforme visto anteriormente, a NFSP operacional é igual à NFSP primária acrescida dos juros reais pagos sobre as dívidas interna e externa do governo.

Se considerarmos que uma parcela da dívida pública é adquirida pelo Banco Central, então:

$$NFSP_{co} = G - T + iB = dB + dM$$

Onde, dB = variação da dívida pública nas mãos do setor privado; dM = variação no estoque de moeda (emissão monetária)

$$NFSP_{co} = NFSP_{cn} - \text{(Correção Monetária e cambial do estoque da dívida da União, Estados, Municípios, Distrito Federal e Empresas Estatais)}$$

(FGV Projetos/Economista/Assembleia Legislativa do Estado de Mato Grosso/2013) – Considerando o conceito de déficit público *"acima da linha"* (NFSP), assinale V para a afirmativa verdadeira e F para a falsa.

( ) A variação da dívida líquida das empresas estatais deve ser considerada no cálculo da NFSP.

( ) As privatizações entram de forma aditiva na fórmula da NFSP.

( ) A NFSP nominal reflete o resultado primário do governo.

As afirmativas são, respectivamente,

a) F, V e F.

b) F, F e F.

c) V, V e F.

d) V, F e V.

e) V, F e F.

Solução:

A resposta é a letra "c". A Necessidade de Financiamento do Setor Público, conceito nominal, corresponde ao conceito de déficit nominal apurado pelo critério "acima da linha". Refere-se à variação da DFL entre os dois períodos. Engloba qualquer demanda de recursos pelo setor público, inclusive para fazer frente a despesas financeiras – pagamento de juros sobre a dívida pública.

(NEC/Economista/Universidade Federal do Maranhão/2012) – Segundo *O Estado de São Paulo*, em 09/05/2012: Os dados do primeiro trimestre mostram que o déficit nominal do governo central (governo federal, INSS e Banco Central) somou R$ 17,196 bilhões, com um montante de juros nominais de R$ 50,203 bilhões, o que reduz o superávit primário do governo central a R$ 33,006 bilhões. Sem os juros, haveria um superávit de R$ 33 bilhões nas contas do governo central, resultado que colocaria o Brasil entre os países com melhor resultado fiscal. Sobre esta questão, podemos afirmar que:

a) Para medir a saúde financeira do setor público e a trajetória da dívida, o déficit primário é um bom indicador, pois mostra se o governo está gerando um caixa razoavelmente bom. Já o superávit nominal dá uma visão menos precisa porque não engloba tudo, pois não coloca despesa com juros também.

b) O resultado nominal do governo equivale à arrecadação de impostos menos os gastos, incluindo os juros da dívida. É a medida mais completa, já que o número representa a total necessidade de financiamento do setor público. Ao apresentar um déficit nominal, o governo terá que se financiar com a colocação de títulos públicos. Já o superávit primário, representa a arrecadação menos os gastos excluindo o cálculo com os juros da dívida.

c) O déficit operacional, que corresponde à soma do déficit primário com o pagamento dos juros reais (taxa cobrada sobre um empréstimo ou financiamento sem considerar a correção monetária) e a amortização da dívida pública (apresenta-se com valor superior ao nominal, pois dele não está excluída a parte correspondente à inflação).

d) O déficit do governo pode ser financiado apenas pela venda de títulos da dívida pública ao setor privado (interno e externo).

e) O aumento do superávit primário não tem relação com a confiança que o mercado internacional tem no país, pois isso não significa que o país está dando garantias de que vai manter o pagamento de juros e encargos da dívida.

Solução:

A resposta é a letra "b", conforme os conceitos de resultado nominal e resultado primário estudado anteriormente.

i) **Dívida Líquida do Setor Público (DLSP):** É dada pela soma das dívidas interna e externa do setor público (governo central, Estados e municípios e empresas estatais) junto ao setor privado, incluindo a base monetária e excluindo-se ativos do setor público, tais como reservas internacionais, créditos com o setor privado e os valores das privatizações.

$$\Delta DLSP = NFSP - \text{Privatizações} + \text{Outros Ajustes Patrimoniais}$$

Fonte: Giambiagi e Além (2001)

(j)   **Ajuste patrimonial:** Item da DLSP que contabiliza a diferença entre os passivos do governo, contraídos no passado e posteriormente reconhecidos ("esqueletos[10]"), e os resultados da privatização. Trata-se do resultado da diferença entre, de um lado, ajustes como o reconhecimento de dívidas do setor público geradas no passado e que já tinham produzido impacto macroeconômico ao serem reconhecidas; e, de outro, os efeitos do processo de privatização: receitas de venda e transferência de dívidas para o setor privado, que diminuem a dívida pública.

(k)   **Dívida Fiscal Líquida (DFL):** É dada pela diferença entre a DLSP e o ajuste patrimonial.

$$\Delta DFL = \Delta DLSP + \text{Privatizações} - \text{Esqueletos}$$

Fonte: Giambiagi e Além (2001)

8.3. Ótica Financeira (Método dos Fluxos da Dívida)

O financiamento do Déficit Público pode ocorrer da seguinte forma:

(1)   Aumento da base monetária (emissão de moeda/papel-moeda emitido): ($\uparrow\Delta B$). O financiamento dos gastos do governo pela criação de base monetária provoca, no longo prazo, aumento da inflação.

    a.   Expansão da Base monetária (ΔB) = $\uparrow$créditos líquidos do Bacen com o setor privado (Δd) + $\uparrow$créditos líquidos com o exterior (Δe) + $\uparrow$créditos líquidos com o governo(Δc)

(2)   Aumento do Estoque da Dívida Líquida do governo (emissão de títulos) (excluídos os créditos líquidos do Banco Central, com o setor privado e o setor externo): ($\uparrow\Delta di$).

    a.   Venda de títulos ao setor privado

    b.   Venda de títulos ao Banco Central

    c.   Dívida Líquida do Governo = dívida com o setor privado + dívida com o setor externo – crédito do Bacen com o setor privado – crédito do Bacen com o exterior

(3)   Imposto Inflacionário (II).

(4)   Tributação e outras receitas correntes do governo;

(5)   Senhoriagem (não necessariamente causa inflação);

(6)   Aumento das operações ativas do Banco Central;

$$\uparrow\Delta BM = \uparrow\Delta OA_{bacen} - \downarrow\Delta PNM_{bacen}$$

    (7) Diminuição do passivo não-monetário do Banco Central

$$\uparrow\Delta BM = \uparrow\Delta OA_{bacen} - \downarrow\Delta PNM_{BACEN}$$

(8)   Via crédito interno líquido (CIL): $\uparrow BM = \uparrow CIL + RI$

(9)   Via reservas internacionais (RI): $\uparrow BM = CIL + \uparrow RI$

---

[10] Os "esqueletos" são o resultado de mensurações errôneas do déficit público em épocas anteriores (GIAMBIAGI e ALÉM, 2000).

Financiamento do Déficit: Dg = ↑dívida com o setor privado (Δa) + ↑dívida com o setor externo (Δb) + ↑dívida com o Bacen (Δc)

Em resumo, o déficit público pode ser financiado por meio de:

a) Tributação e outras receitas correntes do Governo (T)

b) Aumento da base monetária (ΔB)

c) Aumento das Dívidas Interna e Externa (ΔDi)

Assim,

$$D_g = GG + Jg + CMg = T + \Delta B + \Delta Di$$
$$(GG - T) + Jg + CMg = \Delta B + \Delta Di$$

Fonte: Giambiagi e Alem (2001)

Onde: GG = Gastos em Geral [Despesas Correntes (exceto juros e correção da dívida) + Despesas de Capital]; Jg = Juros sobre a Dívida Interna e Externa; CMg = Correção Monetária sobre Dívidas Interna e Externa

9. RELAÇÃO DÍVIDA/PIB

Nessa seção, estudaremos os principais conceitos relacionados à dívida pública, que é um tema relevante ao atual debate acadêmico, com importantes implicações de política econômica. O debate sobre a sustentabilidade da dívida pública ganha ainda mais notoriedade em decorrência da crise fiscal nos países da Europa Ocidental e, em particular, no Brasil, em que a relação dívida/PIB é bastante elevada.

9.1. Revisando a Restrição Orçamentária do Governo

Considere a seguinte definição de déficit público, em termos reais:

$$D_g = rDIV_{t-1} + (G_t - T_t) \Rightarrow D_g = (i - \pi)DIV_{t-1} + (G_t - T_t)$$

em que DIV_{t-1} é a dívida do governo no final do ano $t - 1$ (ou no início do ano t); r é a taxa real de juros; $rDIV_{t-1}$ são os pagamentos de juros reais sobre a dívida existente do governo; G_t são os gastos governamentais com bens e serviços no período t; T_t são os impostos menos as transferências governamentais no período t; $(G_t - T_t)$ é o déficit primário; i é a taxa de juros nominal e π é a taxa de inflação. Logo, o déficit público é igual aos gastos governamentais, incluindo pagamento de juros, menos os impostos líquidos de transferências.

A restrição orçamentária do governo afirma que a variação da dívida pública durante o ano t é igual ao déficit do ano t:

$$D_g = DIV_t - DIV_{t-1}$$

Em outras palavras, se o governo tiver déficit, a dívida pública aumentará, ao passo que se o governo tiver superávit, a dívida pública diminuirá. Combinando as duas equações anteriores, temos que a restrição orçamentária do governo relaciona a variação da dívida ao nível inicial de endividamento (que afeta os pagamentos de juros), aos gastos públicos e impostos:

$$DIV_t - DIV_{t-1} = rDIV_{t-1} + (G_t - T_t)$$

Em que o termo do lado esquerdo representa a variação da dívida, ao passo que o primeiro termo do lado direito da igualdade representa o pagamento de juros, e o segundo termo representa o déficit primário. Reorganizando a expressão acima, teremos que a dívida no final do ano t é igual a $(1 + r)$ vezes a dívida no final do ano $t - 1$, mais o déficit primário:

$$DIV_t = DIV_{t-1} + rDIV_{t-1} + G_t - T \Rightarrow DIV_t = (1 + r)DIV_{t-1} + (G_t - T_t)$$

9.2. Impostos Correntes *Versus* Impostos Futuros

Suponha que no ano zero $(t = 0)$ o governo teve orçamento equilibrado, de modo que a dívida é igual a zero. No ano 1, o governo diminui os impostos em 1 por ano, de modo que ao final do ano 1, DIV_t, é igual a 1. Suponha, agora, que o governo decida pagar toda a dívida no ano 2. A partir da última equação, a restrição orçamentária do governo no ano 2 é dada por:

$$DIV_2 = (1 + r)DIV_1 + G_2 - T_2$$

Se a dívida for toda paga no ano 2, a dívida no final do ano 2 será igual a zero: $DIV_2 = 0$. A substituição de DIV_1 por 1 e DIV_2 por 0 na equação anterior proporciona:

$$0 = (1 + r)1 + G_2 - T_2 \Rightarrow T_2 - G_2 = (1 + r)$$

Essa última expressão demonstra que, para pagar toda a dívida no ano 2, o governo terá de ter um superávit primário de $(1 + r)$ unidades monetárias, por exemplo. Há duas maneiras para se fazer isso: por meio de uma diminuição dos gastos ou por meio de um aumento nos impostos.

Suponha agora que o governo espere até o ano t para aumentar os impostos e pagar a dívida. Assim, até o ano t, o déficit primário é igual a zero. No ano 2, o déficit primário é igual a zero, de modo que a dívida no final do ano 2 é igual a:

$$DIV_2 = (1 + r)DIV_1 + 0 \Rightarrow DIV_2 = (1 + r) \therefore DIV_1 = 1$$

No ano 2, com o déficit primário ainda igual a zero, a dívida no final do ano é dada por:

$$DIV_3 = (1 + r)DIV_2 + 0 \Rightarrow DIV_3 = (1 + r)\times(1 + r) \Rightarrow DIV_3 = (1 + r)^2 ...$$

E assim por diante, nota-se que enquanto o governo mantiver o déficit primário igual a zero, a dívida crescerá a uma taxa igual à taxa de juros e, portanto, a dívida no final do período $t - 1$ será dada por:

$$DIV_{t-1} = (1 + r)^{t-2}$$

Apesar de os impostos só foram reduzidos no ano 1, a dívida aumenta de maneira constante ao longo do tempo a uma taxa igual à taxa de juros. Embora o déficit primário seja igual a zero, a dívida agora é positiva e o mesmo ocorre com os pagamentos de juros sobre a dívida. A cada ano, o governo pode emitir mais dívida para pagar juros sobre a dívida existente.

No ano t, quando o governo decide saldar a dívida, a restrição orçamentária é dada por:

$$DIV_t = (1 + r)DIV_{t-1} + (G_t - T_t)$$

Se a dívida for toda paga no ano t, então $DIV_t = 0$. A substituição de DIV_t por zero e considerando $DIV_{t-1} = (1 + r)^{t-2}$ proporciona:

$$0 = (1 + r) \times (1 + r)^{t-2} + (G_t - T_t) \Rightarrow T_t - G_t = (1 + r)^{t-2+1} \Rightarrow T_t - G_t = (1 + r)^{t-1}$$

O resultado acima mostra que, para saldar a dívida, o governo terá de ter um superávit primário de $(1 + r)^{t-1}$ no ano t. Se o ajuste for feito por meio de impostos, a diminuição inicial de impostos em 1 no ano 1 leva a um aumento dos impostos de $(1 + r)^{t-1}$ durante o ano t: $\downarrow T_1 \ por \ 1 \Rightarrow \uparrow T_1 \ por \left(1 + r\right)^{t-1}$.

Em resumo, se o gasto permanecer inalterado, a diminuição dos impostos terá de ser compensada pelo aumento dos impostos no futuro. Isto é, quanto mais o governo demorar para aumentar os impostos ou quanto mais alta for a taxa de juros, maior será o aumento final dos impostos.

9.3. Superávit Primário e Dívida Pública

Suponha que o governo decida estabilizar a dívida pública (isto é, mantê-la constante) a partir do ano 2. A restrição orçamentária governamental no ano 2 é dada por:

$$DIV_2 = (1 + r)DIV_1 + (G_2 - T_2)$$

Sob a hipótese $DIV_2 = DIV_1 = 1$, a equação acima se torna:

$$1 = (1 + r) \times 1 + (G_2 - T_2) \Rightarrow T_2 - G_2 = (1 + r) - 1 \Rightarrow T_2 - G_2 = r$$

O resultado acima mostra que, para evitar que a dívida aumenta ainda mais no ano 2, o governo terá de ter um superávit primário igual ao pagamento de juros reais sobre a dívida existente. De maneira geral, no caso de o governo esperar t anos para estabilizar a dívida, ele terá de ter um superávit primário suficiente para pagar juros sobre a dívida. Consequentemente, déficits passados resultam em dívida mais alta e, para estabilizar a dívida, o governo tem de eliminar o déficit. Mas para fazer isso, o governo deverá gerar um superávit primário igual ao pagamento de juros sobre a dívida.

9.4. Evolução da Relação Dívida/PIB

Dividindo a equação da restrição orçamentária do governo pelo produto real da economia (Y_t), bem como multiplicando o primeiro termo do lado direito por (Y_{t-1}/Y_{t-1}) teremos:

$$\left(\frac{DIV_t}{Y_t}\right) = \left\{(1+r) \times \left(\frac{DIV_{t-1}}{Y_t}\right) \times \left(\frac{Y_{t-1}}{Y_{t-1}}\right)\right\} + \frac{(G_t - T_t)}{Y_t} \Rightarrow \left(\frac{DIV_t}{Y_t}\right)$$

$$= \left\{(1+r) \times \left(\frac{DIV_{t-1}}{Y_{t-1}}\right) \times \left(\frac{Y_{t-1}}{Y_t}\right)\right\} + \frac{(G_t - T_t)}{Y_t}$$

Seja a taxa de crescimento do produto dada por g, de modo que:

$$g = \left(\frac{Y_t - Y_{t-1}}{Y_{t-1}}\right) \Rightarrow g = \left(\frac{Y_t}{Y_{t-1}} \times \frac{Y_{t-1}}{Y_{t-1}}\right) \Rightarrow g = \frac{Y_t}{Y_{t-1}} - 1 \Rightarrow g + 1 = \frac{Y_t}{Y_{t-1}} \Rightarrow \frac{1}{1+g} = \frac{Y_{t-1}}{Y_t}$$

Considere também a seguinte expressão: $(1 + r)/(1 + g) = (1 + r - g)$. Assim, a equação poderá ser escrita como:

$$\left(\frac{DIV_t}{Y_t}\right) = \left\{ (1+r) \times \left(\frac{DIV_{t-1}}{Y_{t-1}}\right) \times \underbrace{\left(\frac{Y_{t-1}}{Y_t}\right)}_{=\frac{1}{1+g}} \right\} + \frac{(G_t - T_t)}{Y_t} \Rightarrow \left(\frac{DIV_t}{Y_t}\right)$$

$$= \left\{ \underbrace{\frac{(1+r)}{(1+g)}}_{=(1+r-g)} \times \left(\frac{DIV_{t-1}}{Y_{t-1}}\right) \right\} + \frac{(G_t - T_t)}{Y_t} \Rightarrow \left(\frac{DIV_t}{Y_t}\right)$$

$$= \left\{ (1+r-g) \times \left(\frac{DIV_{t-1}}{Y_{t-1}}\right) \right\} + \frac{(G_t - T_t)}{Y_t} \Rightarrow \left(\frac{DIV_t}{Y_t}\right)$$

$$= \left(\frac{DIV_{t-1}}{Y_{t-1}}\right) + \left\{ (r-g) \times \left(\frac{DIV_{t-1}}{Y_{t-1}}\right) \right\} + \frac{(G_t - T_t)}{Y_t} \Rightarrow \left(\frac{DIV_t}{Y_t}\right) - \left(\frac{DIV_{t-1}}{Y_{t-1}}\right)$$

$$= \left\{ (r-g) \times \left(\frac{DIV_{t-1}}{Y_{t-1}}\right) \right\} + \frac{(G_t - T_t)}{Y_t}$$

A expressão final mostra que a variação do coeficiente da dívida é igual à soma de dois termos. O primeiro termo é a diferença entre a taxa real de juros e a taxa de crescimento do produto vezes o coeficiente inicial da dívida. O segundo termo é a razão entre o déficit primário e o produto real da economia. Se as duas variáveis (dívida e produto real) crescem às taxas r e g, então a razão dívida/PIB crescerá à taxa $(r - g)$.

O aumento da razão dívida/PIB será maior:

(i)   quanto maior for a taxa real de juros incidente sobre a dívida pública (r);

(ii)   quanto menor for a taxa de crescimento do produto (g);

(iii)   quanto maior for a razão dívida/PIB inicial;

(iv)   quanto maior for a razão déficit primário/PIB

Para estabilizar a relação dívida/PIB, $(DIV_t/Y_t) = (DIV_{t-1}/Y_{t-1})$ e, portanto, teremos que:

$$0 = \left\{ (r-g) \times \left(\frac{DIV_{t-1}}{Y_{t-1}} \right) \right\} + \frac{(G_t - T_t)}{Y_t} \Rightarrow 0 = \left\{ (r-g) \times \left(\frac{DIV_{t-1}}{Y_{t-1}} \right) \right\} - \frac{(T_t - G_t)}{Y_t}$$

$$\Rightarrow \frac{(T_t - G_t)}{Y_t} = (r-g) \times \left(\frac{DIV_{t-1}}{Y_{t-1}} \right)$$

A equação acima mostra que a relação superávit primário/PIB iguala a diferença entre a taxa real de juros e a taxa de crescimento do produto, vezes a relação dívida/PIB.

(CESPE-UnB/Agente de Política Federal/Ministério da Justiça/2004) – Julgue o item a seguir, como verdadeiro ou falso.

Quando a taxa de crescimento da economia e o déficit primário aumentam, ocorre um aumento inequívoco da razão (dívida pública/PIB), a qual mensura a magnitude da dívida em relação ao tamanho da economia.

Solução:

Falso. Quando a taxa de crescimento da economia (g) aumenta, ocorre uma redução da razão dívida/PIB (e vice-versa):

$$\begin{cases} \uparrow g \Rightarrow \downarrow r \Rightarrow \downarrow (DIV/Y) \\ e \\ \downarrow g \Rightarrow \uparrow r \Rightarrow \uparrow (DIV/Y) \end{cases}$$

Um aumento do déficit primário é originado de um aumento do estoque da dívida, logo a razão dívida/PIB também aumenta.

(CESPE-UnB/Agente de Política Federal/Ministério da Justiça /2004) – Julgue o item a seguir, como verdadeiro ou falso.

Ceteris paribus, quanto maior for o crescimento da economia, mais fácil será manter constante a razão dívida/PIB e, portanto, menor será a necessidade de se gerar superávits primários para estabilizar a razão dívida/PIB.

Solução:

Verdadeiro. Quanto maior for a taxa de crescimento da economia (g), menor será a relação dívida/PIB: $\uparrow g \Rightarrow \downarrow (DIV/Y)$.

(CESPE-UnB/Analista Pericial – Área: Economia/Ministério Público da União/2013) – Julgue o item a seguir, como verdadeiro ou falso.

Se a taxa de juros incidente sobre a dívida é menor que a taxa de crescimento do PIB, e o governo possui superávit primário, então a autoridade fiscal pode continuamente pagar a dívida antiga emitindo novas dívidas, sem elevar a razão dívida/PIB.

Solução:

Verdadeiro. Quanto menor for a taxa de juros real incidente sobre a dívida pública ($\downarrow r$) e/ou quanto maior for a taxa de crescimento do produto ($\uparrow g$) e/ou quanto menor for a razão déficit primário/PIB, então a relação dívida/PIB será menor, de modo que a autoridade fiscal pode continuamente pagar a dívida antiga emitindo novas dívidas, sem elevar a razão dívida/PIB.

9.5. Relação Dívida/PIB: Visão Financeira

Segundo Giambiagi e Além (2001), pode-se definir também a dívida líquida do setor público (externa e interna) como D, então o valor de D no período t é:

$$D_t = D_{t-1} + J_t - SP_t - S_t$$

em que J é a despesa de juros nominais, SP é o valor do superávit primário, S é a coleta de senhoriagem e $(t - 1)$ expressa a defasagem de um período. A despesa de juros nominais é igual a:

$$J_t = D_{t-1} \times i$$

em que i é uma taxa nominal média ponderada, incidente sobre a dívida pública. Substituindo a despesa de juros na equação da dívida líquida do setor público, e dividindo D pelo PIB nominal, definido em função da taxa de crescimento do PIB real (q) e da taxa de inflação (π) – ambas, por hipótese, constantes, para qualquer período de tempo – conclui-se que a relação dívida pública/PIB (d), a cada período de tempo, é dada por:

$$d_t = d_{t-1} \times \left\{ \frac{(1+i)}{\left[(1+q)(1+\pi)\right]} \right\} - h - s$$

em que "h" representa a relação superávit primário/PIB; "s" representa a relação senhoriagem/PIB, ambas, também por hipótese, constantes; d_t = razão dívida/PIB no ano t; d_{t-1} = razão dívida/PIB no ano anterior ao ano t.

A equação permite entender por que adiar o ajustamento tende a torná-lo cada vez mais difícil, pois a postergação das medidas destinadas a obter esse ajuste implica a persistência de déficits, que por sua vez geram um aumento da dívida pública, que tende a realimentar através da conta de juros os déficits em períodos subsequentes, tornando o ajustamento requerido progressivamente maior.

A fórmula anterior também pode ser expressa da seguinte forma:

$$d_t = d_{t-1} \times \left\{ \frac{(1+i)}{\left[(1+q)(1+\pi)\right]} \right\} - h + C$$

Onde C = reconhecimento de passivos contingentes (esqueletos) em relação ao PIB.

Como mostra essa última equação, um aumento da razão dívida/PIB no tempo pode ser causado pelos seguintes fatores:

- Aumento da taxa de juros implícita paga sobre a dívida;

- Variação positiva da taxa de câmbio, que incide diretamente sobre o estoque da dívida atrelada à taxa de câmbio;

- Contração do PIB real;

- Deflação;

- Déficit primário em relação ao PIB;

- Reconhecimento de passivos contingentes, os chamados "esqueletos".

Capítulo 18

Paradigmas teóricos, modelagem dinâmica e abordagem DSGE

1. HISTÓRICO DA EVOLUÇÃO DOS PARADIGMAS TEÓRICOS MACROECONÔMICOS

Na década de 1930 Hicks e Hansen desenvolveram o modelo IS-LM como uma leitura crítica e analítica do livro "Teoria Geral do Emprego, do Juros e da Moeda" de Keynes. A IS-LM modelava o lado da demanda mas faltava fechar a análise pelo lado da oferta, o que só foi feito no final da década de 1950 após a publicação por Phillips da relação entre taxa crescimento dos preços e taxa de crescimento dos salários, tem-se então a entusiástica recepção por parte dos economistas keynesianos da Curva de Phillips. A incorporação de expectativas na curva de Phillips segue-se às primeiras críticas feitas ao modelo e a micro fundamentação da IS é uma consequência da Crítica de Lucas. Mostramos a seguir uma breve evolução desses arcabouços da análise macroeconômica.

1.1. O paradigma tradicional IS-LM-OA

É um arcabouço que mostra as interações entre a Demanda Agregada-DA (através da interconexão entre os mercados de produtos e o mercado monetário via taxa de juros) e a Oferta Agregada-OA (obtida a partir da curva de Phillips). Esse arcabouço é composto por 3 equações:

(i)   Curva IS que mostra uma relação inversa entre a renda (y) e a taxe de juros (r) no mercado do produto:

$$\ln y = a_0 - a_1 r, \quad a_1 > 0$$

(ii) Curva LM que mostra a relação direta entre a renda (y) e a taxa de juros (R) no mercado monetário:

$$\ln M - \ln P = b_0 + b_1 R - b_2 \ln y, \quad b_1, b_2 > 0$$

(iii) Curva de Phillips (que mostra a relação inversa entre taxa de inflação e desemprego) e/ou seu espelho que é a Curva de Oferta Agregada (que mostra a relação direta entre o nível de preço e a renda):

$$\ln y - \ln y^* = c_0 + c_1 \pi, \quad c_1 > 0$$

1.2. Modelo IS-LM dinâmico com expectativas racionais

A hipótese de expectativas racionais é incorporada ao modelo IS-LM como nos modelos de Sargent-Wallace ou no modelo de Blanchard. A curva de oferta agregada de Lucas substitui a curva de Phillips. De fato, a curva de Oferta Agregada de Lucas é a própria curva de Phillips com expectativa racional. Nesse arcabouço temos então 3 equações:

(i)　Curva IS que mostra uma relação inversa entre a renda (y) e a taxe de juros (r) no mercado do produto:

$$\ln y_t = a_0 - a_1 r_t, \quad a_1 > 0$$

(ii)　Curva LM que mostra a relação direta entre a renda (y) e a taxa de juros (R) no mercado monetário:

$$\ln M_t - \ln P_t = b_0 + b_1 R_t - b_2 \ln y_t, \quad b_1, b_2 > 0$$

(iii) Curva de Oferta de Lucas que mostra a relação direta entre o nível de preço (P) e a renda (y) e incorpora o preço esperado:

$$\ln y_t - \ln y_t^* = c_0 + c_1 (\ln P_t - E_{t-1} \ln P_t), \quad c_1 > 0$$

1.3 Modelo IS-LM – NCP com a Nova Curva de Phillips

Esse arcabouço fornece micro fundações baseadas na hipótese de expectativa racional individual para o relacionamento agregado do modelo IS-LM, e destaca o problema de otimização familiar e empresarial. E composto por 3 equações:

(i)　Curva IS micro fundamentada que mostra uma relação inversa entre a renda (y) e a taxe de juros (r) no mercado do produto:

$$\ln y_t = a_0 - a_1 r_t + E_t \ln y_{t+1}, \quad a_1 > 0$$

(ii)　Curva LM que mostra a relação direta entre a renda (y) e a taxa de juros (R) no mercado monetário:

$$\ln M_t - \ln P_t = b_0 + b_1 \ln y_t - b_2 R_t, \quad b_1, b_2 > 0$$

(iii) Nova Curva de Phillips (NCP) que mostra a relação direta entre a renda (y) e a inflação (π):

$$\ln y_t - \ln y_t^* = c_0 + c_1 (\pi_t - \beta \pi_t^e), \quad c_1, \beta > 0$$

1.4 Modelo IS- RM – NCP com a Nova Curva de Phillips (NCP) e Regra Monetária (RM)

Este arcabouço mantém a simplificação do modelo macroeconômico e cancela a curva LM que é substituída pela Regra de Taylor. E composto por 3 equações:

(i)   Curva IS micro fundamentada que mostra uma relação inversa entre a renda (y) e a taxe de juros (r) no mercado do produto:

$\ln y_t = a_0 - a_1 r_t + E_t \ln y_{t+1}, \quad a_1 > 0$

(ii) Regra de Taylor que mostra como a taxa de juros (R) reage ao desvio da inflação à meta e como reage ao hiato do produto:

$R_t = \mu_0 + \pi_t^e + \mu_1 (\pi_t - \neq) + \mu_2 (\ln y_t - \ln y_t^*), \quad \mu_1, \mu_2 > 0$

(iii) Nova Curva de Phillips (NCP) que mostra uma relação direta entre a renda (y) e a inflação (π):

$\ln y_t - \ln y_t^* = c_0 + c_1 (\pi_t - \beta \pi_t^e), \quad c_1, \beta > 0$

1.5 Modelo estático BMW de Bofinger, Mayer e Wollmershäuser.

Neste a Regra de Taylor é substituída por uma regra ótima de mimimização da Função Perda de Bem estar do Banco Central. É composto por 3 equações:

(i)   Curva IS que mostra uma relação inversa entre a renda (y) e a taxe de juros (r) no mercado do produto.

$$y = a - b.r + \varepsilon_1 \quad (IS)$$

Onde:

y é o hiato do produto: $y = (Y_t - \overline{Y_t})$

r é ataxa real de juros

ε_1 é um ruído branco: $\varepsilon_1 = N(0, \sigma_{\varepsilon_1}^2)$ a, b são parâmetros positivos: a > 0, b > 0

Em ausência de choque de oferta ($\varepsilon_1 = 0$) a taxa natural de juros é aquela associada ao pleno emprego ($Y_t = \overline{Y_t}$), ou seja que anula o hiato do produto $y = (Y_t - \overline{Y_t}) = 0$, logo fazendo $y = a - b.r$

$+ \varepsilon_1 = 0$ temos que a taxa natural de juros será dada por $r = \dfrac{a}{b}$

(ii) Nova Curva de Phillips (NCP) que mostra uma relação direta entre a renda (y) e a inflação (π).

$$\pi = \pi^e + d.y + \varepsilon_2 \quad (NCP)$$

Onde:

y é o hiato do produto: $y = (Y_t - \overline{Y_t})$

π é a taxa de inflação

π^e é a taxa de inflação esperada

ε_2 é um ruído branco: $\varepsilon_2 = N(0, \sigma_{\varepsilon_2}^2)$

Parâmetro positivo d (d > 0)

(iii) Função de Reação do Banco Central (FRBC) que minimiza uma Função de Perda de Bem-estar (L)

Considere o problema do Banco Central de minimizar a função quadrática de perda social (L) dada por $L = (\pi - \pi^*)^2 + \lambda.y^2$ onde π é a taxa de inflação, π^* é a meta de taxa de inflação fixada pelo banco central. As restrições do banco central são as equações da IS e da NCP. Temos então o seguinte problema de maximização:

$$\min_r L = (\pi - \pi^*)^2 + \lambda.y^2$$

Sujeito à: $y = a - b.r + \varepsilon_1$

$\pi = \pi^e + d.y + \varepsilon_2$

O Gráfico a seguir reporta a Nova Curva de Phillips, a qual relaciona positivamente a taxa de inflação (eixo vertical) com o nível do produto (eixo horizontal):

Gráfico – Nova Curva de Phillips

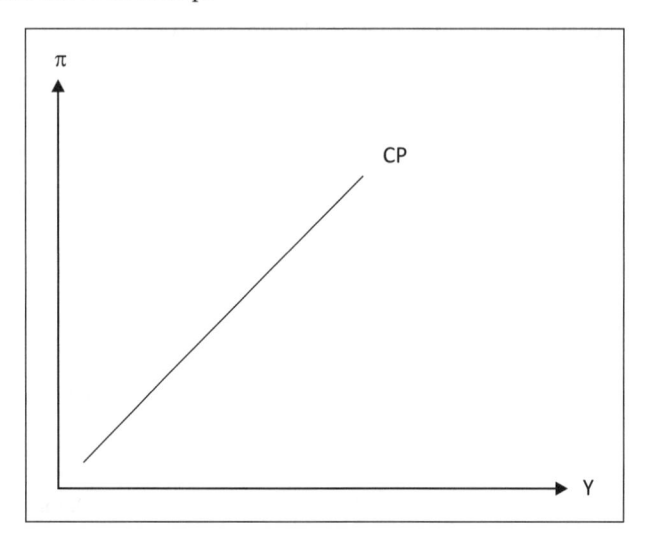

1.6 Modelo estático BMW estendido (Equilíbrio de Nash).

O modelo BMW permite uma discussão simples do jogo entre o banco central e o governo em um determinado período de economia. Assumimos que as autoridades fiscais são guiadas por uma função de perda. O foco do modelo BMW está na análise da interação estratégica entre o governo (política fiscal) e o Banco central (política monetária) frente a objetivos conflitantes. No modelo essa interação estratégica é modelada por meio de um equilíbrio de Nash. Em um nível formal, nos deparamos com dois agentes – o banco central e as autoridades fiscais. O governo escolhe algum nível de déficit público g. O banco central escolhe algum nível de taxa de juros r. Nós temos um equilíbrio de Nash se para cada jogador g^* é a melhor resposta à estratégia ótima do outro jogador r^*, e vice-versa , r^* é a melhor resposta dado g^*. Vamos denotar por L_{BC} a função perda do banco central e por L_G a função perda do governo, ou seja, para que o par (g^*, r^*) seja um Equilíbrio de Nash temos que ter que $L_{BC}(g^*, r^*) \leq L_{BC}(g^*, r)$ e $L_G(g^*, r^*) \leq L_G(g, r^*)$.

O modelo BMW estendido consiste em quatro blocos de construção:

(i) uma equação de demanda agregada.

(ii) uma equação de curva de Phillips, também chamada de equação de ajuste de inflação

(iii) a suposição de que, no curto prazo, o produto é determinado pela demanda.

(iv) duas funções de perda descrevendo a maneira pela qual a política monetária e fiscal é conduzida.

Explicitando o modelo:

(i) **A demanda agregada** (que é apresentada sob a forma do hiato do produto y) depende dos componentes da demanda: negativamente da taxa de juros real r e, adicionalmente, da política fiscal g. O instrumento da política fiscal g é definido como despesas menos receitas, ou seja, g é o déficit público. Portanto: se g é positivo (g > 0) a política fiscal é expansionista e se g é negativo (g < 0) a política fiscal é contracionista:

$$y = a - b.r + \kappa.g + \varepsilon_1$$

(ii) **O lado da oferta** da economia é modelado por uma curva de Phillips aumentada pela expectativa (ver Walsh 2002):

$$\pi = \pi_0 + d.y + \varepsilon_2$$

O modelo assume, para efeito de análise de curto prazo, que a oferta agregada é determinada pela demanda agregada e que não há restrições de capacidade:

$$y^S = y^D = y$$

(iii) A função de perda do governo é $L_G = \beta.y^2 + \varphi.g^2$ e a função perda do banco central é $L_{BC} = \gamma.(\pi - \pi^*)^2 + \lambda.y^2$

(iv) Função de reação do Banco Central

Como no Equilíbrio de Nash, cada agente otimiza suas ações desconsiderando as ações do outro agente, assim O Banco Central minimiza sua função de perda em relação à taxa de juros r considerando o outro instrumento g (déficit público) como constante. A função de reação do Banco central é obtida primeiro incluindo as restrições pelo lado da demanda e da oferta na função de perda do banco central e depois minimizando essa função perda através da derivada em relação à taxa de juros r:

$$\tilde{r} = \frac{a}{b} + \frac{\kappa}{b}.g + \frac{1}{b}.\varepsilon_1 + \frac{d.\gamma}{b.(d^2.\gamma + \lambda)}.\varepsilon_2$$

(v) Função de reação do Governo

O Governo minimiza sua função de perda em relação ao déficit público g considerando o outro instrumento r (taxa de juros) como constante. A função de reação do governo é obtida primeiro incluindo a restrição pelo lado da demanda na função de perda do governo e depois minimizando essa função perda através da derivada em relação ao gasto público g.

$$\tilde{g} = -\frac{\kappa.\beta.a}{\kappa^2.\beta + \varphi} + \frac{\kappa.\beta.b}{\kappa^2\beta + \varphi}.r - \frac{\kappa.\beta}{\kappa^2.\beta + \varphi}.\varepsilon_1$$

2. OFERTA E DEMANDA AGREGADA DINÂMICAS

Mostraremos a seguir o modelo dinâmico de demanda e oferta agregada apresentado por Mankiw. O modelo dinâmico de OA-DA é composto de 5 equações: (i) A demanda por bens e serviços; (ii) a equação de Fisher; (iii) a Nova Curva de Phillips; (iv) expectativas adaptativas e (v) regra de política monetária (regra de Taylor). Essas equações serão apresentadas a seguir.

2.1. A Curva IS dinâmica (caracterizando a demanda por bens e serviços)

$$Y_t = \overline{Y_t} - \alpha.(r_t - \rho) + \varepsilon_t$$

Onde:

Y_t é a produção total de bens e serviços.

$\overline{Y_t}$ é o produto de pleno emprego ou nível natural de produção.

r_t é a taxa real de juros.

ε_t é um choque de demanda aleatório , em geral um ruído branco isto é, possui média nula e variância constante. ε_t representa os deslocamentos exógenos na demanda (IS dinâmica) e também captura mudanças na política fiscal que afetam a demanda por bens e serviços (IS dinâmica). Note que choques de demanda positivos ($\varepsilon_t > 0$) tais como aumento dos gastos públicos, corte nos impostos ou expectativas otimistas dos investidores desloca a curva dinâmica para a direita. Choques de demanda negativos ($\varepsilon_t < 0$) tais como diminuição dos gastos públicos, aumento dos impostos ou expectativas pessimistas dos investidores desloca a curva dinâmica para a esquerda.

α é um parâmetro positivo que mede a sensibilidade do produto em relação a variação na taxa de juros.

ρ é um parâmetros positivo que representa a taxa neutra de juros (taxa natural de juros) que é a taxa de juros em ausência de choques de demanda e quando o produto é igual ao produto de pleno emprego, ou seja , quando $\varepsilon_t = 0$ e $Y_t = \overline{Y_t}$.

2.2. Taxa real de juros dada pela Equação de Fisher

A taxa real de juros real (r_t) é dada pela diferença entre a taxa nominal de juros (i_t) s a taxa esperada de inflação futura ($E_t\pi_{t+1}$):

$$r_t = i_t - E_t\pi_{t+1}$$

2.3. A Nova Curva de Philips (NCP)

Nesse modelo a inflação é determinada curva de Phillips aumentada de modo a incluir a inflação esperada e choques endógenos de oferta:

$$\pi_t = E_{t-1}\pi_t + \phi.(Y_t - \overline{Y_t}) + \upsilon_t$$

Pela equação da curva de Phillips notamos que a inflação depende: (i) da inflação anteriormente esperada ($E_{t-1}\pi_t$); (ii) do desvio da produção em relação ao seu respectivo nível natural ($Y_t - \overline{Y_t}$) e; (iii) de algum choque exógeno na oferta (υ_t).

Note que o parâmetro ϕ é positivo e portanto a Nova Curva de Phillips (NCP) mostra uma relação positiva entre a inflação e o produto, ou seja , no diagrama taxa de inflação (no eixo vertical) e produto/renda (no eixo horizontal) a NCP é crescente.

Para obter uma versão da NPC a partir da versão tradicional da Curva de Phillips que mostra o trade-off entre inflação e desemprego basta utilizar a lei de Okum que mostra uma relação inversa entre desemprego e crescimento do produto).

v_t é um choque de oferta aleatório , em geral um ruído branco isto é, possui média nula e variância constante. v_t representa os deslocamentos exógenos da curva de Phillips. Note que choques de oferta positivos ($\varepsilon_t > 0$), isto é, choques adversos como uma quebra de safra ou um aumento nos preços do petróleo deslocam a curva NCP para a esquerda (aumentando a inflação). Choques de oferta negativos ($v_t < 0$) tais como super-safra, diminuição dos preços do petróleo ou melhoras tecnológicas deslocam a curva NCP para a direita (diminuindo a inflação).

2.4. Inflação Esperada dada por Expectativas Adaptativas

Seguindo Mankiw no intuito de simplificar a abordagem o modelo dinâmico para DA-AO incorpora expectativas adaptativas (ao invés de expectativas racionais), ou seja, as pessoas formam suas expectativas de inflação com base na inflação que têm observado recentemente, em outras palavras, as pessoas mantêm a expectativa de que os preços continuarão a crescer no mesmo patamar que vêm crescendo:

$$E_t(\pi_{t+1}) = \pi_t$$

O que implica em: $E_{t-1}(\pi_t) = \pi_{t-1}$

2.5. A Regra para a Política Monetária (uma Regra de Taylor)

Vamos supor que o Banco Central determina a taxa nominal de juros (i) com base no desvio da inflação em relação à sua meta fixada ($\pi_t - \pi_t^*$) e no hiato do produto ($Y_t - \overline{Y_t}$)

$$i_t = \pi_t + \rho + \theta_\pi(\pi_t - \pi_t^*) + \theta_Y (Y_t - \overline{Y_t})$$

Onde:

π_t^* é a meta do Banco Central para a taxa de inflação.

θ_π é um parâmetro que mede a sensibilidade da taxa nominal de juros em relação ao desvio da meta de inflação, ou sejas, quando maior o valor de $\theta\pi$, mais forte passa a ser a reação do BC aos desvios da inflação em relação à meta por ele estabelecida.

θ_Y é um parâmetro que mede a sensibilidade da taxa nominal de juros em relação ao hiato do produto (diferença entre o produto corrente e o produto de pleno emprego), ou seja, quanto mais alto o valor para θ_Y, mais forte passa a ser a reação do BC a desvios da renda em relação à meta do produto por ele estabelecida.

Essa equação deixa claro que o instrumento de Política Monetária utilizada pelo Banco central é a taxa nominal de juros (por exemplo a taxa SELIC) e não o agregado monetário.

Quando os bancos centrais passaram utilizar a regra de Taylor na sua gestão monetária a curva LM deixou de ser o arcabouço teórico que melhore explicava a atuação do Banco Central.

2.6 O Modelo Dinâmico de Oferta e Demanda Agregada

O Modelo Dinâmico de Oferta e Demanda Agregada é composto então pelas 5 equações:

$Y_t = \overline{Y_t} - \alpha.(r_t - \rho) + \varepsilon_t$ (Curva IS dinâmica)

$r_t = i_t - E_t\pi_{t+1}$ (Equação de Fisher)

$\pi_t = E_{t-1}\pi_t + \phi.(Y_t - \overline{Y_t}) + \upsilon_t$ (Nova Curva de Phillips)

$E_t(\pi_{t+1}) = \pi_t$ (Expectativa Adaptativa)

$i_t = \pi_t + \rho + \theta\pi.(\pi_t - \pi_t^*) + \theta_Y (Y_t - \overline{Y_t})$ (Regra de Política Monetária)

Nesse sistema de 5 equações temos 5 variáveis endógenas (determinadas pelo modelo), 4 variáveis exógenas (determinadas fora do modelo), 1 variável pré-determinada (variável endógena defasada) e 5 parâmetros (constantes estruturais do modelo).

As cinco variáveis endógenas são:

(i)   O produto Y_t,

(ii) A taxa de inflação π_t,

(iii) A taxa real de juros r_t,

(iv) A taxa nominal de juros i_t

(v)   A inflação esperada: $E_t(\pi_{t+1})$.

As quatro variáveis exógenas são:

(i)   Produto de pleno emprego ou nível natural do produto ($\overline{Y_t}$),

(ii) A meta de inflação fixada pelo banco central (π_t^*),

(iii) O choque na demanda de bens e serviços -choque da IS dinâmica- (ε_t),

(iv) O choque na oferta de bens e serviços -choque na curva de Phillips) – (υ_t).

A variável pré-determinada é π_{t-1}.

Os cinco parâmetros são:

(i)   A elasticidade (sensibilidade) do produto em relação à variação na taxa de juros (α),

(ii) A taxa natural de juros (ρ),

(iii) A elasticidade (sensibilidade) da inflação em relação ao produto na Nova Curva de Phillips (ϕ),

(iv) A elasticidade (sensibilidade) da taxa nominal de juros em relação ao desvio da meta de inflação na regra de política monetária (θ_π),

(v)   A elasticidade (sensibilidade) da taxa nominal de juros em relação ao hiato do produto na regra de política monetária (θ_Y),

2.7. O Equilíbrio de Longo Prazo

No equilíbrio de longo prazo temos que: (i) não ocorrem choques de inflação e nem de demanda, logo: $\varepsilon_t = \upsilon_t = 0$; (ii) a inflação se estabiliza: $\pi_t = \pi_{t-1}$. Então segue-se que no equilíbrio de longo prazo:

(i)   O Produto é igual ao produto de pleno emprego: $Y_t = \overline{Y_t}$

(ii) A taxa de juros é igual à taxa natural de juros: $r_t = \rho$

(iii) A taxa de inflação é igual à meta de inflação fixada pelo Banco Central: $\pi_t = \pi_t^{*}$

(iv) A taxa esperada de inflação é igual à meta fixada pelo Banco Central: $E_t(\pi_{t+1}) = \pi_t^{*}$

(v)   A taxa nominal de juros é igual à soma da taxa natural de juros real somada coma meta de inflação: $i_t = \rho + \pi_t^{*}$

2.8. A Curva de Demanda Agregada Dinâmica (DAD)

A equação da demanda agregada dinâmica é dada por:

$$Y_t = \overline{Y_t} - \left[\frac{\alpha.\theta_\pi}{1+\alpha.\theta_Y}\right].(\pi_t - \pi_t^{*}) + \left[\frac{1}{1+\alpha.\theta_Y}\right].\varepsilon_t \quad (DAD)$$

Demonstração: seguindo a prova de Mankiw temos que:

Substituindo a taxa real de juros ($r_t = i_t - E_t\pi_{t+1}$) na equação $Y_t = \overline{Y_t} - \alpha.(r_t - \rho) + \varepsilon_t$ teremos: $Y_t = \overline{Y_t} - \alpha.(i_t - E_t\pi_{t+1} - \rho) + \varepsilon_t$, substituindo a taxa nominal de juros i_t pelo lado direto da regra de política monetária $i_t = \pi_t + \rho + \theta\pi.(\pi_t - \pi_t^{*}) + \theta_Y (Y_t - \overline{Y_t})$ e fazendo $E_t(\pi_{t+1}) = \pi_t$ na equação $Y_t = \overline{Y_t} - \alpha.(i_t - E_t\pi_{t+1} - \rho) + \varepsilon_t$ teremos então:
$Y_t = \overline{Y_t} - \alpha.[(\pi_t + \rho + \theta\pi.(\pi_t - \pi_t^{*}) + \theta_Y.(Y_t - \overline{Y_t}) - \pi_t - \rho] + \varepsilon_t$

Cortando na equação acima os termos $(\pi_t - \rho)$ com $(-\pi_t - \rho)$ temos:
$Y_t = \overline{Y_t} - \alpha[.\theta\pi.(\pi_t - \pi_t^{*}) + \theta_Y.(Y_t - \overline{Y_t})] + \varepsilon_t$

Isolando Y_t na equação acima temos então:

$$\cdot Y_t = \overline{Y_t} - \left[\frac{\alpha.\theta_\pi}{1+\alpha.\theta_Y}\right].(\pi_t - \pi_t^{*}) + \left[\frac{1}{1+\alpha.\theta_Y}\right].\varepsilon_t$$

2.9 A Curva de Oferta Agregada Dinâmica (OAD)

A equação da oferta agregada dinâmica é dada pela curva de Phillips substituindo a inflação esperada pela inflação no período anterior:

$$\pi_t = \pi_{t-1} + \phi.(Y_t - \overline{Y_t}) + \upsilon_t \,(OAD)$$

2.10. O Equilíbrio de curto prazo do modelo de AO-DA dinâmica

O Equilíbrio de curto prazo é dado pelo sistema:

$$\begin{cases} Y_t = \overline{Y_t} - \left[\dfrac{\alpha.\theta_\pi}{1 + \alpha.\theta_Y} \right] . (\pi_t - \pi_t^{*}) + \left[\dfrac{1}{1 + \alpha.\theta_Y} \right] . \varepsilon_t \\ \pi_t = \pi_{t-1} + \phi.(Y_t = \overline{Y_t}) + \upsilon_t \end{cases}$$

O sistema acima mostra, por exemplo, como um choque na oferta em um determinado período pode afetar varáveis endógenas (Produto, inflação e as taxas nominal e real de juros) nos períodos seguintes.

2.11. O Princípio de Taylor

O Princípio de Taylor afirma que:

Para manter a inflação estável o Banco Central deve aumentar a taxa de juros em um percentual maior do que o aumento da inflação.

Pela regra de política monetária temos que:

$$i_t = \pi_t + \rho + \theta_\pi.(\pi_t - \pi_t^{*}) + \theta_Y (Y_t - \overline{Y_t}$$

Onde:

π_t^{*} é a meta do Banco Central para a taxa de inflação.

θ_π é a elasticidade da taxa nominal de juros em relação ao desvio da meta de inflação.

θ_Y é a elasticidade da taxa nominal de juros em relação ao hiato do produto.

A equação das Demanda Agregada Dinâmica (DAD) é dada por:

$$Y_t = \overline{Y_t} - \left[\dfrac{\alpha.\theta_\pi}{1 + \alpha.\theta_Y} \right] . (\pi_t - \pi_t^{*}) + \left[\dfrac{1}{1 + \alpha.\theta_Y} \right] . \varepsilon_t$$

Se elasticidade dos juros nominais em relação à inflação é negativa ($\theta_\pi < 0$), ou seja, se um aumento da inflação causa um aumento menos que proporcional na taxa de juros, então a Curva de Demanda Agregada Dinâmica será crescente (inclinação positiva) e então tanto demanda agregada quanto a oferta agregada serão crescente o que caracteriza um equilíbrio instável no qual teremos uma inflação explosiva. O Princípio de Taylor afirmar que temos que ter $\theta_\pi > 0$.

3. UMA BREVE REVISÃO DE LITERATURA SOBRE MODELAGEM MACROECONOMÉTRICA

3.1. Introdução

No limiar da crise financeira internacional de 2007-2009 e a subsequente recessão econômica, a adequação da macroeconomia moderna para explicar esta crise e sugerir uma resposta de política apropriada tem sido questionada. Grande parte desse debate tem se centrado em torno da abordagem dos modelos de equilíbrio geral dinâmico e estocástico (DSGE – *Dynamic Stochastic General Equilibrium Models*). Esses modelos são: (i) **Dinâmicos** pois acompanham a trajetória das variáveis ao longo do tempo, (ii) **Estocásticos**, uma vez que a economia em modelagem é afetada por choques aleatórios, como tecnologia (produtividade), demanda agregada (consumo das famílias, gastos governamentais etc.) e oferta agregada (por exemplo, inflação) e ; (iii) **De Equilíbrio Geral** pois modelam o comportamento de vários agentes econômicos e, além disso, trata-se de um modelo com equilíbrio entre a demanda e a oferta de bens, serviços e fatores de produção.

Nessa seção realiza-se uma breve revisão da literatura sobre modelagem macroeconométrica e destaca algumas importantes lições de mais de meio século de construção de modelos. Entre os anos 1940 e 1960, o campo da pesquisa macroeconômica contribuiu para a expansão do conhecimento de economistas e econometristas. Todavia, nos anos 1970, várias questões levantadas buscaram invalidar o uso dos modelos macroeconométricos de grande escala, por meio de críticas empíricas e teóricas. Mas desenvolvimentos recentes na literatura macroeconômica levaram ao surgimento de uma nova classe de modelos, conhecidos como modelos DSGE, os quais têm sido considerados a vanguarda da modelagem macroeconômica. Mas essa nova classe de modelos esteve sujeita a críticas severas em virtude da recente crise mundial.

A próxima subseção apresenta um relato sobre os modelos macroeconométricos de grande porte provenientes da Comissão Cowles, assim como as principais críticas que se abateram sobre esses tipos de modelos. A terceira subseção descreve, em linhas gerais, a importância dos modelos de Ciclos Reais de Negócios na literatura macroeconômica dos anos 1980 e início de 1990. A subseção seguinte apresenta os fundamentos dos modelos DSGE novo-keynesiano, e sua importância no atual debate acadêmico e político. A última subseção finaliza o texto.

3.2. Críticas aos Modelos Macroeconométricos da Comissão Cowles

Conforme argumenta Valadkhani (2004), *"a origem da modelagem macroeconométrica remonta ao pós-Segunda Guerra Mundial, quando Marschak organizou uma equipe especial na Comissão Cowles, convidando pesquisadores de renome como Tjalling Koopmans, Kenneth Arrow, Trygve Haavelmo, T. W. Anderson, Lawrence R. Klein, G. Debreu, Leonid Hurwitz, Harry Markowitz e Franco Modigliani"*.

No entanto, antes de se iniciar a revisão histórica proposta nesse estudo, é importante definir o conceito de modelos macroeconométricos. De acordo com Valadkhani (2004), *"uma definição bruta de um modelo macroeconométrico estaria relacionada a um conjunto de equações comportamentais, bem como relações institucionais e de definição, representando a estrutura e as operações de uma economia, em princípio baseada no comportamento os agentes econômicos individuais. Como resultado de um estudo desses pesquisadores, é evidente que a modelagem macroeconométrica é multidimensional, assim como uma ciência e uma arte"*.

Uma atenção especial deve ser dada a uma dicotomia associada com modelos macroeconômicos. Segundo Bautista (1998) e Capros, Karadeloglou e Mentzas (1990), existem basicamente dois tipos de modelos macroeconômicos: (i) modelos macroeconométricos; e (ii) modelos de equilíbrio geral computável (CGE – *Computable General Equilibrium*). Por sua vez, Challen e Hagger (1983, p. 2-22) classificam os modelos macroeconométricos em cinco categorias: o modelo Keynes-Klein (KK), o modelo Phillips-Bergstrom (PB), o modelo Walras-Johansen (WJ), o modelo Walras-Leontief (WL) e o modelo Muth-Sargent[1]. Em relação a diferença entre modelos macroeconométricos e modelos CGE, Valadkhani (2004) argumenta que essa distinção *"pode estar relacionada com o horizonte de tempo. Os modelos CGE envolvem estática comparativa. Isso significa que os modelos CGE geram os valores de variáveis endógenas, mas somente para um equilíbrio inicial, e um novo equilíbrio após a imposição de choques. Os modelos CGE não transmitem informações sobre o processo de ajustamento, mas apenas fornecem um retrato instantâneo da macroeconomia"*.

Durante os anos 1960 e 1970, os modelos macroeconométricos de grande porte elaborados segundo a tradição da Comissão Cowles eram o principal instrumento disponível para a análise macroeconômica aplicada. Estes modelos eram compostos por dezenas ou mesmo centenas de equações que ligavam as variáveis de interesse a fatores explicativos, como variáveis de política econômica, e enquanto a escolha de quais variáveis a incluir em cada equação era guiada pela teoria econômica, os coeficientes atribuídos a cada variável eram determinados por motivos puramente empíricos, baseados em dados históricos. Todavia, ao final dos anos 1970 e início de 1980, esses modelos sofreram fortes críticas. No lado empírico, esses modelos foram confrontados com o aparecimento da estagflação ao longo dos dois choques de petróleo (1973 e 1979), ou seja, a combinação de desemprego com inflação alta, o que era incompatível com a curva de Phillips tradicional que postulava a existência de um *trade-off* entre essas duas variáveis. Era necessário aceitar que essa relação não era estável, algo que os tradicionais modelos macroeconométricos foram mal equipados para lidar com tal situação.

Outra crítica forte no lado empírico veio de Sims (1980, 1982), que questionou a prática habitual de tornar algumas variáveis exógenas, em outras palavras, variáveis determinadas "fora" do modelo. Tratava-se de uma hipótese *ad-hoc*, que excluía os mecanismos de *feedback* significativos entre as variáveis incluídas nos modelos. Na abordagem ateórica dos modelos vetoriais autorregressivos (VAR) defendida por Sims (1980, 1982), ao contrário da teoria orientada pela abordagem da Comissão Cowles, não existem variáveis exógenas e, conseqüentemente, não havia a divisão endógeno/exógeno das variáveis no sistema em modelagem. Essa metodologia alternativa sugere que os modelos tradicionais macroeconométricos estão fortemente sub-identificados e, por essa razão, propõe-se o uso da abordagem VAR, em que uma forma reduzida e irrestrita é estimada. No entanto, esta abordagem é extremamente difícil de ser implementada quando há mais do que cinco variáveis, devido ao excesso de parametrização e multicolinearidade resultantes.

Valadkhani (2004) destaca outras duas alternativas metodológicas à abordagem da Comissão Cowles. Por um lado, a metodologia de Leamer (1983) inicia-se redefinindo o conceito de exogeneidade. Nesta metodologia, a distribuição condicional de y dado x permanece estável para quaisquer mudanças em x (onde y e x são variáveis endógenas e exógenas, respectivamente). Em outras palavras, Leamer (1983) define uma variável como sendo exógena quando a crítica de Lucas não se aplica. Essa abordagem é baseada na implementação de técnicas bayesianas. Bodkin *et al.* (1991, p. 551) apud Valadkhani (2004) sintetiza a mensagem principal de Leamer, em que *"a modelagem macroeconométrica nunca pode substituir julgamentos na formulação de políticas econômicas sábias, ou mesmo na avaliação preliminar do estado do mundo"*.

---

[1] Uma descrição básica de cada um desses modelos pode ser encontrada em Valadkhani (2004, p. 266-267).

Por outro lado, a metodologia de Hendry (1980) é conhecida na literatura como sendo "a abordagem de modelagem geral para o específico" ou "a metodologia da *London School of Economics* (LSE)". Conforme destaca Valadkhani (2004), *"essa metodologia aceita modelos estruturais como ponto de partida, mas segue um passo adiante em adotar uma técnica rigorosa e diferente para a especificação, estimação, teste de hipóteses e simulação de modelos. Essa abordagem começa com um modelo autorregressivo e de defasagens distribuídas (ADL – autoregressive distributed lag) que é postulado em termos da teoria econômica. Em seguida, através da realização de um número de testes de restrição de razões de verossimilhança no modelo, outro modelo específico pode ser obtido, de modo que seja congruente com o processo gerador de dados (DGP – data generating process). Em outras palavras, a teoria determina as variáveis explicativas, ao passo que a natureza estática ou dinâmica da relação será definida pelos dados. A avaliação do modelo nessa metodologia é amplamente examinada por meio de uma bateria de testes de diagnósticos e desempenho de previsão"*.

Mas a principal crítica surgiu no lado teórico e veio de Lucas (1976), o qual desenvolveu um argumento que ficou conhecido na literatura como a "Crítica de Lucas". Esta crítica teve uma poderosa influência na redução da aplicação de modelos macroeconométricos de grande porte na análise de políticas. Ele observou que os agentes se comportavam de acordo com uma abordagem de otimização dinâmica e formavam expectativas racionais. Isto significava que esses agentes maximizavam bem-estar durante a vida inteira, tendo em conta não só as condições econômicas passadas e presentes, mas também as suas perspectivas sobre o futuro, usando todas as informações relevantes disponíveis e que, embora eles não pudessem prever totalmente o futuro, os agentes eram capazes de formar expectativas que não eram sistematicamente viesadas. Portanto, se os agentes antecipavam qualquer mudança no ambiente econômico, como uma mudança de política, eles imediatamente incorporavam essas expectativas em seus problemas de decisão e, dessa forma, alteravam seus comportamentos atual e futuro.

Sendo exclusivamente baseados no passado, os modelos tradicionais não poderiam explicar o papel das expectativas sobre o comportamento dos agentes econômicos e, consequentemente, esses modelos perdiam uma peça importante do funcionamento da economia. Em particular, esses modelos assumiam que as relações entre as variáveis econômicas válidas em um determinado contexto seriam capazes de explicar desenvolvimentos na economia, mesmo se o contexto tenha mudado de modo subjacente, sem levar em consideração que a antecipação dessas mudanças por parte dos agentes econômicos poderia alterar a maneira como eles reagiam e, dessa forma, invalidar as relações anteriormente estimadas. Portanto, a fim de prever corretamente os efeitos de novas políticas, os modelos teriam de lidar com o papel das expectativas nas decisões dos agentes econômicos.

Em resumo, sob formulações de políticas alternativas, devido ao fato de que todos os agentes econômicos baseiam suas decisões em informação completa, *"qualquer alteração na política irá alterar sistematicamente a estrutura de modelos econométricos"* (LUCAS, 1976, p. 41). Nesse contexto, é altamente provável que os coeficientes estimados de um modelo macroeconométrico irão variar como um resultado dos agentes econômicos antecipando e conhecendo as medidas de políticas. Consequentemente, Lucas (1976) rejeita o uso de modelos macroeconométricos para a análise de políticas, argumentando que, sob a hipótese de expectativas racionais, os modelos econométricos não poderiam ser utilizados com fins de formulação de políticas econômicas, pois, uma vez mudado o parâmetro de política, os agentes se readequariam à nova realidade, o que alteraria seu comportamento e, consequentemente, isso causaria mudanças nos parâmetros antes encontrados pelos modelos econométricos. No entanto, em um artigo posterior sobre o comportamento da função consumo no Reino Unido, Davisdon, Hendry, Srba e Yeo (1978) mostraram condições sob as quais a Crítica de Lucas não se aplicava, em outras palavras, se determinada variável é superexógena ao modelo, então tal modelo poderá ser usado para formulação de políticas.

3.3. Modelos de Ciclos Reais de Negócios (Modelos RBC)

Como uma resposta a essas críticas, os economistas da década de 1980 afastaram-se do paradigma antigo para um tipo diferente de modelos macroeconômicos, cuja origem pode ser encontrada na obra seminal de Kydland e Prescott (1982). Neste artigo, as decisões dos agentes econômicos eram modeladas de uma maneira microfundamentada, com base em uma estrutura teórica conhecida como modelos DSGE, tomando em consideração as suas expectativas sobre todos os desenvolvimentos futuros. A economia modelo era perfeitamente competitiva e sem qualquer espécie de fricções, com preços e quantidades ajustando-se aos seus níveis ótimos de longo prazo após um choque que tivesse atingido a economia. As flutuações eram exclusivamente geradas pelas reações dos agentes aos choques tecnológicos aleatórios que atingiam de maneira contínua a economia, pretendendo descrever os ciclos de negócios como a resposta eficiente dos agentes otimizantes racionais a um choque exógeno real. Essa nova maneira de se estudar as flutuações macroeconômicas, conhecida como a abordagem do Ciclo Reais de Negócios (RBC – *Real Business Cycles*), tornou-se uma das principais ferramentas de pesquisa macroeconômica ao longo dos anos 1980.

Apesar de sua importante contribuição metodológica e sucesso empírico inicial, os modelos RBC logo sofreram críticas. A principal questão era que, com preços totalmente flexíveis, qualquer mudança na taxa de juros nominal (se escolhida diretamente pelo banco central ou induzida por alterações na oferta de moeda) era sempre acompanhada por mudanças simultâneas na inflação, deixando a taxa real de juros inalterada. Isto significava que qualquer ação por parte da autoridade monetária não teria impacto sobre as variáveis reais e, portanto, não haveria papel para a política monetária, um resultado que estava em desacordo com a crença amplamente difundida sobre o poder dessa política em influenciar o lado real da economia no curto prazo. Além disso, uma vez que as flutuações cíclicas eram a resposta ótima da economia aos choques, então políticas de estabilização não eram necessárias e podiam até ser contraproducente, já que desviariam a economia da sua resposta ótima. Esse fato esteve em nítido contraste com a visão keynesiana de que as falhas do ciclo econômico ocorriam principalmente devido a uma baixa utilização ineficiente de recursos, que poderiam ser trazidos para uma finalidade por meio de políticas econômicas voltadas para a expansão da demanda agregada. Além disso, o papel primordial atribuído aos choques tecnológicos para explicar as flutuações econômicas estava em desacordo com a visão tradicional desses choques como fonte de crescimento ao longo prazo, sem relação com os ciclos de negócios, os quais eram, em grande medida, considerados um fenômeno orientado pela demanda. Finalmente, a capacidade dos modelos RBC para coincidir com a evidência empírica começou a ser questionada, pois esses modelos não foram capazes de reproduzir alguns fatos estilizados importantes. Todas estas questões determinaram que, embora os modelos RBC tivessem uma forte influência nas pesquisas acadêmicas, esses modelos tiveram um impacto muito limitado sobre os bancos centrais e outras instituições responsáveis pela elaboração de políticas, que continuaram a depender dos modelos macroeconométricos em larga escala, apesar de suas deficiências reconhecidas.

3.4. Modelos DSGE Novo-Keynesiano

As limitações dos modelos RBC começaram a ser superadas na década de 1990 quando os economistas, mantendo a estrutura principal RBC, começaram a introduzir algumas novas hipóteses nos modelos e, dessa forma, deram início a uma nova escola de pensamento, os chamados macroeconomistas Novo-Keynesiano. Esta escola compartilhava a crença da abordagem RBC de que os macroeconomistas necessitavam de microfundamentos rigorosos, também usando modelos DSGE como seu principal instrumento, mas racionalizava o ciclo de negócios em uma maneira substancialmente diferente. Os economistas novo-keynesianos consideravam que a economia não era perfeitamente flexível nem perfeitamente competitiva e que, em vez disso, sujeitava-se a uma variedade de imperfeições e rigidez, com estes sendo os elementos-chave para entender a dinâmica do mundo real.

Baseados nessa visão, os economistas novo-keynesiano introduziram a competição monopolista e vários tipos de rigidez nominal e real, bem como um amplo conjunto de perturbações aleatórias. Alguns exemplos notáveis são: a introdução de rigidez de preços, como em Calvo (1983), o que permitiu a inércia de preço, quebrando o forte pressuposto RBC sobre a neutralidade da moeda; os custos de ajustamento do capital, o que permitiu os modelos capturarem o efeito liquidez; e choques de demanda como em Rotemberg e Woodford (1995).

Esses novos pressupostos, além de gerarem um papel significativo para a política monetária e outras políticas econômicas, mostraram-se extremamente bem sucedidos em capturar algumas das características marcantes de séries temporais macroeconômicas que os modelos RBC haviam perdido anteriormente. Uma nova oportunidade surgia para os modelos DSGE, os quais começaram a ser usados não só por acadêmicos, mas também por pesquisadores aplicados e bancos centrais. Uma vasta gama de literatura foi produzida dedicada para o melhoramento dos modelos DSGE, com um vasto conjunto de premissas novas que estão sendo apresentadas e capazes de serem introduzidas de uma forma tratável.

De Grauwe (2010) postula que *"os modelos DSGE fornecem uma estrutura coerente para análise. Essa coerência é provocada por restringir o comportamento aceitável de agentes para a maximização da utilidade dinâmica e expectativas racionais. O problema dos modelos DSGE (e mais geralmente de modelos macroeconômicos baseados em expectativas racionais) é que esses modelos assumem extraordinárias capacidades cognitivas dos agentes individuais. Além disso, esses modelos necessitam de várias hipóteses ad hoc para torná-los ajustados aos dados".*

3.5. Algumas considerações importantes

Entender as flutuações do ciclo de negócios é o núcleo da pesquisa macroeconômica. A necessidade de modelos que capturem as principais características da atividade econômica e ajudem a avaliar o papel de políticas econômicas tem sido reconhecida na literatura. Embora a crítica de

Lucas expusesse algumas das falhas iniciais da modelagem macroeconômica nos anos 1970, desenvolvimentos recentes na literatura macroeconômica levaram ao surgimento de uma nova classe de modelos, conhecidos como modelos de equilíbrio geral dinâmico e estocástico (DSGE), os quais são micro-fundamentados, exibem mecanismos de formação de expectativas consistentes, podem ser estimados, enfim, esses modelos DSGE são apropriados para explicar as dinâmicas do ciclo de negócios a partir de uma perspectiva estrutural.

A macroeconomia tem sido objeto de intensas críticas desde a crise mundial de 2007-2009, e diversas pessoas acreditam que, enquanto complexos e sofisticados, os modelos macroeconométricos tornaram-se irrelevantes para o mundo real. Todavia, sob uma perspectiva mais otimista, teórica e empiricamente fundamentada, existem importantes vantagens em se usar uma variedade de modelos para tratar questões econômicas distintas. Diferentes modelos possuem diferentes pontos fortes e fracos, mas escolher um modelo que seja adequado para uma tarefa específica possui vantagens claras. Ao mesmo tempo, há lições a serem aprendidas ao se aproximar de uma dada questão, usando uma variedade de abordagens. A diversidade na prática pode incentivar a diversidade no pensamento econômico e melhorar o ritmo de aprendizagem na literatura macroeconométrica.

4. UM EXEMPLO DE MODELAGEM DSGE E SUAS ETAPAS: O MODELO DE LONG E PLOSSER

Os modelos DSGE surgiram como resultado do esforço de se desenvolver modelos cujos parâmetros fossem independentes da política econômica de modo a evitando assim a Crítica de Lucas (1976). Como dito anteriormente a sigla dos modelos de Equilíbrio Geral Dinâmico Estocástico, em inglês, modelos DSGE (*Dynamic Stochastic General Equilibrium Models*) significa então que os modelos são:

(i) **Dinâmicos:** determinam a trajetória intertemporal das variáveis,

(ii) **Estocásticos** pois incorporam choque aleatórios, isto é, perturbações estocásticas nas variáveis) e de;

(iii) **Equilíbrio Geral**: pois resultam do equilíbrio entre a demanda e a oferta em consequência da interação entre os diversos agentes da economia (famílias, firmas, governo e setor externo).

O primeiro banco central a adotar o regime de metas de inflação e de utilizar um modelo DSGE foi o da Nova Zelandia . O principal modelo DSGE utilizado pelo Banco Central do Brasil foi batizado de SAMBA (**S**tochastic **A**nalytical **M**odel with a **B**ayesian **A**pproach) seguindo a tradição de outros bancos centrais:

BEQM – do banco central da Inglaterra numa homenagem ao jogador de futebol David Beckham.

ToTEM- do banco central do Canadá numa alusão às escultura indígena de madeira encontrada no norte desse país.

Patacon- do banco central da Colômbia numa referência a um tipo de tortilha de bananas verdes fritas muito popular nesse país.

PESSOA- **P**ortuguese **E**conomy **S**tructural **S**mall **O**pen **A**nalytical model em homenagem ao grande poeta português Fernando Pessoa.

MEDEA- **M**odelo de **E**quilibrio **D**inámico de la **E**conomía **E**spañolA

Mostraremos a seguir as diversas etapas de uma modelagem de DSGE, para tal escolhemos o modelo de Long e Plosser (1983), pela sua simplicidade. Esse modelo incorpora equilíbrios com expectativas racionais.

4.1. O problema de otimização dos agentes:

Famílias	Firmas
$\max\limits_{c_t, h_t, k_{t+1}} E_0\left[\sum\limits_{t=0}^{\infty} \beta^t \left(\ln c_t + \theta \ln(1 - h_t)\right)\right]$ Sujeito a: $c_t + i_t = \omega_t.h_t + r_t.k_t + \lambda_t$ $k_{t+1} = i_t$	$\max\limits_{k_t, h_t} \pi_t = y_t - \omega_t.h_t - r_t.k_t$ Sujeito a: $y_t = a_t.k_t^{1-\alpha}.h_t^{\alpha}$

4.2. Condições de primeira ordem (CPO) e Sistemas de equações log-lineares do modelo

As condições de primeira ordem são dadas pelas regras de otimização dinâmica clássicas. O sistema de equações abaixo é formado pelas variáveis log-linearizadas, por exemplo, temos que: $\hat{c}_t = \ln c_t - \ln c_{SS}$, onde c_{SS} é o consumo em steasd state (consumo em estado estacionário).

Descrição	Condições de Primeira ordem	Equações log-lineares
Equação de Euler	$\dfrac{1}{c_t} = \beta.E_t\left[\dfrac{1}{c_{t+1}}.r_{t+1}\right]$	$\hat{c}_t = E_t\left[\hat{c}_{t+1} - \hat{r}_{t+1}\right]$
Lei de movimento do capital	$k_{t+1} = i_t$	$\hat{k}_{t+1} = \hat{i}_t$
Oferta de trabalho	$\dfrac{\theta}{1 - h_t} = \dfrac{w_t}{c_t}$	$\dfrac{h_{SS}}{1 - h_{SS}}.\hat{h}_t = \hat{w}_t - \hat{c}_t$
Função de produção	$y_t = a_t.k_t^{1-\alpha}.h_t^{\alpha}$	$\hat{y}_t = \hat{a}_t + (1 - \alpha).\hat{k}_t + \alpha.\hat{h}_t$
Demanda de capital	$r_t = (1 - \alpha)\dfrac{y_t}{k_t}$	$\hat{r}_t = \hat{y}_t - \hat{k}_t$
Demanda de trabalho	$w_t = \alpha\dfrac{y_t}{h_t}$	$\hat{w}_t = \hat{y}_t - \hat{h}_t$
Equilíbrio no mercado de bens	$y_t = c_t + i_t$	$\hat{y}_t = \dfrac{c_{SS}}{y_{SS}}\hat{c}_t + \dfrac{i_{SS}}{y_{SS}}\hat{i}_t$
Choque de produtividade	$\ln a_t = \phi.\ln a_{t-1} + \varepsilon_t$	$\hat{a}_t = \phi.a_{t-1} + \varepsilon_t$

4.3. Calibrações

A calibração é feita através da determinação dos parâmetros do modelo. Os parâmetros podem ser estimados por técnicas econométricas, referenciados na literatura ou, sob certas hipóteses, até mesmo fixados de maneira ad-hoc. Neste exemplo do modelo de Long e Plosser teremos:

Parâmetro	Significado
$\alpha = 0{,}667$	Proporção do trabalho no produto
$\theta = 3{,}968$	Calibrado para que o capital em estado estacionário seja igual à 20%
$\rho = 0{,}979$	Persistência do choque
$\beta = 0{,}984$	Fator de desconto intertemporal
$\sigma_\varepsilon = 0{,}0072$	Desvio padrão do choque de produtividade

4.4. Função Impulso Resposta (FIR) ou Função de Resposta ao Impulso (FRI)

Nós supomos que a economia esteja em equilíbrio de longo prazo, em estado estacionário e para analisar a evolução dessa economia estudamos o efeito de um choque em alguma variável exógena, em outras palavras, se por acaso ocorre um choque exógeno (quebra de safra) queremos saber como irá evolui ao logo do tempo (após o choque) as variáveis endógenas tais como produto (PIB), a inflação e as taxas de juros nominal e real.

Esse choque na variável exógena e suas consequências é modelado através de Função Resposta ao Impulso (FRI). Assim se um choque que possui uma certa intensidade ocorreu em um determinado instante, queremos saber qual o impacto sobre as variáveis endógenas nos períodos de tempo posterior ao choque (até retornarem, no longo prazo, ao estado estacionário).

A Função Resposta ao Impulso (FRI) utiliza o termo de "**impulso**" pois trata-se de um imput nos choques (uma entrada repentina e aleatória) e são chamadas "função **resposta**" pois medem os impactos desse impulso de choques nas variáveis endógenas, ou seja, com as variáveis endógenas reagem (respondem)aos choques.

4.5. Linearização e Log-Linearização

4.5.1. *Conceitos introdutórios e apresentação de métodos de linearização*

O desvio do logaritmo (ou log-devio) de uma variável do seu valor em estado estacionário é definido como:

$$\hat{x}_t = \ln\!\left(\frac{x_t}{\overline{x}} \right) = \ln\!\left(x_t \right) - \ln\!\left(\overline{x} \right) = \ln\!\left(1 + \frac{x_t - \overline{x}}{\overline{x}} \right) \cong \frac{x_t - \overline{x}}{\overline{x}}$$

Onde:

x_t é valor da varável no instante t.

$\overline{x}$ é o valor da variável em estado estacionário

$\hat{x}_t$ é o log-desvio da variável

De fato:

Pois quando $u \to 0$ temos que $\ln(1+u) \cong u$, ou seja, quando $\hat{x}_t \to \overline{x}$ então $\dfrac{\hat{x}_t - \overline{x}}{\overline{x}} \to 0$ e

portanto $\ln\left(1 + \dfrac{x_t - \overline{x}}{\overline{x}}\right) \to \dfrac{x_t - \overline{x}}{\overline{x}}$

Pela definição acima quando uma variável está em estado estacionário ($x_t = \overline{x}$) então seu log-desvio é zero ($\hat{x}_t = 0$). A popularidade desse método decorre do fato de que esta aproximação é adimensional (livre de unidade). Os desvios de log são desvios percentuais aproximados do estado estacionário e os coeficientes de aproximações log-lineares são elasticidades.

Os principais métodos de log-linearização são:

(i) Aproximação de Taylor de primeira ordem, em torno das variáveis steady state, do logaritmo da função.

(ii) A utilização de um "truque" no qual a variável é reescrita de modo que possa ser diretamente aproximada em torno do ponto do qual os desvios percentuais do estado estacionário são nulos:

$$x_t = \overline{x}.\frac{x_t}{\overline{x}} = \overline{x}.e^{\ln\left(\frac{x_t}{\overline{x}}\right)} = \overline{x}.e^{\hat{x}_t} \cong \overline{x}.\left(1 + \hat{x}_t\right)$$

(iii) Realizar uma aproximação de Taylor de primeira ordem diretamente em torno do estado estacionário e transformar a aproximação de modo a conter a expressão da elasticidade.

$$f(x_t) \cong f(\overline{x}) + f'(\overline{x}).\overline{x}.\left(\frac{x_t - \overline{x}}{\overline{x}}\right) \cong f(\overline{x}) + f(\overline{x}).\frac{f'(\overline{x}).\overline{x}}{f(\overline{x})}.\hat{x}_t \cong f(\overline{x}).\left(1 + \eta.\hat{x}_t\right)$$

Onde: $\eta = \dfrac{f''(x).X}{f(x)}$ é a elasticidade.

Vamos a seguir explicar o método 1 que consiste em fazer uma aproximação de Taylor de primeira ordem do logaritmo de uma função, em torno das variáveis de estado estacionário.

Suponha que tenhamos uma equação da seguinte forma:

$$g(z_t) = f(x_t, y_t) \tag{1}$$

onde x_t; y_t e z_t são variáveis estritamente positivas. Esta equação também é válida no estado estacionário:

$$g(\overline{z}) = f(\overline{x}, \overline{y}) \tag{2}$$

Vamos reescrever as variáveis usando identidade: $x_t = \exp(\ln(x_t))$ teremos então

$$\ln(g(e^{\ln(z_t)})) = \ln(f(e^{\ln x_t}, e^{\ln y_t}))$$

Onde: $f_i = \dfrac{\partial f}{\partial x_i}$

A aproximação de Taylor de primeira ordem em torno do logaritmo do estado estacionário (em torno de log x; log y e log z, e não em torno de x, y e z), o lado direito da equação acima será:

$$\ln(f(\bar{x},\bar{y})) + \frac{1}{f(\bar{x},\bar{y})} \cdot \left[f_1(\bar{x},\bar{y}).\left(\ln x_t - \ln \bar{x}\right) + f_2(\bar{x},\bar{y}).\left(\ln y_t - \ln \bar{y}\right) \right] \tag{3}$$

Da mesma forma, o lado esquerdo pode ser escrito como:

$$\ln(g(\bar{z})) + \frac{1}{g(\bar{z})} \cdot \left[g''(\bar{z}).\left((\ln z_t - \ln \bar{z})\right) \right] \tag{4}$$

Usando as equações (3) e (4) na equação (2) teremos a equação a seguir que é uma aproximação linear nos desvios:

$$g''(\bar{z}).\hat{z}_t = f_1(\bar{x},\bar{y}).\hat{x}_t + f_2(\bar{x},\bar{y}).\hat{y}_t$$

4.5.2. *Desenvolvimento de alguns métodos e apresentação de um exemplo*

Assim quando linearizamos um modelo aproximamos equações não lineares para a forma linear. No contexto da macroeconomia, não raro podemos ter modelos não lineares. Assim, para resolvê-los, é necessário colocá-los de forma linear. Em primeiro lugar, é importante lembrar que uma aproximação linear só é válida na vizinhança próxima do ponto a partir do qual linearizamos (em geral o estado estacionário). Consequentemente, é importante, ao linearizar um modelo, antes do processo de linearização, determinar as variáveis estáveis (variáveis de estado estacionário).

Conhecendo o estado estacionário, linearizar o modelo basicamente se resume a fazer uma expansão da série de Taylor em torno do estado estacionário. Suponha que tenhamos que:

$(g(x_t) = f(y_t))$

Então podemos linearizar (aproximar) essa expressão em torno de (x, y) através da equação:

$g(x) + g'(x)(x_t - x) = f(y) + f'(y)(y_t - y)$

E desde que estamos no estado estacionário $g(x_t) = f(y_t)$ isso implica que, $g(x) = f(y)$ como a declaração tem que ser verdadeira para qualquer ponto no tempo e, portanto, constantes fazemos então:

$g'(x)(x_t - x) = f'(y)(y_t - y)$

Note que a equação acima é linear nas variáveis $(x_t - x)$.
O objetivo é obter alguma expressão do tipo:
$g(log(x)) = f(log(y))$, que é equivalente à:
$g(e^{(log(x_t))}) = f(e^{(log(y_t))})$

Aplicando Taylor novamente em torno de $(log(x), log(y))$ obtemos:
$g'(x)x(log(x_t)) - log(x)) = f'(y)y(log(y_t)) - log(y))$

Vamos definir $log(x_t) - log(x) = (\tilde{x}_t)$, o que pode ser interpretado como um desvio percentual do estado estacionário.

Outro método que nos permite contornar a abordagem da série de Taylor é que utilizar as seguintes aproximações:

- $(\tilde{x}_t) = xe^{(\tilde{x}_t)} \approx x(1 + \tilde{x}_t)$
- $(\tilde{x}_t) \approx x(1 + \tilde{x}_t)$

Sabendo que podemos aproximar $(\tilde{x}_t)$ por $x(1 + \tilde{x}_t)$, temos então um roteiro para o processo de linearização:

1º passo) substitua qualquer variável como $(\tilde{x}_t)$ por $(\tilde{x}_t) = xe^{(\tilde{x}_t)}$

2º passo) Multiplique tudo e simplifique o máximo possível

3º passo) aproximando $xe^{(\tilde{x}_t)} \approx x(1 + \tilde{x}_t)$, note que $(\tilde{x}_t) * (\tilde{y}_t) \approx 0$ e portanto pode ser anulado.

Vamos fazer um exemplo no qual o estado estacionário é definido pelas variáveis (c, k, n, z), onde c representa o consumo, k significa capital, n representa o trabalho e z o fator de produtividade-total. Segue-se então o exemplo de linearizar a função de produção abaixo:

$$y_t = z_t k_t^{\alpha} n_t^{1-\alpha} \text{ (equação I)}$$

- Substitua qualquer variável $\tilde{x}_t$ por $\tilde{x}_t = xe^{(\tilde{x}_t)}$:

$$ye^{\tilde{y}_t} = ze^{\tilde{z}_t} (ke^{\tilde{k}_t})^{\alpha} (ne^{\tilde{n}_t})^{(1-\alpha)}$$

- Multiplique tudo e simplifique o máximo possível:

$$ye^{\tilde{y}_t} = ze^{\tilde{z}_t} k^{\alpha} e^{\alpha \tilde{k}_t} n^{1-\alpha} e^{(1-\alpha)\tilde{n}_t}$$

- A função de estado estável é $y = zk^{\alpha}n^{(1-\alpha)}$, portanto tem-se:

$$e^{\tilde{y}_t} = e^{\tilde{z}_t} e^{\alpha k_t} e^{(1-\alpha)\tilde{n}_t}$$

- Aproximando $xe^{xt} \approx x(1 + \tilde{x}_t)$ ou $e^{xt} \approx (1 + \tilde{x}_t)$ segue-se:

$$1 + \tilde{y}_t \approx (1 + \tilde{z}_t)(1 + \alpha \tilde{k}_t)(1 + (1-\alpha)\tilde{n}_t)$$

$$1 + \tilde{y}_t \approx (1 + \tilde{z}_t + \alpha \tilde{k}_t + \tilde{z}_t \alpha \tilde{k}_t)(1 + (1-\alpha)\tilde{n}_t)$$

$$1 + \tilde{y}_t \approx (1 + \tilde{z}_t + \alpha \tilde{k}_t)(1 + (1-\alpha)\tilde{n}_t), \text{ cancelando os termos idênticos teremos então que:}$$

$$1 + \tilde{y}_t \approx (1 + \tilde{z}_t + \alpha \tilde{k}_t + (1-\alpha)\tilde{n}_t) \text{ ou seja:}$$

$$\tilde{y}_t \approx \tilde{z}_t + \alpha \tilde{k}_t + (1-\alpha)\tilde{n}_t \text{ (equação II)}$$

Então a equação II ($\tilde{y}_t \approx \tilde{z}_t + \alpha \tilde{k}_t + (1-\alpha)\tilde{n}_t$) é a aproximação log-linear para a equação I ($y_t = z_t k_t^{\alpha} n_t^{1-\alpha}$).

5. UM EXEMPLO DE RESOLUÇÃO DE UM MODELO RBC SIMPLES COM A PLATAFORMA DYNARE

O Dynare é um software excelente para resolver, estimar e analisar modelos de expectativa racional. Abaixo está um exemplo simples de como resolver e simular um modelo RBC simples usando o Dynare. Considere o seguinte exemplo de modelo RBC simples:

5.1. A Função utilidade

A economia é composta por um agente representativo que maximiza sua utilidade total que é a soma da utilidade esperada descontada ao escolher consumo o seu (C_t) e o seu trabalho (L_t) para os períodos de tempo $t = 1,2,...,\infty$:

$$\max U(C_t, L_t) = \sum_{t=1}^{\infty} \left(\frac{1}{1+\rho} \right)^{t-1} E_t \left[\ln C_t - \frac{L_t^{1+\gamma}}{1+\gamma} \right]$$

Sujeito a $K_t = (1 - \delta).K_{t-1} + w_t L_t + r_t K_{t-1} - C_t$

Onde:

ρ é a taxa de preferência intertemporal

γ é um parâmetro da oferta de trabalho

w_t é o salário real

r_t é a taxa real de juros

K_t é o estoque de capital

δ é a taxa de depreciação

5.2. A função de produção

$$Y_t = A_t.K_{t-1}^{\alpha}.\left[\left(1 + g\right)^t \right]^{1-\alpha}$$

Onde:

g é a taxa de crescimento do produto

α, β são parâmetros da tecnologia

A_t é um choque de oferta que segue um processo auto regressivo de ordem AR(1), ou seja: $\ln(A_t) = \lambda.\ln A_{t-1} + \varepsilon_t$, onde λ é um parâmetro de persistência do choque e o erro é um ruído branco com média zero e desvio padrão σ_1.

5.3. Condições (Estacionarizadas) de Primeira Ordem (CPO)

$$\frac{1}{\hat{C}_t} = \frac{1}{1+\rho} E_t \left(\frac{1+\delta + r_{t+1}}{(1+g)\hat{C}_{t+1}} \right)$$

$$L_t^{\gamma} = \frac{\hat{w}_t}{\hat{C}_t}$$

$$r_t = \alpha A_t \left(\frac{\widehat{K}_{t-1}}{1+g} \right)^{\alpha-1} . L_t^{1-\alpha}$$

$$\widehat{w}_t = (1-\alpha) A_t \left(\frac{\widehat{K}_{t-1}}{1+g} \right)^{\alpha} . L_t^{-\alpha}$$

$$\widehat{K}_t + \widehat{C}_t = (1-\delta) \frac{\widehat{K}_{t-1}}{1+g} (1-\alpha) + A_t \left(\frac{\widehat{K}_{t-1}}{1+g} \right)^{\alpha} . L_t^{-\alpha}$$

Onde:

$$\widehat{C}_t = \frac{C_t}{(1+g)^t} \; ; \; \widehat{K}_t = \frac{K_t}{(1+g)^t} \; ; \; \widehat{w}_t = \frac{w_t}{(1+g)^t}$$

5.4. Resolvendo e simulando o modelo em Dynare

No Dynare, primeiro é preciso especificar as variáveis endógenas (var), variáveis exógenas (varexo) e os parâmetros

```
var C K L w r A;
varexo e;
parameters rho delta gamma alpha lambda g;
alpha = 0.33;
delta = 0.1;
rho = 0.03;
lambda = 0.97;
gamma = 0;
g = 0.015;
```

Em uma segunda etapa, as CPO do modelo devem ser expressos usando o comando **model**

```
model;
1/C=1/(1+rho)*(1/(C(+1)*(1+g)))*(r(+1)+1-delta);
L^gamma = w/C;
r = alpha*A*(K(-1)/(1+g))^(alpha-1)*L^(1-alpha);
w = (1-alpha)*A*(K(-1)/(1+g))^alpha*L^(-alpha);
K+C = (K(-1)/(1+g))*(1-delta)
+A*(K(-1)/(1+g))^alpha*L^(1-alpha);
log(A) = lambda*log(A(-1))+e;
end;
```

O usuário deve fornecer a solução analítica para o estado estacionário do modelo usando o comando **steady_state_model**. O comando **steady** resolve os valores de estado estacionário do modelo:

```
steady_state_model;
A = 1;
r = (1+g)*(1+rho)+delta-1;
L = ((1-alpha)/(r/alpha-delta-g))*r/alpha;
K = (1+g)*(r/alpha)^(1/(alpha-1))*L;
C = (1-delta)*K/(1+g)
+(K/(1+g))^alpha*L^(1-alpha)-K;
w = C;
end;
steady;
```

O comando **shocks** define o tipo de choque a ser simulado

```
shocks;
var e; stderr 0.01;
end;
check;
```

Uma expansão de primeira ordem em torno do estado estacionário é obtida usando o comando **stoch_simul (order = 1)** Esta função calcula as funções de resposta ao impulso (FRI) e retorna várias estatísticas descritivas (momentos, decomposição de variância, coeficientes de correlação e autocorrelação)

A Função Resposta ao Impulso (FRI) produzido pela Dynare irá mostrar gráficos parecidos com as figuras abaixo:

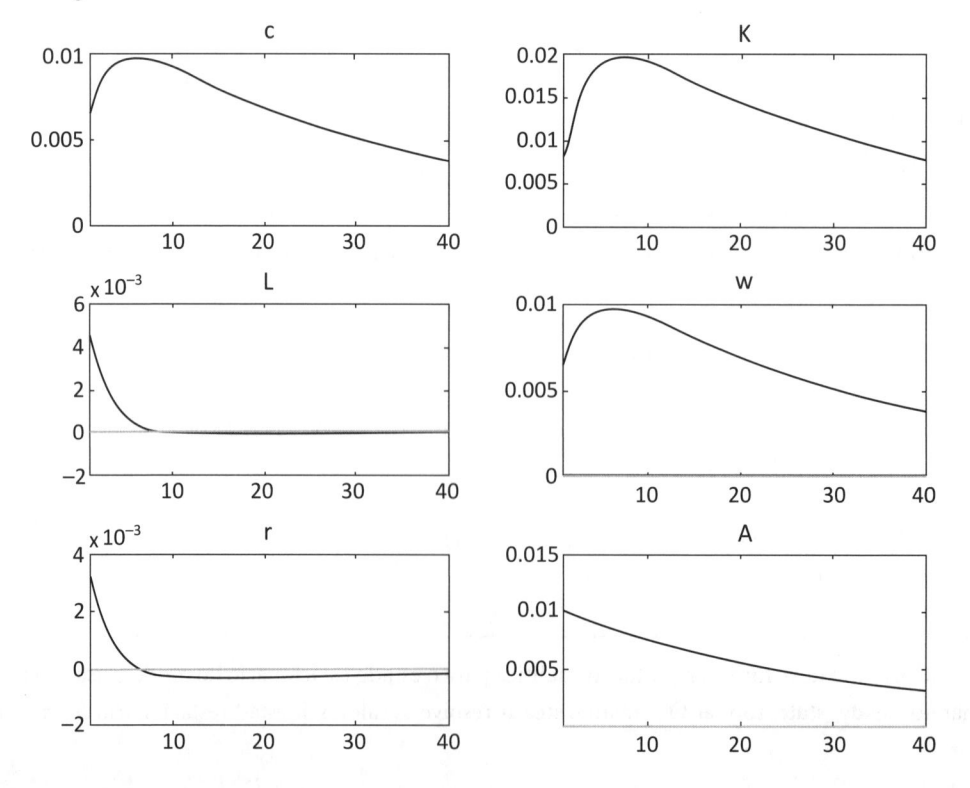

Bibliografia

ABEL, A. B.; BERNANKE, B. S.; CROUSHORE, D. **Macroeconomia**. 6ª Edição. São Paulo: Pearson Addison Wesley, 2008.

ALEM, A. C. D. **Macroeconomia: teoria e prática no Brasil**. São Paulo: Elsevier, 2010.

BARBOSA, F. H. **Macroeconomia**. Rio de Janeiro: FGV Editora, 2017.

BAUTISTA, R. M. **Macroeconomic models for east Asian developing countries**. *Asian-Pacific Economic Literature*, v. 2, n. 2, p. 1-25, 1988.

BLANCHARD, O. **Macroeconomia**. 5ª edição. São Paulo: Pearson Prentice Hall, 2011.

BODKIN, R. G.; KLEIN, L. R.; MARWAH, K. **A history of macroeconometric model-building**. Aldershot: Edward Elgar, 1991.

BURDA, M.; WYPLOSZ, C. **Macroeconomia: uma abordagem europeia**. Rio de Janeiro: LTC, 2005.

CAPROS, P.; KARADELOGLOU, P.; MENTZAS, G. An empirical assessment of macroeconometric and CGE approaches in policy modelling. **Journal of Policy Modeling**, v. 12, n. 3, p. 557-585, 1990.

CHALLEN, D. W.; HAGGER, A. J. **Macroeconometric systems: constructions, validation and applications**. London: Macmillan, 1983.

DAVIDSON, J.E.H.; HENDRY, D.F.; SRBA, & Yeo, S. Econometric Modelling of the Aggregate Time--Series Relationship Between Consumer´s Expenditure and Income in the United Kingdom. **The Economic Journal**, v. 88, n. 352, p. 661-692. Dec. 1978.

DE GRAUWE, P. The scientific foundations of dynamic stochastic general equilibrium (DSGE) models. **Public Choice**, v. 144, p. 413-443, 2010.

DORNBUSCH, R. Expectations and Exchange Rate Dynamics. **Journal of Political Economy**. v. 84, 1976.

DORNBUSCH, R.; FISCHER, S.; STARTZ, R. **Macroeconomia**. 11ª Edição. Porto Alegre: AMGH Editora Ltda, 2013.

FEIJÓ, C. A.; RAMOS, R. L. O. (Org.). **Contabilidade social: a nova referência das contas nacionais do Brasil**. 4ª Edição, revista e atualizada. Rio de Janeiro: Elsevier, 2013.

FROYEN, R. T. **Macroeconomia: teorias e aplicações**. 2ª edição. São Paulo: Saraiva, 2013.

_____. **Macroeconomia**. São Paulo: Saraiva, 1999.

GÓES, Geraldo S. **Economia Avançada**. Brasília: Vestcon, 2000.

HENDRY, D. F. Econometrics – Alchemy or science? **Economica**, v. 47, n. 188, p. 387-406, 1980.

JONES, Charles I. **Introdução à teoria do crescimento econômico**. Rio de Janeiro: Campus, 2000.

KYDLAND, F. E.; PRESCOTT, E. C. Time to build and aggregate fluctuations. **Econometrica**, v. 50, n. 6, p. 1345-1370, 1982.

LEAMER, E. E. Let's take the con out of econometrics. **American Economic Review**, v. 73, n. 1, p. 31-44, 1983.

LICHA, A. L. **Teoria da política monetária**. Rio de Janeiro: Alta Books Editora, 2015.

LUCAS R. E., Jr. Econometric policy evaluation: A critique. In K. Brunner & A. H. Meltzer (Eds.), **The Phillips curve and labor markets**. Amsterdam: North-Holland, 1976.

MANKIW, N. Gregory. **Macroeconomia**. 7ª edição. Rio de Janeiro: LTC, 2015.

MILES, D.; SCOTT, A. **Macroeconomia: compreendendo a riqueza das nações**. São Paulo: Saraiva, 2005.

OBSTFELD, M.; ROGOFF, K. **Foundations of international macroeconomics**. Cambridge: The MIT Press, 1996.

PAULANI, L. M.; BRAGA, M. B. **A nova contabilidade social: uma introdução à macroeconomia**. 4ª edição, revista e atualizada. São Paulo: Saraiva, 2012.

ROGOFF, K. **Dornbusch's overshooting model after twenty-five years**. International monetary fund's second anual research conference Mundell-Fleming lecture. IMF Staff Papers, v. 49, Special Issue, International Monetary Fund, 2002.

ROTEMBERG, J.; WOODFORD, M. **Dynamic general equilibrium models with imperfectly competitive product markets**. In Cooley, T. F. ed., Frontiers in business cycle research. Princeton: Princeton University Press, 1995.

SACHS, Jeffrey; LARRAIN, Felipe. **Macroeconomia em uma economia global**. Edição Revisada e Atualizada. São Paulo: Makron Books, 2000.

SCHMIDT, C. A.; GIAMBIAGI, F. Macroeconomia para executivos: teoria e prática no Brasil. Rio de Janeiro: Elsevier, 2015.

SIMONSEN, M. H.; CYSNE, R. P. **Macroeconomia**. 4ª Edição. São Paulo: Atlas, 2009.

SIMS, C. A. Macroeconometrics and reality. **Econometrica**, v. 48, n. 1, p. 1–48, 1980.

_____. Policy analysis with econometric models. **Brookings Papers on Economic Activity**, v. 13, n. 1, p. 107-164, 1982.

TERRA, C. **Finanças internacionais: macroeconomia aberta – teoria, aplicações e políticas**. Rio de Janeiro: Elsevier, 2014.

VALADKHANI, A. History of macroeconometric modeling: lessons from past experience. **Journal of Policy Modeling**, v. 26, p. 265-281, 2004.

VIEIRA, F. V. **Macroeconomia internacional: teorias, modelos e evidências**. Campinas, São Paulo: Alínea, 2008.

WALSH, C. **Monetary Theory and Policy**. 2ª edição. MIT Press, 2003.

EDITORA *Jus*PODIVM

www.editorajuspodivm.com.br

Pré-impressão, impressão e acabame

GRÁFICA SANTUÁRI

grafica@editorasantua
www.graficasantuario.c

Aparecida-SP